DICTIONNAIRE

MUNICIPAL

UN SUPPLÉMENT

au

Dictionnaire municipal

SERA PUBLIÉ TOUS LES ANS

(S'IL Y A LIEU),

afin de tenir nos lecteurs au courant des changements qui se produiront dans les lois, les décrets et les circulaires, pour tout ce qui concerne l'administration municipale.

A l'aide de ces *Suppléments* et en consultant, dans le cours de l'année, l'excellente publication mensuelle l'*École des communes*, on sera assuré, *dans chaque mairie*, de n'ignorer aucune prescription administrative et de ne commettre aucune erreur.

DICTIONNAIRE

MUNICIPAL

MANUEL DES MAIRES

CONTENANT, PAR ORDRE ALPHABÉTIQUE,

LES DISPOSITIONS DES LOIS, DÉCRETS, ORDONNANCES, INSTRUCTIONS
ET CIRCULAIRES, ARRÊTS DU CONSEIL D'ÉTAT ET DE LA COUR DE CASSATION

ÉDITION NOUVELLE

Entièrement refondue, très augmentée et mise au courant de la législation
et de la jurisprudence

Par T. de CROISSY

ANCIEN SOUS-PRÉFET, MEMBRE DU COMITÉ CONSULTATIF DE « L'ÉCOLE DES COMMUNES »

TOME II

PARIS

SOCIÉTÉ D'IMPRIMERIE ET LIBRAIRIE ADMINISTRATIVE

PAUL DUPONT, Éditeur

41, RUE J.-J.-ROUSSEAU (HÔTEL DES FERMES)

1886

Ⓒ

DICTIONNAIRE

MUNICIPAL

MANUEL DES MAIRES

(ÉDITION NOUVELLE)

(*suite.*)

Émargement. — On appelle ainsi la mention d'un fait à la marge d'un registre, d'un état ou d'un compte.

Dans la pratique administrative, un émargement est ordinairement une signature, une quittance donnée en marge d'un état de payement par les personnes qui doivent toucher les sommes énoncées dans cet état.

Embauchage. — Action d'éloigner ou de chercher à éloigner des militaires de leurs drapeaux, pour les faire passer à l'ennemi, à l'étranger ou dans un parti de rebelles.

Les citoyens non militaires ne peuvent être traduits devant les tribunaux militaires pour crime d'embauchage; ils sont justiciables des tribunaux ordinaires. (Cass., 27 avril 1832.)

Ceux qui ont levé ou fait lever des troupes armées, engagé ou enrôlé, fait engager ou enrôler des soldats, ou leur ont fourni et procuré des armes et munitions sans ordres ou autorisations du gouvernement, sont punis de mort. (C. P., art. 92.)

Dans l'industrie, le mot embauchage signifie l'action d'attacher un ouvrier aux travaux d'un établissement manufacturier.

Émeute. — Mouvement insurrectionnel qui, ordinairement, a pour but un attentat contre le gouvernement.

Dans le but de prévenir les émeutes, la loi ordonne à toutes personnes qui forment des attroupements, sur les places ou sur la voie publique, de se disperser à la première sommation de l'autorité compétente. Elle autorise l'emploi de la force, si les sommations sont demeurées inutiles, et prononce des peines plus ou moins fortes contre ceux qui ont fait partie de l'attroupement, suivant qu'ils ont continué à y rester après la première, la seconde ou la troisième sommation. (Loi 7 juin 1848.)

II   42

L'administration ne saurait être trop en garde contre les émeutes ; mais, c'est surtout l'autorité municipale qui doit les réprimer avec le plus d'énergie. La loi du 5 avril 1884, article 97, a, en effet, confié à la vigilance des magistrats municipaux le soin de réprimer les délits contre la tranquillité publique, et les maires ont d'autant plus d'intérêt à empêcher les émeutes, qu'aux termes des articles 106 et suivants de la loi du 5 avril 1884, les communes peuvent être déclarées responsables des dégâts commis par les émeutiers sur leur territoire, si elles ne peuvent prouver que toutes les mesures qui étaient en leur pouvoir ont été prises à l'effet de prévenir les attroupements ou rassemblements et d'en faire connaître les auteurs. — Voy. ARMES, ATTROUPEMENTS, COMMUNES.

Emphytéose. — Le Code civil n'en parle pas. Mais, en fait, ce contrat est pratiqué assez souvent ; son existence a même été reconnue par des actes législatifs, tels que les lois du 21 juin 1826 et du 21 avril 1832.

L'emphytéose n'est pas seulement un bail, même à longues années ; ce contrat produit une aliénation partielle de la propriété qui en est l'objet. Cette considération suffit pour démontrer que les communes et les établissements publics ne peuvent recourir à ce contrat qu'en se soumettant aux formalités que la loi leur impose pour les aliénations auxquelles ils veulent procéder.

Quant à la durée du contrat, on applique encore aujourd'hui la disposition de la loi des 18-29 décembre 1790, qui ne permettait pas que les baux emphytéotiques eussent une durée de plus de 99 ans. — **Voy.** BAUX.

Emplois communaux. — Le maire nomme à tous les emplois communaux pour lesquels la loi ne prescrit pas un mode spécial de nomination.

Il suspend et révoque les titulaires de ces emplois. (Loi 5 avril 1884, art. 88.)

Par emplois communaux, on entend ceux qui n'emportent pas fonctions dans le sens administratif. Le maire ne fait pas de fonctionnaires ni d'agents de l'autorité publique responsables de leurs actions envers le gouvernement ; il ne fait que des employés dont il répond lui-même ; par exemple, c'est à lui qu'appartiennent le choix et la nomination des employés de la mairie, du secrétaire en titre de cette administration, du bibliothécaire de la ville, du conservateur ou du gardien du musée, quand il y a lieu, et de toutes les personnes employées au service intérieur et domestique des établissements communaux.

Le maire suspend et révoque les titulaires des emplois auxquels il nomme. — Voy. MAIRE, SECRÉTAIRE DE MAIRIE.

Empoisonnement. — Est qualifié d'empoisonnement, tout attentat à la vie d'une personne, par l'effet de substances qui peuvent donner la mort plus ou moins promptement, de quelque manière que ces substances aient été employées ou administrées, et quelles qu'en aient été les suites.

Lorsque les maires ont connaissance qu'un crime d'empoisonnement a été tenté ou commis, ils doivent en informer sur-le-champ le procureur de la République, recueillir les renseignements qui peuvent éclairer la justice, prévenir la disparition des indices qui peuvent conduire à la découverte de la vérité, veiller à ce que rien ne soit dérangé dans la maison où le crime a été commis jusqu'à l'arrivée du procureur de la République, enfin dresser du tout un procès-verbal. — *Dict. des formules*, n° 630.

L'article 452 du Code pénal punit d'un emprisonnement d'un an à cinq ans et d'une amende de 16 à 300 francs quiconque empoisonne des chevaux ou autres bêtes de voiture, de monture ou de charge, des bestiaux à cornes, des moutons, chèvres ou porcs, ou des poissons dans les étangs, viviers ou réservoirs. Les coupables peuvent être mis, par l'arrêt ou le jugement, sous la surveillance de la haute police pendant deux ans au moins et cinq ans au plus. — Voy. ANIMAUX, PÊCHE. — *Dict. des formules*, n° 631.

Emprunts communaux. — Les communes peuvent contracter des emprunts pour payer leurs dettes, entreprendre des travaux extraordinaires et faire des acquisitions qui ne peuvent être réalisées immédiatement que par ce moyen. Mais elles ne doivent user de cette faculté que pour des besoins indispensables.

Autorisations. — L'article 141 de la loi du 5 avril 1884 reconnaît aux conseils municipaux le droit de régler, par un simple vote, les emprunts remboursables au moyen d'une contribution extraordinaire, votée dans la limite du maximum fixé chaque année par le conseil général, et n'excédant pas cinq centimes pendant cinq années, ou au moyen de ressources ordinaires, quand l'amortissement, en ce dernier cas, ne dépasse pas trente ans.

Aux termes des dispositions combinées de l'article 68, § 11 et des articles 142 et 143 de la loi du 5 avril 1884, les conseils municipaux votent sauf approbation du préfet les emprunts remboursables sur les contributions extraordinaires qui dépasseraient cinq centimes sans excéder le maximum fixé par le conseil général (1) et dont la durée, excédant cinq ans, ne serait pas supérieure à trente ans, ou sur les revenus ordinaires dans un délai excédant trente années (art. 142.)

Les emprunts remboursables sur contributions extraordinaires dépassant le maximum fixé par le conseil général sont autorisés par décret du Président de la République. Si la durée d'amortissement de l'emprunt doit excéder trente ans, le décret est rendu en conseil d'Etat. Il importe de remarquer que ce n'est plus, comme sous l'empire de la loi du 24 juillet 1867, d'après le chiffre des revenus communaux qu'est déterminée la nécessité de recourir à l'intervention du conseil d'Etat, mais bien d'après la durée de l'amortissement de l'emprunt.

Il est statué par une loi si la somme à emprunter dépasse un million, ou si, réunie aux chiffres d'autres emprunts non encore remboursés, elle dépasse un million (art. 143).

La loi nouvelle conférant aux préfets des attributions très étendues, la circulaire du ministre de l'intérieur leur recommande d'en user avec toute la prudence que réclame l'intérêt bien entendu des communes. Il

(1) Le maximum fixé par le conseil général est aujourd'hui de 20 centimes dans tous les départements et se confond avec le maximum déterminé par les lois annuelles de finances qui est également de 20 centimes.

i mporte que les emprunts communaux n'aient pour objet que le payement des dépenses d'une utilité incontestable ; qu'ils soient toujours circonscrits dans des limites modérées et proportionnées surtout aux ressources disponibles, de manière à ne pas obérer les finances de la commune au préjudice des services municipaux essentiels. Il est prudent qu'à moins de circonstances exceptionnelles, le terme d'amortissement des emprunts n'excède pas vingt-cinq ou trente ans.

Avant d'approuver les votes municipaux relatifs aux emprunts, le Préfet doit exiger la production des pièces justificatives de dépense (plans, devis, mémoires, etc.), ainsi que les documents qui sont nécessaires pour constater avec exactitude la situation financière de la commune (budgets, relevés de comptes, certificats constatant les charges qui grèvent la commune).

La délibération doit toujours indiquer le mode et les époques de remboursement. On doit préciser avec beaucoup d'exactitude les moyens sur lesquels la commune compte pour s'acquitter, soit qu'elle y consacre un prélèvement sur les recettes ordinaires du budget communal, une imposition de centimes additionnels, une création de droits d'octroi ou autres taxes municipales, soit enfin une coupe extraordinaire de bois qui ne puisse s'effectuer qu'à une époque plus ou moins éloignée. S'il s'agit de rembourser l'emprunt au moyen d'un excédent annuel de recettes, l'administration locale doit avoir soin de faire figurer dans le budget de chaque exercice, au chapitre des dépenses extraordinaires, outre le montant des intérêts décroissants, la somme affectée à l'amortissement du capital divisé en autant d'annuités que le comportent les termes de l'emprunt. Faute de cette précaution, il pourrait arriver qu'à l'époque fixée pour le remboursement, les ressources qui y étaient destinées ayant été employées à un autre usage, la commune se trouvât hors d'état de satisfaire à ses engagements.

Si, pour rembourser l'emprunt, la commune est obligée de recourir à une imposition extraordinaire, cette imposition doit être, comme l'emprunt, votée régulièrement par le conseil municipal. Les deux votes peuvent être consignés dans la même délibération. Lorsque l'emprunt doit être remboursé au moyen d'une imposition extraordinaire, il est d'usage, bien qu'aucune disposition de loi ne l'exige, que la loi spéciale en raison de la connexité statue en même temps sur les deux parties de l'affaire et approuve l'emprunt aussi bien que l'imposition. — Voy. IM-POSITIONS COMMUNALES.

S'il est nécessaire de voter des taxes additionnelles d'octroi ou toutes autres taxes municipales, le produit de ces taxes doit être strictement proportionné aux besoins, et leur perception doit cesser avec le remboursement de l'emprunt.

Si le remboursement doit avoir lieu au moyen d'une coupe extraordinaire de bois, on doit s'assurer auprès des agents forestiers que cette coupe pourra être accordée pour l'époque annoncée et quelle en sera approximativement la valeur. — *Dict. des formules*, n° 633.

Composition du dossier d'une demande d'emprunt. — Les pièces à produire à l'appui d'une demande d'emprunt, qui doit être autorisée par un décret ou par une loi, sont les suivantes :

1° Une copie de la délibération par laquelle le conseil municipal a voté l'emprunt avec indication du mode et des époques de remboursement ;

2° Un certificat du maire faisant connaître le chiffre officiel de la population de la commune et le nombre des membres du conseil municipal en exercice ;

3° Un certificat du maire et du receveur municipal constatant: 1° toutes les impositions qui peuvent grever la commune avec indication de leur objet, de leur durée et de leur quotité, ainsi que la nature et la date des actes qui en ont autorisé la perception ; 2° les sommes restant dues en capital sur chacun des emprunts non encore remboursés, avec mention de la nature et de la date des actes approbatifs de chaque emprunt ; 3° les autres dettes communes s'il en existe ; 4° le montant des fonds de la commune placés au Trésor et leur destination.

4° Le budget primitif et le budget additionnel de la commune pour l'exercice courant. Si ce dernier budget n'est pas encore approuvé, on produit celui de l'exercice précédent. Le chiffre du principal des 4 contributions directes doit être indiqué en tête du budget ;

5° Les pièces justificatives de la dépense, telles que mémoire, plan et devis, régulièrement approuvés.

6° Un tableau d'amortissement de l'emprunt ainsi qu'un état présentant dans trois colonnes distinctes :

Les sommes à payer chaque année jusqu'à complète libération pour le service des emprunts et dettes régulièrement contractés.

Les ressources extraordinaires annuellement affectées à l'extinction de ce passif.

Enfin les prélèvements à opérer sur les revenus ordinaires pour compléter les annuités de l'amortissement.

Dans le cas où l'emprunt serait remboursable au moyen d'une coupe extraordinaire de bois, il importera de produire l'avis de l'administration forestière.

7° Un relevé présentant, d'après les trois derniers comptes, les recettes et dépenses communales séparées en ordinaires et extraordinaires ;

8° L'avis motivé du préfet, en forme d'arrêté. (Circ. Int. 15 mai 1885.)

Sous l'ancienne législation, les délibérations portant vote d'impositions extraordinaires ou d'emprunts entachées de nullité ne pouvaient non plus que les décisions approbatives du préfet être attaquées devant le conseil d'Etat pour excès de pouvoirs. Les contribuables ne pouvaient que demander décharge des impôts indûment imposés. Aujourd'hui, par suite de la combinaison des articles 63, 65 et 67 de la loi du 5 avril 1884, les parties intéressées ont le droit de faire déclarer cette nullité par le préfet avec recours au besoin devant le conseil d'Etat.

Mode de réalisation des emprunts. — En général, il est procédé à la réalisation des emprunts communaux, soit par voie d'adjudication publique avec publicité et concurrence, soit par traité de gré à gré avec des particuliers, la caisse des dépôts et consignations, la caisse des chemins vicinaux ou le Crédit foncier.

D'un autre côté, il peut y avoir quelquefois avantage ou convenance à ce que les habitants s'associent, en y engageant leurs capitaux, au succès d'une opération qui intéresse la communauté, et dans ce cas, à égalité de conditions, rien n'empêche que le mode de la souscription publique soit préféré.

Nous indiquons ci-après les règles particulières à ces différents modes d'emprunt.

Emprunts contractés par voie d'adjudication publique. — Lorsque le mode adopté est l'adjudication publique, le premier soin du maire doit être de dresser et de soumettre au conseil municipal un cahier des charges énonçant le mode et les termes de payement, le maximum de l'intérêt comme mise à prix, et enfin toutes les autres conditions de l'entreprise. Ce cahier des charges est soumis à l'approbation du préfet, et l'adjudication a lieu ensuite au rabais par soumission. — Voy. ADJUDICATIONS.

Le remboursement des emprunts contractés par adjudication avec publicité et concurrence sur soumissions d'entrepreneurs, est effectué ainsi qu'il est dit dans la délibération du conseil municipal, le décret, ou la loi qui autorise l'emprunt.

Le remboursement du capital s'opère, à la caisse du receveur municipal, sur mandats du maire expédiés au nom des porteurs de coupons, de récépissés, inscrits, visés et transférés comme il est dit en l'adjudication.

Le payement de l'intérêt se fait par semestre échu, également à la caisse du receveur municipal et sur mandat du maire.

Les obligations et coupons d'intérêts revêtus de l'acquit des porteurs sont joints par le receveur municipal aux mandats de l'ordonnateur comme pièces justificatives de la dépense. — *Dict. des formules*, nᵒˢ 635, 636, 637, 638.

Emprunts contractés par traité de gré à gré ou par voie de souscription. — Les communes, régulièrement autorisées à contracter des emprunts, peuvent, au besoin, les contracter de gré à gré, ou par voie de souscription, et elles ont, dans tous les cas, la faculté pour se libérer, d'émettre des obligations au porteur ou transmissibles par endossement.

Les conditions des souscriptions à ouvrir et les traités à passer de gré à gré avec des particuliers doivent être préalablement soumises à l'approbation du préfet. (D. 13 avril 1861, art. 1ᵉʳ.)

Les échéances des obligations à émettre doivent être réglées d'après la nature et les époques de réalisation des ressources municipales affectées à l'amortissement.

Les traités de gré à gré ne doivent apporter aucun changement dans les époques de remboursement fixées par l'acte d'autorisation; le taux de l'intérêt fixé par cet acte ne peut non plus, dans aucun cas, être dépassé.

La comptabilité des emprunts ainsi réalisés par voie d'adjudication ou de souscription publique a été l'objet d'un règlement en date du 23 juin 1879 inséré au Bulletin de l'intérieur de 1879, p. 279.

Emprunts contractés à la caisse des dépôts et consignations. — Les prêts que la caisse des dépôts et consignations est dans l'usage de faire aux communes, régulièrement autorisées à emprunter, sont soumis aux conditions suivantes : la période de l'amortissement peut être fixée, au choix des emprunteurs, dans la limite de douze années ; l'intérêt est fixé à 4 1/2 p. 100 pour les emprunts remboursables dans le délai de quatre ans, et, au delà de ce terme, à 5 p. 100. (Circ. Int., 15 janvier 1864.)

Les formalités à remplir concernant les prêts demandés par les communes à la caisse des dépôts et consignations ont été tracées par une instruction du directeur général de cette caisse, en date du 3 février 1858, et dont nous allons rappeler les principales dispositions.

Les prêts sont réalisés en un ou plusieurs payements, à la convenance des emprunteurs, dans l'espace d'une année, à partir de l'accomplissement des formalités préalables. La caisse des dépôts et consignations ne prend pas d'engagements pour des époques plus éloignées. Les versements à effectuer ultérieurement devraient faire l'objet de nouvelles demandes. (Inst. 3 février 1858, art. 2.)

Les emprunteurs peuvent souscrire soit des obligations pour le remboursement du capital et des coupons semestriels d'intérêt, soit des annuités égales comprenant l'intérêt et l'amortissement du capital. (Id., art. 3.)

Dans le cas où, à défaut de ressources immédiates, l'amortissement de l'emprunt ne devrait commencer que quelques années après la réalisation, ce retard ne pourrait affecter que le remboursement du capital, le service des intérêts devant se faire régulièrement dès la première année. A cet effet, les emprunteurs pourraient souscrire des obligations ou des annuités différées, en accompagnant les premières de coupons payables de six mois en six mois, à partir du versement des fonds jusqu'à la limite de durée de l'emprunt; les secondes, de coupons détachés pour le service des intérêts des premières années. (Id., art. 4.)

Les pièces à produire à la caisse des dépôts et consignations à l'appui de la demande d'un emprunt sont :

1° Une copie de la loi ou du décret ou de l'acte d'autorisation, certifiée conforme par le préfet ou le sous-préfet, et revêtue du cachet de la préfecture ou de la sous-préfecture ;

2° Une copie de la délibération du conseil municipal qui a voté l'emprunt ;

3° Une copie de la délibération par laquelle le même conseil autorise le maire à traiter avec la caisse des dépôts et consignations, aux conditions de cette caisse ;

4° Un tableau d'amortissement (modèle n° 1, annexé à l'instruction du 3 février 1858) ;

5° Un tableau, en double expédition, des valeurs à souscrire (modèle n° 2), et indiquant : 1° la date de la réalisation du prêt (cette date doit être fixée au 5, 15 ou 25 de chaque mois; en décembre, au 5 ou au 15 seulement; si elle correspondait à un jour férié, le versement serait opéré le lendemain; 2° le montant et les échéances des valeurs (ces échéances doivent être fixées en fin de mois), et les intérêts calculés par semestre, l'an de 360 jours, doivent être réglés de manière que l'un des semestres corresponde toujours à la date choisie pour l'échéance de l'obligation).

Dans le calcul des intérêts, le chiffre des centimes doit être forcé ou réduit de manière à former toujours des nombres ronds, 5, 10, 15, 20, etc. (Id., art. 5.)

Pour les emprunts remboursables par annuités (capital et intérêts compris), un tableau (modèle n° 3) suffit en remplacement des tableaux d'amortissement et de valeurs à souscrire dont il vient d'être parlé. (Id., art. 6.)

Si l'emprunt ne doit pas être réalisé en un seul versement, chaque acompte donne lieu à l'établissement d'un tableau spécial. (Id., art. 7.)

Dans le cas où l'amortissement d'un emprunt aurait lieu au moyen de ressources (telles qu'impositions extraordinaires, vente d'immeubles ou de bois communaux) établies par un acte spécial autre que celui qui autorise l'emprunt, copie de cet acte, revêtue du visa du sous-préfet ou du préfet, devrait être jointe aux pièces sus-énoncées.

A défaut d'indication du point de départ ou du montant d'une imposition dans l'acte qui l'a autorisée, la production d'un certificat du percepteur devient nécessaire pour combler cette lacune. (Id., art. 9.)

Lorsque l'époque de réalisation ou la valeur présumée de la vente d'une coupe de bois ne se trouve pas énoncée dans l'acte d'autorisation, il y a lieu de produire un certificat du conservateur des forêts contenant des renseignements précis à cet égard.

La caisse des dépôts et consignations réclame, d'ailleurs, au besoin, tout autre document qu'elle juge propre à constater la situation financière des emprunteurs. (Inst. 3 février 1858, art. 10.)

Les modes de réalisation et de libération sont indiqués pour chaque emprunt par le directeur. — Voy. TIMBRE.

Dans le cas de non-payement au jour de l'échéance, la commune est passible d'intérêts de retard, dont le taux est invariablement fixé à 5 0/0. (Id., art. 18.)

Le ministre des finances ayant accordé le concours gratuit des trésoriers généraux et receveurs particuliers dans les opérations relatives tant à la réalisation qu'au remboursement des emprunts contractés à la caisse des dépôts et consignations, les seuls frais à la charge des emprunteurs sont ceux que la loi exige pour le timbre des valeurs à souscrire et ceux qui concernent les mandats de remboursement. Les déboursés auxquels peuvent donner lieu ces mandats varient selon le mode adopté par les communes pour l'acquittement de leurs engagements. (Id., art. 21.) — Voy. CAISSE DES DÉPÔTS ET CONSIGNATIONS. — Dict. des formules, nos 639 à 644.

Emprunts contractés avec la société du Crédit foncier. — La société du Crédit foncier est autorisée à prêter aux communes les sommes qu'elles auraient été autorisées à emprunter. Les prêts sont consentis avec ou sans affectation hypothécaire, et remboursables soit à long terme, par annuités, soit à court terme, avec ou sans amortissement. Ils sont réalisables en numéraire. (L. 6 juillet 1860.)

Actuellement le Crédit foncier prête aux départements, villes et communes, dans les conditions de la loi du 20 juin 1885, moyennant une annuité comprenant à la fois l'amortissement et les intérêts, qui varie dans une proportion décroissante entre 6 fr.,178,990 et 5 fr.,490,322, suivant que le remboursement doit s'effectuer entre 30 et 40 ans. (J. off., 11 août 1885.)

La commune doit, avant tout, avoir été autorisée à emprunter. La loi ou le décret d'autorisation obtenu, la commune doit transmettre au Crédit foncier : 1° copie de la délibération par laquelle l'emprunt a été voté; 2° ampliation de l'acte approbatif de l'emprunt (loi ou décret); 3° le relevé des recettes et des dépenses de la commune d'après le compte rendu des trois derniers exercices; 4° un état certifié des dettes: 5° copie de la délibération dûment approuvée par le préfet, portant que l'emprunt sera réalisé auprès du Crédit foncier.

Les pièces sont envoyées au Crédit foncier qui indique les conditions. — Voy. CRÉDIT FONCIER. — Dict. des formules, nos 645 et 646.

Emprunts à la caisse des chemins vicinaux. — Nous avons dit plus haut pourquoi cette caisse a été organisée et comment elle est alimentée. (Voy. Caisse des chemins vicinaux.) Il nous reste à parler ici de son fonctionnement.

Tout d'abord, il faut remarquer que depuis la loi du 10 avril 1879, qui a augmenté de 300 millions et porté ainsi à 500 millions la dotation de la caisse des chemins vicinaux, cette caisse est ouverte non seulement aux communes, mais aussi à tous les départements qui, quel que soit le chiffre de leurs centimes, peuvent désormais y emprunter directement pour l'achèvement de leurs chemins de grande communication et d'intérêt commun et le rachat des ponts à péage.

La dotation des fonds d'avances de la caisse a été augmentée depuis d'une somme de 20 millions en 1883 (1).

Les avances à faire sont réparties par un décret entre les départements.

La réalisation des emprunts n'est autorisée par le ministre de l'intérieur que sur la justification, par le département et les communes, qu'ils consacrent à la vicinalité la totalité de leurs ressources spéciales.

Par suite, alors même que l'approbation de l'emprunt rentrerait, aux termes de l'article 142 de la loi du 5 avril 1884, dans la compétence du préfet, ce magistrat doit préalablement communiquer les pièces de chaque affaire au ministre, afin qu'il puisse apprécier si la situation de la caisse permet d'accueillir ces demandes. (Circ. 15 mai 1884.)

Les pièces à produire à l'appui des demandes d'emprunts formées par les communes sont les suivantes :

1° Copie de la délibération par laquelle le conseil municipal a voté l'emprunt projeté ; les délibérations devront nettement spécifier : 1° le montant de l'emprunt ; 2° la nature et le montant des ressources destinées à assurer le remboursement ; 3° la durée de l'imposition et le nombre de centimes qu'elle représente annuellement ;

2° Certificat du maire faisant connaître le nombre des conseillers municipaux en exercice ;

3° Budget primitif de l'exercice courant et budget du même exercice, ou, si ce dernier n'était pas approuvé, celui de l'exercice précédent ;

4° Situation présentant année par année le nombre de centimes dont la commune doit être grevée pendant la période de recouvrement de l'imposition à autoriser pour la somme de l'emprunt (Modèle. n° 1) ;

5° Certificat de l'agent voyer en chef visé par le préfet relatant le montant des ressources votées par la commune en exécution de l'article 2 de la loi du 21 mai 1836, constatant qu'elle est en état de faire face aux dépenses que nécessite l'entretien des chemins ordinaires, actuellement construits ou anciens, à l'état de viabilité et indiquant enfin : 1° dans le cas où l'emprunt est applicable aux chemins de grande communication ou d'intérêt commun, la date du classement dans chacune de ces catégories, la longueur à exécuter et la dépense de construction restant à faire ; 2° dans le cas où l'emprunt concerne les chemins vicinaux ordinaires, si ceux-ci ont été ou non compris dans le réseau de 1868 (Modèle n° 2) ;

6° L'avis motivé du sous-préfet et du préfet ;

7° Lorsqu'il s'agira d'un emprunt pour les chemins vicinaux ordinaires non subventionnés, imputable par conséquent sur la dotation de 60 millions, le modèle n° 2 sera remplacé par le n° 2 *bis*, si la commune demandait pour emprunter à des chemins compris dans le réseau de 1868 ;

8° Les dossiers d'emprunts communaux relatifs aux chemins de grande communication et d'intérêt commun doivent être accompagnés d'un rapport du service vicinal, indiquant les motifs pour lesquels la demande est formée par la commune et non par le département. (Circ. 15 octobre 1879.)

(1) La loi du 22 juillet 1885 a ordonné la création d'un capital de 319,744,000 francs à l'aide d'une émission d'obligations pour fournir les subventions et avances restant à payer en exécution des 8 lois de 1868 à 1883.

Réalisation. — En règle générale, la réalisation des emprunts, tant départementaux que communaux, ne doit être demandée qu'au fur et à mesure de l'exécution des travaux, et lorsque les fonds remis par la caisse peuvent être immédiatement employés.

Les demandes de réalisation doivent être adressées au ministre au plus tard le 15 du mois qui précédera celui de la réalisation.

Les emprunts doivent être contractés et réalisés par nombres ronds de 100 francs ou multiples de 100 francs.

Les dossiers relatifs à la réalisation du premier terme doivent comprendre :

1° Délibération du conseil municipal portant vote de l'emprunt et des ressources nécessaires à l'amortissement ;

2° Copie certifiée par le préfet de la loi, du décret ou de l'arrêté qui a autorisé l'emprunt, ou certificat constatant qu'il a été définitivement réglé par le conseil municipal, en vertu de l'article 141 de la loi du 5 avril 1884 ;

3° Contrat synallagmatique en double expédition non timbré, revêtu de la signature du maire et du cachet de la mairie (Modèle n° 7) ;

4° Situation matérielle et financière de l'entreprise (Modèle n° 8).

Pour les réalisations ultérieures. — 1° Lettre du maire provoquant un nouveau versement ;

2° Certificat identique au 4° ci-dessus. (Circ. 15 octobre 1879.)

Conformément au principe posé par la loi du 11 juillet 1868, les communes et les départements se libèrent des avances faites par la caisse au moyen du payement de trente annuités de 4 0/0.

Les communes doivent verser à la caisse des trésoriers-payeurs ou à celle des receveurs particuliers des finances, au crédit de la caisse des chemins vicinaux, les annuités dues pour le remboursement en capital et intérêt des sommes prêtées. Il est délivré aux receveurs municipaux un récépissé comptable dont le talon est produit comme pièce justificative de la recette.

Si le versement des annuités n'est pas opéré à leur échéance, il est dû des intérêts moratoires au taux de 5 0/0. Ces intérêts donnent lieu également à la délivrance de récépissés. (Circ. caisse des dépôts, 6 mars 1869.) — *Dict. des formules*, n° 648.

Emprunts à la caisse des lycées, collèges et écoles. — L'organisation de la dotation de la caisse des lycées, collèges et écoles, a été expliquée plus haut. — Voy. CAISSE DES LYCÉES, COLLÈGES ET ÉCOLES.) — APPENDICE ET SUBVENTIONS.

Toutes les communes sans distinction étaient appelées à participer aux avances de cette caisse lorsqu'elles y étaient autorisées par le ministre de l'instruction publique.

Les avances aux communes étaient faites pour trente ans au plus.

Ces ressources devaient toujours être d'une réalisation certaine et, de plus, votées et autorisées pour la durée intégrale de l'amortissement. (Circ. Int., 16 août 1878.)

La loi du 20 juin 1885 a complètement modifié le fonctionnement de la caisse des lycées, collèges et écoles, désormais cette caisse ne fera plus d'avances aux communes. Les municipalités devront, à l'avenir, s'adresser pour obtenir des prêts en vue des constructions scolaires soit aux établissements de crédits ordinaires, soit aux particuliers. Ces emprunts seront tous remboursables dans un délai qui ne pourra être moindre de trente ans, ni excéder quarante. Le taux de l'annuité ne devra jamais excéder 5,63 0/0 intérêt et amortissement compris. La liste des pièces à fournir est à peu près la même pour tous les emprunts.

Au lieu de subventionner les communes en capital, l'Etat leur remboursera pendant quarante années une part déterminée de l'annuité nécessaire au service de l'intérêt et de l'amortissement des emprunts contractés. Cette part variant de 15 à 80 0/0 et pouvant même dépasser ce *quantum* pour les communes dont le centime est inférieur à 5 francs. — Voy. APPENDICE DU PREMIER VOLUME ET SUBVENTIONS.

Dispositions communes à la caisse des chemins vicinaux et à la caisse des lycées, collèges et écoles. — La loi du 22 juillet 1885, dans le but de faciliter l'apurement des opérations de la caisse des chemins vicinaux et de la caisse des lycées, collèges et écoles a autorisé l'émission de 319,744,000 francs d'obligations du Trésor à long terme afin de pourvoir aux avances et subventions restant à payer en exécution des lois antérieures.

Engagements à long terme. Emprunts déguisés. Prorogation d'emprunts, etc. — Dans la pratique, les administrations municipales et les conseils municipaux ont une tendance prononcée à couvrir des emprunts sous la forme de contrats, ainsi qu'à donner à des fonds provenant d'emprunts une affectation différente de celle en vue de laquelle ces opérations ont été autorisées.

La circulaire du ministre de l'intérieur du 15 mai 1884 signale de nouveau à l'attention des préfets les règles posées par la circulaire du 11 mai 1864 en ce qui touche les acquisitions ou engagements à long terme pris par les communes, lesquels doivent être assimilés à des emprunts et autorisés dans les mêmes formes, c'est-à-dire, suivant les cas, par une délibération, un arrêté préfectoral, un décret ou une loi.

Les règles administratives veulent que les fonds provenant d'un emprunt ne reçoivent pas d'autre destination que celle à laquelle ils sont affectés par l'acte d'autorisation; les changements d'affectation doivent être approuvés par une délibération du conseil municipal, par un décret ou par une loi, selon que l'emprunt primitif a été autorisé par l'un ou l'autre de ces actes.

Quant aux prorogations d'emprunt, elles doivent toujours être considérées comme un emprunt nouveau et autorisées dans les mêmes formes. — *Dict. des formules*, nos 546 à 554.

Emprunts de conversion. — Dans ces derniers temps, un grand nombre de communes ont cherché à profiter de l'abaissement du taux de l'intérêt pour diminuer les charges de leurs dettes en convertissant les emprunts anciens dont elles étaient grevées en emprunts nouveaux contractés à un taux d'intérêt et d'amortissement moins élevé. La plupart du temps, elles se sont heurtées à la résistance des établissements de crédit auxquels elles s'étaient adressées, qui soutinrent, non sans apparence de raison, que l'exception de l'article 1187 du Code civil existait en leur faveur, attendu que les circonstances dans lesquelles étaient intervenu les prêts faits aux communes, et le mode suivant lequel ces prêts avaient été effectués étaient de nature, à défaut de stipulations contraires formellement exprimées dans l'acte, à procurer à l'établissement prêteur le bénéfice du terme aussi bien qu'à l'emprunteur. Dans une circulaire du 28 juillet 1880, le ministre de l'intérieur s'est préoccupé de cet état de choses. « Il se peut aussi, dit-il, que les créanciers primitifs émettent la prétention de n'être pas remboursés par anticipation, et comme alors c'est à l'autorité judiciaire qu'il appartient de statuer, il pourrait se faire que les communes, non encore libérées vis-à-vis des créanciers originaires, se trouvassent dans l'obligation de leur payer les annuités stipulées pour l'amortissement des précédents emprunts, et de servir en même temps les intérêts des sommes qui leur seraient avancées par les nouveaux prêteurs, sommes dont cependant elles seraient dans l'impossibilité de faire immédiatement usage. Aussi, pour éviter ce grave inconvénient, le ministre recommande aux préfets de n'approuver les nouveaux emprunts qu'en insérant au traité la clause que l'emprunt sera réductible du montant de la somme à convertir, dans le cas où le remboursement anticipé ne serait pas accepté.

Emprunts des établissements de bienfaisance et des associations syndicales. — Les délibérations des commissions administratives des hospices, hôpitaux et autres établissements charitables communaux, concernant un emprunt, sont éxécutoires en vertu d'un arrêté du préfet, sur l'avis conforme du conseil municipal, lorsque la somme à emprunter ne dépasse pas le chiffre des revenus ordinaires de l'établissement, et que le remboursement doit être effectué dans un délai de douze années.

Si la somme à emprunter dépasse ledit chiffre, ou si le délai de remboursement est supérieur à douze années, l'emprunt ne peut être autorisé que par un décret du président de la République.

Le décret d'autorisation est rendu en conseil d'Etat si l'avis du conseil municipal est contraire ou s'il s'agit d'un établissement ayant plus de 100,000 francs de revenus.

L'emprunt ne peut être autorisé que par une loi, lorsque la somme à emprunter dépasse 500,000 francs, ou lorsque ladite somme, réunie au chiffre d'autres emprunts non encore remboursés, dépasse 500,000 fr. (L. 5 avril 1884, art. 119.)

Les dispositions rappelées ci-dessus, en ce qui concerne la réalisation des emprunts contractés avec la caisse des dépôts et consignations, sont applicables aux établissements de bienfaisance régulièrement constitués et aux associations syndicales ; les présidents des commissions administratives ou directeurs sont assimilés aux maires, les trésoriers aux receveurs, et les commissions administratives ou syndicales aux conseils municipaux, pour l'accomplissement des formalités relatives à ladite réalisation. — Voy. Bureaux de bienfaisance, Hospices, Syndicats.

Enclave. — Ce mot désigne une terre qui se trouve enfermée dans l'enceinte d'une autre terre, de telle sorte qu'il ne soit pas possible de communiquer de cette terre avec la voie publique sans passer sur les héritages limitrophes.

Le propriétaire, dont les fonds sont enclavés et qui n'ont aucune issue sur la voie publique, peut réclamer un passage sur les fonds de ses voisins, pour l'exploitation de son héritage, à la charge d'une indemnité proportionnée au dommage qu'il peut occasionner. (C. N. art. 682.)

Le passage doit régulièrement être pris du côté où le trajet est le plus court du fonds enclavé à la voie publique. (Id., art. 683.)

Encombrement de la voie publique. — Voy. Décombres, Voie publique.

Enfants. — Les enfants, sous le rapport de leur naissance et de leur éducation, sont confiés à la vigilance paternelle de l'autorité municipale. — Voy. ETAT CIVIL, INSTRUCTION PUBLIQUE.

Abandon d'enfants. — L'abandon d'un enfant est un délit ou un crime, suivant les circonstances qui l'ont accompagné. (C. P. art. 348 à 353.)

Il est du devoir des maires de constater par des procès-verbaux et de signaler au procureur impérial, pour être punis conformément à la loi, les délits prévus par les articles ci-dessus du Code pénal, qui viendraient à leur connaissance.

Toute personne qui a trouvé un enfant nouveau-né est tenu de le remettre au maire, ainsi que les vêtements et autres effets trouvés avec l'enfant et de déclarer toutes les circonstances du temps et du lieu où il a été trouvé.

Il en est dressé un procès-verbal détaillé, qui énonce, en outre, l'âge apparent de l'enfant, son sexe, les noms qui lui sont donnés, l'autorité civile à laquelle il est remis. Ce procès-verbal est inscrit sur les registres de l'état civil. (C. civ., art. 58.)

Mais le premier soin que doit prendre un maire, c'est de prescrire toutes les précautions nécessaires pour que la vie de l'enfant trouvé ne soit point exposée jusqu'au moment de sa présentation à l'hospice.

Les maires ont pour les enfants abandonnés les mêmes devoirs à remplir que pour les enfants trouvés. Ils doivent pourvoir provisoirement à leur existence jusqu'à ce que le préfet ait statué sur le sort de ces orphelins. — Voy. ENFANTS TROUVÉS. — *Dict. des formules*,, n°s 3, 4, 653 à 660.

Enfants conduits par des saltimbanques ou des bateleurs. — Les saltimbanques, bateleurs, escamoteurs, etc., sont presque toujours accompagnés d'enfants qui leur ont été quelquefois confiés, mais que le plus souvent ils ont dérobés à leurs parents, et qu'ils emmènent au loin afin d'échapper aux recherches de la police.

La loi du 7 décembre 1874 a édicté des dispositions qui ont à la fois pour but de prévenir ces enlèvements criminels, de prohiber l'exhibition publique de l'enfant, à cause de son caractère immoral et de réprimer les sévices et violences dont on torture son corps avant de le donner en spectacle.

Aux termes de l'article premier, tout individu qui fait exécuter, par des enfants de moins de seize ans, des tours de force périlleux ou des exercices de dislocation ; tout individu, autre que le père ou la mère, pratiquant les professions d'acrobate, saltimbanque, charlatan, montreur d'animaux ou directeur de cirque, qui emploiera, dans ses représentations, des enfants âgés de moins de seize ans, sera puni d'un emprisonnement de six mois à deux ans, et d'une amende de 16 à 200 francs.

La même peine sera applicable aux pères et mères, exerçant les professions ci-dessus indiquées, qui emploieraient dans leurs représentations leurs enfants âgés de moins de douze ans.

La même peine est applicable à quiconque aura déterminé des enfants âgés de moins de seize ans à quitter le domicile de leurs parents ou tuteurs, pour suivre des individus des professions sus-désignées.

La condamnation entraîne de plein droit, pour les tuteurs, la destitution de la tutelle. Les pères et mères peuvent être privés des droits de la puissance paternelle. (Art. 2.) De plus quiconque emploie des enfants de moins de seize ans à la mendicité habituelle, soit ouvertement, soit sous l'apparence d'une profession, sera considéré comme auteur ou complice du délit de mendicité en réunion prévu par l'article 276 du Code pénal, et sera puni des peines portées audit article. Dans le cas où ce délit serait commis par les père, mère ou tuteur, ils pourront être privés des droits de la puissance paternelle ou destitués de la tutelle. (Art. 3.)

Tout individu exerçant l'une des professions spécifiées à l'article premier doit être porteur de l'extrait des actes de naissance des enfants placés sous sa conduite et justifier de leur origine et de leur identité par la production d'un livret ou d'un passeport. — Toute infraction à cette disposition est punie d'un emprisonnement de un an à six mois et d'une amende de 16 à 50 francs. (Art. 4.)

En cas d'infraction à l'une des dispositions de la loi, les autorités municipales sont tenues d'interdire toutes représentations aux individus désignés dans l'article premier.

Enfants perdus. — Quand un enfant a été perdu, les parents font à la mairie du lieu de la disparition leur déclaration, afin que les recherches nécessaires s'exécutent.

Le maire fait publier dans la commune la disparition de l'enfant et fait procéder à de nouvelles recherches. Si elles sont infructueuses, il transmet au procureur de la République la déclaration du père de l'enfant, et en adresse une copie au sous-préfet, afin que, par la voie du *Recueil des actes administratifs de la préfecture,* avis de la disparition de l'enfant soit donné dans les autres communes du département.

Les personnes qui le retrouveraient doivent le conduire devant le maire de la commune où il a été rencontré. Si l'enfant est dans l'impuissance ou l'impossibilité de donner des indices sur la demeure de ses parents, le maire prend son signalement et le fait annoncer par les affiches ou journaux. Si personne ne réclame l'enfant, il est placé, après un certain temps, dans un hospice ou chez un particulier, jusqu'à ce qu'il ait été statué par le préfet. — *Dict. des formules,* n° 649.

Travail des enfants dans les manufactures. — Voy. MANUFACTURES.

Enfants assistés. — Il n'existe pas de législation d'ensemble sur cette importante matière; plusieurs projets ont été présentés, un seul a abouti et est devenu la loi du 5 mai 1869, mais cette loi ne vise que la partie financière du service. Les règles actuellement en vigueur sont empruntées à un décret du 19 janvier 1811, dont les dispositions ont été commentées et développées par une instruction du ministre de l'intérieur, en date du 8 février 1823 et par la jurisprudence administrative.

Ce décret confie à la charité publique l'éducation : 1° des **enfants** trouvés; 2° des enfants abandonnés; 3° des orphelins pauvres.

Les enfants trouvés sont ceux qui, nés de pères et mères inconnus, ont été trouvés dans un lieu quelconque ou portés dans les hospices destinés à les recevoir.

Les enfants abandonnés sont ceux qui, nés de pères et mères connus, et d'abord élevés par eux, ou par d'autres personnes à leur décharge, en ont été délaissés, sans qu'on sache ce que les pères et mères sont devenus ou sans qu'on puisse recourir à eux. Sont assimilés aux enfants abandonnés : 1° les enfants des détenus, prévenus, accusés ou condamnés indigents, à moins que le père ou la mère ne soit en liberté ; 2° les enfants des indigents traités ou admis dans un établissement hospitalier jusqu'à la sortie du père ou de la mère. (Circul. Int., 8 févr. 1823.)

Les orphelins sont ceux qui, n'ayant ni père ni mère, n'ont aucun moyen d'existence. (D. 19 janv. 1811, art. 1, 2, 3, 5 et 6; Circ. Int., 8 févr. 1823.)

On ne doit pas comprendre au nombre des enfants abandonnés, ni parmi les orphelins pauvres, les enfants pauvres qui, à défaut de père et de mère, ont des ascendants, si ceux-ci ne les ont pas abandonnés, ou bien si l'on peut requérir contre eux les articles 205 et suivants du Code Napoléon, qui obligent les ascendants de fournir des aliments à leurs descendants. (C. d'Et., 13 août 1861.)

Enfin, la loi du 5 mai 1856 a créé une quatrième classe d'enfants assistés, celle des *enfants reconnus*, enfants naturels, nés de mères indigentes, et qui auraient été abandonnés par elles si l'administration ne leur donnait, par une assistance temporaire, les moyens de les élever.

De l'admission des enfants à l'hospice. — Il doit y avoir, dans chaque arrondissement, un hospice où les enfants trouvés pourront être reçus. (D. 19 janv. 1811, art. 4.)

Si, dans quelques départements, les préfets jugent qu'il y a plus d'avantages et qu'il est sans inconvénient d'avoir, pour tout le département, un seul hospice chargé de recevoir les enfants trouvés ou abandonnés, ils peuvent proposer cette mesure au ministre. (Circ. Int., 8 févr. 1823.)

D'après le même décret, dans chaque hospice destiné à recevoir les enfants trouvés, il devait y avoir un tour où ils pussent être déposés. (D. 19 janv. 1811, art. 3.) Aujourd'hui les tours sont tous remplacés par des bureaux d'admission.

Il doit également y être établi des registres qui constatent jour par jour l'arrivée des enfants, leur sexe, leur âge apparent, et où l'on décrive les marques naturelles et les langes qui peuvent servir à les faire reconnaître. (Id., art. 4; Circ. Int. 8 févr. 1823.)

Voici comment on procède actuellement à la réception des enfants :

S'il s'agit d'un enfant trouvé, l'officier de justice ou de police se rend immédiatement sur les lieux de l'exposition, dresse le procès-verbal prescrit par l'article 52 du Code civil qui a le double but de servir à constater l'identité de l'enfant et de mettre l'administration et la justice sur la trace des auteurs de l'abandon. Il en fait déclaration à l'État et en donne avis au parquet, puis il fait transporter l'enfant à l'hospice dépositaire le plus proche. Les employés de cet hospice peuvent aussi recueillir les enfants exposés à la porte de cet établissement.

Toutes les autres admissions sont prononcées par le préfet, sur l'avis du bureau établi près chaque hospice dépositaire et dont la composition varie suivant les départements.

Toute personne qui s'adresse au bureau d'admission est tenue de se faire connaître et de répondre verbalement ou par écrit aux questions qui lui sont faites. Les sages-femmes ne sont pas dispensées de cette obligation, elles ne sont pas réputées remplir un devoir professionnel en apportant l'enfant à l'hospice. (Décision ministérielle intérieure, 20 février 1861.)

Les pièces à produire sont :

1º L'acte de naissance de l'enfant ;

2º Un certificat du maire, du commissaire de police ou du parquet établissant la situation de l'enfant ;

3º Un extrait du rôle des contributions ou un certificat du maire relatant le chiffre de l'impôt payé par les parents ou ascendants, ou leur non-inscription au rôle.

La naissance des enfants abandonnés, comme de tous les autres, doit être déclarée à l'état civil conformément à l'article 55. Mais le délai de trois jours imparti par cet article étant trop court pour permettre à l'administration de faire des recherches utiles, il a été étendu à dix jours. (Circul. Int., 7 août 1852.) A l'expiration de ce délai, l'enfant doit être inscrit à l'état civil de la situation de l'hospice, si on n'a pas acquis la preuve de son inscription ailleurs.

Quant aux enfants nés à l'hospice, leur naissance doit être déclarée dans les formes ordinaires. (Circul. 8 nov. 1841.)

A l'arrivée d'un enfant, l'employé de l'hospice préposé à la tenue du registre des enfants trouvés doit dresser procès-verbal de l'admission, et indiquer les circonstances, soit de l'exposition, soit de l'apport à l'hospice.

Les enfants abandonnés ne doivent être admis dans les hospices que : 1º d'après l'acte de notoriété du juge de paix ou du maire constatant l'absence de leurs pères et mères; 2º sur l'expédition des jugements correctionnels ou criminels qui les privent de l'assistance de leurs parents.

Aucun enfant abandonné ne peut être admis s'il atteint sa douzième année.

Il doit être tenu, pour l'inscription des enfants abandonnés, un registre analogue au registre des enfants trouvés. Dans le cas où des parents, après avoir abandonné leur enfant momentanément et à dessein de le faire admettre frauduleusement dans un hospice, reparaîtraient ensuite dans la commune, le maire doit en informer le sous-préfet, qui ordonnera la remise de l'enfant aux parents, et ceux-ci seront tenus au remboursement des frais occasionnés par l'enfant à l'hospice. (Circ. Int., 8 février 1823.)

§ 3. *Des nourrices et du placement des enfants à la campagne.* — Les enfants nouveau-nés doivent être mis en nourrice aussitôt que faire se peut. Jusque-là, ils doivent être nourris au biberon, ou même au moyen de nourrices résidant dans l'établissement; s'ils sont sevrés ou susceptibles de l'être, ils doivent être également mis en nourrice ou en sevrage. (D. 19 janvier 1811, art. 7.)

Ils doivent rester en nourrice jusqu'à l'âge de dix ans. (Id., art. 8.)

Les enfants nouveau-nés doivent être baptisés avant leur départ pour la campagne.

Ils doivent aussi être vaccinés dès leur admission dans l'hospice, à moins que l'état de leur santé ou leur prompt départ pour la campagne ne s'y oppose. Dans ces cas, les nourrices doivent les faire vacciner dans les trois premiers mois qui suivront la remise qui leur en aura été faite, et doivent justifier d'un certificat de vaccination, dûment légalisé par le maire, pour pouvoir être payées du premier trimestre des mois de nourrice.

On doit exiger des nourrices et autres personnes qui viennent prendre des enfants dans les hospices, un certificat du maire de leur commune, constatant qu'elles sont de bonnes vie et mœurs, et qu'elles son. en état d'élever et soigner les enfants, et que leur habitation est salubre. Ces certificats sont dispensés du timbre comme délivrés dans un but de police et dans l'intérêt d'enfants indigents. (Circ. Int. 13 août 1841.) — *Dict. des formules*, n° 655.

Au départ de la nourrice, il est fait mention, sur le registre-matricule à ce destiné, de la mise de l'enfant en nourrice. Il lui est délivré une carte contenant le nom de l'enfant, son âge, le numéro du registre-matricule, le folio du registre de payement, le nom de la nourrice et la date de la remise du nourrisson.

Cette carte doit aussi présenter des blancs sur lesquels s'inscriront successivement les payements faits à la nourrice, les vêtures qui lui sont remises, et le décès de l'enfant, s'il avait lieu. Pour empêcher les substitutions, on a dû donner une marque distinctive aux enfants des hospices mis en nourrice ; autrefois l'administration employait les boucles d'oreilles, elle recommande maintenant les colliers munis d'une médaille que les enfants gardent jusqu'à la cinquième année. (Circ. Int. 3 août 1869.)

A six ans, tous les enfants doivent être, autant que faire se peut, mis en pension chez des cultivateurs ou des artisans. (D. 19 janvier 1811, art. 9.)

Les nourrices peuvent conserver jusqu'à l'âge de douze ans les enfants qui leur ont été confiés, à la charge de les nourrir et entretenir convenablement, aux prix et conditions déterminés conformément aux règles qui seront plus loin rappelées, et de les envoyer aux écoles primaires pour y recevoir l'instruction donnée aux autres enfants de la commune ou du canton. — Voy. Inst. publique.

Les enfants qui ne peuvent être mis en pension, les estropiés, les infirmes, sont élevés dans l'hospice : ils sont occupés, dans les ateliers, à des travaux en rapport avec leur âge. (D. 19 janvier 1811, art. 10.)

Les maires doivent surveiller particulièrement les nourrices auxquelles des enfants trouvés ont été confiés. Si ensuite ces enfants sont placés chez des laboureurs ou des ouvriers de leurs communes, l'obligation des maires est de les protéger contre l'injustice et les mauvais traitements, de veiller à ce qu'ils soient convenablement entretenus, et à ce qu'ils ne soient pas occupés à des travaux au-dessus de leurs forces.

En cas de mort d'un enfant, les personnes qui en étaient chargées doivent rapporter une expédition de son acte de décès. Cette expédition doit être délivrée sans frais et sur papier libre par l'officier de l'état civil, qui mentionnera, conformément à la loi du 13 brumaire an VII, qu'elle est destinée à l'administration de l'hospice auquel appartenait l'enfant décédé.

Des layettes et vêtures. — On doit remettre à chaque nourrice une layette au moment où on lui confie un enfant nouveau-né.

Les vêtures qui suivent les layettes sont données aux enfants, d'année en année, jusqu'à l'âge de six ans accomplis.

Il appartient aux préfets de régler, suivant les usages des localités et les produits des fabriques du pays, la composition des layettes et vêtures.

Les layettes et vêtures doivent être fournies en nature et jamais en argent. (Déc. ministérielle 24 décembre 1836.) Tous les effets sont marqués au timbre de l'hospice et envoyés gratuitement au domicile du nourricier.

II

43

Chaque nourrice est responsable des layettes et vêtures qui lui ont été données; et elle est tenue d'en faire la remise, dans le cas où l'enfant viendrait à décéder avant l'expiration de la seconde année qui suit la réception de chaque layette ou vêture, et dans le cas où l'enfant serait retiré avant l'expiration de ce terme.

A défaut de cette remise, il doit être fait une retenue aux nourrices sur les salaires qui leur sont dus, jusqu'à la concurrence de la valeur des layettes et vêtures qu'elles auraient dû restituer, et dans le cas où le montant de ces salaires serait inférieur à la valeur des layettes et vêtures, les nourrices doivent être tenues de la compléter. (Circ. Int. 8 fév. 1823.)

De la mise en apprentissage des enfants et de leur retour dans l'hospice. — Les enfants âgés de douze ans doivent, autant que faire se peut, être mis en apprentissage, les garçons chez des laboureurs ou des artisans; les filles chez des ménagères, des couturières ou des ouvrières, ou dans des fabriques et manufactures. (D. 19 janvier 1811, art. 17.)

Les commissions administratives des hospices peuvent également, lorsque les enfants manifestent le désir de s'attacher au service maritime, contracter, sous l'approbation des préfets, des engagements pour le placement de ces enfants sur des vaisseaux de commerce ou de l'Etat. (Arrêté 30 ventôse an v.)

Les nourrices et autres habitants, qui ont élevé jusqu'à douze ans les enfants qui leur ont été confiés, peuvent les conserver préférablement à tous autres, en se chargeant de leur faire apprendre un métier, ou de les appliquer aux travaux de l'agriculture. (Circ. Int. 8 fév. 1823.)

Les contrats d'apprentissage sont soumis à l'approbation du préfet. Ils n'engagent l'enfant que jusqu'à 16 ans, sauf engagement nouveau à partir de cet âge; ils ne doivent stipuler aucune somme en faveur du maître ni de l'apprenti; ils doivent seulement garantir au maître les services gratuits de l'apprenti, jusqu'à un âge qui ne peut excéder vingt-cinq ans, et à l'apprenti, la nourriture, l'entretien et le logement. (Circ. Int. 3 août 1869.)

Les enfants qui, pour leur inconduite ou la manifestation de quelques inclinations vicieuses, seraient reconduits dans les hospices, doivent y être placés dans un local particulier, et les administrations doivent prendre les mesures convenables pour les ramener à leur devoir, en attendant qu'elles puissent les rendre à leurs maîtres ou les placer ailleurs. (Circ. Int. 8 février 1823.)

Secours temporaires aux enfants nouveau-nés. — Certains conseils généraux avaient coutume de voter des crédits pour aider les mères indigentes qui élevaient elles-mêmes leurs enfants. La loi du 5 mai 1869, article 3, consacre cette coutume en la généralisant, dans le but non seulement de moraliser les parents, mais aussi de réduire le nombre des abandons et de diminuer la mortalité chez les enfants.

Le secours temporaire n'est ordinairement accordé qu'aux nouveau-nés. Cependant, on peut y admettre, au besoin, les enfants naturels d'un âge plus avancé, qui, pour cause de misère notoire, seraient près d'être abandonnés, ou ceux que leurs mères indigentes manifesteraient l'intention de retirer de l'hospice. Pour être secouru, l'enfant doit être reconnu par sa mère.

Le secours dure généralement trois ans. Il est en moyenne de

8 à 10 francs par mois pendant la première année, de 8 francs pendant la seconde, et de 6 francs pendant les années suivantes.

Le secours qui peut être prolongé en raison de circonstances particulières, peut, à l'inverse, être suspendu ou retiré, si la mère voit sa position s'améliorer, ou si elle retombe dans l'inconduite.

Inspection et surveillance. — La surveillance des enfants assistés est spécialement confiée à un corps d'inspecteurs nommés par le ministre de l'intérieur (D. 31 juillet 1870, art. 8 et 9), et dont le traitement est à la charge exclusive de l'Etat.

Le rôle des inspecteurs consiste à faire des tournées, chacun dans leur circonscription de manière à constater par eux-mêmes la situation des enfants ; ils aident aussi les commissions administratives dans leurs fonctions de tutelle.

Les maires, secondés par les comités de patronage qui comprennent, outre le maire président, le curé, le juge de paix, l'instituteur et des mères de famille, doivent de leur côté veiller attentivement sur les enfants placés dans leur commune. (Circ. Int. 2 novembre 1862. — 3 août 1869.)

Des dépenses. — D'après la loi du 5 mai 1869, les dépenses du service des enfants assistés se divisent en dépenses intérieures, dépenses extérieures et dépenses d'inspection.

Les dépenses intérieures comprennent : 1° les frais occasionnés par le séjour des enfants à l'hospice ; 2° les dépenses de nourrices sédentaires ; 3° les layettes.

Le tarif des dépenses intérieures est réglé tous les cinq ans par arrêté préfectoral rendu sur la proposition des commissions hospitalières et après avis du conseil général.

Sous l'empire de la loi du 5 mai 1869, les hospices dépositaires ne sont plus tenus d'affecter à ces dépenses que le montant des fondations, dons et legs spéciaux faits au profit des enfants assistés, l'Etat contribue par une subvention égale aux quatre cinquièmes de ces dépenses, déduction faite desdites fondations (arrêt de cassation 13 juillet 1877 et cour de Besançon 10 janvier 1881); le surplus à la charge du département.

Les dépenses du service extérieur comprennent : 1° les secours temporaires ; 2° les prix de pension et les allocations réglementaires ou exceptionnelles concernant les enfants placés à la campagne ou dans des établissements spéciaux, les primes aux nourrices, les frais d'école s'il y a lieu et les fournitures scolaires ; 3° les frais de vêture ; 4° les frais de déplacement des nourrices ou des enfants, et au besoin ceux d'engagement des nourrices ; 5° les registres et imprimés de toute nature, les frais de livrets et de signes de reconnaissance ; 6° les frais de maladie et d'inhumation des enfants placés en nourrice ou en apprentissage.

Il est pourvu aux dépenses extérieures au moyen : 1° de fondations, dons et legs aux enfants assistés, faits au profit des hospices dépositaires ; 2° d'un contingent fourni par les communes qui est égal au cinquième des dépenses extérieures. Ce contingent est rangé au nombre des dépenses obligatoires pour les communes. (L. 5 avril 1884, art. 136.) Le conseil général fixe la part qui est à la charge des communes du département et les bases de la répartition à faire entre elles. (L. 10 août 1871, art. 46, § 19 et circ. int. 24 août 1839.) Le reste tombe à la charge du budget départemental. La loi du 10 août 1871 a enlevé à cette dépense le caractère obligatoire qu'elle tenait de la loi de 1838; mais ce n'en est pas moins une dette morale qui incombe aux conseils généraux. Aujourd'hui encore, ce sont les départements qui supportent la plus lourde charge, car on admet en principe que les enfants assistés sont à la charge des départements où ils ont leur domicile de secours. Le ministre de l'intérieur a, il est vrai, manifesté l'intention de supprimer la recherche du domicile de secours qui, outre les difficultés administratives qu'elle soulève, peut avoir l'énorme inconvénient de troubler la paix des familles, et, par la circulaire du 28 juin 1881, il a consulté les préfets sur les mesures financières à prendre pour arriver à ce résultat. Ces mesures consisteraient à créer un fonds commun alimenté par la centralisation de cotisations départementales égales au chiffre moyen des débours, et ce fonds serait ensuite réparti par le ministère entre tous les départements au prorata des chiffres représentant le remboursement effectué aujourd'hui par eux. Le ministre se montrait alors disposé à prendre l'initiative d'un projet de loi consacrant ce système. Mais la loi n'étant pas encore venue en discussion, nous n'en parlons que pour mémoire. — L'Etat concourt aussi aux dépenses du service extérieur, mais d'une manière indirecte, par l'abandon au service des enfants assistés : 1° d'un tiers des amendes pour le transport illégal des lettres; 2° de la totalité des amendes pour exercice illégal de la médecine (L. 19 ventôse et 21 germinal an XI; arr. minist. finances, 16 décembre 1863 et circ. int. 24 février 1875); 3° enfin d'un tiers du produit des amendes de police correctionnelle. (Arr. 25 floréal an VIII et circ. 30 décembre 1823, art. 5). Aux termes d'un arrêté du ministre des finances du 21 juin 1863, les fonds en provenant sont versés aux produits éventuels départementaux. Jusqu'à ces derniers temps, les amendes de police correctionnelle, ainsi affectées au service des enfants assistés, profitaient exclusivement aux finances départementales; mais, par un avis du 3 mars 1882, le conseil d'Etat a déclaré que non seulement le produit des fondations, dons et legs, mais aussi celui des amendes de police correctionnelle, devaient venir en déduction des dépenses auxquelles l'Etat, le département et les communes contribueraient pour une part proportionnelle. (Circ. 8 décembre 1882.)

Du payement des dépenses. — Les dépenses intérieures sont avancées par les hospices dépositaires et remboursées chaque semestre, sur mémoire, au moyen des ressources combinées du département et de l'Etat. (Circ. 3 août 1869.) Tous les cinq ans, le préfet fixe par arrêté, avec le prix des layettes, le tarif des frais de séjour qui est en général de 60 à 75 centimes par jour.

Les dépenses extérieures sont directement payées par le département avec le concours des percepteurs.

Les prix des mois de nourrice et pensions doivent être réglés par le conseil général sur la proposition du préfet dans chaque département, en prenant pour base le prix ordinaire des grains, et en graduant leur fixation suivant les services que les enfants peuvent rendre dans les différents âges de leur vie.

Le tarif ainsi établi doit servir de règle unique pour tous les placements d'enfants opérés dans le département même par des commissions administratives appartenant à d'autres départements, sauf à ces commissions à accorder une indemnité spécial de déplacement aux nourrices si la distance à parcourir par celles-ci pour venir chercher les enfants rend cette mesure nécessaire. (Circ. Int. 3 août 1869.)

Le payement des mois de nourrice et pensions ne doit avoir lieu que sur la représentation, 1° de la carte ou du bulletin donné par l'hospice à la personne chargée de l'enfant ; 2° d'un certificat de vie de l'enfant ou de son acte de décès.

Le certificat de vie doit être délivré par le maire de la commune où l'enfant se trouve en nourrice ou en pension, et constater que le maire a vu l'enfant dont il certifie l'existence (D. 19 janvier 1816, art. 13); il doit être donné sur papier libre et sans frais, et le sceau de la mairie doit y être apposé. Les commissions administratives des hospices et les préfets prescrivent, pour la délivrance des certificats de vie, toutes les précautions qu'ils jugent propres à en assurer l'authenticité. — *Dict. des formules*, n° 656.

Les nourrices et autres personnes chargées d'enfants assistés ont droit, pour les neuf premiers mois de la vie de l'enfant, à une indemnité de 18 francs, indépendamment des mois de nourrice, lorsqu'elles présentent des certificats des maires constatant que les enfants existent et qu'ils ont été traités avec soin et humanité. Celles qui ont conservé des enfants jusqu'à l'âge de douze ans et qui les ont préservés, jusqu'à cet âge, d'accidents provenant de défaut de soins, reçoivent à cette époque, sur la représentation des mêmes certificats, une autre indemnité de 50 francs. (Arrêté du 30 ventôse an V ; circ. int., 13 août 1841 et 21 juillet 1843.)

Indépendamment de ces allocations dites réglementaires, certaines autres, qualifiées de primes aux nourrices et d'indemnités exception-nelles, sont aussi prévues par la loi de 1869. Leur taux n'a rien de fixe; elles varient suivant les conditions d'âge et de santé des pupilles, la nature et la durée du placement. Des arrêtés individuels pris par les préfets en déterminent la quotité dans les limites budgétaires. (Loi du 5 mai 1869 ; circ. int. 3 août 1869 ; loi 10 août 1871.)

Les percepteurs sont chargés dans les communes autres que celle où est situé l'hospice dépositaire, du payement des mois de nourrice, pensions et autres dépenses extérieures pour le service des enfants assistés. Ce payement a lieu conformément aux règles ci-après :

A l'expiration de chaque mois ou de chaque trimestre, les maires des communes dans lesquelles sont placés les enfants assistés, dressent les certificats de vie de ces enfants au dernier jour de la période. Pour ceux des enfants décédés dans le cours de la période, ils délivrent un bulletin de décès. Ces diverses pièces sont envoyées par les maires à la préfecture, qui garde celles concernant les enfants temporairement secourus, et fait parvenir les autres aux établissements dépositaires. Après réception des actes, les commissions administratives de ces établissements rédigent les décomptes, par arrondissement de perception, des dépenses extérieures du service. Toutefois, pour les communes où il existe un établissement dépositaire, quel que soit le nombre des perceptions, il n'est fait qu'un décompte, les percepteurs étant dispensés de ce service, qui est confié aux receveurs des hospices. Pour les enfants temporairement secourus, les décomptes sont dressés à la préfecture. Les décomptes doivent présenter les éléments ci-après : le nom de la partie prenante, celui de l'enfant, son âge, le montant de la pension mensuelle, les sommes à payer, l'émargement du créancier, et enfin une colonne pour les observations.

Les décomptes sont arrêtés par le préfet, et transmis aux percepteurs, par l'entremise du trésorier général des finances, avec ordre d'en acquitter le montant. Le percepteur paye les créanciers qui donnent quittance au moyen d'un émargement. Pour les illettrés, les comptables suivent les prescriptions de l'article 363 du décret du 31 mai 1862, et se pourvoient eux-mêmes des témoins nécessaires pour l'attestation des payements. Les nourriciers doivent être prévenus de l'époque à laquelle ils peuvent se présenter devant le percepteur. (Circ. int. 8 juin 1863.)

De la tutelle et de la succession des enfants. — Les enfants admis dans les hospices, à quelque titre et sous quelque dénomination que ce soit, sont sous la tutelle des commissions administratives de ces maisons, lesquelles désignent un de leurs membres pour exercer, le cas advenant, les fonctions de tuteur, et les autres forment le conseil de tutelle. (L. 15 pluviôse an XIII, art. 1er).

Quand l'enfant sort de l'hospice pour être placé comme ouvrier, serviteur ou apprenti, dans un lieu éloigné de l'hospice où il avait été placé d'abord, la commission de cet hospice peut, par un simple acte administratif, visé du préfet ou du sous-préfet, déférer la tutelle à la commission administrative de l'hospice du lieu le plus voisin de la résidence actuelle de l'enfant. (Id., art. 2.)

La tutelle des enfants admis dans les hospices dure jusqu'à leur majorité ou émancipation par mariage ou autrement. (Id., art. 3.)

Les commissions administratives des hospices jouissent, relativement à l'émancipation des mineurs qui sont sous leur tutelle, des droits attribués aux pères et mères par le Code civil. L'émancipation est faite, sur l'avis des membres de la commission administrative, par celui d'entre eux qui a été désigné tuteur, et qui seul est tenu de comparaître à cet effet devant le juge de paix. L'acte d'émancipation est délivré sans autres frais que ceux d'enregistrement et de papier timbré. (L. 15 pluviôse an XIII, art. 4.)

Si les enfants admis dans les hospices ont des biens, le receveur de l'hospice remplit à leur égard les mêmes fonctions que pour les biens des hospices. (Id., art. 5.)

Les capitaux qui appartiennent ou échoient aux enfants admis dans les hospices sont placés dans les monts-de-piété; dans les communes où il n'y aurait pas de monts-de-piété, ces capitaux sont placés à la caisse des dépôts, pourvu que chaque somme ne soit pas au-dessous de 150 fr.; auquel cas, il en est disposé selon ce que règle la commission administrative. (Id., art. 6.)

Les revenus des biens et capitaux appartenant aux enfants admis dans les hospices sont perçus, jusqu'à leur sortie desdits hospices, à titre d'indemnité des frais de leur nourriture et entretien. (Id., art. 7.)

Si l'enfant décède avant sa sortie de l'hospice, son émancipation ou sa majorité, et qu'aucun héritier ne se présente, ses biens appartiennent en propriété à l'hospice, lequel en peut être envoyé en possession à la diligence du receveur et sur les conclusions du ministère public. S'il se présente ensuite des héritiers, ils ne peuvent répéter les fruits que du jour de la demande. (Id., art. 8.)

Les héritiers qui se présentent pour recueillir la succession d'un enfant décédé avant sa sortie de l'hospice, son émancipation ou sa majorité, sont tenus d'indemniser l'hospice des aliments fournis et dépenses faites pour l'enfant décédé pendant le temps qu'il est resté à la charge de l'administration, sauf à faire entrer en compensation, jusqu'à due concurrence, les revenus perçus par l'hospice. (Id., art. 9.)

De la reconnaissance et de la réclamation des enfants. — Les enfants exposés ou abandonnés ne doivent être remis aux parents qui les réclameraient, qu'à la charge par ces derniers de rembourser toutes les dépenses que les enfants ont occasionnées.

Il ne peut être fait d'exception que pour les parents qui sont reconnus hors d'état de rembourser tout ou une partie de cette dépense.

La remise d'un enfant aux parents qui le réclament ne doit avoir lieu que sur un certificat de leur moralité délivré par le maire de leur commune, et attestant, en outre, qu'ils sont en état d'élever leurs enfants. (Circ. Int. 8 février 1823.) — *Dict. des formules*, nos 657-658.

Enfants du premier âge (Protection des). — Tout enfant, âgé de moins de deux ans, qui est placé moyennant salaire, en nourrice, en sevrage, ou en garde hors du domicile de ses parents, devient, par ce fait, l'objet d'une surveillance de l'autorité publique, ayant pour but de protéger sa vie et sa santé. (L. 23 décembre 1874, art 1er.)

Le décret du 17 février 1877 pour assurer l'exécution de la loi, organise la surveillance de la manière suivante :

Cette surveillance est confiée, dans le département de la Seine, au préfet de police, et, dans les autres départements, aux préfets.

Ces fonctionnaires sont assistés d'un comité ayant pour mission d'étudier et de proposer les mesures à prendre, et composé comme il suit : deux membres du conseil général, désignés par ce conseil ; — dans le département de la Seine, le directeur de l'assistance publique, et, dans les autres départements, l'inspecteur du service des enfants assistés ; — six autres membres nommés par le préfet, dont un pris parmi les médecins membres du conseil départemental d'hygiène publique et trois pris parmi les administrateurs des sociétés légalement reconnues qui s'occupent de l'enfance, des sociétés de charité maternelle, des crèches ou des sociétés des crèches, ou, à leur défaut, parmi les membres des commissions administratives des hospices et des bureaux de bienfaisance. (D. art. 17.)

Des commissions locales sont instituées par un arrêté du préfet, après avis du comité départemental, dans les parties du département, où l'utilité en est reconnue, pour concourir à l'application des mesures de protection des enfants et de surveillance des nourrices et gardeuses d'enfants. Deux mères de famille font partie de chaque commission locale, ainsi que le curé, et dans les communes où siège un conseil presbytéral ou un consistoire israélite un délégué de chacun de ces conseils. — Le médecin inspecteur nommé en exécution de l'art. 5 de la loi est convoqué aux séances de la commission et a voix consultative.

Ces fonctions sont gratuites. (L., art. 2.)

Il est institué près du ministre de l'intérieur un comité supérieur de protection des enfants du premier âge, qui a pour mission de réunir et coordonner les documents transmis par les comités départementaux, d'adresser chaque année au ministre un rapport sur les travaux de ces comités, sur la mortalité des enfants et sur les mesures les plus propres à assurer et étendre les bienfaits de la loi, et de proposer, s'il y a lieu, d'accorder des récompenses aux personnes qui se sont distinguées par leur dévouement et leurs services. (L., art. 3.)

Dans les départements où l'utilité d'établir une inspection médicale des enfants en nourrice, en sevrage ou en garde est reconnue par le ministre de l'intérieur, le comité supérieur consulté, un ou plusieurs médecins sont chargés de cette inspection. — La nomination de ces inspecteurs appartient aux préfets. (Id., art. 5.)

Sont soumis à la surveillance : toute personne ayant un nourrisson ou un ou plusieurs enfants en sevrage ou en garde placés chez elle moyennant salaire ; les bureaux de placement et tous les intermédiaires qui s'emploient au placement des enfants en nourrice, en sevrage ou en garde.

Commissions locales. — Cette commission se réunit au moins une fois par mois, elle est chargée de répartir entre ses membres la surveillance des enfants à visiter au domicile de la nourrice, sevreuse ou gardeuse ; de signaler au préfet les nourrices qui méritent une mention spéciale à raison des bons soins qu'elles donnent aux enfants ; enfin de retirer, après mise en demeure aux parents, sur avis du médecin inspecteur, l'enfant à la nourrice, sevreuse ou gardeuse pour le placer provisoirement chez une autre personne, lorsqu'elle juge que la santé ou la vie de l'enfant peut-être compromise par le défaut de soin de la nourrice.
— En cas de péril imminent, le maire en qualité de président de la commission, prend d'urgence et provisoirement les mesures nécessaires, sauf à informer de sa décision, dans les 24 heures, la commission locale, le médecin inspecteur, le préfet et avertir les parents. Le secrétaire de la commission doit tenir au courant un registre en deux parties contenant d'une part les délibérations et décisions de la commission, et d'autre part, les noms et adresses de toutes les nourrices, sevreuses et gardeuses, les noms des enfants et la date des visites faites par ses membres. Ce registre est visé mensuellement par le médecin.

Dans les communes où il n'a pas été institué de commission, le maire a seul les pouvoirs conférés à la commission. (Décret art. 5, 6, 7 et 8 et circulaire 30 mars 1877.)

Le refus de recevoir la visite du médecin inspecteur, du maire de la commune ou de toutes autres personnes déléguées ou autorisées en vertu de la présente loi est puni d'une amende de 5 francs à 15 francs. Un emprisonnement de 1 à 5 jours peut être prononcé si le refus dont il s'agit est accompagné d'injures ou de violences. (Id., art. 6.)

Déclaration à faire par les parents. — Toute personne qui place un enfant en nourrice, en sevrage ou en garde, moyennant salaire, est tenue, sous les peines portées par l'article 346 du Code pénal, d'en faire la déclaration à la mairie de la commune où a été faite la déclaration de naissance de l'enfant, ou à la mairie de la résidence actuelle du déclarant, en indiquant dans ce cas, le lieu de la naissance de l'enfant, et de remettre à la nourrice ou à la gardeuse un bulletin contenant un extrait de l'acte de naissance de l'enfant qui lui est confié. (Art. 7.)

Le décret réglementaire du 27 février 1877 enjoint à tout officier de l'état civil qui reçoit une déclaration de naissance de rappeler aux déclarants les dispositions éditées par l'article 7 de la loi précitée.

. La déclaration prescrite à toute personne qui place un enfant en nourrice, sevrage ou garde moyennant salaire, est inscrite sur le registre spécial ouvert à la mairie, en vertu de l'article 10 de la loi. Elle est signée par le déclarant (voir le modèle de cette déclaration, *Dict. des formules*, n° 1079.

Le déclarant doit produire en même temps le carnet délivré à la nourrice, sur lequel le maire inscrit les indications portées sous les numéros 1, 2, 3 et 5 de l'article précité. (Art. 22, id.)

Si l'enfant est envoyé dans une commune autre que celle où la déclaration a été faite, le maire, qui en reçoit la déclaration, en transmet copie, dans les trois jours, au maire de la commune où l'enfant doit être conduit. Aussitôt que le maire est averti qu'un enfant est placé en nourrice, en sevrage ou en garde dans sa commune, il doit, dans les trois jours, transmettre une copie de la déclaration au médecin inspecteur de la circonscription. (Art. 23 et 24). — *Dict. des formules*, n° 1080.

Obligations imposées aux nourrices. — D'autre part, les obligations imposées aux nourrices sont les suivantes :
Toute femme qui veut prendre chez elle un enfant en nourrice doit préalablement obtenir un certificat du maire de sa commune et un certificat médical. Elle doit être, en outre, munie du carnet spécifié à l'article 30 dont nous parlerons ci-après. — *Dict. des formules*, n° 1084.

Certificats du maire et du médecin. — Les personnes qui veulent se placer comme nourrices sur lieu doivent également, aux termes de l'article 8 de la loi, se munir d'un certificat du maire de leur résidence, indiquant si leur dernier enfant est vivant, et constatant qu'il est âgé de 7 mois révolus, ou, s'il n'a pas atteint cet âge, qu'il est allaité par une autre femme remplissant les conditions qui sont determinées par le règlement d'administration publique.
Le certificat doit faire connaître si le mari a donné son consentement ; il contient les renseignements que peut fournir le maire sur la conduite et les moyens d'existence de la nourrice, sur la salubrité et la propreté de son habitation. Il constate la déclaration de la nourrice et qu'elle est pourvue d'un garde-feu et d'un berceau.
Sur l'interpellation du maire, la nourrice doit déclarer si elle a déjà élevé un ou plusieurs enfants moyennant salaire ; indiquer l'époque à laquelle elle a été chargée de ces enfants, la date et la cause des retraits, et si elle est restée munie des carnets qui lui ont été précédemment délivrés. Le maire mentionne dans son certificat les réponses de la nourrice. (Art. 27 et 28 du décret.)
Le certificat médical est délivré par le médecin inspecteur, ou, à son défaut, par un docteur en médecine ou un officier de santé habitant la commune où la nourrice vient prendre l'enfant. Il est toujours dûment légalisé et visé par le maire. — *Dict. des formules*, n° 1075.

Carnet. — Le carnet est toujours délivré gratuitement : à Paris par le préfet de police ; à Lyon, par le préfet du Rhône ; dans les autres communes, par le maire.
La nourrice peut l'obtenir soit dans la commune où elle réside, soit dans celle où elle vient chercher un enfant ; dans ce dernier cas elle doit produire un certificat du maire de sa commune. Elle doit se pourvoir d'un nouveau carnet chaque fois qu'elle prend un nouveau nourrisson. Le certificat délivré par le maire et le certificat médical doivent être inscrits sur le carnet. S'ils ont été délivrés à part, ils y sont textuellement transcrits. Indépendamment des autres mentions qu'il est appelé à recevoir, le carnet doit en outre reproduire le texte des articles du Code pénal, du règlement d'administration publique et du règlement particulier fait par le préfet, en exécution de l'article 12 de la loi, qui intéressent directement les nourrices, sevreuses ou gardeuses, les intermédiaires et les directeurs des bureaux de placement.

Conditions communes aux nourrices, sevreuses et gardeuses. — Les conditions concernant les certificats, l'inscription et le carnet sont également applicables aux femmes qui veulent se charger d'enfants en sevrage ou en garde, sauf toutefois la condition d'aptitude à l'allaitemen au sein. (Art. 30 et 31 du decret.)

Les principales de ces conditions sont les suivantes :

Interdiction à toute nourrice d'allaiter un autre enfant que son nourrisson, à moins d'une autorisation spéciale écrite par le médecin inspecteur, ou, s'il n'existe pas de médecin inspecteur dans le canton, par un docteur en médecine ou un officier de santé. (Art. 25 du décret.) — *Dict. des formules*, n° 1077.

Défense aux sevreuses ou gardeuses de se charger de plus de deux enfants à la fois, à moins d'une autorisation spéciale écrite, donnée par la commission locale, et, à défaut de commission, par le maire. (Art. 26 du décret.) — *Dict. des formules*, n° 1078.

Obligation pour la nourrice, si l'enfant n'a pas été vacciné, de le faire vacciner dans les trois mois dujour où il lui a été confié. **D.** art. 32.

Défense à la nourrice, sevreuse ou gardeuse de se décharger, suos aucun prétexte, même temporairement, du soin d'élever l'enfant qui lui a été confié en le remettant à une autre nourrice, sevreuse ou gardeuse, à moins d'une autorisation écrite donnée par les parents ou par le maire, après avis du médecin inspecteur.

Obligation pour la nourrice, sevreuse ou gardeuse, qui veut rendre l'enfant confié à ses soins avant qu'il lui ait été réclamé, d'en prévenir le maire.

Toute déclaration ou énonciation reconnue fausse dans les certificats entraîne l'application au certificateur des peines portées au paragraphe 155 du Code pénal.

Rôle du maire. — Ainsi renseigné par les déclarations à lui faites, le maire doit tenir, avec la plus scrupuleuse exactitude, les registres prescrits par les articles 7 et 9 de la loi et l'article 39 du décret réglementaire.

L'article 10 de la loi prescrit qu'ils soient cotés, parafés et vérifiés chaque année par les juges de paix, qui doivent faire un rapport annuel au procureur de la République sur les résultats de cette vérification. Le rapport est transmis par le procureur au préfet. Cette vérification entraînant des frais de déplacement pour les juges de paix, le ministre de l'intérieur, d'accord avec le garde des sceaux, pense qu'il y aurait lieu de leur accorder des indemnités calculées sur les bases du tarif des transports en matière criminelle, c'est-à-dire 12 francs au delà de 20 kilomètres, 9 francs au delà de 5 ; pour les parcours de moins de 5 kilomètres, il ne serait alloué aucune indemnité.

Rôle du médecin inspecteur. — La commission locale est secondée et éclairée dans ses opérations par le médecin inspecteur de la circonscription. Ce médecin inspecteur doit se transporter au domicile de la nourrice, sevreuse ou gardeuse, pour y voir l'enfant, dans la huitaine du jour où, en exécution de l'article 24 ci-après, il est prévenu par le maire de l'arrivée de l'enfant dans la commune. Il doit, ensuite, visiter l'enfant au moins une fois par mois et à toute réquisition du maire. (**D.**, art. 10.)

Après chaque visite, le médecin inspecteur vise le carnet délivré à la nourrice, sevreuse ou gardeuse, en exécution de l'article 30 ci-après, et il y inscrit ses observations ; il transmet au maire un bulletin indiquant la date et les résultats de sa visite. Ce bulletin est communiqué à la commission locale. En cas de décès de l'enfant, il mentionne sur le bulletin la date et les causes du décès. (Art. 2.)

Le médecin inspecteur rend compte immédiatement au maire et au préfet des faits qu'il aurait constatés dans ses visites et qui mériteraient son attention. Chaque année il adresse un rapport sur l'état général de sa circonscription au préfet qui la communique à l'inspecteur départemental du service des enfants assistés et au comité départemental.

Si le médecin reconnaît, soit chez la nourrice, soit chez l'enfant, les symptômes d'une maladie contagieuse, il constate l'état de l'enfant et celui de la nourrice et il peut faire cesser l'allaitement naturel. Aussitôt qu'il constate une grossesse, il informe le maire, qui doit aviser les parents, sans préjudice, s'il y a lieu, du retrait provisoire qu'il peut opérer en vertu de l'article 7.

Aussitôt que le maire apprend qu'un enfant placé en nourrice ou en garde dans la commune est malade et manque de soins médicaux, il prévient le médecin inspecteur de la circonscription, et, si celui-ci est empêché, il requiert le médecin le moins éloigné de la résidence de l'enfant. Ce dernier doit, si l'enfant succombe, mentionner les causes du décès dans un bulletin spécial ainsi qu'il est prescrit pour le médecin inspecteur. (D. art. 13 et 14.)

Le médecin inspecteur tient à jour un livre sur lequel il inscrit les nourrices, sevreuses ou gardeuses et les enfants qui leur sont confiés, les dates de ses visites et ses observations.

Comme compensation de leurs peines et déplacements les médecins inspecteurs reçoivent, à titre d'honoraires, des émoluments qui sont fixés par le ministre, sur la proposition du préfet après avis du conseil général. Les circulaires ministérielles du 8 août 1881 et du 21 juillet 1882 recommandent de substituer autant que possible la rémunération par enfant à l'indemnité fixe ou à l'abonnement.

Le législateur ne s'est pas borné à réglementer la profession de nourrice, il a soumis aussi à la surveillance administrative les personnes qui tiennent des bureaux de nourrices ou qui s'entremettent pour placer les enfants en sevrage ou en garde.

Conditions imposées aux bureaux de nourrices et aux intermédiaires. — Aux termes de l'article 11 de la loi, nul ne peut ouvrir ou diriger un bureau de nourrices, ni exercer la profession d'intermédiaire pour le placement des enfants en nourrice, en sevrage ou en garde, et le louage de nourrices sans en avoir obtenu préalablement l'autorisation.

La demande d'autorisation doit être adressée au préfet du département où le pétitionnaire est domicilié. Elle fait connaître les départements dans lesquels celui-ci se propose de prendre ou de placer les enfants. Le préfet communique la demande aux préfets des autres départements intéressés et s'assure de la moralité du demandeur. Il fait examiner les locaux affectés aux nourrices et aux enfants, s'il s'agit d'un bureau de placement, ou les voitures affectées au transport des nourrices et des nourrissons, s'il s'agit de meneurs ou de meneuses.

L'arrêté d'autorisation détermine les clauses particulières auxquelles le permissionnaire est astreint dans l'intérêt de la salubrité, des mœurs et de l'ordre public. Ces conditions sont affichées dans l'intérieur des bureaux ainsi que les prescriptions légales et réglementaires.

L'autorisation peut toujours être retirée.

Dans le cas où l'industrie doit être exercée dans plusieurs départements, il est donné avis de l'arrêté d'autorisation ou de l'arrêté de

retrait aux préfets de tous les départements intéressés. (Art. 35 du règlement.)

Il est interdit aux directeurs des bureaux de nourrices et à leurs
agents de s'entremettre pour procurer des nourrissons ou des
nourrices qui ne seraient pas munis des pièces mentionnées aux articles 27, 28, 29 et 30 du règlement. Il est défendu aux meneurs et
meneuses de reconduire des nourrices dans leurs communes avec des
nourrissons sans qu'elles soient munies de ces pièces.

Les directeurs des bureaux et les logeurs des nourrices sont tenus
d'avoir un registre coté et parafé par le commissaire de police ou le
maire, sur lequel doivent être inscrits les nom, prénoms, lieu et date
de naissance, profession et domicile de la nourrice, le nom et la profession de son mari. (Art. 37 du règlement.)

L'article 38 du même règlement soumet également à une autorisation
préalable les établissements destinés à recevoir en nourrice ou en garde
des enfants au-dessous de deux ans. L'autorisation peut toujours être
retirée. Les nourrices employées dans ces établissements sont assimilées aux nourrices sur lieu.

Pénalités. — L'article 6, §§ 2 et 3, de la loi sanctionne ce droit
de surveillance en punissant d'une amende de 5 à 15 francs le refus de
recevoir la visite du médecin inspecteur, du maire ou de toute autre
personne désignée ou autorisée en vertu de la loi. La peine peut être
portée à un emprisonnement de 1 à 5 jours, lorsque le refus est accompagné d'injures et de violences. Rien ne peut donc entraver l'action des
commissions ; elles doivent par de fréquentes visites s'assurer que les
nourrices, sevreuses ou gardeuses donnent aux enfants dont elles sont
chargées tous les soins convenables. Leurs membres ne sauraient hésiter
à signaler à l'administration celles qui négligeraient ces soins, ou ne
tiendraient pas compte des avertissements qui leur auraient été adressés,
ou qui contreviendraient d'une manière quelconque aux conditions de
l'autorisation à elles accordés, à la loi ou aux règlements sur la matière.

Ces contraventions sont punies d'abord par le retrait de l'autorisation
réglementaire et, de plus, elles peuvent être déférées au parquet, et
faire encourir une amende de 16 à 100 francs, et même, en cas de récidive, l'emprisonnement prévu par l'article 480 du Code civil. Il y a
toujours poursuite judiciaire dans le cas où la nourrice, ou gardeuse,
se rendrait coupable de mauvais traitements à l'égard de l'enfant. Si,
même par suite de la contravention ou par suite d'une négligence de la
part d'une nourrice ou d'une gardeuse, il est résulté un dommage pour
la santé d'un ou de plusieurs enfants, la peine de 1 à 5 jours de prison
peut être prononcée. En cas de décès d'un enfant, la délinquante est
passible des peines portées à l'article 319 du Code pénal, consistant en
un emprisonnement de trois mois à deux ans, ainsi qu'en une amende
de 50 à 600 francs.

Aux termes de l'article 11, § 3, toute personne qui exerce la profession de teneur de bureau de nourrices ou d'intermédiaire, ou qui néglige
de se conformer aux conditions de l'autorisation ou aux dispositions de
la loi ou du règlement sera punie d'une amende de 16 à 100 francs et,
en cas de récidive, de la peine d'emprisonnement prévue par l'article 480
du Code pénal.

En dehors des pénalités spécifiées dans les articles précédents, toute
infraction aux dispositions de la présente loi et des règlements d'administration publique qui s'y rattachent est punie d'une amende de 5 à

15 francs. — Sont applicables à tous les cas prévus par la présente loi le dernier paragraphe de l'article 463 du Code pénal et les articles 482, 483, du même Code. (Id., art. 13.)

Dépenses du service de la protection des enfants du 1er âge. — D'après les circulaires des 14 juin 1880, 8 août 1881 et 21 juillet 1882, ces dépenses sont :

1° Imprimés réglementaires ou spécialement autorisés ;
2° Inspection médicale ;
3° Rémunération des secrétaires de mairie ;
4° Frais de déplacement des juges de paix ;
5° Frais de missions spéciales des inspecteurs et sous-inspecteurs ;
6° Indemnités mensuelles des employés auxiliaires de l'inspection ;
7° Travaux supplémentaires spécialement autorisés ;
8° Enfin, récompenses pécuniaires aux nourrices, aux employés ou à toute autre personne.

Les dépenses n° 1 à 7 inclusivement se partagent entre l'État, le département d'origine et le département de placement de la manière suivante : l'Etat participe pour moitié ou quatre huitièmes; le département de placement, pour un huitième, et le département d'origine, pour trois huitièmes.

Afin de prévenir toute contestation entre les administrations intéressées, le ministre de l'intérieur a décidé, sur l'avis du comité supérieur, qu'on devait considérer comme département d'origine *celui où est né l'enfant*. Lorsqu'il s'agira d'un enfant né à l'étranger ou en mer, l'Etat prendra à sa charge les trois huitièmes incombant au département d'origine. (Circ. 19 mars 1884.) Cette circulaire donne aussi la manière de calculer la dépense à la charge du département d'origine, méthode qui varie suivant qu'il est possible de connaître le nom et l'origine de tous les enfants placés dans le cours de l'année, ou d'évaluer en mois la durée de chaque placement. Voy. *Bull. Int.*, 1884, p. 70-71.)

Les mois de nourrice dus par les parents ou par toute autre personne font partie des créances privilégiées et prennent rang entre les n°ˢ 3 et 4 de l'article 2101 du Code civil. (Id., art. 14.) — Voy. Nour-RICES.

Récompenses. — Des récompenses pécuniaires peuvent être accordées aux nourrices qui se font remarquer par les bons soins dont elles entourent les enfants qui leur sont confiés. Quant à la dépense figurant au § 8 de l'énumération, *récompenses pécuniaires aux nourrices employées*, etc, elle ne doit pas figurer dans l'évaluation de la dépense à laquelle participe le département d'origine. Elle reste à la charge exclusive de l'Etat et du département de placement.

L'état des frais de déplacement des juges de paix peut être dressé sans aucune difficulté. Il suffit d'énumérer les communes visitées dans un rayon de plus de 5 kilomètres et d'indiquer en regard, avec la date de la vérification, la distance qui sépare la commune du chef-lieu de canton, et de régler l'indemnité conformément au tarif des transports en matière criminelle. Ces états sont assujettis au timbre de dimension et au droit de 0 fr. 10 centimes dû pour l'acquit lorsque la somme réclamée dépasse 10 francs. L'ayant droit ajoute ces frais à son mémoire en sus de l'indemnité de déplacement. (Circ. 19 mars 1884.)

Les indemnités de 1 franc et de 0 fr. 25 cent., allouées au secrétaire de mairie pour chaque placement et pour chaque sortie d'enfant, doivent être attribuées au secrétaire seulement lorsque le 2° registre de la mairie constate le départ définitif de la nourrice et de l'enfant, le retrait ou le décès de celui-ci ou lorsque la limite de la période biennale d'observations est atteinte. Un modèle destiné à la préparation des décomptes des secrétaires de mairie est joint à la circulaire du 19 mars 1884, ainsi que des modèles des états de décomptes, des états de propositions de récompenses honorifiques et de récompenses pécuniaires et des rapports annuels des inspecteurs, des médecins inspecteurs, des maires et des commissions locales. On les trouvera : *Dictionnaire des formules*.

Enfants moralement abandonnés. — En 1879, M. Roussel a déposé une proposition de loi tendant à organiser un système de protection spéciale pour les enfants de parents indignes, délaissés ou coupables, qu'on désigne habituellement sous le nom d'enfants moralement abandonnés. Cette proposition n'a pas encore été convertie en loi. Mais le conseil général a organisé à Paris, à côté du service des enfants assistés, un service spécial chargé de recueillir les enfants de ces diverses catégories. Ce service a déjà donné de bons résultats, bien que son action soit souvent entravée par la mauvaise volonté des parents. Il est à désirer qu'une loi vienne prochainement permettre à l'administration de triompher des obstacles que lui suscitent des parents indignes.

Engagés conditionnels d'un an. — Voy. RECRUTEMENT.

Engagements volontaires. — Voy. RECRUTEMENT.

Enquête administrative. — On distingue quatre espèces d'enquête : 1° l'enquête devant les tribunaux civils; 2° l'enquête devant les tribunaux administratifs; 3° l'enquête administrative; 4° l'enquête parlementaire ou administrative sur les questions d'intérêt général. Nous ne nous occuperons ici que de l'enquête administrative.

L'enquête administrative a pour but de constater les avantages ou les inconvénients d'une entreprise ou d'une mesure, en avertissant les personnes dont elle affecte particulièrement les intérêts, et en les mettant à même de présenter les observations qu'elle peut soulever de leur part. Cette opération porte la dénomination d'enquête administrative de *commodo et incommodo*.

Cette formalité préalable, dont l'importance ne peut être mise en doute, est prescrite par la loi dans différents cas; par exemple : lorsqu'il s'agit pour une commune d'acquérir, d'aliéner ou d'échanger une propriété immobilière; lorsqu'un particulier demande l'autorisation de former un établissement compris parmi ceux que la loi déclare dangereux, insalubres ou incommodes; lorsqu'il y a lieu de prononcer l'utilité publique des travaux à entreprendre. La forme, la durée des enquêtes, la composition et les délais et le mode de publication et d'annonce, varient suivant les objets soumis à l'enquête.

Une des premières conditions pour que les résultats d'une enquête de *commodo et incommodo* répondent au but que l'autorité se propose en l'ouvrant, c'est qu'elle soit réellement une information publique, qu'elle soit annoncée de telle sorte que le plus grand nombre possible d'intéressés y prennent ou soient mis en demeure d'y prendre part.

Le soin de l'enquête est ordinairement confié à une personne désignée par le sous-préfet.

Le maire ne saurait être désigné pour commissaire-enquêteur, toutes les fois que ce choix peut présenter quelque inconvénient. D'ailleurs, le juge de paix est plus habitué que le magistrat municipal à ces sortes de fonctions.

L'enquête doit être annoncée à son de trompe ou de tambour, et par voie d'affiches placardées au lieu principal de réunion publique, afin que les intéressés ne puissent en ignorer, et que cette publicité autorise à compter le silence des absents comme un vote affirmatif.

L'annonce doit toujours être faite le dimanche, qui est le jour où les intéressés se trouvent habituellement réunis; à l'égard de l'exécution de l'enquête, le moment préférable est aussi le dimanche parce que la suspension du travail laisse plus de liberté à ceux qui doivent y prendre part.

Il est essentiel que le préambule du procès-verbal, dont il est donné communication aux déclarants, contienne un exposé exact de la nature des motifs et des fins du projet annoncé.

Tous les habitants appelés et admis sans distinction à émettre leurs vœux sur l'objet de l'enquête doivent expliquer librement ce qu'ils en pensent et déduire les motifs de leur opinion, principalement quand elle est opposée aux vues de l'administration qui les consulte.

Les déclarations sont individuelles et se font successivement; elles sont signées des déclarants, ou certifiées conformes à la déposition orale, pour ceux qui ne savent point écrire, par la signature du commissaire-enquêteur, qui les reçoit et en dresse immédiatement procès-verbal.

Lors même que les déclarations sont identiques, elles doivent être consignées distributivement dans le procès-verbal, indépendamment les unes des autres, avec leurs raisons respectives, et, autant qu'il est possible, dans les termes propres aux déclarants. (Circ. Int., 20 août 1825.) — Voy. ACQUISITIONS, ALIÉNATIONS, CHEMINS VICINAUX, CIMETIÈRES, COMMUNE, ÉCHANGE, ÉTABLISSEMENT DANGEREUX, EXPROPRIATION, TRAVAUX COMMUNAUX. — *Dict. des formules*, n° 661.

Enregistrement. — Les droits d'enregistrement sont fixes ou proportionnels, suivant la nature des actes et mutations qui y sont assujettis. (L. 22 frimaire an VII, art. 2.)

Droit fixe et droit fixe gradué. — Le droit fixe s'applique aux actes soit civils, soit judiciaires ou extrajudiciaires, qui ne contiennent ni obligation, ni libération, ni condamnation, collocation ou liquidation de sommes et valeurs, ni transmission de propriété, d'usufruit ou de jouissance de biens meubles ou immeubles. (Id., art. 3.)

Il y a aujourd'hui deux sortes de droits fixes : le droit fixe proprement dit, et le droit fixe gradué. Ce dernier droit, établi par l'article 1er de la loi du 28 juillet 1872, est une sorte de droit intermédiaire participant à la fois du droit fixe et du droit proportionnel, sans néanmoins se confondre avec l'un ou l'autre de ces droits. Les actes soumis au droit fixe gradué sont : 1° les actes de formation et de prorogation de société; 2° les contrats de mariage; 3° les partages de biens meubles et immeubles; 4° les délivrances de legs; 5° les consentements à mainlevées totales ou partielles d'hypothèques; 6° les prorogations de délais pures et simples; 7° les titres nouveaux ou reconnaissances de rentes et dont les actes constitutifs ont été enregistrés. La loi du 28 juillet 1872 soumet également au droit fixe gradué un certain nombre d'actes qui, d'après leur nature, rentrent dans la catégorie des actes sujets au droit proportionnel, mais que les lois des 28 avril 1816 et 15 mai 1818 avaient soumis au droit fixe seulement, ce sont : 1° les actes translatifs de propriété d'usufruit ou de jouissance de biens immeubles situés en pays étrangers ou dans les colonies françaises où l'enregistrement n'est pas établi; 2° les actes ou procès-verbaux de vente de marchandises avariées par suite d'événements de mer, et de débris de navires naufragés; 3° les adjudications et marchés pour construction, réparation, entretien, approvisionnements et fournitures, dont le prix doit être directement payé par le Trésor public et les cautionnements relatifs à ces adjudications et marchés.

La liquidation du droit gradué s'opère en tenant compte de la valeur que les actes expriment ou mettent en évidence. Mais la loi, au lieu de faire croître cette taxe proportionnellement comme cela a lieu pour le droit proportionnel, établit de grandes divisions, et applique à chacune une taxe fixe à laquelle correspond une augmentation de tarifs.

Le taux du droit fixe gradué est fixé à 5 francs pour les sommes ou valeurs de 5,000 francs et au-dessous, ainsi que pour les actes ne contenant aucune énonciation de sommes et valeurs, ni dispositions susceptibles d'évaluation; à 10 francs pour les sommes ou valeurs supérieures à 5,000 francs, mais n'excédant pas 10,000 francs; à 20 francs pour les sommes ou valeurs supérieures à 10,000 francs, mais n'excédant pas 20,000 francs.

Tous les actes autres que ceux désignés ci-dessus comme astreints au droit gradué et qui ne sont pas sujets au droit proportionnel, restent soumis au *droit fixe proprement dit.*

Ce dernier droit varie, suivant le degré d'utilité des transactions, depuis 75 centimes jusqu'à 150 francs, sans égard aux sommes ou valeurs que ces actes constatent. Ce droit fixe représente en quelque sorte le salaire de la formalité prescrite pour assurer la date ou l'existence des actes tant publics que sous signature privée.

Le droit proportionnel, lui, représente plus spécialement le prix de la protection et de la défense de la propriété; il atteint toutes les obligations, libérations, condamnations, allocations ou liquidations des sommes et valeurs et pour toute transmission de propriété, d'usufruit ou de jouissance de biens meubles et immeubles, soit entre vifs, soit par décès. (L. 22 frimaire an VII, art. 4.) Son assiette repose sur les valeurs ou sur les choses susceptibles d'évaluation que les conventions ont pour *objet immédiat.* Il varie depuis 0 fr. 10 0/0 jusqu'à 9 0/0. La loi a admis, suivant la nature des contrats, deux bases pour la liquidation du droit proportionnel; dans certains cas c'est le capital réel qui sert de base, dans d'autres c'est un capital fictif formé d'après le revenu locatif.

La perception du droit proportionnel suit les nombres et valeurs de 20 francs en 20 francs inclusivement et sans fraction, de manière à ce que la somme qui sert de base à la liquidation du droit soit toujours un multiple de 20 francs. Ainsi le droit d'un acte, dont la valeur est de 120 francs et 10 centimes, doit être perçu sur 140 francs.

Cette règle ne souffre d'exception qu'en matière : 1° d'amendes proportionnelles de timbre; 2° d'assurances contre l'incendie pour la taxe établie par la loi du 23 août 1871 ; 3° d'impôt sur le revenu des valeurs mobilières françaises et étrangères. (L. 29 juin 1872.)

Il ne peut jamais être perçu moins de 25 centimes de droit proportionnel.

De plus, il faut ajouter à chacune des quotités exprimées par ces droits fixe, fixe gradué et proportionnel : 1° un décime par franc établi par la loi du 6 prairial an VII, à titre de subvention de guerre, qui a été constamment maintenu par les lois annuelles de finances; 2° un second décime établi par la loi de finances du 2 juillet 1862, article 14, et rétabli par l'article 1er de la loi du 23 août 1871 ; 3° un demi-décime ou 5 0/0 du principal établi par la loi du 30 décembre 1873, article 7.

Pluralité des droits. — Le payement du droit auquel une convention est assujettie affranchit toutes les obligations corrélatives qui constituent le contrat et toutes les dispositions qui n'en sont que les conséquences. Mais lorsqu'un acte renferme plusieurs dispositions indépendantes ou ne dérivant pas nécessairement les unes des autres, il est dû, pour chacune d'elles, suivant son espèce, un droit particulier, quand même elles concerneraient les mêmes parties.

Les droits de toutes ces dispositions doivent être acquittés au moment où l'acte est soumis à la formalité de l'enregistrement.

Enregistrement en débet. — Certains actes sont enregistrés en débet, c'est-à-dire sans consignation immédiate des droits, qui sont recouvrés ultérieurement, s'il y a lieu, sur les parties.

Enregistrement gratis. — D'autres actes sont enregistrés gratis. Enfin il y en a d'autres qui sont exempts de la formalité de l'enregistrement.

En principe, les actes du gouvernement et les actes administratifs sont exempts de l'enregistrement et du timbre sur la minute. L'article 78 de la loi du 15 mai 1818 ne soumet au timbre et à l'enregistrement sur la minute que les actes des autorités administratives portant transmission de propriété d'usufruit et de jouissance, les adjudications et marchés de toute nature aux enchères, au rabais ou sur soumission.

Tous les autres actes sont exempts du timbre sur la minute ainsi que de tout enregistrement, mais aucune expédition ne peut être délivrée aux parties non indigentes que sur papier timbré.

Sont assujettis au droit fixe d'enregistrement : 1° les actes de poursuites (commandement, saisie-arrêt, saisie-exécution, vente, etc.) ayant pour objet le recouvrement des contributions publiques et de toutes autres sommes dues à l'Etat, ainsi que des contributions locales, lorsqu'il s'agit de cotes, droits ou créances excédant en total la somme de 100 francs, 1 fr. 50 c. (L. 22 frimaire an VII, art. 70, § 2; 16 juin 1824, art. 160; 19 février 1874, art. 2; Circ. compt. publ., 3 mars 1874);

(Le droit est dû lorsque les contributions d'un même exercice dans une même commune s'élèvent à plus de 100 francs; il ne l'est pas quand la somme de 100 francs n'est dépassée que par la réunion des contributions de plusieurs exercices ou de plusieurs communes. Quel que soit le nombre des exercices, il n'est dû, dans le premier cas, qu'un seul droit. — *Mém.* 1850, p. 121 et 198; 1852, p. 188; 1861, p. 369.)

2° Les actes de reconnaissance des enfants naturels, lorsqu'elle a lieu dans l'acte de célébration du mariage des parents sont assujettis à un droit fixe de 3 francs. Lorsqu'elle a lieu par acte spécial, le droit est de 5 francs.

Il n'y a exemption que pour les indigents.

3° L'abandon d'un terrain à la commune de la situation pour s'affranchir de la contribution foncière, cet abandon étant le résultat d'une obligation légale, 3 francs fixe (L. 22 frimaire an VII, art. 66 et 68, § 1, n° 51, 18 mai 1850, art. 8, et 28 février 1872, art. 4);

4° Les marchés et adjudications de travaux ayant pour objet exclusivement la construction, l'entretien et la réparation des chemins vicinaux, 1 fr. 50 c. fixe (L. 28 février 1872, art. 4); le droit proportionnel serait seul perçu dans le cas où il serait inférieur au droit fixe. (Inst. Direct. Enreg., n° 162);

5° Les plans, procès-verbaux, certificats, significations, jugements, contrats, marchés, adjudications de travaux, quittances et autres actes ayant pour objet exclusif la construction, l'entretien ou la réparation des chemins vicinaux, sont enregistrés moyennant la somme de un franc cinquante centimes (1 fr. 50 c.) (L. 20 août 1881, art. 18);

6° Les devis des travaux à faire pour le compte des départements ou des communes lorsqu'ils ont été revêtus de l'approbation de l'autorité supérieure, 3 francs fixe (L. 22 frimaire an VII, art. 68, § 1, n° 29; 18 mai 1850, art. 8, et 28 février 1872, art. 4), à l'exception de ceux concernant les chemins vicinaux, pour lesquels il n'est dû que le droit fixe de 1 fr. 50 c. (L. 21 mai 1836, art. 207; 28 février 1872, art. 4);

7° Les procès-verbaux et autres actes relatifs aux adjudications de coupes de bois, 3 francs fixe, indépendamment des droits proportionnels mentionnés plus loin (L. 28 février 1872, art. 4);

8° L'acte par lequel des propriétaires, en renonçant à l'exercice personnel du droit de chasse sur leurs propriétés, donnent leur consentement à ce que ce droit soit affermé dans l'intérêt de la commune, 3 francs fixe, quel que soit le nombre des propriétaires qui y concourent (Décis. min. 2 mai 1825; solution administrative, 12 mars 1844. — *Mém.* 1844, p. 110 et 118 (L. 28 février 1872, art. 4);

9° Les actes de mainlevée des hypothèques inscrites au profit des communes, consentis par les maires et passés devant notaires (O. 15 juillet 1840; Décis. min. 18 mai 1831), 3 francs fixe (L. 22 frimaire an VII, art. 68, § 1, n° 21; 28 avril 1816, art. 43, n° 17; 28 février 1872);

10° Les actes de prestation de serment des agents salariés par l'Etat, les départements et les communes, tels que ceux des percepteurs des contributions directes, des receveurs des communes, hospices et bureaux de bienfaisance, ceux des préposés des octrois, des gardes forestiers et des gardes champêtres, dont le traitement et ses accessoires n'excèdent pas 1,500 francs, 3 francs fixe (L. 28 février 1872, art. 4); 22 fr. 50 c. fixe, lorsque le traitement et ses accessoires excèdent 1,500 francs (L. 22 frimaire an VII, art. 68, § 3, n° 3, et § 6, n° 4; et 28 février 1872, art. 4);

11° Les actes de prestation de serment des percepteurs surnuméraires, 3 francs fixe (L. 18 mai 1850, art. 8 et 28 février 1872, art. 4);

12° Les actes de renouvellement de serment, lorsque les fonctions cessent d'être les mêmes ou qu'elles deviennent plus importantes et plus étendues; lorsque, par exemple, un receveur municipal est nommé receveur d'un hospice ou d'un bureau de bienfaisance (Décis. min. 22 février 1852); même droit que s'il s'agissait d'une première prestation de serment;

13° Les certificats de non-opposition à produire à l'appui des demandes en remboursement des cautionnements, 1 fr. 50 c. fixe (I. G., art. 1277; L. 28 février 1872, art. 4).

Sont *assujettis au droit proportionnel d'enregistrement* :

1° Les acquisitions, aliénations et échanges faits par les communes et les établissements publics, 5 fr. 50 c. 0/0 (L. 28 avril 1816, art. 52 ; 18 avril 1835, art. 32);

2° Les dons et legs faits au profit des communes et des établissements de bienfaisance, 9 francs 0/0 (L. 21 avril 1832, art. 33; 18 avril 1835, art. 17);

(Les actes renfermant soit la déclaration par le donataire ou ses représentants, soit la reconnaissance judiciaire d'un don manuel, sont sujets au droit de donation (L. 18 mai 1850, art. 6). Donnent également ouverture au droit proportionnel les délibérations des conseils municipaux ou des commissions administratives des hospices à l'occasion de versements faits ou à faire à titre de dons manuels, ainsi que les arrêtés préfectoraux dont ces délibérations auraient été suivies (Arrêt de cass. 19 mai 1874. — Mém. s. 380);

3° Les baux des biens immeubles appartenant aux communes et aux établissements publics, ainsi que les baux des biens meubles, lesquels comprennent le droit des pauvres sur les recettes des théâtres, le droit de péage sur les champs de foire, les droits de mesurage et de jaugeage publics, les droits de chasse, les droits de place dans les halles, marchés et chantiers, les droits de stationnement sur les rivières, les ports et les promenades publiques, les droits de passage dans les bacs, les droits d'octroi, les droits de pêche, etc., 20 centimes 0/0 sur le prix cumulé de toutes les années, outre 18 centimes aussi par 100 francs dans le cas où il y a un cautionnement (L. 10 juin 1824, art. 1er);

(Les baux à ferme ou à loyer des biens meubles ou immeubles appartenant aux particuliers sont soumis aux mêmes droits (L. 16 juin 1824, art. 1er). Lorsqu'il n'existe pas de conventions écrites, il y est suppléé par des déclarations détaillées et estimatives, dans les trois mois de l'entrée en jouissance (L. 23 août 1871, art 11). Voy. LOCATIONS VERBALES;

4° Les contrats d'assurance contre l'incendie sont soumis à une taxe annuelle obligatoire de 8 0/0 en principal, calculée sur le montant des primes, cotisations ou contributions (L. 23 août 1871, art. 8);

5° Les adjudications de coupes de bois communaux, 2 francs 0/0 (L. 22 frimaire an VII, art. 69, § 5, n° 1er);

6° Les marchés par voie d'adjudication au rabais ou de gré à gré pour l'exploitation des coupes affouagères délivrées aux communes, ainsi que les délibérations des conseils municipaux contenant nomination d'entrepreneurs et fixant en outre le salaire qui leur sera payé pour l'exploitation des coupes, 1 franc 0/0 (L. 28 avril 1816, art. 51; Décis. min. 17 avril 1843. — Mém., 262);

(Si la nomination était pure et simple, sans fixation de salaire, l'enregistrement aurait lieu en debet.)

7° Les adjudications des produits accessoires des bois des communes et des établissements publics, 2 francs 0/0 (L. 22 frimaire an VII, art. 69, § 5, n° 1; Arrêté min. 14 octobre 1838, art. 1er);

8° Les concessions de terrains dans les cimetières, temporaires et renouvelables, 20 centimes p. 0/0 sur le prix cumulé de toutes les années (L. 16 juin 1824, art. 1er); les concessions perpétuelles ou à durée illimitée, 4 0/0 (L. 22 frimaire an VII, art. 69, § 7, n° 2; Décis. min. 12 mai 1846);

9° Les adjudications au rabais et marchés pour constructions, réparations, entretien, approvisionnements et fournitures (1), les marchés

(1) Lorsque des travaux supplémentaires sont effectués sans avoir été prévus

pour l'arrosement des rues et places publiques, pour l'éclairage, l'enlèvement des boues et immondices, pour l'entretien des horloges publiques, pour l'entretien des pompes à incendie, etc., 1 franc 0/0 (L. 28 avril 1816, art. 51);

(Des suppléments de droit sont dus lorsqu'il est prouvé, par des actes enregistrés ou par des actes puisés dans les dépôts publics et dans les pièces de la comptabilité des communes et établissements de bienfaisance, que le prix des marchés a dépassé l'évaluation qui en a été faite originairement. — (Décis. min. 29 mai 1850. — *Mém.* 1850, p. 221, et 1862, p. 129 et 149.)

10° Les cessions de marchés, 2 francs 0/0 sur le prix spécialement stipulé pour la cession (L. 22 frimaire an VII, art. 69, § 5, n° 1), sans qu'il y ait lieu d'ajouter à ce prix la valeur estimative des travaux ou fournitures restant à exécuter (Arrêt de cass. 3 décembre 1839);

11° Les procès-verbaux administratifs constatant la réalisation d'emprunts, 1 franc 0/0 (L. 22 frimaire an VII, art. 69, § 3, n° 3; Décis. min. 2 février 1857);

(Sont exceptés les emprunts contractés au moyen de souscriptions particulières et d'obligations nominatives ou au porteur délivrées à chacun des souscripteurs individuellement; les opérations d'emprunt dont il s'agit sont exemptes du droit proportionnel d'enregistrement et régies exclusivement par la loi du 5 juin 1850, qui les assujettit à un droit de timbre proportionnel de 1 0/0. — (Arrêts de cass. 15 mai 1860 et 27 mai 1862. — *Mém.* 1860, p. 206, et 1862, p. 299.)

12° Les arrêtés d'alignement, quand le propriétaire acquiert une portion du terrain communal, 5 fr. 50 c. 0/0 (L. 28 avril 1816, art. 52; Décis. min. 5 septembre 1818);

13° Les acquisitions de terrains pour l'élargissement ou le redressement de la voie publique, lorsqu'elles ne résultent pas d'un plan d'alignement dûment arrêté et qu'il n'y a pas eu déclaration d'utilité publique, 5 fr. 50 c. 0/0 (Avis du comité de l'int. du Cons. d'Etat 1er décembre 1835; Circ. int. 20 février 1826; Décis. min. 12 juillet 1844);

14° Les ventes d'objets mobiliers appartenant aux communes, 2 francs 0/0 (L. 22 frimaire an VII; Décis. min. 17 octobre 1809);

15° Les cautionnements fournis en immeubles ou en rentes sur l'Etat par les receveurs des établissements de bienfaisance ou par les adjudicataires de travaux ou fournitures, 50 centimes 0/0 (L. 22 frimaire an VII, art. 69; Décis. min. 2 mars 1833 et 30 janvier 1834).

Sont *enregistrés en debet* : 1° Les procès-verbaux constatant des bris de réserves dans les bois de l'Etat, des communes ou des établissements publics : le recouvrement des droits est suivi contre les adjudicataires, en cas de poursuites devant les tribunaux (Décis. min. 4 décembre 1845);

2° Les actes relatifs aux coupes et arbres délivrés en nature pour l'affouage des habitants : la perception des droits n'a lieu qu'en cas de poursuites devant les tribunaux (C. F., art. 104);

3° Les procès-verbaux constatant les délits commis dans les bois des communes et des établissements publics : le recouvrement des droits se fait sur les parties condamnées (C. F., art. 99; L. 22 frimaire an VII, art. 70, § 1, n° 5).

dans le cahier des charges ou marché, l'administration de l'enregistrement peut réclamer un supplément de droit lorsqu'il est prouvé par des actes enregistrés ou des pièces de comptabilité que le prix réel a dépassé l'évaluation primitive. (Déc., 29 mai 1850 et Circ. compt. publ., 10 juillet 1865.)

Sont *enregistrés gratis* : 1° Les actes de poursuites et tous autres actes, tant en action qu'en défense, ayant pour objet le recouvrement des contributions publiques et de toutes autres sommes dues à l'Etat, ainsi que des contributions locales, le tout lorsqu'il s'agit de cotes, droits et créances non excédant en total la somme de 100 francs (L. 18 juin 1824, art. 6).

(Le bénéfice de l'enregistrement gratis est attaché du reste à la qnotité de la cote et non à celle des termes échus ou du reliquat : ainsi la formalité doit avoir lieu gratis, quelle que soit la somme demandée, dès que les cotes dues par le même contribuable sont de 100 francs et au-dessous ; mais toutes les fois qu'une cote s'élève à plus de 100 francs, le droit devient exigible, quelque modique que soit la somme qui motive les poursuites. — Décis. min., 3 vendémiaire, 6 frimaire, 5 germinal an XIII, et 11 mars 1850 ; Circ. compt. gén., 12 juillet 1853.)

2° Les acquisitions de terrains nécessaires à l'élargissement ou au redressement de la voie publique par suite d'un plan d'alignement arrêté, lorsque le propriétaire fait volontairement démolir sa maison ou lorsqu'il est forcé de la démolir pour cause de vétusté, et les acquisitions faites pour le même objet en vertu d'un décret portant déclaration d'utilité publique (L. 3 mai 1841, art. 58) ;

3° Les plans, certificats, procès-verbaux, significations, jugements, contrats, quittances et autres actes ayant pour objet exclusif les expropriations des terrains destinés à la construction et au redressement des chemins vicinaux (L. 12 mai 1836, art. 20, et 3 mai 1841, art. 58 ; Décis. min. 19 septembre 1846 ; I. G., art. 892) ;

4° Les plans, procès-verbaux, certificats, significations, jugements, contrats, quittances et autres actes faits en vertu de la loi d'expropriation pour cause d'utilité publique (L. 3 mai 1841, art. 58) ;

(Cette disposition s'applique aux actes faits à la requête de l'Etat, des départements, des communes ou des concessionnaires, ou à la requête des propriétaires dont on poursuit l'expropriation.)

5° Les actes ou contrats relatifs aux terrains acquis pour la voie publique, par application du décret du 26 mars 1852, art. 2, que les terrains soient bâtis ou non bâtis (Circ. min. de l'int. 10 juin 1852 ; Décis. min. 28 mai 1857) ;

6° Les procès-verbaux relatifs aux délivrances de bois dans les forêts de l'Etat, au profit des usagers et des affectataires (Décis. min., 4 juin 1838).

Sont *enregistrés pour mémoire* : les permis d'exploiter relatifs aux ventes et aux délivrances en nature de coupes de bois de l'Etat, des communes et des établissements publics (Solution du 6 janvier 1843).

Sont *exempts de la formalité de l'enregistrement* : 1° L'adjudication préparatoire, lorsqu'elle doit être suivie nécessairement d'une adjudication définitive qui seule emporte transmission (L. 25 mai 1818, art. 78 et 80 ;

2° Les cahiers des charges rédigés administrativement (Décis. min. 30 septembre 1831) ;

3° Les procès-verbaux de l'autorité administrative portant remise de vente de coupes de bois (O., 1er août 1827, art. 99 ; Décis. min. des fin., 2 juin 1829) ;

4° Les quittances de contributions, droits, créances et revenus payés à la nation, celles pour causes locales et celles des fonctionnaires et employés salariés par l'Etat pour leurs traitements et émoluments (L. 22 frimaire an VII, art. 70, § 8, n° 5) ;

5° Les récépissés délivrés aux percepteurs, aux receveurs de deniers publics et de contributions locales (L. 23 frimaire an VII, art. 90, § 2, n° 7);

6° Les récépissés constatant les cautionnements en numéraire fournis par les receveurs des communes et établissements de bienfaisance et par les adjudicataires des travaux ou fournitures (L. 22 frimaire an VII, art. 70, § 3, n° 7);

7° Les rescriptions, mandats et ordonnances de payement sur les caisses publiques, leurs endossements et acquits (Id., art. 70, § 3, n° 7);

8° Les comptes de recettes ou gestions publiques (Id., art. 70, § 3, n° 7);

9° Les ordonnances de décharge ou de réduction, remise ou modération d'imposition, les quittances y relatives, les rôles et extraits d'iceux (Id., art. 70, § 3, n° 6);

10° Les écrits sous seing privé destinés à constater les souscriptions volontaires en matière de chemins vicinaux (L. 22 frimaire an VII, art. 70, § 3, n° 6; Décis. min. 7 septembre 1854; Circ. compt. gén. 30 septembre 1854. — Mém. 1854, p. 294; 1863, p. 100);

11° Les arrêtés d'alignement, lorsque les constructions auxquelles ils sont relatifs doivent être faites sur les mêmes fondations (Décis. min. 5 septembre 1818);

13° Les arrêtés du préfet portant consentement à la radiation d'inscriptions hypothécaires prises au profit des communes ou des établissements de bienfaisance (Décis. min. 29 novembre 1827);

13° Les certificats de vie délivrés aux rentiers et pensionnaires de l'Etat (D. 2. août 1806, art. 10);

14° Les certificats de propriété relatifs aux pensions et secours, produits aux payeurs, pour servir à la justification des droits des héritiers, quelles que soient la forme du certificat et la qualité de l'officier public qui l'a délivré (Déc. min. 13 novembre 1847 et 30 mars 1848; I G. art. 702);

15° Les légalisations de signature d'officiers publics (L. 22 frimaire, an VII, art. 70, § 3, n° 11).

Des délais pour l'enregistrement des actes et déclarations. — Le délai de l'enregistrement court à partir de leur date pour les actes intéressant les communes et les établissements publics, à moins que ces actes n'aient pas été précédés des formalités prescrites par la loi ou qu'il ne s'agisse de conventions expressément assujetties à l'approbation de l'autorité supérieure. (Décis. min. des finances, 25 mars 1863.)

De ces principes découlent les conséquences suivantes :

Sont sujets à l'enregistrement *à partir de leur date*, comme étant dispensés de l'approbation, les actes de vente, acquisition, échange et partage qui ont été préalablement autorisés par délibérations des conseils municipaux, dûment approuvées par les préfets.

Si ces actes sont rédigés par les maires et adjoints, le délai pour l'enregistrement est de *vingt* jours (L. 22 frimaire an VII, art. 20, et 15 mai 1818, art. 78.)

S'ils sont passés devant notaire, le délai est de *dix* ou de *quinze* jours, selon que le notaire rédacteur réside ou non dans la commune où le bureau d'enregistrement est établi. (L. 22 frimaire an VII, art. 20.)

Sont soumis à l'enregistrement dans les *vingt* jours (sauf l'exception ci-après), à compter du jour où l'arrêté d'approbation est parvenu à la mairie, ou bien a été remis par le maire au notaire, dans le cas où l'acte a été rédigé par un officier ministériel : 1° Les actes de vente, acquisition, échange et partage qui n'ont pas été préalablement autorisés par des délibérations des conseils municipaux, dûment approuvées par les préfets;

2° Les conventions qu'un texte spécial assujettit à l'approbation de l'autorité supérieure, telles que les baux des biens communaux, quelle qu'en soit la durée (L. du 18 juillet 1837, art. § 2); — les transactions consenties par les conseils municipaux (L. précitée, art. 59); — les adjudications et marchés pour travaux et fournitures au nom des communes et des établissements de bienfaisance (Ord. 14 novembre 1837, art. 1er, § 2 et 10): les baux à ferme des hospices et autres établissements publics de bienfaisance ou d'instruction publique (décret du 12 août 1807, art. 1er). Il n'est pas dérogé, en ce qui concerne ces baux, lorsqu'ils sont passés devant notaire, à l'article 5 du décret du 12 août 1807, qui réduit à *quinze* jours le délai de l'enregistrement. (Inst. de l'enreg. 1866. — *Mem.* p. 154.)

Dans les délais ci-dessus fixés, le jour de la date de l'acte ou de la réception de l'approbation n'est pas compté. Si le dernier jour du délai se trouve être un dimanche, un jour férié légal ou un jour de fête nationale, ces jours-là ne sont pas comptés non plus (L. 22 brumaire an VII, art. 25.)

Les jours fériés légaux sont, outre les dimanches, Pâques, Noël, l'Ascension, l'Assomption, la fête de tous les saints. (Arrêté cons., 29 germinal an X, et le 1er janvier (Av. cons. d'Etat, 13 mars 1810.)

Des peines pour défaut d'enregistrement dans les délais. — Les maires et autres administrateurs qui négligeraient de soumettre à l'enregistrement, dans le délai fixé, les actes qu'ils doivent présenter à cette formalité, sont tenus de payer personnellement, à titre d'amende et pour chaque contravention, une somme égale au montant du droit, et d'acquitter en même temps le droit, sauf leur recours, pour ce droit seulement, contre la partie. (L. 22 frimaire, an VII, art. 36.)

Des bureaux où les actes doivent être enregistrés. — Les autorités administratives ne peuvent faire enregistrer leurs actes qu'aux bureaux dans l'arrondissement desquels ils exercent leurs fonctions. (L. 22 frimaire, an VII, art. 26.)

Les bureaux de l'enregistrement et du timbre sont ouverts au public tous les jours, excepté les dimanches et jours fériés, durant une seule séance, de huit heures du matin à quatre heures de l'après-midi. (L. 27 mai 1791, art. 11; Décis. min. des fin. 9 mars 1839).

Du payement des droits. — Les droits des actes doivent être payés avant l'enregistrement. (L. 22 frimaire, an VII, art. 28.)

Les maires et autres administrateurs publics doivent acquitter les droits des actes d'administration qui sont soumis à l'enregistrement. Mais dans le cas où les parties n'ont pas consigné, dans le délai prescrit pour l'enregistrement, le montant des droits fixés par la loi, le recouvrement de ces droits est poursuivi contre les parties. A cet effet, les administrateurs fournissent aux receveurs de l'enregistrement, dans les dix jours qui suivent l'expiration du délai, des extraits certifiés desdits actes, à peine d'une amende de 10 francs par chaque acte, et d'être en outre personnellement contraints au payement des doubles droits. (L. 22 frimaire, an VII, art. 37, 15 mai 1818, art. 79; 16 juin 1824, art. 10.)

Obligations des maires relativement aux droits dus pour des actes qui n'émanent pas d'eux. — Les maires ne peuvent délivrer, en brevet, copie ou expédition, aucun acte sujet à l'enregistrement sur la minute ou l'original, ni faire aucun acte en conséquence, avant qu'il n'ait été enregistré, à peine d'une amende de 10 francs, outre le payement du droit, alors même que le délai pour l'enregistrement ne serait pas expiré. (L. 22 frimaire an V, art. 41.)

Ils ne peuvent faire ou rédiger aucun acte en vertu d'un acte sous signature privée ou passé en pays étranger, l'annexer à leurs minutes, ni en recevoir le dépôt, ni en délivrer extrait, copie ou expédition, s'il n'a été préalablement enregistré, à peine d'une amende de 10 francs, et de répondre personnellement du droit. (Id., art. 42.)

Ils sont tenus de faire mention, sur les expéditions qu'ils délivrent des actes sujets à l'enregistrement, de la quittance des droits par la transcription littérale et entière de cette quittance; ils doivent faire pareille mention dans les minutes des actes faits en vertu d'actes sous seing privé ou passés en pays étrangers, à peine d'une amende de 5 francs. (Id., art. 44.)

Il leur est défendu de rendre aucun arrêté en faveur des particuliers sur des actes non enregistrés, à peine d'être personnellement responsables des droits. (Id., art. 47.)

Tout arrêté pris sur un acte enregistré doit en faire mention et énoncer le montant du droit payé, la date du payement et le nom du bureau où il a été acquitté, En cas d'omission, le receveur doit exiger le droit, si l'acte n'a pas été enregistré dans son bureau, sauf restitution dans le délai prescrit, s'il est ensuite justifié de l'enregistrement de l'acte sur lequel l'arrêté a été pris. (Id., art. 48.)

Répertoire. — Pour assurer la date et la conservation des actes soumis à l'enregistrement, les maires doivent tenir un répertoire à colonnes, pour y inscrire, jour par jour, sans blanc ni interligne et par ordre de numéros, tous les actes de leur administration soumis à l'enregistrement sur minute. (L. 22 frimaire an VII, art. 49.)

Les maires sont tenus de présenter, tous les trois mois, ce répertoire au receveur de l'enregistrement de leur résidence, qui le vise et qui énonce dans son visa le nombre des actes inscrits. Cette présentation a lieu chaque année, dans les dix premiers jours de chacun des mois de janvier, avril, juillet et octobre, à peine d'une amende de 10 francs. (L. 22 frimaire an VII, art. 51; — 16 juin 1824, art. 10.) — Voy. Répertoire des actes soumis a l'enregistrement.

Communications. — Indépendamment de la représentation ordonnée par l'article 52 de la loi du 22 frimaire an VII, les maires sont tenus de communiquer les répertoires, à toute réquisition, au préposé de l'enregistrement. (L. 22 frimaire an VII, art. 52.)

Les dépositaires des registres de l'état civil, ceux des rôles des contributions, et tous autres chargés des archives et dépôts des titres publics, sont tenus de les communiquer, sans se déplacer, aux préposés de l'enregistrement, à toute réquisition, et de leur laisser prendre, sans frais, les renseignements, extraits et copies qui leur sont nécessaires pour les intérêts de l'Etat, à peine d'une amende de 10 francs pour chaque refus constaté par procès-verbal du préposé,

Ces communications ne peuvent être exigées les jours de repos, et les séances, dans chaque autre jour, ne peuvent durer plus de quatre heures, de la part des préposés, dans les dépôts où ils font leurs recherches. (L. 22 frimaire an VII, art. 54.)

Les seuls actes dont les préposés peuvent demander communication aux secrétariats des mairies sont ceux portant transmission de propriété, d'usufruit et de jouissance ; les adjudications de toute nature, aux enchères, au rabais ou sur soumissions, et les cautionnements relatifs à ces actes. (L. 15 mai 1818, art. 82.)

Les receveurs des droits et revenus des communes et de tous autres établissements publics, les dépositaires des registres et minutes d'actes concernant l'administration des biens des hospices, fabriques des églises, chapitres, et de tous autres établissements publics, sont tenus de communiquer, sans déplacer, à toute réquisition, aux préposés de l'enregistrement, leurs registres et minutes d'actes, à l'effet, par lesdits préposés, de s'assurer de l'exécution des lois sur le timbre et l'enregistrement. (D. 4 messidor an XIII.)

Concours des maires pour seconder, faciliter ou protéger le service des préposés de l'enregistrement. — Les maires, dans le courant des mois de janvier, avril, juillet et octobre de chaque année, sont tenus d'adresser au receveur de l'enregistrement de leur canton le relevé par eux certifié de tous les décès survenus durant le trimestre précédent. Ils fournissent ces relevés sur papier non timbré, et le receveur leur en délivre un récépissé également sur papier libre. (L. 22 frimaire an VII, art. 55.)

En cas de contravention, une amende de 10 francs est prononcée, quel que soit le retard.

Les maires sont obligés de fournir aux receveurs de l'enregistrement tous les renseignements dont ceux-ci peuvent avoir besoin, soit sur les adjudications, soit sur les adjudicataires.

Les maires doivent se faire représenter le répertoire des porteurs de contraintes toutes les fois qu'ils se présentent dans leurs communes, afin de vérifier si ce registre est régulièrement tenu et s'il est revêtu du visa trimestriel du receveur de l'enregistrement.

Ces magistrats doivent encore surveiller la perception du droit d'enregistrement, en ce qui concerne les dispenses pour mariage et les actes d'adoption.

Les dispenses d'âge pour mariage donnent lieu à un droit de 100 francs pour le sceau et à un droit d'enregistrement, de 20 francs. Ces droits sont doubles pour les dispenses de parenté. (L. 28 avril 1816.)

Lorsque l'expédition du décret contenant la dispense est remise au maire pour être par lui annexée à l'acte de mariage, il doit vérifier si les droits ont été acquittés. Il en deviendrait responsable s'ils ne l'avaient pas été et qu'il passât outre sans qu'ils le fussent.

Il a le même devoir à remplir lorsqu'on lui remet l'expédition d'un arrêt approbatif d'un acte d'adoption qu'il doit transcrire sur ses registres.

Le maire concourt encore au service de l'enregistrement en prêtant aide et assistance aux préposés de l'enregistrement, notamment en dressant sur leur réquisition procès-verbal du refus qui leur serait fait par les notaires, greffiers, huissiers, etc., soit de leur communiquer le répertoire de leurs actes, soit, dans les ventes publiques, de leur représenter les procès-verbaux de ventes et de déclarations préalables.

Bureaux d'enregistrement. — Le ministre des finances a décidé, le **9 mars 1839**, que les bureaux de l'enregistrement et du timbre seraient ouverts au public tous les jours, excepté les dimanches et les jours fériés reconnus par la loi, durant une seule séance, de huit heures du matin à quatre heures de l'après-midi. Les heures de séance, déterminées par cette décision, sont indiquées par une affiche à la porte de chaque bureau.

Les maires doivent faire enregistrer les actes qu'ils sont tenus de soumettre à cette formalité au bureau de l'arrondissement duquel ils exercent leurs fonctions.

Lorsque les préfets ont délégué les maires pour procéder aux ventes de biens de l'Etat, le procès-verbal de vente doit être enregistré au bureau dans l'arrondissement duquel siège la mairie, mais la minute doit être envoyée dans les dix jours de l'enregistrement à la préfecture pour y rester déposée. (Décis. 19 octobre 1837.) — Voy. DOMAINE, HYPOTHÈQUES, TIMBRE.

De la prescription. — Il y a prescription pour la demande des droits après deux années à compter du jour de l'enregistrement, s'il s'agit d'un droit non perçu sur une déposition particulière dans un acte ou d'un supplément de perception insuffisamment faite. (L. 22 frimaire an VII, art. 61.)

La même prescription est applicable aux amendes de contravention et droit en sus, à compter du jour où les préposés ont été mis à portée de constater les contraventions, au vu de chaque acte soumis à l'enregistrement ou du jour de la présentation des répertoires au visa.

Quant à la prescription pour le recouvrement des droits simples, elle n'est acquise que par l'expiration du délai de trente ans. (L. 16 juin 1824, art. 14.)

Cette prescription de trente ans s'applique notamment :

Aux droits simples des marchés passés pour le compte des communes et des hospices et non enregistrés (Arrêt de cass., 23 mai 1832 et 17 avril 1833) ;

Aux droits simples exigibles à l'occasien d'actes déjà enregistrés, mais sur des valeurs qui, révélées par des faits postérieurs à la première perception, constituent la matière d'une perception nouvelle.

Tels sont les compléments de droit à répéter :

1° Sur les marchés pour l'éclairage des rues et places d'une ville, moyennant un prix fixé par heure et par bec de lumière (Arrêt de cass., 27 juillet 1853) ;

2° Sur le marché pour le service des pompes funèbres moyennant un prix subordonné au nombre des décès et au mode des inhumations (Arrêt de cass., 28 décembre 1856) ;

3° Sur tous les marchés en général, lorsque des documents publics ou administratifs peuvent fournir la preuve que l'importance effective du marché est plus grande que celle déclarée pour la liquidation et la perception du droit proportionnel. (Décis. min., 29 mai 1850.) — Voy. HYPOTHÈQUES, PURGE DES HYPOTHÈQUES, TIMBRE, TRANSCRIPTION.

Enregistrement des dépêches. — Dans les grandes administrations publiques, toutes les lettres sont enregistrées à leur arrivée sur un livre où sont mentionnés, sous un numéro d'ordre, la date de l'arrivée, le lieu d'où la dépêche émane, le nom de celui qui l'a expédiée, le service auquel elle doit être transmise, avec une courte analyse du contenu. Dans une administration municipale importante, qui reçoit et expédie chaque jour un grand nombre de lettres, cette mesure d'ordre est en quelque sorte indispensable ; elle facilite le classement et la distribution des lettres et sert surtout à constater l'arrivée des pièces en donnant à cette arrivée une date certaine. L'enregistrement consiste dans les énonciations suivantes : 1° le numéro d'ordre ; 2° la date de la dépêche ; 3° la date de l'arrivée ; 4° le nombre de pièces jointes à la dépêche ; 5° le nom du correspondant ; 6° enfin l'objet ou analyse de la dépêche. On porte, sur la pièce enregistrée le numéro d'ordre général et l'indication abrégée de la suite à donner à l'affaire.

Les dépêches écrites par la mairie, soit en réponse, soit par initiative, doivent aussi être transcrites sur un registre destiné à l'enregistrement au départ. Chaque lettre doit porter sur ce registre un numéro d'ordre, qui est annoté en marge de la lettre. — Voy. CORRESPONDANCE ADMINISTRATIVE. — *Dict. des formules*, n° 501.

Enseignement. — Voy. INSTRUCTION PUBLIQUE, ÉCOLES.

Enseignes. — L'autorité municipale, chargée d'assurer l'ordre et la sécurité de la voie publique, peut, par des règlements de police, déterminer la manière suivant laquelle les enseignes sont établies et défendre d'en placer aucune sans autorisation préalable. L'infraction à cet arrêté est passible des peines de police, quel que soit l'usage des lieux. — Voy. VOIRIE. — *Dict. des formules*, n°s 1438 à 1439.

Enterrement. — Voy. CIMETIÈRE, INHUMATION, POMPES FUNÈBRES.

Entrepôts. — La loi du 8 floréal an XI a créé deux espèces d'entrepôt dans les ports maritimes : l'entrepôt réel, c'est-à-dire le dépôt de la marchandise dans un magasin unique, placé sous la surveillance immédiate de la douane, fermant à deux clefs, dont l'une est remise au commerce ; et l'entrepôt fictif, c'est-à-dire le dépôt, dans les magasins mêmes du commerçant et sous sa seule clef, des objets par lui importés, à charge de garantir le payement des droits dont ils sont passibles, s'ils entrent en consommation.

Quelques villes ont ensuite obtenu l'entrepôt réel pour des marchandises appartenant à leur commerce local. Ces établissements sont appelés entrepôts spéciaux.

Enfin, d'après la loi du 27 février 1832, toute ville de l'intérieur peut, moyennant certaines conditions, obtenir un entrepôt réel.

Pour obtenir l'établissement d'un entrepôt, les villes doivent préalablement y affecter un bâtiment isolé et distribué intérieurement de manière à ce qu'on puisse classer séparément les marchandises d'origines diverses.

Les bâtiments affectés à l'entrepôt doivent être agréés par le gouvernement.

Les villes pourvoient à la dépense occasionnée par la création et le service de l'entrepôt ; mais elles jouissent des droits de magasinage et de manutention dans les entrepôts, conformément aux tarifs concertés avec les chambres de commerce et approuvés par le gouvernement. Elles peuvent faire concession temporaire de ces droits, avec concurrence et publicité, à des adjudicataires qui, se mettant à leur lieu et place, se chargent de la construction, de l'entretien des bâtiments et de toutes les autres dépenses. — Voy. CONTRIBUTIONS INDIRECTES, DOUANES, OCTROI.

Entrepreneur de travaux publics.

— On appelle ainsi celui qui s'engage envers l'Etat, un département, une commune ou un établissement public, à faire un travail à forfait ou pour une somme d'argent déterminée. L'administration traite avec l'entrepreneur, soit de gré à gré, soit par adjudication au rabais, soit par la voie de soumissions cachetées. L'entrepreneur est soumis à des clauses et conditions constatées dans le cahier des charges, et qu'il doit accomplir sous peine de payer des dommages-intérêts, ou de perdre l'entreprise, suivant les cas. — Voy. ADJUDICATIONS, CAHIER DES CHARGES, TRAVAUX COMMUNAUX.

Épaves.

— On entend par épaves les objets mobiliers dont le propriétaire est inconnu, et qui sont trouvés à l'abandon dans les chemins publics, dans la mer ou sur ses bords, ou dans les rivières.

Ce mot, qui ne s'appliquait dans le principe qu'aux bestiaux égarés, a été étendu à toute espèce de choses trouvées sans maître sur la voie publique ou provenant de naufrages.

Les effets que la mer pousse et jette à la côte et qui n'ont pas de maître connu sont appelés épaves maritimes. Elles appartiennent comme les autres à l'État.

Les maires recueillent et mettent en dépôt ces effets; ils en dressent procès-verbal descriptif qu'ils transmettent au sous-préfet. Le préfet, prévenu par ce dernier, ordonne la publication des avis de dépôt, afin que les propriétaires se fassent connaître dans le délai déterminé. Les objets succeptibles de dépérissement sont vendus sur-le-champ par le directeur des domaines, de concert avec le sous-préfet.

Les épaves ne doivent pas être confondues : 1° avec les choses qui n'ont jamais eu de maître et qui appartiennent sans retour au premier occupant; 2° avec les choses abandonnées par le propriétaire, comme des abeilles que le propriétaire a cessé de poursuivre; 3° avec les trésors dont le propriétaire ne peut plus être connu, et qui se partagent entre l'inventeur et le maître du fonds où ils étaient cachés ou enfouis.

Les épaves maritimes, comprenant les plantes, l'ambre, le corail, les poissons dits à lard, tels que baleines, marsouins, veaux de mer, thons, souffleurs, ayant beaucoup de graisse propre à faire de l'huile, appartiennent à ceux qui les tirent du fond de la mer, lorsqu'ils sont pêchés sur les flots; s'ils les trouvent sur les grèves, ils n'en ont que le tiers. Les deux autres tiers sont dévolus au domaine. (O. 1681.)

Les épaves d'eau, c'est-à-dire celles qui sont trouvées au milieu des fleuves ou rivières navigables, ou que l'eau a déposées sur leurs rives, sont vendues au profit du domaine, si elles ne sont pas réclamées dans le mois, à compter du jour où le procès-verbal, qui doit en être rapporté, a été lu à l'audience du tribunal civil ; le propriétaire, après la vente, peut toutefois en réclamer le prix pendant un mois. (O. 1669.)

Les épaves des rivières non navigables appartiennent aux détenteurs, sauf l'action en revendication que peut exercer le propriétaire, pendant trois ans, conformément à l'article 2279 du Code civil.

Épiciers-droguistes.

— Les épiciers-droguistes peuvent faire le

commerce de drogues simples, mais il leur est interdit de les débiter au poids médical. (L. 21 germinal an XI, art. 33.)

Il est fait, au moins une fois par an, des visites chez les épiciers-droguistes, par les membres des écoles de médecine et de pharmacie, assistés d'un commissaire de police, pour vérifier la qualité des drogues. (Arrêté 25 thermidor an XI.) — Voy. Droguistes, Médecins, Pharmaciens, Police municipale, Salubrité, Substances vénéneuses. — *Dict. des Formules*, n° 662.

Épidémies. — Maladies qui attaquent un grand nombre de personnes à la fois.

C'est à l'administration qu'il appartient de chercher à éviter les épidémies et de les combattre lorsqu'elles ont éclaté. La loi du 5 avril 1884, article 97, § 6, charge spécialement le maire du soin de prévenir par des précautions convenables, et de faire cesser par la distribution des secours nécessaires, les maladies épidémiques ou contagieuses, en provoquant s'il y a lieu l'intervention de l'administration supérieure.

Les mesures préventives à prendre par les maires consistent surtout à supprimer les causes d'insalubrité, comme par exemple : à interdire la vente des fruits verts ; les dépôts de matières rendant des exhalaisons nuisibles ; le déversement des détritus et eaux sales sur la voie publique ; l'exercice de certaines industries nuisibles, telles que le rouissage du chanvre ; le jet d'immondices dans les puits et fontaines ; prescrire l'enlèvement des dépôts de fumiers et immondices dans les maisons, la suppression des mares d'eau stagnantes ; interdire l'usage des latrines communiquant avec les cours d'eau ; ordonner que toutes les maisons soient, dans un délai déterminé, pourvues de fosses fixes ou mobiles ; déterminer les conditions d'établissement des latrines ainsi que celles de l'exécution des vidanges ; interdire le déversement du produit des vidanges sur la voie publique. Mais il faut remarquer que dans tous les cas le pouvoir de réglementation du maire ne lui donne pas le droit de se substituer au propriétaire pour l'exécution des travaux, ni de créer un monopole pour leur exécution. Il doit se borner à ordonner les mesures nécessaires ; c'est au propriétaire de les exécuter sous peine d'encourir une contravention. Une fois l'épidémie déclarée, les municipalités doivent avant tout veiller à ce que tous les habitants et surtout les indigents reçoivent à domicile ou dans les hôpitaux les secours nécessaires et les soins des médecins qu'elles requièrent au besoin. Elles doivent d'ailleurs en référer immédiatement à l'administration supérieure et se conformer aux instructions qui leur sont données. Cependant, en temps d'épidémie, les pouvoirs des maires grandissent avec le danger ; aussi, lors de la dernière épidémie cholérique, certains maires ont pris, malgré les chambres de commerce, des arrêtés pour interdire l'entrée des os, chiffons, peaux et autres marchandises venant des pays infectés. Le ministre de l'intérieur a même reconnu qu'en cas de péril imminent, interdisant toute temporisation, le maire pouvait, sous sa responsabilité, en employant la procédure usitée pour les maisons menaçant ruine, enjoindre la démolition d'immeubles insalubres qu'il craindrait de voir convertir en foyers d'épidémie. Mais en dehors d'une nécessité et d'une urgence manifeste, le maire trouve, dans les lois du 3 mai 1841 et du 13 avril 1850, des moyens suffisants pour faire cesser les causes d'insalubrité. (Inst. ministérielle du 30 juillet 1884.) Nous croyons qu'il doit autant que possible éviter d'alarmer la population par des mesures extrêmes, et qu'en général il est bon qu'il se borne à exécuter les prescriptions de l'administration et du conseil d'hygiène. Il peut même, pour éviter de troubler les esprits, défendre de sonner les enterrements en temps d'épidémie.

Au reste, dans les cas d'épidémie, les maires reçoivent les instructions qui les guident pour toutes les mesures particulières qu'ils peuvent avoir à prendre. — Voy. HYGIÈNE PUBLIQUE, MÉDECINS, PHARMACIENS, SALUBRITÉ. — *Dict. des formules*, nos 568 et 573.

Épizootie. — C'est la manifestation d'une maladie qui s'étend sur une espèce animale, telle que chevaux, bœufs et vaches, moutons, chèvres, etc., et qui se propage par communication.

Il y a eu de tout temps des règlements de police pour prévenir le danger de cette communication entre les animaux sains et les animaux attaqués de la maladie. Cette importante matière est aujourd'hui réglée par la loi du 21 juillet 1881 et par un règlement d'administration publique du 22 juin 1882, qui ont été interprétés par une circulaire du ministre de l'agriculture, du 20 août 1882, dont nous donnons ci-après l'analyse.

Les maladies réputées contagieuses sont: la peste bovine, dans toutes les espèces ruminantes; la péripneumonie contagieuse dans l'espèce bovine; la clavelée et la gale dans les espèces ovine, caprine, porcine; la morve, le farcin, la dourine dans les espèces chevaline et asine; la rage et le charbon dans toutes les espèces, plus les maladies qui seraient déclarées contagieuses par décret rendu après avis du Comité consultatif des épizooties. (L. 21 juillet 1881, art. 1er.)

Tout propriétaire ou *toute personne* ayant, à quelque titre que ce soit, la charge des soins ou de la garde d'un animal atteint ou soupçonné d'être atteint d'une des maladies contagieuses visées par l'article premier de la loi, est obligé *d'en faire sur-le-champ* la déclaration au maire de la commune. La même obligation incombe aux vétérinaires, qui sont tenus de signaler aux maires les cas de maladies contagieuses qu'ils constatent dans l'exercice de leur profession. Ils doivent en cas de besoin suppléer l'inaction du propriétaire. (L., art. 3, §§ 1 et 2.)

Aussitôt la maladie constatée par lui, le premier soin du propriétaire ou de la personne qui a l'animal sous sa garde doit être de séparer l'animal contaminé de ceux de son espèce ou d'espèces différentes qui pourraient contracter la maladie dont il est atteint ou dont on le soupçonne d'être atteint. L'animal doit être non seulement isolé mais séquestré, c'est-à-dire rigoureusement enfermé (L., art. 3, § 3). Cette séquestration dure au moins jusqu'à la venue du vétérinaire convoqué par le maire; jusque-là, il est interdit de transporter l'animal d'un lieu à un autre sous quelque prétexte que ce soit. Si même l'animal vient à mourir avant l'arrivée du vétérinaire, défense est faite de procéder à l'enfouissement jusqu'à la visite de ce dernier. Il n'y a d'exception à cette règle que dans les cas urgents, tels qu'état de décomposition du corps ou toute autre cause, dont le maire est seul juge.

La déclaration et l'isolement sont donc, pour ainsi dire, deux faits simultanés, et le second doit même précéder le premier. (Art. 3, § 4.)

Le maire qui reçoit la déclaration la transcrit sur un registre spécial et remet immédiatement récépissé au déclarant. Ce récépissé indique les nom, prénoms et domicile de la personne qui a fait la déclaration, le titre auquel elle a agi, le nombre et l'espèce des animaux, le nom de la maladie et, si le déclarant n'est pas le propriétaire, le nom de celui-ci. Cette pièce est datée et signée. (L., art. 3, § 2.)

Simultanément le maire informe, par voie de réquisition, le vétérinaire sanitaire, institué par le préfet en vertu de l'article 96 du règlement pour assurer l'exécution de la loi et des règlements sur la police sanitaire des animaux.

Le vétérinaire doit se rendre à l'appel du maire dans le plus court délai possible. La loi lui confère le pouvoir d'assurer la complète exécution de l'isolement et de la séquestration. Il peut aussi prescrire les mesures de désinfection immédiates qu'il juge nécessaires. Ses prescriptions s'exécutent sous la surveillance de l'autorité municipale. Après sa visite, le vétérinaire, sans perdre de temps, rédige son rapport pour rendre compte des constatations qu'il a faites. (L., art. 4.)

Le maire informe dans les vingt-quatre heures le préfet des cas de maladies contagieuses signalées dans la commune et lui transmet le rapport du vétérinaire. Le préfet accuse réception dans le même délai. Si le rapport du vétérinaire conclut à l'existence de la contagion, le préfet prend un arrêté portant *déclaration d'infection*.

A partir de la publication de cet arrêté, les prescriptions de la loi et du règlement d'administration publique, spéciales à chaque maladie en particulier, prennent leur plein et entier effet ; il en résulte que toutes ces prescriptions doivent être appliquées *ipso facto*, à la seule exception de celles qui exigent une nouvelle intervention de l'autorité.

Les mesures spéciales dont la déclaration d'infection entraîne l'application immédiate sont :

1° L'isolement, la séquestration, la visite du vétérinaire, le recensement et la marque des animaux et troupeaux dans les localités infectées (1) ;

2° L'interdiction de ces localités ;

3° L'interdiction momentanée ou la réglementation des foires et marchés, du transport et de la circulation du bétail ;

4° La désinfection des écuries, étables, voitures et autres moyens de transport, la désinfection ou même la destruction des objets à l'usage des animaux malades ou qui ont été souillés par eux, et généralement des objets quelconques pouvant servir de véhicules à la contagion (L., art. 5);

5° Enfin l'abatage et l'enfouissement des animaux atteints ou même simplement contaminés, suivant les cas.

La nouvelle réglementation très complète, qu'on trouvera *in extenso* au *Bulletin annoté des lois*, laisse peu à faire à l'initiative des municipalités. Après avoir reçu et transmis les déclarations du propriétaire et ordonné la séquestration, le maire doit se borner à veiller à la stricte application des règlements. Dans le cas de peste bovine, le maire ordonne, sur l'avis du vétérinaire et après estimation, l'abatage immédiat des animaux atteints ou contaminés. Il en est de même dans les cas de morve, charbon ou farcin.

Rage. — Le maire a une plus grande responsabilité dans les cas de rage. Aux termes de l'article 20 de la loi du 21 juillet 1881, tous les animaux atteints de la rage, de quelque espèce qu'ils soient, doivent être abattus. L'abatage est, en outre, ordonné dans le cas de simple

(1) Dans tous les cas où il est nécessaire de marquer les animaux, la marque doit être appliquée sur la joue gauche, et, afin qu'aucune confusion ne puisse s'établir, il est interdit d'apposer sur cette joue aucune autre marque que celle du service sanitaire. (Règl., art. 7.)

suspicion, lorsqu'il s'agit de chiens et de chats. La suspicion résulte du seul fait que les chiens et chats ont été mordus ou même simplement roulés par des animaux enragés. C'est toujours à l'autorité municipale qu'il appartient de faire exécuter ces prescriptions; elle ne saurait y mettre trop de rigueur, et ne doit jamais retarder l'abatage, par cette considération que les animaux suspects sont renfermés dans l'intérieur des habitations. Les particuliers eux-mêmes sont tenus, par le deuxième paragraphe de l'article 10, de faire abattre leurs chiens et chats suspects, sans attendre l'intervention de l'autorité. On vaincra la résistance des détenteurs des chiens et chats suspects en leur montrant à quels effroyables malheurs ils seraient exposés, eux et les leurs, si on ne détruisait pas des animaux qui sont devenus un danger public. (Circulaire du ministre de l'agriculture du 20 août 1882.)

Non seulement les maires ont le devoir de veiller à la stricte exécution des prescriptions de la loi concernant l'abatage, mais ils doivent aussi prendre toutes les mesures propres à prévenir la propagation de la rage. Ces mesures sont énumérées par les articles 51, 52, 53, 54. Elles sont principalement dirigées contre le chien.

L'article 51 du décret réglementaire du 22 juin 1881 rend le port du collier obligatoire pour tout chien circulant sur la voie publique, même lorsqu'il est tenu en laisse. Cette disposition est importante, car elle permet de rechercher à qui les animaux appartiennent, et de mettre en cause les responsabilités lorsque des accidents viennent à se produire par le fait de ces animaux.

Les chiens trouvés sans collier sur la voie publique et les chiens errants, même munis de collier, sont saisis et mis en fourrière. — Ceux qui n'ont pas de collier, ou dont le propriétaire est inconnu dans la localité, sont abattus sans délai. — Ceux qui portent le collier et les chiens sans collier dont le propriétaire est connu sont abattus, s'ils ne sont pas réclamés dans un délai de trois jours francs. Ce délai est porté à cinq jours francs pour les chiens courants, avec collier ou portant la marque de leur maître. En cas de remise au propriétaire, ce dernier est tenu d'acquitter les frais de conduite, de nourriture et de garde, d'après un tarif fixé par l'autorité municipale. (D., art. 52.)

L'autorité administrative peut, en outre, lorsqu'elle croit cette mesure utile, particulièrement dans les villes, ordonner par arrêté que tous les chiens circulant sur la voie publique seront muselés et tenus en laisse. (Art. 53.)

Lorsqu'un cas de rage a été constaté dans une commune, le maire prend un arrêté pour interdire, pendant six semaines au moins, la circulation des chiens, à moins qu'ils ne soient tenus en laisse.

La même mesure est prise pour les communes qui ont été parcourues par un chien enragé. Pendant le même temps, il est interdit aux propriétaires de se dessaisir de leurs chiens ou de les conduire en dehors de leur résidence, si ce n'est pour les faire abattre. Toutefois, les chiens de berger, de bouvier et les chiens de chasse peuvent être admis à circuler librement, mais seulement pour l'usage auquel ils sont employés. (D., art. 54.)

Lorsque des animaux herbivores ont été mordus par un animal enragé, le maire prend un arrêté pour mettre ces animaux sous la surveillance d'un vétérinaire délégué à cet effet. Cette surveillance dure six semaines au moins.

Ces animaux sont marqués, et il est interdit au propriétaire de s'en dessaisir avant l'expiration de ce délai, si ce n'est pour les faire abattre.

Dans ce cas, il est délivré un laissez-passer, qui est rapporté au maire dans le délai de cinq jours, avec un certificat attestant que les animaux ont été abattus. Ce certificat est délivré par le vétérinaire délégué à la surveillance de l'atelier d'équarrissage.

L'utilisation des chevaux et bœufs pour le travail peut être autorisée, à la condition que les chevaux soient muselés.

L'utilisation des peaux des animaux morts de la rage ou abattus peut être permise après désinfection dûment constatée.

Mesures concernant les chevaux de l'armée, de l'administration des haras, et les animaux annexés ou placés dans les écoles vétérinaires. — L'autorité militaire reste seule chargée, comme elle l'est actuellement, de prendre et de faire exécuter par ses propres vétérinaires toutes les mesures nécessaires pour combattre les maladies contagieuses qui viendraient à se déclarer parmi les animaux appartenant à l'armée et, sur ce point, son indépendance de l'autorité civile est et demeure complète.

Quant aux dépôts d'étalons de l'administration des haras et aux écoles vétérinaires, il convenait, en raison des garanties complètes que présentent ces établissements, de remettre aux directeurs le soin d'y faire exécuter les prescriptions de la loi sanitaire et du règlement d'administration publique. Mais ils doivent faire à l'autorité locale la déclaration prescrite par l'article 3 de la loi, afin que celle-ci puisse prendre les mesures qu'elle jugerait utiles. En ce qui concerne spécialement les écoles vétérinaires, les directeurs doivent donner avis à l'autorité du lieu d'origine des animaux amenés à leur consultation, des cas de maladies contagieuses constatées sur ces animaux. Cette déclaration doit avoir le même effet que si elle était faite par le propriétaire lui-même.

Indemnités. — Les dispositions du titre II de la loi ont pour but d'établir le droit des particuliers à être indemnisés dans des cas déterminés.

La peste bovine et la péripneumonie contagieuse sont les deux seules maladies qui puissent donner lieu à l'allocation d'une indemnité. Cette indemnité est des trois quarts de la valeur avant la maladie des animaux abattus pour cause de peste bovine, en vertu de l'article 7 de la loi.

Pour les cas de péripnemonie contagieuse, l'indemnité est de la moitié de la valeur avant la maladie des animaux qui en sont atteints; des trois quarts s'ils sont seulement contaminés; de la totalité s'ils sont morts des suites de l'inoculation de la péripneumonie contagieuse. L'indemnité à accorder ne peut dépasser la somme de 400 francs pour la moitié de la valeur de l'animal, celle de 600 francs pour les trois quarts, celle de 800 francs pour la totalité de sa valeur. (L., art. 17.)

Il n'est alloué aucune indemnité aux propriétaires d'animaux importés des pays étrangers, abattus pour cause de péripneumonie contagieuse dans les trois mois qui ont suivi leur introduction en France. (Art. 18.)

Lorsque l'emploi des débris d'un animal abattu pour cause de peste bovine ou de péripneumonie contagieuse a été autorisé pour la consommation ou un usage industriel, le propriétaire est tenu de déclarer le produit de la vente de ces débris.

Ce produit appartient au propriétaire s'il est supérieur à la portion de valeur laissée à sa charge, l'indemnité due par l'Etat est réduite de l'excédent. (Art. 19.)

Avant l'exécution de l'ordre d'abatage, il est procédé à une évalua-

45

tion des animaux par le vétérinaire délégué et un expert désigné par la partie. A défaut, par la partie, de désigner un expert, le vétérinaire désigné opère seul. Il est dressé procès-verbal de l'expertise ; le maire et le juge de paix le contresignent et donnent leur avis. (Art. 20.)

La demande d'indemnité doit être adressée au ministère de l'agriculture et du commerce, dans le délai de trois mois, à dater du jour de l'abatage, sous peine de déchéance. (Art. 20.) Elle doit contenir outre le procès-verbal d'expertise indiqué plus haut : .

1º La demande d'indemnité formée par le propriétaire ;

2º Une copie, certifiée conforme par le maire, de l'ordre d'abatage ou d'inoculation ;

3º Un certificat du maire constatant que l'ordre d'abatage a reçu son exécution, ou, dans le cas de mort par suite de l'inoculation de la péripneumonie, un certificat du vétérinaire attestant que l'inoculation est réellement la cause de la mort : ce dernier certificat doit être visé par le maire ;

4º Une copie certifiée de la déclaration, faite à la mairie par le propriétaire, de l'apparition de la maladie dans ses étables ou bergeries ;

5º Un certificat du maire constatant que le propriétaire s'est conformé à toutes les autres prescriptions de la loi ;

6º Une déclaration du propriétaire faisant connaître, lorsqu'il y a lieu, pour chaque tête de bétail, le produit de la vente des animaux ou de leurs chairs et débris.

A ces pièces doivent être joints, dans le cas d'abatage pour cause de péripneumonie ou de mort des suites de l'inoculation de cette maladie, le procès-verbal d'autopsie des animaux pour la perte desquels l'indemnité est réclamée, et un certificat d'origine constatant qu'ils n'ont pas été introduits en France dans les trois mois qui précèdent l'abatage.

Le ministre peut toujours ordonner la revision des évaluations par une commission dont il désigne les membres. Cette commission est présidée par le préfet ou son délégué avec voix prépondérante. L'indemnité est fixée par le ministre, sauf recours au conseil d'Etat. (L., art. 21.)

Toute infraction à la loi ou aux règlements peut entraîner la perte de l'indemnité. La décision appartient au ministre, sauf recours au conseil d'Etat.

Importation et exportation des animaux. — Les maires des communes frontières prennent des mesures sanitaires prescrites par la loi ou le gouvernement pour l'introduction des animaux étrangers (art. 27). Les communes ports de mer doivent fournir un quai de débarquement et un bâtiment de quarantaine.

Les ports de mer ouverts à la sortie des animaux sont déterminés par un décret du Président de la République. Les animaux exportés ne peuvent être embarqués que sur la présentation d'un certificat de santé délivré par un vétérinaire délégué à cet effet par le ministre de l'agriculture. — Les frais de visite sont à la charge de l'expéditeur ; ils sont perçus par le vétérinaire d'après un tarif fixé par le ministre. La taxe est due pour chaque tête de bétail visitée, que l'embarquement ait été autorisé ou non. (Art. 75 et 76 du décret réglementaire.)

Foires et marchés. — Les foires et marchés doivent être l'objet d'une très grande surveillance, parce que les rassemblements d'animaux dont ils sont l'occasion peuvent être une cause très active de propagation des maladies contagieuses. Il suffit de la présence d'un animal malade pour en infecter un grand nombre d'autres qui dissémineront ensuite les germes qu'ils auront pu recueillir. — Les différentes espèces d'animaux doivent avoir chacune leur compartiment spécial, afin d'éviter, autant que possible, que les contagions communes à plusieurs, telles que la fièvre aphteuse, se communiquent par suite de la promiscuité à toutes celles qui seront susceptibles de la contracter. Dans certaines villes il existe des marchés entièrement indépendants les uns des autres pour chaque espèce ; c'est la meilleure manière de pratiquer l'isolement, et cet exemple doit être recommandé. En outre, dans le compartiment spécial, si l'emplacement le permet, un espace libre doit être réservé entre les animaux appartenant à des propriétaires différents. (Décret réglementaire, art. 80.) — Il est urgent, quand une maladie contagieuse est constatée, qu'à l'instant même des dispositions soient prises pour réduire le plus possible les chances de sa transmission. — L'article 81 du décret réglementaire enjoint au vétérinaire préposé à l'inspection des foires et marchés de prévenir immédiatement l'autorité locale des cas de maladie ou de suspicion constatés par lui ; cet avertissement aura lieu au moment même de la constatation. Si le vétérinaire est accompagné par un agent de police, ce dernier fait mettre immédiatement en fourrière les animaux malades ou suspects. — D'autre part, l'article 81 prescrit au vétérinaire de faire une enquête sur les animaux qu'il a signalés comme devant être mis en fourrière, et de proposer à l'autorité les mesures de précaution qu'il croit nécessaires d'adopter pour prévenir la contagion.

Le maire de la commune d'où proviennent les animaux doit en être immédiatement informé, afin qu'à son tour il puisse prendre toutes les mesures prescrites par la loi et le règlement à l'égard des localités infectées. C'est à l'autorité du lieu où a été faite la constatation qu'il incombe de transmettre cet avis. (Circ., 20 août 1882.)

Après chaque tenue de marché, le sol des halles, des étables, des parcs de comptage, de tous autres emplacements où les animaux ont stationné, et les parties ou élévations qu'ils ont pu souiller, sont nettoyés et désinfectés.

Abattoirs. — Les locaux qui, dans les abattoirs ou les tueries particulières, ont contenu des animaux atteints de maladies contagieuses, sont nettoyés et désinfectés. Les hommes employés dans les abattoirs doivent se soumettre aux mesures de désinfection jugées nécessaires. Les abattoirs publics et les tueries particulières sont placés d'une manière permanente sous la surveillance d'un vétérinaire délégué à cet effet. Lorsque l'ouverture d'un animal fait reconnaître des lésions propres à une maladie contagieuse, le maire de la commune d'où provient cet animal en est immédiatement avisé, afin qu'il prenne les dispositions nécessaires. (Art. 89 et 90 du décret réglementaire.)

Ateliers d'équarrissage. — Les ateliers d'équarrissage sont également placés d'une manière permanente sous la surveillance d'un vétérinaire désigné à cet effet. Il est tenu dans ces ateliers un registre sur lequel tous les animaux sont inscrits dans l'ordre de leur arrivée ; cette inscription contient le nom du propriétaire de l'animal, l'indication du domicile, le signalement de l'animal et le motif pour lequel il est abattu. Ce registre est paraphé par le vétérinaire délégué, à chacune de ses visites. (Art. 91 et 92 du décret réglementaire.)

Transport des animaux. — En tout temps, quel que soit l'état sanitaire, les wagons qui ont servi au transport des animaux sont nettoyés et désinfectés après chaque voyage. Dans les vingt-quatre heures qui suivent le déchargement, immédiatement après la sortie des animaux, il est apposé sur l'une des faces latérales du wagon un écriteau indiquant qu'il doit être désinfecté.

Les hangars servant à recevoir les animaux dans les gares de chemins de fer, les quais d'embarquement et de débarquement et les ponts mobiles sont nettoyés et désinfectés après chaque expédition ou chaque arrivée d'animaux.

Les bateaux et navires qui ont servi au transport des animaux doivent être nettoyés, lavés et désinfectés dans le plus court délai, après le déchargement. Les pontons, passerelles, etc., sont également nettoyés, lavés et désinfectés. (Art. 93 et 95 du décret réglementaire.)

La désinfection des wagons a lieu par les soins des compagnies, les frais sont fixés par le maire et les compagnies entendues. (L. art. 37.)

Frais résultant de l'exécution des mesures de police sanitaire. — Les frais résultant de l'exécution des mesures de police sanitaire sont mis à la charge des propriétaires ou conducteurs d'animaux par l'article 37 de la loi. Parmi les dépenses qui incombent aussi aux particuliers, figurent en première ligne les frais d'abatage, d'enfouissement ou de transport, de quarantaine et de désinfection des locaux ; puis viennent les frais accessoires, tels que ceux d'appositions de poteaux indicateurs (Règl., art. 9 et 21) et menues dépenses pouvant résulter de circonstances locales.

En cas de refus des propriétaires ou conducteurs de se conformer aux injonctions administratives, il y est pourvu d'office à leur compte.

Les frais de ces opérations sont alors recouvrés sur un état dressé par le maire et rendu exécutoire par le sous-préfet. Les oppositions sont portées devant le juge de paix.

Pénalités. — L'article 30 de la loi punit d'un emprisonnement de six jours à deux mois, et d'une amende de 16 à 400 francs, les défauts de déclaration de maladie au maire; les contraventions aux mesures édictées par la déclaration d'infection, les contraventions aux ordres d'abatage, la clavelisation sans autorisation, et l'exercice de la médecine vétérinaire sans diplôme dans les maladies contagieuses. (Art. 3, 5, 6, 9, 10, 11, § 2 et 12.)

L'article 31 punit d'un emprisonnement de deux à six mois et d'une amende de 100 à 1,000 francs :

1° Ceux qui, au mépris des défenses de l'administration, auront laissé leurs animaux infectés communiquer avec d'autres;

2° Ceux qui auraient vendu ou mis en vente des animaux qu'ils savaient atteints ou soupçonnés d'être atteints de maladies contagieuses;

3° Ceux qui, sans permission de l'autorité, auraient déterré ou sciemment acheté des cadavres ou débris des animaux morts de maladies contagieuses, quelles qu'elles soient, ou abattus comme atteints de la peste bovine, du charbon, de la morve, du farcin et de la rage;

4° Ceux qui, même avant l'arrêté d'interdiction, auront importé en France des animaux qu'ils savaient atteints de maladies contagieuses ou avoir été exposés à la contagion.

L'article 32 punit d'un emprisonnement de six mois à trois ans et d'une amende de 100 à 2,000 francs :

1° Ceux qui auraient vendu ou mis en vente de la viande provenant d'animaux qu'ils savaient morts de maladies contagieuses, quelles qu'elles soient ou abattus comme atteints de la peste bovine, du charbon, de la morve, du farcin et de la rage;

2° Ceux qui se seraient rendus coupables des délits prévus par les articles précédents, s'il résulte de ces délits une contagion parmi les animaux.

Aux termes de l'article 33, tout entrepreneur de transports qui contrevient à l'obligation de désinfecter son matériel est passible d'une amende de 100 à 1,000 francs. Il est puni d'un emprisonnement de six jours à deux mois s'il est résulté de cette infraction une contagion parmi les autres animaux.

Toute infraction à la présente loi, non spécifiée dans les articles ci-dessus, est puni de 16 à 400 francs d'amende. Les contraventions aux dispositions du règlement d'administration publique, rendu pour l'exécution de la loi, sont, suivant les cas, passibles d'une amende de 1 à 200 francs, qui est prononcée par le juge de paix. (L., art. 34.)

Si la condamnation pour infraction à l'une des dispositions de la loi remonte à moins d'une année, ou si cette infraction a été commise par des vétérinaires délégués, des gardes champêtres, des gardes forestiers, des officiers de police, à quelque titre que ce soit, les peines peuvent être portées au double du maximum fixé par les précédents articles. (L., art. 35.)

L'article 463 du Code pénal est applicable dans tous les cas.

Relativement aux pénalités, il importe de remarquer que les tribunaux correctionnels connaissent de toutes les infractions à la loi, et qu'au contraire il est fait attribution aux juges de paix de toutes les contraventions au règlement d'administration publique. Par suite, il est nécessaire de surveiller la rédaction des procès-verbaux et la direction qui leur est donnée, afin de prévenir les confusions qui pourraient s'établir sur la nature du fait délictueux à réprimer. Le plus souvent l'autorité administrative aura à intervenir par voie d'arrêté, à l'effet de prescrire l'exécution de telle ou telle mesure prévue par la loi ou le règlement; dans le cas de violation ou d'inobservation, l'infraction ne se rapporterait pas à l'arrêté, mais bien aux dispositions visées de la loi ou du règlement. (Circ. Agric., 20 août 1882.)

Service vétérinaire. — L'article 38 de la loi dispose qu'un service des épizooties sera établi dans chacun des départements, et il ajoute que les frais de ce service seront rangés parmi les dépenses obligatoires à la charge des budgets départementaux.

Indépendamment de cette organisation départementale du service sanitaire, les communes où il existe des foires et marchés aux chevaux ou aux bestiaux, sont tenues par l'article 39 de la loi de préposer, à leurs frais et sauf à se rembourser par l'établissement d'une taxe sur les animaux amenés, un vétérinaire pour l'inspection sanitaire des animaux conduits aux foires et marchés. Cette dépense est obligatoire pour la commune. Mais le gouvernement peut, sur l'avis des conseils généraux, ajourner par décret, dans les départements, l'exécution de cette mesure pendant une période de six années à partir de la promulgation de la loi.

Comité consultatif des épizooties. — Les articles 100 et 101 du décret réglementaire déterminent les attributions et la composition de ce comité institué en vertu de l'article 40 de la loi. Il se compose de seize membres, dont quatre membres de plein droit et douze membres renouvelés par tiers chaque année et nommés par le ministre de l'agriculture.

Le comité est chargé de l'étude et de l'examen de toutes les questions qui lui sont renvoyées par le ministre, spécialement en ce qui concerne :

Mesures préventives. — Si les maires doivent se borner, lorsqu'il s'agit de combattre les épizooties, à assurer l'application des règlements, ils peuvent néanmoins toujours user des pouvoirs que leur confrère l'article 97 de la loi du 5 avril 1884 pour prendre certaines mesures préventives. Ainsi il a été jugé qu'un arrêté municipal défendant de laver ou d'envoyer des eaux sales dans la partie d'un ruisseau situé en amont d'un abreuvoir était légal (Cass., 28 mars 1879). Cette même Cour a également décidé qu'un maire pouvait légalement interdire temporairement aux bouchers forains de vendre des viandes dans la commune. (Cass. 20 janvier 1872). Voy. *Dict. des formules*, 664-665.

Équarrissage. — On appelle chantiers d'équarrissage des établissements où l'on abat les chevaux hors de service et les animaux qui sont morts naturellement ou par accident. Les chantiers d'équarrissage sont rangés dans la première classe des établissements insalubres et ne peuvent être établis sans une permission du préfet. (D. 15 octobre 1810.)

L'autorité municipale doit, en outre, prendre toutes les mesures convenables afin que l'exercice de cette industrie n'incommode pas les citoyens. — Voy. Epizooties.

Escamoteurs. — On appelle ainsi les prestidigitateurs qui, par des tours de gobelets, amusent le peuple sur les places publiques. Leur but est assez ordinairement de débiter, à la faveur de leurs tours, des drogues ou divers petits imprimés. Les maires et les commissaires de de police doivent surveiller ces individus, qui peuvent jeter parmi le peuple des semences de désordre et de corruption. — Voy. Charlatans, Devins, Saltimbanques, Police municipale.

Escroquerie. — L'article 405 du Code pénal punit les escrocs d'un emprisonnement d'un an au moins et de cinq ans au plus, et d'une amende de 50 francs au moins et de 3,000 francs au plus, sans préjudice de plus fortes peines s'il y a lieu. La police administrative doit prendre parfois la voie des journaux pour prémunir les citoyens contre les nouveaux genres d'escroquerie qu'emploieraient d'adroits fripons pour abuser de leur crédulité.

Les maires, leurs adjoints et les commissaires de police doivent, comme officiers de police judiciaire, recevoir les déclarations ou plaintes qui leur sont adressées au sujet d'escroqueries ou d'abus de confiance, et en adresser des procès-verbaux qu'ils transmettent immédiatement au procureur de la République.— *Dict. des formules*, n° 660.

Essaim. — Nombre considérable d'abeilles qui partent d'une ruche et cherchent à s'établir ailleurs. — Voy. Abeilles, Ruches.

Essartement. — Action d'arracher les arbres ou broussailles qui couvrent un terrain et d'enlever du sol les souches et les racines.

L'article 3 de l'ordonnance des eaux et forêts, du mois d'août 1669, porte que, dans toutes les forêts traversées par des grandes routes, tous bois, épines et broussailles qui se trouvent dans l'espace de 60 pieds de ces routes doivent être essartés et coupés, en sorte que le chemin soit libre et plus sûr.

Cette disposition, que deux arrêts du conseil d'État, du 3 mai 1720 et du 26 février 1771 ont confirmée, est toujours en vigueur. L'essartement est opéré sur 20 mètres de chaque côté des routes, conformément à un arrêt du conseil d'État du 13 mars 1824, confirmé par une ordonnance du 9 novembre 1828.

C'est le ministre de l'agriculture, du commerce et des travaux publics qui ordonne l'essartement des routes ; celui des routes forestières a lieu sous la direction des agents forestiers. En ce qui concerne les bois des particuliers, c'est à ceux-ci qu'il appartient de pourvoir à l'essartement, sous la direction des ingénieurs des ponts et chaussées et sous l'inspection des autorités locales. — Voy. Bois des communes, Routes.

Essence. — Ce qui constitue une chose ; en matière forestière, qualité, espèce d'arbre. — Voy. Bois des communes.

Essieu. — Pièce de bois ou de fer sur laquelle tournent les roues des voitures. L'administration, en vertu du droit qu'elle a d'assurer la circulation sur la voie publique, peut déterminer la longueur des essieux. — Voy. Roulage, Voitures publiques.

Estampes. — Images imprimées sur du papier, avec des planches gravées. — Voy. Gravures.

Établissements dangereux, insalubres ou incommodes. — Il est des établissements industriels qui, soit à raison des dangers d'incendie qu'ils présentent pour le voisinage, soit à cause des inconvénients qu'ils peuvent avoir pour la salubrité ou des odeurs incommodes qu'ils répandent, ne peuvent être formés qu'en vertu d'une permission de l'autorité administrative. Toute translation de ces établissements doit également être autorisée.

Le décret du 15 octobre 1810, et les ordonnances des 14 janvier 1815, 29 juillet 1818, 25 et 29 octobre 1823, 9 février 1825, 1er et 5 novembre 1826, 20 septembre 1828, 25 mai 1830, 31 mai 1833, 5 juillet 1834, 27 janvier et 27 février 1837, 25 mars 1838, 21 mai 1843, 27 janvier 1846, et le décret du 6 mai 1849 forment le corps de la législation relative à ces établissements. Le décret du 31 décembre 1866 a donné une nomenclature nouvelle des établissements dangereux, incommodes ou insalubres. Depuis, cette nomenclature a été modifiée et complétée par les décrets des 31 janvier 1872, 7 mai 1878 et 11 avril 1879, 26 février 1881 et 20 juin 1883.

Les établissements insalubres ou incommodes sont divisés en trois classes.

La première classe comprend les établissements qui doivent être éloignés des habitations particulières.

La deuxième classe, les manufactures ou ateliers dont l'éloignement des habitations n'est pas rigoureusement nécessaire, mais dont il importe cependant de ne permettre la formation qu'après avoir acquis la certitude que les opérations qu'on y pratique sont exécutées de manière à ne pas incommoder les personnes du voisinage, ni à leur causer des dommages.

Dans la troisième classe sont placés les établissements qui peuvent exister sans inconvénient auprès des habitations, mais qui doivent rester soumis à la surveillance de la police. (D. 15 octobre 1810, art. 1er, §§ 2, 3 et 4.)

Établissements de la 1re classe. — L'autorisation nécessaire pour la formation d'un établissement compris dans la 1re classe est accordée par le préfet du département où cet établissement est situé (D. 25 mars 1852, tableau B, § 8). Il n'y a d'exception que pour les abattoirs. (Circ. int. 22 juin 1853.)

Pour être admis à former un établissement compris dans la 1re classe, il faut remplir les formalités suivantes :

Une demande en autorisation, accompagnée du plan des lieux et des constructions projetées, est adressée au préfet du département dans lequel l'atelier sera ouvert, et affichée dans toutes les communes qui se trouvent à 5 kilomètres du rayon (D. 15 octobre 1810, art. 3). L'affiche doit être apposée dans le plus bref délai possible, à la diligence du préfet, et rester publique durant un mois. (Circ. min. 22 novembre 1811.)

Pendant ce délai, tout particulier est admis à présenter ses moyens d'opposition. Les maires des communes ont la même faculté.

Une information *de commodo et incommodo* est ouverte dans la commune où l'on projette de former l'établissement pour recueillir les dires des habitants sur les inconvénients de l'atelier projeté. (D. 15 octobre 1810, art, 7; O. 14 janvier 1815, art. 2.)

S'il y a des oppositions, le conseil de préfecture est appelé à donner son avis, sauf la décision du préfet. (D. 15 octobre 1810, art. 4; Circ. min. 6 avril 1852.)

Aux termes du décret du 25 mars 1852, les recours contre la décision du préfet sont les mêmes que ceux qui ont été déterminés pour la 2e classe et qui seront expliqués ci-après.

L'autorisation, pour les établissements de 1re classe, peut être retirée par décret rendu en conseil d'État lorsqu'ils présentent des inconvénients graves pour la salubrité, la culture ou l'intérêt général. (D.15 octobre 1810, art. 12.)

Établissements de la 2me classe. — Pour pouvoir établir un atelier rangé dans la 2e catégorie, il faut :

Une demande en autorisation adressée au sous-préfet de l'arrondissement dans lequel l'atelier sera formé ;

Une information de *commodo et incommodo;*

L'avis du sous-préfet ;

Un arrêté du préfet accordant l'autorisation. (D. 15 octobre 1810, art. 7.)

La formalité des affiches n'est point ordonnée par les règlements.

Lorsqu'une demande en autorisation est admise par le préfet, ceux qui croient avoir à s'en plaindre peuvent former opposition devant le conseil de préfecture, qui statue contradictoirement, sauf recours au conseil d'État. Ce recours doit être formé dans le délai de trois mois à partir du du jour de la décision attaquée. Quand l'autorisation a été refusée, la seule voie ouverte au demandeur est le recours au conseil d'État. (Circ. min. 3 novembre 1828 et 15 décembre 1852.)

Établissements de la 3ᵐᵉ classe. — Les permissions nécessaires pour la formation des établissements compris dans la 3ᵐᵉ classe sont accordées par le sous-préfet, qui doit prendre préalablement l'avis du maire et de la police locale. (D. 15 octobre 1810, art. 2; O. 14 janvier 1815, art. 3.)

Autorisation. — Tout acte d'autorisation d'établissement insalubre ou incommode est déposé en copie aux archives de la commune de la situation, et il en doit être donné communication à toute personne intéressée qui en ferait la demande. (Circ. min. trav. pub., 11 mai 1863.)

Des dommages. — Les entrepreneurs des établissements qui préjudicient aux propriétés de leurs voisins peuvent être passibles de dommages-intérêts. Les dommages sont arbitrés par les tribunaux. (D. 15 octobre 1810, art. 11.)

Surveillance des maires. — Outre les attributions rappelées plus haut, en ce qui concerne l'instruction des demandes en autorisation, les maires peuvent prendre les règlements qu'ils jugent convenables dans l'intérêt de la sûreté ou de la salubrité publique, par exemple, sur la hauteur des cheminées, l'épaisseur des murs de séparation, l'heure du travail dans les établissements situés sur le territoire de leur commune, l'écoulement des eaux; mais en ayant soin de ne jamais contrevenir aux conditions de l'autorisation.

Les maires ont encore à veiller à l'exécution des règlements sur la matière; ils doivent, à cet effet, visiter les établissements autorisés, afin de s'assurer qu'il n'y a aucune contravention, et pour, dans l'affirmative, en dresser procès-verbal; ils doivent surtout veiller à ce qu'aucun établissement ne se forme sans autorisation. Le premier de leurs devoirs, toutes les fois qu'ils ont connaissance d'un projet d'usine, fabrique, atelier dans leur commune, est de rechercher si l'établissement est classé parmi les établissements insalubres ou incommodes, et de prévenir tout à la fois l'entrepreneur des formalités préalables qu'il doit remplir ainsi que l'autorité supérieure, pour qu'elle provoque les mesures nécessaires. — *Dict. des formules,* nᵒˢ 669 à 675.

Établissements de bienfaisance. — Les établissements publics de bienfaisance peuvent être rangés en trois classes : les uns ont pour objet de prévenir l'indigence, les autres de la soulager; d'autres enfin, de réprimer la paresse qui l'engendre. Dans la première classe figurent les écoles, les caisses d'épargne; dans la deuxième, les bureaux de bienfaisance, les hospices, les hôpitaux, les asiles publics d'aliénés, les monts-de-piété; enfin, dans la troisième, les dépôts de mendicité et les autres maisons où le travail est forcé. Ces établissements appartiennent soit aux communes, soit aux départements, soit à l'État.

Pour les établissements communaux, voy. BUREAUX DE BIENFAISANCE, HOSPICES, HÔPITAUX, MONTS-DE-PIÉTÉ.

Pour les établissements départementaux, voy. ALIÉNÉS, ENFANTS ASSISTÉS, MENDICITÉ.

Pour les établissements de l'Etat, voy. Aveugles, Sourds-Muets, Hospice national de Charenton.

Établissements publics. — On appelle ainsi toute association ou institution légalement organisée dans un but d'utilité matérielle ou morale.

Tels sont les départements, les communes, les hospices, hôpitaux et autres établissements de charité et de bienfaisance, les fabriques des églises, les consistoires, les écoles spéciales, les lycées, les facultés et, en général, tous établissements d'instruction publique, etc.

Aucun établissement public ne peut se former sans une autorisation préalable du gouvernement.

Un établissement public est doué d'un existence civile et peut, en conséquence, être propriétaire et acquérir, soit à titre onéreux, soit par dons et legs. Si on le considère, abstraction faite des individus qui le composent, c'est un être moral agissant d'une manière indépendante; mais à l'égard du gouvernement, bien qu'il forme une véritable personne, il ne cesse jamais d'être en tutelle, et, par conséquent, il ne peut agir que par des représentants. Ainsi, une commune ne peut agir que par son maire, un hospice que par ses administrateurs, une fabrique que par les membres de son conseil.

Les pouvoirs de ces représentants sont limités comme l'existence civile des établissements représentés; ils n'excèdent pas les bornes d'une simple administration; ils ne peuvent ni vendre, ni échanger, ni aliéner un immeuble, ni faire aucun acte de nature à grever l'établissement mineur, à moins d'y être autorisés par l'autorité supérieure.

Les intérêts des établissements publics sont protégés par des dispositions particulières qu'il serait trop long d'énumérer ici, et parmi lesquelles nous citerons seulement l'article 1er du Code forestier, qui a soumis au régime forestier les bois qui leur appartiennent; l'article 2121 du Code civil, qui leur confère une hypothèque légale sur les biens de leurs administrateurs comptables, et l'article 83 du Code de procédure, en vertu duquel le ministère public doit prendre communication des causes qui les concernent. — Voy. Bureaux de bienfaisance, Commune, Écoles, Département, Fabrique, Hospices, etc.

Étal. — L'étal est le lieu où l'on expose en vente de la viande de boucherie. Il est défendu d'exposer en vente des viandes gâtées, corrompues ou nuisibles. (L. 5 avril 1884, art. 97; C. P., art. 475, n° 14.)

Un maire peut, par un arrêté municipal, déterminer la hauteur, la largeur et la situation de l'étal servant à chaque boucher. Le contrevenant est passible des peines de police. (Cass. 24 juin 1831. — Voy. Boucher, Boucherie. — Dic. des formules, n°s 221 à 225.

Étalage. — Il est défendu à toute personne d'étaler des marchandises sur la voie publique, ainsi que dans les promenades, foires et marchés, sans une permission de l'autorité municipale. (L. 5 avril 1884, art. 97; 19-22 juillet 1791.)

L'étalage autorisé doit être renfermé dans les limites prescrites.

Les marchands étalagistes, à l'exception des marchands de menus comestibles, sont tenus de se pourvoir de patentes ou d'un certificat d'exemption de l'administration des contributions directes.

Les maires ont le droit de déterminer par un règlement tout ce qui concerne la police des étalages sur la voie publique.

L'article 471, nº 4, du Code pénal, punit d'une amende d'un franc à cinq francs ceux qui, sans la permission de la police locale, embarrassent la voie publique en étalant des marchandises de manière à empêcher ou diminer la liberté ou la sûreté du passage, et contreviennent aux dispositions prises sur cette matière par les autorités locales. — *Dict. des formules*, nᵒˢ 676, 677 et 678.

Étalagistes. — Voy. ÉTALAGE.

Étalon. — Modèle, prototype de poids, de mesure. — Voy. POIDS ET MESURES.

Étalons. — Chevaux entiers servant à la reproduction. — Voy. HARAS.

Étangs. — On appelle étang un bassin ou réservoir soutenu par une chaussée et destiné à retenir les eaux.

Chacun peut établir un étang sur son fonds, sous la surveillance de l'autorité administrative. (C. c., art. 558.)

Sont punis d'une amende qui ne peut excéder le quart des restitutions et dommages-intérêts, ni être au-dessous de 50 francs, les propriétaires ou fermiers, ou toute personne jouissant de moulins, usines ou étangs, qui, par l'élévation du déversoir de leurs eaux au-dessus de la hauteur déterminée par l'autorité compétente, ont inondé les chemins ou les propriétés d'autrui. S'il est résulté du fait quelques dégradations, la peine est, outre l'amende, un emprisonnement de six jours à un mois. (C. P., art. 457.)

Le propriétaire qui vide son étang est responsable des dégâts que l'écoulement des eaux pourrait causer aux fonds inférieurs.

L'autorité administrative peut, sur la demande du conseil municipal, ordonner la destruction de tout étang nuisible. Si, par exemple, il est constaté par des gens de l'art que les eaux d'un étang peuvent occasionner des épidémies ou épizooties, ou qu'elles sont sujettes à inonder ou envahir les fonds inférieurs, le préfet peut, sur la demande formelle des communes et l'avis des maires, en ordonner le desséchement, sans indemnité pour le propriétaire. (L. 11-19 septembre 1792.)

La loi du 16 septembre 1807 n'est applicable, lorsqu'on veut dessécher un étang, qu'autant que les terrains environnants, appartenant à des tiers, sont en nature de marais et doivent profiter du desséchement. — Voy. MARAIS. — *Dict. des formules*, nº 589.

Étapes. — Vivres et fourrages distribués aux troupes en marche. Lieux où on les distribue. — Voy. CONVOIS MILITAIRES, RECRUTEMENT.

État. — Ce mot s'emploie fréquemment en matière de comptabilité. On dit, par exemple, un état de recettes, de dépenses, de payement, d'appointements, de situation, etc. On entend, par le mot cadre, un modèle d'état ou de tableau destiné à être rempli. — Voy. COMPTABILITÉ.

État civil. — On appelle état civil la situation de chaque individu : 1° sous le rapport de la naissance et de l'adoption, comme enfant légitime, adoptif ou naturel ; 2° sous le rapport du mariage, comme célibataire, marié ou veuf ; 3° sous le rapport de l'existence, comme vivant ou mort.

La naissance et la filiation font l'individu membre d'une famille et établissent tous ses rapports de parenté. Le mariage le fait entrer dans une autre famille, lui en crée une nouvelle à lui-même et constitue les droits et les devoirs réciproques des époux. La mort ouvre pour les héritiers les droits de succession ; pour les époux, la faculté d'un nouveau mariage.

Chacun de ces événements doit donc être légalement constaté, et les actes de l'état civil sont les documents qui servent à cette constatation.

DE L'OFFICIER DE L'ÉTAT CIVIL. — Les actes de l'état civil sont reçus dans chaque commune par le maire, et, en son absence ou sur sa délégation, par ses adjoints. (L. 20-25 septembre 1792 et 28 pluviôse an VIII.)

C'est en raison de cette partie de leurs fonctions qu'on a donné aux maires et aux adjoints la qualification d'officiers de l'état civil.

A défaut ou en cas d'empêchement du maire, les fonctions d'officier de l'état civil sont remplies de droit par le fonctionnaire que la loi investit par intérim du pouvoir municipal, c'est-à-dire par un adjoint dans l'ordre des nominations et à défaut d'adjoint par un conseiller municipal désigné par le conseil, sinon pris dans l'ordre du tableau. (L. 5 avril 1884, art. 84.)

Lorsque le maire n'est ni absent ni empêché, lui seul a le droit de recevoir les actes de l'état civil, et l'adjoint ou l'un des adjoints ne peut le faire qu'autant que le maire lui a délégué cette partie de ses attributions. (D. 4 juin 1806 ; L. 5 avril 1884, art. 82.)

Il y a exception pour Paris, où les adjoints rédigent les actes de l'état civil sans délégation des maires. (Avis cons. d'Et., 8 mars 1808.)

Le maire peut toujours déléguer l'adjoint, s'il le juge utile au bien du service. (D. 4 juin 1806.)

Lorsqu'il y a délégation, elle doit avoir lieu par arrêté spécial du maire, dont l'original est conservé aux archives ; et dans chaque acte qu'il rédige, l'adjoint doit mentionner qu'il agit comme délégué du maire. — *Dict. des formules*, n°s 681-684.

Lorsque la mer ou tout autre obstacle rend difficiles, dangereuses ou momentanément impossibles les communications entre le chef-lieu et une fraction de la commune, un adjoint spécial, pris parmi les habitants de cette fraction, est nommé en sus du nombre ordinaire, et cet adjoint spécial remplit les fonctions d'officier de l'état civil. (L. 5 mai 1855, art. 3.)

Le maire étant nommé pour la commune n'a de pouvoir que dans le ressort de cette commune ; hors de cette limite, il est sans qualité pour recevoir ou rédiger un acte de l'état civil.

L'officier de l'état civil doit aussi s'abstenir de dresser tout acte dans lequel lui-même devrait intervenir par son témoignage ou sa déclaration, et de constater la naissance, le mariage et le décès de ses propres enfants. (Déc. min. just., 21 juillet 1818.)

Cette interdiction ne s'étend pas à tous les actes de l'état civil qui peuvent concerner les parents ou alliés ; autrement, dans les campagnes surtout, où la plupart des familles ont entre elles des liens de parenté, le maire se trouverait presque constamment empêché.

En ce qui concerne l'état civil, le maire est spécialement subordonné aux fonctionnaires de l'ordre judiciaire. Le procureur de la République près le tribunal de première instance est son supérieur immédiat ; puis en remontant l'échelle hiérarchique, le procureur général près la cour d'appel et le garde des sceaux, ministre de la justice.

Le procureur de la République vérifie, chaque année, l'état des registres de l'état civil ; il peut, lorsqu'il le juge convenable, se transporter sur les lieux pour examiner les registres de l'année courante, ou même déléguer à cet effet le juge de paix du canton. (O. 26 novembre 1823, art. 3.)

Le maire doit donc communiquer, mais sans déplacement, les registres de l'année courante au procureur de la République ou au juge de paix, toutes les fois qu'il en est requis.

A la suite de chaque vérification annuelle, les procureurs de la République doivent adresser aux officiers de l'état civil de leur arrondissement des instructions sur les irrégularités qui auraient été commises dans les actes de l'année précédente, et sur les moyens de les éviter, (O. 26 novembre 1824, art. 3 et 4.)

Les maires sont tenus de se conformer à ces instructions.

Si le procureur de la République remarquait dans la rédcation des actes ou la tenue des registres des contraventions ou délits commis par les officiers de l'état civil, il les dénoncerait et requerrait contre eux condamnation aux peines portées par la loi. (C. civ., art. 53.)

DES ACTES DE L'ÉTAT CIVIL EN GÉNÉRAL ET DES FORMALITÉS QUI LEUR SONT COMMUNES. — *Tenue des registres.* Les actes de l'état civil sont inscrits sur des registres spécialement consacrés à cet usage dans chaque commune. (C. civ., art. 40.)

Leur inscription sur des feuilles volantes, ou tout autrement que sur les registres à ce destinés, donne lieu à des dommages-intérêts contre l'officier de l'état civil, sans préjudice des peines portées en l'article 192 du Code pénal. Ces peines sont un emprisonnement d'un mois au moins et de trois mois au plus, et d'une amende de 16 francs à 200 francs.

C'est à l'autorité, et particulièrement au préfet, à décider s'il doit être tenu dans chaque commune des registres spéciaux pour chaque espèce d'acte ou des registres communs à tous les actes à l'exception des publications de mariage.

Mais, soit qu'on ne se serve que d'un seul registre, soit qu'on en tienne plusieurs, chacun d'eux doit être tenu double (C. civ., art. 40), afin que des actes d'une si haute importance ne puissent être anéantis par la destruction ou la perte d'un seul registre.

Il n'y a d'exception que pour le registre des publications de mariage, qui doit être en un seul exemplaire.

Les registres sont d'ordinaire envoyés aux maires par les soins du préfet. Un registre ne peut servir que pour un an ; et si le maire prévoyait que l'un d'eux ne pût suffire pour l'année entière, il devrait en demander au préfet un nouveau ou le nombre de feuilles supplémentaires qu'il croirait nécessaire.

Les registres doivent être composés de papier timbré, dont la dimension ordinaire est celle qu'on appelle grand papier, et qui coûte 1 fr. 50 c.

la feuille. (L. 20 septembre 1792, titre II, art. 2; 13 brumaire an VII, art. 1 et 12; 28 avril 1816, art. 62.)

L'officier de l'état civil qui inscrirait les actes sur du papier non timbré serait passible d'une amende de 30 francs pour chaque acte inscrit en contravention, et du payement du droit de timbre. (L. 13 brumaire an VII, art. 26, n° 5; 16 juin 1824, art. 10.)

Les registres doivent être cotés par première et dernière feuille, et parafés sur chaque feuille par le président du tribunal de première instance ou le juge qui le remplace. (C. civ., art. 41.)

En tête de chaque registre est imprimée, par les soins du préfet, la formule d'un procès-verbal que le président remplit, et qui constate le nombre de feuilles contenues dans le registre. (Circ. min. int. 13 mai 1810.)

Cette précaution est prise pour qu'aucun feuillet ne puisse être ajouté, enlevé où substitué.

Si, dans le cours de l'année, un nouveau registre ou un supplément devaient être employés, il faudrait également qu'ils fussent cotés et parafés par le président comme le registre principal.

Des personnes qui concourent aux actes. — Les personnes qui concourent aux actes, outre les officiers de l'état civil, peuvent se ranger en trois catégories : 1° les parties; 2° les déclarants; 3° les témoins.

Les parties sont les personnes qui doivent nécessairement s'engager ou donner un consentement pour l'acte à dresser, telles que les époux qui se marient et les ascendants qui y consentent, les père et mère qui reconnaissent un enfant.

Il est des cas où les parties peuvent se dispenser de comparaître en personne. Elles se font alors remplacer par une personne munie d'une procuration spéciale et authentique (C. civ., art. 36), c'est-à-dire d'une procuration passée devant notaire et spécifiant d'une manière catégorique l'objet pour lequel elle est donnée. Ces procurations sont remises à l'officier de l'état civil et demeurent annexées aux actes, après avoir été parafées par les procureurs fondés et par l'officier de l'état civil.

Les déclarants sont les personnes qui, soit d'elles-mêmes, soit pour obéir aux prescriptions de la loi, donnent connaissance à l'officier de l'état civil d'une naissance ou d'un décès.

Les témoins sont des personnes appelées pour ajouter par leur présence et leur signature à la solennité et à l'authenticité des actes.

A la différence des parties et des déclarants, qui peuvent être mineurs et du sexe féminin, les témoins doivent être du sexe masculin et âgés de vingt-un ans au moins. (C. civ., art. 37.)

Il n'est pas nécessaire qu'ils soient, comme les témoins des actes notariés, Français, lettrés et domiciliés dans la commune. Il n'y a d'exclusion que contre les individus frappés de mort civile (C. civ., art 52), de dégradation civique (C. P., art. 34), ou de l'interdiction du droit d'être témoin (C. P., art. 42).

Les témoins peuvent être parents des parties. (C. civ., art. 37.)

Ils doivent même être pris de préférence dans la famille ; ils sont choisis par les parties. (C. civ., art. 37.)

Si celles-ci n'en peuvent trouver ou n'en peuvent choisir elles-mêmes, les déclarants, ou même l'officier de l'état civil, doivent y suppléer.

Le nombre des témoins varie selon la nature des actes. Il en faut deux pour les actes de naissance et de reconnaissance; quatre pour les actes de mariage, deux pour les actes de décès. (C. civ., art. 56, 75 et 78.)

De la rédaction des actes et des pièces à l'appui. — Les actes doivent énoncer l'année, le jour et l'heure où ils sont reçus. (C. civ., art. 34.)

La mention de l'heure, qu'on pourrait croire moins nécessaire, est d'une grande importance en certains cas, puisqu'un seul instant de différence entre la date du décès de deux personnes héritières l'une de l'autre décide du droit de succession.

L'officier de l'état civil doit aussi énoncer exactement sa qualité de fonctionnaire public, en vertu de laquelle il reçoit l'acte.

Enfin, il faut énoncer les nom, prénoms, âge, profession et domicile de tous ceux qui sont dénommés à l'acte (C. civ., art. 34), c'est-à-dire de tous ceux qui y concourent, soit comme parties, soit comme déclarants, soit comme témoins, soit même comme fondés de pouvoir d'une partie qui se serait fait représenter. Si l'une de ces personnes était sans profession, on devrait l'indiquer. On ne doit pas non plus omettre les qualités de chacun : une circulaire du 3 juin 1809 a spécialement recommandé de mentionner celle de membre de la Légion d'honneur.

Les officiers de l'état civil ne doivent rien insérer dans les actes, soit par note, soit par énonciation quelconque, que ce qui doit être déclaré par les comparants. (C. civ., art 35.)

Ainsi toute déclaration qui n'est pas nécessaire à la confection de l'acte devrait être écartée. On comprendra, en effet, qu'une partie comparante dans un acte pourrait s'y faire donner telle qualité (celle, par exemple, d'enfant légitime ou naturel d'une autre personne) dont elle chercherait, plus tard, à se faire un titre.

L'officier de l'état civil ne doit pas non plus se permettre de rien ajouter aux déclarations des comparants, même pour des points sur lesquels il aurait ou croirait avoir une certitude personnelle. Ainsi, lorsque la naissance d'un enfant hors mariage lui est déclarée, si le père ne se fait pas connaître, il ne doit pas énoncer la paternité.

Les officiers de l'état civil ne peuvent pas dresser les actes d'office, c'est-à-dire de leur propre mouvement. Ils doivent attendre que les déclarations nécessaires leur soient faites par les parties intéressées, ou par les personnes que la loi y oblige.

Les actes doivent être inscrits sur les registres à la suite immédiate les uns des autres, et sans aucun blanc, soit entre des actes différents, soit entre les lignes ou les mots d'un même acte. (C. civ., art. 42.)

Ainsi, le premier acte porté sur un registre doit être inscrit sur la première page, immédiatement après le procès-verbal dressé par le président ; et, de même, ne restât-il au bas d'une page qu'un blanc d'une seule ligne, il faut en profiter pour commencer la rédaction de l'acte suivant.

On sent l'importance de ces précautions ; s'il était laissé du blanc entre deux actes, un troisième, reçu beaucoup plus tard, pourrait y être inséré avec une fausse date ; ou bien, au moyen de blancs ménagés entre les lignes ou les mots d'un acte, on y pourrait intercaler des énonciations qui en modifieraient gravement la teneur.

Les ratures et les renvois doivent être approuvés et signés de la même manière que le corps de l'acte. (C. civ., art. 42.)

Ainsi ce ne serait pas assez d'un simple parafe ; il faut que chaque renvoi ou rature soit suivie de ces mots : *renvoi approuvé*, ou, *tant de mots rayés*, et de la signature de tous ceux qui ont signé l'acte.

Aucun mot ne doit être surchargé ; il faut le rayer et en faire l'objet d'un renvoi : les ratures doivent être faites de telle sorte que l'on puisse compter le nombre de mots rayés.

Les ratures et renvois peuvent être placés en marge, mais il est plus convenable de les placer au bas de l'acte, s'il n'est pas encore signé, parce qu'alors on n'a pas besoin de doubles signatures, et dans le cas même où l'acte serait signé, il vaudrait mieux mettre les renvois ou ratures à la suite de l'acte, en faisant signer de nouveau, parce qu'ainsi on laisse la marge libre pour les annotations.

Aucun mot ne doit être écrit par abréviation, quelque claire qu'elle paraisse ; toute date doit être exprimée, non en chiffres, mais en toutes lettres (C. civ., art. 42), pour éviter toute obscurité et ne laisser aucun moyen d'altération.

Il peut arriver qu'un acte préparé et déjà inscrit sur les registres ne puisse être complété, parce que les parties se retireraient, ou par tout autre motif. Cet acte devrait alors être bâtonné, et il serait expliqué, dans une mention placée en bas ou en marge, et signée de l'officier de l'état civil, pourquoi l'acte est resté imparfait.

Il peut être nécessaire, ainsi que nous le dirons, de rappeler un acte à l'occasion d'un autre ; ces rappels ont lieu par des mentions marginales ; si, par exemple, après qu'un enfant a été inscrit comme enfant naturel, il a été reconnu de ses parents, on rappellera, en marge de l'acte de naissance, l'acte de reconnaissance qui a eu lieu postérieurement, en indiquant la date de cet acte et le folio du registre où il se trouve.

La mention marginale qui doit être insérée sur un registre doit l'être en même temps sur le double. S'il s'agit des registres courants, c'est-à-dire de ceux de l'année, la chose est facile ; mais si l'un des deux doubles sur lesquels la mention doit être faite a été déposé au greffe du tribunal, l'officier de l'état civil inscrit la mutation sur celui des deux doubles qui reste déposé à la mairie, et en envoie la copie exacte au procureur impérial, qui la fait porter sur l'autre double par le greffier.

Ces dispositions sont prescrites par la loi ; il en est une autre que l'utilité a introduite et qui consiste à placer un numéro d'ordre en tête de chaque acte ; ce qui facilite singulièrement les recherches, les renvois d'un acte à un autre, et la confection des tables. Il doit y avoir une seule série de numéros pour chaque registre, et cette série doit être continuée sans interruption sur les feuilles supplémentaires qu'il peut être nécessaire d'y ajouter.

Il est expressément interdit de se borner à prendre de simples notes et de renvoyer à un autre jour ou à un autre moment la rédaction et l'inscription des actes.

L'acte doit être lu, lorsqu'il est rédigé, aux parties comparantes ou aux fondés de pouvoir qui les représentent et aux témoins, et mention doit être faite dans l'acte même de l'accomplissement de cette formalité. (C. civ., art. 58.)

Ainsi il y aurait irrégularité à préparer d'abord la rédaction de l'acte sur les registres, en l'absence des parties ou témoins, et à recevoir ensuite successivement et isolément la signature de chacun d'eux.

Quand les actes ont été lus, ils doivent être signés par l'officier de l'état civil, les comparants, c'est-à-dire les parties, les déclarants et les témoins ; si l'un d'eux ne peut signer, il faut le mentionner ainsi que la cause qui l'empêche de le faire. (C. civ., art. 39.)

Il ne suffirait pas de dire que telle personne n'a pu signer ; il faut énoncer la cause, ainsi que le veut la loi, comme, par exemple, qu'elle ne sait écrire, ou qu'elle est blessée à la main, etc.

Pièces justificatives à annexer aux actes de l'état civil. — Quand les parties sont représentées par des personnes munies de procuration spéciale, cette procuration doit rester à l'appui de l'acte, comme, en d'autres cas, certaines autres pièces ; chacune de ces pièces doit être parafée par la personne qui les produit, et par l'officier de l'état civil, au moment même de la rédaction de l'acte, pour être conservée comme annexe de l'acte. (C. civ., art. 44.)

Comme les pièces à l'appui ne peuvent être matériellement attachées au folio du registre où se trouve l'acte qu'elles concernent, il importe de les classer en bon ordre; et le meilleur moyen est de placer celle de chaque acte différent dans une chemise séparée, sur laquelle on inscrit : 1° le numéro d'ordre de l'acte au registre ; 2° le nom de l'enfant, des époux ou du décédé, selon qu'il s'agit d'un acte de naissance, de mariage ou de décès ; 3° la date de l'acte ; 4° le nombre de pièces. On range ensuite ces dossiers par ordre de date, et on en fait autant de liasses ou divisions distinctes qu'il y a de registres de l'état civil.

DES ACTES DE NAISSANCE, DE RECONNAISSANCE, DE LÉGITIMATION ET D'ADOPTION. — *Des actes de naissance.* — Déclaration. — Lorsqu'un enfant est né, la déclaration doit en être faite, dans les trois jours de l'accouchement, à l'officier de l'état civil de la commune dans laquelle la naissance a eu lieu : l'enfant doit lui être présenté. (C. civ., art. 55.)

Si néanmoins il y avait danger à ce que l'enfant fût transporté à la mairie, l'officier civil pourrait se rendre dans la maison où est cet enfant et se l'y faire représenter (L. 27 septembre 1792, titre III, art. 6 ; 24 décembre 1792, section II, art. 2). Il pourrait même faire porter les registres dans cette maison pour y rédiger l'acte, aucune disposition de la loi ne s'y oppose.

La naissance de l'enfant doit être déclarée par le père, ou, à défaut du père, par les docteurs en médecine ou en chirurgie, sages-femmes, officiers de santé ou autres personnes qui ont assisté à l'accouchement; et, lorsque la mère est accouchée hors de son domicile, par la personne chez laquelle a eu lieu l'accouchement. (C. civ. art. 56.)

Si le père ne peut se présenter en personne pour faire la déclaration, il peut se faire représenter par un fondé de procuration spéciale et authentique ; mais les autres personnes que la loi appelle à son défaut doivent se présenter elles-mêmes, parce que, la naissance ne leur étant connue que parce qu'elles l'ont vue, il est nécessaire qu'elles viennent l'attester personnellement.

Si la déclaration était faite par toute autre personne que celles qui viennent d'être indiquées, elle ne devrait pas être reçue.

Dans le délai de trois jours accordé pour la déclaration n'est pas compris le jour où la naissance a eu lieu. Ainsi, la naissance d'un enfant né le lundi, par exemple, doit être déclarée au plus tard le jeudi.

Si elle ne l'était qu'après ce délai, l'officier de l'état civil ne pourrait plus la recevoir ; de ce retard résulte sur les registres une lacune ou omission qui ne peut être réparée que par un jugement. (Avis cons. d'État, 12 brumaire an XI.)

Les personnes qui sont obligées de faire la déclaration, et qui ne l'ont pas faite dans le délai fixé, sont passibles d'un emprisonnement de six jours à six mois, et d'une amende de 16 francs à 300 francs. (C. P., art. 346.)

II   46

Lorsque l'officier de l'état civil est instruit d'une pareille omission, il doit en informer le procureur de la République de l'arrondissement, afin que ce magistrat poursuive, s'il y a lieu, les personnes punissables, et provoque, dans le cas où la loi l'y autorise, le rétablissement de l'acte omis.

L'acte de naissance doit être rédigé, aussitôt la déclaration reçue, en présence du déclarant et de deux témoins. (C. civ.. art. 55.)

L'acte doit énoncer le jour, l'heure et le lieu de la naissance, le sexe de l'enfant et les prénoms qui lui sont donnés, les prénoms, noms, profession et domicile des père et mère, et ceux des témoins. (C. civ., art. 56.)

Il importe surtout d'écrire les noms des père et mère lisiblement, correctement et avec l'orthographe même qu'emploie la famille, l'erreur la plus légère pouvant donner lieu à des difficultés.

L'officier de l'état civil ne peut accepter pour prénoms à donner à l'enfant que des noms choisis dans les différents calendriers, ou parmi ceux des personnages connus dans l'histoire ancienne. (L. 11 germinal an XI.)

Les prénoms du nouveau-né sont donnés par la personne qui fait la déclaration. Si elle ne les indique pas, l'officier de l'état civil doit les donner lui-même.

Le lieu de la naissance doit être précisé, non seulement par l'indication de la commune, mais encore par la désignation de la rue et de la maison dans laquelle l'enfant est né.

C'est aux actes de naissance que s'applique surtout l'interdiction de rien énoncer que ce qui doit être déclaré. Ainsi, lorsque la mère est mariée, l'officier de l'état civil ne peut recevoir, soit de la mère, soit des comparants, soit de toute autre personne, aucune déclaration qui tendrait à attribuer à l'enfant un autre père que le mari. (L. 19 floréal an II.) — *Dict. des formules*, nᵒˢ 685 à 688.

Enfant naturel. — Lorsque l'enfant est né d'une femme non mariée, le père est légalement censé inconnu. Il ne doit pas être indiqué dans l'acte, à moins qu'il ne se déclare lui-même, soit en personne, soit par l'intermédiaire d'un procureur fondé. S'il ne se déclare pas, on doit se borner à énoncer dans l'acte que le père est inconnu.

Le père de l'enfant né d'une femme non mariée ne doit pas non plus être indiqué dans l'acte, même quand il se déclarerait volontairement, s'il est parent de la mère à un degré où le mariage est prohibé, ou si, au moment de la conception de cet enfant, il était marié avec une autre femme. On devrait, dans ce cas, écrire que ce père est inconnu.

Quant à la mère, toutes les fois que son nom est indiqué, même à son insu et sans son consentement, il doit être porté dans l'acte. Mais si les déclarants ne veulent ou ne peuvent le faire connaître, l'officier de l'état civil ne doit pas pousser plus loin ses investigations : il doit inscrire l'enfant comme né de père et mère inconnus. — *Dict. des formules*, nᵒ 690-691.

Lorsqu'un enfant illégitime est présenté comme étant né de père et mère inconnus, il devient nécessaire de lui donner un nom patronymique, c'est au maire à le lui choisir.

Enfants jumeaux. — Deux enfants jumeaux peuvent être présentés à l'officier de l'état civil par la même personne, et les mêmes témoins peuvent servir pour la rédaction des actes de naissance; mais il est indispensable de rédiger pour chacun un acte séparé.

L'acte de naissance de chacun doit énoncer qu'il est né avec un ou plusieurs jumeaux, et mentionner avec précision l'ordre dans lequel chacun est sorti du sein de la mère, avec l'indication de l'heure et de la minute à laquelle il a vu le jour. — *Dict. des Formules*, n° 689.

Enfant mort-né. — Lorsque le cadavre d'un enfant, dont la naissance n'a pas été enregistrée, est présenté à l'officier de l'état civil, cet officier ne doit pas exprimer qu'un tel enfant est décédé, mais seulement qu'il lui a été présenté sans vie ; il reçoit de plus la déclaration des témoins, touchant les noms, prénoms, qualités et demeure des père et mère de l'enfant, et la désignation des an, jour et heure auxquels l'enfant est sorti du sein de sa mère. (D. 4 juillet 1806, art. 1er.)

Cet acte est inscrit à sa date sur les registres des décès. (D. 4 juillet 1806, art. 2.) *Dict. des formules*, n° 729.

Enfant trouvé. — Toute personne qui a trouvé un enfant nouveau-né est tenue à le remettre à l'officier de l'état civil, ainsi que les vêtements et autres effets trouvés avec l'enfant, et de déclarer toutes les circonstances de temps et de lieu où il aura été trouvé. L'officier de l'état civil dresse procès-verbal détaillé de cette remise, énonçant l'âge apparent de l'enfant, son sexe, les noms qui lui sont donnés et l'autorité à laquelle il sera remis. (C. civ., art. 58.) — Voy. ENFANTS.

Les noms sont donnés à l'enfant, non par la personne qui l'a trouvé, mais par le maire ou par les administrateurs de l'hospice, s'il y avait été d'abord déposé et s'il était présenté par eux à l'officier de l'état civil. Parmi ces noms, le premier est destiné à devenir le nom patronymique de l'enfant, et les autres ses prénoms. Ces derniers sont choisis comme ceux des enfants légitimes ; pour l'autre, il faut, pour prévenir toute confusion et des réclamations très fondées, éviter de le prendre parmi ceux qui sont connus pour appartenir à des familles existantes ; il convient de le choisir de préférence soit dans l'histoire ancienne, soit dans les circonstances particulières à l'enfant, sa conformation, ses traits, son teint, le lieu, l'heure où il a été trouvé, en rejetant toutefois toute dénomination ridicule, ou de nature à rappeler que celui à qui on le donne est un enfant trouvé. (Circ. int. 30 juin 1842.)

La loi ne paraît pas exiger, pour la rédaction du procès-verbal, l'assistance de deux témoins ; néanmoins il est à propos d'y recourir, et l'officier de l'état civil doit lui-même choisir des témoins. Le procès-verbal est inscrit à sa date sur les registres. Il constitue un acte de notoriété qui tient lieu d'acte de naissance, mais dont l'effet doit cesser si le véritable acte de naissance, inscrit à sa date, vient à être retrouvé. — *Dict. des Formules*, n° 694.

Naissance en mer. — Lorsqu'un enfant naît pendant un voyage de mer, l'acte de naissance est dressé, selon le cas, par l'officier d'administration ou le capitaine, et inscrit à la suite du rôle d'équipage. (C. civ., art. 59.)

Au premier port où le bâtiment aborde pour toute autre cause que celle du désarmement, deux expéditions de l'acte sont envoyées au ministre de la marine, qui en adresse copie à l'officier de l'état civil du domicile du père, ou de la mère, si le père est inconnu. Cette copie doit être transcrite sur les registres aussitôt qu'elle a été reçue. (Id., art. 60.)

Ici, le rôle de l'officier de l'état civil se borne à une simple transcription. Lorsqu'il reçoit deux expéditions à des époques différentes, selon ce qui est prescrit par les dispositions qui précèdent, il ne peut se dispenser de faire la seconde transcription comme la première, la loi l'ayant voulu ainsi; mais il doit, en marge de chacune d'elles, faire une annotation qui renvoie à l'autre. — *Dict. des Formules*, n° 704.

Naissance aux armées. — Aux armées, certains officiers sont chargés de la tenue des registres de l'état civil. (C. civ., art. 89 et suiv.)

Dans les dix jours de la réception d'un acte de naissance, extrait en est envoyé à l'officier de l'état civil du domicile du père, ou de la mère, si le père est inconnu. L'officier de l'état civil le transcrit immédiatement sur les registres. (Id., art. 93.)

De la reconnaissance des enfants naturels. — On appelle enfants naturels ceux qui ne sont pas issus du mariage. On les appelle aussi enfants illégitimes ou bâtards.

On en distingue de trois sortes : 1° les enfants naturels simples; 2° les enfants adultérins ; 3° les enfants incestueux.

Les enfants naturels simples sont ceux qui sont issus d'un homme et d'une femme qui n'étaient pas mariés, mais qui auraient pu légalement se marier l'un avec l'autre, au moment de la conception de ces enfants.

Les enfants adultérins sont ceux dont le père et la mère, ou l'un d'eux, étaient, à l'époque de la conception, engagés dans les liens du mariage avec une autre personne.

Les enfants incestueux sont ceux qui sont issus d'un homme et d'une femme entre lesquels le mariage est prohibé pour cause de parenté.

Les premiers peuvent seuls être reconnus ou légitimés.

La reconnaissance est un acte par lequel un père ou une mère avouent pour leur enfant celui qui n'a point été déclaré comme tel à sa naissance. Il n'est permis de reconnaître que les enfants naturels simples.

La reconnaissance peut être faite de trois manières différentes : 1° dans l'acte de naissance; 2° par une déclaration spéciale, faite à l'officier de l'état civil après la naissance; 3° par tout autre acte authentique, tel qu'une déclaration devant notaire ou un testament.

Dans tous les cas, excepté celui où elle est consignée dans un testament, elle peut être faite, soit par le père ou la mère en personne, soit par un procureur fondé spécial.

Si elle est faite dans l'acte de naissance, cet acte est rédigé dans la forme ordinaire. On doit seulement y mentionner de plus l'aveu formel de paternité fait par le père en personne ou par son procureur fondé. — *Dict. des Formules*, n°ˢ 692-693.

Si la reconnaissance est faite postérieurement à l'acte de naissance, l'acte doit contenir, outre les énonciations générales : 1° les nom, prénoms, âge, profession et domicile de la personne qui fait la reconnaissance; 2° sa déclaration expresse qu'elle se reconnaît père ou mère de l'enfant; 3° le sexe de cet enfant; 4° le jour, l'heure et le lieu où il est né; 5° la date de son acte de naissance, s'il a été inscrit, ou celle de l'acte constatant son exposition, ou l'énonciation que sa naissance n'a pas été constatée; 6° les nom et prénoms sous lesquels il a été inscrit, ou ceux qu'on veut lui donner; 7° l'indication des marques particulières qu'il avait et de toutes les circonstances propres à constater son identité, lorsque la reconnaissance a pour objet un enfant trouvé ou exposé dans un hospice; 8° les nom, prénoms, âge, profession et domicile de la personne avec qui le déclarant a eu cet enfant, s'il veut la faire connaître, et s'il le peut d'après les règles tracées plus haut pour les actes de naissance des enfants naturels. — *Dict. des Formules,* n°ˢ 695 à 698.

Si la reconnaissance a pour objet un enfant conçu, mais non encore né, l'acte doit contenir : 1° les nom, prénoms, âge, profession et domicile de celui qui fait la reconnaissance ; 2° les nom, prénoms, âge, profession et domicile de la femme enceinte ; 3° la déclaration du comparaissant, qu'il se reconnaît père de l'enfant dont elle est enceinte. La femme peut intervenir dans cet acte et concourir à la déclaration, auquel cas on l'énonce. — *Dict. des Formules,* n°ˢ 699-700.

La loi n'a point tracé de formes particulières pour les actes de reconnaissance, d'où il résulte qu'il faut suivre les règles générales ; c'est-à-dire se faire assister de deux témoins. L'acte est inscrit à sa date, sur les registres de l'état civil.

L'acte de reconnaissance peut être reçu par un officier de l'état civil autre que celui qui a reçu l'acte de naissance. Un maire ne devrait refuser de recevoir un pareil acte qu'autant que l'identité du déclarant ne lui serait pas suffisamment démontrée.

Expédition authentique de l'acte de reconnaissance reçu par un autre officier de l'état civil que celui qui est dépositaire de l'acte de naissance doit être présentée à celui-ci, qui la transcrit sur ses registres, à la date où elle lui est remise, et en fait mention en marge de l'acte de naissance. (C. civ., art. 62.)

Si la reconnaissance est faite par déclaration devant notaire, ou par testament, ou par tout autre acte authentique, l'officier de l'état civil se borne à transcrire cette pièce, lorsqu'il en est requis, sur le registre des naissances, à la date du jour où elle lui est présentée. Il en fait ensuite mention en marge de l'acte de naissance, s'il en existe un. Le procès-verbal de transcription doit contenir : 1° l'année, le jour et l'heure de la réquisition adressée à l'officier de l'état civil ; 2° les nom, prénoms, âge, profession et domicile de la personne qui demande l'inscription de l'acte ; 3° l'énonciation de sa réquisition et de la remise qu'elle fait de l'expédition ou de la copie de l'acte ; 4° la date, la nature de cet acte et l'indication du fonctionnaire qui l'a reçu ; 5° la mention de sa transcription immédiate en présence du requérant ; 6° la copie littérale de cet acte ; 7° mention que la lecture du procès-verbal de transcription a été faite au requérant ; 8° la signature du requérant et de l'officier de l'état civil. Il n'est pas nécessaire que cette transcription soit faite en présence de témoins. — *Dict. des formules,* n° 701.

L'expédition ou la copie de l'acte transcrit doit rester entre les mains de l'officier de l'état civil, qui l'annexe aux registres.

Les reconnaissances d'enfants naturels, autres que celles qui sont faites dans l'acte de naissance même, sont soumises à un droit d'enregistrement de 5 fr. 50 c., excepté quand il s'agit d'indigents. (L. 28 avril 1816, art. 45 ; 15 mai 1818, art. 77.)

Cette formalité se remplit sur l'expédition de l'acte. Lorsque l'expédition est demandée au secrétaire de la mairie, il doit exiger qu'on lui remette le montant du droit, et présenter cette expédition au bureau d'enregistrement. Il énonce ensuite, en marge de l'acte, qu'il en a délivré expédition, et y copie la mention de l'enregistrement, telle qu'elle est portée sur l'expédition. Les expéditions qui seraient délivrées ultérieurement doivent faire mention de la première et de son enregistrement.

Lorsque l'expédition est délivrée à des personnes indigentes, l'officier de l'état civil doit attester leur indigence par une énonciation insérée à la suite de l'expédition.

De la légitimation. — Il y a une autre sorte de reconnaissance qu'on appelle légitimation, et qui a pour objet de rendre légitimes des enfants nés hors mariage. La légitimation n'est admise qu'en cas de mariage subséquent entre le père et la mère de l'enfant naturel. Elle peut avoir lieu, non seulement au profit des enfants vivants, mais même au profit des enfants décédés qui ont laissé des descendants. Elle peut aussi avoir lieu au profit d'un enfant qui n'est pas encore né, mais qui est conçu.

Pour que le mariage subséquent du père ou de la mère produise la légitimation, il faut ou que l'enfant naturel ait été reconnu par eux avant le mariage, ou qu'ils le reconnaissent dans l'acte même de la célébration du mariage. (C. civ., art. 331.)

Lorsque la reconnaissance est faite dans l'acte de mariage du père et de la mère, on ajoute à cet acte : 1° la déclaration que les deux époux reconnaissent l'enfant pour être né de leurs œuvres ; 2° le sexe de cet enfant ; 3° le jour, l'heure et le lieu de sa naissance ; 4° la date de son acte de naissance, s'il en existe un ; 5° les nom et prénoms sous lesquels il a été inscrit ; 6° ceux sous lesquels le père et la mère ont été désignés dans l'acte de naissance, ou la mention que l'enfant avait été inscrit comme né de père ou de mère inconnus. — *Dict. des formules,* n° 719.

Les reconnaissances d'enfants naturels, faites pour la première fois dans les actes de mariage, sont soumises à un droit d'enregistrement de 2 fr. 20 c. (L. 28 avril 1816, art. 43). Cet enregistrement n'a lieu que sur l'expédition, et doit être fait et mentionné dans les formes indiquées plus haut pour les reconnaissances d'enfants naturels, faites par une déclaration spéciale ou par testament. Ce qui a été dit de la dispense d'enregistrement en faveur des indigents, et de la forme dans laquelle l'indigence doit être constatée, est applicable aux reconnaissances faites dans l'acte de mariage.

De l'adoption. — L'adoption est un contrat par lequel un individu de l'un ou de l'autre sexe, âgé de plus de 50 ans, n'ayant ni enfants, ni descendants légitimes, confère le titre et tous les droits d'un enfant légitime à un autre individu, âgé de plus de 21 ans et ayant 15 ans de moins que l'adoptant.

L'individu adopté prend le nom de la personne qui adopte et l'ajoute à son propre nom de famille. (C. civ., art. 347.)

L'adoption établit, entre l'adoptant et l'adopté, des rapports de parenté civile. Mais l'adopté ne cesse pas d'appartenir à sa famille naturelle, et il y conserve tous ses droits. (Id., art. 348.)

Les actes d'adoption sont reçus par les juges de paix et soumis à a confirmation des tribunaux et des cours. (Id., art. 59 et suiv.)

Dans les trois mois qui suivent l'arrêt rendu par la cour en confirmation d'un acte d'adoption, l'une ou l'autre des parties requiert l'officier de l'état civil du lieu où l'adoptant est domicilié d'inscrire l'adoption sur ses registres. Cette inscription n'a lieu que sur le vu d'une expédition en forme de l'arrêt de la cour impériale, et l'adoption restera sans effet, si elle n'a été inscrite dans ce délai. (Id., art. 359.)

Aussitôt qu'il en est requis, et que les expéditions de l'acte d'adoption passé devant le juge de paix et de l'arrêt de la cour, qui admet l'adoption, lui ont été remises, l'officier de l'état civil dresse le procès-verbal d'inscription. Ce procès-verbal doit énoncer : 1° l'année, le jour et l'heure où la demande de transcription est faite ; 2° les prénoms, le nom et la qualité de l'officier de l'état civil ; 3° les nom, prénoms, âge, profession et domicile de la personne ou des personnes qui la demandent ; 4° l'objet de la réquisition ; 5° la copie de l'acte d'adoption et de l'arrêt de la cour qui l'autorise ; 6° la mention de la lecture du procès-verbal d'inscription faite aux requérants ; 7° la mention de la signature de l'officier de l'état civil et des requérants, ou de la cause qui empêche ces derniers ou l'un d'eux de signer. — *Dict. des formules*, n° 702-703.

L'expédition de l'acte d'adoption et celle de l'arrêt de la cour, qui l'autorise, sont soumises à la formalité de l'enregistrement, avant d'être présentées à la mairie. Ces pièces restent annexées au registre des naissances, après avoir été parafées par la personne qui les a remises et par l'officier de l'état civil.

Lorsque l'adoption a été faite par testament, l'adoptant et l'adopté, ou l'un des deux, peuvent en demander l'inscription, et l'officier de l'état civil ne peut se refuser de la faire. L'expédition du testament demeure annexée aux registres, après avoir été parafée par les personnes qui requièrent l'inscription et par l'officier de l'état civil.

DES MARIAGES. — *Conditions requises pour être admis à contracter mariage*. — Age. — L'homme, avant dix-huit ans révolus, la femme, avant quinze ans révolus, ne peuvent contracter mariage. (C. civ., art. 144.)

L'officier de l'état civil doit donc s'assurer de l'âge des personnes qui se présentent devant lui pour contracter mariage, en se faisant représenter leur acte de naissance ou les pièces qui en tiennent lieu.

Néanmoins, il est loisible au Président de la République d'accorder des dispenses d'âge pour des motifs graves. (C. civ., art. 145.)

Les motifs qui peuvent faire obtenir des dispenses sont : 1° la grossesse ou l'accouchement de la future ; 2° les circonstances qui peuvent être prises en considération pour faire accorder des dispenses de parenté, et qui sont énumérées plus loin.

La demande en dispense d'âge doit être présentée au procureur de la République de l'arrondissement dans lequel est domicilié le pétitionnaire. On y joint les actes de naissance des futurs ou les jugements ou actes de notoriété qui en tiennent lieu ; les actes de décès du premier mari ou de la première femme, lorsque l'un des futurs a déjà été marié ; lorsque la future n'est ni enceinte, ni mère, le certificat d'un médecin, d'un chirurgien ou d'une sage-femme assermentée, attestant qu'elle est nubile et qu'elle peut se marier sans danger pour sa santé ; enfin des certificats ou autres pièces établissant la preuve des motifs sur lesquels la demande est fondée.

Si la demande est accueillie, le décret qui contient la dispense est enregistré au greffe du tribunal civil, et une expédition du décret contenant mention de cet enregistrement est remise à l'officier de l'état civil, qui doit l'annexer à l'acte de mariage. (Arrêté 20 prairial an XI, art. 5.)

Le décret portant dispense d'âge est soumis à un droit d'enregistrement de 20 francs et à un droit de sceau de 100 francs. Les personnes indigentes peuvent être dispensées du payement, sur la production de certificats en forme légale, constatant qu'elles ne peuvent payer les droits en tout ou en partie.

Libre consentement des parties. — Il n'y a pas de mariage lorsqu'il n'y a point de consentement. (C. civ., art. 146.)

Il faut que ce consentement soit libre, c'est-à-dire qu'il n'y ait eu ni contrainte ni violence ; qu'il soit éclairé, c'est-à-dire que celui qui le donne ne soit pas privé de sa raison. Le consentement des parties est donné de vive voix par la réponse affirmative aux questions de l'officier de l'état civil ; celui-ci doit donc faire prononcer nettement cette réponse et la faire répéter, s'il y remarquait de l'hésitation.

Les sourds-muets peuvent se marier, s'ils sont en état de manifester leur consentement d'une manière non équivoque.

Consentement des parents. — Personne, à quelque âge que ce soit, ne peut être admis à se marier sans avoir demandé le consentement de ses parents.

Le fils qui n'a pas vingt-cinq ans et la fille qui n'a pas vingt et un ans accomplis ne peuvent contracter mariage sans le consentement de leurs père et mère. En cas de dissentiment, le consentement du père suffit. (C. civ., art. 148.)

Si l'un des deux est mort ou dans l'impossibilité de manifester sa volonté, le consentement de l'autre suffit. (Id., art. 149.)

Si le père et la mère sont tous deux morts ou dans l'impossibilité de manifester leur volonté, les aïeuls et aïeules les remplacent ; s'il y a dissentiment entre l'aïeul et l'aïeule d'une même ligne, le consentement de l'aïeul suffit ; s'il y a dissentiment entre les deux lignes, ce partage emporte consentement. (Id., art. 150.)

Enfin, s'il n'y a ni père, ni mère, ni aïeuls, ni aïeules, ou s'ils sont tous dans l'impossibilité de manifester leur volonté, et si les futurs époux ont moins de vingt et un ans, ils ne peuvent se marier sans le consentement du conseil de famille. (C. civ., art. 160.)

Le consentement des pères et mères, aïeuls ou aïeules peut être donné soit par eux-mêmes, s'ils sont présents à l'acte de mariage, soit par l'intermédiaire d'un fondé de pouvoirs, muni d'une procuration spéciale et authentique pour consentir au mariage, soit enfin par un acte séparé, dressé en forme authentique, c'est-à-dire devant notaires, et contenant les prénoms, noms, professions et domiciles du futur époux et de la personne qui donne son consentement, ainsi que leur degré de parenté. (Id., art. 73.)

Quant au conseil de famille, il ne peut donner son consentement que par un acte, et cet acte doit contenir les mêmes énonciations qui viennent d'être indiquées.

Lorsqu'il y a lieu d'établir le décès du père ou de la mère, ou d'un ascendant, on produit l'acte qui le constate toutes les fois qu'il est possible de se le procurer. Si les registres sont perdus, ou s'il n'en a jamais existé, la preuve de la mort peut être faite soit par les registres et papiers émanés des père et mère de la personne morte, soit par témoins. (C. civ., art. 46.)

L'acte de décès des père et mère peut aussi se suppléer par l'attestation des ascendants qui les remplacent, attestation qui est mentionnée dans l'acte de mariage ; et si l'on ne peut produire l'acte de décès des pères et mères, aïeuls et aïeules, faute de connaître leur dernier domicile, il peut être procédé au mariage des époux, âgés de plus de vingt et un ans, sur leur déclaration à serment que le lieu du décès et celui du dernier domicile de leurs ascendants leur sont inconnus. Cette déclaration doit être certifiée aussi par serment par les quatre témoins de l'acte de mariage, qui attestent que, quoiqu'ils connaissent les deux époux, ils ignorent le lieu du décès et du dernier domicile de leurs ascendants. L'officier de l'état civil doit faire mention de ces déclations dans l'acte de mariage. (Av. Cons. d'État, 4 thermidor an XIII.)

L'impossibilité de manifester sa volonté peut résulter de quatre causes : 1° l'absence, qui se constate soit par l'expédition du jugement qui l'a déclarée (C. civ., art. 115 et suiv.), soit par un acte de notoriété délivré par le juge de paix du lieu du dernier domicile de l'ascendant, sur la déclaration de quatre témoins (Id., art. 155) ; 2° la démence, qui se justifie par le jugement d'interdiction ; 3° la maladie grave, dont l'officier de l'état civil devrait s'assurer en commettant un médecin pour la constater ; 4° enfin, la privation des droits civils, qui se justifie par un extrait de l'arrêt de condamnation et du procès-verbal d'exécution.

L'officier de l'état civil qui procéderait à la célébration d'un mariage sans que les consentements qui seraient requis selon les dispositions qui viennent d'être analysées fussent énoncés dans l'acte, serait, à la diligence des parties intéressées et du procureur de la République, condamné à une amende de 16 à 200 francs, et à un emprisonnement de six mois au moins. (C. civ., art. 151.)

Actes respectueux. — On vient de dire que l'homme jusqu'à vingt-cinq ans et la fille jusqu'à vingt et un ans ne peuvent contracter mariage sans le consentement de leurs père, mère, etc. ; après cet âge, les futurs époux peuvent se passer du consentement de leurs parents, mais doivent toujours réclamer leurs conseils.

Ainsi, lorsque les mères, mères, aïeuls ou aïeules, dont le consentement est requis pour le mariage, ainsi qu'on l'a dit, n'ont pas donné ce consentement, il doit leur être demandé par un acte respectueux, qui leur est notifié par un notaire et deux témoins ou par deux notaires ; procès-verbal est dressé de cette notification, et mention est faite de la réponse. (C. civ., art. 151 et 154.)

Depuis l'âge de vingt-cinq ans jusqu'à trente pour les hommes, et de vingt et un à vingt-cinq pour les femmes, l'acte respectueux doit, si le consentement n'intervient pas, être renouvelé deux autres fois de mois en mois ; il est passé outre au mariage un mois après le troisième acte. Après trente ans pour les hommes et vingt-cinq pour les femmes, il peut être procédé au mariage un mois après le premier acte respectueux. (Id., art. 152 et 153.)

Mais si, par toute réponse à l'acte respectueux, un ascendant formait opposition au mariage, il devrait être sursis à la célébration jusqu'à ce que l'opposition fût levée.

L'officier de l'état civil qui aurait célébré un mariage sans qu'il lui eût été justifié d'actes respectueux, dans le cas où ils sont requis, serait condamné à une amende qui peut s'élever jusqu'à 300 francs et à en emprisonnement d'un mois au moins. (Id., art. 157 et 192.)

Le Code civil italien, tout en empruntant à notre Code la plupart de ses dispositions relatives au mariage n'exige pas la formalité des actes respectueux. Il réserve seulement aux ascendants par son article 82 le droit de former opposition, lorsque le fils majeur de vingt-cinq ans et la fille majeure de vingt et un ans ne sont plus tenus de justifier du consentement de leurs auteurs. En conséquence, lorsque des sujets italiens, majeurs quant au mariage, sont admis à contracter mariage en France, il est inutile d'exiger la preuve du consentement des pères, mères, aïeuls, aïeules, ni même les actes de décès de ceux-ci ; il suffit d'exiger un certificat constatant que les futurs ont fait procéder au lieu de leur dernier domicile en Italie aux formalités prescrites par l'article 100 du Code italien. (Circ. Just. et Cultes de 1876, et du 10 mars 1883.)

Consentement requis pour les enfants naturels et les enfants adoptifs. — Tout ce qui a été dit des consentements et des actes respectueux s'applique à l'enfant naturel reconnu légalement, tant qu'il n'a pas atteint vingt et un ans, mais seulement en ce qui concerne les père et mère. (C. civ., article 158.)

La famille de l'enfant naturel ne remonte pas plus haut que le père et la mère qui l'ont reconnu.

L'enfant qui n'est pas reconnu et celui qui ne peut l'être, c'est-à-dire l'incestueux et l'adultérin, ou celui qui, l'ayant été, a perdu ses père et mère, ne peut contracter mariage avant vingt et un ans, sans avoir obtenu le consentement d'un tuteur *ad hoc*, c'est-à-dire qui lui est donné spécialement pour cet objet. (C. civ., art 159.)

Pour les enfants naturels placés dans les hospices, le consentement doit être donné par la commission administrative de l'établissement.

Le tuteur *ad hoc* ou la commission donnent leur consentement de la même manière et selon les mêmes formes qu'on l'a indiqué pour les père et mère.

Les enfants adoptifs restant, malgré l'adoption, dans leur famille naturelle, ont à demander le consentement, non pas de leur père adoptif, mais de leurs parents légitimes ou naturels, selon ce qui a été dit jusqu'ici.

Mariage des étrangers. — Les étrangers peuvent contracter mariage en France, soit entre eux, soit avec des Français, pourvu qu'ils réunissent les formalités qu'elle prescrit.

Ils doivent, en outre, avant d'être admis au mariage, justifier par des certificats des autorités du lieu de leur naissance ou de leur dernier domicile dans leur patrie, que, d'après les lois de leur pays, ils sont aptes à contracter mariage avec la personne qu'ils se proposent d'épouser. (Cir. min. de la Just. 5 mars 1831.)

Ce certificat peut être valablement délivré par l'ambassadeur de la puissance à laquelle ils appartiennent.

Permission requise pour les militaires. — Les officiers de tout grade, en activité ou réforme, les intendants ou sous-intendants militaires, les officiers de santé de toutes les classes, doivent présenter la permission du ministre de la guerre. (D. 16 juin et 28 août 1808; O. 25 octobre 1820; avis cons. d'Etat, 21 décembre 1808.)

Les officiers et aspirants de la marine nationale, les officiers des troupes d'artillerie de la marine, les officiers du génie maritime, les administrateurs de la marine, et tout officier militaire ou civil du département de la marine, nommé par le Président de la République, doivent se munir de l'autorisation du ministre de la marine. (D. 3 août 1808.)

Les sous-officiers et soldats des armées de terre ou de mer ont à produire la permission des conseils d'administration de leurs corps (D. 16 juin et 28 août 1808); — les sous-officiers et soldats de la gendarmerie, celle du commandant de la compagnie, approuvée par le colonel (O. 29 octobre 1820); — les sous-officiers, caporaux, brigadiers et soldats en congé illimité ou en congé d'un an, et les jeunes soldats faisant partie de la réserve, entrés dans la dernière année de leur service, la permission du général de camp ou de l'officier supérieur commandant le département de leur résidence.

Les autorisations dont nous venons de parler doivent être énoncées dans l'acte de mariage et y rester annexées. (D. 16 juin 1808.)

Les militaires en retraite ne sont soumis à aucune des dispositions qui précèdent : seulement le maire, pour éviter toute erreur, a droit d'exiger d'eux un certificat du commandant de la division militaire portant qu'ils ne sont plus dans le cas d'être rappelés au service. (Circ. int. 29 mai 1816.)

Interdictions absolues et temporaires. — **Engagement dans les ordres.** — La cour de cassation a jugé que les prêtres ne pouvaient contracter mariage (arrêt 21 février 1833); c'est la règle que doivent suivre les officiers de l'état civil à l'égard des prêtres tant qu'ils sont engagés dans les ordres.

Précédent mariage. — On ne peut contracter un second mariage avant la dissolution du premier. (C. civ., art. 147.)

L'officier de l'état civil qui prêterait son ministère à la célébration d'un second mariage serait condamné aux travaux forcés à temps, s'il était prouvé qu'il avait connaissance du précédent mariage. (C. civ., art. 340.)

Il doit donc, si l'un des futurs époux ou tous les deux ont été mariés, exiger la preuve de la dissolution du premier mariage, laquelle peut avoir eu lieu par trois causes : la mort de l'un des deux époux, le divorce prononcé en vertu de la loi du 28 juillet 1884, et la nullité du mariage judiciairement prononcée.

Démence. — Les individus qui ont été interdits pour cause d'imbécillité, de démence ou de fureur, ne peuvent, non plus, contracter mariage. (Id., art. 146, 174 et 489.)

L'interdit est l'individu majeur à qui l'on a enlevé l'exercice de ses droits civils, et donné un tuteur, parce qu'il ne jouit pas de la plénitude de ses facultés intellectuelles.

Parenté. — En ligne directe, le mariage est interdit entre tous les descendants et ascendants légitimes ou naturels, et les alliés dans la même ligne. (C. civ., art. 161.)

Il faut bien remarquer que cette prohibition porte sur le mariage de l'enfant naturel non seulement avec ses père et mère, mais aussi avec les pères et mères de ceux-ci; car si les enfants naturels sont réputés n'avoir ni aïeuls ni aïeules en ce qui concerne les droits et effets civils, il en est autrement relativement à des liens qui touchent d'aussi près la morale que ceux du mariage.

En ligne collatérale, le mariage est prohibé entre le frère et la sœur légitimes ou naturels, ou les alliés au même degré. (Id., art. 162.)

En ce qui concerne la parenté civile résultant de l'adoption, le mariage est prohibé seulement entre l'adoptant, l'adopté et ses descendants; entre les enfants adoptifs du même individu; entre l'adopté et les enfants qui pourraient survenir à l'adoptant; entre l'adopté et le conjoint de l'adoptant, et réciproquement. (C. civ., art. 348.)

Lorsqu'il y a eu mariage entre deux personnes ayant chacune des enfants de précédents mariages, ces enfants peuvent se marier entre eux. (Décis. minist. de la Just. 4 mai 1810.)

Le mariage est encore prohibé entre l'oncle et la nièce, la tante et le neveu, le grand-oncle et la petite-nièce, la grand'tante et le petit-neveu. (C. civ., art. 163 ; Avis cons. d'État, 7 mai 1808.)

Mais cette prohibition ne s'étend pas à la parenté naturelle ni à l'alliance. Ainsi, un neveu peut épouser la veuve de son oncle, et réciproquement. (Décis. min. de la Just. 21 février 1815.)

Le Président de la République peut, pour des causes graves, accorder des dispenses pour le mariage entre les beaux-frères et belles-sœurs, les oncles et les nièces, neveux et tantes, grand-oncle et petite-nièce, grand'tante et petit neveu. (C. civ., art. 164 ; — L. 17 avril 1832.)

Ces dispenses s'obtiennent de la même manière que les dispenses d'âge.

Les circonstances qui peuvent être prises en considération pour faire accorder ces dispenses sont principalement celles qui doivent rendre le mariage profitable aux familles et surtout aux enfants nés d'un premier mariage : par exemple, les affections nées des rapports de famille, et qui peuvent faire retrouver à ces enfants dans un oncle la protection d'un père, dans une tante les soins d'une mère ; la nécessité d'assurer un état ou des moyens d'existence à l'un des futures ou aux enfants issus d'un premier mariage ; le désir de prévenir des discussions d'intérêt, de mettre fin à un procès, d'éviter des partages désavantageux, de conserver des exploitations ou des établissements auxquels se rattacheraient des intérêts importants.

Les demandes en dispense de parenté doivent contenir l'exposé détaillé des motifs sur lesquels elles sont fondées, et être signées par les futurs époux et par les parents dont le consentement est requis pour leur mariage. On doit y joindre les actes de naissance des futurs époux, dûment légalisés, ou les actes de notoriété ou jugements qui en tiennent lieu ; les actes de naissance ou de mariage d'où résulte la preuve de la parenté ; les actes de naissance des enfants issus d'un premier mariage, s'il en a existé, l'acte de décès du premier mari ou de la première femme, si l'un des futurs a déjà été marié. (Instr. min. de la Just. 10 mai 1824 et 28 avril 1832.)

La pétition et les pièces à l'appui sont remises au procureur de la République de l'arrondissement dans lequel le mariage doit se célébrer. (Arrêté 20 prairial an XI, art. 2.)

Les décrets ou lettres patentes portant dispense de parenté sont soumises à un droit d'enregistrement de 40 francs. Les parties qui les obtiennent doivent verser, en outre, dans la caisse du ministre de la justice une somme de 200 francs, pour la rétribution appelée droit de sceau. (L. 28 avril 1816, art. 55). Toutefois, les personnes indigentes peuvent être dispensées du payement de ce droit en tout ou en partie, en joignant à leurs demandes des certificats en forme légale, qui constatent qu'elles ne peuvent payer les droits. (Circ. min. de la Just. 16 août 1817.)

Le mariage est encore prohibé entre l'adoptant, l'adopté et ses descendants, entre les enfants adoptifs d'un même individu, entre l'adopté et les enfants qui pourraient survenir à l'adoptant, entre l'adoptant et le conjoint de l'adopté. (C. n., art. 343.)

Il est inutile de rappeler que l'enfant adoptif reste, à l'égard de sa famille naturelle, sujet aux règles générales pour les prohibitions de mariage.

Veuve. — La femme veuve ne peut contracter un second mariage que dix mois révolus après la dissolution du premier. (C. civ., art. 228.)

L'officier de l'état civil qui prêterait son ministère à un nouveau mariage avant l'expiration de ce délai serait condamné à une amende de 16 à 300 francs (C. p., art. 194), et même à une peine plus forte s'il y avait collusion (Id., art. 195.)

Publications. — Les publications, qu'on appelle communément bans, sont les annonces publiques du projet de mariage, destinées à le faire connaître autant que possible, afin que tous ceux qui auraient intérêt et droit de s'y opposer aient la possibilité de le faire.

Avant la célébration du mariage, l'officier de l'état civil doit faire deux publications, deux jours de dimanche consécutifs, à la porte de la maison commune. Ces publications et l'acte qui en est dressé doivent énoncer les prénoms, noms, professions et domiciles des futurs époux, leur qualité de majeur ou de mineur, et les prénoms, professions et domicile de leurs pères et mères. (C. civ., art. 63.)

Les publications sont faites sur la réquisition des parties, et sur les notes remises par elles à l'officier de l'état civil ; il est à propos que celui-ci s'assure du consentement de chacune des deux parties.

Si les futurs époux sont mineurs, il est bien de ne faire les publications qu'après s'être assuré que leur mariage a l'assentiment des personnes dont ils dépendent.

Il est dressé acte de ces publications, contenant les mêmes indications que les publications mêmes, et, en outre, les jours, lieux et heures où les publications auront été faites. Cet acte est inscrit sur un registre spécial non tenu en double, coté et parafé comme les autres registres de l'état civil. (C. civ., art. 63.) — *Dict. des formules*, n°s 705-706.

Il faut bien remarquer que, dans le cas même où il n'est tenu qu'un seul registre pour tous les actes de l'état civil, il en doit être tenu un particulier pour les publications.

Extrait de cet acte, c'est-à-dire du registre où il est inscrit, doit être et rester affiché à la porte de la maison commune pendant les huit jours d'intervalle de l'une à l'autre publication. (C. civ., art. 64.)

D'ordinaire, l'affiche a lieu au moyen d'un cadre fermé d'un grillage ou d'une vitre, dans lequel copie de l'acte est déposée. Cet usage assure la conservation de l'affiche.

Les affiches doivent être sur un papier au timbre de 35 centimes. (Décis. min. 16 septembre 1807.) — *Dict. des formules*, n° 707.

Les publications doivent être faites à la municipalité du lieu où chacune des parties contractantes a son domicile. (C. civ., art. 166.)

Néanmoins, si le domicile actuel de l'une d'elles ou de toutes les deux n'est établi que par six mois de résidence, les publications sont faites, en outre, à la municipalité du dernier domicile. (Id., art. 167.)

De là aussi la conséquence que, si les futurs époux ou l'un d'eux avaient habité plusieurs communes dans les derniers six mois, il y aurait lieu de faire les publications dans chacune de ces diverses localités, et aussi dans celles qu'ils auraient habitées avant les six mois.

Enfin si les deux époux ou l'un d'eux sont, d'après leur âge, tenus de se munir du consentement de leurs parents, les publications doivent avoir lieu au domicile de ceux-ci.

Le mariage ne peut avoir lieu avant le troisième jour depuis la seconde publication, non compris celui où elle a eu lieu (C. civ., art. 64). Ainsi la dernière publication ayant été faite le dimanche, le mariage peut avoir lieu le mercredi au plus tôt. S'il y a eu publication dans différentes communes et à différentes dates, c'est de la plus tardive que court le délai.

Si le mariage n'est pas célébré dans l'année, à compter de l'expiration du délai des publications, c'est-à-dire des trois jours après lesquels il peut avoir lieu, il ne pourrait plus être célébré qu'autant que de nouvelles publications auraient été faites dans la forme prescrite. (C. civ., art. 65.)

Ainsi, en supposant que la deuxième publication ait eu lieu le 1er janvier 1858, le mariage n'a pu avoir lieu qu'à partir du 4 ; ce jour sera donc le point de départ pour compter l'année, et ce sera le 4 janvier 1859 que les publications seront périmées.

Si les publications ont été faites dans plusieurs communes et à des dates différentes, et qu'il y en ait quelques-unes de frappées par le délai de l'année, il sera nécessaire de les renouveler, quoique les autres soient encore valables.

Pour les militaires et employés à la suite des armées qui servent hors de France, les publications sont faites au lieu de leur dernier domicile. Elles sont, en outre, mises vingt-cinq jours avant la célébration du mariage à l'ordre du jour du corps pour les individus qui tiennent à un corps, et à celui de l'armée ou du corps d'armée pour les officiers sans troupes et pour les employés qui en font partie. (C. civ., art. 94.)

Quant aux militaires au service en France, il n'est point dérogé à leur égard aux règles générales.

Il est loisible au Président de la République, ou aux officiers qu'il prépose à cet effet, de dispenser, pour des causes graves, la seconde publication. (C. civ., art. 169.)

C'est le procureur de la République du tribunal dans l'arrondissement duquel le mariage doit être célébré qui accorde la dispense, au nom du Président de la République. Elle est déposée au secrétariat de la commune où le mariage doit avoir lieu, le maire en délivre une expédition, dans laquelle mention est faite du dépôt et qui reste annexée à l'acte de mariage. (Arrêté 20 prairial an II.)

L'officier de l'état civil qui célébrerait un mariage sans les publications requises, ou sans qu'on ait laissé écouler entre elles l'intervalle prescrit, serait condamné à une amende de 300 francs au plus. (C. civ., art. 192.)

Oppositions. — Les oppositions ont pour effet d'empêcher la célébration du mariage, et l'officier de l'état civil ne peut y procéder qu'autant qu'on lui en a remis la mainlevée.

Le droit de former opposition appartient à la personne déjà engagée par le mariage avec l'une deux parties. (C. civ., art. 172.)

Il appartient au père, et, à défaut du père, à la mère, et, à défaut de père et de mère, aux aïeuls et aïeules des futurs époux, quel que soit l'âge de ceux-ci. (Id., art. 173.)

A défaut d'aucun ascendant, le frère et la sœur, l'oncle et la tante, le cousin ou la cousine germains majeurs peuvent former opposition, mais seulement dans deux cas : 1° lorsque le consentement du conseil de famille n'a pas été obtenu; 2° lorsque l'opposition est fondée sur l'état de démence du futur époux. (Id., art. 174.)

Dans ces deux cas, le tuteur ou curateur pourrait également former opposition, mais seulement s'il y était autorisé par le conseil de famille. (Id., art. 175.)

Tout acte d'opposition énonce la qualité qui donne à l'opposant le droit de la former : il contient élection de domicile dans le lieu où le mariage doit être célébré; il doit également, à moins qu'il ne soit fait à la requête d'un ascendant, contenir les motifs de l'opposition, le tout à peine de nullité. (Id., art. 176.)

Les actes d'opposition sont signés sur l'original et sur la copie par les opposants ou leur fondé de procuration spéciale ou authentique; ils doivent être signifiés, avec la copie de la procuration, s'ils sont faits par fondés de pouvoirs, à la personne ou au domicile des parties, et à l'officier de l'état civil. (Id., art. 66.)

L'officier de l'état civil n'est pas juge du mérite des oppositions. C'est aux tribunaux à en apprécier la validité et à en donner mainlevée s'il y a lieu. (Id., art. 177 et 178.)

Lors donc que l'officier de l'état civil reçoit signification d'une opposition, il doit se borner à y mettre son visa. (C. civ., art, 66.) et à en faire immédiatement mention sommaire sur le registre des publications. (Id., art. 67.) — *Dict. des formules*, n°° 709 et 710.

Cette mention doit être faite dans le corps même du registre, et non en marge.

Il attend ensuite, pour célébrer le mariage, que la mainlevée lui ait été remise; il n'y peut procéder sans cette mainlevée, sous peine de 300 francs d'amende et de tous dommages-intérêts. (Id., art. 68.)

Il doit, si les publications ont eu lieu dans plusieurs communes, se faire remettre un certificat délivré par l'officier de l'état civil de chacune de ces communes, constatant qu'il n'y a pas eu d'opposition. (Id., art. 69.) — *Dict. des formules*, n° 708.

Quand la mainlevée est donnée, il en doit être fait mention par l'officier de l'état civil en marge de l'inscription des oppositions qu'il avait précédemment faite au registre des publications. (Id., art. 67.) — *Dict. des formules*, n° 711-712.

Pièces à fournir. — Les pièces dont la réunion est nécessaire pour qu'il soit procédé au mariage sont:

1° L'acte de naissance de chacun des époux, et, en cas d'impossibilité de se le procurer, un acte de notoriété délivré par le juge de paix du lieu de la naissance ou du domicile, contenant la déclaration faite par sept témoins de l'un ou de l'autre sexe, parents ou non parents, des prénoms, nom, profession et domicile du futur époux et de ceux de ses père et mère s'ils sont connus; le lieu et, autant que possible, l'époque de la naissance, ainsi que les causes qui empêchent d'en rapporter l'acte; cet acte doit être homologué par le tribunal. (C. civ., art. 70, 71 et 72);

2° S'il y a dispense d'âge ou de parenté, expédition de l'ordonnance qui l'accorde, dûment enregistré au greffe du tribunal;

3° Le consentement par acte authentique des parents, s'ils ne le donnent pas en personne, ou leurs actes de décès ou autres pièces en tenant lieu;

4° Pour les militaires et employés des armées, les autorisations ou permissions requises par les règlements;

5° Le procès-verbal des actes respectueux, dans le cas où ils sont prescrits;

6° Lorsque des publications ont dû être faites dans des communes autres que celles où le mariage doit avoir lieu, des certificats des officiers de l'état civil de ces communes indiquant le jour et l'heure auxquels ces publications ont eu lieu, faisant mention des oppositions qui ont pu être formées, ou attestant qu'il n'en existe pas. (C. civ., art. 69);

7° La mainlevée des oppositions, s'il en a été fait;

8° Si l'un des époux a été déjà marié, la preuve de la dissolution du précédent mariage;

9° S'il y a eu un contrat, le certificat du notaire qui l'a reçu (L. 10 juillet 1850.) *Dict. des formules*, n° 630.

Telles sont les pièces qui, dans les cas les plus ordinaires, doivent être exigées par l'officier de l'état civil. Si quelqu'une manquait ou présentait quelque irrégularité remarquable, il devrait s'abstenir de procéder au mariage et en référer au procureur impérial, ou même se laisser assigner pour que le tribunal vidât la question.

De la célébration du mariage et de l'acte qui le constate. — Le mariage est célébré dans la commune où l'un des deux époux a son domicile. Ce domicile, quant au mariage, s'établit par six mois d'habitation continue dans la même commune. (C. civ., art. 74.)

Les militaires à l'intérieur de la France ne peuvent non plus se marier que dans la commune où ils résident depuis six mois au moins, ou dans celle où leur future épouse a son domicile. (Avis Cons. d'Etat, 4ᵉ jour complém. an XIII.)

L'officier de l'état civil compétent pour procéder à la célébration du mariage est le maire. Pour éviter toute difficulté à cet égard, l'article 82 de la loi du 5 avril 1884 exige que désormais, lorsqu'un maire délègue ses fonctions d'officier de l'état civil ou autres, à un ou plusieurs de ses adjoints, ou en cas d'absence de ces derniers à des conseillers municipaux, il ne doit jamais le faire verbalement, mais toujours donner une délégation écrite qui est aussitôt transcrite sur le registre des arrêtés municipaux.

Quant aux militaires qui se trouvent aux armées, leur mariage est célébré par l'officier ou employé militaire qui est chargé de l'état civil (C. civ., art. 89); il doit, immédiatement après l'inscription de l'acte sur les registres, en envoyer expédition à l'officier de l'état civil du dernier domicile des époux (id., art. 95); et celui-ci la transcrit sur ses registres.

Le mariage doit être célébré devant l'officier de l'état civil dans la maison commune ou dans le local qui en tient lieu (id., art. 75) et publiquement (id., art. 165), c'est-à-dire les portes du local tenues ouvertes pour que le public puisse assister au mariage. Une amende, qui peut s'élever jusqu'à 300 francs, serait prononcée contre l'officier qui aurait négligé cette dernière condition. (Id., art. 195.)

Si cependant l'un des époux était, par suite de maladies ou infirmités, dans l'impossibilité complète de se rendre à la maison commune, la loi ne s'oppose point d'une manière absolue à ce que l'officier de l'état civil se transporte dans le lieu où il serait retenu, et y célèbre le mariage. Mais, dans ce cas, il faudrait d'abord que l'impossibilité fût constatée par procès-verbal d'un médecin désigné pour cela, et que mention en fût faite dans l'acte auquel le procès-verbal resterait annexé; en second lieu, que, pour satisfaire autant que possible à la condition de publicité, les portes de la maison où le mariage aurait lieu fussent tenues ouvertes pendant la célébration. (Inst. min. de la justice, 3 juillet 1811.)

Le jour de la célébration est désigné par les parties, en observant ce qui a été dit plus haut sur le délai qu'il faut laisser écouler après les publications. (C. civ., art. 75.)

Pour l'heure, c'est à l'officier de l'état civil à la fixer.

Pour la célébration du mariage, l'assistance de quatre témoins, parents ou non parents, est indispensable. (Id., art. 75.)

L'officier de l'état civil donne lecture des diverses pièces énumérées ci-dessus; relatives à l'état des parties et aux formalités du mariage, et du chapitre VI du titre du mariage, au Code civil, sur les droits et les devoirs respectifs des époux. (Id., art. 75.)

Puis après s'être assuré du consentement des parties, *il les déclare au nom de la loi, unies par le mariage.* Ces paroles, qui sont celles mêmes de la loi, doivent être employées de préférence à toutes autres.

Enfin il rédige immédiatement l'acte de mariage. (C. civ., art. 75.)

On énonce dans l'acte de mariage : 1° les prénoms, noms, professions, âges, lieux de naissance et domicile des époux ; 2° s'ils sont majeurs ou mineurs, 3° les prénoms, noms, professions et domiciles des pères et mères ; 4° le consentement des pères et mères, aïeuls et aïeules, et celui du conseil de famille, dans le cas où ils sont requis ; 5° l'acte ou les actes respectueux, s'il en a été fait ; 6° les publications dans les divers domiciles, ou les causes qui ont empêché de rapporter le consentement des parents, et de leur signifier des actes respectueux ; 7° les oppositions, s'il y en a eu, leur mainlevée, ou la mention qu'il n'y a pas eu d'opposition ; 8° la déclaration des contractants de se prendre pour époux, et le prononcé de leur union par l'officier de l'état civil ; 9° les prénoms, noms, âges, professions et domiciles des témoins et leur déclaration, s'ils sont parents ou alliés des parties, de quel côté et à quel degré (C. civ., art. 75) ; 10° la déclaration faite sur l'interpellation prescrite par la loi des 10-18 juillet 1850, qu'il a été ou qu'il n'a pas été fait de contrat de mariage, et, autant que possible, de la date du contrat, s'il existe, ainsi que les noms et lieu de résidence du notaire qui l'a reçu ; 11° il faut enfin faire mention de la lecture des pièces et du chapitre VI du Code civil sur les droits et les devoirs respectifs des époux. — *Dict. des formules*, n°s 713 à 720.

Ces énonciations sont celles qui se rencontrent le plus ordinairement dans les actes de mariage ; mais il en est d'autres qui peuvent être nécessaires, selon la position spéciale de l'un ou de l'autre des époux. Ainsi, s'il y a eu dispense d'âge ou d'autorité, si l'un des époux est veuf, etc., il faut l'énoncer.

Enfin, outre les règles qui viennent d'être tracées pour l'acte de mariage en particulier, il faut encore recourir à celles qui s'appliquent à tous les actes de l'état civil en général.

Pour justification des diverses énonciations contenues dans l'acte de mariage, il faut annexer à l'acte les pièces à l'appui.

Si, après la prononciation du mariage, et lors de la rédaction de l'acte, l'une des parties, l'un des parents ou des témoins venait à refuser sa signature, l'officier de l'état civil devrait dresser, du refus ainsi que des motifs s'il en était donné, procès-verbal qui serait inscrit sur les registres et à la suite de l'acte.

Le maire délivre aux parties, si elles le demandent, un certificat de mariage, sans la présentation et la remise duquel aucun ministre du culte ne pourrait procéder à la bénédiction nuptiale. (L. 18 germinal an X, art. 54.)

Ce certificat énonce le jour, l'heure et le lieu du mariage, le fonctionnaire qui l'a célébré, les noms, prénoms, âges, professions et domiciles des époux ; les noms, prénoms, professions et domiciles de leurs pères et mères. Il est fait sur papier non timbré.—*Dict. des formules*, n° 622.

On a vu (page 477) que deux époux qui ont eu des enfants avant d'être mariés peuvent, en les reconnaissant dans l'acte même de leur mariage, leur assurer la qualité et les droits d'enfants légitimes. Cette faculté résulte de l'article 331 du Code civil. Dans ce cas, la reconnaissance est insérée dans l'acte du mariage, si elle n'a pas été précédemment faite ; ou bien, l'on se borne à rappeler celle qui a déjà eu lieu, en indiquant sa date, l'officier de l'état civil devant lequel elle a été faite et toutes ses autres circonstances. — *Dict. des formules*, n° 719.

Mariage des indigents. — Les pièces nécessaires au mariage des indigents, à la légitimation de leurs enfants naturels et au retrait de ces enfants déposés dans les hospices, doivent être réclamées et réunies par les soins de l'officier de l'état civil de la commune dans laquelle les parties ont déclaré vouloir se marier. Les expéditions de ces pièces peuvent, sur la demande du maire, être réclamées et transmises par les procureurs impériaux. (L. 10 décembre 1850, art. 1er.)

Les procureurs de la République peuvent, dans les mêmes cas, agir d'office et procéder à tous actes d'instruction préalables à la célébration du mariage. (Id., art. 2.)

Tous jugements de rectification ou d'inscription des actes de l'état civil, toutes homologations d'actes de notoriété, et généralement tous actes judiciaires ou procédures, nécessaires au mariage des indigents sont poursuivis et exécutés d'office par le ministère public. (L. 10 décembre 1850, art. 3.)

Les extraits des registres de l'état civil, les actes de notoriété, de consentement, de publications; les délibérations de conseil de famille, les certificats de libération du service militaire, les dispenses pour cause de parenté, d'alliance ou d'âge, les actes de reconnaissance des enfants naturels, les actes de procédure, les jugements et arrêts dont la production est nécessaire, sont visés pour timbre et enregistrés gratis, lorsqu'il y a lieu à l'enregistrement. Il n'est perçu aucun droit de greffe ni aucun droit de sceau au profit du Trésor sur les minutes et originaux, ainsi que les copies ou expéditions qui en seraient passibles. L'obligation du visa pour timbre n'est pas applicable aux publications civiles ni au certificat constatant la célébration civile du mariage. (Id., art. 4.)

La taxe des expéditions des actes de l'état civil requises pour le mariage des indigents est réduite, quels que soient les détenteurs de ces pièces, à 30 centimes lorsqu'il n'y a pas lieu à légalisation, à 50 centimes lorsque cette dernière formalité doit être accomplie. Le droit de recherche alloué aux greffiers par l'article 14 de la loi du 21 ventôse an VII, les droits de légalisation perçus au ministère des affaires étrangères ou dans les chancelleries de France à l'étranger, sont supprimés en ce qui concerne l'application de la présente loi. (Id., art. 5.)

Sont admises au bénéfice de la loi, les personnes qui justifient d'un certificat d'indigence, à elles délivré par le commissaire de police, ou par le maire dans les communes où il n'existe pas de commissaire de police, sur le vu d'un extrait du rôle des contributions constatant que les parties intéressées payent moins de 10 francs, ou d'un certificat du percepteur de leur commune portant qu'elles ne sont pas imposées. Le certificat d'indigence doit être visé et approuvé par le juge de paix du canton. Il est fait mention, dans le visa, de l'extrait des rôles ou du certificat négatif du percepteur. (Id., art. 6.)

Les actes, extraits, copies ou expéditions ainsi délivrés, doivent mentionner expressément qu'ils sont destinés à servir à la célébration d'un mariage entre indigents, à la légitimation ou au retrait de leurs enfants naturels déposés dans les hospices. Ils ne peuvent servir à autres fins sous peine de 25 francs d'amende, outre le payement des droits, contre ceux qui en auraient fait usage, ou qui les auraient indûment délivrés ou reçus. (Id., art. 7.)

Le certificat d'indigence prescrit par l'article 6 est délivré en plusieurs originaux, lorsqu'il doit être produit à plusieurs bureaux d'enregistrement. Il est remis au bureau d'enregistrement où les actes, extraits, copies ou expéditions doivent être visés pour timbre et enregistrés gratis. Le receveur en fait mention dans le visa pour timbre et dans la relation de l'enregistrement. Néanmoins, les réquisitions des procureurs impériaux tiennent lieu des originaux ci-dessus prescrits, pourvu qu'elles mentionnent le dépôt du certificat d'indigence à leur parquet. L'extrait du rôle ou le certificat négatif du percepteur est annexé aux pièces déposées pour la célébration du mariage. (Id., art. 8.)

Les dispositions qui précèdent sont applicables au mariage entre Français et étrangers. Elles sont exécutoires aux colonies. (Id., art. 9.) — *Dict. des formules*, n° 909.

Des actes de divorce. — Le divorce, une fois admis par un jugement ou par un arrêt en vertu de la loi du 28 juillet 1884, doit en outre être prononcé par l'officier de l'état civil. A cet effet, les époux divorcés doivent se présenter devant l'officier de l'état civil accompagnés chacun de deux témoins en produisant :

1° L'expédition en forme de jugement ou de l'arrêt s'il y a lieu ;

2° L'original d'un acte d'avoué à avoué, contenant signification dudit jugement ;

4° L'original d'un exploit d'huissier contenant signification du jugement à la partie ;

4° Un certificat, de l'avoué du comparant, constatant cette signification ;

5° Un certificat du greffier de 1re instance constatant qu'il n'existe ni opposition, ni appel contre le jugement ;

6° Un extrait des actes de naissance du mari et de la femme ;

7° Une copie de l'acte de célébration du mariage ;

8° L'original d'un exploit d'huissier contenant sommation à la partie d'un requérant de se trouver à la mairie, aux jour et heure indiqués pour être présents à la prononciation du divorce.

Sur le vu de ces pièces, le maire prononce la dissolution du mariage, par l'effet du divorce admis par le jugement ou l'arrêt, et il en dresse acte en présence des parties et des quatre témoins.

Si l'une des parties fait défaut, le défaut est constaté dans l'acte et il est passé outre. Mention de l'acte de divorce est faite sur les registres de l'état civil en marge de l'acte de mariage. — *Dict. des formules*, n°s 724 et 725.

DES DÉCÈS. — *Des actes de décès dans les cas ordinaires.* — Tout décès doit être déclaré à l'officier de l'état civil par deux témoins qui sont, s'il est possible, les deux plus proches parents ou voisins de la personne décédée, ou, lorsqu'elle est décédée hors de son domicile, la personne chez laquelle le décès a eu lieu, et un parent ou autre. (C. civ., art. 78.)

L'acte de décès doit contenir les prénoms, nom, âge, profession et domicile de la personne décédée, et, si elle était mariée, les prénoms et nom de l'autre époux ; les prénoms, noms, âges, professions et domiciles des déclarants, et, s'ils sont parents, leur degré de parenté ; de plus, autant qu'on peut le savoir, les prénoms, noms, professions et domiciles des père et mère du décédé, et le lieu de sa naissance. (Id., art. 79.)

Il faut, de plus, mentionner le jour et l'heure du décès, bien que la loi n'en dise rien. Ces indications sont fort importantes pour l'ouverture des successions. L'indication du lieu du décès doit aussi être précisée par la désignation de la commune et de la maison où il est arrivé. Le genre de mort ne doit jamais être mentionné.

La déclaration doit être faite dans les 24 heures qui suivent le décès. (L. 20 septembre 1792, titre V, art. 1er.)

Quand l'officier de l'état civil a reçu la déclaration d'un décès, il doit se transporter immédiatement auprès de la personne décédée, pour s'assurer du décès. (C. civ., art. 77.)

Toutefois, le maire peut déléguer cette partie de son ministère à un médecin ou chirurgien, dont il accepte les déclarations sous sa propre responsabilité.

L'acte doit contenir la mention que l'officier de l'état civil s'est assuré du décès. (Décis. min. de la just. 28 avril 1836.) — *Dict. des formules*, n° 725.

Si la personne décédée est inconnue, l'acte doit énoncer son sexe, son âge apparent, les vêtements qu'elle portait, les marques particulières qu'elle pouvait avoir, les papiers et autres objets trouvés sur elle ou auprès d'elle, en un mot, toutes les circonstances propres à la faire reconnaître dans la suite. — *Dict. des formules*, n° 726.

Les deux personnes qui ont déclaré le décès et qui servent en même temps de témoins dans l'acte doivent le signer avec l'officier de l'état civil, ou mention est faite de la cause qui les empêche de signer. (C. civ., art. 39.)

De l'inhumation. — Aucune inhumation ne peut avoir lieu que sur une autorisation, sur papier libre et sans frais, de l'officier de l'état civil, qui ne peut la délivrer qu'après s'être transporté auprès de la personne décédée, pour s'assurer du décès, et que vingt-quatre heures après le décès, hors les cas prévus par les règlements de police. (C. civ., art. 77.)

Cette autorisation doit contenir la désignation exacte de la personne décédée, et l'indication de l'heure à laquelle il sera permis de l'inhumer.

Dans les cas ordinaires, l'inhumation ne peut avoir lieu que vingt-quatre heures après le décès. Mais lorsqu'il y a danger pour la salubrité publique comme, par exemple, dans le cas de putréfaction rapide, ou de maladie contagieuse ou épidémique, l'inhumation peut être permise avant l'expiration de ce délai. Mais il est bien de faire constater le fait par un médecin, et de mentionner les motifs d'urgence dans le permis d'inhumer. — Voy. INHUMATIONS.

Des actes de décès dans certains cas particuliers. — Mort subite. — Lorsqu'il y a signes ou indices de mort violente, ou d'autres circonstances qui donnent lieu de la soupçonner, on ne peut faire l'inhumation qu'après qu'un officier de police, assisté d'un docteur en médecine ou en chirurgie aura dressé procès-verbal de l'état du cadavre et des circonstances y relatives, ainsi que des renseignements qu'il aura pu recueillir sur les prénoms, nom, âge, profession, lieu de naissance et domicile de la personne décédée. (C. civ., art. 81.)

L'officier de police dont il s'agit, c'est le maire, c'est-à-dire l'officier de l'état civil lui-même, dans toutes les communes qui n'ont pas de commissaire de police. Dans les localités où il en existe un, c'est lui qui dresse le procès-verbal, et il transmet de suite à l'officier de l'état civil tous les renseignements consignés dans son procès-verbal. L'officier de l'état civil dresse, d'après ces renseignements, l'acte de décès, dont il envoie copie à l'officier de l'état civil du domicile de la personne décédée, s'il est connu, et celui-ci l'inscrit sur ses registres. (Id., art. 82.)

Le procès-verbal doit être transmis au procureur de la République; en cas de mort violente, il ne doit être fait aucune mention dans l'acte du genre de décès, dont le souvenir, ainsi perpétué, serait souvent pénible pour les familles. (Id., art. 85.)

Par le même motif, on ne doit pas annexer à l'acte le procès-verbal d'après lequel il a été dirigé. En cas d'exécution capitale on ne doit pas non plus mentionner le genre de mort dans l'acte.

Décès dans les hôpitaux. — En cas de décès dans les hôpitaux militaires ou civils, ou autres maisons publiques, les supérieurs, directeurs, administrateurs et maîtres de ces maisons, sont tenus d'en donner avis, dans les vingt-quatre heures, à l'officier de l'état civil, qui s'y transporte pour s'assurer du décès, et en dresse l'acte sur les déclarations qui lui auront été faites et les renseignements qu'il aura pris. L'officier de l'état civil envoie l'acte de décès (par l'intermédiaire du sous-préfet et du préfet) à celui du dernier domicile de la personne décédée, lequel l'inscrit sur ses registres. (C. civ., art. 80.)

S'il s'agit de militaires morts dans les hôpitaux, l'officier de l'état civil envoie une double expédition de l'acte de décès au ministre de la guerre par l'intermédiaire de l'intendant militaire, s'il s'agit d'un hôpital civil, et, s'il s'agit d'un hôpital militaire, par le directeur de cet hôpital. (Arrêté 23 thermidor an VIII, art. 485, et Inst. min. de la guerre, 24 brumaire, an XII.) — *Dict. des formules*, n° 727.

Décès dans les prisons. — En cas de décès dans les prisons ou maison de reclusion et de détention, il en est donné avis, sur-le-champ, par les concierges ou gardiens, à l'officier de l'état civil, qui doit s'y transporter pour s'assurer du décès et en dresser l'acte. (C. civ., art. 85.) — *Dict. des formules*, n° 728.

Décès en mer. — En cas de décès pendant un voyage de mer, il en est dressé acte dans les vingt-quatre heures, en présence de deux témoins pris parmi les officiers du bâtiment, ou, à leur défaut, parmi les hommes de l'équipage. Cet acte est rédigé, savoir, sur les bâtiments de la nation, par l'officier d'administration de la marine; et, sur les bâtiments appartenant à un négociant ou armateur, par le capitaine, maître ou patron du navire. L'acte de décès est inscrit à la suite du rôle de l'équipage. (C. civ., art. 86.)

Expédition de l'acte est ensuite envoyée à l'officier de l'état civil du domicile de la personne décédée, qui l'inscrit sur ses registres. (Id., art. 87.)

Décès des militaires aux armées. — Les actes de décès des militaires et employés à la suite des armées, hors du territoire de la France, sont dressés, dans chaque corps, par le major, et, pour les officiers sans troupes et les employés, par l'intendant ou le sous-intendant militaire, sur l'attestation de trois témoins; et l'extrait de ces registres est envoyé, dans les dix jours, à l'officier de l'état civil du dernier domicile du décédé. (C. civ., art. 96.)

En cas de décès dans les hôpitaux militaires ambulants ou sédentaires, l'acte de décès est rédigé par le directeur desdits hôpitaux, et il est envoyé immédiatement au major du corps ou à l'intendant militaire de l'armée ou du corps d'armée dont le décédé faisait partie : ces officiers en font parvenir une expédition à l'officier de l'état civil du dernier domicile du décédé. (Id., art. 97.)

L'officier de l'état civil du domicile des parties, auquel il a été envoyé de l'armée expédition d'un acte de l'état civil, est tenu de l'inscrire de suite sur ses registres. (Id., art. 98.) — *Dict. des formules*, n° 730.

De certaines obligations des officiers de l'état civil relativement aux décès. — A la suite des décès, il est certaines formalités dont l'accomplissement est imposé aux maires. Ainsi, ils doivent envoyer dans les mois de janvier, avril, juillet et octobre, aux receveurs de l'enregistrement, les relevés par eux certifiés et sur papier libre, des décès qui ont eu lieu dans leurs communes pendant le trimestre précédent. (L., 22 frimaire an VII, art. 55.)

Ils doivent, à peine de suspension de leurs fonctions, donner avis au juge de paix du canton, s'il ne réside pas dans la commune, du décès de toute personne qui, à leur connaissance, laisse pour héritiers des pupilles, des mineurs ou des absents. (Arrêté 22 prairial an V.)

Ils doivent également adresser au juge de paix une expédition des actes de décès de tout rentier viager ou pensionnaire de l'Etat, avec indication du montant de la rente ou pension, et de sa nature. (Circ., 22 novembre 1814.)

Au bureau de recrutement un avis des décès de tous les hommes âgés de moins de 40 ans.

A l'intendant ou sous-intendant militaire, une expédition de l'acte de décès de tout militaire en non-activité, en retraite ou en réforme, jouissant d'une solde ou pension de non-activité, de retraite ou de réforme. (Circ., 22 novembre 1814);

Au sous-préfet, une expédition des actes de décès des membres de la Légion d'honneur et des décorés de la médaille militaire. (Circ., Int., 22 janvier 1818, 26 août 1820 et 24 octobre 1853.)

Au sous-préfet, pour être transmise, par l'intermédiaire du préfet, du ministre de l'intérieur et du ministre des affaires étrangères, aux différentes légations, une expédition des actes de décès de tous les étrangers qui meurent dans leurs communes. (Circ. Int., 26 janvier 1836 et 10 mars 1855.)

Toutes les expéditions faites dans les cas ci-dessus sont exemptes de la formalité du timbre, pourvu que leur destination y soit énoncée. (L. 13 brumaire an VII, art. 16.) — *Dict. des formules*, nos 731.

RÈGLES COMMUNES A TOUS LES REGISTRES DE L'ÉTAT CIVIL. — *Clôture des registres.* — A la fin de chaque année, c'est-à-dire le 31 décembre au soir, l'officier de l'état civil arrête et clôt les registres. (C. civ., art. 43.)

Il est dressé, à cet effet, un procès-verbal qui est porté immédiatement à la suite du dernier acte inscrit, et qui énonce le nombre des actes compris au registre. Une fois ce procès-verbal fait et inscrit, aucun acte ne peut plus être dressé sur le registre.

Quand bien même l'année entière se serait écoulée sans qu'il eût été porté un seul acte sur le registre, il n'en faudrait pas moins dresser le procès-verbal de la clôture — *Dict. des formules*, n° 641.

Lorsque, avant la fin de l'année, un registre se trouve complètement rempli, on le termine et l'arrête par la même formule, datée du jour où s'est inscrit le dernier acte.

Tables alphabétiques. — Chaque année, dans le commencement du mois de janvier, l'officier de l'état civil doit dresser des tables alphabétiques des actes contenus dans les registres. (L. 20-25 septembre 1792, tit. II, art. 8; D. 20 juillet 1807, art. 1 et 2.)

Ces tables doivent être faites sur papier timbré et certifiées par les maires. (D. 20 juillet 1807, art. 4.)

Elles sont dressées sur le registre même et immédiatement à la suite du procès-verbal de clôture, ou bien, s'il ne reste plus de blanc, sur du papier détaché qu'on annexe ensuite au registre.

Il doit être fait, non pas une seule table pour tous les actes de l'année, mais trois tables distinctes : une pour les naissances, reconnaissances et adoptions ; l'autre pour les mariages ; la troisième pour les décès ; et cela, quand bien même tous les actes auraient été inscrits sur un seul registre. (D. 20 juillet 1807, art. 10.)

Les tables doivent être faites chacune en trois expéditions ; l'une pour être conservée avec l'un des doubles registres dans la commune, les deux autres pour être envoyées avec l'autre double au greffe du tribunal. (Id., art. 2.)

Les procureurs de la République sont appelés à veiller au dépôt de ces tables dans le délai prescrit. (O. 26 novembre 1823, art. 4.)

L'ordre alphabétique qui doit être suivi pour les tables est celui des noms patronymiques ou de famille des enfants nés, reconnus ou adoptés, des personnes mariées, des individus décédés.

Voici comment doit être conçue une table, pour être claire et complète, sans rien contenir de superflu ; elles sont divisées en quatre colonnes : dans la première, on porte le numéro sous lequel l'acte est inscrit au registre ; dans la seconde, les noms et prénoms de l'individu ou des individus auxquels l'acte s'applique ; dans la troisième, la date de l'acte fait ; dans la quatrième, le folio du registre où se trouve l'acte. Il faut remarquer qu'en ce qui concerne les naissances et les décès, chaque acte ne donne lieu qu'à l'inscription d'un seul nom ; mais, pour un acte de mariage, il faut nécessairement en porter deux, celui de l'époux et celui de l'épouse. Dans ce dernier cas, c'est l'époux qui règle l'ordre alphabétique. — *Dict. des formules*, nᵒ 643.

Les tables annuelles doivent être fondues tous les dix ans dans une table décennale ; mais ce travail concerne exclusivement les greffiers des tribunaux. Une expédition de ces tables est envoyée à la commune et payée sur ses fonds. (D. 20 juillet 1807, art. 5 et 7.)

Livrets de famille. — Une circulaire du 18 mars 1877 recommandait aux municipalités l'adoption de la mesure prise par le préfet de la Seine, sur le vœu exprimé par la commission de reconstitution des actes de l'état civil de Paris, qui consiste à remettre gratuitement aux époux, lors de la célébration du mariage, un livret de famille destiné à recevoir par extraits les énonciations principales des actes de l'état civil intéressant chaque famille. Ce livret est destiné à être représenté à chaque fois qu'il y a lieu de faire dresser un acte de naissance ou de décès. A chaque nouvelle déclaration, l'officier de l'état civil appose, à la suite de la mention sommaire consignée sur le livret, la signature et le cachet de la mairie.

Une nouvelle circulaire du 15 février 1879 a recommandé de nouveau la généralisation de cette institution des livrets de famille. Enfin, l'article 136 de la loi du 5 avril 1884 a rendu cette dépense obligatoire pour les communes au même titre que les frais des registres de l'état civil. Cela n'imposera pas une lourde charge aux communes, car le prix du livret est fort minime (12 centimes au moins pour une livraison de 20,000) ; et on constituera ainsi une source de premier renseignement, qui sera comme un troisième dépôt des actes de l'état civil (1).

(1) On trouve ces livrets à la librairie Paul Dupont, 41, rue Jean-Jacques-Rousseau (Paris).

Frais relatifs aux registres et aux tables. — Les frais des registres de l'état civil, des tables annuelles et d'une expédition des tables décennales sont au nombre des dépenses obligatoires des communes. (L. 18 juillet 1837, art. 30.) Ces frais comprennent, outre le prix du timbre et de confection des registres, le coût du transport et de la reliure.

Les frais de registres de l'état civil et des tables décennales figurent au nombre des cotisations municipales; les contingents des communes sont versés par les receveurs municipaux aux caisses des receveurs des finances. — Voy. COTISATIONS MUNICIPALES.

Dépôt des registres. — Dans le mois qui suit la clôture des registres, l'un des doubles du registre, ou de chacun des registres, s'il en a été tenu plusieurs, doit être déposé au greffe du tribunal de première instance, et l'autre reste conservé aux archives de la commune. (C. civ., art. 43.)

Pour le registre des publications de mariage, qui n'est point tenu en double, l'exemplaire unique est déposé au greffe.

Avec les registres, doivent être déposées au greffe toutes les pièces que nous avons désignées, en parlant des diverses sortes d'actes, comme devant rester annexées aux actes, ainsi que les tables alphabétiques dressées comme il est dit ci-dessus.

Lorsque, en exécution de la loi du 18 floréal an X, un adjoint a été nommé pour être spécialement chargé de l'état civil dans une portion de commune dont la mer ou quelque autre obstacle rend les communications avec le chef-lieu difficiles, dangereuses ou impossibles, cet adjoint doit remettre les registres de cette portion de commune dûment clos et arrêtés par lui, au maire, qui les réunit a ceux du chef-lieu, pour en faire lui-même le dépôt.

Le dépôt peut être fait par envoi au procureur de la République, en plaçant sous bandes croisées et contre signées les registres et pièces, qui ainsi parviendraient en franchise; mais il est mieux de faire, autant que possible, ce dépôt en personne ou du moins par un intermédiaire sûr, tant à cause de l'importance des registres que parce qu'ainsi l'on peut retirer soi-même un reçu du greffier, ce qui opère la décharge.

Du reste, il n'est rien dû à cet officier public pour droit de dépôt. (Décis. min. des finances, 24 septembre 1808.)

Si le dépôt n'est pas fait dans le mois de janvier, et que le procureur de la République n'ait pas accordé le délai, il doit poursuivre le maire (O. 26 novembre 1823, et Circ. minis. de la justice, 31 décembre 1833), et celui-ci peut être condamné à une amende qui peut s'élever jusqu'à 100 francs. (C. civ., art. 50; O. 26 novembre 1823, art. 4.)

De la vérification des registres de l'état civil. — On a vu plus haut que les procureurs de la République sont tenus de vérifier chaque année les registres de l'état civil.

Cette vérification doit être faite dans les quatre premiers mois de chaque année. (O. 26 novembre 1822, art. 4.)

Procès-verbal est dressé de cette vérification; le procureur de la République y indique d'abord les contraventions matérielles à la tenue des registres, c'est-à-dire s'ils sont en feuilles volantes, non timbrés, cotés et parafés; il signale ensuite les contraventions générales et spéciales à la rédaction des actes, en désignant les actes défectueux par le numéro correspondant du registre dont ils font partie, et par l'indication des articles du Code civil dont les dispositions ont été violées.

Lorsque les registres déposés ne contiennent aucun acte, soit de naissance, soit de mariage, soit de décès, le procureur de la République doit s'assurer si, en effet, il n'y a pas eu dans la commune aucune naissance, aucun mariage ou aucun décès.

Si les registres sont reconnus bien tenus, et tous les actes qu'ils renferment réguliers, le procureur de la République l'énonce dans son procès-verbal.

La vérification terminée, le procureur de la République adresse à chacun des maires dont les registres ou les actes ont été trouvés irréguliers, des instructions spéciales sur les irrégularités commises par eux et sur les moyens de les éviter à l'avenir. Il envoie copie de ces instructions au procureur général. (O. 26 novembre 1823, art. 3.)

Pour que la vérification puisse être faite dans le délai prescrit, les procureurs de la République doivent veiller à ce que le dépôt des registres soit exactement fait dans le mois de janvier, conformément à l'article 43 du Code civil. Ils avertissent, et, en cas de retard, poursuivent les maires qui n'ont pas déposé leurs registres. (Id., art. 4.)

Indépendamment de la vérification générale et annuelle dont nous venons de parler, les procureurs de la République peuvent se transporter dans les communes et vérifier les registres de l'année courante, ou déléguer, pour prendre ce soin, le juge de paix du canton. Ils doivent faire cette vérification accidentelle lorsqu'ils savent que les registres sont habituellement mal tenus, ou que, par le décès ou la démission d'un maire, il devient nécessaire de constater l'état où il les a laissés et les irrégularités qui s'y trouvent. (C. civ., art. 51; Circ. min. de la just., 31 décembre 1823.)

Dans ce cas, les maires sont tenus de communiquer sans déplacement leurs registres courants et les annexes soit au procureur de la République, soit au juge de paix délégué.

Procès-verbal est également dressé de cette vérification accidentelle, dans les mêmes formes que pour la vérification annuelle.

Garde et conservation des registres. Responsabilité des officiers de l'état civil. — La garde et la conservation des registres courants et des registres clôturés, déposés dans les archives de la mairie, sont confiées aux officiers de l'état civil. (L. 20 septembre 1792, titre I, art. 21.)

Ils sont civilement responsables envers les parties intéressées des altérations qui y surviennent, sauf leur recours contre les auteurs de ces dommages, s'ils sont connus. (C. civ., art. 51.)

Toute altération, tout faux dans les actes de l'état civil, toute inscription de ces actes faite sur une feuille volante et autrement que sur les registres à ce destinés, donnent lieu aux dommages-intérêts des parties sans préjudice des peines portées au Code pénal. (Id., art. 52.)

S'ils avaient commis eux-mêmes ou aidé à commettre les faux ou altérations, les officiers de l'état civil seraient passibles des travaux forcés à perpétuité. (C. P., art. 145.) Ils seraient passibles des travaux forcés à temps, s'ils avaient détruit, supprimé, soustrait ou détourné un registre ou un acte, ou coopéré à sa destruction, suppression, soustraction ou détournement. (Id., art. 173.)

Lorsqu'un officier de l'état civil s'aperçoit d'un faux, d'une altération, d'une lacération de feuillet ou de la disparition d'un ou de plusieurs registres, il doit immédiatement en informer le procureur de la République, afin que le magistrat prenne les mesures qu'il juge convenables pour la poursuite des coupables, et, s'il y a lieu, pour le rétablissement ou le remplacement des actes et des registres altérés, détruits ou enlevés.

Déplacement des registres — Il peut arriver que, dans le courant de l'année, l'officier de l'état civil soit obligé de se dessaisir d'un ou de plusieurs registres. Cela arrive notamment lorsque les tribunaux en ordonnent l'apport à leur greffe, pour l'instruction d'une procédure civile ou criminelle.

Le maire doit alors, sur la signification qui lui est faite de l'arrêt ou du jugement qui ordonne l'apport, se procurer de nouveaux registres, dans la quinzaine au plus tard. (O. 18 août 1819, art. 1er.)

Aussitôt qu'il en est muni, il clôt et arrête le registre qu'il doit remettre au tribunal, et mentionne dans le procès-verbal de clôture la cause pour laquelle il est clos avant la fin de l'année. (Id., art. 2.) — *Dict. des formules*, n° 732.

Il doit également dresser la table de ce registre dans la forme que nous avons indiquée.

Les nouveaux registres, ouverts en remplacement de ceux dont on s'est dessaisi, doivent porter, à la suite de leur titre, l'énonciation de la cause pour laquelle ils ont été commencés dans le courant de l'année. — *Dict. des formules*, n° 732.

Les frais des nouveaux registres sont remboursés à la commune, soit par la partie qui succombe, soit, si elle est insolvable, par le domaine. (O. 18 août 1819, art. 3 et 4.)

Il convient, autant que possible, que les maires apportent leurs registres en personne. Dans tous les cas, ils doivent se faire délivrer un reçu pour leur décharge.

Des extraits ou expéditions des actes de l'état civil. — Toute personne peut se faire délivrer, par l'officier de l'état civil, des extraits conformes, soit des registres de l'année courante, soit de ceux des années antérieures qui sont déposés aux archives. (C. civ., art. 45.)

Ces extraits des registres doivent être des copies exactes et complètes des actes eux-mêmes ; l'officier de l'état civil ne peut ni les abréger, ni les modifier. Y eût-il dans l'acte quelque irrégularité ou omission, l'expédition n'en doit pas moins les reproduire avec la plus scrupuleuse exactitude, sans le rectifier ni le compléter.

Les expéditions des actes de l'état civil, comme celles des autres actes, ne doivent jamais être signées par les secrétaires de mairie, qui n'ont aucun caractère public, mais bien par les maires ou les adjoints en cas d'absence.

S'il y a lieu de délivrer expédition d'un acte qui a été rectifié par jugement, cet acte ne peut plus être délivré qu'avec les rectifications ordonnées, c'est-à-dire en faisant mention du jugement de réformation, de sa date et de la nature de la rectification qu'il a ordonnée : autrement le maire pourrait être passible de dommages-intérêts. (C. Proc., art. 857.)

Les expéditions des actes de l'état civil doivent être sur papier timbré de la dimension de 1 fr. 80 c. (L. 13 brumaire an VII, art. 19 ; 28 avril 1816, art. 63.)

Elles sont exemptes de la formalité de l'enregistrement, sauf en ce qui concerne les reconnaissances d'enfants naturels. (L. 13 brumaire an VII, art. 70.)

Les expéditions ou extraits doivent être légalisés par le président du tribunal de première instance de l'arrondissement ou par le juge qui le remplace. (C. civ., art. 45.) — *Dict. des formules*, n° 734.

Droits d'expédition. — Il n'est rien dû pour la confection des actes et leur inscription dans les registres. (D. 12 juillet 1807, art. 4.)

Il est dû seulement des droits pour les expéditions qui en sont délivrées.

Ces droits se composent : 1° d'un droit perçu pour la commune, et qui est réglé par le décret du 12 juillet 1807 ; 2° du remboursement du prix du timbre du papier, qui est de 1 fr. 80 c. pour chaque expédition.

Il résulte de ces dispositions combinées que les droits d'expéditions sont réglés ainsi qu'il suit :

1° Dans les communes au-dessous de 50,000 âmes.

	fr.c.	fr.c.
Pour chaque expédition, copie ou extrait d'un acte de naissance, de décès ou de publication de mariage..	0 30	2 10
Pour remboursement du timbre...................	1 80	
Pour chaque expédition d'un acte de mariage ou d'adoption....................................	0 60	2 40
Pour remboursement du timbre.................	1 80	

2° Dans les communes de 50,000 âmes et au-dessus.

	fr.c.	fr.c.
Pour chaque expédition d'un acte de naissance, de décès ou de publication de mariage............	0 50	2 30
Pour remboursement du timbre.................	1 80	
Pour chaque expédition d'un acte de mariage ou d'adoption	1 »	2 80
Pour remboursement du timbre.................	1 80	

3° A Paris.

	fr.c.	fr.c.
Pour chaque expédition d'un acte de naissance, de décès ou de publication de mariage	0 75	2 55
Pour remboursement du timbre	1 80	
Pour chaque expédition d'un acte de mariage ou d'adoption	1 50	3 30
Pour remboursement du timbre.................	1 80	

Il est d'autres actes qui sont délivrés par les maires, non en copie, mais en originaux, tels que les certificats de publication de mariage et celui de célébration civile du mariage ; ces actes donnent lieu, non pas à un droit d'expédition, mais simplement au remboursement du droit du timbre, qui est de 80 centimes. (D. 9 décembre 1810 ; L. 28 avril 1816, art. 52, et 23 août 1871.)

Il est défendu d'exiger d'autres taxes et droits, à peine de concussion. (D. 12 juillet 1807, art. 4.)

Cette interdiction s'étend aussi au droit de recherche, dont l'usage s'était introduit dans plusieurs localités. (Circ. minist. de la justice, 10 mars 1813.)

Enfin, pour prévenir plus efficacement toute erreur ou tout abus, le décret du 12 juillet 1807, qui contient ces dispositions, doit être affiché en placard et en gros caractères dans chacun des bureaux du lieu où les déclarations relatives à l'état civil sont reçues et dans tous les dépôts des registres. (D. 12 juillet 1807, art. 5.)

Il est bien entendu qu'il faut indiquer, en addition dans le placard, l'augmentation du droit de timbre pour les actes de mariage, naissance et décès, que la loi du 23 août 1871 a porté à 1 fr. 80 c. au lieu de 83 centimes, auxquels le fixait le décret.

La loi du 15 mai 1818, article 80, autorise les maires à délivrer des expéditions sur papier libre, pour cause d'indigence, à charge d'en faire mention en marge de l'expédition.—Voy. plus haut : *Mariage des indigents.*

Le produit des expéditions des actes de l'état civil a été classé, comme celui de tous les actes administratifs, au nombre des recettes ordinaires des communes par la loi du 18 juillet 1837, art. 31, n° 11.

Rectification des actes ; énonciations à faire sur les registres. — Aussitôt qu'un acte est dressé et clos, qu'il soit régulier ou irrégulier, complet ou incomplet, il n'appartient plus ni au fonctionnaire qui l'a dressé, ni aux parties qui l'ont provoqué, et aucune rectification n'y peut être faite qu'en vertu d'un jugement du tribunal de première instance, rendu sur la demande des parties intéressées ou sur les conclusions du procureur de la République, lorsqu'il y a intérêt public, et dont il peut être appelé devant la cour d'appel. (Avis Cons. d'Etat, 13 nivôse an X ; C. civ., art. 99.)

Seulement si, au moment où un acte est inscrit ou vient de l'être, l'officier de l'état civil ou les parties s'aperçoivent d'une erreur ou d'une omission, on peut la réparer immédiatement, pourvu que toutes les personnes qui figurent dans l'acte et les témoins soient présents et concourent à la rectification. Elle se fait alors au moyen d'une rature, d'une addition ou d'un renvoi, approuvé et signé par les parties, les témoins et l'officier de l'état civil, ainsi que l'acte même. (Avis Cons. d'Etat, 13 nivôse an X et 30 frimaire, an XII ; Décis. min. de la justice, 6 janvier 1829.)

Aussitôt qu'une décision judiciaire de rectification ainsi rendue est remise au maire, soit par exploit d'huissier, soit simplement par la partie intéressée, il doit l'inscrire sur les registres et en faire mention en marge de l'acte réformé. (C. civ., art. 101 ; C. proc., art. 857.)

Si cette décision est un jugement de première instance rendu sans contradicteur (ce dont on peut juger à la simple lecture), lo maire l'inscrit sur-le-champ, à moins qu'il ne lui ait été signifié par huissier un exploit d'appel. Si la décision, au contraire, avait été rendue dans une cause où il y eut un contradicteur, le maire ne devrait en opérer l'inscription que sur le certificat de l'avoué de la partie qui la requerrait, contenant la date de la signification du jugement faite au domicile de la partie condamnée, et sur l'attestation du greffier, constatant qu'il n'existe contre le jugement ni opposition ni appel. (C. proc., art. 548.)

Enfin, si c'est un arrêt de cour d'appel, l'inscription doit avoir lieu sans délai, même nonobstant pourvoi en cassation, attendu que ce pourvoi ne suspend pas l'exécution.

Voici comment s'opère la rectification : on ne peut, dans aucun cas, toucher aux actes mêmes, les biffer, raturer ou modifier.

Le maire doit énoncer que tel jour il lui a été signifié par exploit d'huissier, ou remis par telle personne, expédition d'un jugement de tel tribunal, portant réformation d'un acte de l'état civil; qu'en conséquence, il procède à l'inscription dudit jugement. Il copie ensuite textuellement le jugement, et, à la suite, le certifie conforme à l'expédition qui a été remise ou qui est contenue dans l'exploit, en conservant l'expédition ou l'exploit comme annexe du registre. — *Dict. des formules,* n° 639.

Le maire doit, aussitôt après cette transcription, la mentionner en marge de l'acte que le jugement réforme, à peu près en ces termes : Acte réformé par jugement transcrit à la date du....., folio..... Il est utile aussi de mentionner en marge du jugement de réforme la date de l'acte auquel ce jugement se rattache. — *Dict. des formules,* n° 640.

La transcription a lieu sur les deux doubles registres de l'année courante, à la date où le maire reçoit le jugement, quelle que soit celle de l'acte réformé, et immédiatement après le dernier acte inscrit.

La mention doit avoir lieu sur les deux doubles registres ; ce que le maire peut facilement faire, s'il s'agit des registres de l'année courante ; mais s'il s'agit de ceux des années précédentes, dont un seul double est à sa disposition, il doit envoyer copie de la mention au procureur de la République, qui veille à ce qu'elle soit portée sur le double déposé au greffe.

Si un jugement de rectification était lui-même réformé par un nouveau jugement, celui-ci donnerait lieu aux mêmes transcription et mention.

S'il est arrivé que, lorsqu'un acte devait être dressé dans un certain délai de rigueur, les parties ou les déclarants ne se sont présentés qu'après ce délai, de sorte que l'acte n'a pu être dressé, il faut un jugement pour qu'il le soit après sa date ; et, dans ce cas, le jugement en vertu duquel l'omission est réparée doit être transcrit comme un jugement de rectification, et la mention doit être faite, non pas en marge de l'acte, puisqu'il n'en existe pas, mais en marge du registre, à la date où cet acte eût dû être inscrit. (Avis Cons. d'État, 12 brumaire an XI.)

Enfin, il est encore un cas où il y a lieu de transcrire et de mentionner les jugements sur les registres de l'état civil : c'est lorsque le gouvernement autorise une personne à changer son nom ou à en ajouter un autre au sien. (L. 11 germinal an XI.)

Dans ce cas, la personne doit obtenir un jugement qui donne lieu aux mêmes formalités que ceux de la rectification.

Lorsqu'il est demandé expédition d'un acte de l'état civil dont la rectification a été ordonnée, cette expédition ne peut être délivrée qu'avec la mention de la rectification prescrite. En conséquence, l'expédition doit contenir : 1° la copie littérale et exacte de l'acte, tel qu'il a été primitivement rédigé; 2° la copie également littérale de la mention de rectification, telle qu'elle est portée à la marge de l'acte.

De la transcription des actes qui n'ont pas été faits dans la commune, ou qui ont été reçus par d'autres fonctionnaires que les officiers de l'état civil. — En règle générale, les registres de l'état civil ne doivent contenir que les actes faits dans la commune. Les actes faits à l'étranger ou dans d'autres communes, ou par des fonctionnaires autres que les officiers de l'état civil, ne doivent y être transcrits qu'autant que la loi l'a ordonné ou permis, expressément ou implicitement. Ainsi, doivent être transcrits :

1° Les procès-verbaux d'exposition d'enfant, dressés par les employés des hospices;

2° Les reconnaissances d'enfant naturel, faites par déclaration devant notaire ou par testament, lorsque les parties intéressées le demandent;

3° Les actes d'adoption, également lorsque les parties intéressées le demandent;

4° Les actes de décès transmis, ainsi qu'il a été dit plus haut, par les officiers de l'état civil du lieu du décès à ceux du domicile, pour les individus décédés dans les hôpitaux et autres maisons publiques, dans les prisons, maisons de reclusion et de détention, ou par suite de mort violente;

5° Les actes de naissance et de décès faits sur mer, lorsque l'expédition en est transmise, soit par le ministre de la marine, soit par les préposés à l'inscription maritime;

6° Les actes de naissance, de reconnaissance, de mariage et de décès, reçus aux armées par les employés militaires et transmis par eux;

7° Les actes de mariage contractés par des Français en pays étranger, lorsque les parties intéressées le demandent;

8° Les actes de naissance et de décès reçus par les membres des intendances et des commissions sanitaires, dans les lazarets ou autres lieux avec lesquels les communications sont interdites par les lois sur la police sanitaire;

9° Les jugements et arrêts qui ordonnent la rectification, le remplacement ou le rétablissement d'un acte de l'état civil, comme il est dit au paragraphe précédent.

Aucun autre acte ne peut être transcrit sur les registres, même lorsque les parties intéressées le demandent. — *Dict. des formules*, n°ˢ 610 à 614, 632, 638, 639 et 640.

Manière de suppléer aux registres, en cas d'absence ou de perte. — Si l'un des doubles registres d'une commune avait été perdu, l'autre, qui subsiste, fournit encore toutes les ressources nécessaires pour l'authenticité des actes. Néanmoins, dans la crainte que celui-ci ne vienne aussi à se perdre, il en doit être fait une copie exacte sur un registre préalablement coté et parafé par le président du tribunal, et ensuite collationné par lui. On mentionne en tête de ce registre que ce n'est qu'une copie. (Circ. minist. de la justice, 4 novembre 1814.)

Et tant que l'autre existe, c'est de celui-ci, qui est original, et non de la copie, qu'il faut délivrer des extraits.

Si les deux doubles des registres sont perdus ou détruits en totalité ou en partie, ou s'il n'en a jamais existé, c'est à l'autorité administrative à prescrire les moyens d'y suppléer autant que possible.

Communication des registres aux employés de l'enregistrement et à certains autres fonctionnaires. — Indépendamment de l'obligation où sont les dépositaires des registres de l'état civil de les communiquer aux procureurs de la République, à leurs substituts et aux juges de paix, pour la vérification dont il est parlé plus haut et pour les recherches relatives à des crimes ou délits, ils sont tenus de les communiquer encore sans déplacement: 1° aux préfets, sous-préfets et à leurs délégués, pour les recherches relatives au recrutement, aux recensements de la population et autres opérations administratives analogues; 2° aux préposés de l'administration de l'enregistrement, lorsque ceux-ci le requièrent. Les uns et les autres ont le droit de prendre, sans frais, les renseignements, extraits et copies qui leur sont nécessaires pour les intérêts de l'État.

En cas de refus ou d'opposition, les officiers de l'état civil, greffiers et secrétaires des mairies sont passibles d'une amende de 20 francs. Les préposés de l'enregistrement ne peuvent néanmoins se livrer à leurs recherches les dimanches et jours de fêtes légales; en outre, chacune de leurs séances dans les bureaux où sont déposés les actes ne peut durer plus de quatre heures. (L. 22 frimaire an VII, art. 54; L. 16 juin 1824, art. 10.)

Échanges des actes de l'état civil. — Des conventions, qui sont intervenues entre la France, l'Italie, la Belgique et le Grand-Duché de Luxembourg, ont arrêté que l'expédition des actes de l'état civil sont dispensées de timbre et d'enregistrement, lorsqu'elles sont transmises entre ces gouvernements respectifs pour leur usage exclusif d'ordre public, mais non quand elles le sont dans l'intérêt privé des individus qu'elles concernent, sauf dispense exceptionnelle. (Circulaires des 26 janvier 1836, 10 mars 1855 et 17 mai 1864, 30 juin et 27 décembre 1875, 11 juillet 1883.

Etat de siège. — L'état de siège ne peut être déclaré qu'en cas de péril imminent, résultant d'une guerre étrangère ou d'une insurrection à main armée. (L. 3 avril 1878, art. 19.) Une loi peut seule déclarer l'état de siège; cette loi désigne les communes, les arrondissements ou départements auxquels il s'applique; il fixe le temps de sa durée. A l'expiration de ce temps, l'état de siège cesse de plein droit, à moins qu'une loi nouvelle n'en prolonge les effets.

En cas d'ajournement des Chambres, le Président de la République peut déclarer l'état de siège, de l'avis du conseil des ministres, mais alors les Chambres se réunissent de plein droit deux jours après. (Art. 2.)

En cas de dissolution de la Chambre des députés, et jusqu'à l'accomplissement entier des opérations électorales, l'état de siège ne pourra même provisoirement être déclaré par le Président de la République. (Art. 3.) Néanmoins, s'il y avait guerre étrangère, le Président, de l'avis du conseil des ministres, pourrait déclarer l'état de siège dans les territoires menacés par l'ennemi, à la condition de convoquer les collèges électoraux et de réunir les Chambres dans le plus bref délai possible. (Art. 3.)

Dans le cas où les communications seraient interrompues avec l'Algérie, le gouverneur pourra déclarer tout ou partie de l'Algérie en état de siège dans les conditions de la présente loi. (Art. 5.)

Les articles 4 et 5 de la loi du 9 août 1849 sont maintenus, ainsi que les dispositions de ses autres articles non contraires à la loi de 1878. L'article 4 de cette loi se rapporte aux colonies et l'article 5 aux places de guerre.

L'état de siège, légalement déclaré, transporte toute l'autorité des officiers civils, en ce qui concerne l'ordre intérieur et la police, au commandant militaire, qui exerce exclusivement cette autorité sous sa responsabilité personnelle.

La législation relative à l'état de siège est appliquée, non seulement aux places fortes, mais aussi aux parties du territoire en cas d'insurrection ou dans d'autres circonstances exceptionnelles.

Etat des cotes indûment imposées. — Dans les trois mois de la publication des rôles des contributions directes, les percepteurs forment, s'il y a lieu, pour chacune des communes de leur perception, des états présentant, par nature de contribution, les cotes qui leur paraissent avoir été indûment imposées. Ces états sont remis aux sous-préfets et aux préfets par l'intermédiaire des receveurs des finances, qui sont tenus de veiller à ce que le délai ci-dessus indiqué ne soit pas dépassé. (L. 3 juillet 1846, art. 6.)

Mais, comme il est de principe que le contribuable indûment imposé doit réclamer lui-même, l'initiative des percepteurs ne doit s'exercer que dans les cas où elle est indispensable.

Les états de cotes indûment imposées sont soumis au conseil de préfecture, qui prononce, s'il y a lieu, la décharge de ces cotes. — Voy. CONTRIBUTIONS DIRECTES.

Etat des cotes irrecouvrables. — Les cotes des différentes contributions directes qui, dans le cours de l'année, deviennent irrecouvrables pour cause d'absence, décès, insolvabilité, tombent en non-valeurs.

Les percepteurs sont tenus de dresser, dans les deux premiers mois de la seconde année de chaque exercice, les états des cotes dont il s'agit et de les remettre le 1er mars, appuyés de toutes les pièces propres à justifier de l'impossibilité du recouvrement, au receveur des finances, qui demeure chargé de les faire parvenir au sous-préfet ou au préfet. — Voy. CONTRIBUTIONS DIRECTES, CHIENS (TAXE SUR LES), PRESTATION, RÉTRIBUTION SCOLAIRE.

Etat des restes à payer ; Etat des restes à recouvrer. — Voy. COMPTABILITÉ COMMUNALE.

Etat estimatif. — Inventaire, avec estimation, des meubles et objets mobiliers.

En matière d'adjudication, on appelle état ou détail estimatif un tableau détaillé de l'estimation des dépenses à faire, qui sert à éclairer l'administration et à la prémunir contre les prétentions exagérées des entrepreneurs. Le détail estimatif expose le véritable prix de chaque partie du travail à exécuter ; il est communiqué à tous les concurrents avant l'adjudication. — Voy. ADJUDICATION, CAHIER DES CHARGES, DEVIS.

Etat exécutoire. — Toutes les recettes municipales pour lesquelles les lois et règlements n'ont pas prescrit un mode spécial de recouvrement s'effectuent sur des états dressés par les maires.

Les recettes des hospices et hôpitaux pour lesquels il n'existe pas de mode spécial de recouvrement s'effectuent également au moyen d'états dressés par les maires sur la proposition de la commission administrative.

Ces états sont exécutoires lorsqu'ils ont été visés par le sous-préfet. Les oppositions, lorsque la matière est de la compétence des tribunaux ordinaires, sont jugées comme affaires sommaires, et la commune ou l'établissement peut y défendre sans autorisation du conseil de préfecture. (L. 5 avril 1884, art. 154). — Voy. Dict. des formules, n° 471.

Les états exécutoires ne sont soumis ni au timbre ni à l'enregistrement. — Voy. Hospices, Revenus communaux. *Dict. des formules.*

Étiage. — État d'une rivière lorsque les eaux sont basses. Ce mot dérive d'été, parce que c'est dans cette saison que les eaux sont en général le plus basses.

Étranger. — On appelle étranger l'individu qui n'appartient pas à la nation chez laquelle il se trouve. On en distingue, en France, deux sortes : l'étranger domicilié et l'étranger passager.

L'étranger qui a été admis par autorisation du chef de l'État à établir son domicile en France y jouit de tous les droits civils, tant qu'il continue d'y résider (C. civ., art. 13). L'étranger qui veut obtenir cette faveur doit adresser une demande sur papier timbré, accompagnée de son acte de naissance, au ministre de la justice. Si elle est favorablement accueillie, elle donne lieu à un décret, dont une ampliation est remise à l'étranger qui y est dénommé. Cet acte laisse à l'étranger sa nationalité : il ne lui confère pas la qualité de Français, ni, par suite, l'exercice des droits politiques.

L'étranger qui n'a pas été autorisé à établir son domicile en France y jouit des mêmes droits civils que ceux qui sont accordés aux Français par les traités de la nation à laquelle cet étranger appartient (C. civ., art. 11). Toutefois, depuis la promulgation de la loi du 17 juillet 1819, les étrangers ont le droit de succéder, de disposer et de recevoir de la même manière que les Français dans toute l'étendue de la France.

Les étrangers ne participent en rien à la jouissance des droits politiques. Ils ne peuvent, par conséquent, concourir à aucune élection ni faire partie du jury, ni être admis à exercer aucunes fonctions dans l'ordre civil ou judiciaire, ni servir dans les armées françaises. Ils ne peuvent non plus être témoins dans un acte authentique, dans un testament, être tuteurs d'un Français ou l'adopter, ces actes exigeant de ceux qui les accomplissent la qualité de citoyen français.

Les lois de police et de sûreté obligent les étrangers comme les nationaux.

Le ministre de l'intérieur a le droit, par mesure de police, d'enjoindre à tout étranger, voyageant ou résidant en France, de sortir immédiatement du territoire français et de le faire conduire à la frontière. Dans les départements frontières, le préfet a le même droit à l'égard de l'étranger non résidant, à la charge d'en référer immédiatement au ministre de l'intérieur. (L. 3 décembre 1849, art. 7.)

Les mesures de police à prendre contre les étrangers sont du ressort de l'autorité administrative ; ainsi, un tribunal correctionnel ne peut, sans commettre un excès de pouvoir, ordonner que l'étranger, qu'il déclare vagabond, sera, à l'expiration de sa peine, conduit par la gendarmerie hors du territoire de la France. C'est à l'administration qu'appartient ce pouvoir. (C. P., art. 262.) De même, le conseil d'État ne peut être saisi par la voie contentieuse des décisions du ministre de l'intérieur, qui ordonnent l'expulsion d'un étranger du territoire français, ni de celles du préfet de police, qui autorisent sa détention. (Arrêt, cons. d'État, 2 août 1836.) (1).

(1) Avant la loi de 1819 dont nous venons d'analyser les principales dispositions, la situation légale des étrangers a notablement varié. L'ancien droit

Nous exposerons, dans une autre partie de cet ouvrage, quelles sont les conditions exigées des étrangers pour devenir citoyens français. — Voyez NATURALISATION.

Évêché. — Le diocèse est une circonscription ecclésiastique qui embrasse un certain nombre de paroisses et qui est placée sous l'autorité d'un même évêque. L'évêché est le titre ecclésiastique institué pour le gouvernement du diocèse.

Il y a aujourd'hui en France 81 diocèses, parmi lesquels on compte 15 archevêchés ou arrondissements métropolitains. Il y a, en outre, un évêque à Alger et 3 dans les colonies.

La loi classe l'évêché parmi les établissements diocésains ; elle en fait une personne civile, apte à recevoir par legs et donations, à acquérir et à posséder toutes sortes de biens meubles et immeubles, avec l'autorisation spéciale du gouvernement. (L. 2 janvier 1817.)

L'évêché est représenté par les évêques successifs. C'est l'évêque qui a qualité pour accepter les dons et legs qui sont faits à l'évêché, et pour faire tous les actes relatifs à l'administration des biens. Cette administration est assujettie, d'une manière générale, aux mêmes règles que celle des autres établissements publics ; elle est, en outre, soumise à certaines règles et conditions particulières prescrites par le décret du 6 novembre 1813, titre II, relatif à l'administration des menses épiscopales. Ces dispositions sont, de tous points, applicables aux archevêchés. — Voy. CULTE, ETABLISSEMENTS PUBLICS, ÉVÊQUE.

Évêque. — Prélat chargé de la direction d'un diocèse.

L'évêque est à la fois le pasteur et l'administrateur de son diocèse. Au premier titre, il règle tout ce qui concerne le service spirituel ; au second titre, il règle tout ce qui concerne l'organisation ecclésiastique et l'administration des biens affectés au culte.

En qualité de chef de l'administration diocésaine, l'évêque a sous sa tutelle les établissements ecclésiastiques ou religieux ; il veille aux intérêts temporels du culte. Le droit de nomination ou de présentation à tous les titres ecclésiastiques lui appartient ; il peut déplacer, suspendre, interdire et révoquer tous les titulaires amovibles ; il peut même destituer les titulaires inamovibles, après avoir observé les formalités déterminées par les lois canoniques et obtenu l'approbation du gouvernement. Il a l'initiative des propositions pour les circonscriptions ecclésiastiques, les règlements sur les oblations, la sonnerie des cloches ; enfin, il doit émettre son avis sur toutes les affaires relatives au personnel, au matériel, au contentieux du culte et aux établissements ecclésiastiques.

se montrait rigoureux à leur égard et l'on y retrouvait, quoiqu'à un degré très affaibli, comme un reflet des antiques usages romains. On les désignait en France sous le nom d'*aubains*, et chacun sait qu'ils étaient incapables de recevoir ou de transmettre, à leur mort, des biens situés en France qui revenaient au seigneur ou à l'Etat, c'était le *droit d'aubaine*. Malgré les adoucissements graduels que la législation, et surtout les progrès des mœurs, apportaient à la condition des étrangers, c'est seulement en 1790 que le droit d'aubaine fut aboli. Sous le Code civil, ce fut le principe de la réciprocité qui prévalut (C. civ. art. 11, 726, 912). La loi du 17 juillet 1819 s'est montrée plus libérale encore, et n'a fait que la plus petite part possible au droit d'aubaine qui subsiste encore dans quelques pays étrangers, et dont nous sommes par conséquent obligés de tenir compte dans nos rapports avec ces pays. Du reste, quand il existe des traités entre deux nations, ces traités deviennent la loi des étrangers qu'ils concernent.

L'archevêque exerce, dans le diocèse dont l'administration lui est spécialement confiée, les mêmes droits, pouvoirs et juridiction que l'évêque. Les différences qui résultent de son titre de métropolitain n'ont rapport qu'à la discipline ecclésiastique. — Voy. CULTE.

Éviction. — Dépouillement juridique d'un objet dont on est en possession.

Exaction. — Action par laquelle un comptable ou officier public exige d'un redevable plus qu'il ne doit. — Voy. CONCUSSION.

Excavation. — Creux dans le sol.

Ceux qui négligent d'éclairer les excavations par eux faites dans les rues et places, sont punis d'une amende depuis un franc jusqu'à cinq francs inclusivement. (C. P., art. 471, n° 4.) — Voy ECLAIRAGE.

Ceux qui occasionnent la mort ou la blessure des animaux ou bestiaux appartenant à autrui, par l'excavation dans ou près les rues, chemins, places ou voies publiques, sans les précautions ou signaux ordonnés ou d'usage, sont punis d'une amende de onze à quinze francs. (Id., art. 479, n° 4.)

Le tout sans préjudice de la réparation civile. — Voy. ACCIDENTS.

Exception. — Fin de non-recevoir qu'on oppose en justice pour se défendre d'une demande et n'y pas répondre. Ce sont des moyens qui, sans toucher au fond, tentent à établir que la demande ne doit pas être accueillie. Les exceptions ont pour objet : 1° d'obliger le demandeur étranger à fournir caution ; 2° le renvoi de la demande devant les juges compétents, ce qu'on appelle exception déclinatoire ; 3° les nullités d'exploit ou d'acte de procédure ; 4° de suspendre l'instruction de la demande dans le cas où quelque fait doit la précéder, ce que l'on nomme exception dilatoire ; 5° la communication des pièces ; 6° le renvoi de la demande ou de l'action, ce que l'on appelle exception péremptoire ou fin de non-recevoir.

Excès de pouvoir. — Acte par lequel un fonctionnaire sort du cercle de ses attributions et fait ce que la loi ne lui donne pas le droit de faire, ou refuse de faire ce que la loi lui impose le devoir de faire. — Voy. FONCTIONNAIRES.

Exclusion. — C'est la déclaration par laquelle on interdit à certaines personnes l'exercice de quelque droit, charge ou fonction.

Les exclusions sont de droit étroit: aussi la personne légalement appelée à exercer un droit, une fonction, n'en peut-elle être exclue que par un texte formel de la loi.

Exécution parée. — L'exécution parée ou prête est celle que l'on peut faire immédiatement, que l'on peut faire en vertu d'un titre revêtu de toutes les formalités nécessaires pour être mis à exécution.

Les actes et jugements n'entraînent l'exécution parée que lorsqu'ils portent le même intitulé que les lois, et qu'ils sont terminés par un mandement aux officiers de justice. Les actes notariés sont exécutoires lorsqu'ils sont faits en minute ou déposés pour minute.

Les actes administratifs proprement dits ont l'exécution parée : tels sont les arrêts rendus par le conseil d'Etat jugeant au contentieux, les décisions des ministres, celles des préfets, et les arrêtés des conseils de préfecture. Mais il n'en est pas de même des baux, adjudications et autres actes passés administrativement par les maires sans le concours d'un notaire. Ces actes ont le caractère authentique, mais ils n'emportent pas l'exécution parée.

Exécutoire. — Ce mot exprime la qualité d'un acte ou d'un jugement qui donne pouvoir de procéder à une exécution judiciaire.

Exemption d'impôts. — Certaines propriétés sont, à raison de leur nature ou de leur destination, exemptes d'impôt, ou jouissent d'une exemption temporaire.

Ainsi, jouissent de l'exemption absolue de la contribution foncière les bâtiments et terrains, rues, places publiques, grandes routes, chemins vicinaux et communaux, et généralement toutes les propriétés appartenant à l'Etat, aux départements ou aux communes, affectées à un service public et non productives de revenus. (L., 3 frimaire an VII, art. 103 à 105.)

Les bâtiments employés à un service public, civil, militaire ou d'instruction, ou aux hospices, ne sont pas soumis à la contribution des portes et fenêtres. Néanmoins, les fonctionnaires et employés qui occupent ces bâtiments sont nominativement imposables pour les ouvertures de leur habitation. (L. 4 frimaire, an VII, art. 5 ; 22 avril 1832, art. 27.) — Voy. CONTRIBUTIONS DIRECTES.

Exemption militaire. — Voy. RECRUTEMENT.

Exercice. — On donne ce nom à la période de temps fixée pour l'exécution d'un budget. — Voy. COMPTABILITÉ COMMUNALE.

On appelle aussi exercice les vérifications exercées par les employés des contributions indirectes et les vérificateurs des poids et mesures, chez les débitants de boissons, les marchands et autres assujettis. — Voy. BOISSONS, POIDS ET MESURES.

Exercices et manœuvres. — Voy. CHAMP DE MANŒUVRES, RÉQUISITIONS.

Exhumation. — Action de retirer les morts du lieu de leur sépulture.

Les exhumations qui ont lieu par mesure de justice, pour constater un crime, sont dirigées par le procureur de la République ou le magistrat instructeur, et constatées par des procès-verbaux.

Quant à celles que peuvent nécessiter soit les changements de cimetière, soit les travaux exécutés dans les lieux de sépulture ou les demandes des familles, elles ne peuvent être faites qu'en vertu d'une permission de l'autorité locale, qui doit prendre toutes les mesures convenables, et se concerter au besoin avec l'autorité ecclésiastique pour que la translation des morts soit environnée des formes de respect et de deuil qu'exige une pareille cérémonie.

Le décret du 23 prairial an XII trace les devoirs qui sont imposés aux maires en pareil cas.

Toute exhumation, non autorisée, est un délit, non seulement quand elle a pour but le vol et l'outrage, mais encore quand elle ne doit que favoriser des études anatomiques. La violation de tombeaux ou de sépulture est punie d'un emprisonnement de trois mois à un an et de 16 francs à 200 francs d'amende. — Voy. CIMETIÈRE, INHUMATION, SÉPULTURE. — *Dict. des formules*, nos 735 et 736.

Expédition des actes administratifs. — On appelle ainsi la copie authentique de la minute d'un acte, d'un titre, d'un arrêté, d'une délibération, d'un procès-verbal, etc.

Les expéditions des arrêtés des préfets, de ceux des conseils de préfecture et des délibérations des conseils généraux de département, sont délivrées et signées par les secrétaires généraux des préfectures. (L., 28 pluviôse, an VIII, art. 7.) Il en est de même de toutes les pièces déposées dans les archives départementales.

Les expéditions des arrêtés des sous-préfets et des autres pièces de la sous-préfecture ne peuvent être délivrées et signées que par ces administrateurs.

Quant aux expéditions des arrêtés des maires, des délibérations des conseils municipaux et des autres pièces déposées dans les archives municipales, les maires ou leurs adjoints ont seuls le droit de les délivrer.

Lorsqu'un administrateur délivre l'expédition d'un acte, il doit se borner à donner, sans aucune autre énonciation, une copie certifiée de la minute.

Les maires ne doivent pas délivrer gratis à toute personne copie de toutes les délibérations et autres actes; il en est certains qui n'intéressent pas le public, et que l'administration n'est pas tenue de lui livrer.

Il est donc des limites à imposer à la communication des actes des fonctions municipales, et, lorsque la loi ne s'est pas expliquée d'une manière précise, le maire est appréciateur de ces limites, sauf aux intéressés à réclamer contre son refus auprès du sous-préfet d'abord, du préfet ensuite, et enfin du ministre.

Les premières expéditions des actes administratifs sont délivrées gratuitement aux particuliers qu'elles intéressent; mais les secondes ou ultérieures expéditions sont soumises à un droit de 75 centimes par rôle, en vertu de la loi du 7 messidor an II et de l'avis du conseil d'État du 18 août 1807. Ce même droit est dû pour toute expédition, même la première, de titres, pièces ou renseignements déposés dans les bureaux des mairies.

Les expéditions des actes, arrêtés et délibérations des autorités administratives, qui sont délivrées aux particuliers, ne peuvent être établies que sur papier timbré à 1 fr. 80 centimes. Il ne doit pas y avoir plus de vingt-cinq lignes par page, sauf compensation entre les pages d'une même feuille.

Le produit des expéditions des actes administratifs, des actes de l'état civil et des autres pièces et renseignements déposés dans les bureaux des mairies, fait partie des recettes ordinaires des communes. (L., 5 avril 1884, art. 133.) Le produit doit en être versé à la diligence des maires dans les caisses municipales. — Voy. ACTES ADMINISTRATIFS, ARCHIVES, ETAT CIVIL.

Experts. Expertise. — Une expertise a pour but de préciser un fait douteux et de préparer ainsi la solution d'une question litigieuse; l'expertise doit toujours être contradictoire et confiée à des hommes spéciaux. On peut, lorsqu'il est nécessaire, nommer un tiers-expert ou faire procéder à une contre-expertise. Il n'en est pas des experts comme des arbitres; ils n'ont aucun caractère juridique : aussi l'autorité compétente n'est-elle pas liée par leur avis, et demeure-t-elle entièrement libre de prononcer dans un autre sens.

En matière administrative, on a souvent recours à l'expertise, notamment pour fixer l'étendue, l'espèce et la valeur estimative des marais avant leur desséchement; pour faire déterminer la valeur des biens à acquérir, à aliéner ou à échanger, et de ceux qui donnent lieu à la perception d'un droit d'enregistrement; pour la détermination du montant de l'impôt; enfin, l'expertise s'emploie également en matière d'expropriation pour cause d'utilité publique. — Voy. ACQUISITIONS, ALIÉNATIONS, CADASTRE, ECHANGE, EXPROPRIATION. — *Dict. des formules,* nos 740 à 742.

Exploit. — Voy. ACTION JUDICIAIRE, ASSIGNATION, CITATION.

Exploitation des coupes. — Voy. AFFOUAGE, BOIS DES COMMUNES ET DES ÉTABLISSEMENTS PUBLICS.

Expropriation pour cause d'utilité publique. — Tout propriétaire peut être exproprié pour cause d'utilité publique. Mais ce que l'équité exige avant tout, c'est que le propriétaire dépossédé reçoive une indemnité; aussi est-il écrit dans la constitution de 1791, art. 17, que nul ne peut être privé de son droit de propriété, sans une juste et préalable indemnité. Le Code civil a reproduit cette disposition fondamentale dans son article 545 ainsi conçu : « Nul ne peut être contraint de céder sa propriété, si ce n'est pour cause d'utilité publique, et moyennant une juste et préalable indemnité. »

La loi du 6-7 septembre 1790, le décret du 7 avril 1703 et les lois des 16 septembre 1808 et 8 mars 1810 ont longtemps été suivis en matière d'expropriation forcée; puis est venue la loi du 7 juillet 1833 qui les résumait toutes et améliorait le système au moyen de l'application du jugement par jury au règlement de l'indemnité; mais cette loi progressive a été abrogée à son tour par la loi du 3 mai 1841, qui est à la fois plus complète et plus précise, et forme aujourd'hui le Code de la matière.

Les applications fréquentes de cette loi, notamment en matière de travaux publics, et l'importance des intérêts qu'elle est appelée à régler, la recommandent d'une manière toute spéciale à l'attention de l'autorité administrative. On en trouvera ci-après les dispositions.

Formes de l'expropriation. — L'expropriation pour cause d'utilité publique s'opère par autorité de justice. (L. 3 mai 1841, titre Ier, art. 1er.)

Les tribunaux ne peuvent prononcer l'expropriation qu'autant que l'utilité en a été constatée et déclarée dans les formes prescrites par la loi. Ces formes consistent : 1° dans la loi, le décret du Président de la République ou l'arrêté du préfet qui autorise l'exécution des travaux pour lesquels l'expropriation est requise ; 2° dans l'acte du préfet qui désigne les localités ou territoires sur lesquels les travaux doivent avoir lieu, lorsque cette désignation ne résulte pas de la loi ou du décret du Président de la République ; 3° dans l'arrêté ultérieur par lequel le préfet détermine les propriétés particulières auxquelles l'expropriation est applicable. Cette application ne peut être faite à aucune propriété particulière qu'après que les parties intéressées ont été mises en état d'y fournir leurs contredits. (L. 3 mai 1841, art. 2 ; 21 mai 1836, art. 16 ; D. 25 mars 1852. — Voy. TRAVAUX PUBLICS.

Les travaux d'utilité publique sont en général ordonnés ou autorisés par décrets rendus dans les formes prescrites pour les règlements d'administration publique. Néanmoins, si ces travaux ont pour condition des engagements ou des subsides du Trésor, le crédit doit être accordé ou l'engagement ratifié par une loi avant la mise à exécution.

Il y a, en outre, exception à la règle, lorsqu'il s'agit de travaux d'ouverture et de redressement des chemins vicinaux, ces travaux étant autorisés par arrêté du préfet, conformément à l'article 16 de la loi du 21 mai 1836.

Dans tous les cas, la déclaration d'utilité publique doit être précédée d'une enquête locale, dont les formes sont déterminées, pour les travaux publics en général, par deux ordonnances des 18 février 1834 et 15 février 1835, et, pour les travaux communaux, par une ordonnance du 23 août 1835.

Règles relatives aux travaux ou entreprises d'intérêt général. — Les maires n'ayant pas à intervenir dans l'enquête qui doit précéder l'autorisation de travaux d'intérêt général, il nous suffira de renvoyer, quant aux formalités de cette enquête, au texte des ordonnances précitées des 18 février 1834 et 15 février 1835.

Après que l'utilité publique a été déclarée, les ingénieurs ou autres gens de l'art chargés de l'exécution des travaux lèvent, pour la partie qui s'étend sur chaque commune, le plan parcellaire des terrains ou des édifices dont la cession leur paraît nécessaire. (L. 3 mai 1841, titre II, art. 4.)

Le maire reçoit les plans desdites propriétés particulières, indicatifs des noms de chaque propriétaire, tels qu'ils sont inscrits sur la matrice des rôles. Ces plans restent déposés, pendant huit jours, à la mairie de la commune où les propriétés sont situées, afin que chacun puisse en prendre connaissance. (Id., art. 5.)

Le délai fixé par cet article ne court qu'à dater de l'avertissement, qui est donné collectivement aux parties intéressées, de prendre communication du plan déposé à la mairie. Cet avertissement est publié à son de trompe ou de caisse dans la commune, et affiché, tant à la principale porte de l'église du lieu qu'à celle de la maison commune. Il est en outre inséré dans l'un des journaux publiés dans l'arrondissement, ou, s'il n'en existe aucun, dans l'un des journaux du département. (Id., art. 6.)

Le maire certifie ces publications et affiches ; il mentionne sur un procès-verbal qu'il ouvre à cet effet, et que les parties qui comparaissent sont requises de signer, les déclarations et réclamations qui lui ont été faites verbalement, et y annexe celles qui lui sont transmises par écrit. (Id., art. 7.)

A l'expiration du délai de huitaine prescrit par l'article 5, le maire fait partie, pour sa commune, de la commission qui se réunit au chef-lieu de sous-préfecture pour recevoir les observations des propriétaires et donner son avis sur elles (Art. 8, 9 et 10).

Sur le vu du procès-verbal de cette commission et des documents y annexés, le préfet détermine, par un arrêté motivé, les propriétés qui doivent être cédées, et indique l'époque à laquelle il sera nécessaire d'en prendre possession. Toutefois, dans le cas où il résulterait de l'avis de la commission qu'il y aurait lieu de modifier le tracé des travaux ordonnés, le préfet surseoira jusqu'à ce qu'il ait été prononcé par l'administration supérieure. L'administration supérieure pourra, suivant les circonstances, ou statuer définitivement, ou ordonner qu'il soit procédé de nouveau à tout ou partie des formalités prescrites par les articles précédents. (L. 3 mai 1841, art. 11.)

Régles spéciales aux travaux communaux. — Lorsque les travaux projetés par une commune exigent l'acquisition de certains immeubles, et qu'il y a impossibilité de traiter à l'amiable avec les propriétaires, le conseil municipal prend une délibération pour demander que le projet soit déclaré d'utilité publique. — *Dict. des formules*, n° 742.

Aux termes de l'ordonnance du 23 août 1835, le projet faisant connaître le but de l'entreprise, le tracé des travaux, les dispositions principales des ouvrages et l'appréciation sommaire des dépenses, doit être déposé à la mairie pendant quinze jours, afin que chacun puisse en prendre connaissance. A l'expiration de ce délai, un commissaire désigné par le sous-préfet, sur la proposition du maire, reçoit à la mairie, pendant trois jours consécutifs, les déclarations des habitants sur l'utilité publique des travaux projetés.

Les délais pour le dépôt des pièces à la mairie et pour la durée de l'enquête peuvent être prolongés par le préfet ; mais, dans tous les cas, ils ne courent qu'à dater de l'avertissement donné par voie de publication et d'affiches. Il est justifié de l'accomplissement de cette formalité par un certificat du maire. — *Dict. des formules*, n° 743 et 744.

Après avoir clos et signé le registre des déclarations, le commissaire le remet immédiatement au maire avec son avis motivé et les autres pièces de l'instruction qui ont servi de base à l'enquête.

Si le registre d'enquête contient des déclarations contraires à l'adoption du projet, ou si l'avis du commissaire lui est opposé, le conseil municipal est appelé à les examiner, et émet son avis par une délibération motivée, dont le procès-verbal est joint aux pièces. — *Dict. des formules*, n°s 745 et 746.

Le maire adresse immédiatement les pièces au sous-préfet, et celui-ci au préfet, avec son avis motivé.

Après que l'utilité publique a été déclarée par un décret, ou, s'il s'agit de l'ouverture ou du redressement d'un chemin vicinal, par un arrêté du préfet, le maire doit remplir les formalités suivantes, prescrites par la loi du 3 mai 1841.

Le plan parcellaire des terrains ou des édifices dont la cession paraît nécessaire, indicatif des noms de chaque propriétaire, tels qu'ils sont inscrits sur la matrice des rôles, reste déposé pendant huit jours à la mairie de la commune où les propriétés sont situées, afin que chacun puisse en prendre connaissance. Le délai de huitaine ne court qu'à dater de l'avertissement qui est donné collectivement aux parties intéressées de prendre communication des pièces. Ce délai de huitaine est franc, il ne comprend pas le jour où les dernières formalités de publication indiquant l'ouverture de l'enquête ont été accomplies, et il n'expire que lorsque le huitième jour s'est entièrement écoulé. Lorsque ce délai n'a pas été observé, le maire qui a ainsi abrégé la durée de l'enquête peut invoquer cette irrégularité pour obtenir l'annulation du jugement d'expropriation dans l'intérêt de sa commune à la fois expropriée et expropriante. (Cass. 19 et 20 février 1884.) L'avertissement est publié à son de trompe ou de caisse dans la commune, et affiché tant à la principale porte de l'église qu'à celle de la maison commune. Il est, en outre, inséré dans l'un des journaux du département. (L. 3 mai 1841, art. 5 et 6.) *Dict. des formules*, nº 747.

Le maire certifie ces publications et affiches ; il mentionne sur un procès-verbal qu'il ouvre, et que les parties qui comparaissent sont requises de signer, les déclarations et réclamations qui lui ont été faites verbalement et y annexe celles qui lui sont transmises par écrit. (Id., art. 7.) — *Dict. des formules*, nº 748.

A l'expiration du délai de huitaine, le procès-verbal est clos et communiqué au conseil municipal, lequel examine les déclarations et réclamations qui peuvent avoir été faites, et émet son avis par une délibération motivée. Le maire transmet ensuite au sous-préfet : 1º le procès-verbal ; 2º le plan parcellaire des terrains ou édifices à céder ; 3º le certificat de publication et d'affiche de l'avertissement donné aux parties intéressées de prendre communication du plan déposé à la mairie ; 4º le numéro du journal contenant le même avertissement ; 5º l'avis du conseil municipal. Si des propriétaires ont donné leur consentement à la cession, sans qu'il y ait eu désaccord sur le prix, le consentement est joint aux pièces.

Le préfet, en conseil de préfecture, sur le vu du procès-verbal, et sauf l'approbation de l'autorité supérieure, détermine par un arrêté les propriétés qui doivent être cédées, et indique l'époque à laquelle il sera nécessaire d'en prendre possession. (L. 3 mai 1841, art. 12.)

Des traités amiables. — Des conventions amiables peuvent intervenir, soit avant le jugement d'expropriation et le rendre inutile, soit après la publication et la transcription du jugement, par l'acceptation des offres de l'administration. La loi attache à ces conventions diverses prérogatives, qui seront indiquées à leur ordre ci-après.

Si des biens de mineurs, d'interdits, d'absents, ou autres incapables, sont compris dans les plans parcellaires ou dans les modifications admises par l'administration supérieure, les tuteurs, ceux qui ont été envoyés en possession provisoire, et tous représentants des incapables, peuvent, après autorisation du tribunal donnée sur simple requête, en la chambre du conseil, le ministère public entendu, consentir amiablement à l'aliénation desdits biens. Le tribunal ordonne les mesures de conservation ou de remploi qu'il juge nécessaires. Ces dispositions sont applicables aux immeubles dotaux et aux majorats. Les préfets peuvent, dans le même cas, aliéner les biens des départements, s'ils y sont autorisés par délibération du conseil général ; les maires ou administrateurs peuvent aliéner les biens des communes ou établissements publics, s'ils y sont autorisés par délibération du conseil municipal ou du conseil d'administration, approuvée par le préfet en conseil de préfecture. Le ministre des finances peut consentir à l'aliénation des biens de l'Etat, ou de ceux qui font partie de la dotation de la couronne, sur la proposition de l'intendant de la liste civile. (L. 3 mai 1841, art. 13.) — *Dict. des formules*, n° 750.

Du jugement d'expropriation. — A défaut de conventions amiables, soit avec les propriétaires des terrains ou bâtiments dont la cession est reconnue nécessaire, soit avec ceux qui les représentent, le préfet transmet au procureur de la République, dans le ressort duquel les biens sont situés, la loi ou le décret qui autorise l'exécution des travaux, et l'arrêté du préfet qui détermine les propriétés qui doivent être cédées. (Id., art. 13.)

Dans les trois jours, et sur la production des pièces constatant que les formalités prescrites ont été remplies, le procureur de la République requiert et le tribunal prononce l'expropriation d'utilité publique des terrains ou bâtiments indiqués dans l'arrêté du préfet. Le jugement commet un des membres du tribunal pour remplir les fonctions attribuées au magistrat directeur du jury chargé de fixer l'indemnité.

En matière d'expropriation *vicinale*, les magistrats désignés par le jugement d'expropriation pour diriger le jury tiennent leurs pouvoirs de la délégation qui leur est faite expressément et formellement par le tribunal. En conséquence, la décision du jury est frappée de nullité, si le jugement ayant désigné seulement le juge de paix ou son premier suppléant pour présider le jury, les fonctions de magistrat directeur ont été exercées par le second suppléant du juge de paix.

Et cette nullité portant atteinte à la constitution même du jury est une nullité d'ordre public qui doit être relevée d'office. (Cass. 9 mars 1880.)

Dans le cas où les propriétaires à exproprier consentiraient à la cession, mais où il n'y aurait point accord sur le prix, le tribunal donne acte du consentement, et désigne le magistrat directeur du jury, sans qu'il soit besoin de rendre le jugement d'expropriation, ni de s'assurer que les formalités prescrites ont été remplies. (Id., art. 14.)

Le jugement est publié et affiché, par extrait, dans la commune de la situation des biens. Il est en outre inséré dans l'un des journaux publiés dans l'arrondissement, ou, s'il n'en existe aucun, dans l'un de ceux du département. Cet extrait, contenant les noms des propriétaires, les motifs et le dispositif du jugement, leur est notifié au domicile qu'ils auront élu dans l'arrondissement de la situation des biens, par une déclaration faite à la mairie de la commune où les biens sont situés ; et, dans le cas où cette élection de domicile n'aurait pas eu lieu, la notification de l'extrait sera faite en double copie au maire et au fermier, locataire, gardien ou régisseur de la propriété. Toutes les autres notifications prescrites par la présente loi seront faites dans la forme ci-dessus indiquée. (L. 3 mai 1841, art. 15. — *Dict. des formules*, n°s 748 et 749.

Le jugement sera immédiatement, après l'accomplissement de ces formalités, transcrit au bureau de la conservation des hypothèques de l'arrondissement, conformément à l'article 2184 du Code civil. (Id., art. 16.)

Dans la quinzaine de la transcription, les privilèges et les hypothèques conventionnelles, judiciaires ou légales, seront inscrits. A défaut d'inscription dans ce délai, l'immeuble exproprié sera affranchi de tous privilèges et hypothèques, de quelque nature qu'ils soient, sans préjudice des droits des femmes, mineurs et interdits, sur le montant de l'indemnité, tant qu'elle n'a pas été payée ou que l'ordre n'a pas été réglé définitivement entre les créanciers. Les créanciers inscrits n'auront, dans aucun cas, la faculté de surenchérir, mais ils pourront exiger que l'indemnité soit fixée conformément aux dispositions rappelées ci-après. (Id., art. 17.)

Les actions en résolution, en revendication, et toutes autres actions réelles, ne pourront arrêter l'expropriation ni en empêcher l'effet. Le droit des réclamants sera transporté sur le prix, et l'immeuble en demeurera affranchi. (Id., art. 18.)

Les règles posées ci-dessus en ce qui concerne la publicité du jugement qui prononce l'expropriation, la transcription, les privilèges, hypothèques et autres droits réels sont applicables dans le cas de conventions amiables passées entre l'administration et les propriétaires. Cependant l'administration peut, sauf les droits des tiers et sans accomplir les formalités ci-dessus tracées, payer le prix des acquisitions dont la valeur ne s'élèverait pas au-dessus de cinq cents francs. Le défaut d'accomplissement des formalités de la purge des hypothèques n'empêche pas l'expropriation d'avoir son cours; sauf, pour les parties intéressées, à faire valoir leurs droits ultérieurement. (Id., art. 19).

Le jugement ne pourra être attaqué que par la voie du recours en cassation, et seulement pour incompétence, excès de pouvoir ou vices de forme du jugement. Le pourvoi aura lieu, au plus tard, dans les trois jours, à dater de la notification du jugement, par déclaration au greffe du tribunal. Il sera notifié dans la huitaine, soit à la partie, soit au préfet ou au maire, suivant la nature des travaux; le tout à peine de déchéance. Dans la quinzaine de la notification du pourvoi, les pièces seront adressées à la chambre civile de la cour de cassation, qui statuera dans le mois suivant. L'arrêt, s'il est rendu par défaut, à l'expiration de ce délai, ne sera pas susceptible d'opposition. (Id., art. 20.)

L'expropriation, lorsqu'elle a été consommée par un jugement passé en force de chose jugée, ne peut être annulée ou rétractée par suite d'un secours ultérieurement dirigé contre les actes ou décisions administratives intervenus préalablement à la procédure d'expropriation proprement dite. (Cass. 17 décembre 1877.)

Du règlement des indemnités. — Dans la huitaine qui suit la notification du jugement, le propriétaire est tenu d'appeler et de faire connaître à l'administration les fermiers, locataires, ceux qui ont des droits d'usufruit, d'habitation ou d'usage, tels qu'ils sont réglés par le Code civil, et ceux qui peuvent réclamer des servitudes résultant des titres mêmes du propriétaire ou d'autres actes dans lesquels il serait intervenu, sinon il restera seul chargé envers eux des indemnités que ces derniers pourront réclamer. Les autres intéressés seront en demeure de faire valoir leurs droits par l'avertissement énoncé en l'article 6, et tenus de se faire connaître à l'administration dans le même délai de huitaine, à défaut de quoi ils seront déchus de tous droits à l'indemnité. (L. 3 mai 1841, art. 21.)

Les dispositions de la présente loi relatives aux propriétaires et à leurs créanciers sont applicables à l'usufruitier et à ses créanciers. (Id., art. 22.)

L'administration notifie aux propriétaires et à tous autres intéressés qui auront été désignés ou qui seront intervenus dans le délai fixé, les sommes qu'elle offre pour indemnités. Ces offres sont, en outre, affichées et publiées conformément à l'article 6 de la présente loi. (Id., art. 23.)

Dans la quinzaine suivante, les propriétaires et autres intéressés sont tenus de déclarer leur acceptation, ou, s'ils n'acceptent pas les offres qui leur sont faites, d'indiquer le montant de leurs prétentions. (Id., art. 24.)

Les femmes mariées sous le régime dotal, assistées de leurs maris, les tuteurs, ceux qui ont été envoyés en possession provisoire des biens d'un absent, et autres personnes qui représentent les incapables, peuvent valablement accepter les offres de l'administration, s'ils y sont autorisés dans les formes prescrites par l'article 13, pour les conventions amiables. (Id., art. 25.)

Le ministre des finances, les préfets, maires ou administrateurs peuvent accepter les offres d'indemnité pour expropriation des biens appartenant à l'Etat, à la couronne, aux départements, communes ou établissements publics, dans les formes et avec les autorisations prescrites par l'article 13. (Id., art. 26.)

Le délai de quinzaine, fixé pour les déclarations des propriétaires, sera d'un mois dans les cas prévus par les articles 25 et 26. (Id., art. 27.)

Si les offres de l'administration ne sont pas acceptées dans les délais prescrits, l'administration citera devant le jury, qui sera convoqué à cet effet, les propriétaires et tous les autres intéressés qui auront été désignés, ou qui seront intervenus, pour qu'il soit procédé au règlement des indemnités de la manière ci-après. La citation contiendra l'énonciation des offres qui auront été refusées. (Id., art. 28.)

Ce jury spécial composé ordinairement de 16 membres et de 4 jurés supplémentaires excepté en matière de chemins vicinaux et de drainage où il ne comprend que 4 jurés titulaires et 3 jurés supplémentaires, se réunit sous la présidence d'un magistrat directeur du jury assisté du greffier du tribunal. Voy. JURY.

Le magistrat directeur met sous les yeux du jury : 1° le tableau des offres et demandes notifiées en exécution des articles 23 et 24 : 2° les plans parcellaires et les titres ou autres documents produits par les parties à l'appui de leurs offres et demandes. Les parties ou leurs fondés de pouvoir peuvent présenter sommairement leurs observations. Le jury pourra entendre toutes les personnes qu'il croira pouvoir l'éclairer. Il pourra également se transporter sur les lieux, ou déléguer à cet effet un ou plusieurs de ses membres. La discussion est publique, elle peut être continuée à une autre séance. (Id., art. 37.)

La clôture de l'instruction est prononcée par le magistrat directeur du jury. Les jurés se retirent immédiatement dans leur chambre pour délibérer, sans désemparer, sous la présidence de l'un deux, qu'ils désignent à l'instant même. Le fait de la part d'un jury d'expropriation d'avoir appelé dans la chambre de ses délibérations et d'avoir entendu un agent de l'administration entraîne la nullité de la décision du jury. (Cass. 2 avril 1873, 29 mai 1877.) La décision du jury fixe le montant de l'indemnité; elle est prise à la majorité des voix. En cas de partage, la voix du président du jury est prépondérante. (L. 3 mai 1831, art. 38.)

Des règles à suivre pour la fixation des indemnités. — Le jury est juge de la sincérité des titres et de l'effet des actes qui seraient de nature à modifier l'évaluation de l'indemnité.

Le jury prononce des indemnités distinctes en faveur des parties qui les réclament à des titres différents, comme propriétaires, fermiers, locataires, usagers et autres intéressés. Dans le cas d'usufruit, une seule indemnité est fixée par le jury eu égard à la valeur totale de l'immeuble ; le nu propriétaire et l'usufruitier exercent leurs droits sur le montant de l'indemnité, au lieu de l'exercer sur la chose. L'usufruitier sera tenu de donner caution ; les père et mère ayant l'usufruit légal des biens de leurs enfants en seront seuls dispensés. Lorsqu'il y a litige sur le fond du droit ou sur la qualité des réclamants, et toutes les fois qu'il s'élève des difficultés étrangères à la fixation du montant de l'indemnité, le jury règle l'indemnité indépendamment de ces litiges et difficultés, sur lesquels les parties sont renvoyées à se pourvoir devant qui de droit. L'indemnité allouée par le jury ne peut, en aucun cas, être inférieure aux offres de l'administration, ni supérieure à la demande de la partie intéressée. (Id., art. 39.)

Elle doit comprendre le dommage actuel et certain causé à l'exproprié et ne peut s'étendre au dommage incertain et éventuel qui ne serait pas la conséquence directe, immédiate et nécessaire de l'expropriation spécialement; le jury n'a pas à prendre en considération, pour le calcul de l'indemnité, l'éventualité de l'interdiction d'exploiter des carrières non comprises dans la zone expropriée (Cas., 16 janvier 1877). La faculté laissée sur la demande de l'exproprié à l'expropriant d'exécuter certains travaux pour empêcher le dommage causé par l'expropriation ou de payer une somme déterminée, n'enlève pas à la demande d'indemnité de l'exproprié son caractère pécuniaire; par suite, le jury peut, sans violer aucune loi, consacrer l'alternative proposée (Cas., 31 juillet 1876.) L'indemnité doit à peine de nullité être claire, précise, et consister exclusivement en une somme d'argent. Un arrêt du 15 janvier 1877 a cassé la décision d'un jury qui, sur la demande d'une indemnité pécuniaire par l'exproprié, lui alloue, en sus d'une somme d'argent, les arbres existants sur l'immeuble. — Les offres dont le tableau est placé sous les yeux des jurés doivent être préalablement signifiées à l'exproprié, et cette notification constitue une formalité substantielle à laquelle il ne saurait être suppléé par des équivalents. Par suite, il y a lieu d'annuler la décision d'un jury rendue sur la simple production d'un certificat du maire constatant que cet officier municipal à fait notifier à l'exproprié, ampliation de l'arrêté préfectoral aux termes duquel la somme de 1 franc était offerte à ce dernier pour toute indemnité, mais ne mentionnant ni le nom ni la qualité de l'agent chargé de la notification, ni le domicile auquel cette notification a été faite, ni enfin le nom et la qualité de la personne à laquelle la notification a été faite. (Cas., 27 août 1878.)

Si l'indemnité réglée par le jury ne dépasse pas l'offre de l'administration, les parties qui l'auront refusée seront condamnées aux dépens. Si l'indemnité est égale à la demande des parties, l'administration sera condamnée aux dépens. Si l'indemnité est à la fois supérieure à l'offre de l'administration et inférieure à la demande des parties, les dépens seront compensés de manière à être supportés par les parties et l'administration, dans les proportions de leur offre ou de leur demande avec la décision du jury. Tout indemnitaire qui ne se trouvera pas dans le cas des articles 25 et 26 sera condamné aux dépens, quelle que soit l'estimation ultérieure du jury, s'il a omis de se conformer aux dispositions de l'article 24. (Id., art. 40. Cassat., 5 février 1880.) Dans le cas où un particulier a fait des réserves devant le jury d'expropriation relativement à certains dommages qui pourraient être causés ultérieurement à certaines parties de ces terrains, non comprises dans l'expropriation, il appartient au conseil de préfecture, si ces dommages se réalisent, de statuer sur le règlement des indemnités. (Conseil d'Etat, 13 juin 1881.)

Dans le cas où l'administration contesterait au détenteur exproprié le droit à une indemnité, le jury, sans s'arrêter à la contestation, dont il renvoie le jugement devant qui de droit, fixe l'indemnité comme si elle était due, et le magistrat directeur du jury en ordonne la consignation, pour ladite indemnité rester déposée jusqu'à ce que les parties se soient entendues ou que le litige soit vidé. (Id., art. 49.)

Les bâtiments dont il est nécessaire d'acquérir une portion pour cause d'utilité publique seront achetés en entier si les propriétaires le requièrent par une déclaration formelle adressée au magistrat directeur du jury, dans les délais énoncés aux articles 24 et 27. Il en sera de même de toute parcelle de terrain qui, par suite du morcellement, se trouvera réduit au quart de la contenance totale, si toutefois le propriétaire ne possède aucun terrain immédiatement contigu, et si la parcelle ainsi réduite est inférieure à dix ares. (Id., art. 50.)

Si l'exécution des travaux doit procurer une augmentation de valeur immédiate et spéciale au restant de la propriété, cette augmentation sera prise en considération dans l'évaluation du montant de l'indemnité. (Id., art. 51.)

Les constructions, plantations et améliorations ne donneront lieu à aucune indemnité, lorsque, à raison de l'époque où elles auront été faites ou de toutes autres circonstances dont l'appréciation lui est abandonnée, le jury acquiert la conviction qu'elles ont été faites dans la vue d'obtenir une indemnité plus élevée. (Id., art. 52.)

La décision du jury et l'ordonnance du magistrat directeur ne peuvent être attaquées que par la voie du recours en cassation, et seulement pour violation du premier paragraphe de l'article 30, de l'article 31, des deuxième et quatrième paragraphes de l'article 34, et des articles 35, 36, 37, 38, 39 et 40. Le délai sera de quinze jours pour ce recours, qui sera d'ailleurs formé, notifié et jugé comme il est dit en l'article 20 ; il courra à partir du jour de la décision. (Id., art. 42.) Un pourvoi en matière d'expropriation ne peut être valablement signifié à Paris que par le ministère d'un huissier audiencier près la cour de cassation. (Cas., 4 août 1876.)

En cas d'expropriation d'un immeuble indivis, la décision du jury entachée d'un vice spécial à quelques-uns des copropriétaires, doit être annulée à l'égard de tous. (Cas., 1er décembre 1880.)

Lorsqu'une décision du jury aura été cassée, l'affaire sera renvoyée devant un nouveau jury, choisi dans le même arrondissement. Néanmoins la cour de cassation pourra, suivant les circonstances, renvoyer l'appréciation de l'indemnité à un jury choisi dans les arrondissements voisins, quand même il appartiendrait à un autre département. (Id., art. 43.)

Le jury ne connaît que des affaires dont il a été saisi au moment de sa convocation, et statue successivement et sans interruption sur chacune de ces affaires. Il ne peut se séparer qu'après avoir réglé toutes les indemnités dont la fixation lui a été ainsi déférée. (Id., art. 44.)

Les opérations commencées par un jury, et qui ne sont pas encore terminées au moment du renouvellement annuel de la liste générale, sont continuées, jusqu'à conclusion définitive, par le même jury. (L. 3 mai 1841, art. 45.)

Après la clôture des opérations du jury, les minutes de ces décisions et les autres pièces qui se rattachent auxdites opérations sont déposées au greffe du tribunal civil de l'arrondissement. (Id., art. 46.)

Du payement des indemnités. — Les indemnités réglées par le jury seront, préalablement à la prise de possession, acquittées entre les mains des ayants droit. S'ils se refusent à les recevoir, la prise de possession aura lieu après offres réelles et consignation. S'il s'agit de travaux exécutés par l'Etat ou les départements, les offres réelles pourront s'effectuer au moyen d'un mandat égal au montant de l'indemnité réglée par le jury : ce mandat, délivré par l'ordonnateur compétent, visé par le payeur, sera payable par la caisse publique qui s'y trouvera désignée. Si les ayants droit refusent de recevoir le mandat, la prise de possession aura lieu après consignation en espèces. (Id., art. 53.)

Il ne sera pas fait d'offres réelles toutes les fois qu'il existera des inscriptions sur l'immeuble exproprié ou d'autres obstacles au versement des deniers entre les mains des ayants droit; dans ce cas, il suffira que les sommes dues par l'administration soient consignées, pour être ultérieurement distribuées ou remises, selon les règles du droit commun. (Id., art. 54.)

Lorsqu'un propriétaire aura accepté les offres de l'administration, le montant de l'indemnité, devra, s'il l'exige, et s'il n'y a pas eu de contestation de la part des tiers dans les délais prescrits, être versé à la Caisse des dépôts et consignations pour être remis ou distribué à qui de droit, selon les règles du droit commun. (Id., art. 59.)

Si, dans les six mois du jugement d'expropriation, l'administration ne poursuit pas la fixation de l'indemnité, les parties pourront exiger qu'il soit procédé à ladite fixation. Quand l'indemnité aura été réglée, si elle n'est ni acquittée ni consignée dans les six mois de la décision du jury, les intérêts courront de plein droit à l'expiration de ce délai. (L. 3 mai 1841, art. 55.)

Formes des actes. Dispense des droits d'enregistrement et autres. — Les contrats de vente, quittances et autres actes relatifs à l'acquisition des terrains peuvent être passés dans la forme des actes administratifs; la minute sera déposée au secrétariat de la préfecture : expédition en sera transmise à l'administration des domaines. (Id., art. 56.)

Les significations et notifications mentionnées en la présente loi sont faites à la diligence du préfet du département de la situation des biens. Elles peuvent être faites tant par huissier que par tout agent de l'administration dont les procès-verbaux font foi en justice. (Id., art. 57.)

Les plans, procès-verbaux, certificats, significations, jugements, contrats, quittances et autres actes faits en vertu de la présente loi seront visés pour timbre et enregistrés gratis, lorsqu'il y aura lieu à la formalité de l'enregistrement. Il ne sera perçu aucun droit pour la transcription des actes au bureau des hypothèques. Les droits perçus sur les acquisitions amiables faites antérieurement aux arrêtés du préfet seront restitués, lorsque, dans le délai de deux ans, à partir de la perception, il sera justifié que les immeubles acquis sont compris dans ces arrêtés. La restitution des droits ne pourra s'appliquer qu'à la portion des immeubles qui aura été reconnue nécessaire à l'exécution des travaux. (Id., art. 58.)

Droit de préemption. Rétrocession de terrains. — Si les terrains acquis pour des travaux d'utilité publique ne reçoivent pas cette destination, les anciens propriétaires et leurs ayants droit peuvent en demander la remise. Le prix des terrains rétrocédés est fixé à l'amiable, et, s'il n'y a pas accord, par le jury, dans les formes ci-dessus prescrites. La fixation par le jury ne peut, en aucun cas, excéder la somme moyennant laquelle les terrains ont été acquis. (Id., art. 60.)

Un avis, publié de la manière indiquée en l'article 6, fait connaître les terrains que l'administration est dans le cas de revendre. Dans les trois mois de cette publication, les anciens propriétaires qui veulent réacquérir la propriété desdits terrains sont tenus de le déclarer ; et, dans le mois de la fixation du prix, soit amiable, soit judiciaire, ils doivent passer le contrat de rachat et payer le prix ; le tout à peine de déchéance du privilège que leur accorde l'article précédent. (Id., art. 61.) — *Dict. des formules*, n° 751.

Les dispositions des articles 60 et 61 ne sont pas applicables aux terrains qui auront été acquis sur la réquisition du propriétaire, en vertu de l'article 50, et qui resteraient disponibles après l'exécution des travaux. (Id., art. 62.)

De l'expropriation en cas d'urgence. — Lorsqu'il y aura urgence de prendre possession des terrains non bâtis qui seront soumis à l'expropriation, l'urgence sera spécialement déclarée par un décret. (Id., art. 65.)

En ce cas, après le jugement d'expropriation, le décret qui déclare l'urgence et le jugement seront notifiés, conformément à l'article 15, aux propriétaires et aux détenteurs, avec assignation devant le tribunal civil. L'assignation sera donnée à trois jours au moins ; elle énoncera la somme offerte par l'administration. (L. 3 mai 1841, art. 66.)

Au jour fixé, le propriétaire et les détenteurs seront tenus de déclarer la somme dont ils demandent la consignation avant l'envoi en possession. Faute par eux de comparaître, il sera procédé en leur absence. (Id., art. 67.)

Le tribunal fixe le montant de la somme à consigner. Le tribunal peut se transporter sur les lieux, ou commettre un juge pour visiter les terrains, recueillir tous les renseignements propres à en déterminer la valeur, et en dresser, s'il y a lieu, un procès-verbal descriptif. Cette opération devra être déterminée dans les cinq jours, à dater du jugement qui l'aura ordonnée. Dans les trois jours de la remise de ce procès-verbal au greffe, le tribunal déterminera la somme à consigner. (Id., art. 68.)

La consignation doit comprendre, outre le principal, la somme nécessaire pour assurer, pendant deux ans, le payement des intérêts à cinq pour cent. (Id., art. 69.)

Sur le vu du procès-verbal de consignation, et sur une nouvelle assignation à deux jours de délai au moins, le président ordonne la prise de possession. (Id., art. 70.)

Le jugement du tribunal et l'ordonnance du président sont exécutoires sur minute et ne peuvent être attaqués par opposition ni par appel. (Id., art. 71.)

Le président taxera les dépens, qui seront supportés par l'administration. (Id., art. 72.)

Après la prise de possession, il sera, à la poursuite de la partie la plus diligente, procédé à la fixation définitive de l'indemnité. (Id., art. 73.)

Si cette fixation est supérieure à la somme qui a été déterminée par le tribunal, le supplément doit être consigné dans la quinzaine de la notification du jury, et, à défaut, le propriétaire peut s'opposer à la continuation des travaux. (Id., art. 74.)

Les formalités prescrites par les titres Ier et II de la présente loi ne sont applicables ni aux travaux militaires, ni aux travaux de la marine nationale. Pour ces travaux, un décret détermine les terrains qui sont soumis à l'expropriation. (Id., art. 75.)

L'expropriation ou l'occupation temporaire, en cas d'urgence, des propriétés privées qui seront jugées nécessaires pour des travaux de fortification continueront d'avoir lieu, conformément aux dispositions prescrites par la loi du 30 mars 1831. Toutefois, lorsque les propriétaires ou autres intéressés n'auront pas accepté les offres de l'administration, le règlement définitif des indemnités aura lieu conformément aux dispositions ci-dessus. (Id., art. 76.) — Voy. ACQUISITIONS, CHEMINS VICINAUX, MARAIS, PURGE DES HYPOTHÈQUES, TRAVAUX PUBLICS, VOIRIE.

Extinction des feux. — Formalité d'enchères publiques déterminées par l'article 708 du Code de procédure civile. — Voy. ADJUDICATIONS.

Extorsion. — Quiconque aura extorqué par force, violence ou contrainte, la signature ou la remise d'un écrit, d'un acte, d'un titre, d'une pièce quelconque contenant ou opérant obligation, disposition ou décharge, sera puni de la peine des travaux forcés à temps. (C. P., art. 400.)

Extradition. — C'est l'action de remettre à la puissance, à laquelle il appartient, le prévenu d'un crime ou d'un délit pour le faire juger et punir.

Lorsque les puissances entretiennent des relations amicales, elles conviennent ordinairement de se livrer leurs sujets respectifs prévenus de crimes attentatoires à la sûreté de l'Etat ou à la sûreté publique.

Extrait. — Copie partielle d'un acte ou d'un registre.

Lorsqu'on donne l'extrait d'un acte, il doit contenir, outre la copie de la partie de l'acte qui en est l'objet, toutes les énonciations nécessaires pour justifier que l'acte est régulier. — Voy. ACTES ADMINISTRATIFS, ÉTAT CIVIL, EXPÉDITION.

Extrait de rôles. — Les percepteurs des contributions directes sont tenus de délivrer, sur papier libre et sans retard, à toute personne portée au rôle, qui en fait la demande, l'extrait relatif à ses contributions et tout autre extrait de rôle ou certificat négatif. Ils ont droit à une rétribution de 25 centimes par extrait de rôle concernant le même contribuable.

Les percepteurs sont tenus de délivrer sans rétribution les extraits de rôles dont les préfets, les sous-préfets et les maires peuvent avoir besoin pour les affaires de service. — Voy. CONTRIBUTIONS DIRECTES.

Extrajudiciaire (Acte). — On qualifie ainsi les actes ou significations qui ne sont point relatifs à une instance judiciaire.

Pour l'exécution de l'obligation de donner, le débiteur peut être mis en demeure par une sommation, qui est un acte extrajudiciaire. (C. civ., art. 1139).

II 49

Il arrive souvent dans l'usage que, sans aucune utilité, on fait ou signifie les actes extrajudiciaires. Alors les frais en sont toujours à la charge de la partie qui les a requis, sauf son recours contre les officiers ministériels qui ont fait ou notifié les actes, lesquels sont, en outre, passibles de dommages-intérêts et peuvent même être suspendus de leurs fonctions. (C. Proc., art. 1031).

Extranéité. — État de celui qui est étranger. — Voy. ÉTRANGERS.

Extremis (Mariage in). — On appelle mariage *in extremis* celui qui est contracté peu de temps avant la mort. C'est souvent un acte de réparation qui porte avec lui un haut caractère de moralité; mais ce peut être aussi l'effet d'une captation ou d'une influence coupable. Aucune prohibition n'ayant été écrite dans le Code civil, les maires doivent procéder à ce mariage, mais ils doivent l'entourer avec soin de toutes les garanties légales. — Voy. ÉTAT CIVIL.

F

Fabrique d'église. Établissement public dont les biens et les revenus sont affectés à l'entretien du culte paroissial et des édifices religieux. On désigne aussi sous le nom de fabrique le corps ou la réunion des personnes chargées de l'administration de cet établissement.

ORGANISATION. — Les fabriques ont été créées en vertu de l'article 76 de la loi du 8 avril 1802 (18 germinal an X). Un décret réglementaire du 30 décembre 1809 leur a donné une organisation régulière.

Les fabriques sont chargées de veiller à l'entretien et à la conservation des temples, d'administrer les aumônes et les biens, rentes et perceptions autorisés par les lois et règlements, les sommes supplémentaires fournies par les communes, et généralement tous les fonds qui sont affectés à l'exercice du culte, afin d'assurer cet exercice et le maintien de sa dignité dans les églises auxquelles elles sont attachées, soit en réglant les dépenses qui y sont nécessaires, soit en assurant les moyens d'y pourvoir. (D. 30 décembre 1809, art. 1er.)

Chaque fabrique se compose d'un conseil et d'un bureau des marguilliers. (Id., art. 2.)

Du conseil de fabrique. — Composition. — Le nombre des membres des conseils de fabrique varie selon la population des paroisses.

Dans celles où la population est de 5,000 âmes et au-dessus, les fabriques se composent de onze membres, y compris le curé ou desservant et le maire, qui sont membres de droit. Dans les paroisses d'une population moindre, les membres sont au nombre de sept.

Le curé ou desservant ainsi que le maire peuvent se faire remplacer, le premier par un de ses vicaires, le second par un de ses adjoints, pourvu qu'il soit catholique. Si le maire n'est pas catholique, il doit toujours se substituer un adjoint qui le soit ou à défaut d'adjoint un membre catholique du conseil municipal.

Les autres membres doivent être choisis par les notables; ils doivent également être catholiques et être domiciliés dans la paroisse.

Lors de la première fondation d'une fabrique, les membres qui n'en font pas partie de droit sont nommés par l'évêque et le préfet dans la proportion suivante, savoir: si la fabrique doit avoir neuf membres, non compris les membres de droit, l'évêque en nomme cinq, et le préfet, quatre; si elle n'a que cinq membres, l'évêque en nomme trois, et le préfet, deux. (D. 30 décembre 1809, art. 3 et 6.) Dans l'usage, le curé présente ses candidats à l'évêque et le maire adresse la liste des siens au curé; mais cette présentation n'étant pas exigée par le décret de 1809, les autorités diocésaines et départementales sont libres de faire leur choix directement. (Décision ministérielle, 19 juin 1853.)

Dans les églises cathédrales, c'est une ordonnance de l'évêque qui fixe le nombre des membres de la fabrique. (D. 30 décembre 1809, art. 104.)

Lorsqu'il y a plusieurs paroisses dans une ville ou dans une commune, le maire est membre de droit de la fabrique de chaque église; mais il a la faculté de s'y faire remplacer. (D. 30 décembre 1809, art. 5.)

Renouvellement du conseil. — Le conseil de fabrique se renouvelle partiellement tous les trois ans, savoir: à l'expiration des trois premières années, dans les paroisses où il est composé de neuf membres (non compris le maire et le curé), par la sortie de cinq membres que désigne le sort; et, après la seconde période de trois années, par la sortie des quatre plus anciens; pour les fabriques dont le conseil est composé de cinq membres (non compris les membres de droit), par la sortie de trois membres que désigne le sort, et des deux autres après la seconde période de trois années. A chaque renouvellement triennal, les plus anciens en exercice, c'est-à-dire ceux qui ont six ans révolus, sortent du conseil. (D. 30 décembre 1809, art. 7.)

Les conseillers qui doivent remplacer les membres sortants sont élus par les membres restants. Les membres sortants peuvent être réélus. (Id., art. 8.)

Les élections doivent être faites tous les trois ans le dimanche de Quasimodo. (O. 12 janvier 1825, art. 2.)

Si le conseil n'a pas été renouvelé ce jour-là, il doit l'être au plus tard dans le délai d'un mois à partir de cette époque; passé ce délai, si le conseil de fabrique n'a pas procédé aux élections, l'évêque nomme lui-même les nouveaux conseillers. (D. 30 décembre 1809, art. 8.)

Les actes faits par un conseil de fabrique qui est en demeure de se renouveler sont valides, tant que l'autorité compétente n'a pas pourvu au remplacement.

Aucune forme particulière n'est prescrite, quant au mode d'élection; elles peuvent être faites soit au scrutin de liste, soit au scrutin individuel. D'après la règle générale, la majorité absolue des suffrages exprimés est nécessaire. En cas de partage il doit être procédé à un second tour de scrutin, et ce n'est que si ce second tour amène un nouveau partage que le plus âgé des candidats doit obtenir la préférence. (Avis cons. d'Etat, 9 juillet 1839.) La voix du président n'est jamais prépondérante en matière d'élection.

Le nombre des fabriciens nécessaire pour que les élections et les renouvellements partiels soient valables, doit être de quatre, y compris les membres de droit dans les paroisses de 5,000 âmes et au-dessus et de trois dans les autres paroisses. (Décis. min. 3 avril 1860 et arrêt du cons. d'Etat du 17 mai 1878.) Les chantres, sacristains et autres servi-teurs de l'église ne peuvent être membres du conseil de fabrique.

Les conditions d'éligibilité sont : d'être catholique, Français, majeur, notable (1) et domicilié de fait dans la paroisse. — Dict. des formules, n° 752.

Dans le cas de vacance par mort ou démission, l'élection en rempla-cement doit être faite dans la première séance ordinaire du conseil qui suit la vacance. Les nouveaux fabriciens ne sont élus que pour le temps d'exercice qui restait à parcourir à ceux qu'ils sont destinés à rem-placer. (O. 12 janvier 1825, art. 3.) — Dict. des formules, n° 753.

Annulation des élections. — C'est au ministre des cultes qu'il appartient de statuer sur la régularité des opérations électorales.

Les élections peuvent être annulées : 1° si les électeurs n'étaient pas fabriciens, c'est-à-dire membres de droit, ou nommés par l'autorité compétente, ou validement élus; 2° si les élus n'étaient pas éligibles; 3° si l'élection n'avait pas lieu le dimanche de Quasimodo ou dans le mois qui suit, et, en cas de démission ou de décès, dans la séance ordi-naire qui suit la vacance; et, enfin, toutes les fois que des règlements constitutifs ont été essentiellement violés.

Révocation du conseil. — Le conseil peut être révoqué : 1° pour défaut de présentation du budget ou de reddition de comptes, lorsque le conseil, requis de remplir ce devoir, aura refusé ou négligé de le faire; 2° pour toute autre cause grave. La révocation est prononcée, sur la demande de l'évêque et sur l'avis du préfet, par le ministre des cultes. En cas de révocation, le conseil est réorganisé comme il a été dit ci-dessus. (O. 12 janvier 1825, art. 5.) Un conseil de fabrique peut être révoqué même sans la demande de l'évêque. (Arr. cons. d'Etat, 16 no-vembre 1831. Décis. 23 mars 1849.) L'arrêté ministériel qui prononce cette révocation ne peut être déféré au conseil d'Etat par voie conten-tieuse. (Arr. cons. d'État 27 avril 1850, 14 juin 1852.)

Élection du président et du secrétaire. — Le conseil nomme au scrutin son président et son secrétaire. Ils sont renouvelés chaque année dans la séance du dimanche de Quasimodo. Ils peuvent être réélus. (D. 30 dé-cembre 1809, art. 9; O. 12 janvier 1825, art. 2.)

Le curé ni le maire ne peuvent être élus président du conseil de fabrique (Décis. min. 6 septembre 1810 et 18 février 1812); mais ils peuvent être nommés secrétaires. (Id., 26 mars et 18 août 1811.) Il y a incompatibilité entre les fonctions de président et celles de trésorier.

---

(1) On entend par notables les personnes exerçant ou ayant exercé des fonc-tions publiques, ou des professions libérales, celles qui ont des titres de noblesse, propriétaires les plus importants. (Décision ministérielle, 28 fé-vrier 1870.

(Décis. min. 30 décembre 1809, 13 octobre 1846 et 11 mai, 8 juillet 1861.)

Quand le conseil n'a pas nommé son président ou son secrétaire à l'époque fixée par la loi, c'est à l'évêque qu'il appartient de suppléer à cette négligence.

Des séances du conseil. — Les séances du conseil sont ordinaires et extraordinaires.

Il s'assemble quatre fois l'année en séances ordinaires, savoir : le premier dimanche de janvier, le dimanche de *Quasimodo* et le premier dimanche des mois de juillet et d'octobre. Les séances extraordinaires sont celles que le préfet ou l'évêque autorisent en cas d'affaires urgentes. (D. 30 décembre 1809, art. 10 ; 12 janvier 1825, art. 2.)

L'évêque et le préfet doivent respectivement se prévenir des autorisations d'assemblées extraordinaires qu'ils accordent aux conseils de fabrique, et des objets qui doivent être traités dans ces réunions spéciales.

Toute délibération prise dans une assemblée non autorisée doit être annulée. La nullité en est prononcée par un décret délibéré en conseil d'Etat. (Avis cons. d'Etat, 13 septembre 1833.)

L'avertissement de chacune des séances ordinaires est publié, le dimanche précédent, au prône de la grand'messe. (D. 30 décembre 1809, art. 10.) Lorsqu'il s'agit d'une séance extraordinaire, chaque fabricien doit être convoqué à domicile, soit verbalement, soit par écrit.

Dans les sessions ordinaires, le conseil peut délibérer sur tous les objets qui rentrent dans ses attributions ; dans les séances extraordinaires, il ne peut s'occuper que des matières pour lesquelles l'autorisation de se réunir a été accordée.

Ses réunions doivent avoir lieu à l'issue de la grand'messe ou des vêpres, dans un lieu attenant à l'église ou dans le presbytère. (D. 30 décembre 1809, art. 10.)

La durée de chaque session n'est point fixée. Le conseil peut, en cas de besoin, tenir plusieurs séances.

Il ne peut délibérer que lorsqu'il y a plus de la moitié des membres en exercice présents à l'assemblée. Les délibérations sont prises à la majorité ; en cas de partage, le président a voix prépondérante. La délibération doit être signée séance tenante par tous les membres présents (D. 30 décembre 1809, art. 9). Elles ne peuvent être verbales sous peine de nullité. Elles sont rédigées par ordre de date sur un registre spécial, coté et parafé par le président du conseil.

C'est au président qu'appartient la direction des délibérations, il recueille les voix et clot la discussion. En cas de partage, sa voix est prépondérante. (D. 30 décembre 1809, art. 9.) Le secrétaire doit écrire les procès-verbaux des délibérations.

Fonctions du conseil. — Aussitôt que le conseil a été formé, il choisit au scrutin, parmi ses membres, ceux qui, comme marguilliers, doivent entrer dans la composition du bureau. Dans la suite, il fait également, chaque année, le dimanche de *Quasimodo*, élection de celui de ses membres qui doit remplacer le marguillier sortant. (D. 30 décembre 1809, art. 11 ; O. 12 janvier 1825, art. 2.)

Sont soumis à la délibération du conseil : 1° le budget de la fabrique ; 2° le compte annuel de son trésorier ; 3° l'emploi des fonds excédant les dépenses, du montant des legs et donations, et le remploi des capitaux remboursés ; 4° toutes les dépenses extraordinaires au delà de 50 francs dans les paroisses au-dessous de 1,000 âmes, et de 100 francs dans les paroisses d'une plus grande population; 5° et enfin généralement tous les objets excédant les bornes de l'administration ordinaire des biens de mineurs. (D. 30 décembre 1809, art. 12.)

Du bureau des marguilliers. — Composition du bureau. — Le bureau des marguilliers se compose : 1° du curé ou desservant de la paroisse, qui en est membre perpétuel et de droit; 2° de trois membres du conseil de fabrique. Le curé ou desservant a la première place et peut se faire remplacer par un de ses vicaires. (D. 30 décembre 1807, art. 13.)

Les parents ou alliés, jusques et y compris le degré d'oncle et de neveu, ne peuvent être en même temps membres du bureau. (Id., art. 14.)

Les trois marguilliers sont, pour la première fois, choisis au scrutin par le conseil de fabrique parmi ses membres.

Le bureau ainsi organisé se renouvelle partiellement tous les ans. Deux de ses membres sortent successivement par la voie du sort à la fin de la première et de la seconde année, et, la troisième année révolue, le troisième se retire de droit. Dans la suite, c'est toujours le marguillier ayant trois ans révolus d'exercice, c'est-à-dire le plus ancien, qui doit sortir. (D. du 30 décembre 1809, art. 16 et 17.)

Le membre du conseil de fabrique qui remplace chaque année le marguillier sortant est élu au scrutin par le conseil. L'époque où le marguillier sort du bureau est le dimanche de *Quasimodo;* l'élection de son successeur doit être faite dans la session du conseil qui se tient le même jour. Si l'élection n'a pas été faite dans cette séance, c'est à l'évêque qu'il appartient de nommer le marguillier. (Id., art. 15; O. 12 janvier 1825, art. 2.)

Les membres du conseil de fabrique nouvellement nommés peuvent refuser les fonctions qui leur sont offertes; il n'en est pas de même des marguilliers. Comme ils ne peuvent être pris que dans le conseil, il faut qu'une fois qu'ils en sont devenus membres, ils acceptent l'entrée dans le bureau ou sortent de la fabrique.

En cas de vacance par mort ou démission, l'élection en remplacement doit être faite dans la première séance du conseil de fabrique qui suit la vacance. Si, un mois après, le conseil n'a pas procédé à l'élection, la nomination appartient à l'évêque. Le nouveau marguillier n'est élu que pour le temps qui restait à faire à celui qu'il remplace. (O. 12 janvier 1825, art. 3.)

Les membres du bureau nomment entre eux un président, un secrétaire et un trésorier. (Id., art. 19.)

Dans les paroisses où l'usage existe de nommer des marguilliers d'honneur, il peut en être choisi deux par le conseil de fabrique parmi les principaux fonctionnaires publics domiciliés dans la paroisse. Ces marguilliers ont droit à prendre place au banc de l'œuvre avec les membres du conseil de fabrique. (Id., art. 21.)

Le ministre des cultes peut à la rigueur révoquer un ou plusieurs marguilliers individuellement, mais, en pratique, il n'use de ce droit qu'avec la plus grande réserve, et seulement dans les cas d'impérieuse nécessité. C'est le conseil de fabrique qui doit remplacer, par la voie de l'élection, le membre révoqué.

Séances du bureau. — Le bureau s'assemble tous les mois, à l'issue de la messe paroissiale, au lieu indiqué pour la tenue des séances du conseil. (Id., art. 22.)

Dans les cas extraordinaires, le bureau est convoqué, soit d'office par le président, soit sur la demande du curé ou desservant. (Id., article 23.)

Il ne peut délibérer si les membres présents ne sont au moins au nombre de trois. En cas de partage, le président a voix prépondérante. Toutes les délibérations doivent être signées par les membres présents. (Id., art. 20.)

Les délibérations du bureau doivent être rédigées sur un registre coté et parafé par le président, et qui est distinct de celui des délibérations du conseil.

Fonctions du bureau. — Le bureau des marguilliers dresse le budget de la fabrique; il prépare les affaires qui doivent être portées au conseil; il se charge de l'exécution des délibérations du conseil; enfin, il a l'administration journalière du temporel de la paroisse. (Id., art. 24.)

Les marguilliers sont chargés de veiller à ce que toutes les fondations soient fidèlement acquittées et exécutées suivant l'intention des fondateurs, sans que les sommes puissent être employées à d'autres charges. (Id., art. 26.)

Ils fournissent l'huile, le vin, le pain, l'encens, la cire, et généralement tous les objets de consommation nécessaires à l'exercice du culte; ils pourvoient également aux réparations et achats des ornements, meubles et utensiles de l'église et de la sacristie. (D. 30 décembre 1809, art. 27.)

Tous les marchés sont arrêtés par le bureau des marguilliers, et signés par le président, ainsi que les mandats. (Id., art. 28.)

Le bureau nomme les prédicateurs sur la proposition du curé ou desservant, et détermine leurs honoraires, ainsi que ceux des prêtres habitués. (Id., art. 32.)

Dans les villes, il nomme et révoque l'organiste, les chantres, les sonneurs, les bedeaux, les suisses et autres serviteurs, sur la proposition du curé; dans les communes rurales, ces nomination et révocation appartiennent au curé, desservant ou vicaire chapelain. (Id., art. 33; O. 12 janvier 1825, art. 7.)

Le bureau doit examiner, tous les trimestres, les bordereaux présentés par le trésorier, de la situation active et passive de la fabrique pour le trimestre précédent; ces bordereaux sont ensuite signés par les marguilliers et déposés dans la caisse ou armoire de la fabrique pour être représentés au conseil lors de la reddition du compte annuel. Le bureau détermine, dans la même séance, les sommes nécessaires pour les dépenses du trimestre suivant. (D. 30 décembre, 1809, art. 34.)

Les marguilliers, et spécialement le trésorier, sont tenus de veiller à ce que toutes les réparations soient bien et promptement faites. Pour connaître celles qui sont nécessaires, ils doivent visiter les bâtiments avec des gens de l'art, au commencement du printemps et de l'automne. Ils pourvoient sur-le-champ, et par économie, aux réparations locatives ou autres qui n'excèdent pas 50 francs dans les paroisses de moins de mille âmes, et de 100 francs dans celles d'une population supérieure, mais sans préjudice toutefois des dépenses exigées par le culte. (Id., art. 41.)

Le bureau règle le prix des chaises de l'église aux différents offices, sauf l'approbation du conseil; il remplit les formalités prescrites pour la mise en ferme des chaises et des bancs, ou pour la concession des places et des bancs dans l'église. (Id., art. 64, 69 et 70.)

Il donne son avis sur les dons et legs qui sont faits à la fabrique. (Id., art. 59.)

Il fait les baux emphytéotiques, les aliénations ou acquisitions, après avoir obtenu la sanction du conseil, pris l'avis de l'évêque, et obtenu l'autorisation du Président de la République. (Id., art. 62.)

Il soutient les procès intentés à la fabrique ou par elle, après avoir reçu l'autorisation du conseil de préfecture. (Id., art. 77.)

Enfin il veille à la conservation des deniers, des titres et autres objets appartenant à la fabrique. (Id., art. 50 et 57.)

Indépendamment des attributions qui viennent d'être rappelées, et qui s'exercent collectivement, chacun des membres du bureau est chargé de certaines fonctions particulières que nous indiquons ci-après.

Fonctions du président et du secrétaire. — Le président du bureau a, dans les réunions du bureau, les mêmes prérogatives que le président du conseil dans les assemblées qu'il préside.

Tous les marchés sont signés par lui, après qu'ils ont été arrêtés par le bureau des marguilliers. Il est seul ordonnateur des dépenses. Aucun payement ne peut, en conséquence, être fait sur les fonds de la fabrique qu'en vertu d'une ordonnance ou mandat de payement par lui délivré. (D. 30 décembre 1809, art. 23.)

Le secrétaire est chargé de la rédaction des délibérations du bureau. Il doit aussi tenir un sommier sur lequel sont inscrits les baux à ferme ou à loyer, les titres des biens-fonds, des rentes, des fondations, des dons et legs, et des autres revenus fixes de la fabrique. (D. 30 décembre 1809, art. 56.)

Fonctions du trésorier. — Le trésorier est chargé de procurer la rentrée de toutes les sommes dues à la fabrique. Par suite, il lui appartient de faire tous actes extrajudiciaires ou conservatoires, pour assurer cette rentrée ou la conservation des droits de la fabrique. (Id., art. 25 et 78.)

Le trésorier est également chargé d'acquitter les dépenses, après qu'elles ont été mandatées par le président du bureau. (Id., art. 28.)

Toute la dépense de l'église et les frais de sacristie sont faits par le trésorier, et, en conséquence, il n'est rien fourni par aucun marchand ou artisan sans un bon du trésorier, au pied duquel le sacristain, ou toute personne apte à recevoir la livraison, certifie que le contenu dudit mandat a été rempli. (Id., art. 35.)

Comme chargé des recettes et des dépenses, le trésorier a des comptes à rendre ; il doit présenter au bureau, le premier dimanche du mois de mars de chaque année, son compte pour l'année précédente, et ce compte est communiqué au conseil, avec les pièces justificatives le dimanche de *Quasimodo*. (Id., art. 85 ; O. 12 janvier 1825, art. 2.)

Il doit, en outre, rédiger, à l'expiration de chaque trimestre, et présenter au bureau un bordereau de la situation active et passive de la fabrique. (D. 30 décembre 1809, art. 34.)

Lorsqu'une donation ou un legs est fait à la fabrique, l'acte doit être remis au trésorier, qui en fait son rapport à la prochaine séance du bureau. Lorsque la donation ou le legs est autorisé, l'acte d'acceptation, dans lequel il est fait mention de l'autorisation, est signé par le trésorier au nom de la fabrique. (Id., art. 59.)

Les procès sont soutenus, au nom de la fabrique, et les diligences faites à la requête du trésorier, qui donne connaissance de ces procédures au bureau. (Id., art. 78.)

Enfin, le trésorier doit veiller à la conservation des titres, des propriétés et des deniers de la fabrique. (V. *Dictionnaire des formules*, 756.)

Fonctions et privilèges du curé dans le bureau. — Le curé, membre de droit du bureau, y occupe la première place, et y exerce des attributions spéciales.

C'est à lui qu'il appartient de proposer les dépenses nécessaires à l'exercice du culte; il dresse à cet effet un état qui doit contenir le détail de tous les objets de consommation, d'achat ou de réparations d'ornements, d'ustensiles d'églises et de meubles, lequel est porté en bloc au budget annuel, sous la désignation de dépenses intérieures. (Id., art. 45.)

Il doit veiller, concurremment avec le président du bureau et le trésorier, à la conservation des titres et des deniers de la fabrique. (Id., art. 50.)

Il a un double de l'inventaire du mobilier de l'église et de la sacristie, et il signe le récolement annuel qui doit être fait de cet inventaire. (Id., art. 55.)

Chaque pièce transcrite par le secrétaire du bureau sur le sommier des titres de la fabrique est signée et certifiée conforme à l'original par le curé ou desservant, de même que par le président du bureau. (Id., art. 56.)

Tout notaire, devant lequel il a été passé un acte contenant donation entre vifs ou disposition testamentaire au profit de la fabrique, est tenu d'en donner avis au curé ou desservant (Id., art. 58.)

Le curé fixe le placement des bancs et des chaises dans l'église, sauf le recours à l'évêque. (Id., art. 30.)

Il agrée les prêtres habitués qui ont des pouvoirs de l'évêque et qui sont autorisés à exercer dans la paroisse. (D., 30 décembre 1809, art. 33.)

Dans les paroisses rurales, il a seul le droit de nommer et de révoquer les serviteurs de l'église. Dans les villes, le bureau ne peut les nommer ou les révoquer que sur la proposition du curé ou desservant. (Id., art. 33 ; O., 12 janvier 1825, art. 7.)

DE LA RÉGIE DES BIENS DE FABRIQUE ET DES ACTES D'ADMINISTRATION. — Comme établissement public reconnu par la loi, la fabrique constitue une personne civile, habile à posséder, à acquérir, à recevoir des dons et legs, après avoir obtenu l'autorisation du gouvernement.

Aucun notaire ne peut passer acte de cession, transfert ou constitution de rentes au profit d'un établissement ecclésiastique, s'il n'est justifié du titre portant autorisation de l'acte et qui doit y être entièrement inséré. (O., 14 janvier 1831, art. 2.)

A l'égard de la régie des biens, il y a une distinction à faire entre les immeubles ou biens-fonds et les meubles. Nous exposons ci-après les règles relatives à ces différentes sortes de biens ; nous indiquerons ensuite celles qui s'appliquent aux différents actes d'administration auxquels donne lieu la régie des biens en général.

Il y a des biens-fonds sur lesquels la fabrique exerce seulement certains droits sans en avoir la propriété, tels sont l'église, le presbytère et le cimetière, lorsqu'ils appartiennent à la commune, et d'autres qui appartiennent à la fabrique, soit à titre de propriété, soit à titre d'usufruit. — Voy. ÉGLISES.

De l'Église, du Presbytère et du Cimetière. — Les droits de la fabrique, alors même qu'elle n'est pas propriétaire de l'église consistent : 1° à retirer de quelques-unes de ses parties un produit, en y faisant placer des bancs, des tribunes, des chaises ; en consentant à l'érection de monuments, de cénotaphes et d'inscriptions; en cédant des chapelles, à la condition, toutefois, de se conformer, pour ces divers objets, aux lois et aux règlements en vigueur; 2° à pourvoir à sa conservation et à son embellissement, c'est-à-dire à faire faire toutes les réparations dont elle a besoin et toutes les décorations dont les ressources de la fabrique la rendent susceptible.

La commune est tenue de fournir au curé ou desservant, un presbytère, un logement, ou à défaut de presbytère et de logement, une indemnité pécuniaire lorsque les fabriques ou autres administrations préposées aux cultes ne peuvent pourvoir elles-mêmes au payement de cette indemnité. (Loi 5 avril 1884, art. 136, § 11.)

Si la fabrique est propriétaire du presbytère, elle en a la jouissance pendant la vacance de la cure; si la commune est propriétaire, elle en a également la jouissance pendant le même temps. La commune ou la fabrique peut l'affermer, en y mettant la condition expresse que le locataire le rendra immédiatement, s'il est nommé un desservant, ou si l'évêque autorise un curé, vicaire ou desservant voisin à y biner.

Les cimetières appartiennent toujours aux communes. Une fabrique ne pourrait donc être autorisée à acquérir un cimetière, ni à accepter le legs ou la donation d'un immeuble destiné par le donateur à servir de cimetière. (Avis Cons. d'Etat, 3 mai 1826 et 27 septembre 1833.)

La fabrique n'a pas le droit de faire à des particuliers des concessions de terrain dans les cimetières, et de les autoriser à y ériger des monuments; ce droit appartient exclusivement à la commune. (D. 12 juin 1804, tit. III, art. 10.) — Voy. EGLISE, PRESBYTÈRE, CIMETIÈRE.

Des charges de la commune par rapport aux réparations de l'église, du presbytère et du cimetière. — Les frais d'entretien de l'église, du presbytère restent à la charge de la fabrique. En cas d'insuffisance de revenus de la fabrique même dûment justifiée par ses comptes et budget, la commune n'est plus tenue de fournir les ressources nécessaires pour les dépenses d'entretien, mais elle peut toujours venir, si elle le veut, en aide à la fabrique. Seulement, il faut noter que ce n'est plus pour elle une charge obligatoire, mais une simple dépense facultative. (Circ. 15 mai 1884.)

Les grosses réparations sont à la charge de la commune, sauf l'application préalable des revenus et ressources disponibles des fabriques à ces réparations. (Loi du 5 avril 1884, art. 136, § 12.)

On entend par ressources disponibles celles qui résultent de la différence entre l'ensemble de leurs ressources de toutes natures et le total des dépenses obligatoires. (Circ. 15 mai 1884.)

S'il y avait désaccord entre la fabrique et la commune, quand le concours financier de cette dernière est réclamé par la fabrique dans les cas prévus aux paragraphes 11 et 12, il serait statué par décret sur les propositions des ministres de l'intérieur et des cultes.

Les fabriques n'ont plus aucune espèce d'obligation en ce qui concerne les cimetières. La loi du 5 avril 1884 attribuant leurs produits aux communes par son article 133, et abrogeant par sa disposition finale, l'article 36, § 4, du décret de 1809, l'entretien des cimetières cesse d'incomber aux établissements religieux. (Circ. 15 mai 1884.)

Location des chaises de l'église. — Le prix des chaises est réglé, pour les différents offices, par délibération du bureau, approuvée par le conseil; cette délibération est affichée dans l'église. (Id., art. 64.)

Il est expressément défendu de rien percevoir pour l'entrée de l'église, ni de percevoir, dans l'église, plus que le prix des chaises, sous quelque prétexte que ce soit. Il doit même être réservé dans toutes les églises une place où les fidèles qui ne louent pas de chaises ni de bancs puissent commodément assister au service divin, et entendre les instructions. (Id., art. 65.)

Le bureau des marguilliers peut être autorisé par le conseil, soit à régir la location des chaises, soit à la mettre en ferme. (Id., art. 66.)

Lorsque les chaises sont en régie, le bureau charge une ou plusieurs personnes de percevoir, à chaque office, le prix fixé par le conseil, et dont le tableau est affiché dans l'église.

Quand la location des chaises est mise en ferme, l'adjudication a lieu après trois affiches de huitaine en huitaine; les enchères sont reçues au bureau de la fabrique par soumission, et l'adjudication est faite au plus offrant en présence des marguilliers; de tout quoi il est fait mention dans le bail, auquel est annexée la délibération qui a fixé le prix des chaises. (Id., art. 67.)

Concessions de places et de bancs dans l'église. — Aucune concession de places ou de bancs dans l'église ne peut être faite, soit par bail pour une prestation annuelle, soit au prix d'un capital ou d'un immeuble, pour un temps plus long que la vie de ceux qui l'ont obtenue. Toutefois, celui qui a entièrement bâti une église peut retenir la propriété d'un banc ou d'une chapelle pour lui et sa famille à perpétuité. Tout donateur ou bienfaiteur d'une église peut obtenir la même concession, sur l'avis du conseil de fabrique, approuvé par l'évêque et par le ministre des cultes. (Id., art. 68 et 72.)

Les formalités à remplir pour la concession des bancs diffèrent selon qu'il s'agit : 1° d'une concession pour un immeuble; 2° d'une concession pour un capital ou une valeur mobilière une fois donnée; 3° d'une concession au prix d'une prestation annuelle.

Dans le premier cas, celui qui veut obtenir la concession présente sa demande au bureau. Le bureau fait évaluer le capital et le revenu de l'immeuble; cette évaluation et la demande sont ensuite publiées et affichées par trois dimanches à la porte de l'église. Si, après un mois écoulé, il n'est pas fait d'offre plus avantageuse, le conseil délibère sur la demande, et, si elle est acceptée, il sollicite l'autorisation du Président de la République,

Dans le deuxième cas, la demande est instruite de la même manière que s'il s'agissait d'un immeuble; seulement, l'autorisation présidentielle n'est nécessaire que dans le cas où, soit le capital, soit la valeur de l'objet mobilier offert, excéderait 300 francs. Au-dessous de cette somme, l'autorisation du préfet suffit.

Enfin, s'il s'agit d'une location pour une prestation annuelle, la demande de concession est préalablement publiée par trois dimanches, et affichée à la porte de l'église pendant un mois. Si, dans cet intervalle, il n'est pas fait d'offre plus élevée, le conseil est saisi de la demande par le bureau, et, s'il est d'avis de faire la concession, sa délibération est un titre suffisant. A l'expiration du délai d'un mois et au jour indiqué par les affiches, le bureau procède à l'adjudication. (D. 30 déc. 1809, art. 69, 70 et 71.)

Quêtes et troncs pour les frais du culte. — Tout ce qui est relatif aux quêtes dans les églises est réglé par l'évêque sur le rapport des marguilliers, sans préjudice des quêtes pour les pauvres, lesquelles doivent avoir lieu dans les églises lorsque le bureau de bienfaisance le trouve convenable. (D. 30 déc. 1809, art. 75.)

Les curés et desservants peuvent aussi, indépendamment du bureau de bienfaisance, faire des quêtes pour les pauvres, et il résulte d'un avis du conseil d'État des 11 et 24 mars 1880, que ni le maire, ni le bureau de bienfaisance ne peuvent revendiquer le produit de ces quêtes; le maire a seulement le devoir de s'assurer que ce produit n'a pas été détourné de son emploi normal.

Les curés ou desservants peuvent également faire des quêtes hors d l'église pour subvenir aux frais du culte.

L'évêque règle également tout ce qui est relatif au placement des troncs sur la proposition du bureau. Les sommes trouvées dans les troncs entrent immédiatement dans la caisse de la fabrique. La levée des troncs doit être constatée par un procès-verbal dressé par les membres du bureau qui en font l'ouverture.

Biens ruraux, maisons et autres propriétés des fabriques. — Les maisons et biens ruraux appartenant à la fabrique sont affermés, régis et administrés par le bureau des marguilliers dans la forme déterminée pour les biens communaux. (D. 30 décembre 1809, art. 60.) — Voy. Acquisition, Aliénation, Baux, Biens communaux, Échange, etc. — *Dict. des formules,* n° 758.

Les biens immeubles de l'église ne peuvent être vendus, aliénés, échangés ni même loués pour un terme plus long que dix-huit ans, sans une délibération du conseil de fabrique, l'avis du conseil municipal, l'avis de l'évêque diocésain et l'autorisation du Président de la République. (L. 30 décembre 1809, art. 62; L. 25 mai 1835 et L. 5 avril 1884, art. 70, § 5.)

Aucun des membres du bureau des marguilliers ne peut se porter, soit pour adjudicataire, soit pour associé de l'adjudicataire des ventes, marchés de réparations, constructions ou reconstructions, ou baux des biens de la fabrique. (D. 30 décembre 1809, art. 62.)

Achats et ventes d'objets mobiliers. — Les fabriques n'ont pas besoin d'autorisation pour acheter ou vendre des objets mobiliers. Elles sont libres d'en disposer, en vertu de la règle générale posée par l'article 1594 du Code civil. Néanmoins, il ne leur est permis d'aliéner les reliquaires, les objets d'art précieux ou vénérés qu'avec l'autorisation spéciale de l'évêque et du préfet après avis du conseil municipal. (Décis. min. du 24 janvier 1842, 19 juillet 1844 et loi 5 avril 1884, art. 7, § 5.)

Pour toute acquisition d'objets mobiliers (ornements, vases sacrés, ustensiles, meubles de l'église et de la sacristie), un devis estimatif doit être dressé par le bureau ou à la demande du bureau, et être soumis à l'approbation du conseil de fabrique.

La soumission du marchand ou fournisseur doit contenir l'engagement de se conformer exactement à toutes les conditions stipulées au devis. Elle est suivie de l'acceptation du bureau des marguilliers.

Le curé, le trésorier ou tout autre personne chargée de recevoir la fourniture, doit accuser réception des objets à la suite du devis, ou au bas de la facture.

Remboursement des capitaux. Emploi des fonds disponibles. — Les deniers provenant de donations ou legs, dont l'emploi ne serait pas déterminé par la fondation, les remboursements de rentes, les prix de ventes ou soultes d'échange, les revenus excédant l'acquit des charges ordinaires doivent être employés à augmenter la dotation de la fabrique. Dans le cas où la somme rentrée serait insuffisante pour qu'il en soit fait emploi, elle peut rester en caisse, si on prévoit que, dans les six mois suivants, il rentrera des fonds disponibles afin de compléter la somme nécessaire

pour l'emploi ; sinon le conseil doit délibérer sur l'emploi provisoire ou
définitif. S'il s'agit d'un emploi provisoire, le préfet ordonne celui qui
lui paraît le plus avantageux. (D. 30 décembre 1807, art. 63.) Ces
fonds disponibles peuvent être placés en compte courant au Trésor avec
intérêts. (Inst. gén. min. fin, art. 756.)

L'emploi définitif peut être fait en acquisitions de rentes sur l'État ou
sur particuliers, de biens-fonds, d'objets mobiliers, ou en dépenses de
constructions ou d'autres. Mais, pour tout placement définitif, l'autorisation expresse du gouvernement est nécessaire. (Avis cons. d'État. 21 décembre 1808, 16 juillet 1810 ; O. 14 janvier 1831.)

L'emploi en rentes sur l'Etat est celui qui offre les plus grands avantages pour la fabrique comme pour tous les établissements publics.
(Circ. min. 12 mai 1819 et 24 septembre 1825.)

Rentes sur particuliers. — Les marguilliers, et surtout le trésorier, doivent avoir soin de prévenir les prescriptions à l'égard des rentes qui
sont dues à la fabrique, en exigeant des débiteurs des titres nouveaux,
avant l'expiration des trente années fixées pour la validité des actes.
Le titre nouveau peut être exigé dès le commencement de la vingt-neuvième année à dater du dernier titre.

Ils doivent aussi veiller à ce que les inscriptions hypothécaires prises
sur les biens des débiteurs en vertu des titres constitutifs soient exactement renouvelées avant l'expiration des dix années fixées pour leur conservation. Les frais de renouvellement des titres et inscriptions sont à
la charge des débiteurs.

Lorsqu'une fabrique est autorisée par un décret à placer en rentes
sur particuliers, l'acte constitutif doit être passé devant notaire, et l'inscription hypothécaire, sur tous les biens du débiteur, doit être prise
sans retard à la diligence du trésorier.

La loi du 18 décembre 1790 et l'article 530 du Code civil ont déclaré
toutes les rentes rachetables. Le remboursement des capitaux placés sur
des particuliers peut donc être fait aux fabriques quand les débiteurs le
demandent ; mais ceux-ci doivent avertir les marguilliers, dans la personne du trésorier, un mois au moins à l'avance, afin que la fabrique
avise pendant ce temps aux moyens de placement et demande les autorisations nécessaires. Le débiteur doit présenter sa demande en forme
de pétition, sur papier timbré, en y joignant la dernière quittance, s'il
est possible. Les pièces, accompagnées de la délibération du bureau, sont
transmises au préfet, qui statue en conseil de préfecture. Le trésorier ne
doit accepter le remboursement qu'après s'être assuré que ces formalités
ont été remplies.

Le débiteur d'une rente constituée en perpétuel peut être contraint
au rachat : 1° s'il cesse de remplir ses obligations pendant deux années ;
2° s'il manque à fournir au préteur les sûretés promises par le contrat.
Le capital de la rente constituée en perpétuel devient aussi exigible en
cas de faillite ou de déconfiture du débiteur. (C. civ., art. 1912 et 1913.)

Rentes sur l'État. — Aucun transfert, ni inscription de rentes sur l'État
ne peuvent être effectués au profit d'un établissement ecclésiastique
qu'autant qu'ils sont autorisés par un décret, dont l'établissement intéressé présente, par l'intermédiaire de son agent de change, expédition
en due forme au directeur du grand livre de la dette inscrite (O. 14 janvier 1831, art. 1er.) Toutefois, lorsqu'il s'agit de fonds provenant d'une
libéralité n'excédant pas 1,000 francs, le préfet compétent pour statuer
sur la libéralité l'est aussi pour statuer sur l'emploi en rentes sur l'État,
(D. 13 avril 1861 et 15 février 1862.)

Les trésoriers-payeurs généraux des finances sont chargés d'office de faire effectuer, sans frais, sauf ceux de courtage justifiés par bordereaux d'agents de change, tous les achats et ventes de rentes qui leur sont confiés par les établissements publics.

Lorsque la fabrique est autorisée à faire un placement de cette nature, le trésorier verse les fonds à la caisse du trésorier général du département et remet à ce comptable une copie de l'acte d'autorisation, certifiée par le préfet. Le trésorier général fait opérer l'inscription de la rente et en adresse ensuite le titre à la fabrique.

Les trésoriers généraux des finances, sur la représentation des décrets qui accordent les autorisations de vente, sont chargés de faire également les dispositions nécessaires pour la vente des inscriptions de rentes appartenant aux établissements publics, et d'en verser le produit aux receveurs ou trésoriers de ces établissements.

Dons et legs. — L'acceptation des dons et legs faits aux fabriques des églises est autorisée, sur l'avis préalable des évêques et du conseil municipal, par les préfets ou par le Président de la République, le conseil d'Etat, suivant les cas. — Voy. *Dons et legs,* 1er vol,, p. 580.

Ne peuvent être autorisées les donations faites aux fabriques, avec réserve d'usufruit en faveur du donateur. (O. 14 janvier 1831, art. 4.) (1).

Tout notaire devant lequel il a été passé un acte contenant donation entre vifs, ou disposition testamentaire au profit d'une fabrique, est tenu d'en donner avis au curé ou desservant. (D. 30 décembre 1809, art. 58.)

Aucune acceptation de legs ne peut être présentée à l'autorisation sans que les héritiers connus du testateur aient été appelés par acte extrajudiciaire à prendre connaissance du testament, donner leur consentement à son exécution ou produire leurs moyens d'opposition. S'il n'y a pas d'héritiers connus, extrait du testament est affiché de huitaine en huitaine, et à trois reprises consécutives, au chef-lieu de la mairie du domicile du testateur, et inséré dans le journal judiciaire du département, avec invitation aux héritiers d'adresser au préfet, dans le même délai, les réclamations qu'ils auraient à présenter. (O. 14 janvier 1831, art. 3.)

Tout acte contenant des dons ou legs en faveur d'une fabrique est remis au trésorier, qui doit en faire son rapport à la prochaine séance du bureau. (D. 30 décembre 1809, art. 59.)

Le bureau prend une délibération dans laquelle il émet son avis sur le legs ou la donation. A l'appui de sa demande d'autorisation il doit fournir les pièces spécifiées ci-dessus aux mots DONS ET LEGS.

Le préfet, après avoir consulté l'évêque, statue, s'il est compétent, dans le cas contraire, il adresse les pièces, avec son avis motivé, au ministre des cultes chargé de provoquer le décret à intervenir.

(1) Cette ordonnance consacre une dérogation formelle à la règle posée par l'article 949 du code civil, qui permet au donateur de se réserver l'usufruit des biens meubles ou immeubles donnés par lui. Le gouvernement l'a édictée par défiance de ces sortes de libéralités qui, tout en ayant l'apparence de dispositions entre vifs, ne sont en définitive que de véritables dispositions à cause de mort, à l'égard desquelles il ne peut exercer son droit de contrôle et de surveillance, les héritiers n'étant pas mis en demeure de produire leurs moyens d'opposition. Cette règle a du reste été étendue par la jurisprudence à tous les établissements publics.

Une fabrique, comme tout autre établissement public, peut toujours se pourvoir, mais par voie de pétition seulement, contre un décret qui rejetterait un legs ou une donation faite en sa faveur.

Immédiatement après la réception du décret ou de l'arrêté du préfet portant autorisation, le trésorier doit accepter. L'acceptation a lieu par un acte authentique et elle doit être notifiée au donateur, conformément à l'article 932 du Code civil. L'autorisation doit être mentionnée dans l'acte d'acceptation.

Des fondations. — Par fondation, on entend l'affectation perpétuelle d'un bien à une fabrique, à charge d'un service. Ce service consiste ordinairement dans des messes, des prières, des instructions ou des aumônes.

L'acceptation des fondations est soumise aux mêmes formes que celle des dons et legs.

Les marguilliers sont chargés de veiller à ce que toutes les fondations soient fidèlement acquittées et exécutées suivant les intentions des fondateurs, sans que les sommes puissent être employées à d'autres charges. (D. 30 décembre 1809, art. 26.)

Procès et transactions. — Les marguilliers ne peuvent entreprendre aucun procès, ni y défendre, sans une autorisation du conseil de préfecture; la délibération prise à ce sujet par le conseil et le bureau réunis lui est en conséquence adressée avec l'avis du conseil municipal. (D. 30 décembre 1809, art. 77 ; L. 5 avril 1884, art. 70, § 5.)

Les procès sont soutenus au nom de la fabrique, et les diligences faites à la requête du trésorier, qui donne connaissance de ces procédures au bureau. (D. 30 décembre 1809, art. 79.)

Toutes contestations relatives à la propriété des biens et toutes poursuites à fin de recouvrement des revenus sont portées devant les juges ordinaires. (Id., art. 80.)

Aucune transaction relative à des biens de fabrique ne peut être consentie, sans avoir été précédée d'une délibération du conseil de fabrique, l'avis du conseil municipal et de celui du conseil de préfecture(1). La transaction est ensuite autorisée par arrêté du préfet. (D. 30 décembre 1809, art. 62 ; Arr. 7 germinal an IX, art. 2 et 3 ; L. 5 avril 1884, art. 70, § 5; D. 25 mars 1852, tableau A, § 43.)

Surveillance et conservation des titres, des deniers et du mobilier de la fabrique. — Les moyens de surveillance et de conservation des deniers, des titres et du mobilier de l'église, sont : 1° la caisse de la fabrique ; 2° l'armoire des titres ; 3° le sommier des titres ; 4° les inventaires et récolements du mobilier et des archives.

Caisse de la fabrique. — Chaque fabrique a une caisse ou armoire fermant à trois clefs, dont une reste dans les mains du trésorier, l'autre dans celles du curé ou desservant, et la troisième dans celles du président du bureau. (D. 30 décembre 1809, art. 50.)

Sont déposés dans cette caisse tous les deniers appartenant à la fabrique, ainsi que les clefs des troncs des églises. (Id., art. 51.)

(1) L'article 168 de la loi du 5 avril 1884 ayant abrogé l'arrêté du 21 frimaire an XII, la consultation préalable des jurisconsultes n'est plus obligatoire pour les transactions relatives aux communes. Le préfet peut dès lors apprécier selon les circonstances, s'il convient d'obliger les fabriques à y recourir.

Nulle somme ne peut être extraite de la caisse sans autorisation du bureau, et sans un récépissé qui y reste déposé. (Id., art. 52.)

Le trésorier a droit d'exiger pareillement pour sa décharge un récépissé des sommes qu'il verse à la caisse.

Si le trésorier n'a pas dans les mains la somme fixée à chaque trimestre par le bureau, pour la dépense courante, ce qui manque est extrait de la caisse, comme aussi ce qu'il se trouverait avoir d'excédent est versé dans cette caisse. (Id., art. 53.)

La caisse doit être placée au siège de l'administration, c'est-à-dire dans le lieu des réunions du conseil et du bureau; on doit prendre toutes les précautions convenables pour la sûreté des deniers.

Armoire des titres. — Sont aussi déposés dans une caisse ou armoire les papiers, titres et documents concernant les revenus et affaires de la fabrique, et notamment les comptes avec les pièces justificatives, les registres des délibérations, autres que les registres courants, le sommier des titres et les inventaires ou récolements. (Id., art. 54.)

Nul titre ni pièce ne peut être extrait de l'armoire sans un récépissé qui fait mention de la pièce retirée, de la délibération du bureau par laquelle cette extraction a été autorisée, de la qualité de celui qui s'en charge et signe le récépissé, de la raison pour laquelle elle a été tirée de l'armoire; et, si c'est pour un procès, le tribunal et le nom de l'avoué sont désignés. Ce récépissé, ainsi que la décharge au temps de la remise, sont inscrits sur le sommier ou registre des titres. (Id., art. 57.)

Sommier des titres. — Le secrétaire du bureau doit transcrire, par suite de numéros et par ordre de dates, sur un registre sommier : 1° les actes de fondation, et généralement tous les titres de propriétés; 2° les baux à ferme ou à loyer. La transcription est entre deux marges, qui servent pour y porter, dans l'un les revenus, et dans l'autre les charges. Chaque pièce est signée et certifiée conforme à l'original par le curé ou desservant et par le président du bureau. (Id., art. 56.)

Ce registre, ainsi qu'il est dit ci-dessus, doit être déposé dans l'armoire des titres.

Inventaires du mobilier de l'église et des archives. — **Récolements annuels.** — Il est fait dans chaque fabrique, et sans frais, deux inventaires : l'un, des ornements, linges, vases sacrés, argenterie, ustensiles, et en général de tout le mobilier de l'église; l'autre, des titres, papiers et renseignements, avec mention des biens contenus dans chaque titre, du revenu qu'ils produisent, de la fondation à la charge de laquelle les biens ont été donnés à la fabrique. Un double inventaire du mobilier est remis au curé ou desservant.

Il est fait, tous les ans, un récolement desdits inventaires, afin d'y porter les additions, réformes ou autres changements : ces inventaires ou récolements sont signés par le curé ou desservant et par le président du bureau. (Id., art. 55.) — *Dict. des formules*, 757-758.

DES REVENUS ET DES CHARGES DES FABRIQUES. — *Des revenus.* — Les revenus de la fabrique se forment : 1° du produit des biens et rentes restitués aux fabriques, des biens des confréries, et généralement de ceux qui auraient été affectés aux fabriques par les divers décrets et ordonnances; 2° du produit des biens, rentes ou fondations qu'elles ont été ou pourront être autorisées à accepter ; 3° du produit des biens et rentes cédés au domaine, dont elles sont autorisées à se mettre en possession ; 4° du prix de la location des chaises ; 5° de la concession des bancs placés dans l'église; 6° des quêtes faites pour les frais du culte ; 7° de ce qui sera trouvé dans les troncs placés pour le même objet; 8° des oblations faites à la fabrique; 9° des droits perçus suivant les règlements épiscopaux approuvés par le gouvernement, et de celui qui leur revient sur le produit des inhumations; 10° du supplément donné facultativement par la commune.

Les explications qui ont été données sur la nature des biens des fabriques et le mode de les acquérir laissent peu de chose à dire sur les revenus. Il suffira d'ajouter que les droits perçus en vertu des règlements épiscopaux sont en général ceux réglés par le tarif du diocèse pour les divers services religieux, les tentures, les sonneries, la cire, etc.

Recouvrements. — Le trésorier est chargé de procurer la rentrée de toutes les sommes dues à la fabrique, soit comme faisant partie de son revenu annuel, soit à tout autre titre. (Id., art. 25.)

Les fabriques sont, pour le recouvrement de leurs revenus, sous l'empire du droit commun et soumises aux règles ordinaires de la procédure. Leurs trésoriers doivent, en conséquence, veiller à la conservation des droits, privilèges et hypothèques, requérir à cet effet les inscriptions nécessaires et en tenir registre. (Id., art. 78.)

Poursuites. — Le trésorier doit exercer, en se conformant aux règles ordinaires de la procédure, les poursuites nécessaires contre les débiteurs en retard.

Ces poursuites ont trois degrés que le trésorier, porteur de titres exécutoires, peut employer : le commandement par ministère d'huissier, la saisie-exécution des meubles, et la vente.

Il doit, pour ces derniers degrés, observer toutes les formalités prescrites par le Code de procédure civile.

Lorsqu'il y a lieu de procéder à des poursuites judiciaires, autres que celles dont il vient d'être parlé, ces poursuites sont également exercées par le trésorier, mais avec l'autorisation du conseil de préfecture.

Des charges de la fabrique. — Les charges de la fabrique sont : 1° de fournir aux frais nécessaires du culte, savoir : les ornements, les vases sacrés, le linge, le luminaire, le pain, le vin, l'encens, le payement des vicaires, des sacristains, chantres, organistes, sonneurs, suisses, bedeaux et autres employés au service du culte, selon la convenance et le besoin des cultes; 2° de payer les honoraires des prédicateurs de l'Avent, du Carême et autres solennités; 3° de pourvoir à la décoration et aux dépenses relatives à l'embellissement intérieur de l'église; 4° de veiller à l'entretien des églises, presbytères. (D. 30 décembre 1809, art. 37.)

Traitement des vicaires. — Le nombre de prêtres et de vicaires habitués à chaque église est fixé par l'évêque, après que les marguilliers en ont délibéré et que le conseil municipal de la commune a donné son avis. (D. 30 décembre 1809, art. 38.)

Les communes qui ont une chapelle vicariale, ou celles qui, ayant une cure ou succursale, auraient, en sollicitant l'érection d'un vicariat, pris l'engagement de payer le vicaire, doivent toujours fournir le traitement, quelle que soit d'ailleurs la situation financière de la fabrique. Cette dépense n'est jamais que facultative pour les communes.

Le traitement des vicaires est de 500 francs au plus et de 300 francs au moins. (D. 30 décembre 1809, art. 39 et 40.)

Des réparations. — Les marguilliers, et spécialement le trésorier, doivent veiller à ce que toutes les réparations soient bien et promptement faites. Ils doivent visiter les bâtiments, avec les gens de l'art, au commencement du printemps et de l'automne. Ils pourvoient sur-le-champ, et par économie, aux réparations locatives et autres qui n'excèdent pas 50 francs dans les paroisses au-dessous de 1,000 âmes, et 100 francs dans les paroisses d'une plus grande population. (Id., art. 12 et 41.)

Lorsque les réparations excèdent la somme ci-dessus indiquée, le bureau est tenu d'en faire son rapport au conseil, qui peut ordonner toutes les réparations qui ne s'élèvent pas à plus de 100 francs dans les paroisses au-dessous de 1,000 âmes, et de 200 francs dans celles d'une plus grande population. (Id., art. 42.)

Le préfet autorise les réparations exigeant une dépense plus considérable. Les projets de réparations de nature à modifier l'édifice doivent toujours être soumis à l'avis du conseil municipal.

Les réparations doivent être précédées d'un devis estimatif, dressé par un architecte; il n'y a d'exception que pour les menues réparations faites par économie, sous la surveillance d'un membre du bureau. Lorsque l'autorisation du préfet est nécessaire, le devis est soumis à son approbation.

Les réparations autorisées peuvent, dans les cas prévus par l'acte d'autorisation, être dispensées de la formalité de l'adjudication publique. Elles sont faites alors, ou par économie, sous la surveillance d'un membre du bureau, ou sur simple soumission d'entrepreneur agréée par l'administration.

Lorsque la dépense est approuvée, l'adjudication doit être passée devant les membres du bureau, après trois affiches renouvelées de huitaine en huitaine. (Id., art. 42.)

Lors de la prise de possession de chaque curé ou desservant, il est dressé, aux frais de la commune et à la diligence du maire, un état de situation du presbytère et de ses dépendances. Le curé ou desservant n'est tenu que des simples réparations locatives et des dégradations survenues par sa faute. Cette obligation s'étend à ses héritiers ou ayant cause. (Id., art. 44.)

COMPTABILITÉ. — La comptabilité est placée sous la surveillance des évêques. Dans les cas où l'on réclame des subventions de la commune, du département ou de l'Etat, elle est soumise au contrôle des conseils municipaux et des autorités civiles; elle doit donc être constamment tenue avec ordre et régularité. (D. 30 décembre 1849, art. 89, 93, 96, 101; L. 5 avril 1884, art. 70; O. 15 janvier 1831, art. 5.)

Du budget. — Forme. — Chaque année, avant la formation du budget de l'exercice suivant, le curé ou desservant doit présenter au bureau un état par aperçu des dépenses nécessaires à l'exercice du culte, soit pour les objets de consommation, soit pour réparations et entretien d'ornements, meubles et ustensiles d'église. Cet état, approuvé article par article par le bureau, est porté en bloc, sous la désignation de dépenses intérieures, dans le projet de budget général et annexé audit projet. (D. 30 décembre 1809, art. 45.)

Proposition, vote et approbation du budget. — Le budget, dressé par le bureau des marguilliers, est soumis au conseil de la fabrique dans la séance du dimanche de *Quasimodo.* Il est envoyé avec l'état des dépenses de la célébration du culte, à l'évêque diocésain, pour avoir sur le tou son approbation. (D. 30 décembre 1809, art. 24 et 27; O. 12 janvier 1825, art. 2.)

L'examen du budget doit toujours être accompagné de l'examen du compte de l'exercice précédent où doivent figurer les résultats des exercices clos et les reports des bonis et déficits s'il y en a.

La circulaire de la direction générale des cultes du 21 novembre 1879 recommande de dresser le budget avec le plus grand soin dans les formes prescrites par l'article 45 du décret du 30 décembre 1809.

Le chapitre des recettes ordinaires est en général composé de 12 articles; sont classés sous les paragraphes 1, 2, 3 les revenus des différents biens que peuvent posséder les fabriques, soit des rentes, soit des loyers. Il doit être fait mention des débiteurs fermiers ou locataires, des noms et de la situation des maisons ou héritages, de la qualité de la rente foncière ou constituée, de la date du dernier titre nouvel ou du dernier bail et des notaires qui les auront reçus, et ensemble de la fondation à laquelle la rente est affectée si elle est connue.

Le numéro 4 comprenait le produit spontané des cimetières; il n'a plus aujourd'hui de raison d'être.

Les numéros 5 et 6 s'appliquent au prix du revenu des bancs et de la location des chaises dans l'église;

Les numéros 7 et 8, aux produits des quêtes et des troncs;

Le numéro 9, à celui des oblations volontaires.

Sous le numéro 10 sont rangés les droits perçus par les fabriques sur tous les services religieux et le produit qui leur revient sur les frais d'inhumation.

Enfin, un douzième article doit contenir l'évaluation en argent de la cire revenant à la fabrique et au curé; ces articles doivent être suivis de toutes les recettes spéciales aux localités et impossibles à prévoir.

Le chapitre 11 complète le budget des recettes par l'énonciation des recettes extraordinaires, c'est-à-dire de toutes celles qui sont accidentelles et temporaires, telles que les produits des dons ou legs, les subventions de la commune et de l'État, le produit des emprunts régulièrement autorisés.

Les dépenses des fabriques se divisent comme les recettes en dépenses ordinaires et en dépenses extraordinaires : mais il est nécessaire néanmoins, tout en maintenant cette classification, d'observer autant que possible la distinction en dépenses obligatoires et en dépenses facultatives.

Cette distinction fait ressortir aux yeux des conseils municipaux, et, en cas de mesures coercitives, aux yeux des préfets, la légitimité des demandes adressées aux communes.

Les dépenses obligatoires comprennent : 1° Celles énumérées dans les articles 37 et 92 § 1er et 2 du décret du 30 décembre 1809, savoir : les frais ordinaires du culte, ornements, vases sacrés, pain, vin, luminaire, réparation des meubles et ustensiles, payement des officiers et serviteurs de l'église, honoraires des prédicateurs, traitement des vicaires légalement institués, les frais de réparations locatives et d'entretien des édifices religieux, etc.;

2° Toutes les dépenses ordinaires ou extraordinaires votées par le conseil de fabrique, et admises après avis du conseil municipal par l'évêque, d'accord avec le préfet, ou par le ministre, le conseil d'État entendu en cas de désaccord.

Toutes les autres dépenses sont facultatives.

Le chapitre des dépenses ordinaires est clos par le relevé des fondations et charges provenant des biens que l'établissement religieux a été régulièrement autorisé à posséder.

Les dépenses extraordinaires s'ouvrent ensuite par l'indication des travaux de grosses réparations et de constructions de l'église ou du presbytère, qui, à la suite des formalités prescrites, ont pris le caractère de dépenses obligatoires. Ces travaux forment deux articles, ceux auxquels la fabrique pourvoit elle-même sur l'excédent de ses revenus, et ceux pour lesquels elle réclame le concours de la commune.

L'évêque seul a l'approbation des comptes et budgets des fabriques. Mais, lorsqu'une fabrique forme une demande de secours ou de subvention, l'expédition du budget doit être visée par le préfet, le ministre, pour assurer l'exécution des prescriptions du décret de 1869, qui recommande aux préfets de refuser leur visa aux budgets qui ne seraient pas régulièrement dressés. (Circ., 21 novembre 1879.)

La loi du 5 avril 1884, art. 70, a étendu le droit de contrôle du conseil municipal à tous les comptes et budgets des établissements religieux, qu'il y ait ou non une demande de subvention formée par la fabrique.

A l'avenir, une copie des budgets et comptes des fabriques et consistoires, dressée conformément à la circulaire du 21 novembre 1879, devra être transmise, chaque année, au conseil municipal, qui, après avoir examiné les budgets et comptes à la session de mai, pourra toujours faire parvenir à la préfecture telles observations qu'il jugera convenable, touchant les articles portés en recettes ou en dépenses. Il convient de ne pas perdre de vue que le conseil municipal n'est appelé à donner qu'un simple avis. Cet avis n'impose aucune obligation soit à l'administration supérieure, soit à l'établissement religieux. Sans doute, quand le conseil alloue une subvention qui lui est demandée pour un établissement, il peut indiquer ses vues sur le meilleur emploi à donner à la subvention, mais il ne lui appartient pas d'arrêter le détail des dépenses, ni de dicter des conditions. L'autorité qui approuve le budget conserve en principe le droit de régler les crédits selon qu'elle le juge utile.

De même que l'autorité supérieure a toujours la faculté de ne pas suivre l'avis du conseil municipal, de même celui-ci ne saurait être contraint à le donner, lors même qu'une loi ou un règlement impose à l'administration l'obligation de le provoquer. Mais si régulièrement convoqué et requis, il refuse ou néglige de se prononcer, la mesure sur laquelle il devait être consulté peut être prise valablement. (Circul. Int. 15 mai 1884.)

Lorsque la paroisse est composée de plusieurs communes, elles doivent contribuer à la subvention, chacune pour leur part. Chaque conseil municipal est convoqué et délibère séparément. (Avis Cons. d'Etat 18 janvier et 22 septembre 1830.) En cas de contestation, la difficulté est tranchée, lorsqu'il s'agit de travaux, par le conseil général après avis du conseil d'arrondissement (art. 49, § 23, L. 10 mai 1838), et, en ce qui concerne l'indemnité de logement, par le préfet (D. 25 mars 1852, tableau A, n° 55). Dans ce dernier cas, le partage de la dépense doit toujours être fait au prorata des quatre contributions directes. (Décis. min. 24 janvier 1885.)

Exécution du budget. — Recouvrement. — Ordonnancement des dépenses. — Lorsque le budget est définitivement approuvé, il est renvoyé à la fabrique. Le trésorier et le bureau des marguilliers sont tenus d'en suivre les dispositions et de s'y conformer exactement, soit pour les dépenses, soit pour les recettes. Le conseil doit également veiller à sa rigoureuse exécution.

Comme comptable, le trésorier est chargé de faire toutes les recettes et dépenses de l'église, et assurer la rentrée de toutes les sommes dues à la fabrique, en se conformant au budget et aux titres de perception.

Les quittances du trésorier sont sur papier libre et sans frais, tant que la recette n'excède pas 10 francs, et qu'elle n'a pas pour objet un acompte ou un payement final sur une plus forte dette. Dans tout autre cas, la quittance doit être sur papier timbré. (L. 13 brumaire an VII, art. 16.)

Le prix du timbre de la quittance est à la charge du débiteur (C. civ., art. 1248). S'il se refuse à le payer, il ne lui est fourni ni reçu ni quittance.

Les mandats délivrés sur la caisse de la fabrique, pour le payement des dépenses, sont signés par le président du bureau. (D. 30 décembre 1809, art. 28.)

Chaque mandat doit être quittancé par celui au profit duquel il est délivré, ou appuyé d'une quittance régulière.

Les quittances des parties prenantes sont assujetties au timbre de 10 centimes, sauf les quittances des sommes de 10 francs et au-dessous, lorsqu'elles n'ont pas pour objet un acompte ou un payement final sur une plus forte dépense. Les quittances des vicaires et des employés de l'église, délivrées pour le payement de leur traitement, sont également sujettes au timbre. (L. 23 août 1871, art. 18. D. 29 avril 1881 et Instr. 11 mai même année.) — Voy. Timbre.

Écritures. — Journal du trésorier. — Le montant des fonds reçus pour le compte de la fabrique, à quelque titre que ce soit, est, au fur et à mesure de la rentrée, inscrit avec la date du jour et du mois sur un registre coté et parafé, qui demeure entre les mains du trésorier. (D. 30 décembre 1809, art. 74.)

Les dépenses sont également inscrites sur ce registre.

Le journal des recettes et dépenses est le seul livre de comptabilité qui soit obligatoire. Cependant, il est avantageux de tenir en même temps un livre de comptes, présentant, par article du budget, l'état des recouvrements et des payements effectués. Chaque écriture passée au journal est immédiatement reportée au livre des comptes, mais plus sommairement et en une seule ligne, s'il est possible. Le livre des comptes est tenu par année ; il est divisé en deux sections : la première, pour les comptes de recette ; la deuxième, pour les comptes de dépense.

Les registres des fabriques sont sur papier non timbré. (D. 30 décembre 1809, art. 81.)

Journal du président du bureau. — Le président du bureau, chargé des fonctions d'ordonnateur des dépenses, doit tenir écriture des mandats qu'il délivre. Il inscrit en conséquence sur un registre, pour chaque mandat : 1° l'exercice auquel la dépense appartient ; 2° le crédit sur lequel le payement est prélevé ; 3° la date du mandat ; 4° les nom et prénoms du créancier au profit duquel le mandat est délivré ; 5° l'objet de la dépense ; 6° la somme à payer ; 7° les pièces justificatives jointes au mandat, ou à y joindre avant sa présentation au trésorier.

Les mandats sont inscrits au registre successivement et par ordre de dates ; ils prennent un numéro d'inscription dont la série ne doit pas re interrompue du 1er janvier au 31 décembre de chaque année.

Bordereau trimestriel. — Le trésorier est tenu de présenter tous les trois mois au bureau des marguilliers un bordereau, signé de lui et certifié véritable, de la situation active et passive de la fabrique pendant les trois mois précédents : ces bordereaux sont signés de ceux qui assistent à l'assemblée, et déposés dans la caisse ou armoire de la fabrique, pour être représentés lors de la reddition du compte annuel. Le bureau détermine, dans la même séance, la somme nécessaire pour les dépenses du trimestre suivant. (D. 30 décembre 1809, art. 34.)

Compte annuel. — Forme. — Le compte à rendre chaque année par le trésorier est divisé en deux chapitres, l'un des recettes, et l'autre des dépenses. Le chapitre des recettes est divisé en trois sections : la première, pour les recettes ordinaires ; la deuxième, pour les recettes extraordinaires ; et la troisième, pour la partie des recouvrements, ordinaires ou extraordinaires, qui n'auraient pas encore été faits. Le reliquat d'un compte forme toujours le premier article du compte suivant. Le chapitre des dépenses est aussi divisé en dépenses ordinaires, dépenses extraordinaires et dépenses tant ordinaires qu'extraordinaires non encore acquittées. (Id., art. 82.)

À chacun des articles de recette, soit des rentes, soit des loyers ou autres revenus, il doit être fait mention des débiteurs, fermiers ou locataires, des nom et situation de la maison et héritages, de la qualité de la rente foncière ou constituée, de la date du dernier titre nouvel ou du dernier bail, et des notaires qui les ont reçus, ensemble de la fondation à laquelle la rente est affectée, si elle est connue. (Id., art. 83.)

Lorsque, soit par le décès du débiteur, soit par le partage de la maison ou de l'héritage qui est grevé d'une rente, cette rente se trouve due par plusieurs débiteurs, il n'est néanmoins porté qu'un seul article de recette, dans lequel il est fait mention de tous les débiteurs, sauf l'exercice de l'action solidaire, s'il y a lieu. (Id., art. 84.)

Si cependant ces détails paraissaient trop étendus et nuisibles à la clarté du compte, le trésorier pourrait les abréger en joignant au compte un extrait du sommier des titres.

Le compte doit être affirmé sincère et véritable, être daté et signé par le comptable. Il doit, en outre, être parafé sur chaque feuillet et ne point offrir d'interlignes. Les renvois et ratures sont approuvés.

Présentation et apurement du compte. — Les trésoriers des fabriques sont les seuls comptables d'établissements publics dont la gestion ne soit soumise à aucun contrôle civil. Dans ces derniers temps, le conseil d'Etat a été saisi par le ministre d'un projet de règlement d'administration publique chargeant les conseils de préfecture d'apurer les comptes des trésoriers de fabrique, au point de vue de la régularité des opérations, tout en laissant juges de la nécessité des crédits les autorités actuellement chargées de ce soin (Circ. 2 novembre 1879). Mais ce règlement n'est pas encore édicté, et jusqu'à présent le trésorier est simplement tenu de présenter son compte au bureau des marguilliers dans la séance du premier dimanche du mois de mars. Le compte, avec les pièces justificatives, leur est communiqué sur le récépissé de l'un d'eux. Ils font au conseil, dans la séance du dimanche de *Quasimodo*, le rapport du compte ; il est examiné, clos et arrêté dans cette séance qui est, pour cet effet, prorogée au dimanche suivant, si besoin est. (D. 30 décembre 1809, art. 85.)

S'il arrive quelques débats sur un ou plusieurs articles du compte, le compte n'en est pas moins clos sous la réserve des articles contestés. Dans ce cas, il en est référé à l'évêque. (Id., art. 68.)

Lorsque le compte présente des restes à recouvrer, le conseil doit apprécier les motifs de non-recouvrement et admet, s'il y a lieu, ce reliquat en non-valeurs, ou il renvoie la recette à l'exercice suivant. De même, s'il y a des restes à payer, le conseil examine s'il y a lieu à l'annulation du crédit, ou si le payement doit être renvoyé à l'exercice suivant. Il est fait mention de ces circonstances dans la délibération.

Le compte annuel doit être dressé en double minute, dont l'une est déposée dans l'armoire à trois clefs, l'autre à la mairie. Après sa présentation, il ne peut plus y être fait aucun changement.

Le trésorier, comme membre du conseil de fabrique, peut assister à la séance dans laquelle son compte est débattu. Une expédition du compte et de l'arrêté du compte, signée du président, lui est remise comme décharge. — *Dict. des formules*, 759-760.

Intervention de l'évêque dans la reddition du compte. — L'évêque peut nommer un commissaire pour assister, en son nom, à la reddition du compte annuel ; mais si ce commissaire est autre qu'un grand vicaire, il ne peut rien ordonner sur le compte, et doit seulement dresser procès-verbal sur l'état de la fabrique et sur les fournitures et réparations à faire à l'église. Dans tous les cas, les archevêques et évêques en cours de visite, ou leurs vicaires généraux, peuvent se faire représenter tous les comptes, registres et inventaires, et vérifier l'état de la caisse. (D. 30 décembre 1809, art. 87.)

Mutation de trésorier. — Lorsque le compte annuel est arrêté, le reliquat est remis au trésorier en exercice, qui est tenu de s'en charger en recette. Il lui est en même temps remis un état de ce que la fabrique a à recevoir, par baux à ferme, une copie du tarif des droits casuels, un tableau par approximation des dépenses, celui des reprises à faire, celui des charges et fournitures non acquittées. Il est, dans la même séance, dressé acte de ces remises sur le registre des délibérations, et copie en est délivrée en bonne forme au trésorier sortant, pour lui servir de décharge. (Id., art. 88.) — *Dict. des form.*, 756.

Recours de la fabrique contre un trésorier reliquataire. — Faute par le trésorier de présenter son compte à l'époque fixée et d'en payer le reliquat, celui qui lui succède est tenu de faire, dans le mois au plus tard, les diligences nécessaires pour l'y contraindre, et, à son défaut, le procureur de la République, soit d'office, soit sur l'avis qui lui en est donné par l'un des membres du bureau ou du conseil, soit sur l'ordonnance rendue par l'évêque en cours de visite, est tenu de poursuivre le comptable devant le tribunal de première instance, afin de l'obliger à payer le reliquat, à faire régler les articles débattus, ou à rendre son compte, s'il ne l'a été, le tout dans un délai fixé ; sinon, et ledit temps passé, à payer provisoirement, au profit de la fabrique, la somme égale à la moitié de la recette ordinaire de l'année précédente, sauf les poursuites ultérieures. (Id., art. 90.) — Voy. CULTE, PAROISSE.

Fabriques. — Voy. ÉTABLISSEMENTS INSALUBRES OU INCOMMODES, MANUFACTURES, PROPRIÉTÉ INDUSTRIELLE, USINES.

Facteur forestier. — Voy. GARDE-VENTE.

Facteurs de ville et facteurs ruraux. — Voy. BOITE AUX LETTRES, POSTE AUX LETTRES.

Faînes. — Fruits du hêtre.
L'enlèvement des faînes sans autorisation est interdit dans les bois et forêts par l'article 144 du Code forestier. — Voy. GLANDÉE.

Falsification de boissons ou de denrées. — Voy. BOISSONS, DENRÉES ET SUBSTANCES ALIMENTAIRES.

Fanaux. — Les fanaux sont des feux allumés durant la nuit, sur les tours, à l'entrée des ports ou le long des plages maritimes, pour indiquer aux navigateurs la route qu'ils doivent tenir. — Voy. BALISES, PHARES.

Farines. — Voy. ACCAPAREMENT, DENRÉES ET SUBSTANCES ALIMENTAIRES, GRAINS, MEUNIERS.

Fausse monnaie. — Voy. FAUX, MONNAIE et *Dict. des form.*, 765.

Fausses clefs. — Voy. CLEFS et *Dict. des form.*, nos 732, 763, 764.

Faux. — Crime de celui qui se rend coupable d'une suppression ou altération frauduleuse pour cacher ou altérer la vérité au préjudice d'autrui. Le Code pénal place le faux en tête des crimes et délits contre la paix publique. Il traite du faux témoignage, de la fausse monnaie, de la contrefaçon des sceaux de l'Etat, des billets de banque, des effets publics et des poinçons, timbres et marques ; des faux en écritures publiques ou authentiques, et de commerce ou de banque ; des faux en écriture privée ; des faux commis dans les passeports, feuilles de route et certificats. (C. P., art. 132, 133, 134, 139, 140 et suiv.) — *Dict. des form.*, nos 766, 767, 768.

Fausses nouvelles. — Les fausses nouvelles sont des bruits mensongers répandus dans le but d'alarmer ou d'impressionner l'opinion publique. Les fausses nouvelles constituent un délit non seulement quand elles sont répandues par la voie de la presse, mais encore sous quelque forme qu'elles se produisent du moment qu'elles sont proférées publiquement. Les maires, le commissaire de police doivent déférer immédiatement les auteurs à la justice. — Voy. PRESSE.

Faux frais. — Ce sont les menues dépenses que l'on est obligé de faire pour un objet quelconque, et qui n'ont pu être déterminées d'avance. Il en est des faux frais comme de toutes les allocations votées de confiance : on les admet en compte sur la parole de l'administrateur.

Femmes. — Les femmes sont non seulement exclues des fonctions et magistratures publiques, de la liste des électeurs et des jurés, de la classe des éligibles, des fonctions municipales, etc., elles ne peuvent figurer comme témoins instrumentaires dans les actes, ni exercer d'autre tutelle que celle de leurs enfants ; en un mot, les droits politiques ne leur sont pas seulement interdits, elles sont encore privées de la plus grande partie de ceux qui se rattachent à l'état civil.

Quant aux fonctions publiques, il n'y a d'exception en leur faveur que relativement aux emplois de receveuse de poste, buraliste de tabac, distributeur de papier timbré, instituteur primaire. En ce qui concerne les femmes et filles publiques, voy. PROSTITUTION.

Fenêtres. — L'article 471, n° 6, du Code pénal punit d'amende, depuis 1 franc jusqu'à 6 francs, ceux qui auront jeté ou exposé au-devant de leurs édifices des choses de nature à nuire par leur chute ou par des exhalaisons insalubres. En conséquence, les maires et les commissaires de police doivent veiller à ce qu'il ne soit exposé sur les fenêtres ni vases, ni caisses, ni pots de fleurs, en un mot aucun objet qui par sa chute puisse occasionner des accidents sur la voie publique.

Le fait d'avoir jeté dans la rue de l'eau propre qui ne saurait nuire par sa chute ou son exhalaison est considéré comme une contravention. (Cass., 3 janvier 1835.)

Les maires peuvent faire un règlement de police pour rappeler ces défenses aux habitants. Les contraventions sont constatées par des procès-verbaux et punies par le tribunal de police. — Voy. POLICE MUNICI-PALE, VOIE PUBLIQUE et *Dict. des formules,* n° 769,770,771.

Ferme. — Ce mot a plusieurs significations. On l'emploie généralement pour désigner un domaine rural livré à un cultivateur qu'on nomme fermier. Le fermage est le prix de la redevance que paye le fermier annuellement.

Le mot *ferme* se dit aussi d'une chose donnée à ferme, et, dans ce sens, il s'entend non seulement des métairies et des autres héritages en culture, mais aussi de la concession d'un service ou d'une perception de droits quelconques, moyennant une redevance fixe en argent. Les conditions imposées au fermier sont consignées dans un cahier des charges, et la mise en ferme a lieu par adjudication publique. Les communes emploient souvent ce moyen soit pour la perception des droits d'octroi, des droits d'abatage, des droits de place aux halles et marchés, soit pour l'entreprise des services de l'éclairage, de l'entretien des fontaines publiques, de l'enlèvement des boues, etc.

La ferme se distingue de la régie simple, en ce qu'elle a pour effet d'attribuer à telle recette ou à telle dépense une somme déterminée d'avance, un chiffre certain, tandis que, par la régie, cette recette ou cette dépense reste éventuelle, susceptible d'augmentation ou de diminution. — Voy. ABATTOIRS, ADJUDICATION PUBLIQUE, BACS ET BATEAUX, BAUX, EAUX PUBLIQUES, ECLAIRAGE, HALLES ET MARCHÉS, POIDS PUBLIC, OCTROI, VOIRIE, etc.

Fermes-modèles. — Ferme où l'on met en pratique les moyens de culture les plus perfectionnés. — Voy. AGRICULTURE.

Fête nationale. — La loi du 16 juillet 1880 a adopté la date du 14 juillet comme jour de la Fête nationale annuelle.

Fêtes publiques. — Les frais occasionnés par la célébration des fêtes publiques ne peuvent être pris que sur les fonds portés au budget de la commune et spécialement affectés à cette destination. (Avis Cons. d'Etat, 14 août 1811.)

Cette dépense est facultative et ne peut être inscrite d'office au budget.

Les maires doivent veiller au maintien du bon ordre dans les réunions nombreuses que les fêtes publiques occasionnent ordinairement. Ils doivent notamment prévenir de trop grands encombrements de population dans des espaces trop étroits, et empêcher que l'affluence des voitures ne vienne obstruer les rues et en couper le passage. (Loi 5 avril 1884, art. 97.)

Dans les règlements de police qu'ils prennent à cet effet, les maires doivent se borner à édicter des mesures dans l'intérêt du bon ordre et de la sûreté des citoyens ; ils ne peuvent ordonner que les habitants pavoisent leurs croisées de drapeaux, ni qu'ils les illuminent. Ils peuvent seulement les inviter à le faire. L'inexécution des prescriptions de cette nature ne constitue pas une contravention punissable par les tribunaux de police. (Cass. 26 novembre 1819 et 17 janvier 1820.) (1) — *Dict. des formules*, nᵒˢ 772, 773.

Fêtes religieuses. — Voy. DIMANCHES ET FÊTES.

Feu. — Toute personne qui allume du feu dans les champs plus près que 100 mètres des maisons, bois, bruyères, vergers, haies, meules de grains, de paille ou de foin, est condamnée à une amende égale à la valeur de douze journées de travail, et paye en outre le dommage que le feu a occasionné. Toute contravention à cet égard est punie des peines de police. (L. 28 septembre-6 octobre 179 ; C. P., art. 434 et 458.)

En cas de contravention, le maire, le commissaire de police, ou le garde champêtre doit en dresser procès-verbal et traduire le contrevenant devant le tribunal de police municipale. Le fait seul d'avoir allumé des feux hors de la distance requise est un délit qui doit être puni, lors même qu'il n'en est résulté aucun accident.

Il est défendu de porter ou allumer du feu dans l'intérieur et à la distance de 200 mètres des bois et forêts, sous peine d'une amende de 20 à 100 francs; sans préjudice, en cas d'incendie, des peines portées par le Code pénal et de tous dommages-intérêts, s'il y a lieu. (C. F. art. 148.) — Voy. INCENDIE et *Dict. des formules*, nᵒ 774.

On entend par *feu*, en matière de répartition de coupes affouagères, un ménage séparé, un chef de famille ou de maison ayant domicile réel et feu dans une commune. (C. F., art. 105.) — Voy. AFFOUAGE.

Feuille d'inscription électorale. — C'est la liste sur laquelle un des scrutateurs ou le secrétaire constate le vote de chaque électeur en écrivant son propre nom en regard de celui du votant. — Voy. ÉLECTIONS.

(1) Pour les mesures spéciales à prendre par les maires, se reporter à l'*École des communes*, nᵒ de juin 1885.

Feuilles. — L'enlèvement non autorisé de feuilles vertes ou mortes dans les bois et forêts est puni d'une amende. (C. F., art. 144.)—Voy. BOIS DES COMMUNES ET DES ÉTABLISSEMENTS PUBLICS.

Feuilles de route. — Ce sont des passeports spéciaux délivrés par l'administration civile ou militaire, et portant l'indication d'un itinéraire déterminé.

Feuilles de route des militaires. — Elles ont pour objet principalement de tracer l'itinéraire que les troupes marchant, soit en corps, soit en détachement, ou les militaires marchant isolément, doivent suivre pour se rendre à leur destination.

Les feuilles de route seront délivrées par les sous-intendants militaires, ou leurs suppléants légaux.

Quant aux maires, ils ne peuvent donner que des sauf-conduits aux militaires isolés, et autoriser des fournitures de convois que dans leur résidence. A la première résidence de sous-intendant militaire ou de suppléants, ces sauf-conduits sont échangés contre une feuille de route régulière.

Feuilles de route des individus soumis à la surveillance de la haute police (1). — D'après l'article 44 du Code pénal, le condamné placé sous la surveillance de la haute police doit déclarer, avant sa mise en liberté, le lieu où il veut fixer sa résidence; il reçoit une feuille de route réglant l'itinéraire dont il ne peut s'écarter, et la durée de son séjour dans chaque lieu de passage.

Aux termes de l'article 1er de la loi du 30 août 1875, la feuille de route avec itinéraire obligé remise aux condamnés se rendant à leur résidence doit être établie dans la forme ordinaire des passeports gratuits, sauf l'insertion avant la date, de la mention suivante, écrite à la main, *Délivré en exécution de la loi du 23 janvier* 1874.

L'itinéraire obligé est inscrit au verso du passeport et doit être combiné de façon à interdire, dans tous les cas, au libéré, le passage dans les départements interdits.

Du reste, il ne doit point être délivré de passeports gratuits aux condamnés qui ont des moyens de subsistance, mais uniquement à ceux qui en sont dépourvus. (Circ. int. 5 février 1835.) — Voy. PASSEPORT, SUR VEILLANCE, POLICE.

Feux. — On appelle feux des bougies dont on se sert pour les enchères dans les ventes publiques, et qui sont préparées de manière à ce que chacune ait une durée d'environ une minute. — Voy. ADJUDICATIONS, ENCHÈRES.

(1) La loi du 28 mai 1885, art. 19, § I, a supprimé la peine de surveillance de la haute police et l'a remplacée par la défense aux condamnés de paraître dans certains lieux désignés par le gouvernement, mais nous ne croyons pas que cette suppression s'étende jusqu'aux feuilles de route des condamnés.

Filet. — Tissu à mailles plus ou moins larges, destiné à prendre les oiseaux ou les poissons. — Voy. CHASSE, PÊCHE.

Fin de non-reeevoir. — Moyen qui tend à faire rejeter définitivement une action judiciaire sans en atteindre le fond. Les fins de non-recevoir peuvent se tirer du défaut d'autorisation de plaider nécessaire aux communes et aux établissements publics.

Finances. — Voy. MINISTÈRES.

Flagrant délit. — Le flagrant délit est le délit qui se commet actuellement ou qui vient de se commettre. (C. I. C., art. 41.)
La loi assimile au flagrant délit : 1° le cas où le prévenu est poursuivi par la clameur publique ; 2° celui où il est trouvé saisi d'effets, armes, instruments ou papiers faisant présumer qu'il est auteur ou complice, pourvu que ce soit dans un temps voisin du délit (Id., art. 41) ; 3° celui où le chef d'une maison requiert le maire de constater un crime ou délit, même non flagrant, qui aura été commis dans l'intérieur de cette maison (Id., art. 46, 49 et 50).
Dans le cas de flagrant délit et dans tous ceux qui lui sont assimilés, les maires, les adjoints au maire, les commissaires de police, ont les mêmes droits que le procureur de la République, dont ils sont les auxiliaires ; ils peuvent comme ce magistrat : 1° se transporter sur le lieu du crime ou du délit et requérir l'assistance de certaines personnes ; 2° pratiquer des visites domiciliaires ; 3° faire saisir et arrêter les prévenus en requérant l'assistance de toutes les personnes dont le concours peut être nécessaire. (Voy. C. I. C., art. 32 à 52, et *Dict. des formules*, nos 775-781.)

Fléau calamiteux. — La loi du 5 avril 1884, article 97, range parmi les objets confiés à la vigilance et à l'autorité des maires, le soin de prévenir, par des précautions convenables, et celui de faire cesser, par la distribution des secours nécessaires, les fléaux calamiteux, tels que les incendies, les inondations, les épidémies, les épizooties, etc. Lorsque le désastre se produit avec des proportions menaçantes, le maire doit en avertir sur-le-champ l'autorité supérieure, c'est-à-dire le préfet ou le sous-préfet, et lui demander l'assistance nécessaire. — Voy. ACCIDENTS, ÉPIDÉMIE, ÉPIZOOTIE, INCENDIE, INONDATION.

Fleuves. — Voy. COURS D'EAU.

Flottage. — Transport du bois par eau, lorsqu'on le fait flotter.
On distingue deux espèces de flottage : le flottage en trains ou radeaux, le flottage à bûches perdues.
Le premier s'exerce sur les rivières et grands cours d'eau, et ne peut être établi que par un décret.
Le second ne s'exerce que sur les ruisseaux ou les rivières qui ne sont pas navigables. D'après le décret du 22 janvier 1808, c'est au préfet

qu'il appartient de déclarer si une rivière est ouverte pour l'exercice du flottage à bûches perdues.

La distinction entre les deux espèces de flottage est importante en ce que les rivières flottables à bois réunis sont une dépendance du domaine public, tandis que les rivières flottables à bûches perdues n'ont pas le même caractère.

Les propriétaires intéressés doivent être avertis par des publications que les marchands de bois feront jeter leur bois à bûches perdues sur les rivières et ruisseaux ; ces publications sont faites par l'autorité municipale dix jours au moins avant que les bûches ne soient lancées à l'eau. (O. de 1672, titre XVII, art. 6.)

Dès que les bois sont jetés et pendant leur écoulement, ils doivent être suivis par des ouvriers placés des deux côtés du cours d'eau, et chargés de repêcher les bûches, de veiller à ce qu'elles ne s'arrêtent pas sur les rives ou ne s'embarrassent au passage des ponts. Arrivés à leur destination, les bois sont retirés de l'eau et empilés sur les bords.

Si le dépôt des bois est fait sur les fonds des riverains du cours d'eau, une indemnité est due à ces propriétaires. Les tribunaux sont compétents pour statuer sur l'action en dommages-intérêts formée contre des flotteurs pour avoir déposé sans autorisation des bois sur les propriétés riveraines. (Arrêt Cons. d'Et., 26 juin 1882.) — Voy. COURS D'EAU, NAVIGATION.

Foins et regains. — Dans quelques communes propriétaires de prairies, il est d'usage de vendre annuellement la coupe des foins et regains, au lieu de mettre les prés en ferme comme les autres terrains communaux. Cette vente ne peut être faite qu'en vertu d'une délibération spéciale du conseil municipal, approuvée par le préfet, et elle doit faire l'objet d'une adjudication publique aux enchères. — *Dict. des formules,* n° 782-883. — Voy. FOURRAGES, GLANAGE ET RATELAGE.

Foires et marchés. — On nomme *foire* une réunion de marchands et d'acheteurs, où l'on vend toutes sortes de marchandises, et qui se tient dans des lieux et à des époques fixes.

On appelle *marché* une réunion moins nombreuse et plus fréquente, qui a surtout pour objet d'assurer l'approvisionnement des villes et des communes où ils sont établis, en denrées alimentaires. Ainsi, une ville qui n'a qu'une ou deux foires par an peut avoir un ou plusieurs marchés par semaine.

On nomme aussi *marché* le lieu où se vendent les marchandises et denrées. — Voy. HALLES ET MARCHÉS.

Etablissement. — Aux termes de l'article 46 § 24, de la loi du 10 août 1874, et. 68 § 13 de la loi du 5 avril 1884, relative aux attributions des conseils généraux, ces assemblées statuent définitivement sur les délibérations des conseils municipaux ayant pour but l'établissement, la suppression et les changements des foires et marchés.

Cette mesure législative ne s'applique pas, bien entendu, aux simples marchés d'approvisionnement local, qui, en vertu de la loi du 5 avril 1884, art. 68 § 13, peuvent être établis dans une commune, sur la seule délibération de son conseil municipal, qui est exécutoire par elle-même sauf la réserve mentionnée au dernier paragraphe de cet article.

Pour l'autorisation des foires, l'intérêt du commerce et la commodité des habitants sont seuls pris en considération. Les foires trop multipliées se nuisent réciproquement et nuisent à l'agriculture, en ce que les habitants des campagnes abandonnent leurs travaux, et perdent, sans une nécessité réelle, un temps précieux dans ces réunions. C'est à l'autorité supérieure à peser avec le plus grand soin tous les intérêts que l'établissement ou la suppression d'une foire peuvent affecter.

Lorsqu'une commune demande l'établissement, la suppression ou le changement d'une foire ou d'un marché, le préfet doit provoquer les délibérations des conseils municipaux de toutes les communes qui peuvent y avoir intérêt, et notamment de celles qui, ayant elles-mêmes des foires ou marchés dont l'époque serait rapprochée de ceux qu'il s'agit d'établir, sont notoirement touchées par la nouvelle création. On doit aussi présumer intéressées, non seulement toutes les communes du canton, mais encore celles qui sont situées hors de ses limites et dans un rayon de deux myriamètres environ du lieu d'où vient la demande. Chaque demande doit être accompagnée de renseignements sur l'état de la population et sur l'importance des produits agricoles et industriels de la commune, et d'un tableau des foires et marchés existant dans le canton et dans les localités voisines, contenant les indications suivantes : 1° nom des communes; 2° distance; 3° nombre des foires; 4° époque et durée de chaque foire; 5° marchandises et denrées qu'il est d'usage d'y mettre en vente; 6e obstacles ou facilités des communications avec la commune qui demande; 7° importance relative de chaque foire; 8° observations. (Circ. minis., 22 septembre 1838.)

Les délibérations des conseils municipaux sont communiquées, avec les avis du sous-préfet et du préfet, au conseil d'arrondissement, et le conseil général statue définitivement. — *Dict. des formules,* n°s 784, 785, 786, 787.

Lorsqu'il s'agit de foires et de marchés à établir dans des communes situées à moins de deux myriamètres d'un département voisin, le conseil général de ce département doit être préalablement consulté conformément aux dispositions du décret du 13 août 1864. La loi du 10 août 1871, en transportant du préfet au conseil général le droit de statuer sur les créations de foires, n'a en effet rien innové à ce point de vue; mais en cas de dissentiment entre les deux assemblées départementales, la question s'était élevée de savoir à qui resterait le dernier mot. Le conseil d'Etat, consulté par le ministre de l'agriculture et du commerce, avait décidé (avis du 5 octobre 1872) qu'un conseil général excéderait ses pouvoirs en prenant une décision malgré l'opposition des conseils généraux cointéressés. Aucune autorité n'étant chargée de départager les assemblées départementales, il en résultait des conflits sans issue, très préjudiciables aux intérêts des communes. La loi du 3 août 1879 a comblé cette lacune en décidant que les conseils généraux des départements voisins n'ont plus désormais qu'à émettre un simple avis et que leur opposition ne peut faire échec au droit de décision du conseil général du département dans lequel est située la commune en instance. (Cir. Int. 9 août 1879.)

Droits de place. — La loi du 5 avril 1884, article 133, range au nombre des recettes municipales les droits de place à percevoir dans les foires et marchés. Le tarif de ces droits, voté par le conseil municipal, doit être approuvé par le préfet. (L. du 5 avril 1884, art. 67.) — Voy. HALLES ET MARCHÉS, DROITS DE LOCATIONS ET DE PLACES, et *Dict. des form.,* n°s 787, 788.)

Police. — La police des foires et marchés appartient au maire. Il a le droit de fixer par un règlement les heures d'ouverture et de clôture de la vente; d'interdire aux marchands d'exposer leurs marchandises sur la voie publique ailleurs que dans les emplacements affectés à la tenue des foires ou marchés; d'assigner, quand il y a lieu, à chaque espèce de denrées la place spéciale où elle doit être mise en vente; de prendre toutes les mesures nécessaires pour maintenir la liberté de la circulation et la sûreté du passage; de déterminer les emplacements où doivent être rangées les voitures; de prescrire la vérification des marchandises ou denrées qui sont sujettes à se corrompre; d'exiger que les marchands soient munis des assortiments de poids et mesures prescrits; en un mot, de prendre toutes les mesures nécessaires pour assurer le maintien du bon ordre, ainsi que la fidélité du débit et la salubrité des denrées. (L. 5 avril 1884, art. 97.)

Les maires doivent exercer une surveillance particulière sur les charlatans, saltimbanques, chanteurs publics et autres industriels qui se rendent ordinairement dans les foires et marchés pour exploiter la crédulité des gens de la campagne. Ils peuvent les obliger à se munir, avant de se présenter sur les foires et marchés, d'une permission de la mairie ou du commissaire de police, permission qui ne leur est accordée que sur le vu des passeports, certificats et autres pièces qui justifient de leur identité et de leur moralité. — Voy. CHANTEURS PUBLICS, CHARLATANS, SALTIMBANQUES.

Les règlements pris par les maires sur ces divers objets doivent être affichés d'une manière apparente dans la commune pendant la durée des foires et marchés, et publiés à son de trompe ou de caisse dans les lieux accoutumés. — *Dict. des formules*, n°$_r$ 789-790.

Les maires ont le droit de requérir une force armée suffisante pour assurer le maintien de l'ordre public. Il est recommandé spécialement aux brigadiers de gendarmerie de se tenir à la portée des lieux où se tiennent les foires et marchés et de seconder, dans ces circonstances, la vigilance des autorités locales. — Voy. GENDARMERIE, POLICE MUNICIPALE.

Folle enchère. Enchère faite par un individu qui ne peut ou ne veut pas remplir les engagements qu'il a pris dans une adjudication publique en se portant adjudicataire. On appelle poursuites sur folle enchère la procédure qui est suivie pour amener la revente ou la relocation de l'objet adjugé primitivement au fol enchérisseur. — Voy. ADJUDICATIONS, ENCHÈRES.

Fonctionnaires publics. — Agents qui exercent une portion de l'autorité et de la puissance publiques. On distingue deux sortes de fonctionnaires publics : ceux de l'ordre administratif; ceux de l'ordre judiciaire.

Chaque branche de service a sa hiérarchie de fonctionnaires qui se rattache à un département ministériel. Chaque fonctionnaire exerce ses attributions dans la circonscription territoriale qui lui est assignée. — Voy. ADMINISTRATION, CIRCONSCRIPTIONS ADMINISTRATIVES.

La loi déclare coupables de forfaiture et punit de la dégradation civique les fonctionnaires publics qui auraient, par délibération, arrêté de donner des démissions dont l'objet ou l'effet serait d'empêcher ou de suspendre, soit l'administration de la justice, soit l'accomplissement d'un service quelconque. (C. P., art. 126.) — Voy. ADMINISTRATION, MAIRES ET ADJOINTS, PRÉFETS, SOUS-PRÉFETS, etc.

Fondation. — Donation ou legs en faveur d'un établissement public ou religieux, à charge d'un service ou d'aumônes.

Les fondations portant création d'hospices ou autres établissements d'utilité publique ne peuvent avoir lieu qu'avec l'autorisation du gouvernement.

L'acceptation des fondations par des établissements existants est soumise aux mêmes formes que celle des dons et legs. (Circ. min. 5 mai 1852.) — Voy. DONS ET LEGS, FABRIQUE, HOSPICES.

Fondé de pouvoirs. — On nomme ainsi celui qui a reçu un mandat ou procuration lui donnant le pouvoir de faire quelque chose pour le mandant et en son nom. (C. civ., art. 1984.)

Le mandat peut être donné, ou par acte public, ou par écrit sous seing privé, même par lettre. L'acceptation du mandat peut n'être que tacite, et résulter de l'exécution qui lui a été donnée par le mandataire. (Id., art. 1985.)

Il est des cas cependant où le mandat doit être notarié : telles sont les procurations données par les parties pour se faire représenter dans les actes de l'état civil, le mandat de faire ou d'accepter une donation, etc. Au contraire, les procurations des déposants aux caisses d'épargne et à la Caisse des retraites pour la vieillesse, soit pour verser, soit pour toucher des fonds à ces caisses, peuvent être valablement faites par acte sous seing privé.

Dans le cas d'absence autorisée ou d'empêchement légitime, les percepteurs receveurs municipaux peuvent se faire remplacer par un fondé de pouvoirs, qui gère pour leur compte et sous leur responsabilité. — Voy. CAISSE DES RETRAITES DE LA VIEILLESSE, CAISSES D'ÉPARGNE, ÉTAT CIVIL, PERCEPTEURS RECEVEURS MUNICIPAUX.

Fonderies. — Les fonderies de métaux sont rangées dans la deuxième classe des établissements dangereux, insalubres ou incommodes.

Les fonderies de suif en branches à feu nu et la fabrication du suif d'os sont comprises dans la première classe des établissements insalubres, c'est-à-dire qui doivent être éloignés des habitations particulières. Les fonderies de suif au bain-marie ou à la vapeur sont comprises dans la seconde classe, qui embrasse les manufactures et ateliers dont l'éloignement des habitations n'est pas rigoureusement nécessaire, mais dont il importe de ne permettre la formation qu'après avoir acquis la certitude que les opérations qu'on y pratique sont exécutées de manière à ne pas incommoder les propriétaires du voisinage ni à leur causer du dommage.

La cuisson de têtes d'animaux dans des chaudières établies sur un fourneau de construction, quand elle n'est pas accompagnée de fonderie de suif, rentre dans la troisième classe des établissements insalubres qui peuvent rester sans inconvénient auprès des habitations, mais qui sont soumis à la surveillance de la police.

La création de ces divers établissements est soumise à une autorisation dont les formalités varient suivant la classe à laquelle ils appartiennent. — Voy. ÉTABLISSEMENTS DANGEREUX, INSALUBRES OU INCOMMODES.

Fonds communaux. — Les fonds communaux provenant d'excédents de recettes sont placés en compte courant au Trésor. Le taux de l'intérêt alloué à ces fonds a été abaissé à 2 0/0 à partir du 1er janvier 1880. (Circ. 3 décembre 1879.) A partir de la même date toutes les sommes appartenant aux communes, provenant d'emprunts et qui seront versées par les receveurs municipaux aux receveurs des finances, ne seront plus productives d'intérêts. (Circ., 8 décembre 1879.)

Fonds de non-valeurs. — Fonds pris sur les centimes imposés additionnellement au principal des contributions foncière, personnelle et mobilière, et mis à la disposition des préfets pour couvrir les remises et modérations accordées sur ces contributions. — Voy. CENTIMES ADDITIONNELS, CONTRIBUTIONS DIRECTES.

Fonds de subvention aux départements. — L'article 58 de la loi du 10 août 1871 a affecté sur les fonds généraux du budget un fonds destiné à venir en aide par des subventions aux départements qui, en raison de leur situation financière, doivent recevoir une allocation. Ce fonds est réparti annuellement entre eux par une loi.

Fontaines publiques. — Les fontaines publiques servent non seulement aux usages domestiques, mais elles servent aussi à l'embellissement et à l'assainissement des villes, bourgs et villages.

Police. — Les fontaines publiques sont considérées comme monuments d'utilité publique. Quiconque les détruit ou les dégrade est passible d'un emprisonnement d'un mois à deux ans, et d'une amende de 100 à 500 francs. (C. P., art. 257.)

Les maires doivent veiller à la propreté des fontaines publiques, et en régler au besoin l'usage. Ils ont le droit de défendre par un règlement de déposer des immondices et de gêner la circulation aux abords des fontaines, d'y laver du linge, des légumes et autres objets, d'y abreuver des chevaux ou d'autres animaux, de détourner l'eau des fontaines ou d'en arrêter le cours par quelque moyen que ce soit. Ils peuvent prescrire, en outre, à chacun de puiser l'eau selon son tour d'arrivée, et de se retirer dès que son vase est plein.

Les contraventions aux règlements pris par les maires concernant la police des fontaines publiques sont constatées par des procès-verbaux et punies par le tribunal de simple police, conformément à l'article 471 du Code pénal. — *Dict. des formules,* nos 791 à 794.

Les dégradations sont, comme on l'a vu, punies de peines plus graves, et rendent ceux qui les commettent justiciables du tribunal de police correctionnelle. Les procès-verbaux qui les constatent doivent, en conséquence, être adressés au procureur de la République.

Construction et entretien. — Les travaux de construction des fontaines publiques sont entrepris et réalisés conformément aux règles qui doivent être suivies pour tous les travaux communaux. Lorsque le projet a été régulièrement approuvé, le maire fait procéder à son exécution par voie d'adjudication publique.

Les fontaines sont, en général, construites sur le sol des voies communales ; on doit avoir soin de les placer à une distance des maisons riveraines suffisante pour qu'elles n'y occasionnent ni humidité, ni incommodité. Dans le cas où les propriétaires riverains prétendraient que le voisinage des fontaines leur porte préjudice, ils pourraient intenter contre la commune une action en dommages devant les juges compétents ; mais cette action ne saurait ni entraver, ni retarder les travaux. (Décis. min. 20 août 1841.)

Le propriétaire d'une source ne peut pas en changer le cours lorsqu'il fournit aux habitants d'une commune, village ou hameau, l'eau qui leur est nécessaire ; mais si les habitants n'en ont pas acquis ou prescrit l'usage, le propriétaire peut réclamer une indemnité, laquelle est réglée par experts. (C. civ., art. 643.)

Les conseils municipaux allouent ordinairement un crédit au budget pour le salaire des personnes qui sont chargées du nettoiement et de la réparation des fontaines publiques, du curage des aqueducs, de l'entretien des tuyaux de conduite, etc. Ce service peut faire l'objet d'une adjudication publique, ou être concédé par traité de gré à gré. Dans ce cas, l'adjudicataire ou concessionnaire est chargé de faire toutes les réparations de simple entretien nécessaires. Les grosses réparations et les travaux extraordinaires restent seuls à la charge de la commune.

Concessions d'eau. — Les communes qui possèdent des eaux plus que suffisantes pour le service public peuvent concéder à des particuliers le superflu de ces eaux, soit au moyen d'abonnements annuels, soit pour une durée de plusieurs années, à charge de redevance au profit de la caisse municipale. Le prix de l'abonnement est fixé par un tarif délibéré par le conseil municipal et approuvé par le préfet. — Voy. EAUX PUBLIQUES.

Ces concessions sont toujours faites à titre précaire ; car les eaux qui alimentent les fontaines font partie du domaine public de la commune, et, étant à ce titre inaliénables et imprescriptibles, elles peuvent toujours être retirées au particulier qui a obtenu une concession, lorsqu'elles deviennent nécessaires aux besoins publics. (Arrêt de cass. 24 janvier 1883.)

Forçats libérés. — Les frais de route des forçats libérés sont acquittés sur les centimes du département où s'effectue la dépense, sans qu'il y ait lieu à aucune espèce d'indemnité ; ils sont avancés par les receveurs municipaux, qui, par l'entremise des maires et des sous-préfets, en suivent le remboursement auprès de la préfecture. (Circ. min. 20 janvier 1836.)

Les forçats libérés sont reçus gratuitement dans les hospices. (Décis. min. 22 août 1826.) — Voy. BAN, FEUILLES DE ROUTE, PASSEPORT, POLICE, SURVEILLANCE.

Force majeure. — C'est un cas imprévu et d'un effet irrésistible. Personne n'est responsable du fait exécuté ou des dommages causés par force majeure. (C. civ., art. 1148, 1730, 1929, 1954 ; C. P. art. 64.)

Force publique. — On entend par force publique cette partie des citoyens qui est armée pour le maintien des lois à l'intérieur et pour la défense du territoire contre les attaques extérieures.

La force publique est placée sous l'autorité et la direction du pouvoir exécutif. Elle se compose principalement de l'armée de terre, de l'armée navale et de la gendarmerie.

On doit considérer comme faisant partie de la force publique : les préposés du service actif des douanes, qui sont organisés militairement en brigades ; les gardes forestiers, les gardes champêtres et les gardes particuliers ; les officiers de paix, inspecteurs, sergents de ville, appariteurs et autres agents de police, dont l'assistance peut être requise et employée lorsqu'elle est jugée nécessaire par l'autorité compétente pour le maintien de l'ordre ou la défense du territoire.

Les fonctionnaires de l'ordre civil, quels qu'ils soient, ne doivent jamais donner d'ordre direct à aucune partie de l'armée ; ils ne peuvent agir sur elle que par la voie de réquisition adressée à ses commandants dans l'ordre hiérarchique.

Les réquisitions doivent être faites par écrit, à moins qu'il n'y ait urgence ou péril en la demeure.

Tous les officiers de police judiciaire ont, dans l'exercice de leurs fonctions, le droit de requérir directement la force publique (C. I. C., art. 25). Mais ils doivent en informer immédiatement leurs supérieurs.

Toute attaque, toute résistance avec violences et voies de fait envers la force publique, est qualifiée, selon les circonstances, crime ou délit de rébellion, et punie des peines portées aux articles 210 à 221 du Code pénal. — Voy. Armée, Gendarmerie, Police judiciaire, Réquisitions.

Forêts. — On désigne ainsi tous les espaces de terrains plantés d'arbres. Les mots *bois* et *forêts* sont synonymes.

Le code forestier, promulgué le 31 juillet 1827, et l'ordonnance d'exé-cution du 1er août de la même année composent aujourd'hui toute la législation forestière.

Ce code soumet au régime forestier : 1° les bois et forêts qui font partie du domaine de l'Etat ; 2° les bois et forêts des communes et des sections de communes ; 3° ceux des établissements publics ; 4° les bois et forêts dans lesquels l'Etat, les communes ou les établissements publics ont des droits de propriété indivis avec des particuliers.

Les particuliers exercent sur leurs bois tous les droits résultant de la propriété, sauf les restrictions spécifiées dans la loi, (C. f.. art. 1 et 2.) Notamment en ce qui touche le défrichement qui ne peut avoir lieu qu'après déclaration préalable non suivie d'opposition de la part de l'administration (art. 219 à 226 Code forestier). Le propriétaire d'un bois n'est pas recevable à se pourvoir au contentieux contre la décision du ministre des finances, qui, pour confirmer l'opposition au défriche-ment, s'est fondé sur des motifs tirés de la nécessité de conserver l'existence ou le régime des cours d'eau et d'empêcher l'aggravation des dégâts résultant de leur débordement. (Arrêt cons. d'Et. 17 mai 1878.)

Les attributions conférées par le code forestier à l'administration des forêts, sont exercées sous l'autorité du ministre des finances, par une direction générale, composée d'un directeur général et de trois admi-nistrateurs, et qui a sous ses ordres : 1° des agents sous les dénomina-tions de conservateurs, d'inspecteurs, de sous-inspecteurs et de gardes généraux ; 2° des brigadiers et des gardes forestiers (O. 1er août 1827, art. 1, 2 et 11) (1). Un décret en date du 23 octobre 1883 a modifié l'organisation du personnel de l'administration forestière en le divisant en conservations forestières formées d'un ou de plusieurs départements. Les conservations sont subdivisées en inspections dont la gestion est confiée à des inspecteurs assistés d'inspecteurs adjoints. Le titre de garde général avait été supprimé, mais il a été rétabli. On a aussi créé au domaine des Barres (Loiret) une école pratique pour faciliter aux simples préposés l'accès au grade d'inspecteur.

Chacun des agents forestiers fait, suivant l'ordre hiérarchique, les opérations, vérifications et tournées qui lui sont prescrites, en exécution du code forestier; surveille le service des agents et gardes qui lui sont subordonnés et leur transmet les ordres et les instructions qu'il reçoit de ses supérieurs. Il peut faire suppléer, en cas d'empêchement, les agents et gardes employés sous ses ordres, à la charge d'en rendre compte, sans délai, à son supérieur immédiat. (Id., art. 14.) — Voy. AGENTS FORESTIERS, BOIS DES COMMUNES ET DES ÉTABLISSEMENTS PUBLICS, BOIS DES PARTICULIERS, DÉFRICHEMENT, GARDES FORESTIERS, REBOISEMENT, USAGES.

Forfait (Marché à). — Terme de pratique pour exprimer une convention par laquelle on s'engage à faire une chose, pour un certain prix en acceptant toutes les chances de gain ou de perte. — Voy. FOURNITURES, MARCHÉS, TRAVAUX PUBLICS.

Forfaiture. — On appelle ainsi tout crime commis par un fonctionnaire dans l'exercice de ses fonctions. (C. p., art. 166.)

Toute forfaiture pour laquelle la loi ne prononce pas de peines plus graves, est punie de la dégradation civique. (Id., art. 167.)

Les simples délits ne constituent pas les fonctionnaires publics en forfaiture. (Id., art. 168.)

Sont coupables de forfaiture et punis de la dégradation civique les fonctionnaires publics qui ont, par délibération, arrêté de donner des démissions, dont l'objet ou l'effet pourrait être d'empêcher ou de suspendre, soit l'administration de la justice, soit l'accomplissement d'un service quelconque. (C. p., art. 126.)

La loi déclare encore coupable de forfaiture et punit de la dégradation civique : 1° les juges, les procureurs généraux ou de la République ou leurs substituts, les officiers de police qui s'immiscent dans l'exercice du pouvoir législatif, soit par des règlements contenant des dispositions législatives, soit en arrêtant ou en suspendant l'exécution d'une ou plusieurs lois, soit en délibérant sur le point de savoir si les lois seront publiées ou exécutées; 2° les juges, les procureurs généraux ou de la République ou leurs substituts, les officiers de police judiciaire qui ont excédé leur pouvoir en s'immisçant dans les matières attribuées aux autorités administratives, soit en faisant des règlements sur ces matières soit en défendant d'exécuter les ordres émanés de l'administration, ou

(1) Par décret du 15 décembre 1877, la direction des forêts a été distraite des forêts et rattachée au ministère de l'agriculture.

Par décret du 23 décembre 1882, il a été institué un conseil de perfectionnement de l'enseignement forestier chargé de rechercher et de proposer les améliorations qu'il conviendrait d'apporter à l'enseignement, aux programmes d'admission et au régime des écoles forestières.

qui, ayant permis ou ordonné de citer les administrateurs pour raison de l'exercice de leurs fonctions, persistent dans l'exécution de leurs jugements ou ordonnances, nonobstant l'annulation qui en a été prononcée ou le conflit qui leur a été notifié. (Id., art. 127.)

Enfin la loi déclare coupables de forfaiture et punit de la dégradation civique les juges ou administrateurs qui se sont décidés par faveur pour une partie ou par inimitié contre elle. (Id., art. 183.) — Voy. FONCTION-NAIRES PUBLICS.

Forges. — Usines où l'on travaille la mine de fer. Ateliers où l'on forge.

Celui qui fait construire une forge près d'un mur mitoyen ou non est obligé à laisser la distance prescrite par les règlements et usages particuliers, ou à faire les ouvrages prescrits par les mêmes règlements et usages pour éviter de nuire au voisin. (C. civ., art. 674.)

Aux termes de la loi du 21 avril 1810, il ne peut être établi aucune forge ou martinet pour ouvrer le fer et le cuivre, sans une permission du gouvernement accordée dans la forme des règlements d'administration publique.

De plus, comme ces usines peuvent porter préjudice aux propriétés voisines ou présenter des inconvénients sous le rapport de la sûreté et de la salubrité publiques, elles sont rangées parmi les établissements dangereux, insalubres ou incommodes, et leur autorisation est soumise aux formalités prescrites par ces sortes d'établissements. — Voy. ÉTA-BLISSEMENTS DANGEREUX, INSALUBRES OU INCOMMODES; USINES.

Fortifications. — Les portes, murs, fossés, remparts des places de guerre et des forteresses font partie du domaine public. Il en est de même des terrains des fortifications et remparts des places qui ne sont plus places de guerre; ils appartiennent à l'Etat s'ils n'ont été valablement aliénés, ou si la propriété n'en a pas été prescrite contre lui. (C. civ., art. 540 et 541.)

L'ordonnance du 1er août 1821 fixe le mode d'exécution de la loi du 17 juillet 1819, sur les servitudes imposées à la propriété pour la défense de l'Etat.

L'expropriation ou l'occupation temporaire, en cas d'urgence, des propriétés privées qui sont jugées nécessaires pour des travaux de fortifications, ont lieu conformément aux dispositions prescrites par la loi du 30 mars 1831. Toutefois, lorsque les propriétaires ou autres intéressés n'ont pas accepté les offres de l'administration, le règlement définitif des indemnités a lieu conformément aux dispositions de la loi du 3 mai 1841. — Voy. EXPROPRIATION POUR CAUSE D'UTILITÉ PUBLIQUE.

Fossé. —Espace de terrain creusé en long pour clore un héritage ou pour servir à l'écoulement des eaux.

La largeur des fossés qui bordent les grandes routes doit être au moins de 1m,945 dans le haut, de 0m,650 dans le bas et la profondeur de 0m,975, en observant la pente nécessaire pour l'écoulement des eaux.

Les lois du 21 mai 1836 et du 20 août 1881 ont donné à l'administration le droit de statuer sur tout ce qui est relatif aux fossés des chemins vicinaux et ruraux ainsi qu'à leur curage.

Le curage et l'entretien des fossés qui font partie des grandes routes et des chemins vicinaux sont opérés par les soins de l'administration publique, et sur les fonds affectés à la viabilité desdites routes et chemins. Les maires, leurs adjoints, les gardes champêtres, concourent à la surveillance des fossés comme des autres parties de la voie publique; en cas de dégradation, ils doivent en dresser procès-verbal.

Les encombrements, détériorations et comblements de fossés constatés par les maires, adjoints, gardes champêtres, gendarmes et officiers de police municipale, sont dénoncés aux tribunaux, s'il s'agit d'un chemin vicinal ou rural, et au préfet, s'il est question d'une route nationale ou départementale.

Les fossés destinés à conserver et à assainir les chemins publics ne sont pas les seuls qui appellent la vigilance des maires. Ils doivent surveiller également ceux dont l'entretien est à la charge des particuliers. Le défaut de curage des fossés d'écoulement peut engendrer des émanations pestilentielles; il est donc nécessaire, dans l'intérêt de la santé publique, que la police locale assure, chaque année, la nettoiement des fossés de cette espèce.

L'article 456 du code pénal prononce, contre ceux qui ont comblé des fossés bordant des héritages, un emprisonnement d'un mois à une année, et une amende égale aux restitutions et aux dommages-intérêts, lesquels ne peuvent dans aucun cas être au-dessous de 50 francs. — *Dict. des formules*, n° 796. — Voy. CHEMINS VICINAUX, ROUTES, VOIRIE.

Fosses d'aisances. — Les fosses d'aisances ne peuvent être construites qu'à une certaine distance des héritages voisins et surtout des puits. L'article 674 du code civil oblige celui qui fait creuser une fosse d'aisance, près d'un mur mitoyen ou non, à laisser la distance prescrite par les règlements et usages particuliers, ou à faire les ouvrages prescrits par les mêmes règlements et usages, pour éviter de nuire au voisin.

La construction et la vidange des fosses d'aisances intéressant la santé publique, l'autorité municipale a le droit de déterminer toutes les mesures de commodité et de salubrité qu'elle juge convenables. — Voy. VIDANGES. — *Dict. des formules*, n° 797.

Fossoyeur. — Celui qui fait les fosses pour les inhumations.

Le maire nomme le fossoyeur et fixe la rétribution qui lui sera allouée pour le prix de chaque fosse.

Dans les villes, le prix des fosses est ordinairement de deux francs, pour toute personne au-dessus de douze ans, et d'un franc pour les enfants au-dessous de cet âge. Il n'est rien dû pour les fosses des indigents.

Lorsqu'il est alloué au fossoyeur un traitement fixe, le conseil municipal est appelé à délibérer sur le chiffre de ce traitement, et à voter le crédit nécessaire.

Le maire doit donner connaissance au fossoyeur, soit dans l'arrêté de nomination, soit par un arrêté spécial, des dispositions du décret du 23 prairial an XII, articles 4, 5 et 17, portant que chaque fosse doit être distante des fosses voisines, de trois à quatre décimètres sur les côtés, et de trois à cinq décimètres à la tête et aux pieds; qu'elle doit avoir un mètre et demi à deux mètres de profondeur, et être remplie après l'inhumation de terre bien foulée; que, en aucun cas, les fosses ne peuvent être rouvertes pour de nouvelles sépultures avant cinq années révolues; enfin, qu'aucune inhumation ne peut être faite qu'en vertu d'une autorisation écrite donnée par le maire. Voy. CIMETIÈRE, INHUMATIONS. — *Dict. des formules*, n° 798.

Fou. — La loi du 5 avril 1884 art. 97, § 7, charge le maire de prendre provisoirement les mesures nécessaires contre les aliénés dont l'état pourrait compromettre la morale publique la sécurité des personnes ou la conservation des propriétés.

Le code pénal, articles 475 et 478, punit ceux qui contreviennent aux dispositions prises par le maire, d'une amende de 6 francs jusqu'à dix francs inclusivemeut, et, en cas de récidive, d'un emprisonnement pendant cinq jours au plus. — Voy. ALIÉNÉS, POLICE MUNICIPALE. — *Dict. des formules*, nᵒˢ 799 et 799 *bis*.

Fouilles. — La propriété du sol emporte la propriété du dessus et du dessous. Le propriétaire peut faire au-dessous toutes les constructions et fouilles qu'il juge à propos, et tirer de ces fouilles tous les produits qu'elles peuvent fournir, sauf les modifications résultant des lois et règlements relatifs aux mines, et des lois et règlements de police. (C., civ., art. 552.)

L'autorité municipale ne doit pas tolérer les fouilles dont l'exécution pourrait compromettre la sûreté publique.

L'administration peut pratiquer des fouilles sur les héritages des propriétaires voisins des routes et chemins publics, pour prendre dans ces héritages, moyennant indemnité préalable, tous les matériaux nécessaires à la confection et à l'entretien des routes et des chemins vicinaux et ruraux reconnus. (L. 28 septembre-6 octobre 1791, titre I, sect. VI, art. 21; 21 mai 1836, art. 17, et 20 août 1881, art. 149.)

Toutes les contestations ayant pour objet ces fouilles et prises de matériaux doivent être portées devant les conseils de préfecture en premier ressort et au conseil d'Etat par appel. (L. 28 pluviôse an VIII, art. 4.) — Voy. CARRIÈRES, CHEMINS VICINAUX et RURAUX, MINES, TRAVAUX PUBLICS.

Fournitures. — On entend par ce mot les approvisionnements nécessaires à un service public.

Les entreprises pour fournitures au nom des communes doivent, en général, être données avec concurrence et publicité, c'est-à-dire dans les formes de l'adjudication publique. Néanmoins il peut être traité de gré à gré, dans les conditions prévues par l'ordonnance du 14 novembre 1837 (Loi 5 avril 1884, art. 115), pour les fournitures dont la valeur n'excède pas 3,000 francs. Il peut également être traité de gré à gré, à quelque somme que s'élèvent les fournitures, moyennant l'approbation du préfet : 1° pour les objets dont la fabrication est exclusivement attribuée à des porteurs de brevets d'invention ou d'importation; 2° pour les objets qui n'ont qu'un possesseur unique; 3° pour les ouvrages et les objets d'art et de précision dont l'exécution ne peut être confiée qu'à des artistes éprouvés; 4° pour les exploitations, fabrications et fournitures qui ne seraient faites qu'à titre d'essai; 5° pour les matières et denrées qui, en raison de leur nature particulière et de la spécialité de l'emploi auquel elles sont destinées, doivent être achetées et choisies aux lieux de production ou livrées sans intermédiaires par les producteurs eux-mêmes; 6° pour les fournitures qui n'auraient été l'objet d'aucune offre aux adjudications, et à l'égard desquelles il n'aurait été proposé que des prix inacceptables ; 7° pour les fournitures qui, dans les cas d'urgence absolue et dûment constatée, amenés par des circonstances imprévues, ne pourraient pas subir les délais des adjudications. (O. 14 novembre 1887, art. 1er et 2 ; D. 25 mars 1852, tableau A, n° 48.) Les traités de gré à gré qui ont pour objet l'exécution par entreprises des travaux d'ouverture des nouvelles voies publiques et tous autres travaux communaux, sont approuvés par le préfet ou par décret dans le cas où la ville a 3 millions de revenus. (L. 5 avril, 1884, art. 115.)

Les dispositions qui précèdent s'appliquent aux bureaux de bienfaisance, lesquels sont soumis sous ce rapport aux mêmes règles que les communes ; mais elles subissent, en ce qui concerne les hospices et hôpitaux, quelques modifications que nous allons indiquer.

Les commissions administratives de ces derniers établissements règlent, par leurs délibérations le mode et les conditions des marchés pour fournitures dont la durée n'excède pas une année ; ces délibérations sont exécutoires si, trente jours après la notification officielle, le préfet ne les a pas annulées. Quant aux fournitures dont la durée excède une année, les délibérations sont soumises à l'avis des conseils municipaux et suivent, quant aux autorisations, les mêmes règles que les délibérations de ces conseils. Les commissions administratives des hospices et hôpitaux peuvent, en outre, d'accord avec le conseil municipal sous l'approbation du préfet, traiter de gré à gré ou par voie d'abonnement, de la fourniture des aliments et des objets de consommation nécessaires aux établissements. (L. 7 août 1851, art. 8, 9, 10 et 15.) — Voy. Hospices.

Les adjudications publiques relatives à des fournitures qui ne pourraient être sans inconvénient livrées à une concurrence illimitée, peuvent être soumises à des restrictions qui n'admettent à concourir que des personnes préalablement reconnues capables par l'administration et produisant les titres justificatifs exigés par les cahiers des charges. (O. 14 nov. 1837, art. 3.)

Les cahiers des charges déterminent la nature et l'importance des garanties que les fournisseurs et entrepreneurs auront à produire, soit pour être admis aux adjudications, soit pour répondre de l'exécution de leurs engagements ; ils déterminent aussi l'action que l'administration exercera sur ces garanties, en cas d'inexécution de ces engagements. (Id., art. 4.) — Voy. Cautionnements.

Les formes des adjudications et des traités de gré à gré ont été l'objet dans ce dictionnaire d'articles spéciaux auxquels on doit se reporter.— Voy. Adjudication, Traité de gré a gré, Travaux communaux.

Les contestations qui naissent de marchés ainsi passés sont de la compétence des conseils de préfecture ou des tribunaux ordinaires, suivant qu'il s'agit ou non de travaux publics.

Fourrages. — Le Code pénal punit d'un emprisonnement, qui ne peut être au-dessous de six jours ou au-dessus de deux mois, celui qui a coupé des grains ou des fourrages qu'il savait appartenir à autrui. Le coupable est puni du maximum de la peine si le fait a été commis pendant la nuit. (C. p., art. 449 et 450.) — Voy. Grains, Police rurale.

La loi du 7 vendémiaire an IV (29 septembre 1795) accorde aux maires le droit d'inspecter les bottes de foin ou de paille apportées dans les marchés, de dresser procès-verbal des contraventions au poids et à la qualité des fourrages, et, au besoin, de les mettre en séquestre.

A cause des dangers d'incendie, qui naissent des dépôts considérables de foin et de paille dans les maisons, les maires peuvent défendre par un arrêté qu'il soit formé dans la commune aucun magasin de détaillant de fourrages et de paille sans une permission spéciale, qui n'est délivrée qu'après visite et examen des lieux.

Le maire a le droit, en outre, de défendre, par un arrêté, aux propriétaires et marchands de fourrages, d'acheter et de vendre des fourrages partout ailleurs qu'aux marchés à ce destinés. Il y a, en conséquence, contravention à cet arrêté dans la vente qui serait faite par un cultivateur à un marchand, hors du marché, même au domicile du cultivateur. (Cass., 13 nov. 1830.)

Quant aux fournitures de fourrages faites aux troupes, les maires sont chargés de donner aux préposés du gouvernement tous les renseignements qui peuvent faciliter le service et de veiller à ce qu'il ne se commette aucun abus. Ils doivent viser, en conséquence, les marchés qui sont passés au nom de l'administration.

Dans les communes où il existe un marché aux fourrages, il est tenu une mercuriale du prix du foin. — Voy. Foins et Regains, Marchés, Mercuriales, Meules de paille et de foin, Police municipale. — Dict. des formules, nᵒˢ 800 à 803.

Fourrière. — Lieu désigné par l'autorité municipale pour recevoir en séquestre les animaux saisis en délit ou trouvés sur la voie publique, ainsi que les voitures et autres objets saisis ou trouvés avec les animaux.

Les dégâts que les bestiaux de toute espèce, laissés à l'abandon, font sur les propriétés d'autrui, soit dans l'enceinte des habitations, soit dans un enclos rural, soit dans les champs ouverts, sont payés par les personnes qui ont la jouissance des bestiaux : si elles sont insolvables, ces dégâts sont payés par celles qui en ont la propriété. Le propriétaire qui éprouve les dommages a le droit de saisir ces bestiaux, sous l'obligation de les faire conduire dans les vingt-quatre heures au lieu du dépôt qui a été désigné à cet effet par le maire. Il est satisfait aux dégâts par la vente des bestiaux, s'ils ne sont pas réclamés, ou si le dommage n'a point été payé dans la huitaine du jour du délit. (L. 28 septembre-6 octobre 1791, titre II, art. 12.)

Le droit de mettre en fourrière n'appartient pas seulement aux parties lésées ; les maires, les commissaires de police, les agents et gardes forestiers, les gardes champêtres peuvent saisir et mettre en fourrière les bestiaux laissés à l'abandon dans les champs et dans les forêts.

Le maire peut également ordonner la mise en fourrière des animaux trouvés sans conducteur sur la voie publique.

Il peut y avoir mise en fourrière, lorsque les animaux servent d'instrument de délit, par exemple, lorsqu'ils transportent des bois pris en délit ou des marchandises voyageant en contravention aux lois sur les douanes ou les contributions indirectes. En outre, il peut y avoir mise en fourrière des animaux qui sont trouvés en la possession des inculpés au moment de leur arrestation, par exemple, du cheval sur lequel le prévenu est monté ou du troupeau qu'il conduit.

Le maire doit veiller à ce que les animaux mis en fourrière soient nourris et soignés convenablement, à ce que les harnais, voitures et autres objets déposés ne puissent se détériorer. Il peut charger un vétérinaire ou un maréchal expert de cette surveillance. Il lui appartient aussi de déterminer, pour chaque jour, la ration des animaux, selon l'espèce, et les frais de fourrière.

Les animaux et tous objets périssables, pour quelque cause qu'ils aient été saisis, ne peuvent rester en fourrière ou sous le séquestre plus de huit jours. (D. 18 juin 1811, art. 39.)

La durée de la fourrière est même restreinte à cinq jours pour les bestiaux saisis en délit dans les forêts. (C. f., art. 169.) Après ces délais, la saisie provisoire peut en être ordonnée. (D. 18 juin 1811, article 39.)

Les formalités à remplir pour obtenir cette mainlevée varient selon les cas.

S'il s'agit d'animaux perdus et mis en fourrière, sans qu'il y ait eu ni contravention ni délit, les animaux peuvent être rendus au propriétaire, sur un ordre du maire, les frais de fourrière préalablement acquittés.

Si les bestiaux ont été mis en fourrière par le propriétaire lésé, et que l'autorité publique ne soit intervenue que pour indiquer le lieu où les bestiaux devaient être déposés, le propriétaire des animaux mis en fourrière n'a à débattre les conditions de la restitution qu'avec celui qui a opéré la mise en fourrière; il n'aurait besoin de recourir au juge de paix que dans le cas où les efforts qu'il tenterait à l'amiable resteraient sans effet.

Si la mise en fourrière a eu lieu à la requête de l'administration des douanes ou des contributions indirectes, c'est à ces administrations qu'on doit s'adresser pour en obtenir la mainlevée; ce sont elles qui la prononcent, sous la condition d'une caution solvable. (L. 6-22 août 1791, titre X, art. 16; 1er germinal, an XIII, art. 23.)

Si la mise en fourrière a été opérée par un agent de l'administration forestière, la mainlevée en est ordonnée par le juge de paix, à la charge du payement des frais de séquestre et moyennant une bonne et valable caution. (C. F., art. 168.)

Si elle a été opérée à l'occasion d'une contravention, et si elle a été ordonnée par un officier de police judiciaire, tel que maire, commissaire de police, garde champêtre, la mainlevée en est ordonnée aux mêmes conditions par le juge de paix. Enfin, si elle a eu lieu à l'occasion d'un crime ou d'un délit de droit commun, la mainlevée en est ordonnée par le juge d'instruction. (D. 18 juin 1811, art. 40.)

Lorsque les animaux et tous objets mis en fourrière ne doivent ou ne peuvent être restitués, la vente en est ordonnée par le juge de paix ou par le juge d'instruction, et faite à l'enchère, au marché le plus voisin. Le jour de la vente est indiqué par affiches, vingt-quatre heures à l'avance, à moins que la modicité de l'objet ne détermine le magistrat à en ordonner la vente sans formalités. Les frais de fourrière sont prélevés sur le produit de la vente, par privilège et de préférence à tous autres. (Id., art. 39 et 40.) — Voy. ANIMAUX DOMESTIQUES, POLICE MUNICIPALE. — Dict. des formules, nos 804 à 807.

Fours et cheminées. — Celui qui veut construire cheminée ou âtre, four ou fourneau près d'un mur mitoyen ou non, est obligé à laisser la distance prescrite par les règlements et usages particuliers sur ces objets, ou à faire les ouvrages prescrits par les mêmes règlements et usages, pour éviter de nuire aux voisins. (C. civ., art. 675.)

Les usages locaux dont il est ici question existent dans plusieurs contrées et se trouvent consignés dans les coutumes autrefois en vigueur.

D'après la plupart des coutumes et usages, la distance du mur au four est de 0ᵐ,16; de plus, le mur du four au fourneau, nommé *contre-mur*, est de 0ᵐ,33 d'épaisseur.

Quand il n'existe pas de règlement, le maire a le droit de déterminer le mode de construction des fours et cheminées. — *Dict. des formules*, nᵒˢ 807-809.

Les officiers municipaux sont tenus de faire, au moins une fois par an, la visite des fours et cheminées de toutes maisons et de tous bâtiments éloignés de moins de 200 mètres d'autres habitations. Ces visites doivent être annoncées huit jours d'avance. (L. 28 septembre-6 octobre 1791, titre II, art. 9, et 5 avril 1884, art. 97.)

L'officier municipal (maire, adjoint ou commissaire de police) qui procède à cette visite, doit être accompagné d'un maître maçon ou autre homme de l'art capable de donner des renseignements exacts sur l'état des fours et cheminées. Il est dressé procès-verbal de la visite et mention y est faite des fours et cheminées qui n'ont pas été trouvés en bon état et nettoyés. Les frais de cette visite sont réputés dépense obligatoire. Après la visite, la maire ordonne la réparation ou la démolition des fours et cheminées qui, par leur état de malpropreté ou de délabrement, peuvent occasionner un incendie ou des accidents.

Les habitants qui ont négligé d'entretenir, réparer ou nettoyer les fours, cheminées et usines où l'on fait usage du feu, sont punis d'amende depuis 1 franc jusqu'à 5 francs inclusivement. (C. P., art. 471, nᵒ 1.) — Voy. POLICE MUNICIPALE — *Dict. des formules*, nᵒˢ 711 et 712.

Fours à plâtre ou à chaux. — Aucun four à chaux ou à plâtre, soit temporaire, soit permanent, aucune briqueterie et tuilerie, ne peuvent être établis dans l'intérieur et à moins d'un kilomètre des forêts, sans l'autorisation du gouvernement, à peine d'une amende de 100 à 500 francs, et de démolition des établissements. (C. f., art. 151.)

Les établissements autorisés dans ces conditions sont soumis aux visites des agents et gardes forestiers, qui peuvent y faire toute perquisition sans l'assistance d'un officier public, pourvu qu'ils se présentent au nombre de deux au moins, ou que l'agent ou garde forestier soit accompagné de deux témoins domiciliés dans la commune. (Id., art. 167.)

L'ordonnance du 29 juillet 1818 a rangé les fours à chaux et à plâtre dans la seconde classe des établissements dangereux, insalubres ou incommodes. Leur création et leur déplacement sont soumis aux formalités prescrites par l'article 7 du décret du 15 octobre 1810. — Voyez ETABLISSEMENTS DANGEREUX, INSALUBRES OU INCOMMODES.

Frais d'administration des communes. — Ces frais comprennent principalement : 1° l'entretien de la maison commune ; 2° les frais de bureau, tels que le chauffage, l'éclairage, fournitures et impressions, ainsi que ceux de traitement des employés de la mairie ; 3° les frais de conservation des archives communales des archives et du *Recueil du Bulletin des lois* ; 4° l'abonnement au *Bulletin des lois* ou à l'édition du *Journal officiel spécial aux communes* ; on ne comprend plus sous cette rubrique les frais de recensement de la population ; 5° les frais des registres de l'état civil et la portion des tables décennales à la charge de la commune.

Un arrêté consulaire du 17 germinal an XI avait fixé à 50 centimes par habitant, la quotité des frais d'administration dans les communes dont la population est de cent mille âmes et au-dessous, et dont le revenu s'élève à 20,000 francs et au-dessus. Cette fixation n'est plus applicable aujourd'hui. (Circ. Int. 15 juin 1836.) — Voy. BULLETIN DES LOIS, COMPTABILITÉ COMMUNALE, ÉTAT CIVIL, MAIRIE, MONITEUR DES COMMUNES, POPULATION.

Frais de justice. — On n'emploie ces mots qu'en matière de justice criminelle, correctionnelle et de simple police.

La partie qui succombe est condamnée aux frais, même envers la partie publique. (C. I. C., art. 162 et 194.)

Les communes et les établissements publics, dans les procès instruits, ou à leur requête, ou même d'office, pour crimes ou délits commis contre leurs propriétés, sont assimilés aux parties civiles, et tenus, en conséquence, des frais d'instruction, expédition et signification des jugements, sauf leur recours contre les prévenus ou accusés qui sont condamnés, et contre les personnes civilement responsables du délit. (Id., art. 158 et 159.) Voy. POLICE JUDICIAIRE, TRIBUNAL DE POLICE.

Frais de mandats spéciaux. — Bien que la loi du 5 avril 1884 ait, comme la précédente législation, proclamé le principe de gratuité des fonctions municipales, l'article 74 reconnaît néanmoins que les maires, adjoints et conseillers municipaux ont droit au remboursement des frais que nécessite l'exécution des mandats spéciaux qui peuvent leur être confiés, tels que frais de voyage et autres du même genre qu'ils font pour les affaires municipales. Ils ne peuvent d'ailleurs réclamer le remboursement de leurs avances que sur pièces justificatives, sans qu'aucune allocation de ce genre puisse leur être accordée par voie d'abonnement. (C. I., 15 mai 1884.)

Frais de représentation. — L'article 74 de la loi du 5 avril 1884 autorise le conseil municipal à voter au maire, sur les ressources ordinaires de la commune, des frais de représentation. La nécessité de ces allocations ne se rencontre que dans quelques grandes villes où les fonctions municipales sont très onéreuses, et où il peut être équitable d'indemniser le maire des dépenses exceptionnelles qu'entraîne sa situation, mais il ne faut pas perdre de vue que le législateur n'a entendu donner aux conseils municipaux qu'une simple faculté dont ils sont toujours libres de ne pas user, et, en second lieu, que l'indemnité accordée au maire ne doit pas être un traitement déguisé et ne peut être accordée que sur les fonds du budget ordinaire. (C. 15 mai 1884.)

Frais de route des voyageurs indigents et forçats libérés. — Voy. FEUILLE DE ROUTE, FORÇATS, VOYAGEURS INDIGENTS.

Français. — La qualité de Français appartient à tous les individus qui sont nés en France soit de parents français, soit de parents étrangers, qui eux-mêmes y sont nés, soit même ceux qui ne sont pas nés France si, à l'époque voulue par les lois et règlements, ils contractent un engagement dans l'armée en renonçant, avec le consentement de leur père ou de leur mère, à la qualité d'étrangers, et enfin ceux qui ont obtenu la naturalisation. — Voy. NATURALISATION.

La qualité de Français se perd : 1° par la naturalisation acquise en pays étranger ; 2° par l'acceptation, non autorisée par le Président de la République, de fonctions publiques conférées par un gouvernement étranger; 3° enfin, par tout établissement fait en pays étranger, sans esprit de retour. Les établissements de commerce ne peuvent jamais être considérés comme ayant été faits sans esprit de retour. (Id., art. 17.)

Le Français qui a perdu sa qualité de Français peut toujours la recouvrer en rentrant en France avec l'autorisation du Gouvernement et en déclarant qu'il veut s'y fixer, et qu'il renonce à toute distinction contraire à la loi française. (Id., art. 18.) Les enfants mineurs d'un Français qui a perdu sa qualité de Français et l'a recouvrée comme il vient d'être dit, peuvent, s'ils sont mineurs, recouvrer la nationalité française par un engagement contracté dans les conditions ci-dessus, ou s'ils sont majeurs, par une simple déclaration faite dans l'année où le père aura recouvré sa nationalité. (C. art. 9, 4, 3, 11 décembre 1849, 4, 16 décembre 1874, 14 février 1882, 28 juin 1883.)

Franchise de correspondance. — La correspondance des fonctionnaires publics, exclusivement relative au service de l'État, est admise à circuler en franchise par la poste. (O. 18 novembre 1845, art. 1er.)

Des qualités qui confèrent la franchise. — On distingue deux espèces de franchises : 1° la franchise qui est déterminée par la qualité seule du fonctionnaire ou de la personne à qui l'on écrit et sans égard à la qualité de celui qui écrit; 2° la franchise qui est déterminée à la fois par la qualité de celui qui écrit et la qualité de celui à qui l'on écrit.

Pour que la première de ces deux espèces de franchises reçoive son application, il suffit que la qualité du destinataire soit exactement indiquée sur l'adresse des lettres qui lui sont envoyées. Les auteurs de ces lettres n'ont pas besoin de se faire connaître. L'application de la seconde espèce de franchise ne peut avoir lieu que sous la condition que l'auteur de la correspondance de service sera connu. L'auteur se fait connaître en apposant sur l'adresse des lettres son contre-seing.

La franchise sans contre-seing étant limitée au chef de l'État, aux ministres et à quelques hauts fonctionnaires de l'ordre judiciaire ou administratif, nous n'avons à nous occuper ici que de la franchise sous contre-seing.

Objets qui doivent être exclus de la correspondance de service. — Il est défendu de comprendre, dans les dépêches expédiées en franchise des lettres, papiers et objets quelconques étrangers au service de l'État. (O. 17 novembre 1844, art. 3.)

Dans le cas de suspicion, de fraude ou d'omission d'une seule des formalités prescrites, les préposés des postes sont autorisés à taxer en totalité les dépêches ou à exiger que le contenu des dépêches soit vérifié en leur présence par les fonctionnaires auxquels elles sont adressées, ou, en cas d'empêchement de ces fonctionnaires, par leurs fondés de pouvoir. (O. 17 novembre 1844, art. 4.)

Si de la vérification, dont nous venons de parler, il résulte qu'il y a fraude, les préposés des postes en dressent procès-verbal; ils envoient un double de ce procès-verbal au directeur de l'administration des postes qui en rend compte au ministre des finances. (Id., art. 5.)

Les fonctionnaires qui reçoivent en franchise, sous leur couvert, des lettres ou paquets étrangers au service, doivent les renvoyer au directeur des postes de leur résidence, en lui faisant connaître le lieu d'origine de ces lettres et paquets et le contreseing sous lequel ils leur sont parvenus. (Id., art. 6.)

Les lettres et paquets étrangers au service, dont la fraude a été découverte de l'une des manières que nous venons d'indiquer, sont immédiatement envoyés au destinataire après avoir été frappés de la double taxe. En cas de refus de payement de cette double taxe, ils sont transmis au directeur de l'administration des postes, qui les fait renvoyer au fonctionnaire contre signataire, lequel est tenu d'en acquitter le double port. (Id., art. 7.)

Objets assimilés à la correspondance de service. — Certains objets sont assimilés à la correspondance des fonctionnaires publics et circulent comme elle en franchise. Parmi ces objets, se trouvent : — le *Bulletin des lois* et les Tables générales et décennales de ce Bulletin ; — les budgets, rapports, comptes rendus, circulaires, proclamations ou affiches et autres publications officielles faites directement par le gouvernement ou par ses agents en son nom, moyennant que ces publications soient adressées par un fonctionnaire, dont le contreseing opère la franchise à l'égard du destinataire : — toutes autres publications ou tous imprimés concernant le service direct du gouvernement, qui ont été achetés des fonds de l'Etat sous la condition que ces imprimés soient expédiés sous bande et adressés par un fonctionnaire dont le contreseing opère la franchise à l'égard du destinataire et qu'ils soient accompagnés d'une déclaration écrite, revêtue de la signature du contresignataire et indiquant le titre de chaque ouvrage, le nombre d'exemplaires à expédier, la qualité du destinataire, que l'envoi est fait pour le service du gouvernement ; — le *Bulletin officiel du ministère de l'intérieur*, adressé par le ministre de l'intérieur aux fonctionnaires à l'égard desquels le contreseing de ce ministre opère la franchise ; — les rôles des contributions directes ; — les listes électorales ; — les listes du jury ; — les registres destinés à l'inscription des actes de l'état civil ; — les registres d'écrou, etc. (O. 17 novembre 1844, art. 8 et 9.)

Mais on ne saurait assimiler à la correspondance de service et admettre à circuler en franchise par la poste de nombreux et volumineux paquets de projets de budgets, rapports, brochures, imprimés, etc. On n'admet ces paquets en franchise qu'à la condition qu'ils ne dépassent pas 3 kilogrammes par chaque courrier et chaque expéditeur. (Lettre du ministre des postes et télégraphes au préfet de la Seine, 13 juin 1879.)

Correspondances admises à circuler sous le couvert et le contreseing de fonctionnaires intermédiaires. — Certaines correspondances sont admises exceptionnellement à circuler sous le couvert et le contreseing de fonctionnaires intermédiaires. Tels sont : la correspondance des percepteurs, receveurs municipaux avec les instituteurs de leur réunion, sous le contreseing et le couvert du maire de leur résidence pour les communes du canton, du sous-préfet ou du préfet pour les autres communes ; les avertissements destinés aux redevables de l'enregistrement, qui peuvent être expédiés de même sous le couvert et le contreseing des maires, d'une part, et des receveurs de l'enregistrement et des conservateurs des hypothèques, d'autre part. (O. 17 novembre 1844, art. 11.)

Les pièces et papiers expédiés ainsi, ne peuvent être ni pliés en forme de lettre, ni revêtus d'adresses extérieures, ni cachetés, ni fermés par fils ou attaches quelconques ; mais ils doivent être remis ouverts au fonctionnaire expéditeur, qui les plie en deux ou en quatre, pour les revêtir ensuite d'un croisé de bandes de la largeur prescrite, sur lequel croisé de bandes il appose son contreseing et formule l'adresse du fonctionnaire désigné pour transmettre cette correspondance. (O. 17 novembre 1844, art. 12.)

Du contre seing. — Le contre seing consiste dans la désignation des fonctions de l'envoyeur suivie de sa signature. La désignation des fonctions peut être imprimée sur l'adresse ou indiquée par un timbre, mais, sauf quelques exceptions, tous les fonctionnaires sont tenus d'apposer, de leur main, sur l'adresse des lettres et paquets qu'ils expédient, leur signature au-dessous de la désignation de leurs fonctions. (Id., art. 13.)

Les fonctionnaires qui jouissent de la franchise de correspondance, n'ont pas le droit de déléguer à d'autres personnes le contreseing qui leur est attribué. Toute dépêche, contresignée en contravention à cette prescription, est assujettie à la taxe.

Le directeur des postes qui reconnaît qu'une des conditions ou formalités prescrites pour procurer la franchise manque sous le rapport, soit de la formation, soit de la suscription d'une dépêche ou d'un paquet qui a été déposé à son bureau, en avertit sur-le-champ le contresignataire, afin que les rectifications à faire puissent être opérées avant le départ du courrier. (Id., art. 30.)

Lettres et paquets chargés ou recommandés. — Les lettres et paquets contresignés qui sont chargés ne peuvent être reçus ni expédiés en franchise que lorsqu'ils sont accompagnés d'une réquisition signée des autorités ou fonctionnaires qui les adressent. Les lettres et paquets contresignés qui doivent être expédiés sous chargement, sont présentés sous bandes lorsque le fonctionnaire auquel ils sont adressés ne jouit de la franchise, dans ses rapports de service avec l'expéditeur, qu'à la condition que les lettres et paquets ordinaires circulent sous bandes. Ces bandes sont fermées de deux cachets en cire avec empreinte, de même que les chargements expédiés sous enveloppe. Les cachets ne doivent porter que sur les bandes (Id., art. 47.)

De la correspondance des maires. — Les règles que nous venons d'exposer s'appliquent à la correspondance des fonctionnaires publics en général ; nous croyons devoir rappeler, en quelques mots, celles qui concernent spécialement la correspondance des maires.

Pour être admise à circuler en franchise, cette correspondance doit être exclusivement relative au service de l'administration.

Les lettres et paquets doivent être mis sous bandes croisées dont la la largeur ne peut excéder le tiers de la surface des lettres ou paquets.

En cas de nécessité, les lettres adressées au préfet ou au sous-préfet peuvent être pliées et cachetées selon la forme ordinaire, mais non sous enveloppe, et à condition : 1° que ces lettres ne dépassent pas le poids légal d'une lettre simple, c'est-à-dire 15 grammes ; 2° qu'elles ne renferment aucune lettre ou pièce quelconque ; 3° qu'indépendamment de son contreseing, le maire écrive sur l'adresse, et d'une manière apparente, le mot *confidentielle*. L'omission d'une seule de ces formalités donne lieu à l'application de la taxe. (O. 17 novembre 1844, art. 44.)

La correspondance des maires, soit qu'on l'expédie sous bandes, soit qu'elle ait lieu par lettres pliées ou cachetées, doit toujours être contresignée.

Il n'y a d'exception que pour les lettres adressées au procureur général, au procureur de la République près la cour d'assises et au procureur de la République de l'arrondissement, qui peuvent, comme celles qui sont écrites par les particuliers à ces magistrats, être simplement fermées ou placées sous enveloppe, sans condition de contre seing.

Le maire a seul qualité pour contresigner une dépêche, et il ne peut déléguer à aucune autre personne le contreseing qui lui est attribué. Ce n'est qu'en cas d'absence, de maladie ou de tout autre empêchement légitime, que l'adjoint peut contresigner les dépêches à sa place, en énonçant la cause de son intérim. Dans ce cas, la signature de l'adjoint doit être précédée de ces mots : *Pour le maire absent* ou *empêché, l'adjoint.*

Lorsque le maire remplace le sous-intendant militaire empêché, dans les villes où réside ce fonctionnaire, le contreseing doit être formulé dans les termes suivants : *Le maire remplaçant le sous-intendant militaire absent* ou *malade.* Dans les villes où il n'existe pas de sous-intendant militaire, et où le maire est appelé à en remplir les fonctions, son contreseing doit être formulé ainsi qu'il suit : *Le maire faisant fonctions de sous-intendant militaire.* (O. 17 novembre 1844, art. 19.)

Fonctionnaires avec lesquels les maires peuvent correspondre en franchise. — Les franchises postales des maires agissant tant comme délégués du gouvernement que comme officiers de police judiciaire ou suppléants légaux de l'intendant militaire, ont été modifiés, en 1882, conformément à un tableau inséré au *Bulletin officiel de l'Intérieur,* 1882, p. 291. L'étendue de ce tableau ne nous permet pas de le reproduire ici ; nous nous bornons à y renvoyer nos lecteurs.

Les maires des communes situées sur les routes nationales ou départementales, correspondent en franchise avec les inspecteurs des poudrières dans toute la France. Les maires des communes traversées par des chemins de fer en cours d'exécution correspondent de même avec les ingénieurs en chef et les ingénieurs ordinaires des ponts et chaussées chargés des travaux des sections traversant les communes administrées par les contresignataires.

Enfin, les maires des communes situées sur le littoral correspondent en franchise avec les présidents semainiers des commissions sanitaires, dans l'étendue du ressort de ces commissions. — Voy. Correspondance, Boite aux lettres, Poste aux lettres. — *Dict. des formules,* n°⁵ 498-499, 500-501.

Fraude. — On désigne ordinairement ainsi une pratique quelconque pour ne pas payer les droits établis en matière de douane, de contributions indirectes et d'octroi. — Voy. Douanes, Contributions indirectes, Octroi.

Frères de la doctrine chrétienne. — Association religieuse qui se consacre à l'instruction primaire. — Voy. Instruction primaire.

Fruits. — Produit d'une chose soit mobilière, soit immobilière ;

Le Code civil distingue trois espèces de fruits : les fruits naturels, les fruits industriels et les fruits civils.

Les fruits naturels sont ceux qui sont le produit spontané de la terre. Le produit et le croît des animaux sont aussi des fruits naturels. (C. civ., art 583.)

Les fruits industriels d'un fonds sont ceux qu'on obtient par la culture. (Id.)

Les fruits civils sont les loyers des maisons, les intérêts des sommes exigibles, les arrérages des rentes. Les prix des baux à ferme sont aussi rangés dans la classe des fruits civils. (Id., art. 584.)

Le Code pénal, article 475, n° 9, punit d'une amende de 6 à 10 francs inclusivement ceux qui, n'étant ni propriétaires, ni usufruitiers, ni jouissant d'un terrain ou d'un droit de passage, y sont entrés et y ont passé dans le temps où ce terrain était chargé de grains en tuyau, de raisins ou autres fruits mûrs ou voisins de la maturité. — *Dict. des formules*, n° 716.

Fruits et légumes. — Il est du devoir des maires de veiller à ce que les marchés soient approvisionnés en objets de première nécessité, tels que les fruits et légumes, et d'empêcher que rien de ce qui doit y être amené n'en soit détourné. Il leur appartient, en conséquence, de désigner l'emplacement affecté à la vente des fruits et légumes, et d'empêcher que les marchands forains ne les conduisent ou déposent ailleurs ; de fixer les heures de la vente en gros, de manière qu'elle ne nuise en aucune sorte à l'approvisionnement des consommateurs. Il leur appartient aussi, et c'est surtout sous ce rapport que leur vigilance doit être rigoureusement exercée, de prohiber la vente des fruits et des légumes pourris, défectueux ou de mauvaise qualité. Ces dispositions peuvent être l'objet d'un règlement de police, qu'il convient de faire afficher sur l'emplacement même du marché. (L, 5 avril 1884, art. 97.)

La loi des 19-22 juillet 1791, article 20, et le Code pénal, article 475, n° 14, portent que ceux qui exposent en vente des fruits ou légumes gâtés, corrompus et nuisibles doivent être cités devant le tribunal de simple police, et condamnés à l'amende, même à l'emprisonnement, avec confiscation et destruction des marchandises. — Voy. DENRÉES ET SUBSTANCES ALIMENTAIRES. — *Dict. des formules*, n°s 810 à 812.

Fumiers. — Les maires, dans l'intérêt de la propreté des rues et de la salubrité publique, doivent défendre que des dépôts de fumiers, de boues et immondices, qui répandent des exhalaisons infectes, soient formés près des habitations, des routes et des chemins publics. Ils peuvent fixer par un arrêté la distance à laquelle les fumiers devront être des habitations et chemins, et assigner sur un terrain communal des emplacements où les habitants qui ne possèdent pas de terrains à la distance requise pourront faire ces sortes de dépôts.

Les maires ne perdront pas de vue, toutefois, les avantages que les cultivateurs retirent de ces engrais, et auront soin de ne rien prescrire qu'ils ne puissent exécuter facilement et sans préjudice pour l'agriculture.

En aucun cas, il ne peut être permis de déposer du fumier sur la voie publique. Dans une commune même où il n'existe pas de règlement qui le défende spécialement, un pareil dépôt n'est pas moins une contravention punissable. (Cass., 18 mai 1810, 28 septembre 1827.)

Dans les villes, le transport du fumier doit s'opérer sur des charrettes recouvertes et avec certaines précautions, afin que le fumier ne salisse point la voïe publique. — *Dict. des formules*, n°s 814 à 817.

G

Gage. — Effet mobilier qu'on met entre les mains d'un créancier pour sûreté d'une dette. Toute la législation du gage ou nantissement est réglée par les articles 2073 à 2084 du Code civil.

Quant aux prêts sur gage, voy. Monts-de-piété.

Gages. — Ce mot, entendu dans le sens de salaire, signifie le prix d'un travail ou d'un service. — Voy. Coalition, Domestiques, Ouvriers, Syndicats professionnels.

Garantie du titre des matières d'or et d'argent. — Voy. Matières d'or et d'argent.

Garde nationale. — Les gardes nationales ont été dissoutes dans toutes les communes de France en vertu de la loi du 25 août 1871. Sont exceptées de cette mesure les compagnies de sapeurs-pompiers, à l'organisation desquelles il a été pourvu par un règlement d'administration publique, en date du 29 décembre 1875. — Voy. Sapeurs-pompiers.

Gardes champêtres. — L'article 9 du Code d'instruction criminelle range les gardes champêtres parmi les officiers de police judiciaire, et l'article 16 du même Code règle le mode d'après lequel ils doivent procéder à l'accomplissement de leurs fonctions.

La loi du 20 messidor an III, art. 1er, imposait à toute commune l'obligation d'avoir un garde champêtre. Cette obligation étant excessive pour les communes pauvres, l'administration supérieure ne la leur appliquait pas rigoureusement. L'article 102 de la loi du 5 avril 1884 la supprime et rend l'institution des gardes champêtres facultative pour toutes les communes comme elle l'était sous l'empire de la loi des 28 septembre-6 octobre 1791, titre VII. Actuellement, chaque commune est absolument libre soit de n'avoir aucun garde champêtre, soit d'en avoir un ou plusieurs. Mais, d'après l'esprit, sinon d'après le texte de la loi nouvelle, plusieurs communes ne sauraient s'associer pour entretenir un seul garde champêtre. (Circul. 15 mai 1884.)

Attributions. — Les gardes champêtres sont chargés de rechercher, chacun dans le territoire pour lequel il est assermenté, les délits et contraventions de police qui portent atteinte aux propriétés rurales. Ils dressent des procès-verbaux à l'effet de constater la nature, les circonstances, le temps, le lieu des délits et des contraventions, ainsi que les preuves et les indices qu'ils ont pu en recueillir. Ils suivent les choses enlevées dans les lieux où elles ont été transportées, et les mettent en séquestre ; ils ne peuvent néanmoins s'introduire dans les maisons, ateliers, bâtiments, cours adjacentes et enclos, si ce n'est en présence, soit du juge de paix, soit de son suppléant, soit du commissaire de police, soit du maire du lieu, soit de son adjoint ; et le procès-verbal qui doit en être dressé est signé par celui en présence duquel il a été fait. Ils arrêtent et conduisent devant le juge de paix ou devant le maire tout individu qu'ils surprennent en flagrant délit ou qui est dénoncé par la clameur publique, lorsque ce délit emporte la peine d'emprisonnement ou une peine plus grave. Ils se font donner, pour cet effet, main-forte par le maire ou par l'adjoint au maire du lieu, qui ne peut s'y refuser. (C. d'inst. crim., art. 16.)

En dehors de leurs fonctions de police rurale, les gardes champêtres sont aussi chargés de rechercher, chacun sur le territoire pour lequel il est assermenté, les contraventions aux règlements de police municipale. (L. 5 avril 1884, art. 102, § 2.)

Les gardes champêtres sont, en outre, investis d'attributions spéciales.

Ils doivent concourir à la recherche et à la constatation de certaines fraudes, telles que le colportage des tabacs dans les départements frontières (L. 24 décembre 1814, art. 48), la fabrication clandestine du sel et des liqueurs salines dans les départements maritimes (O. 10 mars 1817, art. 7).

Ils doivent examiner les passeports des voyageurs, et conduire devant le maire ceux qui ne seraient pas en règle ; prévenir les maires lorsqu'il s'établit dans la commune des individus étrangers à la localité, et les informer de tout ce qu'ils découvrent de contraire au maintien de l'ordre et de la tranquillité. (D. 11 juin 1806, art. 3, 4 et 5.)

Ils ont qualité pour constater tous les délits commis en matière de chasse, et ils ont droit aux gratifications accordées à tous les agents, sur les procès-verbaux desquels les amendes sont prononcées. (L. 3 mai 1844, art. 10 et 22 ; O. 5 mai 1845.)

Les gardes champêtres doivent également exercer une surveillance continue et attentive en matière de pêche et constater les délits commis contre les lois et règlements relatifs à la police de la pêche fluviale. (L. 15 avril 1829, art. 36.) Cette obligation leur a été rappelée par la circulaire du 28 août 1885.

Ils sont compétents pour faire exécuter les arrêtés pris par les maires, dans la limite de leurs attributions, notamment les arrêtés qui prescrivent la fermeture des cabarets à une heure déterminée (arrêt de cass., 2 mai 1839) ; pour veiller à la conservation des plantations des routes et constater les contraventions aux lois et règlements de la grande voirie. (D. 16 décembre 1811, art. 106 et 112 ; arrêt du cons. d'Etat, 1er mars 1842.)

Comme agents de la force publique, les gardes champêtres sont tenus de déférer aux réquisitions qui leur sont faites par les agents et les gardes de l'administration forestière, pour la répression des délits forestiers, ainsi que pour la recherche et pour la saisie des bois coupés en délit, vendus ou achetés en fraude. (C. f., art. 164.)

Par réciprocité, les gardes forestiers doivent prêter au besoin leur appui aux gardes champêtres. (L. 29 avril 1803, art. 18.)

Les gardes champêtres peuvent être requis, par l'entremise du maire, de prêter main-forte aux préposés des douanes et aux employés des contributions indirectes. (L. 22 août 1791, art. 14 ; 28 avril 1816, art. 245.)

Les gardes champêtres doivent prêter assistance aux vérificateurs des poids et mesures dans l'exercice de leurs fonctions. Il leur est en outre prescrit de constater les contraventions commises par les marchands et les fabricants qui emploieraient à l'usage de leur commerce ou conserveraient dans leurs dépôts, boutiques et magasins, des mesures et poids différents de ceux qui sont établis par les lois en vigueur. (O. 18 décembre 1825, art. 2.)

Il est également obligatoire pour les gardes champêtres de prêter aide et main-forte aux huissiers toutes les fois qu'ils en sont requis et de les aider de leurs renseignements, sans pouvoir exiger aucune rétribution, sous peine d'être poursuivis et punis suivant l'exigence des cas. (L. 18 juin 1811, art. 77.)

Enfin, en leur qualité d'agents administratifs assermentés, ils peuvent être appelés à notifier les actes des autorités administratives.

Les gardes champêtres ne peuvent constater aucun crime ; ils sont également sans capacité pour constater les délits et contraventions étrangers à la police municipale et à la police rurale, au colportage des tabacs et à la fabrication clandestine du sel.

Tout garde champêtre doit visiter, au moins une fois par jour, souvent même pendant la nuit, le territoire confié à sa garde. Il ne peut exercer ses fonctions que dans le territoire de la commune pour laquelle il est assermenté.

Nomination, serment, installation. — Les gardes champêtres sont nommés par le maire (L. 5 avril 1884, art. 102), cet article ne subordonne pas cette nomination à l'approbation du préfet comme le faisait la loi de 1837, il exige seulement que les gardes champêtres soient agréés et commissionnés par le sous-préfet ou par le préfet dans l'arrondissement chef-lieu. Lorsque le préfet ou le sous-préfet n'a pas fait connaître son agrément dans le mois qui suit le jour où il a été demandé, il est censé le donner. (Circ. 15 mai 1884.) — *Dict. des formules*, nos 818, 819.

Ils doivent être âgés au moins de vingt-cinq ans, et reconnus pour gens de bonnes mœurs. (L. 28 septembre-6 octobre 1791, tit. Ier, section VII, art. 5.)

Avant d'entrer en fonctions, tout garde champêtre doit prêter le serment de veiller à la conservation de toutes les propriétés qui sont sous la foi publique, et de toutes celles dont la garde lui a été confiée par l'acte de sa nomination. Ce serment professionnel est reçu par le juge de paix du canton dans lequel le garde devra exercer ses fonctions. (Id., art. 5.) On sait qu'un décret de 1870 a aboli le serment politique.

L'acte de prestation de serment doit être immédiatement présenté au maire.

Dans les huit jours de son installation, le garde champêtre doit, en outre, se présenter au sous-officier de gendarmerie du canton, lequel inscrit ses nom, âge et domicile, sur un registre à ce destiné. (D. 11 juin 1806, art. 1er.)

Les gardes champêtres peuvent être suspendus par le maire, mais le préfet peut seul les révoquer. (L. 5 avril 1884.)

Armes et insignes. — Le préfet ou le sous-préfet détermine les armes que doivent porter les gardes champêtres.

Les gardes champêtres portent sur le bras, dans l'exercice de leurs fonctions, une plaque de métal ou d'étoffe, sur laquelle sont inscrits le mot LA LOI, le nom de la commune et leur nom personnel. (L. 28 septembre-6 octobre 1791, art. 4.)

Traitement. — Le traitement est fixé par le conseil municipal et porté annuellement au budget. — *Dict. des formules,* n° 818.

Aux termes de l'article 136 de la loi du 5 avril 1884, ce traitement constitue une dépense obligatoire pour la commune, mais seulement tant que l'emploi existe, et le conseil municipal peut, en supprimant l'emploi soustraire la commune à cette obligation. Cependant la section de l'intérieur du conseil d'Etat a décidé que lorsque le budget comprenant cette dépense a été approuvé par le préfet, la suppression d'emploi ne peut avoir d'effet qu'après l'expiration de l'exercice pour lequel le traitement a été voté. D'un autre côté elle a pensé que, le préfet ayant seul le droit de révoquer le garde champêtre, le conseil ne pourrait pas sous prétexte de suppression d'emploi procéder à une révocation déguisée sans se placer sous le coup des articles 63 et 65 qui donnent au préfet le pouvoir de déclarer la nullité des délibérations entachées d'excès de pouvoir (Avis du 30 juillet 1880).

A défaut par le conseil municipal de voter cette dépense, soit sur les ressources ordinaires, soit au moyen de centimes additionnels, le préfet peut l'inscrire d'office au budget.

Les impositions relatives aux gardes champêtres sont comprises dans les rôles généraux, à titre de centimes additionnels aux quatre contributions directes, lorsqu'elles ne peuvent être couvertes par les ressources ordinaires de la commune. — Voy. IMPOSITIONS COMMUNALES.

Procès-verbaux. — Les gardes champêtres doivent constater ou faire constater par des procès-verbaux les délits et contraventions de leur compétence, dont ils sont informés.

Les procès-verbaux doivent être datés, contenir les nom et qualité du rédacteur, indiquer l'heure, le jour, le mois et l'an de la perpétration du délit ou de la contravention, en constater les circonstances ; indiquer, autant que possible, d'une manière précise, les nom, profession et domicile du délinquant ; être signés par celui qui les a dressés. Les renvois, interlignes et surcharges sont approuvés et parafés.

Le procès-verbal doit être écrit par le garde champêtre ; cependant, s'il ne sait pas ou ne peut pas écrire, il peut faire dresser son procès-verbal par le juge de paix ou son suppléant, le maire ou son adjoint, le commissaire de police ou par le greffier de la justice de paix du canton (L. 27 décembre 1790-5 janvier 1791, art. 8) ; mais il ne peut le faire écrire, sous peine de nullité, par un autre garde ou par toute autre personne (Circ. min. 27 décembre 1819).

Le procès-verbal mentionne que le garde champêtre était revêtu de ses insignes ; toutefois, l'oubli de cette mention n'entraînerait pas la nullité du procès-verbal. Il doit être dressé le jour même du délit, ou, au plus tard, dans les vingt-quatre heures, et être ensuite affirmé, c'est-à-dire déclaré sincère et véritable, sous serment, par le garde rédacteur. (L. 15-29 septembre 1791, titre IV, art. 7.)

L'affirmation doit avoir lieu dans les vingt-quatre heures de la clôture du procès-verbal. Elle peut être reçue par le juge de paix ou son suppléant, et à leur défaut par le maire ou ses adjoints. (L. 23 thermidor an IV; 28 floréal an VIII, art. 11.)

Il doit en être dressé acte à la suite du procès-verbal. Cet acte est signé par le garde qui fait l'affirmation et par le fonctionnaire qui la reçoit.

Les juges de paix ou leurs suppléants peuvent recevoir les affirmations des procès-verbaux dans toute l'étendue du canton. Les maires et adjoints ne peuvent la recevoir que pour les procès-verbaux de délits commis dans leurs communes respectives. Lorsqu'ils habitent la même commune que les juges de paix ou leurs suppléants, ils n'ont qualité pour recevoir l'affirmation qu'en cas d'absence ou d'empêchement de ces fonctionnaires, et alors il en est fait mention dans l'acte.

Les procès-verbaux des gardes champêtres sont, lorsqu'il s'agit de simples contraventions, remis par eux, dans le délai de trois jours, au commissaire de police de la commune chef-lieu de la justice de paix, ou au maire, dans les communes où il n'y a point de commissaire de police ; et, lorsqu'il s'agit d'un délit de nature à mériter une peine correctionnelle, la remise est faite au procureur de la République. (C. i. c., art. 20.)

Lorsque les différentes formalités prescrites par la loi ont été remplies, les procès-verbaux des gardes champêtres font foi en justice jusqu'à preuve contraire. — Voy. PROCÈS-VERBAUX. — *Dict. des formules*, nos 819, 820, 821.

Chaque garde champêtre doit avoir un registre coté et parafé par le maire, pour y insérer sommairement et jour par jour les procès-verbaux qu'il a dressés, la date de leur affirmation et celle de la remise qui en est faite par le garde soit au maire, soit au procureur de la République. — *Dict. des formules*, n° 826.

Subordination. — Comme agents communaux, les gardes champêtres sont placés sous la surveillance des maires, des sous-préfets et des préfets. En qualité d'officiers de police judiciaire, ils sont soumis à la surveillance des procureurs de la République.

Les officiers et sous-officiers de gendarmerie s'assurent dans leurs tournées si les gardes champêtres remplissent bien les fonctions dont ils sont chargés ; ils donnent connaissance aux sous-préfets de ce qu'ils ont appris sur la conduite et le zèle de chacun d'eux. (D. 11 juin 1806, art. 2.)

Dans des cas urgents, les sous-officiers de gendarmerie peuvent mettre en réquisition les gardes champêtres d'un canton, et les officiers ceux d'un arrondissement, soit pour les seconder dans l'exécution des ordres qu'ils ont reçus, soit pour le maintien de la police et de la tranquillité publique ; mais ils sont tenus de donner avis de cette réquisition aux maires et aux sous-préfets, et de leur en faire connaître les motifs généraux. (Id., art. 3.)

Les officiers et sous-officiers de gendarmerie adressent aux maires, pour être transmis aux gardes champêtres, le signalement des malfaiteurs, déserteurs, conscrits réfractaires, ou autres individus qu'ils ont reçu ordre de faire arrêter. Les gardes champêtres qui arrêtent, soit des conscrits réfractaires, des déserteurs, des hommes évadés des galères, ou autres individus, reçoivent la gratification accordée par les lois à la gendarmerie nationale. (Id., art. 4 et 6.)

Les sous-préfets, après avoir pris l'avis des maires et des officiers de gendarmerie, désignent aux préfets et ceux-ci à l'administration forestière, ceux d'entre les gardes champêtres de leurs arrondissements respectifs, qui, par leur bonne conduite et par leurs services, méritent d'être appelés aux fonctions de gardes forestiers. (Id., art. 7.)

Le décret du 28 mars 1852, relatif aux commissaires de police, a étendu les devoirs des gardes champêtres en les astreignant à informer le commissaire de police de tout ce qui intéresse la tranquillité publique. Le même décret donne au commissaire le droit de requérir les gardes champêtres de sa circonscription.

Les gardes champêtres ne peuvent s'absenter de la commune sans une permission du maire, hors le cas où ils suivraient un délit ou celui où ils auraient été requis par une autorité compétente. Lorsque l'absence doit se prolonger au delà de vingt-quatre heures, il en est rendu compte au sous-préfet.

Responsabilité, pénalités spéciales applicables aux gardes champêtres, garanties dans leurs fonctions. — Les gardes champêtres sont personnellement et solidairement responsables des dommages résultant de délits ruraux qu'ils n'auraient pas constatés, ou à l'égard desquels il n'y a pas eu de poursuite, faute par eux d'avoir affirmé leurs procès-verbaux et de les avoir remis dans les délais fixés par la loi. (L. 6 octobre 1791, titre Ier, section VII, art. 7.)

Ils ne peuvent se dispenser de constater un délit ou une contravention, sous prétexte que la partie lésée renonce à se plaindre, attendu que l'action publique résultant de ce délit ou de cette contravention est indépendante de l'action civile. (Cass. 11 juin 1813.)

Dans aucun cas, il ne peut être fait de transaction sur les délits constatés par les gardes champêtres. Le garde qui néglige, dans un intérêt particulier, de verbaliser ou de remettre ses procès-verbaux, ou qui prend des arrangements avec les délinquants, se rend coupable du crime de prévarication. Les peines encourues pour ce fait sont la dégradation civique et une amende double de la valeur reçue ou promise, sans que cette amende puisse être inférieure à 200 francs. (C. p., art. 177.)

Tout délit contre les propriétés, s'il est commis par un garde champêtre, est puni d'un emprisonnement d'un mois au moins et d'un tiers en sus de la peine qui serait appliquée à un autre coupable. (C. p., art. 462.)

Pour tout autre délit de police correctionnelle, les gardes champêtres sont punis du maximum de la peine attachée à l'espèce de délit. (Id., art. 198.)

Mais si, à raison de leurs fonctions, la loi a dû soumettre les gardes champêtres à une aggravation de peine dans certaines circonstances, elle leur devait aussi une protection spéciale pour leur garantir l'exercice de ces mêmes fonctions. Cette garantie se trouve dans les articles 209 et suivants jusqu'à 221 du Code pénal, qui qualifie crime ou délit, selon les circonstances, toute attaque, toute résistance avec violence et voies de fait envers les officiers ministériels, les gardes champêtres ou forestiers, la force publique, etc.

Les gardes champêtres, comme officiers de police judiciaire, ne peuvent être poursuivis pour les faits qu'ils commettent dans l'exercice de leurs fonctions que conformément aux articles 479 et 483 du Code d'instruction criminelle. — Voy. Fonctionnaires publics, Gendarmerie, Police judiciaire.

Gardes messiers. — On nomme gardes messiers des gardes que, dans plusieurs départements, on est dans l'usage d'instituer, aux approches de la moisson, pour venir en aide au garde champêtre pendant tout le temps où les propriétés rurales sont le plus exposées aux tentatives de la malveillance. Ces gardes temporaires sont, dans quelques localités, salariés sur les fonds communaux ; dans d'autres, ce sont des habitants, propriétaires eux-mêmes, qui se chargent de cette mission, dont ils s'acquittent gratuitement, à tour de rôle, dans l'intérêt commun.

Gardes particuliers. — Tout propriétaire a le droit d'avoir un garde particulier pour veiller à la conservation de ses propriétés. Ce garde doit être agréé par le sous-préfet. (L. 20 messidor an III, art. 4 ; 3 brumaire an IV, art. 40 ; 28 pluviôse an VIII, art. 9.)

Les conditions d'aptitude sont les mêmes pour les gardes champêtres particuliers que pour les gardes champêtres des communes.

Plusieurs particuliers peuvent se réunir pour avoir le même garde champêtre.

La nomination d'un garde champêtre particulier doit être faite sur papier timbré et contenir : 1° les nom, prénoms, profession et demeure du propriétaire ou des propriétaires ; 2° les nom, prénoms, âge, profession et demeure du garde ; 3° la désignation exacte des propriétés confiées à sa surveillance. — *Dict. des formules*, n° 829.

Cette nomination est soumise à la formalité de l'enregistrement et adressée au sous-préfet, avec un certificat de moralité du garde délivré par le maire de sa commune.

Après avoir été agréé par le sous-préfet, le garde prête serment devant le juge de paix de son canton, ou devant le tribunal de première instance, si sa mission comprend des bois ; il se présente ensuite à l'officier ou sous-officier de gendarmerie pour faire inscrire sa commission.

Les procès-verbaux des gardes champêtres particuliers ont la même foi en justice que ceux des gardes champêtres communaux ; ils doivent être écrits sur papier timbré et enregistrés au comptant.

Lorsque le garde a été nommé par plusieurs particuliers, ses procès-verbaux ne doivent pas être rédigés à la requête des propriétaires qui l'ont nommé collectivement, mais à la requête seulement de celui sur la propriété duquel le délit qu'il s'agira de poursuivre aura été commis.

Gardes forestiers. — Les gardes forestiers sont des fonctionnaires publics préposés spécialement à la conservation et à la surveillance des bois soumis au régime forestier.

On les divise en trois classes, savoir : les gardes domaniaux, dont les triages sont composés en entier de bois appartenant à l'Etat ; les gardes mixtes, ainsi appelés parce qu'ils surveillent en même temps des bois domaniaux et des bois communaux ; les gardes communaux, qui n'exercent leur surveillance que sur des bois appartenant à des communes ou à des établissements publics.

Nomination. — Les gardes domaniaux et les gardes mixtes sont à la nomination du directeur général de l'administration des forêts; les gardes communaux, à la nomination des préfets sur une liste de trois candidats présentée par le conservateur. — Voy. ci-après : GARDES COMMUNAUX.

Nul ne peut être garde forestier, s'il n'est âgé de 25 ans accomplis. (C. f., art. 3.)

Attributions, responsabilité, garanties. — Les gardes forestiers sont spécialement chargés de faire des visites journalières dans les bois soumis au régime forestier, et de dresser procès-verbal de tous les délits et contraventions qui y auront été commis. (O. 1er août 1827, art. 24.)

Ils résident dans le voisinage des forêts ou triages confiés à leur surveillance. Le lieu de leur résidence est indiqué par le conservateur. (Id., art. 25.)

Néanmoins, ils ont le droit de rechercher et de constater les délits et contraventions dans tout le ressort du tribunal près duquel ils sont assermentés. (C. f., art. 160.)

Les objets principaux de leur surveillance sont : les entreprises qui peuvent porter atteinte à l'intégralité du sol forestier, les usurpations, les défrichements non autorisés ; l'introduction des bestiaux dans les forêts par des personnes non usagères et le pâturage dans les endroits non déclarés défensables ; la dépaissance des chèvres, brebis et moutons, même dans les bois des particuliers ; le ramas de bois sec avec des instruments défendus ; les enlèvements en délit de bois, de plantes, de fruits, de terre et sable, d'herbes, de feuilles mortes et autres, et de tous produits forestiers ; les dommages causés aux arbres, le feu allumé dans les forêts, landes et bruyères et à des distances prohibées ; la construction de maisons, usines et ateliers dans les forêts et à des distances prohibées. — Voy. Bois DES COMMUNES ET DES ÉTABLISSEMENTS PUBLICS (*Délits*).

Les gardes sont autorisés à saisir les bestiaux trouvés en délit, et les instruments, voitures et attelages des délinquants, et à les mettre en séquestre. Ils suivent les objets enlevés par les délinquants jusque dans les lieux où ils ont été transportés, et les mettent également en séquestre. Ils ne peuvent néanmoins s'introduire dans les maisons, bâtiments, cours adjacentes et enclos, si ce n'est en présence, soit du juge de paix ou de son suppléant, soit du maire du lieu ou de son adjoint, soit du commissaire de police. (C. f., art. 161.)

Les fonctionnaires dénommés ci-dessus ne peuvent se refuser à accompagner sur-le-champ les gardes, lorsqu'ils sont requis par eux, pour assister à des perquisitions. Ils sont tenus, en outre, de signer le procès-verbal du séquestre ou de la perquisition faite en leur présence, sauf au garde, en cas de refus de leur part, à en faire mention au procès-verbal. (Id., art. 162.) — *Dict. des formules*, n° 827.

Les gardes arrêtent et conduisent devant le juge de paix ou devant le maire tout inconnu qu'ils ont surpris en flagrant délit. (Id., art. 163.)

Ils ont le droit de requérir directement la force publique pour la répression des délits et contraventions en matière forestière, ainsi que pour la recherche et la saisie des bois coupés en délit, vendus ou achetés en fraude. (Id., art. 164.) — *Dict. des formules*, n° 828.

Il est aussi dans les attributions des gardes forestiers de constater les délits de chasse et les délits sur la pêche fluviale, commis dans le territoire pour lequel ils sont assermentés. (L. 15 avril 1829, art. 45 ; 3 mai 1844, art. 22.)

Les gardes forestiers sont, comme les gardes champêtres, officiers de police judiciaire, et à ce titre, placés sous la surveillance du procureur de la République, sans préjudice de leur subordination à l'égard de leurs supérieurs dans l'administration. (C. i. c., art. 16 et 17.)

Les gardes forestiers sont appelés à concourir, au besoin, avec la gendarmerie, au maintien de l'ordre et de la tranquillité publiques. Les brigades de gendarmerie doivent, de leur côté, prêter main-forte pour la répression des délits forestiers. Pour assurer de concert l'exécution des mesures et des réquisitions, toutes les fois qu'ils doivent agir simultanément, les inspecteurs ou sous-inspecteurs des eaux et forêts et les commandants de la gendarmerie se donnent réciproquement connaissance des lieux de résidence des gardes forestiers et des brigades et postes de gendarmerie. (O. 29 octobre 1820, art. 309.)

Les commissaires de police peuvent au besoin requérir les gardes forestiers de leur circonscription, et ces gardes doivent les informer de tout ce qui intéresse la tranquillité publique. (D. 25 mars 1852, art. 3.)

Toute attaque, toute résistance, avec violences et voies de fait envers les gardes forestiers, est qualifiée, selon les circonstances crime ou délit de rébellion. Les violences et les outrages dont ils sont l'objet sont considérés comme faits à des dépositaires de l'autorité et de la force publique, et sévèrement réprimés. — Voy. FONCTIONNAIRES PUBLICS.

Procès-verbaux. — Les gardes écrivent eux-mêmes leurs procès-verbaux ; ils les signent et les affirment, au plus tard le lendemain de la clôture desdits procès-verbaux, par-devant le juge de paix du canton ou l'un de ses suppléants, ou par-devant le maire ou l'adjoint soit de la commune de leur résidence, soit de celle ou le délit a été commis ou constaté ; le tout sous peine de nullité. Toutefois, si, par suite d'un empêchement quelconque, le procès-verbal est seulement signé par le garde, mais non écrit en entier de sa main, l'officier public qui en reçoit l'affirmation doit lui en donner préalablement lecture, et faire ensuite mention de cette formalité ; le tout sous peine de nullité du procès-verbal. (C. f., art. 165.)

. Dans le cas où le procès-verbal porte saisie, il en est fait, aussitôt après l'affirmation, une expédition qui est déposée dans les vingt-quatre heures au greffe de la justice de paix, pour qu'il en puisse être donné communication à ceux qui réclameraient les objets saisis. (Id., art. 167.)

Les procès-verbaux sont, sous peine de nullité, enregistrés dans les quatre jours qui suivent celui de l'affirmation. L'enregistrement s'en fait en débet. (Id., art. 170.)

Les procès-verbaux, revêtus de toutes les formalités prescrites, font foi, jusqu'à l'inscription de faux, dans les circonstances indiquées par les articles 176 et 177 du Code forestier.

Les gardes les adressent à leur chef immédiat, c'est-à-dire à l'inspecteur ou au sous-inspecteur forestier, dans le délai de trois jours au plus tard, y compris celui où ils ont reconnu le fait sur lequel ils ont procédé. L'officier qui a reçu l'affirmation est tenu, dans la huitaine, d'en donner avis au procureur de la République. (C. i. c. art. 15 et 18.)

Les actions et poursuites en réparation de tous délits et contraventions commis dans les bois et forêts soumis au régime forestier sont exercées par les agents forestiers, au nom de l'administration, sans préjudice du droit qui appartient au ministère public. (C. f., art. 159.) — Voy. Bois DES COMMUNES ET DES ÉTABLISSEMENTS PUBLICS, PROCÈS-VERBAUX.

Registre d'ordre. — Les gardes forestiers tiennent un registre d'ordre, qu'ils font coter et parafer par le sous-préfet de l'arrondissement. Ils y transcrivent régulièrement leurs procès-verbaux par ordre de date. Ils font mention, sur le même registre et dans le même ordre, de toutes les significations et citations dont ils ont été chargés. Ils y font également mention des chablis et des bois de délit qu'ils ont reconnu, et en donnent avis sans délai à leur supérieur immédiat. A chaque mutation, les gardes sont tenus de remettre ce registre à celui qui leur succède. (O. 1er août 1827, art. 26.)

GARDES FORESTIERS DES COMMUNES ET DES ÉTABLISSEMENTS PUBLICS. — Les communes et établissements publics entretiennent, pour la conservation de leurs bois le nombre de gardes particuliers qui est déterminé par le maire et les administrateurs des établissements, sauf l'approbation du préfet, sur l'avis de l'administration forestière. (C. f. art. 94.)

Le décret du 25 mars 1852 a modifié les règles tracées par l'article 95 et suivants du Code forestier, quant à la nomination des gardes forestiers des communes et des établissements publics. Ces gardes sont nommés aujourd'hui par le préfet, sur une liste de trois candidats dressée par le conservateur des forêts. (D. 25 mars 1852, art. 5; Arrêté min. des fin. 3 mai 1852, art. 3.)

Les candidats aux emplois de garde forestier des communes et des établissements publics doivent être âgés de 25 ans au moins et de 35 ans au plus, savoir lire et écrire et être capables de rédiger un procès-verbal. Ils sont choisis parmi les anciens militaires qui ont contracté un rengagement jusqu'à concurrence des trois quarts des vacances au moins, sauf le cas d'insuffisance dans le nombre des candidats de cette catégorie. (Arrêté min. des fin. 3 mai 1852, art. 4.)

Le préfet peut, suivant les circonstances locales et l'avis du conservateur, placer sous la surveillance du même garde des bois appartenant à plusieurs communes et établissements publics. (Id., art. 6.)

Le salaire des gardes forestiers des communes et des établissements publics est réglé par le préfet, sur la proposition du conseil municipal ou de l'établissement propriétaire, et l'avis du conservateur. (Id., art. 5.)

Il constitue une dépense obligatoire pour les communes. (L. 5 avril 1884, Art. 136, § 6.)

Les coupes ordinaires et extraordinaires de bois sont principalement affectées au payement des frais de garde et des autres charges. Lorsque les coupes sont délivrées en nature pour l'affouage, et lorsque les communes n'ont pas d'autres ressources, il doit être distrait une portion suffisante de coupes, pour être vendue aux enchères avant toute distribution, et le prix en être employé au payement desdites charges. (C. f. art. 1092.) Si les produits de la forêt ou des bois ne suffisent pas à l'acquittement du salaire, il y est pourvu par des centimes additionnels. — Voy. AFFOUAGES.

Les fonds nécessaires au salaire des gardes forestiers des communes et établissements de bienfaisance sont centralisés à la trésorerie générale du département. (Circ. int., 28 février 1863.)

Ces contingents que les communes et établissements ont à fournir pour cet objet sont versés, pour chaque trimestre et d'avance, dans les caisses des receveurs des finances à titre de cotisations. — Voy. COTISATIONS.

Il est fait sur le traitement des gardes des retenues destinées à être placées à la Caisse des retraites pour la vieillesse.

Les gardes des bois des communes et des établissements publics sont en tout assimilés aux gardes des bois de l'Etat et soumis à l'autorité des mêmes agents; ils prêtent serment dans les mêmes formes, et leurs procès-verbaux font également foi en justice pour constater les délits et contraventions commis même dans les bois soumis au régime forestier autres que ceux dont la garde leur est confiée. (C. f., art. 99.) — Voy. BOIS DES COMMUNES ET DES ÉTABLISSEMENTS PUBLICS.

GARDES FORESTIERS DES PARTICULIERS. — Les propriétaires jouissent de la faculté de confier à des gardes de leur choix la surveillance de leurs bois et forêts; mais ils doivent les faire agréer par le sous-préfet de l'arrondissement. (C. f., art. 117.)

Les commissions sont inscrites dans les sous-préfectures sur un registre où sont relatés les nom et demeure des propriétaires et des gardes ainsi que la désignation et la situation des bois. (O. 1er août 1827, art. 150.)

Ces gardes ne peuvent exercer leurs fonctions qu'après avoir prêté serment devant le tribunal de première instance. (C. f., art. 117.)

Les procès-verbaux dressés par les gardes des bois et forêts des particuliers font foi jusqu'à preuve contraire. (Id., art. 188.)

Ils sont soumis, comme ceux des gardes des bois de l'Etat et des communes, à la formalité de l'affirmation, et doivent être enregistrés dans le même délai. Seulement l'enregistrement des actes concernant les bois des particuliers ne peut pas être fait en débet.

Les procès-verbaux dressés par les gardes des bois des particuliers sont, dans le délai d'un mois, à dater de l'affirmation, remis au procureur de la République ou au juge de paix, suivant leur compétence respective. (C. f., art. 94.) — Voy. BOIS DES PARTICULIERS.

GARDES-CHASSE. — La surveillance et la conservation de la chasse sont confiées spécialement aux gardes champêtres et aux gardes forestiers. Néanmoins, un propriétaire a le droit d'établir un garde particulier chargé d'empêcher la chasse sur ses domaines. (L. 20 messidor an III, art. 3.)

Ce garde, qui est en même temps chargé de veiller à la répression de tous les délits ruraux ou forestiers sur ces domaines, est commissionné et assermenté à titre de garde particulier.

GARDES-VENTE. — Chaque adjudicataire de coupes de bois est tenu d'avoir un facteur ou garde-vente, agréé par l'agent forestier local, et assermenté devant le juge de paix. Ce garde-vente est autorisé à dresser des procès-verbaux, tant dans la vente que dans l'ouïe de la cognée. Ses procès-verbaux sont soumis aux mêmes formalités que ceux des gardes forestiers et font foi jusqu'à preuve contraire. L'espace appelé l'ouïe de la cognée est fixé à la distance de 250 mètres, à partir des limites de la coupe. (C. f., art. 31.) — Voy. BOIS DES COMMUNES ET DES ÉTABLISSEMENTS PUBLICS.

Gardes-pêche. — Voy. PÊCHE.

Gardes-rivières. — Agents institués dans quelques localités pour la surveillance et la distribution des eaux auxquelles ont droit les propriétaires riverains d'un cours d'eau.

Les règles applicables à la nomination et aux fonctions de ces agents sont les mêmes que celles qui concernent les gardes champêtres particuliers. Toutefois, il n'est pas nécessaire que leurs procès-verbaux soient affirmés dans les vingt-quatre heures, comme ceux des gardes champêtres (Cass. 23 mars 1838.)

Le traitement des gardes-rivières est à la charge des propriétaires et usiniers intéressés, chacun à raison de son droit. A cet égard, les lois des 14 floréal an IX et 16 septembre 1807 sont applicables. — Voy. COURS D'EAU, GARDES CHAMPÊTRES.

Gardiens des prisons. — Voy. ARRESTATION, ÉCROU, PRISONS.

Gare. — Voy. CHEMINS DE FER.

Garenne. — Lieu où les lapins sont conservés et se multiplient.

Il y a des garennes fermées et des garennes ouvertes. Les lapins des garennes fermées sont réputés immeubles par destination (C. civ., art. 524); ceux qui pénètrent dans une garenne fermée et y tuent des lapins commettent, non pas un délit de chasse, mais un vol. Les garennes ouvertes sont celles qui ne sont pas fermées de manière que les lapins puissent en sortir, et y entrer librement; les lapins qui passent d'une garenne ouverte dans une autre appartiennent au propriétaire de celle-ci, pourvu qu'ils n'y aient point été attirés par fraude ou par artifice. (C. civ., art. 564.) — Voy. CHASSE.

Garnisaire. — On nommait ainsi, en matière de contributions directes, l'homme envoyé chez un contribuable en retard, pour le contraindre à payer ce qu'il doit.

Depuis la suppression de la garnison individuelle il n'y a plus de garnisaire; les porteurs de contrainte agissent dans tous les degrés de poursuites. — Voy. CONTRIBUTIONS DIRECTES, PORTEUR DE CONTRAINTES.

Garnison. — Station de troupes. Ce mot a deux acceptions; il signifie un corps militaire en résidence dans une ville, et la ville même où il y a résidence habituelle ou temporaire de troupes. — Voy. CASERNEMENT, CHAMP DE MANŒUVRES, LOGEMENT DE TROUPES.

Gaz hydrogène. — Tous les établissements d'éclairage par le gaz hydrogène, tant les usines où le gaz est fabriqué que les dépôts où il est conservé, que les ateliers où l'on prépare les matières grasses propres à la production du gaz, sont rangés dans la seconde classe des établissements incommodes, insalubres ou dangereux. — Voy. ÉTABLISSEMENTS DANGEREUX, INSALUBRES OU INCOMMODES.

En outre, les usines d'éclairage par le gaz hydrogène sont constamment soumises à la surveillance de la police locale. (O. 20 août 1824 et 31 mai 1863.) — Voy. ÉCLAIRAGE.

Gazons. — L'enlèvement des gazons sur les chemins publics et dans les forêts constitue un délit. (L. 28 septembre-6 octobre 1791, titre II, art. 44; C. f., art. 144.) — Voy. Bois des communes et des établissements publics, Police rurale.

Gélatine. La fabrication de la gélatine extraite des os est rangée dans la troisième classe des établissements et ateliers insalubres. (O. 9 février 1825.) — Voy. Etablissements dangereux, insalubres ou incommodes.

Gelée. — Voy. Neiges et Glace.

Gendarmerie. — *Organisation.* — La gendarmerie est une force instituée pour veiller à la sûreté publique et pour assurer le maintien de l'ordre et l'exécution des lois. Une surveillance continue et répressive constitue l'essence de son service. Son action s'exerce dans toute l'étendue du territoire continental et colonial, ainsi que dans les camps et armées. Elle est particulièrement destinée à la sûreté des campagnes et des voies de communication. (D. 1er mars 1854, art. 1er.)

La gendarmerie est répartie par brigades sur tout le territoire de la France, de l'Algérie et des colonies. Les brigades à cheval ou à pied sont commandées par un brigadier ou sous-officier et composées de cinq hommes y compris le chef de brigade.

Rapports de la gendarmerie avec les autorités locales. — L'action des autorités civiles, administratives et judiciaires sur la gendarmerie, en ce qui concerne son emploi, ne peut s'exercer que par des réquisitions. (D. 1er mars 1854, art. 91.)

Les réquisitions sont toujours adressées au commandant de la gendarmerie du lieu où elles doivent recevoir leur exécution, et, en cas de refus, à l'officier sous les ordres duquel est immédiatement placé celui qui n'a pas obtempéré à ces réquisitions. Elles ne peuvent être données ni exécutées que dans l'arrondissement de celui qui les donne et de celui qui les exécute. (Id., art. 92.)

La main-forte est accordée toutes les fois qu'elle est requise par ceux à qui la loi donne le droit de requérir. (Id., art. 93.)

Les cas où la gendarmerie peut être requise sont tous ceux prévus par les lois ou les règlements, ou spécifiés par les ordres particuliers du service. (Id., art. 94.)

Les réquisitions doivent énoncer la loi qui les autorise, le motif, l'ordre, le jugement ou l'acte administratif en vertu duquel elles sont faites. (Id., art. 95.)

Les réquisitions sont faites par écrit, signées, datées et dans la forme ci-après : « Au nom du Peuple français, conformément à la loi... en vertu de... (*loi, arrêté, règlement*) nous requérons le (*grade et lieu de résidence*) de commander, faire... se transporter ... arrêter, etc., et qu'il nous fasse part (*si c'est un officier*), et qu'il nous rende compte (*si c'est un sous-officier*) de l'exécution de ce qui est par nous requis au nom du Peuple français. » (Id., art. 96.) — *Dict. des formules,* n° 830.

Les réquisitions ne doivent contenir aucun terme impératif, tel que : ordonnons, voulons, enjoignons, mandons, etc., ni aucune expression ou formule pouvant porter atteinte à la considération de l'arme et au rang qu'elle occupe parmi les corps de l'armée. (Id., art. 97.)

Lorsque la gendarmerie est légalement requise pour assister l'autorité dans l'exécution d'un acte ou d'une mesure quelconque, elle ne doit être employée que pour assurer l'effet de la réquisition, et pour faire cesser, au besoin, les obstacles et empêchements. (Id., art. 98.)

La gendarmerie ne peut être distraite de son service ni détournée des fonctions qui font l'objet principal de son institution, pour porter les dépêches des autorités civiles ou militaires, l'administration des postes devant expédier des estafettes extraordinaires, à la réquisition des agents du gouvernement, quand le service ordinaire de la poste ne fournit pas des moyens de communication assez rapides. Ce n'est donc que dans le cas d'extrême urgence, et quand l'emploi des moyens ordinaires amènerait des retards préjudiciables aux affaires, que les autorités peuvent recourir à la gendarmerie pour la communication d'ordres et d'instructions qu'elles ont à donner. Hors de ces circonstances exceptionnelles et très rares, il ne leur est point permis d'adresser des réquisitions abusives qui fatiguent inutilement les hommes et les chevaux. La gendarmerie obtempère aux réquisitions qui lui sont faites par écrit et lorsque l'urgence est indiquée ; mais elle rend compte immédiatement de ce déplacement aux ministres de la guerre et de l'intérieur. Copie de ces réquisitions est adressée au chef de la légion. (D. 1er mars 1854, art. 99.)

La gendarmerie doit communiquer sans délai aux autorités civiles les renseignements qu'elle reçoit et qui intéressent l'ordre public. Les autorités civiles lui font les communications et réquisitions qu'elles reconnaissent utiles au bien du service. Ces communications, verbales ou par écrit, sont toujours faites au commandant de la gendarmerie du lieu ou de l'arrondissement. Les autorités ne peuvent s'adresser à l'officier supérieur en grade que dans le cas où elles auraient à se plaindre de retard ou de négligence. Les communications écrites entre les magistrats, les administrateurs et la gendarmerie, doivent toujours être signées et datées. (Id., art. 100.) (Circ. du 12 janvier 1882.)

Les mandements de justice peuvent être notifiés aux prévenus et mis à exécution par les gendarmes. (Id., art. 105.)

La notification des citations adressées aux jurés appelés à siéger dans les hautes cours de justice et dans les cours d'assises est une des attributions essentielles de la gendarmerie. Cette notification a lieu sur la réquisition de l'autorité administrative. (Id., art. 108.)

Lorsque les autorités administratives ont adressé leurs réquisitions aux commandants de la gendarmerie, conformément à la loi, elles ne peuvent s'immiscer en aucune manière dans les opérations militaires ordonnées par ces officiers pour l'exécution desdites réquisitions. Les commandants de la force publique sont dès lors seuls chargés de la responsabilité des mesures qu'ils ont cru devoir prendre ; et l'autorité civile qui a requis ne peut exiger d'eux que le rapport de ce qui aura été fait en conséquence de sa réquisition. (Id., art. 115.)

Dans les cas urgents, les officiers et sous-officiers de gendarmerie peuvent requérir directement l'assistance de la troupe de ligne, qui est tenue de déférer à leurs réquisitions et de leur prêter main-forte. Ils se conforment, pour ce service, aux dispositions du deuxième paragraphe de l'article précédent. (Id., art. 137.)

Dans les fêtes et cérémonies publiques, lorsque, à défaut d'autres troupes, la gendarmerie est dans le cas de fournir des gardes d'honneur, les diverses autorités se concertent avec le commandant de la gendarmerie de la résidence pour les escortes à donner ; elles ne peuvent être prises que dans la résidence même. (Id., art. 154.)

Des officiers de gendarmerie considérés comme officiers de police judiciaire. — Les officiers de gendarmerie de tout grade sont officiers de police judiciaire. Ils sont considérés comme auxiliaires du procureur de la République dans l'arrondissement où ils exercent habituellement leurs fonctions. (C. i. c., art. 49 ; D. 1er mars 1854, art. 238.)

Lorsque les officiers de gendarmerie procèdent à des instructions judiciaires, en cas de flagrant délit, ils se font assister par le commissaire de police du lieu, ou, à défaut, par le maire ou son adjoint, et, en cas de leur absence, par deux habitants domiciliés dans la même commune. Ils n'en dressent pas moins leurs procès-verbaux sans l'assistance de témoins, s'ils n'ont pas eu la possibilité de s'en procurer. (Id., art. 261.)

Service ordinaire des brigades. — Tournées. — Les fonctions habituelles et ordinaires des brigades sont de faire des tournées, courses ou patrouilles sur les grandes routes, chemins vicinaux, dans les communes, hameaux, fermes et bois, enfin dans tous les lieux de leur circonscription respective. (D. 1er mars 1854, art. 271.)

Chaque commune doit être visitée au moins deux fois par mois et explorée dans tous les sens, indépendamment des jours où elle est traversée par les sous-officiers, brigadiers et gendarmes au retour des correspondances. (Id., art. 272.)

Dans leurs tournées, les sous-officiers, brigadiers et gendarmes s'informent, avec mesure et discrétion, auprès des voyageurs, s'il n'a pas été commis quelque crime ou délit sur la route qu'ils ont parcourue ; ils prennent les mêmes renseignements, dans les communes, auprès des maires ou de leurs adjoints. (Id., art. 273.)

Ils recherchent et arrêtent les individus objets de mandats d'arrêt, poursuivent les malfaiteurs et saisissent également les assassins, voleurs et délinquants surpris en flagrant délit ou poursuivis par la clameur publique, ainsi que ceux qui sont trouvés avec des armes ensanglantées ou d'autres indices faisant présumer le crime. (Id., art. 276.)

Ils dressent également des procès-verbaux des effractions, assassinats et de tous les crimes qui laissent des traces après eux. (Id., art. 277.)

Incendies. — En cas d'incendie, d'inondation et d'autres événements de ce genre, ils se rendent sur les lieux au premier avis ou signal qui leur est donné, et préviennent, sans délai, le commandant de l'arrondissement. S'il ne s'y trouve aucun officier de police ou autre autorité civile, les officiers, et même les commandants de brigade, ordonnent et font exécuter toutes les mesures d'urgence ; ils font tous leurs efforts pour sauver les individus en danger ; ils peuvent requérir le service personnel des habitants, qui sont tenus d'obtempérer sur-le-champ à leur sommation, et même de fournir les chevaux, voitures et tous autres objets nécessaires pour secourir les personnes et les propriétés ; les procès-verbaux font mention des refus ou retards qu'ils éprouvent à cet égard. (Id., art. 278.)

Lors d'un incendie, le commandant de la brigade prend, dès son arrivée, toutes les mesures possibles pour le combattre ; il distribue ses gendarmes de manière qu'ils puissent empêcher le pillage des meubles et effets qu'ils font évacuer de la maison incendiée; il ne laisse circuler dans les maisons, greniers, caves et bâtiments que les personnes de la maison et les ouvriers appelés pour éteindre le feu; il protège l'évacuation des meubles et effets dans les dépôts qui ont été désignés par les propriétaires ou intéressés. (D. 1er mars 1854, art. 280.)

Les sous-officiers, brigadiers et gendarmes s'informent ensuite, auprès des propriétaires et des voisins, des causes de l'incendie, s'il provient du défaut d'entretien des cheminées, de la négligence ou de l'imprudence de quelques personnes de la maison, qui auraient porté ou laissé du feu près des matières combustibles, ou par suite d'autres causes qui peuvent faire présumer qu'il y a eu malveillance. (Id., art. 280.)

Si des déclarations inculpent quelques particuliers, et s'ils sont sur les lieux, le commandant de la brigade les fait venir sur-le-champ et les interroge; si leurs réponses donnent à croire qu'ils ont participé au crime d'incendie, il s'assure de leurs personnes et attend l'arrivée de l'officier de police judiciaire ou du commandant de l'arrondissement, auquel il remet le procès-verbal qu'il a dressé de tous les renseignements parvenus à sa connaissance, pour être pris ensuite telles mesures qu'il appartiendra. Dans le cas d'absence du juge de paix et du commandant de l'arrondissement, les prévenus sont conduits devant le procureur de la République. (Id., art. 281.)

Les brigades qui se sont transportées sur les lieux où un incendie a éclaté ne rentrent à la résidence qu'après l'extinction du feu, et après s'être assurées que leur présence n'est plus nécessaire pour la conservation des propriétés, pour le maintien de la tranquillité publique et pour l'arrestation des délinquants. (Id., art. 282.)

Visite des maisons publiques et particulières. — Pour faire la recherche des personnes signalées ou dont l'arrestation a été légalement ordonnée, les sous-officiers et gendarmes visitent les auberges, cabarets et autres maisons ouvertes au public; ils se font représenter, par les propriétaires ou locataires de ces établissements, leurs registres d'inscriptions des voyageurs, et ces registres ne peuvent leur être refusés. S'ils remarquent des oublis ou des négligences dans la tenue de ces registres, ils en dressent procès-verbal pour être remis au maire ou au commissaire de police. Le refus d'exhibition de ces registres est puni conformément à l'article 475 du Code pénal. (Id., art. 260.)

La maison de chaque citoyen est un asile où la gendarmerie ne peut pénétrer sans se rendre coupable d'abus de pouvoir, sauf les cas déterminés ci-après : 1° pendant le jour, elle peut y entrer pour un motif formellement exprimé par une loi, ou en vertu d'un mandat spécial de perquisition décerné par l'autorité compétente; 2° pendant la nuit, elle peut y pénétrer dans les cas d'incendie, d'inondation ou de réclamations venant de l'intérieur de la maison. Dans tous les autres cas, elle doit prendre seulement, jusqu'à ce que le jour ait paru, les mesures indiquées ci-après. Le temps de nuit est ainsi réglé : du 1er octobre au 31 mars, depuis six heures du soir jusqu'à six heures du matin; du 1er avril au 30 septembre, depuis neuf heures du soir jusqu'à quatre heures du matin. (Id., art. 291.)

Hors le cas de flagrant délit défini par l'article 249, la gendarmerie ne peut s'introduire dans une maison malgré la volonté du maître. Lorsqu'elle est chargée d'exécuter les notifications de jugements, elle doit toujours exhiber les extraits de mandats ou de jugements. (D, 1er mars 1854, art. 292.)

Lorsqu'il y a lieu de supposer qu'un individu déjà frappé d'un mandat d'arrestation, ou prévenu d'un crime ou délit pour lequel il n'y aurait pas encore de mandat décerné, s'est réfugié dans la maison d'un particulier, la gendarmerie peut seulement garder à vue cette maison ou l'investir, en attendant les ordres nécessaires pour y pénétrer, ou l'arrivée de l'autorité qui a le droit d'exiger l'ouverture de la maison pour y faire l'arrestation de l'individu réfugié. (Id., art. 293.)

Arrestations. — Lorsque les sous-officiers, brigadiers et gendarmes arrêtent des individus en vertu des dispositions ci-dessus, ils sont tenus de les conduire aussitôt devant l'officier de police judiciaire le plus à proximité, et de lui faire le dépôt des armes, papiers, effets et autres pièces à conviction. (Id., art. 294.)

Protection de la circulation des subsistances. — La gendarmerie est chargée spécialement de protéger la libre circulation des subsistances et de saisir tous ceux qui s'y opposent par la violence. En conséquence, elle se transporte sur les routes ou dans les communes dont elle a la surveillance, dès qu'elle apprend que des attroupements s'y sont formés dans le dessein d'empêcher cette libre circulation des grains, soit par l'appât du pillage, soit pour tout autre motif. (Id., art. 295.)

Rassemblements. — Elle dissipe les rassemblements de toutes personnes s'opposant à l'exécution d'une loi, d'une contrainte, d'un jugement; elle réprime toute émeute populaire dirigée contre la sûreté des personnes, contre les autorités, contre la liberté absolue du commerce des subsistances, contre celle du travail et de l'industrie; elle disperse tout attroupement armé ou non armé formé pour la délivrance des prisonniers et condamnés, pour l'invasion des propriétés publiques, pour le pillage et la dévastation des propriétés particulières. L'attroupement est armé : 1° quand plusieurs individus qui le composent sont porteurs d'armes apparentes ou cachées ; 2° lorsqu'un seul de ces individus porteur d'armes apparentes n'est pas immédiatement expulsé de l'attroupement par ceux-là mêmes qui en font partie. (Id., art. 296.)

Les sous-officiers, brigadiers et gendarmes ne peuvent, en l'absence de l'autorité judiciaire ou administrative, déployer la force des armes que dans les deux cas suivants : le premier, si des violences ou voies de fait sont exercées contre eux; le second, s'ils ne peuvent défendre autrement le terrain qu'ils occupent, les postes ou les personnes qui leur sont confiés, ou, enfin, si la résistance est telle qu'elle ne puisse être vaincue autrement que par la force des armes. (Id., art. 297.)

Lorsqu'une émeute populaire prend un caractère et un accroissement tels que la gendarmerie, après une intervention énergique, se trouve impuissante pour vaincre la résistance par la force des armes, elle dresse un procès-verbal, dans lequel elle signale les chefs et fauteurs de la sédition; elle prévient immédiatement l'autorité locale, ainsi que le commandant de la compagnie ou de l'arrondissement, afin d'obtenir des renforts des brigades voisines, et, suivant le cas, de la troupe de ligne. (Id., art. 298.)

Dans aucun cas, les brigades ne doivent quitter le terrain ni rentrer à leur résidence avant que l'ordre ne soit parfaitement rétabli. Elles doivent se rappeler que force doit toujours rester à la loi. Le procès-verbal qu'elles rédigent contient le détail circonstancié des faits qui ont précédé, accompagné ou suivi la formation de ces attroupements.

Quant aux prisonniers qu'elles ont faits, et dont elles ne doivent se dessaisir à aucun prix, ils sont immédiatement conduits, sous bonne escorte, devant le procureur de la République. (D. 1ᵉʳ mars 1854, art. 229.)

Elles saisissent tous ceux qui portent atteinte à la tranquillité publique, en troublant les citoyens dans l'exercice de leur culte, ainsi que ceux qui sont trouvés exerçant des voies de fait ou des violences contre les personnes. (Id., art. 300.)

Tout individu qui outrage les militaires de la gendarmerie dans l'exercice de leurs fonctions, ou qui leur fait la déclaration mensongère d'un délit qui n'a pas été commis, est immédiatement arrêté et conduit devant l'officier de police de l'arrondissement pour être jugé et puni suivant la rigueur des lois. (Id., art. 301.)

Colportage et contrebande. — La gendarmerie surveille le colportage des livres, gravures et lithographies ; elle réprime la contrebande en matière de douanes et de contributions indirectes et saisit les marchandises transportées en fraude ; elle dresse des procès-verbaux de ces saisies, arrête et conduit devant les autorités compétentes les contrebandiers et autres délinquants de ce genre, en précisant les lieux où l'arrestation a été faite, les moyens employés et la résistance qu'il a fallu vaincre. (Id., art. 302.)

Dépêches transportées en fraude. — Elle est autorisée à faire directement, ou en prêtant main-forte aux inspecteurs, directeurs ou employés des postes, des visites et perquisitions sur les messagers et commissionnaires allant habituellement d'une ville à une autre ville, sur les voitures de messageries et autres de cette espèce portant les dépêches, et à saisir tous les objets transportés en fraude, au préjudice des droits de l'Administration des postes. (Id., art. 303.)

Toutes visites et perquisitions doivent, quand bien même elles ne sont suivies d'aucune saisie, être constatées par un procès-verbal. (Id., art. 287.)

Contraventions de grande voirie. — Un des devoirs principaux de la gendarmerie est de faire la police sur les grandes routes, et d'y maintenir la liberté des communications ; à cet effet, elle dresse des procès-verbaux de contraventions en matière de grande voirie, telles qu'anticipations, dépôts de fumiers ou d'autres objets, et constate toute espèce de détériorations commises sur les grandes routes, sur les arbres qui les bordent, sur les fossés, ouvrages d'art et matériaux destinés à leur entretien ; elle dénonce à l'autorité compétente les auteurs de ces délits ou contraventions. Elle dresse également des procès-verbaux de contravention, comme en matière de grande voirie, contre quiconque, par imprudence ou involontairement, a dégradé ou détérioré, de quelque manière que ce soit, les appareils des lignes de télégraphie électrique. (Id., art. 313).

Attributions diverses. — Enfin la gendarmerie recherche et constate par des procès-verbaux toutes les contraventions aux lois et règlements sur la police des cours d'eaux, sur la dégradation des ouvrages publics, sur la petite voirie, sur la police du roulage, sur les animaux domestiques et les animaux féroces, sur la protection de l'agriculture, sur la salubrité, sur l'échenillage, sur la police de la chasse et de la pêche, etc.

Elle surveille les foires et marchés et assure l'exécution des mesures prises pour interdire la mendicité en arrêtant les mendiants, vagabonds et gens sans aveu.

En tout temps elle doit faire des patrouilles et établir des embuscades de nuit pour protéger le commerce et la circulation.

Elle arrête les déserteurs et les insoumis.

Enfin elle prête main-forte, lorsqu'elle en est requise, aux préposés des douanes, aux agents forestiers, aux inspecteurs et receveurs des deniers de l'Etat auxquels elle fournit des escortes lorsqu'elle en est requise par le maire; aux huissiers et autres exécuteurs des mandements de justice; aux commissaires, gardes-barrières et autres agents préposés à la surveillance des chemins de fer, etc.

Des procès-verbaux et feuilles de service. — Toutes les fois que la gendarmerie est requise pour une opération quelconque, elle en dresse procès-verbal, même en cas de non-réussite, pour constater son transport et ses recherches. (D. 1er mars 1854, art. 487.)

Elle dresse également procès-verbal des crimes, délits et contraventions de toute nature qu'elle découvre, des crimes et délits qui lui sont dénoncés, de toutes les événements importants dont elle a été témoin, de tous ceux qui laissent des traces après eux et dont elle va s'enquérir sur les lieux, de toutes les déclarations qui peuvent lui être faites par les fonctionnaires publics et les citoyens qui sont en état de fournir des indices sur les crimes ou délits qui ont été commis; enfin, de toutes les arrestations qu'elle opère dans son service. (Id., art. 488.)

Un gendarme peut verbaliser seul, et son procès-verbal est toujours valable; mais il n'en est pas moins à désirer que tous les actes de la gendarmerie soient constatés par deux gendarmes au moins, afin de leur donner toute la force possible en opposant en justice leurs témoignages aux dénégations des délinquants. (Id., art. 489.)

Les sous-officiers, brigadiers et gendarmes requis de prêter main-forte aux fonctionnaires et aux agents de l'autorité administrative ou judiciaire peuvent signer les procès-verbaux dressés par ces fonctionnaires et agents, après en avoir pris connaissance; mais ils ne dressent pas des procès-verbaux de ces opérations ; ils en font seulement mention sur les feuilles et rapports de service. (Id., art. 490.)

Les procès-verbaux constatant des contraventions du ressort des tribunaux de simple police sont essentiellement soumis à la double formalité du timbre et de l'enregistrement en débet. Il en est de même de ceux constatant des faits intéressant l'Etat, les communes et les établissements publics ; enfin, de ceux rédigés pour mort violente, lorsqu'ils contiennent l'inventaire des effets trouvés sur le décédé ou près de lui. Sont également soumis aux droits de timbre et d'enregistrement les procès-verbaux de contravention en matière de douanes et de contributions indirectes. (D. 1er mars 1854, art. 492.)

Les procès-verbaux dressés par les brigadiers de gendarmerie et les gendarmes ne sont, dans aucun cas, assujettis à la formalité de l'affirmation. (L. 17 juillet 1856.)

La gendarmerie fait certifier par la signature des maires, adjoints ou personnes notables, le service qu'elle fait dans les communes, il lui est interdit de demander cette signature ailleurs que sur le lieu où le service qu'elle constate a été exécuté. Si, pour une cause quelconque, un sous-officier, brigadier ou gendarme se trouve dans la nécessité d'opérer seul, il doit faire constater cette circonstance par le maire, l'adjoint ou le notable, pour qu'à son tour son chef puisse apprécier les raisons de cette dérogation à la règle générale. Le cachet de la mairie doit être apposé au bas de la signature du fonctionnaire, à moins d'impossibilité constatée et dont il est rendu compte. (D. 1er mars 1854, art. 503.)

Devoirs généraux et droits de la gendarmerie dans l'exécution du service. — Une des principales obligations de la gendarmerie étant de veiller à la sûreté individuelle, elle doit assistance à toute personne qui réclame son secours. Dans un moment de danger, tout militaire du corps de la gendarmerie qui ne satisfait pas à cette obligation, lorsqu'il en a la possibilité, se constitue en état de prévarication dans l'exercice de ses fonctions. (D. 1er mars 1854, art. 630.)

Tout acte de la gendarmerie qui trouble les citoyens dans l'exercice de leur liberté individuelle est un abus de pouvoir : les officiers, sous-officiers, brigadiers et gendarmes qui s'en rendent coupables encourent une peine disciplinaire, indépendamment des poursuites judiciaires qui peuvent être exercées contre eux. (Id., art. 631.)

Tout individu arrêté en flagrant délit par la gendarmerie, dans les cas déterminés par le présent décret, et contre lequel il n'est point intervenu de mandat d'arrêt ou un jugement de condamnation à des peines, en matière correctionnelle ou criminelle, est conduit à l'instant même devant l'officier de police ; il ne peut être transféré ensuite dans une maison d'arrêt ou de justice qu'en vertu du mandat délivré par l'officier de police. (Id., art. 634.)

Dans le cas seulement où, par l'effet de l'absence de l'officier de police, le prévenu arrêté en flagrant délit ne peut être entendu immédiatement après l'arrestation, il est déposé dans une des salles de la mairie, où il est gardé à vue, ou dans la chambre de sûreté de la caserne, jusqu'à ce qu'il puisse être conduit devant l'officier de police; mais, sous aucun prétexte, cette conduite ne peut être différée au delà de vingt-quatre heures. L'officier, sous-officier, brigadier ou gendarme, qui a retenu plus longtemps le prévenu sans le faire comparaître devant l'officier de police, est poursuivi comme coupable de détention arbitraire. (D. 1er mars 1854, art. 635.)

Lorsque la gendarmerie a un mandat à notifier, et que l'individu qui en fait l'objet a quitté l'arrondissement, elle doit se renseigner sur le lieu de sa retraite ; et, dans le cas où elle parvient à le découvrir ou à recueillir des indices qui puissent mettre la justice sur ses traces, elle doit en faire mention dans le procès-verbal de recherches infructueuses qu'elle rédige en pareil cas ; elle adresse ce procès-verbal, en y joignant le mandat, au procureur de la République, qui demeure chargé des opérations ultérieures et de transmettre les renseignements, ainsi que le mandat, au procureur de la République de l'arrondissement où l'individu est présumé s'être retiré. (Id., art. 636.)

La force publique ne peut être requise par les autorités civiles que dans l'étendue de leur territoire; elle ne peut non plus se transporter dans un autre arrondissement sans ordres spéciaux. (D. 1er mars 1854, art. 637.)

Si la gendarmerie est attaquée dans l'exercice de ses fonctions, elle requiert, de par la loi, l'assistance des citoyens présents à l'effet de lui prêter main-forte, tant pour repousser les attaques dirigées contre elle que pour assurer l'exécution des réquisitions et ordres dont elle est chargée. (Id., art. 638.)

Les militaires du corps de la gendarmerie qui refusent d'obtempérer aux réquisitions légales de l'autorité civile peuvent être réformés, d'après le compte qui en est rendu au ministre de la guerre, sans préjudice des peines dont ils sont passibles, si, par suite de leur refus, la sûreté publique a été compromise. (Id., art. 639.)

Les gardes forestiers sont appelés à concourir, au besoin, avec la gendarmerie, pour le maintien de l'ordre et de la tranquillité publique et les brigades de la gendarmerie doivent les seconder et leur prêter main-forte pour la répression des délits forestiers. (Id., art. 640.) — Voy. GARDES FORESTIERS.

Les gardes champêtres des communes sont placés sous la surveillance des commandants de brigade de gendarmerie. (Id., art. 641.) — Voy. GARDES CHAMPÊTRES.

La gendarmerie a également le droit de surveillance sur les cantonniers, sans avoir des ordres à leur donner; elle prend note des absences qu'elle remarque parmi ces agents. (Id., art. 645.) — Voy. CANTONNIERS.

Les cantonniers, par leur état et leur position, pouvant mieux que personne donner des renseignements exacts sur les voyageurs à pied, à cheval ou en voiture, et étant d'utiles agents auxiliaires de la gendarmerie pour faire découvrir les malfaiteurs, doivent obtempérer à toutes les demandes et réquisitions qui leur sont faites par les sous-officiers, brigadiers et gendarmes. (Id., art. 650.)

Dans le cas de soulèvement armé, les commandants de la gendarmerie peuvent mettre en réquisition les agents subalternes de toutes les administrations publiques et des chemins de fer; ces réquisitions sont adressées aux chefs de ces administrations, qui sont tenus d'y obtempérer, à moins d'impossibilité dont ils devront justifier sous leur responsabilité. (Id., art. 651.) — Voy. FORCE PUBLIQUE.

Gens sans aveu. — Voy. VAGABONDS.

Geôlier. — Voy. ÉCROU, PRISONS.

Gibier. — Ce mot s'emploie pour désigner tous les animaux sauvages qui sont l'objet d'une chasse, et qui servent à la nourriture des hommes. — Voy. CHASSE, COMESTIBLES.

Gîte d'étape. — Localité où s'arrête un soldat après une journée de marche. Les gîtes d'étape sont désignés dans un livret arrêté par le ministre de la guerre.

Les communes qui ne sont pas gîtes d'étape n'en doivent pas moins le logement aux militaires isolés, ainsi qu'aux détachements en marche.

Les maires des gîtes d'étape sont tenus de faire fournir, sur la présentation des feuilles de route, le logement chez l'habitant, tant aux corps et aux détachements de troupes en marche, qu'aux militaires voyageant isolément. (L. 10 juillet 1791.) — Voy. LOGEMENT DES TROUPES.

Les maires doivent veiller à l'assainissement des écuries dans lesquelles doivent être logés les chevaux de l'armée. (Circ. int., 27 février 1875.)

Glaces et neiges. — Dans l'intérêt de la sûreté et de la commodité du passage dans les rues, quais, places et voies publiques, les maires doivent prendre les mesures nécessaires pour l'enlèvement des glaces et des neiges. Les pouvoirs qu'ils tiennent de la loi du 5 avril 1884, article 97, les autorisent à prendre des arrêtés à cet effet. En général, lès propriétaires et locataires sont tenus de faire casser la glace, balayer et relever les neiges au-devant de leurs maisons, boutiques, cours et jardins, jusqu'au milieu de la rue, et d'en faire faire des tas à l'écart, sans nuire à la circulation.

Les infractions aux arrêtés des maires, en ce qui concerne les glaces et neiges, constituent une contravention, et sont punis d'amende depuis 1 franc jusqu'à cinq francs. (C. p., art. 371, n° 15.) — *Dict. des formules*, n° 831.

Glanage, râtelage, grappillage. — Le glanage ou râtelage est l'action de ramasser les épis de blés après la moisson ; le grappillage celle de recueillir ce qui reste de raisin après la vendange.

Le glanage, le râtelage ou le grappillage, quoique signalés comme nuisibles aux agriculteurs par la surveillance qu'ils rendent nécessaire, doivent néanmoins être respectés, parce qu'ils procurent quelque soulagement à la classe la plus nécessiteuse des communes. C'est une servitude créée par la charité et dont l'exercice doit être protégé tant qu'elle ne dégénère pas en abus.

Les glaneurs, râteleurs ou grappilleurs, dans les lieux où les usages de glaner, de râteler ou de grappiller sont reçus, ne peuvent entrer dans les champs, prés et vignes récoltés et ouverts, qu'après l'enlèvement des fruits. Le glanage, le râtelage et le grappillage sont interdits dans tout enclos rural. (L. 28 septembre, 6 octobre 1791, tit. II, art. 21.)

Ceux qui, sans autre circonstance, ont glané, râtelé ou grappillé dans les champs non encore entièrement dépouillés et vidés de leurs récoltes, ou avant le moment du lever ou après le coucher du soleil, sont punis d'amende depuis 1 franc jusqu'à 5 francs inclusivement. (C. p. art. 471, n° 10.)

Afin que le glanage ne puisse profiter qu'aux indigents qui ne peuvent pas travailler, les maires ont le droit de défendre, par un arrêté, à toute personne de glaner sans être porteuse d'une carte ou d'un certificat de la mairie. (Cass. 8 octobre 1840 et 10 juin 1843.)—Voy. POLICE RURALE. — *Dict. des formules*, n°⁵ 832 et 833.

Glandée, panage, paisson. — La glandée consiste dans la récolte ou l'usage des glands qui sont tombés sur le sol des forêts. Dans son acception légale, ce mot signifie spécialement la faculté d'introduire des porcs dans une forêt, pour leur faire consommer les glands tombés naturellement sur le sol. Le panage a plus d'étendue ; il consiste dans le parcours des forêts par les porcs pour s'y nourrir de glands ou de faînes. Quant au mot paisson, il a le même sens à peu près que les deux autres réunis ; cependant, le droit de paisson ne comporte pas la faculté de ramasser les glands pour les emporter.

Dans les années où il y a abondance de glands et de faînes, le conservateur des forêts fait reconnaître, par les agents forestiers locaux, les cantons où des adjudications de glandée, panage et paisson peuvent avoir lieu sans nuire au repeuplement et à la conservation des forêts. Il autorise, en conséquence, ces adjudications. (O. 1ᵉʳ août 1827, art. 100.)

Les formalités prescrites pour les adjudications des coupes de bois sont observées pour les adjudications de glandées, panage et paisson. (C. f. art. 53.)

Lorsque les adjudications concernent les bois des communes ou d'établissements publics, les conseils municipaux ou les commissions administratives doivent être préalablement consultés.

Les adjudicataires ne peuvent introduire dans les forêts un plus grand nombre de porcs que celui qui est déterminé par l'acte d'adjudication, sous peine d'une amende double de celle qui est prononcée contre les propriétaires d'animaux trouvés en délit. (C. f., art. 54.)

Les adjudicataires sont tenus de faire marquer les porcs d'un fer chaud, sous peine d'une amende de 5 francs pour chaque porc qui ne serait point marqué. Ils doivent déposer l'empreinte de cette marque au bureau de l'agent forestier local, sous peine de 50 francs d'amende. (Id., art. 55.)

Si les porcs sont trouvés hors des cantons désignés par l'acte d'adjudication ou des chemins indiqués pour s'y rendre, il y a lieu contre l'adjudicataire aux peines prononcés contre les propriétaires d'animaux trouvés en délit. En cas de récidive, outre l'amende encourue par l'adjudicataire, le pâtre est condamné à un emprisonnement de cinq à quinze jours. (Id., art. 56.)

Il est défendu aux adjudicataires d'abattre, de ramasser ou d'emporter des glands, faînes et autres fruits, semences ou production des forêts, sous peine d'une amende double de celle qui est prononcée par l'article 144 contre les particuliers qui se rendent coupables du même délit. (Id., art. 57.) — Voy. Bois des communes et des établissements publics. — *Dict. des formules*, n° 834.

Gord. — On appelle ainsi un barrage établi dans un cours d'eau pour diriger le poisson vers un filet ; l'établissement sans autorisation d'un gord ou barrage sur une rivière constitue un délit de pêche, lors même qu'il n'en a pas été fait usage. (Cass. 19 juillet 1832.) — Voy. Barrage, Pêche.

Gouttières. — Tout propriétaire a le droit de construire une gouttière dans sa maison, pourvu que les eaux en découlent sur son terrain ou sur la voie publique ; il ne peut les faire verser sur le fonds de son voisin, à moins qu'une servitude n'oblige celui-ci à les recevoir. (C. civ., art. 640 et 681.)

L'établissement de gouttières saillantes sur la voie publique rentre dans les attributions de la voirie et doivent être autorisées par le maire.

L'arrêté d'un maire prescrivant la suppression des gouttières et l'établissement d'un conduit pour l'écoulement des eaux pluviales est obligatoire, et le tribunal de police doit en assurer l'exécution. — Voy. Voie publique, Voirie.

Gouvernement. — C'est l'ensemble des grands pouvoirs de l'État. — Voy. Administration, Constitution.

Dans un grand nombre de circulaires ou d'instructions, le mot gouvernement est employé dans le sens de pouvoir exécutif ; il n'indique alors qu'un seul des trois grands pouvoirs de l'État, celui qui sanctionne et qui fait exécuter la loi.

Grâce. — Remise que le chef de l'État fait à un coupable de la totalité ou d'une partie de la peine qui lui a été infligée par les tribunaux.

Les maires peuvent être appelés à donner des renseignements sur un condamné pour lequel un recours en grâce aurait été formé ; ils ne doivent les donner qu'avec la plus grande circonspection, qu'ils soient favorables ou non ; leur devoir est de ne sacrifier l'intérêt public à aucun autre intérêt.

Les grâces en matière correctionnelle et de police sont quelquefois prononcées par voie d'amnistie.

Grains. — Ce mot sert particulièrement à désigner le froment, le seigle, l'orge, l'avoine, le maïs et le sarrasin.

Comme objet de première nécessité, les grains appellent toute l'attention de l'autorité municipale.

Pendant que les grains sont sur pied ou dans les champs, la loi prend des précautions pour les protéger. Elle charge spécialement les gardes champêtres de la surveillance des récoltes et des soins de les défendre contre les dévastations. Elle punit d'un emprisonnement de six jours à deux mois ceux qui ont coupé des grains qu'ils savaient appartenir à autrui (C. p., art. 449.) Cette peine est portée de vingt jours à quatre mois quand on a coupé du grain vert, et le maximum doit toujours être appliqué quand le fait a été commis pendant la nuit. (Id., art. 450.) — Voy. Récoltes.

La loi prévoit, en outre, l'abus qu'on pourrait faire de la spéculation sur les grains. Elle punit d'un emprisonnement d'un mois à deux ans, et d'une amende de 1,000 francs à 20,000 francs, ceux qui emploient des manœuvres pour faire hausser ou baisser le prix des grains. (C. p., art. 420.) — Voy. Accaparement, Denrées et Substances alimentaires.

Enfin, elle garantit l'entière liberté de la circulation des grains dans l'intérieur de la France.

Toute personne convaincue d'y avoir porté atteinte est poursuivie et condamnée, outre la restitution, à une amende de la moitié de la valeur des grains arrêtés, pour le payement de laquelle il est donné caution, faute de quoi la peine de six mois d'emprisonnement est prononcée. (L. 21 prairial an V, art. 2.)

Les officiers municipaux et autres fonctionnaires publics, soit civils, soit militaires, qui n'auraient pas fait tout ce qui est en leur pouvoir pour assurer la libre circulation des grains, sont soumis aux peines portées ci-dessus. (Id., art. 3.)

Il en résulte que tout citoyen peut faire le commerce des grains, que ce commerce peut être fait en tous lieux et qu'il peut porter sur toute nature de grains.

Les maires ont le droit de prendre des arrêtés portant défense aux marchands forains ou étrangers à la commune de vendre leurs grains ailleurs qu'aux halles et marchés. Ils peuvent, de plus, défendre de vendre les grains aux halles et marchés à d'autres jours et heures que ceux qu'ils ont déterminés. — Voy. Halles et Marchés. — *Dict. des formules*, n° 835 et 836.

Gravures et lithographies. — Comme moyen d'exprimer la pensée, les ouvrages de gravures et de lithographie ont été soumis, comme ceux de l'imprimerie en lettres, à des règles spéciales de police. En supprimant les brevets auxquels l'exercice de la profession d'imprimeur en lettres, en lithographie et en taille-douce était assujetti, le gouvernement de la Défense nationale n'a entendu porter aucune atteinte au dépôt légal.

Aucun dessin, aucune gravure, lithographie, médaille, estampe, ou emblème, de quelque nature et espèce qu'ils soient, ne peuvent être publiés, exposés ou mis en vente sans porter l'indication du nom et du domicile de l'imprimeur, à peine, contre celui-ci, d'une amende de 5 à 15 francs. La peine de l'emprisonnement peut être prononcée si, dans les douze mois précédents, l'imprimeur a été condamné pour contravention de même nature. (L. 29 juillet 1881, art. 2.)

Au moment de la publication, il doit en être fait par l'imprimeur, sous peine d'une amende de 16 à 300 francs, un dépôt de trois exemplaires, destinés aux collections nationales. Ce dépôt est effectué au ministère de l'intérieur pour Paris ; à la préfecture pour les chefs-lieux de département ; à la sous-préfecture pour les chefs-lieux d'arrondissement ; et, pour les autres villes, à la mairie.

L'acte de dépôt mentionne le titre de la gravure et le chiffre du tirage. (L. du 29 juillet 1881, art. 3 et 4.)

Quiconque veut distribuer ou colporter, sur la voie publique ou en tout autre lieu public ou privé, des dessins, gravures, journaux, lithographies ou photographies est tenu d'en faire la déclaration à la préfecture de son domicile. (L. précitée, art. 18.)

La déclaration doit contenir les nom, prénoms, profession, domicile, âge et lieu de naissance du déclarant. Il est délivré immédiatement et sans frais au déclarant un récépissé de sa déclaration. (Art. 19.)

Le colportage ou la distribution sans déclaration préalable, la fausseté de la déclaration, le défaut de présentation à toute réquisition du récépissé constituent des contraventions. Les contrevenants sont punis d'une amende de 5 à 15 francs et peuvent l'être, en outre, d'un emprisonnement de 1 à 5 jours.

En cas de récidive ou de déclaration mensongère, l'emprisonnement est nécessairement prononcée. (L. précitée, art. 21.)

Les colporteurs ou distributeurs peuvent être poursuivis, conformément au droit commun, s'ils ont sciemment colporté ou distribué des dessins, gravures, lithographies ou photographies, présentant un caractère délictueux, sans préjudice de la responsabilité des imprimeurs ou éditeurs.

Toute mise en vente, distribution ou exposition de dessins, gravures, peintures, emblèmes ou images obscènes, ou constituant un outrage aux bonnes mœurs, est punie d'un emprisonnement d'un mois à deux ans et d'une amende de 16 à 2,000 francs. De plus, les exemplaires de ces dessins, gravures, peintures et emblèmes ou images doivent être saisis.

Lorsque l'administration a constaté une contravention, elle doit en informer le procureur de la République, car c'est à lui qu'il appartient de saisir les tribunaux de la connaissance de ces faits.

Les maires, leurs adjoints et les commissaires de police doivent donc constater, dans les procès-verbaux qu'ils dressent contre les auteurs, vendeurs ou distributeurs d'estampes ou gravures non autorisées, si elles sont contraires aux mœurs ou constituent d'autres délits. — *Dict. des formules*, n°s 837 et 838. — Voy. IMPRIMERIE et PRESSE.

Greffier. — Il y a près chaque cour ou tribunal un greffier, dont le principal emploi est d'écrire tous les actes ou procès-verbaux du ministère des juges, de garder les minutes et de délivrer les expéditions.

Le jugement rendu par un tribunal de police sans l'assistance du greffier est nul.

Le greffier fait partie intégrante du tribunal de police. (Cass. 25 février 1819.) — Voy. Tribunal de police.

C'est à tort que, dans quelques localités, on donne aux secrétaires de mairie la qualification de greffier, qui appartient uniquement à l'ordre judiciaire. — Voy. Secrétaire de mairie.

Grêle. — Ce fléau, dont aucune précaution humaine ne saurait prévenir les ravages, n'offre d'autre ressource à la sollicitude administrative que celle des mesures réparatrices. Ces mesures consistent en allocations de secours ou en remises de contributions.

Quand la grêle a détruit en totalité ou en partie les récoltes d'une commune, le maire ou les propriétaires intéressés en donnent avis au sous-préfet, qui fait procéder à la vérification des pertes par le contrôleur des contributions directes, assisté du maire et de deux commissaires nommés à cet effet. Le procès-verbal qui est dressé de cette vérification est transmis au préfet pour servir à la confection d'un état général des pertes supportées par le département, et ultérieurement à la répartition des secours entre les communes et les particuliers qui ont souffert. — Voy. Contributions directes, Secours. — *Dict. des formules*, nᵒˢ 839 et 840.

Griffe. — Instrument au moyen duquel on met l'empreinte d'un nom au lieu de la signature même. L'emploi de la griffe ne peut pas toujours tenir lieu de signature. L'emploi de la griffe a été défendu aux fonctionnaires par l'ordonnance du 14 décembre 1825, rappelée et expliquée par deux circulaires du ministre de l'intérieur, des 6 juillet et 1ᵉʳ août 1846. — Voy. Franchise de correspondance, Signature.

Greffe des arbres. — Ceux qui détruisent les greffes des arbres fruitiers ou autres sont punis d'un emprisonnement de six jours à deux mois, à raison de chaque greffe, sans que la totalité puisse excéder deux ans. (C. p., art. 447.)

Le minimum de la peine est de dix jours, si les arbres étaient plantés sur les places, routes, chemins, rues ou voies publiques, ou vicinales, ou de traverse. (Id., art. 448.) — Voy. Arbres.

Grosse. — Copie authentique d'un acte délivré en forme exécutoire. La grosse fait en justice la même foi que l'original ou la minute. C. civil, art. 1355.) Elle emporte exécution parée. — Voy. Expédition.

Guichetiers. — Voy. Prisons.

H

Habitants. — Ce sont ceux qui résident habituellement dans la même commune. En matière électorale, cette expression implique domicile réel; en matière de contributions directes, elle s'entend des propriétaires et des locataires des maisons, et non de leurs domestiques.

Le domicile constitue le véritable habitant. Celui qui est domicilié concourt à toutes les charges et jouit de tous les avantages communs. — Voy. Domicile, Contributions directes, Élections, Population.

Hache. — L'individu trouvé hors des routes et chemins ordinaires dans les bois et forêts avec haches, serpes, cognées, scies et autres instruments de même nature, est condamné à une amende de 10 francs et à la confiscation desdits instruments. (C. f., art. 146.)

Le Code forestier n'exige pas la circonstance de la nuit pour qu'il y ait contravention; le fait seul qu'il énonce la constitue sans cette circonstance, qui, lorsqu'elle se rencontre, motive une aggravation de peine, en vertu de la disposition générale de l'article 201 du même Code. — Voy. Armes.

Haies. — Clôtures faites d'épines, de ronces et d'autres arbustes, ou seulement de branchages secs entrelacés.

Toute clôture qui sépare des héritages est reconnue mitoyenne, à moins qu'il n'y ait qu'un seul des héritages en état de clôture, ou s'il y a titre, prescription ou marque contraire. (C. c., art. 666, modifié par la loi du 20 août 1881.)

La clôture mitoyenne doit être entretenue à frais communs, mais le voisin peut se soustraire à cette obligation en renonçant à la mitoyenneté. (C. c., art. 667.)

Le voisin dont l'héritage joint une haie non mitoyenne ne peut contraindre ce propriétaire à lui céder la mitoyenneté. (C. c., art. 668.)

Le copropriétaire d'une haie mitoyenne peut la détruire jusqu'à la limite de sa propriété à la charge de construire un mur sur cette limite.

Tant que dure la mitoyenneté de la haie, les produits en appartiennent aux propriétaires par moitié. (C. c., art 669.)

Les arbres qui se trouvent dans la haie mitoyenne sont mitoyens comme elle. Chaque propriétaire a le droit d'exiger que les arbres mitoyens soit arrachés. (C. c., art. 670.)

Il n'est permis d'avoir des arbres, arbrisseaux ou arbustes près de la
limite de la propriété voisine, qu'à la distance prescrite par les règlements particuliers actuellement existants, ou par des usages constants
et reconnus, et à défaut de règlements et d'usages, qu'à la distance de
2 mètres de la ligne séparative des deux héritages, pour les plantations
dont la hauteur dépasse deux mètres, et à la distance d'un demi-mètre
pour les autres plantations.

Les arbres, arbustes et arbrisseaux de toute espèce peuvent être
plantés en espalier de chaque côté du mur séparatif, sans que l'on soit
tenu d'observer aucune distance ; mais ils ne peuvent dépasser la crête
du mur. Si le mur n'est pas mitoyen, le propriétaire seul a le droit d'y
appuyer ses espaliers. (Art. 671, modifié par la loi du 20 août 1881.)

Le voisin peut exiger que les arbres, arbrisseaux et arbustes plantés
à une distance moindre que la distance légale, soient arrachés ou
réduits à la hauteur déterminée dans l'article précédent, à moins qu'il
n'y ait titre, destination du père de famille ou prescription trentenaire.
Si les arbres meurent ou s'ils sont coupés ou arrachés, le voisin ne
peut les remplacer qu'en observant les distances légales. (Art. 672,
modifié par la loi du 20 août 1881.)

Celui sur la propriété duquel avancent les branches des arbres du
voisin, peut contraindre celui-ci à les couper. Les fruits tombés naturellement de ces branches lui appartiennent. Si ce sont les racines qui
avancent sur son héritage il a le droit de les y couper lui-même.

Le droit de couper les racines ou de faire couper les branches est
imprescriptible. (Art. 673, modifié par la loi du 20 août 1881).

L'article 456 du Code pénal punit d'un emprisonnement d'un mois à
un an et d'une amende égale au quart des restitutions et des dommages-
intérêts, et qui, dans aucun cas, ne peut être au-dessous de 50 francs,
ceux qui, sans droit ni qualité, ont, en tout ou en partie, arraché ou
coupé des haies vives ou sèches. Ce délit est constaté par des procès-
verbaux des maires, adjoints, gardes champêtres, comme tous les autres
délits ruraux.

Les maires doivent veiller, en outre, à ce que les propriétaires voisins des chemins vicinaux ou des rues dans les villages, laissent entre
les haies et la voie publique la distance prescrite par les règlements. Ils
doivent aussi veiller à l'exécution des règlements relatifs à l'élagage et
à l'échenillage des arbres et des haies. — Voy. ARBRES, ÉCHENILLAGE,
ÉLAGAGE, CHEMINS VICINAUX, ROUTES.

Halage. — On entend par ce mot l'action de remorquer un bateau
sur un cours d'eau. La voie réservée à cet effet sur l'une des rives s'appelle chemin de halage quand elle peut être parcourue par des chevaux,
et marche-pied quand elle n'est accessible qu'aux piétons.

Le chemin de halage ou marche-pied constitue une servitude réelle,
et résulte, à ce titre, de circonstances ou de conditions déterminées
par les lois. — Voy. CANAUX, COURS D'EAU.

Halles et Marchés. — Ces mots sont pris ici dans un sens passif,
c'est-à-dire que nous les considérerons seulement comme servant à désigner les lieux où se réunissent les vendeurs et les acheteurs. Quant à
cette réunion elle-même, nous avons exposé les règles qui s'y rapportent
aux mots : FOIRES ET MARCHÉS.

De la propriété des halles et marchés. — Aux termes des lois des

28 mars et 20 août 1790, les communes ont le droit d'exiger, pour l'utilité communale, que les propriétaires leur cèdent ou leur afferment les halles et bâtiments de même nature servant aux marchés publics. La faculté de la cession ou de la location des halles appartient aux propriétaires et non aux communes, et le pouvoir de celles-ci se borne à empêcher les propriétaires d'employer les halles à leur usage personnel, ou de les louer ou de les vendre à d'autres qu'à elles.

Toutefois, d'après un avis du conseil d'Etat du 20 juillet 1836, lorsque les communes réclament d'anciennes halles, soit pour les consacrer à un usage nouveau, soit même pour en maintenir la destination primitive, mais avec l'intention d'y opérer des travaux qui en changent l'état matériel, elles agissent alors, non plus en vertu des lois spéciales de 1790, mais en vertu du droit d'expropriation pour cause d'utilité publique. Les propriétaires ne sauraient, dans ce cas, leur opposer la faculté d'opter entre la vente ou la location des immeubles.

Tels sont les principes qui servent à déterminer encore aujourd'hui les rapports des communes avec les anciens propriétaires et à résoudre les difficultés qui peuvent s'élever entre eux.

Quant à l'établissement d'une nouvelle halle, les communes sont obligées, pour l'acquisition du terrain nécessaire et pour les travaux de construction ou d'appropriation, de se conformer aux règles générales relatives aux acquisitions et travaux communaux.

L'établissement doit être, en outre, autorisé par le conseil général, après accomplissement des formalités prescrites pour la création des foires et marchés. (L. 13 août 1864. — L. 10 mai 1838. — Avis conseil d'Etat, 5 décembre 1872.—Conseil d'Etat, Commune, 1er février 1873). La délibération du conseil municipal, portant demande d'autorisation, doit indiquer : 1° l'emplacement sur lequel la halle sera construite; 2° les objets qui y seront mis en vente; 3° le tarif des droits à percevoir ; 4° les jours de tenue du marché. — Voy. Foires et Marchés. — *Dict. des formules*, n° 841.

Droits de places aux halles, foires et marchés. — Les produits de droits de places perçus d'après les tarifs dûment autorisés, font partie des recettes ordinaires des communes. (L. 5 avril 1884, art. 133, § 6.)

Le tarif des droits de places à percevoir dans les halles et marchés est voté par délibération du conseil municipal; la délibération n'est exécutoire qu'après approbation du préfet. (L. 5 avril 1884, art. 68, § 7.) — Voy. Conseil municipal.

Ces droits, qui représentent le prix de la location d'un emplacement communal, doivent être établis, quant au tarif, dans une proportion raisonnable ; ils doivent être calculés à raison de la superficie occupée, ou censée occupée par les marchands, et non pas suivant la nature de la marchandise, sauf, s'il y a lieu, à admettre des classifications différentes, selon l'espèce des denrées. Les conseils municipaux, en délibérant sur les tarifs de ces droits, doivent prendre pour base uniforme le mètre carré ou la fraction du mètre occupée, en sorte que le prix de l'emplacement ne puisse varier dans une même catégorie. Par exemple, si un marchand occupant ou étant censé occuper un mètre est taxé à 50 centimes, celui qui sera taxé à 25 centimes ne sera censé occuper qu'un demi-mètre, et ainsi de suite dans la progression croissante ou décroissante du tarif. (Circ. int. 17 décembre 1807. Lettres min. 19 janvier, 13 mars et 14 mai 1839 ; Circ. 15 mai 1884.)

On ne doit pas voir seulement dans ces droits une source de revenus; il faut aussi éviter qu'ils grèvent trop sensiblement les objets mis en vente et nuisent ainsi aux développements de l'agriculture et de l'industrie. (Circ. 10 avril 1852.)

Le conseil municipal peut comprendre dans le tarif des droits de resserre ou de magasinage des objets qui n'ont pas été vendus les jours de marché.

Si des bancs et tables destinés à l'étalage des marchandises sont établis par la commune, il doit être entendu que l'usage en est purement facultatif pour les marchands. (Décis. min. de l'int. 1860.)

Les droits peuvent être perçus, soit en régie simple, soit en régie intéressée, soit par bail à ferme. Dans la régie simple, la perception des droits est faite directement par la commune au moyen d'un agent spécial nommé par le maire ; cet agent verse immédiatement le produit de la recette entre les mains du receveur municipal. La régie intéressée consiste à traiter avec un régisseur, moyennant une redevance fixe et une portion déterminée dans les bénéfices. Le bail à ferme est la délégation de la perception des droits de places à un fermier qui, moyennant le payement d'une somme annuelle, se trouve substitué aux droits de la commune.

Le conseil de préfecture n'est compétent que pour statuer sur les difficultés qui peuvent s'élever entre les communes et les fermiers sur le sens des baux, et il ne peut être saisi d'une demande en interprétation de ces baux qu'en l'absence de tout litige entre la commune et le fermier et sur renvoi ordonné par l'autorité judiciaire. C'est à l'autorité judiciaire qu'il appartient de prononcer sur les contestations auxquelles peut donner lieu la perception par le fermier des droits de place dans les halles et marchés. (Arrêt cons. d'Etat, 23 novembre 1877.)

Lorsque le conseil municipal s'est prononcé pour la mise en ferme ou en régie intéressée, on procède à l'adjudication dans la forme ordinaire. — Voy. ADJUDICATION. — Dict. des formules, nº 842.

Les époques du versement des produits à la caisse municipale sont déterminées par le cahier des charges de l'adjudication. En cas de retard dans ces versements, les adjudicataires sont poursuivis par voie de commandement, de saisie-exécution et de vente.

Lorsque la perception des droits est en régie simple, le maire peut souscrire des abonnements fixes pour une ou plusieurs années, au moyen de traités de gré à gré, qui sont soumis à la délibération du conseil municipal et à l'approbation du préfet.

Police. — C'est à l'autorité municipale qu'il appartient de prendre toutes les mesures nécessaires pour maintenir le bon ordre dans les halles, foires et marchés, assurer la sécurité des personnes qui s'y présentent et la liberté de la circulation. (L. 19-22 juillet 1791, titre I, art. 46. — L. 5 avril 1884, art. 97, § 3.)

En conséquence, les maires ont le droit : 1º de désigner l'enceinte des halles, foires et marchés ; 2º de fixer les heures de la vente des denrées et marchandises (Cass., 4 février 1836) ; 3º d'assigner un emplacement pour l'étalage, le dépôt et la vente de chaque espèce de denrées (Cass., 26 floréal an XIII et 4 juin 1823) ; 4º de décider que les marchands forains ne pourront se placer et débiter leurs marchandises que dans les lieux désignés (Cass., 22 juin 1832) ; 5º de défendre aux revendeurs de s'introduire dans les halles et marchés avant une heure déterminée, quand il y a lieu de craindre que, sans cette mesure d'intérêt général, les habitants ne puissent subvenir à leurs approvisionnements ou soient forcés de subir des prix exagérés (Cass., 2 novembre 1830) ; 6° d'exiger que les jours de marché et foire, les voitures, chevaux, bêtes de charge, etc., ne stationnent que dans les lieux indiqués. (Cass., 23 mars 1832.)

La salubrité des halles et marchés et des quartiers qui les avoisinent appelle aussi toute l'attention et la surveillance des maires. Ils doivent prescrire aux détaillants d'entretenir les places qui leur sont assignées, avec toute la propreté convenable ; leur défendre expressément de laisser des débris de matières animales ou autres qui répandent une odeur infecte, déposés sur le sol de ces places ou dans les passages réservés à la circulation du public, de conserver dans leurs étalages des marchandises avariées impropres à la consommation, de dresser les étalages ou de disposer les marchandises de manière à gêner la circulation de l'air.

Les arrêtés pris par les maires sur ces divers objets sont obligatoires non seulement pour les habitants, mais encore pour les marchands forains et autres qui se présentent aux halles et marchés. Les contraventions sont constatées par des procès-verbaux et punies par le tribunal de police conformément à l'article 471 du Code pénal. — Voy. Denrées et substances alimentaires, Foires et marchés, Marchandises, Poids et mesures, Police municipale. — *Dict. des formules,* nos 843 et 844.

Hameau — Groupe d'habitations rurales détaché du corps principal de la commune.

Un hameau peut avoir des intérêts distincts de ceux de la commune, il forme dans ce cas une section de commune dans le sens de l'arrêté du gouvernement du 24 prairial an xi. — Voy. Section de commune.

Hangar. — C'est une remise ouverte et que recouvre une toiture légère, soit de chaume, soit de bois. Un hangar sert ordinairement de lieu de dépôt aux récoltes et aux instruments aratoires. Il ne peut en être établi, sans autorisation du gouvernement, dans l'enceinte, et à moins d'un kilomètre des bois et forêts soumis au régime forestier, sous peine de 50 francs d'amende et de démolition. Cette défense est sans exception. (C. f., art. 152.) — Voy. Bois des communes et des établissements publics.

Hannetons. — Voy. Arbres, insectes nuisibles.

Haras. — Établissement où l'on entretient des étalons et des juments pour la reproduction de l'espèce chevaline.

Le service des haras est placé sous la direction du ministre de l'agriculture, du commerce et des travaux publics.

Le nombre des établissements de l'administration des haras est ainsi fixé : un haras (à Pompadour); vingt et un dépôts d'étalons.

Ces établissements sont divisés en six arrondissements d'inspection, savoir :

1er Arrondissement, comprenant les circonscriptions des dépôts de *Blois* (Cher, Eure-et-Loir, Indre, Indre-et-Loire, Loir-et-Cher, Loiret) ; — *Compiègne* (Aisne, Nord, Oise, Pas-de-Calais, Seine-et-Marne,

Seine-Inférieure, Somme) ; — *Montiérender* (Ardennes, Aube, Marne, Haute-Marne, Yonne).

2° Arrondissement, comprenant les circonscriptions des dépôts d'*Angers* (Maine-et-Loire, Mayenne, Sarthe) ; — *Le Pin* (Calvados rive droite de l'Orne, Eure, Orne, Seine, Seine-et-Oise) ; — *Saint-Lô* (Calvados rive gauche de l'Orne, Manche).

3° Arrondissement, comprenant les circonscriptions des dépôts d'*Hennebon* (Finistère, arrondissement de Quimper, Châteaulin et Quimperlé, Ille-et-Vilaine, Morbihan) ; — *Lamballe* (Côtes-du-Nord, Finistère, arrondissements de Brest et de Morlaix) ;— *La Roche-sur-Yon* (Loire-Inférieure, Deux-Sèvres et Vendée) ; — *Saintes* (Charente, Charente-Inférieure et Vienne).

4° Arrondissement, comprenant les circonscriptions des dépôts de *Libourne* (Dordogne et Gironde) ; — *Pau* (Landes et Basses-Pyrénées) ; — *Tarbes* (Ariège, Haute-Garonne, Gers, Hautes-Pyrénées) ; — *Villeneuve-sur-Lot* (Lot, Lot-et-Garonne, Tarn-et-Garonne).

5° Arrondissement, comprenant les circonscriptions des dépôts d'*Aurillac* (Cantal, Haute-Loire, Puy-de-Dôme) ; — *Perpignan* (Alpes-Maritimes, Aude, Bouches-du-Rhône, Corse, Gard, Hérault, Pyrénées-Orientales, Var, Vaucluse) ; — *Rodez* (Ardèche, Aveyron, Lozère, Tarn) ; — *du haras de Pompadour* (Corrèze, Creuse, Haute-Vienne).

6° Arrondissement, comprenant les circonscriptions des dépôts d'*Annecy* (Basses-Alpes, Hautes-Alpes, Drôme, Isère, Savoie, Haute-Savoie) ; — *Besançon* (Belfort, Côte-d'Or, Doubs, Jura, Haute-Saône) ; — *Cluny* (Ain, Allier, Loire, Nièvre, Rhône, Saône-et-Loire) ; — *Rosières* (Meurthe-et-Moselle, Meuse, Vosges. (Arrêtés 19 décembre 1871 et 27 juin 1872.)

Les étalons entretenus dans ces divers établissements sont répartis tous les ans, à l'époque de la monte, en un certain nombre de stations suivant les besoins des localités.

Les directeurs des établissements préviennent en temps utile les préfets et les maires, ainsi que les éleveurs, qu'à tel jour fixé le service commencera dans telle station. Des cartes d'admission sont délivrées aux propriétaires qui ont demandé à faire saillir leurs juments. Le droit à percevoir pour chaque jument présentée aux étalons de l'Etat est établi sur une échelle graduée et proportionnelle aux qualités individuelles et reconnues de ceux-ci, et ne peut être fixé au-dessous de 6 francs, pourboire compris. (Arr. min. 3 décembre 1852.)

L'achat des étalons destinés à la remonte des dépôts est effectué par des commissions d'inspecteurs généraux qui sont présidées par le directeur des haras et opèrent ordinairement dans les diverses contrées de la France à l'automne. Aucun étalon, les chevaux de gros trait exceptés, n'est acheté qu'après avoir subi sur l'hippodrome les épreuves publiques au galop ou au trot.

L'Etat se charge de fournir aussi lui-même 2,500 étalons. La force étalonnière des pays devant se composer d'au moins 5,000 étalons de qualité pour le service des 600,000 jugements consacrées à la reproduction, il faut tendre à ce que les particuliers en entretiennent un pareil nombre. En vue de ce résultat, des primes sont accordées, sur la proposition des inspecteurs généraux des haras, aux propriétaires des chevaux entiers capables de concourir avec ceux de l'Etat à l'amélioration de l'espèce.

Ces chevaux entiers sont dénommés *étalons approuvés*. Ils sont marqués sous la crinière n° 1. Le décret du 19 décembre 1860, article 25, a fixé de la manière suivante le chiffre des *primes d'approbations*.

Pour les chevaux de pur sang de 500 à 3,000 francs ; pour les chevaux de demi-sang de 400 à 1,500 francs ; pour les chevaux de trait de 300 à 800 francs.

Pour être proposés à la prime, les étalons doivent être âgés de 4 ans au moins, avoir subi les épreuves publiques (les épreuves ne sont pas obligatoires pour les chevaux de gros trait), et avoir au minimum une taille de 1^m,46 pour les arabes de pur sang, 1^m,50 pour les anglo-arabes de pur sang, 1^m,54 pour les anglais de pur sang, 1^m,52 pour le demi-sang, 1^m,54 pour les chevaux de trait.

La totalité de la prime n'est payée que si l'étalon a sailli, savoir : l'étalon de pur sang 30 juments ; l'étalon de demi-sang 40 juments ; l'étalon de trait 50 juments : au-dessous de ces chiffres un décompte est fait proportionnellement au nombre des juments saillies.

Aucune portion de prime n'est payée pour l'étalon qui n'a pas sailli la moitié du nombre de juments qui lui est dévolu. L'approbation est constatée par un titre délivré au nom du ministre, par le directeur des haras ; elle n'est valable que pour un an, mais peut être renouvelée aussi longtemps que l'étalon est jugé apte au service de la reproduction. (Arr. du 10 février 1861, art. 27 à 44.)

A l'action des étalons approuvés s'ajoute, dans l'œuvre de la reproduction, *celle des étalons autorisés*. Ces derniers qui n'ont pas les qualités nécessaires pour contribuer au perfectionnement de l'espèce et sont seulement propres à maintenir le niveau de l'amélioration ne reçoivent pas de prime. Un titre analogue au titre d'approbation constate *l'autorisation*. De plus l'étalon est marqué sous la crinière du n° 2.

Non seulement le législateur, pour améliorer ou maintenir l'espèce chevaline, favorise la monte par les étalons approuvés ou autorisés, mais, afin d'éviter la transmission de vices héréditaires, il a, par la loi du 14 août 1885 et le règlement d'administration publique du 25 septembre 1885, décidé qu'à l'avenir : tout étalon, qui n'est ni approuvé ni autorisé par l'administration des haras, ne peut être employé à la monte des juments appartenant à d'autres que son propriétaire, sans être muni d'un certificat constatant qu'il n'est atteint ni de cornage ni de fluxion périodique. (Art. 1er.)

Tout propriétaire qui a l'intention de consacrer un étalon au service public de la reproduction doit en faire la déclaration au préfet ou au sous-préfet, dans le courant d'octobre de l'année qui précède la monte. (D., art. 1er). — Il présente son étalon devant la commission d'examen nommée par le ministre qui se réunit dans les premiers jours de novembre. Cette commission fait marquer les étalons qui présentent les conditions requises, sous la crinière au fer rouge du n° 3, précédé d'une étoile, et elle délivre un certificat constatant le droit de faire la monte. (D., art. 3, 4, 5, 6, 7). En cas de retrait de l'approbation de l'autorisation ou du certificat, la lettre R est inscrite de la même manière au-dessus de la marque primitive.

En cas d'infraction à la loi, le propriétaire et le conducteur de l'étalon sont punis d'une amende de 50 à 500 francs. En cas de récidive, l'amende est du double. De plus le propriétaire pourra être privé pendant une ou plusieurs années des primes d'approbation. (L., art. 4, et D, art. 14). Les propriétaires qui ont fait saillir leurs juments par un étalon qui ne serait ni approuvé, ni autorisé, ni muni d'un certificat sont aussi passibles d'une amende de 16 à 40 francs. (L., art. 5.)

Des primes de 200 à 600 francs sont accordées aux juments de pur sang, inscrites au stud-book français, qui réunissent à une taille de 1^m,49, mesurée à la potence, les qualités exigées d'une bonne poulinière. Ces primes ne sont accordées que si la jument est suivie de son poulain de l'année, issu d'un étalon de pur sang, appartenant à l'administration ou approuvé.

Des primes sont, en outre, accordées par l'administration, dans les départements où l'élève du cheval est le plus en faveur, aux juments de demi-sang pleines et suitées qui ont la taille réglementaire. — Voy. CHEVAUX, COURSES DE CHEVAUX. — *Dict. des formules*, n° 845.

Haute police. — Voy. SURVEILLANCE DE LA HAUTE POLICE. Cette peine a été supprimée par l'art. 19 de la loi du 28 mai 1885 et remplacée par la défense faite au condamné de paraître dans les lieux dont l'interdiction lui sera signifiée par le gouvernement.

Herboristes. — Nul ne peut vendre des plantes ou des parties de plantes médicinales indigènes, fraîches ou sèches, ni exercer la profession d'herboriste, sans au préalable avoir subi dans une école supérieure de pharmacie, ou dans une école préparatoire de médecine et de pharmacie, un examen qui prouve qu'il connaît exactement les plantes médicinales. Il est délivré aux herboristes un certificat d'aptitude par l'école où ils ont été examinés, et ce certificat est enregistré à la municipalité du lieu où ils s'établissent. (L. 21 germinal an XI, art. 37 ; D. 22 août 1854, art. 17.)

Un arrêté du 25 thermidor an XI prescrit dans les villes placées dans un rayon de dix lieues d'une école de médecine, au directeur, au professeur de botanique et à l'un des professeurs de l'école de médecine, des visites annuelles chez les herboristes. Dans les autres villes et communes, les visites sont faites conformément à l'article 31 de la loi du 21 germinal an XI, par les membres des jurys de médecine, réunis à quatre pharmaciens.

Les maires doivent faire fermer les herboristeries dont le gérant n'est pas régulièrement reçu et en dresser procès-verbal.

Les herboristes ne peuvent vendre aucune préparation médicamenteuse, ni s'immiscer, au delà des termes de leur brevet, dans l'art de la pharmacie. — Voy. MÉDECINS, PHARMACIENS. — *Dict. des formules*, n°ˢ 846 et 847.

Hiérarchie. — On appelle ainsi la subordination des différent s fonctionnaires du même ordre ou appartenant au même corps. — Voy. ADMINISTRATION.

Homicide. — Il y a deux espèces d'homicide : l'homicide volontaire et l'homicide involontaire.

L'homicide commis volontairement est qualifié meurtre. (C. p., art. 295.)

Tout meurtre commis avec préméditation ou guet-apens est qualifié assassinat. (Id., art. 296.)

L'homicide involontaire ne constitue qu'un délit. Quiconque, par mégarde, par maladresse, inattention, négligence ou inobservation des règlements, commet involontairement un homicide ou en a été involontairement la cause, est puni d'un emprisonnement de trois mois à deux ans et d'une amende de 50 francs à 600 francs. (Id., art. 319.)

Le meurtre est excusable, s'il a été provoqué par des coups ou des violences graves envers les personnes. (Id., art. 321.)

Il est également excusable, s'il a été commis en repoussant, pendant le jour, l'escalade ou l'effraction des clôtures, murs ou entrée d'une maison ou d'un appartement habité ou de leurs dépendances. (Id., art. 322.)

Il n'y a ni crime ni délit, lorsque l'homicide était commandé par la nécessité actuelle de la légitime défense de soi-même ou d'autrui. (Id., art. 328.)

Sont compris dans les cas de nécessité actuelle de défense les deux cas suivants : 1° si l'homicide a été commis en repoussant, pendant la nuit, l'escalade ou l'effraction des clôtures, murs ou entrée d'une maison ou d'un appartement habité ou de leurs dépendances ; 2° si le fait a eu lieu en se défendant contre les auteurs de vols ou de pillages exécutés avec violences. (Id., art. 329.)

Lorsqu'un maire est informé qu'un assassinat ou un meurtre a été commis dans sa commune, Il doit, sans aucun retard, se transporter sur les lieux. Son premier soin est de rechercher si la victime respire encore et, si elle respire, de lui faire administrer les secours que réclame sa position, il doit, après l'accomplissement de ce devoir, informer, sur-le-champ et tout à la fois, le juge de paix du canton et le procureur de la République de l'arrondissement.

En attendant l'arrivée du procureur de la République ou celle du juge de paix, le maire veille attentivement à ce que rien ne soit dérangé ni détourné sur le théâtre du crime. Si la mort de la victime est certaine, il faut empêcher que personne ne touche au cadavre ni à ses vêtements, et ne s'approche même du lieu où ils se trouvent, afin de ne pas effacer les traces qui auraient pu être laissées sur le terrain par le meurtrier. Si le crime a été commis dans l'intérieur d'une habitation, les meubles et jusqu'aux moindres objets doivent être laissés dans la position qu'ils occupaient à l'instant de sa découverte.

Si le juge de paix ou le procureur de la République n'est pas arrivé avant la nuit, la garde du cadavre est confiée au garde champêtre et à une ou deux autres personnes sûres. La maison qui a été le théâtre du crime est fermée exactement, et un gardien veille à ce que personne ne s'y introduise.

Ces précautions ne doivent pas empêcher le maire de recueillir les premiers éléments de l'instruction. Ainsi, s'il s'élève des indices graves contre une personne, il faut, sans aucun retard, se transporter dans son domicile, pour y rechercher et saisir ses vêtements, qui peuvent porter des traces concluantes : ses armes à feu, afin de pouvoir reconnaître si elles ont été récemment tirées. Quelques heures plus tard, ces vérifications deviendraient souvent douteuses dans leurs résultats.

Au surplus, il ne faut pas oublier qu'en cas de flagrant délit, les maires, adjoints et commissaires de police ont le pouvoir de faire tous les actes qui sont de la compétence du procureur de la République lui-même, et qui sont réglés par les articles 32 à 46 du Code d'instruction criminelle.

Dans tous les cas, il est nécessaire de dresser procès-verbal, constatant les circonstances connues du crime et de sa découverte, ainsi que les divers actes de l'instruction.

Lorsqu'il s'agit d'homicide excusable ou d'un homicide par imprudence, les maires peuvent procéder sur-le-champ à tous les actes de l'instruction. Le procureur de la République est suffisamment averti par l'envoi des procès-verbaux et des prévenus lorsqu'ils sont arrêtés.

Seulement, il est nécessaire que cet envoi ait lieu le jour même de la rédaction du procès-verbal, ou le lendemain au plus tard. — Voy. Assassinat, Flagrant délit, Inhumation, Mort accidentelle, Police judiciaire. — *Dict. des formules*, n° 848.

Homologation. — Approbation donnée à un acte par les juges administratifs ou judiciaires. Nous citerons deux exemples d'homologation. Les transactions consenties par un conseil municipal ne peuvent être exécutées qu'après l'homologation de l'acte de transaction par arrêté du préfet rendu en conseil de préfecture. (L. 5 avril 1884, art. 68 et 168.)

L'acte de notoriété, destiné à suppléer l'acte de naissance que les futurs époux sont dans l'impossibilité de représenter à l'officier de l'état civil, doit être avant sa présentation, homologué par le tribunal civil. (C. civil, art. 72.)

Honneurs publics. — Marques de respect prescrites par les lois et règlements.

Le décret du 24 messidor an XII (13 juillet 1804) a réglé tout ce qui est relatif aux cérémonies publiques, préséances, honneurs civils et militaires. Nous reproduisons ci-après celle de ces dispositions que les autorités municipales peuvent avoir intérêt à connaître.

A l'entrée du chef de l'État dans chaque commune, toutes les cloches sonnent; si l'église se trouve sur son passage, le curé ou desservant se tient sur la porte en habits sacerdotaux avec son clergé. (Id., art. 23.)

Dans les villes où le chef de l'État s'arrête et séjourne, les autorités et les fonctionnaires civils et judiciaires sont avertis de l'heure à laquelle il leur accordera audience, et sont présentés par l'officier à qui ces fonctions sont attribuées. (Id., art. 24.)

Lorsque les ministres voyagent dans les départements, et qu'il a été donné avis officiel de leur voyage, les maires, pour les recevoir, les attendent à la porte de la ville, et si les ministres doivent s'y arrêter ou y séjourner, les maires les conduisent au logement qui leur est destiné. Dans les villes, un détachement de la gendarmerie va à leur rencontre à cent cinquante pas en avant du lieu où le maire les attend.

Les maires et adjoints vont, au moment de leur départ, prendre congé d'eux dans leur logis. (D. 24 messidor an XII, titre VII, art. 4.)

Le préfet, arrivant pour la première fois dans le chef-lieu de son département, est reçu à la porte de la ville par le maire et ses adjoints accompagnés d'un détachement de gendarmerie commandé par le capitaine; cette escorte le conduit à son hôtel où il est attendu par le conseil de préfecture et le secrétaire général qui le complimente. (Id., titre XVII, art. 15.)

Les sous-préfets, arrivant dans le chef-lieu de leur sous-préfecture, sont attendus dans leur demeure par le maire qui le complimente. (Id., art. 19.)

Les archevêques ou évêques reçoivent, lors de leur installation, les honneurs suivants : ils trouvent à l'entrée de la ville un détachement de la gendarmerie sous les armes. Les maires et adjoints se rendent à leur logis avant leur arrivée, et vont prendre congé d'eux dans leur logis, au moment de leur départ. (Id., titre XIX, art. 10.)

Préséances. — Ceux qui doivent assister aux cérémonies publiques sont appelés à y prendre rang dans l'ordre suivant par le décret du 28 décembre 1875.

Rang des autorités (rang individuel). — 1. Cardinaux. — 2. Ministres. — 3. Maréchaux, amiraux. — 4. Grand chancelier de la légion d'honneur. — 5. Conseillers d'Etat chargés de missions extraordinaires, en vertu de décrets du Président de la République. — 6. Généraux de divisions, gouverneur de Paris, gouverneur de Lyon, commandant les corps d'armée et les régions de corps d'armée. — Vice-amiraux commandants en chef, préfets maritimes. — 7. Grands-croix, grands officiers de la Légion d'honneur. — 8. Généraux de division commandant les régions de corps d'armée mobilisés, après le départ du corps d'armée mobilisé. — 9. Premiers présidents des cours d'appel. — 10. Archevêques. — 11. Généraux de division commandant un groupe de subdivisions de région. — 12. Préfets. — 13. Présidents de cours d'assises. — 14. Evêques. — 15. Généraux de brigade investis du commandement territorial de subdivisions de régions. — Contre-amiraux majors généraux de la marine. Généraux de brigade commandant les subdivisions de régions après le départ du corps d'armée. — 16. Commissaires généraux de police. — 17. Sous-préfets. — 18. Majors généraux de la marine qui ne sont pas contre-amiraux. — 19. Présidents des tribunaux de première instance. — 20. Présidents des tribunaux de commerce. — 21. Maires. — 22. Commandant de places ou d'armes. — 23. Présidents de consistoires. — 24. Députation des membres de la Légion d'honneur.

Rang des corps. — Les corps administratifs, judiciaires et militaires viennent à la suite de tous les fonctionnaires auxquels un rang spécial est assigné.

Les corps marchent dans l'ordre suivant : — 1. Sénat. — 2. Chambre des députés. — 3. Conseil d'Etat. — 4. Cour de cassation. — 5. Cour des comptes. — 6. Conseil supérieur de l'instruction publique. — 7. Cour d'appel. — 8. Etat-major des gouverneurs de Paris et de Lyon. — Etat-major du corps d'armée. — 9. Etat-major de la préfecture maritime. — 10. Etat-major de la région constitué après le départ du corps d'armée. — 11. Etat-major de division, soit que le commandement territorial ait été ou n'ait pas été réuni au commandement de la division. — 12. Cour d'assises. — 13. Conseil de préfecture. — 14. Tribunal de première instance. — 15. Etat-major de la majorité générale de la marine. — 16. Etat-major de brigade, soit que le commandement territorial ait ou n'ait pas été réuni au commandement de la brigade. — 17. Corps municipal. — 18. Corps académique. — 19. Etat-major de place. — 20. Tribunal de commerce. — 21. Chambre de commerce. — 22. Juges de paix. — 23. Commissaires de police.

Aucune des autres administrations n'a de place légale dans les cérémonies publiques ; mais comme ces administrations y sont ordinairement invitées et y assistent, une place doit leur être assignée après les fonctionnaires et les corps ci-dessus désignés.

Aux cérémonies religieuses, lorsqu'il y a un prince ou un grand dignitaire, on place devant lui un prie-Dieu, avec un tapis et un carreau. En l'absence de tout prince ou dignitaire le centre est réservé, et personne ne peut s'y placer. (D. 24 messidor an XII, art. 9.)

Lorsqu'il y a impossibilité absolue de placer dans le chœur la totalité des membres des corps invités, ceux de ces membres qui n'ont pu y être placés, le sont dans la nef de l'église et dans un ordre analogue à celui des chefs de corps. (Id., art. 10.)

Les prérogatives dont il est ici question sont des honneurs attribués à la dignité, au corps ou au grade, et il est spécialement défendu d'en exiger ou rendre au delà de ce que le décret prescrit. En conséquence, si le maire était absent, mort, empêché, démissionnaire ou révoqué sans être encore remplacé, l'adjoint qui serait appelé à le suppléer dans ses fonctions ne pourrait prendre, dans une cérémonie publique, la place que le maire y aurait occupée, parce que cette place n'est accordée qu'à un titre que l'adjoint n'a pas. — Voy. FÊTES PUBLIQUES.

Honoraires. — Ce mot, dans sa véritable signification, exprime ce qu'on offre par honneur à celui dont on a reçu les conseils ou autres services de cette nature, et c'est de là qu'il est employé pour désigner la rétribution due à l'avocat, au notaire, etc., à raison des travaux de sa profession. L'usage l'a étendu à différentes autres rétributions.

L'exercice des fonctions municipales ne donne droit à aucune allocation d'honoraires.

Hôpitaux. — Voy. HOSPICES.

Horloge. — Au nombre des dépenses qui n'ont pas été déclarées obligatoires par l'article 136 de loi du 5 avril 1884, mais que leur utilité recommande à l'attention des maires et des conseils municipaux, se trouve l'entretien des horloges communales.

Une circulaire du ministre de l'intérieur, en date du 18 février 1839, contient des instructions pour le règlement des horloges publiques d'après un système uniforme.

Ces horloges sont réglées tantôt d'après le temps moyen, tantôt d'après le temps vrai, tantôt d'après un système mixte, et souvent même on ne suit aucun système. Ce défaut d'uniformité est cause qu'à une distance de quelques lieues, les horloges publiques présentent une différence de quinze, de vingt et même de trente minutes et plus.

Pour éviter ces différences, qui peuvent avoir, sous plusieurs rapports, de graves inconvénients, c'est d'après le temps moyen et non d'après le temps vrai que les horloges communales devraient être réglées.

L'annuaire du Bureau des longitudes, qui se publie chaque année au prix d'un franc, contient un calendrier qui indique, pour chaque jour, l'heure qu'une horloge réglée sur le temps moyen doit marquer à l'instant où le cadran solaire marque midi. Il serait à désirer que toutes les communes qui possèdent une horloge se procurassent cet annuaire, et qu'on eût soin, sinon chaque jour, au moins une fois par semaine, de la régler d'après le temps moyen.

Le crédit alloué au budget pour l'entretien des horloges peut comprendre, outre la somme présumée nécessaire pour les réparations, un salaire fixe pour la personne chargée de monter et de régler les horloges. Ce service est ordinairement l'objet d'un traité de gré à gré passé entre le maire et un horloger de la commune. *Dict. des form.* n° 849.

Hospices et Hôpitaux. — Les hospices sont des établissements dans lesquels sont admis et entretenus les vieillards, les infirmes incurables, les orphelins, les enfants trouvés ou abandonnés. (Circ. 31 janvier 1840.)

Les hôpitaux sont des établissements dans lesquels sont reçus et traités les indigents malades.

Lorsqu'un même établissement réunit les caractères d'hospice et d'hôpital, il prend le nom générique d'hospice.

Création. — Aucun établissement destiné à recevoir et à soulager les pauvres ne peut être fondé sans l'autorisation du gouvernement. En conséquence, les propositions qui sont faites dans ce but par des particuliers, des communes ou des établissements publics, doivent être adressées au préfet, accompagnées de la délibération y relative, de l'avis du conseil municipal, lorsque la proposition n'émane pas de la commune elle-même et de tous les renseignements propres à éclairer l'administration supérieure sur l'utilité de l'établissement projeté, son mode de constitution, les ressources et les garanties de stabilité et de durée qu'il présente. Le préfet transmet les pièces, avec son avis, au ministre de l'intérieur, et il est statué sur la proposition du ministre par décret du Président de la République.

Les hospices et hôpitaux dûment autorisés, jouissent, comme établissements publics, de l'existence civile; ils ont, par conséquent, le pouvoir d'acquérir, de posséder, d'aliéner, en un mot, de faire, par l'intermédiaire de leurs agents légaux et avec l'approbation de l'autorité supérieure, tous les actes de la vie administrative.

Commissions administratives. — Les hospices et autres établissements communaux de bienfaisance sont administrés par des commissions administratives dont la composition et l'organisation ont été indiquées ci-dessus. (Voy. COMMISSIONS ADMINISTRATIVES.)

Les membres des commissions administratives doivent avoir leur domicile réel dans le lieu où siègent ces administrations. (D. 7 germinal an XIII; O. 31 octobre 1821.)

Les services dans les commissions administratives sont considérés comme des services publics et comptent pour l'admission dans l'ordre de la Légion d'honneur.

Attributions. — La commission administrative est chargée de diriger et de surveiller le service intérieur et extérieur des établissements hospitaliers. (L. 7 août 1851, art. 7.)

La commission des hospices et hôpitaux règle par ses délibérations les objets suivants : le mode d'administration des biens et revenus des établissements hospitaliers; les conditions des baux et fermes de ces biens lorsque leur durée n'excède pas dix-huit ans pour les biens ruraux et neuf pour les autres (1); le mode et les conditions des marchés pour fournitures et entretien dont la durée n'excède pas une année; les travaux de toute nature dont la dépense ne dépasse pas 3,000 francs. Toute délibération sur l'un de ces objets est exécutoire si, trente jours

---

(1) On a reproduit ici telle quelle la disposition de la loi de 1851 sur les baux, mais comme en vertu de l'article 10 de cette même loi les délibérations des commissions sont soumises aux mêmes règles que celles des conseils municipaux, il semble qu'on doit admettre aujourd'hui que depuis la promulgation de la loi du 5 avril 1884, la commission est compétente pour régler sans distinction les baux à terme ou à loyer, dont la durée n'excède pas 18 ans.

après la notification officielle, le préfet ne l'a pas annulée, soit d'office pour violation de la loi ou d'un règlement d'administration publiques soit sur la réclamation de toute partie intéressée. La commission arrête également, mais avec l'approbation du préfet, les règlements de service tant intérieur qu'extérieur et de santé, et les contrats à passer pour le service avec les congrégations hospitalières. (Id., art. 8.)

La commission délibère sur les objets suivants : les budgets, comptes, et, en général, toutes les recettes et dépenses des établissements hospitaliers ; les acquisitions, échanges, aliénations des propriétés de ces établissements, leur affectation au service, et, en général, tout ce qui intéresse leur conservation et leur amélioration ; les projets de travaux pour constructions, grosses réparations et démolitions dont la valeur excède 3,000 francs ; les conditions ou cahiers des charges des adjudications de travaux et marchés pour fournitures ou entretien dont la durée excède une année ; les actions judiciaires et transactions ; les placements de fonds et emprunts : les acceptations des dons et legs. (Id., art. 9.)

Les délibérations comprises dans l'article précédent sont soumises à l'avis du conseil municipal (2) et suivent, quant aux autorisations, les mêmes règles que les délibérations de ce conseil. Néanmoins, l'aliénation des biens immeubles formant la dotation des hospices et hôpitaux ne peut avoir lieu que sur l'avis conforme du conseil municipal. (Id., art. 10.)

La commission administrative se réunit à des époques fixes. Ces réunions sont ordinairement hebdomadaires. Il est tenu registre de ses délibérations. La commission ne peut délibérer qu'à la majorité des membres qui la composent. (Inst. 8 février 1823.)

L'exercice des droits spéciaux, que peuvent se réserver dans la direction des hospices les fondateurs de ces établissements, est réglé par le décret du 31 juillet 1806. Ces réserves ne peuvent jamais constituer, ni pour eux, ni pour leurs représentants, des droits dérogeant aux règles fondamentales de l'organisation hospitalière.

Si l'établissement reçoit des enfants assistés, l'un de ces administrateurs exerce la tutelle, et les autres composent le conseil de tutelle.

S'il a un quartier d'aliénés, la commission en a l'administration, sauf le concours d'un préposé responsable (O. 18 décembre 1839); elle choisit un de ses membres pour remplir auprès des aliénés non interdits les fonctions d'administrateur provisoire. (L. 30 juin 1838.)

En général, les fonctions de la commission administrative ne s'exercent que sur les établissements situés dans les limites de la commune. Toutefois, rien n'empêche qu'un établissement charitable, fondé dans une autre commune, ne soit administré par la commission qui l'a institué, surtout lorsque le fondateur en a fait une condition de sa libéralité.

Employés et agents de service. — Les commissions administratives sont investies de l'administration directe des établissements. Elles ont sous leurs ordres : un receveur, un économe, un secrétaire, des employés, des médecins, des chirurgiens, un pharmacien, un aumônier, des sœurs hospitalières, des infirmiers et servants.

A l'exception du receveur, la commission nomme tous les agents, mais

(2) Il ne faut pas perdre de vue que dans ces matières le conseil municipal conseille et ne commande pas; les avis qu'il est appelé à émettre sont de simples avertissements, qui éclairent l'autorité supérieure et l'administration charitable elle-même sans les lier d'ailleurs ni l'un ni l'autre.

elle ne peut les révoquer qu'avec l'approbation du préfet. (L. 1851, art. 14.)

Lorsque le revenu des établissements hospitaliers n'excède pas 30,000 francs, les fonctions de *receveur* sont toujours exercées par le receveur de la commune. Dans tous les cas, la commission administrative exerce, à l'égard du receveur, les droits attribués au conseil municipal à l'égard du receveur des communes. (L. 7 août 1851, art. 14.)

Lorsque le revenu excède 30,000 francs, le receveur est nommé par le préfet, sur la présentation de la commission administrative.

En cas de refus motivé par le préfet, la commission est tenue de présenter d'autres candidats. (L. 21 mai 1873, art. 6.)

Parmi les garanties exigées des candidats, il en est deux auxquelles la Cour des comptes s'est de tout temps particulièrement attachée. La première, c'est que le comptable n'exerce pas, cumulativement, un emploi comportant la tenue d'une caisse et d'une comptabilité, comme ceux de notaire, d'huissier, d'agent d'une compagnie d'assurances, de courtier, etc. L'article 1273 de l'instruction générale des finances, du 20 juin 1859, énumère les diverses incompatibilités résultant des lois et règlements ; le préfet doit avoir soin de s'y conformer. (Circ. int. 25 juin 1873.)

Le receveur peut, sur la proposition de la commission administrative et avec l'autorisation du préfet, cumuler ses fonctions avec celles de secrétaire de la commission. Son traitement est fixé conformément aux nouvelles bases posées par le décret du 27 juin 1876. (Voy. RECEVEURS DES COMMUNES ET ÉTABLISSEMENTS DE BIENFAISANCE.)

Les receveurs ne peuvent être révoqués que par le ministre de l'intérieur. (L. 21 mai 1873, art. 6.) — Voy. COMPTABILITÉ.

Le receveur doit gérer en personne et tenir sa caisse ouverte tous les jours non fériés, pendant le temps déterminé par le règlement de service intérieur. La perception de tous les revenus en deniers et le payement de toutes les dépenses s'effectuent exclusivement par son entremise. Les comptes qu'il rend, soit à la Cour des comptes, soit au conseil de préfecture, doivent être préalablement soumis à l'examen de la commission administrative.

L'*économe* est chargé de l'emmagasinage et de la distribution des denrées et des autres objets de consommation. Chaque mois il remet à la commission administrative un état indiquant la situation de ses magasins. Les comptes de l'économe sont apurés par la commission administrative. La délibération de la commission administrative sur ces comptes n'est définitive qu'après l'approbation du préfet.

Le *secrétaire* est attaché spécialement aux travaux de la commission administrative. Il prépare la correspondance, tient le registre des délibérations et tous les autres registres du service administratif ; prépare l'expédition des ordonnances de dépenses, et surveille les travaux des bureaux ; il a de plus la garde des papiers et des archives, dont il est responsable.

Les autres employés des bureaux sont à la nomination de la commission administrative et révocables par elle. Ils sont tenus d'être à la disposition de la commission tous les jours pendant les heures fixées par le règlement.

Les *médecins et chirurgiens* visitent les malades tous les jours à heures fixes. Ils font inscrire sur un cahier spécial leurs prescriptions et le régime alimentaire de chaque malade. À la fin de leurs visites, ils signent ce cahier. Ils doivent consigner sur un registre *ad hoc* leurs observations sur les individus traités dans l'hôpital. Ils sont appelés à émettre leur avis sur les changements ou grosses réparations aux constructions qui, dans l'intérêt des malades, exigent des dispositions spéciales, ou qui peuvent avoir de l'influence sur l'état sanitaire des établissements hospitaliers.

Le *pharmacien* est soumis à la surveillance spéciale des médecins ; il exécute, conformément au Codex, les prescriptions ordonnées, et il tient la comptabilité des matières de son officine. Il doit faire par lui-même la distribution des médicaments.

Les *sœurs hospitalières* sont chargées du service intérieur, sous l'autorité de la commission administrative. Elles soignent les malades et les indigents. Elles distribuent, après les avoir reçus de l'économe, les vêtements, les aliments et tous les autres objets nécessaires au service. Elles surveillent les ateliers de travail, et donnent l'instruction primaire aux enfants de l'établissement. Elles ne peuvent gérer aucun des biens, ni percevoir aucune partie des revenus de l'administration hospitalière, même lorsque ce sont des revenus en nature. Les sœurs hospitalières ne peuvent être attachées aux hôpitaux et hospices que par un traité régulièrement passé avec la commission administrative et approuvé par le préfet. — *Dict. des formules*, n° 851.

Les *infirmiers et servants* sont placés sous la direction de la supérieure, qui ne peut cependant les prendre ou les renvoyer qu'avec l'approbation de la commission administrative.

L'*aumônier* est chargé du service religieux. Il est nommé par l'évêque diocésain, sur la présentation de trois candidats faite par la commission administrative. Il célèbre l'office divin chaque matin ; et donne les secours spirituels aux malades et aux indigents. Il doit acquitter gratuitement les fondations religieuses dont l'administration hospitalière se trouve chargée. L'aumônier est, pour le temporel, placé sous la direction de la commission administrative. Tout le casuel provenant de l'exercice du culte doit tourner au profit des établissements charitables, et entrer dans la caisse du receveur. (Circ. int. 31 janvier 1840.)

Admission dans les hospices et hôpitaux. — Lorsqu'un individu, privé de ressources, tombe malade dans une commune, aucune condition de domicile ne peut être exigée pour son admission dans l'hôpital existant dans la commune. (L. 7 août 1851, art. 1er.)

L'admission est prononcée par un des membres de la commission administrative, sur l'avis du médecin de l'établissement. Cette admission, hors les cas d'urgence, ne peut être accordée que sur la présentation d'un certificat de l'autorité compétente, attestant l'indigence. (Circ. 31 janvier 1840.) — *Dict. des formules. Suppl.*, n° 909.

Le règlement particulier de chaque hospice destiné aux vieillards et infirmes, détermine les conditions de domicile et d'âge nécessaires pour être admis dans l'établissement. (L. 7 août 1851, art. 2.)

L'admission des vieillards et indigents incurables ne peut être prononcée que par délibération de la commission administrative. (Circ. 31 janvier 1840.)

L'administration des hospices et hôpitaux peut toujours exercer son recours, s'il y a lieu, contre les membres de la famille du vieillard ou de l'incurable, désignés par les articles 205 et 206 du Code civil. (L. 7 août 1851, art. 51.)

Voyageurs malades. — Les voyageurs indigents, atteints en route par la maladie, doivent être traités et soignés dans l'hôpital le plus voisin aux frais de l'établissement. (Circ. 20 décembre 1833.)

Les forçats libérés, qui tombent malades en route, rentrent dans la classe des indigents ordinaires, et sont, par conséquent, soumis aux mêmes règles qu'eux. (Décis. min. 22 août 1826.)

Militaires. — Le traitement des malades militaires dans les hospices civils est régi par la loi du 7 juillet 1877 et le règlement d'administration publique du 15 octobre 1879.

Dans les localités où il n'existe pas d'hôpitaux militaires et dans celles où ils sont insuffisants, les hospices civils sont tenus de recevoir et de traiter les malades de l'armée qui leur sont envoyés par l'autorité militaire. (L. précitée, art. 3.)

Les hospices civils sont à cet effet, par décret du Président de la République, rendu sur la proposition des ministres de la guerre et de l'intérieur, divisés en deux catégories : 1° les hôpitaux mixtes ou militarisés ; 2° les hôpitaux civils proprement dits.

Toutes les fois qu'une garnison atteint le chiffre de 300 hommes, les malades militaires doivent être soignés dans des salles spéciales et soumis autant que possible, sous le rapport du régime hospitalier, aux règlements en vigueur dans les hôpitaux militaires. (L. art. 4, § 3.)

Le nombre des lits affectés aux malades militaires est déterminé d'après l'effectif normal du pied de paix des troupes composant la garnison de la ville. Ce nombre ne peut dépasser que dans des cas exceptionnels le vingt-cinquième dudit effectif.

Les dimensions et l'aménagement des salles militaires assurent la séparation des malades en trois catégories, conformément aux prescriptions du règlement sur le service de santé de l'armée, l'isolement des malades atteints d'affections contagieuses et la disposition pour chaque lit d'un cube d'air de 40 mètres. Les officiers sont traités dans des salles spéciales. Des chambres particulières sont réservées aux officiers supérieurs.

Des locaux accessoires sont en outre mis, suivant les besoins, à la disposition de l'autorité militaire. (D. précité, art. 1, 2, 3.)

Lorsque l'effectif de la garnison dépasse 1000 hommes, le traitement des malades est confié aux médecins militaires. Le ministre de la guerre peut aussi, s'il le juge convenable, faire effectuer le service des salles militaires par des infirmiers militaires ou des servants civils. Dans ce dernier cas, il n'est dû qu'une journée de servant civil pour six journées de malades.

L'autorité militaire exerce dans les salles militaires les attributions qui lui appartiennent dans les hôpitaux militaires. Elle a en outre le droit de surveiller la partie des services généraux communs aux malades civils et aux militaires. Mais la commission administrative conserve la direction des services généraux de l'hospice, ainsi que le choix des sœurs ou servants civils attachés aux salles militaires.

La commission fait établir pour le service des salles militaires les écritures prescrites par le règlement sur le service de santé de l'armée.

Les registres et imprimés nécessaires sont fournis gratuitement à l'hospice par le ministre de la guerre.

Les malades militaires, en ce qui concerne le service médical, l'alimentation et le régime pharmaceutique, sont traités conformément aux prescriptions du règlement sur le service de santé de l'armée.

Le prix de journée, payé par l'État à l'hospice comme indemnité des frais résultant du traitement des malades militaires, comprend : la nourriture des malades; l'indemnité locative dont il a été parlé plus haut lorsque les bâtiments n'ont pas été construits par l'Etat; l'entretien et l'amortissement du matériel; le linge, blanchissage et médicaments pour les malades; le service de propreté, éclairage et chauffage des salles, et la part afférente au service de ces salles dans les frais généraux; la nourriture, le blanchissage et les gages du personnel fournis par l'hospice.

Les dépenses occasionnées par le décès d'un militaire sont remboursées par l'Etat suivant le tarif fixé par les conventions. (D., art. 19.)

Les appareils prothétiques, jambes de bois, bandages, etc., sont fournis par l'hospice. Le prix en est remboursé par l'Etat conformément aux factures. (Art. 22.)

Les hôpitaux des villes où la garnison n'atteint pas le chiffre de 300 hommes sont rangés dans la seconde catégorie, celle des hôpitaux civils proprement dits; les malades militaires y sont soignés dans les salles ordinaires, s'il n'est pas possible d'avoir des salles spéciales, et soumis au régime de l'hôpital civil. Ils sont soignés par les médecins civils. (L., art. 4, § 4.)

Les militaires ne peuvent, sous aucun prétexte, être conservés dans l'hospice lorsque leur traitement est terminé. L'autorité militaire exerce, à cet égard, la surveillance définie par le règlement sur le service de santé de l'armée. (D., art. 23 et 24.)

L'allocation due par l'Etat est fixée comme pour les hôpitaux mixtes ou militarisés par une convention.

Cette convention passée entre le représentant du ministre de la guerre et la commission administrative, détermine pour chaque hôpital, suivant la catégorie à laquelle il appartient, le régime spécial de l'établissement, les conditions d'application du règlement militaire, le nombre de lits affectés aux malades militaires et la dette correspondante de l'Etat.

Cette convention ne devient exécutoire qu'après avoir été approuvée par le conseil municipal et ratifiée par les ministres de la guerre et de l'intérieur. En cas de désaccord entre les ministres, la commission ou le conseil municipal, les conditions et le prix du traitement des militaires sont réglés par un décret rendu en conseil d'Etat. La convention a une durée de cinq années; elle peut exceptionnellement être revisée dans cet intervalle, à la condition qu'il y ait accord entre les parties.

Les contestations qui pourraient s'élever sur son exécution sont de la compétence des conseils de préfecture.

Prisonniers. — Les magistrats chargés de la police des prisons peuvent, en certains cas, faire transférer dans un hospice un détenu malade. (L. 4 vendémiaire an VI.)

L'administration hospitalière qui a reçu un militaire détenu et malade est responsable de son évasion. (Décis. min. 8 janvier 1840.)

Pensionnaires. — Les commissions administratives peuvent admettre dans les hospices des individus, moyennant abandon de biens ou de capitaux (Circ. int. 31 janvier 1840). Ces individus, comme ceux qui sont admis dans les hôpitaux moyennant une rétribution journalière, sont qualifiés de pensionnaires. — *Dict. des formules, Suppl.*, nos 858 à 851.

Malades et incurables indigents des communes rurales. — Les malades et incurables indigents des communes privées d'établissements hospitaliers peuvent être admis aux hospices et hôpitaux du département désignés par le conseil général, sur la proposition du préfet, suivant un prix de journée fixé par le préfet, d'accord avec la commission des hospices et hôpitaux. (L. 7 août 1851, art. 3.)

Les communes qui voudraient profiter du bénéfice de cette disposition doivent supporter la dépense nécessaire pour le traitement de leurs malades et incurables. Toutefois, le département, dans les cas et les proportions déterminés par le conseil général, peut venir en aide aux communes dont les ressources sont insuffisantes. Dans les cas où les revenus d'un hospice ou hôpital le permettraient, les commissions administratives sont autorisées à admettre dans les lits vacants les malades ou incurables des communes, sans exiger d'elles le prix de journée. (Id., art. 4.)

L'obligation imposée aux hospices et hôpitaux de tenir des lits à la disposition des communes de leur circonscription n'emporte pas nécessairement celle de recevoir des malades et incurables de ces communes. Cette dernière obligation n'existe qu'à la condition du payement d'un prix de journée qui est facultatif pour les administrations municipales. En effet, la loi n'a pas voulu faire peser sur les communes une charge qu'elles pourraient se trouver hors d'état de supporter; mais elle y a suppléé dans des vues charitables, en admettant le concours du département en cas d'insuffisance des ressources municipales. (Circ. int. 6 août 1852.)

Entretien des malades dans les établissements privés, secours à domicile. — Lorsque la commune ne possède pas d'hospices ou d'hôpitaux, ou qu'ils sont insuffisants, le conseil municipal peut traiter avec un établissement privé pour l'entretien des malades et des vieillards, après avoir consulté la commission des hospices et hôpitaux, qui est chargée de veiller à l'exécution du contrat passé avec l'établissement privé. Les traités doivent être soumis à l'approbation du préfet. (L. 7 août 1851, art. 16.)

Les commissions administratives des hospices et hôpitaux peuvent, de concert avec les bureaux de bienfaisance, assister à domicile les malades indigents. — A cet effet, elles sont autorisées, par extension de la faculté ouverte par l'article 17 de la loi du 7 août 1851, à disposer des revenus hospitaliers, jusqu'à concurrence du quart, pour les affecter au traitement des malades à domicile et à l'allocation des secours annuels en faveur des vieillards ou infirmes placés dans leurs familles. — La portion des revenus ainsi employée peut être portée au tiers avec l'assentiment du conseil général. (L. 21 mai 1873, art. 7.)

Ces dispositions ne portent aucune atteinte aux droits des communes rurales sur les lits des hospices et hôpitaux d'une autre commune, ni aux droits quelconques résultant de fondations faites par les départements, les communes ou les particuliers, et qui doivent toujours être respectées. (L. 7 août 1851, art. 18.)

Administration intérieure. — Surveillance. — Chaque membre de la commission exerce, à tour de rôle, une surveillance journalière sur toutes les parties du service intérieur. Il pourvoit provisoirement aux besoins imprévus de ce service, et il en rend compte à la commission dans sa première réunion. Cet administrateur peut réclamer du maire la convocation extraordinaire de la commission administrative.

Inventaires et registres. — La commission administrative doit faire dresser un inventaire exact et complet du mobilier de l'établissement. Les objets mobiliers achetés dans le cours de l'année, et ceux qui ont été mis hors de service, y sont exactement notés; et, à la fin de chaque année, l'inventaire est soumis à un entier récolement. La commission administrative fait tenir, en outre, par ses employés, un registre copie de lettres; un sommier des propriétés et des rentes appartenant aux hôpitaux et hospices; des registres matricules de la population des divers établissements charitables constatant, jour par jour les entrées et les sorties, etc. Ces divers livres et registres doivent être cotés et parafés par le président de la commission administrative.

Règlement de service intérieur. — Le règlement de service intérieur énonce la nature des maladies et infirmités traitées dans l'établissement; le nombre des lits assignés à chaque espèce d'indigents; le mode d'admission et de renvoi des assistés; le régime alimentaire; enfin, les prescriptions disciplinaires de la maison. Le régime des malades doit être déterminé en quantité et en qualité par les médecins, et ceux-ci se concertent avec l'administration pour l'approprier aux ressources de la localité et aux moyens de l'établissement. Le règlement du service intérieur fixe le régime alimentaire des indigents valides, des employés, des religieuses et des servants nourris dans les hospices, afin que l'économe puisse rendre compte des objets d'approvisionnement confiés à sa garde.

Toutes les personnes admises dans l'hôpital ou l'hospice, à quelque titre que ce soit, sont tenues de se conformer aux mesures d'ordre et de discipline que la commission administrative croit devoir prescrire.

Le règlement du service intérieur doit fixer les heures de sortie, de rentrée, de lever, de coucher, de visites, de promenades, etc. Il doit aussi déterminer les peines qui seront encourues, et les cas dans lesquels elles seront infligées; les principales sont la réprimande publique et le renvoi de l'hospice.

Le travail est obligatoire dans les hospices; tout individu en état de s'y livrer, qui refuserait de se rendre à l'atelier, est passible de peines disciplinaires. Les travaux doivent être appropriés à l'âge et aux infirmités constatées par le médecin. La nature et le nombre des occupations sont déterminés par la commission administrative. L'économe est chargé de la direction des ateliers. Le produit intégral du travail est versé immédiatement dans la caisse du receveur.

Décès. — En cas de décès dans un établissement hospitalier, la commission administrative est tenue d'en donner avis dans les vingt-quatre heures à l'officier de l'état civil.

Il est tenu dans les hospices un registre spécial de constatation des décès. (C. civ., art. 80. — *Dict. des formules*, n° 856 bis.)

Les effets mobiliers apportés par les malades décédés dans les hospices et qui ont été traités gratuitement, appartiennent auxdits hospices à l'exclusion de tous autres héritiers et du domaine, en cas de déshérence. (Av. cons. d'Etat, 3 novembre 1809.)

Administration des biens et revenus. — La commission administrative règle ainsi qu'il a été dit plus haut par ses délibérations le mode d'administration des biens et revenus des établissements hospitaliers. Nous indiquons ci-après les règles particulières applicables aux différentes sortes de biens, ainsi que les formalités relatives aux principaux actes de leur gestion.

Changement d'affectation des locaux et objets mobiliers appartenant aux hospices et hôpitaux. — Les commissions administratives ne

sont pas libres de changer en totalité ou en partie l'affectation des
locaux ou objets immobiliers ou mobiliers appartenant à ces établissements. L'article 120 de la loi du 5 avril 1884 décide que les délibérations
par lesquelles les commissions administratives, chargées de la gestion
des établissements publics communaux, changeraient en totalité ou en
partie l'affectation des locaux ou objets immobiliers ou mobiliers appartenant à ces établissements dans l'intérêt d'un service public ou privé
quelconque, ou mettraient à la disposition soit d'un autre établissement
public ou privé, soit d'un particulier, lesdits locaux ou objets, ne sont
exécutoires qu'après avis du conseil municipal et en vertu d'un décret
rendu sur les propositions du ministre de l'intérieur.

Maisons et biens ruraux ; Baux à ferme et à loyer. — En général, les biens
ruraux, possédés par les établissements hospitaliers, doivent être affermés. Les commissions administratives ne peuvent les exploiter par elles-
mêmes qu'avec l'autorisation du préfet. (O. 31 octobre 1821.)

A moins d'autorisation contraire, la mise en ferme doit avoir lieu
par voie d'adjudication. Les administrateurs, en réglant, dans les baux,
le mode de payement, peuvent stipuler que le prix de l'adjudication est
payable en grains ou denrées, et se réserver la faculté de recevoir le
payement en argent, d'après le taux des mercuriales des marchés. En
cas de retard dans le payement aux échances. ce payement est poursuivi selon les règles prescrites pour le prix de ferme des maisons et
bien ruraux des communes. (L. 19 messidor an VII ; arrêté 7 germinal
an IX. D. 12 août 1807 ; Inst. 8 février 1823.)

Ordinairement l'adjudication a lieu devant notaire. Toutefois, lorsque
les commissions administratives des hospices sont appelées à régler les
conditions des baux, en exécution de l'article 8 de la loi du 7 août 1851,
elles peuvent décider que le bail sera passé dans la forme administrative, c'est-à-dire devant le maire assisté de deux membres de la commission et en présence du receveur.

Un membre de la commission administrative doit assister aux enchères
et à l'adjudication. (Id., art. 4.)

Ampliation de l'acte est ensuite envoyée au préfet. (Décis. du minist.
de l'int. 1864.)

Le délai pour l'enregistrement des baux est de vingt jours. (L.
15 mai 1818.)

Dans les cas particuliers où il pourrait être utile de dispenser les
hospices de la formalité des enchères, les préfets peuvent autoriser ces
exceptions sur la demande des commissions administratives.

La résiliation ou la diminution du prix des baux ne peuvent être
consenties que sur la délibération de la commission administrative,
approuvée par le préfet. — *Dict. des formules*, n°s 139 à 142.

Bois. — Les bois appartenant aux établissements de bienfaisance sont,
comme ceux des communes, soumis au régime et à l'administration des
bois de l'Etat.

Un quart des bois, appartenant aux hospices, est toujours mis en
réserve, lorsque ces établissements possèent au moins dix hectares de
bois réunis ou divisés. Cette disposition ne s'applique pas aux bois
peuplés totalement en arbres résineux.

Aucune coupe extraordinaire ne peut êti\ faite dans ces bois, sans
un décret spécial du président de la Répul ique. Les administrations
hospitalières ne peuvent opérer de défrichen ints sans autorisation.

Aucune vente ordinaire ou extraordinaire ı ı peut avoir lieu que par
voie d'adjudication publique. Ces ventes ont lieu avec l'intervention des

agents forestiers, et en présence d'un membre de la commission administrative. (C. F., art. 100.)

Les administrations des hospices doivent donner, chaque année un état des quantités de bois, dont ces établissements ont besoin. Cet état est visé par le sous-préfet, et transmis par lui à l'agent forestier. Les quantités de bois, ainsi déterminées sont mises en charge lors de la vente des coupes et délivrées à l'établissement par l'adjudicataire aux époques fixées par le cahier des charges. (C. 1er août 1827, art. 142.)

Les préfets peuvent autoriser les coupes et la vente des arbres épars appartenant aux hospices. Mais ils imposent à l'administration hospitalière, l'obligation expresse de prélever, sur le prix des arbres vendus, une somme suffisante pour remplacer, dans l'année même de l'autorisation, les arbres abattus.

Le droit de chasse doit être affermé par la commission administrative. Le traité, passé à ce sujet, doit être soumis à l'approbation du préfet. (D. 24 prairial an XIII; Circ. 18 mai 1818.)

Les administrateurs des hospices ne peuvent pas se rendre adjudicataires ni directement ni indirectement des coupes ni du droit de chasse dans les bois appartenant à l'établissement dont la gestion leur est confiée. (Art. 101, décis. min. 25 janvier 1830.) Voy. BOIS DES COMMUNES ET DES ÉTABLISSEMENTS PUBLICS, GARDES FORESTIERS.

Impôts. — Les hospices et hôpitaux acquittent les contributions de toute nature assises régulièrement sur leurs biens. Seuls les bâtiments affectés au service proprement dit, n'y sont pas soumis, mais les parties de ces bâtiments occupées par les employés y sont astreintes.

Les hospices doivent le droit de patentes lorsqu'ils exploitent une usine ou un bâtiment industriel.

Rentes sur l'État. — Les commissions administratives peuvent employer en rentes sur l'Etat, sans qu'il soit besoin d'aucune autorisation, les capitaux remboursés. Pour placer capitaux en rentes, il suffit de les verser dans le caisse du receveur général du département, qui les emploie en inscriptions départementales. Quant à l'aliénation des inscriptions de rentes sur l'Etat, elle doit être autorisée par le préfet, sur l'avis conforme du conseil municipal et celui du sous-préfet en forme d'arrêté. — Voy. RENTES. — *Dict. des formules*, nos 1279 et 1280.)

Rentes sur particuliers. — Les rentes sur particuliers offrant peu d'avantages aux établissements de bienfaisance, les administrations de ces établissements doivent tendre au remboursement de ces rentes et en prévenir la prescription.

Le remboursement peut toujours avoir lieu quand les débiteurs se présentent pour se libérer; mais ceux-ci doivent avertir les administrations un mois d'avance, pour qu'elles avisent aux moyens de placement, et requièrent les autorisations néces....... (Av.... ons. d'Etat 21 décembre 1808, et Circ. 2 février .....) — *Dict. des formules*, nos 1281 à 1285.

Acquisitions, aliénations, échanges. — Les acquisitions, aliénations et échanges de biens de toute nature appartenant aux établissements charitables, ne peuvent avoir lieu, ainsi qu'il a été dit ci-dessus, qu'en vertu de l'autorisation du préfet. (D. 25 mars 1852) après avis du conseil municipal (art. 70, loi du 5 avril 1884).

Les pièces à produire pour l'instruction de ces diverses affaires sont les suivantes : 1° la délibération portant vote de la mesure; 2° un procès-verbal d'expertise dressé par une personne désignée par le sous-préfet; 3° un procès-verbal d'information *de commodo et incommodo;* 4° une nouvelle délibération sur le résultat de l'enquête, si elle a soulevé des oppositions; 5° l'avis du conseil municipal (cet avis doit toujours être conforme, lorsqu'il s'agit d'aliénations); 6° l'avis du sous-préfet en forme d'arrêté. Il faut ajouter à ces documents, selon le cas, soit une promesse de vente, soit la soumission de l'échangiste. (Inst. 5 mai 1852.)

On procède, pour les actes à passer, comme il a été expliqué pour les communes. — Voy. ACQUISITIONS, ALIÉNATIONS, ECHANGES.

Dons et legs. — Le président de la commission des hospices et hôpitaux peut toujours, à titre conservatoire, accepter, en vertu de la délibération de la commission, les dons et legs faits aux établissements charitables. Le décret du pouvoir exécutif ou l'arrêté du préfet qui interviendra aura son effet du jour de cette acceptation. (L. 7 août 1851, art. 11.)

Le préfet est compétent pour statuer sur les dons et legs de toutes sortes de biens faits aux établissements charitables et à quelque somme qu'ils s'élèvent, lorsqu'il n'y a pas réclamation des familles. (D. 25 mars 1852.)

Lorsqu'il s'élève une réclamation sur tout ou partie des dispositions au profit des établissements de bienfaisance, l'affaire doit être soumise à la sanction du chef de l'Etat. (L. 7 août 1851, art. 101 et art. 70, loi 5 avril 1884.) — Voy. DONS ET LEGS. — *Dict. des formules,* nos 970 à 973.

Rentes viagères à la charge des établissements. — Les administrations des hospices peuvent recevoir, sur la simple autorisation du préfet : 1° les sommes offertes en placements à rentes viagères et à fonds perdus par les pauvres existant dans ces établissements ; 2° les sommes offertes pour l'admission des pauvres dans les hospices. L'intérêt annuel des fonds placés en rentes viagères ne peut être au-dessus de 10 0/0 du capital. (D. 23 juin 1806; Circ. juillet 1806.)

Placement de fonds sans emploi. — Les receveurs des hospices doivent verser en compte courant au Trésor, qui en paye l'intérêt, les fonds provenant de recettes courantes, et qui resteraient sans emploi dans leur caisse (D. 27 février 1811.) — Voy. TRÉSOR PUBLIC.

Travaux et fournitures. — En général, les travaux et fournitures doivent être mis en adjudication. Néanmoins, le préfet peut autoriser des marchés de gré à gré dans quelques cas exceptionnels. (O. 14 novembre 1837.) — Voy. FOURNITURES.

En outre, la commission administrative, d'accord avec le conseil municipal et sous l'approbation du préfet, peut traiter de gré à gré, ou par voie d'abonnement, de la fourniture des aliments et objets de consommation nécessaires aux établissements hospitaliers. (L. 7 août 1851, art. 15.)

Sont également dispensés de l'adjudication les travaux de réparations ordinaires et de simple entretien dont la dépense n'excède pas 1,000 fr., sauf approbation du préfet. Les réparations de simple entretien dont la dépense ne dépasse pas 300 francs peuvent être exécutés par économie sur les crédits ouverts au budget et sans autre autorisation préalable du préfet (D. 10 brumaire an XIV.)

Les établissements de bienfaisance ne peuvent faire procéder à aucune construction nouvelle, ou reconstruction entière ou partielle que sur la production des projets et devis. Ces projets et devis sont soumis à l'approbation préalable du préfet, quel que soit le montant des travaux. (D. 25 mars 1852.)

Les pièces à produire sont : 1° la délibération de la commission administrative ; 2° les plans et devis des travaux ; 3° le cahier des charges ; 4° l'état de la situation financière de l'établissement ; 5° l'avis du conseil municipal.

Les adjudications de travaux et fournitures qui intéressent les établissements de bienfaisance doivent être, en général, passées devant le maire. Il peut être réservé, néanmoins, par l'acte d'autorisation, que l'adjudication aura lieu en présence du préfet ou du sous-préfet, au chef-lieu du département ou de l'arrondissement. Dans tous les cas, l'autorité qui procède à l'adjudication doit être assistée de deux membres de la commission administrative. Le receveur de l'établissement doit aussi être présent.

Les moyens de publicité et la forme des opérations ne diffèrent pas de ceux qui sont en usage dans les adjudications et marchés au compte des communes. — Voy. ADJUDICATIONS, FOURNITURES, TRAITÉ DE GRÉ A GRÉ, TRAVAUX PUBLICS.

Emprunts. — En vertu des articles 70 et 119 de la loi du 5 avril 1884. Les conseils municipaux doivent toujours être consultés sur les emprunts votés par les commissions administratives. Si l'avis du conseil est favorable, la délibération de la commission est exécutoire sur l'approbation du Préfet, à la double condition que la somme à emprunter ne dépasse pas le chiffre des revenus ordinaires de cet établissement, et que le délai de remboursement n'excède pas 12 ans.

Il est statué par décret simple, si l'emprunt dépasse le chiffre des revenus ordinaires ou s'il est remboursable en plus de 12 ans.

Il est statué par décret en conseil d'Etat, si l'avis du conseil municipal est défavorable ou s'il s'agit d'un établissement ayant plus de 100,000 francs de revenus. — Il est statué par une loi, si la somme à emprunter dépasse 500,000 francs, soit à elle seule, soit réunie à d'autres emprunts non encore remboursés. — Voy. EMPRUNTS.

Procès et transactions. — Les administrations des hospices ne peuvent défendre à des actions judiciaires ou en intenter qu'après en avoir obtenu l'autorisation du conseil de préfecture, sauf recours au Conseil d'Etat (L. 28 pluviôse an VIII ; arrêté 7 messidor an IX, 17 vendémiaire et 9 ventôse an X et loi du 5 avril 1884, art. 168). Les établissements de bienfaisance peuvent se pourvoir devant le Conseil d'Etat sans autorisation préalable.

Toutes les fois qu'une commission administrative a à intenter ou à soutenir une action judiciaire, elle doit d'abord examiner l'affaire ; la soumettre à l'avis du conseil municipal, puis toutes les pièces sont transmises au conseil de préfecture, qui accorde ou refuse l'autorisation de plaider. (Arrêté 7 messidor an IX ; loi 5 avril 1884, art. 70.)

Quant aux transactions, elles ne peuvent être faites, comme celles qui intéressent les communes, qu'en vertu d'un arrêté du préfet, pris sur les avis préalables du conseil municipal et du conseil de préfecture. (D. 25 mars 1852.) — Voy. PROCÈS ET TRANSACTIONS. — *Dict. des formules,* n°ˢ 1235 et 1238.

Il faut noter que l'avis du conseil municipal n'a rien d'obligatoire pour l'autorité compétente pour approuver, elle reste maîtresse de décider

suivant qu'elle le juge utile. Si le conseil municipal régulièrement convoqué et requis refusait ou négligait de se prononcer la mesure sur
laquelle il devait être consulté peut être prise valablement. (Art. 70,
Loi 5 avril 1884 et Circ. Int. 15 mai 1884.)

Comptabilité. — Les règles de la comptabilité des communes s'appliquent aux établissements de bienfaisance, en ce qui concerne la division
et la durée des exercices, la spécialité et la clôture des crédits, la perception des revenus, l'ordonnancement et le payement des dépenses, et,
par suite, le mode d'écritures et de comptes, ainsi que la formation et le
règlement des budgets. (L. 7 août 1851, art. 12; O. 24 décembre 1826,
22 janvier 1831, 1er mars 1835, 17 septembre 1837; D. 31 mai 1862,
art. 547, Circ. Int. 29 mars 1831, 30 septembre et 5 octobre 1837.) —
Voy. COMPTABILITÉ COMMUNALE.

Recettes. — Les recettes des hospices et autres établissements de bienfaisance sont divisées, comme celles des communes, en recettes ordinaires et recettes extraordinaires.
Les produits dont elles se composent sont généralement ceux ci-après,
savoir :
Recettes ordinaires. — 1° Prix de ferme des maisons et des biens
ruraux ; 2° produit des coupes ordinaires de bois; 3° rentes sur l'Etat ;
4° rentes sur particuliers; 5° fonds alloués sur les octrois municipaux;
6° produits des droits sur les spectacles, bals, concerts, etc.; 7° journées
de militaires ; 8° prix de vente des objets fabriqués par les individus
admis dans chaque établissement; 9° dons, aumônes et collectes; 10° fonds
alloués pour le service des enfants assistés; 11° amendes et confiscations;
12° recettes en nature; 13° prix de vente des denrées ou grains récoltés
par l'établissement et excédant ses besoins.
Recettes extraordinaires : — 1° Excédent des recettes sur les dépenses
de l'exercice antérieur ; 2° intérêts de fonds placés au trésor public;
3° prix des coupes extraordinaires de bois ; 4° legs et donations ; 5° remboursements de capitaux; 6° prix de vente d'inscriptions de rentes sur
l'Etat; 7° emprunts; 8° recettes accidentelles.
Les établissements de bienfaisance possèdent, en outre, des revenus
propres à chaque localité, et qui, suivant les titres homologués par l'autorité compétente, se rattachent aux deux classes de produits qui viennent d'être établies.
Les recettes de ces établissements, pour lesquels les lois et règlements n'ont pas prescrit un mode spécial de recouvrement, s'effectuent
sur des états dressés par le maire, sur la proposition de la commission
administrative. Ces états sont exécutoires après qu'ils ont été visés par
le sous-préfet. Les oppositions, lorsque la matière est de la compétence
des tribunaux ordinaires, sont jugées comme affaires sommaires, et la
commission administrative peut y défendre, sans autorisation du conseil
de préfecture. (L. 7 août 1851, art. 13.)
Les receveurs des établissements hospitaliers recouvrent les divers
produits aux échéances déterminées par les titres de perception ou par
les règlements administratifs, et délivrent quittance de toutes les sommes
qu'ils recouvrent, en se conformant aux règles tracées pour les recettes
des communes. — Voy. REVENUS COMMUNAUX.
Ils doivent, comme les receveurs des communes, veiller à la conservation des domaines, droits, privilèges et hypothèques, requérir à cet
effet les inscriptions nécessaires et en tenir registre. Mais ils ne peuvent
donner mainlevée des oppositions formées pour la conservation des

droits des pauvres et des hospices, ni consentir à des radiations, changements ou limitations d'inscriptions hypothécaires, qui n'auraient pas été ordonnés par les tribunaux ou autorisés par les conseils de préfecture.

Dépenses. — Les dépenses des hospices et autres établissements de bienfaisances sont divisées également en dépenses ordinaires et dépenses extraordinaires.

Les premières consistent dans les articles suivants, savoir : 1° Traitements divers ; 2° gages des employés et servants ; 3° réparation et entretien des bâtiments ; 4° contributions assises sur ces bâtiments ; 5° entretien du mobilier et des ustensiles ; 6° dépenses du coucher ; 7° linge et habillement ; 8° achat de grains et denrées ; 9° blanchissage ; 10° chauffage ; 11° éclairage ; 12° achat de médicaments ; 13° pensions ou rentes à la charge de l'établissement ; 14° entretien et menues réparations des propriétés rurales ; 15° contributions assises sur ces propriétés ; 16° dépenses des mois de nourrice et pensions des enfants trouvés ; 17° frais de layettes et vêtements de ces enfants.

Sont également rangées dans la classe des dépenses ordinaires les consommations de grains et denrées.

Les dépenses extraordinaires ont en général pour objet : 1° Les constructions et grosses réparations ; 2° les achats de terrains et bâtiments ; 3° les frais de procédures ; 4° les achats de rentes sur l'Etat.

Aucune dépense ne peut être acquittée par les receveurs des hospices et autres établissements, si elle n'a été préalablement ordonnancée sur un crédit régulièrement ouvert, par un des membres de la commission administrative de chaque établissement, chargé des fonctions d'ordonnateur. Les mandats doivent être délivrés au nom des créanciers directs de l'établissement. (D. 31 mai 1862, art. 550 et 555.)

Quant aux menues dépenses auxquelles il faut pourvoir journellement, la commission administrative règle la somme qui est mise chaque mois à la disposition du receveur pour y subvenir. Cette somme ne doit pas dépasser le douzième des crédits auxquels doivent s'appliquer les mêmes dépenses qui ont nécessité les avances. Lorsque cette somme a été dépensée, le receveur remet l'état détaillé de l'emploi qui en a été fait et ne reçoit de nouveaux fonds que lorsque cet état a été visé et approuvé par l'ordonnateur. (Instr. 8 février 1823 ; Circ. 25 juillet 1828.)

Budget. — Les recettes et les dépenses des hospices ne peuvent être faites qu'en vertu du budget de chaque exercice ou des autorisations supplémentaires données par la même autorité qui règle le budget. (O. 31 octobre 1821 et 23 avril 1823.)

L'exercice commence au 1er janvier et finit au 31 décembre de l'année qui lui donne son nom. Néanmoins, un délai de trois mois est accordé pour en compléter les opérations ; la clôture de l'exercice est donc fixée au 31 mars de la seconde année de l'exercice. (O. 24 janvier 1843.) A cette époque, l'exercice est clos définitivement.

Forme du budget. — Une circulaire du ministre de l'intérieur, en date du 10 mai 1876, contient, comme annexes, deux nouveaux modèles de budgets auxquels les administrations hospitalières doivent à l'avenir se conformer. Le cadre n° 1 est destiné aux commissions hospitalières chargées d'administrer plusieurs établissements, et le n° 2, aux hospices dont tous les services sont réunis dans la même maison. Aucun changement n'est d'ailleurs apporté dans l'économie des opérations financières ni dans le vote et le mode d'emploi des crédits.

Détails sur le système des nouveaux modèles. — Tous les renseignements indispensables, pour mettre le budget en état d'examen, sont congignés sur un même cahier ou une même feuille qui constitue l'annexe du budget.

Cette feuille comprend :

1° Un tableau (A) des chefs de service et des employés nourris dans les établissements ou recevant diverses indemnités en nature ;

2° Un tableau (B) des chefs de service et des employés qui ne recoivent pas d'indemnité en nature ;

3° Un tableau (C) indiquant la répartition du personnel des sœurs et des servantes entre les divers services ;

4° Un tableau (D) contenant le détail et les évaluations des produits en recettes pendant l'année écoulée ;

5° Un tableau (E) indiquant les évaluations des principaux objets achetés ou récoltés pendant l'année écoulée, et les quantités consommées pendant le même temps ;

6° Un tableau (F) des propriétés exploitées directement par l'administration hospitalière ;

7° Enfin, un tableau (G) de la population nourrie dans les établissements pendant l'année écoulée, et de la population à nourrir pendant l'année à laquelle s'applique le budget. (Voir Circ. int. 10 mai 1876. — Bull. offic. p. 280.)

Plan général de la classification adoptée. — Le budget se divise en deux titres, concernant, le premier, les recettes, et le second, les dépenses.

Le titre des recettes est divisé en deux chapitres afférents : le premier, aux recettes ordinaires, et le deuxième, aux recettes extraordinaires.

Le chapitre des recettes ordinaires se divise en deux sections, comprenant : la première, les recettes en argent, et la seconde, les recettes en nature.

La section des recettes ordinaires en argent se divise en huit paragraphes, savoir : 1. Dotation. — 2. Accessoires de la dotation ; dons et legs dont le montant est applicable au service courant. — 3. Subventions communales afférentes au service hospitalier proprement dit. — 4. Remboursement de frais de traitement et de séjour. — 5. Produits des services annexés. — 6. Production des exploitations industrielles. — 7. Produits intérieurs. — 8. Recettes accidentelles et imprévues.

La section des revenus en nature ne comprend qu'un seul paragraphe.

Le chapitre des recettes extraordinaires ne comprend qu'une seule section et un seul paragraphe.

Le titre des dépenses est divisé en deux chapitres, afférents : le premier, aux dépenses ordinaires, et le deuxième, aux dépenses extraordinaires.

Le chapitre des dépenses ordinaires est divisé en deux sections relatives : la première, aux dépenses en argent ; la seconde, aux dépenses en nature.

La section des dépenses ordinaires en argent se divise en sept paragraphes, savoir : — 1. Frais généraux et dépenses concernant plusieurs services. — 2. Frais de régie des biens et charges de la dotation. — 3. Capitalisation ordinaire des revenus en rentes sur l'Etat.— 4. Dépenses des services extérieurs. — 5. Dépenses des services annexés. — 6. Dépenses des exploitations industrielles. — 7. Dépenses spéciales à chaque établissement hospitalier. (Lorsqu'une administration hospitalière s'étend à plusieurs établissements, un sous-paragraphe est affecté à chacun d'eux.)

La section des dépenses en nature ne comprend qu'un seul paragraphe.

Le chapitre des dépenses extraordinaires ne comprend qu'une seule section et un seul paragraphe.

Réunion de plusieurs articles en un seul dans les budgets des établissements peu mportants.. — Les commissions administratives dont les recettes ordinaires n'excèdent pas 20,000 francs, peuvent réunir en un seul article plusieurs crédits applicables à des dépenses de consommation. Cette tolérance, qui pourrait avoir des inconvénients dans les établissements d'une certaine importance, dispensera les petits établissements de proposer des virements de crédits, et leur permettra d'éviter ceux qui s'exécutent parfois d'une manière occulte.

Lorsque les commissions réunissent en un seul plusieurs des articles énumérés dans le cadre du budget modèle, un sous-détail des prévisions d'emploi doit être inscrit, à titre de simple renseignement, dans la colonne d'observations.

En général, les commissions administratives dont la gestion s'étend à plusieurs hôpitaux ou hospices ouvrent un crédit pour dépenses imprévues, tant dans la série des dépenses communes à plusieurs services que dans la série des dépenses spéciales à chaque établissement. Les nouvelles formules de budget consacrent définitivement cet usage.

Maintien dans les budgets de tous les établissements des paragraphes indiqués dans le budget modèle. — Les articles de recettes et de dépenses qui se présentent le plus fréquemment sont énumérés dans les diverses parties du budget modèle. Les commissions administratives doivent, au moment de dresser leur budget, parcourir la nomenclature que renferme ce modèle et retenir, pour les faire figurer dans leurs prévisions, tous les articles qui trouvent leur application dans les divers services que renferme la maison hospitalière. Un hospice, dont les revenus consisteraient uniquement en rentes sur l'Etat, n'a donc qu'à prendre un seul des articles mentionnés au titre des recettes, tandis qu'un établissement, fonctionnant au moyen de ressources multiples, conserve la nomenclature générale, sauf élimination d'un petit nombre d'articles. Dans les cas peu nombreux où l'on se trouverait en face de certaines recettes ou dépenses non comprises dans l'énumération du budget modèle, il ne pourrait y avoir que très peu d'incertitude sur la place à donner aux nouveaux articles. Mais, dans tous les cas, et sauf l'intercalation d'articles correspondants à des situations exceptionnelles, l'ordre des articles du budget modèle, et à plus forte raison l'ordre des paragraphes, doit être respecté. Le titre des paragraphes qui ne trouveraient pas d'application dans le service d'un établissement en particulier ne doit jamais disparaître, bien qu'il n'y ait aucun article à faire figurer sous ce titre. Cette mesure est indispensable pour que les numéros d'ordre des paragraphes qui correspondent à une nature déterminée de recettes ou de dépenses restent les mêmes pour tous les hôpitaux et hospices. Quant aux numéros des articles, ils forment, quel qu'en soit le nombre, deux séries non interrompues, l'une pour les recettes et l'autre pour les dépenses. (Circ. min. de l'int. 10 mai 1876.)

Délibération du budget. — Le budget des recettes et dépenses est délibéré, par les commissions administratives, dans une de leurs sessions du mois d'avril, afin que les budgets des établissements auxquels les communes fournissent des subventions sur leurs octrois ou sur toute autre branche de leurs revenus, puissent être soumis aux conseils municipaux dont la session a lieu du 1er au 15 mai, et que ces conseils puissent délibérer sur les subventions à accorder par les communes. (D. 31 mai 1852, art. 551.)

Le conseil municipal est toujours appelé à donner son avis sur les budgets et les comptes des établissements de bienfaisance, même lorsque la commune ne leur fournit aucune subvention. Lorsque régulièrement requis et convoqué à cet effet, il refuse ou néglige de le donner, il peut être passé outre. (L. 5 avril 1884, art. 70.)

Les budgets sont définitivement réglés par les préfets, quelle que soit la quotité des revenus des établissements. (D. 25 mars 1852.)

Toutefois, les budgets des établissements ayant trois millions au moins de revenus sont soumis à l'approbation du chef de l'Etat, sur la proposition du ministre de l'intérieur. (L. 5 avril 1884, art. 145.)

Lorsque les crédits ouverts par le budget d'un exercice sont reconnus insuffisants, ou s'il doit être pourvu à des dépenses imprévues, lors de la formation de ce budget, on peut établir un budget supplémentaire, ou demander l'ouverture de crédits supplémentaires. Ces crédits doivent être, comme les budgets, approuvés par le préfet ou par décret, suivant la quotité des revenus des établissements.

Les conseils municipaux sont également appelés à donner leur avis sur ces crédits supplémentaires.

Les excédents restés libres sur les crédits ouverts par le budget ne peuvent être employés à d'autres dépenses qu'en vertu de l'autorisation du préfet, comme lorsqu'il s'agit de crédits supplémentaires.

Il est procédé au règlement définitif du budget de chaque exercice, à la clôture de cet exercice, et au report des restes à recouvrer et des restes à payer au budget de l'exercice suivant, selon les règles qui ont été tracées pour les communes. — Voy. COMPTABILITÉ COMMUNALE.

Le budget et les chapitres additionnels doivent être transmis en double expédition au préfet ; on y joint les pièces suivantes, savoir : — A l'appui du *budget primitif :* 1° un cahier d'explications détaillées sur les causes qui ont motivé des changements, tant en recette qu'en dépense, sur les fixations du budget précédent; 2° l'avis du conseil municipal; 3° l'état des consommations présumées pour la gestion-matières de l'économe ; 4° l'avis du sous-préfet ; — A l'appui du *budget supplémentaire :* 1° l'état des restes à payer ; 2° le compte d'administration de l'exercice précédent accompagné du compte moral; 3° le compte de gestion du receveur; 4° le règlement de l'exercice clos ; 5° le cahier d'explications détaillées sur les causes qui ont nécessité les demandes de crédits supplémentaires ou produit des recettes de même nature; 5° l'avis du conseil municipal; 6° l'avis du sous-préfet. (Circ. int. 20 avril 1834, 10 avril 1835, 15 juin et 20 novembre 1836). — *Dict. des formules,* n°ˢ 853, 854 et 855.

Fonctions et écritures de l'ordonnateur ; Compte d'administration. — La commission administrative désigne un de ses membres, lequel, sous le titre d'ordonnateur, est spécialement et exclusivement chargé de la signature de tous les mandats à délivrer aux créanciers de l'établissement pour des dépenses régulièrement autorisées. (Inst. 20 mai 1827.)

Les écritures des ordonnateurs des établissements de bienfaisance doivent être tenues dans les mêmes formes que celles des maires ordonnateurs des communes. Les livres à tenir sont le journal, le grand-livre et les livres auxiliaires. Ces derniers livres sont établis au nombre et dans la forme déterminés par les préfets.

Le compte d'administration de l'établissement, pour l'exercice clos, est présenté à la commission administrative, qui s'assemble en session ordinaire du 1er au 15 avril de chaque année. (D. 31 mai 1862, art. 556.)

Ce compte doit nécessairement être examiné dans cette session par la commission administrative, afin qu'il puisse être soumis à la délibération du conseil municipal dans sa session ordinaire tenue du 1er au 15 mai suivant.

Le compte est dressé dans la même forme que celui qui est rendu annuellement par le maire concernant l'administration communale. Il est adressé au sous-préfet, accompagné des pièces justificatives et de la délibération du conseil municipal, immédiatement après l'examen fait par ce conseil. Le sous-préfet transmet ensuite le compte et les pièces à l'appui, avec son avis, au préfet du département, à qui il appartient de l'arrêter. (Inst. 30 mai 1827, art. 13 ; D. 31 mai 1862, art. 557; D. 25 mars 1852.)

Les commissions doivent joindre à leur compte administratif tous les développements et explications qui peuvent en former la partie morale, et qui doivent servir à l'autorité supérieure à apprécier les actes de leur administration pendant l'exercice qui vient de se terminer. (Circ. 10 avril 1835.)

Ce compte moral doit présenter : 1° le mouvement de la population des hospices quant aux malades, aux indigents, aux enfants et aux employés affectés à leur service, et les observations auxquelles ont pu donner lieu la population et la mortalité ; 2° les augmentations ou diminutions survenues dans les revenus, les améliorations qui ont pu être introduites dans la régie des biens ; 3° l'organisation du service de santé, les maladies traitées dans l'établissement et les cas qui offriraient quelque intérêt ; 4° l'état des bâtiments, sous les rapports de la distribution, de la salubrité, des améliorations faites ou à faire : 5° les observations que peuvent suggérer les dépenses, la masse des consommations, le mode d'approvisionnement, le prix de chaque objet, etc. (D. 7 floréal an XIII, et Inst. 8 février 1823.)

Gestion, écritures et comptes du receveur. — Les receveurs des établissements de bienfaisance ont seuls qualité pour recevoir et pour payer au nom de ces établissements. Les recettes et les payements effectués sans leur intervention ou faits de tout autre manière en contravention aux règlements en vigueur, donnent lieu à toutes répétitions ou poursuites de droit. (O. 31 octobre 1821, art. 21.)

Les receveurs des établissements doivent également recevoir, comme il est réglé pour les receveurs des communes, une expédition en forme de tous les baux, contrats, jugements, déclarations, titres nouveaux et autres actes concernant les revenus dont la perception leur est confiée ; et ils sont autorisés à demander, au besoin, que les originaux de ces divers actes leur soient remis sur leur récépissé. (Arrêté 19 vendémiaire an XII.)

Les règles que nous avons exposées en ce qui concerne les écritures et les comptes des receveurs municipaux sont entièrement applicables aux écritures et aux comptes des receveurs des établissements de bienfaisance. Les dispositions concernant la juridiction des conseils de préfecture et de la Cour des comptes sont également applicables aux comptes des receveurs de ces établissements. (L. 5 avril 1884, art. 70, § 5.) — Voy. COMPTABILITÉ COMMUNALE.

Ces comptes sont soumis à l'examen de la commission administrative et aux délibérations du conseil municipal. Les dispositions concernant la juridiction des conseils de préfecture et de la Cour des comptes sur les comptes des receveurs municipaux sont applicables aux comptes des hospices et hôpitaux. (D. 31 mai 1862, art. 550 et 561.)

Comptabilité en matières. — Une ordonnance royale du 29 novembre 1831 avait fixé les bases de la comptabilité en matière des établissements de bienfaisance ; mais cette ordonnance qui chargeait le ministre de l'intérieur de déterminer les règles de comptabilité relatives à la gestion des économes, est restée longtemps sans exécution, à défaut de l'instruction réglementaire qui devait organiser ce service. Enfin, une instruction ministérielle, à la date du 20 novembre 1836, a rempli cette lacune, en organisant d'une manière complète cette partie du service des établissements de bienfaisance. Nous devons nous borner à mentionner cette instruction, son étendue ne nous permettant pas de la reproduire dans cet ouvrage.

Une expédition du compte en matières rendu par l'économe doit être jointe au compte du receveur. — Voy. BUREAUX DE BIENFAISANCE, ÉTABLISSEMENTS DE BIENFAISANCE, MONTS-DE-PIÉTÉ.

Hôtels garnis. — Voy. LOGEURS, MAISON GARNIE.

Hôteliers. — Voy. AUBERGISTES, LOGEURS, LIEUX PUBLICS.

Hôtel de ville. — Nom que l'on donne dans les villes ou communes importantes, à la maison commune ou mairie. — Voy. MAISON COMMUNE.

Houille. — Espèce de charbon. Les dépôts de houille, comme ceux des autres matières combustibles inflammables, doivent être l'objet de la surveillance de l'autorité municipale. Les mesures ou précautions à prendre pour prévenir les incendies, en ce qui concerne ces dépôts, peuvent être l'objet d'un règlement de police. — Voy. CHARBON DE BOIS, INCENDIE, POLICE MUNICIPALE.

Huissiers. — Officiers ministériels établis prés des cours et tribunaux pour faire toutes citations requises pour l'instruction des procès, tous actes et exploits nécessaires pour l'exécution des ordonnances de justice, jugements et arrêts, et autres commissions du juge.

Les huissiers peuvent requérir l'assistance des maires, et, à leur défaut, des adjoints pour l'ouverture des portes qui sont fermées ou qu'on refuse d'ouvrir. (C. P. C., art. 587). — Voy. ASSIGNATION, CITATION.

Dans les lieux pour lesquels il n'est point établi de commissaires-priseurs, les huissiers, tant audienciers qu'ordinaires, ont droit de procéder, concurremment avec les notaires et les greffiers, aux prisées et ventes publiques de meubles et effets mobiliers, en se conformant aux lois et règlements qui y sont relatifs.

Hydromel. — Boisson faite d'eau et de miel. L'hydromel est assujetti à l'impôt sur les boissons et aux droits d'octrois. — Voy. Boissons, Octroi.

Hydrophobie. — Voy. Chiens, Rage.

Hygiène publique. — On entend par ce mot l'ensemble des mesures administratives propres à maintenir ou à préserver la santé publique, et la partie des sciences médicales qui a pour objet d'éclairer le Gouvernement dans l'accomplissement de ce devoir.

Un comité consultatif est placé auprès du ministre de l'agriculture.

Dans chaque arrondissement il y a un conseil d'hygiène publique et de salubrité. Le nombre des membres de ce conseil est de sept au moins et de quinze au plus. Un tableau dressé par le ministre de l'agriculture et du commerce règle le nombre des membres et le mode de composition de chaque conseil. (Arrêté du Gouvernement, 18 décembre 1848, art. 1er.)

Les membres du conseil d'hygiène d'arrondissement sont nommés pour quatre ans par le préfet, et renouvelés par moitié tous les deux ans. (Id., art. 2.)

Des commissions d'hygiène publique peuvent être instituées dans les chefs-lieux de canton par un arrêté spécial du préfet, après avoir consulté le conseil d'arrondissement. (Id., art. 3.)

Les conseils d'hygiène sont présidés par le préfet ou le sous-préfet, et les commissions de canton par le maire du chef-lieu. Chaque conseil élit un vice-président et un secrétaire qui sont renouvelés tous les deux ans. (Id., art. 5.)

Les conseils d'hygiène et les commissions se réunissent au moins une fois tous les trois mois, et chaque fois qu'ils sont convoqués par l'autorité. (Id., art. 6.)

Les membres des commissions d'hygiène de canton peuvent être appelés aux séances du conseil d'hygiène d'arrondissement ; ils ont voix consultative. (Id., art 7.)

Tout membre des conseils ou des commissions de canton qui, sans motifs d'excuses approuvés par le préfet, a manqué de se rendre à trois convocations consécutives, est considéré comme démissionnaire. (Arrêté 18 décembre 1848, art. 8.)

Les conseils d'hygiène d'arrondissement sont chargés de l'examen des questions relatives à l'hygiène publique de l'arrondissement, qui leur sont renvoyées par le préfet ou le sous-préfet.

Ils réunissent et coordonnent les documents relatifs à la mortalité et à ses causes, à la topographie et à la statistique de l'arrondissement, en ce qui touche la salubrité publique. Ils adressent régulièrement ces pièces au préfet, qui en transmet une copie au ministre de l'agriculture et du commerce. (Id., art. 10.)

Un conseil d'hygiène publique et de salubrité de département est établi au chef-lieu de la préfecture. Il a pour mission de donner son avis : 1° sur toutes les questions d'hygiène publique qui lui sont renvoyées par le préfet ; 2° sur les questions communes à plusieurs arrondissements ou relatives au département tout entier. Il est chargé de centraliser et de coordonner, sur le renvoi du préfet, les travaux des conseils d'arrondissement. Il fait, chaque année, au préfet, un rapport sur les travaux des conseils d'arrondissement. Ce rapport est immédiatement transmis par le préfet, avec les pièces à l'appui, au ministre de l'agriculture et du commerce. (Id., art. 12.)

Dans les cantons où il n'a pas été établi de commissions d'hygiène publique, des correspondants peuvent être nommés par le préfet, sur la proposition du conseil d'arrondissement. — Voy. ÉPIDÉMIES, ÉPIZOO-TIES, LOGEMENTS INSALUBRES, MÉDECINS, PHARMACIENS, SALUBRITÉ, etc.

Hypothèques. — L'hypothèque est un droit réel sur les immeubles affectés à l'acquittement d'une obligation. (C. civ., art. 2114.)

L'hypothèque est ou légale ou judiciaire ou conventionnelle. Parmi les hypothèques légales, se trouve celle que l'État, les communes et les établissements publics ont sur les biens de leurs receveurs et administrateurs comptables.

Aux termes de l'article 2127 du Code civil, l'hypothèque conventionnelle doit être consentie par acte notarié. Les communes doivent se conformer à cette prescription lorsqu'une hypothèque est consentie à leur profit.

L'inscription hypothécaire est la déclaration faite par un créancier sur un registre public à ce destiné, de l'hypothèque qu'il a sur le bien de son débiteur. C'est l'inscription qui fixe le rang entre les divers créanciers (C. civ., art. 2134.)

Les inscriptions se font au bureau de conservation des hypothèques dans l'arrondissement duquel sont situés les biens soumis au privilège et à l'hypothèque. (C. civ., art. 2146.)

L'inscription hypothécaire a lieu sur la présentation de deux bordereaux dressés sur papier timbré, et indiquant : 1° les nom, prénoms, profession et domicile réel du créancier, et le domicile qui sera par lui ou pour lui élu dans l'arrondissement; 2° les nom, prénoms, profession et domicile, ou désignation précise du débiteur; 3° la nature des droits à conserver et leur valeur, quant aux objets déterminés. (Id., art. 2153.)

L'inscription conserve l'hypothèque pendant dix années, à compter du jour de sa date. Son effet cesse, si elle n'a été renouvelée avant l'expiration de ce délai. (Id., art. 2154.)

Les inscriptions au profit des communes et des établissements publics sont prises à la diligence des receveurs des communes ou établissements, qui doivent présenter en temps utile au conservateur les bordereaux nécessaires.

Les frais d'inscription sont à la charge du débiteur, s'il n'y a stipulation contraire; l'avance en est faite par l'inscrivant, si ce n'est quant aux hypothèques légales, pour l'inscription desquelles le conservateur a son recours contre le débiteur. Les frais de la transcription, qui peut être requise par le vendeur, sont à la charge de l'acquéreur. (C. civ., art. 2155.)

Les privilèges et hypothèques s'éteignent : 1° par l'extinction de l'obligation principale; 2° par la renonciation du créancier; 3° par l'accomplissement des formalités et conditions prescrites aux tiers détenteurs pour purger les biens par eux acquis; 4° par la prescription. (Id., art. 2180.)

Les délibérations des conseils municipaux et des commissions administratives des établissements de bienfaisance ayant pour objet d'autoriser la mainlevée des hypothèques inscrites au profit des communes ou établissements, semblent depuis l'abrogation de l'ordonnance du 15 juillet 1840, par l'article 168 de la loi du 5 avril 1884, être exécutoires sans approbation. Le conservateur peut seulement exiger qu'il lui soit justifié que la délibération est exécutoire par la production du récépissé, constatant qu'elle a été transmise depuis plus d'un mois à la préfecture, et que le préfet a abrégé les délais d'exécution en vertu de l'article 68.

Toutefois les mainlevées d'hypothèques prises sur les receveurs municipaux, ne peuvent être données que par la Cour des comptes ou le conseil de préfecture.

En ce qui concerne les fabriques, le ministre des cultes a, par une dépêche du 17 septembre 1884, exprimé l'opinion que malgré l'abrogation de l'ordonnance du 15 juillet 1840, les délibérations des conseils de fabriques donnant mainlevée d'hypothèques, doivent continuer à être approuvées par le préfet en conseil de préfecture, après avis du conseil municipal.

En matière d'acquisitions, les communes et les établissements de bienfaisance ne peuvent être dispensés de la formalité de la purge des hypothèques que lorsqu'il s'agit d'acquisition dont le prix n'excède pas 500 francs. — Voy. ACQUISITION, EXPROPRIATION, PURGE DES HYPOTHÈQUES, TRANSCRIPTION. — *Dict. des formules*, nᵒˢ 867 à 870.

I

Identité. — Ce terme signifie une même chose. Il exprime aussi la certitude qu'un individu est bien celui qu'on croit ou qu'il dit être.

Ile. — Les îles, îlots, atterrissements qui se forment dans le lit des fleuves ou des rivières navigables ou flottables, appartiennent à l'Etat, s'il n'y a titre ou prescription contraire. (C. civ., art. 560.)

Les îles et atterrissements qui se forment dans les rivières non navigables et non flottables appartiennent aux propriétaires riverains du côté où l'île s'est formée ; si l'île n'est pas formée d'un seul côté, elle appartient aux propriétaires riverains des deux côtés, à partir de la ligne qu'on suppose tracée au milieu de la rivière. (C. civ., art. 561.)

Si une rivière ou un fleuve, en se formant un bras nouveau, coupe et embrasse le champ d'un propriétaire riverain et en fait une île, ce propriétaire conserve la propriété de son champ, encore que l'île soit formée dans un fleuve ou une rivière navigable ou flottable. (Id., art. 562.)

Nous avons cru devoir rappeler ici ces dispositions, qui s'appliquent aux propriétés communales, comme à celle des particuliers. — Voy. ALLUVION.

Illuminations. — Tout arrêté municipal concernant les illuminations, à l'occasion des fêtes ou réjouissances publiques, doit être regardé comme une invitation adressée aux citoyens, et non comme un ordre auquel ils soient obligés de se soumettre sous certaines peines. Il n'y a d'obligatoire que l'éclairage qui a l'utilité publique pour objet. — Voy. ECLAIRAGE. — *Dict. des formules*, n° 871.

Images. — Voy. IMPRIMERIE, PRESSE, GRAVURES et LITHOGRAPHIES.

Immeubles. — Les biens sont immeubles ou par leur nature, ou par leur destination, ou par l'objet auquel ils s'appliquent. (C. civ., art. 518.)

Les fonds de terre et les bâtiments sont immeubles par leur nature. (Id., art. 518.)

Les récoltes pendantes par les racines et les fruits des arbres non encore recueillis sont pareillement immeubles (Id., art. 520.)

Les objets que le propriétaire d'un fonds y a placés, pour le service et l'exploitation de ce fonds, sont immeubles par destination (Id., art. 524.)

Sont immeubles, par l'objet auquel ils s'appliquent : l'usufruit des choses immobilières; les servitudes ou services fonciers; les actions qui tendent à revendiquer un immeuble. (Id., art. 526.)

Pour tout ce qui concerne l'administration des biens immeubles possédées par les communes. — Voy. ACQUISITIONS, ALIÉNATION, BAUX, BIENS COMMUNAUX, BOIS DES COMMUNES ET DES ÉTABLISSEMENTS PUBLICS, ECHANGES. — *Dict. des formules*, n°ˢ 872, 873, 874 à 882.)

Immondices. — Le Code pénal, art. 475, n° 8, punit d'une amende de 6 francs à 10 francs ceux qui jettent des immondices contre les maisons, édifices et clôtures d'autrui ou dans les jardins et enclos, et ceux qui jettent des immondices sur quelqu'un.

L'autorité municipale peut défendre de former dans la commune aucun dépôt d'immondices. Le règlement qu'elle prend à cet égard est obligatoire et les contrevenants sont justiciables du tribunal de police. — Voy. BOUES ET IMMONDICES, FUMIER. — *Dict. des formules*, n° 883.

Ceux qui ont imprudemment jeté des immondices contre quelqu'un sont passibles d'une amende de 1 franc à 5 francs, et, en cas de récidive, d'un emprisonnement pendant trois jours au plus. (C. P., art., 471 et 474.)

Ceux qui ont volontairement jeté des corps durs et des immondices sur quelqu'un, ainsi que ceux qui ont jeté des pierres ou d'autres corps durs ou des immondices contre des maisons, édifices et clôtures d'autrui, ou dans les jardins ou enclos, sont passibles d'une amende de 5 à 10 francs, et d'un emprisonnement de cinq jours en cas de récidive. (Id., art. 475 et 478.)

Impasse. — Une impasse, de même qu'une rue ou une place publique n'est pas la propriété de ceux qui l'habitent, mais une propriété communale dont l'usage est permis à tous. Une impasse, quoique son usage soit ordinairement restreint au service de quelques maisons particulières, a donc tous les caractères d'une voie publique, et se trouve ainsi placée, relativement à la police, sous la surveillance de l'autorité municipale; les habitants sont dès lors soumis aux mêmes obligations que ceux des rues en ce qui concerne l'éclairage, le dépôt des matériaux, le balayage, etc. — Voy. VOIE PUBLIQUE, VOIRIE.

Importation. — Introduction en France des productions étrangères. — Voy. DOUANES.

La loi qui a abrogé celle du 17 juin 1837, a supprimé à l'avenir, l'intervention des plus imposés dans les séances où le conseil municipal vote des centimes extraordinaires.

Imposition, Impôts. — On nomme ainsi les droits qui frappent, soit directement, soit indirectement, la jouissance des propriétés mobilières et immobilières, et la consommation des produits industriels. Les impôts forment la majeure partie du revenu de l'État. Ils sont annuellement votés dans la loi de finances qui prend le nom général de budget. — Voy. CONTRIBUTIONS DIRECTES, CONTRIBUTIONS INDIRECTES, IMPOSITIONS COMMUNALES.

Impositions communales. — Les communes, à défaut de ressources ordinaires sont autorisées à s'imposer des centimes additionnels au principal des quatre contributions directes, pour subvenir à leurs besoins. Le nombre de centimes dont elles peuvent aussi disposer varie suivant l'objet auxquels ils doivent pourvoir. La valeur du centime représente le quotient de la division par 100 du principal des contributions directes auxquelles ils s'appliquent. On distingue six espèces de centimes communaux.

1° *Centimes additionnels ordinaires.* — Le maximum des centimes additionnels ordinaires est fixé à cinq centimes. Ces centimes portent sur le principal des quatre contributions directes et s'ajoutent de *plano* aux ressources ordinaires.

L'imposition de ces centimes se fait par la loi des finances elle-même et sans l'intervention des communes. Il suffit qu'elles n'aient pas déclaré que cette ressource leur était inutile. (L. 15 mai 1818, art. 31.)

Centimes additionnels spéciaux ordinaires pour les dépenses de l'instruction primaire. — En cas d'insuffisance des revenus ordinaires, il est pourvu aux dépenses de l'instruction primaire au moyen d'une imposition spéciale votée par le conseil municipal, ou, à défaut du vote de ce conseil, établie d'office par décret, si la contribution extraordinaire ne dépasse pas le maximum à fixer annuellement par la loi de finances et, par une loi spéciale, si la contribution doit excéder ce maximum. Cette imposition, autorisée chaque année par la loi des finances, ne doit pas excéder 4 centimes additionnels au principal des quatre contributions directes. (L. 16 juin 1881, et art. 149. L. 5 avril 1884.)

Ces centimes spéciaux sont votés chaque année, dans la session de février, pour l'année suivante. La délibération du budget doit, dans la session de mai, comprendre ce produit, qui prend place parmi les recettes ordinaires.

Le produit de ces impositions ne peut être détourné, même momentanément, de l'affectation spéciale déterminée par la loi. — Voy. INSTRUCTION PUBLIQUE. — *Dict. des formules*, n° 885.

2° *Centimes spéciaux ordinaires pour les dépenses des chemins vicinaux et ruraux*. — Les communes dont les revenus ordinaires sont insuffisants peuvent s'imposer, pour les dépenses des chemins vicinaux, jusqu'à concurrence de 5 centimes au principal des quatre contributions directes. (L. 21 mai 1836, art. 2.)

La délibération du conseil municipal relative à cette imposition doit être prise dans la session de mai, pour l'exercice suivant, afin que les centimes spéciaux puissent être imposés dans les rôles généraux de cet exercice. Le préfet, après l'avoir approuvée, l'adresse au directeur des contributions directes, qui fait comprendre le montant de l'imposition dans le rôle de la commune.

Si le conseil municipal, mis en demeure, n'a pas voté, dans la session désignée à cet effet, les centimes nécessaires aux dépenses des chemins vicinaux, il y est pourvu au moyen d'une contribution extraordinaire établie d'office par un décret, si la contribution extraordinaire n'excède pas le maximum à fixer annuellement par la loi des finances, et par une loi spéciale, si la contribution doit excéder ce maximum. (L. 24 mai 1836, art. 5, et 5 avril 1884, art. 149.)

Les conseils municipaux peuvent aussi voter trois centimes extraordinaires exclusivement affectés aux chemins vicinaux ordinaires, et trois centimes extraordinaires exclusivement affectés aux chemins ruraux reconnus. (L. 5 avril 1884, art. 141.) *Dict. des formules*, n° 888. — Voy. CHEMINS VICINAUX. CHEMINS RURAUX.

3° *Centimes additionnels pour le traitement des gardes champêtres*. — Les communes sont autorisées à s'imposer extraordinairement, pour le salaire des gardes champêtres, des centimes en addition aux quatre contributions directes. (L. 21 avril 1832, art. 19, et 5 avril 1884, art. 136.)

Lorsqu'il y a lieu de recourir à une imposition pour pourvoir au traitement des gardes champêtres, les conseils municipaux doivent fixer, chaque année, dans leur session ordinaire du mois de mai, la somme qu'il y a lieu d'imposer dans les rôles généraux de l'année suivante pour ce traitement, et indiquer la quotité correspondante de centimes additionnels. (Circ. int., 22 septembre 1867.)

Le produit des centimes spéciaux pour le traitement des gardes champêtres doit figurer parmi les recettes ordinaires du budget, lorsque la commune en fait usage tous les ans. — Voy. GARDES CHAMPÊTRES. — *Dict. des formules*, n° 883.

Centimes destinés à pourvoir à l'insuffisance des revenus ordinaires pour les dépenses annuelles obligatoires ou facultatives. — Comme on l'a vu ci-dessus, les communes doivent, si les centimes additionnels ordinaires, les centimes spéciaux et extraordinaires, dont il vient d'être parlé, et leurs autres revenus sont insuffisants pour faire face aux dépenses annuelles obligatoires, s'imposer un nombre de centimes additionnels proportionné au déficit résultant de ces dépenses.

Les délibérations des conseils municipaux concernant des centimes extraordinaires destinés à subvenir aux dépenses obligatoires sont exécutoires en vertu d'un arrêté du préfet. (L. 5 avril 1884, art. 133).

Si les conseils municipaux n'allouaient pas de fonds pour une dépense déclarée obligatoire par la loi et inscrite d'office au budget, il serait pourvu à la dépense au moyen d'une contribution extraordinaire établie par un décret, si cette contribution ne devait pas excéder le maximum fixé annuellement par la loi de finances, et par une loi spéciale si la contribution devait excéder ce maximum. (L. 5 avril 1884, art. 149.)

Le nombre de centimes additionnels à imposer d'office, dans ce cas, par décret, ne peut excéder le maximum de 10, à moins qu'il ne s'agisse de l'acquit de dettes résultant de condamnations judiciaires, auquel cas il peut être élevé jusqu'à 20. (L. 10 juin 1853, art. 4, et lois annuelles de finances.)

Lorsque les délibérations des conseils municipaux sont relatives à des centimes additionnels destinés à pourvoir à des dépenses annuelles facultatives, l'imposition est autorisée par décret. (L. 5 avril 1884, art. 133, § dernier.)

L'imposition pour insuffisance de revenus porte sur le principal des quatre contributions directes. Elle doit être égale au déficit que présentent les recettes ordinaires sur les dépenses de même nature, après que toutes les dépenses, dont l'utilité et l'urgence ne sont pas suffisamment démontrées, ont été ajournées.

Les centimes communaux destinés aux dépenses annuelles obligatoires ou facultatives, et les centimes votés en vertu des lois des 21 mai 1836 (chemins vicinaux) et 16 juin 1881 (instruction primaire) et de certaines lois spéciales ne se confondent pas avec les centimes extraordinaires que les conseils municipaux peuvent voter dans la limite du maximum fixé chaque année par le conseil général. On ne doit pas non plus considérer comme maximum les centimes affectés par le paragraphe 2 du présent article aux dépenses des chemins vicinaux ordinaires et des chemins ruraux reconnus, ni les centimes qui pourraient être imposés d'office sur la commune par application de l'article 149 de la loi de 5 avril 1884. (Circ. int. 15 mai 1884.) — Voy. BUDGET COMMUNAL, COMPTABILITÉ COMMUNALE. — *Dict. des formules*, nº 844.

Impositions extraordinaires destinées à pourvoir aux dépenses obligagatoires ou facultatives non annuelles. — Les conseils municipaux peuvent voter, dans la limite du maximum fixé chaque année par le conseil général, des contributions extraordinaires n'excédant pas 5 centimes pendant cinq ans, pour en appliquer le produit à des dépenses extraordinaires d'utilité communale. (L. 5 avril 1884, art. 141.)

Les délibérations prises à cet effet sont exécutoires, sans qu'il soit besoin de l'approbation de l'autorité supérieure, sauf l'application des articles 63 à 67 de la loi du 5 avril 1884. — Voy. CONSEIL MUNICIPAL.

Les conseils municipaux votent, sauf approbation du préfet, les contributions extraordinaires qui dépasseraient 5 centimes, sans excéder le maximun fixé par le conseil général, et dont la durée excédant cinq ans ne serait pas supérieure à trente ans. (L. 5 avril 1884, art. 142.)

Toute contribution extraordinaire dépassant le maximum fixé par le conseil général est autorisée par le décret du Président de la République.

Si la contribution est établie pour une durée de plus de trente ans, le décret est rendu en conseil d'État. (L. 5 avril 1884, art. 143.)

Enfin, il est statué par une loi, si la somme à emprunter dépasse un million ou si réunie au chiffre d'autres emprunts non encore remboursés, elle dépasse un million. (Art. 143, § 3.)

Il convient que les votes d'impositions extraordinaires aient lieu dans la session de mai, afin que les maires puissent adresser les délibérations au sous-préfet, avec les pièces à l'appui, avant le 30 juin, ainsi que le prescrivent les instructions ministérielles.

Les pièces à produire par les communes pour être autorisées par le préfet, par décret ou par une loi, à s'imposer extraordinairement, dans les cas ci-dessus mentionnés, sont les suivantes :

1° Copie de la délibération par laquelle le conseil municipal a voté l'imposition ;

2° Certificat du maire faisant connaître le chiffre officiel de la population de la commune et le nombre des membres du conseil en exercice ;

3° Le budget de l'exercice courant et additionnel avec indication du chiffre du principal des quatre contributions directes ;

4° Certificat du maire et du receveur municipal constatant les impositions communales de toute nature qui peuvent grever la commune, avec l'indication de l'objet auquel elles s'appliquent, de leur durée, et de leur quotité, ainsi que de la nature et de la date des actes qui en ont autorisé la perception ; les sommes restant dues en capital sur chacun des emprunts non encore remboursés, avec mention de la nature et de la date des actes approbatifs de chaque emprunt ; les autres dettes communales s'il en existe, et le montant des fonds placés au Trésor ;

5° Un relevé présentant, d'après les trois derniers comptes, les recettes et les dépenses communales séparées en ordinaires et extraordinaires ;

6° L'avis du préfet motivé en forme d'arrêté. (Circul., 15 mai 1884.) — *Dict. des formules*, n°ˢ 885 à 893.

Toute imposition extraordinaire à établir sur une commune ou section de commune doit être supportée par tous les contribuables inscrits au rôle, soit qu'ils résident ou non dans la localité. Cette règle ne souffre d'exception que dans les cas particuliers prévus par l'article 106, § 2, de la loi du 5 avril 1884. — Voy. Actions Judiciaires. Procès.

Contributions des bois de l'État aux charges communales. — Les forêts et les bois de l'État acquittent les centimes additionnels ordinaires et extraordinaires affectés aux dépenses des communes dans la même proportion que les propriétés privées.

Établissement et recouvrement des rôles. — Toutes les impositions communales doivent être comprises dans les rôles primitifs. Lorsqu'une imposition n'a pu être autorisée avant la confection des rôles primitifs de l'année pour laquelle cette imposition a été votée, l'imposition est ajournée à l'année suivante, à moins d'une nécessité absolue, auquel cas ces impositions font l'objet de rôles spéciaux.

Les frais de perception de tous les centimes additionnels à recouvrer pour le compte des communes sont ajoutés à raison de 3 centimes par franc au montant de ces impositions, pour être recouvrés avec elles et versés dans les caisses des communes, à la charge par ces dernières d'en tenir compte aux percepteurs comme dépenses municipales. Il est encore ajouté, pour dégrèvement et non-valeurs, au produit des centimes additionnels communaux ordinaires et extraordinaires, savoir : 8 dixièmes de centime par franc de ce produit sur les centimes afférents aux contributions foncière et personnelle-mobilière, 2 centimes 4 dixièmes par franc sur les centimes afférents à la contribution des portes et fenêtres et 5 centimes par franc sur les centimes afférents à la contribution des patentes.

Le produit des impositions communales et celui des 3 centimes par franc du montant de ces impositions destinés à subvenir aux frais de perception sont recouvrés par les percepteurs à titre de contributions directes. Ces produits sont mis, tous les mois, ou au moins tous les trois mois, à la disposition des communes, dans la proportion des recouvrements effectués sur les contributions.

Tout payement aux communes sur le produit de leurs impositions locales exige la délivrance, par le receveur municipal, d'une quittance extraite de son journal à souche. Lorsque le percepteur ne réunit pas à ses fonctions celles de receveur municipal, il donne avis au receveur spécial des époques auxquelles celui-ci pourra se transporter à la recette des finances, pour toucher le produit des centimes communaux et en délivrer une quittance à souche. — Voy. CENTIMES ADDITIONNELS, CONTRIBUTIONS DIRECTES.

Impressions à la charge des communes. — La loi du 5 avril 1884, article 136, place au nombre des dépenses obligatoires des communes leurs frais de bureau et d'impression.

Les pièces que les communes sont tenues habituellement de se procurer pour leurs opérations administratives ou comptables, et qui ont été indiquées par les circulaires ministérielles, sont les suivantes : Liste des électeurs communaux. — Procès-verbaux d'élection. — Liste de scrutin. — Feuilles relatives au mouvement et au recensement de la population. — Tableaux statistiques de toute nature. — Mercuriales. — Avis des journées à fournir pour les chemins vicinaux. — Liste de souscription pour les chemins de grande communication. — Règlement pour les écoles primaires. — Rôles et autres imprimés relatifs à l'instruction primaire. — Compte administratif de l'exercice clos. — Règlement de l'exercice clos. — Budget et chapitres additionnels. — Mandats de retrait de fonds du Trésor. — Procès-verbaux de clôture des caisses municipales au 31 décembre. — Répartition de la coupe affouagère. — Rôle de taxe sur le bétail. — Cadres de délibérations. — Registres à tenir dans les mairies, en exécution de la loi du 22 juin 1854 et du décret du 30 avril 1855 sur les livrets d'ouvriers. — Imprimés relatifs à l'établissement et au recouvrement de la taxe sur les chiens.

La loi du 5 avril 1884 a ajouté à cette nomenclature les cartes électorales (art. 13) et les livrets de familles (art. 136 § 4).

Au surplus, il est facultatif aux maires de se servir de toutes autres espèces d'imprimés, sauf imputation de la dépense sur le crédit ouvert au budget pour frais de bureau. L'économie de temps qu'offre l'usage de ces imprimés est incontestable; il en résulte aussi de grands avantages sous le rapport de la régularité des actes ou des écritures de l'administration.

La somme à laquelle s'élèvent les imprimés fournis par la préfecture est versée à la trésorerie générale du département à titre de cotisations municipales. — Voy. COTISATIONS MUNICIPALES; DÉPENSES COMMUNALES.

Imprimés relatifs au service des receveurs municipaux. — Tous les imprimés des registres et cadres en blanc qui sont nécessaires aux percepteurs receveurs des communes et d'établissements publics, soit pour la tenue des écritures, soit pour la formation des comptes de gestion, leur sont fournis par l'entremise des receveurs des finances. Une circulaire du 1er décembre 1865 donne la nomenclature de ces imprimés.

Les imprimés qui ne sont pas compris dans cette nomenclature doivent être considérés comme intéressant plutôt l'*administration* que la *comptabilité*, et la dépense ne peut en être imposée aux receveurs. Mais les administrations locales, animées du désir d'accorder quelque avantage particulier à un comptable méritant, peuvent l'exonérer de la dépense des imprimés qui, en principe, sont à sa charge, à la condition : 1° que, par un vote régulièrement exprimé et approuvé par le préfet, le conseil municipal ou la commission administrative ait manifesté l'intention formelle de faire supporter la dépense par la commune ou l'établissement ; 2° que ce vote soit, au besoin, renouvelé chaque année ; 3° que l'exonération accordée au receveur s'applique exclusivement aux imprimés compris dans la nomenclature ci-dessus, qui a été arrêtée de concert entre les départements de l'intérieur et des finances. (Circ. compt. publ., 1er décembre 1865.) — Voy. IMPRESSIONS A LA CHARGE DES COMMUNES.

Imprimerie. — La loi sur la presse du 29 juillet 1881 a formellement consacré par son article premier la liberté absolue de l'imprimerie et de la librairie et l'article 68 abroge toutes les dispositions restrictives de cette liberté, contenues dans la déclaration du 10 mai 1728 ; l'arrêt du conseil du 10 septembre 1735 ; le décret du 5 février 1810, titre II et IV ; celui du 6 juillet 1810 ; celui du 18 novembre 1810 ; le titre II de la loi du 21 octobre 1814, articles 11, 12, 13, 15, 18 ; l'ordonnance du 24, même année, rendue en exécution de cette loi ; celles du 28 février 1817 et du 9 janvier 1828 ; les deux décrets du 22 mars 1852 et même le décret du 10 septembre 1870.

Les seules obligations imposées par la nouvelle loi aux imprimeurs sont les suivantes :

1° Indiquer leurs nom et domicile sur tout imprimé rendu public à l'exception des ouvrages *dits de ville ou bilboquets*. Le défaut de ces indications fait encourir à l'imprimeur une amende de 5 francs à 15 francs, et même l'emprisonnement, si dans les douze mois précédents il a déjà été condamné pour une contravention de même nature. (L. du 29 juillet 1881, art. 2.)

2° Au moment de la publication de tous imprimés ou reproductions destinées à être publiées, en faire, sous peine d'une amende de 16 francs à 300 francs, un dépôt de deux exemplaires pour les imprimés et de trois exemplaires pour les estampes, la musique et autres reproductions, destinés aux collections nationales.

Ce dépôt doit être fait : au ministère de l'intérieur, pour Paris ; à la préfecture, pour les chefs-lieux de département ; à la sous-préfecture, pour les chefs-lieux d'arrondissement, et pour les autres villes à la mairie.

L'acte de dépôt mentionne le titre de l'imprimé et le chiffre du tirage. — *Dict. des formules*, n° 894.

Il n'y a d'excepté de cette disposition que les bulletins de vote, les circulaires commerciales ou industrielles et les ouvrages dits de ville ou bilboquets. (Art. 3 et 4 de la loi précitée.)

3° Avant la publication de tout journal ou écrit périodique, l'imprimeur doit exiger la justification qu'il a été fait par le gérant, au parquet du procureur de la République, une déclaration contenant :

1° Le titre du journal ou écrit périodique et son mode de publication ;

2° Le nom et la demeure du gérant ;

3° L'indication de l'imprimerie où il doit être imprimé ;

Et que toute mutation dans ces conditions ait été déclarée dans les cinq jours suivants. (Art. 6.)

En cas de contravention à ces dispositions, l'imprimeur, à défaut du propriétaire ou du gérant, encourt une amende de 50 francs à 500 francs ;

4° L'imprimeur doit veiller à ce que le nom du gérant soit imprimé au bas de tous les exemplaires, à peine d'une amende de 16 francs à à 100 francs par chaque numéro publié en contravention. (Art. 11.)

Sauf ces restrictions peu gênantes et qui sont d'ordre public, l'imprimerie est absolument libre. Mais, comme corollaire de cette liberté même, l'imprimeur est responsable des crimes et délits qu'il commet ou aide à commettre par la voie de la presse. L'article 42 de la loi du 29 juillet 1881 porte en effet : « Seront passibles, comme auteurs principaux, des peines qui constituent la répression des crimes et délits commis par la voie de la presse, dans l'ordre ci-après, savoir : 1° les gérants ou éditeurs, quelles que soient leurs professions ou dénominations ; 2° à leur défaut, les auteurs ; 3° à défaut des auteurs, les imprimeurs ; 4° à défaut des imprimeurs, les vendeurs, distributeurs ou afficheurs. »

Lorsque les gérants ou imprimeurs sont en cause, les auteurs peuvent bien être poursuivis comme complices, mais les imprimeurs, eux, ne sauraient être poursuivis comme complices *pour faits d'impression* que dans le cas et les conditions prévus par l'article 6 de la loi du 7 juin 1848 sur les attroupements qui dit : « Toute provocation directe à un attroupement armé ou non armé, par des discours proférés publiquement et par des écrits ou des imprimés, affichés ou distribués, sera punie comme le crime ou le délit, selon les distinctions ci-dessus établies. — Les imprimeurs, graveurs et lithographes, afficheurs et distributeurs seront punis comme complices, lorsqu'ils auront agi sciemment. — Si la provocation faite par les moyens ci-dessus n'a pas été suivie d'effet, elle sera punie, s'il s'agit d'une provocation à un attroupement nocturne et armé, d'un emprisonnement de six mois à un an ; s'il s'agit d'un attroupement non armé, l'emprisonnement sera de un mois à trois mois. — Voy. ATTROUPEMENT, PRESSE, LIBRAIRIE, GRAVURE, LITHOGRAPHIE, JOURNAUX.

Inamovibilité. — Les fonctionnaires inamovibles sont ceux qui ne peuvent être destitués. Les fonctionnaires amovibles sont, au contraire, ceux qui peuvent être changés et destitués lorsque le pouvoir exécutif le juge utile ou convenable. — Voy. FONCTIONNAIRES PUBLICS.

Inauguration. — Cérémonie qui accompagne d'ordinaire, en lui donnant une certaine solennité, la mise à la disposition du public d'un monument, d'un grand travail d'intérêt général ; ainsi, on fait l'inauguration d'une statue, d'un hôtel de ville, d'un chemin de fer. Les inaugurations donnent le plus souvent lieu à quelque fête dans la localité. — Voy. FÊTES PUBLIQUES.

Incendie. — La loi du 5 avril 1884, article 97, a placé les incendies au

premier rang des accidents et fléaux calamiteux que l'autorité municipale doit prévenir ou faire cesser par des précautions ou des secours
convenables.

Il appartient en conséquence aux maires de déterminer par des règlements municipaux la nature des précautions et des mesures à prendre.
Ils peuvent défendre, notamment, d'adosser les manteaux et tuyaux de
cheminée contre des cloisons dans lesquelles il entrerait du bois ; de
poser les âtres des cheminées sur les solives des planchers ; de construire des fours à moins de 16 centimètres de tout mur ou cloison ; de
faire sécher du bois dans les fours ; d'entrer avec de la lumière, sans
qu'elle soit dans une lanterne bien close, dans les écuries, les greniers,
dépôts et magasins de fourrages ou de paille, et d'y fumer ; de tirer
dans les rues des coups de fusil ou de pistolet et des pièces d'artifice ;
de brûler quoi que ce soit sur la voie publique, et même chez soi, dans
les cours des maisons ou les jardins, de la paille, de la litière, des
feuilles et autres objets qui peuvent projeter au loin des débris en-
flammés ; d'allumer des feux dans les champs à moins d'une distance de
100 mètres des maisons, des meules de grain, de paille ou de foin, et
de 200 mètres des forêts ; de construire des couvertures en chaume à
moins d'une distance de 100 mètres de toute habitation.

Les maires doivent, en outre, ordonner que les propriétaires, locataires ou sous-locataires des maisons fassent ramoner, au moins tous
les six mois, les cheminées des appartements qu'ils louent ou qu'ils
occupent, et prescrire aux propriétaires de tenir en bon état les tuyaux
des cheminées, fours et fourneaux. (L. 28 septembre-6 octobre
1791.)

Outre ces mesures générales, les maires peuvent en prendre de plus
spéciales selon les localités, ou seulement rappeler les anciens règlements locaux qui sont obligatoires, comme les nouveaux, dans les lieux
pour lesquels ils ont été faits, tant qu'ils n'ont pas été abrogés.

Il est encore des lieux qui exigent des mesures de sûreté et de surveillance plus rigoureuses ; comme les lieux publics, et particulièrement
les salles de spectacle. — Voy. Spectacles.

Il ne suffit pas que les maires prescrivent des mesures ou fassent des
règlements pour prévenir les incendies, ils doivent veiller personnellement à ce que ces mesures et ces règlements soient fidèlement exécutés.
Ainsi les officiers municipaux sont tenus de faire, au moins une fois par
an, la visite des fours et cheminées de toutes les maisons et de tous les
bâtiments éloignés de moins de 200 mètres d'autres habitations, et faire
annoncer ces visites huit jours d'avance, afin que chaque habitant soit
averti à temps qu'il ait à faire les réparations nécessaires. (L. 28 sep-
tembre-6 octobre 1791.) — Voy. Fours et Cheminées.

Quand les incendies se renouvellent, ou même quand on a lieu de
craindre qu'ils se manifestent, les maires peuvent ordonner à leurs administrés de faire des rondes extraordinaires de nuit.

Enfin, ils doivent s'assurer par eux-mêmes que les pompes à incendie
sont toujours en bon état.

Lorsqu'un incendie éclate, les maires ont un pouvoir presque discrétionnaire. Leur premier soin doit être de diriger sur le lieu du désastre
les pompes à incendie. Tous les habitants sont à leur disposition pour
arrêter les progrès du feu : ils peuvent même exiger le concours de tous
ceux qui se montrent à leur vue ; étrangers comme gens du pays, chacun
doit obéir. Ils donnent des ordres aux pompiers, requièrent les ouvriers
maçons, charpentiers, couvreurs ; ils requièrent aussi la force publique
existant dans la commune, et en déterminent l'emploi. Ils peuvent obliger

les particuliers à fournir les voitures, chevaux, seaux et ustensiles nécessaires pour puiser et charrier l'eau, à ouvrir leurs demeures et enclos
dans le cas où ils renfermeraient des puits ou fontaines.

S'il est nécessaire, pour arrêter le cours d'un incendie, d'abattre des
maisons voisines, le maire l'ordonne sur l'avis des ouvriers.

Les dommages causés à un tiers sur l'ordre de l'administration communale, à une propriété non exposée, pour l'extinction d'un incendie,
donnent droit à une indemnité. (C. civ., art. 545. L. 11 frimaire, an VIII,
art. 4, § 9.) La commune peut avoir recours contre celui qui a causé le
dommage, mais elle ne peut se faire rembourser ses frais, ni le prix de
l'eau par les incendiés. (Trib. de la Seine, jugement de 1866.)

L'attention des maires ne doit pas s'arrêter aux moyens de faire cesser
l'incendie; elle doit s'étendre à ceux qui sont de nature à prévenir tout
désordre. Les dispositions doivent être combinées de manière à ce que
les malfaiteurs soient bien surveillés, et à ce qu'aucun objet sauvé du
feu ne soit dérobé.

C'est seulement après que l'incendie est éteint et qu'il n'existe plus aucune espèce de danger, que le maire se retire pour rédiger son procès-
verbal. S'il y a lieu, le maire procède à une enquête sur les causes, les
circonstances et les effets plus ou moins désastreux de l'incendie.

En cas de refus de service et de secours requis par le maire, il doit
aussi en dresser procès-verbal, et faire traduire les contrevenants devant
le tribunal de police.

La loi punit de peines afflictives et infamantes les incendies allumés
par une volonté coupable. Ces peines sont, suivant la gravité des cas,
la mort, les travaux forcés à perpétuité, les travaux forcés à temps ou
la réclusion (C. P., art. 434). Lorsqu'un incendie peut être attribué à la
malveillance, il est du devoir de l'autorité locale d'en informer sur-le-
champ l'autorité judiciaire, même avant l'envoi des procès-verbaux, si
cet envoi doit éprouver quelque retard.

Enfin, le maire doit, dans un délai de huitaine au plus, adresser un
rapport au sous-préfet sur les pertes éprouvées par les victimes de l'incendie et solliciter en leur faveur une remise de contributions et des
secours du gouvernement. — Voy. ASSURANCE, FLÉAUX CALAMITEUX,
FOURS ET CHEMINÉES, GENDARMERIE, SAPEURS-POMPIERS, SECOURS, PO-
LICE MUNICIPALE. — Dict. des formules, nos 895 à 908.

Incompatibilité. — Obstacle reconnu par la loi à ce que plusieurs
fonctions déterminées soient en même temps exercées par la même personne, ou à ce que des fonctions collectives, analogues ou dépendantes les unes des autres, soient en même temps remplies par des
parents ou des alliés dans les degrés déterminés. — Voy. ADJOINTS,
CONSEIL MUNICIPAL, FONCTIONNAIRES PUBLICS, MAIRE, RECEVEUR MUNI-
CIPAL.

Incompétence. — En matière judiciaire, il y a incompétence quand
un juge n'a pas le pouvoir de prononcer sur une contestation, et en
matière administrative, quand il s'agit d'affaires étrangères aux attributions d'un fonctionnaire.

Incurables indigents. — Voy. HOSPICES.

Indemnité. — Ce mot a plusieurs significations. Lorsqu'il **exprime** la réparation d'un préjudice causé à quelqu'un, il est synonyme de dommages-intérêts. Lorsqu'il exprime un dédommagement donné par l'État aux particuliers en vue de pertes éprouvées par eux, il est synonyme de secours. On peut citer, parmi les indemnités de cette dernière nature, celles que l'administration accorde aux contribuables dans les cas de grêle, inondations, épizootie, incendies. — Voy. CONTRIBUTIONS DIRECTES, DOMMAGES-INTÉRÊTS, SECOURS.

Lorsque l'administration exige le sacrifice d'une propriété pour cause d'intérêt public, la somme qu'elle donne au propriétaire dépossédé se nomme aussi indemnité. Telles sont les indemnités qui résultent de l'application de la loi du 3 mai 1841 sur l'expropriation pour cause d'utilité publique, et de l'article 17 de la loi du 21 mai 1836, sur les chemins vicinaux. — Voy. CHEMINS VICINAUX, EXPROPRIATION POUR CAUSE D'UTILITÉ PUBLIQUE, TRAVAUX PUBLICS.

On entend encore par indemnité ce qui est donné à un individu comme compensation de frais qui lui sont occasionnés ; mais on n'y attache, dans ce cas, aucune idée de réparation de dommage. C'est dans ce sens qu'on dit : Indemnité de route des militaires ; Indemnité de route des indigents. — Voy. MILITAIRES, VOYAGEURS INDIGENTS.

Indigents. — On nomme ainsi ceux qui n'ont pas les moyens de pourvoir à leurs besoins, et auxquels la société porte secours. — Voy. BUREAU DE BIENFAISANCE, EAUX MINÉRALES ET THERMALES, FEUILLE DE ROUTE, HOSPICE, MENDICITÉ, SECOURS.

Les maires sont souvent appelés à délivrer des certificats d'indigence, notamment pour la décharge des contributions directes, pour l'admission à l'assistance judiciaire, pour l'admission dans les hospices et hôpitaux, etc. — Voy. CERTIFICATS.

Dans toutes les églises, le service exigé pour les morts indigents doit être fait gratuitement ; l'indigence est constatée par un certificat du maire. (D. 18 mai 1806, art. 4.) — Voy. INHUMATIONS, MENDICITÉ. — *Dict. des formules*, nᵒˢ 909 à 912.

Indivis. — L'indivision est l'état des biens qui ne sont pas partagés et qui cependant appartiennent à plusieurs. Nul ne peut être contraint à demeurer dans l'indivision. (C. civ., art. 815.)

Lorsque plusieurs communes possèdent des biens ou des droits par indivis, il peut être institué, si l'une d'elles le réclame, une commission syndicale composée de délégués des conseils municipaux des communes intéressées, laquelle est chargée de l'administration de ces biens. — Voy. BIENS COMMUNAUX, BOIS DES COMMUNES ET DES ÉTABLISSEMENTS PUBLICS, PARTAGE.

Industrie. — L'action de l'administration, en ce qui concerne l'industrie, doit tendre à assurer la liberté du travail, reconnue et garantie par nos lois ; à favoriser les progrès de l'industrie, en propageant dans les populations ouvrières les connaissances scientifiques dont l'application peut être utile aux arts industriels ; à faire régner l'ordre dans les ateliers, en garantissant la sûreté des personnes et des propriétés et en veillant à ce que les conventions entre les maîtres et les ouvriers soient loyalement exécutées.

Nous nous bornerons à mentionner ici les principales mesures administratives par lesquelles s'exerce cette action tutélaire. Les livrets d'ouvriers ont pour objet de constater les obligations contractées par l'ouvrier envers le patron, de lui faciliter le moyen de se procurer du travail, et de permettre à l'autorité de se rendre compte du nombre et du mouvement des ouvriers dans les centres industriels. L'apprentissage est soumis, sous la surveillance de l'administration, à des règles précises, qui garantissent l'exécution du contrat volontaire dont il est l'objet. Les conseils de prud'hommes offrent aux chefs d'établissements, d'une part, aux ouvriers ou apprentis, d'autre part, en cas de désaccord sur l'exécution de leurs engagements réciproques, leur ministère de conciliation. Ils sont chargés, en outre, de punir les délits tendant à troubler l'ordre et la discipline de l'atelier, et les manquements graves des apprentis envers leurs maîtres.

La loi du 21-22 mars 1884, sur les syndicats professionnels, a permis aux personnes, patrons ou ouvriers exerçant la même profession, des métiers similaires ou des professions connexes concourant à l'établissement de produits déterminés, de se constituer librement, en asssociation, sans autorisation du gouvernement, sous la seule condition du dépôt à la mairie des statuts et des noms des administrateurs ou directeurs et même d'établir des associations entre les syndicats ainsi formés, afin de se consulter pour l'étude et la défense de leurs intérêts économiques, industriels, commerciaux et agricoles. Pour faciliter la formation de ces syndicats, la loi précitée abroge l'article 416 du Code pénal. — Voy. SYNDICATS PROFESSIONNELS.

Enfin, c'est par le concours de l'administration, que l'inventeur d'un procédé ou d'un produit industriel peut, au moyen d'un brevet, s'en assurer, pendant un certain temps et à ses risques et périls, l'exploitation exclusive.

Toutefois, la protection de l'industrie ne permettait pas d'oublier les autres intérêts sociaux. Des précautions ont dû être prises à l'égard de certains établissements qui, livrés à eux-mêmes, auraient pu compromettre la santé ou la sûreté des citoyens, ou nuire aux propriétés privées. Ainsi, la création des établissements dangereux, insalubres ou incommodes est soumise à une autorisation préalable et à une surveillance toute particulière de la part des autorités locales. — Voy. APPRENTISSAGE, BREVET D'INVENTION, COALITION, ÉCOLES D'ARTS ET MÉTIERS, ÉTABLISSEMENTS DANGEREUX, INSALUBRES OU INCOMMODES, LIVRETS D'OUVRIERS, PROPRIÉTÉ INDUSTRIELLE, PRUD'HOMMES.

Industrie (Travail des enfants et des filles mineures employées dans l'). — La loi du 19 mai 1874 soumet l'emploi des enfants et des filles mineures dans l'industrie à certaines conditions qui ont pour objet, non seulement de préserver les enfants et les filles mineures des effets matériels d'un travail excessif, mais encore d'assurer leur développement moral et intellectuel par l'instruction primaire élémentaire et par l'instruction religieuse. Nous reproduisons ci-après les dispositions de cette loi dont l'exécution exige sous plusieurs rapports le concours des maires.

Age d'admission. Durée du travail. — Les enfants et les filles mineures ne peuvent être employés à un travail industriel, dans les manufactures, fabriques, mines, chantiers et ateliers, que sous les conditions déterminées par la présente loi. (L. 19 mai 1874, art. 1er.)

Les enfants ne peuvent être employés par des patrons ni être admis dans les manufactures, usines, ateliers ou chantiers, avant l'âge de 12 ans révolus. (Id., art. 2.)

Ils peuvent exceptionnellement être employés à l'âge de 10 ans révolus dans les industries dont la nomenclature est donnée par le décret du 27 mars 1875, article 1er.

Les enfants, jusqu'à l'âge de 12 ans révolus, ne peuvent être assujettis à une durée de travail de plus de six heures par jour, divisées par un repos. — A partir de 12 ans, ils ne peuvent être employés plus de douze heures par jour, divisées par un repos. (L. 19 mai 1874, art. 3.)

A partir de 12 ans révolus, les enfants et les filles mineures peuvent être admis dans les établissements, manufactures, usines, chantiers ou ateliers dont la fréquentation ne leur est pas interdite par la loi ou par les règlements d'administration publique.

Travail de nuit, des dimanches et des jours fériés. — Les enfants ne peuvent être employés à aucun travail de nuit jusqu'à l'âge de 16 ans révolus. — La même interdiction est appliquée à l'emploi des filles mineures de 16 à 21 ans, mais seulement dans les usines et manufactures. — Tout travail entre neuf heures du soir et cinq heures du matin est considéré comme travail de nuit. — Toutefois, en cas de chômage résultant d'une interruption accidentelle et de force majeure, l'interdiction ci-dessus peut être temporairement levée, et pour un délai déterminé, par la commission locale ou l'inspecteur, sans que l'on puisse employer au travail de nuit des enfants de moins de 12 ans. (L. 19 mai 1874, art. 4.)

Les enfants âgés de moins de 16 ans et les filles âgées de moins de 21 ans ne peuvent être employés à aucun travail, par leurs patrons, les dimanches et fêtes reconnues par la loi, même pour rangement de l'atelier. (Id., art. 5.)

Néanmoins, dans les usines à feu continu, les enfants peuvent être employés la nuit ou les dimanches et jours fériés aux travaux indispensables. — Les travaux tolérés et le laps de temps pendant lequel ils devront être exécutés sont déterminés par les règlements d'administration publique. — Ces travaux ne sont, dans aucun cas, autorisés que pour des enfants âgés de 12 ans au moins. — On doit, en outre, leur assurer le temps et la liberté nécessaire pour l'accomplissement des devoirs religieux. (Id., art. 6.)

Lorsque les enfants sont employés toute la nuit, leur travail doit être coupé par des intervalles de repos représentant un temps total de repos au moins égal à deux heures. — La durée totale du travail, y compris le temps de repos, ne peut d'ailleurs dépasser douze heures par vingt-quatre heures. — Les enfants ne peuvent être employés plus de six nuits par quinzaine, sauf dans les verreries où l'on travaille à la fonte. (Id., art. 2.)

Le travail est autorisé aux conditions fixées par l'article 1er du présent décret, les dimanches et les jours fériés dans les sucreries et les verreries, sauf de six heures du matin à midi. — Dans les papeteries et usines métallurgiques, il est également autorisé, sauf de six heures du matin à six heures du soir. (Id. art. 3.)

L'ordre du travail du dimanche dans les usines dénommées à l'article 3 sera toujours distribué de manière à permettre l'application du paragraphe 4 de l'article 6 de la loi du 19 mai 1874, et concernant l'accomplissement des devoirs religieux. (Id., art. 4.)

Les chefs des industries dénommées ci-dessus doivent afficher dans leurs ateliers un tableau de l'emploi du temps des enfants, faisant connaître les heures de reprise et le système d'alternance des équipes ainsi que les suspensions de travail. — Le tableau de l'emploi du temps doit être revêtu de la signature de l'inspecteur. (Id., art. 5.)

Travaux souterrains. — Aucun enfant ne peut être admis dans les travaux souterrains des mines, minières et carrières avant l'âge de 12 ans révolus. — Les filles et femmes ne peuvent être admises dans ces travaux. — Les conditions spéciales du travail des enfants de 12 à 16 ans dans les galeries souterraines sont déterminées par la loi du 19 mai 1874, article 7.

La durée du travail effectif des enfants du sexe masculin de 12 à 16 ans dans les galeries souterraines des mines, minières et carrières, ne peut excéder huit heures sur vingt-quatre heures, coupées par un repos d'une heure au moins. (D. 12 mai 1875, art. 1er.)

Instruction primaire. — Nul enfant, ayant moins de 12 ans révolus, ne peut être employé par un patron qu'autant que ses parents ou tuteurs justifient qu'il fréquente actuellement une école publique ou privée. — Tout enfant admis avant 12 ans dans un atelier devra, jusqu'à cet âge, suivre les classes d'une école, pendant le temps libre du travail. — Il devra recevoir l'instruction pendant deux heures au moins, si une école spéciale est attachée à l'établissement industriel. — La fréquentation de l'école sera constatée au moyen d'une feuille de présence dressée par l'instituteur et remise chaque semaine au patron. (L. 19 mai 1874, art. 8.) (1)

Aucun enfant ne pourra, avant l'âge de 15 ans accomplis, être admis à travailler plus de six heures chaque jour, s'il ne justifie, par la production d'un certificat de l'instituteur ou de l'inspecteur primaire, visé par le maire, qu'il a acquis l'instruction primaire élémentaire. — Ce certificat sera délivré sur papier libre et gratuitement. (Id., art. 9.)

Surveillance des enfants. Police des ateliers. — Les maires sont tenus de délivrer aux pères et mères ou tuteurs un livret sur lequel sont portés les nom et prénoms de l'enfant, la date et le lieu de sa naissance, son domicile, le temps pendant lequel il a suivi l'école. — Les chefs d'industrie ou patrons inscrivent sur le livret la date de l'entrée dans l'atelier ou établissement, et celle de la sortie. — Ils doivent également tenir un registre sur lequel sont mentionnées toutes les indications insérées au présent article. (L. 19 mai 1874, art. 10.)

Les patrons ou chefs d'industrie sont tenus de faire afficher dans chaque atelier les dispositions de la présente loi et les règlements d'administration publique relatifs à son exécution. (Id., art. 11.)

Des règlements d'administration publique déterminent les différents genres de travaux présentant des causes de danger ou excédant leurs forces, qui sont interdits aux enfants dans les ateliers où ils sont admis. (Id., art. 12.)

Un décret portant règlement d'administration publique a été rendu

---

(1) Cette disposition n'a pas été modifiée par la loi du 28 mars 1882 sur l'enseignement primaire obligatoire, car l'article 15 § 3 de la loi porte que la commission scolaire peut aussi, avec l'approbation du conseil départemental, dispenser les enfants employés dans l'industrie et arrivés à l'âge de l'apprentissage d'une des deux classes de la journée.

en cette matière le 13 mai 1875. Ses dispositions sont reproduites au *Bulletin officiel intérieur* de 1875, p. 370.

Les ateliers doivent être tenus dans un état constant de propreté et convenablement ventilés. — Ils doivent présenter toutes les conditions de sécurité et de salubrité nécessaires à la santé des enfants. — Dans les usines à moteurs mécaniques, les roues, les courroies, les engrenages ou tout autre appareil, dans le cas où il aura été constaté qu'ils présentent une cause de danger, seront séparés des ouvriers de telle manière que l'approche n'en soit possible que pour les besoins du service. — Les puits, trappes et ouvertures de descente doivent être clôturés. (L. 19 mai 1874, art. 14.)

Les patrons ou chefs d'établissement doivent, en outre, veiller au maintien des bonnes mœurs et à l'observation de la décence publique dans leurs ateliers. (Id., art. 15.)

Inspection. — Pour assurer l'exécution de la loi, il a été créé quinze inspecteurs divisionnaires. La nomination des inspecteurs est faite par le gouvernement, sur une liste de présentation dressée par la commission supérieure, et portant trois candidats pour chaque emploi disponible. — Ces inspecteurs sont rétribués par l'Etat. — Chaque inspecteur divisionnaire réside et exerce sa surveillance dans l'une des quinze circonscriptions territoriales. (L. 19 mai 1874, art. 16.)

Les inspecteurs ont entrée dans tous les établissements manufacturiers, ateliers et chantiers. Ils visitent les enfants; ils peuvent se faire représenter le registre prescrit par l'article 10, les livrets, les feuilles de présence aux écoles, les règlements intérieurs. — Les contraventions sont constatées par les procès-verbaux des inspecteurs, qui font foi jusqu'à preuve contraire. — Lorsqu'il s'agit de travaux souterrains, les contraventions sont constatées concurremment par les inspecteurs ou par les gardes-mines. — Les procès-verbaux sont dressés en double exemplaire, dont l'un est envoyé au préfet du département et l'autre déposé au parquet. — Toutefois, lorsque les inspecteurs ont reconnu qu'il existe dans un établissement ou atelier une cause de danger ou d'insalubrité, ils prennent l'avis de la commission locale sur l'état du danger ou d'insalubrité, et ils consignent cet avis dans un procès-verbal. — Les dispositions ci-dessus ne dérogent point aux règles du droit commun quant à la constatation et à la poursuite des infractions commises à la présente loi. (Id., art. 18.)

Les inspecteurs doivent, chaque année, adresser des rapports à la commission supérieure. (Id., art. 19.)

Commissions locales. — Il est institué dans chaque département des commissions locales dont les fonctions sont gratuites, chargées : 1° de veiller à l'exécution de la présente loi ; 2° de contrôler le service de l'inspection ; 3° d'adresser au préfet du département, sur l'état du service, et l'exécution de la loi, des rapports qui sont transmis au ministre et communiqués à la commission supérieure. — A cet effet, les commissions locales visitent les établissements industriels, ateliers et chantiers ; elles peuvent se faire accompagner d'un médecin quand elles le jugent convenable. (L. 19 mai 1874, art. 20.)

Le conseil général détermine dans chaque département le nombre et la circonscription des commissions locales; il doit en établir une au moins dans chaque arrondissement ; il en établit, en outre, dans les principaux centres industriels ou manufacturiers, là où il le jugera nécessaire. — Le conseil général peut également nommer un inspecteur

spécial rétribué par le département; cet inspecteur doit toutefois agir
sous la direction de l'inspecteur divisionnaire. (Id., art. 21.)

Les commissions locales sont composées de cinq membres au moins
et de sept au plus, nommés par le préfet sur une liste de présentation
arrêtée par le conseil général. — On doit faire entrer, autant que possible, dans chaque commission, un ingénieur de l'Etat ou un ingénieur
civil, un inspecteur de l'instruction primaire et un ingénieur des mines
dans les régions minières. — Les commissions sont renouvellées tous
les cinq ans; les membres sortants peuvent être de nouveau appelés à
en faire partie. (Id., art. 22.)

Commission supérieure. — Une commission supérieure composée de
neuf membres, dont les fonctions sont gratuites, est établie auprès du
ministre du commerce : cette commission est nommée par le Président
de la République ; elle est chargée : 1° de veiller à l'application
uniforme et vigilante de la loi ; 2° de donner son avis sur les sous-
règlements à faire et généralement sur les diverses questions intéressant
les travailleurs protégés ; 3° enfin d'arrêter les listes de présentation
des candidats pour la nomination des inspecteurs divisionnaires. (L.
19 mai 1874. art. 23.)

Pénalités. — Les manufacturiers, directeurs ou gérants d'établissements industriels et les patrons qui ont contrevenu aux prescriptions
de la présente loi et des règlements d'administration publique, relatifs à
son exécution, sont poursuivis devant le tribunal correctionnel et punis
d'une amende de 16 à 50 francs. — L'amende est appliquée autant de
fois qu'il y a eu de personnes employées dans les conditions contraires
à la loi, sans que son chiffre total puisse excéder 500 francs.

Les chefs d'industries sont civilement responsables des condamnations prononcées contre leurs directeurs ou gérants. (L. 19 mai 1874,
art. 25.)

S'il y a récidive, les manufacturiers, directeurs ou gérants d'établissements industriels et les patrons sont condamnés à une amende de 50 à
200 francs. — La totalité des amendes réunies ne peut toutefois excéder 1,000 francs. — Il y a récidive lorsque le contrevenant a été frappé
dans les douze mois qui ont précédé le fait qui est l'objet de la poursuite d'un premier jugement pour infraction à la présente loi ou aux
règlements d'administration publique relatifs à son exécution. (Id.,
art. 26.)

L'affichage du jugement peut, suivant les circonstances, et en cas
de récidive seulement, être ordonné par le tribunal de police correctionnelle. — Le tribunal peut également ordonner, dans le même cas,
l'insertion de sa sentence, aux frais du contrevenant, dans un ou plusieurs journaux du département. (Id., art. 27.)

Sont punis d'une amende de 16 à 100 francs les propriétaires d'établissements industriels et les patrons qui ont mis obstacle à l'accomplissement des devoirs d'un inspecteur, des membres des commissions,
ou des médecins, ingénieurs et experts délégués pour une visite ou une
constatation. (Id., art. 28.)

L'article 463 du Code pénal est applicable aux condamnations prononcées en vertu de cette loi. — Le montant des amendes résultant
de ces condamnations est versé au fonds de subvention affecté à
l'enseignement primaire dans le budget de l'instruction publique. (Id.,
art. 29)

Infanticide. — Est qualifié infanticide le meurtre d'un enfant nouveau-né. (C. P., art. 300.)

Le meurtre d'un enfant nouveau-né constitue le crime d'infanticide, soit qu'il ait été commis par la mère, soit qu'il ait été commis par un étranger.

Les maires, soit sur les dénonciations qui leur sont faites, soit d'office, peuvent être dans le cas de constater le crime d'infanticide. Leur premier soin doit être, si le cadavre de l'enfant est trouvé, de faire vérifier par un docteur en médecine ou un officier de santé si l'enfant est né à terme, s'il a vécu, de quel genre de mort il a péri. Si la femme soupçonnée du crime nie être accouchée, il faut veiller à ce qu'elle ne fasse pas disparaître les linges, hardes, effets qui porteraient des marques d'un accouchement récent. Quant à l'autopsie du cadavre de l'enfant, elle doit être différée, en général, jusqu'à ce que le procureur de la République ou le juge de paix ait pris connaissance de l'affaire. — Voy. FLAGRANT DÉLIT, POLICE JUDICIAIRE. — *Dict. des formules*, n° 912.

Inhumation. — Action de mettre en terre un cadavre et de lui donner la sépulture.

La police des inhumations et des lieux de sépulture appartient à l'autorité municipale.

L'article 93 de la loi du 5 avril 1884 décide que le maire ou, à son défaut, le sous-préfet, pourvoit d'urgence à ce que toute personne décédée soit ensevelie et inhumée décemment, sans distinction de culte ou de croyance.

Le but du législateur en édictant formellement cette disposition est, lorsque des difficultés s'élèvent ou que des retards trop considérables se produisent notamment parce que la personne décédée est inconnue ou délaissée, de permettre au maire, sous-préfet ou préfet de prendre les mesures qu'exige le bon ordre, la décence ou la salubrité publique. Mais il n'a nullement entendu conférer ainsi au maire ou au préfet la faculté de porter atteinte au droit des familles qui restent absolument libres de recourir aux cérémonies religieuses pour les obsèques des parents qu'elles ont perdus. (Circ. 15 mai 1885.)

Autorisation nécessaire à l'effet de procéder à une inhumation. — Aucune inhumation ne peut être faite sans une autorisation de l'officier de l'état civil, qui ne doit la délivrer qu'après s'être transporté auprès de la personne décédée pour s'assurer du décès, et que vingt-quatre heures après le décès, hors dans les cas prévus par les règlements de police. (C. C., art. 77.)

L'inhumation des enfants mort-nés ne peut également avoir lieu qu'après une autorisation préalable. (Cass. 2 septembre 1843.)

L'autorisation doit contenir la désignation exacte de la personne décédée, et l'indication de l'heure à laquelle il sera permis de l'inhumer.

Lorsqu'il y a danger pour la salubrité publique à attendre vingt-quatre heures après le décès pour procéder à l'inhumation, comme, par exemple, dans les cas de putréfaction rapide, ou de maladie contagieuse ou épidémique, l'officier de l'état civil peut autoriser l'inhumation avant l'expiration de ce délai. Dans ce cas, les motifs d'urgence doivent être mentionnés dans le permis d'inhumer.

Ceux qui, sans l'autorisation préalable de l'officier public, ont fait inhumer un individu décédé, sont punis de six jours à deux mois d'emprisonnement, et d'une amende de 16 à 50 francs. La même peine s'applique ceux qui ont contrevenu, de quelque manière que ce soit, à la loi et aux règlements relatifs aux inhumations précipitées. (C. P., art. 358.) — Voy. ÉTAT CIVIL. — *Dict. des formules,* n° 913.

Présentation du corps à l'église. — Il est interdit à tous curés et desservants d'aller lever aucun corps et de l'accompagner hors des églises, avant qu'il ne leur soit justifié de l'autorisation donnée par l'officier de l'état civil pour l'inhumation. (D. 4 thermidor an XIII, art. 1er.)

Dans toutes les églises, les curés, desservants et vicaires font gratuitement le service exigé pour les morts indigents. L'indigence est constatée par un certificat de la municipalité. (D. 18 mai 1806, art. 4.)

Les fabriques et consistoires jouissent seuls du droit de fournir les voitures, tentures, ornements, et de faire généralement toutes les fournitures quelconques nécessaires pour les enterrements, et pour la décence ou la pompe des funérailles. (D. 23 prairial an XII, art. 22.)

Les familles sont libres de régler la dépense des funérailles suivant leurs moyens et facultés. Le prix des fournitures pour le service intérieur de l'église est établi d'après un tarif gradué par classe. Ce tarif, préparé par la fabrique est communiqué au conseil municipal, soumis à l'évêque diocésain et approuvé ou par décret suivant que les villes ont plus ou moins de 3 millions de revenus. (L. 5 avril 1884, art. 115.)

Dans les grandes villes, toutes les fabriques se réunissent pour ne former qu'une seule entreprise. (Id., art. 8.) — *Dict. des formules,* n° 1213.

Il peut arriver que, pour des motifs religieux, un ministre du culte refuse à un mort les cérémonies de l'Eglise. En pareil cas, l'autorité civile ne peut contraindre le ministre du culte à concourir à l'inhumation, le maire doit se borner à faire lever le corps et à le conduire au lieu de sépulture.

Convois. — Le mode de transport du corps des personnes décédées est réglé par le maire suivant les localités. (Loi 5 avril 1884, art. 97.)

Le maire peut aussi exercer sa surveillance sur le transport du corps et sur les conditions d'établissement des cercueils, mais il ne saurait porter atteinte au droit des familles d'accompagner l'inhumation des cérémonies religieuses ni de déposer sur le cercueil des croix ou autres emblèmes religieux. Le transport des indigents est fait gratuitement. (D. 18 mai 1806, art. 9.)

Les fabriques et consistoires font ordinairement eux-mêmes les fournitures tant pour le service intérieur que pour le service extérieur puisque la loi leur en confère le monopole (D. 23 prairial, an XII, art. 32). Ce n'est qu'à défaut des fabriques que les villes sont chargées du transport des corps.

En général ce transport, exigeant l'emploi de voitures, entraîne une entreprise et par suite un marché et un tarif.

Dans ce cas les projets de traités, de règlements et de tarifs sont préparés par le conseil municipal et soumis ensuite au conseil de fabrique et soit que ce service soit donné par adjudication ou de gré à gré (1).

(1) On agite beaucoup la question d'enlever aux fabriques le monopole des pompes funèbres. Une proposition de loi a été votée dans ce sens par

Les tarifs et traités relatifs aux pompes funèbres doivent être approuvés par le préfet si les revenus ordinaires de la commune sont inférieurs à 3 millions, et par décrets s'ils atteignent ou dépassent ce chiffre. (L. 5 avril 1884, art. 115. — Circ. 15 mai 1884.) — *Dict. des formules*, n°ˢ 1214, 1215 et 1216.

Inhumations dans le cimetière de la commune. — Après l'accomplissement des formalités prescrites pour la constatation du décès, l'inhumation a lieu dans le cimetière de la commune aux jour et heure indiqués ordinairement par l'officier de l'état civil. L'article 97, n° 4, de la loi du 5 avril 1884 charge spécialement le maire du maintien du bon ordre et de la décence dans les cimetières, et de veiller à ce qu'il ne soit établi aucunes distinctions ou prescriptions particulières à raison des croyances et du culte du défunt ou des circonstances qui ont accompagné sa mort. Mais le droit des familles reste entier en ce qui touche l'apposition de croix ou d'emblèmes religieux sur la tombe.

Chaque inhumation est faite dans une fosse séparée. Chaque fosse ouverte a de 1 mètre 5 décimètres à 2 mètres de profondeur, sur 8 décimètres de largeur, et est ensuite remplie de terre bien foulée. (D. 23 prairial an XII, art. 4.)

Les fosses sont distantes les unes des autres de 3 à 4 décimètres sur les côtés, et de 3 à 5 décimètres à la tête et aux pieds. (Id., art. 5.)

Pour éviter le danger qu'entraîne le renouvellement trop rapproché des fosses, l'ouverture des fosses pour de nouvelles sépultures n'a lieu que de cinq années en cinq années ; en conséquence, les terrains destinés à former les lieux de sépulture doivent être cinq fois plus étendus que l'espace nécessaire pour y déposer le nombre présumé des morts qui peuvent être enterrés chaque année. (Id. art. 6.) — Voy. Cimetière.

En général, tout décédé doit être inhumé dans le cimetière de la commune où il est mort ; la sépulture donnée aux morts n'est pas seulement un devoir de convenance et de religion, c'est aussi une affaire de salubrité ; et dès lors il y a pour la commune un intérêt positif à faire ensevelir tout individu trouvé mort sur son territoire, lors même qu'il n'appartient pas à la circonscription. Ces inhumations sont faites à la diligence du maire.

Inhumations ailleurs que dans le cimetière de la commune. — La règle générale qui vient d'être posée, concernant l'inhumation dans le cimetière communal, n'est pas sans exception.

Quelquefois, il peut arriver que l'on autorise, par honneur, les inhumations dans les églises, les temples, les monuments publics.

D'un autre côté, le décret du 23 prairial an XII, article 14, porte que toute personne peut être enterrée sur sa propriété, pourvu que ladite propriété soit hors et à distance prescrite (35 à 40 mètres) de l'enceinte des villes, bourgs et villages. L'autorisation est délivrée par le maire ; elle est individuelle et on doit se pourvoir d'un nouveau permis du maire à chaque décès d'un membre de la famille. — *Dict. des formules*, n° 873.

Enfin, il y a des cas où le corps d'un décédé peut être transporté hors de la commune, comme celui, par exemple, où le décédé aurait

la Chambre en 1883, mais elle n'a pas été jusqu'ici adoptée par le Sénat. Les fabriques restent donc jusqu'à nouvel ordre en possession de leur monopole là où il existe.

manifesté le désir d'être enterré dans le cimetière d'une commune autre que de celle de son décès, soit parce qu'il lui aurait fait quelque don, soit parce qu'il y serait né, soit parce qu'il y aurait été attaché par des souvenirs de famille. Souvent aussi, il arrive que des familles demandent à faire exhumer un corps déjà mis en terre, pour le réinhumer dans un autre lieu. Une instruction du ministre de l'intérieur, du 10 mars 1856, a résumé de la manière suivante l'ensemble des dispositions qui régissent la matière :

L'exhumation d'un cadavre, quelle que soit sa destination, ne peut avoir lieu qu'en vertu d'une autorisation spéciale du maire. Le transport d'un cadavre d'un lieu à un autre dans l'étendue de la même commune doit être autorisé par le maire. Le transport d'une commune à une autre dans le même arrondissement doit être autorisé par le sous-préfet. Le transport dans un autre arrondissement ou département et à l'étranger doit être autorisé par le préfet. (Circ. Int. 10 mars 1856 ; D. 13 avril 1861.)

L'autorisation accordée, il reste à observer certaines mesures dans l'intérêt de la salubrité publique et de la surveillance que l'autorité doit continuer d'exercer sur le corps jusqu'à l'accomplissement de l'inhumation. Voici les formalités à remplir en pareil cas : 1° le maire doit dresser procès-verbal de l'état du corps au moment où on l'enlève, ou à l'instant où on l'enferme dans la bière ; 2° il délivre ensuite un passeport motivé à la personne chargée de conduire le corps ; 3° enfin, il adresse directement au maire de la commune où l'inhumation doit avoir lieu, et ce aux frais des parents ou amis du décédé, une expédition de l'acte de décès et du procès-verbal de l'état du corps, afin que le maire de cette dernière commune puisse veiller à l'exécution des dispositions relatives à l'inhumation. (Circ. Int. 26 thermidor an XII.) — *Dict. des formules*, n°ˢ 874 et 875.

La police des sépultures étant, comme on l'a vu, de la compétence exclusive du maire, l'arrêté qu'il croirait devoir prendre sur cette matière ne pourrait être réformé que par l'autorité supérieure, et, tant qu'il ne l'a pas été, il est obligatoire. Telle est la jurisprudence constante de la Cour de cassation. Dès lors, quiconque contrevient à cet arrêté est punissable. La contravention doit être constatée contre toute personne, parent ou ami du défunt, même contre tout ecclésiastique qui ferait, sans autorisation, enlever un corps pour l'inhumer dans un autre cimetière que celui de la commune. — Voy. Cimetière, Exhumations. — *Dict. des formules*, n°ˢ 394, 913 et 916.

Inondations. — Il est procédé par l'Etat à l'exécution des travaux destinés à mettre les villes à l'abri des inondations. Les départements, les communes et les propriétaires concourent aux dépenses de ces travaux dans la proportion de leur intérêt respectif. (L. 28 mai 1858, art. 1ᵉʳ.)

Les travaux sont autorisés par décrets rendus dans la forme des règlements d'administration publique. Ces décrets déterminent, pour chaque entreprise, la répartition des dépenses entre l'Etat, les départements, les communes et les propriétaires intéressés. (Id., art. 2.)

Chaque décret est précédé d'une enquête dans laquelle les intéressés sont appelés à présenter leurs observations sur le projet de répartition des dépenses. (L. 28 mai 1858, art. 3.)

La part de dépense mise à la charge des départements ou des communes est inscrite au budget départemental ou communal comme dépense obligatoire. (L. 28 mai 1858, art. 4.)

La répartition entre les propriétaires intéressés de la part de dépense mise à leur charge est faite conformément aux dispositions de la loi du 16 septembre 1807. Les taxes sont recouvrées au moyen de rôles rendus exécutoires par le préfet, et perçues comme en matière de contributions directes. (Id., art. 5.)

Le recouvrement des taxes doit être poursuivi, par conséquent, par voie de contrainte, comme celui de l'impôt direct ; il jouit du même privilège ; les quittances du percepteur sont exemptes du timbre. — Voy. CONTRIBUTIONS DIRECTES.

La loi du 5 avril 1884 (art. 97) a classé les inondations parmi les fléaux calamiteux que l'autorité municipale est chargée de prévenir ou de faire cesser par des mesures convenables.

Lorsque la crue des rivières ou des cours d'eau torrentueux commence, ou que des fontes de neige ou autres signes précurseurs des inondations se manifestent, les maires doivent visiter les rivières et faire enlever tout ce qui pourrait gêner l'écoulement des eaux ; ils s'assurent par eux-mêmes si les bateaux sont garés ou suffisamment amarrés ; ils font retirer des ports, quais, grèves, abords des rivières et torrents, les objets que les eaux pourraient entraîner ; ils font lever les vannes des moulins, et, au besoin, détruire les obstacles que les eaux pourraient rencontrer ; ils font casser les glaces qui se sont attachées aux arches des ponts et aux usines.

S'il y a danger imminent, ils doivent réunir autour d'eux le plus possible de moyens de secours, et, à cet effet, ils font un appel à l'activité des habitants, et les dirigent. Ils indiquent les lieux de dépôt pour les objets à recueillir pendant l'inondation. Ils doivent faire évacuer les maisons avant que le débordement les ait atteintes ; faire recueillir tous les objets entraînés ou qui pourraient être entraînés par les eaux ; faire déposer avec fidélité les objets recueillis dans les lieux qu'ils ont indiqués à l'avance ; exiger que les déclarations soient faites de tout ce qui a pu être ainsi sauvé, afin que rien de ce qui appartient aux victimes de l'inondation ne puisse être détourné. Enfin, lorsque les eaux se sont retirées, les maires ne doivent laisser entrer personne, dans les maisons qui ont été inondées, qu'après que les hommes de l'art ont reconnu que les fondations et les murs ne sont pas dégradés de manière à présenter des dangers.

Comme en cas d'incendie, les maires peuvent requérir la force publique et le concours de tous les habitants dont ils peuvent avoir besoin, et les obliger à fournir les ustensiles, instruments, machines ou bestiaux nécessaires. L'article 475 du Code pénal punit d'une amende de 6 à 10 francs toute personne qui aurait refusé de prêter les secours dont elle aurait été requise en cas d'inondation et autres calamités. — Voy. RÉQUISITIONS.

Quelquefois les inondations laissent sur les terrains qu'elles ont couverts des dépôts considérables de vase ou de limon, qui peuvent engendrer des maladies contagieuses. Les maires, dans ce cas, doivent ordonner des mesures d'assainissement, de désinfection et de salubrité. — Voy. ÉPIDÉMIE, POLICE MUNICIPALE.

Le gouvernement vient au secours des particuliers qui ont souffert des inondations, en les dégrevant des impôts, et en leur accordant des secours. — Voy. CONTRIBUTIONS DIRECTES, SECOURS.

La loi a pris soin de défendre et de punir les inondations qui sont le résultat d'ouvrages particuliers. L'article 15 du titre II de la loi des

28 septembre-6 octobre 1791, sur la police rurale, porte que personne ne pourra inonder l'héritage de son voisin, ni lui transmettre volontairement les eaux d'une manière nuisible, sous peine de payer le dommage, et une amende qui ne pourra excéder la somme du dédommagement. Le Code pénal a renouvelé et modifié ces dispositions ainsi qu'il suit :

Sont punis d'une amende qui ne peut excéder le quart des restitutions et dommages-intérêts, ni être au-dessous de 50 francs, les propriétaires ou fermiers, ou toute autre personne jouissant de moulins, usines ou étangs, qui, par l'élévation du déversoir de leurs eaux au-dessus de la hauteur déterminée par l'autorité compétente, ont inondé des chemins ou les propriétés d'autrui. (C. P., art. 457.)

Inscription de faux. — Déclaration par laquelle on soutient qu'une pièce produite dans un procès est fausse ou falsifiée.

Des procès-verbaux dressés par les divers fonctionnaires de l'ordre administratif, certains font preuve jusqu'à inscription de faux, d'autres peuvent être combattus par la preuve contraire. — Voy. PROCÈS-VERBAUX.

Inscription de rentes. — Voy. RENTES.

Inscription hypothécaire. — Déclaration faite, sur un registre public à ce destiné, du privilège ou de l'hypothèque d'un créancier sur les biens de son débiteur. — Voy. HYPOTHÈQUE.

Inscription maritime. — On désigne ainsi le mode d'après lequel s'opère la levée des gens de mer, ou le recrutement maritime.

Tout homme qui se livre, soit à la navigation, soit à la pêche en mer ou dans les rivières jusqu'au point où se fait sentir l'action des marées, est inscrit sur les matricules de la marine s'il déclare vouloir so vouer à la navigation ou si, de fait, il continue à naviguer. La durée de l'inscription s'étend de dix-huit à cinquante ans révolus. Tant qu'il reste inscrit, le marin est tenu, partout où il se trouve, de répondre à l'appel de l'Etat. Le marin encore inscrit, qui passe à l'étranger, se rend passible des peines prononcées contre la désertion.

Les jeunes marins portés sur les registres matricules de l'inscription maritime, et les charpentiers de navire, perceurs, voiliers, calfats, immatriculés conformément à la loi du 3 brumaire an IV, sont considérés comme ayant satisfait à l'appel du recrutement. (L. 27 juillet 1872, art. 19.)

Les maires sont tenus, sous leur responsabilité, de prêter aux officiers d'administration de la marine, préposés à l'inscription maritime, et syndics des marins, tous les secours prescrits par les lois, relativement aux levées des gens de mer et ouvriers requis pour le service des vaisseaux, des ports et des arsenaux, et pour contraindre lesdits gens de mer et ouvriers déserteurs, fuyards ou désobéissants, à se présenter, pour les faire rejoindre. (Arr. du gouvernement, 24 fructidor an IV, art. 1er.) — Voy. MARINS.

Insectes nuisibles. — Il est enjoint aux autorités administratives d'encourager les habitants des campagnes à la destruction des insectes nuisibles. (L. 28 septembre, 6 octobre 1791, titre I, section IV, art. 20.)

Les hannetons surtout, que ne peut atteindre l'échenillage, sont le fléau de la végétation. Leur métamorphose dure quatre ans : à l'état de larves, ils sont connus sous le nom de vers blancs, et rongent sous terre les racines des arbres ; leur dernière transformation est mortelle au feuillage.

La grosseur des hannetons et leurs habitudes les rendent très faciles à détruire ; on bat avec de longues perches les arbres auxquels ils s'attachent pendant le jour, et on les écrase ensuite.

La loi du 26 ventôse an IV a prescrit des mesures particulières relativement à l'échenillage, et les maires doivent veiller à ce qu'elles soient partout exécutées. — Voy. ECHENILLAGE.

Insensés. — Voy. ALIÉNÉS.

Insignes et costumes. — Les insignes sont les marques distinctives attribuées à certains fonctionnaires publics et agents du gouvernement. Des costumes sont aussi assignés à divers fonctionnaires pour distinguer entre eux les services et les degrés hiérarchiques, et pour faciliter leur action en avertissant le public de l'autorité dont ils sont revêtus.

Un décret du 16 avril 1878 a modifié la tenue réglementaire des préfets, sous-préfets et secrétaires généraux en substituant la tunique à collet brodé à l'habit, mais il ne fait pas mention du costume des maires. (Voy. *Bulletin offic.*, 1878, p. 242.)

Un décret impérial du 1er mars 1852 a réglé ainsi qu'il suit le costume des maires et adjoints.

Maires : Habit bleu, broderie en argent, branche d'olivier aux collet, parements et taille, baguette au bord de l'habit ; gilet blanc ; chapeau français à plumes noires, ganse brodée en argent ; épée argentée à poignée de nacre ; écharpe tricolore, avec glands à franges d'or. *Petite tenue.* — Même broderie aux collet et parements.

Adjoints : Coins brodés aux collet, parements, taille et baguette. *Petite tenue.* — Coins aux collet et parements. — Echarpe tricolore à franges d'argent.

Des exemplaires des modèles adoptés pour chaque catégorie de fonctionnaires administratifs sont déposés aux secrétariats des préfectures et des sous-préfectures, où ils sont communiqués à ceux qui ont besoin de les consulter.

L'écharpe tricolore continue à être le seul signe distinctif de l'autorité municipale, pour ceux qui ne sont pas pourvus du costume officiel. (Circ. Int. 20 mars 1852.)

Les commissaires de police portent : un gilet de piqué blanc, un pantalon uni bleu ; une écharpe tricolore avec franges en argent à petites torsades pour la première classe, et en soie blanche pour les trois autres ; une épée à poignée noire, garde argentée ; un chapeau à la française avec ganse brodée pour la première classe, plume noire pour les commissaires de police de la ville de Paris, et avec torsade en argent pour les trois autres. (D. 31 août 1852.) Mais le plus ordinairement ils ne portent que l'écharpe et le képi. — Voy. COMMISSAIRES DE POLICE.

En général, les officiers de police judiciaire doivent être revêtus du costume et des insignes qui leur sont assignés, pour faire les actes de leur ministère. Toutefois, un acte n'est pas nul parce que l'officier de police judiciaire qui l'a fait ne se trouvait pas revêtu du signe caractéristique de ses fonctions, ou parce qu'il n'a pas déclaré dans son procès-verbal qu'il était revêtu de ses insignes au moment où il constatait l'infraction. (Cass. 10 mars 1815 et 14 février 1840.) Le seul cas où les insignes soient indispensables aux maires ou aux commissaires de police est celui où ils sont appelés à dissiper un attroupement ; ces fonctionnaires doivent alors porter l'écharpe tricolore. — Voy. ATTROUPEMENTS.

Toute personne qui a publiquement porté un costume ou un uniforme qui ne lui appartient pas est punie d'un emprisonnement de six mois à deux ans. (C. P., art. 259.) — Voy. FONCTIONNAIRES PUBLICS.

Insolvabilité. — Etat de celui qui ne peut acquitter ce qu'il doit.

Les maires sont chargés de constater, sous leur responsabilité, l'insolvabilité des redevables du Trésor public. (Arr. du gouv., 6 messidor an X.)

Les attestations qu'ils délivrent à cet effet sont désignées sous le titre de certificats de carence. Ils sont visés par les sous-préfets. — *Dict. des formules*, n° 323.

L'insolvabilité des débiteurs peut aussi être constatée par des procès-verbaux, soit de perquisition, soit de carence, dressés par les huissiers et les porteurs de contrainte.

L'insolvabilité exempte les condamnés du payement de l'amende et des frais ; mais le payement de l'amende est remplacé par une détention, qui est d'une année s'il s'agit d'un crime, de six mois s'il s'agit d'un délit, et de quinze jours pour une simple contravention. (C. P., art. 53 et 467.)

Un tribunal de simple police ne peut, sous prétexte de l'insolvabilité du prévenu, s'abstenir de prononcer contre lui l'amende qu'il a encourue. (Cass. 3 novembre 1826.) — Voy. CARENCE, CONTRIBUTIONS DIRECTES, INDIGENCE.

Insoumis. — L'insoumission est le fait pour un conscrit ou un soldat de ne pas obéir à un ordre de route qui lui a été régulièrement notifié, ou de ne pas arriver à son corps dans les délais fixés par cet ordre. (L. 27 juillet 1872, art. 61.)

Sont considérés comme insoumis et punis d'un emprisonnement d'un mois à un an :

1° Les jeunes soldats qui, n'ayant jamais servi, ne sont pas rendus à leur destination, hors le cas de force majeure, dans le mois qui suit le jour fixé par leur ordre de route ;

2° Les hommes de la disponibilité, de la réserve et de l'armée territoriale qui, ayant déjà servi, et étant appelés par ordre individuel, ne sont pas rendus à destination, hors le cas de force majeure, dans les quinze jours qui suivent celui fixé par leur ordre de route.

Les délais ci-dessus sont portés ; 1° à deux mois, pour les hommes demeurant en Algérie (lorsqu'ils ne font pas leur service dans les conditions de la loi du 6 novembre 1875), et pour les hommes qui sont en Europe ; 2° à six mois, pour ceux qui demeurent en tout autre pays.

En temps de guerre, ou en cas de mobilisation par voie d'affiches et de publications sur la voie publique, les délais ci-dessus sont réduits à deux jours pour les hommes résidant en France et diminués de moitié pour ceux qui sont en tout autre pays. En temps de guerre, la peine est alors porté de deux à cinq ans d'emprisonnement. (L. 18 mai 1875.) Dans ce cas, à l'expiration de sa peine, l'homme est envoyé dans une compagnie de discipline. — De plus, les noms des insoumis sont affichés dans toutes les communes du canton de leur domicile pendant toute la durée de la guerre.

En ce qui concerne les hommes servant en Algérie, dans les conditions de la loi du 6 novembre 1875, les délais d'insoumission ont été fixés ainsi qu'il suit : un mois si l'homme demeure en Algérie ; deux mois s'il demeure en France, dans les îles voisines des contrées limitrophes ou en Europe ; six mois s'il demeure partout ailleurs. En cas de guerre ou de mobilisation par voie d'affiches et de publications sur la voie publique : quatre jours pour les hommes habitant l'Algérie ; un mois pour les hommes habitant en France, les îles voisines ou l'Europe ; trois mois partout ailleurs.

L'insoumis est jugé par le conseil de guerre de la division militaire dans laquelle il est arrêté.

Le temps pendant lequel un jeune soldat est resté insoumis ne compte pas en déduction des années de service qu'il doit à l'Etat. (L. 27 juillet 1872, art. 61.)

L'individu coupable d'avoir recelé ou d'avoir pris à son service un insoumis est puni d'un emprisonnement qui ne peut excéder six mois. La peine peut, selon les circonstances, être réduite à une amende de 20 à 200 francs. Celui qui est convaincu d'avoir favorisé l'évasion d'un insoumis est puni d'un emprisonnement d'un mois à un an. La même peine est prononcée contre ceux qui, par des manœuvres coupables, ont empêché ou retardé le départ des jeunes soldats. Si le délit a été commis à l'aide d'un attroupement, la peine est double. Si le délinquant est fonctionnaire public, employé du gouvernement ou ministre d'un culte salarié par l'Etat, la peine peut être portée jusqu'à deux années d'emprisonnement, et il est, en outre, condamné à une amende qui ne peut excéder 2,000 francs.

Les commissaires de police, la gendarmerie, les gardes champêtres et les gardes forestiers sont particulièrement chargés de la recherche et de l'arrestation des déserteurs et des insoumis. Les maires doivent veiller à l'exécution des lois sous ce rapport et employer tous les moyens en leur pouvoir pour que les jeunes soldats désignés par les conseils de revision rejoignent leurs corps respectifs dans les délais prescrits. — Voy. DÉSERTEURS, RECRUTEMENT. — Dict. des formules, nos 921 et 922.

Inspecteurs. — Des inspecteurs sont attachés à la plupart des grands services publics, à l'armée, aux finances, à la marine, aux prisons, aux établissements de bienfaisance, etc.

Les autorités locales doivent fournir aux inspecteurs des finances ou autres les renseignements qui leur sont nécessaires, et les assister au besoin dans l'accomplissement de leur mission.

Inspection administrative. — Le décret du 31 mars 1883 a réorganisé sur les bases suivantes l'inspection administrative du ministère de l'intérieur.

Le service de l'inspection est divisé en trois sections : archives départementales, établissements de bienfaisance, établissements pénitentiaires. (Art. 1er et 2.)

Le cadre de l'inspection générale comprend 21 inspecteurs généraux et une inspectrice générale.

Les inspecteurs généraux sont divisés en cinq classes, et les traitements y afférents sont fixés comme il suit :

1re classe, 10,000 francs ; 2e classe, 9,000 francs ; 3e classe, 8,000 francs ; 4e classe, 7,000 francs ; 5e classe, 6,000 francs.

L'emploi d'inspectrice générale comporte trois classes :

1re classe, 5,000 francs ; 2e classe, 4,500 francs ; 3e classe, 4,000 francs.

Les titres et emplois d'inspecteurs généraux adjoints et d'élèves inspecteurs sont supprimés. (Art. 4 et 5.)

Les inspecteurs généraux relèvent de la direction de l'administration centrale chargée des services auxquels ils sont affectés. (Art. 2.) Ils peuvent, en dehors de leur service spécial, être chargés d'inspections ou de missions concernant une partie quelconque des services énumérés à l'article 1er. Ils peuvent être chargés, soit individuellement, soit en conseil de section, de l'étude de toutes les questions intéressant l'administration dont ils relèvent. Ils ne peuvent se réunir en comité que sur la convocation du directeur et sous sa présidence. A défaut du directeur, les séances sont présidées par un inspecteur général désigné sur sa proposition pour le suppléer. (Art. 3.)

Les tournées périodiques sont réglées et les missions extraordinaires données par décisions ministérielles. (Art. 7.)

Les inspecteurs généraux font leur rapport dans la forme, les conditions et les détails fixés par le ministre. Ils le remettent au directeur de l'administration à laquelle se réfère l'inspection ou la mission dont ils ont été chargés. (Art. 7.)

Les inspecteurs généraux, en tournée ou en mission, contrôlent le fonctionnement des services, ainsi que l'exécution des lois, règlements et instructions ministérielles. Ils n'ont qualité pour donner aucun ordre et prescrire aucune mesure, sauf en cas d'urgence et à charge d'en référer aussitôt à l'administration centrale. (Art. 8.)

L'inspectrice générale a spécialement pour fonctions de visiter les établissements ou quartiers destinés à l'éducation correctionnelle des jeunes filles. Elle peut être également chargée d'inspecter ceux qui sont affectés aux femmes et aux jeunes enfants. En tout cas, son contrôle est limité aux parties du service qui y sont expressément soumises par le ministre. (Art. 9.)

Les fonctionnaires de l'inspection générale sont nommés par le ministre. Ils sont choisis parmi les membres des administrations publiques ou des conseils élus et parmi toutes personnes qui signalent leur compétence spéciale. Les candidats doivent être Français et âgés de trente ans au moins. Ceux qui se destinent à l'inspection des archives doivent être munis du diplôme d'archivistes paléographes.

Instruction publique. — L'instruction fait tout, a dit Voltaire ; dans l'état de nos sociétés modernes il est plus nécessaire que jamais de la répandre, car non seulement elle est une arme indispensable dans la lutte pour la vie, mais surtout elle doit préparer les jeunes générations à l'exercice des droits et à l'exécution des devoirs qui incombent aux citoyens des pays libres. Actuellement l'enseignement en France est donné par l'Etat, par les communes et par les particuliers. Nous nous occuperons d'abord des règles qui régissent l'enseignement donné par l'Etat et les communes, autrement dit **enseignement public**, puis nous traiterons de l'enseignement privé.

De l'instruction publique. — L'enseignement se divise en *enseignement supérieur*, *enseignement secondaire* et *enseignement primaire*.

L'enseignement supérieur est donné dans les *facultés* et dans d'autres établissements, tels que le *Collège de France*, le Muséum d'histoire naturelle et l'*Ecole pratique des hautes études*.

L'enseignement secondaire est donné dans les *lycées* de l'Etat et les *collèges* communaux.

Enfin, l'enseignement primaire est donné dans les *écoles primaires*.

Autorités préposées à l'enseignement. — Une loi du 10 mai 1806 fonda l'*Université de France*, réorganisée par le décret du 17 mars 1808. Le grand maître de l'Université, assisté du conseil de l'Université et des inspecteurs généraux, avait dans ses attributions toutes les affaires concernant l'enseignement.

Aujourd'hui le grand maître est remplacé par un *ministre de l'instruction publique*, le conseil de l'Université par un *conseil supérieur de l'instruction publique*. On a conservé les inspecteurs généraux. En outre, un décret du 11 mai 1880 a institué un comité consultatif de l'enseignement public. Ces nouvelles autorités ont hérité des pouvoirs du grand maître et du conseil de l'Université ; elles ont toujours la direction de l'enseignement public, le contrôle et la surveillance de l'enseignement privé.

Pour faciliter la bonne gestion des affaires qui concernent l'enseignement, rendre plus efficace la surveillance de l'Etat et éviter l'accumulation entre les mains du ministre de l'instruction publique d'un trop grand nombre d'affaires, on a procédé à une décentralisation des services et l'on a divisé le territoire français en circonscriptions dites *académies*.

Au chef-lieu de chaque académie se trouvent 5 *facultés :*
Faculté des sciences,
Faculté de droit,
Faculté de théologie,
Faculté de médecine,
Faculté des lettres.

La faculté n'est autre chose qu'une école, mais une école ayant le pouvoir de décerner les *diplômes* de docteur, de licencié, de bachelier.

A la tête de chaque faculté se trouve un *doyen*.

Il y a 16 académies en France ; il faut y ajouter une académie pour l'Algérie, dont le siège est à Alger.

A la tête de chaque académie se trouve un *recteur*, un *conseil académique* et des *inspecteurs d'académie*.

Enfin, dans chaque département, le *préfet*, assisté d'un *conseil départemental de l'instruction publique*, d'inspecteurs primaires et de délégués cantonaux, règle sous l'autorité du ministre les affaires qui concernent l'instruction primaire dans le département.

Le ministre. — Sur la proposition du ministre de l'instruction publique, le chef de l'Etat nomme et révoque les hauts fonctionnaires de l'enseignement (inspecteurs généraux, recteurs, doyens des facultés, inspecteurs d'académie, membres nommés des conseils académiques, inspecteurs primaires).

Le ministre nomme et révoque lui-même toutes les autres personnes qui sont attachées à un titre quelconque aux établissements d'instruction publique appartenant à l'Etat. De plus, le ministre a le pouvoir, soit seul, soit sur l'avis du conseil supérieur, de prononcer des peines contre les agents qui lui sont subordonnés ; les peines qu'il peut infliger sont définies dans l'article 76 de la loi du 15 mars 1850.

Enfin, le ministre a la haute direction des méthodes d'enseignement ; c'est lui qui propose et fait exécuter les lois et décrets que le gouvernement juge convenable d'appliquer à l'instruction publique ; c'est lui qui confère les titres universitaires décernés après examen par les facultés ; qui, en un mot, prend des arrêtés sur toutes les questions relatives à l'enseignement qu'une loi ou un décret n'ont pas confiées à une autre autorité.

Le conseil supérieur. — Le conseil supérieur de l'instruction publique est régi par une loi du 27 février 1880.

Toutes les branches et tous les degrés de l'enseignement sont représentés dans ce conseil. On y voit à côté de membres de l'Institut, de professeurs au Collège de France, de professeurs des facultés et de professeurs des établissements d'enseignement secondaire et spécial, des délégués des collèges communaux, des membres de l'enseignement primaire, de l'enseignement libre et de l'enseignement professionnel.

Il n'y a que 13 membres du conseil qui ne soient pas élus : ceux-là sont nommés par décret du chef de l'Etat ; c'est ainsi que sont nommés les membres de l'enseignement libre qui figurent au conseil.

La plupart des membres du conseil sont élus. Les professeurs agrégés ou fonctionnaires des lycées élisent huit agrégés en exercice de chacun des ordres d'agrégation.

Les délégués des collèges communaux sont au nombre de deux pour toute la France, élus l'un dans l'ordre des lettres, l'autre dans l'ordre des sciences, par tous les principaux et professeurs des collèges communaux de France, à la condition qu'ils soient en activité de service et qu'ils soient pourvus au moins du grade de licencié.

Dans les *collèges communaux*, les votes sont recueillis par le chef de l'établissement, assisté du plus âgé et du plus jeune des électeurs présents et expédiés à Paris.

Les licenciés ès sciences ne peuvent voter que pour le délégué dans l'ordre des sciences ; les licenciés ès lettres, que pour le délégué dans l'ordre des lettres. Rappelons ici que lorsqu'un électeur appartient à plusieurs établissements d'enseignement qui sont représentés au conseil supérieur, il a le droit de voter dans chaque établissement.

Les 6 membres de l'enseignement primaire qui figurent au conseil supérieur sont élus au scrutin de liste par les inspecteurs généraux de l'instruction primaire, par le directeur de l'enseignement primaire de la Seine, les inspecteurs d'académie des départements, les inspecteurs primaires, les directeurs et directrices des écoles normales primaires, la directrice de l'école Pape-Carpentier, les inspectrices générales et les déléguées spéciales chargées de l'inspection des salles d'asile.

Le ministre de l'instruction publique, dans une circulaire adressée aux recteurs, faisait remarquer que pour ces élections la catégorie des éligibles était beaucoup plus étendue que celle des électeurs. En effet, pour être éligible, il suffit d'appartenir à un titre quelconque à l'enseignement primaire public.

Les électeurs des membres de *l'enseignement primaire*, dont nous avons donné plus haut la nomenclature, votent au scrutin de liste dans l'académie de leur résidence.

Le recteur dresse en double la liste de tous les électeurs de l'académie qui doivent participer à l'élection des 6 membres de l'enseignement primaire.

Il doit recevoir dans la journée fixée pour le vote les plis cachetés et ne portant aucun signe extérieur, contenant le bulletin de vote de chacun des électeurs des délégués de l'enseignement primaire. Une lettre d'envoi, signée de l'électeur, est jointe au pli : le recteur, assisté d'un inspecteur d'académie et d'un inspecteur primaire, opère le dépouillement et constate par une signature chaque vote sur la liste.

C'est ce qu'on appelle : émarger. Puis il met sous une enveloppe commune tous les plis cachetés ainsi qu'un exemplaire de la liste émargée et envoie le tout au ministre.

C'est le vice-recteur de l'académie de Paris qui, assisté des inspecteurs de la même académie, procède, dans un local accessible à tout électeur, au dépouillement et au recensement des votes transmis au ministre. Le décret du 17 mars 1880 mentionne la procédure à suivre pour attaquer les opérations électorales. Le ministre, en est juge, sauf recours au conseil d'Etat.

Le conseil supérieur a des *attributions consultatives ;* le ministre est tenu de prendre son avis dans les cas déterminés par les articles 5 et 6 de la loi de 27 février 1880. De plus, il peut être consulté sur toute autre question qu'il plaît au ministre de lui soumettre.

Le conseil a en outre des *attributions juridictionnelles.*

Les jugements des conseils académiques et certains jugements des conseils départementaux vont en appel devant le conseil supérieur. (Art. 7 de la loi de 27 février.)

Les décisions du conseil peuvent être renvoyées au Conseil d'Etat excès de pouvoirs ou violation de la loi : dans ce cas le Conseil d'Etat annule la décision du conseil qui doit délibérer de nouveau sur l'affaire.

Comme le conseil ne se réunit que deux fois par an, on a constitué une section permanente composée de 15 membres. Cette section prépare le travail du conseil supérieur et donne son avis sur les questions d'enseignement que le ministre lui renvoie.

Inspecteurs généraux. — A côté du ministre se trouvent, en outre, des inspecteurs généraux qui sont envoyés chaque année par le ministre dans les départements pour inspecter, surveiller, contrôler ce qui se fait dans les institutions de l'Etat. Il y a des inspecteurs généraux pour l'enseignement supérieur, d'autres pour l'enseignement secondaire, enfin il y a des inspecteurs généraux spéciaux à l'enseignement primaire.

Académies. — Nous avons dit qu'il y avait en France 16 circonscriptions académiques ou académies (1). Les chefs-lieux de ces circonscriptions sont les suivants : Aix, Besançon, Bordeaux, Caen, Chambéry, Clermont, Dijon, Douai, Grenoble, Lyon, Montpellier, Nancy, Paris, Poitiers, Rennes, Toulouse. Il faut ajouter à cette liste Alger, qui est le chef-lieu de l'académie de l'Algérie.

1. Il ne faut pas confondre l'académie universitaire, qui n'est qu'une circonscription, avec l'Académie, réunion de savants; ce sont des choses tout à fait distinctes.

Chacune des académies est administrée par un recteur nommé par le chef de l'Etat. Le recteur est assisté par un nombre d'inspecteurs d'académie égal au nombre des départements qui composent la circonscription académique. Enfin, comme nous l'avons dit plus haut, un conseil académique se réunit au chef-lieu de l'académie.

Recteur. — Le recteur est un agent de surveillance placé par le ministre pour contrôler tout ce qui concerne l'instruction dans l'étendue de la circonscription académique. Le recteur sert d'intermédiaire entre les établissements d'enseignement situés dans le ressort de son académie et le ministre ; il étudie pour le compte de ce dernier toutes les questions d'instruction que lui soumet le ministre ou qu'il juge à propos de soumettre au ministre. Ce n'est que dans de rares circonstances qu'il jouit de l'autorité nécessaire pour prendre une décision.

Le recteur est avant tout un agent de contrôle et de surveillance.

Inspecteurs. — Les inspecteurs d'académie sont nommés par le ministre; ils aident le recteur dans son rôle de contrôle et de surveillance ; il leur est assigné à chacun un département sur lequel ils ont un pouvoir très étendu ; ils rédigent des rapports au recteur sur les affaires concernant l'instruction publique dans le ressort de leur circonscription et exercent, au nom du préfet, toute l'autorité en matière d'enseignement primaire.

Conseils académiques. — D'après la loi du 27 février 1880, les conseils académiques se composent d'abord de membres de droit (ce sont les chefs des grands établissements d'instruction), ensuite de membres désignés par le ministre de l'instruction publique et choisis dans l'administration du corps enseignant et dans les conseils généraux et municipaux qui concourent aux dépenses de l'enseignement et doivent avoir chacun deux représentants dans le conseil, enfin de membres élus par les professeurs des établissements situés dans la circonscription académique.

Les membres du conseil sont tous nommés pour quatre ans et indéfiniment rééligibles.

Toutefois, si le mandat d'un conseiller municipal venait à expirer, ce conseiller perdrait du même coup sa fonction au conseil académique ; en effet, il ne figure au conseil qu'en sa qualité de conseiller municipal ; du moment qu'il n'a plus cette qualité, sa présence au sein du conseil académique n'a plus raison d'être.

Le conseil académique se réunit au moins deux fois par an. Ses séances ne sont pas publiques.

Le conseil académique a d'abord un pouvoir d'avis sur certaines matières concernant l'enseignement supérieur et secondaire seulement, l'enseignement primaire restant en dehors de sa sphère d'attributions.

Ensuite il a un pouvoir de juridiction sur les membres de l'enseignement supérieur et secondaire et sur les membres de l'enseignement supérieur ou secondaire libre ; seulement, quand il s'agit d'affaires contentieuses concernant ces derniers, le conseil académique doit s'adjoindre deux membres de l'enseignement libre. La décision du conseil n'est valable qu'à cette condition. Le conseil prononce contre les membres de l'enseignement de véritables peines disciplinaires. On peut se pourvoir contre les décisions du conseil académique devant le conseil supérieur de l'instruction publique.

Les inculpés devant le conseil peuvent se défendre soit oralement, soit par écrit, soit par eux-mêmes, soit par le ministère d'un avocat.

La présence de la moitié plus un des membres est nécessaire pour la validité des délibérations du conseil académique, et même, dans certaines matières graves, la décision doit être prise aux deux tiers des suffrages.

La procédure devant le conseil est fort simple et n'entraîne aucun frais.

Préfet. — C'est le préfet qui, sur le rapport de l'inspecteur d'académie, nomme et révoque les instituteurs, institutrices et directrices des salles d'asile, les maîtresses de travaux à l'aiguille dans les écoles mixtes, et cela sur la proposition du maire ; c'est lui aussi qui est chargé de la gestion financière de l'enseignement primaire dans le département.

Comme on le voit, le préfet n'a que la partie administrative de l'enseignement ; c'est le recteur qui dirige les études et contrôle les méthodes d'enseignement dans les écoles primaires et les écoles normales.

Conseil départemental. — Le préfet est assisté d'un conseil départemental de l'instruction publique ; c'est lui qui préside ce conseil, non électif et composé de fonctionnaires choisis dans le corps enseignant et l'administration par le ministre. A côté des membres de l'enseignement figurent des membres du conseil général.

Ce conseil départemental donne d'abord son avis sur toutes les matières d'enseignement qui concernent les établissements situés dans le département. Il doit, dans un certain cas, être nécessairement consulté : c'est à l'occasion des règlements du ministre qui concernent les écoles primaires publiques. Le ministre pourrait aussi le consulter sur toute espèce de matières d'enseignement. Enfin, le conseil peut donner spontanément son avis sur un grand nombre de matières qu'il serait trop long d'énumérer.

En second lieu, le conseil départemental exerce à l'égard des communes et des instituteurs, en ce qui concerne les matières d'enseignement primaire, un véritable pouvoir de tutelle : autorisant deux ou plusieurs communes à se réunir pour l'entretien d'une école ; dispensant les communes de plus de 500 âmes d'entretenir une école spéciale de filles ; autorisant l'instituteur à exercer une fonction administrative, etc.

Enfin, il prend des décisions sur un grand nombre de questions touchant l'instruction primaire ; les lois du 15 mars 1850 et du 10 avril 1869 mentionnent les cas où le conseil départemental exerce ce pouvoir de décision. Si un citoyen a à se plaindre de l'ouverture d'une école primaire libre, d'un cours d'adulte, pour quelque cause que ce soit, l'affaire est portée devant le conseil départemental siégeant au chef-lieu du département, sous la présidence du préfet. Le conseil prononce aussi contre les membres de l'enseignement primaire libre ou public les peines disciplinaires suivantes :

Interdiction absolue et relative d'enseigner ;

Censure ;

Suspension pendant six mois.

On peut se pourvoir contre les décisions du conseil départemental devant le conseil supérieur sans avoir à passer par l'intermédiaire du conseil académique.

Inspecteurs primaires. — L'inspecteur d'académie est assisté d'inspecteurs primaires, nommés par le ministre de l'instruction publique, et chargés de faire dans la circonscription qui leur est assignée une tournée dite trimestrielle. Tous les trois mois l'inspecteur primaire est envoyé par l'inspecteur d'académie dans une portion déterminée de l'arrondissement pour y inspecter les écoles primaires. Le ministre ne peut nommer à l'inspection primaire que les candidats qui ont subi avec succès les épreuves d'un examen spécial, dont les conditions sont déterminées par le décret du 23 décembre 1882.

Les femmes munies du certificat d'aptitude peuvent être admises à l'inspection de l'enseignement primaire dans les écoles de filles et les écoles maternelles.

En principe, il y a un inspecteur primaire par arrondissement ; dans certains arrondissements considérables il peut y en avoir davantage.

Les inspecteurs primaires sont divisés en trois classes ; le traitement de la première classe est de 3,000 francs (à Paris 5,000) ; celui de la dernière, de 2,400.

Certains conseils généraux ont alloué un supplément de traitement aux inspecteurs ; ceux-ci reçoivent aussi, mais sur le budget du ministère de l'instruction publique cette fois, une indemnité pour frais de tournées. C'est le recteur qui répartit entre les inspecteurs primaires de l'académie la somme qui, à cet effet, est mise à sa disposition par le ministre proportionnellement aux écoles inspectées.

Les fonctions d'inspecteur primaire sont incompatibles avec tout autre emploi public rétribué.

Toutefois, le ministre peut les autoriser à accepter les fonctions d'inspecteur des enfants employés dans l'industrie ou d'inspecteur des enfants assistés. — L'inspecteur primaire est le chef de l'enseignement primaire dans l'arrondissement, mais il n'a pas de pouvoir propre en cette matière ; il n'est qu'un agent de transmission, intermédiaire de l'inspecteur d'académie et des chefs d'établissements situés dans la circonscription qui lui est assignée ; il est chargé de guider les administrations communales et de stimuler leur zèle pour le développement de l'enseignement populaire, de donner des avis à l'inspecteur d'académie, d'exercer un contrôle et une surveillance sur les écoles et le personnel de ces écoles ; il assiste en outre, et avec voix délibérative, aux réunions des délégués cantonaux.

Les délégués cantonaux sont en général des pères de famille désignés par le conseil départemental à l'effet d'inspecter un certain nombre d'écoles déterminées par le conseil départemental et comprises dans leur canton, il y a au moins un délégué par canton ; dans les cantons plus peuplés le conseil départemental pourrait désigner plusieurs délégués. Les fonctions de ces délégués cantonaux sont gratuites. Ils servent avant tout d'intermédiaire entre le conseil départemental et les autorités locales de la circonscription, pour tout ce qui regarde l'Etat et les besoins de l'enseignement primaire.

Les délégués doivent adresser aux inspecteurs primaires de leur arrondissement des rapports sur les écoles libres, sur les cours d'adultes et les salles d'asile publiques qu'ils sont chargés de visiter. A l'égard des écoles libres, l'inspection ne peut porter que sur la moralité, l'hygiène et la salubrité ; il ne peut porter sur l'enseignement que pour vérifier s'il n'est pas contraire à la morale, à la Constitution et aux lois. Mais pour les écoles libres qui tiennent lieu d'écoles publiques ou qui reçoivent des subventions des communes, des départements, de l'Etat, elles sont soumises à une inspection complète comme les écoles publiques.

La loi du 15 mars 1850 édicte certaines peines contre les chefs des établissements primaires libres qui refuseraient de se soumettre à l'inspection ; sur leur refus ils seront traduits devant le tribunal correctionnel de l'arrondissement et condamnés à une amende qui sera doublée en cas de récidive. Si le refus de se soumettre à la surveillance de l'Etat a donné lieu à deux condamnations dans l'année, le jugement qui prononcera la seconde condamnation pourra ordonner la fermeture de l'établissement.

Les délégués doivent faire au moins une visite par mois dans les écoles qui leurs sont désignées. Nul professeur ne peut être en même temps délégué cantonal. Dans les communes de 2,000 âmes et au-dessus, le conseil départemental nomme un ou plusieurs délégués *communaux* choisis nécessairement parmi les habitants de la localité.

Maire. — Enfin le maire dans sa commune a des attributions universitaires. D'abord le maire a le droit de surveiller les écoles primaires de sa commune ; ensuite, en cas d'urgence, il peut suspendre provisoirement l'instituteur communal, à charge de rendre compte au préfet de la suspension dans le délai de deux jours.

Quand une école libre, un pensionnat est sur le point de s'ouvrir, le chef de l'établissement doit en avertir le maire qui, sur cette déclaration, devra aller visiter le local. Si le maire refuse d'approuver le choix du local, il prévient le conseil départemental qui statue sur la question de savoir si le local sera maintenu ou si l'on devra en chercher un autre.

Ministres des cultes. — Quant aux ministres du culte dans la commune, depuis la loi du 28 mars 1882 ils n'ont plus le droit d'inspecter, de surveiller, de diriger les écoles primaires publiques et privées et les salles d'asile.

Commission scolaire. — Une loi récente, la loi du 28 mars 1882 qui rend l'enseignement primaire obligatoire, institue dans chaque commune, pour y surveiller et encourager la fréquentation des écoles, une *commission municipale scolaire.* Voici comment cette nouvelle commission est organisée :

Elle se compose du maire, président ; d'un des délégués (1) du canton et, dans les communes comprenant plusieurs cantons, d'autant de délégués qu'il y a de cantons dans la commune ; d'un certain nombre de citoyens désignés par le conseil municipal. Enfin l'inspecteur primaire fait partie, de droit, de toutes les commissions scolaires instituées dans son ressort. Le conseil municipal ne peut désigner qu'un nombre de citoyens égal, au plus, au tiers des membres qui le composent.

Le mandat des membres de la commission scolaire désignés par le conseil municipal dure jusqu'à l'élection d'un nouveau conseil ; il est indéfiniment renouvelable. Quant aux attributions et à la compétence de cette commission, elles sont ainsi arrêtées :

La commission dresse la liste des enfants de six à treize ans qui doivent fréquenter l'école ; elle contrôle la tenue par l'instituteur du registre de présence ; elle apprécie les motifs d'absence des enfants, leur accorde, s'il y a lieu, des dispenses de fréquentation scolaire ; elle prononce les

(1) Ces délégués sont désignés par l'inspecteur d'académie.

pénalités pour infraction à la loi sur l'enseignement obligatoire et, en cas de récidive saisit le juge de paix par une plainte, afin de les faire condamner à l'amende et à la prison. — Voy. ci-dessous ENSEIGNEMENT OBLIGATOIRE.

Les commissions scolaires n'ont aucun droit d'inspection et de contrôle sur les écoles. Seuls, le maire, l'inspecteur de l'enseignement primaire et les délégués cantonaux ou communaux ont qualité pour pénétrer dans les écoles.

Du personnel enseignant. — Les instituteurs et institutrices communaux sont nommés par le préfet sur une liste d'admissibilité dressée par le conseil départemental; ils peuvent être révoqués par le préfet.

Titres de capacité. — La loi du 16 janvier 1881 a supprimé toutes les dispenses et équivalences au moyen desquelles certaines catégories d'instituteurs et d'institutrices exerçaient sans brevet de capacité, et elle a fixé à la rentrée des classes d'octobre 1884 le dernier délai accordé aux non brevetés pour régulariser leur situation. Le ministre de l'instruction publique a rappelé l'exécution de cette prescription par une circulaire du 13 septembre 1884. Aujourd'hui donc tous les membres de l'enseignement doivent être pourvus de titres de capacités ; ces titres, tels qu'ils sont définis par le décret du 30 décembre 1884 sont : *le brevet élémentaire; le brevet supérieur ; le certificat d'aptitude pédagogique.*

Le brevet de capacité nécessaire pour exercer les fonctions d'instituteur primaire public, ou libre, est le brevet de capacité élémentaire. Il faut au moins être muni de ce brevet pour pouvoir être instituteur ou institutrice.

On peut aussi obtenir le brevet de capacité de premier ordre ou brevet supérieur. Ce brevet se distingue du précédent en ce que les candidats qui le briguent ont demandé à subir un examen sur des matières facultatives qui ne sont pas exigées pour l'obtention du brevet élementaire.

Il a été institué en outre, sous le nom de *certificat d'aptitude pédagogique,* un titre complémentaire de l'un et de l'autre brevet, destiné à constater plus particulièrement l'aptitude des instituteurs ou des institutrices à la direction des écoles publiques comprenant plusieurs classes.

Quant aux conditions d'admission au brevet de capacité et au certificat, elles varient de la manière suivante :

Ainsi, pour se présenter aux examens du brevet élémentaire, le candidat doit avoir au moins seize ans au 1er janvier de l'année dans laquelle il se présente.

Pour se présenter devant une commission d'examen en vue d'obtenir le brevet supérieur, tout candidat doit justifier de la possession du brevet élémentaire et avoir dix-huit ans au 1er janvier de l'année dans laquelle il se présente.

Enfin, les candidats au certificat d'aptitude pédagogique doivent avoir au moins vingt et un ans révolus au moment de leur examen et justifier de deux ans d'exercice au moins dans l'enseignement public ou libre, à compter de l'époque où ils ont obtenu le brevet élémentaire.

On n'accorde jamais et on ne peut accorder aucune dispense d'âge ni de stage. Les années passées dans une école normale comptent comme années de stage. (D. 30 décembre 1884.)

Le candidat refusé à une session peut toujours se présenter à la première session ordinaire ou extraordinaire qui suit.

Ne sont pas admis à l'examen, et, dans tous les cas, n'ont pas droit à la délivrance de brevet, les aspirants qui se trouvent dans les cas d'incapacité prévus par l'article 26 de la loi du 15 mars 1850.

Ecoles normales. — Pour faciliter aux candidats instituteurs l'obtention de ces brevets, la loi organique du 15 mars 1850 (art. 35) avait institué des écoles normales spécialement chargées de pourvoir au recrutement des instituteurs communaux. Dans ce but, elle imposait à tout département l'obligation d'entretenir des élèves-maîtres, soit dans les établissements d'instruction primaire, désignés par le conseil départemental (cours normaux), soit dans l'école normale établie à cet effet par ce département. La loi du 9 août 1879 a supprimé la faculté laissée par cet article aux départements de choisir entre l'établissement de cours normaux et la création d'écoles normales. L'article 1er de cette loi décide qu'à l'avenir tout département doit être pourvu d'une école normale d'instituteurs et d'une école normale d'institutrices suffisante pour assurer le recrutement de ses instituteurs communaux et de ses institutrices communales. Ces établissements devaient être installés dans le laps de quatre ans à partir de la promulgation de la loi. L'article 5, prévoyant le cas où les ressources départementales seraient insuffisantes, avait décidé qu'en outre des subventions qui pourraient leur être accordées pour la construction et l'installation de leurs écoles normales primaires, en considération de leur situation financière et de leurs sacrifices, les départements pourraient être admis à participer à l'avance de 60 millions indiquée au 2e paragraphe de l'article 1er de la loi instituant la Caisse pour la construction des écoles. Mais depuis la loi du 16 juillet 1885 qui a supprimé le service des avances de la Caisse des lycées, collèges et écoles pour l instruction primaire, les départements qui n'auraient pas encore satisfait aux prescriptions de la loi du 9 août 1879 ne pourront plus compter que sur des subventions.

Tout ce qui est relatif à l'organisation, à la direction, au personnel des écoles normales d'institutrices, ainsi qu'à l'admission des élèves-maîtres, a été réglé par les décrets des 5 juin 1880, 29 juillet 1881 et 30 juillet 1881, en ce qui concerne les traitements.

Enfin, le décret du 31 juillet 1880 a créé une école normale primaire supérieure d'instituteurs (1).

Conditions générales pour être instituteur. — Tout Français muni du brevet de capacité et âgé de vingt et un ans accomplis peut exercer dans toute la France la profession d'instituteur public ou libre.

Les instituteurs suppléants doivent avoir le même minimum d'âge que les titulaires.

Les instituteurs adjoints et institutrices adjointes ne sauraient exercer avant dix-huit ans accomplis.

Etrangers. — Un étranger ne peut ouvrir ou diriger une école primaire ou secondaire libre que s'il est admis à jouir des droits civils en France, en se soumettant aux mêmes obligations que les nationaux, et après avoir obtenu préalablement une autorisation spéciale du ministre de l'instruction publique, accordée après avis du conseil supérieur. Cette autorisation peut toujours être retirée dans les mêmes formes. (D. 5 décembre 1850, art. 1er). Le ministre peut accorder des dispenses

(1) On trouvera le détail de ces dispositions dans le *Dictionnaire général d'administration* de M. Alfred Blanche, p. 1373.

de diplôme pour les écoles spécialement destinées aux enfants étrangers, de même qu'il peut, sur l'avis du conseil supérieur, déclarer des équivalences entre les brevets français et étrangers. (Art. 2.)

Mais un étranger ne peut être nommé instituteur communal ou instituteur adjoint, inspecteur primaire, directeur ou maître adjoint d'une école normale primaire, s'il n'a préalablement obtenu des lettres de naturalisation. Il en est de même pour toute fonction à titre définitif dans les établissements publics d'enseignement secondaire. (Art. 7.)

Incapacités. — Sont incapables de tenir une école publique ou libre, ou même d'y être employés, les individus qui ont subi une condamnation pour crime ou pour délit contraire à la probité ou aux mœurs, les individus privés par jugement de tout ou partie des droits civiques, civils et de famille, énumérés dans l'article 42 du Code pénal, les instituteurs révoqués par le préfet ou interdits par le conseil départemental.

Discipline — Les peines disciplinaires auxquelles sont soumis les instituteurs sont : la censure, la suspension ou privation totale ou partielle du traitement, la révocation, l'interdiction limitée ou absolue.

Les instituteurs peuvent, suivant les cas, être réprimandés, suspendus avec ou sans privation totale ou partielle de traitement, ou révoqués par le préfet du département. Le conseil départemental peut, après l'avoir entendu ou dûment appelé, frapper l'instituteur d'une interdiction absolue, sauf appel devant le conseil supérieur de l'instruction publique ; cet appel doit s'exercer dans le délai de dix jours, à partir de la notification de la décision du conseil départemental. Il ne suspend pas l'application de la décision du conseil départemental. En cas d'urgence, le maire peut suspendre provisoirement l'instituteur communal, à charge de rendre compte dans les deux jours au préfet de cette suspension et d'en avertir l'inspecteur primaire.

Il est interdit aux instituteurs communaux d'exercer aucune fonction administrative sans l'autorisation du conseil départemental. Toute profession industrielle ou commerciale leur est absolument interdite.

Un instituteur qui tiendrait en dépôt des livres destinés aux élèves qui suivent son école ne peut être considéré comme exerçant la profession de libraire. De même il n'y a pas incompatibilité entre les fonctions d'instituteur public et celles de bedeau, chantre, clerc paroissial et membre du conseil de fabrique, etc.

Néanmoins, en attendant qu'une loi interdisant aux instituteurs ces fonctions subalternes ait été votée, le ministre de l'instruction publique recommande aux préfets de proposer aux conseils généraux et aux conseils municipaux d'allouer, jusqu'au vote de cette loi, une indemnité aux instituteurs qui renonceraient aux avantages que peuvent présenter ces fonctions de chantre, bedeau, sonneur etc.

En tous cas, un point qui ne laisse ni équivoque, ni hésitation, c'est que l'instituteur n'est en aucune façon obligé de remplir lesdites fonctions. Jusqu'à nouvel ordre les instituteurs peuvent joindre à leurs fonctions scolaires celles de secrétaire de mairie, pourvu qu'ils y soient autorisés par le conseil départemental. (Circ. 24 juillet 1875.)

DES INSTITUTEURS ADJOINTS. — Les instituteurs adjoints chargés d'une classe doivent être pourvus du brevet de capacité pour l'enseignement primaire. Ils ne peuvent exercer qu'à cette condition.

Les adjoints qui, lors de la promulgation de la loi du 16 juin 1881, dirigeaient une classe sans être pourvus du brevet de capacité ont dû, dans le laps d'un an à partir de la promulgation de la loi, se présenter devant les commissions d'examen instituées pour décerner ce brevet. Ceux qui auraient échoué à ces examens ont eu le droit de se présenter de nouveau aux sessions ordinaires ou extraordinaires tenues dans le cours des années suivantes jusqu'à la rentrée des classes du mois d'octobre 1881.

Toutefois les adjoints qui, aux termes de la loi du 27 juillet 1872, auraient contracté l'engagement de se vouer pendant dix ans à la carrière de l'enseignement et qui viendraient à échouer aux examens pour l'obtention du brevet de capacité conservent le bénéfice de la dispense du service militaire.

Les adjoints ou adjointes d'écoles publiques ou libres qui, au 1er janvier 1881, comptaient trente-cinq ans d'âge et cinq ans au moins de services, comme chargés d'une classe sont exemptés de la nécessité de se munir d'un brevet. Mais ces adjoints ou adjointes ne peuvent parvenir au grade d'instituteur titulaire qu'à la condition d'être pourvus du brevet de capacité.

Les instituteurs adjoints sont nommés et révoqués par l'instituteur titulaire; mais la nomination ou la révocation ne vaut que si elle a été agréée par le préfet. Les instituteurs adjoints appartenant à des associations religieuses sont nommés et révoqués par les supérieurs de ces associations.

Dans les communes qui reçoivent une subvention de l'Etat ou du département, il n'est accordé un adjoint à l'instituteur que si l'école primaire contient 80 élèves. La situation des adjoints a été améliorée par l'application du décret du 10 décembre 1881 sur les écoles de hameau. — Voy. ci-dessous Ecoles de hameau.

Des instituteurs et des institutrices congréganistes. — Bien que l'enseignement primaire soit actuellement régi par le principe de la laïcité, néanmoins les associations religieuses vouées à l'enseignement et reconnues par l'Etat sont admises à fournir, à des conditions convenues, des maîtres aux communes où elles sont appelées.

Le traité que ces instituteurs et institutrices congréganistes passent avec les municipalités les place en dehors des lois scolaires en ce qui concerne le traitement. En effet, la plupart d'entre eux reçoivent un traitement qui, tout en étant obligatoire pour la commune, se trouve être inférieur au minimum réglementaire.

Instituteurs suppléants. — Par une circulaire adressée aux préfets en date du mois de novembre 1881, le ministre a décidé qu'il serait créé des emplois d'instituteurs suppléants destinés à aller remplacer les instituteurs obligés d'abandonner momentanément leurs classes.

Dans les départements où le nombre des écoles laïques est inférieur à 400, il n'y a qu'un suppléant;

Dans les départements où il y a de 400 à 500 écoles, 2 suppléants;

Et 3 suppléants dans les départements où il y a plus de 600 écoles. Quant aux institutrices suppléantes, il y en a une ou deux, suivant les besoins.

C'est sur le budget de l'Etat qu'est prélevé le traitement des suppléants qui est de 1,200 francs pour les instituteurs et de 1,000 francs pour les institutrices, indemnité de logement comprise. En outre ces suppléants touchent des allocations pour frais de déplacement, et ces allocations doivent être acquittées au moyen de crédits que les conseils généraux ouvrent sur les ressources propres des departements.

Conférences pédagogiques. — L'arrêté ministériel du 5 juin 1880 prescrit l'organisation dans chaque canton, par l'autorité académique, de conférences pédagogiques d'instituteurs et d'institutrices publics. Deux ou plusieurs cantons peuvent être réunis pour ces conférences. Le recteur peut, sur la proposition de l'inspecteur d'académie, décider que la même conférence sera commune aux instituteurs et aux institutrices.

La présidence de droit appartient à l'inspecteur d'académie ou, à son défaut, à l'inspecteur primaire. Les membres de la conférence nomment chaque année un vice-président et un secrétaire choisis parmi eux.

Il ne doit être traité, dans ces conférences, que de matières de pédagogie théorique et pratique. A la dernière réunion de chaque année scolaire, la conférence propose les questions qui pourront être traitées au cours de l'année suivante. La liste de ces questions est arrêtée et publiée, dans le plus bref délai possible, par l'inspecteur d'académie. (Art. 3.)

La présence aux conférences pédagogiques est obligatoire pour tous les instituteurs et les institutrices publics titulaires ; elle l'est aussi pour les adjoints, toutes les fois que leur présence n'est pas nécessaire à l'école. Des dispenses peuvent être accordées par l'inspecteur d'académie. (Art. 4.)

Les instituteurs et institutrices libres peuvent, sur leur demande, être autorisés par l'inspecteur d'académie à assister aux conférences. (Art. 5.)

Le nombre, la date et le lieu de réunion sont fixés par l'autorité académique.

Engagement décennal et dispenses du service militaire. — Il est fortement question en ce moment de supprimer cette dispense et de soumettre les instituteurs au droit commun en matière de recrutement ; mais, comme actuellement cette dispense subsiste encore, il est utile d'indiquer les règles auxquelles elle est soumise.

Les instituteurs adjoints des écoles publiques, les jeunes gens qui se préparent à l'enseignement primaire public dans les écoles désignées à cet effet, les membres ou novices des associations religieuses vouées à l'enseignement et autorisées par la loi, ou reconnues comme établissements d'utilité publique, sont dispensés du service militaire, s'ils ont, avant l'époque fixée pour le tirage, contracté, devant le recteur, l'engagement de se vouer, pendant dix ans, à l'enseignement public, et s'ils réalisent cet engagement. (L. 15 mars 1850, art. 79.) — *Dict. des formules*, n° 923.

En cas de minorité, l'instituteur doit être autorisé, par son père ou son tuteur, à contracter l'engagement décennal. Il est nécessaire que les signatures, portées sur l'engagement, soient légalisées par le maire de la commune. — *Dict. des formules*, n° 924.

L'engagement, pour donner lieu à dispense, doit être réalisé en entier. Ainsi, le dispensé universitaire qui abandonne l'enseignement public avant l'expiration des dix ans doit passer sous les drapeaux, non point le temps nécessaire pour compléter la période décennale, mais bien la totalité des années exigées par la loi sur le recrutement. (Circ. min. de l'instr. publ. 14 octobre 1857.)

L'instituteur communal qui perd cette qualité par une force majeure, pour un cas indépendant de sa volonté ou de sa bonne conduite, comme lorsque, par exemple, la commune, par des vues particulières, diminue le nombre de ses instituteurs communaux, et lui retire les avantages qu'elle lui avait accordés, a le droit de continuer de jouir du bénéfice de la dispense. Mais celui qui devient instituteur privé par un acte libre et spontané de sa part en est déchu, parce qu'il ne doit imputer qu'à lui-même son changement de position et les inconvénients qui peuvent en résulter pour lui. (Décis. 6 décembre 1833.)

Les dispensés universitaires ayant servi pendant dix ans dans l'enseignement public reçoivent du recteur un certificat sur la production duquel un congé de libération leur est accordé. (Circ. min. de l'inst. publ. 24 novembre 1857.)

Traitements et avantages accessoires. — Les traitements minima des instituteurs et institutrices publics ont été fixés de la manière suivante par la loi du 19 juillet 1875 :

Les instituteurs titulaires sont divisés en 4 classes.

Le traitement de la 4ᵉ classe est de . . . 900 francs.
— — 3ᵉ — . . . 1,000 —
— — 2ᵉ — . . . 1,100 —
— — 1ʳᵉ — . . . 1,200 —

Les institutrices sont divisées en 3 classes.

Le traitement de la 3ᵉ classe est de . . . 700 francs.
— — 2ᵉ — . . . 800 —
— — 1ʳᵉ — . . . 900 —

Le traitement des instituteurs adjoints chargés d'une école de hameau (classe unique) est de 800 francs.

Celui des instituteurs adjoints attachés à l'école principale (classe unique) est de 700 francs.

Celui des institutrices adjointes des écoles de hameau (classe unique) est de 650 francs.

Enfin, celui des institutrices adjointes attachées à l'école principale (classe unique), est de 600 francs.

L'instituteur ou l'institutrice qui débute comme titulaire appartient à la dernière classe.

La promotion à une classe supérieure est de droit après cinq ans passés dans la classe immédiatement inférieure, et ne peut avoir lieu avant l'expiration de cette période.

L'obtention du brevet supérieur élève de 100 francs, pour les instituteurs et institutrices de tout ordre, les traitements minima auxquels ils ont droit d'après leur classe. (Art. 3.)

Les instituteurs et institutrices qui ont obtenu la médaille d'argent dans les conditions fixées par l'arrêté du 21 août 1858 ont droit à une allocation supplémentaire et annuelle de 100 francs, tant qu'ils sont en activité. (Art. 4.)

Une indemnité annuelle, variant de 50 à 150 francs, peut être attachée à la résidence des instituteurs et institutrices de tout ordre dans les circonscriptions scolaires où des circonstances exceptionnelles la rendraient nécessaire. Des tableaux sont, à cet effet, dressés tous les cinq ans, par le conseil départemental, et arrêtés, après avis du conseil général et du recteur de l'académie, par décrets en forme de règlements d'administration publique.

Les traitements des directrices et sous-directrices des écoles maternelles exerçant, dans les conditions fixées, soit par l'article 2, soit par l'article 4 de la loi du 16 juin 1881 sur les titres de capacité d'enseignement primaire, sont calculés ainsi qu'il suit, en vertu du décret rectifié du 10 octobre 1881 :

Directrices de 3ᵉ classe. . .	700 francs.	
— 2ᵉ — . . .	800	—
— 1ʳᵉ — . . .	900	—
Sous-directrices.	600	—

Les directrices et sous-directrices pourvues du brevet complet ont droit à un minimum supérieur de 200 francs au taux fixé par l'article 12. Celles qui sont pourvues du brevet élémentaire ont droit à une augmentation de 100 francs.

Les directrices et sous-directrices qui ont obtenu la médaille d'argent, dans les conditions fixées par le décret du 20 juillet 1881, ont droit à une allocation annuelle de 100 francs.

Les institutrices et adjointes dans les écoles enfantines sont assimilées, en ce qui concerne le traitement, aux directrices et sous-directrices des écoles maternelles.

Aux termes de l'arrêté du 21-24 juillet 1884, les instituteurs et institutrices titulaires et adjoints ayant eu, dans une des trois années qui ont précédé l'application de la loi du 16 juin 1881, un traitement supérieur au taux fixé par la loi du 19 juillet 1875, conservent le supplément de traitement le plus élevé dont ils ont joui dans ces trois années, quelle que soit la provenance dudit supplément (montant de la rétribution scolaire, produit de l'éventuel, traitement fixe consenti par la commune ou allocations communales sujettes à retenues). (Art. 1ᵉʳ.)

Les instituteurs et institutrices titulaires qui, par suite d'un changement de résidence, ont obtenu, depuis 1882, un supplément de traitement dans les conditions spécifiées à l'article 4 de l'arrêté du 7 février de ladite année, continuent à jouir de ce supplément sous la garantie de l'État. (Art. 2.)

Le taux de rétribution devant servir à déterminer le montant du traitement éventuel des instituteurs et institutrices est fixé, par élève et par mois de présence dûment constatée, de la manière suivante :

1° Pour les écoles maternelles et pour les écoles enfantines, 0 fr. 50 ;

2° Pour les écoles primaires élémentaires de garçons et de filles, à 1 franc, dans les communes dont la population est inférieure à 5,000 habitants ; à 1 fr. 25 dans les communes de 5,000 à 50,000 ; à 1 fr. 50, dans les communes d'une population supérieure à 50,000. (Art. 3.)

Dans toute école divisée en plusieurs classes, le produit de l'éventuel est réparti, entre les membres du personnel enseignant, proportionnellement au nombre des élèves inscrits dans chaque classe ; le directeur non chargé de classes reçoit une part égale à celle du maître qui a la classe la plus nombreuse. (Art. 4.)

Le traitement des instituteurs et institutrices titulaires, ainsi que des directrices d'écoles maternelles et d'écoles enfantines, est calculé de la manière suivante :

1° Un traitement fixe de 200 francs ;

2° Le produit de l'éventuel ;

3° Le supplément nécessaire, s'il y a lieu, pour former, avec le traitement fixe et l'éventuel, le minimum déterminé par l'article 1ᵉʳ de la loi du 19 juillet 1875 où le traitement garanti dans les conditions indiquées aux articles 1 et 2 du présent arrêté. (Art. 5.)

Le traitement des adjoints, adjointes et sous-directrices d'écoles maternelles est formé de la part d'éventuel qui leur est attribuée par l'article 4 et d'un supplément, s'il y a lieu, pour parfaire le minimum fixé par l'article 1er de la loi du 19 juillet 1875, ou le traitement prévu par l'article 1er ci-dessus. (Art. 6.)

De plus, en vertu du décret du 18 janvier 1882, des allocations spéciales, proportionnées au nombre des élèves et aux résultats obtenus, peuvent être accordées aux maîtres qui joignent à leur enseignement celui du dessin.

Enfin les instituteurs profitent dans certains cas du demi-tarif pour leurs voyages en chemin de fer. (Circ. 26 avril 1880.)

Pensions. — La loi du 17 août 1876 assimile les divers fonctionnaires de l'enseignement primaire aux agents des services actifs de l'Etat et décide que leurs pensions doivent être liquidées après vingt-cinq ans de services, conformément au 2e paragraphe de l'article 7 de la loi du 9 juin 1853et à l'article 37 du décret du 9 novembre suivant.

La pension de retraite de ces agents est basée sur la moyenne des traitements et émoluments de toute nature, soumis à la retenue de 5 0/0 du traitement et du 1er douzième et aux retenues pour cause d'absences, congés et mesures disciplinaires dont l'ayant droit aura joui pendant les six années qui ont produit le chiffre le plus élevé.

Les années passées, à partir de l'âge de vingt ans, en qualité d'élèves dans les écoles normales, seront comprises dans le compte des années de service, lors de la liquidation de la pension de retraite. (Art. 2.)

Le chiffre de la pension de retraite ne pourra être inférieur à 600 francs pour un instituteur, et à 500 francs pour une institutrice et une directrice de salle d'asile communale..

Ce minimum ne s'appliquera pas aux pensions exceptionnelles pour infirmités. (Art. 3.)

Mais depuis le 1er janvier 1882, la pension des anciens instituteurs et anciennes institutrices, ou directrices de salles d'asile, retraités avant la loi de 1876, seront complétées par voie de secours à 600 francs, et celle de ces fonctionnaires admis à la retraite depuis ladite loi, pour cause d'infirmités, sera complétée à 400 francs. (Circ. 25 novembre 1881.)

Les veuves ont droit à la reversibilité de la pension ou à une pension directe dans les conditions prévues et déterminées par les articles 13 et 14 de la loi du 9 juin 1853. Des secours annuels aux orphelins sont accordés dans les conditions prévues par l'article 16 de ladite loi.

La pension des veuves d'instituteurs ou maîtres retraités pour cause d'infirmités, depuis la loi du 17 août 1876, doit désormais être complétée à 200 francs. (Circ. 25 novembre 1881.)

Indépendamment des pensions civiles qui leur sont ainsi accordées, les instituteurs et institutrices peuvent aussi obtenir leur adjonction aux caisses locales de retraites ; dans les communes où il en existe et, en effectuant les versements exigés par ces caisses, ils peuvent ainsi acquérir des droits à une double pension.

DES ÉCOLES PRIMAIRES PUBLIQUES. — Depuis une loi du 16 avril 1867, pour qu'une école soit reconnue pour école publique, il faut :

  1° Un avis du conseil municipal;

  2° Une décision du conseil départemental ;

  3° Une approbation ministérielle.

Toute commune doit entretenir une ou plusieurs écoles primaires.

Le conseil départemental peut dispenser une commune (1) d'entretenir une école publique, à la condition que la commune passera un traité avec une école primaire libre laïque ou congréganiste. Cette école libre, tenant lieu d'école publique, doit recevoir gratuitement tous les enfants de la commune, et elle est soumise à l'inspection comme les écoles publiques.

La dispense accordée par le conseil départemental peut être rapportée en tout temps.

Toute commune de plus de 500 âmes est tenue d'avoir au moins une école (2) primaire de filles, distincte de celle des garçons.

C'est le conseil départemental qui fixe, sur l'avis du conseil municipal, le nombre des écoles primaires à établir dans chaque commune. Cette décision doit être approuvée par le ministre de l'instruction publique.

Matières enseignées à l'école primaire. — Aux termes de la loi du 28 mars 1882 sur l'enseignement obligatoire, l'enseignement primaire doit comprendre :

L'instruction morale et civique ;
La lecture et l'écriture ;
La langue et les éléments de la littérature française ;
La géographie, particulièrement celle de la France ;
L'histoire, particulièrement celle de la France jusqu'à nos jours ;
Quelques notions usuelles de droit et d'économie politique ;
Les éléments des sciences naturelles, physiques et mathématiques ;
Leurs applications à l'agriculture, à l'hygiène, aux arts industriels, aux travaux manuels, et à l'usage des outils des principaux métiers ;
Les éléments du dessin, du modelage et de la musique ;
La gymnastique ;
Les exercices militaires, pour les garçons ;
Les travaux à l'aiguille, pour les filles ;
Sous la date du 7 juin 1880, le ministre de l'instruction publique a approuvé un règlement scolaire modèle qu'on trouvera au *Bulletin annoté des lois*, année 1880.

Écoles de hameau. — L'article 2 de la loi du 10 avril 1867 reconnaissait déjà au conseil départemental le droit de déterminer, sur l'avis du conseil municipal, le cas où, à raison des circonstances, il pourrait être établi une ou plusieurs écoles de hameau dirigées par des adjoints ou adjointes. Pour mieux définir les écoles qui doivent être placées au rang des écoles de hameau, le décret du 10 octobre 1881 décide, par son article 1er, que toute école établie dans une section de commune, qui aura reçu pendant l'année au moins 25 élèves de cinq

(1) Le conseil départemental de l'instruction publique peut aussi autoriser deux ou plusieurs communes très rapprochées les unes des autres à entretenir une seule et même école. A cet égard nous relevons, dans une statistique des écoles publiées par le ministère de l'instruction publique, ce fait qu'en 1880 il y avait en France 34,529 communes pourvues d'une école en propre, et seulement 1,268 écoles appartenant à plusieurs communes à la fois, enfin en 1880 il n'y avait que 259 communes sans écoles.

(2) Même au cas où la commune aurait moins de 500 âmes, le conseil départemental pourrait décider dans cette commune la création d'une école spéciale de filles. Par contre, dans une commune dont le chiffre de la population serait supérieur à 500 âmes, le conseil départemental à le pouvoir d'autoriser la création ou de maintenir une école mixte quant au sexe. En 1880 le nombre des écoles mixtes était de 3,619.

à treize ans, sera considérée comme école ordinaire et l'instituteur adjoint ou l'institutrice adjointe qui la dirige sera élevé au rang d'instituteur ou d'institutrice, pour jouir des avantages attachés à ce titre.

L'école ainsi classée ne pourra, en cas de diminution de l'effectif scolaire, être replacée au rang d'école de hameau qu'en vertu d'une décision du conseil départemental. (Art. 2.)

Écoles maternelles (salles d'asile). — A côté des écoles primaires ordinaires où l'on ne peut être admis avant l'âge de six ans révolus, le décret du 2 août 1881 a organisé des écoles maternelles ou salles d'asile, destinées à recevoir les enfants des deux sexes depuis l'âge de deux ans accomplis jusqu'à sept ans, pour qu'on leur donne les soins que réclame leur développement physique, intellectuel et moral. (L. précitée, art. 1er.) Cette loi détermine les conditions que doivent remplir les inspectrices et directrices, les conditions dans lesquelles ces écoles doivent être établies, tant au point de vue des bâtiments que de l'ameublement, et enfin la nature de l'enseignement qui doit y être donné.

Il peut être établi dans chaque commune où il existe des écoles maternelles un ou plusieurs comités de dames patronnesses, présidés par le maire. Les membres de ces comités sont nommés par le préfet, sur la proposition de l'inspecteur d'académie et après avis du maire. Le comité a pour attribution exclusive de veiller à l'observation des prescriptions de l'hygiène, à la bonne tenue de l'établissement et au bon emploi des fonds ou des dons en nature recueillis en faveur des enfants. (Art. 10.)

Pour favoriser le recrutement des directrices, l'article 44 permet de créer dans chaque académie, aux frais de l'Etat, un cours normal des écoles maternelles analogue à celui qui existe à Paris sous le nom d'école Pape-Carpentier. Un décret du 27 juillet 1882 a réorganisé l'école Pape-Carpentier de manière qu'elle puisse servir de type aux créations à faire en province.

Les aspirantes au certificat d'études à la direction des écoles maternelles doivent avoir au moins vingt et un ans au moment de l'examen. Cette condition d'âge n'est toutefois pas imposée aux aspirantes déjà pourvues du brevet élémentaire. (Art. 6, D. 30 décembre 1884.)

Les écoles maternelles libres sont soumises aux mêmes conditions d'ouverture et d'inspection que les autres établissements d'instruction primaire.

Le statut des écoles maternelles publiques a été réglé par l'arrêté du ministre de l'instruction publique du 2 août 1881, qu'on trouvera au *Bulletin annoté des lois* de 1881.

Les dispositions de cet arrêté ont été complétées par celles de l'arrêté du 28 juillet 1882, aux termes duquel aucune école maternelle publique ne doit recevoir plus de 150 enfants, à moins d'une autorisation spéciale de l'autorité académique. (Art. 1er.)

Dans toutes les écoles maternelles publiques, les enfants, quel que soit leur nombre, sont divisés en deux sections, conformément aux prescriptions du décret du 2 août (art. 12) ; chaque section, si le nombre des élèves l'exige, peut être subdivisée en groupes dont chacun est confié à une des maîtresses attachées à l'école. (Art. 2.)

Le classement des enfants est fait chaque année par la directrice, à l'époque de la rentrée des écoles primaires, sous le contrôle de l'inspectrice ou, à son défaut, de l'inspecteur primaire. (Art. 3.)

Les divers cours de l'école maternelle, tels qu'ils sont définis par l'article 2 du décret du 2 août 1881, ont pour objet de commencer l'éducation physique, l'éducation morale et intellectuelle des jeunes enfants. Les exercices qu'ils comprennent sont répartis d'après les indications des programmes. (Art. 4.)

Le détail de la répartition des heures par semaine est arrêté pour chaque école maternelle par la directrice, après approbation de l'inspectrice, ou, à son défaut, de l'inspecteur primaire. (Art. 5.)

Il sera rédigé, par les soins de la commission des bâtiments scolaires, une instruction relative aux conditions d'installation matérielle des écoles maternelles publiques. Cette instruction tiendra lieu du règlement spécial prévu par l'article 16 du décret du 2 août 1881.

Outre la salle d'asile ou école maternelle et l'école primaire ordinaire, on a créé l'*école enfantine*.

Une loi n'est pas encore venue régler ces nouvelles écoles qui sont régies par les instructions données à leur égard en 1882 par le ministre de l'instruction publique.

Principes dominant l'enseignement primaire. — L'enseignement primaire est dominé par les trois grands principes suivants :
Le principe de l'obligation, pour tous, de l'enseignement primaire ;
Le principe de la laïcité ;
Le principe de la gratuité.

Enseignement obligatoire. — La loi du 28 mars 1882 porte que l'instruction primaire est obligatoire pour les enfants des deux sexes, âgés de six ans révolus à treize ans révolus ; elle peut être donnée soit dans les établissements d'instruction primaire ou *secondaire*, soit dans les écoles publiques ou libres, soit dans les familles, par le père de famille lui-même, ou par toute autre personne qu'il aura choisie. Les enfants, dès l'âge de douze ans, peuvent se présenter à l'examen public institué en vue de l'obtention du certificat d'études primaires. Ceux qui, à l'âge de onze ans, ont obtenu le certificat d'études primaires, ont dispensés du temps de scolarité obligatoire qui leur restait à passer.

Le père, le tuteur, la personne qui a la garde de l'enfant, le patron chez qui l'enfant est placé doit, quinze jours au moins avant la rentrée des classes, faire savoir au maire de la commune s'il veut faire donner à l'enfant l'instruction dans la famille ou dans une école publique ou privée. — Voy. *Dict. des formules*, n° 931-932.

Dans ces deux derniers cas, il indique l'école choisie, car les familles domiciliées à proximité de deux ou de plusieurs écoles *publiques* ont la faculté de faire inscrire leurs enfants à l'une ou à l'autre de ces écoles, qu'elles soient ou non sur le territoire de leur commune, à moins que l'école qu'elles ont choisie ne compte déjà le nombre maximum d'élèves autorisé par le règlement.

Si, quinze jours avant la rentrée des classes, les personnes qui sont chargées des enfants de six à treize ans n'ont pas donné au maire la déclaration dont nous venons de parler, ces enfants sont inscrits d'office à l'une des écoles publiques de la commune par le maire qui avertit les personnes responsables de cette inscription. — Voy. *Dict. des formules*, n° 934.

Le maire doit remettre huit jours avant la rentrée des classes à l'inspecteur primaire et aux directeurs d'écoles publiques et privées, la liste des enfants qui doivent suivre leur école. Quand un enfant quitte l'école, les personnes responsables doivent en avertir le maire et indiquer de quelle façon l'enfant recevra l'instruction à l'avenir. Quand un enfant manque momentanément à l'école, les personnes responsables doivent donner au chef de l'établissement les motifs de l'absence.

Les chefs d'établissement doivent tenir un registre qui constate l'absence des élèves inscrits ; à la fin de chaque mois, ils adressent au maire et à l'inspecteur primaire un extrait de ce registre avec l'indication du nombre des absences et des motifs invoqués. Les motifs d'absence sont soumis à la commission scolaire et appréciés par elle.

Tout directeur d'école privée qui n'aurait pas tenu le registre et ne l'aurait pas expédié à qui de droit est, sur le rapport de la commission scolaire et de l'inspecteur primaire, déféré au conseil départemental qui peut lui infliger soit l'*avertissement*, soit la *censure*, soit la *suspension* pour un mois au plus, et, en cas de récidive dans l'année scolaire, pour trois mois au plus.

Quand un enfant s'est absenté de l'école quatre fois dans un mois, pendant au moins une demi-journée, sans justification admise par la commission scolaire, la personne qui a charge de l'enfant est invitée, trois jours au moins à l'avance, à comparaître à la mairie devant la commission qui lui rappellera le texte de la loi du 18 mars 1882 et lui expliquera son devoir vis-à-vis de l'enfant.

En cas de récidive, si la personne responsable de l'enfant ne comparaît pas, et si la commission n'admet pas la justification qu'elle présente, ladite commission scolaire ordonne l'inscription, pendant quinze jours ou un mois, à la porte de la mairie, des nom, prénoms et qualité de la personne responsable, avec indication du fait relevé contre elle. En cas de nouvelle récidive, le contrevenant est déféré au juge de paix, qui peut le condamner à une amende de 11 à 15 francs et même à un emprisonnement de cinq jours au plus. (Art. 79 et 80 C. P.)

La commission scolaire peut accorder aux enfants demeurant chez leurs parents ou leur tuteur, quand ceux-ci en feront la demande motivée, des dispenses de fréquentation d'école ne pouvant dépasser trois mois par année en dehors des vacances. Ces dispenses doivent, si elles excèdent quinze jours, être soumises à l'approbation de l'inspecteur primaire.

Bien entendu, quand les enfants suivent leurs parents ou tuteurs lorsque ces derniers s'absentent temporairement de la commune, un avis donné verbalement ou par écrit au maire ou à l'instituteur suffit.

La commission peut aussi, avec l'approbation du conseil départemental, dispenser les enfants employés dans l'industrie et usines, à l'âge de l'apprentissage, de l'une des deux classes de la journée. La même faculté est accordée aux enfants employés par leur famille à l'agriculture.

Les enfants qui reçoivent l'instruction dans la famille doivent, chaque année à partir de la fin de la deuxième année d'instruction obligatoire, subir un examen qui porte sur les matières de l'enseignement correspondant à leur âge dans les écoles publiques. — Voy. *Dict. des formules*, n° 940.

Le jury d'examen doit être composé ainsi :

Président : l'inspecteur primaire ou son délégué ;

Puis un délégué cantonal ;

Une personne munie d'un diplôme universitaire ou d'un brevet de capacité. (Pour l'examen des filles la personne brevetée devra être une femme.)

C'est l'inspecteur d'académie qui désigne les membres de ce jury.

Si l'examen de l'enfant est jugé insuffisant et qu'aucune excuse ne soit admise par le jury, les parents sont mis en demeure d'envoyer leur enfant dans une école publique ou privée, dans les huit jours qui suivront la mise en demeure, et de faire savoir au maire quelle école ils ont choisie, sans quoi le maire inscrira d'office l'enfant à l'une des écoles publiques de la commune.

Un arrêté du ministre de l'instruction publique, en date du 22 décembre 1882, a déterminé de la manière suivante les conditions de cet examen :

L'examen que doivent subir, chaque année, à partir de la fin de la deuxième année d'instruction obligatoire jusqu'à l'âge de treize ans révolus, les enfants qui reçoivent l'instruction dans la famille, a lieu dans la maison commune ou dans une salle d'école. (Art. 1.)

La liste des enfants astreints à subir l'examen est dressée par le maire et envoyée à l'inspecteur d'académie avant le 1er mai. (Art. 2.)

L'examen est subi, soit dans le mois qui suit la rentrée des classes, soit dans celui qui la précède. La date en est fixée, pour chaque localité, par l'inspecteur d'académie. (Art. 3.)

La convocation, tant du jury d'examen que des enfants à examiner, est faite, quinze jours à l'avance, par les soins de l'inspecteur primaire. (Art. 4.)

L'examen consiste en épreuves écrites : il n'y a lieu à épreuves orales qu'autant que les premières auraient été jugées insuffisantes. En ce cas, les deux séries d'épreuves ont lieu le même jour. (Art. 5.)

Les épreuves écrites consistent, soit en devoirs écrits sous la dictée et sous le contrôle du jury, soit en devoirs faits à domicile et communiqués avec une attestation d'authenticité par le père de famille.—Voy. *Dict. des formules*, n° 941.

Le jury a toujours le droit de faire procéder à de nouvelles épreuves en sa présence.

Dans le cas où les épreuves écrites se font en présence du jury, elles portent sur les matières ci-après :

De 8 à 9 ans : Ecriture,

De 9 à 10 ans : Ecriture. — Premiers éléments d'arithmétique (addition, soustraction).

De 10 à 11 ans : Dictée d'orthographe usuelle. — Eléments d'arithmétique : les quatre règles, opérations sur des nombres entiers.

De 11 à 12 ans : Dictée d'orthographe usuelle. — Notions du système métrique. — La géographie de la France.

De 12 à 13 ans : Dictée d'orthographe usuelle, — Eléments d'arithmétique et de système métrique. — Les grands faits et les grands hommes de l'histoire de France. (Art. 6.)

Les épreuves orales comprennent une épreuve de lecture et de courtes interrogations sur tout ou partie des matières énumérées dans l'article 6.

L'épreuve de lecture se fera dans les recueils de *morceaux choisis* en usage dans les écoles publiques ou dans les classes élémentaires des lycées. (Art. 7.)

Les enfants dont les parents en feront la demande pourront être examinés sur toutes les autres parties du programme des écoles primaires, tel qu'il résulte du règlement d'organisation pédagogique du 27 juillet 1882. (Art. 8.)

Certificat d'études primaires. — L'article 6 de la loi du 28 mars 1882 a institué un *certificat d'études primaires* qui est décerné après un examen public. L'obtention de ce certificat dispense du temps de scolarité obligatoire qui reste à compter.

Cet examen se compose d'épreuves écrites consistant en :

1° Une dictée d'orthographe de 25 lignes au plus, servant d'épreuve d'écriture ;

2° Deux questions d'arithmétique portant sur les applications du calcul et du système métrique avec solution raisonnée ;

3° Une rédaction d'un genre simple (récit, lettre, etc.).

La nullité d'une des épreuves écrites entraîne l'élimination.

Les épreuves orales qui ont lieu en présence des maîtres et des maîtresses comprennent :

La lecture expliquée ;

L'analyse d'une phrase de la lecture ou d'une phrase écrite au tableau noir ;

Les éléments de l'histoire ou de la géographie de la France ;

Des questions d'application pratique sur le calcul et le système métrique.

Les épreuves orales sont appréciées de la même manière que les épreuves écrites, c'est-à-dire au moyen de chiffres variant de 0 à 10.

La durée de l'ensemble des épreuves pour chaque candidat ne doit pas excéder vingt-cinq minutes.

Les points obtenus pour les épreuves orales sont ajoutés à ceux obtenus pour les épreuves écrites.

Nul n'est définitivement déclaré apte à recevoir le certificat d'études s'il n'a obtenu la moitié au moins du total maximum des points accordés pour les deux épreuves, soit 40 points pour les garçons, 45 points pour les filles, en raison de l'épreuve de travail de couture usuelle qui est en plus exigé d'elles.

Ces examens sont passés devant des commissions cantonales, dont l'inspecteur primaire fait nécessairement partie, qui sont nommées par le recteur sur la proposition des inspecteurs d'académie. (D. 27 juillet 1882 et Arr. 16 juin 1883.)

Laïcité de l'enseignement. — Ce principe n'est pas expressément écrit dans une loi comme le principe de l'obligation et de la gratuité, mais nous le retrouvons dans différentes dispositions de loi.

Le principe de la laïcité consiste dans ceci : c'est que désormais l'école est neutre au point de vue religieux. Nous allons d'ailleurs entrer dans quelques détails sur cette neutralité de l'école en matière religieuse:

1° Dans un règlement scolaire approuvé par arrêté du ministre en date du 7 juin 1880, nous lisons : que le vœu des pères de famille (1) sera toujours consulté et suivi en ce qui concerne la participation de leurs enfants à l'instruction religieuse;

2° Le catéchisme n'est plus enseigné par l'instituteur pendant les heures de classe. C'est désormais le curé ou desservant de la paroisse où se trouve l'école primaire qui est chargé de ce soin. A cet effet les heures du catéchisme doivent être réglées de manière à ne pas interrompre les heures de classe;

3° Enfin les prêtres et desservants ainsi que les pasteurs protestants et rabbins israélites ont perdu toutes les attributions qu'ils tenaient autrefois de la loi du 15 mars 1850 (2).

(1) Le conseil supérieur de l'instruction publique a décidé que ce vœu serait formulé par un oui ou par un non apposé dans une colonne spéciale du registre matricule qui se trouve dans toutes les écoles primaires.

(2) Cette loi, du 13 mars 1850, donnait aux ministres des cultes un droit d'inspection, de surveillance et de direction dans les écoles primaires pu-

Désormais l'enseignement est entièrement distinct de la religion ; les ministres du culte n'ont plus à intervenir et les matières religieuses ne sont plus traitées dans l'école par les soins de l'instituteur (1).

Une circulaire du ministre de l'instruction publique du 1er février 1881 éclaircit quelques points très délicats et qui concernent le nouveau principe de la laïcité.

Désormais, dit le ministre, tout le dimanche, tout le jeudi, et dans la semaine, pendant la belle saison en particulier, les matinées avant 9 heures, les soirées à partir de 4 heures, sont à la disposition du clergé pour le catéchisme et les exercices religieux.

Ces nouvelles dispositions tendent à éviter toute perturbation des classes, à ôter même tout prétexte d'inassiduité à l'école. On a voulu par là interdire expressément les allées et venues des élèves.

Pendant toute la semaine qui précède la première communion, les enfants seront à la disposition de leur famille et du clergé.

En outre de ce qui vient d'être dit, nous ajoutons que l'instituteur n'est plus tenu de conduire les élèves, soit à l'église, soit au catéchisme.

Nonobstant le principe de la laïcité, le conseil d'Etat et le ministre de l'instruction ont reconnu, le premier, dans un arrêt du 9 décembre 1879, le second, par une circulaire du 20 décembre 1879, que les conseils municipaux ont en tout état de cause le droit d'émettre des vœux tendant à confier la direction des écoles communales, soit à des laïques, soit à des congréganistes.

Le ministre et le conseil d'Etat reconnaissent qu'en cas de vacance, que la vacance provienne d'un décès, d'une démission, d'une révocation ou de toute autre cause, le conseil municipal exercera toujours son droit d'option.

Enfin que seul le préfet a qualité pour apprécier s'il doit prendre ou non des arrêtés conformes aux vœux des assemblées municipales. Ce droit d'option du conseil municipal peut s'exercer en tout temps.

Gratuité de l'enseignement; dépenses de l'instruction primaire incombant à la charge des communes. — La loi du 16 juin 1881, en proclamant la gratuité de l'enseignement, a supprimé la rétribution scolaire et par conséquent mis les dépenses de l'enseignement à la charge des communes, des départements et de l'Etat. Ces dépenses sont de deux sortes : les unes sont relatives au traitement des instituteurs ; les autres, à la construction, l'entretien et l'appropriation des maisons d'école ainsi qu'à l'acquisition du mobilier scolaire.

La suppression de la rétribution scolaire a eu pour effet de mettre en principe le traitement des instituteurs à la charge des communes. D'après le texte de la loi cité plus haut, les communes sont tenues d'affecter à cette dépense : 1° le produit des dons et legs ; 2° les quatre centimes spéciaux de l'instruction primaire ; 3° en cas d'insuffisance de ces ressources un prélèvement pouvant aller jusqu'au cinquième des revenus communaux désignés par la loi. Telle est l'obligation légale qui incombe aux communes et elles ne devraient être appelées rigoureusement à profiter des subventions de l'Etat qu'après emploi complet et insuffisance constatée de toutes ces ressources.

Mais dans le but d'alléger les charges que la loi sur la gratuité im-

bliques et privées et dans les salles d'asile, et aux consistoires israélites et protestants le droit de présentation pour les instituteurs appartenant aux cultes non catholiques.

(1) L'enseignement religieux est même déclaré facultatif dans les écoles privées.

posait aux communes, le parlement inscrivit dans la loi de finances de 1882 un crédit de 15 millions pour dispenser les communes les moins riches du prélèvement du cinquième. Le décret du 26 octobre 1881 a établi la base de répartition de ce crédit entre les communes en décidant :

1° Que les communes où le produit du centime est inférieur à 25,000 francs, et où les revenus annuels n'atteignent pas 5 millions, recevraient en 1882 une subvention extraordinaire destinée à leur rembourser la totalité du prélèvement du cinquième ordonné par la loi du 16 juin 1881 ;

2° Que les communes où le produit du centime est supérieur à 25,000 francs, et où les revenus annuels atteignent 5 millions, ne recevraient en 1882 de subvention qu'après acquittement des allocations imposées en vertu des dispositions de l'article précédent.

Dans ce cas, la somme disponible est répartie entre elles proportionnellement au montant du prélèvement fixé par la loi du 16 juin 1881 et déterminé comme il vient d'être dit.

Il n'y a que cinq communes où le produit du centime dépasse 25,000 francs et où les revenus annuels soient supérieurs à 5 millions. Ces communes sont celles de Paris, Lyon, Marseille, Bordeaux et Lille.

Depuis, chaque année, ce crédit de 15 millions figure dans la loi de finances et la plupart des communes sont ainsi dispensées en fait du prélèvement du cinquième. Mais cette dispense n'a qu'un caractère absolument précaire et annuel qui n'efface pas l'obligation du prélèvement, ne s'applique qu'à la dépense du traitement et n'exempte pas les communes des autres obligations que la loi leur impose. (Art. 21, L. 22 mars 1885, portant fixation du budget des dépenses.)

Ainsi on doit faire figurer au budget à titre obligatoire toutes les dépenses de l'instruction primaire telles que traitement, frais d'entretien des écoles, frais de logement des instituteurs, institutrices, directrices, etc. On compare ensuite le montant de ces dépenses au chiffre des ressources résultant des dons et legs et du produit des 4 centimes spéciaux. Si les dépenses dépassent ces recettes, on fait ressortir dans la colonne d'observations le montant de la dépense qui devrait être couvert par le prélèvement du cinquième et auquel il est pourvu par la subvention extraordinaire de l'État ; le déficit, s'il en existe encore un, est porté au compte des subventions ordinaires du département et de l'État.

Les contingents qui restent à la charge des communes doivent être versés sur mandats des maires aux recettes des finances en cinq termes, dans les proportions et aux époques ci-après, savoir : un quart dans la première quinzaine de janvier ; un quart dans la première quinzaine d'avril ; un quart dans la première quinzaine de juillet ; deux douzièmes au commencement d'octobre ; un douzième dans les dix premiers jours de décembre. (Circ. Int. 8 avril 1882.)

Il importe de remarquer qu'aux termes de l'article 21 précité de la loi du 22 mars 1885 les communes non encore propriétaires de leur maison d'école ne peuvent obtenir une subvention applicable aux loyers scolaires ou aux indemnités de logement qu'après avoir fait emploi du cinquième institué par l'article 3 de la loi du 16 juin 1881.

Elles peuvent d'ailleurs remplacer tout ou partie du prélèvement du cinquième par le vote d'une imposition extraordinaire qui n'excédera pas 4 centimes additionnels au principal des quatre contributions directes.

Quant aux dépenses d'acquisitions, construction, appropriation, achat de mobiliers, etc., elles sont couvertes, soit au moyen des ressources ordinaires s'il en reste de disponibles, après satisfaction donnée à toutes les dépenses obligatoires, soit au moyen d'impositions extraordinaires et d'emprunts, conformément à ce qui a été ou sera dit sous les rubriques MAISONS D'ÉCOLE, EMPRUNTS, IMPOSITIONS EXTRAORDINAIRES, CAISSE DES ÉCOLES.

Jusqu'à présent, l'État, pour faciliter aux communes la construction et l'appropriation des écoles, intervenait dans la dépense, non seulement par des subventions, mais encore par des avances que la Caisse des lycées, collèges et écoles faisait au taux de .4 0/0, intérêt et amortissement compris. En raison de l'épuisement du fonds d'avances, la loi du 22 juillet 1885 a décidé qu'à l'avenir la Caisse des lycées, collèges et écoles ne ferait plus d'avances ; les communes devront donc se procurer les fonds d'emprunt en s'adressant soit aux particuliers, soit aux établissements de crédit. Elles payeront par suite un taux d'intérêt et d'amortissement plus élevé et qu'on peut évaluer à 5,63, mais en revanche elles recevront des subventions plus fortes variant de 10 à 80 0/0 de la dépense, en raison inverse de la valeur du centime, du montant des ressources et en raison directe des sacrifices faits par elles. Pour les communes dont le centime est inférieur à 10 francs, les subventions pourront même dépasser 80 0/0.

Caisse des écoles. — La loi du 10 avril 1867, article 15, avait donné aux conseils municipaux la faculté de créer, par délibération approuvée par le préfet, une Caisse des écoles destinée à encourager et faciliter la fréquentation des écoles par des récompenses aux élèves assidus et par des secours aux élèves indigents. Le revenu de la Caisse des écoles se compose de cotisations volontaires, de subventions de la commune, du département ou de l'État. Elle peut recevoir, avec l'autorisation du préfet, des dons et legs. Le service en est fait gratuitement par le percepteur.

La loi du 28 mars 1882 a converti en une obligation la faculté reconnue par la loi de 1867. En vertu de l'article 17, il doit être établi une caisse des écoles dans toutes les communes. Dans les communes subventionnées dont le centime n'excède pas 30 francs, la caisse a droit, sur le crédit ouvert pour cet objet au ministère de l'instruction publique, à une subvention au moins égale au montant des subventions communales.

La répartition des secours se fait par les soins de la commission scolaire.

La Caisse des écoles, bien administrée, peut rendre les plus grands services : comme caisse d'épargne scolaire elle peut habituer les enfants à l'ordre et à l'économie, tout en permettant de stimuler par des récompenses leur assiduité ; elle permet aussi de créer des vestiaires et des fourneaux au moyen desquels on peut fournir des vêtements aux enfants qui en manquent et distribuer un ou plusieurs repas gratuits aux élèves indigents.

Cours d'adultes. — En vertu des article 2 et 7 de la loi du 10 avril 1867, il peut être créé des cours dits d'adultes pour permettre aux jeunes gens de compléter leur instruction ou même pour en donner les premiers éléments aux illettrés. L'arrêté du ministre de l'instruction publique du 22 juillet 1884 a déterminé de la manière suivante l'organisation des cours d'adultes :

Tout conseil municipal qui a l'intention d'ouvrir, à la rentrée de l'année scolaire, un ou plusieurs cours d'adultes et de solliciter en leur faveur les subventions de l'Etat, fait connaître cette intention par une délibération adressée au préfet avant le 15 juin. (Art. 1er.)

Cette délibération est soumise à l'examen du conseil départemental, qui décide la création d'un cours subventionné, sous réserve de l'approbation ministérielle. (Art. 4.)

Aucun instituteur public ne peut être contraint de diriger un cours d'adultes. Les conditions de rémunération sont fixées de gré à gré entre la commune et l'instituteur. (Art. 2.)

Les classes d'adultes comprennent les cours destinés aux illettrés et les cours spéciaux pour les jeunes gens qui désirent compléter leur instruction. (Art. 3.)

Dans les classes destinées aux adultes dépourvus de l'instruction élémentaire, l'enseignement comprend : la lecture, l'écriture, l'orthographe, le calcul et les éléments du système métrique.

Dans les cours de répétition ou de perfectionnement, l'enseignement porte sur les matières énumérées à l'article 1er de la loi du 28 mars 1882, et les élèves sont, autant que possible, répartis en groupes correspondant aux divisions de l'école de jour (cours élémentaire, moyen, supérieur). (Art. 4.)

Les cours sont ouverts au moins cinq mois pendant l'année; les dates d'ouverture et de clôture de ces cours sont fixées par le maire, sur la proposition de l'instituteur.

Les cours ont lieu au moins trois fois par semaine; chaque séance est d'une heure et demie. (Art. 6.)

Pour être admis dans les classes d'adultes, les élèves doivent être âgés de treize ans au moins.

Dans les centres importants, les élèves de treize à seize ans forment une classe distincte. (Art. 7.)

Une feuille de présence est déposée le 1er du mois dans chaque cours d'adultes. Elle contient les noms et prénoms des élèves et renferme autant de colonnes qu'il y a de jours de classe dans le mois. Les élèves y apposent leur signature, chaque jour, à leur arrivée en classe.

A la fin de chaque mois, ces feuilles sont adressées par l'instituteur ou l'institutrice à l'inspecteur primaire; elles doivent servir en fin d'année de pièce justificative pour le payement de la subvention due aux cours d'adultes. (Art. 8.)

Il est attribué à l'instituteur, pour tout élève comptant au moins 50 présences dans l'année, une rétribution annuelle de 12 francs. Toutefois, le montant total de l'indemnité ne saurait excéder 150 francs par cours et par an. (Art. 10.)

La dépense, quel qu'en soit le chiffre, est répartie entre les communes et l'Etat, conformément à l'article 2 du décret susvisé. (Art. 11.)

A la clôture des cours, l'inspecteur d'académie dresse, d'après les documents fournis par l'inspecteur primaire, l'état des indemnités à payer, avec indication de la part afférente aux communes; il transmet cet état avec les pièces justificatives au préfet, qui l'adresse au ministre, en y joignant ses propositions pour la répartition de la subvention de l'Etat. (Art. 12.)

Aux termes du décret du 22 juillet 1884 :

Pour participer aux subventions de l'Etat, les cours d'adultes doivent être établis conformément à l'article 2 de la loi du 10 avril 1867, après avis du conseil municipal, par décision du conseil départemental de l'instruction publique soumise à l'approbation du ministre. Ces subventions ne sont accordées que dans les limites fixées chaque année par la loi de finances. (Art. 1er.)

La subvention de l'Etat ne peut être accordée à des cours d'adultes, après épuisement complet des ressources communales, que si ces cours sont gratuits pour tous les élèves, s'ils durent cinq mois au moins, si la commune se charge des frais de chauffage et d'éclairage et si elle contribue en outre à la rémunération des instituteurs qui dirigent ces cours. Cette subvention ne sera accordée qu'aux communes qui auront justifié de l'insuffisance de leurs ressources ; elle ne peut en aucun cas être supérieure à la moitié de la dépense.

Ecoles primaires supérieures et Cours complémentaires. — Ce sont des écoles où l'enseignement primaire est donné avec plus de développement.

On distingue deux catégories d'établissements d'enseignement primaire supérieur :

Les écoles d'un an annexées à l'école élémentaire qui prennent le nom de cours complémentaires. Le cours complémentaire doit toujours être fait dans une salle distincte. (D. du 27 juillet 1885, art. 8.)

Les écoles primaires supérieures proprement dites, ayant un personnel distinct et comprenant au moins deux années d'études. Elle est dite de plein exercice, si elle en comprend trois ou plus. (D. 27 juillet 1885.)

Ces écoles doivent avoir autant de salles distinctes qu'elles comportent d'années d'études, et, en outre, une salle de dessin, un atelier et ses dépendances requises pour les établissements primaires. L'école de plein exercice doit avoir un gymnase. (D. 27 juillet 1885, art. 8.)

La création d'établissements d'enseignement primaire supérieur est facultative pour les communes; les frais sont en principe à leur charge, sauf les encouragements et subventions qu'elles peuvent recevoir de l'Etat, dans la limite des crédits disponibles, lorsqu'ils remplissent les conditions voulues.

- Il ne peut être créé de cours complémentaire que dans les écoles où le cours supérieur de l'enseignement primaire élémentaire est organisé conformément au programme et à l'arrêté du 27 juillet 1885. L'école primaire supérieure doit compter vingt élèves au moins, le cours complémentaire dix élèves au moins par chaque année d'études. Le cours complémentaire sera supprimé, si, pendant toute une année scolaire, l'effectif reste au-dessous du nombre de dix élèves. (D. 27 juillet 1885.)

Les communes qui sollicitent le concours de l'État pour leurs écoles primaires supérieures doivent remplir les conditions suivantes :

1° Etre pourvues d'écoles primaires ordinaires dont le nombre soit en rapport avec les prescriptions de la loi et dont l'installation satisfasse aux conditions exigées par le règlement pour la construction et l'ameublement des maisons d'école ;

2° S'engager à entretenir l'école primaire supérieure pour une durée de cinq années au moins;

3° Assurer à tous les élèves la gratuité de l'enseignement (les frais de pension seulement dans les internats restant à la charge des familles) ;

4° Voter pour le directeur un traitement de 2,800 francs au moins, dont les deux tiers sont couverts par les ressources communales. (D. 15 janvier 1881, art. 4, et décret 27 juillet 1885.)

II   59

L'Etat intervient de son côté :

1° Par des concessions de bourses d'internat, de demi-pensions, ou familiales, données au concours ouvert entre les élèves pourvus du certificat d'études primaires (D. 3 janvier 1882);

2° Par des concessions de matériel d'enseignement, soit en nature, soit sous forme de subventions (pour la gymnastique, la musique, la géographie, les sciences physiques et naturelles);

3° Par des subventions pour les dépenses du personnel. Ces subventions consistent, pour les cours complémentaires annexés à des écoles publiques, en une allocation de 300 francs pouvant s'élever par augmentations successives à 600 francs, comme supplément au traitement du directeur de l'école. Cette allocation est passible de retenue.

Pour les écoles primaires supérieures proprement dites, la subvention est destinée à former le traitement d'un maître sur deux ou de deux maîtres sur trois. Elle représente aussi le tiers du traitement du directeur. (D. 15 janvier 1881, art. 6.)

Pour participer aux encouragements de l'Etat, les cours complémentaires et les écoles primaires supérieures doivent remplir, au point de vue du personnel enseignant et des locaux, les conditions énumérées dans l'arrêté du 15 janvier 1881. — Voy. *Bulletin annoté des lois*, 1881, p. 70.

Le traitement du personnel des écoles primaires supérieures a été réglé ainsi qu'il suit par le décret du 29 octobre 1881 :

Directeurs :	4° classe,	2,000 francs.
	3e —	2,200 —
	2° —	2,500 —
	1re —	2,800 —
Adjoints :	4e classe,	1,200 francs.
	3e —	1,400 —
	2e —	1,600 —
	1re —	1,800 —

Les professeurs spéciaux de langues vivantes, de dessin et d'agriculture reçoivent une indemnité annuelle non soumise à la retenue et calculée d'après le nombre d'heures d'enseignement qu'ils donnent chaque semaine dans l'école. Cette indemnité peut varier de 100 à 200 francs pour chaque heure d'enseignement donnée par semaine. Le montant en est fixé par le préfet, sur l'avis du conseil départemental et sauf approbation du ministre.

Les auxiliaires chargés de l'enseignement de la gymnastique et de la direction des travaux manuels reçoivent, dans les mêmes conditions, une indemnité annuelle qui peut varier de 50 à 100 francs.

Les traitements fixes sont mandatés par le préfet sur le vu d'un état dressé chaque année par l'inspecteur d'académie. Ils sont payés mensuellement par douzième.

Les traitements éventuels sont mandatés dans la même forme et payés trimestriellement et par quart. Ces auxiliaires sont admis au bénéfice des pensions de retraite.

Conditions d'admission. — Nul élève ne peut être admis soit au cours complémentaire, soit à l'école primaire supérieure, s'il n'est pourvu du certificat d'études primaires élémentaires. (D. 27 juillet 1885, art. 6.)

Programme et plans d'études. — Les matières et la direction générale de l'enseignement sont déterminées par l'arrêté ministériel du 27 juillet 1885 et les programmes y annexés qui servent en même temps de programmes d'examen pour l'obtention du certificat d'études primaires supérieures.

L'enseignement comprend d'abord la revision et le développement de toutes les matières énumérées dans l'article 1er de la loi du 28 mars 1882, et, en outre, l'enseignement d'une langue vivante. Des cours accessoires, intéressant plus particulièrement l'industrie de la contrée, peuvent être autorisés par le ministre, sur la demande du comité de patronage, approuvé par le conseil municipal et après avis du conseil départemental. (Arrêté 27 juillet 1885, art. 1 et 3.)

Le décret du 2 janvier 1882 a institué auprès de chaque école primaire supérieure un comité de patronage et de perfectionnement dont les membres sont nommés par arrêté ministériel, sur la proposition du recteur d'académie. Ce comité comprend des dames patronnesses pour les écoles de filles.

Il est spécialement chargé de veiller aux intérêts matériels des élèves et à la bonne tenue de l'école.

Il prend les élèves sous son patronage, surveille les boursiers et s'occupe de placer les plus méritants.

Comme consécration et couronnement des études primaires supérieures, le décret du 13 décembre 1882 a institué un certificat d'études primaires supérieures qui est obtenu à la suite d'un examen que doivent nécessairement subir tous les titulaires d'une bourse de l'État.

Il importe à ce dernier point de vue de remarquer que les établissements libres d'enseignement primaire supérieur, désignés par le ministre, peuvent recevoir des boursiers nationaux aux mêmes conditions que les établissements publics.

Des écoles libres. — Lorsqu'un instituteur ou une institutrice veut ouvrir une école libre, il doit préalablement déclarer son intention au maire de la commune où il veut s'établir, lui désigner le local et lui donner l'indication des lieux où il a résidé et des professions qu'il a exercées pendant les six années précédentes. (L. 15 mars 1850, art. 27 et 50.)

Il est ouvert dans chaque mairie un registre spécial destiné à recevoir ces déclarations. Chacune d'elles doit, indépendamment des indications qui précèdent, être accompagné de l'acte de naissance de l'instituteur, de son brevet de capacité ou du titre reconnu équivalent ; elle est signée sur le registre par l'instituteur et par le maire. Une copie en est immédiatement affichée à la porte de la mairie et y demeure pendant un mois. (D. 7 octobre 1850, art. 1er.)

Dans les trois jours qui suivent la déclaration, le maire adresse à l'inspecteur d'académie les pièces qui y sont jointes, ainsi que le certificat d'affiche. — *Dict. des formules,* 926-927.

Dans le même délai, le maire, après avoir visité ou fait visiter le local destiné à l'école, délivre gratuitement à l'instituteur ou à l'institutrice, en triple expédition, une copie légalisée de sa déclaration. S'il refuse d'approuver le local, il fait mention de cette opposition et des motifs sur lesquels elle est fondée au bas des copies légalisées qu'il délivre à l'instituteur ou l'institutrice. Une des copies délivrées par le maire doit être remise par l'instituteur ou l'institutrice au procureur de la République et au sous-préfet, lesquels en délivrent récépissé. La troisième copie est remise à l'inspecteur d'académie, avec les récépissés du procureur de la République et du sous-préfet. (D. 7 octobre 1850, art. 2.)

A l'expiration du délai d'un mois, pendant lequel la déclaration doit rester affichée à la porte de la mairie, le maire transmet à l'inspecteur d'académie les observations auxquelles la déclaration affichée peut avoir donné lieu, ou l'informe qu'il n'en a pas été reçu à la mairie. (Id., art. 3.) — *Dict. des formules*, 929.

L'inspecteur, soit d'office, soit sur la plainte du procureur de la République ou du sous-préfet, peut former opposition à l'ouverture de l'école, dans l'intérêt des mœurs publiques, dans le mois qui suit la déclaration à lui faite. Cette opposition est jugée dans un bref délai contradictoirement et sans recours, par le conseil départemental. Si le maire refuse d'approuver le local, il est statué à cet égard par ce conseil. A défaut d'opposition, l'école peut être ouverte à l'expiration du mois sans autre formalité. (L. 15 mars 1850, art. 28.)

Si l'inspecteur croit devoir faire opposition à l'ouverture de l'école, il signifie son opposition à la partie par un arrêté motivé. Trois jours au moins avant la séance fixée pour le jugement de l'opposition, la partie est citée à comparaître devant le conseil départemental. Copie de la décision de ce conseil est transmise par l'inspecteur au maire de la commune, qui la fait transcrire en marge de la déclaration de l'instituteur ou de l'institutrice sur le registre spécial. (D. 7 octobre 1850, art. 4.) — *Dict. des formules*, 942.

Quiconque a ouvert une école, en contravention aux règles qui précèdent ou avant l'expiration du délai fixé, peut être poursuivi devant le tribunal correctionnel du lieu du délit et condamné à une amende de 50 à 500 francs. L'école est fermée. En cas de récidive, le délinquant est condamné à une amende de 100 francs à 1,000 francs et à un emprisonnement de six jours à un mois. La même peine de six jours à un mois d'emprisonnement et de 100 francs à 1,000 francs d'amende est prononcée contre celui qui, dans le cas d'opposition formée à l'ouverture de son école, l'aurait néanmoins ouverte avant qu'il eût été statué sur cette opposition, ou bien au mépris de la décision du conseil départemental qui aurait accueilli l'opposition. La même peine est applicable aux instituteurs libres qui reçoivent des enfants de sexes différents sans l'autorisation du conseil départemental. (L. 10 avril 1867, art. 20.)

Ne sont point considérées comme tenant école, les personnes qui, dans un but purement charitable, et sans exercer la profession d'instituteur, enseignent à lire et à écrire aux enfants, avec l'autorisation du délégué cantonal. Néanmoins, cette autorisation peut être retirée par le conseil départemental. (L. 15 mars 1850, art. 29.) Suivant la jurisprudence de la cour de cassation, il n'y a pas non plus ouverture d'école libre, soumise à l'accomplissement préalable des formalités prescrites par l'article 17 de la loi du 15 mars 1850, de la part de celui qui donne, soit chez lui, soit au domicile des parents, l'instruction à des enfants de diverses familles, mais isolément et par groupes d'enfants d'une même famille ; il y a là seulement enseignement domestique privé ; l'ouverture d'une école dans le sens précité, n'a lieu qu'autant que des enfants de différentes familles sont réunis habituellement pour recevoir l'enseignement en commun. (Arr. cass. 27 juillet 1860.)

L'inspection des écoles libres porte sur la moralité, l'hygiène et la salubrité. Elle ne peut porter sur l'enseignement que pour vérifier s'il n'est pas contraire à la morale, à la Constitution et aux lois. (Id. art. 21.)

Tout instituteur ou institutrice libre peut, sur la plainte du préfet ou du procureur de la République, être traduit, pour cause de faute grave dans l'exercice de ses fonctions, d'inconduite ou d'immoralité, devant le conseil départemental, et être censuré, suspendu pour un temps qui ne peut excéder six mois, ou interdit de l'exercice de sa profession dans la commune où il exerce. Le conseil départemental peut même le frapper d'une interdiction absolue. S'il y a lieu à appel devant le conseil supérieur de l'instruction publique, cet appel doit être interjeté dans le délai de dix jours à compter de la notification de la décision, et n'est pas suspensif. (L. 15 mars 1850, art. 30.)

Lorsqu'un instituteur ou une institutrice libre a été suspendu de l'exercice de ses fonctions, il peut être admis, par le conseil départemental, à présenter un suppléant pour la direction de son école. (D. 7 octobre 1850, art. 5.) D'après la loi du 15 mars 1850, les communes pouvaient être dispensées par le conseil départemental d'entretenir une école publique, à la condition de pourvoir à l'instruction des enfants pauvres dans une école libre (art. 36), mais par suite de l'application du 15 juin 1881 de semblables conventions ne peuvent plus intervenir entre les municipalités et les directeurs d'établissements libres qu'autant que ces derniers s'engagent à supprimer la rétribution scolaire. La dépense qui résulte de l'exécution de ces conventions est alors acquittée au moyen des ressources énumérées aux art. 2, 3, 4 et 5 de la loi du 15 juin 1881. (Circ. 22 septembre 1881.)

L'enseignement religieux est facultatif dans les écoles privées. (L. 28 mars 1882, art. 2.)

Asiles-ouvroirs. — Dans les lieux où la création d'une école de filles rencontre des obstacles insurmontables, l'institution des asiles-ouvroirs est très propre à remédier aux inconvénients résultant de la privation d'un enseignement spécial.

Ces établissements sont destinés à donner aux jeunes filles les connaissances et l'habitude des travaux à l'aiguille.

Les asiles-ouvroirs se tiennent soit dans les salles d'école, après les heures de classe, soit dans un local contigu. La femme de l'instituteur, ou, à son défaut, une couturière agréée par l'autorité, est chargée de la direction de cet ouvroir moyennant la faible rétribution de 40 à 50 francs, à laquelle on ajoute une somme très minime pour l'acquisition des matières premières.

On a soin de varier les travaux des jeunes filles qui sont principalement occupées au raccommodage de leurs vêtements ou de ceux de leurs parents, pendant qu'une des monitrices fait à haute voix une lecture instructive.

On a vu plus haut que, dans les écoles mixtes tenues par des instituteurs, une femme nommée par le préfet, sur la proposition du maire, doit être chargée de diriger les travaux à l'aiguille des filles. (Circ. min. de l'instr. publ., 31 octobre 1854.)

Des pensionnats primaires. — Les pensionnats primaires sont soumis aux prescriptions des articles 26, 27, 28, 29 et 30 de la loi du 15 mars 1850 relatifs aux formalités à remplir pour l'ouverture d'une école libre et à la surveillance des autorités qu'elle institue. Ces dispositions sont applicables aux pensionnats de filles en tout ce qui n'est pas contraire aux prescriptions soit de la loi du 15 mars 1850, soit du décret du 31 décembre 1853, en ce qui concerne les écoles de filles.

Conditions relatives à l'ouverture d'un pensionnat par un instituteur libre. — **Tout** instituteur libre qui veut ouvrir un pensionnat primaire doit justifier qu'il s'est soumis aux prescriptions des articles 27 et 28 de la loi du 15 mars 1850. Il doit, en outre, déposer entre les mains du maire la déclaration exigée par le § 1er de l'article 53 de ladite loi. Cette déclaration doit être accompagnée : 1° de l'acte de naissance de l'instituteur, et, s'il est marié, de son acte de mariage ; 2° d'un certificat dûment légalisé, attestant que le postulant a exercé pendant cinq ans au moins, soit comme instituteur, soit comme maître dans un pensionnat primaire ; 3° du programme de son enseignement ; 4° du plan du local dans lequel le pensionnat doit être établi ; 5° de l'indication du nombre maximum des pensionnaires qu'il se propose de recevoir ; 6° de l'indication des noms, prénoms, date et lieu de naissance des maîtres et employés qu'il s'est adjoints pour la surveillance du pensionnat. (D. 30 décembre 1850, art. 1er.)

Tout Français qui, après avoir exercé pendant cinq ans comme maître dans un pensionnat primaire, veut ouvrir à la fois une école libre et un pensionnat primaire, peut accomplir simultanément les formalités prescrites par les articles 27 et 28 de la loi du 15 mars et par l'article 1er ci-dessus. (Id., art. 2.)

Le maire inscrit sur un registre spécial la déclaration de l'instituteur. Dans les trois jours qui suivent la déclaration, le maire, après avoir visité ou fait visiter le local destiné au pensionnat, vise en triple expédition la déclaration de l'instituteur et la lui remet avec son visa. S'il refuse d'approuver le local, il fait mention de son opposition et des motifs sur lesquels elle est fondée, en marge de la déclaration. Cette déclaration, accompagnée des pièces prescrites, est transmise à l'inspecteur d'académie, au procureur de la République et au sous-préfet, par le postulant. (Id., art. 3.)

Si l'inspecteur fait opposition à l'ouverture du pensionnat, soit dans l'intérêt de la moralité ou de la santé des élèves, soit pour inobservation des formes et conditions prescrites par la loi, il signifie son opposition à la partie par un arrêté motivé. Trois jours au moins avant la séance fixée pour le jugement de l'opposition, l'instituteur est appelé devant le conseil départemental. Cette opposition est jugée par le conseil et copie de la décision est transmise par le préfet au maire de la commune, qui fait transcrire cette décision en marge de la déclaration de l'instituteur, sur le registre spécial. A défaut d'opposition à l'ouverture du pensionnat, et dans le cas où il est donné mainlevée de l'opposition qui aurait été formée, le conseil départemental détermine le nombre d'élèves qui peuvent être admis, sans inconvénient, dans le local affecté au pensionnat, et le nombre des maîtres et employés nécessaire pour la surveillance des élèves. Mention en est faite par le préfet sur le plan du local. L'instituteur est tenu de représenter ledit plan aux autorités préposées à la surveillance des écoles, chaque fois qu'il en est requis. (Id., art. 4.)

Conditions relatives à l'ouverture d'un pensionnat par un instituteur public. — **Les** dispositions qui précèdent sont également applicables à l'instituteur public qui veut établir un pensionnat primaire. La déclaration de l'instituteur est soumise par le maire au conseil municipal, dans sa plus prochaine réunion. Le conseil municipal, avant de donner son avis sur la demande, s'assure que le local est approprié à sa destination, et que la tenue de l'école communale n'aura pas à souffrir de l'établissement projeté. (Id., art. 5.)

L'autorisation donnée par le conseil départemental mentionne le nombre des élèves pensionnaires que l'instituteur peut recevoir. Cette autorisation mentionne également le nombre des maîtres et employés qui doivent partager avec l'instituteur la surveillance du pensionnat. Le plan du local, visé par le préfet, et l'autorisation délivrée par le conseil départemental, doivent être représentés par l'instituteur aux autorités préposées à la surveillance des écoles. (D. 30 décembre 1850, art. 6.)

Le régime intérieur des pensionnats est réglé par le préfet, en conseil départemental, sauf revision par le ministre en conseil supérieur. (Id., art. 7.)

Lorsqu'un pensionnat primaire occupe une partie de la maison d'école en location, cette partie doit être pour le loyer à la charge de l'instituteur ou de l'institutrice. (Inst. 9 août 1870.)

Conditions communes aux instituteurs publics et libres. — Si l'instituteur ne s'est pas conformé aux mesures prescrites par le conseil départemental, dans l'intérêt des mœurs et de la santé des élèves, il peut être traduit devant ledit conseil pour subir l'application des dispositions de l'article 30 de la loi du 15 mars 1850, s'il appartient à l'enseignement libre; s'il est instituteur communal, il lui est fait application des peines énoncées dans l'article 33 de ladite loi. (Id., art. 8.)

Tout instituteur qui reçoit des pensionnaires doit tenir un registre sur lequel il inscrit les noms, prénoms et l'âge de ses élèves pensionnaires, la date de leur entrée et celle de leur sortie. Chaque année, il transmet, avant le 1er novembre, à l'inspecteur de l'académie, un rapport sur la situation et le personnel de son établissement. (Id., art. 9.)

Tout instituteur dirigeant un pensionnat qui change de commune, ou qui, sans changer de commune, change de local ou apporte au local affecté à son pensionnat des modifications graves, doit en faire la déclaration à l'inspecteur et au maire de la commune, et se pourvoir de nouveau devant le conseil départemental. La nouvelle déclaration doit être accompagnée du plan du local, et doit mentionner les indications énoncées plus haut. (Id., art. 10.)

Il est ouvert, dans chaque pensionnat, un registre spécial destiné à recevoir les noms, prénoms, dates et lieux de naissance des maîtres et employés, et l'indication des emplois qu'ils occupaient précédemment, et des lieux où ils ont résidé, ainsi que la date des brevets, diplômes ou certificats de stage dont ils seraient pourvus. Les autorités préposées à la surveillance de l'instruction primaire doivent toujours se faire représenter ce registre, quand elles inspectent les écoles. (Id., art. 11.)

Aucun pensionnat primaire ne peut être établi dans les locaux dont le voisinage est reconnu dangereux sous le rapport de la moralité et de la santé des élèves. (Id., art. 12.)

Aucun pensionnat ne peut être annexé à une école primaire qui reçoit des enfants des deux sexes. (Id., art. 13.)

Les dortoirs doivent être spacieux, aérés, et dans des dimensions qui soient en rapport avec le nombre des pensionnaires. Ils doivent être surveillés et éclairés pendant la nuit. Une pièce spéciale doit être affectée au réfectoire. (Id., art. 14.)

Ecoles manuelles d'apprentissage. — La loi du 11 décembre 1880 a rangé au nombre des établissements d'enseignement primaires publics les écoles d'apprentissage fondées par les communes ou les départements pour développer chez les jeunes gens qui se destinent aux professions manuelles la dextérité nécessaire et les connaissances techniques. De plus, cette loi assimile aux écoles manuelles d'apprentissage les écoles publiques d'enseignement primaire complémentaire, dont le programme comprend des cours ou des classes d'enseignement professionnel.

Aux termes du décret du 30 juillet 1881, la création, la construction et l'entretien des écoles publiques, rentrant dans l'une ou l'autre des deux catégories établies par l'article 1er, sont soumis aux dispositions des lois des 15 mars 1850, 10 avril 1867, 3 juillet 1880 et 16 juin 1881.

La création des écoles d'apprentissage proprement dites est autorisée par le ministre de l'agriculture et du commerce, le conseil supérieur de l'enseignement technique, entendu, après approbation du ministre de l'instruction publique pour la partie scolaire.

Les écoles d'enseignement primaire complémentaire sont autorisées par le ministre de l'instruction publique, après approbation par le ministre de l'agriculture et du commerce du programme d'enseignement professionnel. (Art. 2.)

Les plans et devis des projets de construction destinées aux écoles publiques de l'une ou de l'autre catégorie sont approuvées par le ministre de l'instruction publique, après avis favorable donné par le ministre de l'agriculture et du commerce, le conseil supérieur de l'enseignement technique entendu, sur la disposition des locaux affectés à l'enseignement professionnel. (Art. 3.)

Les modifications à apporter aux programmes des écoles publiques déjà existantes et rentrant dans l'une ou l'autre catégorie ci-dessus indiquées, en vue de faire bénéficier ces écoles des dispositions de la loi du 11 décembre 1880, sont autorisées, suivant la distinction établic par les paragraphes 2 et 3 de l'article 2 du décret.

En exécution des articles 2 et 3 de la loi du 11 décembre 1880, il peut être accordé à tous les établissements énumérés à l'article 1er de présent décret, soit publics, soit libres, indistinctement, tant par le ministre de l'instruction publique que pour celui de l'agriculture et du commerce, des subventions éventuelles, sous forme d'allocations pécuniaires, d'outillage, de modèles, de livres et d'appareils d'enseignement, ainsi que de bourses et de subsides alimentaires aux élèves.

Pour participer à ces subventions, les communes, les départements et les associations libres doivent :

1° S'engager à entretenir l'établissement, en faveur duquel la subvention est sollicitée pendant une durée de cinq ans au moins ;

2° Justifier que le personnel remplit les conditions nécessaires pour assurer l'enseignement compris dans le programme de l'établissement, et que le local répond aux besoins de l'enseignement donné dans ledit établissement.

Toutefois, les subventions éventuelles ne sont accordées aux associations libres que pour les écoles fondées ou entretenues depuis deux ans au moins, et dont le programme d'enseignement aura été soumis à l'examen de l'autorité à laquelle ces subventions seront demandées. (Art. 6.)

Les communes ou départements qui sollicitent ces subventions, devront assurer à tous les élèves la gratuité de l'enseignement, les frais de pension nécessaires seulement dans les internats restant à la charge des familles.

Un arrêté spécial fixe pour chaque catégorie d'écoles les conditions auxquelles peuvent être accordées les bourses et les subsides alimentaires.

Enfin, le décret du 9 juillet 1884 a créé une école nationale d'ensei-

gnement primaire supérieure et d'enseignement professionnel préparatoire à l'apprentissage, destinée à servir de type pour les établissements
de même nature qui seront fondés par application de la loi du 11 décembre 1880.

Instruction secondaire, collèges communaux. — Les communes ne
sont pas obligées d'entretenir des collèges communaux, mais lorsqu'elles veulent fonder des établissements de ce genre, elles doivent
satisfaire aux conditions suivantes, déterminées par l'article 74 de la
loi du 15 mars 1850 : fournir un local approprié à cet usage et en assurer l'entretien; placer et entretenir dans ce local le mobilier nécessaire
à la tenue des cours et à celle du pensionnat, si l'établissement doit
recevoir des élèves internes; garantir pour cinq ans au moins le traitement fixe du principal et des professeurs, qui est considéré comme une
dépense obligatoire pour la commune en cas d'insuffisance des revenus
propres du collège, de la rétribution collégiale des externes et des produits du pensionnat.

Dans les communes qui en font la demande, les collèges communaux
peuvent être organisés, en vue de l'enseignement secondaire spécial
institué par la loi du 21 juin 1866.

Le mode d'administration des collèges communaux n'est pas uniforme; certains collèges sont en régie, c'est-à-dire au compte des
villes, qui encaissent les bénéfices obtenus sur la gestion du pensionnat
et le produit de la rétribution collégiale.

Quand le collège est en régie, le traitement du principal figure avec
celui des autres fonctionnaires sur un état de traitement qui est acquitté
par le receveur de la ville. Quand, au contraire, le collège est au compte
du principal, le traitement de ce fonctionnaire porté au budget est fictif; son traitement réel consiste dans les bénéfices qu'il réalise sur la
gestion du pensionnat et sur la rétribution collégiale. Aussi, dans ce
cas, afin de donner une base certaine à la perception des retenues à
opérer sur le traitement des principaux pour le service des pensions civiles, l'article 9 du décret du 9 novembre 1853 a décidé que ces revenus
seraient calculés d'après le traitement du professeur le mieux rétribué
surélevé d'un quart.

Près de chaque collège est établi un bureau d'administration désigné
par le recteur et dont les fonctions embrassent l'administration, la
discipline et la comptabilité de l'établissement.

L'État peut venir en aide au collège par des allocations prélevées sur
un fonds de subvention inscrit annuellement au budget. Les communes
qui veulent obtenir une allocation sur ce fonds, doivent justifier de l'insuffisance de leurs ressources en produisant : 1° leur budget de l'exercice courant; 2° un certificat du receveur de l'arrondissement constatant la situation financière de la commune; 3° une délibération du bureau
d'administration et une délibération du conseil municipal, indiquant
l'objet et la quotité de l'allocation demandée; 4° un inventaire du mobilier usuel et scientifique; 5° un plan des bâtiments et le devis des travaux que la commune se proposerait de faire pour suffire aux besoins
de l'enseignement.

L'administration et la comptabilité des collèges communaux sont
régies par le décret du 15 novembre 1811 et par l'ordonnance du 17 février 1815.

Lycées. — En ce qui concerne les lycées, il faut faire une distinction entre ceux dont la création est antérieure à la loi de 1850 et ceux qui ont été créés postérieurement.

Les communes sont propriétaires des bâtiments des lycées créés avant la loi de 1850, en vertu de la concession résultant du décret du 9 avril 1811, par suite elles doivent subvenir aux grosses réparations, de même que pour les édifices construits à leurs propres frais. (D. 9 avril 1811, L. 5 avril 1884, art. 136, n° 12), et elles sont également tenues de pourvoir à l'entretien des bâtiments en vertu de l'article 23 du décret du 17 septembre 1808.

Les lycées créés depuis la loi de 1850 sont, aux termes de l'article 72 de cette loi fondés et entretenus par l'Etat avec le concours des départements et des villes.

Lorsqu'une commune demande que son collège soit érigé en lycée, elle doit faire les dépenses de construction et d'appropriation requises à cet effet, fournir le mobilier et les collections nécessaires à l'enseignement et assurer l'entretien, ainsi que la réparation des bâtiments. Les villes, qui veulent établir un pensionnat près du lycée, doivent fournir le le local et le mobilier nécessaire et fonder pour dix ans, avec ou sans le concours du département un certain nombre de bourses fixé de gré à gré avec le ministre de l'instruction publique. A l'expiration des dix ans, les villes et les départements sont libres de supprimer les bourses, sauf le droit acquis aux boursiers en jouissance. Dans le cas où l'Etat voudrait conserver le pensionnat, le local et le mobilier restent à sa disposition et ne font retour à la commune que lors de la suppression de de cet établissement. (L. 15 mars 1850, art. 73.)

Le plan d'études et les programmes d'enseignement dans les lycées et collèges communaux sont fixés par l'arrêté ministériel du 2 août 1880, complété par celui du 18 janvier 1882 relatif à l'enseignement du dessin, on trouvera les détails de ces deux textes dans le dictionnaire général d'administration de M. Alfred Blanche, p. 1416 et 1418.

Enseignement secondaire des filles. — La loi du 21 décembre 1880 autorise la création d'établissements destinés à l'enseignement secondaire des jeunes filles, ces établissements sont ou des lycées de l'Etat ou des collèges communaux. Leur régime est l'externat; toutefois des internats peuvent y être annexés, sur la demande des conseils municipaux et après entente entre eux et l'Etat. Ces internats sont alors au compte des municipalités. (D. 21 décembre 1880 art. 1 et 2 ; D. du 28 juillet 1881 art. 1er).

Pour obtenir la fondation d'un lycée ou collège de jeunes filles, les villes doivent satisfaire aux conditions prescrites par les articles 2 et 3 du décret du 28 juillet 1881, lesquelles reproduisent les dispositions édictées par la loi de 1850 pour la création des lycées et collèges (voy. *suprà*) avec cette différence toutefois que les communes doivent garantir pour une période non plus seulement de cinq ans, mais de dix ans, les traitements fixes du personnel chargé de la direction et de l'enseignement. Les dispositions des décrets du 15 novembre 1811 et de l'ordonnance du 17 février 1815 sur l'administration et la comptabilité des collèges communaux sont également applicables aux collèges de jeunes filles. (D. 28 juillet 1881, art. 5).

Dispositions communes à tous les établissements d'enseignement secondaire. — Jusqu'à ce jour les communes qui avaient à pourvoir aux travaux de construction ou d'amélioration ou d'installation des lycées et collèges de garçons ou de filles, ainsi qu'aux frais d'achat de mobilier ou des collections nécessaires, pouvaient non seulement obtenir des subventions de l'Etat, mais aussi être admises à contracter des emprunts à la caisse des lycées, collèges et écoles, remboursables en 30 ans moyennant une annuité de 4 0/0, intérêt et amortissement compris. La loi du 20 juin 1885 a transformé le mode d'intervention de l'Etat dans la dépense. Désormais la caisse ne fera plus d'avances pour les établissements d'enseignement secondaire, ce sera uniquement sous forme d'annuités d'un emprunt à contracter par la commune que le secours sera accordé et le chiffre de ce secours, qui ne pourra jamais dépasser 50 0/0 des annuités nécessaires au service des emprunts, sera rigoureusement fixé d'après les évaluations auxquelles donneront lieu les proportionnalités des tableaux annexés au décret, (art. 7 de la loi et circulaire 10 juillet 1885.) Afin d'assurer l'exécution de ce service de subventions, l'article 1er de la loi du 20 juin 1885 augmente de 12 millions le fonds de subvention destiné aux établissements d'instruction secondaire. Pour les emprunts, les communes devront s'adresser soit à des particuliers ou à des établissements de crédit. Ces emprunts doivent être régulièrement autorisés et remboursables au moyen d'annuités égales comprenant l'intérêt et l'amortissement dans un délai qui ne pourra être moindre de trente ans ni dépasser quarante ans. Les travaux devront être exécutés conformément aux plans approuvés et régulièrement reçus à l'exclusion de toute dépense qui n'aurait pas l'instruction publique pour objet. Dans le cas où les dépenses faites n'atteindraient pas le montant des évaluations, la subvention de l'Etat serait réduite proportionnellement à l'économie réalisée. (L. 20 juin 1885, art. 5.)

Des établissements particuliers d'instruction secondaire. — Tout Français, âgé de vingt-cinq ans au moins, qui veut ouvrir une école secondaire libre, doit préalablement déclarer son intention à l'inspecteur d'académie du département où il veut s'établir, lui désigner le local et lui donner l'indication des lieux où il a résidé et des professions qu'il a exercées pendant les dix années précédentes. De plus, le postulant doit déposer entre les mains de ce fonctionnaire les pièces suivantes, dont il lui est donné récépissé : 1º un certificat de stage constatant qu'il a rempli pendant cinq ans au moins les fonctions de professeur ou de surveillant dans un établissement d'instruction secondaire public ou libre ; 2º soit le diplôme de bachelier, soit un brevet de capacité délivré par un jury d'examen dont les membres sont désignés, pour chaque département, par le ministre de l'instruction publique ; 3º le plan du local et l'indication de l'objet de l'enseignement. L'inspecteur à qui le dépôt des pièces a été fait en donne avis au préfet du département et au procureur de la République de l'arrondissement dans lequel l'établissement doit être fondé. Le ministre, sur la proposition du conseil départemental et l'avis conforme du conseil supérieur de l'instruction publique, peut accorder des dispenses de stage. (L. 15 mars 1850, art. 60 ; 14 juin 1854, art. 7 et 9.)

Pendant le mois qui suit le dépôt des pièces, l'inspecteur d'académie, le préfet et le procureur de la République peuvent se pourvoir devant le conseil départemental et s'opposer à l'ouverture de l'établissement dans l'intérêt des mœurs publiques ou de la santé des élèves. Après ce délai, s'il n'est intervenu aucune opposition, l'établissement peut être immédiatement ouvert. En cas d'opposition, le conseil départemental prononce, la partie entendue ou dûment appelée, sauf recours devant le conseil supérieur de l'instruction publique. (L. 15 mars 1850, art. 64.)

Quiconque, sans avoir satisfait aux conditions prescrites par la loi, a ouvert un établissement d'instruction secondaire, doit être poursuivi devant le tribunal correctionnel du lieu du délit, et condamné à une amende de 100 francs à 1,000 francs. L'établissement est fermé. En cas de récidive, ou si l'établissement a été ouvert avant qu'il ait été statué sur l'opposition, ou contrairement à la décision du conseil départemental qui l'aurait admise, le délinquant est condamné à un emprisonnement de quinze jours à un mois, et à une amende de 1,000 à 3,000 francs. (L. 15 mars 1850, art. 66.)

Les ministres des différents cultes reconnus peuvent donner l'instruction secondaire à quatre jeunes gens au plus, destinés aux écoles ecclésiastiques, sans être soumis aux prescriptions de la loi; à la condition d'en faire la déclaration à l'inspecteur d'académie. Le conseil départemental veille à ce que ce nombre ne soit pas dépassé.

Chaque chef d'établissement particulier d'instruction secondaire est tenu d'inscrire sur un registre spécial les noms, prénoms, date et lieu de naissance des répétiteurs ou surveillants qu'il emploie, avec l'indication de la fonction qu'ils remplissent. Ce registre doit être communiqué à toute réquisition des autorités préposées à la surveillance et à l'inspection. (D. 20 décembre 1850, art. 6.)

Les écoles secondaires ecclésiastiques, bien que considérées comme établissements particuliers, ne peuvent être établies sans une autorisation du gouvernement. Elles sont soumises à la surveillance de l'Etat, comme les écoles libres en général.

Cette surveillance porte essentiellement sur la moralité, l'hygiène et la salubrité; elle ne peut porter sur l'enseignement que pour vérifier s'il n'est pas contraire à la morale, à la Constitution et aux lois.

Les établissements libres peuvent obtenir des communes, des départements ou de l'Etat, un local et une subvention, sans que cette subvention puisse excéder le dixième des dépenses annuelles de l'établissement. Les conseils départementaux sont appelés à donner leur avis préalable sur l'opportunité de ces subventions. Sur la demande des communes, les bâtiments compris dans l'attribution générale faite à l'Université par le décret du 11 décembre 1808 peuvent être affectés à ces établissements par décret du pouvoir exécutif. (L. 15 mars 1850, art. 69.)

Une proposition de loi actuellement en discussion devant le parlement modifierait sensiblement le système actuel en exigeant : 1° du directeur des établissements secondaires non seulement un certificat d'aptitude pédagogique remplaçant le brevet de capacité institué par la loi de 1850 mais en outre le diplôme de bachelier : 2° des surveillants, le brevet primaire : 3° des professeurs des classes supérieures, un diplôme de licencié ou un titre équivalent : 4° des professeurs de seconde à la sixième le titre de bachelier ou un titre similaire : 5° des professeurs des classes élémentaires, le brevet primaire et en appliquant ces dispositions à tous les établissements laïques ou ecclésiastiques. Mais cette proposition n'étant pas encore votée l'enseignement secondaire privé reste jusqu'à nouvel ordre régi par la loi de 1850.

ENSEIGNEMENT SUPÉRIEUR. — L'instruction supérieure comprend cinq ordres de facultés, savoir : les facultés de théologie, de droit, de médecine, des sciences, des lettres. On y comprend, en outre, les écoles supérieures de pharmacie et les écoles préparatoires de médecine.

Les villes qui ne sont pas sièges de facultés, et qui ont établi des cours municipaux sur quelques parties élevées des sciences et des lettres, peuvent obtenir que ces cours prennent le titre et le rang d'écoles préparatoires à l'enseignement supérieur des sciences et des lettres, à la charge

par lesdites villes de fournir un local convenable, les collections nécessaires à l'enseignement et une subvention annuelle pour le traitement
des professeurs et les dépenses du matériel. Les écoles préparatoires à
l'enseignement supérieur des sciences et des lettres sont assimilées aux
écoles préparatoires de médecine et de pharmacie. (D. 22 août 1854,
art. 4.)

Les dépenses relatives à l'enseignement supérieur se divisent en deux
catégories, celles qui sont exclusivement à la charge de l'Etat et celles
à partager entre l'Etat et les villes. Pour faire face aux travaux à la
charge exclusive de l'Etat la loi du 20 juin 1885 a augmenté, d'une
somme supplémentaire de 22 millions de francs, le fonds de subvention
mis à la disposition de la caisse des lycées, collèges et écoles.

Enseignement supérieur libre. — La loi du 12 juillet 1875 modifiée
et complétée par celle du 12 mars 1880 a proclamé la liberté de l'enseignement supérieur. En vertu de l'article 2 de cette loi, tout Français
âgé de 25 ans n'ayant encouru aucune des incapacités prévues par
l'article 8, de même que les associations formées légalement dans un
dessein d'enseignement supérieur, pourront ouvrir librement des cours
et des établissements d'enseignement supérieur à la condition d'en faire
préalablement la déclaration au recteur d'académie 10 jours à l'avance.
Le cadre restreint et spécial de ce travail ne nous permet pas d'examiner
toutes les dispositions de ces lois, nos lecteurs les trouveront développées dans le *Dictionnaire général d'administration* (p. 1440-1441).
Nous nous bornons à rappeler ici que les facultés libres, si elles ont
toute liberté d'enseignement n'ont pas le droit de conférer des diplômes et que la collation des grades universitaires est exclusivement
réservée aux facultés de l'Etat, que la liberté des cours isolés est absolument consacrée par la loi du 12 mars 1880 et qu'enfin les établissements libres d'enseignement supérieur ne peuvent être reconnus d'utilité publique que par une loi. En aucun cas ces établissements ne
peuvent prendre le nom d'université.

Enseignement départemental et communal de l'agriculture.—La loi
des 6-7 juin 1879 a rendu obligatoire la création dans chaque département d'une chaire d'enseignement agricole, en laissant au ministre
un délai de dix ans pour organiser partout le nouvel enseignement.
Les professeurs sont choisis au concours par le ministre de l'agriculture.
Leur traitement est à la charge du ministère. Leurs frais de tournées, qui
ne peuvent être moindres de 500 francs, sont à la charge du département
et fixés par le conseil général. Cette dépense ne peut jamais être imputée sur les fonds de l'instruction primaire. Les attributions du professeur départemental d'agriculture consistent dans : 1° l'enseignement
agricole dans l'école normale, et, s'il y a lieu, dans les autres établissements d'instruction publique; 2° dans des conférences agricoles dans les
campagnes dont le nombre ne saurait être moindre de 26; 3° dans les
travaux ou missions dont il peut être chargé par le préfet ou le
ministre.

Instructions ministérielles. — Les instructions ministérielles
ont pour but d'assurer l'uniformité d'interprétation et d'application des
lois et des décrets concernant des matières administratives. Les instructions sont ordinairement communiquées sous forme de circulaires.
Cependant, lorsqu'elles sont étendues et embrassent l'ensemble d'un

service administratif, elles sont rédigées par articles ou paragraphes dans la forme des arrêtés, et prennent alors le nom d'instructions réglementaires.

Les instructions ministérielles qui concernent l'administration municipale ne sont pas adressées directement aux maires; elles sont données aux préfets, et reproduites par extraits ou analyses dans les recueils des actes administratifs des préfectures. Elles sont publiées, en outre, par les soins de l'administration centrale, dans un recueil spécial, qui, moyennant un prix minime d'abonnement, parvient aujourd'hui à la plupart des mairies. — Voy. BULLETIN OFFICIEL DU MINISTÈRE DE L'INTÉRIEUR, CIRCULAIRES.

Instruments aratoires. — Les ustensiles servant à l'exploitation des terres ne peuvent être saisis ni vendus pour contributions publiques; ils ne sont saisissables qu'au profit de la personne qui les a fournis ou pour acquit de fermages dus au propriétaire, et même dans le seul cas d'insuffisance d'autres objets mobiliers. (L. 28 septembre-6 octobre 1791, titre I, section III, art. 2.)

Le vol d'instruments d'agriculture, dans les champs, est puni d'un emprisonnement d'un an au moins et de cinq ans au plus, et d'une amende de 16 francs à 500 francs. (C. p., art. 388.)

La rupture ou destruction d'instruments d'agriculture, appartenant à autrui, est punie d'un emprisonnement d'un mois au moins, d'un an au plus. (Id., art. 451.)

Les maires, les adjoints, les gardes champêtres doivent constater par des procès-verbaux, soit d'office, soit sur la déclaration des propriétaires intéressés, tous les délits de cette nature, et transmettre ces procès-verbaux au procureur impérial.

L'article 471, n° 7, du Code pénal, punit d'amende, depuis un franc jusqu'à cinq francs inclusivement, ceux qui ont laissé dans les rues, chemins, places, lieux publics ou dans les champs, des coutres de charrue, pinces, barres, barreaux, ou autres machines ou instruments, ou armes, dont puissent abuser les voleurs et autres malfaiteurs. Cette peine est prononcée par le tribunal de simple police. — Voy. ARMES, COUTRES DE CHARRUE.

Insulte. — Voy. DIFFAMATION, INJURE.

Insurrection. — Voy. ATTROUPEMENTS.

Intendants militaires. — Les intendants militaires ont pour mission de veiller et de pourvoir à la satisfaction des divers besoins de l'armée. Ces fonctionnaires sont les délégués du ministre de la guerre, dans tout ce qui intéresse le bon ordre des finances de ce département. Ils remplissent les fonctions d'ordonnateurs secondaires pour les dépenses de l'armée. Indépendamment de ces attributions générales, ils exercent, sous l'autorité de leurs chefs immédiats dans chaque partie du service, des attributions définies par les règlements spéciaux. (L. 16 mars 1882.)

Les sous-intendants militaires sont suppléés d'office, sous les réserves spécifiées dans les divers règlements: 1° dans toutes les places où il y a un major de place, par cet officier ; 2° dans les autres places de guerre, par les commandants de place ; 3° dans les autres villes, par les maires ; 4° à l'armée, par un officier supérieur désigné par le général commandant. (L. 16 mars 1882.) — Voy. ARMÉE, CONVOIS MILITAIRES, FEUILLE DE ROUTE, FRANCHISE DE CORRESPONDANCE.

Intercalation. — Addition de mots ou de lignes au corps d'écriture d'un acte, d'une pièce. L'intercalation frauduleuse constitue le crime de faux. — Voy. FAUX.

Intérêt de l'argent. — On appelle ainsi les fruits que le créancier perçoit des sommes exigibles qui lui sont dues. Lorsque le capital est aliéné, les fruits se nomment arrérages.

L'intérêt est légal ou conventionnel. (C. N. art. 1907.)

L'intérêt légal est fixé, en matière civile, à 5 0/0; en matière de commerce, il n'est plus limité. (L. 12 janvier 1885.)

L'intérêt conventionnel ne peut excéder le taux de l'intérêt légal. (L. 19-27 décembre 1850). L'intérêt perçu au delà de ce taux est usuraire, et l'habitude de sa perception constitue le délit d'usure. — Voy. USURE.

Interligne. — On désigne par ce mot l'espace blanc qui est entre deux lignes. Les fonctionnaires publics ne doivent rien ajouter dans leurs actes par interligne, c'est-à-dire en écrivant entre deux lignes.— Voy. ÉTAT CIVIL.

Invalides de la marine (Caisse des). — Cette caisse a une double destination. C'est, à la fois, une caisse de secours pour la population maritime, et la caisse générale des pensions du département de la marine et des colonies.

Les maires sont autorisés à délivrer des certificats de vie aux invalides de la marine, qui les réclament pour pouvoir toucher les arrérages de leur pension. Ces certificats sont délivrés sur l'attestation de deux témoins notables domiciliés; la signature du maire doit être légalisée par le sous-préfet. — *Dict. des formules*, n° 956.

Inventaire. — Etat dans lequel sont énumérés et décrits, article par article, les biens, meubles, titres, papiers d'une personne, d'un établissement ou d'une maison.

Un inventaire des archives et des effets mobiliers existant dans chaque mairie doit être fait par les soins du maire, assisté de deux conseillers municipaux. Cet inventaire est récolé à chaque mutation du maire. Le maire doit avoir soin d'y faire noter toutes les augmentations du mobilier, au fur et à mesure qu'elles ont lieu; au moment du récolement, les dégradations sont constatées, et les objets hors de service indiqués. — Voy. ARCHIVES.

Le décret du 30 décembre 1809, article 55, prescrit aussi aux fabriques de faire deux inventaires, l'un des ornements, linges, vases sacrés, argenterie, ustensiles, et en général de tout le mobilier de l'église; l'autre des titres, papiers et renseignements. — Voy. FABRIQUE. — *Dict. des formules,* nos 99 à 105, 957, 958.

Invention. — Voy. BREVET D'INVENTION, PROPRIÉTÉ INDUSTRIELLE.

Irrigation. — Arrosement des prés, des terres par des rigoles ou saignées qui y amènent l'eau d'une rivière ou d'une source.

Droits des particuliers. — Le propriétaire dont les fonds bordent une eau courante, autre que celle qui est déclarée dépendance du domaine public, peut s'en servir à son passage pour l'irrigation de ses propriétés. Celui dont cette eau traverse l'héritage peut même en user dans l'intervalle qu'elle y parcourt, mais à la charge de la rendre, à la sortie de ses fonds, à son cours ordinaire. (C. civ., art. 644.)

Tout propriétaire qui veut se servir, pour l'irrigation de ses propriétés, des eaux naturelles ou artificielles dont il a droit de disposer, peut obtenir le passage de ses eaux sur les fonds intermédiaires, à la charge d'une juste et préalable indemnité. Les propriétaires des fonds inférieurs doivent recevoir les eaux qui s'écoulent des terrains ainsi arrosés, sauf l'indemnité qui peut leur être due. Sont exceptés de cette servitude les maisons, cours, jardins, parcs et enclos attenant aux habitations. (L. 29 avril 1845, art. 1 et 2.)

Tout propriétaire qui veut se servir, pour l'irrigation de ses propriétés, des eaux naturelles ou artificielles dont il a le droit de disposer, peut obtenir la faculté d'appuyer sur la propriété du riverain opposé les ouvrages d'art nécessaires à sa prise d'eau, à la charge d'une juste et préalable indemnité. Sont exceptés de cette servitude les bâtiments, cours et jardins attenant aux habitations. (L. 11 juillet 1847, art. 1er.)

Le riverain sur le fonds duquel l'appui est réclamé peut toujours demander l'usage commun du barrage, en contribuant par moitié aux frais d'établissement et d'entretien; aucune indemnité n'est respectivement due dans ce cas. (Id., art. 2.)

Les contestations auxquelles peut donner lieu l'application des dispositions ci-dessus sont portées devant les tribunaux, qui, en prononçant. doivent concilier les intérêts de l'agriculture avec le respect dû à la propriété. Dans tous les cas, les règlements particuliers et locaux sur le cours et l'usage des eaux doivent être observés. (C. civ., art. 645.)

Des droits de l'administration par rapport aux irrigations. — Quelle que soit l'étendue du droit du propriétaire riverain d'un cours d'eau non navigable ni flottable, soit sur les eaux, soit sur ce lit même du cours d'eau, ce droit ne peut faire obstacle à l'exercice du pouvoir réglementaire de police que la loi confère à l'administration. (D. 25 mars 1852, tableau D, nos 3 et 4.)

Les règlements préfectoraux doivent, autant que possible, ménager les intérêts privés; mais ils ne sont pas tenus de les respecter. Les conventions entre propriétaires de prairies ou d'usines ne peuvent faire obstacle au but que ces règlements se proposent, c'est-à-dire à l'intérêt public. Bien plus, les règlements antérieurs, les décisions judiciaires peuvent être modifiés ou changés par les dispositions des nouveaux règlements.

Les prises d'eau, pour l'irrigation, sur des fleuves et rivières navigables ou flottables, sont soumises à une demande en autorisation. Aucune disposition ne limite aux riverains seulement les concessions de prises d'eau sur ces fleuves et rivières. C'est à l'administration à apprécier si le volume des eaux permet de faire les concessions. Le préfet est compétent pour autoriser, sur les cours d'eau navigables ou flottables, des prises d'eau faites au moyen de machines et qui, eu égard au volume des cours d'eau, n'auraient pas pour effet d'en altérer sensiblement le régime, ainsi que tous établissements temporaires, alors même qu'ils auraient pour effet de modifier le régime ou le niveau des eaux; et pour fixer la durée de la permission. (D. 25 mars 1852.) Il est statué par un décret lorsqu'il s'agit d'une concession permanente.

Une prise d'eau faite sans autorisation sur les fleuves ou rivières navigables ou flottables constitue une contravention de grande voirie, punissable par voie administrative et de la compétence exclusive du conseil de préfecture. Le soin de constater ces contraventions est confié concurremment aux maires ou adjoints, aux ingénieurs et conducteurs des ponts et chaussées, aux agents de la navigation, aux commissaires de police, à la gendarmerie, aux employés des contributions indirectes, et aux gardes champêtres. (L. 29 floréal an X, art. 2; 18 août 1810, art. 1 et 2; 16 septembre 1811; 16 décembre 1811, art. 112, et 10 avril 1812.)

Des sociétés d'arrosants. — Le préfet peut constituer en association syndicale les propriétaires intéressés à l'exécution et à l'entretien de canaux d'arrosage, lorsque ces propriétaires sont d'accord pour l'exécution desdits travaux et la répartition des dépenses. (D. 25 mars 1852, tableau D, n° 6.)

Ordinairement, ce sont les propriétaires intéressés qui se réunissent pour réclamer du préfet, par voie de pétition, la réglementation du cours d'eau. Dans ce cas, le règlement qui intervient établit entre les propriétaires une association syndicale, sous le contrôle et la surveillance de l'administration. Le préfet nomme le directeur et les membres du syndicat.

Ces syndics sont les véritables mandataires des arrosants. Toutes les affaires de l'association, la direction et l'exécution des travaux, la surveillance journalière, sont dans leurs attributions. Leur réunion s'appelle commission syndicale.

Les rôles de répartition des taxes à percevoir pour le payement des dépenses communes de l'association sont dressés chaque année par cette commission et rendus exécutoires par le préfet. Le recouvrement de ces taxes s'opère par le percepteur, comme celui des contributions publiques. (L. 14 floréal an XI.)

Les contestations qui peuvent naître sur l'exécution du règlement sont portées devant le conseil de préfecture du département et peuvent être déférées par appel au conseil d'Etat.

Indépendamment de la police municipale, qui exerce sa surveillance au nom et dans l'intérêt de la sûreté générale, des employés spéciaux peuvent être chargés au compte de l'association même de veiller sur les travaux et la conservation des ouvrages d'art et des canaux d'irrigation.

Ils sont connus sous le nom de gardes-rivières; ils peuvent être institués par le règlement d'administration destiné à régir la société des arrosants, et ils reçoivent par cet acte le pouvoir de constater par des procès-verbaux les diverses contraventions qui seraient commises. — Voy. Cours d'eau, Gardes-rivières, Syndicat.

Israélite (Culte). — Voy. Culte.

II

Ivresse publique. — La législation pénale ne contenait aucune mesure répressive contre l'ivresse. Seulement, des arrêtés des préfets et des règlements de police municipale avaient prescrit des mesures de cette nature dont l'efficacité avait été démontrée, partout où ces arrêtés et règlements avaient été appliqués. Enfin une loi récente, en date du 23 janvier 1873, est venue généraliser ces mesures répressives. Nous reproduisons le texte même de cette loi :

Art. 1er. — Seront punis d'une amende de 1 à 5 francs inclusivement ceux qui seront trouvés en état d'ivresse manifeste dans les rues, chemins, places, cafés, cabarets ou autres lieux publics. Les articles 474 et 483 du Code pénal seront applicables à la contravention indiquée au paragraphe précédent.

Art. 2. — En cas de nouvelle récidive, conformément à l'article 483, dans les douze mois qui auront suivi la deuxième condamnation, l'inculpé sera traduit devant le tribunal de police correctionnelle et puni d'un emprisonnement de six jours à un mois, et d'une amende de 16 francs à 300 francs. — Quiconque aura été condamné en police correctionnelle pour ivresse depuis moins d'un an, et se sera de nouveau rendu coupable du même délit, sera condamné au maximum des peines indiquées au paragraphe précédent, lesquelles pourront être élevées jusqu'au double.

Art. 3. — Toute personne qui aura été condamnée deux fois en police correctionnelle pour délit d'ivresse manifeste, conformément à l'article précédent, sera déclarée par le second jugement incapable d'exercer les droits suivants : 1° de vote et d'élection ; 2° d'éligibilité ; 3° d'être appelée ou nommée aux fonctions de juré ou autres fonctions publiques, ou aux emplois de l'administration ou d'exercer ces fonctions ou emplois ; 4° de port d'armes ; — pendant deux ans à partir du jour où la condamnation sera devenue irrévocable.

Art. 4. — Seront punis d'une amende de 1 à 5 francs inclusivement les cafetiers, cabaretiers et autres débitants qui auront donné à boire à des gens manifestement ivres ou qui les auront reçus dans leurs établissements, ou auront servi des liqueurs alcooliques à des mineurs âgés de moins de seize ans accomplis. — Toutefois, dans le cas où le débitant sera prévenu d'avoir servi des liqueurs alcooliques à des mineurs âgés de moins de seize accomplis, il pourra prouver qu'il a été induit en erreur sur l'âge du mineur ; s'il fait cette preuve, aucune peine ne lui sera appliquée de ce chef. — Les articles 474 et 483 du Code pénal seront applicables aux contraventions indiquées aux paragraphes précédents.

Art. 5. — Seront punis d'un emprisonnement de six jours à un mois et d'une amende de 16 à 300 francs, les cafetiers, cabaretiers et autres débitants qui, dans les douze mois qui auront suivi la deuxième condamnation prononcée en vertu de l'article précédent, auront commis un des faits prévus audit article. — Quiconque, ayant été condamné en police correctionnelle pour l'un ou l'autre des mêmes faits, depuis moins d'un an, se rendra de nouveau coupable de l'un ou de l'autre de ces faits, sera condamné au maximum des peines indiquées au paragraphe précédent, lesquelles pourront être portées jusqu'au double.

Art. 6. — Toute personne qui aura subi deux condamnations en police correctionnelle pour l'un ou l'autre des délits prévus en l'article précédent pourra être déclarée par le second jugement incapable d'exercer tout ou partie des droits indiqués en l'article 3. — Dans le même cas, le tribunal pourra ordonner la fermeture de l'établissement pour un temps qui ne saurait excéder un mois, sous les peines portées en l'article 3 du décret du 29 décembre 1851. — Il pourra aussi, sous les mêmes peines, interdire seulement au débitant la faculté de débiter des boissons à consommer sur place.

Art. 7. — Sera puni d'un emprisonnement de six jours à un mois et d'une amende de 16 francs à 300 francs quiconque aura fait boire jusqu'à l'ivresse un mineur âgé de moins de seize ans accomplis. — Sera puni des peines portées aux articles 5 et 6 tout cafetier, cabaretier ou autre débitant de boissons qui, ayant subi une condamnation en vertu du paragraphe précédent, se sera de nouveau rendu coupable, soit du même fait, soit de l'un ou de l'autre des faits prévus en l'article 4, § 1er, dans le délai indiqué en l'article 5, § 2.

Art. 8. — Le tribunal correctionnel, dans les cas prévus par la présente loi, pourra ordonner que son jugement soit affiché à tel nombre d'exemplaires, et en tels lieux qu'il indiquera.

Art. 9. — L'article 463 du Code pénal sera applicable aux peines d'emprisonnement et d'amende portées par la présente loi. — L'article 59 du même Code ne sera pas applicable aux délits prévus par la présente loi.

Art. 10. — Les procès-verbaux constatant les infractions prévues dans les articles précédents seront transmis au procureur de la République dans les trois jours au plus tard, y compris celui où aura été reconnu le fait sur lequel ils sont dressés.

Art. 11. — Toute personne trouvée en état d'ivresse dans les rues, chemins, places, cafés, cabarets ou autres lieux publics, pourra être, par mesure de police, conduite à ses frais au poste le plus voisin, pour y être retenue jusqu'à ce qu'elle ait recouvré sa raison.

Art. 12. — Le texte de la présente loi sera affiché à la porte de toutes les mairies et dans la salle principale de tous cabarets, cafés et autres débits de boissons. — Un exemplaire en sera adressé à cet effet à tous les maires et à tous les cabaretiers, cafetiers et autres débitants de boissons. — Toute personne qui aura détruit ou lacéré le texte affiché sera condamnée à une amende de 1 à 5 francs et aux frais du rétablissement de l'affiche. — Sera puni de même tout cabaretier, cafetier ou débitant chez lequel ledit texte ne sera pas trouvé affiché.

Art. 13. — Les gardes champêtres sont chargés de rechercher, concurremment avec les autres officiers de police judiciaire, chacun sur le territoire sur lequel il est assermenté, les infractions à la présente loi. Ils dressent des procès-verbaux pour constater ces contraventions. — Voy. CABARETS. Dict. des formules, 959.

J

Jardins des presbytères. — Voy. PRESBYTÈRES.

Jardins publics. — Les villes importantes ont presque toutes un jardin public, qui sert à la promenade et à l'agrément des habitants.

La vente des herbes, l'émondage des arbres, les pépinières produisent un revenu qui entre dans la caisse municipale et contribue au payement du salaire des gardiens et jardiniers et des autres dépenses d'entretien.

La police des jardins publics appartient essentiellement au maire. Il a le droit de fixer les heures pendant lesquelles le public y sera admis, et de prescrire les autres mesures d'ordre et de police qui doivent y être observées. L'arrêté qu'il prend à cet effet doit toujours faire défense à toutes personnes de toucher aux plantes et arbustes, et de causer aucune dégradation aux arbres, statues et autres objets d'art qui peuvent s'y trouver.

L'infraction à cet arrêté est punissable par le tribunal de simple police, en vertu de l'article 471 du Code pénal. — Voy. PROMENADES PUBLIQUES.

Jaugeage. — Opération qui a pour but de faire connaître la capacité des tonneaux, futailles ou autres vaisseaux contenant des liquides. La jauge est un instrument de bois ou de fer, à l'aide duquel on mesure la longueur et la largeur de la futaille. — Voy. BOISSONS, OCTROI, POIDS ET MESURES. — Le gouvernement peut, en vertu de la loi du 29 floréal an X, établir, dans les communes qui en sont jugées susceptibles, des bureaux de pesage, mesurage et jaugeage publics. Nul n'est contraint de s'en servir.

Les tarifs des droits à percevoir dans ces bureaux et les règlements y relatifs sont délibérés par les conseils municipaux et approuvés par le préfet. (L. du 5 avril 1884, art. 68, § 7.) Ils font partie des recettes ordinaires des communes. (Art. 133, § 8.)

Jeunes aveugles. — Voy. AVEUGLES.

Jeunes détenus. — Voy. PRISONS. — ETABLISSEMENTS PÉNITENTIAIRES.

Jeunes soldats. — Voy. RECRUTEMENT.

Jeux de hasard. — Jeux auxquels le hasard préside seul ou domine.

La législation actuelle distingue entre les jeux de hasard qui sont tenus exclusivement dans les maisons, et les jeux qui sont établis dans les rues, chemins, places et lieux publics.

Ceux qui sont convaincus d'avoir tenu une maison de jeux de hasard et d'y avoir admis le public, soit librement, soit sur la présentation des intéressés ou affiliés; les banquiers, administrateurs et préposés de ces maisons, sont punis d'un emprisonnement de deux mois au moins et de six mois au plus, et d'une amende de 100 francs à 6,000 francs. Les coupables peuvent être de plus, à compter du jour où ils ont subi leur peine, interdits, pendant cinq ans au moins et dix ans au plus, des droits mentionnés en l'article 42 du Code pénal. Dans tous les cas, sont confisqués tous les fonds ou effets qui sont trouvés exposés au jeu, les meubles, instruments, ustensiles, appareils employés ou destinés au service des jeux, les meubles et les effets mobiliers dont les lieux sont garnis ou décorés. (C. P., art. 410.)

Ceux qui établissent ou tiennent dans les rues, chemins, places ou lieux publics, des jeux de hasard, sont punis d'amende depuis 6 francs jusqu'à 10 francs inclusivement. (Id., art. 475.)

Les tables, instruments, appareils des jeux ainsi que les enjeux, fonds, denrées, objets proposés aux joueurs, sont saisis et confisqués. (Id., art. 477.)

En cas de récidive, ceux qui ont établi ou tenu les jeux sont traduits devant le tribunal correctionnel et punis d'un emprisonnement de six jours à un mois et d'une amende de 16 francs à 200 francs. (Id., art. 478.)

Ainsi, dans le cas où des individus se présenteraient à la mairie, notamment les jours de fête, de foire ou de marchés, pour solliciter l'autorisation d'établir des jeux de hasard sur la voie publique ou ailleurs, les maires n'ont pas à leur accorder ou refuser cette autorisation; le Code pénal interdit d'une manière absolue ces sortes d'établissements.

Les maires peuvent rappeler par un arrêté cette interdiction. Leur vigilance et celle des commissaires de police ne doit pas se borner à surveiller les jeux proscrits par l'article 475 du Code pénal et dont les banquiers en plein vent ne sont passibles que des peines de simple police; elle doit les porter à rechercher et à faire fermer les maisons de jeu clandestines et à constater tous délits de cette nature par un procès-verbal qu'ils transmettent, avec les objets saisis, au procureur de la République.

Les maires ont le droit, en vertu des lois des 5 avril 1884, art. 97, et 18-22 juillet 1791, de défendre dans les lieux publics, tels que les cabarets et cafés, toute espèce de jeu, même ceux de piquet et d'écarté. Un arrêté municipal portant cette prohibition est obligatoire. — Voy. CABARETS, CAFÉS. — Dict. des formules, n°s 960, 961, 962.

Le ministre de l'intérieur recommande spécialement d'exercer une surveillance très active dans les salles de casinos publics où l'on joue, et de lui signaler les expulsions de grecs, la présence des joueurs suspects, et de lui envoyer la liste des étrangers.

Le jeu dit des petits chevaux est toléré, comme distraction, dans les casinos, mais à la condition que chaque enjeu ne dépasse pas la somme de 2 francs, et qu'on interdise les séries multiples de billets ou de numéros dans les parties engagées. Il ne saurait en principe y avoir qu'un seul appareil dans les établissements où ce jeu se pratique, et ce n'est qu'exceptionnellement et provisoirement que les préfets peuvent tolérer deux appareils dans les casinos importants.

Les jeux dits chemin de fer, tour du monde, tournant, baraque, ne sont que des variétés de la roulette et demeurent formellement interdits. (Circ. Int. 20 mai, 20 juin et 18 juillet 1885.)

Joaillier. — Voy. MATIÈRES D'OR ET D'ARGENT.

Jouissance commune (Droit de). — Les habitants d'une commune jouissent en commun des coupes affouagères, des marais, tourbières et pâturages communaux.

Les conditions requises pour avoir droit à cette jouissance consistent principalement, pour chaque habitant, dans le domicile communal, qui s'établit par une année de résidence. — Voy. BIENS COMMUNAUX.

Journal. — Voy. Presse.

Journal officiel de la République française. — Un décret du 25 juin 1852 a décidé que le *Moniteur universel* serait envoyé aux maires de toutes les communes chefs-lieux de canton. Cette décision s'applique aujourd'hui au *Journal officiel*, qui a succédé au *Moniteur* comme organe du gouvernement. Le prix de l'abonnement est imputé sur le produit des amendes de police correctionnelle. A cet effet, la moitié du fonds commun mis à la disposition du préfet par l'article 6 de l'ordonnance du 30 décembre 1823 est versée à la caisse du trésorier général de chaque département, pour être centralisée au Trésor et être appliquée ensuite à cette dépense. — Voy. Amendes de police. La loi du 31 décembre 1884 a remplacé le *Bulletin des communes* par une édition du *Journal officiel* spéciale aux communes.

Journaux politiques. — Il a été constaté qu'un certain nombre de maires étaient abonnés, sur les fonds communaux, à divers journaux politiques. Cette dépense ne pouvant être considérée comme ayant un caractère d'utilité communale, dans le sens administratif que la loi a voulu donner à cette expression, les préfets doivent refuser d'admettre cette nature de dépense dans les budgets communaux soumis à leur approbation. (Circ. min. de l'int., 14 février 1878.) — Pour la législation qui régit les journaux, voy. Presse.

Journée de travail. — Le prix moyen de la journée de travail est arrêté, chaque année, par le conseil général, sur la proposition du préfet, pour toutes les communes du département. Il ne peut être fixé au-dessous de 50 centimes ni au-dessus de 1 fr. 50 c. (L. 23 juillet 1820, art. 28 ; 21 avril 1832, art. 18 ; Circ. int. 24 juin 1836.)

Cette fixation sert en différents cas, notamment en ce qui concerne l'évaluation des prestations pour les réparations des chemins vicinaux. — Voy. Chemins vicinaux.

La loi du 9 septembre 1848 avait décidé que la journée de l'ouvrier dans les manufactures et usines ne pourrait pas excéder douze heures de travail effectif. La loi du 16 février 1883 charge les commissions locales et les inspecteurs du travail des enfants dans les manufactures de surveiller l'application de cette loi.

Jours fériés. — Voy. Dimanches et fêtes.

Juge de paix. — On nomme ainsi un magistrat établi dans chaque canton pour remplir les fonctions de juge, de conciliateur, d'officier de police judiciaire.

La connaissance des contraventions de police est attribuée au juge de paix. — Voy. Tribunal de police.

Comme officier de police judiciaire, le juge de paix doit dresser procès-verbal de tous les crimes et délits qui parviennent à sa connaissance, entendre les témoins, etc. — Voy. Police judiciaire.

Les juges de paix sont, en outre, chargés de certaines fonctions administratives ; c'est ainsi, par exemple, qu'ils sont appelés à régler l'indemnité réclamée par les propriétaires riverains dépossédés par suite de la fixation de la largeur d'un chemin vicinal. (L. 21 mai 1836, art. 15.)

Les appels contre les décisions des commissions chargées de la revision des listes électorales sont portés devant le juge de paix. (L. 5 avril 1884, art. 14.)

Le juge de paix est président de la commission chargée de dresser la liste préparatoire de la liste annuelle du jury.

Le loyer et l'entretien des prétoires des justices de paix, ainsi que les frais d'achat et d'entretien du mobilier, sont à la charge des communes chefs-lieux de canton. — Voy. DÉPENSES COMMUNALES.

Les menues dépenses des justices de paix, telles que le chauffage et l'éclairage, les frais d'impression et les fournitures de bureau, sont à la charge des départements, aux termes de la loi du 10 mai 1838.

Juge d'instruction. — On nomme ainsi le juge qui, dans chaque tribunal, est chargé de l'instruction criminelle.

Jugement. — Décision d'un tribunal sur une contestation ou sur une demande qui lui est soumise.

Les jugements sont rendus en matière civile, en matière correctionnelle ou de simple police.

Ils sont contradictoires ou par défaut. Les jugements contradictoires sont ceux qui interviennent entre parties qui se défendent. Les jugements par défaut sont ceux qui sont rendus en faveur ou au préjudice d'une partie qui ne présente pas ses moyens de défense.

Ils sont en premier ou en dernier ressort, c'est-à-dire que, suivant l'importance de la matière soumise au juge du premier degré, celui-ci rend ou une décision irrévocable, sauf le pourvoi en cassation, ou seulement une décision susceptible d'appel. — Voy. TRIBUNAL DE POLICE.

Jurés. — Voy. JURY.

Juridiction. — Ce mot s'entend du pouvoir non seulement de juger, mais aussi d'appliquer la loi. Il se dit encore du ressort dans lequel le juge exerce ce pouvoir ; enfin de l'ensemble des tribunaux ou juges qui prononcent sur une même nature d'affaires. Sous ce dernier rapport, on distingue quatre espèces de juridictions : les juridictions administratives, les juridictions civiles, les juridictions commerciales, les juridictions criminelles. Parmi les juridictions criminelles on compte la juridiction correctionnelle et la juridiction de simple police.

On appelle degré de juridiction, la hiérarchie des juges devant lesquels est successivement portée une affaire. Le premier degré de juridiction est représenté par le tribunal saisi en premier lieu, et le deuxième, par celui qui statue en dernier ressort.

En matière civile et en matière correctionnelle, il y a deux degrés de juridiction. En matière de simple police et dans tous les procès criminels, il n'y en a qu'un. Mais, dans tous les cas, le recours en cassation est ouvert.

En matière administrative, où les décisions contentieuses des conseils de préfecture et celles des ministres sont référées à la Cour des comptes ou au conseil d'État, le conseil de préfecture ou le ministre forme le premier degré de juridiction : la Cour des comptes ou le conseil d'État est le second. Dans le cas où les arrêts de la Cour des comptes sont attaqués, le conseil d'État qui prononce devient un troisième degré de juridiction. — Voy. ADMINISTRATION ; TRIBUNAL DE POLICE.

Jurisprudence. — On entend par ce mot l'ensemble des décisions administratives ou judiciaires rendues sur une même question. Invoquer la jurisprudence du conseil d'État, de la Cour de cassation, des cours impériales, à l'occasion d'une question déterminée, c'est donc prétendre que l'une ou l'autre de ces différentes juridictions a rendu une décision ou des décisions favorables à la thèse que l'on soutient.

Jury. — Le jury est la réunion des citoyens appelés par la loi à faire partie des cours d'assises, et à prononcer sur la culpabilité ou l'innocence des individus accusés de délits ou de crimes.

La loi du 21 novembre 1872 détermine les conditions requises pour être juré, et le mode de composition de la liste annuelle du jury. Nous en reproduisons ci-après les dispositions.

Des conditions requises pour être juré. — Nul ne peut remplir les fonctions de juré, à peine de nullité des déclarations de culpabilité auxquelles il aurait concouru, s'il n'est âgé de trente ans accomplis, s'il ne jouit des droits politiques, civils et de famille, ou s'il est dans un des cas d'incapacité ou d'incompatibilité établis par les deux articles suivants. (L. 12 novembre 1872, art. 1er.)

Sont incapables d'être jurés : 1° les individus qui ont été condamnés, soit à des peines afflictives et infamantes, soit à des peines infamantes seulement ; 2° ceux qui ont été condamnés à des peines correctionnelles pour faits qualifiés crimes par la loi ; 3° les militaires qui ont été condamnés au boulet ou aux travaux publics ; 4° les condamnés à un emprisonnement de trois mois au moins : toutefois, les condamnations pour délits politiques ou de presse n'entraînent que l'incapacité temporaire dont il est parlé au paragraphe 11 du présent article ; 5° les condamnés à l'amende ou à l'emprisonnement, quelle qu'en soit la durée, pour vol, escroqueries, abus de confiance, soustraction commise par des dépositaires publics, attentats aux mœurs prévus par les articles 330 et 334 du Code pénal, délit d'usure ; les condamnés à l'emprisonnement pour outrage à la morale publique et religieuse, attaque contre le principe de la propriété et les droits de famille, délits commis contre les mœurs par l'un des moyens énoncés dans l'article 1er de la loi du 17 mai 1819, pour vagabondage ou mendicité, pour infraction aux dispositions des articles 60, 63 et 65 de la loi sur le recrutement de l'armée et aux dispositions de l'article 423 du Code pénal, de l'article 1er de la loi du 27 mars 1851 et de l'article 1er de la loi des 5-9 mai 1885 ; pour les délits prévus par les articles 134, 142, 143, 174, 251, 305, 345, 362, 363, 364, paragraphe 3, 365, 366, 387, 389, 399, paragraphe 2, 400, paragraphe 2, 418 du Code pénal ; 6° ceux qui sont en état d'accusation ou de contumace ; 7° les notaires, greffiers et officiers ministériels destitués ; 8° les faillis non réhabilités dont la faillite a été déclarée soit par les tribunaux français, soit par jugement rendu à l'étranger, mais exécutoire en France; 9° ceux auxquels les fonctions de juré ont été interdites en vertu de l'article 396 du Code d'instruction criminelle ou de l'article 42 du Code pénal; 10° ceux qui sont sous mandat d'arrêt ou de dépôt; 11° sont incapables pour cinq ans seulement, à dater de l'expiration de leur peine, les condamnés à un emprisonnement de moins de trois mois pour quelque délit que ce soit, même pour les délits politiques ou de presse; 12° sont également incapables les interdits, les individus pourvus de conseils judiciaires, ceux qui sont placés dans un établissement public d'aliénés, en vertu de la loi du 30 juin 1838. (L. 21 novembre 1872, art. 2.)

Les fonctions de juré sont incompatibles avec celles de député, de ministre, membre du conseil d'Etat, membre de la Cour des comptes, sous-secrétaire d'État ou secrétaire général d'un ministère, préfet et sous-préfet, secrétaire général de préfecture, conseiller de préfecture, membre de la Cour de cassation ou des cours d'appel, juge titulaire ou suppléant des tribunaux civils et des tribunaux de commerce, officier du ministère public près les tribunaux de première instance, juge de paix, commissaire de police, ministre d'un culte reconnu par l'État, militaire de l'armée de terre ou de mer en activité de service et pourvu d'emploi, fonctionnaire ou préposé du service actif des douanes, des contributions indirectes, des forêts de l'État et de l'administration des télégraphes, instituteur primaire communal. (Id., art. 3.)

Ne peuvent être jurés les domestiques et serviteurs à gages, ceux qui ne savent pas lire ou écrire en français. (Id., art. 4.)

Sont dispensés des fonctions de juré : les septuagénaires; ceux qui ont besoin pour vivre de leur travail manuel et journalier; ceux qui ont rempli lesdites fonctions pendant l'année précédente. (Id., art. 5.)

De la composition de la liste annuelle. — La liste annuelle du jury comprend : pour le département de la Seine, trois mille jurés; pour les autres départements, un juré par cinq cents habitants, sans toutefois que le nombre des jurés puisse être inférieur à quatre cents et supérieur à six cents. — La liste ne peut comprendre que des citoyens ayant leur domicile dans le département. (L. 21 novembre 1872, art. 6.)

Le nombre des jurés pour la liste annuelle est réparti, par arrondissement et par canton, proportionnellement au tableau officiel de la population. Cette répartition est faite par arrêté du préfet, pris sur l'avis conforme de la commission départementale, et, pour le département de la Seine, sur l'avis conforme du bureau du conseil général, au mois de juillet de chaque année. — A Paris, la répartition est faite entre les arrondissements et les quartiers. — En adressant au juge de paix l'arrêté de répartition, le préfet lui fait connaître les noms des jurés du canton désignés par le sort pendant l'année courante et pendant l'année précédente. (Id., art. 7.)

Une commission composée, dans chaque canton, du juge de paix, président, des suppléants du juge de paix et des maires de toutes les communes, dresse une liste préparatoire de la liste annuelle; cette liste contient un nombre de noms double de celui fixé pour le contingent du canton. — Dans les cantons formés d'une seule commune, la commission est composée, indépendamment du juge de paix et de ses suppléants, du maire de la commune et de deux conseillers désignés par le conseil municipal. — Dans les communes divisées en plusieurs cantons, il y a autant de commissions que de cantons. Chacune de ces commissions est composée, indépendamment du juge de paix et de ses suppléants, du maire de la ville ou d'un adjoint délégué par lui, de deux conseillers municipaux désignés par le conseil, et des maires des communes rurales comprises dans le canton. (Id., art. 8.)

A Paris, les listes préparatoires sont dressées pour chaque quartier par une commission composée du juge de paix de l'arrondissement ou d'un suppléant du juge de paix, président, du maire de l'arrondissement ou d'un adjoint, du conseiller municipal nommé dans le quartier, de quatre personnes désignées par ces trois premiers membres parmi les jurés qui ont été portés l'année précédente sur la liste de l'arrondissement et qui ont leur domicile dans le quartier. (Id., art. 9.)

Les commissions chargées de dresser les listes préparatoires se réunissent, dans la première quinzaine du mois d'août, au chef-lieu de leur circonscription, sur la convocation spéciale du juge de paix, délivrée dans la forme administrative. Les listes sont dressées en deux originaux, dont l'un reste déposé au greffe de la justice de paix, et l'autre est transmis au greffe du tribunal civil de l'arrondissement. — Dans le département de la Seine, le second original des listes dressées par les commissions de canton ou de quartier est envoyé au greffe du tribunal de la Seine. — Le public est admis à prendre connaissance des listes préparatoires pendant les quinze jours qui suivent le dépôt de ces listes au greffe de la justice de paix. (Id., art. 10.) — Voy. *Dict. des formules*, n° 963.

La liste annuelle est dressée , pour chaque arrondissement, par une commission composée du président du tribunal civil ou du magistrat qui en remplit les fonctions, président, des juges de paix et des conseillers généraux. En cas d'empêchement, le conseiller général d'un canton sera remplacé par le conseiller d'arrondissement, ou, s'il y a deux conseillers d'arrondissement dans le canton, par le plus âgé des deux. — A Paris, la commission est composée, pour chaque arrondissement, du président du tribunal civil de la Seine ou d'un juge délégué par lui, président, du juge de paix de l'arrondissement et de ses suppléants, du maire, des quatre conseillers municipaux de l'arrondissement. — Les commissions de Saint-Denis et de Sceaux sont présidées par un juge du tribunal civil de la Seine, délégué par le président de ce tribunal. (Id., art. 11.)

Dans tous les cas prévus par la présente loi, le maire, s'il est empêché, sera remplacé par un adjoint expressément délégué. (Id., art. 12.)

La liste d'arrondissement, définitivement arrêtée, est signée séance tenante. Elle est transmise, avant le 1er décembre, au greffe de la cour ou du tribunal chargé de la tenue des assises. (Id., art. 16.)

Une liste spéciale des jurés suppléants, pris parmi les jurés de la ville où se tiennent les assises, est aussi formée, chaque année, en dehors de la liste annuelle du jury. — Elle comprend trois cents jurés pour Paris, cinquante pour les autres départements. — Cette liste est formée par la commission de l'arrondissement où se tiennent les assises. — A Paris, chaque commission d'arrondissement arrête une liste de quinze jurés suppléants. (Id., art. 15.)

Le premier président de la cour d'appel ou le président du tribunal chef-lieu d'assises dresse, dans la première quinzaine de décembre, la liste annuelle du département, par ordre alphabétique, conformément aux listes d'arrondissement. Il dresse également la liste des jurés suppléants. (Id., art. 16.)

Le juge de paix de chaque canton est tenu d'instruire immédiatement le premier président de la cour, ou le président du tribunal chef-lieu d'assises, des décès, des incapacités ou des incompatibilités légales qui frapperaient les membres dont les noms sont portés sur la liste annuelle. Dans ce cas, il est statué conformément à l'article 390 du Code d'instruction criminelle. (Id., art. 17.)

Dix jours au moins avant l'ouverture des assises, le premier président de la cour d'appel, ou le président du tribunal du chef-lieu d'assises, dans les villes où il n'y a pas de cour d'appel, tire au sort en audience publique, sur la liste annuelle, les noms des trente-six jurés qui forment la liste de la session. Il tire, en outre, quatre jurés suppléants sur la liste spéciale; si les noms d'un ou de plusieurs jurés ayant rempli lesdites fonctions pendant l'année courante ou l'année précédente viennent à sortir de l'urne, ils sont immédiatement remplacés sur la liste de session par les noms d'un ou de plusieurs autres jurés tirés au sort. (L. du 31 juillet 1875, modifiant l'article 18 de la loi du 21 novembre 1872.)

Si, au jour indiqué pour le jugement, le nombre des jurés est réduit à moins de trente, par suite d'absence ou pour toute autre cause, ce nombre est complété par les jurés suppléants, suivant l'ordre de leur inscription; en cas d'insuffisance, par des jurés tirés au sort, en audience publique, parmi les jurés inscrits sur la liste spéciale ; subsidiairement parmi les jurés de la ville inscrits sur la liste annuelle. Dans le cas prévu par l'article 90 du décret du 9 juillet 1810, le nombre des jurés titulaires est complété par un tirage au sort fait, en audience publique, parmi les jurés de la ville inscrits sur la liste annuelle. (Id., art. 19.)

Convocation des jurés. — La liste entière n'est point envoyée aux citoyens qui la composent ; mais le préfet notifie à chacun d'eux l'extrait de la liste qui constate que son nom y est porté. Cette notification leur est faite huit jours au moins avant celui où la liste doit servir. Ce jour est mentionné dans la notification, laquelle contient aussi une sommation de se trouver à la cour, au jour indiqué. A défaut de notification à la personne, elle est faite à son domicile, ainsi qu'à celui du maire et de l'adjoint du lieu; celui-ci est tenu de lui en donner connaissance. (C. I. C., art. 389.)

Tout juré qui ne s'est pas rendu à son poste, sur la citation qui lui a été notifiée, ou qui se retire avant la cessation de ses fonctions, est condamné par la cour d'assises à une amende, laquelle est, pour la première fois, de 500 francs ; pour la seconde, de 1,000 francs; et pour la troisième, de 1,500 francs. Cette dernière fois, il est de plus déclaré incapable d'exercer à l'avenir les fonctions de juré. L'arrêt est imprimé et affiché à ses frais. (Id., art. 396 et 398.)

L'amende de 500 francs prononcée par le deuxième paragraphe de l'article 396 du Code d'instruction criminelle peut être réduite par la cour à 200 francs, sans préjudice des autres dispositions de cet article. (D. 21 novembre, art. 20.)

Sont exceptés ceux qui justifient qu'ils étaient dans l'impossibilité de se rendre à la cour au jour indiqué. La cour prononce sur la validité de l'excuse. (C. I. C., art. 397.)

Jury d'expropriation. — L'institution du jury est appliquée, en certains cas, à des intérêts d'ordre civil. Ainsi, la loi sur l'expropriation pour cause d'utilité publique défère à un jury spécial la fixation des indemnités demandées par les propriétaires expropriés.

Les septuagénaires sont dispensés s'ils le requièrent. Les noms des jurés qui ont fait le service d'une session ne peuvent être portés sur le tableau dressé par le conseil général pour l'année suivante. (Art. 47.)

Tout juré qui, sans motifs légitimes, manque à l'une des séances ou refuse de prendre part à la délibération encourt une amende de 100 francs au moins et de 300 francs au plus à prononcer par le magistrat directeur du jury qui statue aussi sur les causes d'empêchement. (Art. 32.)

Dans sa session annuelle, le conseil général du département désigne pour chaque arrondissement de sous-préfecture, tant sur la liste des électeurs que sur la seconde partie de la liste du jury, trente-six personnes au moins et soixante-douze au plus qui ont leur domicile réel dans l'arrondissement parmi lesquelles sont choisis pendant la session suivante ordinaire du conseil général les membres du jury spécial appelé, le cas échéant, à régler les indemnités dues par suite d'expropriation pour cause d'utilité publique. Sur cette liste, la première chambre de la cour ou la première chambre du tribunal, ou pendant les vacances la chambre des vacations choisit, toutes les fois qu'il est nécessaire, seize personnes composant le jury spécial.. Ee peuvent être choisis : 1° les propriétaires, fermiers, locataires des terrains et bâtiments désignés en l'arrêté du préfet ; 2° les créanciers ayant inscription sur lesdits immeubles ; 3° tous les autres intéressés désignés ou intervenus dans l'affaire. (Art. 29 et 30, loi du 3 mai 1841.)

Justice de paix. — Voy. Juge de paix.

K

Kilo. — Mot tiré du grec, et qui signifie mille. Le kilogramme est donc un poids de mille grammes ; le kilomètre, une longueur de mille mètres. — Voy. Poids et mesures.

L

Labourage. — Voy. Agriculture, Culture, Instruments aratoires.

Lacs. — La police des lacs qui peuvent servir à la navigation est la même que celle des fleuves et rivières navigables. Quant à ceux qui ne sont pas navigables, ils rentrent dans la classe des étangs proprement dits, et sont régis par les mêmes lois. — Voy. Cours d'eau, Étang, Navigation.

Ladrerie. — Maladie à laquelle les porcs sont sujets.

La chair des porcs atteints de ladrerie, quoique présentant les caractères d'un aliment détérioré, n'est pas absolument malsaine ; néanmoins, il est dés époques où il peut être dangereux d'en faire habituellement usage.

Une circulaire du ministre de l'intérieur, du 16 septembre 1819, contient des instructions relatives aux dispositions prises ou à prendre par l'autorité administrative lorsque des cas de cette maladie se présentent dans une commune. Les maires doivent surveiller l'abatage des porcs et s'assurer, par une inspection particulière, de l'état sanitaire des animaux abattus, mais ils n'ont pas le droit d'établir, pour le languégage, une taxe qui n'est pas prévue par la loi. (Décis. Int., 22 décembre 1825.) — Voy. Porcs.

Lais et relais de la mer. — Les rivages et relais de la mer qui, aux termes de l'article 538 du Code civil, sont considérés comme des dépendances du domaine public, cessent d'y être compris, lorsque l'État, usant de son droit, a aliéné, sous certaines conditions, les parties de rivage dont l'intérêt de l'État n'exigeait pas la conservation. L'aliénation une fois consentie est incommutable, alors même que la superficie du sol concédé serait soumise à l'action du flot pendant les hautes marées. (C. de Rouen, 21 juillet 1880.)

L'aliénation des lais et relais de la mer peut être faite soit par adjudication publique, soit par concession directe. Une ordonnance du 23 septembre 1825 a déterminé les formalités dont l'accomplissement doit précéder la concession. Ce sont : 1° levé des plans, leur vérification et leur approbation par les ingénieurs des ponts et chaussées: 2° mesurage et description exacte, avec l'évaluation en revenu et en capital; 3° enquête administrative *de commodo et incommodo ;* 4° arrêté pris par le préfet après avoir entendu les ingénieurs des ponts et chaussées, ainsi que le directeur des domaines, et, de plus, le directeur du génie militaire, lorsque les objets à concéder sont situés dans la zone des frontières ou aux abords des places fortes; 5° avis respectif du ministre des travaux publics et du directeur général des domaines; 6° avis du ministre de la guerre dans l'intérêt de la défense du territoire; 7° enfin, examen en conseil d'État des demandes en concession ainsi que des charges et conditions proposées de part et d'autre.

Après l'accomplissement de ces formalités, la concession est accordée par décret.

Lait. — Le lait étant d'un usage journalier et universel, il importe d'en assurer la sanité en empêchant qu'il ne soit altéré par la cupidité et la mauvaise foi de ceux qui l'exposent en vente.

Les autorités municipales sont chargées par la loi du 5 avril 1884, article 97, de l'inspection sur la salubrité des comestibles exposés en vente publique, il appartient, en conséquence, au maire et au commissaire de police, de veiller à ce que le lait exposé en vente soit pur et sans mélange, de saisir et faire répandre sur la voie publique le lait qui serait trouvé falsifié chez les personnes qui en font le commerce à domicile, comme aussi chez les laitières qui vendent dans les rues et places publiques.

Les maires peuvent rappeler ces prescriptions par un arrêté en y comprenant la défense de mettre le lait ou de le mesurer dans des vases de cuivre. Mais lors même qu'aucun arrêté n'aurait été pris à cet égard, les maires, les commissaires de police et les gardes champêtres doivent constater par procès-verbal les altérations ou falsifications qui seraient reconnues dans le lait exposé en vente. Ces altérations, comme les autres actes d'improbité dans le débit des marchandises, sont punies des peines édictées par l'article 423 du Code pénal.— Voy. DENRÉES ET SUBSTANCES ALIMENTAIRES. — *Dict. des formules*, n° 964.

Landes. — Voy. BIENS COMMUNAUX, PARCOURS ET VAINE PATURE, TERRES VAINES ET VAGUES.

Lapins. — L'autorité municipale peut défendre d'élever des lapins dans l'intérieur des villes. (Cass. 1er juillet 1808.)

Les lapins sont considérés comme animaux nuisibles, dont la chasse peut être permise en tout temps. — Voy. CHASSE.

Le propriétaire qui laisse multiplier dans ses bois une grande quantité de lapins est responsable des dégâts que ces animaux commettent sur les terres voisines. (Cass. 14 septembre 1816.) — Voy. GARENNE.

Lavoirs publics. — L'établissement des lavoirs publics n'est pas affranchi des règles relatives à la création des ateliers qui peuvent être une cause d'insalubrité ou d'incommodité pour le voisinage. Les lavoirs sont rangés dans la seconde classe des établissements insalubres ou incommodes, quand ils n'ont pas un écoulement constant de leurs eaux, et dans la troisième classe, quand l'écoulement des eaux est constant. — Voy. ÉTABLISSEMENTS DANGEREUX, INSALUBRES OU INCOMMODES.

Les communes peuvent être autorisées à percevoir un droit pour l'usage des lavoirs publics, lorsque ces lavoirs ont été construits à leurs frais; mais on doit toujours y réserver des places gratuites pour les indigents. Les communes qui perçoivent un droit pour l'usage d'un lavoir peuvent être soumises, à raison de ce lavoir, à la contribution foncière d'après sa valeur locative. Les communes ont d'ailleurs le droit de concéder, pour un temps plus ou moins long, à une compagnie particulière formée, soit dans un but industriel, soit dans un but de bienfaisance et au moyen de dons volontaires, la création d'établissements de bains et lavoirs publics, comme elles pourraient le faire pour l'établissement d'une halle ou d'un abattoir; et, dans ce cas, les communes peuvent seconder de plusieurs manières l'action de l'industrie privée ou des associations charitables, tantôt par des concessions d'eau gratuites, tantôt en fournissant les terrains sur lesquels les bains et lavoirs seraient construits, ou en ajoutant une subvention à celle qui serait accordée par l'État. (Circ. T. P. 26 février 1851.) — Voy. BAINS PUBLICS.

Légalisation. — Acte par lequel un fonctionnaire public d'un ordre supérieur atteste la vérité des signatures apposées à un autre acte et les qualités de ceux qui l'ont fait et expédié, afin qu'il soit ajouté foi à leurs signatures.

Tout acte de légalisation doit être revêtu du sceau de l'autorité qui le délivre. Le but de la légalisation est d'étendre d'un lieu à un autre l'effet de l'authenticité d'un acte.

En général, les signatures des fonctionnaires de l'ordre administratif sont légalisées par leur supérieur immédiat dans le même ordre. Ainsi, la signature du maire est légalisée par le sous-préfet, celle du sous-préfet par le préfet, celle du préfet par le ministre.

Cependant, les signatures que les maires ou adjoints apposent aux actes de l'état civil sont légalisées par le président du tribunal de l'arrondissement, ou par le juge de paix du canton. — Voy. ETAT CIVIL.

Les signatures des fonctionnaires de l'ordre judiciaire et celle des officiers publics qui en dépendent sont légalisées par les présidents des tribunaux d'arrondissement, et, lorsqu'il y a lieu, celles des présidents des tribunaux d'arrondissement par les premiers présidents de cour d'appel.

En général, la légalisation doit avoir lieu toutes les fois que l'acte doit être exécuté hors du ressort de l'officier public qui l'a signé.

Les légalisations administratives ont lieu gratuitement. Il est attribué au greffier 25 centimes par chaque légalisation judiciaire. (L. 21 ventôse an VII, art. 14.)

Le maire ne doit jamais refuser de légaliser les signatures de ses administrés qu'il connaît personnellement; en cas de doute sur l'identité d'une personne, il peut seulement exiger que l'identité soit certifiée par deux personnes connues de lui. Lorsqu'on lui présente une pétition pour légaliser les signatures qui y sont portées, il peut exiger que la sincérité et l'authenticité de ces signatures soient attestées par deux témoins, mais cette attestation donnée, son devoir est de légaliser les signatures à lui soumises, sans préjuger d'ailleurs de l'acte sur lequel elles sont apposées.

Lorsque les actes que l'on présente aux maires ou la légalisation de ces actes ne sont pas en langue française, ils peuvent exiger que la traduction en soit faite par des traducteurs assermentés; et, s'il n'y en a point d'établis près le tribunal de leur arrondissement, ils peuvent demander qu'un serment spécial soit prêté par la personne à qui la traduction va être confiée. Les maires peuvent aussi, lorsqu'un acte qu'on leur présente vient d'un pays étranger et qu'ils ont des doutes sur l'observation des formes prescrites par les lois de ce pays, exiger qu'on leur en justifie, soit par des actes de notoriété, soit par des certificats des agents diplomatiques ou consuls français, et ces actes et certificats doivent être dûment légalisés.— *Dict. des formules*, n° 965.

Légion d'honneur. — Cet ordre, institué pour récompenser les services civils et militaires, est actuellement régi par le décret du 16 mars 1852 et la loi du 24 juillet 1873.

Les décès survenus parmi les membres de l'ordre doivent être notifiés au grand chancelier de la Légion d'honneur. A cet effet, les maires doivent faire, tous les trois mois, sur les registres de l'état civil, le relevé des décès des membres de la Légion d'honneur, l'adresser au préfet, et celui-ci est tenu de transmettre ces relevés au ministre de l'intérieur, qui les porte à la connaissance du grand chancelier. Les relevés doivent contenir, outre les détails propres à constater l'individualité de chaque légionnaire décédé, l'indication de son grade dans l'ordre et celle de la date et du lieu de décès. Les états nominatifs doivent être transmis par les préfets dans le courant du mois qui suit l'expiration de chaque trimestre. Dans le cas où des décès de légionnaires n'auraient pas été notifiés en temps utile, ils figureraient en tête de l'état trimestriel suivant. L'état doit être adressé au ministre alors même qu'il serait négatif. (Circ. min. 22 janvier 1818, 26 août 1820, 6 mars 1838, 11 septembre 1839.) — *Dict. des formules*, n° 969.

Le certificat de vie nécessaire à tout légionnaire qui n'est pas militaire en activité de service, pour recevoir son traitement, lui est délivré à son choix, ou par un notaire, ou par le maire du lieu de sa résidence. Ce certificat doit constater l'existence du certifié jusqu'au jour de l'échéance de son traitement. La signature du maire certificateur doit être légalisée par le sous-préfet. Lorsque le légionnaire veut faire toucher son traitement par un tiers, il doit le déclarer au maire qui en délivre une attestation au bas du certificat de vie. Cette attestation tient lieu de procuration. — Voy. CERTIFICAT, LÉGALISATION. — *Dict. des formules*, n°s 966, 967, 968, 969.

Le port illégal de la décoration de la Légion d'honneur est puni d'un emprisonnement de six mois à deux ans. (C. P., art. 259.)

Législation. — Ce mot générique comprend l'ensemble de toutes les lois qui régissent un pays. On entend encore par ce mot un ensemble de lois relatives à une matière spéciale ; c'est ainsi que l'on dit législation municipale, législation des douanes, des contributions directes, de la presse.

Législature. — Pouvoir législatif ou temps pendant lequel ce pouvoir reste assemblé.

Légitimation. — Acte qui attribue à un enfant naturel les droits et les honneurs de la légitimité.

La légitimation n'a lieu en France que par mariage subséquent, c'est-à-dire par l'union du père et de la mère de l'enfant naturel, précédemment reconnu ou reconnu dans l'acte de mariage. — Voy. ÉTAT CIVIL.

Legs. — Disposition testamentaire par laquelle on laisse, après soi, à un individu ou à un établissement public, tout ou partie de ses biens. Pour l'acceptation des legs et donations, au profit des communes et des établissements de bienfaisance, des fabriques, voy. DONS ET LEGS. — *Dict. des formules*, n°s 970 à 973.

Légumes. — Les légumes gâtés ou corrompus ne peuvent être exposés en vente, à peine d'amende et confiscation. — Voy. COMESTIBLES, DENRÉES ET SUBSTANCES ALIMENTAIRES, FRUITS ET LÉGUMES.

Léthargie. — Assoupissement contre nature et qui a l'apparence de la mort. L'article 77 du Code civil, en défendant les inhumations précipitées, a eu pour but de prévenir l'enterrement des personnes qui sont en léthargie. — Voy. Etat civil, Inhumations.

Liberté individuelle. — Droit de disposer librement de sa personne. La liberté individuelle doit être scrupuleusement respectée; l'exercice n'en peut être suspendu que suivant les prescriptions de la loi. — Voy. Arrestation, Séquestration.

Librairie. — La loi du 29 juillet 1881 a proclamé la liberté de l'imprimerie et de la librairie. Toutes les restrictions et interdictions établies par la législation antérieure et par les décisions ministérielles sont abrogées. La librairie est désormais un commerce soumis au droit commun.

Il en est de même de la librairie de provenance étrangère; quelle que soit sa nature, elle ne peut plus sous aucun prétexte être retenue à la frontière. L'autorité judiciaire peut seule, aux termes de l'article 28 de la loi du 29 juillet 1881, faire procéder à la saisie des dessins, gravures, peintures et emblèmes ou images obscènes provenant de l'étranger, quand ils sont exposés aux regards du public, mis en vente ou colportés. Voy. Presse.

Licence. — Voy. Boissons, Contributions indirectes.

Lieux publics. — Un lieu est public par sa nature ou par sa destination. Les lieux publics par leur nature sont les rues, les places, les routes, les promenades. Les lieux publics par leur destination sont les salles de spectacles, de bals, les cafés, les cabarets, les maisons de débauche, etc., etc.

L'autorité municipale est chargée de la police des lieux publics : elle les surveille par ses agents, et fait les règlements propres à y maintenir le bon ordre. Ainsi, les maires peuvent prohiber tous les jeux de cartes dans les cabarets et cafés, défendre qu'il soit ouvert aucun bal ou concert public sans leur permission, fixer l'heure de fermeture des lieux publics, etc.

Les maires, les adjoints, les commissaires de police peuvent pénétrer dans les lieux publics à toute heure de jour et même de nuit, pourvu, dans ce dernier cas, que le lieu soit encore ouvert au public ; car s'il était fermé, il serait inviolable. Il n'y a d'exception que pour les maisons de débauche et de jeu, dans lesquelles les officiers de police peuvent toujours pénétrer. — Voy. Aubergistes, Bals publics, Cabarets et Cafés, Concerts publics, Jeux de hasard, Police municipale, Prostitution, Spectacles.

Limites. — Les limites des héritages ruraux ou forestiers de propriétaires contigus sont marquées au moyen de bornes.

Les limites des circonscriptions territoriales sont déterminées au moyen de bornes ou de poteaux.

II   61

Une circulaire, en date du 24 juin 1832, émanée de l'administration des contributions directes, rappelle la marche à suivre, lors de l'exécution du cadastre, en ce qui concerne la reconnaissance des limites et l'arpentage des bois appartenant aux communes. — Voy. BORNAGE, BOIS DES COMMUNES ET DES ÉTABLISSEMENTS PUBLICS, CADASTRE, CIRCONSCRIPTION TERRITORIALE.

Liquoriste. — Celui qui fabrique ou qui vend des liqueurs. —

On emploie fréquemment des substances minérales vénéneuses pour colorer les liqueurs, et cette imprudence peut donner lieu à de graves accidents. Dans les localités où on se livre en grand au commerce et à la fabrication des liqueurs, les maires peuvent prendre un arrêté pour prohiber l'emploi de substances vénéneuses dans la fabrication, ainsi que la vente de liqueurs dans lesquelles seraient entrées des drogues de cette nature. Les maires peuvent, en outre, ordonner que des visites seront faites chez les fabricants et détaillants, à l'effet de constater si les prescriptions de l'arrêté sont observées. — *Dict. des formules*, n° 994.

Liquidation. — Règlement définitif de compte. — Voy. COMPTABILITÉ.

Liste électorale. — Voy. ÉLECTIONS.

Lithographie. — Art de tracer sur la pierre, soit un dessin, soit des caractères d'écriture, pour en tirer ensuite des copies par le moyen de la presse.

Les impressions obtenues par les procédés de la lithographie ont été assimilées à la typographie, par l'ordonnance du 8 octobre 1817 et le décret du 22 mars 1852. Il suit de là que les imprimeurs lithographes sont tenus, comme les imprimeurs en lettres, de faire la déclaration d'ouverture de leur établissement, soit à Paris, au ministère de l'intérieur, soit dans les départements, à la préfecture. — Voy. GRAVURE ET LITHOGRAPHIE, IMPRIMERIE.

Lits militaires. — Le service des lits militaires a pour objet de procurer aux militaires logés dans les bâtiments militaires le couchage et l'ameublement qui leur sont nécessaires. Ce service comprend, en outre, la fourniture et l'entretien des capotes de sentinelles et des effets mobiliers des corps de garde, autres que ceux qui sont fournis par le génie.

Lorsque la troupe est casernée, le mobilier dont elle a besoin lui est fourni par l'État. Une compagnie, dite des *lits militaires*, a un marché de longue durée et fournit, moyennant un abonnement, tout le matériel prescrit par le règlement (1).

La réception des effets neufs du service des lits militaires se fait par

(1) Ce marché est sur le point d'expirer. Il est question de diviser la fourniture entre plusieurs compagnies différentes.

deux experts, en présence du sous-intendant militaire. Ces experts sont nommés, l'un par le maire de la commune, l'autre par le préposé de l'entrepreneur.

Si, par un motif quelconque, un corps ou détachement ou un officier sans troupe partait sans avoir fait la remise régulière des lits qui lui auraient été délivrés, il doit être procédé d'office, sur la réquisition du sous-intendant militaire, à la reconnaissance et à la réintégration des lits. Dans ce cas, le corps ou l'officier absent doit être représenté par le commandant de la place ou par un adjudant, et, à leur défaut, par le maire de la commune ou par un adjoint.

Il est procédé de la même manière pour la réception et la rentrée en magasin des capotes de sentinelles.

Un inventaire des lits, capotes de sentinelles et mobilier des corps de garde doit être dressé, chaque année, par les soins du sous-intendant militaire ; et les effets existants doivent y être classés, comme bons, ou à réparer, ou hors de service, par deux experts, dont l'un est nommé par le maire, et l'autre par le préposé de l'entrepreneur. (Règl. 17 août 1824.) — Voy. CASERNEMENT, LOGEMENT DES TROUPES.

Livres d'église. — L'impression ou la réimpression des livres d'église, des heures et des prières, doit être préalablement autorisée par l'évêque dans chaque diocèse. La permission est textuellement rapportée et imprimée en tête de chaque exemplaire. (D. 7 germinal an XIII, art. 1er.)

Les imprimeurs, libraires, qui feraient imprimer, réimprimer des livres d'église, des heures ou prières, sans avoir obtenu cette permission, seraient poursuivis conformément à la loi du 9 juillet 1793. (Id., art. 2.)

Livret de famille. — Voy. ÉTAT CIVIL.

Livret d'ouvrier (1). — Le livret d'ouvrier a pour objet de constater les obligations contractées par l'ouvrier envers un patron, de lui faciliter le moyen de se procurer du travail, et de mettre l'autorité à même de se rendre compte de la statistique des ouvriers dans les centres industriels.

De l'obligation du livret. — Les ouvriers de l'un et de l'autre sexe attachés aux manufactures, fabriques, usines, mines, minières, carrières, chantiers, ateliers, et autres établissements industriels, ou travaillant chez eux pour un ou plusieurs patrons, sont tenus de se munir d'un livret. (L. 22 juin 1854, art. 1er.)

Les chefs ou directeurs des établissements précités ne peuvent employer un ouvrier soumis à l'approbation du livret s'il n'a régulièrement accompli cette formalité. (Id., art. 3.)

Forme du livret. — Le livret est en papier blanc, coté et parafé par

---

(1) Une proposition de loi actuellement soumise au parlement a pour objet la suppression de l'obligation du livret d'ouvrier.

les fonctionnaires chargés du soin de le délivrer. Il est revêtu de leur sceau. Sur les premiers feuillets sont imprimés textuellement la loi du 2 juin 1854, le décret du 30 avril 1855, la loi du 14 mai 1851 et les articles 153 et 463 du Code pénal. Il énonce : 1° le nom et les prénoms de l'ouvrier, son âge, le lieu de sa naissance, son signalement, sa profession ; 2° si l'ouvrier travaille habituellement pour plusieurs patrons, ou s'il est attaché à un seul établissement ; 3° dans le dernier cas, le nom et la demeure du chef d'établissement chez lequel il travaille ou a travaillé en dernier lieu ; 4° les pièces, s'il en est produit, sur lesquelles le livret est délivré. (D. 30 avril 1855, art. 1er.)

Délivrance des livrets. — Les livrets sont délivrés par les maires, sauf les exceptions ci-après : ils sont délivrés par le préfet de police à Paris, et dans le ressort de sa préfecture ; par le préfet du Rhône à Lyon, et dans les autres communes dans lesquelles il remplit les fonctions qui lui sont attribuées par les articles 104 et 105 de la loi du 5 avril 1884.

Il n'est perçu pour la délivrance des livrets que le prix de confection. Ce prix ne peut dépasser 25 centimes. (L. 22 juin 1854, art. 2.)

Il est tenu dans chaque commune un registre sur lequel sont relatés, au moment de leur délivrance, les livrets et visa de voyage mentionnés ci-après. Ce registre porte la signature des impétrants ou la mention qu'ils ne savent ou ne peuvent signer. (D. 30 avril 1855, art. 2.)

Le premier livret d'un ouvrier lui est délivré sur la constatation de son identité et de sa position. L'autorité compétente est juge des justifications qui doivent être produites, et qui sont sujettes à varier suivant les circonstances. La loi ne rend ici obligatoire aucune pièce déterminée ; mais si l'autorité estime que les justifications fournies ne sont pas suffisantes, elle peut exiger que l'ouvrier souscrive une déclaration dont la sanction se trouve dans l'article 13 de la loi du 12 juin 1854 ; il est essentiel alors qu'il soit préalablement donné lecture dudit article. (D. 30 avril 1855, art. 3 ; circ. 18 mai 1855.) — Voy. ci-après PÉNALITÉS.

Obligations de l'ouvrier. — Tout ouvrier qui entre dans un établissement industriel doit présenter un livret en règle, afin que le chef d'établissement y inscrive la date de son entrée. De même, tout ouvrier qui travaille habituellement pour plusieurs patrons doit leur présenter son livret lorsqu'ils lui confient de l'ouvrage, afin que chacun d'eux inscrive précisément le jour où ce fait a lieu. Puis le livret est remis à l'ouvrier et reste entre ses mains ; mais il est tenu de le représenter à toute réquisition des agents de l'autorité.

En se retirant d'un établissement, l'ouvrier doit représenter son livret à son patron, afin que ce dernier puisse y inscrire la date de sa sortie, l'acquit des engagements, et y ajouter, s'il y a lieu, le montant des avances dont l'ouvrier resterait débiteur envers lui, dans les limites fixées par la loi du 14 mai 1851, c'est-à-dire jusqu'à concurrence de 30 francs. L'ouvrier qui travaille habituellement pour plusieurs patrons n'a pas besoin de l'acquit des engagements pour obtenir du travail de nouveaux patrons, car le nombre de ceux pour lesquels il peut travailler en même temps est illimité. (L. 22 juin 1854, art. 4, 5 et 6 ; D. 30 avril 1855, art. 6 et 7 ; Circ. 18 mai 1855.)

Obligations des maîtres ou patrons. — Comme on l'a vu plus haut, les chefs ou directeurs d'établissements industriels auxquels la loi du 22 juin 1854 est applicable ne peuvent employer un ouvrier s'il n'est porteur d'un livret en règle. (L. 22 juin 1854, art. 3.)

Ils doivent tenir un registre dressé conformément au modèle annexé au décret du 30 avril 1855.

Le patron qui reçoit dans son établissement un ouvrier travaillant pour lui seul est tenu d'inscrire sur ce registre spécial : 1° les nom et prénoms de l'ouvrier ; 2° le nom et le domicile du chef d'établissement qui l'a employé précédemment ; 3° le montant des avances dont l'ouvrier serait resté débiteur envers celui-ci, et indiquer que l'ouvrier ne doit travailler que pour l'établissement dans lequel il entre. (L. 22 juin 1854, art. 4.)

Si, au contraire, l'ouvrier travaille pour plusieurs patrons, chacun d'eux doit transcrire sur le registre spécial : 1° les nom et prénoms de l'ouvrier ; 2° son domicile, et spécifier en outre que l'ouvrier travaille habituellement pour plusieurs patrons. Toutefois, cette dernière indication n'est exigée que la première fois que le chef d'établissement emploie l'ouvrier. (Id., art. 5 ; D. 30 avril 1855, art. 9.)

Les registres, cotés et parafés sans frais par les fonctionnaires chargés de la délivrance des livrets, doivent être communiqués aux maires et commissaires de police toutes les fois que ces fonctionnaires en font la demande. (D. 30 avril 1855, art. 8.)

Un chef d'établissement ne saurait refuser à l'ouvrier qui le demande ou qu'il congédie l'acquit des engagements, à moins que cet ouvrier n'ait pas terminé et livré l'ouvrage qu'il s'était engagé à faire, ou qu'il n'ait pas travaillé pendant le temps convenu. Toute annotation favorable ou défavorable à l'ouvrier est interdite. (L. 14 mai 1851, art. 2 ; 22 juin 1854, art. 4, 5 et 8 ; D. 30 avril 1855, art. 19 ; Circ. 18 mai 1855.)

Toutefois, le patron qui exécute les conventions arrêtées entre lui et l'ouvrier a le droit de retenir le livret de celui-ci jusqu'à ce que le travail, objet de ces conventions, soit terminé et livré, à moins que l'ouvrier, pour des causes indépendantes de sa volonté, ne se trouve dans l'impossibilité de travailler ou de remplir les conditions de son contrat. (L. 14 mai 1851, art. 3.)

Les avances faites par le patron à l'ouvrier ne peuvent être inscrites sur le livret de celui-ci et ne sont remboursables au moyen de la retenue que jusqu'à concurrence de 30 francs. La retenue est du dixième du salaire journalier de l'ouvrier. (L. 14 mai 1851, art. 4 et 5.)

Lorsque le chef ou directeur d'établissement ne peut, à la sortie de l'ouvrier, inscrire sur le livret la date de la sortie et l'acquit des engagements, ou bien lorsque, cessant d'employer l'ouvrier, il n'a point à inscrire l'acquit des engagements, le maire ou le commissaire de police, après avoir constaté la cause de l'empêchement, inscrit, sans frais, le congé d'acquit. (L. 22 juin 1854, art. 7.)

Les contestations relatives à la délivrance des congés ou à la rétention des livrets sont jugées par les conseils de prud'hommes, et, partout où ces tribunaux ne sont pas établis, par les juges de paix, en se conformant aux règles de compétence et de procédure prescrites par les lois, décrets, ordonnances et règlements. (L. 14 mai 1851, art. 7.)

Les juges de paix prononcent, les parties présentes ou appelées par voie de simple avertissement. La décision est exécutoire sur minute et sans aucun délai. (Id., art. 8.)

Renouvellement des livrets. — Le livret rempli ou hors d'état de servir est remplacé par un nouveau sur lequel sont reportés : 1° la date et le lieu de la délivrance de l'ancien livret; 2° le nom et la demeure du chef d'établissement chez lequel l'ouvrier travaille ou a travaillé en dernier lieu ; 3° le montant des avances dont l'ouvrier resterait débiteur. Le remplacement est mentionné sur le livret hors d'usage, qui est laissé entre les mains de l'ouvrier. (D. 30 avril 1855, art. 4.)

L'ouvrier qui a perdu son livret peut en obtenir un nouveau, sur la constatation de son identité et de sa position. Le nouveau livret reproduit les mentions indiquées ci-dessus, en ce qui concerne le remplacement des livrets remplis ou hors d'état de servir. (Id., art 5.)

Livrets servant de passeports. — Le livret, visé gratuitement par le maire de la commune où travaille l'ouvrier, à Paris et dans le ressort de la préfecture de police par le préfet de police, à Lyon et dans les communes spécifiées dans la loi du 19 juin 1851 par le préfet du Rhône, dans les autres chefs-lieux de département dont la population excède 40,000 âmes par les préfets, tient lieu de passeport à l'intérieur, sous les conditions déterminées par les règlements administratifs. (L. 22 juin 1854, art. 9.)

Lorsque le livret, spécialement visé à cet effet, doit tenir lieu de passeport à l'intérieur, le visa du départ indique toujours une destination fixe et ne vaut que pour cette destination. Ce visa n'est accordé que sur la mention de l'acquit des engagements, et sous les conditions déterminées par les règlements administratifs. (D. 30 avril 1855, art. 11.)

Le livret ne peut être visé pour servir de passeport à l'intérieur, si l'ouvrier a interrompu l'exercice de sa profession, ou s'il s'est écoulé plus d'une année depuis le dernier certificat de sortie inscrit audit livret. (Id., art. 12.)

Pénalités. — Les contraventions aux articles 1, 3, 4, 5 et 8 de la loi sont poursuivies devant le tribunal de simple police et punies d'une amende de 1 à 15 francs, sans préjudice des dommages-intérêts, s'il y a lieu. Il peut, de plus, être prononcé, suivant les circonstances, un emprisonnement d'un à cinq jours. (L. 22 juin 1854, art. 11.)

Tout individu coupable d'avoir fabriqué un faux livret, ou falsifié un livret originairement véritable ou fait sciemment usage d'un livret faux ou falsifié est puni des peines portées en l'article 153 du Code pénal. (L. 22 juin 1854, art. 12.)

Tout ouvrier coupable de s'être fait délivrer un livret, soit sous un faux nom, soit au moyen de fausses déclarations ou de faux certificats, ou d'avoir fait usage d'un livret qui ne lui appartient pas, est puni d'un emprisonnement de trois mois à un an. (Id., art. 13.)

L'article 463 du Code pénal étant applicable aux cas précités de fabrication, falsification de livrets et de manœuvres analogues, permet d'adoucir les pénalités au moyen de l'admission de circonstances atténuantes. (Id., art. 14.) — Voy. APPRENTISSAGE, INDUSTRIE, OUVRIERS.

Locataire. — Celui qui tient une maison ou une portion de maison à louage. On entend par principal locataire l'individu qui a pris à bail une maison entière, ou du moins un corps de logis qu'il sous-loue ensuite par partie à différents locataires. Dans ces conditions, un locataire supplée véritablement le propriétaire; il en exerce tous les droits à l'égard des sous-locataires; il touche les loyers; au fond, il administre la maison.

De même que le propriétaire, il est en position d'empêcher la sortie des meubles, dont il se trouve de fait, et dans son intérêt personnel, constitué gardien ; il est donc juste que l'obligation des articles 22 et 23 de la loi du 21 avril 1832 lui soit imposée, ainsi qu'elle l'est au propriétaire. — Voy. CONTRIBUTIONS DIRECTES, DÉMÉNAGEMENT FURTIF.

Location. — Voy. BAUX ADMINISTRATIFS ; HALLES, FOIRES ET MARCHÉS (*Droits de place*) ; PESAGE, MESURAGE ET JAUGEAGE (*Droits de*).

Locations verbales de biens immeubles. — Les articles 11 et 14 de la loi du 23 août 1871, sur le timbre et l'enregistrement, ont édicté des dispositions nouvelles relativement à l'enregistrement des baux et aux déclarations de locations verbales de biens immeubles. Ces articles sont ainsi conçus :

« Art. 11. Lorsqu'il n'existe pas de conventions écrites constatant une mutation de jouissance de biens immeubles, il y est suppléé par des déclarations détaillées et estimatives dans les trois mois de l'entrée en jouissance.

« Si la location est faite suivant l'usage des lieux, la déclaration en contiendra la mention.

« Les droits d'enregistrement deviendront exigibles dans les vingt jours qui suivront l'échéance de chaque terme, et la perception en sera continuée jusqu'à ce qu'il ait été déclaré que le bail a cessé ou qu'il a été résilié.

« En cas de déclaration insuffisante, il sera fait application des dispositions des articles 19 et 39 de la loi du 22 frimaire an VII.

« La déclaration doit être faite par le preneur ou, à son défaut, par le bailleur. Les obligations imposées au preneur dans le cas de location verbale, par l'article 10 de la loi du 23 août 1871, doivent à l'avenir être accomplies par le bailleur qui est tenu du payement des droits sauf son recours contre le bailleur. Néanmoins les parties restent solidaires pour le recouvrement du droit simple. (L. 28 février 1872, art. 6.)

« Ne sont pas assujetties à la déclaration les locations verbales ne dépassant pas trois ans, et dont le prix annuel n'excède pas 100 francs. Toutefois, si le même bailleur a consenti plusieurs locations verbales de cette catégorie, mais dont le prix cumulé excède 100 francs annuellement, le bailleur sera également tenu d'en faire la déclaration et d'acquitter les droits exigibles, sauf son recours contre le preneur, qui sera dispensé, dans ce cas, de la formalité de la déclaration.

« Le droit sera exigible lors de l'enregistrement ou de la déclaration. Toutefois, si le bail est de plus de trois ans et si les parties le requièrent, le montant du droit pourra être fractionné en autant de payements égaux qu'il y aura de périodes triennales dans la durée du bail. Le payement des droits afférents à la première période sera seul acquitté lors de l'enregistrement ou de la déclaration, et celui des périodes subséquentes aura lieu dans le premier mois de l'année qui commencera chaque période.

« La dernière disposition du numéro 2 du paragraphe 3 de l'article 69 de la loi du 22 frimaire an VII, relative aux baux de trois, six ou neuf années, est abrogée.

« Art. 14. — A défaut d'enregistrement ou de déclaration dans les délais fixés par les lois des 22 frimaire an VII, 27 ventôse an IX, et par l'article 11 de la présente loi, l'ancien et le nouveau possesseur, le bailleur et le preneur sont tenus personnellement et sans recours, nonobstant toute stipulation contraire, d'un droit en sus, lequel ne peut être inférieur à 50 francs.

« L'ancien possesseur et le bailleur peuvent s'affranchir du droit en sus qui leur est personnellement imposé, ainsi que du versement immédiat des droits simples, en déposant dans un bureau d'enregistrement l'acte constatant la mutation ou, à défaut d'acte, en faisant les déclarations prescrites par l'article 4 de la loi du 27 ventôse an IX et par l'article 11 de la présente loi.

« Outre les délais fixés pour l'enregistrement des actes ou déclarations, un délai d'un mois est accordé à l'ancien possesseur et au bailleur pour faire le dépôt ou les déclarations autorisées par le paragraphe qui précède.

« Les dispositions du présent article ne sont pas applicables au preneur dans les cas prévus par les paragraphes 5 et 6 de l'article 11 ci-dessus. »

L'obligation de déclarer est expressément limitée aux mutations de jouissance de biens immeubles. En outre, elle ne s'étend ni au bail à colonage ou à moitié fruits, ni au bail d'un appartement meublé. (Inst. direct. gén. de l'enregistr. 25 août 1871.)

La déclaration est également obligatoire pour les locations prétendues faites à titre gratuit, par exemple pour la jouissance concédée par un père à ses enfants, sans payement de loyer, d'un appartement dans sa maison. (Circ. compt. publ. 29 novembre 1871.) — Voy. ENREGISTREMENT.

Logements insalubres. — Cette partie importante de l'hygiène publique est régie par la loi du 13 avril 1850.

Dans toute commune où le conseil municipal l'a déclaré nécessaire par une délibération spéciale, il nomme une commission chargée de rechercher et indiquer les mesures indispensables d'assainissement des logements et dépendances insalubres mis en location ou occupés par d'autres que le propriétaire, l'usufruitier ou l'usager. Sont réputés insalubres les logements qui se trouvent dans des conditions de nature à porter atteinte à la vie ou à la santé de leurs habitants. (L. 13 avril 1850, art. 1er.)

La commission se compose de neuf membres au plus, et de cinq au moins. En font nécessairement partie : un médecin, un architecte ou tout autre homme de l'art, ainsi qu'un membre du bureau de bienfaisance et du conseil des prud'hommes, si ces institutions existent dans la commune. La présidence appartient au maire ou à l'adjoint. Le médecin et l'architecte peuvent être choisis hors de la commune. La commission se renouvelle tous les deux ans par tiers; les membres sortants sont indéfiniment rééligibles. (Id., art. 2.)

Dans les communes dont la population dépasse 50,000 âmes, le conseil municipal peut, soit nommer plusieurs commissions, soit porter jusqu'à vingt le nombre des membres de la commission existante. (L. 25 mai 1864.)

La commission visite les lieux signalés comme insalubres. Elle détermine l'état d'insalubrité, et en indique les causes, ainsi que les moyens d'y remédier. Elle désigne les logements qui ne seraient pas susceptibles d'assainissement. (L. 13 avril 1850, art. 3.)

Les rapports de la commission sont déposés au secrétariat de la mairie, et les parties intéressées mises en demeure d'en prendre communication et de produire leurs observations dans le délai d'un mois. (Id., art. 4.)

A l'expiration de ce délai, les rapports et observations sont soumis au conseil municipal, qui détermine : 1° les travaux d'assainissement et les lieux où ils devront être entièrement ou partiellement exécutés, ainsi que les délais de leur achèvement; 2° les habitations qui ne sont pas susceptibles d'assainissement. (L. 13 avril 1850, art. 5.) — *Dict. des formules*, n° 940.

Un recours est ouvert aux intéressés contre ces décisions devant le conseil de préfecture, dans le délai d'un mois à dater de la notification de l'arrêté municipal. Ce recours sera suspensif. (Id., art. 6.)

En vertu de la décision du conseil municipal ou de celle du conseil de préfecture, en cas de recours, s'il a été reconnu que les causes d'insalubrité sont dépendantes du fait du propriétaire ou de l'usufruitier, l'autorité municipale lui enjoindra, par mesure d'ordre et de police, d'exécuter les travaux jugés nécessaires. (Id., art. 7.)

Les travaux que les conseils municipaux prescrivent pour l'assainissement de logements insalubres, mis en location, doivent être exécutés par les propriétaires lorsque la cause d'insalubrité est inhérente à l'immeuble. (C. d'Et., arrêt 1er juin 1881.)

Les ouvertures pratiquées pour l'exécution des travaux d'assainissement seront exemptées, pendant trois ans, de la contribution des portes et fenêtres. (Id., art. 8.)

En cas d'inexécution, dans les délais déterminés, des travaux jugés nécessaires, et si le logement continue d'être occupé par un tiers, le propriétaire ou l'usufruitier sera passible d'une amende de 16 francs à 100 francs. Si les travaux n'ont pas été exécutés dans l'année qui aura suivi la condamnation, et si le logement insalubre a continué d'être occupé par un tiers, le propriétaire ou l'usufruitier sera passible d'une amende égale à la valeur des travaux, et pouvant être élevée au double. (Id., art. 9.)

S'il est reconnu que le logement n'est pas susceptible d'assainissement, et que les causes d'insalubrité sont dépendantes de l'habitation elle-même, l'autorité municipale pourra, dans le délai qu'elle fixera, en interdire provisoirement la location à titre d'habitation. L'interdiction absolue ne pourra être prononcée que par le conseil de préfecture, et, dans ce cas, il y aura recours devant le conseil d'Etat. Le propriétaire ou l'usufruitier, qui aura contrevenu à l'interdiction prononcée sera condamné à une amende de 16 à 100 francs, et, en cas de récidive dans l'année, à une amende égale au double de la valeur locative du logement interdit. (Id., art. 10.)

Lorsque, par suite de l'exécution de la présente loi, il y aura lieu à résiliation des baux, cette résiliation n'emportera en faveur du locataire aucuns dommages-intérêts. (Id., art. 11.)

L'article 463 du Code pénal est applicable à toutes les contraventions ci-dessus indiquées. (Id., art. 12.)

Lorsque l'insalubrité est le résultat de causes extérieures et permanentes, ou lorsque les causes ne peuvent être détruites que par des travaux d'ensemble, la commune peut acquérir, suivant les formes et après l'accomplissement des formalités prescrites par la loi du 3 mai 1841, la totalité des propriétés comprises dans le périmètre des travaux. Les portions de ces propriétés qui, après l'assainissement opéré, resteraient en dehors des alignements arrêtés pour les nouvelles constructions, peuvent être revendues aux enchères publiques, sans que, dans ce cas, les anciens propriétaires ou leurs ayants droit puissent demander l'application des articles 60 et 61 de la loi du 3 mai 1841. (Id., art. 13.)

Les amendes prononcées en vertu de cette loi sont attribuées en entier au bureau ou établissement de bienfaisance de la localité où sont situées les habitations à raison desquelles ces amendes auront été encourues. (Id., art. 14.)

Logement des troupes. — Le logement est dû en nature à l'homme de guerre. A l'intérieur et en temps de paix, le logement en nature est établi dans les bâtiments militaires, ou dans les bâtiments loués par l'Etat : c'est ce que l'on appelle le casernement. Le service du casernement est régi par le règlement du 30 juin. Nous n'avons pas à entrer ici dans le détail de ce règlement qui ne concerne que l'autorité militaire.

Du logement et du cantonnement chez l'habitant. — En cas d'insuffisance des bâtiments militaires destinés au logement des troupes dans les places de guerre ou les villes de garnison, il y est suppléé au moyen de maisons ou d'établissements loués par les municipalités, reconnus et acceptés par l'autorité militaire, ou au moyen du logement des officiers et des hommes de troupe chez l'habitant. Cette disposition est également applicable à la fourniture des magasins et des écuries. — Le logement est fourni de la même manière, à défaut de bâtiments militaires dans les villes, villages, hameaux et maisons isolées, aux troupes détachées ou cantonnées, ainsi qu'aux troupes de passage et aux militaires isolés. (Id., art. 9.)

Le logement des troupes, en station ou en marche, chez l'habitant, est l'installation régulière, faute de casernement spécial, des hommes, des animaux et du matériel dans les parties des maisons, écuries, remises ou abris des particuliers, reconnus, à la suite d'un recensement, comme pouvant être affectés à cet usage, et fixés en proportion des ressources de chaque particulier.

Le cantonnement de troupes en station ou en marche est, au contraire, une opération transitoire : il a pour but de maintenir un nombre considérable de troupes réunies sur un point donné, prêtes pour la mobilisation ou pour une opération de guerre. On ne s'inquiète alors que d'abriter le mieux possible hommes et chevaux et d'utiliser les locaux quels qu'ils soient, de manière à placer sur un point déterminé le nombre d'hommes et de chevaux nécessaires ; on ne tient plus compte des conditions d'installations régulières attribuées au personnel par les règlements du temps ordinaire. Cependant on doit toujours laisser aux habitants le logement qui leur est indispensable. (L. 3 juillet 1877, art. 8.)

On distingue deux espèces de cantonnement : le cantonnement ordinaire et le cantonnement resserré.

On prend pour base du cantonnement ordinaire cinq ou six hommes, ou deux chevaux, ou un officier par habitant.

Dans le cantonnement resserré, on laisse une ou deux pièces à chaque ménage et on utilise le reste de la superficie couverte à raison de deux mètres carrés par homme.

Les maires dressent, tous les trois ans, en double expédition, sur des modèles qui leur sont transmis par les commandants de région, un état des ressources que peut offrir leur commune pour le logement des troupes. — Cet état doit distinguer l'agglomération principale et les hameaux détachés ; il doit indiquer approximativement : — 1° Le nombre de chambres et de lits qui peuvent être affectés au logement des officiers et le nombre d'hommes de troupes qui peuvent être logés chez l'habitant, à raison d'un lit par sous-officier et d'un lit ou au moins d'un matelas et d'une couverture pour deux soldats ; — le nombre de chevaux, mulets, bestiaux et voitures qui peuvent être installés dans les écuries, étables ou remises ; — 2° Le nombre d'hommes qui peuvent être cantonnés dans les maisons, établissements, écuries, bâtiments ou abris de toute nature appartenant soit aux particuliers, soit aux communes ou aux départements, soit à l'État, sous la seule réserve que les propriétaires ou détenteurs conserveront toujours les locaux qui leur sont indispensables pour leur logement et celui de leurs animaux, denrées et marchandises. (D. 2 août 1877, art. 23.) — Voy. *Dict. des formules*, n° 979.

Dans l'établissement du logement ou du cantonnement chez l'habitant, les municipalités ne feront aucune distinction de personnes, quelles que soient leurs fonctions ou qualités. — Sont néanmoins dispensés de fournir le logement dans leur domicile les détenteurs de caisses publiques déposées dans ledit domicile, les veuves et filles vivant seules et les communautés religieuses de femmes. Mais les uns et les autres sont tenus d'y suppléer en fournissant le logement en nature chez d'autres habitants, avec lesquels ils prendront des engagements à cet effet ; à défaut de quoi, il y sera pourvu à leurs frais par les soins de la municipalité.

Cette exemption relative au logement, qui ne porte d'ailleurs aucun préjudice à l'armée, s'explique facilement, mais il n'en est pas de même en ce qui concerne le cantonnement ; les exigences du service militaire ne peuvent se concilier avec un exemption de cette nature, surtout lorsqu'il y a lieu de recourir au cantonnement resserré : car les personnes dispensées ne pourraient généralement pas fournir d'autres locaux pour remplacer ceux qui feraient l'objet de la dispense, tous les locaux disponibles étant réquisitionnés. Aussi le conseil d'État, considérant que le cantonnement est une mesure exceptionnelle, a décidé qu'il était juste de réduire au strict nécessaire, dans le cas de cantonnement, la dispense accordée aux dépositaires de caisses publiques, aux veuves et aux filles, aux communautés religieuses de femmes, et que cette dispense pouvait n'être appliquée qu'au logement même occupé par ces personnes dispensées, par suite que le cantonnement pourrait être requis dans toutes les dépendances desdits logements, sous la seule condition de fermer les communications avec les logements occupés par les personnes dispensées. (Avis de principe du conseil d'État, 1er février 1881.)

Les officiers et les fonctionnaires militaires, dans leur garnison ou résidence, ne logent pas les troupes dans le logement militaire qui leur est fourni en nature, et, lorsqu'ils sont logés en dehors des bâtiments militaires, ils ne sont tenus de fournir le logement aux troupes qu'autant que celui qu'ils occupent excède la proportion affectée à leur grade ou à leur emploi. — Les officiers en garnison dans le lieu de leur habitation ordinaire sont tenus de fournir le logement dans leur domicile propre, comme les autres habitants. (Art. 12.)

Les municipalités doivent veiller à ce que la charge du logement ou du cantonnement soit répartie avec équité sur tous les habitants. — Les habitants ne seront jamais délogés de la chambre et du lit où ils ont l'habitude de coucher ; ils ne pourront néanmoins, sous ce prétexte, se soustraire à la charge du logement selon leurs facultés.

Les états dressés en exécution de l'article précédent sont adressés aux commandants de région par l'intermédiaire du préfet. — Lorsque le ministre de la guerre veut faire opérer la revision de ces états, il charge de cette mission des officiers qui se transportent successivement dans chaque commune. — Il est donné avis au maire de la mission confiée à ces officiers et de l'époque de leur arrivée dans les communes. (Id., art. 24.)

Après la revision, les tableaux récapitulatifs sont imprimés ou autographiés par les soins de l'autorité militaire et tenus à la disposition des officiers généraux ainsi que des intendants militaires et des commissions de règlement des indemnités. Un extrait est envoyé par les commandants de région aux maires des communes intéressées. (Id., art. 25.)

Lorsque les maires ont reçu l'extrait mentionné à l'article précédent, ils dressent, avec le concours des conseillers municipaux, un état indicatif des ressources de chaque maison pour le logement ou le cantonnement des troupes, d'après le nombre fixé par le tableau indiqué à l'article précédent. — Lorsqu'ils sont requis de loger ou de cantonner des militaires, ils suivent le plus exactement possible l'ordre de cet état indicatif. (Id., art. 26.)

Dans tous les cas où les troupes devront être logées ou cantonnées chez l'habitant, l'autorité militaire informera les municipalités du jour de leur arrivée. — Les municipalités délivreront ensuite, sur la présentation des ordres de route, les billets de logement, en observant de réunir, autant que possible, dans le même quartier, les hommes et les chevaux appartenant aux mêmes unités constituées, afin d'en faciliter le rassemblement. (L. 3 juillet 1877, art. 11.) — *Dict. des formules*, nos 977-978.

Hors le cas de mobilisation, le maire ne peut envahir le domicile des absents ; il doit loger ailleurs à leurs frais. — Les établissements publics ou particuliers requis préalablement par l'autorité militaire, et effectivement utilisés par elle, ne sont pas compris dans la répartition du logement ou du cantonnement. (Id., art. 13.)

Toutes les fois qu'un maire est obligé de loger des militaires aux frais et pour le compte de tiers, il prend à cet égard un arrêté motivé, qui est notifié, aussitôt que possible, à la personne intéressée et qui fixe la somme à payer. — Le payement en est recouvré comme en matière de contributions directes. (D. 2 août 1877, art. 27.)

Troupes en manœuvres. — Par une circulaire du 10 juin 1882, le ministre de la guerre a invité les commandants de corps d'armée à prescrire à tous les officiers autorisés à formuler des réquisitions, de faire parvenir, autant que possible, ces réquisitions, deux jours au moins à l'avance aux maires des communes, où des troupes auraient à séjourner et de faire en même temps connaître très exactement à la municipalité le nombre des militaires de tout grade et de chevaux à loger, ainsi que les conditions dans lesquelles il est à désirer, pour le bien du service, que les logements soient fournis.

Cette prescription générale pour les détachements en route, en manœuvres de brigade avec cadres, etc., ne s'applique pas au cas de manœuvres proprement dites, alors qu'il y a lieu de conserver un certain imprévu dans les opérations. Cependant, toutes les fois que les cantonnements peuvent être arrêtés d'avance, les maires des communes intéressées sont avisés aussitôt que possible.

Logement des troupes en marche. — Lorsqu'il s'agit non plus de troupes en manœuvres, qui doivent être logées en vertu de réquisitions spéciales dans les localités dénommées sur l'ordre de réquisition, mais de troupes en marche arrivant à un gîte d'étape trop nombreuses pour y trouver place, la question s'est élevée de savoir à qui appartenait le soin de répartir les excédents dans les communes voisines. Il a été reconnu que la disposition de l'article 113 donne aux maires des communes constituées gîtes d'étapes la faculté de répartir sur les communes voisines, en avant ou à la hauteur du gîte, des portions de troupes que celui-ci ne peut loger convenablement. Il n'est même pas nécessaire de tenir compte, dans cette répartition, des limites de départements ; s'il s'élève des difficultés, c'est au préfet ou au sous-préfet par délégation qu'il appartient de répartir ces contingents entre les diverses communes, sauf appel au ministre de l'intérieur. Dans la pratique, pour prévenir les difficultés, l'autorité militaire a soin d'aviser les préfets à l'avance afin qu'ils puissent faire eux-mêmes la répartition entre les communes ou déléguer ce soin aux sous-préfets. (Circ, Min. de l'int. 7 août 1882 et Min. de la guerre 13 juillet 1882 ; annexes militaires du *Bulletin de l'intérieur* de 1882, p. 57-60.)

Dans les gîtes qui ne sont pas lieux de garnison, la garde de police est établie à la mairie ou dans tout autre local, à proximité, reconnu propre à servir de corps de garde et désigné par le maire, qui y fait fournir le chauffage, la lumière et les ustensiles nécessaires.

Le maire doit faire fournir aux troupes en marche, pour le dépôt de leurs bagages, un local à proximité du corps de garde de police. (D. 2 août 1877, art. 126.)

Indemnités dues aux habitants pour dommages et dégradations. — Les troupes sont responsables des dégâts et dommages occasionnés par elles dans leurs logements ou cantonnements. Les habitants qui ont à se plaindre à cet égard adressent leurs réclamations, par l'intermédiaire de la municipalité, au commandant de la troupe, afin qu'il y soit fait droit si elles sont fondées. — Lesdites réclamations doivent être adressées et les dégâts constatés, à peine de déchéance, avant le départ de la troupe, ou, en temps de paix, trois heures après, au plus tard ; un officier sera laissé, à cet effet, par le commandant de la troupe. (L. 3 juillet 1877, art. 14.)

S'il est reconnu que des dégâts ont été commis chez un ou plusieurs habitants par des soldats qui y étaient logés ou cantonnés, procès-verbal en est dressé contradictoirement par le maire de la commune et par l'officier chargé d'examiner la réclamation. — S'il s'agit de passage de troupes en temps de paix, le procès-verbal est remis à l'habitant, qui adresse sa réclamation à l'autorité militaire. — En cas de mobilisation, le procès-verbal sert à l'intéressé comme en matière de réquisition. (D. 2 août 1877, art. 28.)

En temps de guerre et en cas de départ inopiné des troupes logées chez l'habitant, si aucun officier n'a été laissé en arrière pour recevoir les réclamations, tout individu qui croit avoir à se plaindre de dégâts commis par les soldats logés chez lui, et qui n'a pu faire sa réclamation avant le départ de la troupe, porte sa plainte au juge de paix, ou, à défaut de juge de paix, au maire de la commune. — Cette plainte doit être remise moins de trois heures après le départ de la troupe. — Le juge de paix ou le maire se transporte immédiatement sur les lieux, fait une enquête et dresse un procès-verbal qui est remis à la personne intéressée, pour faire valoir ses droits comme en matière de réquisition. (Id., art. 29.)

Indemnité due aux habitants pour le logement des troupes. — D'après nos anciennes lois, le logement des troupes était toujours gratuit, pourvu qu'elles ne séjournassent pas plus de deux jours : il en résultait que, les routes d'étapes étant permanentes et presque exclusivement suivies, les habitants des gîtes d'étapes avaient à supporter une charge fort lourde, sans indemnité, lorsque les autres localités n'y étaient pas soumises. La loi du 3 juillet 1877 (art. 15) admet encore en principe la gratuité, mais seulement pour *trois nuits et par mois*, qu'elles soient ou non consécutives. Par suite si, dans une localité située sur une route d'étapes, un habitant loge, dans le même mois, plus de trois fois des militaires, les journées en excédent lui ouvrent droit à une indemnité. Ce même principe s'applique au cantonnement, mais le droit à l'indemnité ne s'applique pas au cantonnement des troupes qui manœuvrent. De plus, il ne faut pas oublier que le logement pour le cantonnement est absolument gratuit en cas de mobilisation, pendant toute la durée de cette mobilisation fixée par décret.

Les indemnités dues aux habitants donnent lieu à l'établissement, par les maires, d'états trimestriels de logement, faisant ressortir la somme due à chacun d'eux.

Ces états appuyés des justifications nécessaires sont vérifiés par le sous-intendant militaire et servent à l'établissement d'un mandat collectif par commune au nom du receveur municipal, chargé d'en remettre le montant aux intéressés.

En toutes circonstances, les troupes ont droit, chez l'habitant, au feu et à la chandelle. (D., art. 16.)

Dans tous les cas où les troupes sont gratuitement logées chez l'habitant ou cantonnées, le fumier provenant des animaux appartient à l'habitant. Dans tous les cas où le logement chez l'habitant et le cantonnement donnent droit à une indemnité, le fumier reste la propriété de l'État, et son prix peut être déduit du montant de ladite indemnité, avec le consentement de l'habitant. (Id., art. 17.)

Toutes les fois qu'une troupe est logée ou cantonnée dans une commune, l'officier qui la commande remet au maire, avant de quitter la commune, un état indiquant l'effectif en officiers, sous-officiers, soldats, chevaux, mulets, voitures, etc., ainsi que la date de l'arrivée et celle du départ. — Il n'y a pas lieu de fournir cet état lorsqu'il s'agit de cantonnement de troupes qui manœuvrent, ou du logement ou cantonnement de militaires pendant la période de mobilisation. (D. 2 août 1877, art. 30.)

Lorsqu'il y a lieu d'accorder une indemnité pour logement ou cantonnement de troupes, le taux de l'indemnité est fixé d'après les bases ci-après :

1° Logement.

Par officier logé seul et par jour........................ 1 fr. 50 c.
Par deux officiers logés ensemble et par jour........... 1 50
Par sous-officiers et par jour .... » 15
Par soldat et par jour............................... » 10
Par cheval et par jour.................. le fumier et » 05

2° Cantonnement.

Par homme et par cheval............................. 0 fr. 05 c.
Par cheval .... le fumier.
(D. 2 août 1877, art. 33.) — Voy. Réquisitions.

Logeurs. — Celui qui tient une maison où on loge moyennant rétribution, que la location soit à la nuit, au mois ou à tout autre terme ou délai.

Les aubergistes, hôteliers, logeurs ou loueurs de maisons garnies, qui négligent d'inscrire de suite et sans aucun blanc, sur un registre tenu régulièrement, les nom, qualités, domicile habituel, date d'entrée et de sortie de toute personne qui a couché ou passé une nuit dans leurs maisons, et ceux d'entre eux qui ont manqué à représenter ce registre aux époques déterminées par les règlements ou lorsqu'ils en sont requis, sont passibles d'une amende de 6 francs à 10 francs, et, en cas de récidive, d'un emprisonnement qui ne peut excéder cinq jours. (C. P.; art. 475 et 478.)

Les maires peuvent ajouter, par un arrêté, à ces prescriptions de la loi, les mesures qu'ils jugent nécessaires dans l'intérêt du bon ordre et de la sûreté publique. Voici les dispositions principales de cet arrêté : Toutes personnes qui veulent exercer la profession d'aubergiste, maître d'hôtel garni ou logeur, sont tenues d'en faire préalablement la déclaration à la mairie, et de la renouveler toutes les fois qu'elles changent de domicile. Il leur est enjoint de placer extérieurement sur la maison une enseigne indiquant qu'on y exerce la profession de logeur ou d'aubergiste; de numéroter leurs appartements ou chambres garnies ; de tenir leurs maisons fermées de *telle* heure du soir à *telle* heure du matin, sans toutefois que cette obligation puisse les empêcher de recevoir, à toute heure de nuit, les voyageurs qui se présentent chez eux pour y loger. Lorsqu'un logeur ou un aubergiste cesse sa profession, il doit en faire immédiatement la déclaration à la mairie, et y déposer son registre. — Voy. Aubergiste.

Un logeur ne peut tenir dans son établissement un cabaret ou autre débit de boissons à consommer sur place, sans remplir les formalités prescrites par la loi. Il est assujetti, en outre, à toutes les autres dispositions des règlements qui concernent les cabaretiers. — Voy. Cabaretiers, Cafés et autres débits de boissons.

Loi. — La loi émane du pouvoir législatif, c'est-à-dire du Président de la République, du Sénat et de la Chambre des députés.

Pour que la loi soit obligatoire et souveraine, il ne suffit pas qu'elle soit votée, il faut encore qu'elle soit promulguée, c'est-à-dire portée à la connaissance du public.

La promulgation résulte actuellement de l'insertion au *Journal officiel*. — L'article 2 du décret du 5 novembre 1870, relatif à la promulgation des lois et décrets, a fixé pour point de départ de la mise à exécution des lois dans chaque arrondissement l'arrivée du *Journal officiel* dans le chef-lieu de l'arrondissement. Pour assurer l'exécution de cette prescription, chaque sous-préfet reçoit régulièrement le *Journal officiel* et il en constate la réception d'une manière authentique sur un registre spécial, où la date d'arrivée est exactement notée. Cette mention, pouvant, le cas échéant, servir de preuve dans les contestations soulevées devant les tribunaux, doit être faite avec le plus grand soin au moment même où chaque numéro est remis à la sous-préfecture. Elle ne saurait, sous aucun prétexte, être ajournée au lendemain. (Circ. int., 16 juin 1878.)

Moyennant l'accomplissement de ces conditions, nul n'est censé ignorer la loi, c'est-à-dire que nul ne peut être admis à s'excuser sur son ignorance d'avoir violé la loi, ou de n'y avoir point obéi (1).

Il est défendu à toute personne d'imprimer et débiter les lois et règlements d'administration publique avant leur insertion et publication au *Journal officiel*, sous peine de saisie ou de confiscation prononcée par le tribunal correctionnel.

Les lois cessent d'être obligatoires du moment où elles sont abrogées.

L'abrogation des lois est expresse ou tacite. Il y a abrogation expresse lorsqu'une loi nouvelle déclare formellement abolir, en totalité ou en partie, une loi précédente, ou se sert d'expressions équivalentes. L'abrogation tacite est de deux sortes : la première a lieu lorsqu'une loi nouvelle, sans abolir textuellement les lois précédentes, contient des dispositions incompatibles avec la totalité ou partie de ces dernières; la seconde résulte de la désuétude ou du non-usage dans lequel la loi se trouve tombée. — Voy. BULLETIN DES LOIS, BULLETIN DES COMMUNES.

---

(1) Avant 1789, le seul législateur était le roi; le seul mode de promulgation consistait dans l'envoi de la loi aux parlements avec ordre de la faire lire publier et enregistrer. La *lecture* avait lieu à l'audience, et constituait la *publication;* puis venait la formalité de l'*enregistrement*. En fait, il n'y avait donc pas de publicité, et la promulgation n'était qu'une fiction.

Après 1789, la confection de la loi devint publique, puisque les séances des assemblées législatives étaient elles-même publiques ; mais la date de la *sanction* et de la *publication* étant insuffisamment connues, celle de la *force obligatoire* était toujours incertaine pour la masse des citoyens. On eut recours à des moyens matériels de publicité qui ne remplissaient qu'imparfaitement le but qu'on se proposait, à savoir de rendre aussi vrai que possible cet axiome que *nul n'est censé ignorer la loi.*

En l'an VIII, et dans le système de l'article 1er du Code civil, le point de départ de la force obligatoire était le vote de la loi par le Corps législatif, la promulgation par le pouvoir exécutif ayant lieu *nécessairement* dix jours après cette date, aux termes de la Constitution. Ce système était fondé sur une simple présomption de connaissance de la loi résultant de faits qui étaient, en réalité, à peu près ignorés du public. Aujourd'hui le mode de promulgation introduit par le décret du 5 novembre est beaucoup plus simple et à la portée de tous, car il est facile de se reporter au *Journal officiel*. Quoi qu'il en soit, le meilleur moyen, pour les citoyens, de ne pas être surpris par l'axiome *nul n'est censé ignorer la loi*, est de s'enquérir avec soin de l'état de la législation sur la matière qui les préoccupe.

Loterie. — Sorte de banque où les lots sont tirés au hasard.

Les loteries de toute espèce sont prohibées.

Sont réputées loteries et interdites comme telles les ventes d'immeubles, de meubles ou de marchandises effectuées par la voie du sort ou auxquelles seraient réunies des primes ou autres bénéfices dus au hasard, et généralement toutes opérations offertes au public pour faire naître l'espérance d'un gain qui serait acquis par la voie du sort. (L. 21 mai 1836, art. 2.)

La contravention à ces prohibitions est punie par l'article 410 du Code pénal. S'il s'agit d'immeuble, la confiscation prononcée par cet article, est remplacée par une amende qui peut s'élever jusqu'à la valeur estimative de cet immeuble. En cas de seconde ou ultérieure condamnation, l'emprisonnement et l'amende peuvent être élevés au double du maximum. (Id., art. 3.)

Ces peines sont encourues par les auteurs, entrepreneurs ou agents des loteries françaises ou étrangères ou des opérations qui leur sont assimilées. Ceux qui colportent ou distribuent les billets, ceux qui par des avis, annonces, affiches ou tout autre moyen de publication ont fait connaître l'existence de ces loteries ou facilité l'émission des billets, sont punis des peines portées en l'article 411 du Code pénal. (Id., art. 4.)

La loi n'excepte de ses prohibitions que les loteries d'objets mobiliers exclusivement destinés à des actes de bienfaisance ou à l'encouragement des arts, à la condition qu'elles seront autorisées dans les formes prescrites par l'autorité supérieure. (Id., art. 5.)

Les autorisations sont délivrées par les sous-préfets jusqu'à concurrence de 2,000 francs, sur la proposition des maires; au-dessus de cette somme, elles sont autorisées par le préfet; elles ne sont accordées que pour un seul tirage, et énoncent les conditions auxquelles elles ont été accordées. (O. 29 mai 1844, art. 1er; D. 13 avril 1861, art. 6.)

Tout lot gagné et non réclamé, dans le délai d'un an après le tirage, est irrévocablement acquis à la loterie. (Cir. Int., 16 juin 1857.)

Les tirages doivent se faire sous l'inspection de l'autorité municipale, aux jour et heure qu'elle détermine. Cette autorité peut, lorsqu'elle le juge convenable, faire intervenir dans cette opération la présence de ses délégués ou de commissaires agréés par elle. (O. 29 mai 1844, art. 2.)

Le produit net des loteries dont il s'agit est entièrement et exclusivement appliqué à la destination pour laquelle elles ont été établies et autorisées, et il doit en être valablement justifié. (Id., art. 3.)

Les loteries de bienfaisance ne doivent point être autorisées dans le but de venir en aide à une infortune particulière; mais dans le but de soulager des misères offrant un caractère plus ou moins général, par exemple celles qui, à la suite d'incendies, d'inondations, grêles, mauvaises récoltes, etc., atteignent dans leurs ressources une notable partie de la population, une commune, une contrée.

S'il s'agit de créer un établissement charitable ou toute autre œuvre d'intérêt public, il faut qu'au préalable on ait eu recours à la ressource des souscriptions, qu'en outre l'œuvre, étrangère à toute idée d'agiotage, ait un but véritablement utile au bien-être des populations, au soulagement des classes pauvres, à la moralisation des individus, qu'enfin elle présente des chances sérieuses d'avenir. On peut autoriser les loteries des associations de charité, alors même que leur action est restreinte à un petit nombre de familles; mais dans le cas seulement où les opérations de ces sociétés n'entravent point celles des bureaux de bienfaisance.

Toutes les fois qu'il autorise une loterie, le préfet exige, s'il y a opportunité, la création d'une commission, qui est organisée suivant les formes déterminées par lui, et chargée de veiller au placement provisoire, à l'emploi sage et régulier des fonds recueillis.

En règle générale, et à moins d'une autorisation spéciale du ministre de l'intérieur, on ne doit émettre, colporter et placer les billets d'une loterie que dans le département où doit se faire le tirage. Si les préfets découvrent dans une loterie des fraudes ou malversations, ils doivent les dénoncer aux tribunaux. (Circ. Int. 13 décembre 1852.) — Voy. JEUX DE HASARD.

Louage. — Il y a deux espèces de contrat de louage : celui des choses et celui d'ouvrage. (C. civ. art. 1708.)

Le louage des choses est un contrat par lequel l'une des parties s'oblige à faire jouir l'autre d'une chose pendant un certain temps et moyennant un certain prix que celle-ci s'oblige à lui payer. (Id., art. 1709.)

Le louage d'ouvrage est un contrat par lequel l'une des parties s'engage à faire quelque chose pour l'autre, moyennant un prix convenu entre elles. (Id., art. 1710.)

Ces deux genres de louage se subdivisent en plusieurs espèces particulières. On appelle bail à loyer le louage des maisons et celui des meubles ; bail à ferme, celui des héritages ruraux ; loyer, le louage du travail ou du service ; bail à cheptel, celui des animaux dont le profit se partage entre le propriétaire et celui à qui il les confie. Les devis, marchés ou prix faits pour l'entreprise d'un ouvrage, moyennant un prix déterminé, sont aussi un louage, lorsque la matière est fournie par celui pour qui l'ouvrage se fait. Ces trois dernières espèces ont des règles particulières. (Id. art. 1711.)

Les baux des biens nationaux, des biens des communes et des établissements publics sont soumis à des règlements particuliers. (Id., art. 1712.) — Voy. BAUX ADMINISTRATIFS.

Il y a trois espèces de louage d'ouvrage et d'industrie : 1° le louage des gens de travail qui s'engagent au service de quelqu'un ; 2° celui des voituriers, tant par terre que par eau, qui se chargent du transport des personnes ou des marchandises : 3° celui des entrepreneurs d'ouvrages, par suite de devis ou marché. (Id., art. 1779.) — Voy. APPRENTISSAGE, DOMESTIQUE, LIVRET D'OUVRIERS, MANUFACTURES, TRAVAUX PUBLICS.

Loups. — Les primes accordées par le gouvernement, pour encourager la destruction des loups, sont fixées ainsi qu'il suit : pour une louve pleine, 150 francs ; pour un loup ou une louve non pleine, 100 francs ; pour un louveteau, quarante francs. Est considéré comme louveteau l'animal dont le poids est inférieur à huit kilogrammes.

Lorsqu'il est prouvé qu'un loup s'est jeté sur des êtres humains, celui qui le tue a droit à une prime de deux cents francs. (L. 3 août 1882, art 1er.)

Le payement des primes pour la destruction des loups est à la charge de l'Etat. Un crédit spécial est ouvert à cet effet au budget du ministère de l'agriculture. (art. 2.)

L'abatage est constaté par le maire de la commune sur le territoire de laquelle le loup est abattu.

Quiconque détruit un loup, une louve ou un louveteau et réclame une des primes mentionnées dans la loi du 3 août 1882, doit, dans les vingt quatre heures qui suivent la destruction de l'animal, en faire la déclaration au maire de la commune sur le territoire de laquelle il a été détruit. La demande doit être formulée sur papier timbré. Le réclamant doit, en même temps, représenter le corps entier de l'animal couvert de sa peau et le déposer au lieu désigné par le maire pour faire les vérifications nécessaires. (D. 28 novembre 1882, art. 1er.)

Le maire procède immédiatement aux constatations et en dresse un procès-verbal qui mentionne : 1° la date et le lieu de l'abatage, ou, en cas d'empoisonnement le jour et le lieu où l'animal a été trouvé ; 2° le nom et le domicile de celui qui a tiré ou empoisonné le fauve ; 3° le poids lorsqu'il s'agit d'un louveteau ; 4° le sexe et le nombre des petits formant la portée si c'est une louve pleine ; 5° la preuve, s'il y a lieu, que l'animal s'est jeté sur des êtres humains.

Le procès-verbal indique, en outre, que l'animal a été présenté entier et couvert de sa peau. (D. 28 novembre 1882, art. 2 et 3.)

Après la constatation, celui qui a détruit l'animal est tenu de le dépouiller ou faire dépouiller, et peut réclamer la peau, la tête et les pattes. Par ordre et sous la surveillance du maire ou de son suppléant, le corps du fauve dépouillé est ensuite enfoui dans une fosse ayant au moins 1m35 de profondeur. Toutefois, s'il existe dans la commune ou dans un rayon de quatre kilomètres un atelier d'équarrissage autorisé, l'animal peut y être transporté. Le procès-verbal mentionne ces diverses circonstances ou opérations. Les frais d'enfouissement sont à la charge de la commune. (D. 28 novembre 1882, art. 4.)

Dans les vingt-quatre heures, le maire adresse au préfet du département son procès-verbal, auquel il joint la demande de prime faite par l'intéressé. En outre, il délivre gratuitement à ce dernier un certificat constatant la remise de la demande de prime et l'accomplissement des formalités prescrites. (D. 28 novembre, art. 5.)

Sur le vu de ces pièces, le préfet délivre à l'intéressé un mandat du montant de la prime due. Après l'accomplissement de cette formalité, le préfet transmet au ministre le dossier de l'affaire. (D. 28 novembre art. 6.)

La prime doit être payée au plus tard le quinzième jour qui suit la constatation de l'abatage. (L. 3 août 1882, art. 4.) — *Dict. des formules*, nos 87 et 88.

La loi du 5 avril 1884, article 90, charge spécialement le maire de prendre, de concert avec les détenteurs de droit de chasse, toutes les mesures nécessaires à la destruction des animaux nuisibles et notamment de faire, pendant le temps de neige, à défaut des détenteurs du droit de chasse à ce dûment invités, détourner les loups et sangliers remis sur leur territoire et de requérir à l'effet de les détruire, les habitants avec armes et chiens propres à la chasse.

Les mesures à prendre pour la destruction des loups sont indiquées par le ministre de l'intérieur (Circ. du 9 juillet 1818). On peut continuer à se servir de pièges et de trappes ; mais, pour prévenir les accidents, on doit, avant de les placer, obtenir la permission du maire, qui fait l'annonce publique du lieu choisi, lequel ne doit jamais être un chemin ou sentier pratiqué.

L'empoisonnement est un moyen préférable, parce qu'on peut s'en servir dans toutes les saisons de l'année. La noix vomique est la substance qui opère le plus sûrement la destruction de ces animaux. — Voy. ANIMAUX NUISIBLES, BATTUES, CHASSE.

Louveterie. — Le mode de nomination des lieutenants de louveterie, les avantages qui y sont attachés, leur uniforme, celui des piqueurs, etc., sont déterminés par le règlement du 20 août 1824. La louveterie a été placée dans l'administration des forêts par l'ordonnance du 14 septembre 1830.

Aux termes du décret du 25 Mars 1852, les préfets nomment directement les lieutenants de louveterie. Les avantages accordés aux louvetiers étaient principalement : le privilège de la chasse dans les forêts de l'Etat supprimé, depuis 1832, et la dispense du port d'armes pour la chasse des loups et animaux nuisibles ; cette dernière dispense a toujours été un peu illusoire, car, pour tenir leurs chiens en haleine, les louvetiers doivent chasser toutes sortes d'animaux et par suite ils sont obligés en réalité de se munir d'un port d'armes.

Loyer. — Voy. BAUX ADMINISTRATIFS, CONTRIBUTIONS DIRECTES.

Lycée. — Établissement public d'instruction secondaire.

Les lycées sont fondés et entretenus par l'Etat, avec le concours des départements et des villes. (L. 15 mai 1850, art. 72.) — Voy. BOURSES ET INSTRUCTION PUBLIQUE.

Lycées de filles. — Voy. INSTRUCTION PUBLIQUE.

M

Machines à vapeur. — L'emploi des machines et chaudières à vapeur offre des dangers que l'autorité a dû s'efforcer de prévenir. Plusieurs règlements sont intervenus, depuis 1823, pour déterminer les conditions de fabrication, d'épreuves, d'autorisation et de surveillance des machines à vapeur, notamment celui du 25 janvier 1865. Aujourd'hui, la matière est régie par le décret du 30 avril 1880, qui s'applique exclusivement aux appareils fonctionnant sur terre.

Surveillance administrative des machines et chaudières à vapeur. —
Les ingénieurs des mines, et, à leur défaut, les ingénieurs des ponts et
chaussées, sont chargés, sous l'autorité des préfets, de la surveillance
des machines et chaudières à vapeur. (Id., art. 61.)

Ces ingénieurs donnent leur avis sur les demandes en autorisation
d'établir des machines ou des chaudières à vapeur ; ils s'assurent, au
moins une fois par an, et plus souvent, lorsqu'ils en recoivent l'ordre
du préfet, que toutes les conditions de sûreté prescrites sont exactement
observées. (Id., art. 62 et 63.)

Les autorités chargées de la police locale exercent, en outre, une
surveillance habituelle sur les établissements pourvus de machines ou
de chaudières à vapeur. (Id., art. 66.)

Les maires et les commissaires de police doivent faire usage, soit pour
empêcher les contraventions, soit pour prévenir les accidents, soit pour
obtenir la réparation des accidents ou des contraventions, de tous les
moyens d'initiative qui résultent des fonctions dont ils sont revêtus ; ils
doivent visiter les ateliers à vapeur aussi souvent que cela est nécessaire,
et mettre la plus grande diligence tant à la rédaction des procès-verbaux en cas de contraventions et d'accidents, qu'à l'envoi de ces procès-
verbaux aux sous-préfets et aux préfets. Ils joignent à chaque procès-
verbal leurs propositions sur les mesures à prendre, et, lorsqu'il y a
lieu, le détail des mesures provisoires qu'ils auraient été obligés d'a-
dopter pour cause d'urgence. Relativement au petit nombre des points
de vue techniques qui, malgré les instructions générales et le texte
particulier de chaque permission, pourraient leur être étrangers, ces
fonctionnaires se font aider par les gens de l'art qui existent dans le
pays ; ils peuvent, en outre, dans les cas peu ordinaires, s'adresser aux
préfets, pour réclamer l'intervention de l'ingénieur des mines ou de
l'ingénieur des ponts et chaussées. (Inst. 3 juin 1880.)

Magistrats. — Officiers établis pour rendre la justice ou pour
maintenir la police. Les magistrats appartiennent à l'ordre judiciaire
ou à l'ordre administratif. Quelques-uns appartiennent à l'un et à l'autre
de ces ordres suivant les circonstances. Les maires, par exemple, sont
magistrats de l'ordre judiciaire, lorsqu'ils remplissent des fonctions judiciaires, et magistrats de l'ordre administratif, lorsqu'ils remplissent des
fonctions administratives. — Voy. ADMINISTRATION, COMMISSAIRE DE
POLICE, FONCTIONNAIRES PUBLICS, MAIRES, PRÉFETS.

Main-forte. — Secours que l'on prête aux autorités constituées
pour que force demeure à la loi et que leurs ordres légaux soient exécutés.

Les maires peuvent requérir main-forte. A défaut de la force armée,
tous les citoyens sont tenus de prêter leur concours à l'autorité ou à
ses agents, qui requièrent leur assistance. — Voy. FLAGRANT DÉLIT,
RÉQUISITION.

Mainlevée. — Acte par lequel est levée une opposition, une saisie,
une inscription hypothécaire. — Voy. ETAT CIVIL, HIPOTHÈQUES,
OPPOSITION, SAISIE.

Mainmorte (Taxe sur les biens de). — Il est établi sur les biens immeubles passibles de la contribution foncière, appartenant aux départements, communes, hospices, séminaires, fabriques, congrégations religieuses, consistoires, établissements de charité, bureaux de bienfaisance, sociétés anonymes et tous établissements publics légalement autorisés, une taxe représentative des droits de transmission entre vifs et par décès. Cette taxe est calculée à raison de soixante-deux centimes et demi pour franc du principal de la contribution foncière. (L. 20 février 1879, art. 1er).

Les formes prescrites pour l'assiette et le recouvrement de la contribution foncière sont suivies pour l'établissement et la perception de cette taxe. (Id., art. 2.)

La taxe annuelle est à la charge du propriétaire seul pendant la durée des baux qui existaient au 20 février 1849, nonobstant toutes stipulations contraires. (Id., art. 3.) — Voy. CONTRIBUTIONS DIRECTES.

Maire. — Fonctionnaire public placé à la tête de chaque commune.

Le maire exerce ses attributions tantôt comme chef de l'association communale, en vertu des pouvoirs qu'il tient directement de la loi, tantôt comme délégué de l'administration supérieure.

Dans le premier cas, il agit tantôt sous le contrôle du conseil municipal et la surveillance de l'administration supérieure, tantôt sous la seule surveillance de l'administration. Dans le second cas, il agit sous l'autorité de l'administration supérieure. En dehors de ces deux cas, il agit aussi parfois comme organe de la loi. C'est ce qui a lieu, par exemple, lorsqu'il remplit les fonctions d'officier de l'état civil ou de police judiciaire. (Circ. Int. 15 mai 1884.) — Voy. ETAT CIVIL, POLICE JUDICIAIRE.

Attributions dont le maire est chargé sous le contrôle du conseil municipal et la surveillance de l'administration supérieure. — Le maire agit ici comme représentant de la commune, son action est toujours subordonnée aux délibérations du conseil municipal, dont dépend l'initiative de toute mesure de nature à engager les intérêts financiers de la commune, et à la surveillance de l'administration supérieure.

A ce titre il est chargé : 1° De conserver et d'administrer les propriétés de la commune et de faire tous actes conservatoires de ses droits; c'est-à-dire qu'il doit surveiller les propriétés communales, dénoncer à qui de droit les usurpations ou délits qu'il constaterait, interrompre les prescriptions et faire, sans autorisation préalable, tous actes conservatoires de ses droits ;

2° De gérer les revenus et surveiller les établissements communaux et la comptabilité communale ;

3° De préparer et proposer le budget et ordonnancer les dépenses;

4° De diriger les travaux communaux, c'est-à-dire de veiller à ce qu'ils soient exécutés conformément aux plans et devis approuvés et d'assister à leurs réceptions avec l'architecte et deux conseillers municipaux. — Voy. TRAVAUX COMMUNAUX.

5° De pourvoir aux mesures relatives à la voirie municipale ; c'est-à-dire de donner les alignements et permissions de bâtir et réparer sur les voies urbaines et les chemins vicinaux ordinaires conformément aux plans d'alignements, d'autoriser les saillies sur ces voies publiques, d'ordonner la suppression des bâtiments construits sans autorisation, de déterminer la hauteur des maisons et de poursuivre les contraventions aux lois et règlements. — Voy. ALIGNEMENTS, VOIRIES.

6° De souscrire les marchés, de passer les baux des biens et les adjudications des travaux communaux dans les formes établies par les lois et les règlements et les articles 68 et 69 de la loi du 5 avril 1884. — Voy. ADJUDICATIONS, BAUX, MARCHÉS DE GRÉ A GRÉ, TRAVAUX COMMUNAUX.

7° De passer dans les mêmes formes les actes de vente, échange, partage, acceptation de dons ou legs, acquisition, transaction, lorsque ces actes ont été autorisés conformément à la loi du 5 avril 1884. — Voy. ALIÉNATIONS, ÉCHANGES, PARTAGES, DONS ET LEGS, ACQUISITIONS, TRANSACTIONS.

8° De représenter la commune en justice, soit en demandant, soit en défendant. — Voy. ACTIONS JUDICIAIRES, PROCÈS.

9° De prendre, de concert avec les propriétaires ou les détenteurs du droit de chasse dans les buissons, bois et forêts, toutes les mesures nécessaires à la destruction des animaux nuisibles désignés dans l'arrêté pris par le préfet en vertu de l'article 9 de la loi du 3 mai 1844.

De faire pendant le temps de neige, et à défaut des détenteurs du droit de chasse, à ce dûment invités, détourner les loups et sangliers remis sur le territoire ; de requérir, à l'effet de les détruire, les habitants avec armes et chiens propres à la chasse de ces animaux, de surveiller et d'assurer l'exécution des mesures ci-dessus et d'en dresser procès-verbal.

10° Et d'une manière générale d'exécuter les décisions du conseil municipal. (L. du 5 avril 1884, art. 90.)

Attributions exercées par le maire sous la surveillance de l'administration seule. — Dans l'espèce, le maire se manifeste encore comme chef de l'association communale, mais son action n'est plus subordonnée à l'initiative du conseil municipal. Il agit en vertu d'un pouvoir propre à lui délégué d'une manière générale par les articles 91 et 97 de la loi du 5 avril 1884, qui le charge, sous la surveillance de l'administration supérieure, de la police municipale et de l'exécution des actes de l'autorité supérieure qui y sont relatifs. Les pouvoirs ainsi délégués au maire d'une manière générale sont très étendus. — Voy. POLICE MUNICIPALE. POLICE RURALE.

Ces questions de police municipale et de police rurale touchent de si près le bon ordre, la tranquillité, la sûreté et la salubrité publique en général, que le législateur de 1884 a cru devoir, tout en laissant l'initiative de ces mesures au maire, donner au préfet le droit de pourvoir directement aux mesures à prendre en cas de refus ou de négligence du maire ; car on ne saurait admettre que l'inertie ou le mauvais vouloir des autorités municipales puisse paralyser ou arrêter l'exercice des pouvoirs de police générale du préfet dans la sphère légitime d'action qui lui est accordée. Aussi, contrairement à la jurisprudence de la cour de cassation constatée par les arrêts des 12 septembre 1845, 27 janvier 1854, 28 juin 1861 et 6 juillet 1866, qui décidait que pour être obligatoire le règlement préfectoral devait s'étendre à toutes les communes du département sans distinction, l'article 99 de la loi du 5 avril 1884 pose en principe que les pouvoirs, qui appartiennent au maire en vertu de l'article 91, ne font pas obstacle au droit du préfet de prendre, pour toutes les communes du département ou plusieurs d'entre elles, et dans tous les cas où il n'y aurait pas été pourvu par les autorités municipales, toutes mesures relatives au maintien de la salubrité, de la sûreté et de la tranquillité publique ; toutefois le droit du préfet ne peut s'exercer à l'égard d'une seule commune qu'après une mise en demeure restée sans résultat.

Le maire a aussi la police des routes nationales et départementales et des voies de communications dans l'intérieur des agglomérations, mais seulement en ce qui touche à la circulation sur lesdites voies. Il peut, moyennant le payement de droits fixés par un tarif dûment établi, sous les réserves imposées par l'article 7 de la loi du 11 frimaire an VII, donner des permis de stationnement ou de dépôt temporaire sur la voie publique, ports et quais fluviaux et autres lieux publics. (L. 5 avril 1884, art. 98.)

De plus, indépendamment de ses attributions de police proprement dites, le maire nomme à tous les emplois communaux pour lesquels les lois, décrets et ordonnances actuellement en vigueur ne fixent pas un mode spécial de nomination ; il suspend et révoque les titulaires de ces emplois. Enfin il peut faire assermenter et commissionner les agents nommés par lui, mais à la condition qu'ils seront agréés par le préfet ou le sous-préfet.

Arrêtés du maire. — Les décisions du maire sont formulées sous le titre d'arrêtés.

Le maire prend des arrêtés à l'effet : 1° d'ordonner les mesures locales sur les objets confiés par les lois à sa vigilance ou à son autorité ; 2° de publier de nouveau les lois et règlements de police, et de rappeler les citoyens à leur observation. Les arrêtés pris par le maire sont immédiatement adressés au sous-préfet. Le préfet peut les annuler ou en suspendre l'exécution. Ceux de ces arrêtés qui portent règlement permanent ne sont exécutoires qu'un mois après la remise de l'ampliation constatée par les récépissés délivrés par le sous-préfet ou le préfet. (L. 5 avril 1884, art. 94 et 95.)

Néanmoins, en cas d'urgence, le préfet peut en autoriser l'exécution immédiate, (art. 95.) Cette innovation, d'une utilité incontestable, fait disparaître les graves inconvénients qu'entraînait la jurisprudence de la cour de cassation qui refusait, sous l'empire de la loi du 18 juillet 1837, de reconnaître au préfet le droit d'abréger, même dans les cas les plus urgents, le délai pendant lequel il lui appartenait d'annuler ou de suspendre les arrêtés avant leur mise en exécution. (Circ. Int. 15 mai 1884.)

Les arrêtés qui ne portent pas règlement permanent, c'est-à-dire qui statuent par voie d'injonction ou de prohibition individuelle, ne sont soumis à aucun délai pour leur mise à exécution ; ils sont exécutoires de plein droit dès que le récépissé en a été donné. Le préfet peut, à quelque époque que ce soit, annuler tout acte de ce genre ; mais les faits accomplis pendant que l'arrêté avait une existence légale ne sont pas atteints par l'annulation. (Circ. Int. 1er juillet 1840. Circ. 15 mai 1884.)

Les arrêtés du maire ne sont obligatoires qu'après avoir été portés à la connaissance des intéressés par voie de publications et d'affiches toutes les fois qu'ils contiennent des dispositions générales et, dans les autres cas, par voie de notification individuelle. La publication est constatée par une déclaration certifiée par le maire.

La notification est établie par le récépissé de la partie intéressée ou, à son défaut, par l'original de la notification conservé dans les archives de la mairie. Les arrêtés, acte de publication et de notification sont inscrits à leur date sur le registre de la mairie. (L. 5 avril 1884, art. 96.) — Voy. ARRÊTÉS, RÈGLEMENTS MUNICIPAUX, POLICE MUNICIPALE.

Remplacement du maire en cas d'absence ou d'empêchement. — Le maire est seul chargé de l'administration. (L. 5 avril 1884, art. 82.)

En cas d'absence, de suspension, de révocation ou de tout autre empêchement, le maire est provisoirement remplacé, dans la plénitude de ses fonctions, par un adjoint dans l'ordre des nominations, et, à défaut d'adjoints, par un conseiller municipal désigné par le conseil, sinon pris dans l'ordre du tableau. (L. 5 avril 1884, art. 84.)

Dans les cas où les intérêts du maire se trouvent en opposition avec ceux de la commune, le conseil municipal désigne un autre de ses membres pour représenter la commune soit en justice, soit dans les contrats. (L. 5 avril 1884, art. 83.) Cette disposition nouvelle introduite dans la législation municipale a été empruntée à l'article 54 de la loi du 10 août 1871, qui porte qu'en cas de litige entre l'Etat et le département, le préfet, qui ne peut plus représenter le département puisqu'il représente l'Etat, est remplacé par un membre de la commission départementale désigné par elle. — Voy. ADJOINTS, CONSEIL MUNICIPAL.

Délégation de fonctions faites par le maire. — Indépendamment des cas de vacance du pouvoir municipal, énumérés dans l'article 84, où le maire est remplacé de droit par un adjoint ou un conseiller dans la plénitude de ses fonctions, l'article 82 de la loi du 5 avril 1884, après avoir posé en principe que le maire est seul chargé de l'administration, constate qu'il peut néanmoins, sous sa surveillance et sa responsabilité, déléguer, par arrêté, une partie de ses fonctions à un ou plusieurs de ses adjoints, et, en l'absence ou en cas d'empêchement des adjoints, à des membres du conseil municipal. Cette délégation ne peut plus être verbale; elle doit toujours être donnée par écrit sous forme d'arrêté, et être transcrite sur le registre des arrêtés municipaux. Ces délégations une fois données subsistent tant qu'elles ne sont pas rapportées ; elles peuvent aussi prendre fin sans être expressément rapportées lorsque le maire de qui elles émanent vient à interrompre ou à cesser ses fonctions. (*Dict. des formules*, nos 984 et 985).

Délégation faite par l'administration. — Dans le cas où le maire refuserait ou négligerait de faire un des actes qui lui sont prescrits par la loi, le préfet pourrait, après l'en avoir requis, y procéder d'office ou par un délégué spécial. (L. 5 avril 1884, art. 85.) Les frais de cette délégation sont mis par cette même loi au nombre des dépenses obligatoires pour les communes. (Art. 133.)

Gratuité des fonctions municipales. — Les fonctions de maire, d'adjoint et de conseiller municipal sont gratuites ; aux termes de l'article 74 de la loi du 5 avril 1884, elles donnent seulement droit au remboursement des frais que nécessite l'exécution de mandats spéciaux. En vertu de ce même article, les conseils municipaux peuvent aussi voter, sur les ressources ordinaires de la commune, des indemnités aux maires pour frais de représentation. Mais c'est là une pure faculté que la loi concède aux conseils, et l'administration doit veiller à ce que, sous prétexte de frais de représentation, les maires ne se fassent pas allouer de véritables traitements. Le remboursement des frais occasionnés par l'exécution d'une mission particulière est, au contraire, un droit strict dérivant d'un véritable principe de créance. Le remboursement des frais de mandat ne doit avoir lieu, d'ailleurs, que sur pièces justificatives et des allocations ne sauraient être votées de ce chef par voie d'abonnement. (Lettre du ministre au préfet de la Seine, décembre 1883.)

Conditions d'éligibilité aux fonctions de maire et d'adjoint. — Ne peuvent être ni maires ni adjoints, ni même en exercer temporairement les fonctions : les agents et employés des administrations financières, les trésoriers-payeurs généraux, les receveurs particuliers et les percepteurs, les agents des forêts, ceux des postes et télégraphes, ainsi que les gardes des établissements publics et des particuliers. Les agents salariés du maire ne peuvent être adjoints. (L. du 5 avril 1884, art. 80.) Indépendamment des incompatibilités ainsi spécifiées par la loi, il ne faut pas perdre de vue que, dans le système actuel, les personnes non éligibles au conseil municipal ne peuvent être, même temporairement, appelées aux fonctions de maire et d'adjoint. La rédaction un peu trop générale de la loi comporte des explications. Par agents et employés des administrations financières, on doit entendre tous les agents et employés des administrations financières ayant une autorité personnelle et une gestion comptable. Pour bien préciser l'incompatibilité, le ministre des finances avait demandé que ces employés fussent spécialement dénommés. Il résulte de la discussion de la loi devant les Chambres qu'on doit considérer comme frappées d'incompatibilité avec les fonctions de maire et d'adjoint celles : 1° des vérificateurs des douanes ; 2° des trésoriers des invalides de la marine ; 3° des fondés de pouvoirs des trésoriers généraux ; 4° des receveurs buralistes ; 5° les débitants de tabacs et de poudre (titulaires ou gérants) (1). (Chambre, séance du 25 octobre 1883.) Au contraire, il n'y a pas d'incompatibilité légale entre les fonctions de maire et d'adjoint et celles d'employés de l'administration centrale et des administrations qui en dépendent (Circ. int., 6 juin 1843) ; de vérificateurs des poids et mesures (Décis. int., 25 novembre 1840, 16 juillet 1865); d'essayeurs de la garantie (Décis. int., 20 février 1845); de commis des conservateurs des hypothèques (Décis. 20 mai 1876) ; d'agents auxiliaires des contrôleurs des contributions directes (Décis. 20 mai 1849); de directeur d'une succursale de la Banque de France (2).

L'incompatibilité ne s'étend pas non plus aux receveurs-caissiers ou trésoriers des établissements publics qui, bien que placés sous la surveillance de l'inspection des finances, ne relèvent pas directement du ministère des finances. Il n'y a donc pas incompatibilité légale entre les fonctions de maire et d'adjoint et celles de receveurs de l'hospice, du bureau de bienfaisance, de caissier de la caisse d'épargne ; mais on ne saurait nier qu'il existe une incompatibilité morale qui doit interdire ce cumul autant que possible. Les trésoriers des fabriques sont également éligibles aux fonctions de maire (Cons. d'Etat., 24 juin 1881). Quant aux receveurs municipaux, percepteurs, receveurs et autres comptables communaux, ils sont inéligibles au conseil municipal. (Art. 33.)

La loi n'a établi aucune règle précise pour définir les personnes qui doivent être considérées comme agents salariés du maire. Le rapporteur a déclaré s'en remettre, pour les différentes pratiques, à la jurispru-

_____

(1) Le ministre des finances aurait même souhaité que ces débitants fussent déclarés inéligibles aux conseils municipaux.

(2) La banque n'autorise pas ses agents à accepter des fonctions municipales.

dence du conseil d'Etat. D'après Duvergier (*Collection des lois*, 31, p. 134), on doit considérer comme agent salarié, l'individu qui, colon partiaire pour certaines récoltes, serait en même temps salarié pour d'autres. Les régisseurs, intendants, secrétaires, chefs et contremaîtres de fabrique, employés de commerce, etc., du moment qu'ils reçoivent un salaire sous quelque forme que ce soit, ont évidemment le même caractère. Mais la personne qui s'occupe accidentellement de la gestion d'une propriété du maire et qui n'en reçoit pas de rémunération arrêtée d'avance, n'est pas un agent salarié dans le sens de la loi. (Cons. d'Etat, 27 décembre 1878, sections réunies, 25 octobre 1883.)

Les liens de subordination ou d'affection nés de la parenté ne créent pas la même incompatibilité que les liens du salariat. Ainsi, dans les communes de moins de cinq cents âmes, les seules, d'ailleurs, dans lesquelles les parents au degré de fils, frères et les alliés au même degré peuvent faire partie du même conseil municipal, rien ne s'oppose à ce que deux parents ou alliés soient l'un maire, l'autre adjoint.

Les maires ou adjoints révoqués sont inéligibles pendant un an aux fonctions soit de maire, soit d'adjoint. (Art. 86.)

Le service des sapeurs-pompiers est incompatible avec les fonctions de maire et d'adjoint (D. rég. du 29 décembre 1875, art. 8).

Les inéligibilités prévues par les trois premiers paragraphes de la loi, sont absolues en ce sens que les fonctionnaires et agents qui y sont désignés sont inéligibles même hors du lieu de leur résidence. Elles sont également absolues, en ce sens qu'elles s'appliquent non seulement aux maires et adjoints, mais encore à ceux qui en remplissent temporairement les fonctions. (Art. 44 et 84.)

Les incompatibilités qui, sous l'empire de la loi du 5 mai 1855, frappaient les ingénieurs des ponts et chaussées et des mines, les fonctionnaires et employés des collèges communaux, les instituteurs communaux libres, les fermiers des revenus communaux, ont disparu, ces divers fonctionnaires ne figurent pas, en effet, dans l'article 80 et l'article 33 n'écarte du conseil municipal que les ingénieurs des ponts et chaussées chargés du service de la voirie, les instituteurs publics et les entrepreneurs des services communaux.

La question de savoir si l'exercice simultané des fonctions de maire et de médecin ou chirurgien de l'hospice est légal n'a pas été tranchée par la législation de 1884. D'après la circulaire du 14 novembre 1879, on ne devrait admettre ce cumul des deux fonctions qu'à la condition que, pendant toute la durée de ces fonctions municipales, le maire se fera suppléer dans son service médical.

Élection des maires et adjoints. — Le conseil municipal élit le maire et les adjoints parmi ses membres au scrutin secret et à la majorité absolue.

Si, après deux tours de scrutin, aucun candidat n'a obtenu la majorité, il est procédé à un troisième tour de scrutin et l'élection a lieu à la majorité relative. En cas d'égalité de suffrages, le plus âgé est déclaré élu.

En cas de renouvellement intégral de la municipalité, la première séance de la session est consacrée à l'installation du conseil et à l'élection de la municipalité. Aux termes des articles 48 et 77 de la loi du 5 avril 1884, la convocation pour la réunion dans laquelle l'élection a lieu doit être adressée à tous les conseillers par le maire trois jours francs au moins avant le jour de la réunion. Elle doit être faite par écrit et contenir, outre l'indication de l'heure et du lieu, l'objet de cette réunion. Toutes ces formalités sont de droit strict, et leur omission pourrait donner lieu à une demande en nullité de l'élection. La convocation est, en outre, affichée à la porte de la mairie et mentionnée au registre des délibérations. (L. du 5 avril 1884, art. 48 ; Circ. int., 15 avril même année.)

Le conseil municipal doit être convoqué alors même que les opérations électorales seraient, en tout ou en partie, l'objet d'une protestation devant le conseil de préfecture, car le paragraphe 7 de l'article 40 décide que les conseillers municipaux proclamés restent en fonctions jusqu'à ce qu'il ait été définitivement statué sur les réclamations.

Aux termes de l'article 77 de la loi du 5 avril 1884, les conseils municipaux doivent être complétés avant la convocation pour la nomination des maires et adjoints. Cette obligation existe même pour la nomination des adjoints spéciaux. (Décis. int. 16 novembre 1883). L'élection faite sans observer cette formalité serait nulle. (Cons. d'Etat, 6 décembre 1872, 14 février 1873, 8 août 1873.)

Cependant, d'après la jurisprudence du conseil d'Etat, l'obligation de compléter le conseil municipal n'existe pas au cas où la constitution de la municipalité suit immédiatement le renouvellement intégral du conseil. Pourvu que le conseil ait été un moment complet, il n'y a pas lieu de se préoccuper des vacances qui surviendraient par décès ou démissions, entre les élections générales et la nomination de la municipalité, à la condition cependant que les vacances n'atteignent pas le quart, puisque la loi nouvelle n'admet pas qu'un conseil réduit aux trois quarts puisse, en aucun cas, procéder à l'élection de la municipalité (Circ. 15 avril 1884). D'ailleurs, pour satisfaire au vœu de la loi, il suffit que des élections complémentaires soient faites en vue de la nomination du maire ou de l'adjoint. Si postérieurement de nouvelles vacances se produisent, il n'y a pas lieu d'en tenir compte, car le troisième paragraphe de l'article 77 porte : « *Si après des élections complémentaires, de nouvelles vacances se produisent, le conseil municipal procédera néanmoins à l'élection du maire et des adjoints à moins qu'il ne soit réduit aux trois quarts de ses membres.* »

Le conseil doit être considéré comme complet alors même que l'élection de plusieurs de ses membres serait attaquée devant le conseil de préfecture et même que leur élection aurait été annulée par ce conseil s'ils se sont pourvus au conseil d'Etat (L. 5 avril 1884, art. 40, 50 et 76) ou que des démissions auraient été données, si le préfet n'en a pas encore accusé réception ou qu'un mois ne se soit pas écoulé depuis le nouvel envoi de la démission constaté par lettre recommandée. (L. 5 avril 1884, art 50 et 60.)

L'article 50 de la loi du 5 avril 1884 est applicable à la réunion qui a pour objet la nomination du maire. En conséquence, si la majorité des membres en exercice ne se rendait pas à la convocation, le maire devrait, à l'issue même de la séance, faire par écrit une nouvelle convocation, et si, à cette seconde séance, la réunion était encore insuffisante, une troisième convocation aurait lieu le jour même. A cette dernière séance, les membres présents procèdent à l'élection, quel que soit leur nombre. (L. 5 avril 1884, art. 50 ; Circ. 15 avril 1884.)

La présidence de l'assemblée est dévolue, comme antérieurement, par l'article 77 de la loi du 5 avril 1884, au plus âgé des membres du conseil municipal. Pour présider, le maire doit donc être à la fois membre du conseil municipal et doyen d'âge. S'il n'a pas cette dernière qualité, il se borne à prendre part aux opérations comme simple conseiller. Dans le cas où pour une cause quelconque l'élection serait ajournée, **la** présidence et l'exercice du pouvoir municipal passerait provisoirement aux premiers inscrits. (L. 5 avril 1884, art. 81 ; Circ. 15 avril 1884.)

Les fonctions de secrétaire sont remplies, selon la règle contenue dans l'article 53 de la loi du 5 avril 1884, par un des membres du conseil nommé au scrutin secret et à la majorité des membres présents.

Cette séance, comme du reste toutes les autres réunions des conseils municipaux est publique aux termes de l'article 55 de la loi du 5 avril 1884. Mais, sur la demande de trois de ses membres, le conseil peut décider, par assis et levé, qu'il se forme en comité secret.

L'assemblée constituée, il doit être procédé d'abord au choix du maire. L'élection a lieu au scrutin secret et à la majorité absolue. (Loi 5 avril 1884, art. 76.)

Les conseillers peuvent écrire leurs bulletins en séance ou hors séance ; dans tous les cas, ils doivent le remettre fermé au président. Si un bulletin contenait deux ou plusieurs noms, il ne serait tenu compte que du premier (Circ. 15 avril 1884). La majorité absolue se calcule sur le nombre des suffrages exprimés, déduction faite des bulletins blancs, ne contenant pas de désignation suffisante ou dans lesquels les votants se sont fait connaître. (Cons. d'Etat, 28 avril 1877.)

La majorité absolue est nécessaire aux deux premiers tours de scrutin. Si, après deux scrutins, aucun candidat n'a obtenu cette majorité, il est procédé à un troisième tour et l'élection a lieu à la majorité relative (L. 5 avril 1884, art. 76). Le choix des votants n'est donc plus limité comme sous l'ancienne législation, il peut se porter même sur un candidat qui n'aurait pas réuni de suffrages aux deux premiers tours. (Circ. 15 avril 1884.)

Si les voix se partagent également au troisième tour, la nomination est acquise au plus âgé. En ce cas, la voix du président n'est pas prépondérante.

L'élection est terminée par le scrutin de ballottage. Il ne doit jamais être procédé à un quatrième tour de scrutin.

Les fonctions de scrutateur sont confiées aux trois conseillers les plus âgés.

Aussitôt après l'élection du maire, le conseil municipal doit procéder à l'élection des adjoints.

Les adjoints sont élus dans les mêmes formes et aux mêmes conditions que les maires. Seulement, il a été expressément déclaré dans la discussion au Sénat, séance du 9 février 1884, que les dispositions de l'article 77, qui donnent la présidence au doyen d'âge pour l'élection du maire, ne s'appliquent pas aux adjoints. C'est le maire élu qui prend la présidence pour l'élection des adjoints. (Circ. 15 avril 1884.)

Lorsque la commune a droit à deux adjoints, il n'est point procédé cependant à un scrutin de liste ; la nomination de chacun de ces fonctionnaires doit être l'objet d'un vote distinct.

Les adjoints prennent rang selon l'ordre de leur nomination; mais si la place du premier adjoint devenait ensuite vacante, le second adjoint passerait au premier rang, et le conseil municipal aurait à élire non un premier, mais un nouvel adjoint qui prendrait le second rang.

En vertu de l'arrêté du 18 floréal an X et de la loi du 5 mai 1855 (art. 3), le gouvernement peut décider l'institution d'un adjoint spécial pour remplir les fonctions d'officier de l'état civil dans une section de commune. La nomination de cet officier municipal est faite par le conseil. Il est choisi parmi les conseillers municipaux domiciliés dans la section.

Si la section n'est pas représentée au conseil municipal, le choix peut porter sur un électeur qui y est domicilié.

Le procès-verbal de la séance est dressé sur-le-champ par le secrétaire du conseil ; il relate les noms des membres présents et le nombre des suffrages obtenus par chacun des candidats à chaque scrutin. Ce procès-verbal est transcrit sur le registre des délibérations du conseil municipal ; tous les membres présents le signent, ou mention est faite de la cause qui les a empêchés de signer. (L. 5 avril 1884, art. 57.) Une copie dans la même forme est immédiatement adressée au sous-préfet qui la transmet au préfet. (*Dictionnaire des formules*, n° 983.)

Les nominations sont rendues publiques dans les vingt-quatre heures de leur date, par voie d'affiche à la porte de la mairie ; elles sont dans le même délai notifiées au sous-préfet. (Art. 78.)

L'élection du maire et des adjoints peut être arguée de nullité dans les conditions, formes et délais prescrits pour les réclamations contre les élections du conseil municipal. Mais le point de départ du délai de cinq jours, accordé pour protester, n'est pas, comme pour l'élection des conseillers municipaux, le jour même de l'élection, il est retardé de vingt-quatre heures, afin que les électeurs puissent avoir connaissance de l'élection. (L. 5 avril 1884, art. 79.)

Tout conseiller municipal et tout électeur a le droit d'arguer de nullité les opérations électorales. Cela résulte de la disposition de l'article 37 qui est applicable aux recours contre les élections des maires et adjoints. (Art. 79.)

Le préfet peut également, dans le délai de quinzaine, à dater de la réception du procès-verbal, déférer les opérations électorales au conseil de préfecture.

Il est statué, sur les réclamations, par le conseil de préfecture, sauf recours au conseil d'État.

L'article 79 étend purement et simplement aux élections des maires et adjoints les règles tracées par les articles 37, 38, 39 et 40 de la loi du 5 avril 1884, pour l'instruction et le jugement des réclamations. Nos lecteurs trouveront l'exposé de ces règles sous la rubrique : ÉLECTIONS MUNICIPALES.

Nous nous bornons à rappeler ici que si le conseil de préfecture n'a pas prononcé dans le délai d'un mois, à compter de l'enregistrement des pièces au greffe de la préfecture, ou du jour du jugement définitif de la question préjudicielle, s'il en a été soulevé une (ce délai est porté à deux mois en cas de renouvellement général), la réclamation est considérée comme rejetée. Les réclamants peuvent alors se pourvoir au conseil d'État, dans le délai d'un mois, qui court à partir de la notification.

En cas de recours au conseil d'État, le pourvoi est jugé sans frais. (Circ. min. de l'int., L. 5 avril 1884, art. 38, 39 et 40.)

Si l'élection des maires et adjoints est définitivement annulée, ou si les élus cessent leurs fonctions pour toute autre cause, le conseil municipal doit, lorsqu'il est au complet, être convoqué en session extraordinaire, pour procéder au remplacement dans le délai de quinzaine. S'il y a lieu de procéder à des élections complémentaires, le préfet convoque les électeurs dans la quinzaine de la vacance, pour que le maire puisse être nommé dans la quinzaine qui suit. (Art. 79.)

Durée des pouvoirs des maires et adjoints. — Les maires et adjoints sont nommés pour la même durée que le conseil municipal. Sauf le cas d'incompatibilité absolue et ceux de suspension et de révocation prévus par les articles 80, 86 et 87 de la loi du 5 avril 1884, une fois élus, ils continuent l'exercice de leurs fonctions jusqu'à l'installation de leur successeur, à moins qu'ils ne soient autorisés ou contraints par le préfet à remettre le service à son suppléant, conformément à l'article 84. En cas d'annulation de l'élection, soit comme maire, soit comme conseiller, le maire ou l'adjoint reste en fonctions jusqu'à la notification de l'arrêt qui a définitivement prononcé l'annulation, mais, aussitôt cette notification faite, il remet immédiatement le service à son suppléant, adjoint ou conseiller, sans attendre la nomination de son successeur. Toutefois, en cas de renouvellement intégral, les fonctions de maire et d'adjoint sont, à partir de l'installation du nouveau conseil jusqu'à l'élection du maire, exercées par les conseillers municipaux dans l'ordre du tableau. (Art. 81 et avis sect. Int. C. d'Etat, 20 janvier 1885.)

Suspension, révocation et démission des maires et adjoints. — Les maires et adjoints peuvent être suspendus, par arrêté du préfet, pour un temps qui n'excède pas un mois et qui peut être porté à trois mois par le ministre de l'intérieur. (L. 5 avril 1884, art. 86.)

Ils ne peuvent être révoqués que par décret. La révocation emporte de plein droit l'inéligibilité aux fonctions de maire et à celles d'adjoint pendant une année, à dater du décret de révocation, à moins qu'il ne soit procédé auparavant au renouvellement des conseils municipaux. Le maire suspendu ou révoqué cesse immédiatement ses fonctions.

Les démissions volontaires de maire ou d'adjoint doivent être adressées au préfet. Elles ne deviennent définitives que quand le préfet les a acceptées. Le maire démissionnaire reste en principe en fonctions jusqu'à l'installation de son successeur, mais il peut être invité ou contraint à remettre immédiatement le service à son suppléant. (Avis sect. Int. C. d'Et., 20 janvier 1885.)

Devoirs des maires avant d'entrer en fonctions. — L'installation des maires et adjoints consistait autrefois dans la prestation de serment. Aujourd'hui aucune formalité particulière ne la constate; le maire et l'adjoint élus peuvent immédiatement prendre possession de leur fonction, et leur prise de possession constitue leur installation. (Cassation 19 novembre 1874.)

Le maire qui cesse ses fonctions doit faire la remise de tous les papiers et registres relatifs à l'administration entre les mains de son successeur, au moment où ce dernier est installé, ou entre les mains du fonctionnaire qui exerce provisoirement. (Arrêté 19 floréal an VIII.)

Cette opération est constatée par un procès-verbal en double minute: l'une des minutes est remise au fonctionnaire sortant pour lui servir de décharge, l'autre reste déposée à la mairie pour établir la responsabilité du nouveau titulaire.

Le mobilier de la commune doit être remis de la même manière, suivant procès-verbal dressé en double.

Dans le cas où un maire sortant se refuserait à procéder à l'inventaire, le sous-préfet nommerait un commissaire pour dresser cet acte, contradictoirement avec le maire en exercice.

En cas de décès du maire, ce sont ses héritiers qui ont à rendre compte des objets appartenant à la mairie et dont leur auteur se trouvait dépositaire. L'adjoint doit exiger d'eux qu'ils lui en fassent la remise immédiate. Un inventaire est dressé en double minute; l'une des minutes est remise aux héritiers.

Dans tous les cas, le procès-verbal désigne les registres et papiers, ainsi que le mobilier, qui ne se trouveraient pas à la mairie, afin que, s'il y a lieu l'ancien maire soit déclaré responsable de ces objets.

Les maires qui entrent en fonctions doivent avoir soin d'observer rigoureusement ces dispositions et de ne prendre en charge aucun objet dont ils n'aient constaté l'existence. Ils se rappelleront que des conséquences graves sont attachées à leur responsabilité, puisque non seulement ils peuvent être tenus à rétablir à leurs frais tous les objets susceptibles d'être remplacés, mais encore devenir passibles, dans certains cas, des peines portées par les articles 173 et 254 du Code pén l. (Circ. int. 16 juin 1842.)— Voy. ARCHIVES. — *Dict. des formules*, n°⁰ˢ 987 et 988.

Mairie. — Charge et dignité du maire. On emploie aussi ce mot pour désigner l'édifice où siège l'administration municipale, et plus spécialement les bureaux de cette administration. — Voy. MAIRIE, MAISON COMMUNE.

Bureaux de la mairie. — Dans la plupart des communes, il n'y a qu'un seul bureau de mairie, et le secrétaire du maire suffit à tous les travaux de l'administration. Dans d'autres communes, plus populeuses, le secrétaire est aidé d'un ou plusieurs employés, entre lesquels il répartit à son gré le travail. Mais, dans les villes d'une certaine importance, où les services municipaux sont naturellement plus nombreux et plus développés, la distribution du travail par bureaux est indispensable. Le personnel des bureaux se compose alors d'un secrétaire général ou secrétaire en chef, de chefs de bureau et d'expéditionnaires. On forme ordinairement, dans ce cas, quatre divisions, savoir : 1° secrétariat; 2° bureau de l'état civil; 3° bureau militaire ; 4° bureau de police.

Le bureau du secrétariat, placé sous la direction immédiate du secrétaire en chef, comprend l'exécution de toutes les mesures administratives ordonnées par le maire ou par l'autorité supérieure, la correspondance générale, la préparation et la publication des arrêtés du maire, l'expédition des délibérations du conseil municipal, le service des contributions, les légalisations, certificats, les états de population, l'instruction publique, les élections, les octrois, etc. Le bureau de l'état civil est spécialement chargé de la tenue des registres des actes de l'état civil, de l'expédition de ces actes et de tous les détails y relatifs. Le bureau militaire est chargé des opérations du recrutement, des engagements volontaires, des logements militaires, etc. Enfin, le bureau de police a dans ses attributions la délivrance et le visa des passeports, la salubrité, le poids public, la voirie, l'éclairage et généralement tous les détails concernant la police municipale. Ce dernier bureau est quelquefois placé sous la direction d'un commissaire de police.

Les secrétaires et employés des mairies sont nommés par les maires. — Voy. MAIRIE, SECRÉTAIRES ET EMPLOYÉS DE MAIRIE.

Frais de bureau de la mairie. — Ces frais, qui consistent dans les achats de papier, registres, imprimés, dans les dépenses d'éclairage, de chauffage, d'entretien des bureaux, etc., sont payés sur mandats du maire appuyés des factures ou mémoires dûment réglés_ et quittancés, à moins que, la dépense n'excédant pas dix francs, le maire n'ait dispensé les créanciers de fournir un mémoire timbré, en énonçant dans le corps du mandat le détail des fournitures. Quant aux menues dépenses faites par le maire à titre d'avances, il en justifie par un état auquel il joint, autant que possible, les mémoires des ouvriers ou marchands. Cet état, bien que quittancé par le maire, est exempt du timbre; mais les mémoires, s'il en est produit, doivent être sur papier timbré.

Lorsque la somme inscrite au budget pour frais de bureau est allouée par abonnement au maire, la dépense est acquittée par douzième à la fin de chaque mois, ou par quart à la fin de chaque trimestre, et les mandats sont signés par l'adjoint. Dans ce cas, les quittances délivrées par le maire sont exemptes de timbre. — Voy. DÉPENSES COMMUNALES.

Mobilier de la mairie. — Chaque bureau de mairie, indépendamment du mobilier indispensable à l'action du maire et des employés, aux réunions du conseil municipal, aux assemblées électorales, etc., doit être muni d'armoires, placards, rayons ou étagères, pour qu'on puisse y classer tous les dossiers, cartons et papiers de l'administration.

Une circulaire ministérielle du 16 juin 1879, relative aux archives commmunales, indique les mesures de conservation que doivent prendre à cet égard les autorités municipales et donne des instructions pour la mise en ordre et le classement des archives, ainsi que pour la rédaction des inventaires. Les archives antérieures à la Révolution de 1789 doivent être l'objet d'un classement et d'un inventaire particuliers, dont le modèle a été donné par une circulaire du 25 août 1857. — Voy. ARCHIVES.

Registres. — Le nombre des registres de l'administration municipale varie nécessairement suivant l'organisation des bureaux et l'importance des services ; nous mentionnerons seulement ci-après ceux qui doivent se trouver dans toutes les mairies. Ce sont : 1° les registres de l'état civil ; 2° le registre des arrêtés du maire ; 3° le registre des délibérations du conseil municipal ; 4° le registre de correspondance ou copie de lettres ; 5° le registre d'ordre, pour l'enregistrement sommaire des actes de l'administration et de tous les faits dont il importe de conserver le souvenir dans la commune ; 6° le journal des mandats et les autres livres de comptabilité ; 7° le répertoire des actes soumis à l'enregistrement, etc. — Voy. ARRÊTÉS, COMPTABILITÉ COMMUNALE, CONSEIL MUNICIPAL, CORRESPONDANCE ADMINISTRATIVE, DÉLIBÉRATIONS, ETAT CIVIL, RÉPERTOIRE.

Maison. — Voy. ALIGNEMENT, BATIMENTS, VOIE PUBLIQUE, VOIRIE.

Maison commune. — Édifice où siège l'administration municipale, et qui prend aussi le nom, soit d'hôtel de ville, soit de mairie.

Une circulaire du 13 novembre 1810 dispose que les bâtiments servant de maison commune doivent être affectés en entier à la tenue des séances du conseil municipal, aux bureaux de la mairie et aux besoins publics ; que dans aucun cas et sous aucun prétexte ils ne peuvent être occupés par les fonctionnaires pour des services particuliers. Mais, depuis, il a été admis qu'un logement peut être accordé au secrétaire en chef des bureaux. L'usage de loger ces secrétaires dans les bâtiments de la mairie s'est introduit dans beaucoup de villes et peut se justifier par les avantages qui en résultent pour le bien du service et la surveillance des dépôts. Ces avantages ne sont pas moins appréciables dans les communes rurales qui possèdent une maison commune et n'ont pas les ressources suffisantes pour y entretenir un concierge.

Beaucoup de localités n'ont malheureusement pas encore de maison commune. Les maires doivent tâcher d'y suppléer en réservant dans le local destiné à l'école primaire une ou plusieurs pièces pour les bureaux et les archives de la mairie. Lorsqu'il n'existe aucun bâtiment communal qui puisse recevoir cette destination, il est nécessaire d'en louer, un, ou du moins une salle assez spacieuse pour suffire aux réunions du conseil municipal, aux assemblées électorales, aux séances d'adjudications, etc. Il est convenable, dans ce cas, que le maire affecte une pièce de sa propre habitation aux services de la mairie. — Voy. BAUX ADMINISTRATIFS. — *Dict. des formules*, n° 989.

Les frais d'entretien de l'hôtel de ville ou du local de la mairie sont une charge obligatoire de la commune, en vertu de l'article 133 de la loi du 5 avril 1884. Ces frais d'entretien s'entendent des travaux et fournitures nécessaires, que le bâtiment appartienne à la commune ou soit loué par elle. Dans ce dernier cas, l'obligation de la commune est plus ou moins étendue, suivant les conditions du bail passé avec le propriétaire.

Pour les formalités à suivre en cas d'acquisition de maison commune, voy. ACQUISITION.

Maison d'école. — La loi du 15 mars 1850 sur l'enseignement exigeait que toute commune entretînt au moins une école ; elle imposait en même temps à l'autorité municipale l'obligation de fournir à l'instituteur une habitation convenable, une salle de classe suffisamment spacieuse et un mobilier scolaire. Rien ne s'opposait, par conséquent, à ce que la commune, pour satisfaire au service de l'instruction primaire, prît une maison à loyer. Mais si la commune ne pouvait se procurer par voie de location un local convenable, elle était tenue d'acquérir ou de construire une maison d'école. Cette dépense devait être considérée comme obligatoire dans les limites fixées par l'article 40 de la loi du 15 mars 1850. Lorsque des travaux d'appropriation étaient reconnus indispensables dans le local fourni par voie de location ou autrement, les communes pouvaient également être assujetties à cette dépense, conformément aux dispositions de l'article 9 du décret du 7 octobre 1850.

Le local que la commune était tenue de fournir devait être visité, avant l'ouverture de l'école, par le délégué cantonal, qui faisait connaître au conseil départemental de l'instruction publique si ce local convenait pour l'usage auquel il était destiné. (D. 7 octobre 1850, art. 7.)

La loi du 1er juin 1878 a imposé une nouvelle obligation aux communes en ce qui concerne les constructions de maisons d'école. — Se basant sur le fait que les communes trouvent rarement à prendre à loyer, pour la tenue des classes, une maison qui présente les conditions indispensables à la bonne installation d'une école, la loi oblige désormais chaque commune à avoir (c'est-à-dire pour celles qui n'en ont pas à acheter ou construire) le nombre d'écoles publiques reconnues nécessaires et d'approprier celles qu'elles possédaient déjà. Un règlement du 17 juin 1880 indiquait les prescriptions auxquelles devaient satisfaire les projets de construction et d'appropriation. Pour permettre aux communes de satisfaire à cette nouvelle obligation, la loi du 1er juin 1878 avait mis à la disposition du ministre de l'instruction publique une somme de 60 millions pour être répartie à titre de subvention entre les communes. D'autre part, cette même loi avait créé la caisse pour la construction des lycées, collèges et écoles, en la dotant d'un fonds d'avance également de 60 millions. Voy. CAISSE DES LYCÉES, COLLÈGES ET ÉCOLES. Toutes larges qu'elles étaient, ces ressources furent insuffisantes pour les besoins. Le fonds de subvention, porté de 60 à 110 millions par la loi du 2 août 1881, fut encore augmenté de 40,000 francs par la loi de 20 mars 1883 qui portait en même temps à 190 millions le fonds d'avance de cette caisse.

En augmentant ainsi la dotation de la caisse, cette loi proclamait de nouveau, par son article 8, l'obligation pour toute commune *de pourvoir* à l'établissement de maisons d'école, non seulement au chef-lieu, mais même dans les hameaux ou centres de population éloignés du chef-lieu ou distants les uns des autres de trois kilomètres et réunissant un effectif d'au moins 20 enfants d'âge scolaire.

Le règlement du 17 juin 1880 contenant certaines prescriptions trop rigoureuses, lorsqu'il s'agit surtout de la construction d'écoles dans les communes rurales ou dans les hameaux, le ministre de l'instruction publique a fait préparer par le comité des bâtiments scolaires une instruction spéciale pour la construction des écoles, qui tient lieu désormais du règlement du 17 juin 1880, lequel est rapporté. Cette instruction n'indique que les conditions les plus indispensables à l'établissement des écoles, quelle qu'en soit l'importance, notamment celles qui se rapportent à l'hygiène, à l'éclairage des classes, à l'espace à donner à chaque élève. On y a atténué les prescriptions relatives à certains services, tels que vestiaire, préau couvert, galerie et autres annexes dont l'installation est parfois très onéreuse. Il n'est pas besoin, en effet, pour doter les communes rurales de maisons d'école convenables, de leur imposer des sacrifices qui ne sont pas toujours en rapport avec les ressources dont elles disposent. (Circ. 28 juillet 1882.) Cette instruction est insérée au *Bulletin des actes administratifs* de chaque département; le ministre y a joint un résumé présentant l'ensemble des instructions et ayant pour objet de faciliter aux administrations municipales la préparation de leurs projets.

La création d'une école une fois décidée, l'emplacement est désigné par le conseil municipal, et, à défaut par le préfet, deux mois après que le conseil municipal a été régulièrement mis en demeure de le choisir.

Les travaux doivent être exécutés conformément aux plans et devis approuvés et régulièrement reçus, à l'exclusion de toute dépense qui n'aurait pas l'instruction publique pour objet. (L. 20 juin 1885, art. 5 et 2.) Le chiffre maximum de la dépense pour chaque catégorie est ainsi fixé par le tableau A, annexé à la loi du 20 juin 1885.

1° Pour une école de hameau....................	12,000 fr.
2° Pour une école communale à une seule classe (mixte ou spéciale aux garçons ou aux filles).....	15,000 »
3° Pour un groupe scolaire à une seule classe pour chaque sexe....................	28,000 »
4° Pour chaque classe en sus ajoutée au groupe scolaire ou à une école de chef-lieu communal......	12,000 »
5° Pour une école maternelle....................	18,000 »
6° Pour une école primaire supérieure............	80,000 »
7° Pour une école normale....................	400,000 »
8° Pour le mobilier scolaire par classe...........	500 »

L'exécution de ces travaux constitue une dépense obligatoire pour les communes. Il y est pourvu soit par un prélèvement sur les ressources disponibles, soit par un emprunt, soit enfin par des subventions du département de l'État. — *Dict. des Formules*, n°ˢ 990-991.

A défaut par le conseil municipal de voter les ressources nécessaires, il y est pourvu d'office par le préfet, conformément à l'article 149 § 5 de la loi du 5 avril 1884. Le préfet peut même, en vertu de l'article 85 de ladite loi, nommer un délégué spécial pour réaliser l'emprunt en cas de refus du maire.

Nous avons vu plus haut que, pour favoriser la réalisation de ce programme, l'Etat ne se bornait pas à donner des subventions aux communes, il leur faisait aussi des avances par l'intermédiaire de la caisse des lycées, collèges et écoles, au taux de 4 0/0, intérêt et amortissement compris. Mais le développement croissant des constructions scolaires avait absorbé la plus grande partie des crédits d'avances mis à la disposition de la caisse; d'autre part, il restait encore, en 1885, à construire 25,095 écoles; il devenait, par suite, nécessaire de chercher un nouveau système qui permit de continuer aux communes le concours de l'Etat sans obérer davantage la dette flottante, ni recourir à l'emprunt d'Etat. La loi du 20 juin 1885 a décidé qu'à l'avenir la caisse des lycées, collèges et écoles ne ferait plus d'avances, que les départements, villes ou communes emprunteraient eux-mêmes directement pour leurs constructions scolaires et que l'Etat leur viendrait seulement en aide par l'allocation de subventions annuelles représentant une quote-part d'intérêt et d'amortissement de leurs emprunts.

Les communes peuvent donc actuellement s'adresser à tel établissement de crédit qu'elles jugeront convenable de prendre, mais les emprunts doivent toujours être régulièrement autorisés et remboursables au moyen d'annuités égales, comprenant l'intérêt et l'amortissement dans un délai qui ne peut être moindre de trente ans ni dépasser quarante. Afin d'assurer aux communes des prêts dans de bonnes conditions, le ministre des finances a engagé des négociations avec le Crédit foncier, et cet établissement consent à faire des avances aux communes dans les conditions de la loi du 20 juin 1885, moyennant une annuité payable par semestre, comprenant l'intérêt à 4 fr. 60 0/0 et l'amortissement, qui varie en proportion décroissante de 6 fr. 178 990 pour trente ans, à 5 fr. 490 322 pour quarante ans. — Voy. EMPRUNTS.

Les subventions accordées en vertu de la loi du 20 juin 1885 sont toujours calculées d'après le chiffre maximum de dépense totale indiquée ci-dessus, déduction faite des ressources communales disponibles.

En vertu du décret du 9 juillet 1885, la proportion suivant laquelle l'Etat contribue au payement des annuités communales est déterminée :

1° En raison de la valeur du centime communal, par le tableau A, annexé audit décret, dans une proportion variant de 64 0/0 pour les communes où la valeur du centime est de 10 francs et au-dessous, à 5 0/0 dans celles ou le centime atteint ou dépasse 300 francs;

2° En raison des charges de la commune, y compris les centimes pour insuffisance de revenus, par le tableau B annexé au décret, dans une proportion variant de 5 0/0 pour les communes grevées de 10 centimes et au-dessous, à 27 0/0 pour celles grevées de 500 centimes et au-dessus;

3° Outre les subventions leur revenant d'après les tableaux A et B, toutes les communes recevront, en vertu du tableau C, uniformément, une subvention de 10 0/0 de la dépense totale telle qu'elle est fixée au tableau A, annexé à la loi.

Le ministre de l'instruction publique pourra, en outre, accorder aux communes dont le centime communal n'atteint pas la valeur de 5 francs, une subvention supérieure à 80 0/0 de la dépense.

Les demandes de subvention sont soumises au conseil général, qui les classe par ordre d'urgence. Lorsque le conseil général refuse de faire ce classement ou lorsqu'il ne s'est pas prononcé dans la session suivant celle au cours de laquelle il a été régulièrement saisi, la subvention de l'Etat peut être accordée sur décret rendu après avis du conseil d'Etat. (L. 20 mars 1883, art. 10.)

Loyer des maisons d'école. — Toutes les fois qu'une école est créée dans une commune, l'administration municipale est tenue de faire savoir au préfet si elle se propose de soumettre prochainement un projet d'acquisition, d'appropriation ou de construction, et si, provisoirement, elle aura recours à une location. Aux termes de l'article 37 de la loi du 15 mars 1850, les loyers des maisons d'école font partie des dépenses obligatoires de l'instruction primaire. Dans le cas où une commune légalement obligée d'entretenir une école refuserait de fournir le local nécessaire à la tenue des classes ou au logement des maîtres, le préfet pourvoirait d'office à la location d'une maison ; la dépense occasionnée par cette mesure serait à la charge de la commune, et au besoin serait inscrite d'office au budget dans les formes ordinaires.

Les revenus que les communes doivent voter, pour le service ordinaire et obligatoire d'entretien des écoles primaires, sont, d'après les dispositions combinées des lois du 15 mars 1850, article 40, et du 16 juin 1881, articles 2 et 3 :

1° Les quatre centimes additionnels au principal des quatre contributions directes ou une somme égale au produit de ces centimes, prélevée, soit sur les dons et legs, soit sur des revenus ordinaires ou extraordinaires;

2° Les dons et legs ou leur excédent, suivant le cas;

Et, 3° dans les localités où le centime produit plus de 20 francs, les revenus ordinaires énumérés en l'article 3 de la loi du 16 juin, jusqu'à concurrence du cinquième.

La loi de finances du 29 juillet 1881 est venue, il est vrai, alléger les charges municipales en ajoutant au budget du ministère de l'instruction publique, chapitre XXXVI, un crédit de 15 millions pour alléger les charges qui pèsent sur les communes. Mais la rubrique sous laquelle ce crédit est inscrit indique clairement qu'il n'est applicable qu'aux dépenses résultant de la gratuité absolue des écoles, c'est-à-dire au traitement des maîtres dont la rétribution était autrefois l'élément principal. Pour le payement des loyers ou des indemnités de logement aux instituteurs et institutrices, il ne saurait donc être opéré aucun prélèvement sur le crédit de 15 millions. Il s'ensuit que les communes qui ont à pourvoir à des frais de location ne sont nullement dispensées d'y affecter, jusqu'à due concurrence, le cinquième des revenus ordinaires. Ce n'est que dans le cas d'insuffisance de ces revenus que l'Etat peut être appelé à couvrir le surplus des loyers. Une circulaire toute récente, du 9 janvier 1886, rappelle ces prescriptions en insistant, et recommande aux préfets d'exiger toujours des baux réguliers pour les locations et d'empêcher qu'on ajoute indûment, au montant du loyer, des dépenses accessoires tels que frais d'expertises, réparations locatives, entretien du mobilier, locations d'annexes ou indemnités de logement. Elle recommande aussi de surveiller avec soin l'évaluation du montant des revenus frappés du prélèvement légal du cinquième et d'appliquer en première ligne le produit des dons et legs aux frais de location.

La totalité du loyer ne peut être exceptionnellement imputée sur le budget de l'instruction publique, que lorsque la commune a pris des mesures effectives pour se rendre, à bref délai, propriétaire d'une maison d'école convenable à tous égards. (Circ. 24 octobre 1882.)

Du mobilier scolaire. — Le mobilier des classes doit être fourni par la commune. Ce mobilier se compose : 1° de tables au plan légèrement incliné, larges d'environ 40 centimètres, et ne contenant qu'un rang d'élèves ; 2° de bancs attachés aux tables ; 3° de tableaux noirs destinés à des exercices d'écriture, d'orthographe, de calcul et de dessin linéaire. (L. 1er juin 1878, art. 14.)

La valeur de ce mobilier ne doit pas excéder 500 francs par classe. (L. 20 juin 1885.)

Le maire de la commune doit dresser, contradictoirement avec l'instituteur, un inventaire exact et descriptif de tous les objets mobiliers qui garnissent l'école. Cet inventaire est fait en double : chaque original est revêtu des signatures du maire et de l'instituteur. Un des doubles doit être déposé à la mairie, et l'autre est remis à l'instituteur, qui devient responsable des objets y mentionnés. — *Dict. des formules*, n° 955.

Il est procédé à la reconnaissance de ces objets par simple récolement, sur la présentation que l'instituteur est tenu d'en faire à toute réquisition des autorités préposées par la loi à la surveillance des écoles. Il est tenu de les conserver en bon état, et de faire constater sur l'inventaire ceux qui, par vétusté ou toute autre cause, disparaîtraient successivement. Il est responsable de tous ces objets, mais il n'est obligé de les remettre, à sa sortie, que dans l'état où ils se trouvent.

Lorsque l'instituteur est appelé dans une autre commune, le dernier mandat de traitement ne doit être délivré à l'instituteur qu'après la remise régulièrement faite par lui du mobilier de l'école décrit dans l'inventaire. (Circ. I. P., 7 mars 1854.) — Voy. INSTRUCTION PUBLIQUE.

Maison centrale, maison d'arrêt, maison de correction. — Voy. PRISONS.

Maison de débauche, de tolérance. — Voy. PROSTITUTION.

Maison de jeu. — Lieu où l'on admet à jouer. Aucune maison de jeu de hasard ne peut être ouverte soit au public, soit même à des affiliés. Il appartient à la police de rechercher activement les maisons de jeu clandestines ; il lui est permis d'y pénétrer à toute heure de jour et de nuit. — Voy. JEUX DE HASARD.

Maison de refuge. — Établissement charitable destiné à recueillir des jeunes filles qui se sont mal conduites et que leur état de minorité place sous l'autorité paternelle. Ces établissements sont fondés en vertu du décret du 10 décembre 1810, et sont soumis à la surveillance de la police administrative et judiciaire.

On entend aussi par maison de refuge une maison qui offre à l'indigent valide un asile temporaire, sous la condition volontairement acceptée d'un travail obligatoire.

Les maisons de refuge ne peuvent être établies sans l'autorisation du gouvernement et sans que les statuts aient été approuvés. Elles sont soutenues par les subventions des villes; elles sont regardées comme établissements communaux de bienfaisance. — Voy. ÉTABLISSEMENTS DE BIENFAISANCE.

Maison garnie. — Maison où on loge en garni. La loi du 19-22 juillet 1791, titre Ier, article 5, reproduite et sanctionnée par l'article 475, n° 2, du Code pénal, a fixé les obligations auxquelles sont soumises les personnes qui tiennent des maisons garnies. Ces obligations sont les mêmes que celles qui concernent les aubergistes et les logeurs.—Voy. AUBERGISTES, LOGEURS. — *Dict. des formules*, n° 993.

Majorité. — La majorité est fixée par la loi civile à vingt et un ans accomplis. A cet âge, dit l'article 488 du Code civil, on est capable de tous les actes de la vie civile, sauf la restriction portée au titre du *Mariage,* et celle qui résulte de l'article 344 sur l'adoption. Cet article ne déroge point, toutefois, aux lois qui exigent un âge plus avancé pour être admis à exercer certains droits et fonctions publiques. — Voy. ÂGE.

Malades et vieillards indigents. — Voy. HOSPICES.

Maladies contagieuses. — Voy. ÉPIDÉMIE, ÉPIZOOTIE.

Mandat de payement. — On appelle ainsi l'ordre ou l'autorisation de payer à un tiers une somme déterminée. En administration, les mandats de payement ne peuvent être délivrés que par les ordonnateurs, et doivent être appuyés des pièces justificatives prévues par les règlements. Le maire est l'ordonnateur des dépenses de la commune. — Voy. COMPTABILITÉ COMMUNALE, MÉMOIRES, ORDONNANCEMENT. — *Dict. des formules,* n°⁸ 995 à 1000.

Mandats d'amener, de comparution, d'arrêt, de dépôt. — On nomme mandat, en matière criminelle, l'ordre donné par un magistrat à un prévenu de comparaître devant lui ou de se rendre en prison.

Le mandat d'amener enjoint à l'individu qui y est dénommé de comparaître devant le magistrat dont l'ordre émane, pour être interrogé, et à tout agent de la force publique de le faire comparaître par force, s'il refuse de le faire volontairement, ou s'il veut se soustraire par la fuite aux conséquences du fait dont il est accusé. Ce mandat s'applique à tout individu inculpé d'un crime ou d'un délit emportant une peine correctionnelle. (C. I. C., art. 80, 91, 92 et 157.)

Le mandat de comparution n'est qu'une assignation donnée au nom du magistrat instructeur à la personne inculpée; il est juste et convenable qu'il soit employé de préférence au mandat d'amener, toutes les fois que l'inculpé est domicilié et que le fait est de nature à ne donner lieu qu'à une peine correctionnelle. (Id., art. 91.)

Les mandats de comparution et d'amener sont les premières mesures dirigées contre un inculpé. Le magistrat emploie l'une ou l'autre, suivant la gravité des cas.

Le mandat de dépôt est l'ordre de déposer tel individu dans la maison d'arrêt. On l'emploie lorsque le mandat d'amener est resté sans résultat. L'arrestation n'est que provisoire, mais aucun délai n'est fixé pour l'interrogatoire.

Le mandat d'arrêt est employé contre l'individu inculpé d'un délit emportant peine afflictive, infamante ou correctionnelle; il se décerne après l'interrogatoire de l'inculpé, si celui-ci n'a pas détruit les charges élevées contre lui, ou même a refusé de comparaître. Il réunit à la fois les effets des mandats d'amener et de dépôt. (C. I. C., art. 94.)

Les mandats de comparution, d'amener, de dépôt ou d'arrêt sont notifiés par un huissier ou par un agent de la force publique, lequel en fait l'exhibition au prévenu et lui en délivre copie. (Id., art. 97.)

En général, le droit de décerner des mandats d'amener, de comparution, de dépôt et d'arrêt n'appartient qu'aux juges d'instruction ou aux magistrats qui en tiennent lieu. Toutefois, en cas de flagrant délit, et lorsque le fait peut entraîner une peine afflictive ou infamante, le maire, ainsi que les autres officiers de police auxiliaire, peut décerner un mandat d'amener. Le mandat doit être signé par le maire et muni de son sceau; le prévenu y est nommé ou désigné le plus clairement qu'il est possible. (C. I. C., art. 95.) — Voy. ARRESTATION, FLAGRANT DÉLIT. — *Dict. des formules*, n°s 1001 et 1002.

Manufactures. — Voy. ETABLISSEMENTS DANGEREUX, INSALUBRES OU INCOMMODES, INDUSTRIE, MACHINES A VAPEUR, USINES, et ci-après : TRAVAIL DES ENFANTS DANS LES MANUFACTURES.

Manufactures (Travail des enfants dans les). — V. INDUSTRIE.

Marais et terres incultes. — Au nombre des améliorations agricoles dont l'initiative appartient au gouvernement, se trouvent le dessèchement et la mise en valeur des marais et des terres incultes appartenant aux communes. La loi du 16 septembre 1807, la loi du 28 juillet 1860 et le décret du 6 février 1861, portant règlement d'administration publique pour l'exécution de cette dernière loi, forment la législation en cette matière.

La loi de 1807 s'applique à tous les marais, quels qu'en soient les propriétaires; elle donne au gouvernement le droit d'ordonner les dessèchements qu'il juge utiles et nécessaires, que les marais appartiennent à des communes ou à des particuliers. La loi du 28 juillet 1860 est relative exclusivement à la mise en valeur des marais et terres incultes appartenant aux communes. Nous allons retracer les principales dispositions applicables dans l'un et l'autre cas.

Desséchement des marais, d'après les dispositions de la loi du 16 septembre 1807. — Les desséchements sont opérés par des concessionnaires ou par l'Etat. Lorsqu'un marais appartient à un seul propriétaire, ou lorsque tous les propriétaires sont réunis, la concession du desséchement leur est toujours accordée, s'ils se soumettent à l'exécuter dans les délais fixés, et conformément aux plans adoptés par le gouvernement. (L. 16 septembre 1807, art. 3.)

Lorsqu'un marais appartient à un propriétaire ou à une réunion de propriétaires qui ne se soumettent pas à dessécher dans les délais et selon les plans adoptés, ou qui n'exécutent pas les conditions auxquelles ils se sont soumis ; lorsque les propriétaires ne sont pas tous réunis ; lorsque, parmi lesdits propriétaires, il y a une ou plusieurs communes, la concession du desséchement a lieu en faveur des concessionnaires dont la soumission est jugée la plus avantageuse par le gouvernement : celles qui seraient faites par des communes propriétaires, ou par un certain nombre de propriétaires réunis, sont préférées, à conditions égales. (Id., art. 4.)

Les concessions sont faites par des décrets rendus en conseil d'État, sur des plans levés ou sur des plans vérifiés et approuvés par les ingénieurs des ponts et chaussées, aux conditions prescrites par les lois et règlements généraux, et aux charges qui sont fixées à raison des circonstances locales. (Id., art. 5.)

Soit que le gouvernement exécute lui-même le desséchement, soit qu'il en ait accordé la concession, il est formé entre les propriétaires un syndicat à l'effet de nommer des experts qui doivent procéder à l'estimation des terrains à dessécher. Il est procédé à cette estimation conformément aux dispositions des articles 7 à 14 de la loi du 16 septembre 1807.

L'estimation du marais avant le desséchement étant définitivement arrêtée, les travaux de desséchement sont exécutés dans les délais fixés par l'acte de concession, sous les peines portées audit acte. Lorsque les travaux sont terminés, il est procédé à leur vérification et réception. Après l'approbation de la reconnaissance des travaux, les experts et le tiers expert procèdent, de concert avec les ingénieurs, à une classification des fonds desséchés, suivant leur valeur nouvelle et l'espèce de culture dont ils sont devenus susceptibles. Cette classification est suivie d'une estimation, conformément aux prescriptions établies pour la classification et l'estimation des marais avant le desséchement. (L. 16 septembre 1807, art. 17 et 18.)

Lorsque l'estimation des fonds desséchés a été arrêtée, les entrepreneurs présentent à la commission spéciale, instituée conformément au titre X de la loi du 16 septembre 1807, un rôle contenant : 1° le nom des propriétaires ; 2° l'étendue de leurs propriétés ; 3° les classes dans lesquelles elles se trouvent placées ; 4° la première estimation calculée à raison de l'étendue et des classes ; 5° la valeur nouvelle depuis le desséchement, réglée par la seconde estimation et le second classement ; 6° la différence entre les deux estimations. (Id., art. 19.)

Le montant de la plus-value obtenue par le desséchement est divisé entre le propriétaire et le concessionnaire, dans les proportions qui ont été fixées par l'acte de concession. Lorsqu'un desséchement est fait par l'État, sa portion dans la plus-value est fixée de manière à le rembourser de toutes ses dépenses. Le rôle des indemnités sur la plus-value est arrêté par la commission spéciale et rendu exécutoire par le préfet. (Id., art. 20.)

Les réclamations sont jugées par le conseil de préfecture.

Les propriétaires ont la faculté de se libérer de l'indemnité par eux due en délaissant une portion de fonds calculée sur le pied de la dernière estimation. L'acte de mutation de propriété est, dans ce cas, enregistré au droit fixe de 1 franc. Si les propriétaires ne veulent pas délaisser des fonds en nature, ils constituent une rente, sur le pied de 4 0/0, au profit des dessécheurs. Le capital de cette rente est toujours remboursable, même par portions, qui cependant ne peuvent être moindres d'un dixième. Le taux du remboursement est de vingt-cinq fois la rente. (L. 16 septembre 1807, art. 21 et 22.)

A partir de la réception des travaux, l'entretien et la garde sont à la charge des propriétaires tant anciens que nouveaux. Les syndics proposent au préfet des règlements d'administration publique qui fixent le genre et l'étendue des contributions nécessaires pour subvenir aux dépenses. (Id., art. 26.)

Le recouvrement des taxes relatives au desséchement des marais, qu'elles soient perçues au profit de l'Etat, de concessionnaires, ou au profit d'associations de propriétaires intéressés, est poursuivi d'après le même mode que celui des contributions directes ; les rôles de ces taxes, les registres tenus pour leur perception, ainsi que les quittances qui en sont délivrées, sont exempts des droits de timbre. Les percepteurs peuvent, dans tous les cas, être chargés du recouvrement. Lorsque la dépense doit être supportée à la fois par une ou plusieurs communes et des particuliers, ou seulement par un certain nombre de propriétaires réunis en association syndicale, les syndicats peuvent, à leur gré, charger du recouvrement et de l'emploi des fonds, soit des agents spéciaux, soit l'un des percepteurs receveurs municipaux de la localité. (Inst. gén. fin. 20 juin 1859, art. 638 et 686.) — Voy. SYNDICATS.

Mise en valeur des marais et terres incultes appartenant aux communes, par application de la loi du 28 juillet 1860. — L'article 1er de cette loi porte : « Seront desséchés, assainis, rendus propres à la culture ou plantés en bois, les marais et les terres incultes appartenant aux communes ou sections de commune dont la mise en valeur aura été reconnue utile. » Lorsque le préfet estime qu'il y a lieu d'appliquer cette disposition aux marais ou terres incultes appartenant à une commune ou section de commune, il prend un arrêté par lequel le conseil municipal est mis en demeure de délibérer : 1° sur la partie des biens à laisser à l'état de jouissance commune ; 2° sur le mode de mise en valeur du surplus ; 3° sur la question de savoir si la commune entend pourvoir par elle-même à cette mise en valeur. S'il s'agit de biens appartenant à une section de commune, le préfet, par le même arrêté, fixe le nombre des membres qui doivent composer une commission syndicale chargée de représenter ladite section. (L. 28 juillet 1860, art. 2; D. 6 février 1861, art. 1er.)

Dans le cas où les terrains à mettre en valeur appartiennent à une commune, la délibération du conseil municipal doit être prise dans le mois de la notification de l'arrêté de mise en demeure. Dans le cas où les terrains appartiennent à une section de commune, la commission syndicale donne son avis préalable dans le délai d'un mois, à dater de la formation de ladite commission, et, à défaut par elle de le faire, il est passé outre par le conseil municipal. Faute par le conseil municipal d'avoir délibéré dans le délai d'un mois à dater de la réception soit de l'arrêté de mise en demeure, soit de la délibération de la commission syndicale ou de l'expiration du délai imparti à ladite commission syndicale pour émettre son avis, le conseil municipal est réputé avoir refusé de se charger de l'exécution des travaux d'amélioration. (D. 6 février 1861, art. 2.) *Dict. des form.*, 1010.

Si les terrains appartiennent à plusieurs communes et que leur mise en valeur exige des travaux d'ensemble, lorsque tous les conseils municipaux déclarent se charger de l'opération, il est créé, conformément à la loi du 5 avril 1884, article 1161, une commission syndicale à l'effet d'en poursuivre l'exécution.

Lorsque le conseil municipal déclare qu'il entend pourvoir à la mise en valeur des parties de marais et terres incultes qui doivent être distraites de la jouissance commune, il fait connaître les mesures qu'il compte prendre à cet effet, et est tenu de justifier des voies et moyens d'exécution. La délibération du conseil municipal est soumise à l'approbation du préfet, et il est ensuite pourvu aux voies et moyens conformément aux lois. Dans ce cas, les projets des travaux qui peuvent être nécessaires pour l'assainissement et la mise en culture des terrains sont dressés, et les travaux sont exécutés à la diligence du maire de la commune, ou du président de la commission syndicale des communes intéressées, dans les formes admises pour les travaux publics communaux. (D. 6 février 1861, art. 4 et 5, et L. 5 avril 1884, art. 162 et 163.)

Chaque projet est soumis à une enquête ouverte dans les communes intéressées et suivant les formes prescrites par l'ordonnance du 23 août 1835, ou conformément à l'ordonnance du 18 février 1834, s'il s'agit de travaux intéressant plusieurs communes. Le préfet approuve les projets et fixe le délai dans lequel les travaux doivent être commencés et terminés. (Id., art. 6 et 7.)

L'autorité municipale est chargée de la conservation des travaux d'assainissement, de desséchement et de mise en valeur des terrains communaux, sous le contrôle et la vérification de l'administration. Dans le cas où le conseil municipal n'allouerait pas les fonds nécessaires à l'entretien annuel, il y serait pourvu par le préfet, par l'inscription d'office, au budget de la commune, du crédit nécessaire, conformément aux articles 149 et 163 de la loi du 5 avril 1884.

En cas de refus ou d'abstention du conseil municipal, ou d'un ou plusieurs des conseils municipaux des communes intéressées, comme en cas d'inexécution des délibérations par eux prises ou d'abandon des travaux commencés, les projets de travaux de desséchement des marais et d'assainissement des terres incultes dont le desséchement ou la mise en culture ont été reconnus nécessaires par le préfet sont dressés ou vérifiés par les soins du ministre de l'agriculture, du commerce et des travaux publics. Chaque projet est soumis à une enquête ouverte dans les communes intéressées. Le conseil municipal est appelé à en délibérer. Un décret rendu en conseil d'Etat, après avis du conseil général du département, déclare, s'il y a lieu, l'utilité des travaux, et prescrit, soit leur exécution par l'Etat, soit la location, à charge de mise en valeur. (Id., art. 9 et 10.)

Lorsque des marais communaux ne peuvent être desséchés qu'au moyen d'une opération d'ensemble comprenant des marais particuliers, en même temps que les mises en demeure sont adressées aux communes, les propriétaires desdits marais sont invités à déclarer s'ils consentent au desséchement, en se soumettant aux dispositions de la loi du 28 juillet 1860. S'ils donnent ce consentement, le décret portant déclaration de l'utilité des travaux statue sur l'ensemble de l'opération. (D. 6 février 1861, art. 11.)

Dans le cas où l'assainissement et la mise en valeur doivent être exécutés par voie de mise en ferme, l'adjudication a lieu en présence des receveurs municipaux des communes intéressées, et conformément aux règles applicables aux biens communaux. La durée du bail ne peut excéder vingt-sept ans. Le soumissionnaire s'oblige à exécuter les projets approuvés pour la mise en valeur des terrains, conformément aux conditions déterminées par le cahier des charges dressé par le préfet sur l'avis des ingénieurs. (L. 28 juillet 1860, art. 7; D. 6 février 1861, art. 12.)

Lorsque les travaux sont exécutés par l'Etat, on suit les formes usitées en matière de travaux publics. Les états de dépenses sont dressés conformément aux règles de la comptabilité des travaux publics. Il en est de même des états annuels d'entretien. Si les travaux intéressent plusieurs communes, la répartition de la dépense est faite dans la forme réglée par l'article. 72. (L. 5 avril 1884; D. 6 février 1861, art. 13.)

Chaque année, il est délivré aux communes et sections intéressées une expédition des comptes établissant la situation des dépenses mises à la charge de chacune d'elles. Après l'achèvement des travaux, un compte général des dépenses est arrêté par le ministre de l'agriculture, du commerce et des travaux publics. Il en est délivré copie au ministre de l'intérieur et aux communes ou sections de commune intéressées. Les sommes principales formant le montant de ce compte portent, de plein droit, intérêt simple à 5 0/0, à partir de l'achèvement des travaux. (Id., art. 14.)

Les travaux effectués par l'Etat sont entretenus par les soins de l'administration. Les avances faites pour cet objet, arrêtées chaque année par le ministre de l'agriculture, du commerce et des travaux publics, portent également intérêt simple à 5 0/0 par an. Copie de ce compte est délivrée au ministre de l'intérieur, aux communes et sections de commune intéressées, avec l'état des dépenses antérieures. Si, dans les six mois de la notification à elle faite des comptes annuels des dépenses d'établissement ou d'entretien des travaux, la commune ou section de commune ne s'est pas pourvue devant le conseil de préfecture, les comptes ne peuvent plus être attaqués. (Id., art. 15 et 16.)

Après l'achèvement des travaux, remise des terrains est faite aux communes. Chaque commune est mise en demeure d'avoir à déclarer si elle entend user de la faculté à elle réservée de se libérer de toute répétition de la part de l'Etat en lui faisant l'abandon de moitié des terrains mis en valeur, ou si elle entend payer en argent les avances de l'Etat. (D. 6 février 1861, art. 17.)

Lorsque la commune a opté pour l'abandon de moitié des terrains mis en valeur, un expert choisi par le maire, avec le concours d'un délégué de l'administration des domaines, dresse un projet de partage en deux lots égaux en valeur, pour être tirés au sort dans l'année qu suit l'achèvement des travaux. Il est procédé à cette opération devant le sous-préfet de l'arrondissement. Si une partie des travaux a été exécutée par la commune, il lui en est tenu compte, dans ce partage, par une réduction proportionnelle dans le lot de terrains auquel l'Etat a droit. (Id., art. 18.)

Si la commune déclare vouloir rembourser à l'Etat le montant de ses avances, elle doit justifier de ses ressources et faire à l'Etat telle délégation que de droit. (Id., art. 19.)

Faute par la commune d'avoir réalisé l'abandon prévu par l'article 5 de la loi du 28 juillet 1860 dans l'année qui suit l'achèvement des travaux, ou d'avoir, dans le même délai, remboursé à l'Etat le montant de ses avances, l'administration provoque la mise en vente de la portion de terrains améliorés nécessaire pour couvrir l'Etat, en principal et intérêts, des dépenses par lui faites.

A cet effet, un expert nommé par le préfet est chargé de préparer le lotissement et le cahier des charges de la mise en vente des lots à aliéner. Le projet de l'expert est communiqué au conseil municipal pour avoir ses observations. Dès que le projet de lotissement est approuvé par le préfet, il est procédé à la vente publique des terrains par les soins de l'administration des domaines, en présence des receveurs municipaux des communes intéressées, et jusqu'à concurrence de la créance de l'État. Les prix de vente sont recouvrés par l'administration des domaines; toutefois, lorsque la vente excède les avances de l'État, cet excédent est perçu par les receveurs municipaux. (D. 6 février 1861, art. 20.)

Contributions dues pour les marais desséchés. — La contribution foncière des marais desséchés ne peut être augmentée pendant les vingt-cinq premières années après le desséchement. Pour jouir de cet avantage et à peine d'en être privé, le propriétaire est tenu de faire à la sous-préfecture, avant de commencer le desséchement, une déclaration détaillée des marais qu'il veut ainsi améliorer. (L, 3 frimaire an VII, art. 111 et 117.)

La contribution des marais desséchés doit être établie d'après la valeur de ces marais avant l'époque du desséchement, bien qu'à cette époque ils ne fussent pas imposés. (Arrêt du cons. d'État, 12 mars 1847.)

Ces règles s'appliquent aux marais communaux comme aux propriétés particulières de même nature.

Maraudage. — Action de dérober, dans les champs ouverts, des fruits et autres productions de la terre, encore pendants par racines ou par branches. La loi fait une distinction entre le maraudage, qui est puni des peines de simple police, et le vol de récoltes, qui est puni de peines correctionnelles. Les peines portées contre le simple maraudage sont les suivantes :

Ceux qui, sans autres circonstances prévues par la [loi, ont cueilli ou mangé sur le lieu même des fruits appartenant à autrui, sont punis d'amende depuis un franc jusqu'à cinq francs inclusivement (C. P., art. 471). La peine d'emprisonnement a toujours lieu, en cas de récidive, pendant trois jours au plus. (Id., art. 474.)

Ceux qui dérobent, sans aucune des circonstances prévues en l'article 388 du Code pénal, des récoltes ou autres productions utiles de la terre, qui, avant d'être soustraites, n'étaient pas encore détachées du sol, sont punis d'amende, depuis six francs jusqu'à dix francs inclusivement. (C. P., art. 475.)

En cas de récidive, la peine d'emprisonnement, pendant cinq jours au plus, est toujours prononcée. (Id., art. 478.)

Le maraudage, soit dans les champs, soit dans les bois, est souvent exercé par les enfants, et le plus sûr moyen d'intimider les vrais coupables, c'est de rappeler aux parents la responsabilité qu'ils encourent. Les maires doivent diriger en ce sens l'action des gardes champêtres et faire surveiller avec un égal soin les vagabonds. — Voy. GRAINS, RÉCOLTES. — *Dict. des formules*, nº 1011.

Marchand forain. — On appelle marchand forain celui qui, n'ayant ni établissement ni magasin dans une ville, vient y débiter des marchandises sur le marché.

Les marchands forains ne peuvent avoir un étalage sur la voie publique que dans les endroits qui leur sont assignés par l'autorité municipale, et après avoir acquitté, s'il y a lieu, les droits de place perçus d'après les tarifs dûment autorisés. Néanmoins, l'autorité municipale ne peut les empêcher d'établir leurs étalages dans les propriétés particulières. (Décis. min. janvier 1854.)

Les marchands forains ne peuvent vendre des marchandises d'or et d'argent sans s'être auparavant présentés aux autorités et sans que ces ouvrages ne soient revêtus de la marque ou poinçon légal. — Voy. MATIÈRES D'OR ET D'ARGENT.

L'autorité municipale, chargée de veiller au maintien du bon ordre dans les lieux publics, peut prendre toutes les mesures qu'elle juge nécessaires relativement à l'arrivée, au séjour et à la vente des marchands forains sur les marchés et dans les rues. Les forains sont, en outre, soumis à la surveillance de la police, qui a le droit d'examiner leurs poids et mesures et d'exiger la représentation de leur patente et de leur passeport. — Voy. ÉTALAGE, FOIRES ET MARCHÉS, POLICE MUNICIPALE. — *Dict. des formules*, nᵒˢ 1016 et 1017.

Marchandises. — La loi du 27 mars 1851, tendant à la répression plus efficace de certaines fraudes dans la vente des marchandises, a eu surtout pour objet de prévenir les fraudes les plus dangereuses, c'est-à-dire celles qui vicient la fabrication et le débit des substances alimentaires. Elle contient, néanmoins, diverses dispositions qui sont applicables aux marchandises en général. — Voy. DENREES ET SUBSTANCES ALIMENTAIRES.

Les maires, les commissaires de police et autres officiers ou agents de police judiciaire, les vérificateurs des poids et mesures et les employés de la perception des taxes générales ou locales, sont chargés, dans la sphère de leurs attributions, de découvrir et de constater les fraudes de toute nature qui seraient commises par les marchands dans le débit des marchandises et d'en dresser procès-verbal. — Voy. ACCAPAREMENT, COLPORTAGE, COMMERCE, DENRÉES ET SUBSTANCES ALIMENTAIRES, FOIRES, HALLES ET MARCHÉS, MATIÈRES D'OR ET D'ARGENT, POIDS ET MESURES.

Les maires et les commissaires de police doivent assister à la recherche et à la saisie des marchandises prohibées lorsque les préposés des douanes réclament cette assistance. (L. 28 avril 1816, art. 60 et 62.)

Aux termes de l'article 18 de l'ordonnance du 20 février 1815, les certificats d'origine des marchandises fabriquées en France sont délivrés par les fabricants et signés par les maires qui en attestent le contenu. Les marchandises pour passer en douane doivent être accompagnées de ces certificats. — Voy. DOUANES. — *Dict. des form*, nᵒˢ 970, 1012 et 1015.)

Marché. — Lieu public où, à certain jour de la semaine, les marchands se rendent pour y vendre toutes sortes de choses nécessaires pour la subsistance ; assemblée des vendeurs et acheteurs. Les marchés de toute nature, même les marchés aux bestiaux, sont autorisés par arrêté du préfet. (D. 25 mars 1852 et 13 août 1864.)

Mais c'est au maire seul qu'appartient le droit de désigner le lieu où doivent se tenir les marchés et d'en fixer les limites.

C'est à lui également qu'est spécialement confiée la police des marchés. — Voy. FOIRES ET MARCHÉS, HALLES ET MARCÉHS, POLICE MUNICIPALE. — *Dict. des formules*, nᵒˢ 1018 et 1019.

Marché administratif. — On entend par ce mot la convention par laquelle l'administration stipule qu'une personne lui fera une fourniture ou un service, moyennant un prix déterminé. Les communes ne peuvent passer des marchés de gré à gré que dans les cas exceptionnels prévus par l'ordonnance du 14 novembre 1837. Ces marchés doivent toujours être approuvés par le préfet ou par décret dans le cas prévu par l'article 145 de la loi du 5 avril 1884, c'est-à-dire lorsque le revenu de la ville dépasse trois millions. (L. 5 avril 1884, art. 115.) La nécessité d'assurer le cours régulier de l'administration publique n'a pas permis de soumettre à l'action lente et mesurée des tribunaux ordinaires la décision des contestations qui s'élèvent entre l'administration et les entrepreneurs ou fournisseurs pour l'exécution des marchés. Tous les cas urgents sont décidés par le préfet ou le ministre, et leurs décisions s'exécutent provisoirement, sauf le recours au conseil de préfecture ou au conseil d'État. C'est toujours l'autorité administrative qui est juge.

Cependant, lorsqu'une commune a été autorisée par arrêté du préfet, purement et simplement, sans restriction ni réserve, à traiter avec des particuliers pour l'exécution d'un service communal, que le traité a été passé par acte notarié, mais que les particuliers ne répondent pas aux sommations qui leur ont été faites d'exécuter le traité, la commune ne peut pas demander que l'arrêté soit rapporté. C'est alors devant l'autorité judiciaire que la résiliation ou l'exécution forcée du contrat doit être poursuivie. (Décis. min. 3 novembre 1837.) — Voy. ADJUDICATIONS, FOURNITURES, TRAITÉ DE GRÉ A GRÉ, TRAVAUX COMMUNAUX.

Marchepied. — Voy. CANAUX, COURS D'EAU, HALAGE, NAVIGATION.

Mare. — Amas d'eaux pluviales et stagnantes. Les mares doivent être pavées et creusées profondément, afin de prévenir, dans les temps de sécheresse, les effets désastreux de la putréfaction des eaux. Les citernes et, à leur défaut, les puits, sont préférables aux mares pour servir à l'abreuvage des bestiaux. Le maire doit veiller au bon entretien des mares et édicter les précautions convenables pour éviter les épidémies et les épizooties. — Voy. ABREUVOIRS, EAUX PUBLIQUES.

Maréchal ferrant. — Le maréchal ferrant qui ferre des chevaux au-devant de sa demeure embarrasse la voie publique et expose les passants à des accidents. Le maire, chargé d'assurer la liberté de la circulation et de veiller à la sûreté publique, peut interdire, par un arrêté, aux maréchaux ferrants de vaquer à ce travail ailleurs que dans leur atelier, dans une cour ou un autre endroit à l'écart. Les contrevenants sont passibles de l'amende de simple police et responsables des accidents. — Voy. ACCIDENTS, VOIE PUBLIQUE. — *Dict. des formules*, n° 1020.

Marguilliers. — Les marguilliers sont pris parmi les membres du conseil de fabrique et forment le bureau de la fabrique. Ils sont chargés de tous les détails de l'administration temporelle de l'église. — Voy. FABRIQUE.

Mariage. — Voy. ÉTAT CIVIL.

Mariage des militaires et marins. — Les officiers de tous grades en activité de service, appartenant soit à l'armée de terre, soit à la marine, ne peuvent se marier qu'après en avoir obtenu la permission par écrit du ministère de la guerre ou de la marine. (D. 16 juin et 28 août 1808.) Cette permission est demandée par l'intermédiaire du maire et du préfet.

Les officiers qui demandent l'autorisation de se marier doivent justifier que leur femme aura une dot de 1,200 francs de rente en fortune personnelle, c'est-à-dire non en rente viagère. (Décis. min. du 17 décembre 1843.) Ils doivent en conséquence joindre à leur demande de permission un certificat du maire de la commune où réside la personne qu'ils veulent épouser, attestant qu'elle jouit d'une bonne réputation ainsi que sa famille et qu'elle aura en mariage la dot réglementaire. — *Dict. des formules*, n° 1021.

Les militaires et marins qui contractent mariage sans permission encourent la destitution et la perte de leurs droits, tant pour eux que pour leurs veuves et leurs enfants, à toute pension ou récompense militaire.

Tout officier de l'état civil qui sciemment aura célébré le mariage d'un officier, sous-officier ou soldat en activité de service, sans s'être fait remettre lesdites permissions, ou qui aura négligé de les joindre à l'acte de célébration du mariage, sera destitué de ses fonctions. (D.16 juin 1808.) — Voy. ETAT CIVIL.

Des extraits sur papier libre des actes constatant des mariages contractés par des militaires renvoyés dans leurs foyers, en attendant leur passage dans la réserve, doivent être adressés par les maires aux conseils d'administration des corps de troupes dont ces militaires font partie. (Circ. int. 8 janvier 1874.)

Aux termes des circulaires du ministre de la guerre des 27 janvier et 3 décembre 1873, les catégories de militaires qui peuvent contracter mariage sans autorisation sont les suivantes :

1° Les hommes en disponibilité de l'armée active;

2° Les hommes de la réserve;

3° Les hommes qui se trouvent dans leurs foyers comme dispensés, classés dans le service auxiliaire, ajournés ayant obtenu des sursis d'appel (art. 23 de la loi du 27 juillet 1872), ou des sursis de départ (art. 57).

4° Les militaires de l'armée de mer, envoyés en congé renouvelable, qui sont dans une position analogue à la disponibilité.

Les jeunes gens des classes appartenant à la 1re et à la 2e portion, et laissés dans leurs foyers en attendant leur appel à l'activité, restent soumis à l'autorisation préalable.

La faculté de se marier est suspendue par le fait de l'appel à l'activité ou de la mobilisation.

Les maires doivent avoir soin d'exiger de tout homme qui se présente pour contracter un mariage la production du titre constatant sa position sous le rapport du recrutement; ils les préviendront d'ailleurs, avant le mariage, qu'ils ne sauraient, dans aucun cas, se prévaloir de leur position d'hommes mariés pour se soustraire aux obligations qui leur sont imposées par la loi sur le recrutement. (Jurisp. admin. *Bull. de l'Int.* 1874, p. 39 et 40.)

Aux termes de l'article 38 de la loi du 27 juillet 1872, la durée du service compte pour les jeunes soldats des classes à partir du 1er juillet de l'année dans laquelle ils ont concouru au tirage au sort. Il en résulte que si, à cette époque ou jusqu'à cette époque, ces jeunes gens demeurent libres de contracter mariage sans avoir à justifier d'autorisation du commandement militaire, les officiers de l'état civil ne doivent, à partir du 1er juillet, procéder en aucun cas à la célébration du mariage des jeunes soldats appelés, sans que ces derniers aient, au préalable, présenté une autorisation spéciale du général commandant le corps d'armée dans le ressort duquel ils sont domiciliés. (Circul. 3 décembre 1883.)

Marine. — Voy. MINISTÈRE ET RECRUTEMENT.

Mariniers. — On nomme ainsi ceux qui naviguent sur les fleuves, rivières et canaux de l'intérieur.

Les mariniers non pourvus de certificats de capacité délivrés par les commissaires civils de la marine, pour la conduite des bateaux sur les fleuves et rivières, peuvent y suppléer par une attestation de quatre anciens mariniers conducteurs donnée devant le maire de leur résidence. (L. 6 frimaire an VII, art. 7.) — Voy. CANAUX, COURS D'EAU, NAVIGATION.

Marins. — Voy. RECRUTEMENT.

Marque de fabrique. — Voy. PROPRIÉTÉ INDUSTRIELLE.

Marque de bestiaux. — Les porcs et bestiaux admis au pâturage, panage ou glandée, dans les bois soumis au régime forestier, doivent être marqués d'une marque spéciale, différente pour chaque commune ou section de commune usagère. L'usager est tenu de déposer l'empreinte de cette marque au greffe du tribunal de première instance, et le fer servant à la marque, au bureau de l'agent forestier local. Il y a lieu à une amende de 3 francs par chaque tête de porc ou de bétail non marqué. (C. F., art. 73 et 74.) — Voy. GLANDÉE, PATURAGE.

Masques. — Les déguisements ne sont tolérés que dans le temps du carnaval. Pendant ce temps, la vigilance des maires doit se porter particulièrement sur les mascarades, à cause des désordres dont elles peuvent être l'occasion ou le prétexte. Dans toutes les localités où il se fait ordinairement des mascarades, il convient que l'autorité municipale publie un arrêté concernant les mesures d'ordre et de police qui devront être observées.

Ces arrêtés sont basés sur l'arrêté du 3 brumaire an IX; sur les articles 86, 287, 330, 471 (nos 11 et 15) et 479 (no 8) du Code pénal; enfin sur les articles 1er et 8 de la loi du 17 mai 1849 et 97 de la loi du 5 avril 1884.

Les mesures généralement adoptées sont les suivantes : il est défendu à toute personne de se présenter masquée sur la voie publique avec des armes ou des bâtons; de paraître sous le masque avant dix heures du matin et après sept heures du soir ; de prendre des déguisements qui pourraient troubler l'ordre public ou blesser la décence ou les mœurs; à toutes personnes masquées, déguisées ou travesties, d'insulter qui que ce soit par des invectives, des mots grossiers ou des provocations injurieuses; de jeter dans les maisons, dans les voitures ou sur les personnes aucun objet pouvant causer des blessures, endommager ou salir les vêtements.

Tout individu portant un masque ou un déguisement, invité par un officier de police à le suivre, doit sur-le-champ déférer à cette injonction.

Les contrevenants aux dispositions portées par les arrêtés des maires sont traduits devant les tribunaux de police correctionnelle ou de simple police, suivant qu'ils se rendent coupables d'un délit ou d'une contravention. La simple infraction est punie par l'article 471, n° 15, du Code pénal. — *Dict. des formules*, n° 1023.

Matériaux. — Aucun dépôt de matériaux ne peut être formé sur la voie publique sans l'autorisation du maire; c'est à lui seul qu'il appartient de juger de la durée du temps pendant lequel les matériaux peuvent y séjourner, selon qu'ils sont la suite d'une démolition ou destinés à une construction. Dans le premier cas, on doit les faire enlever au fur et à mesure de la démolition; dans le second, on ne doit accorder que le temps indispensable pour leur emploi.

Les entrepreneurs ou particuliers autorisés à faire momentanément des dépôts de matériaux sur la voie publique doivent avoir soin de les faire éclairer pendant la nuit, afin d'éviter les accidents.

L'article 471, n° 4, du Code pénal, punit d'amende, depuis un franc jusqu'à cinq francs, ceux qui embarrassent la voie publique, en y déposant ou y laissant, sans nécessité, des matériaux ou des choses quelconques, qui empêchent ou diminuent la liberté ou la sûreté du passage; ceux qui, en contravention aux lois et règlements, négligent d'éclairer les matériaux par eux entreposés ou les excavations par eux faites dans les rues et places. — Voy. Eclairage, Voie publique. — *Dict. des formules*, n° 1024.

Matières d'or et d'argent. — Afin de préserver le public des fraudes que le commerce de la bijouterie et de l'orfèvrerie pourrait introduire dans la fabrication des objets d'or et d'argent, la loi a dû intervenir pour déterminer : 1° le titre de ces objets, c'est-à-dire dans quelle proportion les métaux communs peuvent s'allier avec l'or et l'argent; 2° la marque ou les poinçons dont les bijoux et objets fabriqués d'or et d'argent doivent être revêtus, ce qui constitue la garantie du public. Ce régime se complète par la perception, au profit du Trésor public, d'un impôt somptuaire, sous la dénomination de droits de garantie.

La loi du 19 brumaire an VI forme le Code actuellement en vigueur sur cet objet, sauf les modifications résultant de règlements postérieurs. Les maires sont appelés à concourir à l'exécution de cette législation, soit en intervenant dans les mesures qu'elle prescrit pour prévenir les fraudes, soit en exerçant une surveillance sur les marchandises à l'effet de constater les contraventions.

La loi du 25 janvier 1884 a créé un quatrième titre pour les objets de bijouterie et d'horlogerie destinés à l'exportation.

Obligations des fabricants et marchands. — Les personnes qui veulent exercer la profession de fabricant d'ouvrages d'or et d'argent sont tenues de se faire connaître à la préfecture du département et à la mai-

rie du lieu où elles résident, et de faire insculper dans ces deux administrations leur poinçon particulier avec leur nom sur une planche de
cuivre à ce destinée. (L. 19 brumaire an VI, art. 72.)

Quiconque se borne au commerce de l'orfèvrerie, sans entreprendre
la fabrication, est tenu de faire sa déclaration à la mairie seulement, et
il est dispensé d'avoir un poinçon. (Id., art. 73.)

Il est enjoint aux fabricants et marchands d'or et d'argent ouvrés et
non ouvrés d'avoir un registre coté et parafé par le maire, et d'y inscrire la nature, le nombre, le poids et le titre des matières et ouvrages
d'or et d'argent qu'ils achetent ou vendent, avec les noms et demeures
de ceux à qui ils les ont achetés. (Id., art. 74.) — *Dict. des formules*,
n° 1025.

Les fabricants et marchands ne peuvent acheter que de personnes
connues ou ayant des répondants à eux connus. (Id., art. 75.)

Ils sont tenus de présenter leurs registres à l'autorité publique toutes
les fois qu'ils en sont requis. (Id., art. 76.)

Les dispositions ci-dessus relatives aux fabricants et marchands d'objets d'or et d'argent sont applicables aux fabricants et marchands de
galons, tissus, broderies et autres ouvrages en fil d'or ou d'argent. (Id., art. 81.)

Obligations des marchands ambulants. — Les marchands ambulants venant s'établir en foire sont tenus, à leur arrivée dans une commune, de se présenter au maire, à l'adjoint ou au commissaire de police, et de lui montrer les bordereaux des orfèvres qui leur ont vendu
ou livré des ouvrages d'or et d'argent dont ils sont porteurs. (Id.,
art. 92.)

Le maire fait examiner les marques de ces ouvrages par des orfèvres, ou, à défaut, par des personnes connaissant les marques et poinçons, afin d'en constater la légitimité. (Id., art. 93.)

Il fait saisir et remettre au tribunal de police correctionnelle les ouvrages d'or et d'argent qui ne seraient pas accompagnés de bordereaux,
ceux qui ne seraient pas marqués, ou dont les marques paraîtraient
contrefaites, ou, enfin, ceux qui n'auraient point été déclarés. Le tribunal applique aux délits des marchands ambulants les peines portées
contre les orfèvres, pour des contraventions semblables. (Id., art. 94.)

Les commis voyageurs qui parcourent le département avec des assortiments de bijoux, de montres et autres ouvrages d'or et d'argent, pour
vendre aux particuliers et approvisionner les marchands en tous genres,
sont réputés marchands ambulants.

Obligations des fabricants de plaqué et doublé d'or et d'argent. —
Quiconque veut plaquer ou doubler l'or et l'argent, sur quelque métal
que ce soit, est obligé d'en faire la déclaration à la municipalité, à la
préfecture du département et au bureau de garantie. (L. 19 brumaire
an VI, art. 95.)

Il peut employer l'or et l'argent dans telle proportion qu'il juge convenable, mais il doit indiquer cette proportion sur l'ouvrage même,
indépendamment de l'empreinte de son poinçon particulier. (Id., art. 96
et 97.)

Le fabricant doit transcrire ses ventes jour par jour sur un registre
coté et parafé par l'administration municipale, et il est tenu de remettre
à chaque acheteur un bordereau de vente daté et signé par lui et
rempli de la désignation de l'ouvrage, du poids et de la quantité d'or
et d'argent qui y est contenue. (Id., art. 98.)

Le fabricant de doublé est assujetti comme le marchand orfèvre, et sous les mêmes peines, à n'acheter des matières ou ouvrages d'or et d'argent que de personnes connues ou ayant des répondants à eux connus. (L. 19 brumaire an VI, art. 100.)

Constatation des délits, poursuites. — Le contrôleur et le receveur du bureau de garantie, accompagnés d'un officier municipal (maire, adjoint ou commissaire de police), assistés, au besoin, par l'essayeur ou l'un de ses agents, se transportent chez les fabricants, marchands ou particuliers qui leur sont signalés ou qu'ils soupçonnent de transgresser les lois sur la garantie. (L. 19 brumaire an VI, art. 104, 105, 107 et 108.)

Il est dressé à l'instant et sans déplacement procès-verbal de la saisie et de ses causes, lequel contient les dires des parties intéressées et est signé d'elles; ledit procès-verbal doit être remis dans le délai de dix jours au plus au procureur de la République. (Id., art. 102.)

Les poinçons, ouvrages ou objets saisis, sont mis sous les cachets de l'officier de police, des employés présents, et de l'individu chez lequel la saisie a été faite, pour être immédiatement déposés au greffe du tribunal de police correctionnelle. (Id., art. 103.)

Il y a exception aux règles ci-dessus relativement aux contraventions commises par les marchands ambulants ou ceux qui s'établissent en foire, lesquelles contraventions peuvent être constatées, comme on l'a vu plus haut, par les maires et adjoints ou les commissaires de police. (Arrêt de cass. 15 avril 1826.) — Voy. AFFINAGE, CONTRIBUTIONS INDIRECTES. — *Dict. des formules*, nos 1026 et 1027.

Matières sommaires. — Affaires qui, d'après leur nature ou la modicité de la somme réclamée, doivent être jugées promptement, avec des formalités et une procédure plus simples et moins coûteuses.

Sont comprises parmi les matières sommaires, lorsqu'elles sont de la compétence des tribunaux, les affaires suivantes : 1° les demandes en expropriation pour cause d'utilité publique ; 2° les oppositions aux états dressés par les maires relativement aux recettes municipales ; 3° toutes actions civiles relatives aux chemins vicinaux, intentées par les communes ou dirigées contre elles. — Voy. CHEMINS VICINAUX, EXPROPRIATION, REVENUS COMMUNAUX.

Matrices, rôles et avertissements (Frais de confection des). — Voy. CADASTRE, CONTRIBUTIONS DIRECTES, COTISATIONS.

Médailles. — Il est expressément défendu à toutes personnes, quel que profession qu'elles exercent, de frapper ou faire frapper des médailles, jetons ou pièces de plaisir, d'or, d'argent ou autres métaux ailleurs que dans l'atelier destiné à cet effet dans l'hôtel des Monnaies à Paris, à moins d'une autorisation spéciale du gouvernement. Tou contrevenant se rend passible d'une amende de 1,000 francs et d'un somme double en cas de récidive. (Arr. du gouv. 5 germinal an XI.)

Médecins, chirurgiens, officiers de santé. — Nul ne peut exercer l'art de guérir, s'il n'a obtenu le titre de docteur en médecine ou en chirurgie, ou celui d'officier de santé. Les docteurs ou officiers de santé, reçus suivant les formes établies par la loi, sont tenus de présenter, dans le délai d'un mois après la fixation de leur domicile, les diplômes qu'ils ont obtenus, au greffe du tribunal de première instance et au bureau de la sous-préfecture de l'arrondissement dans lequel les docteurs et officiers de santé veulent s'établir. (L. 19 ventôse an XI, art. 24.)

La liste de tous les médecins, chirurgiens, officiers de santé, ayant droit d'exercer dans chaque département, est publiée chaque année par le préfet, et communiquée aux maires, par la voie du *Receuil* des actes administratifs, afin qu'ils puissent rechercher si les personnes qui veulent exercer l'art de guérir sont légalement autorisées à le faire. (Id., art. 27.)

Les maires sont tenus de ne laisser exercer dans leurs communes respectives aucune des branches de l'art de guérir par des individus qui ne seraient pas inscrits sur cette liste, ou qui ne produiraient pas un diplôme enregistré à la préfecture.

Des docteurs en médecine et en chirurgie. — Les docteurs en médecine et en chirurgie peuvent exercer dans toute l'étendue du territoire français, en remplissant les formalités dont il est parlé ci-dessus. (L. 19 ventôse an XI, art. 28.)

Ils peuvent seuls remplir les fonctions de médecins et chirurgiens jurés appelés par les tribunaux, celles de médecins et chirurgiens en chef dans les hospices civils, ou chargés par les autorités administratives des divers objets de salubrité publique. (Id., art. 27.)

Des officiers de santé. — Jusqu'au 31 décembre 1854, les officiers de santé ont été reçus par les jurys médicaux formés au chef-lieu de chaque département, en exécution de l'article 16 de la loi du 19 ventôse an XI. — Voy. JURY MÉDICAL.

Aujourd'hui des certificats d'aptitude pour la profession d'officier de santé sont délivrés, soit par les facultés de médecine, soit par les écoles préparatoires de médecine et de pharmacie. (D. 22 août 1854, art. 17.)

Les officiers de santé ne peuvent, comme par le passé, exercer leur profession que dans le département pour lequel ils ont été reçus. S'ils veulent exercer dans un autre département, ils doivent, après avoir subi de nouveaux examens, obtenir un nouveau certificat d'aptitude et le faire enregistrer, comme il est prescrit. (L. 10 ventôse an XI, art. 29 ; D. 22 août 1854, art. 19.)

Ils ne peuvent pratiquer les grandes opérations chirurgicales que sous la surveillance et l'inspection d'un docteur, dans les lieux où celui-ci est établi. Dans le cas d'accidents graves, arrivés à la suite d'opérations exécutées hors de la surveillance et de l'inspection prescrites, il y a recours à indemnité contre l'officier de santé qui s'en est rendu coupable. (L. 19 ventôse an XI, art. 29.)

Lorsqu'il s'agit d'une mort violente ou d'une mort dont la cause est inconnue ou suspecte, le procureur de la République ou l'officier de police judiciaire qui le remplace peut se faire assister par un officier de santé. (C. I. C., art. 44.)

Exercice illégal de la médecine. — Tout individu qui exerce la médecine ou la chirurgie, sans avoir été reçu dans les formes déterminées par la loi, et s'être fait inscrire sur les listes dont il est parlé ci-dessus, est passible d'une amende pécuniaire envers les hospices. (L. 19 ventôse an XI, art. 35.)

Ce délit est dénoncé au tribunal de police correctionnelle, à la diligence du procureur de la République. L'amende peut être portée jusqu'à 1,000 francs pour ceux qui prendraient le titre et exerceraient la profession de docteur; à 500 francs, pour ceux qui se qualifieraient d'officiers de santé et verraient des malades en cette qualité. L'amende est double en cas de récidive ; et les délinquants peuvent, en outre, être condamnés à l'emprisonnement. (L. 19 ventôse an XI, art. 36.) — *Dict. des formules*, n° 1028.

Médecin cantonal. — Dans quelques départements, des médecins cantonaux ont été institués pour soigner gratuitement les pauvres des communes rurales.

Outre les soins médicaux, les médecins cantonaux fournissent encore des médicaments mis à leur disposition jusqu'à concurrence d'un chiffre déterminé. La dépense résultant de l'institution des médecins cantonaux est supportée par les départements avec le concours des communes. — Voy. HERBORISTE, SERVICE MÉDICAL GRATUIT, PHARMACIEN, SAGE-FEMME.

Médicaments. — Voy. DROGUISTE, HERBORISTE, PHARMACIEN, REMÈDES SECRETS, SUBSTANCES VÉNÉNEUSES.

Mémoires et factures. — Le receveur municipal doit exiger à l'appui des mandats de payement les mémoires et factures des parties prenantes. Ces mémoires et factures doivent être certifiés et signés par les créanciers directs des communes.

Tout mémoire de travaux doit mentionner la nature des réparations ou l'objet des travaux exécutés, la date de l'exécution, la quantité et le prix, par unité et en somme, des travaux effectués et des matières fournies ou employées.

Les factures doivent également indiquer la nature, la quantité, le prix et la date de la livraison des objets fournis.

Les factures et mémoires joints à l'appui des mandats doivent toujours être timbrés, à quelque somme qu'ils s'élèvent. Toutefois, lorsqu'il s'agit d'une dépense qui n'excède pas dix francs, les maires peuvent dispenser les créanciers de produire une facture ou un mémoire timbré, mais alors le détail des fournitures doit être énoncé dans le corps des mandats ; à défaut de cette énonciation, le receveur est tenu d'exiger la facture ou le mémoire timbré. — Voy. DÉPENSES COMMUNALES, MANDAT DE PAYEMENT, ORDONNANCEMENT.

Menaces. — Parole, écrit ou geste dont on se sert pour faire connaître ou faire craindre à quelqu'un le mal qu'on lui prépare. Les menaces sont considérées et punies comme ayant le caractère de crime ou de délit, suivant les circonstances, par les articles 305 à 308 et 436 du Code pénal.

Elles sont considérées comme crimes et délits : 1° lorsqu'elles ont lieu par écrit, et qu'elles ont pour objet un attentat contre les personnes ; 2° lorsqu'elles ont été faites verbalement avec ordre ou condition.

La menace peut aussi porter le caractère d'injure, d'offense, d'outrage, ou être réputée circonstance aggravante d'une infraction.

Quiconque, par menaces, contraint ou tente de contraindre un fonctionnaire public de l'ordre administratatif ou judiciaire, un agent ou préposé d'une administration publique, pour obtenir soit une opinion favorable, soit des procès-verbaux, états, certificats ou estimations contraires à la vérité, soit un bénéfice quelconque, soit enfin tout autre acte du ministère du fonctionnaire, agent ou préposé, est puni de la dégradation civique, et d'une amende qui ne peut être inférieure à deux cents francs. Toutefois, si les tentatives de contrainte n'ont eu aucun effet, les auteurs de ces tentatives sont simplement punis d'un emprisonnement de trois mois au moins et de six mois au plus, et d'une amende de cent francs à trois cents francs. (C. P., art. 179.)

Ménageries. — Voy. ANIMAUX SAUVAGES.

Mendicité. — Notre législation actuelle sur la mendicité se compose du décret du 30 mai 1790, dont plusieurs dispositions sont encore en vigueur, du décret du 5 juillet 1808, et des articles 269 à 282 du Code pénal.

Le décret du 5 juillet 1808 pose en principe que la mendicité est défendue dans tout le territoire de l'empire ; et il ordonne, pour l'exécution de cette mesure, qu'un dépôt de mendicité sera ouvert dans chaque département ; que tous les individus domiciliés dans le département et qui n'ont aucun moyen de subsistance seront tenus de s'y rendre ; que tout individu trouvé mendiant dans le département sera arrêté d'après les ordres de l'autorité locale, ou par les soins de la gendarmerie ou de toute autre force armée, et aussitôt conduit au dépôt de mendicité ; enfin, que les mendiants vagabonds seront arrêtés et placés dans les maisons de détention.

Ces prescriptions sont exécutées aujourd'hui dans tous les départements pour lesquels il existe un dépôt de mendicité. Toute personne qui y est trouvée mendiant est punie de trois à six mois d'emprisonnement, et, après l'expiration de sa peine, est conduite au dépôt de mendicité. (C. P., art. 274.)

Malgré la disposition générale et impérative du décret de 1808, beaucoup de départements ne sont pas encore pourvus d'établissements de ce genre, et la mendicité par cela même n'y est pas interdite. Il ne reste, dès lors, contre les mendiants, d'autres moyens de répression que l'application des articles du Code pénal que nous rapportons ci-après.

Dans les lieux où il n'existe point encore d'établissement public organisé afin d'obvier à la mendicité, les mendiants d'habitude, valides, sont punis d'un mois à trois mois d'emprisonnement. S'ils ont été arrêtés hors du canton de leur résidence, ils sont punis d'un emprisonnement de six mois à deux ans. (C. P., art. 275.)

Tous mendiants, même invalides, qui ont usé de menaces ou sont entrés, sans permission du propriétaire ou des personnes de sa maison, soit dans une habitation, soit dans un enclos en dépendant, ou qui feignent des plaies ou des infirmités, ou qui mendient en réunion, à moins que ce ne soient le mari et la femme, le père et la mère et leurs enfants, l'aveugle et son conducteur, sont punis d'un emprisonnement de de six mois à deux ans. (Id., art. 276.)

Tout mendiant ou vagabond qui a été saisi travesti d'une manière quelconque, ou porteur d'armes, bien qu'il n'en ait pas usé ni menacé, ou muni de limes, crochets ou autres instruments propres à commettre des vols ou d'autres délits, soit à lui procurer les moyens de pénétrer dans les maisons, est puni de deux à cinq ans d'emprisonnement. (Id., art. 277.)

Tout mendiant ou vagabond trouvé porteur d'un ou de plusieurs effets d'une valeur supérieure à cent francs, et qui ne justifie pas d'où ils proviennent, est puni d'un emprisonnement de six mois à deux ans. (Id., art. 278.)

Tout mendiant ou vagabond qui a exercé quelque acte de violence que ce soit envers les personnes est puni de la réclusion, sans préjudice de peines plus fortes, s'il y a lieu, à raison du genre et des circonstances de la violence. (C. P., art. 279.)

Les peines établies contre les individus porteurs de faux certificats, faux passeports ou fausses feuilles de route, sont toujours, dans leur espèce, portées au *maximum*, quand elles sont appliquées à des vagabonds ou mendiants. (Id., art. 281.)

Les mendiants qui ont été condamnés aux peines portées par les articles précédents sont envoyés, après l'expiration de leur peine, sous la surveillance de la haute police pour cinq ans au moins et dix ans au plus (1). (Id., art. 282.)

Il arrive fréquemment que des individus sont arrêtés et livrés à la justice comme mendiant à l'aide de certificats délivrés par les autorités locales pour attester des pertes éprouvées par suite de désastres de diverses natures, tels qu'incendies, ouragans, débordements, etc., et que les véritables titulaires leur ont cédés moyennant un prix quelconque. Ce fait constitue un délit qui tombe sous l'application de l'article 281 du Code pénal. Aucun certificat de ce genre ne doit être délivré par les maires sans avoir été préalablement soumis au préfet et sans que le signalement des titulaires n'y soit exactement inséré. (Circ. Int. 7 mai 1833.)

Les maires, les adjoints, les commissaires de police, les gardes champêtres et la gendarmerie sont chargés de la surveillance des mendiants, vagabonds et gens sans aveu. Ils arrêtent ceux qui ne sont pas connus et qui ne sont porteurs d'aucun papier constatant leur identité, les mendiants valides et autres qui sont en contravention aux articles ci-dessus du Code pénal, constatent leurs contraventions par des procès-verbaux et traduisent les délinquants devant le procureur de la République. — Voy. VAGABONDS. — *Dict. des formules*, nos 1029 à 1034.

Les maires, dans l'intérêt de l'ordre et de la sûreté publique, peuvent, en outre, ordonner, par un arrêté, que tous mendiants étrangers à la commune seront tenus de la quitter dans un délai déterminé, sous peine d'y être contraints par les voies de droit, et que les mendiants non valides qui y sont domiciliés devront se présenter à la mairie ou au bureau du commissaire de police où il leur sera délivré, s'il y a lieu, un permis de circuler dans la commune. — *Dict. des formules*, nos 988 et 993.

D'après le décret du 30 mai 1790, un secours de 30 centimes par myriamètre, payable de cinq en cinq myriamètres, par les municipalités, est accordé à tout mendiant qui voyage muni d'un passeport pour retourner au lieu de son domicile. Ce passeport doit être visé par

---

(1) La surveillance de la haute police a été supprimée par la loi du 27 mai 1885. — Voy. RÉCIDIVISTES.

l'officier municipal auquel il est présenté : la somme délivrée y est relatée. — Voy. VOYAGEURS INDIGENTS.

Dans plusieurs villes, des associations se sont formées dans le but de
créer des établissements de la nature de ceux indiqués par le Code pénal
pour obvier à la mendicité, et par suite elle a pu être défendue sur tout
le territoire de ces communes. Pour les statuts d'une société de ce
genre et la formule de l'arrêté à prendre pour l'interdiction de la mendicité, voy. *Dict. des formules*, nᵒˢ 1035 et 1036.

Mer. — Voy. EPAVES, LAIS ET RELAIS DE LA MER.

Mercuriales. — Tableaux officiels constatant le prix courant de
certaines denrées de première nécessité.

Ces prix courants sont arrêtés par l'autorité municipale à la fin de
chaque marché.

Une circulaire ministérielle du 1ᵉʳ floréal an VIII a chargé les maires
de la rédaction et de l'envoi périodique des mercuriales, mais les bases
n'en ont pu devenir uniformes qu'après l'application du système décimal.

Le prix de l'hectolitre est le régulateur commun ; les mercuriales offrent sur cette mesure le prix moyen de toutes les ventes de chaque
espèce de grains. (Circ. min. 8 août 1802.)

La rédaction des mercuriales se fait d'après la déclaration des marchands et de leurs facteurs ; le maire en constate le résultat qu'il adresse
le 15 et le 30 de chaque mois au sous-préfet, qui le transmet avec son
visa au préfet.

Facile pour les marchés de grains, cette constatation l'est beaucoup
moins pour les marchés à bestiaux. Dans ce dernier cas, les mercuriales
s'établissent ordinairement sur les déclarations contradictoires des bouchers acheteurs et des marchands vendeurs.

Chaque mercuriale doit être arrêtée à la date du samedi, par le maire
de chaque commune astreinte à en fournir ; quant aux semaines qui se
trouvent partagées par le changement de mois, la mercuriale qui est faite
pendant la partie de la semaine qui compte le plus de jours appartient
au mois dans lequel elle se trouve enclavée. (Circ. min. 19 avril 1830.)

La nécessité des mercuriales se comprend aisément. Dans les contestations judiciaires, on y a souvent recours. Le Code de procédure civile
en offre de nombreux exemples.

Elles servent aussi de base à l'autorité municipale pour régler le prix
des subsistances, aux termes de l'article 30 de la loi des 19-22 juillet 1791, par exemple, pour la taxe du pain. Le prix moyen des grains
à établir, d'après la loi du 16 juillet 1819, pour leur importation et leur
exportation, se règle également au moyen des mercuriales.

Le ministre de la guerre, pour contrôler ou régler ses marchés et
fournitures, a besoin que les maires insèrent dans les mercuriales une
mention exacte : 1º des divers prix et qualités des denrées qui ont été
exposées en vente ; 2º des qualités vendues ; 3º du poids de l'avoine,
suivant les différentes qualités ; 4º enfin, des autres renseignements qui
ont servi de base aux mercuriales.

Dans les communes où il n'existe pas de marché, c'est auprès des
cultivateurs les mieux famés ou des personnes les plus dignes de confiance qu'il faut recueillir les éclaircissements nécessaires, soit sur les
prix des fourrages, soit sur leur qualité. (Circ. min. 30 juin 1826.) —
Voy. GRAINS. — *Dict. des formules*, nᵒˢ 1037-1038.

Messageries. — Voitures publiques qui se chargent du transport des personnes, ballots et marchandises. — Voy. VOITURES PUBLIQUES.

Messiers. — Voy. GARDES CHAMPÊTRES.

Mesures. — POIDS ET MESURES.

Mètre — Mesure décimale. Le mètre est la dix-millionième partie de l'arc du méridien terrestre compris entre le pôle boréal et l'équateur. Sa longueur répond à 3 pieds 11 lignes et une fraction qui est de 296 millièmes de ligne, ou près de trois dixièmes de ligne. — Voy. POIDS ET MESURES.

Meubles (Biens). — Biens qui peuvent se transporter d'un lieu à un autre ou qui sont réputés en avoir la nature. Il y a ainsi deux espèces de meubles : les meubles par leur nature et les meubles par la détermination de la loi.

Tout achat d'objets mobiliers fait au nom d'une commune doit être précédé par une délibération du conseil municipal. Il est procédé ensuite à l'acquisition soit par voie d'adjudication publique, soit au moyen d'un traité de gré à gré passé entre le maire et un fournisseur. — Voy. ACHATS D'OBJETS MOBILIERS, ADJUDICATION PUBLIQUE, FOURNITURES. — Dict. des formules, nos 998, 999 et 1000.

Lorsque des meubles appartenant aux communes sont dans le cas d'être vendus, la vente doit également en être proposée par le conseil municipal et sa délibération être approuvée par le préfet. En général, les ventes sont faites par adjudication publique aux enchères. Néanmoins, lorsque les objets sont de peu d'importance, la vente peut en être faite à l'amiable, sur l'autorisation du préfet, et il est dressé un procès-verbal signé par le maire et l'acquéreur. — Dict. des formules, nos 1039 à 1045.

Meules de grains ou de foin. — Le Code pénal, article 388, prononce la peine de quinze jours à deux ans d'emprisonnement, et d'une amende de 16 francs à 200 francs, contre celui qui aura volé dans les champs des meules de grains faisant partie de récoltes. — Voy. RÉCOLTES.

Le même Code, article 458, punit d'une amende de 50 francs au moins et de 500 francs au plus, ceux qui auraient causé l'incendie des meules, tas de grains, pailles, foins, fourrages, par des feux allumés dans les champs à moins de 100 mètres de ces meules et tas. — Voy. INCENDIE.

Enfin, la loi du 15 juillet 1845, concernant la police des chemins de fer, défend d'établir à une distance de moins de 20 mètres d'un chemin de fer desservi par des machines à feu des meules de paille et de foin, et aucun dépôt de matières inflammables. Les contraventions sont punies d'une amende de 16 à 200 francs. Cette prohibition ne s'étend pas, toutefois, aux dépôts de récoltes faits seulement pour le temps de la moisson. (L. 15 juillet 1845, art. 7.) — Voy. CHEMINS DE FER.

L'arrêté d'un maire qui, pour prévenir les incendies, défend de placer des meules de grains et fourrages à moins de 100 mètres des bâtiments d'habitation et d'exploitation, est obligatoire tant qu'il n'a pas été annulé par le préfet. Les tribunaux de police sont tenus d'en assurer l'exécution. — Voy. INCENDIE.

Meurtre. — La loi qualifie meurtre l'homicide commis volontairement. (C. P., art. 195.)

Lorsque les maires, adjoints ou commissaires de police, apprennent qu'un meurtre vient d'être commis dans la commune, ils doivent, en leur qualité d'officiers de police judiciaire, auxiliaires du procureur de la République, se transporter sur le lieu où le crime a été commis, afin d'en constater les circonstances par un procès-verbal. — Voy. ASSASSINAT, HOMICIDE.

Militaires. — Les militaires en activité de service, qui résident momentanément dans une commune, doivent être porteurs de permissions ou de congés, et en donner connaissance au maire, s'il leur en fait la demande. Dans le cas où des militaires se refuseraient à cette communication, le maire en prévient la gendarmerie, qui est chargée de faire rejoindre les sous-officiers et soldats absents de leurs corps, à l'expiration de leurs congés, et d'arrêter ceux qui ne sont pas porteurs de feuilles de route, de congés en bonne forme ou d'une permission d'absence signée par l'autorité compétente.

Tout militaire en congé qui retourne à son corps doit se munir d'un certificat de bonne conduite, délivré par le maire de la commune, où il a séjourné. — Voy. CERTIFICATS, CONGÉ, DÉSERTEUR, ETAT CIVIL, RECRUTEMENT. — *Dict. des formules*, 1046 à 1049.

Mines et minières. — Les mines qui, à l'origine, sont du domaine public, passent, par des concessions expresses, dans le domaine de l'industrie privée ; elles restent cependant soumises, dans leur exploitation, à une surveillance spéciale et à certaines conditions. C'est la loi du 21 avril 1810 qui régit encore aujourd'hui la matière.

Les masses de substances minérales ou fossiles renfermées dans le sein de la terre ou existant à sa surface sont classées, relativement aux règles de l'exploitation de chacune d'elles, sous les trois qualifications de mines, minières et carrières. (L. 21 avril 1810, art. 1er.)

Sont considérées comme mines les masses de substances connues pour contenir en filons, en couches ou en amas, de l'or, de l'argent, du platine, du mercure, du plomb, du fer en filons ou en couches, du cuivre, de l'étain, du zinc, de la calamine, du bismuth, du cobalt, de l'arsenic, du manganèse, de l'antimoine, du molybdène, de la plombagine ou autres matières métalliques, du soufre, du charbon de terre ou de pierre, du bois fossile, des bitumes, de l'alun et des sulfates à bases métalliques. (Id., art. 2.)

Les minières comprennent les minerais de fer dits d'alluvion, les terres pyriteuses propres à être converties en sulfate de fer, les terres alumineuses et les tourbes. (Id., art. 3.)

Les carrières renferment les ardoises, les grès, pierres à bâtir et autres, les marbres, granits, pierres à chaux et à plâtre, etc. — Voy. CARRIÈRES.

Des concessions de mines. — Les mines ne peuvent être exploitées qu'en vertu d'un acte de concession délibéré en conseil d'Etat. (Id., art 5.)

Nulle permission de recherches ni concession de mines ne peut, sans le consentement du propriétaire de la surface, donner le droit de faire des sondages, d'ouvrir des puits et galeries, ni d'établir des machines, ateliers ou magasins dans les enclos murés, cours et jardins. Les puits et galeries ne peuvent être ouverts dans un rayon de cinquante mètres des habitations et des terrains compris dans les clôtures murées y attenant sans le consentement des propriétaires de ces habitations. (Art. 11, modifié par la loi du 27 juillet 1880.)

La demande en concession de mines est affichée pendant deux mois dans le chef-lieu du département, dans celui de l'arrondissement où la mine est située, dans la commune du domicile du demandeur et dans toutes les communes dans le territoire desquelles la concession peut s'étendre; elles sont insérées dans les journaux du département et dans le *Journal officiel*. (L. 21 avril 1810, art. 23, modifié par la loi du 27 juillet 1880.)

Les publications des demandes en concessions de mines ont lieu devant la porte de la maison commune et des églises paroissiales et consistoriales, à la diligence des maires, à l'issue de l'office, un jour de dimanche, et au moins une fois par mois pendant la durée des affiches. Les maires sont tenus de certifier ces publications. (Id., art. 24.) — *Dict. des formules*, n° 1050 à 1053.

Redevance des concessionnaires de mines. — L'exploitation des mines n'est pas considérée comme un commerce, et n'est pas sujette à la patente. (L. 21 avril 1810, art. 32.)

Les propriétaires de mines sont tenus de payer à l'Etat une redevance fixe de 10 francs par kilomètre carré, et une redevance proportionnelle qui ne peut jamais s'élever au-dessus de 5 0/0 du produit net de l'extraction.

Ce produit net imposable est déterminé au moyen d'une matrice de rôle qui est dressée d'après un état d'exploitation par les ingénieurs, avec le concours des maires, des adjoints, de deux répartiteurs communaux. Il peut être fait un abonnement pour ceux des propriétaires de mines qui le demandent. (L. 21 avril 1810, art. 35, 36; D. 6 mai 1811, art. 16, 17 et 18, et D. 11 février 1874, art. 1er. — Id., art. 33 et 34.)

Des minières. — Il n'y a lieu à concession pour les minières, que lorsque leur exploitation ne peut se faire qu'au moyen de puits et de galeries souterraines. (L. 21 avril 1810, art. 68.)

Lorsque l'exploitation peut se faire à ciel ouvert, il n'y a pas lieu à concession. Le droit d'exploiter appartient au propriétaire du fonds, qui, pour en user, fait au préfet sa déclaration, dont il lui est donné, par ce fonctionnaire, acte valant permission. (Id., art. 59.)

Si le propriétaire n'exploite pas, les maîtres de forges ont la faculté d'exploiter à sa place, à la charge : 1° d'en prévenir le propriétaire, qui, dans un mois, à compter de la notification, peut déclarer qu'il entend exploiter lui-même ; 2° d'obtenir du préfet la permission, sur l'avis de l'ingénieur des mines, après avoir entendu le propriétaire. (L. 21 aoril 1810, art. 60.)

La surveillance administrative sur l'exploitation des minières est exercée, sous l'autorité des préfets, par les ingénieurs des mines et les gardes-mines sous leurs ordres, et concurremment par les autorités municipales.

Dispositions de police relatives à l'exploitation des mines et minières.
— Dans les cas prévus par l'article 50 de la loi du 21 avril 1810, modifié par la loi du 27 juillet 1880 et généralement lorsque, pour une cause quelconque, les travaux de recherche ou d'exploitation d'une mine sont de nature à compromettre la sécurité publique, la conservation de la mine, la sûreté des ouvriers mineurs, la conservation des voies de communication, celle des eaux minérales, la solidité des habitations, l'usage des sources qui alimentent les villes, villages, hameaux et établissements publics, les explorateurs ou les concessionnaires sont tenus d'en donner avis immédiatement à l'ingénieur des mines et au maire de la commune dans laquelle la recherche de l'exploitation est située. (Id., art. 1er.)

Le préfet, après avoir entendu l'explorateur et le concessionnaire, ordonne les dispositions nécessaires. (Id., art. 3.)

Si l'explorateur ou le concessionnaire, sur la notification qui lui est faite de l'arrêté du préfet, n'obtempère pas à cet arrêté, il y est pourvu d'office à ses frais et par les soins des ingénieurs des mines.

Il est procédé, ainsi qu'il est dit ci-dessus, à l'égard de tout concessionnaire qui négligerait de tenir sur ses exploitations le registre et le plan d'avancement journalier des travaux, qui n'entretiendrait pas constamment sur ces établissements les médicaments et autres moyens de secours, qui n'adresserait pas au préfet, dans les délais fixés, les plans des travaux souterrains et autres plans prescrits par le cahier des charges; qui présenterait des plans qui seraient reconnus inexacts et incomplets. (Ord. du 26 mars 1843, art. 1, 3, 4 et 6, modifiée par le décret du 25 septembre 1882.)

Lorsqu'un ingénieur, en visitant une exploitation, reconnaît une cause de danger imminent, il fait, sous sa responsabilité, les réquisitions nécessaires à l'autorité locale, pour qu'il y soit pourvu sur-le-champ, d'après les dispositions qu'il juge convenables, ainsi qu'il est pratiqué en matière de voirie, lors du péril imminent de la chute d'un édifice. (Id., art. 5.)

Quand l'exploitation est dans un état tel que la vie des hommes est compromise, sans qu'il soit même possible de faire aucune réparation utile, le préfet, sur le rapport de l'ingénieur, ordonne la fermeture des travaux. (Id., art. 7.)

Les propriétaires ne peuvent abandonner en totalité leurs exploitations, si auparavant elles n'ont été visitées par l'ingénieur des mines. En cas d'abandon total ou partiel, le préfet ordonne les dispositions de police, de sûreté et de conservation qu'il juge convenables, d'après l'avis de l'ingénieur des mines. (Id., art. 8.)

Les actes administratifs concernant la police des mines et minières sont notifiés aux exploitants, afin qu'ils s'y conforment dans les délais prescrits; à défaut de quoi les contraventions sont constatées par procès-verbaux des ingénieurs des mines, conducteurs, maires, autres officiers de police, gardes-mines. (Id., art. 10.)

Les procès-verbaux sont adressés en originaux au procureur de la République qui est tenu de poursuivre d'office les contrevenants devant le tribunal de police correctionnelle, ainsi qu'il est réglé et usité pour les délits forestiers, et sans préjudice des dommages-intérêts des parties. (L. 21 avril 1810, art. 95.)

En cas d'inexécution, les dispositions qui ont été prescrites sont exécutées d'office aux frais de l'exploitant. (D. 3 janvier 1813, art. 10.) — *Dict. des formules*, 1054, 1055 à 1058.

Mesures à prendre en cas d'accidents. — Lorsqu'un accident est arrivé qui a occasionné la mort ou des blessures graves à un ou plusieurs ouvriers, les exploitants, directeurs, maîtres mineurs et autres préposés sont tenus d'en donner connaissance aussitôt au maire de la commune et à l'ingénieur des mines ou, en cas d'absence, au conducteur. (D. 3 janvier 1813, art. 11.)

La même obligation leur est imposée dans le cas où l'accident compromet la sûreté des travaux, celle des mines ou des propriétés de la surface et l'approvisionnement des consommateurs. (Id., art. 12.)

Le maire, averti du danger, prévient immédiatement les autorités supérieures, et prend, conjointement avec l'ingénieur des mines, toutes les mesures propres à le faire cesser. Il peut faire des réquisitions d'outils, hommes, chevaux, et donne tous ordres nécessaires. L'exécution des travaux a lieu sous la direction de l'ingénieur ou des conducteurs, et, en cas d'absence, sous la direction des experts délégués à cet effet par l'autorité locale. (Id. art. 14.)

Les exploitants sont tenus d'entretenir sur leurs établissements les médicaments et moyens de secours qui leur sont indiqués par l'administration et de se conformer à l'instruction réglementaire approuvée à cet effet. (Id., art. 15.)

Un chirurgien est attaché à celles des exploitations que le ministre indique. Son traitement est à la charge des propriétaires, proportionnellement à leur intérêt. (Id., art. 16.)

Il est expressément prescrit aux maires et autres officiers de police de se faire représenter les corps des ouvriers qui ont péri par accident dans une exploitation, et de ne permettre leur inhumation qu'après que le procès-verbal de l'accident a été dressé, conformément à l'article 81 du Code civil, et sous les peines portées dans les articles 358 et 359 du Code pénal. (Id., art. 18.)

S'il y a impossibilité de parvenir jusqu'au lieu où se trouvent les corps des ouvriers morts, les exploitants, directeurs et autres, doivent faire constater cette circonstance par le maire qui en dresse procès-verbal ; cet acte, transmis au procureur de la République, est annexé, à la diligence et sur l'autorisation du tribunal, au registre de l'état civil. (Id., art. 19.)

Les dépenses qu'exigent les secours donnés aux blessés, noyés ou asphyxiés, et la réparation des travaux sont à la charge des exploitants. (Id., art. 20.)

En cas d'accidents qui ont occasionné la perte ou la mutilation d'un ou plusieurs ouvriers, faute d'avoir observé les règlements, les exploitants, propriétaires et directeurs peuvent être traduits devant les tribunaux pour l'application, s'il y a lieu, des articles 319 et 320 du Code pénal, indépendamment des dommages-intérêts qui peuvent être alloués au profit de qui de droit. (Id., art. 22.)

De quelque manière que soit arrivé un accident, les ingénieurs des mines, maires et autres officiers de police transmettent immédiatement leurs procès-verbaux au sous-préfet et au procureur de la République. Les procès-verbaux doivent être signés et déposés dans les délais prescrits. (Id., art. 21.) — *Dic. des formules*, 1056 à 1058.

Des ouvriers mineurs. — Tout mineur de profession ou autre employé dans l'exploitation des mines et minières doit être pourvu d'un livret et se conformer aux dispositions de l'arrêté du 9 frimaire an XII. Les registres d'ordre, sur lesquels l'inscription a lieu dans chaque commune, sont conservés au secrétariat de la mairie, pour y recourir au besoin. Il est défendu à tout exploitant d'employer aucun individu qui n'est point porteur d'un livret en règle portant l'acquit de son précédent maître. (Id., art. 26.)

Indépendamment des livrets et registres d'inscription à la mairie, il est tenu sur chaque exploitation un contrôle exact et journalier des ouvriers qui travaillent à l'intérieur ou à l'extérieur des mines et de leurs dépendances. Ces contrôles sont inscrits sur un registre coté par le maire et parafé par lui tous les mois. Ce registre est visé par les ingénieurs lors de leurs tournées. (Id., art. 27.)

Dans toutes leurs visites, les ingénieurs des mines doivent faire faire, en leur présence, la vérification des contrôles des ouvriers. Le maire de la commune peut faire cette vérification quand il le juge convenable, surtout dans le moment où il y a lieu de présumer qu'il peut y avoir quelque danger pour les individus employés aux travaux. (Id., art. 28.)

Il est défendu de laisser descendre et travailler dans les mines et minières les enfants au-dessous de dix ans. Nul ouvrier n'est admis dans les travaux s'il est ivre ou en état de maladie. Aucun étranger n'y peut pénétrer sans la permission de l'exploitant ou du directeur, et s'il n'est accompagné d'un mineur. (Id., art. 29.)

Tout ouvrier qui, par insubordination ou désobéissance envers le chef des travaux, contre l'ordre établi, a compromis la sûreté des personnes ou des choses, est poursuivi et puni selon la gravité des circonstances. (Id., art. 30.) — Voy. CARRIÈRES.

Ministère public. — Magistrature établie près de chaque tribunal pour veiller au maintien de l'ordre public et requérir l'application et l'exécution des lois.

Près des tribunaux civils de première instance et des tribunaux de police correctionnelle, les fonctions du ministère public sont remplies par un procureur de la République et des substituts. En cas d'empêchement, leurs fonctions sont exercées par un juge suppléant désigné par le tribunal. (D. 8 août 1810, art. 20.)

Les commissaires de police remplissent les fonctions du ministère public devant le tribunal de police, tenu par le juge de paix dans le lieu où siège ce tribunal ; mais, lorsqu'il n'y en a point, elles sont remplies par le maire, qui peut se faire remplacer par son adjoint. (C. I. C., art. 144.) — Voy. TRIBUNAL DE POLICE.

Ministères. — On entend par ministère ou département ministériel l'ensemble des attributions de chaque ministre. — Voy. MINISTRES.

Le mot ministère s'applique aussi au corps des employés de tous grades formant l'administration centrale, et, en outre, aux bâtiments où se trouvent les bureaux.

Il y a aujourd'hui neuf départements ministériels entre lesquels se répartit l'administration générale du pays. Nous indiquons ci-après les principales attributions de chaque ministère.

Ministère de la justice. — Le ministre de la justice ou garde des sceaux est chargé de l'organisation et de la surveillance de toutes les parties de l'ordre judiciaire. Il conserve le sceau de l'Etat, promulgue les lois et en conserve les originaux ; il fait des rapports au Président de la République sur les recours en grâce, en commutation de peine et en réhabilitation ; sur les dispenses d'âge, de parenté et d'alliance pour mariage et pour l'exercice des fonctions judiciaires ; sur les demandes en naturalisation.

Ministère des affaires étrangères. — Les attributions de ce ministère comprennent tout ce qui concerne les relations avec les pays étrangers : la négociation des traités d'alliance et de commerce, et leur exécution; la correspondance avec les ambassadeurs et autres agents diplomatiques accrédités auprès des puissances étrangères; les rapports avec les agents étrangers accrédités auprès du Président; la protection des sujets français à l'étranger.

Ministère de l'intérieur. — Les attributions de ce ministère comprennent : le personnel des préfets, sous-préfets et maires; l'exécution des lois relatives aux assemblées électorales; l'administration supérieure des départements et des communes, des hospices et hôpitaux et autres établissements de bienfaisance ; le régime et la surveillance des prisons; le service télégraphique; l'exécution des lois relatives à la police générale, à la sécurité et à la tranquillité intérieure du pays; l'imprimerie et la librairie; la police de la presse et du colportage; les services du *Journal officiel* et de *l'édition des communes.*

Ministère des finances. — Le département des finances est chargé de l'administration des revenus publics; ses attributions comprennent : la perception des impôts directs et indirects; l'enregistrement; l'exploitation des domaines et des bois, des postes et des tabacs; le timbre et les autres régies et entreprises qui donnent un produit au Trésor; le mouvement des fonds; l'inscription des rentes, pensions et cautionnements; l'acquittement de toutes les dépenses publiques, la vérification de la fabrication et du titre des monnaies; enfin, la présentation à la Chambre des députés du budget général de l'Etat et le règlement définitif des exercices.

Ministère de la guerre. — Ce ministère a dans ses attributions : le recrutement, l'organisation, la discipline, les mouvements et opérations de l'armée de terre, l'administration des divers services militaires, des arsenaux et des manufactures d'armes; la fabrication des poudres et salpêtres; la conservation des archives du dépôt de la guerre.

Ministère de la marine et des colonies. — Ce ministère a dans ses attributions : le personnel et le matériel de la marine nationale; l'entretien et le mouvement des forces navales; l'inscription maritime; les constructions navales, les arsenaux, fonderies, forges et usines de la marine; l'entretien des ports militaires; l'administration et la police des bagnes; la police de la navigation commerciale et de la pêche maritime; l'administration de l'établissement des invalides de la marine; l'administration militaire, civile et judiciaire et la défense des colonies.

Ministère de l'instruction publique, des beaux-arts et des cultes. — Ce ministère comprend : la haute administration des écoles entretenues par les fonds de l'Etat, des départements et des communes, et celle des établissements scientifiques et littéraires; la direction de tout le corps enseignant; la surveillance et l'inspection des institutions libres.

Une direction spéciale centralise aussi tout ce qui est relatif aux expositions, musées, et aux beaux-arts en général.

Denis; la présentation à l'agrément du Président de la République des nominations faites par les évêques aux titres ecclésiastiques; la publication des bulles, brefs et rescrits du Saint-Siège; le règlement des circonscriptions territoriales des paroisses et des consistoires; l'administration temporelle des établissements diocésains; la conservation des édifices religieux; les secours aux communes pour la réparation de leurs églises et presbytères, enfin l'autorisation et la surveillance des congrégations religieuses.

Ministère de l'agriculture. — Les attributions de ce ministère comprennent : 1° en ce qui concerne l'agriculture : l'enseignement agricole et vétérinaire, l'étude et l'application de la législation relative aux subsistances, aux desséchements, à l'irrigation, au drainage, la distribution des secours pour pertes résultant de sinistres et d'épizooties, l'administration des haras.

Ministère du commerce et de l'industrie. — Ses attributions concernent : la préparation et l'application des lois et règlements relatifs au commerce intérieur, aux arts et manufactures, aux tarifs et aux droits de douane, à la police sanitaire et à celle des poids et mesures.

Ministère des travaux publics. — Ce ministère comprend : la conservation et l'amélioration de la navigation sur les fleuves, rivières et canaux; la grande voirie, à savoir les chemins de fer, routes, ponts, bacs et bateaux : les concessions et la police des mines; les usines sur les cours d'eau et la police des usines métallurgiques. — Voy. ADMINISTRATION, MINISTRES.

Ministres. — Les ministres sont solidairement responsables devant les Chambres de la politique générale du gouvernement, et individuellement de leurs actes personnels. (L. 25 janvier 1875, art. 6.)

Les ministres ont leur entrée dans les deux Chambres et doivent être entendus quand ils le demandent. (L. 22 juin 1875, art. 6.)

L'autorité des ministres s'étend sur tout le territoire national. Leurs arrêtés et leurs décisions sont obligatoires pour les administrés comme pour les fonctionnaires. Ils donnent l'impulsion à leurs subordonnés par des instructions générales ou par la correspondance particulière, et ceux-ci doivent se conformer à leurs injonctions. — Voy. ADMINISTRATION, ACTE ADMINISTRATIF, CIRCULAIRES, INSTRUCTIONS MINISTÉRIELLES.

Minute. — Original d'un acte, d'un jugement, d'un procès-verbal. Les minutes doivent être conservées aux greffes, aux secrétariats des administrations ou chez les officiers publics qui ont passé les actes.

Mise à prix. — Voy. ADJUDICATION.

Mobilier. — Voy. MEUBLES.

Mobilisation. — La mobilisation est *le passage du pied de paix au pied de guerre* des forces militaires du pays. Toutes les mesures

II

préparatoires à une mobilisation sont du ressort de chacune des autorités militaires intéressées; mais l'exécution de ces mesures dans chaque commune appartient au maire. Le succès des opérations subséquentes dépendant de la rapidité de la mobilisation, les maires ne doivent jamais perdre de vue qu'ils sont les véritables pivots de la mobilisation et qu'il y a pour eux un devoir d'honneur et de patriotisme à assurer la prompte et stricte exécution des mesures dont ils sont chargés. Dans l'exercice de cette mission, ils ne sauraient se laisser arrêter par des considérations de personne ou d'affection; le salut du pays commande, chacun doit obéir et le maire doit donner l'exemple. Les devoirs des maires en matière de mobilisation ont été exposés dans l'ouvrage intitulé la *Nouvelle organisation militaire de la France* (1), auquel nous empruntons les détails suivants.

« La mobilisation peut avoir lieu par voie d'affiches et de publications sur la voie publique. (L. 19 mars 1875, complétant celle du 23 juillet 1873.)

« Chaque maire reçoit, en même temps que la notification de l'ordre de mobilisation, des affiches toujours préparées à l'avance et des ordres d'appel individuels pour certains hommes devant recevoir une affectation spéciale, comme les cavaliers de l'armée territoriale, qui peuvent être chargés de conduire à destination les chevaux et voitures de réquisition. Affiches de mobilisation et ordres d'appel lui sont remis par les soins de la brigade de gendarmerie dans la circonscription de laquelle se trouve la commune.

« A partir du moment où le maire a reçu ces pièces, il n'a plus un moment à perdre pour faire connaître à ses administrés, par tous les moyens possibles, l'ordre qui lui est transmis et les obligations qui en découlent pour tous les hommes soumis par la loi au service militaire.

« Il commence par réunir d'urgence à la mairie les fonctionnaires et agents municipaux : adjoints, conseillers, instituteurs, secrétaire de la mairie, garde champêtre, et, avec leur aide, il fait remplir immédiatement sur chaque affiche tout ce qui pourrait n'y avoir pas été imprimé à l'avance, notamment *la date du premier jour de la mobilisation*. Cette première indication, très importante, est donnée par l'ordre de mobilisation.

« La première affiche ainsi remplie doit être sans retard publiée à son de caisse ou de trompe par le crieur de la commune, et les autres sont successivement placardées à la mairie, à l'église, à la gare du chemin de fer, s'il en existe une, sur les principaux monuments, aux carrefours importants, partout enfin où elles se trouvent le mieux exposées aux regards du public.

« Quelques affiches seront réservées pour les hameaux qui dépendent de la commune ; elles doivent y être portées sans retard par le garde champêtre, par les gardes forestiers, par les facteurs ruraux, par les cantonniers, par la police locale ou par d'autres personnes requises à cet effet. Ces individus sont, en même temps, chargés d'aviser les habitants des fermes et des bâtiments isolés qui se trouvent épars dans la campagne.

« Le maire se sert des mêmes agents pour faire remettre les ordres d'appel individuel aux hommes, en petit nombre, pour lesquels il en aurait reçu.

« Si l'affiche de mobilisation porte un ordre de réquisition, le maire

(1) Paul Dupont, 1877.

prévient, en outre, les habitants, que tous les chevaux, mulets et voitures classés et tous les animaux et voitures introduits dans la commune et susceptibles d'être requis, ainsi que les animaux non encore classés qui ont atteint l'âge fixé par la loi sur les réquisitions, doivent être conduits, pourvus d'un licol, d'un bridon et d'une ferrure en bon état, au lieu et jour indiqués par l'ordre de réquisition porté sur les affiches ou, exceptionnellement, par des ordres de réquisition individuels adressés à certains propriétaires.

Il est possible que l'ordre de réquisition désigne, pour la commune, des catégories d'animaux classés qui doivent être amenés au chef-lieu de la circonscription de réquisition. Dans ce cas, le maire insiste sur l'obligation, pour les propriétaires, d'amener non seulement les animaux désignés, mais encore tous ceux qui sont susceptibles d'être requis et qui n'ont pas été classés dans la commune, à quelque catégorie qu'ils paraissent d'ailleurs appartenir.

« Comme mesure d'ordre, le maire peut inviter les habitants à réunir ces animaux pour les faire partir en un seul convoi, si toutefois cette réunion n'est pas une cause de retard ; car, avant tout, il faut arriver au chef-lieu de la circonscription de réquisition au moment indiqué. En ce qui concerne les voitures, le maire engage les propriétaires à les livrer avec des bâches, tout objet de cette nature en bon état devant être remboursé au prix courant de l'objet neuf dans ce pays.

« Toutes ces communications diverses, relatives à la mobilisation, doivent être faites avec la plus extrême diligence, et il est important qu'elles soient terminées quelques heures après l'arrivée du gendarme porteur de l'ordre.

« Mais les devoirs du maire ne se bornent pas là. Ces fonctionnaires doivent se rappeler, dans ces circonstances difficiles, si graves pour le pays, qu'ils sont avant tout des agents de l'autorité publique, et que, comme tels, ils sont responsables de l'exécution des dispositions légales qui régissent la mobilisation de l'armée.

« Ils s'assureront, notamment, que tous les hommes rappelés par l'ordre de mobilisation rejoignent leur poste dans les délais fixés par l'ordre de route annexé au livret individuel dont chacun d'eux est porteur.

« L'origine de ces délais est le premier jour de la mobilisation porté sur les affiches. Les jours suivants sont dénommés le deuxième, le troisième, le quatrième, etc., jour de la mobilisation, et c'est par une désignation de ce genre que les ordres de route individuels ou l'ordre général de mobilisation font connaître à chacun le terme des délais d'arrivée.

« Afin de bien éclairer les populations sur ce point important et sur diverses questions intéressant tout particulièrement les hommes rappelés, il est nécessaire qu'au début de la mobilisation les maires fassent afficher, et, s'il y a lieu, publier dans les journaux de la localité, un avis indiquant :

« 1° Les dates réelles auxquelles correspondent les journées (1re, 2e, 3e, 4e, etc., de la mobilisation) ; exemple :

« Supposons que le 1er jour de la mobilisation soit le jeudi 9 novembre, le 2e jour est le vendredi 10 ; le 3e le samedi 11, et ainsi de suite.

« 2° Les classes soumises au service dans l'armée active et sa réserve, celles de l'armée territoriale et celles qui appartiennent à la réserve de l'armée territoriale.

« 3° Les voies à suivre pour rejoindre les lieux de mobilisation indiqués par les ordres de route.

« Les disponibles et réservistes de l'armée active font usage soit des chemins de fer, soit des voies ordinaires, en se conformant aux ordres qui leur sont donnés.

« Quant aux hommes de l'armée territoriale, l'emploi des chemins de fer leur est interdit en principe. Ils doivent prendre leurs mesures pour rejoindre au jour fixé par les voies ordinaires. Sur la présentation de leur livret, ils ont droit au logement dans les gîtes d'étapes.

« 4° Certaines dispositions que doivent prendre les rappelés, tant dans leur propre intérêt que pour hâter l'habillement dans les corps de troupes. Ces dispositions consistent à *se faire tailler d'avance les cheveux courts* et à se mettre en route *pourvus de linge de corps en bon état et surtout de chaussures solides, mais bien brisées.* L'avis publié par le maire doit faire connaître aux hommes qu'*une indemnité* leur sera allouée à leur arrivée au corps pour les effets de cette nature qu'ils apporteront.

« 5° Les *peines* auxquelles s'exposent les insoumis en temps de guerre, ainsi que les délais d'insoumission. — Voy. Insoumission.

« Les maires doivent employer toute leur autorité morale pour empêcher les retardataires de dépasser les délais fixés par l'ordre de route annexé au livret dont ils sont porteurs; ils leur feront comprendre qu'en manquant ainsi à leurs devoirs envers le pays, soit par pusillanimité, soit par une coupable indifférence, ils s'exposent à toute la rigueur des lois et ils ternissent non seulement la réputation de leurs familles, mais même celle de la commune dont ils font partie. Si ces conseils restent sans effet, les maires ne doivent pas hésiter à signaler les coupables à la gendarmerie.

« En cas d'absence du maire au moment de l'envoi de l'ordre de mobilisation, l'adjoint, ou, à son défaut, le plus ancien conseiller municipal présent, doit assurer l'exécution de cet ordre.

« Il importe de remarquer que l'ordre général de mobilisation n'est pas applicable aux hommes *dits à la disposition,* c'est-à-dire :

« 1° Aux jeunes soldats des classes, depuis le 1er juillet de l'année du tirage au sort jusqu'à leur appel à l'activité;

« 2° Aux dispensés de l'article 17;

« 3° Aux dispensés à titre de soutien de famille;

« 4° Aux jeunes soldats auxquels les conseils de revision ont accordé des sursis d'appel;

« 5° Aux hommes maintenus ou renvoyés dans leurs foyers en vertu de décisions ministérielles spéciales;

« 6° Aux engagés conditionnels d'un an ayant obtenu des sursis d'appel de l'autorité militaire;

« 7° Aux jeunes gens classés dans les services auxiliaires.

« Tous ces hommes doivent rester dans leurs foyers jusqu'à de nouveaux ordres. On a voulu, par là, éviter que les dépôts de corps et les bureaux de recrutement soient inutilement encombrés, dans les premiers jours de la mobilisation, par des hommes sans instruction militaire et ne pouvant, pour la plupart, rendre aucun service immédiat.

« Ceux d'entre eux qui ont reçu des livrets individuels, c'est-à-dire les dispensés de l'article 17, les soutiens de famille et les jeunes soldats en sursis sont l'objet d'une mobilisation spéciale. Les ordres de route annexés à leurs livrets font connaître que, dès qu'ils sont appelés par des *affiches spéciales,* ils doivent se rendre au bureau de recrutement de leur subdivision pour y être répartis entre les divers corps ou services.

« Les autres doivent attendre la réception d'ordres d'appel individuels, qui sont toujours préparés d'avance, pour eux, par les soins des commandants de recrutement.

« Les non disponibles doivent, en cas de mobilisation, attendre à leur poste les ordres de l'autorité militaire. »

Moissons. — Voy. AGRICULTURE, GRAINS, MEULES DE GRAINS, RÉCOLTES.

Mœurs (Bonnes). — Le maire est le gardien des bonnes mœurs dans sa commune.

Tout outrage aux bonnes mœurs par vente, offre, exposition, affichage ou distribution gratuite, sur la voie publique ou dans les lieux publics, d'écrits, d'imprimés autres que le livre, d'affiches, dessins, gravures, peintures, emblèmes ou images obscènes, est puni d'un emprisonnement d'un mois à deux ans, et d'une amende de 16 à 3,000 francs. (L. 2 août 1882.) Les complices sont punis de la même peine. — Voy. GRAVURES ET LITHOGRAPHIES, LIBRAIRIE, OUTRAGE.

Monnaies. — Les monnaies sont des pièces de métal frappées au coin de la République, et données en payement dans les transactions commerciales.

L'Etat a seul le droit de battre monnaie. Le ministre des finances exerce son autorité et sa surveillance sur tous les établissements monétaires. Sous ses ordres et à la tête du service est placée une commission, composée d'un président et de deux commissaires généraux, nommés par le Président de la République.

L'unité monétaire de la France est le franc. Les dixièmes et centièmes de franc s'appellent décimes et centimes.

La loi du 31 juillet 1879 a substitué le système de la régie au système de l'entreprise dans la fabrication des monnaies et consacré le renouvellement de la convention d'union monétaire entre la France, la Belgique, la Grèce, l'Italie et la Suisse, ainsi que l'arrangement concernant la monnaie divisionnaire italienne, l'acte additionnel à cet arrangement, et a réglé la fabrication de la monnaie d'argent en 1879. Un décret en forme de règlement d'administration publique, rendu en exécution de cette loi en date du 31 octobre 1879, a réglé les frais de fabrication, les conditions d'admission des lingots, monnaies, etc., au bureau du change, et les conditions du monnayage. Pour les détails, nous renvoyons nos lecteurs au *Bulletin annoté des lois* de 1879.

Le Code pénal, articles 475 (n° 11) et 478, prononce des peines de police contre ceux qui auraient refusé de recevoir les monnaies nationales, non fausses ni altérées, selon la valeur pour laquelle elles ont cours.

Les peines établies pour le faux-monnayage sont déterminées par les articles 132 à 138 du même Code. — Voy. FAUX. — *Dict. des formules*, n° 1059.

Monts-de-piété. — Les monts-de-piété ont pour destination de faciliter aux personnes dans le besoin le moyen de se procurer de l'argent contre des objets mobiliers qu'elles affectent, pour un temps déterminé, à la garantie de la somme prêtée.

Un décret impérial du 24 messidor an XII, en organisant le mont-de-piété de Paris, a décidé en principe, articles 14 et 15, la création de monts-de-piété au profit des pauvres, dans les lieux où il serait utile d'en former. Pour l'exécution de ce décret, le ministre de l'intérieur a adressé aux préfets, le 18 fructidor de la même année, un modèle de règlement qui est resté longtemps l'unique base de l'organisation administrative des monts-de-piété.

Aujourd'hui l'organisation des monts-de-piété est régie par la loi du 24 juin 1851, dont nous reproduisons ci-après les dispositions.

Les monts-de-piété sont institués comme établissements d'utilité publique, et avec l'assentiment des conseils municipaux, par des décrets du chef de l'Etat. (L. 24 juin 1851, art. 1er.)

Les conseils d'administration des monts-de-piété sont présidés par le maire de la commune. Les membres des conseils d'administration sont nommés par le préfet ; leurs fonctions sont gratuites. Ils doivent être choisis : un tiers dans le conseil municipal ; un tiers parmi les administrateurs des établissements charitables ; un tiers parmi les autres citoyens domiciliés dans la commune. Les conseils d'administration sont renouvelés par tiers chaque année. Les membres sortants sont rééligibles.

Le directeur, dans les monts-de-piété où cet emploi existe, ou agent responsable, est nommé par le préfet, sur la présentation du conseil d'administration.

Les monts-de-piété sont, quant aux règles de comptabilité, assimilés aux établissements de bienfaisance.

La dotation de chaque mont-de-piété se compose : 1° des biens meubles et immeubles affectés à sa fondation et de ceux dont il est et deviendra propriétaire, notamment par dons et legs ; 2° des bénéfices et bonis constatés par les inventaires annuels ; 3° des subventions qui peuvent leur être attribuées sur les fonds de la commune, du département ou de l'Etat. (Id., art. 3.)

Il est pourvu aux opérations des monts-de-piété au moyen : 1° des fonds disponibles sur leur dotation ; 2° de ceux qu'ils se procurent par voie d'emprunt, ou qui sont versés à intérêt dans leur caisse. Les conditions des emprunts sont réglées annuellement par l'administration, sous l'approbation du préfet. (Id., art. 4.)

La taxe sur le revenu des valeurs mobilières s'applique aux intérêts des emprunts et même aux intérêts des bons au porteur ou à ordre émis par le mont-de-piété, bien que ces actes soient exemptés du droit de timbre et d'enregistrement. (Cass. 3 avril 1878.)

Les monts-de-piété conservent en tout ou partie, et dans les limites déterminées par le décret d'institution, leurs excédents de recette pour former ou accroître leur dotation. Lorsque la dotation suffit tant à couvrir les frais généraux qu'à abaisser l'intérêt au taux légal de cinq pour cent, les excédents de recettes sont attribués aux hospices ou autres établissements de bienfaisance par arrêté du préfet, sur l'avis du conseil municipal. (Id., art. 5.)

Tout dépositaire, après un délai de trois mois à partir du jour du dépôt, peut requérir la vente de son nantissement, avant même le terme fixé sur sa reconnaissance. Le prix de cet objet est remis, sans délai, au propriétaire emprunteur, déduction fait des intérêts échus et du montant des frais fixés par les règlements. Les marchandises neuves données en nantissement ne peuvent néanmoins être vendues qu'après l'expiration du délai d'une année. (Id., art. 7.)

Les obligations, reconnaissances et autres actes de l'administration sont exempts des droits de timbre et d'enregistrement. (Id., art. 8.)

A l'exception de cette faveur, qui est commune à tous les établissements, les dispositions de la loi du 24 juin 1851 ne sont pas applicables aux monts-de-piété établis à titre purement charitable, et qui, au moyen de dons ou fondations spéciales, prêtent gratuitement ou à un intérêt inférieur au taux légal. Ces monts-de-piété sont régis par les conditions de leurs actes constitutifs. (Id., art. 10.)

Un nouveau règlement sur la comptabilité des monts-de-piété a été adopté, le 30 juin 1865, par le ministre de l'intérieur. Les caissiers des monts-de-piété sont placés par ce règlement sous la surveillance des receveurs des finances. — Voy. Hospices. — *Dict. des formules, Suppl.* 1060.

Monuments. — Tous les monuments publics sont placés sous la protection de la loi, et les maires doivent également veiller à leur conservation, soit qu'ils appartiennent à la commune, soit qu'ils appartiennent à l'Etat. Les maires, les commissaires de police, les gardes champêtres, en leur qualité d'officiers de police judiciaire, doivent constater par procès-verbaux toutes dégradations qui seraient faites aux monuments publics, et transmettre ces procès-verbaux au procureur de la République. — Voy. Dégats et Dégradations. — *Dict. des formules,* n° 1019.

Monuments historiques. — Un crédit spécial pour la conservation des monuments historiques est inscrit chaque année au budget du ministère des Beaux-arts, et la répartition de ce crédit est faite sur l'avis de la commission des monuments historiques instituée près de ce ministère.

Les communes qui demandent des subventions sur ce crédit pour la restauration de leurs édifices religieux ou autres classes au nombre des monuments historiques, doivent joindre à leur demande un mémoire descriptif, des plans et dessins, et un devis des travaux à exécuter, lesquels sont divisés en trois catégories, selon leur ordre d'urgence. Le ministre réclame d'ordinaire le concours des communes intéressées, et fixe la somme pour laquelle elles devront contribuer à la dépense, comme condition des allocations qu'il accorde. Il se réserve, en outre, le droit de désigner l'architecte qui dirigera les travaux et d'en surveiller l'exécution. Les subventions sont versées dans la caisse municipale sur la production d'un certificat de l'architecte, visé par le préfet, constatant que les travaux sont exécutés ou en cours d'exécution, et de la quittance à souche du receveur municipal. — *Dict, des formules., Suppl.*, n° 209.

Monuments et inscriptions funèbres. — Nul cénotaphe, nulles inscriptions, nuls monuments funèbres ou autres, de quelque genre que ce soit, ne peuvent être placés dans les églises que sur la proposition de l'évêque diocésain et la permission du ministre des cultes. (D. 30 décembre 1809, art. 73.)

La permission peut être accordée aux personnes qui auraient rendu de grands services et en faveur desquelles cette autorisation serait demandée par le vœu des habitants, et alors la concession peut être gratuite : la délibération de la fabrique, qui exprime le consentement à la concession gratuite, doit être accompagnée de celle du conseil municipal, qui fait connaître le vœu des habitants. (Décis. min., mars 1821.) —*Dict. des formules*, n° 1021.

La permission peut aussi être accordée aux personnes qui offriraient d'assurer à l'église des avantages suffisants. Le bienfait, pour une inscription, doit être porté au moins, dans la plus petite église de campagne, à dix francs de rente. (Décis. min. 6 mai et 11 décembre 1812.) — Voy. Églises.

Aucune inscription ne peut être placée sur les pierres tumulaires ou monuments funèbres sans avoir été préalablement soumise à l'approbation du maire. (O. 6 décembre 1843, art. 6.) — *Dict. des formules*, n° 1020.

Mort subite ou accidentelle. — Lorsque le maire est prévenu qu'une personne vient de mourir subitement dans la commune, il doit s'assurer que la mort a été naturelle ; dans ce cas, dresser l'acte de décès et délivrer à la famille du défunt un permis d'inhumation. — Voy. Etat civil.

Lorsque la mort a été accidentelle, le maire en dresse, en outre, un procès-verbal détaillé, soit que l'accident soit imputé au décédé, soit qu'il soit imputé à un tiers. Le maire consigne dans cet acte les déclarations des principaux témoins sur les causes de l'événement ; il y fait connaître la disposition des lieux ; il y résume, s'il y a lieu, l'opinion du médecin par lui requis pour examiner le cadavre, en faire au besoin l'autopsie et s'expliquer sur les causes présumées de la mort. Ce procès-verbal, auquel est annexé le rapport écrit du médecin, est immédiatement après sa clôture adressé par le maire au procureur de la République,

Tous ces détails sur les morts accidentelles sont indispensables; s'ils étaient négligés, le procureur de la République ne pourrait reconnaître si ces événements doivent être attribués à un pur accident, ou bien à la maladresse, imprudence, inattention, négligence d'un tiers : circonstances qui constituent le délit d'homicide involontaire, prévu par l'article 319 du Code pénal.

Si on soupçonne que la mort est le résultat d'un crime ou d'un délit, l'inhumation du corps ne peut être autorisée que par le procureur de la République, sur le vu du procès-verbal qui lui est soumis à cet effet. — Voy. Assassinat, Etat civil, Homicide, Noyés et asphyxiés, Suicides. — *Dict. des formules*, n° 1066 à 1068.

Morve. — Maladie contagieuse à laquelle les chevaux sont sujets et que l'homme peut contracter.

Les causes les plus ordinaires de la morve sont l'altération des fourrages, l'exposition subite à l'air froid après une forte course, un travail long ou violent, la gourme mal jetée, des maladies de peau répercutées. Il faut séparer des autres les chevaux qui en sont atteints.

Il est enjoint à la gendarmerie et aux officiers municipaux de faire purifier et laver avec de la chaux vive, aux frais des détenteurs, les écuries, auges et râteliers ayant servi à l'usage des chevaux morveux.

Sur le procès-verbal d'un maréchal-vétérinaire, constatant qu'un cheval est attaqué de la morve, le maire peut ordonner que l'animal soit immédiatement abattu et enfoui. — Voy. Animaux, Chevaux, Epizootie.

Moulins. — Aucun moulin ne peut être établi sur un cours d'eau navigable ou flottable, qu'en vertu d'une autorisation du gouvernement. Tout établissement de moulins sur un cours d'eau non navigable ni flottable doit être autorisé par le préfet, après enquête de *commodo* et *incommodo* et rapport des ingénieurs.

Ceux qui exploitent des moulins sont responsables des dommages que les eaux peuvent causer aux prairies et autres propriétés, soit par suite de leur négligence à ne pas lever les vannes dans les grandes eaux, soit par suite de l'élévation des repères pour retenir de plus grandes masses d'eau que ce qui leur est accordé.

Toutes les contestations relatives au niveau d'eau sont du ressort de l'administration; celles relatives aux dommages-intérêts sont du ressort des tribunaux. — Voy. Cours d'eau, Navigation, Usines.

Quant aux moulins à vent, il est libre à tout particulier d'en établir sur son héritage, sans qu'il soit besoin de se munir d'une permission préalable de l'administration. Cependant, l'autorité municipale a le droit de décider, par des règlements spéciaux, qu'on ne pourra pas élever de moulins à vent à une distance trop rapprochée des grandes routes, de peur d'effaroucher les chevaux, soit par la rotation des ailes de ces moulins, soit par leur bruit ou par la projection de leur ombre.

On ne peut construire aucun moulin dans l'étendue du territoire formant la ligne de douanes, près la frontière de terre, sans se conformer aux formalités prescrites à cet égard. Ces moulins peuvent être frappés d'interdiction, lorsqu'il est prouvé par un jugement qu'ils ont servi à la contrebande des grains et farines. (D. 1er novembre 1805; Circ. int. 29 novembre 1805.) — Voy. Douanes.

Les moulins à farines, dans les villes, sont rangés dans la deuxième classe des établissements dangereux, incommodes ou insalubres; les moulins à broyer le plâtre, la chaux et les cailloux, appartiennent à la même classe; les moulins à huile sont placés dans la troisième. — Voy. Établissements dangereux, insalubres ou incommodes.

Moutons. — Voy. Animaux, Bestiaux, Clavelée, Epizootie, Parcours et Vaine pature.

Mouvement de la population. — Voy. Population.

Municipalité. — Ce mot, employé pour la première fois dans la loi du 14 décembre 1789, sert encore quelquefois dans le langage ordinaire pour désigner, soit l'administration municipale, soit le territoire administré par les magistrats municipaux. — Voy. Mairie.

Mur. — Ouvrage de maçonnerie destiné à clore un héritage. Chacun peut contraindre son voisin, dans les villes et faubourgs, à contribuer aux constructions et réparations de la clôture faisant séparation de leurs maisons, cours et jardins assis ès dites villes et faubourgs; la hauteur de la clôture est fixée suivant les règlements particuliers ou les usages constants et reconnus ; et, à défaut d'usages et de règlements, tout mur de séparation entre voisins doit avoir au moins trente-deux décimètres (10 pieds) de hauteur, compris le chaperon, dans les villes de 50,000 âmes et au-dessus, et vingt-six décimètres (8 pieds) dans les autres. (C. civ., art. 663.)

Mutation. — Transmission des biens d'une personne à une autre. — Voy. ENREGISTREMENT.

En ce qui concerne les contributions directes, les mutations consistent à mettre sous le nom d'un nouveau propriétaire la cote qui était sous celui de l'ancien. Un contrôleur des contributions directes est envoyé tous les ans dans chaque commune pour y faire, avec le maire et les répartiteurs, le relevé des mutations de propriétés ou autres changements que la situation des contribuables a pu éprouver. Le percepteur doit toujours être présent à la réunion. Aujourd'hui ce fonctionnaire est même chargé d'effectuer le travail dans la commune de sa résidence. — Voy. CADASTRE, CONTRIBUTIONS DIRECTES.

Myriamètre. — Mesure itinéraire : dix mille mètres. — Voy. DISTANCE.

N

Naissances. — Les maires de plusieurs villes ont cru devoir organiser un service de constatation des naissances à domicile. Cette innovation, qui avait d'abord soulevé quelques objections au point de vue de la légalité, est acceptée aujourd'hui. Une circulaire du ministre de l'intérieur, en date du 9 avril 1870, en a même recommandé l'application dans toutes les localités où un service semblable peut être convenablement organisé. La constatation est faite, sans frais, par un médecin délégué de l'autorité municipale ; les familles, si elles le préfèrent, présentent l'enfant à la mairie. Dans aucun cas, elles ne sont dispensées de la déclaration qui doit toujours être faite suivant les prescriptions des articles 55 et 56 du Code civil. — Voy. ETAT CIVIL.

Nantissement. — Contrat par lequel un débiteur remet une chose à son créancier pour sûreté de la dette. (C. civ., art. 2071.)

On peut donner en nantissement une chose mobilière ou une chose

immobilière. Le nantissement d'une chose immobilière s'appelle gage.
— Voy. GAGE, MONT-DE-PIÉTÉ.

Natation (Écoles de). Les écoles de natation, comme les établissements de bains, sont soumis à la surveillance de l'autorité locale dans le double intérêt de la décence et de la sûreté publique. Les maires doivent prendre à cet égard tels règlements qu'ils jugent nécessaires.
— Voy. BAINS PUBLICS.

Naturalisation. — Acte par lequel un étranger devient membre d'une nation et obtient tous les droits civils, civiques et de famille.

Aux termes de l'article 9 du Code civil, tout individu né en France d'un étranger pouvait, dans l'année qui suivait l'époque de sa majorité, réclamer la qualité de Français, pourvu que, dans le cas où il résidait en pays étranger, il fît sa soumission de fixer en France son domicile, et qu'il l'y eut établi dans l'année à compter de l'acte de soumission.

La loi des 22-23 mars 1849 admit l'individu né en France d'un étranger à réclamer le bénéfice de l'article 9 du Code civil, même après l'année qui suivait l'époque de sa majorité, s'il se trouvait dans l'une des deux conditions suivantes : 1° s'il servait dans les armées françaises de terre ou de mer ; 2° s'il avait satisfait à la loi du recrutement sans exciper de son extranéité.

En dehors du fait de la naissance sur le territoire français, la loi des 3-11 décembre 1849, article 1er, permit aux étrangers de demander la naturalisation, lorsqu'ils réunissaient les deux conditions suivantes : 1° avoir, après l'âge de 21 ans accomplis, obtenu l'autorisation d'établir son domicile en France, conformément à l'article 13 du Code civil ; 2° d'avoir résidé pendant 10 ans en France depuis cette autorisation.

L'article 2 de cette loi permettait de réduire le délai de 10 ans à une année en faveur des étrangers qui avaient rendu à la France des services importants, ou qui avaient apporté en France, soit une industrie, soit des inventions utiles, soit des talents distingués ou y avaient formé de grands établissements.

De quelque manière que la naturalisation eût été conférée en vertu de ces textes, elle était personnelle à celui qui l'avait obtenue et ne profitait pas aux enfants déjà nés. Aucune distinction ne devait être faite à cet égard entre les majeurs et les mineurs. Seuls les enfants nés depuis la naturalisation étaient Français. De plus, l'étranger naturalisé n'était admis à jouir du droit d'éligibilité au Corps législatif qu'en vertu d'une loi. (L. 3 décembre 1849, art. 1er.)

La loi du 7 février 1851 conféra aux enfants des personnes naturalisées un nouvel avantage, en décidant que l'article 9 du Code civil était applicable aux enfants de l'étranger naturalisé, quoique nés en pays étranger s'ils étaient mineurs au moment de la naturalisation. A l'égard des enfants nés en France ou à l'étranger qui étaient majeurs à cette même époque, l'article 9 du Code civil leur était applicable dans l'année qui suivait celle de ladite naturalisation (art. 2).

En outre, l'article 1er de la loi des 7-12 février 1851 reconnaissait comme Français tout individu né en France d'un étranger qui lui-même y est né, à moins que dans l'année qui suit l'époque de sa majorité, telle qu'elle est fixée par la loi française, il ne réclamât la qualité d'étranger par une déclaration faite soit devant l'autorité municipale du lieu de sa résidence, soit devant les agents diplomatiques ou consulaires accrédités en France par le gouvernement étranger.

La loi du 29 juin 1867 vint encore adoucir les dispositions antérieures. Elle réduisit de dix ans à trois ans le délai de résidence imposé pour obtenir la naturalisation ; elle établit que la naturalisation conférait tous les droits de citoyens français, même celui d'éligibilité, et enfin assimila de plus à la résidence en France le séjour en pays étranger, pour l'exercice d'une fonction confiée par le gouvernement français.

La loi du 16 décembre 1874 modifia l'article 1er de la loi du 7 février 1851 en décidant, par son article 1er, qu'on devait considérer comme Français tout individu né en France d'un étranger qui lui-même y est né, à moins que, dans l'année qui suivra l'époque de sa majorité, telle qu'elle est fixée par la nationalité française, il ne réclame la qualité d'étranger par une déclaration faite soit devant l'autorité municipale de sa résidence, soit devant les agents diplomatiques et consulaires de France à l'étranger, *et qu'il ne justifie avoir conservé sa nationalité d'origine par une attestation en due forme de son gouvernement*, laquelle demeurera annexée à la déclaration. Cette déclaration pourra être faite par procuration spéciale et authentique.

Aux termes de l'article 2 de cette loi, les jeunes gens auxquels s'applique l'article 1er peuvent soit s'engager volontairement dans les armées de terre et de mer, soit contracter l'engagement conditionnel d'un an, conformément à la loi du 27 juillet 1872, titre iv, troisième section, soit entrer dans les écoles du gouvernement à l'âge fixé par les lois et règlements, en déclarant qu'ils renoncent à réclamer la qualité d'étranger dans l'année qui suivra leur majorité.

Cette déclaration ne peut être faite qu'avec le consentement exprès et spécial du père, ou, à défaut du père, de la mère, ou, à défaut de père et de mère, qu'avec l'autorisation du conseil de famille. Elle ne doit être reçue qu'après les examens d'admission s'ils sont favorables. (L. 16 décembre 1874, art. 2.)

La loi du 14 février 1882 apporta de son côté une modification à l'article 2 de la loi du 26 février 1851, en décidant que les enfants mineurs, même ceux nés à l'étranger avant la naturalisation des parents, peuvent soit s'engager volontairement dans les armées de terre ou de mer, soit contracter l'engagement conditionnel d'un an, conformément à la loi du 27 juillet 1872, titre iv, section 3, soit entrer dans les écoles du gouvernement à l'âge fixé par les lois et règlements, en déclarant qu'ils renoncent à la qualité d'étranger et adoptent la nationalité française.— Cette déclaration ne peut être faite qu'avec le consentement exprès et spécial du père, de la mère et, à défaut du père et de la mère, avec l'autorisation de la famille, conformément aux statuts personnels. — Elle ne doit être reçue qu'après les examens d'admission s'ils sont favorables. — La même faculté est accordée, et aux mêmes conditions, aux enfants mineurs d'un Français qui aurait perdu la qualité de Français pour une des trois causes énumérées dans l'article 17 du Code civil, si le père recouvre sa nationalité d'origine conformément à l'article 18. Les enfants majeurs pourront réclamer la qualité de Français, par une déclaration faite dans l'année qui suivra le jour où le père aura recouvré sa nationalité.

Enfin la loi du 28 juin 1883 est venue compléter l'ensemble de ces dispositions par son article unique qui porte :

Pourront, à l'âge fixé par les lois et règlements, s'engager dans l'armée de terre et de mer, contracter l'engagement volontaire d'un an, se présenter aux écoles du gouvernement, les enfants mineurs nés en

France d'une femme française mariée avec un étranger, lorsqu'elle recouvre la qualité de Française conformément à l'article 19 du Code civil.

Auront les mêmes droits, les mineurs orphelins de père et de mère nés en France d'une femme française mariée avec un étranger.

Lesdits mineurs pourront, dans les cas prévus par les deux paragraphes précédents, s'engager, concourir pour les écoles et opter pour la nationalité française, aux conditions et suivant les formes déterminées par la loi du 14 février 1882.

La nationalité des femmes est dominée par le principe que la femme suit la condition de son mari. Ainsi l'étrangère qui a épousé un Français devient Française. Le décès même du mari ne lui fait pas perdre cette qualité. (Code civil, art. 12.)

La femme française qui épouse un étranger devient étrangère. Mais, si elle devient veuve, elle recouvrera sa qualité de Française, pourvu qu'elle réside en France ou qu'elle y reste avec l'autorisation du gouvernement, en déclarant qu'elle veut s'y fixer. (Code civil, art. 19.)

La naturalisation des habitants de l'Algérie a été favorisée par des lois spéciales. Le sénatus-consulte du 23 juillet 1865 déclarait Français les israélites et les musulmans indigènes de l'Algérie, mais il exigeait, pour l'obtention des droits de citoyen français, une demande de leur part. Il permettait, en outre, aux étrangers de solliciter la naturalisation au bout de trois ans de résidence en Algérie, sans qu'ils eussent à justifier d'une admission à domicile préalable.

Le décret du 24 octobre 1870 a exempté de toute demande les israélites indigènes, en conférant à tous le titre et les droits de citoyens français.

Formalités à remplir pour obtenir la naturalisation. — L'étranger qui désire se faire naturaliser doit adresser une demande sur papier timbré au ministre de la justice, en y joignant son acte de naissance et justifier d'un séjour de trois ans en France, en produisant l'ampliation du décret d'admission à domicile. Le délai de trois ans peut, conformément à l'article 2 de la loi du 3 décembre 1849, être réduit à une année en faveur des étrangers qui ont rendu d'importants services à la France, ou qui ont apporté dans son sein des talents, des inventions, ou industries utiles, ou qui y ont formé de grands établissements. Il est ouvert une enquête sur cette demande ; les résultats de cette enquête sont soumis au conseil d'État qui donne son avis. Sur cet avis, le chef de l'État prononce par décret.

Les droits de chancellerie à payer s'élèvent à 175 francs, y compris les honoraires du référendaire, indépendamment d'une semblable somme de 175 francs due pour l'admission à la jouissance des droits civils, conformément à l'article 13 du Code civil. Le gouvernement peut en faire la remise en tout ou en partie.

La naturalisation une fois accordée ne peut plus être révoquée, mais elle n'est irrévocablement acquise qu'après la délivrance de l'ampliation qui est suivie de l'insertion au *Journal officiel.* Jusque-là il n'est encore intervenu que des actes préliminaires que le gouvernement est toujours maître de suspendre ou de révoquer. (L. 3 décembre 1849, art. 3.) — *Dict. des formules,* nᵒˢ 1069 à 1073.

Naufrage. — Tout individu qui est témoin du naufrage, ou de l'échouement d'un bâtiment sur les côtes (1), doit en informer sur-le-

(1) Il n'est pas sans intérêt au point de vue du progrès des mœurs pu-

champ l'officier municipal le plus voisin. Le fonctionnaire public, averti de l'événement, en donne connaissance sur-le-champ au juge de paix, à l'agent maritime et aux autres autorités civiles et militaires. (Arrêté 27 thhermidor an VII.)

Le juge de paix, le maire ou le premier officier municipal du lieu, et le syndic des gens de mer, sont tenus de se rendre au premier avertissement de quelque échouement, bris ou naufrage, pour procurer les secours nécessaires. (D. 9-13 août 1791, art. 3.)

Les ordres sont donnés par le juge de paix dès qu'il est présent; à son défaut, par l'officier municipal; et, à leur défaut, par le syndic des gens de mer. (Id., art. 4.)

Les travailleurs requis pour travailler au sauvetage ont droit à salaire. On doit toujours préférer les matelots de l'équipage. Le fonctionnaire qui dirige le sauvetage doit inventorier les objets amenés sur le rivage et en dresser procès-verbal.

S'il se commet des vols, pillages et autres délits, le juge de paix ou le maire y pourvoit provisoirement, et il en dresse un procès-verbal qu'il adresse au procureur de la République près le tribunal de l'arrondissement. — Voy. EPAVES.

Navigation intérieure. — C'est celle qui a lieu sur les fleuves ou rivières navigables ou flottables et sur les canaux.

Les autorités civiles et militaires sont tenues, sur la réquisition écrite des proposés à droits de navigation, de requérir et de prêter main-forte pour l'exécution des lois et règlements relatifs aux fonctions de ces préposés. (Arrêté 8 prairial an XI, art. 25.)

Neiges. — Voy. GLACES ET NEIGES.

Nettoiement. — La propreté des rues et des places publiques doit être un des principaux objets de la vigilance des maires. Ils ont à cet égard une grande latitude et ils peuvent prendre tous les arrêtés qu'ils jugent nécessaires. — Voy. BALAYAGE, BOUES ET IMMONDICES, FUMIERS, VOIE PUBLIQUE.

Nivellement. — On appelle nivellement l'opération qui consiste à déterminer par des chiffres et des signes graphiques le niveau que présentent ou doivent présenter les voies publiques. La fixation du niveau assigné aux voies publiques offre de sérieux avantages. Elle permet d'entreprendre et d'exécuter avec des vues d'ensemble, après des études plus approfondies, pour une durée plus considérable, et par suite à moins de frais, les remblais ou déblais qui peuvent être nécessaires, soit pour faciliter la circulation dans les rues ou sur les places, soit pour les assainir. Elle fournit en outre des indications précieuses pour l'établissement des accès et des issues des fonds riverains sur les voies publi-

bliques et de la civilisation, de rappeler les anciens usages qui autorisaient le pillage des vaisseaux naufragés, et de les mettre en regard de notre législation pénale qui punit le simple fait d'abstention ou de *négligence* de la part du témoin d'un naufrage (C. p. art. 475, n° 12). La peine, en ce cas, consiste dans une amende de 6 à 10 francs.

ques. Elle assure à chaque propriétaire le moyen de ne pas voir ses
constructions en contre-haut ou en-contre bas du sol d'une rue ou d'une
place, le lendemain du jour où il les a élevés au niveau de cette rue ou
de cette place.

Le législateur a voulu, à juste titre qu'il y ait, surtout dans les communes importantes, à la fois un plan d'alignement des diverses voies
publiques intérieures et la détermination officielle des cotes de nivellement de ces voies. Dans ce but, l'article 136, §14, de la loi du 5 avril
1884 rend la dépense des plans de nivellement obligatoire au même titre
que celle des plans d'alignement.

L'autorité *compétente* pour approuver les plans d'alignement l'est
également pour arrêter les cotes de nivellement. Elle peut statuer en
même temps sur les uns et sur les autres, car, ces deux opérations se complétant l'une l'autre, il suffit toujours de faire figurer à l'indication
des pentes ou des rampes les cotes de nivellement sur les plans d'alignement en représentant par des chiffres noirs le niveau actuel et par
des chiffres rouges le niveau futur ou officiel.

Les délibérations des conseils municipaux concernant les plans d'alignement et de nivellement des voies intérieures des villes, bourgs et
villages ne sont exécutoires qu'après approbation du préfet, quand il
s'agit de rues ou places faisant partie exclusivement de la voirie urbaine ;
l'approbation appartient à la commission départementale lorsque ces
rues forment le prolongement d'un chemin vicinal ordinaire; et au
conseil général si elles forment la traverse d'un chemin de grande communication ou d'intérêt commun. Enfin, il doit être statué par décret
lorsque ces rues dépendent de la grande voirie. (Art. 68, L. 5 avril
1884.)

Les formalités d'enquête sont les mêmes que pour les plans d'alignement. Enfin, toute décision qui homologue un plan d'alignement doit
être publiée avec celle-ci ou séparément.

Depuis la promulgation de la loi du 5 avril 1884, les propriétaires
riverains, qui veulent construire en bordure de la voie publique, sont
tenus, d'après la jurisprudence du ministère de l'intérieur, de demander
indépendamment de l'alignement individuel, l'indication des cotes de
nivellement et de s'y conformer. (Circ. Int., 15 mai 1884.)

Noms et prénoms. — Le nom est le terme qui sert à désigner
la famille ; on l'appelle nom propre ou nom patronymique. Le prénom
est celui qui sert à désigner l'individu.

Aucun citoyen ne peut porter de nom ni de prénoms que ceux
exprimés dans son acte de naissance. (D. 6 fructidor an II, art. 1er.)

Les noms en usage dans les différents calendriers et ceux des personnages connus de l'histoire ancienne peuvent seuls être reçus comme
prénoms sur les registres de l'état civil; il est interdit aux officiers
publics d'en admettre aucun autre dans leurs actes. (L. 11 germinal
an XI, art. 1er.)

Toute personne qui porterait d'autres prénoms que ceux compris dans
la désignation précédente, peut en demander le changement au tribunal
civil de l'arrondissement. Le changement a lieu d'après un jugement
de ce tribunal, qui prescrit la rectification de l'acte de l'état civil. (Id.,
art. 2 et 3.)

Toute personne qui a quelque raison de changer de nom patronymique doit en adresser la demande au gouvernement. (Id., art. 4). Cette
demande doit être faite sur papier timbré, et parvenir au ministre de la

justice par l'intermédiaire du procureur de la République, auquel elle est remise avec toutes les pièces justificatives, par la partie intéressée.

Si la demande est admise, le changement de nom est autorisé par un décret rendu dans la forme des règlements d'administration publique, mais qui ne reçoit son exécution qu'après la révolution d'une année, à compter du jour de son insertion au *Bulletin des lois*. (L. 11 germinal an XI, art. 6.)

Pendant le cours de cette année, toute personne y ayant droit, est admise à présenter requête au gouvernement pour obtenir la révocation du décret autorisant le changement du nom ; cette révocation est prononcée par le gouvernement, s'il juge l'opposition fondée. ((Id., art. 7.)

S'il n'y a pas eu d'oppositions, ou si celles qui ont été faites n'ont pas été admises, le décret autorisant le changement de nom a son plein et entier effet au bout de l'année. (Id., art. 8.)

L'impétrant peut alors demander au tribunal civil un jugement qui ordonne sur les registres de l'état civil la rectification qu'a autorisée le décret. — Voy. ETAT CIVIL.

La simple addition d'un nom nouveau à celui qui était anciennement porté est considérée comme changement de nom et doit être de même autorisée.

Par un décret du 20 juillet 1818, il a été ordonné que les israélites qui n'avaient pas de noms de famille, et de prénoms fixes seraient tenus d'en adopter, et, par une circulaire aux préfets, en date du 8 septembre de la même année, le ministre de l'intérieur a donné le modèle de la déclaration à faire en conséquence par les majeurs, par les pères et mères pour leurs enfants mineurs, par les tuteurs, pour les pupilles, en décidant de plus que le fils majeur serait tenu de prendre le nom de famille de son père existant, et les frères et sœurs majeurs, n'ayant plus ni père ni mère, le même nom de famille.

Noms des communes. — Le nom officiel des communes de France est celui qui figure aux tableaux de la population des communes, publiés par le ministère de l'intérieur après chaque dénombrement quinquennal.

Le changement de nom d'une commune ne peut être décidé que par décret du Président de la République rendu sur la demande du conseil municipal, le conseil général consulté et le conseil d'Etat entendu. (L. 5 avril 1884, art. 2.) Le législateur a considéré avec raison le nom comme une sorte particulière de patrimoine de la commune, et il a voulu dans tous les cas laisser l'initiative du changement au conseil municipal. Par changement de nom, il faut entendre non seulement la substitution d'un nom à un autre, mais aussi les additions de noms et les simples changements d'orthographe. Les dossiers des projets de cette nature comprennent : 1° demande du conseil municipal ; 2° avis du préfet ; 3° avis du conseil général ; 4° rapport détaillé du préfet. (Cir. Int., 15 mai 1884.)

Notables commerçants. — Formaient un collège électoral appelé à désigner les membres des tribunaux et des chambres de commerce et à siéger éventuellement à ces tribunaux. (C. com., art. 618 ; D. 6 octobre 1809, 30 août 1852.)

La loi du 8 décembre 1883 a supprimé le privilège des notables commerçants en appelant tous les commerçants à élire les membres des tribunaux de commerce.

Notaires. — Les notaires sont des officiers publics établis pour recevoir tous les actes et contrats auxquels les parties doivent ou veulent faire donner le caractère d'authenticité attaché aux actes de l'autorité publique, et pour en assurer la date, en conserver le dépôt, en délivrer des grosses et expéditions.

Les communes et les établissements de bienfaisance ont la faculté de recourir, pour les adjudications qui les intéressent, au ministère d'un notaire ou de s'en abstenir, soit que ces adjudications concernent des biens mobiliers ou immobiliers. Toutefois, les actes administratifs n'emportant pas hypothèque, les préfets appelés à approuver les cahiers des charges peuvent exiger, notamment pour les baux, l'intervention des notaires lorsqu'elle paraît utile, afin d'assurer les intérêts communaux ou charitables au moyen de l'hypothèque conventionnelle.

Lorsqu'un acte notarié intéressant des communes ou des établissements publics doit être soumis au préfet, le notaire n'est pas tenu de se dessaisir de la minute, mais il doit délivrer sur papier libre au préfet une copie sur le vu de laquelle l'approbation est donnée par un arrêté séparé qui est annexé à la minute. (Cir. Int. 6 septembre 1853.)

Le délai pour l'enregistrement des actes notariés intéressant les communes et les établissements publics, court du jour de la remise par le maire au notaire de l'arrêté pris conformément à la circulaire du ministre de l'intérieur du 6 septembre 1853, remise qui est constatée par une attestation du maire datée et signée en marge de l'acte. (Décis. fin. 22 janvier 1855.) — Voy. Acquisitions, Aliénations, Baux, Echanges, Hospices et hôpitaux.

Notification. — Acte par lequel on donne connaissance de quelque chose. Ainsi, on notifie des arrêtés, c'est-à-dire qu'on les porte à la connaissance des personnes qu'ils regardent. Les notifications administratives se font, en général, par l'intermédiaire d'agents administratifs, par exemple, un arrêté du maire peut être notifié par le garde champêtre. — *Dict. des formules*, 1074.

Notoriété (Acte de). — On appelle ainsi l'acte par lequel un officier public reçoit la déclaration de personnes qui attestent la vérité d'un fait.

Les actes de notoriété sont quelquefois destinés à suppléer, pour la célébration du mariage, les actes de naissance des futurs conjoints. — Voy. Etat civil.

Nourrices. — Le règlement d'administration publique du 27 février 1877 rendu en exécution de la loi du 23 décembre 1874, dite loi Roussel, interdit à toute nourrice d'allaiter un autre enfant que son nourrisson, à moins d'une autorisation spéciale et écrite, donnée par le médecin inspecteur, ou s'il n'existe pas de médecin inspecteur dans le canton, par un docteur en médecine ou un officier de santé. (Id. art. 25.)

Toute femme, qui veut prendre chez elle un enfant en nourrice, doit préalablement se munir d'un certificat du maire de sa commune et d'un

II   66

certificat médical constatant : 1° qu'elle remplit les conditions désirables pour nourrir un nourrisson ; 2° qu'elle n'a ni infirmité, ni maladie contagieuse et qu'elle est vaccinée.

Elle doit, en outre, être munie du carnet spécifié à l'article 30 dudit règlement. — Voy. ENFANTS DU PREMIER AGE et *Dict. des formules*, n° 1075 à 1094.

Noyé. — Lorsqu'une personne est trouvée noyée dans une commune, le maire doit, avant toutes choses, s'assurer si le noyé ne peut pas être rappelé à la vie.

Le maire recherche ensuite si le cadavre porte des traces de violences ; si ces traces sont de nature à faire croire à un crime, il en prévient le procureur de la République et surseoit à l'inhumation jusqu'aux ordres de ce magistrat ; si au contraire la mort ne peut être attribuée qu'à un accident ou un suicide, il dresse l'acte de décès et rédige un procès-verbal de la découverte de l'état du cadavre, qu'il soumet au procureur de la République.

L'administration, dans les villes traversées par un cours d'eau, a ordinairement le soin de déposer en certains lieux des moyens de secours pour les noyés ou autres asphyxiés. Les maires peuvent, en outre, prendre un arrêté et publier les instructions concernant les secours à donner aux noyés et aux asphyxiés et les mesures à prendre lors de la levée des cadavres retirés de l'eau ou trouvés sur la voie publique. — Voy. ASPHYXIÉS, CADAVRES.— *Dict. des formules*, n°s 1095 1096, 1097, 1098.

Nuit. — La maison de chaque citoyen est un asile inviolable pendant la nuit, et aucune autorité, aucun agent de la force publique ne peut y pénétrer sans se rendre coupable d'abus de pouvoir, sauf le cas d'incendie, d'inondation ou de réclamation venant de l'intérieur de la maison.

Le temps de nuit est ainsi réglé : du 1er octobre au 31 mars depuis 6 heures du soir jusqu'à 6 heures du matin ; du 1er avril au 30 septembre depuis 9 heures du soir jusqu'à 4 heures du matin. (L. 28 germinal an V, art. 131 ; C. P. C., art. 1037 ; D. 1er mars 1854, art. 291.) — DOMICILE, LIEUX PUBLICS, VISITES DOMICILIAIRES.

Numérotage des maisons. — Le numérotage des maisons est à la fois un moyen d'ordre et de police et un avantage personnel pour tous les habitants. Dans les villes ou communes où cette opération est jugée nécessaire, le numérotage est exécuté à l'huile, et a lieu pour la première fois aux frais de la commune.

L'entretien du numérotage est à la charge des propriétaires. (D. 15 pluviôse an XIII; O. 23 avril 1823.) Ils peuvent, en conséquence, le faire exécuter comme bon leur semble, en se conformant toutefois aux règlements locaux sur la couleur du chiffre et la hauteur du placement. (O. 23 avril 1823 ; D. 15 pluviôse, an XIII, art. 11.)

Lorsqu'il est nécessaire de renouveler les numéros, les frais doivent être supportés par la commune. Mais lorsqu'un propriétaire fait reconstruire une maison ou change la façade d'un bâtiment numéroté, il doit rétablir à ses frais le même numéro sur la nouvelle façade, en se conformant, d'ailleurs, aux règlements locaux sur la couleur du chiffre et la hauteur du placement. (Cir. Int. 13 mai 1823.)

O

Objets trouvés. — Tout individu qui garde, pour se l'approprier, un objet qu'il a trouvé, se rend coupable d'un vol. C'est ce qui résulte implicitement de l'article 379 du Code pénal. Celui qui a trouvé un objet doit le rendre à son propriétaire s'il peut être connu, ou, dans le cas contraire, en faire le dépôt au greffe du tribunal civil ou à la mairie. — Voy. Epaves.

Oblations. — Les ministres du culte sont autorisés à percevoir des oblations pour l'administration des sacrements. Ces oblations sont fixées par un règlement dressé par l'évêque et approuvé par le gouvernement. (L. 18 germinal an X, art. 69.)

La proportion dans laquelle les oblations sont partagées entre le curé et les vicaires ou autres officiers de l'église est déterminée dans le règlement.

Les contestations qui s'élèvent relativement à l'acquit des oblations autorisées par les règlements sont de la compétence judiciaire. C'est aux juges de paix qu'il appartient de prononcer sur les poursuites exercées et de condamner les débiteurs récalcitrants à payer. (Décis. min. 18 avril et 14 octobre 1807.) — Voy. Cultes, Fabrique.

Obligations. — Les conventions légalement formées tiennent lieu de loi à ceux qui les ont faites. Elles ne peuvent être révoquées que de leur consentement mutuel, ou pour les causes que la loi autorise. Elles doivent être exécutées de bonne foi. (C. civ., art. 1134.) — Voy. Adjudication, Baux, Traité de gré a gré.

Certains engagements se forment sans qu'il intervienne aucune convention, ni de la part de celui qui s'oblige, ni de la part de celui envers lequel il est obligé. Les uns résultent de l'autorité seule de la loi; les autres naissent d'un fait personnel à celui qui se trouve obligé; tels sont les quasi-contrats, les délits ou quasi-délits. (Id., art. 1370.) — Voy. Délits, Dommages-intérêts.

Octrois. — Taxes établies au profit des communes sur certains objets destinés à la consommation locale.

La surveillance générale de l'administration des octrois est exercée par la régie des contributions indirectes, sous l'autorité du ministre des finances. (O. 9 décembre 1814, art. 88.)

Quelles que soient les critiques dirigées contre ce système d'impôt, il faut reconnaître qu'il offre de sérieux avantages et serait, dans la plupart des cas, impossible à remplacer, car le plus grand nombre des communes manquent aujourd'hui de patrimoine productif de revenus, et, pour beaucoup d'entre elles, la limite raisonnable des centimes additionnels étant atteinte, et trop souvent dépassée, les taxes d'octroi sont le seul moyen de se créer des ressources. Mais l'octroi n'est acceptable en lui-même qu'à la condition que des taxes excessives ne viennent pas paralyser la consommation des objets de première nécessité et qu'il ne se transforme pas d'impôt purement local en une espèce de douane apportant des entraves à la liberté des transactions. C'est pourquoi l'Etat, tout en laissant l'initiative aux conseils municipaux en matière d'octroi, a réservé à la sanction de l'autorité supérieure toute création, augmentation, diminution, modification ou suppression de taxes de nature à réagir sur la consommation ou sur la liberté du commerce. De plus, le décret du 12 février 1870 a édicté un tarif général fixant le maximum des taxes d'octroi que les conseils municipaux peuvent établir et la nomenclature des objets sur lesquels ils peuvent maintenir ces taxes.

Distinction des taxes en principales et additionnelles et entre celles destinées à faire face à des dépenses ordinaires et celles affectées à des besoins extraordinaires. — Depuis la promulgation du tarif général, la distinction entre les taxes principales et les taxes additionnelles n'a plus sa raison d'être, car les taxes additionnelles sont devenues, pour ainsi dire, de simples augmentations de taxes principales. Le caractère des recettes de l'octroi : taxes principales, additionnelles ou surtaxes dépend aujourd'hui de l'affectation qui en est faite par les conseils municipaux. Les recettes affectées à des dépenses ordinaires sont des recettes ordinaires ; celles affectées à des dépenses extraordinaires sont des recettes extraordinaires (Discussion de la loi municipale du 5 avril 1884, Sénat. Rapp. *Journ. off.*, 27 mars 1884). Sous l'empire de la loi du 5 avril 1884, articles 133 et 134, lorsque les conseils municipaux sont appelés à se prononcer sur l'établissement, le maintien ou l'élévation des droits d'octroi, il convient qu'ils examinent de quelle somme la commune a besoin pour assurer la marche des services municipaux. Pour se procurer cette somme, le conseil vote les taxes municipales d'octroi qui ont un caractère annuel et permanent dont le produit est inscrit au budget ordinaire de la commune. Si, après la fixation de ces droits, la commune se trouve dans l'obligation de pourvoir à des dépenses extraordinaires pour l'exécution d'entreprises ou pour le remboursement d'emprunts, le conseil municipal peut voter de nouveaux droits, soit au moyen de l'addition d'un ou de plusieurs décimes aux taxes principales, soit à l'aide de taxes extraordinaires frappant d'autres articles. Ces droits ne se confondent pas avec les taxes principales. Le conseil doit en déterminer l'affectation spéciale et le produit en est porté au budget extraordinaire.

La distinction entre ces deux catégories de taxes a une très grande importance, car, aux termes de l'article 3 de la loi du 16 juin 1881, le cinquième du produit des taxes ordinaires d'octroi devant être affecté aux dépenses de l'instruction primaire, le classement au budget ordinaire de taxes qui devraient, en réalité, figurer au budget extraordinaire aurait pour conséquence d'accroître les charges imposées aux communes par cette loi. (Circul. Int., 15 mai 1884.)

Il importe aussi de distinguer, au point de vue de la compétence, les rôles des diverses autorités appelées à statuer sur l'homologation. A cet égard, la loi du 5 avril 1884 a apporté d'importantes modifications à la législation établie par les lois de 1867 et de 1871.

Délibérations exécutoires par elles-mêmes. — Les pouvoirs des conseils municipaux, en matière d'octroi, varient suivant la nature et l'importance des intérêts en jeu. Ils règlent par leurs délibérations, dans les conditions prévues par les articles 61 à 66 de la loi du 5 avril 1884 et sur la réserve contenue dans le dernier paragraphe de l'article 68 de ladite loi, la prorogation ou l'augmentation des taxes d'octroi, pour une période de cinq ans au plus, sous la réserve toutefois qu'aucune des taxes ainsi maintenues ou modifiées n'excédera le maximum déterminé par le tarif général et ne portera que sur des objets compris dans ce tarif. (L. 5 avril 1884, art. 139.)

Délibérations soumises à l'approbation du préfet. — Les délibérations soumises à l'approbation du préfet après avis du conseil général et de la commission départementale dans l'intervalle des sessions sont celles qui concernent la suppression ou la diminution des taxes d'octroi. (L. 5 avril 1884, art. 138.)

Sous l'empire de la loi du 24 juillet 1867, le conseil municipal réglait définitivement ces questions et ce n'était qu'en cas de désaccord entre le maire et le conseil que la délibération était soumise à l'approbation du préfet. La Chambre avait d'abord consacré de nouveau le pouvoir réglementaire du conseil en cette matière; mais le Sénat, malgré l'opposition de MM. de Marcère et de Le Bastard, a exigé que ces délibérations fussent soumises à l'approbation du préfet. Cette décision se justifie par le fait que, pour remplacer les taxes réduites ou supprimées, il faudrait nécessairement recourir à des centimes additionnels. Or, les droits d'octroi, ayant surtout pour but de subvenir aux besoins de l'agglomération; doivent peser uniquement sur la population agglomérée, qui profite des bénéfices de l'agglomération, en remplaçant ces droits par des centimes, dont les étrangers à la commune sont forcément exemptés, on déplacerait la charge et on la ferait porter en grande partie sur les populations rurales, qui n'ont pas le même intérêt aux dépenses faites dans l'intérieur de l'agglomération que les étrangers et les habitants qui y résident. C'est afin d'éviter cette inégalité dans les charges que le législateur de 1884 a voulu réserver l'autorisation à l'administration supérieure après avis du conseil général ou de la commission départementale, afin d'entourer la décision de toutes les garanties possibles de sincérité et d'examen sérieux de la demande.

Délibérations sur lesquelles il est statué par décrets rendus en Conseil d'Etat. — Les délibérations qui doivent être approuvées par décret rendu en Conseil d'Etat, après avis du conseil général ou de la commission départementale dans l'intervalle des sessions, concernent :

1° L'établissement des taxes d'octroi ;

2° L'augmentation ou la prorogation d'une ou de plusieurs taxes pour une période de plus de cinq ans;

3° Les modifications aux règlements ou périmètres existants;

4° L'assujettissement à la taxe d'objets non encore compris au tarif local;

5° L'établissement ou le renouvellement d'une taxe non comprise dans le tarif général ;

6° L'établissement ou le renouvellement d'une taxe excédant le maximum fixé par le tarif général.

Il importe de remarquer qu'en ce qui concerne cette troisième catégorie d'affaires, le conseil général ou la commission départementale n'ont plus qu'un simple avis à émettre. La loi du 5 avril 1884 modifie considérablement les attributions qui avaient été confiées à cet égard aux assemblées départementales par la législation précédente.

L'article 46 (25°) de la loi du 10 août 1871 donnait aux conseils généraux le pouvoir de statuer définitivement sur les délibérations des conseils municipaux ayant pour but la prorogation des taxes additionnelles d'octroi actuellement existantes, ou l'augmentation des taxes principales au delà d'un décime, le tout dans les limites du maximum des droits et de la nomenclature des objets fixés par le tarif général, établi conformément à la loi du 24 juillet 1867. De plus, l'article 48, paragraphe 4, les appelait à délibérer sur les demandes des conseils municipaux : 1° pour l'établissement et le renouvellement d'une taxe d'octroi sur les matières non comprises dans le tarif général indiqué à l'article 46 ; 2° pour l'établissement ou le renouvellement d'une taxe excédant le maximum fixé par ledit tarif ; 3° pour l'assujettissement à la taxe d'objets non encore imposés dans le tarif local ; 4° pour les modifications aux règlements ou aux périmètres existants. L'article 49 de la même loi rendait les délibérations du conseil général exécutoires si, dans le délai de trois mois à partir de la clôture de la session, un décret motivé n'en avait pas suspendu l'exécution. La loi nouvelle abroge ces dispositions et retire tout pouvoir de décision au conseil général pour réserver uniquement l'autorisation au pouvoir central. La Chambre des députés, pour supprimer les délais trop longs imposés par la législation antérieure pour arriver à la perception des taxes d'octroi, avait même dispensé les délibérations municipales concernant le régime des octrois de tout avis préalable du conseil général. Mais le Sénat a jugé qu'il était nécessaire d'associer le conseil général aux décisions rendues par l'autorité supérieure en matière d'octroi, et il a imposé l'obligation de consulter les représentants du département. Seulement, comme les conseils généraux ne siègent que deux fois par an à de longs intervalles et que les questions d'octroi peuvent être urgentes, il a étendu le droit d'appréciation aux commissions départementales qui, siégeant tous les mois, peuvent ainsi suppléer le conseil général quand il ne peut se prononcer lui-même. La délibération du conseil général ou de la commission départementale n'a que la valeur d'un simple avis qui peut éclairer l'autorité supérieure investie du droit de décision mais ne la lie pas.

4° *Délibérations soumises à la sanction législative.* — Les surtaxes sur les vins, cidres, poirés et hydromels, ne peuvent être autorisées que par une loi ; à cet égard, la législation n'a pas été modifiée.

Instruction des demande. — L'instruction des demandes relatives à l'octroi doit être faite avec le plus grand soin, conformément aux règles suivies jusqu'à ce jour. Les dossiers doivent comprendre les pièces suivantes :

1° Les délibérations du conseil municipal ;

2° L'avis du conseil général ou de la commission départementale ;

3° Le budget primitif et le budget additionnel de l'exercice courant, ou, à défaut de ce dernier budget, celui de l'année précédente ;

4° Un relevé présentant, d'après les trois derniers comptes administratifs, les recettes et les dépenses communales séparées en ordinaires et en extraordinaires ;

5° Un certificat du maire et du receveur municipal faisant connaître :

Les impositions extraordinaires qui peuvent grever la commune, avec indication de leur quotité, de leur durée et de leur objet ;

Les sommes dues en capital sur chacun des emprunts non remboursés ;

Les autres dettes communales, s'il en existe ;

Enfin, le produit brut et le produit net de l'octroi pendant chacune des trois dernières années ;

6° Un exemplaire du règlement et du tarif en vigueur ;

7° Avis motivé du préfet en forme d'arrêté.

En cas de demande de revision du tarif, il conviendra d'ajouter à ces documents :

1° Un tableau présentant, en regard l'un de l'autre, le tarif en vigueur et le tarif projeté, avec indication de la différence en plus ou en moins de la recette sur chaque article de perception, d'après la moyenne de la consommation pendant les trois dernières années.

Les colonnes de ce tableau devront être totalisées.

2° L'énumération des dépenses urgentes ou des travaux dûment autorisés auxquels la commune aurait à pourvoir (cette pièce devra être également produite lorsqu'il s'agira de proroger un tarif comprenant en sus des taxes principales des taxes additionnelles ou des surtaxes.

Lorsqu'une commune sollicitera l'extension du périmètre de son octroi, il y aura lieu de fournir en outre :

1° Un plan de la commune indiquant, par des lignes de couleurs différentes, les limites de l'ancien périmètre et celles du périmètre proposé ;

2° Un certificat faisant connaître le nombre des habitants et l'étendue du territoire qu'on se propose de comprendre dans le rayon de la perception ainsi que l'augmentation de recettes à provenir de l'extension du périmètre ;

3° Enfin, l'avis du représentant de l'autorité militaire, s'il s'agit d'une commune possédant une garnison. (Circ. du 17 août 1883.)

En ce qui touche les affaires de la première catégorie (délibérations ayant force exécutoire par elles-mêmes), le préfet n'a aucune pièce à adresser au ministère ; il se borne à transmettre à la direction générale des contributions indirectes une expédition des délibérations municipales appuyées des actes de perception.

Quant aux délibérations exécutoires sur approbation du préfet, ce magistrat n'a pas non plus de dossier à faire parvenir au ministère, mais il envoie à la direction générale des contributions indirectes un exemplaire du tarif et du règlement d'octroi, une copie de l'avis du conseil général ou de la commission départementale et une ampliation de son arrêté approbatif.

Pour les deux autres catégories d'affaires, le préfet adresse le dossier complet au ministre en ayant soin que les tarifs et règlements portent la mention d'annexes dans les cas prévus par la circulaire ministérielle du 16 mars 1880. (Circ. Int., 15 mai 1884.) — Dict. des formules, nos 1099 à 1100.

Du recouvrement des droits. — Les règlements d'octroi doivent déterminer les limites de la perception, les bureaux où elle doit être opérée, et les obligations et formalités particulières à remplir par les redevables ou les employés en raison des localités. (O. 9 décembre 1814, art. 25.) — *Dict. des formules,* nos 1104 et 1105.

Les droits d'octroi sont toujours perçus dans les faubourgs des lieux sujets (id., art. 26). Des perceptions peuvent aussi être établies dans les banlieues autour des grandes villes, afin de restreindre la fraude ; mais les recettes faites dans ces banlieues appartiennent toujours aux communes dont elles sont composées. (L. 28 avril 1816, art. 152.)

Les limites du territoire auquel la perception s'étend sont indiquées par des poteaux, sur lesquels sont inscrits ces mots : OCTROI DE... (O. 9 décembre 1814, art. 26.)

Il ne peut être introduit d'objets assujettis à l'octroi que par les barrières ou bureaux désignés à cet effet. Les tarifs et règlements sont affichés dans l'intérieur et à l'extérieur de chaque bureau, lequel est indiqué par un tableau portant ces mots : BUREAU DE L'OCTROI. (Id., art. 27.)

Tout porteur ou conducteur d'objets assujettis à l'octroi est tenu, avant de les introduire, d'en faire la déclaration au bureau, d'exhiber aux préposés de l'octroi les lettres de voiture, connaissements, chartes-parties, acquits-à-caution, congés, passavants et toutes autres expéditions délivrées par la régie des contributions indirectes, et d'acquitter les droits, sous peine d'une amende égale à la valeur de l'objet soumis au droit. A cet effet, les préposés peuvent, après interpellation, faire sur les bateaux, voitures et autres moyens de transport, toutes les visites, recherches et perquisitions nécessaires auxdites vérifications. La déclaration relative aux objets arrivant par eau contient la désignation du lieu de déchargement, lequel ne peut s'effectuer que les droits n'aient été acquittés, ou au moins valablement soumissionnés. (Id., art. 28.)

Tout objet soumis à l'octroi qui, nonobstant l'interpellation faite par les préposés, serait introduit sans avoir été déclaré, ou sur une déclaration fausse ou inexacte, est saisi. (Id., art. 29.)

Il est défendu aux employés de faire usage de la sonde dans la visite des caisses, malles et ballots annoncés contenir des effets susceptibles d'être endommagés. Dans ce cas, la vérification en est faite, soit à domicile, soit dans les emplacements à ce destinés. (Id., art. 35.)

Toute personne, qui récolte, prépare ou fabrique dans l'intérieur d'un lieu sujet, des objets compris au tarif, est tenue, sous peine d'amende, d'en faire la déclaration et d'acquitter immédiatement le droit, si elle ne réclame la faculté de l'entrepôt. Les préposés de l'octroi peuvent reconnaître à domicile les quantités récoltées, préparées ou fabriquées, et faire toutes les vérifications nécessaires pour prévenir la fraude. A défaut de payement du droit, il est décerné, contre les redevables, des contraintes, qui sont exécutoires nonobstant opposition, et sans y préjudicier. (O. 9 décembre 1814, art. 36.)

Les villes peuvent consentir avec une corporation entière, celle des bouchers, par exemple, un abonnement payé en remplacement du droit qui serait dû à raison du nombre des bestiaux qu'ils introduisent dans le rayon de l'octroi. Un traité d'abonnement doit être passé à cet effet entre le maire et les membres de la corporation. (Circ. Int. 10 septembre 1818.) — *Dict. des formules,* n° 1105.

Du passe-debout, du transit et de l'entrepôt. — Le passe-debout est le passage non interrompu par une commune en exemption de droits (D. 17 mai 1809, art. 60). Le conducteur d'objets soumis à l'octroi qui veut traverser seulement un lieu sujet, ou y séjourner moins de vingt-quatre heures, est tenu d'en faire la déclaration au bureau d'octroi et de se munir d'un permis de passe-debout qui est délivré sur le cautionnement ou la consignation des droits. La restitution des sommes consignées, ainsi que la libération de la caution, s'opèrent au bureau de la sortie. Lorsqu'il est possible de faire escorter les chargements, le conducteur est dispensé de consigner ou faire cautionner les droits. (O. 9 décembre 1814, art. 37.)

Le transit est la faculté de passer dans une commune et d'y séjourner suivant les besoins des circonstances (D. 17 mai 1809, art. 37). En cas de séjour au delà de vingt-quatre heures, dans un lieu sujet à l'octroi, d'objets introduits sur une déclaration de passe-debout, le conducteur est tenu de faire, dans ce délai, et avant le déchargement, une déclaration de transit, avec indication du lieu où lesdits objets sont déposés, lesquels doivent être représentés aux employés à toute réquisition. La consignation ou le cautionnement du droit subsistent pendant toute la durée du séjour. (O. 9 décembre 1814, art. 38.)

L'entrepôt est la faculté donnée à un propriétaire ou à un commerçant de recevoir et d'emmagasiner, dans un lieu sujet à l'octroi, sans acquittement du droit, des marchandises qui y sont assujetties, et auxquelles il réserve une destination extérieure. L'entrepôt peut être réel ou fictif, c'est-à-dire à domicile ; il est toujours illimité. Les conditions pour l'entrepôt sont : de faire une déclaration par écrit au bureau de l'octroi avant l'entrée des objets entreposés, de permettre les visites et exercices des préposés ; de leur ouvrir, à toute réquisition, les caves, magasins et autres lieux de dépôt ; enfin de faire de la manière et dans les formes voulues les déclarations d'expédition pour le dehors et pour l'intérieur. (Id., art. 41, 42 et 43.)

Modes de perception. — Il appartient au conseil municipal de décider si le mode de perception sera la régie simple, la régie intéressée, le bail à ferme, ou l'abonnement avec la régie des contributions indirectes. Il doit choisir celui qui paraît le mieux convenir à la population, au commerce, à l'industrie, à l'agriculture, aux arrivages par terre et par eau, à la nature des lieux et à l'espèce, quantité et qualité des objets qui se consomment dans la commune.

Dans tous les cas, la perception du droit se fait sous la surveillance du maire, du sous-préfet et du préfet. (L. 28 avril 1816, art. 147.)

Nous allons exposer successivement les règles qui s'appliquent à ces différents modes de perception.

Régie simple. — La régie simple est la perception de l'octroi, sous l'administration immédiate du maire, par des préposés à la solde de la commune. Les frais d'exploitation et de premier établissement sont réglés par les autorités locales, sous l'approbation du ministre des finances. (D. 17 mai 1809, art. 103.)

Régie intéressée. — La régie intéressée consiste à traiter avec un régisseur, à la condition d'un prix fixe et d'une portion déterminée dans les produits excédant le prix principal et la somme abonnée pour les frais, laquelle ne doit pas, autant que possible, excéder douze pour cent du prix fixe du bail. (Id., art. 104 et 105.)

Dans ce système, le partage des bénéfices est fait à la fin de chaque année ; mais il n'est que provisoire; et c'est à l'expiration du bail qu'il est fait compte de la totalité des bénéfices pour établir une année commune, d'après laquelle la répartition est définitivement arrêtée, conformément aux proportions déterminées par le cahier des charges. (Id., art. 106.)

Ferme. — Le bail à ferme est l'adjudication pure et simple des produits, moyennant un prix convenu, sans partage de bénéfice et sans allocation de frais. (Id., art. 108.)

L'adjudicataire ne peut transférer son droit au bail, en tout ou en partie, sans le consentement exprès de l'autorité locale et l'autorisation du ministre des finances. Il ne peut, en aucun cas, faire aux contribuables les remises des droits, ni consentir avec eux aucun abonnement. (Id., art. 109.) — Dict. des formules, n° 1106.

Dispositions communes aux régies intéressées et aux fermes. — Les adjudications des octrois des villes ayant une population de cinq mille âmes et au-dessus, sont faites par le maire, sur les lieux mêmes, à l'hôtel de la mairie : pour celles d'une population moindre, elles le sont à la sous-préfecture, par le sous-préfet, en présence du maire. (Id., art. 110.)

Aucune adjudication ne peut être faite qu'en présence du directeur des contributions indirectes, ou d'un préposé délégué par ce dernier, lesquels signent le procès-verbal. (Id., art. 111.)

Aucune adjudication ne peut excéder trois ans; sauf les cas où l'on aurait à y comprendre ce qui resterait à courir de l'année commencée ; et, dans tous les cas, elle doit toujours avoir pour terme le 31 décembre. (Id., art. 112.)

L'adjudication est toujours précédée au moins de deux affiches, de quinzaine en quinzaine, lesquelles sont insérées dans les journaux du département ; elle est faite aux enchères publiques, à l'extinction des bougies, au plus offrant et dernier enchérisseur. Elle n'est définitive et l'adjudicataire n'est mis en possession qu'après l'approbation du ministre des finances. (Id., art. 113 et 135.)

Les conditions de l'adjudication sont déterminées par un cahier des charges dont le modèle a été donné par le ministre des finances dans une instruction du 29 octobre 1852. Des formules imprimées de ce cahier des charges, des affiches et du procès-verbal d'adjudication, sont, d'ailleurs, fournis aux maires qui le demandent, par l'administration des contributions indirectes. — Voy. ADJUDICATION. — Dict. des formules, n° 1106.

Abonnement avec la régie des contributions indirectes. — La régie des contributions indirectes est autorisée à traiter avec les communes pour la perception de leurs octrois. (L. 28 avril 1816, art. 158.)

Les maires en adressent, par l'intermédiaire du sous-préfet, la proposition au préfet : celui-ci la communique au directeur des contributions indirectes pour qu'il donne ses observations, et la soumet ensuite, avec son avis, au directeur général, qui propose, s'il y a lieu, au ministre des finances, d'y donner son approbation. (O. 9 décembre 1814, art. 94.)

Les conventions à faire entre la régie et les communes ne portent que sur les traitements fixes ou éventuels des préposés : tous les autres frais généralement quelconques sont intégralement acquittés par les communes sur les produits bruts des octrois. La conséquence de ces conventions est de remettre la perception et le service de l'octroi entre les mains des employés ordinaires des contributions indirectes. Cependant, lorsqu'il est nécessaire, les villes sont autorisées à conserver des préposés affectés spécialement au service de l'octroi. Les maires conservent le droit de surveillance sur ces préposés et celui de transiger sur les contraventions. (Id., art. 95.)

Les traités conclus avec les communes subsistent de plein droit, jusqu'à ce que la commune ou la régie en ait notifié la cessation ; cette notification a toujours lieu, de part ou d'autre, au moins six mois à l'avance. (Id., art. 96.)

Les receveurs versent le montant de leurs recettes, pour le compte de l'octroi, dans la caisse municipale, sous la déduction des frais de perception convenus par le traité. (Id., art. 97.)

Les traités de gré à gré passés entre la régie et les communes ne sont définitifs qu'après avoir été approuvés par le ministre des finances. (L. 28 avril 1816, art. 158.)

Un modèle uniforme de traité a été arrêté par l'administration, et l'on doit toujours s'y conformer. — *Dict. des formules*, n° 1107.

Personnel. — Dans les communes où le produit annuel de l'octroi s'élève à vingt mille francs au moins, il peut être établi un préposé en chef (L. 28 avril 1816, art. 155). C'est à lui qu'est confiée la direction du service, si la perception est en régie simple. Si elle est affermée ou en régie intéressée, le préposé en chef veille, comme commissaire de l'administration, au strict accomplissement des clauses de l'adjudication.

Le préposé en chef est nommé par le préfet, sur une liste de trois candidats formée par le maire et l'avis du directeur des contributions indirectes. (D. 25 mars 1852, art. 5.)

Les simples préposés sont nommés par le sous-préfet. (D. 13 avril 1861, art. 6.)

Tous les préposés comptables des octrois sont tenus de fournir un cautionnement en numéraire, qui est fixé par le ministre des finances à raison du vingt-cinquième brut de la recette présumée. Le minimum ne peut être au-dessous de deux cents francs. Ces cautionnements sont versés au Trésor, qui en paye l'intérêt au taux fixé pour ceux des employés des contributions indirectes. (L. 28 avril 1816, art. 159.)

Les préposés de l'octroi doivent être âgés au moins de vingt et un ans accomplis. Ils sont tenus de prêter serment devant le tribunal civil de la ville où ils exercent, et, dans les lieux où il n'y a pas de tribunal, devant le juge de paix. (O. 9 décembre 1814, art. 58.)

Les préposés d'octroi doivent toujours être porteurs de leur commission, et sont tenus de la représenter lorsqu'ils en sont requis. Le port d'armes leur est accordé comme aux employés des contributions indirectes. (Id., art. 60.)

Il est défendu à tous les préposés d'octroi, indistinctement, de faire le commerce des objets compris au tarif. Tout préposé qui favorise la fraude, soit en recevant des présents, soit de toute autre manière, est mis en jugement et condamné aux peines portées par le Code pénal contre les fonctionnaires publics prévaricateurs. (Id., art. 63.)

Les préposés de l'octroi sont placés sous la protection de l'autorité publique. Il est défendu de les injurier, maltraiter, et même de les troubler dans l'exercice de leurs fonctions, sous les peines de droit. La force armée est tenue de leur prêter secours et assistance, toutes les fois qu'elle en est requise. (O. 9 décembre 1814, art. 65.)

De la surveillance attribuée à la régie des contributions indirectes, et des obligations des employés de l'octroi relativement aux droits du

Trésor. — La surveillance générale de la perception et de l'administration des octrois est formellement attribuée à la régie des contributions indirectes ; elle l'exerce sous l'autorité du ministre des finances. (O. 9 décembre 1814, art. 88.)

Les préposés des octrois sont tenus d'opérer la perception des droits établis aux entrées des villes, au profit du Trésor, lorsque la régie le juge convenable ; elle fait exercer, relativement à ces perceptions, tel genre de contrôle ou de surveillance qu'elle croit nécessaire d'établir. (L. 28 avril 1816, art. 154). La régie accorde pour cette perception, aux préposés de l'octroi, des remises dont le produit est réparti entre eux dans la proportion qui est déterminée par le maire. (O. 9 décembre 1814, art. 90.)

Lorsque la régie charge de la perception des droits d'entrée des préposés commissionnés par elle, les communes sont tenues de les placer avec leurs propres receveurs dans les bureaux établis aux portes des villes. (L. 28 avril 1816, art. 154.)

Réciproquement, les employés des contributions indirectes suivent, dans l'intérêt des communes, comme dans celui du Trésor, les exercices, dans l'intérieur du lieu sujet, chez les entrepositaires de boissons et chez les brasseurs et distillateurs. Il est tenu compte, par l'octroi, à la régie des contributions indirectes, de partie des dépenses occasionnées pour ces exercices. (O. 9 décembre 1814, art. 91.)

Les employés de l'octroi et les agents des contributions indirectes ont concurremment le pouvoir de faire des visites dans les brasseries situées dans l'intérieur du rayon de l'octroi. Par suite, il y a refus d'exercer de la part du brasseur qui s'oppose à l'entrée des employés de l'octroi dans sa brasserie. (Cass. 16 février 1879.)

Les employés des contributions indirectes concourent également au service des octrois et doivent rapporter procès-verbal pour les fraudes et contraventions relatives aux droits d'octroi qu'ils découvrent. (Id., art. 92.)

Comptabilité. — La régie des contributions indirectes détermine le mode de comptabilité des octrois, ainsi que la forme et le modèle des registres, expéditions, bordereaux, comptes et autres écritures relatives au service des octrois ; elle fait faire la fourniture de toutes les impressions nécessaires sur la demande des maires. (O. 9 décembre 1814, art. 68.)

Il y a des registres dont l'usage est commun aux octrois et aux droits d'entrée au profit du Trésor ; la moitié des dépenses relatives à ces registres est supportée par l'octroi et payée sur les mémoires dressés par la régie des contributions indirectes. (Id., art. 69.)

Les registres autres que ceux dont l'usage est commun aux octrois et aux droits d'entrée sont cotés et paraphés par le maire ; ils sont arrêtés par lui le dernier jour de chaque année, déposés à l'administration municipale et renouvelés tous les ans. (Id., art. 70.)

Lorsque l'octroi est en régie simple, ou lorsqu'il est perçu par voie d'abonnement avec l'administration des contributions indirectes, le versement des produits est fait, tous les cinq jours au moins, à la caisse municipale, par les préposés comptables. Le produit des octrois en ferme ou en régie intéressée est versé à ladite caisse par l'adjudicataire, à dater de son entrée en jouissance, par douzième, de mois en mois, et d'avance.

Les receveurs municipaux sont comptables de la totalité des recettes et des dépenses de l'octroi. Ils en rendent compte aux mêmes époques et dans les mêmes formes que pour les autres recettes et dépenses communales. (O. 23 juillet 1826, art. 1 et 2.)

En cas de retard dans le versement que les préposés régisseurs ou fermiers de l'octroi sont tenus de faire dans les caisses des communes, les receveurs municipaux doivent poursuivre la rentrée des produits suivant les règles ordinaires; et, si ces moyens sont insuffisants, décerner contre les retardataires une contrainte qui, après avoir été visée par le maire, est rendue exécutoire par le juge de paix. — *Dict. des formules*, n° 1148.

Les frais de premier établissement, de régie et de perception des octrois des villes sujettes au droit d'entrée, sont proposés par le conseil municipal et soumis, par la régie des contributions indirectes, à l'approbation du ministre des finances; dans les autres communes, ces frais sont réglés par les préfets. Dans aucun cas et sous aucun prétexte, les maires ne peuvent excéder les frais alloués, sous peine d'en répondre personnellement. (O. 9 décembre 1814, art. 10.)

La loi du 5 avril 1884 (art. 133 et 136) met au rang des recettes ordinaires des communes le produit des octrois municipaux et classe parmi les dépenses obligatoires le traitement du préposé en chef de l'octroi et les frais de perception.

Contentieux. — Toute contravention en matière d'octroi est punie, indépendamment de la confiscation des objets saisis, d'une amende de cent à deux cents francs. Les voitures, chevaux et tous objets servant au transport sont saisissables, lorsque les contrevenants ne peuvent pas consigner le maximum de l'amende ou fournir une caution solvable. (L. 29 mars 1832, art. 8; 24 mai 1834, art. 9.)

On considère comme contravention : 1° la non-déclaration aux bureaux préposés à cet effet; 2° toute fausse déclaration; 3° le déchargement ou l'introduction à domicile sans déclaration, lorsqu'il n'y a qu'un bureau placé au centre de la commune; 4° la non-déclaration, dans les délais fixés par les règlements locaux, soit des objets récoltés, préparés ou fabriqués dans le périmètre de l'octroi, soit des bestiaux qui y seraient nés; 5° le défaut de déclaration des mises de feu sous les chaudières par les brasseurs, les bouilleurs et distillateurs; 6° les infractions aux règles concernant le passe-debout, le transit ou l'entrepôt; 7° toute fausse déclaration faite dans le but d'obtenir un certificat d'exportation, une décharge de compte pour perte de denrées, ou bien la substitution d'un objet à un autre pour retarder le payement des droits.

L'introduction ou la tentative d'introduction d'objets soumis à l'octroi, à l'aide d'ustensiles préparés ou de moyens disposés pour la fraude, entraîne la saisie de ces objets ainsi que celle des ustensiles, chevaux ou autres bêtes de somme, voitures, bateaux, etc., et, de plus, l'arrestation des fraudeurs, s'ils ne donnent caution de se présenter en justice et de payer l'amende encourue, ou s'ils ne consignent pas le montant de cette amende. (L. 29 mars 1832, art. 39; 24 mai 1834, art. 9.)

En cas de fraude par escalade, par souterrain ou à main armée, la peine est de six mois de prison, outre l'amende et la confiscation. (L. 29 mars 1832, art. 8; 24 mai 1834, art. 9.)

Dans ces trois hypothèses, les délinquants arrêtés sont retenus sans exception. Il appartient exclusivement à l'autorité judiciaire de prononcer leur mise en liberté. (Circ. contr. ind., 29 août 1834.)

Toutes contraventions aux droits d'octroi sont constatées par des procès-verbaux, lesquels peuvent être rédigés par un seul préposé et font foi en justice. Les procès-verbaux doivent, à peine de nullité, énoncer la date du jour où ils sont rédigés, la nature de la contravention, et, en cas de saisie, la déclaration qui en aura été faite au prévenu ; les nom, qualités et résidence de l'employé verbalisant et de la personne chargée des poursuites ; l'espèce, poids ou mesures des objets saisis ; leur évaluation approximative ; la présence de la partie à la description ou la sommation qui lui aura été faite d'y assister ; le nom, la qualité et l'acceptation du gardien ; le lieu de la rédaction du procès-verbal et l'heure de la clôture. (O. 9 décembre 1814, art. 75.)

Si la saisie est déterminée par le faux ou l'altération des expéditions, on doit énoncer au procès-verbal le genre de faux, les altérations ou surcharges ; joindre à cet acte lesdites expéditions signées et parafées par le saisissant, *ne varietur*, et y insérer la réponse qu'aurait faite le prévenu à la sommation de les parafer également. (Id., art. 76.)

Si le prévenu est présent à la rédaction du procès-verbal, cet acte énonce qu'il lui en a été donné lecture et copie. En cas d'absence du prévenu, s'il a résidence ou domicile connu dans le lieu de la saisie, le procès-verbal lui est signifié dans les vingt-quatre heures de la clôture. Au cas contraire, il est affiché, dans le même délai, à la porte de la maison commune. Ces procès-verbaux, significations et affiches peuvent être faits tous les jours indistinctement. (Id., art. 77.)

Les procès-verbaux sont dressés à la requête du maire, si l'octroi est en régie simple, et cumulativement à la requête du maire et du fermier, du régisseur intéressé ou du directeur des contributions indirectes, selon le mode spécial d'administration de l'octroi. Quel que soit ce mode d'administration, si le procès-verbal doit donner lieu d'exiger deux amendes, l'une pour la commune et l'autre pour le Trésor, il faut qu'il soit rédigé tant à la requête du maire, du fermier ou régisseur intéressé, qu'à celle du directeur des contributions indirectes.

Les procès-verbaux doivent être affirmés dans les vingt-quatre heures de leur date, devant le juge de paix ou son suppléant, sous peine de nullité. (L. 27 frimaire an VIII, art. 8.) Ils doivent, en outre, être enregistrés dans le délai de quatre jours. (L. 22 frimaire an VII, art. 20.)

La poursuite des procès-verbaux est du ressort de la police correctionnelle. Cette poursuite doit être dirigée au nom de ceux qui administrent l'octroi, soit en régie, soit en ferme. Il en est de même pour les contraintes à fin de payement des droits.

Si les contraventions constatées intéressent tout à la fois les droits du Trésor et ceux de la commune, le droit de poursuivre est exclusivement exercé dans l'intérêt commun par l'administration des contributions indirectes.

L'action résultant des procès-verbaux en matière d'octroi, et les questions qui peuvent naître de la défense du prévenu, sont de la compétence exclusive du tribunal correctionnel. (L. 24 mai 1834, art. 9.)

Les objets saisis par suite de contraventions doivent être conservés pendant dix jours. Si, dans cet intervalle, la partie saisie ne s'est pas présentée pour payer l'amende, ou si elle n'a pas formé opposition à ce qu'ils soient vendus, l'administration de l'octroi peut en effectuer la vente. Il suffit qu'elle ait été annoncée cinq jours auparavant par une affiche signée du receveur et posée à la porte de la commune et autres lieux accoutumés. (O. 9 décembre 1814, art. 79.)

Si les objets saisis sont sujets à dépérissement, ou s'il est à craindre que les frais de fourrière n'en absorbent la valeur et les droits, la vente peut en être autorisée avant le délai ci-dessus fixé par une simple ordonnance du juge de paix sur requête. (Id., art. 82.)

Le maire est autorisé, sauf l'approbation du préfet, à faire remise, par voie de transaction, de la totalité ou de partie des condamnations encourues, même après le jugement rendu. Ce droit appartient exclusivement à la régie des contributions indirectes, et d'après les règles qui lui sont propres, toutes les fois que la saisie a été opérée dans l'intérêt commun des droits d'octroi et des droits imposés au profit du Trésor. (O. 9 décembre 1814, art. 83.)

Le produit des amendes et confiscations pour contraventions au règlement de l'octroi, déduction faite des frais et prélèvements autorisés, est attribué, moitié aux employés de l'octroi et moitié à la commune. (O. 9 décembre 1814, art. 84.)

Pour tous les modèles des procès-verbaux de contravention, de saisie, de vente, de transaction, etc., en matière d'octroi, voy. *Dict. des formules*, nos 1109 à 1132.

Officier de l'état civil. — Fonctionnaire qui, dans chaque commune, est chargé de la tenue des registres de l'état civil. Le maire remplit les fonctions d'officier de l'état civil. — Voy. ETAT CIVIL.

Officier de police judiciaire. — Fonctionnaire chargé de rechercher les crimes, délits et contraventions, d'en rassembler les preuves et d'en livrer les auteurs aux tribunaux chargés de les punir. Les fonctions d'officier de police judiciaire sont exercées, suivant les distinctions établies par le Code d'instruction criminelle, par les gardes champêtres et gardes forestiers, par les commissaires de police, par les maires et les adjoints, les procureurs de la République et leurs substituts, les juges de paix, les officiers de gendarmerie et les juges d'instruction. (C. I. C., art. 9.) — Voy. POLICE JUDICIAIRE.

Officier de santé. — Voy. MÉDECINS.

Officiers ministériels. — Officiers nommés par le chef de l'État pour prêter leur ministère aux magistrats et aux parties.

Les avocats à la Cour de cassation, les notaires, les avoués, les greffiers, les huissiers, les commissaires-priseurs, sont des officiers ministériels. (L. 28 avril 1816.)

Offres réelles. — Voy. ACQUISITIONS.

Oies. — Dans les communes où les oies forment des espèces de troupeaux, on doit assigner un cantonnement particulier à ces oiseaux, qui arrachent les herbes jusqu'aux racines et dont la fiente brûle les tiges. Dans les terres sujettes à la vaine pâture, que parcourent les oies, l'herbe répugne aux vaches et moutons. Cette observation prouve la nécessité d'un cantonnement spécial.

L'engraissement en grand des oies a été placé, par l'ordonnance du

9 février 1835, dans la troisième classe des établissements dangereux, incommodes ou insalubres. — Voy. Dégats, Dommages.

Oiseaux. — Aux termes de la loi du 3 mai 1844, article 9, sur la police de la chasse, les préfets peuvent prendre des arrêtés pour prévenir la destruction des oiseaux. Ces arrêtés portent défense d'enlever ou détruire les nids d'oiseaux, et de prendre les oiseaux, soit à la glu, soit avec filets, lacets ou autres engins. Il est des départements où cette prohibition est nécessaire dans l'intérêt de l'agriculture, afin d'arrêter la reproduction toujours croissante des insectes nuisibles aux fruits de la terre.

Les maires, en faisant publier ces arrêtés, doivent rappeler aux chefs de famille qu'ils seraient personnellement responsables des condamnations provenant du fait de leurs enfants mineurs ou de leurs domestiques.

Les gardes champêtres, les gardes forestiers et la gendarmerie sont spécialement chargés de rechercher les contraventions aux dispositions de ces règlements et de les constater par des procès-verbaux. — Voy. Chasse, Police rurale.

Omission. — Erreur qui se glisse dans un acte par inadvertance ou faute d'écriture. En règle générale, l'omission n'entraîne pas la nullité d'un acte, lorsqu'elle n'en altère pas le sens.

Opposition. — Acte qui a pour objet d'empêcher que quelque chose ne se fasse au préjudice de l'opposant. On forme opposition à l'exécution d'un arrêté, d'une décision; on forme opposition à ce qu'une somme soit remise à celui dont on se prétend créancier; on forme opposition à un mariage, à un jugement par défaut, etc. — Voy. Arrêté, Décision, Etat civil, Saisie-arrêt, Tribunal de police.

Oratoire. — Lorsque, dans un quartier ou dans un hameau éloigné de l'église paroissiale, il n'a pu être établi ni succursale, ni chapelle, ni annexe, et lorsqu'il existe un édifice disponible appartenant à la fabrique ou à la commune, la célébration du culte peut y être autorisée. On appelle cet édifice oratoire public ou chapelle de secours.

La demande d'autorisation doit être formée par le conseil de fabrique de la paroisse; elle est transmise à l'évêque et au préfet, accompagnée de l'avis du conseil municipal. L'oratoire public est ensuite autorisé par un acte du gouvernement. (L. 18 germinal an X, art. 44.) — *Dict. des formules,* n° 1151.

L'oratoire public est administré par la fabrique de la paroisse sur le territoire de laquelle il est situé.

Quant à l'oratoire particulier, également appelé chapelle domestique, c'est un lieu où des personnes qui ne peuvent aller à la paroisse commune sont autorisées à entendre l'office divin, recevoir les sacrements et pratiquer les exercices de piété. La demande d'établissement d'un oratoire particulier peut être formée : 1° en faveur des établissements publics, tels que les hospices, les prisons, les maisons de détention et de travail et les établissements des congrégations religieuses; 2° en faveur des maisons d'éducation, telles que les écoles secondaires ecclésiastiques, les lycées et collèges ou même les simples pensions ; 3° en faveur des grands établissements de fabriques et manufactures, ou des particuliers.

La demande doit être faite à l'évêque par les administrateurs des établissements ou les particuliers ; on y joint l'avis du maire et celui du préfet. L'autorisation est accordée par le gouvernement. (L. 18 germinal an X, art. 44.) — *Dict. des formules*, n° 1152.

Aucune chapelle domestique ne peut exister dans les villes que pour des causes graves et pour la durée de la vie de la personne qui a obtenu la permission. (D. 22 décembre 1812, art. 5.) — Voy. CULTES.

Ordonnancement. — Ordre de payer délivré par l'ordonnateur d'une dépense sur le caissier ou le receveur des deniers affectés au payement.

Aucune dépense ne peut être acquittée par le receveur si elle n'a été préalablement ordonnancée sur un crédit régulièrement ouvert au budget.

Les maires ou les adjoints qui les remplacent peuvent seuls délivrer des mandats sur la caisse communale. S'ils refusaient d'ordonnancer une dépense régulièrement autorisée et liquide, il serait prononcé par le préfet en conseil de préfecture. L'arrêté du préfet tiendrait lieu de mandat du maire. (L. 5 avril 1884, art. 152.) — Voy. COMPTABILITÉ COMMUNALE, DÉPENSES COMMUNALES, MANDAT DE PAYEMENT.

Ordonnance royale. — Voy. DÉCRET.

Ordonnateur. — Celui qui délivre le mandat de payement.

Les principaux ordonnateurs sont les ministres, les préfets et les maires. — Voy. COMPTABILITÉ COMMUNALE, DÉPENSES, MANDAT DE PAYEMENT, ORDONNANCEMENT.

Ordre impérial de la Légion d'honneur. — Voy. LÉGION D'HONNEUR.

Ordre public. — On comprend sous la dénomination d'ordre public la protection que la société doit à l'ensemble des intérêts individuels qui viennent se placer sous son égide, de manière à ce que tous obtiennent la plus grande satisfaction possible avec le moindre sacrifice possible pour chacun d'eux en particulier.

La première sollicitude de la société est d'assurer la vie de ses membres.

La société doit ensuite protéger le travail et l'exercice des facultés morales.

La société doit veiller encore à ce que ses membres ne soient pas menacés dans leurs personnes, troublés dans leurs propriétés ou leurs jouissances.

De là trois grandes classes de devoirs pour l'administration publique ; de là aussi trois divisions naturelles : 1° l'ordre public, en tant qu'il embrasse les moyens d'écarter les dangers matériels qui menaceraient la vie des citoyens ; 2° l'ordre public, en tant qu'il embrasse les moyens

II 67

de les faire jouir de la plus grande étendue de biens possible; 3° l'ordre public, en tant qu'il embrasse les moyens de procurer la sûreté et de prévenir les troubles et les désordres.

Ainsi le maire, chef de la famille communale, en même temps qu'il en administre le patrimoine, doit s'attacher aussi à maintenir le bon ordre dans l'intérieur de la commune, et à en assurer l'état sanitaire, la paix et la prospérité. — Voy. MAIRE, POLICE MUNICIPAL.

En droit, il est de principe qu'on ne peut déroger par des conventions particulières aux lois qui intéressent l'ordre public. (C. civ. art. 6.)

Ordures. — Voy. IMMONDICES.

Or et argent, orfèvres. — Voy. MATIÈRES D'OR ET D'ARGENT.

Organisation municipale. — Le principe de l'organisation actuelle des corps municipaux remonte à la loi du 18 décembre 1789. On commença alors à distinguer l'autorité qui exécute de celle qui délibère; mais ce principe qui est la base de toute bonne administration, abandonné sous l'empire de la Constitution de l'an III, ne fut véritablement fondé que par la loi du 28 pluviôse an VIII. Un maire fut placé à la tête de chaque commune; il fut assisté d'un ou plusieurs adjoints, suivant la population. Chaque commune eut, en même temps, son conseil municipal.

Cette organisation, a été successivement modifiée par les lois des 18 juillet 1831, 5 mai 1855 et 24 juillet 1867; elle est actuellement régie par la loi du 5 avril 1884. — Voy. ADJOINTS, COMMUNE, CONSEIL MUNICIPAL, CORPS MUNICIPAL, MAIRE.

Organisation judiciaire. — *Justices de paix.* — Chaque canton possède une justice de paix, comprenant un juge de paix et un ou plusieurs suppléants. La justice de paix est avant tout un tribunal de conciliation, qui juge cependant aussi les affaires litigieuses de moindre importance, et se transforme en tribunal de police pour réprimer les infractions aux lois et règlements, par l'adjonction d'un agent chargé des fonctions du ministère public, ordinairement le commissaire de police, le maire ou un adjoint. — Voy. JUGES DE PAIX, TRIBUNAL DE POLICE.

Tribunaux de première instance. — Chaque arrondissement possède un tribunal de première instance comprenant un président et le nombre de juges déterminé par le tableau B, annexé à la loi du 30 août 1883. — Voy. BULLETIN ANNOTÉ DES LOIS, 1883, p. 167.

Près de chaque tribunal il y a un procureur de la République et un nombre de substituts déterminé par ledit tableau.

Les tribunaux d'arrondissements sont juges d'appel des décisions des juges de paix et des tribunaux de commerce et connaissent en première instance de toutes les affaires civiles. Ils sont aussi juges de police correctionnelle.

Les jugements des tribunaux de première instance sont rendus par des magistrats, délibérant en nombre impair, au moins trois juges.

Les jugements de ces tribunaux, aussi bien en matière civile qu'en matière commerciale et de police correctionnelle, peuvent être réformés par la cour d'appel.

Cours d'appel. — La France est divisée en vingt-six ressorts de cours d'appel ; chaque cour comprend le nombre de chambres déterminé au tableau A annexé à la loi du 30 août 1883, plus une chambre des mises en accusation. Elle est composée, outre le premier président, du nombre de présidents et de conseillers, indiqué au même tableau. Il y a près de chaque cour, un procureur général, des avocats généraux et substituts, un greffier en chef et des commis greffiers, en nombre déterminé au tableau ci-dessus indiqué. (L. 30 août 1883, art. 2).

En toute matière, les arrêts des cours d'appels sont rendus par des magistrats délibérant en nombre impair, cinq juges au moins, président compris. Pour les jugements des causes qui doivent être portées aux audiences solennelles, les arrêts sont rendus par neuf juges au moins. (L. 30 août 1883, art. 1er.)

Cour d'assises. — Dans chaque département une cour d'assise siège trimestriellement, sauf à tenir des sessions extraordinaires en cas de nécessité. Cette cour est chargée d'assurer la répression de tous les crimes et de certains délits que des lois spéciales défèrent à sa juridiction.

Elle comprend deux éléments bien distincts, le jury et la cour proprement dite. Le jury prononce sur les questions de culpabilité et sur les circonstances atténuantes ou aggravantes. La cour, une fois le verdict rendu, applique la peine. — Voy. JURY.

Cour de cassation. — Au-dessus de toutes ces juridictions, la cour de cassation, tribunal suprême, assure l'exacte observation des lois, le maintien de l'uniformité de la jurisprudence et la régularité des procédures. Elle connaît à la fois du fond et de la forme en droit, mais n'apprécie jamais les questions de fait. Elle annule tous les jugements entachés d'erreur, d'excès de pouvoir ou d'abus d'autorité.

De plus, l'article 13 de la loi du 30 août 1883, l'institue en conseil supérieur de la magistrature. Elle exerce en cette qualité un pouvoir disciplinaire très étendu sur tous les magistrats, mais elle ne peut jamais statuer que toutes chambres réunies.

Indépendamment de ces cours et tribunaux, le Sénat peut, en vertu de la Constitution de 1875, se transformer en *haute cour de justice,* pour le jugement de crimes politiques, mais c'est une juridiction d'exception.

En ce qui concerne la juridiction commerciale. — Voy. TRIBUNAUX DE COMMERCE, CONSEILS DES PRUD'HOMMES ; et pour la juridiction administrative. — Voy. CONSEILS DE PRÉFECTURE, CONSEIL D'ETAT, TRIBUNAL DES CONFLITS, COUR DES COMPTES.

Orphelins. — Les orphelins qui sont sans asile doivent être reçus dans les hospices et, suivant leur âge, mis en nourrice, en pension ou en apprentissage, conformément aux dispositions du décret du 19 juillet 1811, qui les assimile sous ce rapport aux enfants trouvés et abandonnés. Mais, autant que possible, il est bon d'engager les personnes que les liens de parenté ou d'affection unissaient aux familles de ces infortunés, à en prendre soin, sauf aux bureaux de bienfaisance à accorder, à cet effet, des secours à domicile sur les fonds provenant de dons particuliers faits à leur occasion et même sur leurs propres ressources.

La circulaire du ministre du commerce et des travaux publics, en date du 4 août 1832, indique aux préfets les moyens que la législation permet d'employer pour venir au secours des enfants demeurés orphelins par suite d'une épidémie telle que le choléra.

Une circulaire du 26 octobre 1835 recommande aux préfets d'inviter les maires à prendre des mesures pour que les orphelins et enfants trouvés placés dans les communes soient admis gratuitement dans les écoles publiques, et participent à la distribution des livres élémentaires destinés aux élèves indigents. — Voy. ENFANTS ASSISTÉS.

Ouïe de la cognée. — Terme forestier. L'espace appelé l'ouïe de la cognée est fixé à la distance de 150 mètres des limites de la coupe. (C. F., art. 31.) — Voy. GARDE-VENTE.

Outrage. — L'outrage est une espèce d'injure qui est punie plus ou moins sévèrement, suivant les personnes ou les choses qui en sont l'objet et les lieux où elle est faite.

Lorsqu'un ou plusieurs magistrats de l'ordre administratif ou judiciaire ont reçu, dans l'exercice de leurs fonctions, ou à l'occasion de cet exercice, quelque outrage par parole tendant à inculper leur honneur ou leur délicatesse, celui qui les a ainsi outragés est puni d'un emprisonnement d'un mois à deux ans. Si l'outrage a eu lieu à l'audience d'une cour ou d'un tribunal, l'emprisonnement est de deux à cinq ans. (C. P., art. 222.)

L'outrage fait par gestes ou menaces à un magistrat, dans l'exercice ou à l'occasion de l'exercice de ses fonctions, est puni d'un mois à six mois d'emprisonnement, et si l'outrage a eu lieu à l'audience d'une cour ou d'un tribunal, il est puni d'un emprisonnement d'un mois à deux ans. (Id., art. 223.) — Voy. *Dict. des formules*, n° 1153.

L'outrage fait par paroles, gestes ou menaces, à tout officier ministériel ou agent dépositaire de la force publique, dans l'exercice ou à l'occasion de l'exercice de ses fonctions, est puni d'une amende de seize francs à deux cents francs (Id., art. 224). La peine est de six jours à un mois d'emprisonnement, si l'outrage a été dirigé contre un commandant de la force publique. (Id., art. 225.) — Voy. FONCTIONNAIRES PUBLICS. — *Dict. des formules*, n° 1153.

Toute personne qui a, par paroles ou gestes, outragé les objets d'un culte dans les lieux destinés ou servant actuellement à son exercice, ou les ministres d'un culte dans leurs fonctions, est puni d'une amende de seize francs à cinq cents francs et d'un emprisonnement de quinze jours à six mois. (Id., art. 262.)

Quiconque a frappé le ministre d'un culte dans ses fonctions est puni de la dégradation civique. (Id., art. 263.)

L'action publique n'est pas subordonnée à la plainte du ministre outragé. (Cass. 14 novembre 1840.) — Voy. CULTES. — *Dict. des formules*, n° 1153.

Quiconque aura commis le délit d'outrage aux bonnes mœurs par la vente, l'offre, l'exposition, l'affichage ou la distribution gratuite, sur la voie publique ou dans des lieux publics, d'écrits, d'imprimés autres que le livre, d'affiches, dessins, gravures, peintures, emblèmes ou images obcènes, est puni d'un emprisonnement de un mois à deux ans et d'une amende de 16 à 3,000 francs. Les complices sont punis de la même peine. (L. 2 août 1882.) — *Dict. des formules*, n°⁵ 1153 et 1156.

Toute personne qui a commis un outrage public à la pudeur est puni d'un emprisonnement de trois mois à un an, et d'une amende de seize francs à deux cents francs. (C. P., art. 330.) — Voy. Mœurs. — *Dict. des formules*, n°⁵ 1154-1155.

p

Paille. — Voy. Couvertures en chaume, Fourrage, Incendie, Meules de paille ou de foin.

Pain (Taxe du). — La loi du 19-22 juillet 1791, art. 30, donne aux maires le droit de taxer le pain. Le décret du 22 juin 1863, qui a proclamé la liberté de la boulangerie, ne leur a pas enlevé l'exercice de ce droit. Toutefois, il a été recommandé aux autorités locales de considérer cette taxe comme officieuse. Le prix de la vente du pain des diverses qualités doit rester libre, et les boulangers peuvent afficher ostensiblement dans les lieux de vente celui qu'il leur convient de fixer. (Circ. min. des trav. publ., 22 août et 10 novembre 1863.)

La taxe du pain est basée sur le prix des grains ou de la farine. Dans le premier cas, les éléments qui servent à la fixer sont : 1° le prix du blé d'après les mercuriales du marché de la localité ou des marchés voisins où les boulangers ont coutume de s'approvisionner ; 2° les frais de mouture ; 3° le poids du blé officiellement constaté à la fin de chaque année ; 4° le rendement du blé en farine ; 5° le rendement de la farine en pain ; 6° une allocation fixe, accordée aux boulangers pour frais de fabrication et bénéfice.

Dans le second cas, la taxe résulte de la combinaison de ces trois éléments : 1° le prix moyen de la farine ; 2° le rendement de la farine convertie en pain ; 3° le prix alloué aux boulangers pour manutention.

Dans quelques communes, le règlement de la taxe repose sur cette donnée qu'un kilogramme de blé produit un kilogramme de pain. Mais cette estimation qui, dans quelques localités, se rapproche de la vérité, peut être inexacte dans d'autres, surtout dans celles où l'on n'emploie que de la farine très blanche pour la fabrication du pain ; il convient donc de ne l'adopter pour base de la taxe qu'après vérification.

Les boulangers doivent tenir affiché, dans l'endroit le plus apparent de leur boutique, un bulletin de leurs prix de vente pour les diverses qualités de pain. (Circ. min. des trav. publ., 10 novembre 1863.) — Voy. BOULANGERS, DENRÉES ET SUBSTANCES ALIMENTAIRES, POIDS ET MESURES. — *Dict. des formules*, n°s 232 à 235.

Paisson. — Terme forestier. — Voy. GLANDÉE.

Panage. — Terme forestier. C'est le droit de conduire dans une forêt des porcs, pour qu'ils s'y nourrissent de glands, de faines et autres fruits.

La durée du panage ne peut excéder trois mois; l'époque de l'ouverture en est fixée chaque année par l'administration forestière. (C. F., art. 66.) — Voy. GLANDÉE.

Papiers de la mairie. — Sous le mot de papiers, on entend toutes sortes d'écritures, de titres ou de pièces ; or, les maires n'étant que simples dépositaires, pour la durée de leurs fonctions, des papiers de toute nature amassés dans leurs bureaux par le courant des affaires, leur devoir est de les classer soigneusement pour les remettre en ordre à leur successeur : un inventaire exact est le moyen le plus sûr de dégager leur responsabilité. — Voy. ARCHIVES, MAIRE, MAIRIE.

Parafe. — Marque faite d'un ou plusieurs traits de plume, et qui accompagne habituellement la signature.

Le dépôt de signature et parafe prescrit aux notaires a été, par analogie, exigé des magistrats, officiers et administrateurs dont la signature est sujette à la légalisation. — Voy. SIGNATURE.

On doit parafer, dans tous les actes, les renvois, apostilles et même les mots rayés. Le parafe sert aussi à reconnaître des feuilles de registre, répertoire ou acte, et à en constater le nombre. — Voy. ÉTAT CIVIL.

Parcours et vaine pâture. — On distingue ordinairement les pâtures en deux classes, savoir : les pâtures dites grasses ou vives, et les pâtures dites sèches ou vaines.

Les pâtures vives ont lieu sur les bruyères, landes, marais, pâtis, etc., appartenant à des communautés d'habitants ou grevés en leur faveur de droits d'usage qui leur permettent d'y faire paître leurs bestiaux.

Les pâtures vaines ont lieu dans les bois de haute futaie, dans les bois taillis, entre la cinquième et la sixième feuille, sur les prés après la fauchaison, sur les guérets et terres en friche, et généralement sur tous les terrains où il n'y a ni semence ni fruits.

Il ne s'agit dans cet article que de la vaine pâture dont l'exercice est soumis à des règles tout à fait distinctes de celles qui concernent la pâture vive ; celle-ci, en effet, n'ayant lieu que sur des terrains dont le fonds, ou tout au moins la propriété utile, appartient aux communes, les droits de chaque habitant sont déterminés par les lois qui règlent le mode de jouissance des biens communaux.

Lorsque le droit de vaine pâture est en vigueur dans une commune, il a pour effet de rendre libre, entre la généralité des habitants, toute l'étendue des héritages où il peut être exercé, de telle sorte que chacun a la faculté d'y conduire ses bestiaux en dépaissance, sauf les exceptions propres à la localité, sans que le propriétaire puisse y mettre empêchement.

Souvent aussi le droit de vaine pâture n'est pas restreint aux héritages compris dans les limites du territoire d'une commune, il s'exerce encore sur le territoire d'une commune ou des communes limitrophes, dont les habitants, à leur tour, usent de réciprocité; il est alors désigné sous la dénomination de droit de parcours ou de compascuité.

Vaine pâture. — La loi du 28 septembre-6 octobre 1791, en ce qui concerne la vaine pâture, a établi une jurisprudence générale qui a eu pour but de ménager les usages établis et de préparer l'affranchissement des propriétés.

Après avoir posé en principe que tout propriétaire est libre d'avoir chez lui telle quantité et telle espèce de troupeaux qu'il croit utile à la culture et à l'exploitation de ses terres, et de les y faire pâturer exclusivement, elle a ajouté : le droit de vaine pâture dans une commune, accompagné ou non de la servitude du parcours, ne peut exister que dans les lieux où il est fondé sur un titre particulier, ou autorisé par la loi ou par un usage local immémorial, et à la charge que la vaine pâture n'y sera exercée que conformément aux règles et usages locaux, qui ne contrarieront point les réserves portées par la loi. (L. 28 septembre-6 octobre 1791, titre I, section IV, art. 1er et 3.)

Il résulte de là que la vaine pâture a dû, en général, sauf les exceptions propres à certaines localités, continuer de s'exercer sur les prés après la fauchaison, sur les guérets et terres en friche, sur les jachères, et enfin sur tous les héritages non ensemencés ou dépouillés de leurs fruits, et que l'usage n'a point mis en défense.

Voici quelles sont les réserves exprimées par la loi, quant à la nature des terrains susceptibles ou non d'être ouverts à la vaine pâture :

« Dans aucun cas et dans aucun temps, le droit de parcours ou celui de vaine pâture ne peuvent s'exercer sur les prairies artificielles, et ne pourront avoir lieu sur aucune terre ensemencée ou couverte de quelque production que ce soit, qu'après la récolte. (L. 28 septembre-6 octobre 1791, titre I, section IV, art. 9.)

« Partout où les prairies naturelles sont sujettes au parcours et à la vaine pâture, ils n'ont lieu provisoirement que dans le temps autorisé par les lois et coutumes, et jamais tant que la première herbe ne sera pas récoltée. (Id., art. 10.)

« Dans les lieux de parcours ou de vaine pâture, comme dans ceux où ces usages ne sont point établis, les pâtres ou bergers ne pourront mener des troupeaux d'aucune espèce dans les champs moissonnés et ouverts, que deux jours après la récolte entière, sous peine d'amende. (L. 28 septembre-6 octobre 1791, titre II, section IV, art. 22.)

« Il est défendu de mener sur le terrain d'autrui des bestiaux d'aucune espèce, et, en aucun temps, dans les prairies artificielles, dans les vignes, oseraies, plants de câpriers, d'oliviers, de mûriers, dans tous les plants ou pépinières d'arbres fruitiers ou autres, faits de main d'homme. (Id., art. 24.) »

Les prairies artificielles sont les luzernes, sainfoins, trèfles, etc., et l'on ne peut jamais y envoyer paître des troupeaux. Quant aux prairies naturelles, la loi a maintenu les anciens usages, sous la condition expresse toutefois que, dans aucun cas, la vaine pâture ne s'exercerait avant la récolte de la première herbe. Cette restriction générale peut même recevoir une extension plus ou moins grande, selon les localités ;

ainsi, dans les années humides, où souvent les foins sont en partie avariés par l'abondance ou la continuité des pluies, il est d'un haut intérêt de ménager la récolte des regains ; l'autorité administrative pourrait, en pareille circonstance, suspendre là où il est en vigueur, l'exercice du droit d'envoyer paître les bestiaux dans les prés, immédiatement après la première fauchaison.

Dans le cas où une section est détachée d'une commune pour être réunie à une autre commune soumise à des usages différents, soit relativement au parcours ou à la vaine pâture, soit relativement au troupeau en commun, la plus petite partie de la réunion suit la loi de la plus grande. (L. 22 septembre-6 octobre 1791, titre I, section IV, art. 18.) En conséquence, si la vaine pâture n'est pas en usage dans une commune, les communes qui viennent à lui être réunies y sont privées de ce droit et ne peuvent plus l'exercer dans la commune à laquelle elles appartenaient antérieurement. Par compensation, les propriétés situées sur le territoire de cette section sont affranchies de la servitude du parcours ; mais les habitants non propriétaires ou fermiers qui avaient le droit d'envoyer à la vaine pâture six bêtes à laine et une vache avec son veau, perdent ce droit sans compensation. (Décis. min. 1842.)

Usagers de la vaine pâture. — Règles relatives au mode de jouissance de ce droit. — Dans les pays de parcours ou de vaine pâture soumis à l'usage du troupeau commun, tout propriétaire ou fermier peut renoncer à cette communauté et faire garder par troupeau séparé un nombre de têtes de bétail proportionné à l'étendue des terres qu'il exploite dans la commune. (L. 28 septembre-6 octobre 1791, titre II, section IV, art. 12.)

La quantité de bétail, proportionnellement à l'étendue du terrain, est fixée, dans chaque commune, à tant de bêtes par arpent, d'après les règlements et usages locaux, et, à défaut de documents positifs à cet égard, il y est pourvu par le conseil municipal. (L. 5 avril 1884, art. 68.)

Néanmoins, tout chef de famille domicilié, qui n'est ni propriétaire ni fermier d'aucun des terrains sujets au parcours ou à la vaine pâture, et le propriétaire ou fermier à qui la modicité de son exploitation n'assure pas l'avantage qui va être déterminé, peuvent mettre sur lesdits terrains, soit par troupeau séparé, soit en troupeau commun, jusqu'au nombre de six bêtes à laine et d'une vache avec son veau, sans préjudicier aux droits desdites personnes sur les terres communales, s'il y en a dans la commune, et sans entendre rien innover aux lois, coutumes ou usages locaux et de temps immémorial, qui leur accordent un plus grand avantage. (Id., art. 14.)

Les propriétaires ou fermiers exploitant des terres sur des communes sujettes au parcours et à la vaine pâture, et dans lesquelles ils ne sont point domiciliés, ont le même droit de mettre dans le troupeau commun, ou de faire garder par troupeau séparé une quantité de têtes de bétail proportionnée à l'étendue de leur exploitation ; mais, dans aucun cas, ces propriétaires ou fermiers ne peuvent céder leurs droits à d'autres. (L. 28 septembre-6 octobre 1791, titre II, section IV, art. 15.)

Il résulte de tout ce qui précède que nul n'a droit, sous aucun prétexte, de mener paître des bestiaux sur le territoire d'une commune, s'il n'y est domicilié ou s'il n'y fait valoir une exploitation.

Clôture des héritages. — Le propriétaire dont les héritages sont sujets à la vaine pâture, et qui désire les y soustraire, atteint ce but en faisant clore ses héritages : le droit de clore et de déclore ses héritages résulte essentiellement de celui de propriété et ne peut être contesté à aucun propriétaire. (L. 28 septembre-6 octobre 1791, titre II, section IV, art. 4.)

Le droit de parcours et le droit simple de vaine pâture ne peuvent, en aucun cas, empêcher les propriétaires de clore leurs héritages; tout le temps qu'un héritage est clos de la manière déterminée par l'article ci-après, il ne peut être assujetti à l'un ou l'autre droit. (Id., art. 5.)

L'héritage est réputé clos lorsqu'il est entouré d'un mur de quatre pieds de hauteur, avec barrière ou porte, ou lorsqu'il est exactement fermé et entouré de palissades ou de treillages ou d'une haie vive ou d'une haie sèche, faite avec des pieux ou cordelée avec des branches, ou de toute autre manière de faire les haies en usage dans chaque localité, ou enfin d'un fossé de quatre pieds au moins de large à l'ouverture et de deux pieds de profondeur. (Id., art. 6.)

La clôture affranchit de même du droit de vaine pâture réciproque ou non réciproque entre particuliers, si ce droit n'est pas fondé sur un titre. (Id., art. 7.)

Le droit dont jouit tout propriétaire de clore ses héritages a lieu, même par rapport aux prairies, dans les communes où, sans titre de propriété et seulement par l'usage, elles deviennent communes à tous les habitants, soit immédiatement après la récolte de la première herbe, soit dans tout autre temps déterminé. (Id., art. 11.)

Quand un propriétaire, dans un pays de parcours ou de vaine pâture, a clos une partie de sa propriété, le nombre de têtes de bétail qu'il peut continuer d'envoyer dans le troupeau commun ou par troupeau séparé sur les terres particulières des habitants de la communauté est restreint proportionnellement. (Id., art. 16.)

Les dispositions rappelées ci-dessus ont été consacrées par le Code civil, qui, en accordant à tout propriétaire la faculté de clore son héritage, dispose que celui qui veut se clore perd son droit au parcours et à la vaine pâture en proportion du terrain qu'il y soustrait. (C. civ., art. 647 et 648.)

Rachat de la servitude de vaine pâture. — Lorsque le droit de vaine pâture, de particulier à particulier, dérive d'un titre formel, d'un contrat ou d'un jugement non susceptible de revision, ce droit ne saurait être restreint par la clôture. Toutefois, le propriétaire peut encore se soustraire à l'exercice d'une servitude essentiellement contraire aux améliorations qu'il voudrait introduire dans le mode d'exploitation de ses terres. La loi lui en donne les moyens.

Entre particuliers, tout droit de vaine pâture fondé sur un titre, même dans les bois, est rachetable à dire d'experts, selon l'avantage que peut en retirer celui qui a ce droit, s'il n'est pas réciproque, ou eu égard au désavantage qu'un des propriétaires peut avoir à perdre la réciprocité si elle existe; le tout sans préjudice au droit de cantonnement, tant pour les particuliers que pour les communautés. (L. 22 septembre-6 octobre 1791, titre II, section IV, art. 8.)

On doit reconnaître dans cette disposition, qui détermine une espèce d'expropriation pour cause d'utilité publique, l'intention bien prononcée du législateur de restreindre, autant que possible, l'exercice de la vaine pâture, et d'arriver progressivement à l'entière abolition de cet usage funeste.

Mode de cantonnement. — Le droit de cantonnement dérive implicitement du droit de clôture.

C'est l'affectation d'une étendue déterminée de terrain à la jouissance commune; il ne faut pas seulement y voir un moyen d'ordre et de surveillance, mais une voie de salut pour toutes les propriétés que leur affranchissement rend à la liberté de culture.

Dans les pays où les habitants avaient autrefois la faculté d'envoyer paître leurs bestiaux par troupeau séparé, il arrivait souvent que l'on divisait, selon les proportions déterminées, le territoire de la vaine pâture en cantonnements exclusivement attribués à chacun des usagers.

L'article 12 de la loi de 1791, rapproché de l'article 8 de la loi des 17, 19 et 20 septembre 1790, est venu depuis fournir une induction légale en faveur de ce système; et l'intérêt de l'agriculture en recommande trop vivement l'application à l'autorité municipale pour qu'elle ne s'empresse pas de le généraliser autant qu'il lui est possible.

Comme les moutons, en paissant, rasent l'herbe de beaucoup plus près que les autres bestiaux, il était d'usage en diverses localités de les cantonner exclusivement sur certaines terres de vaine pâture, en réservant le reste à la dépaissance des grands troupeaux, qui, sans cette précaution, risqueraient de ne point trouver une nourriture suffisante. Les communes, ainsi que les particuliers, peuvent demander le maintien de cet usage partout où il existait.

Parcours. — Le droit de parcours n'étant pas autre chose, ainsi qu'on l'a expliqué plus haut, que celui de vaine pâture rendu commun aux habitants de deux ou de plusieurs communes limitrophes sur leurs territoires respectifs, si l'exercice du droit de vaine pâture est nuisible aux véritables intérêts de l'agriculture, à plus forte raison le parcours est-il un obstacle à tout progrès : aussi la loi de 1791 a-t-elle établi une distinction essentielle. Le droit de vaine pâture n'est maintenu que là où il existait en vertu d'un usage local immémorial, et l'exercice du droit de parcours n'est provisoirement permis qu'autant qu'il est fondé sur une possession autorisée par les lois et coutumes. (L. 28 septembre-6 octobre 1791, titre I, section IV, art. 2 et 3.)

Les restrictions apportées au parcours sont exprimées dans les articles 9, 10, 11, 12, 13, 14, 15, 16, 18 et 19 de la même loi, qui déterminent, ainsi qu'on l'a vu, la mise en défens absolu des prairies artificielles ; la mise en défens des prairies naturelles, tant que la première herbe n'est pas récoltée ; la faculté attribuée à chaque usager de faire garder ses bestiaux par troupeau séparé ; le nombre des têtes de bétail qui peuvent composer le troupeau, et la compétence des conseils municipaux en fait de règlements sur cette matière ; la règle à suivre dans le cas de réunion des territoires de deux communes ou sections de commune soumises à des usages différents, relativement aux droits de parcours ou de vaine pâture ; enfin, les mesures qui doivent être prises pour empêcher le développement des épizooties par la fréquentation des troupeaux suspects de quelque maladie contagieuse.

Ainsi le droit de parcours est, de même que celui de la vaine pâture, soumis aux anciens usages qui le régissaient là où il n'a point été aboli.

On a vu plus haut que tout droit de vaine pâture fondé sur un titre ne peut être aboli par la clôture des héritages sur lesquels il s'exerce ; il n'en est pas de même du droit de parcours. La commune dont le droit de parcours sur une commune voisine est restreint par des clôtures ne peut prétendre à cet égard à aucune espèce d'indemnité, même dans le cas où son droit serait fondé sur un titre ; mais cette commune a le droit de renoncer à la faculté réciproque qui résultait de celui de parcours entre elle et la commune voisine : ce qui a également lieu si le droit de parcours s'exerçait sur la propriété d'un particulier. (L. 22 septembre-6 octobre 1791, titre II, section IV, art. 17.)

L'exercice du parcours ne pouvait avoir lieu, d'après la plupart des anciennes coutumes, qu'en troupeau commun ; la loi de 1791 a donné à tous les particuliers la faculté d'envoyer des troupeaux séparés sur les terres soumises à ce droit.

La jurisprudence a consacré deux principes qui dominent toute la matière.

Suivant un avis du conseil d'Etat du 22 décembre 1803, le droit de parcours doit toujours être réciproque entre les communes sur le territoire desquelles il s'exerce ; il ne saurait subsister sans cette réciprocité.

Aux termes de l'ordonnance royale du 22 juillet 1818, lorsque des communes limitrophes jouissent réciproquement, sur leurs territoires respectifs, des droits de parcours fondés en titres, les contestations que peut occasionner une atteinte quelconque portée à l'exercice de ces droits sont du ressort des tribunaux ; mais s'il s'agit d'apporter au mode de jouissance quelque changement que réclament de nouvelles circonstances, c'est à l'autorité administrative qu'il appartient de statuer, comme étant chargée par les lois fondamentales de l'Etat de tout ce qui concerne les intérêts communaux.

Règlements du parcours et de la vaine pâture. — Le parcours et la vaine pâture sont compris parmi les objets sur lesquels le conseil municipal est appelé à délibérer. (L. 5 avril 1884, art. 68) (1).

Les délibérations prises à ce sujet sont adressées au sous-préfet et deviennent exécutoires par l'approbation du préfet. Elles sont ensuite publiées par le maire sous forme de règlement municipal. Le maire peut y joindre les mesures de police qu'il juge nécessaires en ce qui concerne la conservation des chemins publics et des propriétés. — *Dict. des formules*, nos 1089 et 1090.

Contraventions. — Toutes les contraventions aux règlements de vaine pâture doivent être poursuivies, soit à la diligence des particuliers intéressés, soit à la diligence de l'autorité locale, devant les tribunaux de police correctionnelle, ou de simple police selon le cas.

Les gardes champêtres sont spécialement chargés d'assurer l'exécution des règlements concernant le parcours et la vaine pâture et de dresser procès-verbal contre les délinquants. — Voy. POLICE RURALE. — *Dict. des formules*, nos 1157 à 1160.

Paroisse. — Territoire formant la circonscription d'une cure, succursale ou chapelle vicariale. Le mot paroisse est, en outre, employé pour désigner une église érigée en cure.

Le territoire de la paroisse correspond ordinairement à celui de la commune. Cependant, il y a des communes qui forment plusieurs paroisses, comme il y a aussi des paroisses qui forment plusieurs communes.

Aucun plan de circonscription, aucune érection ni aucun démembre-

(1) La loi du 5 avril 1884 ne fait pas mention du parcours qui, d'après le projet de code rural voté par le Sénat, doit être supprimé. Mais nous avons cru devoir laisser subsister les règles relatives au parcours, tant que la loi ne sera pas votée par la Chambre et promulguée.

ment de paroisse ne peuvent être mis à exécution sans l'autorisation
expresse du gouvernement. (L. 18 germinal an X, art. 61 et 62.)

Sous le rapport temporel, la paroisse est un établissement public et
légal, ayant des biens, des revenus et des charges, et qui est administré par une fabrique, conformément à des lois et règlements spéciaux
émanés de l'autorité civile. — Voy. CHAPELLES VICARIALES, CIRCON-
SCRIPTIONS ADMINISTRATIVES, CULTES, CURE, CURÉS ET DESSERVANTS, FA-
BRIQUE, SUCCURSALE.

Partage de biens communaux. — Les partages de biens communaux doivent être rangés au nombre des actes que peuvent passer
les communes ; ils ne sont pas translatifs, mais simplement déclaratifs
de propriétés ; ils ont pour objet d'assurer les droits respectifs des
communes, lorsqu'elles possèdent par indivis avec d'autres communes
ou des particuliers.

L'article 162 de la loi du 5 avril 1884 confie à une commission syndicale formée conformément à l'article 161 de la même loi, l'administration des biens et droits indivis entre les communes ou sections et
l'exécution des travaux qui se rattachent à ces biens. Quant au partage,
aux termes du paragraphe 2 de l'article 162 de la loi du 5 avril 1884,
ils demeurent réservés aux conseils municipaux. Devant le silence de
la loi nouvelle sur les formalités qui doivent accompagner ces partages,
tout porte à croire que l'ancienne jurisprudence subsiste et que, lorsqu'il s'agit d'opérer un partage de cette nature, le sous-préfet doit
prescrire une enquête *de commodo* et *incommodo;* les maires des communes intéressées nomment, de part et d'autre, des experts qui sont
chargés de former les lots et de les tirer au sort. Les procès-verbaux
d'enquête et d'expertise sont communiqués aux conseils municipaux.
Les délibérations de ces conseils sont rendues exécutoires, s'il y a lieu,
par un arrêté du préfet en conseil de préfecture.

La loi étant également muette sur les partages entre habitants à titre
gratuit, il y a lieu aussi de s'en référer à l'ancienne jurisprudence,
qu'aucune disposition de la loi nouvelle n'est venue infirmer et par
suite de considérer comme interdit tout partage de biens communaux
entre habitants, à titre gratuit et définitif, tels que la loi du 10 juin 1793
les avait autorisés. (Avis du cons. d'État 21 février 1838.) Toutefois, les
demandes en concession de biens communaux, à titre onéreux, peuvent
être accueillies par l'autorité supérieure, le prix de concession représentant, dans ce cas, la valeur des immeubles. (Décis. min. de l'int.,
1857.) — Voy. BIENS, BOIS DES COMMUNES ET DES ÉTABLISSEMENTS
PUBLICS. — *Dict. des formules,* n° 1161.

Passage. — Le droit de passage est le droit de passer sur le fonds
d'autrui ; ce droit résulte de la situation des propriétés.

Les concessionnaires des mines obtiennent les passages nécessaires à
leur exploitation. (L. 27 juillet 1791 et 24 avril 1810.)

Ceux qui travaillent au desséchement des marais ont les droits de
passage que nécessitent leurs opérations. (L. 16 septembre 1817.)

L'arrêté d'un maire, qui, par mesure de sûreté publique, prohibe le
passage dans un certain lieu, est obligatoire. La contravention à cet
arrêté est punie des peines portées en l'article 471 du Code pénal.

Les passages établis dans les villes par des particuliers, sur un sol
qui leur appartient, participent de la nature des voies publiques. Tant

qu'ils conservent la denomination de passages, ils sont soumis, de même que les rues, à l'usage du public et à l'action des règlements de police et de voirie ; leur propriété, cependant, ne cesse pas de reposer dans les mains de ceux qui les ont établis ou dans celles de leurs ayants droit. — Voy. VOIE PUBLIQUE.

Passavant. — Ce mot a une acception différente, suivant qu'il s'applique aux douanes ou aux contributions indirectes. Dans le premier cas, il désigne l'expédition qui accompagne les marchandises déjà soumises à l'examen des bureaux de douanes ; dans le second, il indique l'expédition qui accompagne les boissons quand elles sont exemptes de droits à payer.

La loi du 28 avril 1816, qui assujettit au droit de circulation toutes les boissons transportées d'un lieu dans un autre, prononce une exemption en faveur des propriétaires récoltants : ceux-ci peuvent, au moyen d'un passavant, conduire le produit de leur récolte d'un cellier ou d'un pressoir dans leur domicile. Pour jouir de cette franchise et obtenir un passavant, les ayants droit doivent justifier de leur titre de propriétaires récoltants, de fermiers ou de colons partiaires. Cette justification est donnée par un extrait de la matrice du rôle de la contribution foncière et un certificat délivré par le maire. — Dict. des formules, n° 1162.

Passe-debout. — On nomme passe-debout le permis dont se munit le conducteur de boissons qui veut les introduire dans une ville sujette aux droits d'entrée sans payer les droits de régie ou d'octroi, et pour leur faire traverser cette ville seulement. — Voy. BOISSONS, OCTROI.

Passeport. — Feuille délivrée par l'autorité à un individu, pour qu'il puisse librement et sans être inquiété aller et venir d'un lieu à un autre (1).

Passeports à l'intérieur. — Autorités chargées de leur délivrance. — Les passeports à l'intérieur sont délivrés par le maire, et à Paris, par le préfet de police, et dans l'agglomération lyonnaise par le préfet du Rhône. (L. 10 vendémiaire an IV, art. 1 et 2. L. du 10 juin 1853 et 5 avril 1884, art. 104 et 105.)

Les présidents des Chambres législatives peuvent, par exception, délivrer des passeports aux membres de ces Chambres. (D. 28 mars 1792.)

Personnes auxquelles des passeports peuvent être délivrés. — Le maire ne peut délivrer de passeport indifféremment à toute personne qui veut voyager hors de son canton. Lorsque cette personne appartient à la commune, et que le maire la connaît, ce fonctionnaire peut le lui délivrer sur sa demande ; autrement, elle doit être accompagnée de deux citoyens domiciliés dans la commune, qui lui servent de garantie et dont les noms sont désignés dans le passeport, ainsi que leur profession et demeure,

(1) L'obligation de se munir d'un passe port n'a pas été officiellement supprimée, mais la fréquence des relations de ville à ville et de pays à pays l'empêche d'être appliquée en temps ordinaire à l'intérieur. Elle n'est remise en vigueur que dans les temps de troubles ou de guerre. La formalité du passeport est supprimée avec la plupart des pays des deux continents.

et qui le signent; s'ils ne peuvent ou ne savent signer, mention en est faite. (L. 17 ventôse an IV, art. 1er.)

Une circulaire du ministre de l'intérieur du 1er février 1858 rappelle les règles qui doivent être partout observées, pour la délivrance des passeports. Il arrive fréquemment, dit cette circulaire, que des individus intéressés à échapper à la surveillance obtiennent des passeports délivrés, soit à eux-mêmes sous des noms supposés, soit à des amis complaisants dont ils prennent la désignation et la qualité. Pour remédier à cette fraude, qui met trop souvent en défaut la surveillance des agents de l'autorité et de la force publique, il est essentiel que le passeport ne soit jamais délivré hors de la présence de l'individu qui le réclame, que son signalement soit relevé avec soin, et que sa signature soit apposée en même temps sur le passeport et sur le talon, en présence du fonctionnaire chargé de la délivrance.

Toutes les fois qu'un passeport lui est demandé, le préfet ou le maire, suivant le cas, doit s'entourer préalablement de tous les renseignements propres à justifier qu'il n'existe à l'égard de l'impétrant aucune cause particulière d'empêchement. Il est important surtout que l'identité de celui qui se présente soit parfaitement établie. Si l'identité n'était pas personnellement connue, il y aurait lieu d'exiger qu'elle fût attestée par deux citoyens connus et domiciliés, et d'avertir ces témoins de la responsabilité légale à laquelle les exposerait une fausse déclaration.

Cette précaution est surtout indispensable lorsque le passeport est réclamé exceptionnellement par un individu de passage dans la commune, mais qui n'y est pas domicilié.

Il ne doit pas être délivré de passeport à un mineur non émancipé, sans le consentement de son père, de sa mère ou de son tuteur; à un étudiant ou élève, sans la permission de son maître ou instituteur ; à une femme mariée, sans l'autorisation ou l'assentiment de son mari, à moins qu'elle ne voyage pour aller le rejoindre; à un comptable ou employé, sans la permission de son chef; à un domestique, sans le consentement de son maître. L'ouvrier doit présenter son livret acquitté de tous engagements par le maître qui l'a employé et visé pour départ; l'apprenti, son brevet ou certificat d'apprentissage, dûment visé; le militaire, sa feuille de route ou son congé, licenciement ou exemption de service, et une autorisation de l'état-major, s'il est porteur d'un permis de séjour militaire. Tout individu célibataire ayant été appelé au recrutement de l'armée doit produire sa dispense définitive, ou son acte de remplacement, ou un certificat de libération.

Il n'est rien changé, au surplus, aux dispositions des circulaires du ministère de la police générale des 19 août 1852 et 11 avril 1853, qui prescrivent de ne délivrer de passeports pour Paris qu'aux ouvriers qui justifieraient qu'ils y ont du travail assuré. (Cir. Int. 1er février 1858.)

Forme des passeports. — La feuille disposée pour le passeport se compose de deux parties : la première, qui se détache de la seconde par une coupure ondulée, est remise au porteur et constitue le passeport proprement dit ; la seconde partie, par forme de souche ou talon, est la minute du passeport délivré ; elle contient les mêmes désignations que le passeport, et reste entre les mains du maire. (D. 18 septembre 1807, art. 2.)

Tout passeport doit indiquer les nom, prénoms, âge, profession, pays de naissance, domicile et signalement du requérant, et désigner le lieu où il doit se rendre. (L. 10 vendémiaire an IV, art. 6 ; 28 vendémiaire an VI, art. 1er.) — *Dict. des formules*, n° 1166.

Le passeport est individuel. Cependant, le même passeport peut comprendre le mari et la femme et même les enfants au-dessous de quinze ans. Il peut comprendre également deux frères ou deux sœurs, si l'un est en bas âge et sous la surveillance de l'autre. (Circ. Int. 6 août 1827.)

Les passeports ne sont valables que pour un an, du jour de leur délivrance. (D. 11 juillet 1810, art. 9.)

Les diplômes, accordés aux membres des sociétés de secours mutuels approuvées, remplacent les passeports pour les ouvriers qui font partie de ces sociétés. (D. 26 mars 1852, art. 12.) — Voy. SOCIÉTÉ DE SECOURS MUTUELS.

Représentation des passeports. — Tous les agents de l'autorité publique ont le droit d'exiger la représentation du passeport des voyageurs. (D. 29 juillet 1792.)

Tout individu voyageant et trouvé hors de son canton sans passeport, peut être mis en état d'arrestation et détenu jusqu'à ce qu'il ait justifié de son identité. Si dans les vingt jours il n'a pas justifié de son domicile, il est réputé vagabond et poursuivi comme tel. (L. 10 vendémiaire an IV, titre III, art. 6 et 7.) — *Dict. des formules*, nos 1103 et 1104.

La gendarmerie doit s'assurer de la personne de tous individus circulant dans l'intérieur de la France sans passeports ou avec des passeports qui ne sont pas conformes aux lois, à la charge de les conduire sur-le-champ devant le maire ou l'adjoint de la commune la plus voisine. (D. 1er mars 1854, art. 287.)

Les aubergistes, hôteliers, logeurs et loueurs de maisons garnies doivent exiger la représentation des passeports de toutes les personnes qui descendent dans leur établissement et qui y passent une nuit (1). Il importe que cette obligation qui, de même que la tenue régulière du registre prescrit par l'article 475 du Code pénal, est de nature à faciliter la surveillance, soit exactement remplie. (Circ. Int. 1er février 1858.) — Voy. AUBERGISTES, LOGEURS, MAISONS GARNIES.

Visa des passeports. — Le voyageur qui veut changer de direction doit présenter son passeport au maire du lieu où il se trouve. Le passeport est revêtu par le maire d'un *visa* sans frais, qui indique la nouvelle destination choisie par le voyageur. (L. 28 vendémiaire an VI, art. 5.)

Les passeports n'étant valables que pour un an, lorsque le porteur d'un passeport se présente pour le faire viser pour une autre destination, le maire doit s'assurer, par la date de la délivrance du passeport, qu'il n'est pas périmé; car son visa ne pourrait le rendre valable; ce fonctionnaire ne peut, dans ce cas, que délivrer un nouveau passeport sur le dépôt de l'ancien.

Tout étranger voyageant dans l'intérieur de la France, doit, à son arrivée dans la commune pour laquelle le passeport lui a été délivré, se présenter à la municipalité pour y faire viser son passeport et y obtenir un permis de séjour.

Registre des visas et passeports. — La loi prescrit de tenir, dans chaque

(1) Aujourd'hui l'usage de réclamer le passeport des voyageurs arrivant dans une hôtellerie est tombé en désuétude comme l'usage du passeport lui-même; on se borne dans la pratique à demander la production d'une pièce constatant l'identité et même le plus souvent à faire inscrire les noms et adresses des voyageurs sur ce registre.

commune, un registre des passeports qui y sont délivrés. (L. 10 vendémiaire an IV, titre III, art. 2.)

On peut se dispenser toutefois, de tenir ce registre, si l'on a soin de recueillir les souches ou talons des passeports délivrés et d'en former une collection, qu'on fait relier chaque année.

Quant au *visa* des passeports, il est toujours nécessaire d'en tenir registre. Autrement, il n'en resterait aucune trace. — *Dict. des formules*, n° 1164.

Distribution des feuilles de passeport. — Le prix des feuilles de passeports à l'intérieur est fixé à 2 francs. (D. 11 juillet, 1810, art. 9.)

Les receveurs municipaux sont chargés de prendre au comptant, chez les receveurs de l'enregistrement, le nombre de formules de passe-port à l'intérieur qui leur est demandé par les maires. Ils font cette avance sur les fonds provenant des recettes des communes, et en sont remboursés par les maires qui leur tiennent compte du prix des formules, au fur et à mesure de la délivrance des passeports. (Inst. gén. fin. 17 juin 1840, art. 942.)

Pour justifier le prélèvement des fonds momentanément affectés aux service dont il s'agit, les receveurs municipaux doivent retirer des maires une reconnaissance constatant le nombre des feuilles de passeports remises à ces fonctionnaires et la somme payée pour leur achat. Ces reconnaissances sont classées dans la comptabilité des receveurs municipaux, comme les pièces justificatives des avances pour frais de route des voyageurs indigents. (Id., art. 943.)— *Dict. des formules*, n° 1163.

Passeports gratuits. — Des passeports gratuits peuvent être accordés aux personnes indigentes et hors d'état d'en acquitter le prix, après que leur indigence a été constatée. (Avis cons. d'Etat 11 décembre 1811.) — *Dict. des formules*, n° 1165.

Des passeports gratuits avec secours de route peuvent être aussi délivrés aux mendiants et aux indigents regnicoles qui veulent regagner leurs foyers, ainsi qu'aux étrangers sans aveu qui doivent quitter le territoire français.

La délivrance de ces passeports appartient aux préfets. (L. 13 juin 1790; Circ. Int. 25 octobre 1833.) — Voy. Mendiants, Voyageurs indigents.

Passeports pour les colonies. — La délivrance des passeports pour l'Algérie et pour les autres colonies appartient à toutes les autorités qui en France, ont le droit de les délivrer à l'intérieur; à toutes celles qui, à l'étranger, ont le droit de les délivrer pour la France. (Arrêté 19 vendémiaire an VIII.)

Toutefois, la formalité du passeport n'est plus obligatoire pour les voyages de France en Algérie, à l'égard : 1° de nos nationaux; 2° des sujets étrangers qui, à titre de réciprocité, sont autorisés à pénétrer en France sans passeports; 3° des étrangers de toute nationalité déjà fixés dans l'intérieur de l'empire; 4° enfin, des émigrants étrangers qui, nantis de contrats réguliers de colonisation, voudraient se rendre à leurs frais en Algérie. (Circ. int., 15 mars 1862.)

Les passeports pour les colonies sont signés par les commissaires de marine des ports d'embarquement. (Inst. min. 13 prairial an X.)

Les citoyens qui passent dans les colonies comme fonctionnaires publics ou employés d'une administration publique n'ont pas besoin de passeports. Leur ordre de départ, dont ils doivent être porteurs, est suffisant. (Arr. 19 vendémiaire, an VIII, art. 4.)

Passeports à l'étranger. |— Les passeports à l'étranger sont délivrés par les sous-préfets sur l'avis motivé des maires, suivant les formes indiquées pour les passeports à l'intérieur. (L. 14 ventôse an IV, art. 2; D. 13 avril 1861, art. 6.)

La demande en est faite sur papier timbré. Elle indique les nom, prénoms, lieu de naissance, domicile, profession ou qualité du pétitionnaire, son signalement et sa destination précise.

Le maire donne son avis en marge de la pétition, qui est ensuite adressée au sous-préfet.

Le mode de recouvrement suivi pour les droits de permis de chasse est également appliqué au prix des passeports à l'étranger.

Ainsi les percepteurs des contributions directes reçoivent dans leur caisse le prix des passeports, qui est de 10 francs, et ils délivrent en échange des quittances extraites de leur registre à souche; ces quittances sont déposées, par les parties versantes, avec les autres pièces qu'elles ont à produire, entre les mains des maires, pour être adressées par eux à la préfecture ou à la sous-préfecture.

Les passeports sont envoyés, sans frais, à ceux qui les ont demandés.
— *Dict. des formules*, n° 1166.

Police des voyageurs à la frontière. Visa des passeports étrangers.
— Il est de principe que, pour passer d'un État dans un autre, il faut être muni d'un passeport national visé par un agent de la puissance dont on veut franchir la frontière.

Toutefois, la libre entrée en France sans passeport a été accordée administrativement tant aux sujets Anglais, Belges, Hollandais et Suédois qu'aux Français rentrant dans leur patrie. Par réciprocité, les Français se rendant en Angleterre, en Suède, en Belgique et en Hollande peuvent sortir de France et y rentrer sur la simple déclaration de leur nationalité. (Circ. int. 9 août 1861 et 13 août 1872.)

Tous voyageurs des autres nationalités, arrivant en France, sont assujettis à présenter leur passeport délivré ou visé par un agent diplomatique ou consulaire français. Ceux qui en seraient dépourvus ou qui en produiraient sans les formalités prescrites ne doivent pas être admis sur le territoire de la République.

Tout voyageur franchissant la frontière est tenu de présenter lui-même son passeport au visa du préfet, sous-préfet, maire ou commissaire spécial de police, et, sous aucun prétexte, cette formalité ne peut être accomplie par un intermédiaire. (Circ. int. 1er février 1858.)

Dans le cas où un étranger serait repoussé faute de passeport ou de visa, il devra être prévenu qu'il ait à se présenter en personne, pour faire régulariser sa position, devant l'agent diplomatique ou consulaire auquel il sera renvoyé. (Circ. int. 1er mars 1858.)

Les formalités prescrites à l'égard des étrangers arrivant en France ne sont point applicables à ceux qui habitent les communes limitrophes de la frontière, passant et repassant habituellement d'un territoire à l'autre, soit pour exercer momentanément leur industrie ou échanger leurs denrées, soit pour visiter leurs parents établis près de la frontière. (Id.) — Voy. SURETÉ GÉNÉRALE.

Pasteur. — Voy. CULTES.

Patente. — Impôt de quotité auquel sont assujettis ceux qui exer-

II 68

cent un commerce, une profession, un métier, une industrie quelconque.

Cette contribution se compose d'un droit fixe et d'un droit proportionnel. — Voy. Contributions directes.

Il est prélevé sur le principal de la contribution des patentes huit centimes, dont le produit est versé dans la caisse municipale. (L. 25 avril 1844, art. 32.)

Le produit de ces 8 centimes est calculé, par le directeur des contributions directes, sur les états du montant des rôles, et il est alloué aux communes, tous les mois, ou au moins tous les trois mois, dans la proportion des recouvrements effectués sur les contributions. A l'époque du 31 mars de la deuxième année de chaque exercice, la totalité de la somme qui resterait à allouer peut être payée à la commune intéressée, pourvu que les restes à recouvrer sur les contributions de l'exercice ne s'élèvent pas à un douzième du montant des rôles.

Le produit de la portion attribuée aux communes dans l'impôt des patentes est compris dans les recettes ordinaires des communes. (L. 5 avril 1884, art. 53.) — Voy. Revenus communaux.

Les communes peuvent aussi être imposées à la contribution des patentes à raison de certaines exploitations qui constitueraient non seulement l'exécution d'un service public, mais encore l'exercice d'une entreprise ou d'une industrie patentable, comme l'exploitation de tourbières, d'un établissement de bains, d'un lavoir public, d'une condition pour les soies. (Cons. d'Etat, arr. 21 mars 1860, 8 avril 1864, 3 janvier 1881.)

Paternité. — Les mots *paternité* et *filiation* sont corrélatifs : le premier exprime la qualité de père ; le second, celle d'enfant ou descendant. La recherche de la paternité est interdite. (Id., art. 340.) — Voy. Etat civil.

Pâtre commun. — Le maire nomme les pâtres communs, sauf l'approbation du conseil municipal. Il peut prononcer leur révocation. (L. 5 avril 1884, art. 88.) — *Dict. des formules*, n° 1169.

Le pâtre commun est payé par la commune ; c'est donc au conseil municipal à fixer son salaire et à le porter chaque année au budget de la commune.

Le Code forestier contient, en ce qui concerne les droits d'usage dans les bois soumis au régime forestier, diverses dispositions applicables aux pâtres communs et que nous reproduisons ci-après.

Le troupeau de chaque commune ou section de commune doit être conduit par un ou plusieurs pâtres communs, choisis par l'autorité municipale : en conséquence, les habitants des communes usagères ne peuvent ni conduire eux-mêmes ni faire conduire leurs bestiaux à garde séparée sous peine de deux francs d'amende par tête de bétail.

Les porcs ou bestiaux de chaque commune ou section de commune usagère forment un troupeau particulier et sans mélange de bestiaux d'une autre commune ou section sous peine d'une amende de cinq à dix francs contre le pâtre, et d'un emprisonnement de cinq à dix jours en cas de récidive.

Les communes et sections de communes sont responsables des condamnations pécuniaires qui peuvent être prononcées contre lesdits pâtres ou gardiens pour tous les délits et contraventions commis par eux pendant le temps de leur service et dans les limites du parcours. (C. F., art. 72.)

L'obligation imposée aux habitants d'une commune usagère d'une forêt d'avoir un ou plusieurs pâtres communs doit recevoir exécution, quel que soit l'éloignement des habitations respectives des usagers. (Cass. 4 avril 1840.) — Voy. PARCOURS ET VAINE PATURE, PATURAGE.

Pâturage. — Le droit de pâturage est celui que les habitants d'une commune ont de faire paître leurs bestiaux dans les bois et forêts de l'Etat ou des communes, dans les landes, prairies et autres propriétés communales affectées à cet usage.

Ce droit appartient à tous les habitants de la commune, qui sont libres d'en user individuellement ou en commun. Néanmoins, le pâturage ne peut être exercé individuellement dans les forêts de l'Etat, des communes et des établissements publics; les bestiaux doivent être réunis dans ce cas sous la conduite d'un pâtre commun.

Les conseils municipaux peuvent régler par leurs délibérations le mode de jouissance et la répartition des pâturages communaux, ainsi que les conditions à imposer aux parties prenantes.

Mais l'article 68, paragraphe 7 de la loi du 5 avril 1884 réservant à l'approbation préfectorale les tarifs de tous les droits à percevoir au profit de la commune en vertu de l'article 133, les délibérations fixant le taux des cotisations doivent toujours maintenant être homologuées par le Préfet.

Les conseils municipaux, en fixant la redevance à payer pour chaque tête de bétail, peuvent graduer la taxe sur l'espèce et même sur le nombre des animaux.

Chaque année, le rôle des taxes est dressé par le conseil municipal, d'après les déclarations des habitants, ou, à défaut, d'après les renseignements fournis par le garde champêtre ou par le pâtre commun. Le rôle, dressé sur papier timbré de 1 fr. 50 c., est adressé au sous-préfet, pour être soumis à l'approbation du préfet. Il parvient ensuite au receveur municipal par l'entremise du receveur particulier des finances. Les taxes sont perçues suivant les formes établies pour le recouvrement des contributions publiques. (Loi 5 avril 1884, art. 153). Elles sont exigibles en totalité aussitôt la mise en recouvrement du rôle. — Voy. BIENS COMMUNAUX, BOIS DES COMMUNES ET DES ÉTABLISSEMENTS PUBLICS, PATRE COMMUN. — *Dict. des formules*, nᵒˢ 1170 à 1175.

Pauvres. — Voy. BUREAUX DE BIENFAISANCE, EAUX THERMALES, HOSPICES ET HÔPITAUX, INDIGENTS, MENDICITÉ, PASSEPORT.

Pavage. — La loi du 11 frimaire an VII, qui détermine le mode d'administrer des recettes et dépenses départementales et municipales, porte (art. 4, § 2) que l'entretien du pavé, pour les parties qui ne sont pas grande route, est une dépense communale. D'après cette disposition, on avait d'abord été porté à penser que les propriétaires de maisons ne pouvaient, en aucun cas, être tenus à contribuer à cette dépense, mais la loi précitée a été interprétée dans un sens moins absolu, par un avis du Conseil d'Etat, approuvé le 25 mars 1807, et portant qu'à l'égard du pavage des villes on doit continuer l'usage établi dans chaque localité, jusqu'à ce qu'il ait été statué, par un règlement général, sur cette partie de la police publique; qu'en conséquence, dans les villes où les revenus ordinaires ne suffisent pas à l'établissement, restauration ou entretien du pavé, la dépense peut en être autorisée à la charge du propriétaire, ainsi qu'il était pratiqué avant la loi du 11 frimaire an VII.

Pour faire jouir la commune du bénéfice de cette disposition, le conseil municipal doit demander, dans une délibération, que l'usage dont il s'agit soit reconnu et déclaré par le préfet, après enquête faite dans la forme prescrite par l'ordonnance du 23 août 1835.

Après que l'existence de cet usage a été reconnue et déclarée par le préfet, le maire en donne avis aux habitants par des publications et affiches; et, lorsqu'il y a lieu d'entreprendre le premier pavage d'une rue, il en fait dresser le devis et le plan, appelle les propriétaires riverains, et leur demande d'avoir à faire connaître s'ils entendent faire exécuter par eux-mêmes les travaux, sous la direction de l'architecte communal, ou s'ils veulent en laisser le soin à la commune, en prenant l'engagement de la rembourser de ses avances en proportion de l'étendue de la façade de leurs propriétés. Le maire prend acte des déclarations, les consigne dans un état, et fait signer les propriétaires intéressés.

Si les propriétaires ou quelques-uns d'entre eux ne répondent pas à l'appel du maire, sommation administrative leur est adressée de faire connaître leur intention dans un délai déterminé. Si cette mise en demeure reste sans résultat, le maire procède à l'adjudication des travaux dans la forme ordinaire, il les fait exécuter d'office, et le conseil municipal répartit ensuite la dépense à payer par chaque propriétaire. La délibération du conseil municipal est soumise à l'approbation du préfet.

L'état de répartition doit indiquer le nom des propriétaires, l'étendue de la façade de leurs propriétés, et la somme à payer par chacun d'eux. Cet état est transmis au sous-préfet pour être rendu exécutoire. — (Loi du 5 août 1884, art. 154.)

L'obligation des propriétaires riverains de subvenir, de leurs deniers, aux frais du premier pavage ou de réfection des rues communales, qui longent leurs propriétés, consiste, pour les deux côtés de la rue, dans l'exécution du pavage, depuis le pied de la propriété jusqu'au milieu de la chaussée, qu'elle soit bombée ou fendue. — *Dict. des formules,* n° 1113.

Dans les villes où, conformément aux usages locaux, le pavage de tout ou partie des rues est à la charge des propriétaires riverains, l'obligation qui en résulte, pour les frais de premier établissement ou d'entretien, peut, en vertu d'une délibération du conseil municipal et sur un tarif approuvé, être convertie en une taxe payable en numéraire, et recouvrable comme les cotisations municipales. (L. 25 juin 1841, art. 28.)

Pour que la conversion puisse être opérée, il est nécessaire qu'elle ait été demandée ou consentie par le conseil municipal. Il est vivement à désirer que cette mesure se généralise, car elle a pour résultat de prévenir des difficultés et de simplifier la marche de l'administration. Quant aux formalités à remplir, elles sont peu compliquées; les voici : 1° délibération du conseil municipal contenant le tarif de conversion (en triple expédition); 2° enquête conformément à l'ordonnance du 23 août 1835; 3° nouvelle délibération du conseil municipal discutant les réclamations consignées ou annexées au procès-verbal de l'enquête; 4° avis des ingénieurs des ponts et chaussées; 5° avis du sous-préfet. (Circ. Int. 5 mai 1852.) Pour les formes de l'enquête, voir la circulaire du ministre de l'intérieur du 22 mars 1883. (*Bulletin officiel intérieur*, 1883, p. 122.)

Les préfets sont compétents pour approuver les tarifs de la conversion en taxe fixe des frais du pavage. (D. 25 mars 1852; Circ. Int. 5 mai 1852.)

La perception de cette taxe s'effectue par le percepteur-receveur municipal, dans les formes établies pour le recouvrement des contributions publiques, et en vertu des rôles dressés par le maire et rendus exécutoires par le préfet. (L. 5 avril 1884, art. 153.)

Les contestations soulevées par les intéressés sont portées devant le conseil de préfecture, sauf recours devant le conseil d'Etat. Les pourvois sont introduits sans frais, comme en matière de contributions publiques. (Av. cons. d'Etat 9 mars 1853.) — *Dict. des formules*, nos 1177, 1178.

Payement des dépenses communales. — Voy. Dépenses.

Péage. — Droit établi pour un passage.

Lorsque la réparation ou la construction d'un pont destiné au service d'une voie communale entraîne des dépenses considérables, la commune peut être autorisée, soit à établir un péage pour un temps déterminé et à se rembourser par ce moyen des frais de construction ou de réparation, soit à concéder l'entreprise moyennant un péage au profit de l'entrepreneur.

Le conseil municipal dresse le règlement de perception et le tarif des droits de péage, en indiquant nominativement les personnes et les objets, qui, en vertu d'exceptions consacrées par les lois ou par l'usage, doivent jouir de la franchise. (Circ. int. 6 juin 1816.)

Les projets de tarifs et règlements sont adressés au sous-préfet pour être transmis au préfet, qui les soumet, avec son avis, au ministre de l'intérieur. Les droits de péage sont autorisés, s'il y a lieu, par un décret rendu dans la forme des règlements d'administration publique. (Circ. int. 25 mars 1817, art. 125 et 25 avril 1884, art. 133.)

Le produit des péages communaux légalement établis fait partie des recettes ordinaires des communes. (L. 5 avril 1884, art. 163.)

Lorsque la perception est en régie simple ou en régie intéressée, le conseil municipal règle le nombre, le service et le traitement des préposés dans une délibération qui est soumise à l'approbation du préfet.

Toute contestation entre les concessionnaires et l'administration, sur l'exécution de leur contrat, est de la compétence du conseil de préfecture. (L. 28 pluviôse an VIII.)

Les maires, les adjoints, les commissaires de police, les gardes champêtres doivent constater par des procès-verbaux les contraventions aux règlements concernant la police des péages, tant celles commises par les concessionnaires ou préposés que celles des particuliers qui se seraient soustraits frauduleusement au payement des droits.

Le juge de paix statue, comme tribunal de police, sur ces contraventions, ainsi que sur les contestations qui peuvent s'élever au sujet de l'acquittement des droits de péage.

Toutes les dispositions de police que nous avons rapportées en ce qui concerne le péage des bacs et bateaux établis à la traversée des fleuves et rivières s'appliquent également aux péages établis pour le passage des ponts. — Voy. BACS ET BATEAUX. — *Dict. des formules*, nºs 1179, 1180 et 1181.

Pêche. — La pêche fluviale est régie par la loi du 15 avril 1829, modifiée par la loi du 31 décembre 1865 et par les décrets des 25 janvier 1868, 10 août 1875, 13 mai 1878 et 15 juillet 1879. Cette loi, qu'on a appelée le Code de la pêche fluviale, porte abrogation expresse, par son article 83, de toute la législation antérieure sur la matière. Nous en reproduisons ci-après les principales dispositions.

De la pêche dans les cours d'eau navigables ou flottables. — Le droit de pêche est exercé au profit de l'Etat : 1º dans tous les fleuves, rivières, canaux et contre-fossés navigables ou flottables, avec bateaux, trains ou radeaux, et dont l'entretien est à la charge de l'Etat ou de ses ayants cause ; 2º dans les bras, noues, boires et fossés qui tirent leurs eaux des fleuves et rivières navigables ou flottables dans lesquels on peut en tout temps passer ou pénétrer librement en bateau de pêcheur, et dont l'entretien est également à la charge de l'Etat. Sont toutefois exceptés les canaux et fossés existants, ou qui seraient creusés dans des propriétés particulières et entretenus aux frais des propriétaires. (L. 15 avril 1829, titre Iᵉʳ, art. 1ᵒʳ.)

Néanmoins, il est permis à tout individu de pêcher à la ligne flottante, tenue à la main, dans les cours d'eau navigables ou flottables, le temps du frai excepté. (Id., art. 5.)

La pêche au profit de l'Etat est exploitée, soit par voie d'adjudication publique, soit par concession de licence à prix d'argent. Le mode de concession par licences n'est employé que lorsque l'adjudication a été tentée sans succès. (L. 6 juin 1840, art. 10.)

Les fermiers de la pêche et porteurs de licences, leurs associés, compagnons et gens à gages, ne peuvent faire usage d'aucun filet ou engin quelconque qu'après qu'il a été plombé ou marqué par les agents de la police de la pêche. (L. 15 avril 1829, art. 32.)

Les fermiers et porteurs de licence ne peuvent user sur les fleuves, rivières et canaux navigables, que du chemin de halage ; sur les rivières et cours d'eau flottables, que du marchepied. Ils doivent traiter de gré à gré avec les propriétaires riverains pour l'usage des terrains dont ils ont besoin pour retirer et asséner leurs filets. (L. 15 avril 1829, art. 35.)

De la pêche dans les cours d'eau non navigables ni flottables. — Dans toutes les rivières et canaux non navigables ni flottables, les propriétaires riverains ont, chacun de son côté, le droit de pêche jusqu'au milieu du cours de l'eau, sans préjudice des droits contraires établis par possession ou titres. (L. 15 avril 1829, art. 2.)

La pêche à la ligne par des particuliers non propriétaires n'est pas tolérée par la loi dans les cours d'eau de cette catégorie.

Les communes peuvent avoir, ainsi que les particuliers, le droit de pêcher sur les rivières et ruisseaux, lorsqu'elles ont des bois, pâtis ou autres propriétés qui y aboutissent ; mais, dans ce cas, elles sont tenues d'affermer ce droit au plus offrant et dernier enchérisseur.

Si les communes négligeaient d'affermer ce droit, il ne s'ensuivrait pas que les habitants pussent l'exercer individuellement, parce que nul ne peut faire son profit de la chose qui appartient à plusieurs.

On suit, pour la mise en ferme des droits de pêche, les mêmes règles que lorsqu'il s'agit de la location des droits de chasse sur les propriétés communales. — Voy. CHASSE.

Conservation et police de la pêche. — Tout individu qui se livre à la pêche sur les fleuves et rivières navigables ou flottables, canaux, ruisseaux ou cours d'eau quelconques, sans la permission de celui à qui le droit de pêche appartient, est condamné à une amende de 20 francs au moins, et de 100 francs au plus, indépendamment des dommages-intérêts.

Il y a lieu, en outre, à la restitution du prix du poisson qui a été pêché en délit, et la confiscation des filets et engins de pêche peut être prononcée. (L. 15 avril 1829, art. 5.)

Il est interdit de placer dans les cours d'eau, quels qu'ils soient, aucun barrage, appareil ou établissement quelconque de pêcherie ayant pour objet d'empêcher entièrement le passage du poisson. Les délinquants sont condamnés en une amende de 50 francs à 500 francs, et en outre aux dommages-intérêts, et les appareils ou établissements de pêche sont détruits et saisis. (Id., art. 24.)

Quiconque a jeté dans les eaux des drogues ou appâts qui sont de nature à enivrer le poisson ou à le détruire, est puni d'une amende de 30 francs à 300 francs, et d'un emprisonnement d'un mois à trois mois. (Id., art. 25.)

Les époques pendant lesquelles la pêche est interdite, en vue de protéger la reproduction du poisson, sont fixées comme il suit : 1° du 20 octobre au 31 janvier est interdite la pêche du saumon, de la truite et de l'ombre chevalier, 2° du 15 novembre au 31 décembre est interdite la pêche du lavaret; 3° du 15 avril au 15 juin est interdite la pêche de tous les autres poissons et de l'écrevisse. — Les interdictions prononcées dans les paragraphes précédents s'appliquent à tous les procédés de pêche, même à la ligne flottante tenue à la main. (Décret du 10 août 1875 modifié par l'article 1er du décret du 18 mai 1878.)

Les préfets peuvent, chaque année, par des arrêtés spéciaux, après avoir pris l'avis des conseils généraux, 1° interdire exceptionnellement la pêche de toutes les espèces de poissons pendant l'une ou l'autre desdites périodes, lorsque cette interdiction est nécessaire pour protéger les espèces prédominantes; 2° augmenter, pour certains poissons désignés, la durée desdites périodes sous la condition que les périodes ainsi modifiées comprennent la totalité de l'intervalle de temps fixé par l'article 1er; 3° excepter de la troisième période la pêche de l'alose, de l'anguille, de la lamproie, ainsi que des autres poissons vivant alternativement dans les eaux douces et dans les eaux salées; 4° fixer une période d'interdiction pour la pêche de la grenouille. (D. 1875, art. 2.) — Ces arrêtés sont soumis à l'approbation du ministre de l'agriculture et du commerce. (Id., art. 2.)

Dans la semaine précédant chaque période d'interdiction de la pêche, des publications sont faites dans les communes pour rappeler les dates du commencement et de la fin de ces périodes. (Id., art. 3.)

Il est interdit de mettre en vente, de vendre, acheter, transporter, colporter, importer et exporter les diverses espèces de poissons de leurs frais et alevins pendant le temps où la pêche est interdite. Mais cette disposition n'est pas applicable aux poissons provenant des étangs ou réservoirs. (L. 1865, art. 5 et 8, et D. 1875, art. 1er.)

Une circulaire du ministre des travaux publics de novembre 1879 recommande aux préfets de prendre des arrêtés pour régler dans chaque département, pendant les périodes d'interdiction de la pêche, les introductions de poissons d'eau douce expédiés à des départements où la pêche est encore permise.

Les poissons saisis et vendus aux enchères, conformément à l'article 42 de la loi du 15 avril 1829, ne peuvent pas être exposés de nouveau en vente. (Id., art. 5; D. 25 janvier 1868.)

La pêche n'est permise que depuis le lever jusqu'au coucher du soleil.

Toutefois la pêche de l'écrevisse, de l'anguille et de la lamproie, peut être autorisée après le coucher et avant le lever du soleil, aux heures fixées par un arrêté préfectoral rendu après avis du conseil. général. Cet arrêté détermine, pour l'anguille, la lamproie et l'écrevisse, la nature et les dimensions des engins dont l'emploi est permis. (Id., art. 6.)

La pêche du saumon et de l'alose peut être autorisée par des arrêtés préfectoraux rendus après avis des conseils généraux pendant deux heures au plus avant le coucher du soleil et deux heures au plus avan son lever, dans certains emplacements des fleuves et rivières navigables spécialement déterminés. (Art. 6 du décret du 10 août 1875, modifié par le décret du 13 mai 1878.)

Le séjour dans l'eau des filets et engins ayant les dimensions réglementaires est permis à toute heure, sous la condition qu'ils ne pourront être placés et relevés que depuis le lever jusqu'au coucher du soleil. (Id., art. 7.)

Les dimensions au-dessous desquelles les poissons et écrevisses ne pourront être pêchés et devront être immédiatement rejetés à l'eau, sont déterminées ainsi qu'il suit pour les diverses espèces : 1° les saumons et anguilles, 25 centimètres de longueur ; 2° les truites, ombres chevaliers, ombres communs, carpes, brochets, barbeaux, brêmes, meuniers, muges, aloses, perches, gardons, tanches, lottes et lamproies et lavarets, 14 centimètres de longueur; 3° les soles, plies et flets, 10 centimètres; 4° les écrevisses à pattes rouges, 8 centimètres de longueur, celles à pattes blanches, 6 centimètres de longueur. — La longueur des poissons ci-dessus mentionnés sera mesurée de l'œil à la naissance de la queue ; celle de l'écrevisse, de l'œil à l'extrémité de la queue déployée. — Les prescriptions qui précèdent ne sont pas applicables aux poissons pris à la ligne flottante. (L. 1829, art. 30. Décr. 1875, art. 8.)

Les mailles des filets, mesurées de chaque côté, après leur séjour dans l'eau, et l'espacement des verges des bires, nasses et autres engins employés à la pêche des poissons, auront les dimensions suivantes : 1° pour les saumons, 40 millimètres au moins ; 2° pour les grandes espèces autres que le saumon et pour l'écrevisse, 27 millimètres au moins ; 3° pour les petites espèces telles que goujons, loches, vérons, ablettes et autres, 10 millimètres. — La mesure des mailles sera prise avec une tolérance d'un dixième. Il est interdit d'employer simultanément à la pêche, des filets ou engins de catégorie différente. (D. 1875, art. 9 modifié par le décret de 1878.)

Les filets fixés ou flottants ne peuvent excéder en longueur ni en largeur mouillée, les deux tiers de la largeur mouillée des cours d'eau où on les manœuvre. Plusieurs filets ne peuvent être employés simultanément sur la même rive ou sur les deux rives opposées qu'à une distance au moins triple de leur développement. (Id., art. 10.)

Les filets fixes employés à la pêche sont soulevés par le milieu pendant trente-six heures de chaque semaine, du samedi à six heures du soir au lundi à six heures du matin, sur une longueur équivalente au dixième de leur développement, et de manière à laisser entre le fond et la ralingue inférieure un espace libre de 50 centimètres au moins de hauteur. (Id., art. 11.)

Sont prohibés tous les filets traînants, à l'exception du petit épervier jeté à la main et manœuvré par un seul homme. — Sont réputés traînants, tous les filets coulés à fond au moyen de poids et promenés sous l'action d'une force quelconque. Est pareillement prohibé l'emploi des lacets ou collets. (D. 1875, art. 13 modifié par le décret de 1878). — Toutefois des arrêtés préfectoraux, rendus après avis des conseils généraux, peuvent autoriser, à titre exceptionnel, l'emploi de certains filets traînants à mailles de 40 millimètres au moins pour la pêche d'espèces spécifiées, dans les parties profondes des lacs, réservoirs de canaux, fleuves et rivières navigables. Ces arrêtés désignent spécialement les parties où cette pêche est autorisée et les noms des locaux, des engins à employer, ainsi que les heures auxquelles la manœuvre est permise. (Id., art. 13.)

Il est interdit : 1° d'établir dans les cours d'eau des appareils ayant pour objet de rassembler les poissons dans des noues, boires, fossés ou mares dont il ne pourrait plus sortir, ou de les contraindre à passer par une issue garnie de pièges ; 2° d'accoler aux écluses, barrages, chutes naturelles, pertuis, vannages, coursiers d'usine et échelles à poissons de nasses, paniers et filets à demeure ; 3° de pêcher, avec tout autre engin que la ligne flottante tenue à la main, dans l'intérieur des écluses, barrages, pertuis, vannages, coursiers d'usines et passages ou échelles à poisson, ainsi qu'à une distance moindre de 30 mètres en amont et en aval de ces ouvrages ; 4° de pêcher à la main, de troubler l'eau et de fouiller au moyen de perches sous les racines ou autres retraites fréquentées par les poissons; de se servir d'armes à feu, de poudre de mine, de dynamite ou de toute autre substance explosible (Déc. 1875, art. 16); 5° de pêcher dans les parties des rivières, canaux et cours d'eau dont le niveau serait accidentellement abaissé, soit pour y opérer des curages ou travaux quelconques, soit par suite du chômage des usines ou de la navigation. (Id., art. 17.)

Sur la demande des adjudicataires de la pêche des cours d'eau et canaux navigables et flottables, et sur la demande des propriétaires de la pêche des autres cours d'eau et canaux, les préfets peuvent autoriser, dans des emplacements et à des époques qui ne coïncident pas avec l'interdiction de pêche, des manœuvres d'eau et des pêches extraordinaires pour détruire certaines espèces, dans le but d'en propager d'autres plus précieuses. (Déc. 1875, art. 10.)

Des arrêtés préfectoraux, rendus sur les avis des ingénieurs et des conseils de salubrité, déterminent : 1° la durée du rouissage du lin et du chanvre dans les cours d'eau et les emplacements où cette opération pourra être pratiquée avec le moins d'inconvénients pour le poisson ; 2° les mesures à observer pour l'évacuation dans les cours d'eau des matières et résidus susceptibles de nuire au poisson et provenant des fabriques et établissements industriels quelconques. (Déc. 1875, art. 19.)

Mesures générales pour favoriser la reproduction du poisson. — La loi du 31 décembre 1865 a donné à l'administration les moyens de protéger la reproduction du poisson d'une manière plus efficace que par la simple interdiction de la pêche à l'époque du frai des diverses espèces, en créant des réserves. (L. 1865, art. 1 et 2.)

Pour faciliter les migrations périodiques du poisson à travers les barrages, la loi du 31 mai 1865 a permis d'établir dans ces barrages, des passages ou échelles que le poisson puisse franchir; mais des décrets doivent être rendus pour cela après enquêtes et avis des conseils généraux. (L. 1865, art. 1er.) Par un décret du 15 juillet 1879, les agents des ponts et chaussées ont été autorisés à pêcher en tout temps dans un but de dépeuplement, même avec des engins prohibés, la montée d'anguilles.

Des poursuites. — Le gouvernement exerce la surveillance et la police de la pêche dans l'intérêt général. Ce service est aujourd'hui confié à l'administration des ponts et chaussées. (Déc. 29 avril 1862.)

En conséquence, les agents spéciaux par lui institués à cet effet, ainsi que les gardes champêtres, éclusiers des canaux et autres officiers de police judiciaire sont tenus de constater les délits de pêche, en quelques lieux qu'ils soient commis, et ils transmettent leurs procès-verbaux au procureur impérial. (L. 15 avril 1829, art. 36.)

Les infractions concernant la pêche, la vente, l'achat, le transport, le colportage, l'exportation et l'importation du poisson, peuvent aussi être recherchées et constatées par les agents des domaines, les employés des contributions indirectes et des octrois. (L. 1865, art. 10.)

Les gardes-pêche nommés par l'administration sont assimilés aux gardes forestiers nationaux. Ils recherchent et constatent par procès-verbaux les délits dans l'arrondissement du tribunal près duquel ils sont assermentés. Ils sont autorisés à saisir les filets et autres instruments de pêche prohibés, ainsi que le poisson pêché en délit. (Id., art. 37, 38 et 39.)

En cas de refus, de la part des délinquants, de remettre immédiatement le filet déclaré prohibé après sommation, ils sont condamnés à une amende de 50 francs. (Id., art. 44.)

Le poisson saisi pour cause de délit est vendu sans délai dans la commune la plus voisine du lieu de saisie, à son de trompe et aux enchères publiques, en vertu d'ordonnance du juge de paix ou de ses suppléants, si la vente a lieu dans un chef-lieu de canton; ou, dans le cas contraire, d'après l'autorisation du maire de la commune. Ces ordonnances ou autorisations sont délivrées sur la requête des agents ou gardes qui ont opéré la saisie, et sur la présentation du procès-verbal régulièrement dressé et affirmé par eux. Dans tous les cas, la vente a lieu en présence du receveur des domaines et, à défaut, en présence du maire ou adjoint de la commune, ou du commissaire de police. (Id., art. 42.)

Les gardes-pêche ont le droit de requérir directement la force publique pour la répression des délits en matière de pêche, ainsi que pour la saisie des filets prohibés et du poisson pêché en délit. (Id., art. 43.)

Ils écrivent eux-mêmes leurs procès-verbaux; ils les signent et les affirment, au plus tard le lendemain de la clôture desdits procès-verbaux, par-devant le juge de paix du canton ou l'un de ses suppléants, ou par-devant le maire ou l'adjoint, soit de la commune de leur résidence; soit de celle où le délit a été commis ou constaté, le tout sous peine de nullité. Toutefois, si, par suite d'un empêchement quelconque, le procès-verbal est seulement signé par le garde-pêche, mais non écrit en entier de sa main, l'officier public qui en reçoit l'affirmation doit lui en donner préalablement lecture, et faire ensuite mention de cette formalité; le tout sous peine de nullité du procès-verbal. (L. 15 avril 1829, art. 44.)

Les délits qui portent préjudice aux fermiers de la pêche, aux porteurs de licences et aux propriétaires riverains, sont constatés par leurs gardes, lesquels sont assimilés aux gardes-bois des particuliers. (Id., art. 65.) — Voy. GARDES CHAMPÊTRES, GARDES FORESTIERS. — *Dict. des formules,* nos 1182 à 1189.

Pensionnat. — Voy. INSTRUCTION PUBLIQUE.

Pensions. — Récompenses annuelles et viagères accordées, à titre de retraites, aux magistrats, ecclésiastiques, militaires, fonctionnaires et employés des administrations publiques, qui ont mérité ce témoignage de reconnaissance par l'importance et la durée de leurs services.

La loi du 9 juin 1853 sur les pensions civiles, et le règlement d'administration publique du 9 novembre 1853, qui en forme le complément, ont profondément modifié l'assiette et la perception des retenues pour pensions afférentes aux traitements des fonctionnaires des diverses administrations publiques.

Les retenues alimentaient des caisses particulières ; ces caisses ont été supprimées à partir du 1er janvier 1854, et leur actif attribué à l'État. (L. 9 juin 1853, art. 1er.)

D'un autre côté, l'État a pris à sa charge : 1° les pensions existantes ou en cours de liquidation à la charge des caisses supprimées, pour services terminés avant le 1er janvier 1854 ; 2° les pensions et indemnités concédées pour cause de réforme, en vertu de l'article 4 de la loi du 1er mai 1822 et du décret du 2 mai 1848 ; 3° les pensions et les secours annuels à concéder à titre de réversibilité aux veuves et aux orphelins des pensionnaires inscrits en vertu des deux paragraphes qui précèdent. (L. 9 juin 1853, art. 2.)

Le cadre forcément limité de ce dictionnaire ne comporte pas l'examen complet de la législation sur les pensions civiles et militaires régies, les premières par la loi du 9 juin 1853, les secondes par les lois des 11-19 avril 1844, 17 avril 1853, 22 juin 1878, 5-18 août 1879 et 16 avril 1881. Les maires n'ayant à intervenir que comme agents d'instruction par la production de certificats dans la liquidation des pensions de veuves nous renvoyons le lecteur au dictionnaire général d'administration pour tout ce qui concerne la fixation des droits et la liquidation des pensions, et nous bornons à donner ici les renseignements qui peuvent être utiles aux maires pour l'instruction des demandes de pensions civiles et militaires et ne traiterons spécialement que des pensions des employés communaux.

Pensions civiles. — La veuve d'un fonctionnaire n'a droit à une pension que si ce fonctionnaire a lui-même obtenu une pension, ou a accompli la durée de service exigée par la loi, pourvu que le mariage ait été contracté six ans avant la cessation des fonctions du mari. La pension est alors du 1/3 de celle du mari sans pouvoir être inférieure à 100 francs (art. 4, 9 juin 1853). Cette pension ne peut se cumuler avec le traitement d'une fonction remplie par la veuve elle-même que jusqu'à concurrence de 1,500 francs. (C. d'État, 3 août 1877.)

Quant aux orphelins d'un fonctionnaire ou employé ayant accompli la durée de service exigée ou ayant perdu la vie dans des cas prévus par la loi, ils ont droit à un secours annuel lorsque la mère est décédée ou inhabile à recueillir la pension ou déchue de ses droits. Ce secours est, quelque soit le nombre des enfants, égal à la pension que la mère aurait obtenue ou pu obtenir. Il est partagé entre eux par égales portions et payé jusqu'à ce que le plus jeune des enfants ait atteint l'âge de 21 ans, la part de ceux qui décéderaient ou celle des majeurs faisant retour aux mineurs. (Art. 16, *id.*)

Les veuves prétendant droit à la pension doivent fournir indépendamment des pièces que leur mari aurait été tenu de produire :

1° Leur acte de naissance; 2° l'acte de décès du pensionnaire ou employé; 3° l'acte de célébration du mariage; 4° un certificat de non-séparation et de jouissance des droits civils; 5° le brevet de la pension ou un certificat de perte de ce titre.

Les orphelins prétendant droit au secours annuel doivent fournir indépendamment des pièces que leur père aurait été tenu de produire : 1° Leur acte de naissance; 2° l'acte de décès de leur père; 3° l'acte de célébration du mariage de leurs père et mère; 4° une expédition ou un extrait de l'acte de tutelle; 5° en cas de prédécès de la mère, son acte de décès, ou en cas de séparation une expédition du jugement, ou en cas de second mariage l'acte de célébration; 6° le brevet de pension du père ou un certificat de perte de ce titre.

La veuve ou l'orphelin qui voudra faire valoir ses droits à l'obtention d'une pension ou d'un secours annuel est tenue de se pourvoir en liquidation de la pension auprès du ministre compétent dans le délai de cinq ans du jour du décès du mari ou du père. — Voy. *Dict. des formules*, nᵒˢ 1191 et 1192.

Pensions militaires. — Les veuves de militaires morts en jouissance de la pension de retraite ou ayant perdu la vie dans un des cas prévus par la loi ont droit à une pension viagère égale au quart ou à la moitié du maximum de la pension d'ancienneté affectée au grade dont le mari était titulaire et qui ne peut être moindre de 100 francs, pourvu que le mariage ait été contracté deux ans avant la cessation de l'activité ou du traitement militaire du mari ou qu'il y ait un ou plusieurs enfants issus du mariage. (L. 11 avril 1841, art. 9.)

Ont également droit à la pension les veuves des militaires, marins ou assimilés, dont la mort a été causée, soit par des événements de guerre, soit par des maladies contagieuses ou endémiques contractées à l'armée, hors d'Europe, à bord des bâtiments de l'État ou dans ses colonies, et aux influences desquelles ils ont été soumis par les obligations de leur service, pourvu que le mariage soit antérieur auxdits événements de guerre et à l'origine des maladies.

Les causes d'origine et la nature des événements ou maladies doivent être constatées par un certificat d'origine dressé à l'époque où ils se sont produits et avant le retour en France.

Au retour en France on doit faire procéder à une constatation nouvelle, qui doit être renouvelée d'année en année.

En cas de décès, le médecin qui a soigné le malade doit affirmer que les événements de guerre ou de maladies sont la cause directe de la mort. Ces certificats sont légalisés par l'autorité compétente. Si les militaires ou marins sont décédés une année révolue après la date de la dernière constatation médicale, leurs veuves sont sans droit à la pension.

A l'avenir, tout militaire, marin ou assimilé qui se trouvera en demeure de faire valoir ses droits à la pension ou à un secours annuel sera tenu de se pourvoir en liquidation devant le ministre de la guerre ou de la marine dans un délai de cinq ans après lequel les demandes ne pourront plus être admises. (L. 16 avril 1885, modifiant l'art. 19 de la loi du 18 avril 1831.) Les veuves et orphelins doivent aussi se pourvoir en liquidation auprès du ministre dans le délai de cinq ans du décès du mari ou père, à peine de déchéance.

La demande apostillée par le maire et visée par le sous-préfet est transmise au sous-intendant militaire accompagnée : 1° de l'acte de naissance de la veuve; 2° de l'acte de mariage ; 3° de l'acte de décès du mari; 4° d'une copie certifiée de ses états de service ou d'un extrait du titre de la pension; 5° d'un certificat d'origine des blessures ou maladies; 6° d'un certificat du médecin qui a soigné le malade constatant que les blessures ou maladies consignées au précédent certificat sont bien celles de la mort; 7° d'un certificat du maire constatant que le mariage n'a pas été dissous, etc.

Quand il s'agit d'orphelins, on doit joindre leur acte de naissance, l'acte de décès de leur mère ou le jugement de divorce ou de séparation ou en cas de second mariage de la mère, l'acte de célébration de ce mariage.

Les maires sont aussi appelés à recevoir les déclarations des titulaires de pensions qui demandent l'autorisation de résider en pays étranger. On trouvera le modèle de cette déclaration ainsi que celui de non-dissolution du mariage au *Dictionnaire des formules*, nos 1190 et 1192.

Indépendamment des pensions, des fonds sont mis au service du ministre de la guerre pour distribuer à d'anciens militaires ou parents d'anciens militaires ne remplissant pas les conditions requises pour obtenir une pension, des secours dits secours renouvelables parce qu'ils peuvent se reproduire périodiquement. Les demandes de secours doivent être appuyées d'une copie des états de service et d'un certificat du maire constatant l'âge du réclamant, son état physique actuel, ses charges de famille, sa profession, ses moyens d'existence et sa moralité; 3° d'un extrait du rôle des contributions; 4° d'un extrait de l'acte de mariage s'il s'agit d'une veuve; 5° d'un extrait de l'acte de décès s'il s'agit d'un père ou d'une mère d'un militaire mort au service. — Voy. *Dict. des formules*, n° 1190.

Pensions des employés municipaux. — Les fonctionnaires et employés municipaux n'ont pas droit en principe à une pension de retraite. Ce droit n'existe pour eux que dans deux cas : 1° lorsque les communes ont établi une caisse de retraites en faveur des employés remplissant les conditions de service et ayant subi les retenues auxquelles est subordonnée l'allocation d'une pension; 2° lorsque les communes bien que n'ayant pas de caisses de retraites concèdent des pensions sur les fonds municipaux par délibérations régulièrement approuvées. Ces dernières pensions sont alors liquidées conformément au décret du 4 juillet 1806 sur les pensions des employés du ministère de l'intérieur, rendu applicable aux employés des administrations municipales par un avis du Conseil d'État du 17 septembre 1811.

Dans un cas comme dans l'autre les pensions régulièrement concédées constituent une dépense obligatoire pour les communes. (Circ. int. 15 mai 1884).

Aux termes du décret du 25 mars 1852, tableau A, n° 38, c'est aux préfets qu'il appartient de statuer sur les liquidations de pensions, mais les règlements des caisses municipales sont toujours approuvés par décret rendu en Conseil d'Etat. (Circ. int. 15 mai 1884.)

Organisation des caisses de retraites. — Les recettes des caisses de retraite des employés des mairies se composent : 1° d'une retenue de cinq centimes par franc sur les traitements et indemnités à titre de gratification; 2° de la retenue du premier mois d'appointement de tout employé nouvellement nommé; 3° de la retenue pendant le premier mois de la portion de traitement qui est accordée à titre d'augmentation; 4° des retenues sur les appointements des employés en congé. (O. 27 avril 1832.)

Les employés peuvent obtenir une pension de retraite après trente ans de service effectif. La pension peut cependant être accordée avant trente ans de service à ceux que des accidents ou des infirmités rendent incapables de continuer leurs fonctions, ou qui se trouvent réformés après dix ans et plus de service par le fait de la suppression de leur emploi. (D. 4 juillet 1806, art. 8.)

Pour déterminer le montant de la pension, il est fait une année moyenne du traitement fixe dont les réclamants ont joui pendant les trois dernières années de leur service. Les gratifications qui leur ont été accordées pendant ces trois ans ne font point partie de ce calcul. (Id., art. 9.)

La pension accordée après trente ans de service ne peut excéder la moitié de la somme réglée par l'article précédent (Id., art. 10). Elle s'accroît du vingtième de cette moitié pour chaque année de service au-dessus de trente ans. Le maximum de la retraite ne peut excéder les deux tiers du traitement annuel de l'employé réclamant.

La pension accordée avant trente ans de service est du dixième du traitement pour dix ans et au-dessous. Elle s'accroît du soixantième du traitement pour chaque année de service au-dessus de dix ans, sans pouvoir excéder la moitié du traitement.

Les pensions et secours aux veuves et orphelins ne peuvent excéder la moitié de celle à laquelle le décédé aurait eu droit. Elles ne sont accordées qu'aux veuves et orphelins des employés décédés en activité de service ou ayant droit à une pension. Les veuves n'y ont droit qu'autant qu'elles ont été mariées depuis cinq ans et non divorcées, et n'ont point contracté un nouveau mariage. (Id., art. 12.)

Nul employé démissionnaire n'a droit de prétendre au remboursement des retenues exercées sur son traitement, ni aucune indemnité en conséquence; mais si, par la suite, il est réintégré dans son emploi, le temps de son premier service compte pour la pension. (Id., art. 18.)

Tel est le système qui est appliqué à la plupart des caisses de retraite créées au profit des employés municipaux. Quelques communes seulement ont adopté un mode de rémunération qui constitue une sorte de caisse d'épargne et de prévoyance; mais ce mode, bien que recommandé par une circulaire du ministre de l'intérieur du 15 juillet 1835, ne paraît pas avoir présenté jusqu'ici des avantages suffisants pour le faire préférer à celui qui résulte du décret du 4 juillet 1806.

Employés municipaux appelés à bénéficier de la caisse de retraites.
— Tous les employés municipaux sans distinction, secrétaire de mairie, commis écrivain, gardes champêtres, appariteurs, peuvent, lorsqu'il existe une caisse de retraites, faire valoir leur droit à la pension s'ils remplissent les conditions voulues. Les commissaires de police, bien que la loi du 5 avril 1884, art. 136, ne les mentionne pas spécialement, jouissent de ce privilège comme les autres employés municipaux, la loi du 9 juin 1853 ne leur est pas applicable. — Les employés d'octroi participent aussi aux bénéfices de la caisse des retraites et, lorsqu'il n'en existe pas, leurs pensions peuvent aux termes de l'ordonnance du 4 septembre 1830, lorsque les communes en font la demande, être liquidées par application des titres II, III et IV de l'ordonnance du 12 janvier 1825 relative aux pensions des fonctionnaires et employés du ministère des finances.

Indépendamment des employés municipaux proprement dits, certains fonctionnaires rétribués en partie sur les fonds communaux, bien que soumis au point de vue de la retraite aux dispositions de la loi du 9 juin 1853 sur les pensions civiles, peuvent obtenir leur adjonction aux caisses locales de retraite dans les communes où il en existe. Ils acquièrent ainsi des droits à une double pension. Tels sont les instituteurs (voy. INSTITUTEURS), les percepteurs-receveurs municipaux (voy. RECEVEURS MUNICIPAUX), les préposés en chef des octrois (voy. OCTROIS).

Enfin on ne peut terminer cette énumération sans rappeler que les pensions liquidées, par application de la loi du 5 avril 1851 en faveur des sapeurs-pompiers blessés, ou des veuves et orphelins de sapeurs-pompiers tués au feu, sont également obligatoires pour les communes. (Voy. SAPEURS-POMPIERS).

Quant aux établissements de bienfaisance, lorsqu'ils jugent à propos d'accorder des pensions de retraite à leurs employés, ils doivent se conformer au décret du 7 février 1809, qui règle les pensions des employés des hospices de Paris.

Perception des retenues. Payement des retraites ou pensions. — Les sommes provenant des retenues exercées en vertu d'autorisations légales, sur les traitements des employés des mairies, des octrois et des établissements de bienfaisance, pour former des fonds de pensions ou caisses de retraites, sont versées à la caisse des dépôts et consignations, par les receveurs des communes et établissements. Les receveurs sont tenus de faire ce versement aussitôt après que les retenues ont été exercées, ou au moins tous les mois, et ils en sont libérés par un récépissé du préposé de la caisse des dépôts. Il en est de même des produits accidentels que les receveurs seraient autorisés à retenir pour former un premier fonds de retraite, ou le compléter. Les bordereaux qui sont remis aux préposés de la caisse des dépôts, lors de chaque versement, doivent faire connaître l'origine, la nature et la quotité de chacun des produits versés.

La caisse des dépôts ouvre à chaque commune ou établissement un compte de fonds de retraites, qu'elle crédite des sommes qui lui appartiennent; et celles de ces sommes qui restent au crédit du compte à la fin de chaque année, après le payement des retraites, sont employées en achats d'inscriptions de rentes sur l'État, dont les arrérages sont perçus par la même caisse au nom de l'établissement, et accroissent d'autant les fonds destinés aux pensions dont il est chargé. Cette caisse tient à la disposition des communes ou établissements les fonds non employés, ainsi que les inscriptions de rentes acquises; et, lorsque les sommes restant en caisse sont insuffisantes pour subvenir au payement des pensions, la caisse, sur la demande des administrations, fait procéder à la vente des rentes, jusqu'à concurrence de la somme nécessaire. (Inst. gén. des fin. 20 juin 1859, art. 1096 et 1097.)

Dès que la caisse des dépôts a employé les fonds de retenues à l'acquisition de rentes sur l'État au nom de chaque commune ou établissement propriétaire, ou qu'en cas d'insuffisance de fonds elle a fait vendre des rentes, elle en donne avis au maire qui le communique au receveur, afin qu'il constate ces opérations sur ces livres.

Ce comptable constate de même, mais sans avis préalable de la caisse des dépôts, le recouvrement des arrérages de rentes que cette caisse perçoit chaque trimestre. (Id., art. 1098.)

Le payement des pensions ou retraites a lieu tous les trois mois, et s'effectue, pour les pensionnaires domiciliés dans la commune de la résidence du receveur municipal, sur des mandats payables par ce comptable et dont l'envoi doit être fait par le maire à la caisse des dépôts et consignations, qui autorise le receveur des finances à en verser le montant au receveur municipal contre un reçu de ce dernier comptable. (Circ. compt. gén. des fin. 15 mai 1863.)

Lorsque des pensions doivent être payées ailleurs que dans la commune, le maire envoie à la caisse des dépôts, au lieu de mandats, des états indiquant les noms, prénoms et résidence des pensionnaires, la somme à payer à chacun d'eux et les justifications à produire. La caisse des dépôts adresse aussitôt aux trésoriers généraux des départements où résident les ayants droit l'autorisation de liquider les pensions, et, dès que les quittances des pensionnaires ont été envoyées, elle les fait parvenir au receveur municipal, qui fait, à la fois, recette et dépense de leur montant. La quittance à souche est immédiatement envoyée à la caisse des dépôts. (Inst. gén. fin. 20 juin 1859, art. 1099.)

Les titulaires de pensions de retraite qui résident hors de la commune doivent produire, pour recevoir payement, un certificat de vie, conformément à l'article 1983 du Code civil. Ce certificat peut être délivré par le maire de leur résidence ou par un notaire. En vertu du décret du 29 décembre 1885, la signature du notaire doit toujours être légalisée par le président du tribunal civil. *Dict. des form.* n° 1193.

Les maires ne peuvent faire usage, pour les certificats dont il s'agit et pour les quittances à souscrire au bas par les pensionnaires, que de formules dont il est tenu un approvisionnement dans les recettes des finances; elles sont fournies aux pensionnaires contre le remboursement du coût de l'imprimé. (Id., art. 532.)

Dans le courant du mois de février de chaque année, la caisse des dépôts adresse une copie de son compte courant à chaque administration communale. Ce compte est communiqué au receveur, qui le vérifie en le rapprochant de celui qu'il tient lui-même, et en fait une copie pour la produire à l'appui de son compte de gestion. (Id., art. 1100.)

Liquidation des pensions. — Aux termes du décret du 25 mars 1852 sur la décentralisation administrative, le préfet est compétent pour approuver les liquidations de pensions sur les caisses spéciales de retraites au profit des employés communaux et hospitaliers. (D. 25 mars 1852. Circ. Int. 15 mai 1885.)

Les pièces à produire à l'appui des demandes de liquidation sont : 1° une copie du règlement de la caisse de retraites; 2° un certificat du maire constatant le nombre d'années de service et la moyenne du traitement pendant les trois dernières années; 3° s'il y a des services militaires un certificat délivré par le ministre de la guerre constatant le nombre d'années de service dans l'armée; 4° si l'employé compte dans d'autres administrations publiques des services admissibles, un certificat constatant le nombre d'années de service; 5° on demande une pension pour cause d'infirmités, un certificat du médecin délégué à cet effet par le préfet ou le sous-préfet, constatant que l'employé est atteint de telles infirmités qui l'empêchent de continuer ses fonctions, et que ces infirmités sont le résultat de l'exercice desdites fonctions; 6° deux copies de la délibération par laquelle le conseil municipal a fixé le montant de la pension.

Lorsqu'il s'agit de la pension d'une veuve, on doit produire outre les pièces qui établissent les droits du mari à la pension : 1° un extrait de l'acte de mariage; 2° un certificat du maire constatant qu'il n'a pas existé de séparation de corps entre les époux; 3° un extrait de l'acte de naissance de la veuve; 4° s'il y a des enfants mineurs qui donnent droit à une augmentation, les actes de naissance de chacun de ces enfants; 5° un extrait de l'acte de décès du mari; 6° enfin, la délibération par laquelle le conseil municipal ou la commission administrative a fixé le montant de la pension. — Voy. Hospices, Mairie, Secrétaire de mairie, Octroi.

Percepteurs. — *Agents du trésor chargés du recouvrement des contributions directes.*

Fonctions. — Les percepteurs ont seuls titre pour effectuer et poursuivre le recouvrement des contributions directes appartenant soit à l'État, soit aux communes. Les maires procèdent à l'examen de la situation des services placés sous leur surveillance et constatent par un procès-verbal d'installation l'entrée du percepteur-receveur municipal en fonctions et le font reconnaître par les contribuables.

Un percepteur ne peut exiger aucune somme des contribuables s'il n'est porteur d'un rôle rendu exécutoire par le préfet et publié par le maire dans chaque commune. (Arrêté 16 thermidor an VIII.)

Immédiatement après la publication des rôles, le percepteur est tenu de faire parvenir aux contribuables les avertissements qui ont été dressés par le directeur des contributions, et que ce dernier a dû remettre en même temps que les rôles; le percepteur doit y indiquer, préalablement, le lieu, le jour et l'heure où son bureau est ouvert aux contribuables. Le prix des avertissements étant compris dans les rôles, et payable comme les contributions, le percepteur ne peut rien demander de plus aux contribuables, soit pour les avertissements, soit pour les frais de leur remise.

Les jours du mois ou de la semaine où les percepteurs se rendent dans chacune des communes de leur arrondissement de perception, pour faire leur recette, sont déterminés à l'avance par le sous-préfet, sur l'avis du receveur particulier de l'arrondissement, qui règle les époques de versement à la recette particulière. L'itinéraire ainsi fixé doit être affiché constamment dans le bureau du percepteur et dans celui du receveur particulier. A moins d'autorisation régulière, les percepteurs doivent se rendre dans chaque commune au moins une fois par mois.

Les percepteurs délivrent immédiatement quittance de toutes les sommes qui leur sont versées; ils sont tenus d'émarger chaque versement au rôle, en présence de la partie versante et à l'instant même du payement. Les quittances doivent être extraites d'un journal à souche. — Voy. Contributions directes, Impositions communales.

Les percepteurs ont une autre attribution très importante; ils remplissent les fonctions de receveur municipal des communes de leur circonscription et celles de receveur des hospices et autres établissements de bienfaisance, lorsque les revenus ordinaires de ces communes et de ces établissements ne dépassent pas 30,000 francs. (L. 5 avril 1884, art. 156.) — Voy. Receveurs municipaux.

Ils sont chargés du service des amendes et, en outre, de recouvrer, en vertu de rôles spéciaux et suivant les règles prescrites pour les contributions directes, les redevances des mines, les rétributions pour la vérification des poids et mesures, celles qui sont dues par les pharmaciens, épiciers-droguistes et herboristes pour les visites auxquelles ils sont assujettis, les taxes pour les traitements des inspecteurs des établissements, fabriques et dépôts d'eaux minérales, etc. Ils recouvrent, de plus, suivant les formes déterminées par les règlements, les droits de permis de chasse et le prix des passeports à l'étranger. — Voy. Chasse, Eaux minérales, Mines, Passeports, Pharmaciens, Poids et mesures.

Enfin, les commissions syndicales pour les travaux d'art qu'exigent le desséchement des marais, la construction et l'entretien des digues, des canaux d'irrigation, etc., sont autorisées à charger les percepteurs du recouvrement et de l'emploi des fonds destinés à ces travaux.—Voy. Digues, Cours d'eau, Irrigations, Marais, Syndicats.

Pour la garantie de la bonne gestion de ces divers services, les per-

II   69

cepteurs sont assujettis à un cautionnement dont les bases d'établissement ont été revisées par la loi du 27 février 1884.— Voy. RECEVEURS MUNICIPAUX.

Les conditions de nomination, d'avancement, de résidence, congé, etc. ne rentrent pas dans les attributions des maires, nous renvoyons le lecteur pour ces diverses matières au *Dictionnaire général d'administration* de M. Alfred Blanche.

Incompatibilités. — Les percepteurs-receveurs de communes et d'établissements de bienfaisance ne peuvent cumuler avec leurs fonctions celles de maires ou d'adjoints, et de membres des conseils municipaux et des commissions administratives des établissements de bienfaisance.

Il y a également incompatibilité entre la place de percepteur-receveur des communes et établissements de bienfaisance, et les fonctions de juge et de greffier des tribunaux et des justices de paix, de suppléant de juge, de notaire, d'avocat, d'avoué, d'huissier, de commissaire-priseur, d'agent de change, de courtier, de secrétaire de mairie, et de membre des commissions administratives et de commis de préfecture, de sous-préfecture, de trésorerie générale ou de recette particulière des finances. Enfin, il est interdit aux percepteurs de cumuler, avec leur emploi, une profession, un commerce ou une industrie quelconque. (Inst. gén. fin. 20 juin 1859, art. 1273.)

Péremption. — C'est l'extinction d'une instance par la discontinuation de poursuites pendant le temps déterminé par la loi.

La péremption court contre l'État, les communes, les établissements publics et toutes personnes, même mineures, sauf leur recours contre les administrateurs et tuteurs. (C. proc., art. 398; C. civ., art. 2278.) — Voy. ACTIONS JUDICIAIRES.

Perfectionnement (Brevet de). — Voy. BREVET D'INVENTION.

Permis de chasse. — Voy. CHASSE.

Permis de séjour. — Autorisation de résider dans une localité accordée par l'autorité. Ces sortes d'autorisation ne concernent le plus habituellement que des étrangers. Le permis de séjour est remis à l'étranger en échange de son passeport, qui est conservé à la municipalité, et qui y reste déposé tant que la résidence de l'étranger se continue dans la commune. — Voy. PASSEPORT.

Perquisition. — Recherches faites par un officier de police judiciaire dans le domicile d'un prévenu.

Il y a lieu de faire une perquisition dans une maison, lorsque la nature de l'infraction est telle que la preuve puisse être vraisemblablement acquise par les papiers ou autres pièces et effets en la possession du prévenu.

En cas de flagrant délit, les maires et les commissaires de police peuvent faire, comme le procureur de la République, des perquisitions dans le domicile d'individus gravement soupçonnés (C. I. C., art. 36, 49 et 50).

Lorsque le délit n'est plus flagrant, c'est au juge d'instruction seul qu'il appartient d'opérer ou de prescrire la perquisition, s'il y a lieu. (Id., art. 87 et 88.)

La maison de tout habitant du territoire français étant un asile inviolable où l'on ne peut entrer de nuit, les maires peuvent, lorsqu'il y a nécessité, faire entourer la maison durant la nuit, par une force armée, et n'y pénétrer qu'au point du jour. (Circ. Just. 23 germinal an IV.) — Voy. DOMICILE, FLAGRANT DÉLIT, VISITES DOMICILIAIRES.

Pertes. — Des secours et des indemnités sont accordés par les lois aux citoyens et aux communes, pour raison de pertes causées par l'intempérie des saisons, per des incendies, inondations, épizooties et autres accidents imprévus.

La constatation des dommages est faite, pour les pertes de bestiaux, par un vétérinaire breveté, et pour les autres pertes par le contrôleur des contributions directes, en présence du maire, et conjointement avec deux commissaires nommés par le sous-préfet, ou bien, à leur défaut, par une commission d'experts nommée par le préfet. (Arrêté 24 floréal an VIII; Circ. min. 24 décembre 1850.) — Voy. CONTRIBUTIONS DIRECTES, EPIZOOTIE, GRÊLE, INCENDIE, INDEMNITÉ, INONDATION, SECOURS. — Dict. des formules, n° 1194.

Pesage, mesurage et jaugeage (Droits de). — Dans toutes les villes où le besoin du commerce l'exige, il est établi des bureaux de pesage, mesurage et jaugeage publics, où tous les citoyens peuvent faire peser, mesurer et jauger leurs marchandises, moyennant une rétribution juste et modérée. (Arr. du 7 brumaire an IX, art. 1er; L. 14 floréal an IX, 21 décembre 1814, 25 mars 1817; L. 5 avril 1884, art. 68 et 133.)

Les tarifs et règlements des droits à percevoir dans ces bureaux sont proposés par les conseils municipaux, et approuvés par le préfet.

Les préposés au pesage, mesurage et jaugeage publics sont nommés par le préfet. Avant d'entrer en fonctions, ils doivent prêter, devant le président du tribunal de commerce, ou devant le juge de police du lieu, le serment de bien et fidèlement remplir leur devoir. (Arrêté 7 brumaire an IX, art. 2 et 3.)

Aucune autre personne que le préposé ne peut exercer, dans l'enceinte des marchés, halles et ports, la profession de peseur, mesureur et jaugeur, à peine de confiscation des instruments. (Id., art. 4.)

Les préposés sont obligés de tenir les marchés, halles et ports garnis d'instruments nécessaires à l'exercice de leur état, et d'employés en nombre suffisant; faute de quoi il y est pourvu à leurs frais par la police, et ils sont destitués. (Arrêté 7 brumaire an IX, art. 6.) Le ministère des préposés est obligatoire dans l'enceinte et pendant la durée des marchés qu'il y ait ou non contestation entre les parties. — En dehors des marchés, il n'est obligatoire qu'en cas de contestations. (Cass. civ. 23 février.)

Il est délivré aux personnes qui le demandent, par les peseurs et mesureurs publics, un bulletin qui constate le résultat de leur opération (Id. art. 7). Le bulletin fait foi jusqu'à preuve contraire. Les contestations sont portées devant le juge de paix.

En cas de contestation entre la commune ou l'adjudicataire et un particulier sur l'application du tarif ou la quotité du droit réclamé, ce droit doit avant tout être consigné entre les mains du préposé; le réclamant ne peut se pourvoir en justice qu'en présentant la quittance de la consignation au juge de paix, lequel prononce sommairement et sans frais. (L. 27 frimaire an VIII.)

Les droits se perçoivent, soit en régie simple, soit en régie intéressée, soit par bail à ferme. Lorsqu'un de ces deux derniers modes est préféré, la perception se concède, par adjudication publique, dans la forme ordinaire. Dans tous les cas, il faut que le tarif des droits ait été préalablement approuvé par arrêté du préfet.

Le produit des droits de pesage, mesurage et jaugeage, légalement établis, fait partie des recettes ordinaires des communes, et doit figurer en recette au budget. — Voy. REVENUS COMMUNAUX. — *Dict. des formules*, 1195-1196.

Pétition. — Demande adressée à l'autorité, le plus ordinairement ux Chambres, au chef de l'Etat, ministres et autres autorités constituées. Le droit de pétition a été expressément consacré par nos diverses constitutions. Les pétitions adressées aux Chambres ne sont pas soumises au timbre (L.13 frimaire an VII). Toute pétition adressée aux Chambres doit être rédigée par écrit et signée ; elle doit indiquer la demeure des pétitionnaires. Les signatures des pétitionnaires doivent être légalisées. Le maire ne saurait à aucun titre refuser la légalisation de la signature des personnes, qu'il connaît, ou même celle des personnes qu'il ne connaît pas lorsque l'authenticité de ces signatures lui est affirmée par deux personnes connues et dignes de foi. En cas de refus, le pétitionnaire ferait constater ce refus par les témoins à la suite de la pétition qui vaudrait alors comme si elle était légalisée, car on ne saurait admettre qu'un maire puisse de sa propre autorité entraver l'exercice du droit de pétition. D'ailleurs, ce refus de légalisation n'entraîne pas d'action en dommages et intérêts. Les tribunaux se déclarent incompétents sur cette question par le motif que de semblables affaires sont du ressort administratif.

Pour les autres sortes de pétitions, les unes sont soumises au timbre comme celles en matière de réclamations de contribution pour une somme supérieure à 30 francs; les autres ne le sont pas. — Voy. CONTRIBUTIONS DIRECTES, RÉCLAMATIONS.

Pétrole. — Le décret du 20 mars 1885 soumet la conservation et la livraison du pétrole et autres essences inflammables à des mesures de précautions qu'il est utile de faire observer strictement pour éviter les accidents. (Voir pour le détail de ces prescriptions le *Bulletin annoté* des lois de 1885.)

Pharmaciens. — La vente des compositions et préparations pharmaceutiques est exclusivement réservée aux pharmaciens légalement reçus.

Réceptions. — Il y a deux classes de pharmaciens. Le titre de pharmacien de première classe est conféré par les écoles supérieures de pharmacie. Le certificat d'aptitude pour la profession de pharmacien de deuxième classe est délivré, soit par les écoles supérieures de pharmacie, soit par les écoles préparatoires de médecine et de pharmacie. (L. 21 germinal an IX ; D. 22 août 1854, art. 17.)

Nul ne peut être reçu pharmacien, s'il n'est âgé de vingt-cinq ans accomplis. (L. 21 germinal an XI, art. 16.)

Les pharmaciens de première classe peuvent exercer leur profession dans toute l'étendue du territoire de la France (L. 21 germinal an XI, art. 23). Les pharmaciens de deuxième classe ne peuvent exercer leur profession que dans le département pour lequel ils ont été reçus. (Id., art. 24 ; C. 22 août 1854, art. 19.)

Exercice de la pharmacie. — Tout pharmacien nouvellement reçu doit, avant de s'établir, présenter son diplôme au préfet du département, devant lequel il prête le serment d'exercer son art avec probité et fidélité. Le préfet lui délivre sur son diplôme l'acte de prestation de serment.

Nul ne peut obtenir de patente pour exercer la profession de pharmacien, ouvrir une officine de pharmacie, préparer, vendre et débiter aucun médicament, s'il n'a été reçu suivant les formes déterminées par la loi. (L. 21 germinal an XI, art. 25.)

Cependant, les docteurs en médecine et les officiers de santé établis dans les localités où il n'y a pas de pharmacien, ayant officine ouverte, peuvent fournir des médicaments aux personnes près desquelles ils sont appelés, mais sans avoir le droit de tenir une officine ouverte. (Id., art. 27.)

Les préfets font imprimer et afficher, chaque année, les listes des pharmaciens établis dans les différentes villes de leur département ; ces listes contiennent les noms, prénoms des pharmaciens, les dates de leur réception, et les lieux de leur résidence. (Id., art. 28.)

Les pharmaciens doivent se conformer, dans la préparation des remèdes composés, soit au dispensaire ou codex, rédigé, d'après la loi, par les écoles de médecine et de pharmacie, soit aux ordonnances ou prescriptions des docteurs en médecine et officiers de santé. (Id., art. 32 et 38.)

Ils ne peuvent ni vendre, ni exposer en vente, ni avoir dans leur officine ou ses dépendances, aucun remède secret. — Voy. REMÈDES SECRETS.

Ils doivent observer rigoureusement les injonctions des lois et règlements sur la conservation et le débit des substances vénéneuses. — Voy. SUBSTANCES VÉNÉNEUSES.

Ils ne peuvent faire dans leur officine aucun autre commerce ou débit que celui des drogues et préparations médicinales.

Lorsque l'absence du titulaire d'une pharmacie ne permet pas une surveillance efficace suffisante, l'autorité administrative a le droit de faire fermer la pharmacie.

Visites annuelles des officines des pharmaciens et des magasins des droguistes, herboristes et épiciers. — Dans l'intérêt de la salubrité publique, les pharmacies sont soumises à des visites périodiques. Dans les villes où il y a des écoles de pharmacie, deux docteurs et professeurs de l'école de médecine accompagnés des membres de l'école de pharmacie et assistés d'un commissaire de police, visitent, au moins une fois chaque année, les officines et magasins des pharmaciens et droguistes, pour s'assurer de la bonne qualité des médicaments simples ou composés. Les pharmaciens et droguistes sont tenus de représenter les drogues et compositions qu'ils ont dans leurs magasins, officines et laboratoires. Les drogues mal préparées ou détériorées sont saisies à l'instant par le commissaire de police, et il est procédé ensuite contre les délinquants conformément aux lois et règlements. (L. 21 germinal an XI, art. 29.)

Les mêmes professeurs peuvent, autorisés par les préfets, ou sous-préfets, et assistés d'un commissaire de police, visiter les magasins de drogues, laboratoires et officines des villes, dans le rayon de dix lieues de celles où sont établies les écoles. (Id., art. 30.)

Dans les autres villes et communes, les visites sont faites par les membres du jury médical réunies aux quatre pharmaciens qui leur sont adjoints. (Id., art. 31.)

Les commissaires de police sont chargés, à l'exclusion des médecins et pharmaciens qui font les visites, de dresser les procès-verbaux qui doivent servir de base aux poursuites judiciaires.

Il est payé, pour frais de visite, 6 francs par chaque pharmacien et 4 francs par chaque épicier et droguiste (Arrêté 25 thermidor an XI, art. 42). La légalité de cette taxe ayant été contestée, elle a été comprise dans le budget de 1818 et dans ceux des années suivantes. La loi de finances du 23 juillet 1820 en a exempté les épiciers non droguistes chez lesquels il ne serait pas trouvé de drogues appartenant à la pharmacie. Pour prévenir les difficultés à cet égard, l'ordonnance du 20 septembre 1820 a désigné les substances considérées comme drogues et soumis au droit de visite les épiciers chez qui on en trouverait.

Les rétributions dues par les pharmaciens, les épiciers, les herboristes et les droguistes, pour la visite de leurs officines, magasins ou laboratoires, et constatées par les procès-verbaux relatifs à ces opérations, sont comprises dans un rôle spécial qui est rendu exécutoire par le préfet. Ce rôle est remis au trésorier général, pour être recouvré par le percepteur des contributions directes. Le préfet adresse au trésorier général, en même temps que le rôle, des extraits de cotes destinés aux débiteurs, et qui leur sont immédiatement remis par les soins du percepteur chargé du recouvrement. (Circ. min. 15 mars 1829 et 13 juillet 1830.)

Les droits perçus pour frais de visite chez les pharmaciens, droguistes, épiciers et herboristes, étant recouvrés en vertu de rôles nominatifs rendus exécutoires par le préfet dans les formes établies pour les contributions directes, les demandes en décharge ou réduction de ces taxes doivent, aux termes de l'article 4 de la loi du 28 pluviôse an VIII, être portées devant le conseil de préfecture. (Arrêt Cons. d'Etat, 24 mars 1849.) — *Dict. des formules*, nos 1197, 1198, 1199.

Phylloxera et doryphora. — Les ravages causés par ces deux fléaux ont amené le gouvernement à prendre des mesures pour interdire l'entrée et le transport des plantes, terreaux, sarments, débris de vignes provenant de pays étrangers envahis par le phylloxera et pour soumettre d'office aux frais de l'Etat, malgré la résistance des propriétaires, les vignes malades et les vignes environnantes à un traitement convenable. Les principales dispositions édictées à cet égard se trouvent dans la loi du 25 juillet 1878, le règlement du 26 décembre 1878, la loi du 2 août 1879, l'arrêté ministériel du 15 mai 1882, dans les décrets du 15 mai et du 8 juillet 1882. Ne pouvant les reproduire en entier ici, nous renvoyons le lecteur au *Bulletin annoté des lois* des années précitées.

Pied cornier. — Arbre destiné à fixer les limites d'une coupe dans une forêt. — Voy. BOIS DES COMMUNES ET DES ÉTABLISSEMENTS PUBLICS, BORNES.

Pierre sépulcrale. — Tout particulier a le droit de faire placer sur la fosse de son parent ou de son ami une pierre sépulcrale ou tout autre signe indicatif de sépulture. (D. 23 prairial an XII, art. 12.)

Ces pierres ne peuvent rester sur la tombe que jusqu'au moment du renouvellement des fosses, et si alors on veut éviter le déplacement, il faut obtenir la concession du terrain. — Voy. CIMETIÈRE.

Pigeons. — Oiseaux domestiques élevés dans des colombiers.

Aux termes de l'article 2 de la loi du 4 août 1789, qui abolit le privilège des fuies et colombiers, les pigeons doivent être enfermés aux époques fixées par l'autorité municipale ; durant ce temps, ils sont regardés comme gibier, et chacun a le droit de les tuer sur son terrain.

On a le droit de les tuer lorsqu'on les trouve sur son terrain aux époques où il est prescrit par le maire de les tenir enfermés. Dans les autres temps, celui qui tue des pigeons, même sur son terrain, et se les approprie contre le gré du propriétaire commet un véritable vol dans le sens de l'article 479 du Code pénal. (Cass. 20 septembre 1823.) — *Dict. des formules*, nᵒˢ 1200, 1201.

Pillage. — Action de détruire ou d'emporter avec violence des denrées, marchandises ou autres objets appartenant à autrui.

Tout pillage, tout dégât de denrées ou marchandises, effets, propriétés mobilières, commis en réunion ou bande, et à force ouverte, est puni des travaux forcés à temps ; chaque coupable est de plus condamné à une amende de 200 à 1,000 francs. (C. P., art. 440.)

Ceux qui prouvent avoir été entraînés par des provocations ou sollicitations à prendre part à ces violences, peuvent n'être punis que de la peine de réclusion. (Id., art. 441.)

Si les denrées pillées ou distraites sont des grains, grenailles ou farines, substances farineuses, pain, vin ou autre boisson, la peine des chefs, instigateurs ou provocateurs seulement, est le maximum des travaux forcés à temps, et une amende de 1,000 francs. (C. P., art. 442.)

Ceux qui, en cas de pillage, auraient refusé ou négligé de porter le secours dont ils auraient été requis, sont punis d'une amende de 6 francs à 10 francs inclusivement, et, en cas de récidive, d'un emprisonnement de cinq jours. (C. civ., art. 475 et 478.) — Voy. ATTROUPEMENTS, COMMUNE..

Piqueurs. — Agents subalternes des ponts et chaussées, chargés de seconder les conducteurs, notamment pour la surveillance des ouvriers employés en régie.

Placards. — Voy. AFFICHE.

Place (Droits de). — Voy. HALLES ET MARCHÉS et *Dict. des formules*, nᵒˢ 1202, 1203.

Placement de fonds au Trésor. — Voy. TRÉSOR PUBLIC.

Places de guerre. — Les servitudes défensives autour des places de guerre s'exercent sur les propriétés qui sont comprises dans trois zones commençant toutes aux fortifications. La première zone s'étend à 250 mètres; la seconde, à 487 mètres; la troisième, à 974, s'il s'agit d'une place, et à 584 mètres, s'il s'agit seulement d'un poste. (D. 10 août 1853, art. 5.)

Dans la première zone de servitudes, il ne peut être fait aucune construction, de quelque nature qu'elle puisse être, à l'exception toutefois de clôtures en haies sèches ou en planches à claire-voie, sans pans de bois ni maçonnerie. Les haies vives et les plantations d'arbres ou d'arbustes formant haies sont spécialement interdites dans cette zone. (Id., art. 7.)

Au delà de la première zone jusqu'à la limite de la deuxième, il est également interdit, autour des places de la première série, d'exécuter aucune construction quelconque en maçonnerie et en pisé; mais il est permis d'y élever des constructions en bois et en terre, à la charge de les démolir sans indemnité, à la première réquisition de l'autorité militaire, dans le cas où ces places seraient déclarées en état de guerre. A l'égard des places de la deuxième série et des postes militaires, les prohibitions sont moins rigoureuses; on peut y élever des constructions quelconques, sous la seule condition de démolition sans indemnité à la première réquisition. (Id., art. 8.)

Dans la troisième zone de servitudes des places et des postes, il ne peut être fait aucun chemin, aucune levée ni chaussée, aucun exhaussement de terrain, aucune fouille, aucun dépôt de matériaux, sans que leur alignement ou leur position n'aient été concertés avec les officiers du génie. (D. 10 août 1853, art. 9.)

Les moulins et autres semblables usines en bois ou en maçonnerie peuvent être exceptionnellement autorisés par le ministre de la guerre dans les zones de prohibition, à la condition de n'être élevés que d'un rez-de-chaussée, et qu'en cas de guerre, il ne sera accordé aucune indemnité pour démolition. La permission ne peut, toutefois, être accordée qu'après que le chef du génie, l'ingénieur des ponts et chaussées et le maire ont reconnu de concert, et par un procès-verbal, que l'usine est d'utilité publique, et que son emplacement est déterminé par quelque circonstance locale qui ne se peut rencontrer ailleurs. (Id., art. 14.)

La police civile s'exerce, dans les places, par les fonctionnaires de l'ordre civil. L'autorité militaire ne peut intervenir que lorsqu'elle en est requise. Réciproquement, l'autorité civile ne peut s'immiscer dans les actes de la police militaire. Les dispositions de police civile auxquelles la garnison doit se conformer sont communiquées officiellement au commandant de place, qui en donne connaissance aux troupes et s'assure qu'elles sont observées. Les dispositions de police militaire sont communiquées par le commandant de place à l'autorité civile, qui en informe le public. (D. 13 octobre 1863, art. 208.) — Voy. FORTIFICA TIONS, EXPROPRIATION, ETAT DE PAIX.

Places publiques. — Les places publiques traversées par les routes nationales ne cessent pas de faire partie des biens communaux. L'État est tenu toutefois d'entretenir le pavé sur une largeur égale à celle des chaussées qui sont à sa charge dans les rues adjacentes. Mais cette obligation qu'il accomplit ne lui confère aucun droit de propriété sur la partie des places qui forment le prolongement des routes.

La juridiction du préfet ne comprend pas les portions de route traversant les places publiques. C'est aux maires et non aux préfets à donner les alignements des maisons dans les limites de ce plan. Cette doctrine a été adoptée par le Conseil d'Etat. — Voy. CHEMINS VICINAUX, ROUTES, VOIRIE.

Plainte. — Déclaration par laquelle une partie lésée par un crime, un délit ou une contravention, en fait l'exposé à un officier de police judiciaire, pour que l'auteur soit poursuivi. (C. I. C., art. 63 et 64.)

Les maires, comme officiers de police auxiliaires, doivent recevoir les plaintes, même celles qui concerneraient des crimes ou des délits autres que ceux qu'ils sont directement chargés de constater. Ils ne peuvent s'en dispenser, sans commettre un déni de justice, lors même qu'on ne leur présente ni preuves, ni témoins du fait dénoncé, que l'auteur en est inconnu, ou que le délit ne leur paraît pas d'une gravité suffisante pour être poursuivi.

On ne doit pas confondre la dénonciation et la plainte : la dénonciation est faite par une personne qui n'a à se plaindre d'aucun dommage, mais qui a été témoin d'un fait illicite qu'elle vient déclarer à l'officier compétent, tandis que la plainte est formée par la personne même qui se prétend lésée. — Voy. DÉNONCIATION, PROCÈS-VERBAUX.— *Dict. des formules*, nᵒˢ 1204 et 1205.

Plans d'alignement. — Voy. ALIGNEMENT — VOIRIE.

Plant. — On donne ce nom à un jeune arbre ou à une jeune plante d'une pépinière ou d'une forêt, et destiné à être transplanté.

Quiconque arrache des plants dans les bois et forêts est puni d'une amende qui ne peut être moindre de 10 francs, ni excéder 300 francs ; et si le délit a été commis dans un semis ou plantation exécuté de main d'homme, il est prononcé, en outre, un emprisonnement de quinze jours à un mois. (C. F., art. 195.) — Voy. BOIS DES COMMUNES ET DES ÉTABLISSEMENTS PUBLICS.

Il est défendu de mener des bestiaux d'aucune espèce, et en aucun temps, dans les plants de câpriers, dans ceux d'oliviers, de mûriers, de grenadiers, d'orangers et arbres du même genre ; dans tous les plants et pépinières d'arbres fruitiers ou autres faits de main d'homme. — Voy. PARCOURS ET VAINE PATURE.

Plantations. — Voy. ARBRES, CONTRIBUTIONS DIRECTES, RESTAURATION DES TERRAINS EN MONTAGNE, ROUTES, SEMIS ET PLANTATIONS.

Plaques. — Toute voiture circulant sur les routes nationales, départementales et chemins vicinaux de grande communication, doit être munie d'une plaque en métal, placée en avant des roues, au côté gauche de la voiture, portant en caractères apparents et lisibles, ayant au moins cinq millimètres de hauteur, les nom, prénoms et profession du propriétaire, le nom de la commune, du canton et du département de son domicile. (L. 30 mai 1851, art. 3; D. 10 août 1852, art. 16.)

Sont exceptées de cette disposition : 1° les voitures particulières destinées au transport des personnes, mais étrangères à un service public des messageries ; 2° les malles-postes et autres voitures appartenant à l'administration des postes ; 3° les voitures d'artillerie, chariots et fourgons appartenant au département de la guerre et de la marine; 4° les voitures employées à la culture des terres, au transport des récoltes, à l'exploitation des fermes, qui se rendent de la ferme aux champs ou des champs à la ferme, ou qui servent au transport des objets récoltés du lieu où ils ont été recueillis jusqu'à celui où, pour les conserver ou les manipuler, le cultivateur les dépose ou les rassemble. (L. 30 mai 1851, art. 3.)

Tout propriétaire d'une voiture circulant sur les voies publiques sans qu'elle soit munie de la plaque prescrite, est puni d'une amende de 6 à 15 francs, et le conducteur d'une amende de 1 à 5 francs. (Id., art 7.)

Tout propriétaire ou conducteur de voiture qui fait usage d'une plaque portant un nom ou domicile faux ou supposé est puni d'une amende de 50 à 200 francs et d'un emprisonnement de six jours au moins et de six mois au plus. La même peine est applicable à celui qui, conduisant une voiture dépourvue de plaque, déclare un nom ou domicile autre que le sien ou que celui du propriétaire pour le compte duquel la voiture est conduite. — Voy. ROULAGE.

Poids et mesures. — Le décret de l'Assemblée constituante du 8 mai 1790, est le premier acte législatif qui a eu pour but d'établir en France l'uniformité des poids et mesures. Par suite des prescriptions de ce décret, un nouveau système de poids et mesures, fondé sur la mesure du méridien de la Terre et la division décimale (D. 1er août 1793), fut définitivement constitué par les lois des 18 germinal an III et 19 frimaire an VIII; toutefois, son application eut encore à subir de nombreuses vicissitudes avant la promulgation de la loi du 4 juillet 1837, qui l'a rendu enfin rigoureusement obligatoire.

Emploi exclusif du système légal. — Tous poids et mesures autres que les poids et mesures établis par les lois des 18 germinal an III et 19 frimaire an VIII, constitutifs du système métrique décimal, sont interdits sous les peines portées par l'article 479 du Code pénal. (L. 4 juillet 1837, art. 3.)

Ceux qui ont des poids et mesures autres que les poids et mesures ci-dessus reconnus, dans leurs magasins, boutiques, ateliers ou maisons de commerce, ou dans les halles, foires et marchés, sont punis comme ceux qui les emploient, conformément à l'article 479 du Code pénal. (Id., art. 4.)

Toutes les dénominations de poids et mesures autres que celles établies par la loi du 18 germinal an III, sont interdites dans les actes publics, ainsi que dans les affiches et les annonces. Elles sont également interdites dans les actes sous seing privé, les registres de commerce et autres écritures privées, produits en justice. Les officiers publics contrevenants sont passibles d'une amende de 20 francs, qui est recouvrée par contrainte, comme en matière d'enregistrement. L'amende est de 10 rancs pour les autres contrevenants, elle est perçue pour chaque acte ou écriture sous signature privée; quant aux registres de commerce, ils ne donnent lieu qu'à une seule amende pour chaque contestation dans laquelle ils sont produits. (Id., art. 4.)

Il est aussi défendu aux juges et arbitres de rendre aucun jugement ou décision en faveur des particuliers sur des actes, registres ou écrits dans lesquels les dénominations interdites auraient été insérées, avant que les amendes encourues aux termes dudit article aient été payées. (Id., art. 6.)

Vérification des poids et mesures. — Des vérificateurs. Ces agents, institués par l'ordonnance du 17 avril 1839 pour procéder à la vérification des poids et mesures destinés et servant au commerce, sont nommés par le ministre de l'agriculture et du commerce. (D. 26 février 1873, art. 1er.)

Le personnel du service de la vérification se compose de vérificateurs en chef, de vérificateurs et de vérificateurs adjoints. (Id., art. 2.)

Les vérificateurs sont répartis en cinq classes. (Id., art. 3.)

L'emploi de vérificateur est incompatible avec toutes autres fonctions publiques et toute profession assujettie à la vérification. (Id., art. 4.)

De la vérification. — Sont assujettis à la vérification les commerces, industries et professions désignés au tableau A joint au décret du 26 février 1873. — Les commerces, industries et professions analogues à ceux qui sont énumérés dans ce tableau et qui n'y ont pas été compris peuvent être soumis à la vérification par arrêtés spéciaux des préfets, sauf l'approbation du ministre de l'agriculture et du commerce. — Tous les trois ans, des tableaux additionnels contenant les commerces, industries et professions assujettis en vertu de ces arrêtés sont l'objet de décrets rendus dans la forme des règlements d'administration publique. (D. 26 février 1873, art. 6.)

Les assujettis doivent être pourvus de séries complètes de poids et mesures dont ils font usages d'après la nature de leurs opérations, conformément à la désignation du tableau B annexé au présent décret. Mais à l'avenir les six séries de poids en fer désignés à ce tableau pourront être complétées par des poids de vingt grammes, dix grammes et cinq grammes du système Dosse. La taxe de ces poids est fixée à dix centimes pour chaque poids. (D. 27 septembre 1877.) Les poids et mesures isolés autres que les poids et mesures hors série ne sont point tolérés. (Id., art. 7.)

La vérification est faite, chaque année, dans toutes les communes. La vérification peut être faite au siège des mairies. Le préfet règle l'ordre dans lequel les diverses communes sont vérifiées. (Id., art. 8.)

Les vérificateurs peuvent d'ailleurs faire d'office, ou sur réquisition, des visites inopinées chez les assujettis.

Les droits de vérification sont perçus conformément au tarif annexé au décret, tableau C. (Id., art. 9.)

De l'inspection sur le débit des marchandises qui se vendent au poids et à la mesure. — L'inspection du débit des marchandises qui se vendent au poids et à la mesure est confiée spécialement à la vigilance et à l'autorité des préfets, sous-préfets, maires, adjoints et commissaires de police. (Id., art. 28.)

Les maires, adjoints, commissaires et inspecteurs de police doivent faire, dans leurs arrondissements respectifs, et plusieurs fois dans l'année, des visites dans les boutiques et magasins, dans les places publiques, foires et marchés, à l'effet de s'assurer de l'exactitude et du fidèle usage des poids et mesures. Ils sont chargés de surveiller les bureaux publics de pesage et de mesurage dépendants de l'administration municipale. Ils s'assurent que les poids et mesures portent les marques et poinçons de vérification, et que, depuis la vérification constatée par ces marques, ces instruments n'ont pas souffert de variations, soit accidentelles, soit frauduleuses (Id., art. 29). Ils doivent visiter fréquemment les romaines, les balances et tous les autres instruments de pesage. Ils s'assurent de leur justesse et de la liberté de leurs mouvements, et constatent les infractions. (Id., art. 30.)

Les maires et officiers de police doivent également veiller à la fidélité dans le débit des marchandises qui, étant fabriquées au moule ou à la forme, se vendent à la pièce ou au paquet, comme correspondant à un poids déterminé. Cependant les formes ou moules propres aux fabricants de ce genre ne peuvent pas être réputés instruments de pesage, et comme tels assujettis à la vérification (O. 17 avril 1839, art. 31). Il en est de même des vases ou futailles servant de récipient aux boissons, liquides ou autres matières ; ils ne sont pas réputés mesures de capacité ou de pesanteur (Id., art. 32). Le consommateur ne peut être contraint à les accepter pour une contenance déterminée : mais, d'un autre côté, rien ne s'oppose à ce que la vente ait lieu suivant les usages adoptés, soit à la bouteille, soit à la pièce, mais sans désignation ni garantie d'aucune quantité correspondante à une mesure légale.

Conformément à la loi du 1er août 1793, il doit y avoir dans chaque commune une collection des principaux étalons des poids et mesures décimaux. Cette collection fournit au maire et aux officiers de police des moyens de comparaison qui rendent la surveillance plus facile. (Circ. 30 août 1839.)

Des infractions et du mode de les constater. — Indépendamment du droit conféré aux officiers de police judiciaire par le Code d'instruction criminelle, les vérificateurs constatent les contraventions prévues par les lois et règlements concernant les poids et mesures, dans l'étendue de l'arrondissement pour lequel ils sont commissionnés et assermentés. Ils sont tenus de justifier de leur commission aux assujettis qui le requièrent. Leurs procès-verbaux font foi en justice jusqu'à preuve contraire. (O. 17 avril 1839, art. 34.)

Les vérificateurs doivent saisir tous les poids et mesures autres que ceux maintenus par la loi du 4 juillet 1837. Ils doivent également saisir tous les poids, mesures, instruments de pesage et mesurage altérés ou défectueux, ou qui ne seraient pas revêtus des marques légales de la vérification. Toutes les fois que cela est possible, les objets saisis sont déposés à la mairie. (Id., art. 35.)

Les vérificateurs doivent recueillir et relater les circonstances qui ont accompagné, soit la possession, soit l'usage des poids et mesures dont l'emploi est interdit. (Id,., art. 36.)

S'ils trouvent des mesures qui, par leur état d'oxydation, peuvent nuire à la santé des citoyens, ils en donnent avis aux maires et aux commissaires de police. (Id., art. 37.)

Les assujettis sont tenus d'ouvrir leurs magasins, boutiques et ateliers, et de ne pas quitter leur domicile, après que, par un ban publié dans la forme ordinaire, le maire a fait connaître au moins deux jours à l'avance le jour de la vérification. Ils sont tenus de se prêter aux exercices toutes les fois qu'ont lieu les visites prévues par les articles 19 et 20 de l'ordonnance. (Id., art. 38.)

Dans le cas de refus d'exercice, et toutes les fois que les vérificateurs procèdent chez les habitants, avant le lever et après le coucher du soleil, aux visites autorisées par l'article 26, ils ne peuvent s'introduire dans les maisons, bâtiments ou magasins, qu'en présence, soit du juge de paix ou de son suppléant, soit du maire, de l'adjoint ou du commissaire de police. (Id., art. 39.)

Les fonctionnaires ci-dessus nommés ne peuvent se refuser à accompagner sur-le-champ les vérificateurs, lorsqu'ils en sont requis par eux, et les procès-verbaux qui sont dressés, le cas échéant, sont signés par l'officier en présence duquel ils sont faits, sauf au vérificateur, en cas de refus, d'en faire mention auxdits procès-verbaux. (Id., art. 40.)

Les vérificateurs dressent leurs procès-verbaux dans les vingt-quatre heures de la contravention par eux constatée : ils les écrivent eux-mêmes, ils les signent, affirment au plus tard le lendemain de la clôture desdits procès-verbaux, par-devant le maire ou l'adjoint, soit de la commune de leur résidence, soit de celle où l'infraction a été commise : l'affirmation est signée tant par les maires et adjoints que par les vérificateurs. (O. 17 avril 1839, art. 41.)

Les vérificateurs sont sous la surveillance des procureurs de la République, sans préjudice de la subordination à l'égard de leurs supérieurs dans l'administration. (Id., art. 44.)

Si les affiches ou annonces contiennent des dénominations de poids et mesures autres que celles portées dans le tableau annexé à la loi du 4 juillet 1837, les maires, adjoints et commissaires de police sont tenus de constater cette contravention et d'envoyer immédiatement leurs procès-verbaux au receveur de l'enregistrement. Les vérificateurs et tous autres agents de l'autorité publique sont tenus également de signaler au même fonctionnaire toutes les contraventions de ce genre qu'ils pourraient découvrir.

Les contraventions aux arrêtés des préfets, à ceux des maires et à l'ordonnance du 17 avril 1839, sont poursuivies conformément aux lois. (Id., art. 55.)

Des droits de vérification. — La vérification première des poids, mesures et instruments de pesage neufs ou rajustés est soumise aux mêmes droits que la vérification périodique. (D. 19 février 1873, art. 10.)

Les droits de la vérification périodique sont payés pour tous les poids, mesures et instruments de pesage désignés au tarif et que les assujettis ont en leur possession. (Id. art. 11.)

La vérification des poids, mesures et instruments de pesage appartenant aux établissements publics, est faite gratuitement. Il en est de même pour les poids, mesures et instruments de pesage présentés volontairement à la vérification par des individus non assujettis. (O. 17 avril 1839, art. 48.)

Les états-matrices des rôles sont dressés par les vérificateurs des poids et mesures, d'après le résultat des opérations qui doivent être consommées avant le 1er août. Les états sont remis aux directeurs des contributions directes à mesure que les opérations sont terminées dans les communes dépendant de la même perception, et, au plus tard, le 1er août de chaque année. (O. 9 avril 1839, art. 50.)

Les directeurs des contributions directes, après avoir vérifié et arrêté les états-matrices, procèdent à la confection des rôles, lesquels sont rendus exécutoires par le préfet, pour être mis immédiatement en recouvrement par les mêmes voies et avec les mêmes termes de recours, en cas de réclamation, que pour les contributions directes. (Id., art. 51.)

Avant la fin de chaque année, il est dressé et publié des rôles supplémentaires pour les opérations qui, à raison de circonstances particulières, n'auraient pu être faites que postérieurement au 1er août de chaque année. (Id., art. 52.)

La perception des droits de vérification est faite par les agents du Trésor public. Le montant intégral des rôles est exigible dans la quinzaine de leur publication (O. 17 avril 1839, art. 53). Il importe de remarquer que la taxe de vérification des poids et mesures étant la rémunération de services rendus ne peut être imposée à un assujetti si, en fait, la vérification n'a pas eu lieu. (C. d'État, arrêt 26 juillet 1878.) — Voy. DENRÉES ET SUBSTANCES ALIMENTAIRES, MARCHANDISES. — Dict. des formules, nos 1206 à 1210.

Poids public. — On désigne par ce terme, dans le langage administratif, des bureaux légalement établis, où les particuliers peuvent faire peser et mesurer leurs denrées et marchandises moyennant une rétribution fixée par les règlements d'administration publique. — Voy. PESAGE, MESURAGE ET JAUGEAGE (DROIT DE), POIDS ET MESURES.

Poinçon. — Instrument dont on se sert pour marquer les pièces d'orfèvrerie. Il y a aussi des poinçons pour marquer les instruments de pesage et pour les armes à feu. — Voy. MATIÈRES D'OR ET D'ARGENT, POIDS ET MESURES.

Poison. — Le danger que présente tout poison pour la sûreté publique exige de l'autorité municipale une surveillance sévère; soit qu'il s'agisse d'un emploi chimique ou médicinal, la vente des substances vénéneuses est assujettie à certaines précautions déterminées par l'ordonnance du 29 octobre 1846. — Voy. PHARMACIENS, SUBSTANCES VÉNÉNEUSES.

Dans le cas de mort subite, lorsqu'il y a de graves motifs de suspicion, le maire, agissant comme officier de police judiciaire, peut faire surseoir à l'inhumation et requérir l'autopsie, sauf à en référer au procureur de la République; si l'enterrement a déjà eu lieu, l'exhumation ne peut être ordonnée que par le procureur de la République, ou le magistrat instructeur. — Voy. EMPOISONNEMENT, EXHUMATION.

Poisson. — Voy. PÊCHE.

Police. — Nous empruntons la définition de ce mot au Code de brumaire an IV (25 octobre 1795), sur les délits et les peines. Voici comment ce Code qui est resté en vigueur jusqu'au 27 novembre 1808, s'exprimait au livre de la police (art. 15 à 20) :

« La répression des délits exige l'action de deux autorités distinctes et incompatibles, celle de la police et celle de la justice.

« La police est instituée pour maintenir l'ordre public, la liberté, la propriété, la sûreté individuelle.

« Son caractère principal est la vigilance. La société considérée en masse est l'objet de sa sollicitude.

« Elle se divise en police administrative et en police judiciaire.

« La police administrative a pour objet le maintien habituel de l'ordre public dans chaque lieu, et dans chaque partie de l'administration générale. Elle tend principalement à prévenir les délits. Les lois qui la concernent font partie du Code des administrations civiles.

« La police judiciaire recherche les délits que la police administrative n'a pas pu empêcher de commettre, en rassemble les preuves, et en livre les auteurs aux tribunaux chargés par la loi de les punir. »

Les diverses attributions des maires, en ce qui concerne l'exercice de la police, ayant été l'objet d'articles spéciaux dans ce Dictionnaire, nous nous bornerons à exposer sommairement ci-après l'ensemble de la législation sur cette importante matière.

La police administrative se subdivise elle-même en police générale, en police municipale et police rurale.

POLICE GÉNÉRALE. — La police générale comprend l'exécution de toutes les mesures qui ont pour objet le maintien de l'ordre et de la sûreté publique dans le territoire de la République. Ces mesures sont édictées, soit directement par la loi, soit par décrets du Président de la République. Au nombre des objets que le législateur a pris soin de régler ainsi, nous citerons : la garantie des matières et ouvrages d'or et d'argent (L. 19 brumaire an VI) ; la police des bacs et bateaux (6 frimaire an VII) ; la police de la pharmacie (21 germinal an XI) ; la police des afficheurs et crieurs publics (29 juin 1881) ; les attroupements (16 juin 1848) ; la détention d'armes ou de munitions de guerre (24 mai 1834) ; le travail des enfants dans les manufactures (19 mai 1874) ; la police de la chasse (3 mai 1844) ; la police des chemins de fer (15 juillet 1845) ; la vente des substances vénéneuses (19 juillet 1845) ; les logements insalubres (15 avril 1850) ; les mauvais traitements envers les animaux domestiques (2 juillet 1850) ; la répression de la fraude dans la vente de certaines marchandises (27 mars 1851).

Les préfets, comme représentants du chef d'État, exercent aussi le pouvoir réglementaire dans chaque département, à la charge de se conformer aux lois et décrets et sous le contrôle de l'autorité supérieure. Leurs arrêtés ont surtout pour objet : la police des mendiants et des vagabonds, celle des prisons, la navigation fluviale, l'usage des cours d'eau, la police des grandes voies de communication, celle des théâtres, des établissements insalubres, le placement des aliénés, etc.

La police générale est exercée, sous l'autorité du préfet, par les sous-préfets, les maires et les commissaires de police. Les maires agissent dans ce cas comme délégués du gouvernement ; c'est à ce titre que la loi du 5 avril 1884 leur confie, sous l'autorité de l'administration supérieure, le soin de faire exécuter les mesures de sûreté générale ; de publier de nouveau les lois et règlements de police et de rappeler les citoyens à leur observation (art. 92). — Voy. COMMISSAIRES DE POLICE, MAIRE, PRÉFET.

POLICE MUNICIPALE. — Aux termes de l'article 91 de la loi du 5 avril 1884, le maire est chargé, sous la surveillance de l'administration supérieure, de la police municipale, de la police rurale et de l'exécution des actes de l'autorité supérieure qui y sont relatifs. On conçoit qu'il était impossible au législateur de prévoir et de réglementer d'avance tous les objets intéressant la police de toutes les communes de la France : il a dû donner au maire le pouvoir d'ordonner les précautions locales sur les objets confiés à sa vigilance et à son autorité. C'est dans l'exercice de ce pouvoir réglementaire que consiste principalement la police municipale.

Les règles relatives à la police municipale ont été posées d'une manière générale par les lois des 14 décembre 1789, 16-24 août 1790, 19-22 juillet 1791, 18 juillet 1837, et enfin par celle du 5 avril 1884 qui a reproduit et complété les dispositions édictées par les lois précédentes.

Après avoir établi une distinction entre les fonctions propres au pouvoir municipal, et celles qui sont propres à l'administration générale de l'Etat, et qui sont déléguées par elle aux municipalités, cette loi indique sommairement les points qui doivent fixer la sollicitude des maires, et limite en même temps leur action. D'après l'article 97, « les objets de police confiés à la vigilance et à l'autorité des maires sont :

« 1° Tout ce qui intéresse la sûreté et la commodité du passage dans les rues, quais, places et voies publiques ; ce qui comprend le nettoiement, l'éclairage, l'enlèvement des encombrements, la démolition ou la réparation des édifices menaçant ruine ; l'interdiction de rien exposer aux fenêtres ou autres parties des édifices qui puisse nuire par sa chute, ou celle de ne rien jeter qui puisse blesser ou endommager les passants ou causer des exhalaisons nuisibles ;

« 2° Le soin de réprimer les atteintes à la tranquillité publique, tels que les rixes et disputes accompagnées d'ameutements dans les rues, le tumulte excité dans les lieux d'assemblée publique, les attroupements, les bruits et rassemblements nocturnes qui troublent le repos des habitants et tous actes de nature à compromettre la tranquillité publique ;

« 3° Le maintien du bon ordre dans les endroits où il se fait de grands rassemblements d'hommes, tels que les foires, marchés, réjouissances et cérémonies publiques, spectacles, jeux, cafés, églises, et autres lieux publics ;

« 4° Le mode de transport des personnes décédées, les inhumations et exhumations, le maintien du bon ordre et de la décence dans les cimetières, sans qu'il soit permis d'établir des distinctions ou des prescriptions particulières à raison des croyances ou du culte du défunt ou des circonstances qui ont accompagné sa mort ;

« 5° L'inspection sur la fidélité du débit des denrées qui se vendent au poids ou à mesure, et sur la salubrité des comestibles exposés en vente ;

« 6° Le soin de prévenir par des précautions convenables, et celui de faire cesser par la distribution des secours nécessaires, les accidents et les fléaux calamiteux, tels que les incendies, les épidémies, les épizooties, en provoquant aussi dans ces deux derniers cas, l'intervention de l'autorité supérieure ;

« 7° Le soin de prendre provisoirement les mesures nécessaires contre les aliénés, dont l'état pourrait compromettre la morale publique, la sécurité des personnes ou la conservation des propriétés ;

« 8° Le soin d'obvier ou de remédier aux événements fâcheux qui pourraient être occasionnés par la divagation des animaux malfaisants ou féroces. » (L. 5 avril 1884, art. 97.)

De plus, le maire, ou à son défaut le sous-préfet, doit en vertu de l'article 93, pourvoir d'urgence à ce que toute personne décédée soit inhumée décemment, sans distinction de culte ni de croyance.

En rapprochant cette énumération de l'article 97 des dispositions des articles 91 et 92, on voit que les attributions du maire en matière de police municipale ont un double caractère. D'une part, il est chargé par l'article 92 d'assurer l'exécution dans la commune des lois et règlements, ainsi que des mesures de sûreté générale édictées par l'autorité supérieure. A cet effet, il peut prendre des arrêtés pour rappeler les citoyens à l'exécution de ces lois et mesures. D'autre part, l'article 94 l'investit sur tous les objets énumérés par l'article 97 d'un pouvoir de règlement qui lui permet d'ordonner de sa propre autorité toutes les mesures qu'il juge utiles ou nécessaires. Ce pouvoir réglementaire se manifeste aussi par des arrêtés, qui peuvent être annulés ou dont l'exécution peut être suspendue, et qui ne deviennent exécutoires qu'après avoir été portés à la connaissance des intéressés, soit par voie des publications et affiches, soit par voie de notification individuelle. (Art. 95 et 96, L. 5 avril 1884.)

Les pouvoirs qui appartiennent au maire, en vertu de l'article 91 ne font d'ailleurs pas obstacle au droit du préfet de prendre pour toutes les communes du département ou plusieurs d'entre elles, et dans tous les cas où il n'y aurait pas été pourvu par les autorités municipales, toutes les mesures relatives au maintien de la salubrité, de la sûreté et de la tranquillité publiques. Mais ce droit ne peut être exercé par le préfet à l'égard d'une seule commune qu'après une mise en demeure restée sans résultat. (Art. 99, L. 5 avril 1884.) — Voy. ACTE ADMINISTRATIF, ARRÊTÉ, MAIRE, RÈGLEMENTS MUNICIPAUX, ALIÉNÉS, ANIMAUX, ATTROUPEMENTS, CAFÉS, CABARETS, CIMETIÈRES, FOIRES, INHUMATIONS, MARCHÉS, ÉGLISES, ÉPIDÉMIES, ÉPIZOOTIES, LIEUX PUBLICS. — *Dict. des formules*, nᵒˢ 112, 113, 114, 115, 116, 1211.

POLICE RURALE. — Le titre II de la loi du 28 septembre-6 octobre 1791, sur la police rurale, contient les dispositions suivantes : « La police des campagnes est spécialement sous la juridiction des juges de paix et des officiers municipaux, et sous la surveillance des gardes champêtres et de la gendarmerie nationale (art. 1ᵉʳ). Les officiers municipaux veillent généralement à la tranquillité, à la salubrité et à la sûreté des campagnes. » (Art. 9.)

La loi du 5 avril 1884, article 91 a confirmé ces dispositions, en chargeant le maire « de la police rurale et de pourvoir à l'exécution des actes de l'autorité qui s'y rattachent. » Le maire tient, en outre, de l'article 94 de cette même loi, le pouvoir d'ordonner les mesures locales sur la police rurale, comme sur tous les autres objets confiés par les lois à sa vigilance et à son autorité.

Toutefois, une distinction est à faire relativement à l'exercice de ce pouvoir. Lorsqu'il s'agit de l'ordre public, de la sûreté des habitants des campagnes, de la salubrité, le maire peut, dans un arrêté, formuler des injonctions ou des défenses d'intérêt général ; mais il n'en est pas de même lorsqu'il s'agit de la conservation des propriétés privées : le maire doit s'abstenir, dans ce cas, d'établir des prescriptions nouvelles ; il peut seulement, en vertu de l'article 94 de la loi du 5 avril 1884, publier de nouveau celles de la loi qui ont pour but de protéger contre les malfaiteurs les propriétés particulières, et rappeler les citoyens à leur observation.

C'est dans le titre II de la loi du 28 septembre-6 octobre 1791 que se trouvent rassemblées pour la plupart les diverses dispositions relatives à la police rurale. Toutes ces dispositions ayant été reproduites, d'après leur ordre de matières, dans le cours de cet ouvrage, il serait sans utilité de les rappeler ici. — Voy. notamment les articles : ANIMAUX, ARBRES, BAN DE VENDANGES, BESTIAUX, CHEMINS RURAUX, CHEMINS VICINAUX, CHÈVRES, CLÔTURE, DÉGATS, ÉCHENILLAGE, ENGRAIS, ÉPIZOOTIE, FOURS ET CHEMINÉES, FUMIERS, GARDES CHAMPÊTRES, GLA-

NAGE, RATELAGE ET GRAPILLAGE, GRAINS, INSTRUMENTS ARATOIRES, MARAUDAGE, MEUBLES, PARCOURS ET VAINE PATURE, PATURAGE, PIGEONS, RÉCOLTES, etc. — *Dict. des formules*, n° 1211.

POLICE JUDICIAIRE. — *Des officiers de police judiciaire.* — Le Code d'instruction criminelle donne à la police judiciaire des attributions très étendues.

Chargée de la recherche des crimes, des délits et des contraventions, devant en rassembler les preuves, la police judiciaire a besoin, pour être exercée avec efficacité, de nombreux agents. La loi qualifie ces agents d'officiers de police judiciaire, et les place, pour l'exercice de leurs fonctions, sous l'autorité des cours d'appel.

Ces officiers sont les gardes champêtres et les gardes forestiers, les commissaires de police, les maires et les adjoints au maire, les procureurs de la République et leurs substituts, les juges de paix, les officiers de gendarmerie, les juges d'instruction. (C. I. C., art. 9.)

Les préfets peuvent faire personnellement, ou requérir les officiers de police judiciaire, chacun en ce qui le concerne, de faire tous les actes nécessaires pour constater les crimes, délits et contraventions, et en livrer les auteurs aux tribunaux. (Id., art. 10.)

Les gardes champêtres et les gardes forestiers, considérés comme officiers de police judiciaire, recherchent, chacun dans le territoire pour lequel il est assermenté, les délits et contraventions de police qui portent atteinte aux propriétés rurales et forestières. (Id., art. 16.)

Les gardes champêtres sont chargés, en outre, de rechercher, chacun sur le territoire pour lequel il est assermenté, les contraventions aux règlements de police municipale. (L. 5 avril 1884, art. 102.)

Quant aux autres délits et contraventions et aux crimes, si les gardes champêtres et les gardes forestiers ne peuvent les constater par procès-verbal, ils sont du moins tenus de les dénoncer par un rapport, qu'ils adressent aux magistrats chargés de l'action publique.

Les commissaires de police, et, dans les communes où il n'y en a point, les maires, et, à défaut de ceux-ci, les adjoints au maire, ont reçu directement de la loi la mission de rechercher toutes les contraventions de police, même celles qui sont sous la surveillance spéciale des gardes champêtres et forestiers, à l'égard desquelles il ont concurrence, et même prévention. (C. I. C., art. 11.)

Dans les communes où il existe un commissaire de police, c'est à ce fonctionnaire que le soin de la police judiciaire est plus particulièrement attribué ; mais les maires et adjoints n'en conservent pas moins le droit et le devoir de constater les crimes, délits et contraventions qui parviennent à leur connaissance.

Dans les communes où il n'y a qu'un commissaire de police, s'il se trouve légalement empêché, le maire, ou, à défaut de celui-ci, l'adjoint du maire, le remplace tant que dure l'empêchement. (C. I. C., art. 14.)

Les officiers de police judiciaire auxiliaires du procureur de la République reçoivent en cette qualité les dénonciations de crimes ou délits commis dans les lieux où ils exercent leurs fonctions habituelles. (C. I. C., art. 48 et 50.)

Dans les cas de flagrant délit, ou dans les cas de réquisition de la part d'un chef de maison, ils dressent les procès-verbaux, reçoivent les déclarations des témoins, font les visites et les autres actes qui sont, aux-dits cas, de la compétence des procureurs de la République, le tout dans les formes et suivant les règles établies en ce qui concerne les procureurs de la République. (Id., art. 49.) Le procureur de la République peut aussi déléguer à un officier de police auxiliaire de partie des actes de sa compétence.

Hors le cas de flagrant délit, le juge d'instruction est seul compétent pour prendre toutes les mesures propres à assurer la manifestation de la vérité, faire des perquisitions, ordonner des expertises, entendre des témoins, interroger les inculpés, etc.

Les officiers de police judiciaire ont tous, dans l'exercice de leurs fonctions, le droit de requérir directement la force publique. (Id., art. 25.)

Tous les officiers de police judiciaire sont, dans le même arrondissement, le juge d'instruction excepté, placés sous la surveillance du procureur de la République.

Tous ceux du ressort d'une cour d'appel sont placés sous la surveillance du procureur général près cette cour.

Il résulte de ces dispositions que, en matière de police judiciaire, les maires doivent déférer aux réquisitions et se conformer aux instructions qu'ils reçoivent du procureur de la République, et que c'est avec ce magistrat qu'ils doivent correspondre directement pour tout ce qui concerne cette partie du service.— Voy. MAIRE, ADJOINTS, COMMISSAIRES DE POLICE, GARDES CHAMPÊTRES, GARDES FORESTIERS.

Procédure.— Les procès-verbaux, ainsi que les dénonciations et les plaintes qui concernent des contraventions doivent être adressés, dans les trois jours au plus tard, à l'officier par qui est rempli le ministère public près le tribunal de police. (C. I. C., art. 16 et 20.)

Les procès-verbaux, plaintes, dénonciations et autres actes concernant des faits qualifiés crimes ou délits, quels qu'ils soient, doivent être adressés sans délai au procureur de la République, qui est tenu d'examiner sans retard les procédures, et de les transmettre, avec les réquisitions qu'il juge convenables, au juge d'instruction. (Id., art. 53 et 54.)

Si le procès-verbal, la dénonciation ou la plainte, comprend plusieurs infractions de différentes classes, c'est à l'autorité compétente, à raison du délit le plus grave, que l'acte doit être adressé.

Lorsque les maires éprouvent quelque incertitude sur l'autorité à laquelle ils doivent adresser leurs procès-verbaux, c'est toujours au procureur de la République qu'ils doivent les envoyer; ce magistrat les transmet ensuite à qui le droit.— Voy. CONTRAVENTIONS, DÉLITS, DÉNONCIATIONS, FLAGRANT DÉLIT, PLAINTE, PROCÈS-VERBAL.— *Dict. des formules,* n° 1212.

ATTRIBUTIONS DES PRÉFETS ET DES MAIRES EN MATIÈRE DE POLICE DANS LES VILLES CHEFS-LIEUX DE DÉPARTEMENT, DE 40,000 AMES ET AU-DESSUS. — Dans les villes chefs-lieux de département ayant plus de quarante mille âmes de population, l'organisation du personnel chargé des services de la police est réglée, sur l'avis du conseil municipal, par décret du Président de la République du 5 avril 1884, articles 103.

Les inspecteurs de police, les brigadiers, sous-brigadiers et agents de police nommés par le maire doivent être agréés par le sous-préfet ou par le préfet. Ils peuvent être suspendus par le maire, mais le préfet seul peut les révoquer.

Si un conseil municpal n'allouait pas les fonds exigés pour la dépense ou n'allouait qu'une somme insuffisante, l'allocation nécessaire serait inscrite au budget par décret du Président de la République, le Conseil d'Etat entendu. (L. 5 avril 1884, art. 103.)

Les ressources destinées aux dépenses de police, dans ces villes, comme dans les autres communes, sont centralisées à la trésorerie générale, au compte des cotisations municipales, sous le titre de fonds destinés aux traitements et frais concernant le service de la police. — Voy. COMMIS-SAIRES DE POLICE, COTISATIONS MUNICIPALES.

Police du roulage. — Voy. ROULAGE.

Police médicale. — Voy. HERBORISTES, MÉDECINS, OFFICIERS DE SANTÉ, PHARMACIENS, SAGES-FEMMES.

Police sanitaire. — La police sanitaire comprend toutes les dispositions nécessaires pour prévenir ou arrêter l'invasion des maladies contagieuses. C'est principalement sur les frontières de terre et de mer qu'elle s'exerce.

La loi qui sert de base à notre système sanitaire a été rendue le 3 mars 1822 ; elle a posé les principes de l'organisation du service sanitaire, et déterminé les peines encourues pour les infractions commises en cette matière. Cette loi confère au chef de l'Etat le pouvoir de régler les attributions, la composition et le ressort des autorités et administrations sanitaires.

Il a été pourvu à l'organisation actuelle du service sanitaire par un décret du 24 décembre 1850.

La police sanitaire est exercée par des directeurs et agents chargés de veiller sur les différents points du littoral et dans les lazarets où ils sont placés, à l'exécution des règlements sanitaires, de prévenir les infractions, de constater les contraventions par procès-verbal et d'avertir le maire ou l'administration supérieure de tout ce qui peut intéresser la santé publique.

Ces agents sont assistés de conseils représentant les intérêts locaux, composés de membres de droit et de membres élus par les conseils municipaux, les chambres de commerce et le conseil d'hygiène. Le maire fait toujours partie de droit de ce conseil, un consul étranger délégué par ses collègues des autres nations y assiste avec voix consultative.

Le conseil exerce une surveillance générale sur le service sanitaire. Il a spécialement pour mission d'éclairer le directeur ou agent, et de lui donner des avis sur les mesures à prendre en cas d'invasion ou de menaces d'invasion d'une maladie réputée importable ou transmissible, de veiller à l'exécution des règlements généraux ou particuliers relatifs à la police sanitaire, et, au besoin, de dénoncer au Gouvernement les infractions et omissions. Il est consulté sur toutes les questions administratives et médicales, et il concourt avec le directeur ou agent à la préparation des règlements locaux ou intérieurs. Le conseil se réunit périodiquement aux époques déterminées par l'autorité supérieure ; il est convoqué extraordinairement toutes les fois qu'une circonstance relative à la santé publique paraît l'exiger. (D. 4 juin 1853, art. 3.)

Pompes à incendie. — Il est vivement à désirer qu'il y ait au moins une pompe à incendie dans chaque commune. Les fabricants offrant ordinairement des facilités pour le payement de ces pompes, en consentant à en recevoir le prix en plusieurs années, les communes les plus pauvres peuvent les acquérir et se procurer ainsi une garantie contre les suites funestes des incendies.

A défaut de sapeurs-pompiers, on peut préposer au service de la pompe le garde champêtre et un certain nombre de citoyens sous les ordres de l'autorité municipale. — Voy. INCENDIE, SAPEURS-POM-PIERS.

Pompes funèbres. — Le service des pompes funèbres se divise en service extérieur et en service intérieur.

Pour tout ce qui concerne le service extérieur, l'initiative appartient à l'autorité municipale. L'article 99, paragraphe 4, de la loi du 5 avril 1884, confie en effet au maire le soin de régler le mode de transport des personnes décédées.

Le maire peut donc régler, non seulement les conditions d'établissement des cercueils, mais aussi la manière dont le transport du corps sera effectué et les mesures de surveillance à prendre. Du moment qu'il se borne à réglementer les précautions et actes extérieurs sans porter atteinte au droit des familles d'apposer des croix ou autres emblèmes sur le cercueil et d'accompagner l'inhumation de cérémonies religieuses, le pouvoir de police du maire est entier, c'est-à-dire que ses arrêtés n'ont besoin d'être soumis ni au conseil municipal ni au conseil de fabrique, ils peuvent seulement, comme tous les arrêtés de police, être annulés ou suspendus par le préfet, en vertu de l'article 95.

Mais le transport des corps entraîne nécessairement l'usage de brancards ou voitures, draps, ornements divers et autres fournitures. Le décret du 23 prairial an XII a donné aux fabriques des églises et consistoires le privilège exclusif de faire généralement toutes les fournitures quelconques nécessaires pour les enterrements et pour la décence des pompes funèbres, tant pour le service intérieur que pour le service extérieur. Ce privilège n'a pas été abrogé par la loi du 5 avril 1884. Par suite les projets de règlement concernant l'usage de ces fournitures doit toujours être soumis, non seulement au conseil municipal, mais aussi au conseil de fabrique. Ce n'est qu'à défaut des fabriques que les communes peuvent se charger des fournitures pour le transport des corps, soit en gestion directe, soit à l'entreprise.

Dans tous les cas, que le service soit fait par la fabrique ou par la commune, les taxes et tarifs des fournitures extérieures à faire sont arrêtées par classes, sur la proposition du conseil municipal et l'avis du conseil de fabrique.

On doit veiller, dans la formation des tarifs, à ce que les classes de convois soient, autant que possible, composées d'une manière invariable, sauf à en augmenter le nombre pour les proportionner à la variété des fortunes. Il importe que la fixité des classes et leur ordonnance simple et claire préviennent les obsessions et les artifices dont les familles sont souvent l'objet de la part des entrepreneurs auxquels les fabriques afferment le service des pompes funèbres. (Inst. 5 mai 1852.)

Ces tarifs et traités ayant moins de trente ans de durée sont approuvés par le préfet dans les villes ayant moins de 3 millions de revenus. Dans les villes dont le revenu est supérieur, et lorsque la durée du traité dépasse trente ans, ils sont approuvés par décret, sans qu'il soit nécessaire que ce décret soit rendu en Conseil d'État. (L. 5 avril 1884, art. 115, et circ. int. 15 mai 1884.)

Pour tout ce qui concerne le service intérieur de l'église, l'initiative appartient à la fabrique. Le tarif des fournitures du service intérieur, également gradué par classes, est préparé par la fabrique, communiqué au conseil municipal et soumis à l'évêque diocésain. L'approbation est réservée au préfet ou au chef de l'Etat suivant la distinction établie plus haut pour le service extérieur. — Voy. Fabrique, Inhumations. — *Dict. des formules*, nos 1213 à 1216.

Pompiers. — Voy. Sapeurs-pompiers.

Ponts. — **Ponts à péage.** — Il est de principe que les ponts font partie intégrante des voies de communication sur lesquelles ils sont établis. Par conséquent, les ponts construits sur les chemins vicinaux rentrent dans le domaine municipal.

Les dépenses relatives aux réparations des ponts qui ne servent qu'à l'utilité particulière d'une commune font partie des dépenses communales. Ces réparations sont faites par adjudications publiques, d'après les devis et détails estimatifs dressés par les agents voyers et approuvés par le préfet.

Lorsque les ponts ont été établis dans l'intérêt de plusieurs communes, celles-ci doivent participer aux frais de reconstruction et d'entretien, dans la proportion de leurs charges relativement aux chemins qui y aboutissent. (D. 16 décembre 1811; L. 21 mai 1836, art. 6 et 18.) Elles peuvent à cet égard établir entre elles une entente conformément aux dispositions de l'article 116 de la loi du 5 avril 1884. — Voy. Conférences intercommunales.

Lorsque la construction d'un pont est entreprise par des particuliers moyennant un droit de péage, le Gouvernement détermine la durée de leur jouissance, à l'expiration de laquelle ces ponts sont remis au domaine public, lorsqu'ils ne sont pas une propriété communale ; il fixe le tarif de la taxe à percevoir sur les ponts. (L. 14 floréal an X, art. 9, 10 et 11.)

En vertu de l'article 7 de la loi du 30 juillet 1880, des subventions peuvent aussi être accordées aux communes pour le rachat des ponts à péage, dépendant de leurs chemins vicinaux, construits antérieurement à la promulgation de la loi. Le maximum de cette subvention est fixé à la moitié de la dépense, mais sa quotité varie en raison inverse de la valeur du centime départemental; elle est du tiers pour ceux où le centime dépasse 20,000 francs, du quart pour ceux où il dépasse 40,000 francs.

La loi de finances du 8 août 1885, article 30, autorise le ministre des travaux publics à traiter immédiatement du rachat des ponts à péage sur les routes nationales par l'article 6 de la loi du 30 juillet 1880 et à stipuler que le prix de rachat sera payé en trois annuités.

Lorsqu'un chemin vicinal est fréquemment intercepté par la crue des eaux qui le traversent, et que la commune ne possède pas de fonds suffisants pour construire un pont sur le torrent, il y a lieu de lui accorder un secours sur les fonds mis à la disposition du préfet par le conseil général du département; cette dépense peut rentrer dans la classe des cas extraordinaires prévus par l'article 7 de la loi du 21 mai 1836.

(Décision min. **23** octobre 1837.) — Voy. Chemins vicinaux, Cours d'eau, Péages.

Ponts et chaussées. — L'administration des ponts et chaussées est spécialement chargée, comme son nom l'indique, de diriger les travaux exécutés aux frais de l'Etat, et qui ont pour but l'établissement et l'entretien des voies de communication, tant terrestres que fluviales.

Les ingénieurs des ponts et chaussées ont des rapports fréquents avec les préfets, les sous-préfets et les maires, pour les objets que ceux-ci sont chargés de surveiller; avec l'administration des départements et des communes, lorsqu'ils sont chargés, sur la demande des préfets et sous l'approbation du directeur général, d'exécuter ou faire exécuter des travaux qui intéressent des circonscriptions territoriales.

Le service des ponts et chaussées ne rentrant pas dans le cadre de cet ouvrage, nous renvoyons le lecteur au *Dictionnaire général d'administration de M. Alfred Blanche*, et nous nous bornons à rappeler ici les précautions à prendre en cas de décès des ingénieurs.

S'il n'est pas apposé de scellés, les sous-préfets ou les maires doivent faire, sans délai, procéder au récolement de l'inventaire des bureaux, aux séquestre et enlèvement provisoire de tous les plans, mémoires et cartes relatifs à l'administration des ponts et chaussées ou au service des mines. S'il est apposé des scellés, les sous-préfets ou maires y font former opposition pour la conservation des objets appartenant à l'Etat. Les sous-préfets informent de ces mesures le directeur général qui désigne le successeur du décédé ou tel autre ingénieur pour faire le triage de ce qui appartient à l'Etat.

Population. — La population sert de base à diverses combinaisons législatives, administratives et financières, notamment pour déterminer la représentation de chaque département dans le Corps législatif, pour l'application des lois relatives à l'organisation et à l'administration municipales, pour le recrutement de l'armée et pour l'assiette d'une partie des contributions directes ou indirectes. Il importe donc que le dénombrement de la population soit fait avec exactitude dans chaque commune.

Le décret du 22 juillet 1791, qui a prescrit primitivement, dans un intérêt de police et de bon ordre, le dénombrement de la population, a chargé les maires de cette opération, et ils y procèdent sous l'autorité de l'administration supérieure comme délégués du gouvernement.

Le mouvement de la population est constaté officiellement de deux manières : 1° par des dénombrements périodiques; 2° par un relevé annuel des registres de l'état civil.

Recensement de la population. — Une ordonnance du 16 janvier 1822, en arrêtant le tableau officiel de la population, tel qu'il résultait des états transmis par les préfets, le déclara authentique pour cinq années, à partir du 1er janvier 1822, et décida qu'un dénombrement général serait effectué tous les cinq ans.

Néanmoins, l'article 22 de la loi du 28 avril 1816 confère à l'administration des contributions indirectes le droit de provoquer un nouveau dénombrement, s'il y a lieu de penser que le travail des agents municipaux a été inexact. L'article 4 de la loi de finances du 4 août 1844 donne le même droit au conseil général du département et à l'administration des contributions directes, s'il s'élève des difficultés relativement à la catégorie dans laquelle une commune doit être rangée, soit pour la fixation du contingent dans la contribution des portes et fenêtres, soit pour l'application du tarif des patentes.

Le dénombrement doit, en même temps, donner la population générale de la France, et assigner à chaque localité la population qui lui appartient en propre.

Une instruction ministérielle règle tous les détails de l'opération. Les systèmes employés ayant plusieurs fois varié, nous ne les indiquons pas ici et nous nous bornons à recommander aux maires de se conformer aux prescriptions de la circulaire ministérielle qui leur sera toujours envoyée à l'avance.

Dépenses pour le dénombrement. — L'article 136, § 3, de la loi du 5 avril 1884, classe, parmi les dépenses obligatoires à la charge des communes, les frais de recensement de la population.

Par dépenses obligatoires du dénombrement, dans le sens de la loi, il ne faut pas entendre seulement les frais du matériel, c'est-à-dire les fournitures d'imprimés, mais encore toutes les dépenses quelconques que nécessite cette opération, notamment les frais d'auxiliaires ou de délégués municipaux dont le concours est indispensable dans les grandes villes, quand les maires n'ont pas pu obtenir gratuitement ce concours.

Mouvement annuel de la population. — Tous les ans, dans les premiers jours de janvier, les maires doivent préparer, conformément au modèle qui leur est transmis par le préfet, en exécution des circulaires ministérielles, le tableau des naissances, mariages et décès qui ont été inscrits sur les registres de l'état civil dans le cours de l'année précédente. Ce tableau est rédigé en double exemplaire. L'un de ces doubles est déposé dans les archives de la commune, l'autre est adressé au préfet.

Le modèle du nouveau cadre du mouvement de la population, en usage depuis l'année 1853, a apporté une modification importante à l'ancien cadre ; il exige la répartition des décès suivant leurs causes. Pour l'exécution de cette mesure, tout docteur en médecine ou officier de santé, ayant donné ses soins, dans la dernière maladie, à une personne décédée, doit remettre aux parents ou amis du défunt, qui le font parvenir, par les témoins de l'acte de décès, à l'officier de l'état civil, un bulletin constatant la nature de la maladie ayant occasionné le décès. Ce certificat est distinct de toute autre déclaration de même nature, qui, dans un intérêt de haute police, aurait été ou serait exigée ultérieurement par l'autorité municipale.

Pour faciliter le travail de récapitulation qu'ils ont à faire, les maires doivent porter la classification adoptée par le ministre à la connaissance des médecins de leur commune, en les invitant à s'y conformer, autant que possible, pour la désignation des maladies causes des décès. Ces derniers doivent, en outre, faire suivre, sur leur certificat, le nom scientifique de la maladie, de sa dénomination usuelle et familière.

Dans les villes où des médecins désignés par l'autorité municipale constatent les décès à domicile, ces médecins, lorsque le défunt n'a pas reçu les soins d'un homme de l'art, doivent chercher à reconnaître la maladie à laquelle il a succombé, à la fois par l'inspection cadavérique et en recueillant des renseignements auprès des parents et amis.

Enfin, dans les communes rurales, où les soins médicaux manquent trop souvent, les maires provoquent, des témoins de l'acte de décès, quand ils ont assisté le défunt dans le cours de sa dernière maladie, toutes les indications propres à en faire connaître la nature et le siège. Ces indications, recueillies avec soin et par écrit, sont mises sous les yeux du médecin de la localité la plus voisine, et le résultat de l'examen qu'il en a fait, s'il est positif, est classé parmi les causes effectives de décès ; ou s'il est négatif, parmi les causes inconnues.

Tous les bulletins des causes de décès sont conservés avec le plus grand soin par les maires, pour qu'ils puissent faire exactement, au commencement de l'année suivante, la récapitulation prescrite. Ils doivent, à cet effet, les placer dans un lieu sûr et à l'abri de toute chance de détérioration ou d'adirement.

Si les maires éprouvaient quelque embarras à déposer ces bulletins, conformément à la classification établie sur le cadre du mouvement de la population, ils ne devraient pas hésiter à s'aider des conseils d'un homme de l'art, et notamment de ceux des médecins qui font partie des commissions cantonales de statistique.

Les maires doivent, en outre, remplir tous les ans, avec la plus grande exactitude, le petit tableau destiné à recevoir l'indication du nombre des docteurs en médecine, des officiers de santé, des pharmaciens, des herboristes et des sages-femmes établis dans leur commune. (Int. min. 29 décembre 1852.) — Voy. ETAT CIVIL. — Dict. des formules, n° 1217.

Porcs. — Les porcs sont considérés comme animaux malfaisants et nuisibles ; ceux qui les laissent vaguer sur la voie publique sont passibles des peines prononcées par l'article 475 du Code pénal. — Le maire peut aussi, dans l'intérêt de la salubrité, interdire de garder en ville des porcs accumulés dans des porcheries. (Cass. 13 juin 1856.) — Voy. ANIMAUX.

A l'égard de l'introduction des porcs dans les forêts soumises au régime forestier, voy. GLANDÉE, PANAGE.

Portefaix. — On nomme ainsi des hommes dont le métier consiste à porter des fardeaux pour le service du commerce et du public.

Il appartient à l'autorité municipale de prescrire des mesures d'ordre et de police, en ce qui concerne le service des portefaix employés aux travaux sur les ports et dans les halles. Mais les maires, en usant de ce droit, que leur confère la loi du 5 avril 1884, article 9, excéderaient leur pouvoir, s'ils limitaient le nombre d'ouvriers qui pourraient être admis dans ces compagnies privilégiées, s'ils interdisaient la concurrence à ceux qui n'en feraient pas partie et s'ils apportaient ainsi des entraves au libre exercice de leur industrie. Elever cette barrière, établir cette distinction entre les ouvriers qui offriraient leurs services au commerce et au public ce serait aller contre le vœu du législateur, et l'on chercherait en vain dans la loi les moyens de coërcition pour assurer l'exécution de pareils règlements.

Il n'en est pas ainsi, lorsqu'un maire, en vue de faire cesser ou de prévenir les contestations entre les négociants et les crocheteurs, crée une compagnie d'ouvriers chargés d'exercer les fonctions de portefaix et fixe, par son arrêté, la quotité de leur salaire ; mais le tarif doit fixer seulement le maximum des salaires à leur payer pour les divers travaux qu'ils exécutent soit dans le port, soit à la halle, soit au marché ; car on ne peut empêcher les ouvriers de travailler à un prix réduit. Le même règlement peut obliger les étrangers à n'employer pour le chargement ou déchargement de leurs effets, denrées, marchandises ou approvisionnements que les portefaix, sans préjudice du droit d'employer à ce travail leurs domestiques, ouvriers ou gens de service.

Les règlements faits par l'autorité municipale sur cet objet ont été sanctionnés, à différentes reprises, par la Cour de cassation, notamment par ses arrêts des 16 avril 1819, 12 avril 1822, 1er mai 1823 et 11 septembre 1840. — Voy. HALLES ET MARCHÉS, PORTS.

Portes. — Les maisons dont les portes extérieures sont ouvertes pendant la nuit, pouvant servir de refuge aux malfaiteurs, les maires ont le droit de déterminer l'heure à laquelle les portes doivent être fermées. L'infraction à leurs arrêtés peut être poursuivie soit contre le propriétaire de la maison dont la porte a été trouvée ouverte après l'heure fixée, soit contre un ou plusieurs des locataires qui l'habitent. En conséquence, si un seul des locataires a été assigné, il ne peut être renvoyé de la plainte, sous le prétexte que tous auraient dû être cités en même temps. (Cass. 9 mars 1838.) — *Dict. des formules*, nos 1218-1219.

Portes et fenêtres. — Voy. CONTRIBUTIONS DIRECTES.

Porteurs de contraintes. — Les poursuites en matière de contributions directes sont exercées par des porteurs de contraintes depuis la sommation avec frais jusqu'à la saisie et la vente. Les porteurs de contraintes agissent dans tous les degrés de poursuites.

Le nombre de porteurs de contraintes est réglé, pour chaque arrondissement, par le préfet, sur la proposition du trésorier général. Les porteurs de contraintes à employer dans un arrondissement sont désignés par le sous-préfet, sur la proposition du receveur particulier. Les porteurs de contraintes sont commissionnés par le préfet. Ils prêtent serment devant le sous-préfet.

Les porteurs de contraintes sont à la disposition du receveur particulier des finances dans chaque arrondissement, et ne peuvent être employés par les percepteurs que d'après son ordre. Les porteurs de contraintes dans l'exercice de leurs fonctions, doivent être munis de leur commission. Ils remplissent les fonctions d'huissier pour les contributions directes; et, en cette qualité, ils font les commandements, saisies et ventes, à moins qu'il n'existe des commissaires-priseurs dans le lieu où ils exercent les poursuites. Dans ce cas, les commissaires-priseurs sont chargés de préférence des ventes. (Règl. 21 décembre 1839, art. 28, 29, 30 et 32.)

Le salaire des porteurs de contraintes est fixé, suivant la nature des actes de poursuites qu'ils ont exécutés, par un tarif arrêté par le préfet dans chaque département. Il ne leur est rien dû pour frais d'aller et de retour. Indépendamment de ce salaire, il est alloué, sur les fonds du budget, aux porteurs de contraintes des départements, autres que celui de la Seine, une indemnité fixe de 400 francs qui peut, sur la proposition du trésorier-payeur général et après approbation du ministre, être élevée à 500 francs en faveur des agents les plus méritants et même exceptionnellement à 600 francs en faveur des agents de cette catégorie comptant plus de 10 ans de services. (Arr. min. fin., 14 mars 1884.)

En arrivant dans une commune, les porteurs de contraintes font constater, par le maire ou l'adjoint, et, à défaut, par l'un des membres du conseil municipal, sur la contrainte ou l'ordre dont ils sont munis, le jour et l'heure de leur arrivée, et de même, en se retirant, le jour et l'heure de leur départ. Ils ne peuvent, dans aucun cas, et sous aucun prétexte, recevoir aucune somme des percepteurs ni des contribuables, pour leur salaire ou pour les contributions, à peine de destitution. Les percepteurs qui leur remettraient des fonds en demeureraient responsables, et les contribuables qui payeraient entre leurs mains s'exposeraient à payer deux fois.

Les porteurs de contraintes doivent, sous peine d'amende, consigner tous les actes de leur ministère sur un répertoire coté et parafé par le juge de paix du chef-lieu de l'arrondissement. Ils le communiquent au percepteur, au maire, au sous-préfet, au receveur de l'arrondissement et aux inspecteurs des finances en tournée toutes les fois qu'ils en sont requis.

En cas de rébellion ou d'injures contre les agents de poursuites, ils se retirent auprès du maire pour en dresser procès-verbal. Ce procès-verbal, visé par le maire, est enregistré et envoyé au sous-préfet, lequel dénonce le fait aux tribunaux, s'il y a lieu. — Voy. COMMISSAIRES-PRISEURS, CONTRIBUTIONS DIRECTES, GARNISAIRES.

Ports. — Les ports maritimes sont des lieux destinés à recevoir les bâtiments de mer pendant le temps nécessaire pour les armements ou les opérations commerciales. On distingue, selon leur destination, les ports maritimes militaires et les ports maritimes de commerce.

Sur les fleuves et rivières, on désigne par ce nom, non seulement les lieux destinés au stationnement des navires et bateaux, mais encore les endroits où les propriétaires de bois et les marchands déposent toutes les marchandises, telles que bois de chauffage, bois d'industrie, moellons, tuiles, pierres, etc.

Les ports maritimes forment une dépendance de la grande voirie. On considère comme ports maritimes bien que situés sur des fleuves les ports de Bordeaux, Nantes, Rouen et autres analogues qui sont compris dans les limites de l'inscription maritime. Ces ports rentrent dans le domaine public maritime. Les mesures prescrites par le titre 9 du décret du 16 décembre 1811 leur sont applicables. Les communes ne peuvent y établir de droit de stationnement. (L. 5 avril 1884, art. 98.) L'Etat seul a ce droit, mais il peut abandonner soit gratuitement, soit à certaines conditions, aux communes le bénéfice des perceptions établies à son profit.

Un règlement sur la police des ports maritimes de commerce, transmis par une circulaire du ministre de l'agriculture, du commerce et des travaux publics, en date du 12 juillet 1855, attribue aux officiers de port, en certaines occasions, un pouvoir discrétionnaire dont il a paru indispensable qu'ils conservassent l'exercice, sous leur propre responsabilité ; ils sont investis du droit presque exclusif d'assurer l'exécution de ce règlement ; un petit nombre de restrictions ont cependant été apportées à cette autorité étendue. Ainsi, l'intervention directe des maires est admise pour faire enlever d'office les marchandises infectes dont le séjour sur les quais pourrait présenter quelques dangers. L'exécution de ces mesures, qui intéressent la sûreté publique, est une des attributions de l'autorité municipale.

Les contraventions au règlement, et tous les délits et contraventions concernant la police des ports maritimes, des bassins et des quais sont constatés par des procès-verbaux dressés par les officiers et maîtres de port, commissaires de police et autres agents ayant qualité pour verbaliser.

Quant aux ports pratiqués sur les bords des rivières navigables, ils sont placés sous la surveillance de l'autorité municipale, ainsi que les quais fluviaux, gares, estacades, chemins de halage, etc. Les maires pourvoient par leurs règlements au maintien du bon ordre sur les ports et sur la rivière, ils peuvent pour garantir la liberté de la navigation, désigner les endroits où les bateaux devront stationner, ceux où le chargement et le déchargement devront être opérés pour la sûreté des marchandises déposées sur le port, fixer les heures de son ouverture, interdire le passage sur les ports et berges, pendant la nuit à toutes personnes, excepté aux employés de l'octroi et aux propriétaires et gardiens des marchandises, dans le cas de besoin seulement; enfin, ils prennent les mesures nécessaires pour que les bords de la rivière soient toujours d'un accès sûr et facile. Les infractions aux règlements sur la police des rivières et des ports, en tant qu'elles ne constituent pas des contraventions de grande voirie de la compétence du Conseil de préfecture ou des délits correctionnels, sont du ressort des tribunaux de simple police, et donnent lieu à l'application de l'article 471 du Code pénal. La loi du 5 avril 1884, articles 98 et 123 reconnait formellement aux municipalités le droit d'établir des droits de stationnement ou de location pour dépôt temporaire sur ces ports et quais fluviaux. — Voy. Cours d'eau. — *Dict. des formules*, n° 334.

Postes et télégraphes.— Le décret du 27 décembre 1877 a réuni le service des télégraphes à celui des postes en les plaçant l'un et l'autre sous la haute direction du sous-secrétaire d'Etat au ministère des finances. Cette réunion a été consacrée depuis par le décret du 5 février 1879 qui a créé un ministère spécial des postes et des télégraphes.

Le service des postes et des télégraphes a été l'objet de nombreuses améliorations dans ces dernières années. Ainsi, indépendamment des caisses d'épargne postales dont il a été parlé ci-dessus, la loi du 6 avril 1878 a établi un nouveau tarif intérieur, *dit réforme postale*, qui a réduit la taxe des lettres affranchies à 15 centimes par 15 grammes et celle des cartes postales à 10 centimes. Un peu avant, la loi du 21 mars même année avait réduit à 5 centimes par mot, avec minimum de 50 centimes la taxe télégraphique pour tout le territoire français. Bientôt après, pour faciliter les communications postales avec l'étranger, une convention de l'Union postale universelle fut signée le 1er juin 1878. De plus la loi du 5 avril 1879 autorisa le gouvernement à faire effectuer le recouvrement des quittances, billets, factures, traites, etc., par le service des postes. La loi du 3 mars 1881 et le décret du 21 avril même année, organisèrent le service d'expédition des colis postaux. La loi du 29 janvier 1881 autorisa la mise en vente d'enveloppes et de bandes affranchies. Enfin la loi du 29 juin 1882 créa les bons de poste à somme fixe. La spécialité du Dictionnaire et son cadre restreint ne nous permet pas d'entrer dans le détail de ces lois non plus que dans ceux de l'organisation générale et du fonctionnement du service des postes et des télégraphes, nous renvoyons à cet égard nos lecteurs au *Dictionnaire général d'administration de M. Alfred Blanche*, et nous nous bornons à indiquer seulement les dispositions qu'il importe aux maires de connaître.

Conditions auxquelles les communes peuvent obtenir la création d'un bureau de poste ou l'établissement d'un facteur boîtier. — Ces créations sont effectuées soit uniquement sur fonds de l'Etat, soit avec le concours des communes.

Les créations sur fonds de l'Etat sont faites suivant un classement général des demandes établi en tenant compte : de l'importance des communes ; des dépenses d'établissement ; des produits postaux présumés et du chiffre de la population à desservir. Les communes dans ce cas ont intérêt à réunir le plus grand nombre d'adhésions possible de la part des communes voisines. La création est toujours subordonnée à l'engagement pris par la commune de fournir gratuitement pendant 18 ans les locaux nécessaires à l'exploitation du service postal et au logement du titulaire. Les établissements de facteur boîtier sont créés dans les mêmes conditions.

Mais le nombre des créations de ce genre fixé chaque année par la loi de finances est forcément très limité en raison des charges qui en résultent pour l'Etat. Les communes peuvent beaucoup plus promptement obtenir la concession d'un bureau municipal en s'engageant, outre la fourniture du local : 1° à subvenir à tous les frais d'installation, chauffage, éclairage et autres dépenses accessoires du bureau ; 2° à assurer à leurs frais le service du transport des dépêches ; 3° à verser au Trésor une subvention représentant les dépenses de personnel et de matériel devant résulter du fonctionnement du bureau.

Pour obtenir la création d'un facteur boîtier dans les mêmes conditions, elles doivent aussi s'engager outre la fourniture du local et des frais accessoires, à prendre à leur charge les frais de transport des dépêches ou de distribution à domicile, dans le cas où pour desservir l'établissement de ce facteur boîtier municipal, la création d'un service de transport des dépêches ou d'un emploi de facteur serait ultérieurement reconnue nécessaire. Les communes ont d'autant plus d'intérêt à offrir ce concours pécuniaire qu'il cesse du jour où l'augmentation des produits postaux de ce bureau permet à l'Etat d'en prendre les frais à sa charge.

Obligations imposées aux facteurs. — Le règlement sur le service des postes oblige les facteurs ruraux à prendre, au moins deux fois par an, en présence du maire, de l'adjoint ou d'un conseiller municipal, l'empreinte du timbre qui est fixé à demeure dans la boîte aux lettres de chaque commune. Cette opération a pour but d'empêcher que les facteurs ruraux ne se dispensent de se rendre exactement dans toutes les communes de leur ressort, en couvrant cette négligence par l'apposition d'un faux timbre sur leurs feuilles de service. Les maires sont formellement invités à obtempérer aux réquisitions des agents de l'administration des postes, pour assister à la levée des empreintes et signer les procès-verbaux. En cas d'empêchement, le maire serait, comme d'ordinaire, remplacé par son adjoint, ou, à défaut, par un membre du conseil municipal. (Circ. 4 décembre 1835.)

Les maires ne sont pas tenus de remettre leurs dépêches dans la boîte de leur commune. Les facteurs ruraux sont obligés de se présenter, dans leur tournée, à la mairie, pour y recueillir la correspondance administrative et y déposer celle dont ils sont porteurs.

S'il n'existe point de maison commune ou de local qui en tienne lieu, la mairie n'est autre que l'habitation privée du maire, et c'est là que les facteurs ruraux doivent se transporter. Les maires qui ont leur habitation personnelle écartée du chef-lieu de la commune peuvent se faire suppléer par un adjoint ou par toute autre personne de leur choix pour la remise et la réception des dépêches. — Voy. BOITE AUX LETTRES.

Répression du transport frauduleux des correspondances. — Il est défendu à tous les entrepreneurs de voitures libres et à toute personne étrangère au service des postes de s'immiscer dans le transport des lettres, journaux, feuilles à la main et ouvrages périodiques, paquets de papiers du poids d'un kilogramme et au-dessous, dont le port est exclusivement réservé à l'administration de la poste aux lettres.

Les seuls objets de correspondance admis exceptionnellement à circuler par une voie étrangère au service des postes, sont : 1° les lettres ou paquets de papier qu'un particulier expédie à un autre particulier par son domestique ou par un exprès ; 2° les registres, cartes et plans ; 3° les dossiers de procédure, c'est-à-dire les pièces relatives à une procédure suivie devant un tribunal ; 4° les publications de librairie non périodiques, et, en général tout imprimé non périodique ne portant aucune écriture à la main et n'ayant pas le caractère d'avis ou de circulaire ; 5° les lettres de voiture et factures accompagnant les marchandises transportées et ne contenant que les énonciations indispensables à la livraison de l'objet même que la lettre de voiture ou la facture accompagne; 6° les notes de commission dont les messagers sont porteurs, et dont l'objet exclusif est de leur donner mandat ou autorisation de livrer la marchandise qu'ils conduisent ou de prendre celle qu'ils doivent rapporter; 7° les papiers uniquement relatifs au service personnel d'un entrepreneur de transports et circulant par son propre matériel sur la ligne qu'il exploite; 8° les paquets de papiers, alors seulement qu'ils dépassent le poids d'un kilogramme, et sous la condition de ne contenir aucune lettre ou note ayant le caractère d'une correspondance, aucun journal, écrit périodique ou circulaire imprimée. Les objets appartenant aux quatre dernières catégories, doivent être expédiés à découvert ou sous bandes.

Les publications de librairie et imprimés dont le transport n'est pas exclusivement réservé au service des postes peuvent être expédiés en caisses ou ballots, mais à la condition de ne pas être enfermés intérieurement sous des enveloppes cachetées.

Les employés et agents des postes assermentés, les préfets, sous-préfets et maires des communes, les commissaires de police et tous les agents de l'autorité ayant qualité pour constater les délits et contraventions, sont autorisés à faire ou à faire faire toutes perquisitions et saisies sur les messagers, piétons, chargés de porter les dépêches, voitures de messageries et autres de même espèce, afin de constater les contraventions, à l'effet de quoi ils peuvent, s'ils le jugent nécessaire, se faire assister de la force armée. (Arrêté 27 prairial an XI, art. 4 ; L. 22 juin 1854, art. 20.)

Les maîtres ou entrepreneurs sont responsables du fait de leurs agents.

Les procès-verbaux de saisie sont adressés au procureur de la République. Toute contravention est punie d'une amende de 150 à 300 francs, avec affiche du jugement aux frais du contrevenant; en cas de récidive, l'amende ne peut être inférieure à 300 francs et peut être portée à 3,000 fr.

SERVICE DES TÉLÉGRAPHES. — Le service des télégraphes a été, lui aussi, l'objet de nombreuses améliorations parmi lesquelles entre autres on peut signaler la création de mandats télégraphiques. Cet important service est aujourd'hui réglementé par le décret du 14 avril 1881 qui est reproduit et commenté dans le *Dictionnaire général d'administration* de M. Alfred Blanche, p. 1666 et suivantes, auquel, faute d'espace, nous sommes obligés de renvoyer nos lecteurs.

Conditions auxquelles les communes peuvent obtenir un bureau télégraphique. — Les communes déjà pourvues d'un bureau de poste, doivent s'engager : 1° à contribuer dans la dépense de premier établissement de la ligne devant relier le bureau de poste au réseau télégraphique, pour une somme calculée à raison de 100 francs par kilomètre de ligne aérienne à construire (fil compris) et de 50 francs par kilomètre de fil posé ou à poser sur ses appuis déjà placés. Le ministre peut consentir une réduction de moitié de cette part contributive en faveur des chefs-lieux de canton. (D. 11 février 1882.)

2° A pourvoir aux frais de distribution des télégrammes dans l'agglomération principale après entente avec le receveur des postes sur le choix d'un porteur ;

3° A solder, le cas échéant, les frais d'appropriation du local de la poste ;

4° A contribuer, aux frais d'installation des appareils au bureau de poste pour une somme de 500 francs. (Cette dernière condition n'est imposée qu'aux communes qui ne sont pas chefs-lieux de canton.)

Si la commune ne possède pas déjà un bureau de poste, elle doit en outre s'engager : 1° à mettre gratuitement à la disposition de l'administration, tant que cette dernière jugera convenable d'y maintenir un service, un local facilement accessible et spécialement affecté au service ; 2° à faire exécuter à ses frais les travaux d'appropriation nécessaires à l'installation du service ; 3° à payer les réparations dont ce local aura besoin par la suite ; 4° à prendre à sa charge la fourniture et l'entretien du mobilier, l'éclairage, le chauffage et le nettoyage du bureau ; 5° à supporter les dépenses occasionnées par la réinstallation ou la translation des fils et appareils, si, pour des causes indépendantes du fait de l'administration des télégraphes, le déplacement du bureau devenait nécessaire et notamment en cas de remise du service de la poste ; 6° à présenter deux agents, l'un pour la manœuvre des appareils télégraphiques l'autre pour assurer la distribution des télégrammes à domicile dans l'agglomération principale, les frais de ce dernier service restant d'ailleurs à la charge de la municipalité.

Enfin les localités de toute catégorie qui sont reliées au réseau par l'intermédiaire d'un bureau télégraphique municipal doivent s'engager à rembourser à l'Etat, suivant les règles fixées par l'administration, les sommes payées au gérant du bureau intermédiaire à titre de rémunération du service de transit. Les conditions sont les mêmes pour l'établissement de lignes téléphoniques.

La loi du 28 juillet 1885 a réglé tout ce qui concerne l'établissement, l'entretien et le fonctionnement des lignes télégraphiques et téléphoniques. Elle donne à l'Etat le droit d'exécuter sur le sol et sous le sol des chemins publics et de leurs dépendances, tous les travaux nécessaires à la construction et à l'entretien de ces lignes en se servant même des égouts, après avis des conseils municipaux et moyennant une redevance, si ces conseils l'exigent. L'Etat a pareillement le droit d'établir des supports, soit à l'extérieur des murs ou façades donnant sur la voie publique, soit même sur les toits attenants aux bâtiments, à la condition qu'on puisse y accéder par l'extérieur. Il peut aussi établir des conduits ou supports sur le sol ou sous le sol des propriétés non bâties qui ne sont pas fermées de murs ou autre clôture équivalente. (Art. 2 et 3.)

L'introduction des agents sur les propriétés privées pour l'étude des projets est autorisée par arrêté préfectoral. (Art 5.)

Dans tous les cas l'établissement des conduits ou supports n'entraîne aucune dépossession et le propriétaire a toujours le droit de construire, démolir, réparer ou surélever, mais il doit en prévenir le directeur par lettre chargée. (Art. 4.)

Avant toute exécution, un tracé de la ligne projeté indiquant les propriétés sur lesquelles doivent être placés les supports ou conduits, est déposé pendant trois jours à la mairie, et le maire ouvre un procès-verbal pour recevoir les observations ou réclamations. Sur le vu de ces observations, le préfet détermine les travaux à effectuer et ces travaux, sauf le cas d'urgence, commencent trois jours après la notification de la décision préfectorale.

L'arrêté du préfet est périmé de plein droit s'il n'est pas suivi d'exécution dans le délai de 6 mois. (Art. 7, 8, 9 et 10.)

Lorsque les supports ou attaches sont placés à l'extérieur ou les conduits placés dans des terrains enclos, il n'est dû au propriétaire d'autre indemnité que celle résultant du préjudice causé par les travaux. Cette indemnité, à défaut d'arrangement amiable, est réglée par le conseil de préfecture sauf recours au Conseil d'Etat. (Art. 10.)

L'action se prescrit par 2 ans, à dater de la fin des travaux.

Dans le cas où il serait nécessaire d'exécuter, pour l'établissement des lignes, des travaux de nature à entraîner une dépossession définitive, il ne pourrait, faute d'entente avec les propriétaires, y être procédé que conformément aux lois du 3 mai 1841 et 27 juillet 1878.

Toutefois l'indemnité serait réglée dans la forme prévue par l'article 16 de la loi du 21 mai 1836.

Mesures de police. — D'après l'article 2 du décret du 27 décembre 1851, celui qui, par imprudence ou volontairement, a commis un fait matériel pouvant compromettre le service de la télégraphie électrique ; celui qui a détérioré, de quelque manière que ce soit, les appareils de télégraphie électrique ou les machines des télégraphes aériens, est passible d'une amende de 16 à 300 francs. La contravention est poursuivie et jugée comme en matière de grande voirie, c'est-à-dire devant le conseil de préfecture.

La pénalité est beaucoup plus sévère, lorsque les dégradations commises procèdent d'une intention criminelle.

Les crimes, délits et contraventions, en matière de télégraphie, peuvent être constatés par des procès-verbaux dressés concurremment par les officiers de police judiciaire, les commissaires ou sous-commissaires préposés à la surveillance des chemins de fer, les inspecteurs des lignes télégraphiques, les agents de surveillance nommés ou agréés par l'administration et dûment assermentés. Ces procès-verbaux font foi jusqu'à preuve du contraire. Ils sont visés pour timbre et enregistrés en débet. Ceux qui ont été dressés par des agents de surveillance assermentés doivent être affirmés, dans les trois jours, à peine de nullité, devant le juge de paix ou le maire, soit du lieu du délit ou de la contravention, soit de la résidence de l'agent. (L. 27 décembre 1851, art. 10 et 11.)

Le droit à la franchise télégraphique est réglé par un arrêté du ministre de l'intérieur du 1er juillet 1875.

Un état annexé à cet arrêté, fait connaître les fonctionnaires autorisés à expédier directement en franchise leurs dépêches administratives urgentes, ainsi que les limites et les conditions imposées à ce droit.

Postes militaires. — Voy. Fortifications, Places de guerre.

Poudres et salpêtres. — Les poudres sont fabriquées, pour le compte de l'Etat, dans les poudrières du corps d'artillerie, dont l'organisation est actuellement régie par la loi du 16 mars 1882 et le décret du 19 février. Toute autre fabrication est frauduleuse et interdite à tous les citoyens. (L. 13 fructidor an V, art. 16 et 24.)

Nul ne peut, sans une permission de l'autorité administrative, être détenteur d'une quantité quelconque de poudre de guerre, ou de plus de 2 kilogrammes de toute autre poudre. (L. 24 mai 1834, art. 3.)

La surveillance de ces dispositions est confiée aux préfets, aux sous-préfets, aux maires et aux commissaires de police.

De la vente des poudres. — Les poudres de chasse, de mine et de commerce sont, comme les tabacs, exclusivement vendues par les agents de la régie des contributions indirectes. Il en est de même des poudres de guerre destinées aux armements du commerce maritime et à la consommation des artificiers patentés.

Les poudres sont livrées par les poudreries à la régie des contributions indirectes sur ses demandes, et transportées à ses frais, soit directement chez les entreposeurs des tabacs qui sont les agents supérieurs de la vente, soit à des magasins où elles sont déposées momentanément pour être ensuite réparties chez les entreposeurs suivant les besoins de la consommation.

Les entreposeurs de tabacs sont chargés de la distribution des poudres de chasse aux débitants ; ils font eux-mêmes la vente des poudres de commerce extérieur, de guerre et de mine.

Toutefois, l'administration, pour faciliter l'exploitation des mines, des carrières, et l'exécution des travaux publics en général, accorde, par exception, à quelques débitants, l'autorisation de vendre de la poudre de mine.

Aux termes du décret du 25 mars 1852, les débitants de poudres à feu sont nommés par les préfets.

Un tableau, fourni par l'administration et indiquant les prix de vente, est affiché dans chaque débit. Le détaillant ne peut excéder ces prix sous peine de révocation et poursuite selon les lois.

Le débitant est obligé de tenir un registre pour indiquer, jour par jour au fur et à mesure des ventes, sans lacune, rature ou surcharge : 1° la date des ventes ; 2° la qualité et la quantité des poudres vendues ; 3° les noms et prénoms des acheteurs ; 4° leur profession ; 5° leur domicile ; 6° l'autorité qui a donné le certificat de domicile dans le cas où l'acheteur n'est pas suffisamment connu du débitant. Ce registre est sur papier libre mais coté et parafé par le maire. L'autorité a le droit d'exiger en toute circonstance qu'il lui soit donné communication de ce registre.

D'après une décision du ministre des finances, du 17 août 1832, concertée avec les ministres de la guerre et de l'intérieur, et confirmée de nouveau en août 1848, les préfets peuvent, s'ils le jugent nécessaire, ne permettre la vente qu'aux débitants établis au chef-lieu d'arrondissement, sous l'obligation pour l'acheteur de se munir d'un bon signé du maire de sa commune et visé par le sous-préfet. Ils peuvent même, selon les circonstances, suspendre ou interdire la vente des poudres dans certains arrondissements, et faire retirer les poudres des mains des débitants.

Toutes ces obligations sont communes aux entreposeurs pour les ventes qu'ils font, dans certains cas, aux particuliers.

II　　　　　　　　　　　　　　71

Les poudres de chasse ne sont vendues qu'en rouleaux ou paquets d'un demi, d'un quart ou d'un huitième de kilogramme. Chaque rouleau est formé d'une enveloppe de plomb, revêtu d'une vignette indiquant l'espèce, le poids et le prix de la poudre.

La poudre de mine doit être vendue en barils portant la marque et le plomb de la direction générale des poudres. Il ne doit être délivré de la poudre de mine aux carriers ou aux autres consommateurs que sur un certificat du maire de leur commune constatant l'emploi auquel cette poudre est destinée. Ce certificat peut être délivré, pour les entrepreneurs des ponts et chaussées, par l'ingénieur chargé de diriger les travaux.

La poudre de commerce extérieur est vendue en barils seulement, et par les entreposeurs qui résident dans les ports de mer.

La poudre de guerre n'est vendue que dans les entrepôts, et seulement aux armateurs ou aux artificiers patentés.

De même que les débitants, les artificiers sont tenus d'avoir un livret coté et parafé par le maire ou l'un des adjoints de la commune qu'habite l'artificier, et sur lequel l'entreposeur inscrit les quantités de poudre livrées pour que l'emploi en puisse être surveillé par l'autorité locale.

Circulation des poudres. — La circulation des poudres s'effectue sous la surveillance des autorités locales. Autant que possible, les chargements sont escortés par la gendarmerie. Les employés des contributions indirectes sont avertis des transports par ceux qui les ont ordonnés.

L'escorte doit être requise auprès du commandant de la force armée du lieu de départ. En cas d'insuffisance de la gendarmerie, celle-ci requiert, de la municipalité, la garde nécessaire, laquelle est aux ordres du commandant du convoi. — Voy. GENDARMERIE.

Saisies et poursuites. — Les contraventions aux lois et arrêtés concernant les poudres sont constatées par des procès-verbaux. Les formalités pour la rédaction de ces actes et la suite qu'ils entrainent, quand des employés des contributions indirectes ont effectué la saisie ou y ont coopéré, se trouvent, *ipso facto*, réglées par le décret du 1er germinal an XIII. A l'égard des procès-verbaux qui seraient rapportés par des agents des douanes, des maires, adjoints ou commissaires de police, des gendarmes et par toutes autres personnes ayant droit de verbaliser, ils doivent être rédigés dans la forme qui est particulière au service dont ces agents sont habituellement chargés.

Les employés des contributions indirectes, ceux des douanes et des octrois, les agents de police, les gendarmes et tous agents publics ayant droit de verbaliser, ainsi que toutes personnes qui, dans les cas de fabrication frauduleuse ou de détournement des poudres de l'Etat, arrêtent ou concourent à faire arrêter les délinquants, reçoivent, quel que soit le nombre des saisissants, une prime de quinze francs par chaque individu arrêté. (O. 17 novembre 1819.) — Voy. SALPÊTRES. — *Dict. des formules*, nos 1221, 1222 et 1223.

Poursuites. — Les poursuites en matière judiciaire ou de police varient nécessairement suivant la nature des crimes, des délits ou des contraventions ; on ne peut donc que renvoyer aux articles spéciaux qui traitent des faits à poursuivre. — Voy. CONTRAVENTIONS, DÉLITS, POLICE.

On appelle aussi poursuites les actes et toutes les procédures qui se font pour obtenir le recouvrement de l'impôt, des revenus communaux, etc. — Voy. CONTRIBUTIONS DIRECTES, PORTEURS DE CONTRAINTE, REVENUS COMMUNAUX. — *Dict. des formules*, nᵒˢ 1224-1225.

Pourvoi. — Le pourvoi ou recours a lieu lorsqu'on appelle de la décision d'une autorité à celle d'une autorité supérieure, par exemple lorsqu'un appel est formé devant la Cour des comptes, la Cour de cassation ou le conseil d'Etat. — Voy. CONSEIL D'ETAT, CONSEIL DE PRÉFECTURE, COUR DE CASSATION, COUR DES COMPTES.

Nous avons indiqué, dans le cours de cet ouvrage, les différents cas dans lesquels des pourvois peuvent être formés en matière d'administration communale. — Voy. notamment les mots : ACTIONS JUDICIAIRES, COMPTABILITÉ COMMUNALE, CONTRIBUTIONS DIRECTES, ELECTIONS, PROCÈS, TAXES COMMUNALES, TRANSACTIONS, etc.

Pouvoir municipal. — C'est l'autorité chargée des intérêts communaux. Le pouvoir municipal est exercé par le maire. En cas d'absence ou tout autre empêchement, le maire est provisoirement remplacé, dans la plénitude de ses fonctions, par un adjoint, dans l'ordre des nominations, et, à défaut d'adjoints, par un conseiller municipal désigné par le conseil, sinon pris dans l'ordre du tableau. — Voy. ADJOINT, ADMINISTRATION, CORPS MUNICIPAL, MAIRE.

Pouvoir législatif. — Il s'exerce collectivement par le Président de la République, le Sénat et la Chambre des députés. — Voy. CONSTITUTION, LOI.

Préfet. — Magistrat chargé en chef de l'administration civile dans chaque département.

Les préfets sont nommés par le Président de la République. En cas d'absence par congé ou d'empêchement, le préfet ne peut déléguer ses fonctions qu'au secrétaire général ou à l'un des membres du conseil de préfecture. La délégation doit être approuvée par le ministre, lorsqu'elle est motivée par un voyage hors du département. Si la préfecture devient vacante, les fonctions sont remplies par le premier conseiller de préfecture dans l'ordre du tableau. (Arrêté 17 nivôse an IX et 27 pluviôse an X ; O. 29 mars 1821.)

Le préfet est, sous les ordres des ministres, le représentant de la loi et du pouvoir exécutif pour la gestion des intérêts généraux dans son département ; son action s'étend, à ce titre, sur tous les services publics sans distinction ; il est aussi le représentant des intérêts spéciaux du département ; enfin, il est des cas où il exerce une juridiction contentieuse.

On ne pourrait, sans sortir du plan de cet ouvrage, spécifier ici toutes les matières qui sont soumises à l'action des préfets. Nous nous bornerons à rappeler sommairement les principales attributions de ces fonctionnaires en ce qui concerne l'administration des communes et des établissements publics.

Le préfet peut déclarer démissionnaire, sauf recours devant le conseil de préfecture, tout membre du conseil municipal qui, sans motifs légitimes, a manqué à trois convocations consécutives, soit ordinaires, soit extraordinaires. (L. 5 avril 1884, art. 60.)

Il nomme certains membres des commissions administratives et les receveurs des établissements de bienfaisance ; les percepteurs surnuméraires et le tiers des percepteurs de la 5ᵉ classe ; les receveurs municipaux des villes dont les revenus ne dépassent pas 300,000 francs, et les receveurs spéciaux des établissements de bienfaisance ; les préposés en chef des octrois, les gardes forestiers communaux ; il nomme les commissaires de police des villes de 6,000 âmes et au-dessous, agrée et révoque les inspecteurs, brigadiers et agents de police, les gardes champêtres. (L. 5 août 1879 ; L. 5 avril 1884, art. 102, 103, 156.)

L'action du préfet s'étend à tous les actes de l'administration des communes et des établissements de bienfaisance.

Il peut annuler, soit d'office, pour violation de la loi ou d'un règlement d'administration publique, dans les trente jours qui suivent la notification qui en est faite au sous-préfet, les délibérations des conseils municipaux et des commissions administratives des hospices et hôpitaux sur les objets que ces conseils et commissions sont appelés à régler aux termes des articles 61 et 68 de la loi du 5 avril 1884, et 8 de la loi du 7 août 1851.

Le préfet donne son avis sur les affaires communales qui affectent directement l'intérêt général de l'Etat, et sur lesquelles il doit être statué par décret du Président de la République ou par une loi, telles que les délimitations territoriales, l'approbation des taxes d'octroi, l'abonnement pour frais de casernement à la charge des villes de garnison, les impositions extraordinaires et les emprunts, dans les cas prévus par les articles 137, 143 (L. 5 avril 1884); les acquisitions par voie d'expropriation pour cause d'utilité publique autres que celles qui sont relatives aux chemins vicinaux ; les legs et donations lorsqu'il y a réclamation des familles ; l'établissement des ponts communaux à péage ; la création d'établissements de bienfaisance, les marchés et traités des grands services communaux dont la durée excède 30 ans.

Il statue directement sur les affaires suivantes : 1° budgets des communes, à l'exception de ceux des villes dont le revenu dépasse 3 millions ; budget des hospices et hôpitaux, quel que soit le chiffre du revenu de ces établissements ; ouverture des crédits supplémentaires ; comptes administratifs présentés par les maires et les commissions administratives (art. 68 et 145, L. 5 avril 1884); 2° les contributions communales extraordinaires qui dépassent 5 centimes sans excéder le maximum fixé par le conseil général, et dont la durée excédant cinq années n'est pas supérieure à 30 ans ; les emprunts remboursables sur les mêmes contributions extraordinaires ou sur les revenus ordinaires dans un délai excédant, pour ce dernier cas, trente ans (L. 5 avril 1884, art. 142); 3° pensions de retraite aux employés et agents des communes et des établissements charitables ; pensions de retraite aux sapeurs-pompiers communaux (L. 5 avril 1884, art. 136); 4° répartition du fonds commun des amendes de police correctionnelle (L. 5 avril 1884, art. 133); 5° les acquisitions, dans le cas prévu à l'article 168, § 3 de la loi du 5 avril 1884 ; 6° dons et legs de toute sorte de biens, avec charges, conditions ou affectation immobilière, lorsqu'il n'y a pas réclamation des familles (L. 5 avril 1884, art. 111) ; 7° distraction des parties superflues de presbytères communaux, lorsqu'il n'y a pas opposition de l'autorité diocésaine (L. 5 avril 1884, art. 68) ; 8° tarif des pompes funèbres ; 9° approbation des marchés passés de gré à gré dont la durée n'est pas supérieure à 30 ans (L. 5 avril 1884, art. 115); 10° approbation des plans et devis des travaux, dans le cas prévu par l'article 68 (**L. 5 avril 1884, art.** 114); 11° le classement, le déclassement, le redressement ou le prolongement, l'élargissement ou la suppression, la dénomination des rues et places publiques, la création et la suppression des squares ou jardins publics, champs de foire, de tir ou de courses (**L. 5 avril 1884, art.** 68); 12° l'établissement et les modifications aux plans d'alignement et de nivellement (**L. 5 avril 1884, art.** 68); 13° les tarifs des droits de voirie, des droits de stationnement ou de location sur les dépendances de la voirie, et généralement de tous les droits divers à percevoir au profit des communes en vertu de l'article 133 (**L. 5 avril 1884, art. 68).**

Le préfet statue après avis du Conseil général, ou de la commission départementale dans l'intervalle des sessions, sur les délibérations concernant la suppression ou la diminution des taxes d'octroi. (**L. 5 avril 1884, art. 138.**)

Le préfet statue directement, mais en conseil de préfecture : 1° sur les conditions des baux dont la durée dépasse 18 ans ; 2° sur les aliénations et échanges des propriétés communales ; 3° sur les transactions ; 4° sur la vaine pâture. (**L. 5 avril 1884, art. 68 et 69.**)

L'énumération de ces attributions, déjà si nombreuses et si importantes, témoigne de l'influence que le préfet exerce sur la vie administrative des communes. On va voir par la suite combien est étendu le pouvoir direct de ce haut fonctionnaire, qui concentre entre ses mains la plupart des éléments d'action et de développement dont se compose l'existence communale.

Le préfet statue directement, sans qu'il soit besoin de l'autorisation du ministre de l'intérieur, sur les divers objets objets concernant les subsistances, les affaires commerciales et la police industrielle, savoir : 1° réglementation complète de la boucherie, boulangerie et vente de comestibles sur les foires et marchés ; 2° règlement des frais de traitement des épizooties ; 3° examen et approbation des règlements de police commerciale pour les foires, marchés, ports et autres lieux publics. (**D. 25 mars 1852, art. 2, tableau B.**)

Le préfet statue, en conseil de préfecture, sans l'autorisation du ministre des finances, mais sur l'avis ou la proposition des agents forestiers, sur les objets suivants : 1° vente sur lieux des produits façonnés provenant des bois des communes et des établissements publics, quelle que soit la valeur de ces produits ; 2° travaux à exécuter dans les forêts communales ou d'établissements publics, pour la recherche ou la conduite des eaux, la construction des récipients et autres ouvrages analogues, lorsque ces travaux ont un but d'utilité communale. (**Id., art. 3, tableau C.**)

Le préfet statue également, sans autorisation du ministre des travaux publics, mais sur l'avis ou la proposition des ingénieurs en chef et conformément aux règlements ou instructions ministérielles, sur les objets suivants : 1° autorisation, sur les cours d'eau navigables ou flottables, des prises d'eau faites au moyen de machines, et qui, eu égard au volume du cours d'eau, n'auraient pas pour effet d'en altérer sensiblement le régime ; 2° autorisation des établissements temporaires sur lesdits cours d'eau, alors même qu'ils auraient pour effet de modifier le régime ou le niveau des eaux ; fixation de la durée de la permission ; 3° autorisation sur les cours d'eau non navigables ni flottables de tout établissement nouveau, tel que moulin, usine, barrage, prise d'eau d'irrigation, patouillet, bocard, lavoir à mines ; 4° régularisation de l'existence desdits établissements lorsqu'ils ne sont pas encore pourvus d'autorisation régulière, ou modifications des règlements déjà existants ; 5° dispositions pour assurer le curage et le bon entretien des cours d'eau non navigables ni flottables de la manière prescrite par les anciens règlements ou d'après les usages locaux ; réunion, s'il y a lieu, des propriétaires intéressés en associations syndicales ; 6° constitution en associations syndicales des propriétaires intéressés à l'exécution et à l'entretien des travaux d'endiguement contre la mer, les fleuves, rivières et torrents navigables ou non navigables, de canaux d'arrosage ou de canaux de desséchement, lorsque ces propriétaires sont d'accord pour l'exécution desdits travaux et la répartition des dépenses ; 7° autorisation et établissement des débarcadères sur les bords des fleuves et rivières pour le service de la navigation ; fixation des tarifs et des conditions d'exploitation de ces débarcadères. (D. 25 mars 1852, art. 4, tableau D.)

Le préfet délivre les permissions et alignements pour les constructions sur les bords des grandes routes, même dans la traversée des villes, bourgs et villages. (L. 28 pluviôse an VIII, art. 3.)

Il pourvoit par diverses mesures à l'établissement, à la construction et à l'entretien des chemins vicinaux. (L. 21 mai 1836, modifiée en ce qui touche le classement par la loi du 10 août 1871.).

En matière de recrutement le préfet préside le conseil de revision. Il rend exécutoires les rôles des contributions directes et les rôles des taxes municipales. Il prononce en conseil de préfecture sur les demandes en remise ou modération. (Arr. 24 floréal an VIII, art. 28, et 16 thermidor an VIII, art 13.)

En ce qui concerne l'instruction primaire, le préfet exerce, sous l'autorité du ministre de l'instruction publique, des attributions importantes : ainsi, c'est à lui qu'appartient le recrutement, la nomination et la révocation des instituteurs, des institutrices et des directrices des salles d'asile, le régime disciplinaire de ce personnel, la création des écoles, la mesure de leur propagation, de leur division en écoles mixtes, en écoles de garçons, en écoles de filles, la gestion financière de l'instruction primaire. (L. 15 mars 1850, 10 avril 1867, 19 juillet 1875, 1er juin 1878, 20 mars 1833 ; D. 10 août 1881, et Circ. Inst. publ. 24 octobre 1882 et 12 mai 1884; L. 29 décembre 1882, art. 21, 30 janvier 1884, art. 12, et 21 mars 1885, art. 21.)

Le préfet peut prendre des arrêtés de police applicables à tout le département et même à une seule commune, après mise en demeure préalable, sur les objets confiés à la vigilance de l'autorité municipale. (L. 5 avril 1884, art. 99, et Circ. 15 mai 1884.)

Il peut annuler les arrêtés des maires portant règlement de police, ou en suspendre l'exécution. (L. 5 avril 1884, art. 95.)

Ces notions générales, bien qu'incomplètes, suffiront pour donner une idée de l'importance des attributions que les lois, et particulièrement le décret du 25 mars 1852, ont conférées aux préfets en ce qui concerne l'administration communale. On doit se reporter, pour les détails, aux articles du Dictionnaire qui traitent des différentes matières que nous avons seulement indiquées. — Voy. aussi ADMINISTRATION, CONSEIL GÉNÉRAL, CONSEIL DE PRÉFECTURE, DÉPARTEMENT, SOUS-PRÉFET.

Le préfet du Rhône exerce dans les communes de Lyon, Caluire-et-Cuire, Oullins, Sainte-Foy, Saint-Rambert, Villeurbanne, Vaulx-en-Velin, Vénissieux et Pierre-Bénite du département du Rhône et dans celle de Sathonay du département de l'Ain, les mêmes attributions que celles exercées par le préfet de police dans les communes suburbaines de Paris. Les maires de ces communes ne restent investis que des pou-

voirs de police énoncés aux paragraphes 1, 4, 5, 6, 7 et 8 de l'article 79.
(L. 5 avril 1884, art. 104 et 105.)

Préfet de police. — Ce fonctionnaire a été spécialement institué pour la ville de Paris. Il est chargé de tout ce qui concerne la police générale et municipale. Ses attributions ont été fixées par l'arrêté du 12 messidor an VIII (1er juillet 1800).

Le préfet de police est chargé de la police municipale qui est exercée par les maires dans toutes les autres communes de la France. Toutefois, il n'est pas, comme les maires, soumis à la surveillance du préfet du département ; il ne dépend que du ministre de l'intérieur, qui seul a le droit de réformer les règlements de police faits par ce magistrat. Le préfet de police est, en outre, classé parmi les officiers de police judiciaire par l'article 10 du Code d'instruction criminelle.

D'après ces principes, le préfet de police exerce à Paris, sur tous les objets qui intéressent la police municipale, les mêmes pouvoirs que la loi du 5 avril 1884 confère aux maires, et peut, comme eux, pourvoir à toutes les exigences de sûreté, de salubrité, d'ordre public.

Le préfet de police exerce également, dans les autres communes du département de la Seine, les fonctions qui lui sont déférées par l'arrêté des consuls du 12 messidor an VIII. Toutefois, les maires de ces communes restent chargés, sous la surveillance du préfet de la Seine, sans préjudice des attributions tant générales que spéciales qui leur sont conférées par les lois, de tout ce qui concerne la petite voirie, la liberté et la sûreté de la voie publique, l'établissement, l'entretien et la conservation des édifices communaux, cimetières, promenades, places, rues et voies publiques ne dépendant pas de la grande voirie, l'éclairage, le balayage, les arrosements, la solidité et la salubrité des constructions privées, les mesures relatives aux incendies, les secours aux noyés, la fixation des mercuriales, l'établissement et la réparation des fontaines, aqueducs, pompes et égouts, les adjudications, marchés et baux. (Arr. 3 brumaire an IX ; L. 10 juin 1853.) Un décret du 23 novembre 1853 a fixé le nombre et le traitement des commissaires de police, secrétaires et agents affectés à la police des communes du département de la Seine.

Les communes de Saint-Cloud, Meudon, Sèvres et Enghien, du département de Seine-et-Oise, sont aussi placées sous l'autorité du préfet de police. Il exerce, à l'égard de ces communes, les fonctions qui lui sont conférées par l'arrêté des consuls du 12 messidor an VIII, sur la mendicité et le vagabondage, la police des prisons, les maisons publiques, les attroupements, l'imprimerie et la librairie, les poudres et salpêtres, les déserteurs et prisonniers de guerre, la salubrité, les débordements et débâcles, la sûreté du commerce, les places et lieux publics, les approvisionnements. Le préfet de police a sous ses ordres, pour les attributions ci-dessus seulement, les maires et adjoints des communes, et les commissaires de police dans les lieux où il y en a d'établis. Il correspond directement avec eux ou par l'intermédiaire des officiers publics sous ses ordres; il peut requérir immédiatement ou par ses agents la garde nationale desdites communes. (Arr. 3 brumaire an IX ; L. 14 août 1850.) — Voy. Police.

Presbytère. — Maison destinée à servir de logement au curé ou desservant d'une paroisse.

Lors de la réorganisation du culte, la jouissance des presbytères et jardins y attenant, qui n'avaient pas été aliénés, a été rendue aux curés et desservants. Les presbytères, ainsi restitués, sont propriétés communales.

Le décret du 30 décembre 1809 imposait aux communes l'obligation de fournir aux ministres des cultes un logement en nature ou une indemnité de logement. La loi du 5 avril 1884, article 136, a maintenu, en principe, cette obligation, mais en la subordonnant à l'insuffisance constatée des resssources disponibles des fabriques ou autres administrations préposées aux cultes. C'est donc, en principe, l'établissement religieux qui doit assurer le logement, l'obligation n'incombe que subsidiairement aux communes. La commune est toujours libre de fournir le logement en nature, soit dans un bâtiment communal spécialement affecté au presbytère, soit dans un autre immeuble pris en location, ou de fournir une indemnité de loyer en argent. Mais sous l'empire de la nouvelle législation, par suite de l'abrogation des articles 36, § 4, 39, 49, 92 à 103 du décret de 1809, la commune ne peut jamais être contrainte à construire ou reconstruire un presbytère, cette dépense reste pour elle purement facultative.

Les règles applicables aux constructions, reconstructions et grosses réparations d'églises sont également applicables aux presbytères.

Les communes ne sont tenues que des grosses réparations à faire à ces édifices et seulement lorsqu'ils lui appartiennent. De plus, l'obligation des communes est encore ici subordonnée à l'insuffisance constatée des ressources disponibles des fabriques, qui doivent d'abord être appliquées à ces réparations. Si la commune est dans l'impossibilité de pourvoir à la dépense, un secours peut lui être alloué sur les fonds inscrits de ce chef au budget de l'Etat. — Voy. EGLISE.

Le mobilier du presbytère n'est pas à la charge de la fabrique ou de la commune ; c'est au curé ou desservant à y pourvoir.

Lorsque deux communes sont réunies pour le culte, elles contribuent toutes deux à l'indemnité de logement due au curé. Si l'une d'elles achète un presbytère, et si l'autre se refuse à contribuer à cette acquisition, cette dernière doit donner tous les ans, à la première commune, sa part proportionnelle de l'indemnité de logement due au curé. (Av. Cons. d'Etat, 30 mai 1833.)

Dans les succursales vacantes où le binage a lieu, les curés, desservants ou vicaires autorisés à biner, ont droit à la jouissance du presbytère, tant qu'ils exercent ce double service. Ils peuvent en louer tout ou partie avec l'autorisation de l'évêque. (O. 3 mars 1825, art. 2.)

Dans les succursales vacantes où le binage n'a pas lieu, les presbytères et dépendances peuvent être loués, sous la condition expresse de les rendre immédiatement, s'il est nommé un desservant, ou si l'évêque y autorise le binage. (O. 3 mars 1825, art. 3.)

Le produit de la location, dans ces dernières circonstances, appartient à la fabrique, si le presbytère lui a été remis en exécution de la loi du 8 avril 1802, de l'arrêté du gouvernement du 8 juillet 1803, des décrets du 30 mai au 3 juillet 1806, si elle en a fait l'acquisition sur ses propres ressources ou s'il lui est échu par legs ou donation. Le produit en appartient à la commune, quand le presbytère et les dépendances ont été acquis ou construits de ses deniers, ou quand il lui en a été fait legs ou donation. (Id., art. 4.)

Lorsque le presbytère ou ses dépendances sont trop étendus pour les besoins du curé, la commune peut obtenir l'autorisation d'en distraire les parties superflues pour un autre service. La délibération par laquelle le conseil municipal demande cette distraction doit être adressée au préfet, accompagnée d'un plan qui figure le logement à laisser au curé ou desservant, et la distribution à faire pour isoler ce logement. (O. 3 mars 1825, art. 1er.) Les demandes en distraction qui ne seraient fondées que sur le désir d'augmenter sans nécessité les ressources de la commune ne seraient pas admises ; il faut que la distraction soit réclamée pour un service public, et qu'elle puisse s'opérer sans réduire le presbytère à des proportions trop exiguës. (Circ. Int. 5 mai 1852.)

Le préfet est compétent pour autoriser la distraction, lorsqu'il n'y a pas opposition de la part de l'autorité diocésaine. (D. 25 mars 1852, et L. 5 avril 1884, art. 68.) En cas d'opposition, le préfet transmet les pièces de l'affaire au ministre de l'intérieur, et il est statué par un décret rendu en Conseil d'Etat. (O. 3 mars 1825.)

Lors de la prise de possession de chaque curé ou desservant, il est dressé, aux frais de la commune et à la diligence du maire, un état de situation du presbytère et de ses dépendances. Le curé ou desservant n'est tenu que des simples réparations locatives et de dégradations survenues par sa faute. Le curé ou desservant sortant, ou ses héritiers ou ayants cause, sont tenus desdites réparations locatives et dégradations. (D. 30 décembre 1809, art. 44; 6 novembre 1813, art. 21.) — Voy. CULTE, EGLISES, FABRIQUE. — Dict. des formules, nos 1227, 1228, 1229 et 1230.

Prescription. — La prescription est un moyen d'acquérir ou de se libérer par un certain laps de temps, et sous les conditions déterminées par la loi. (C. civ., art. 2219.)

L'Etat, les établissements publics, les communes, sont soumis aux mêmes prescriptions que les particuliers, et peuvent également les opposer. (Id., art. 2227.)

Sont prescrites, par trente ans, toutes les actions, tant réelles que personnelles, sans que celui qui allègue cette prescription soit obligé d'en rapporter un titre, ou même qu'on puisse lui opposer l'exception déduite de la mauvaise foi. (Id., art. 2262.)

Celui qui acquiert de bonne foi et par juste titre un immeuble, en prescrit la propriété par dix ans, si le véritable propriétaire habite dans le ressort de la cour dans l'étendue de laquelle l'immeuble est situé, et par vingt ans, s'il n'y est pas domicilié. (Id., art. 2265.)

Les arrérages de rentes perpétuelles et viagères, les loyers des maisons, le prix de ferme des biens ruraux, les intérêts des sommes prêtées, et généralement tout ce qui est payable par année, ou à des termes périodiques plus courts, se prescrivent par cinq ans. (Id., art. 2277.)

L'action publique et l'action civile résultant d'un crime de nature à entraîner la peine de mort ou des peines afflictives perpétuelles, ou de tout autre crime portant peine afflictive ou infamante, se prescrivent après dix années révolues, à compter du jour où le crime a été commis, si dans cet intervalle il n'a été fait aucun acte d'instruction ni de poursuite. (C. I. C., art. 637.)

La durée de la prescription est réduite à trois années révolues, s'il s'agit d'un crime de nature à être puni correctionnellement. (Id., art. 638.)

Les peines portées par les jugements rendus pour contravention de police sont prescrites après deux années révolues, savoir: pour les peines portées par arrêt ou jugement en dernier ressort, à compter du jour de l'arrêt, et à l'égard des peines prononcées par les tribunaux de première instance, à compter du jour où ils ne peuvent plus être attaqués par la voie de l'appel. (Id., art. 639.)

L'action publique et l'action civile pour une contravention de police sont prescrites après une année révolue, à compter du jour où elle a été commise, même lorsqu'il y a eu procès-verbal, saisie, instruction ou poursuite, si dans cet intervalle il n'est point intervenu de condamnation. Lorsqu'il y a eu jugement définitif de première instance de nature à être attaqué par la voie de l'appel, l'action publique et l'action civile se prescrivent après une année révolue, à compter de la notification de l'appel qui en a été interjeté. (Id., art. 640.)

Les dispositions ci-dessus ne dérogent point aux lois particulières relatives à la prescription des actions résultant de certains délits ou de certaines contraventions. (Id., art. 643.)

Les délits électoraux se prescrivent par trois mois, à partir du jour de la proclamation du scrutin. (D. org. de 1852, art. 50.)

Les délits ruraux se prescrivent par le délai d'un mois à compter du jour où ils ont été commis. (L. 28 décembre-6 octobre 1791, titre Ier, section VII, art. 8.)

Les délits forestiers se prescrivent par trois mois, à compter du jour où les délits et contraventions ont été constatés, lorsque les prévenus sont désignés dans les procès-verbaux, et, dans le cas contraire, se prescrivent par six mois, à compter du même jour, sans préjudice, à l'égard des adjudicataires et entrepreneurs des coupes, des dispositions contenues aux articles 45, 47, 50, 51 et 52 du Code forestier. (C. F., art. 185.)

Les délits de chasse se prescrivent par le laps de trois mois, à compter du jour du délit. (L. 3 mai 1844, art. 29.)

Les délits de pêche se prescrivent par un mois, à compter du jour où les délits ont été constatés, lorsque les prévenus sont désignés dans les procès-verbaux, et, dans le cas contraire, se prescrivent par trois mois à compter du même jour. (L. 15 avril 1829, art. 62.)

Préséances. — On entend par ce mot le droit de précéder quelqu'un, de se placer au-dessus de lui, de prendre un rang plus honorable.

Le décret du 24 messidor an XII (13 juillet 1804), modifié par le règlement du 28 décembre 1875, a réglé la préséance des fonctionnaires dans les cérémonies publiques. — Voy. HONNEURS PUBLICS.

Presse. — La loi du 29 juillet 1881 ayant proclamé la liberté de la presse, désormais tout journal ou écrit périodique peut être publié sans autorisation préalable et sans dépôt de cautionnement sous les seules conditions :

1º Que ce journal ait un gérant, Français, majeur, ayant la jouissance de ses droits civils et n'étant privé de ses droits civiques par aucune condamnation judiciaire ;

2º Qu'avant la publication de ce journal ou écrit périodique, il soit fait au parquet du procureur de la République une déclaration contenant :

1º Le titre du journal ou écrit, et son mode de publication ;

2º Le nom et la demeure du gérant ;

3º L'indication de l'imprimerie où il doit être imprimé.

Toute mutation dans ces conditions doit être déclarée dans les cinq jours qui la suivent. (L. 29 juillet 1881, art. 5, 6 et 7.)

Ces déclarations sont faites par écrit sur papier timbré et signées des gérants. Il en est donné récépissé. (Art. 8.)

En cas de contravention à ces dispositions, le propriétaire, le gérant, ou, à défaut, l'imprimeur, sont punis d'une amende de 50 à 500 francs. De plus, le journal ou écrit périodique ne peut continuer sa publication qu'après avoir rempli les formalités ci-dessus prescrites, à peine, si la publication irrégulière continue, d'une amende de 100 francs prononcée solidairement contre les mêmes personnes, pour chaque numéro publié à partir du jour de la prononciation du jugement de condamnation, si ce jugement est contradictoire, et du troisième jour qui suivra sa notification, si l'exécution provisoire est ordonnée. Le condamné, même par défaut, peut interjeter appel. Il est statué par la cour dans le délai de trois jours. (Art. 9.)

De plus, au moment de la publication de chaque feuille ou livraison du journal ou écrit périodique, il doit être remis au parquet du procureur de la République, ou à la mairie, dans les petites villes où il n'y a pas de tribunal de première instance, deux exemplaires signés du gérant. Pareil dépôt est fait au ministre de l'intérieur, pour Paris et le département de la Seine, et, pour les autres départements, à la préfecture, à la sous-préfecture ou à la mairie, dans les villes qui ne sont ni chef-lieu d'arrondissement, ni chef-lieu de département. Chacun de ces dépôts doit être effectué sous peine de 50 francs d'amende contre le gérant. (Art. 10.)

Le nom du gérant doit être imprimé au bas de tous les exemplaires, à peine, contre l'imprimeur, de 16 à 100 francs d'amende par chaque numéro publié en contravention à cette disposition. (Art. 11.)

Rectifications. — Le gérant est tenu d'insérer gratuitement en tête du plus prochain numéro du journal ou écrit périodique toutes les rectifications qui lui sont adressées par un dépositaire de l'autorité publique, au sujet des actes de sa fonction qui auront été inexactement rapportés par ledit journal ou écrit périodique.

Ces rectifications ne doivent pas dépasser le double de l'article auquel elles répondent.

Le défaut d'insertion fait encourir au gérant une amende de 100 à 1,000 francs. (Art. 12.)

Le gérant est également tenu d'insérer dans les trois jours de leur réception ou dans le plus prochain numéro, s'il n'en est pas publié avant les trois jours, les réponses de toute personne nommée ou désignée dans le journal ou écrit périodique, sous peine d'une amende de 50 à 500 francs, sans préjudice des autres peines et dommages et intérêts auxquels l'article pourrait donner lieu.

Cette insertion doit être faite à la même place et en mêmes caractères que l'article qui l'a provoquée. Elle est gratuite, lorsque les réponses ne dépassent pas le double de la longueur dudit article. Si elles le dépassent, le prix d'insertion est dû sur le surplus seulement et calculé au prix des annonces judiciaires.

Presse étrangère. — La circulation en France des journaux ou écrits périodiques publiés à l'étranger ne peut être interdite que par une décision spéciale délibérée en conseil des ministres.

La circulation d'un numéro peut être interdite par une décision du ministre de l'intérieur.

La mise en vente ou la distribution faite sciemment au mépris de l'interdiction est punie d'une amende de 50 à 500 francs. (Art. 14.)

Les crimes et délits commis par la voie de la presse, de même que la provocation aux crimes et délits de droit commun, sont poursuivis et punis par les articles 23 et suivants de ladite loi. — Voy. *Bulletin annoté des lois*, 1881.

Presses de petite dimension. — Nul ne peut, pour des impressions privées, être possesseur ou faire usage de presses de petite dimension, de quelque nature qu'elles soient, sans avoir fait la déclaration prescrite pour les imprimeurs. — Voy. IMPRIMERIE. — *Dict. des formules*, n° 1231.

Prestation en nature. — Les prestations ont pour but d'assurer la construction et le bon entretien des chemins dont les prestataires se servent habituellement. Les conseils municipaux peuvent affecter trois journées de prestation à leurs chemins vicinaux ordinaires (L. 21 mai 1836, art. 2) et une journée de prestation pour les dépenses des chemins ruraux reconnus. (L. 20 août 1881, art. 10.) Les prestations atteignent sans distinction tous les habitants. Tout habitant, chef de famille ou d'établissement, à titre de propriétaire, de régisseur, de fermier ou de colon partiaire, porté au rôle des contributions directes, peut être appelé à fournir chaque année une prestation de trois jours : 1° pour sa personne et pour chaque individu mâle valide, âgé de dix-huit ans au moins et de soixante ans au plus, membre ou serviteur de la famille et résidant dans la commune ; 2° pour chacune des charrettes ou voitures attelées, et en outre pour chacune des bêtes de somme, de trait, de selle, au service de la famille ou de l'établissement dans la commune. (L. 21 mai 1836, art. 3.)

La prestation en nature est appréciée en argent, conformément à la valeur qui a été attribuée annuellement pour la commune, à chaque espèce de journée, par le conseil général, sur les propositions des conseils d'arrondissement. La prestation peut être acquittée en nature ou en argent, au gré des contribuables. Toutes les fois que le contribuable n'a pas opté dans les délais prescrits, la prestation est de droit exigible en argent. La prestation non rachetée en argent peut être convertie en tâches, d'après les bases et évaluations des travaux préalablement fixés par le conseil municipal. (Id., art. 4.)

Ne donnent pas lieu à l'imposition de la prestation en nature : 1° les bêtes de somme, de trait ou de selle, que leur âge ou toute autre cause ne permet pas d'assujettir au travail ; 2° celles qui sont destinées à la consommation, à la reproduction, et celles qui ne sont possédées que comme objet de commerce, à moins que, nonobstant leur destination, le possesseur n'en retire un travail ; 3° les chevaux de relais de poste, mais seulement dans la limite du nombre fixé pour chaque relais par les règlements de l'administration des postes ; 4° les chevaux des agents du gouvernement tenus de posséder un cheval pour l'accomplissement de leur service.

On ne doit considérer comme attelées et, par conséquent, donnant lieu à l'imposition de la prestation en nature, que les voitures dont le propriétaire possède d'une manière permanente le nombre de chevaux ou d'animaux de trait nécessaires pour qu'elles puissent être employées simultanément.

Les prestations sont réparties sur les contribuables d'après des états-matrices qui présentent, pour chaque article : 1° les nom et prénoms de l'individu sur lequel la cote est assise; 2° le nom des membres de la famille et des serviteurs qui doivent donner lieu à l'imposition ; 3° le nombre des charrettes ou voitures attelées, et des bêtes de somme, de trait et de selle qui sont au service de la famille ou de l'établissement dans la commune. Cet état-matrice doit être rédigé par une commission composée du maire, des répartiteurs et du contrôleur des contributions directes, assistés du percepteur-receveur municipal. En cas de refus des répartiteurs de concourir à cette opération, ils peuvent être suppléés par des commissaires *ad hoc* nommés par le sous-préfet. L'état, établi de manière à ce qu'il puisse servir pour trois années, est ensuite déposé pendant un mois à la mairie, afin que les contribuables, avertis de ce dépôt par une publication, puissent présenter, s'il y a lieu, leurs réclamations. Lorsque le conseil municipal a statué sur ces observations, l'état est revêtu de l'approbation du préfet et adressé au directeur des contributions directes, qui est chargé de faire dresser les rôles, chaque année, d'après le nombre des journées de prestation votées par le conseil municipal ou imposées d'office.

Les rôles doivent être soumis, avant la fin du mois d'octobre de l'année qui précède celle pour laquelle ils sont formés, à l'approbation du préfet, qui les rend exécutoires et les renvoie immédiatement, avec les avertissements, dans les communes, pour qu'ils soient publiés et recouvrés.

La publication a lieu dans les formes usitées pour les contributions directes; seulement elle doit s'effectuer dans les premiers jours de novembre, afin que les dispositions préparatoires qui ont pour objet d'établir la distinction des taxes à recouvrer en argent, d'avec celles à acquitter en nature, soient terminées dans les premiers jours de janvier.

Quant au recouvrement et à l'apurement des rôles, les receveurs municipaux en sont spécialement chargés, attendu que les prestations, bien qu'assimilées aux contributions directes, n'en conservent pas moins le caractère de produit municipal.

Les receveurs municipaux reçoivent les rôles par l'entremise du receveur des finances sous la surveillance duquel ils sont placés.

Il ne peut être fait d'addition à la cote de chaque redevable, soit pour les frais de confection de rôles et d'avertissements, soit pour les non-valeurs, soit enfin pour les remises des receveurs municipaux; ces diverses dépenses doivent être imputées sur le produit des différentes ressources affectées aux dépenses des chemins vicinaux, ou sur le fonds des budgets des communes.

Le recouvrement des rôles de prestation s'opère d'après les règles suivantes :

A la réception des rôles et des avertissements destinés aux redevables, le receveur municipal adresse les avertissements à chaque contribuable y dénommé ; ces avertissements font connaître aux prestataires le nombre des journées de travail qu'ils sont tenus de fournir, ainsi que l'évaluation de ces journées en argent, et les préviennent que dans le délai d'un mois, à partir de la publication du rôle, ils doivent déclarer au maire s'ils entendent payer leurs prestations en nature ou en argent, faute de quoi ils seront censés avoir opté pour le payement en argent.

Le maire reçoit les déclarations d'option, et les enregistre sur un état à ce destiné ; les receveurs municipaux doivent prêter aux maires leur concours pour recueillir ces déclarations.

A l'expiration du délai d'un mois ci-dessus déterminé, le maire arrête l'état de ces enregistrements, comprenant, outre les taxes payables en argent ou en nature, suivant l'option des contribuables, celles qui, faute d'option, sont, de droit, exigibles en argent, et il le transmet immédiatement au receveur municipal, qui fait mention de ses résultats sur le rôle, en regard du nom de chaque contribuable, et dans une colonne à ce destinée.

Le receveur municipal, ayant ainsi complété son rôle, en forme un extrait en deux parties, qu'il adresse au maire dans la quinzaine qui suit le délai d'option : la première partie désigne pour chaque contribuable, nominativement, les journées d'hommes, de charrois et d'animaux que ce contribuable a déclaré vouloir acquitter en nature, elle est remise par le maire à l'agent chargé de la surveillance des travaux, auquel elle sert pour constater la libération des prestataires; la deuxième partie est seulement le relevé des côtes payables en argent, et elle est destinée à compléter les renseignements dont le maire a besoin pour connaître les ressources dont il peut disposer.

Le receveur municipal reste chargé de suivre le recouvrement des cotes payables en argent; il se conforme, pour ce recouvrement, aux règles suivies en matière de contributions directes; il est tenu de distribuer les avertissements aux contribuables, sans avoir à réclamer une rétribution spéciale pour cet objet; il émarge au rôle les versements faits à sa caisse; il en fournit des quittances détachées de son livre à souche, et il en fait recette au crédit de la commune.

Les poursuites à exercer pour la rentrée des cotes payables en argent doivent être faites selon le mode en vigueur pour les contributions directes, et sous la surveillance des receveurs des finances. Lorsque les receveurs municipaux sont dans le cas d'exercer des poursuites de cette nature, ils remettent au maire de chaque commune une liste des contribuables en retard, indicative de la somme due par chacun d'eux, soit en argent, soit en journées de travail, et ils leur demandent l'autorisation de poursuivre par voie de garnison collective. Le maire, après avoir engagé les contribuables à se libérer sans frais, donne, s'il y a lieu, son autorisation au bas de l'état, et cet état, ainsi approuvé, est soumis au sous-préfet pour être déclaré exécutoire, après que la contrainte a été délivrée par le receveur particulier. Le receveur municipal ne doit, au reste, donner cours aux poursuites qu'après les avoir fait précéder d'un avertissement gratis ou d'une nouvelle publication dans la commune. Les poursuites par voie de commandement, de saisie ou de vente, ne peuvent être exercées qu'après qu'il en a été préalablement référé au préfet.

Les époques auxquelles doivent se faire les travaux de prestation en nature sont déterminées par les préfets. Quelque temps avant cette époque, les maires doivent visiter ou faire visiter les chemins vicinaux de leur commune, afin de reconnaître ceux qui ont le plus besoin de réparations; ils en dressent un devis sommaire qui leur permet de reconnaître le nombre des journées qu'ils doivent employer sur chaque chemin, en se basant sur les besoins de ces chemins, et sur le nombre total de journées qu'ils doivent employer, d'après le relevé que leur ont fourni les receveurs municipaux.

Quinze jours avant l'époque fixée pour l'ouverture des travaux, le maire doit faire publier, le dimanche, à l'issue de la messe paroissiale, et afficher à la porte de la maison commune, l'avis que les travaux de prestation en nature vont commencer dans la commune. La publication est répétée un second dimanche, et en même temps le maire fait remettre à chaque contribuable tenu à la prestation un avis signé portant réquisition de se trouver *tel* jour, à *telle* heure, sur *tel* chemin, pour y faire les travaux qui lui seront indiqués, en acquittement de sa cote ; si la conversion des journées en tâches devait avoir lieu dans la commune, l'avis devrait en faire mention, et indiquer la nature des tâches que le contribuable est requis d'effectuer. Ces avis, que les préfets font imprimer et transmettent aux communes en nombre suffisant, portent aussi la mention que, si le contribuable négligeait d'obéir à la réquisition qui lui est faite, sa cote deviendrait de droit exigible en argent. Les avis doivent être remis sans frais par l'entremise des gardes champêtres. Dans les communes fort étendues, les maires doivent avoir l'attention de faire travailler leurs administrés le moins loin possible de leur domicile.

L'exécution des travaux de prestation doit avoir lieu sous la surveillance du maire, de son adjoint ou d'un membre du conseil municipal que le maire a spécialement délégué à cet effet. Le fonctionnaire chargé de cette surveillance doit tenir strictement la main à ce que les heures qui doivent être employées au travail le soient effectivement, et de la manière la plus utile à la réparation des chemins. Le garde champêtre doit être présent sur les lieux pour exécuter les ordres qu'il reçoit du fonctionnaire chargé de les surveiller.

La réception des travaux en tâches est faite par le maire ou l'agent voyer, soit au fur et à mesure de leur avancement, soit à l'expiration du délai fixé pour leur achèvement. Les prestataires sont responsables de ces travaux jusqu'à réception.

Le maire doit, autant que possible, se faire assister d'un agent voyer. Il peut, à défaut de cet agent et sur l'avis du conseil municipal, choisir un piqueur pour la direction matérielle des travaux ; le salaire de ce piqueur fait partie des dépenses des chemins vicinaux.

Pour que la décharge des prestataires puisse être régulièrement opérée, le fonctionnaire chargé de la surveillance des travaux doit être muni du relevé du rôle, qui a été fourni par le receveur municipal. A la fin de chaque journée, il émarge sur ce relevé, en regard de chaque prestataire, le nombre de journées que ce prestataire a acquittées ou fait acquitter pour son compte. Il décharge en même temps l'avis ou la réquisition qui avait été envoyée au contribuable, en constatant, dans les cases réservées au dos de ces avis imprimés, le nombre de journées exécutées à sa décharge. Enfin, lorsque les travaux sont achevés, le relevé du rôle doit être remis au receveur municipal, afin que ce comptable puisse émarger sur le rôle des cotes acquittées en nature.

Le receveur municipal, après avoir totalisé les cotes acquittées en nature, se charge en recette du montant, en un seul article, comme de prestations acquittées par les contribuables; puis il porte ce même total en dépense, comme travaux exécutés par la prestation en nature; il en est libéré par la représentation du relevé qu'a émargé le fonctionnaire chargé de la surveillance des travaux. Lorsque ce relevé est émargé par un piqueur cantonal, les émargements sont certifiés par le maire.

Les réclamations qui se rapportent au rôle de prestations sont instruites et jugées comme celles qui sont relatives aux contributions directes; le receveur municipal admet les ordonnances de dégrèvement en payement de la cote ouverte au rôle, si cette cote n'a pas été acquittée, ou bien, si le prestataire se trouve avoir payé en argent tout ou partie de la cote ou portion de cote allouée en décharge, il lui en fait le remboursement.

S'il arrive qu'un contribuable ne s'acquitte pas exactement des journées de travail ou des tâches qui lui sont imposées, sa cote ou la portion de la cote à laquelle il n'a pas satisfait devient exigible en argent. Le maire fait connaître au receveur municipal les prestataires qui se trouvent dans ce cas, afin qu'ils puissent être poursuivis.

Le recouvrement des prestations de chaque exercice, soit en nature, soit en argent, doit être terminé dans le délai accordé pour opérer les recettes municipales; en conséquence, les ajournements que les maires auraient jugé convenable d'accorder pour l'acquittement des cotes en nature ne pourraient jamais s'étendre au delà du délai de clôture de l'exercice, et toute cote qui n'aurait pas été acquittée en nature à cette époque, devenant exigible en argent, devrait être poursuivie comme telle par le receveur municipal.

Les prestations en nature doivent, comme nous l'avons dit ci-dessus, être faites aux époques que les préfets ont déterminées dans leur règlement sur le service des chemins vicinaux. Si quelques communes sont en retard, le préfet, usant du pouvoir que lui donne l'article 5 de la loi du 24 mai 1836, peut les mettre en demeure d'exécuter les prestations dans un délai déterminé, et, en cas de non-exécution, faire faire les travaux d'office.

Prévarication. — Voy. Forfaiture, Fonctionnaires publics.

Prévenus. — Individu accusé d'un crime, d'un délit ou d'une contravention. On se sert plus particulièrement du mot accusé lorsqu'il s'agit de l'individu accusé d'un crime et contre lequel il a été rendu un arrêt de mise en accusation. — Voy. Arrestation, Flagrant délit, Police.

Prières publiques extraordinaires. — Aucun curé ne peut ordonner des prières publiques extraordinaires dans sa paroisse sans la permission spéciale de l'évêque. (L. 18 germinal an X, art. 40.)

Lorsque le gouvernement ordonne des prières publiques, les évêques se concertent avec le préfet et le commandant militaire du lieu pour le jour, l'heure et le mode d'exécution de ces ordonnances. (Id., art. 49.)

Les maires reçoivent du préfet avis des prières publiques extraordinaires qui ont été autorisées. — Voy. Cultes.

Primes. — Ce sont des encouragements accordés sur les fonds de l'État pour seconder l'essor d'une production, d'une industrie ou d'un commerce. Ainsi, certaines sommes sont distribuées chaque année, à titre de primes, pour encourager la pêche maritime, l'élève des chevaux, etc. — Voy. Chevaux, Courses, Haras.

Des primes sont également allouées pour des services rendus à l'humanité : tels que sauvetages, destruction d'animaux nuisibles.

Les primes fixées par les règlements d'administration publique pour la destruction des animaux nuisibles font partie des dépenses ordinaires des départements. — Voy. Loups.

Primordial (Titre). — On entend par titre primordial celui qui a primitivement établi une obligation ou un droit. Ce terme s'emploie ordinairement par corrélation avec les actes récognitifs et confirmatifs.

Prise d'eau. — Voy. Cours d'eau, Irrigation, Usines.

Prise de possession. — C'est l'action de se mettre en possession d'une charge, d'un bien, etc. On appelle acte de prise de possession celui qui, dans certaines circonstances, est dressé à ce sujet. — Voy. Cure, Presbytère.

Prisonniers de guerre. — Le règlement du 7 août 1791 et le décret du 4 août 1811 renferment toutes les dispositions relatives aux prisonniers de guerre en station dans l'intérieur.

Les prisonniers de guerre en marche sont assimilés aux troupes de passage ; leur logement est à la charge des communes sans indemnité. (L. 15 mai 1818 ; O. 5 août 1818.) — Voy. Logement des troupes.

Prisons. — Les prisons sont établies, les unes pour recevoir les individus qui sont prévenus de crimes et de délits et qui ne sont pas encore jugés, les autres pour recevoir les individus condamnés par la justice répressive.

Le service des prisons de courtes peines, maisons d'arrêt, de justice et de correction, les seules dont nous ayons à nous occuper ici, est aujourd'hui régi par le décret du 11 novembre 1885, qui a abrogé les dispositions du règlement général du 30 octobre 1841 et toutes les dispositions antérieures à ce règlement.

La police intérieure des prisons est spécialement confiée aux préfets, sous-préfets et directeurs des prisons. Le maire ne joue plus dans cette police un rôle aussi actif que par le passé ; il reste membre des commissions de surveillance, et à ce titre il doit, à de certaines époques et à son tour de rôle, visiter la prison pour s'assurer de l'application des règlements, mais il n'a plus, comme jadis, la police de la prison ; il n'est plus tenu d'y faire une visite mensuelle ; il n'a plus à veiller à la nourriture des détenus ; il n'a plus d'autorisation de visites à donner.

La seule mission individuelle que le décret lui confie est, en cas de décès d'un détenu, de dresser, sur l'avis qui lui en est donné par le gardien chef, un état des effets, papiers et argent, laissés par le défunt (art. 10). Il n'a pas d'autres attributions propres, à moins qu'il ne lui en soit spécialement conféré par l'arrêté que le préfet peut prendre en vertu de l'article 95, après avis de la commission de surveillance et la proposition du directeur, pour déterminer les mesures d'ordre intérieur, de police locale, et les détails de service qu'il serait nécessaire de prescrire dans chaque prison. Cet arrêté, soumis à l'approbation ministérielle, indique alors la nature de la mission que le maire a à remplir. Sauf ce cas, le maire n'aurait à intervenir plus activement dans la police de la prison que si l'ordre général de la commune pouvait être compromis par ce qui se passe dans la prison ; alors il devrait en aviser immédiatement le préfet, le sous-préfet et le directeur, et prendre, en vertu de ses pouvoirs généraux de police, toutes les mesures nécessaires au maintien du bon ordre.

En temps ordinaire, il peut, en vertu de l'article 88 du décret, en vue d'instruire et de moraliser les détenus, prendre l'initiative d'organiser des conférences faites soit par des fonctionnaires ou agents chargés de ce soin, soit par des personnes étrangères à l'administration, mais ces conférences doivent être préalablement autorisées par le

II

ministre, sur la proposition du préfet, qui, ainsi que le directeur, doit toujours avoir préalablement connaissance des sujets à traiter.

Le maire doit aussi veiller à ce qu'aucune personne ne soit illégalement détenue dans la prison.

Pour ces détails du règlement sur le service intérieur, voy. *Bulletin annoté des lois*, 1886.

Les chambres et dépôts de sûreté restent placés sous la surveillance directe du maire, qui doit veiller à leur bon état d'entretien et rendre compte au préfet de tous les faits et incidents utiles à signaler. Les préfets, sous-préfets et directeur sont tenus de les visiter.

Les maires peuvent être appelés dans certains cas à donner des ordres de fournitures de transport pour le transfèrement des détenus. Ils doivent tenir registre de ces ordres. On trouvera le modèle d'ordre et du registre, *Dict. des formules*, n° 1232 et suivants.

Prix Montyon. — Dans les communes où il se trouverait quelques personnes pouvant concourir pour le prix de vertu, les maires doivent, aux demandes d'admission, joindre un mémoire détaillé des faits sur lesquels elles sont fondées. Ils doivent y indiquer avec exactitude les nom, prénoms, lieu de naissance, l'âge de la personne présentée, l'époque et la durée de l'action, qui doit s'être prolongée durant le cours des deux années précédentes, le nom et le domicile des personnes qui en ont été l'objet. L'envoi de ces pièces doit être fait à la sous-préfecture, au plus tard à la fin du mois de février.

Procédure. — Forme suivant laquelle les procès sont intentés. La procédure civile et la procédure criminelle sont l'objet de deux Codes distincts. — Voy. Conseil de préfecture, Tribunal de police, etc.

Procès. — Contestation devant un tribunal entre deux ou plusieurs parties.

Par suite de leur état de minorité, les communes ne peuvent intenter ou soutenir aucune action devant les tribunaux sans en avoir obtenu l'autorisation du conseil de préfecture. (L. 5 avril 1884, art. 121.)

Une autre conséquence de l'état de minorité des communes, c'est que leurs intérêts sont placés sous la protection spéciale du ministère public, qui doit prendre communication des pièces et porter la parole dans toutes les affaires qui les concernent.

Lorsqu'une commune a été autorisée à plaider, le procès se suit en la forme ordinaire. Le maire représente la commune en justice, soit en demandant, soit en défendant. (L. 5 avril 1884, art. 90.)

Les demandes qui intéressent les communes et les établissements publics sont dispensées du préliminaire de la conciliation. (C. P. C., art. 49.) — Voy. Actions judiciaires, Avoué, Transactions. — *Dict. des formules,* n°ˢ 1235 et 1239.

Processions. — Aux termes de l'article 45 de la loi du 18 germinal an X, aucune cérémonie religieuse n'a lieu hors des édifices consacrés à l'exercice du culte catholique, dans les villes où il y a des temples destinés à des cultes différents. — Voy. Cultes, Honneurs publics.

Procès-verbaux. — Actes par lesquels les officiers publics ou agents de l'autorité rendent compte de ce qu'ils ont fait dans l'exercice de leurs fonctions, de ce qu'ils ont vu, de ce qui s'est passé, de ce qui a été fait ou dit en leur présence.

Les procès-verbaux peuvent avoir pour objet des matières purement administratives ; tels sont les procès-verbaux d'adjudication, ceux des séances du conseil municipal, etc. Toutefois, il ne sera question ici que des procès-verbaux qui sont dressés par les maires ou adjoints, les commissaires de police, les gardes champêtres, les gardes forestiers, comme officiers de police judiciaire, pour constater les crimes, délits et contraventions, et pour en rechercher les auteurs.

La première des conditions requises pour la validité des procès-verbaux, c'est qu'ils aient été dressés par l'officier public compétent.

Les procès-verbaux doivent contenir les noms, qualités et demeures des fonctionnaires qui les dressent; constater l'objet ou la remise de la dénonciation ou de la plainte, l'existence et le corps du délit ; en indiquer la nature, le lieu, le temps, les circonstances ; en recueillir les indices, les présomptions, les preuves, constater l'état des lieux, les déclarations faites spontanément ou sur interpellations par témoins et les personnes présentes ou appelées, et tous les documents propres à servir à la manifestation de la vérité ; retracer les interrogatoires subis par le prévenu au moment de son arrestation ou depuis ; désigner les pièces, papiers, armes, effets, instruments, etc., saisis sur le prévenu, sur le lieu du délit, ou dans la demeure du présumé coupable ; offrir le résultat des visites domiciliaires, celui des opérations des gens de l'art, qui doivent être appelés en certains cas ; fixer l'instant de l'arrestation du prévenu et la remise de sa personne dans la maison d'arrêt ou entre les mains de la gendarmerie ; constater la notification qui doit lui être faite de l'ordre en vertu duquel il est arrêté et conduit en prison ; enfin, être signés des fonctionnaires, ainsi que des personnes présentes, ou faire mention de leur déclaration qu'elles n'ont pu ou voulu signer.

Il n'est pas nécessaire que les procès-verbaux soient entièrement écrits de la main même de l'agent qui les dresse. Ainsi, le maire peut employer, soit le secrétaire de la commune, soit toute autre personne, pour les écrire sous sa dictée. C'est ce qui a lieu, surtout lorsqu'il s'agit de constater des opérations qui comportent des détails, telles qu'un état des lieux, une visite domiciliaire, une saisie, etc.

Aucun mot ne doit être surchargé, encore moins gratté; il ne doit être laissé aucun blanc dans le procès-verbal, et on n'y doit rien écrire, non plus, hors lignes ou en interlignes, ni par abréviation. Les ratures doivent être approuvées, à la fin ou en marge de l'acte, de cette manière : *Approuvé la rature de... mots nuls.* Cette mention est ensuite signée comme le procès-verbal lui-même, ou au moins parafée par toutes les personnes qui signent l'acte.

Les renvois sont placés en marge et vis-à-vis de l'endroit du procès-verbal où il a été fait une omission ; ils doivent être signés ou au moins parafés, comme l'approbation des mots rayés ou nuls.

Toutes les fois qu'il est question, dans un procès-verbal, d'une ou plusieurs personnes dont le maire a reçu la déclaration ou bien a été assisté, lecture doit leur être donnée, avant de signer, de la partie du procès-verbal qui les concerne, et mention de cette formalité est faite dans le procès-verbal.

Le procès-verbal doit être signé, à chaque feuillet, non seulement par le fonctionnaire qui l'a rédigé, mais par toutes les personnes qui figurent ou l'assistent dans cet acte. S'il y en a qui ne savent ou ne veulent signer, il en est fait mention dans l'acte.

Les procès-verbaux sont datés du jour de leur rédaction; si la constatation des faits a exigé plus d'un jour, on y porte les deux dates, celle de l'ouverture et celle de la clôture de l'information.

Les procès-verbaux des gardes champêtres et des gardes forestiers doivent être affirmés dans les vingt-quatre heures, devant le juge de paix du canton ou devant un de ses suppléants, dans les communes où ils résident, et devant le maire ou l'adjoint, dans les autres communes. Mais dans les communes où résident, soit le juge de paix, soit ses suppléants, ce n'est que lorsque ces magistrats sont absents que les maires et adjoints peuvent recevoir l'affirmation, et à la charge de constater cette absence dans l'acte d'affirmation. (L. 28 floréal an X, art. 10.) — Voy. GARDES CHAMPÊTRES.

Les procès-verbaux peuvent être rédigés sur papier libre (L. 13 brumaire an VII, art. 16). Ils sont aussi, en général, dispensés de l'enregistrement (L. 22 frimaire an VII, art. 70). Sont soumis, néanmoins, à cette formalité : 1° ceux qui constatent des contraventions de simple police; 2° ceux qui sont rédigés à la requête et dans l'intérêt d'un simple particulier ; 3° ceux qui constatent un délit rural ; 4° ceux qui constatent des délits ou contraventions à la loi sur la police des chemins de fer, ou à la loi sur la police du roulage et des messageries publiques.

Les procès-verbaux, soumis à l'enregistrement, sont envoyés, dans les quatre jours, au receveur le plus voisin, qui les vise pour valoir timbre, et les enregistre en débet (L. 22 frimaire an VII, art. 20 et 70). En matière de police du roulage et des messageries publiques, le délai n'est que de trois jours. (L. 30 mai 1851, art. 19.)

Le sceau ou cachet de la mairie doit être apposé sur le procès-verbal auprès de la signature du maire. (Circ. Int. 15 mars 1836.)

La preuve par témoins n'est pas admissible, jusqu'à inscription de faux, contre les procès-verbaux dressés pour délits ou contraventions par des officiers de police judiciaire. On peut, au contraire, débattre, par des preuves écrites ou testimoniales, si le tribunal juge à propos de les admettre, les procès-verbaux et rapports faits par les agents, préposés ou officiers auxquels la loi n'a pas accordé le droit d'en être crus jusqu'à cette inscription. — Voy. ADJOINT, COMMISSAIRE DE POLICE, GARDES CHAMPÊTRES, GARDES FORESTIERS, MAIRE, POLICE. — Dict. des formules, nᵒˢ 819, 824, 826, 827, 828, 1212 et 1240.

Procureur de la République. — Magistrat chargé d'exercer l'action du ministère public près du tribunal de première instance. Les maires sont en rapport avec l'autorité judiciaire, tant pour ce qui concerne la tenue des registres de l'état civil que pour l'exercice de leurs fonctions de police et de judicature. Subordonnés à cet égard aux procureurs de la République, ils doivent exécuter leurs ordres, comme ceux des préfets ou des sous-préfets. — Voy. ETAT CIVIL, POLICE, TRIBUNAL DE POLICE.

Professions bruyantes. — Voy. BRUITS.

Promenades publiques. — La police des promenades publiques appartient exclusivement aux maires. Ils doivent faire des règlements de police pour assurer aux habitants la jouissance paisible et commode de la promenade; défendre la circulation des voitures et des chevaux dans les parties réservées aux piétons ; enfin, dans l'intérêt de l'ordre et de la liberté de la circulation, prescrire les mesures qui devront être observées en ce qui concerne le placement et la location des chaises.

L'infraction à un arrêté municipal portant défense de passer, soit avec des voitures, soit avec des chevaux, sur une promenade publique, doit être punie des peines portées par l'article 471 du Code pénal. (Cass. 11 décembre 1829.) — Voy. JARDINS PUBLICS, POLICE. — *Dict. des formules*, nos 1241 et 1242.

Promulgation. — Ordre ou commandement d'exécuter une loi ou de la faire exécuter. — Voy. DISTANCE, LOI.

Pronostiqueurs. — Voy. DEVINS.

Propreté des rues. — Voy. BALAYAGE, BOUES, ÉPIDÉMIES, IMMONDICES, NEIGES ET GLACES, NETTOIEMENT, POLICE, VOIRIE.

Propriété. — L'Etat peut exiger le sacrifice d'une propriété pour cause d'utilité publique légalement constatée, moyennant une indemnité préalable. (C. civ., art. 545.) — Voy. EXPROPRIATION.

Prostitution. — Les maisons de prostitution sont soumises à la surveillance de l'autorité municipale.

L'entrée ne peut jamais en être refusée aux maires et aux officiers de police sous aucun prétexte, en quelque temps et à quelque heure que ce soit. (L. 19-22 juillet 1791, tit. I, art. 9.)

Les maires doivent porter sur ces maisons une active surveillance et prescrire, par un règlement, toutes les mesures nécessaires dans l'intérêt de l'ordre, de la morale et de la santé publique.

Les filles publiques sont obligées, à Paris et dans les grandes villes, de faire inscrire leur nom sur un registre au bureau de police.

Il est expressément défendu d'ouvrir une maison de tolérance sans une permission de l'autorité municipale, qui ne doit l'accorder qu'avec la plus grande circonspection. Aucune maison de cette nature n'est autorisée dans le voisinage d'un pensionnat ou d'une église.

Enfin, le devoir de l'autorité municipale est de poursuivre la prostitution clandestine, quels que soient les lieux où elle s'exerce et les formes qu'elle prenne pour se dissimuler. Dans ce but, l'autorité peut défendre à tous propriétaires, et particulièrement aux aubergistes, cafetiers, hôteliers, logeurs, maîtres de maison garnie, de louer aucune chambre aux filles publiques et aux gens de mauvaise vie et de les loger ou recueillir chez eux. La Cour de cassation reconnaît même comme en vigueur à Paris l'ordonnance de police du 6 novembre 1778, qui interdit, sous peine d'amende, à tous propriétaires et principaux locataires de maison, de louer ou sous-louer à d'autres qu'à des personnes de bonne vie et mœurs et de souffrir en icelles aucun lieu de débauche (arrêt 11 juillet 1884). L'interdiction qui ne s'appliquerait qu'aux propriétaires de certains quartiers serait à plus forte raison légale. (Cass. arrêt 17 août 1882.)

Les pouvoirs de l'autorité municipale s'exercent d'ailleurs aussi bien sur les filles logées en ville que sur les filles des maisons de tolérance. Les unes ou les autres peuvent être soumises à des visites périodiques. Le maire peut leur interdire de stationner ou circuler dans les rues ou promenades à certaines heures (Cass. 19 juin 1846. L. 5 avril 1884, art. 97). L'arrêté du maire contenant ces prohibitions doit être notifié individuellement à tous les intéressés. (L. 5 avril 1884, art. 96.)

Les filles qui se mettent en contravention avec les dispositions de l'arrêté municipal peuvent être arrêtées pour être mises en la disposition de l'autorité judiciaire, elles peuvent même dans certains cas être détenues ou consignées dans un hôpital par mesure administrative, lorsque la santé publique peut être compromise de leur chef. Mais on ne doit user de ce moyen extrême et un peu arbitraire qu'avec une grande circonspection et seulement en cas d'urgente nécessité. — Voy. Débauche, Police. — *Dict. des formules*, n° 1244.

Protection des enfants du premier âge. — Voy. Enfants.

Prud'hommes. — Les conseils de prud'hommes sont institués pour terminer par la voie de conciliation les petits différends qui s'élèvent journellement, soit entre des fabricants et des ouvriers, soit entre des chefs d'ateliers et des compagnons ou apprentis, et à juger ces différends quand ils n'ont pu les concilier.

Tout délit tendant à troubler l'ordre et la discipline de l'atelier, tout manquement grave des apprentis envers leurs maîtres, peuvent être punis par les prud'hommes d'un emprisonnement qui n'excède pas trois jours. (L. 3 août 1810.)

Les conseils de prud'hommes sont établis par décrets rendus dans la forme des règlements d'administration publique, après avis des chambres de commerce ou des chambres consultatives des arts et manufactures. Les décrets d'institution déterminent le nombre des membres de chaque conseil. Ce nombre est de six au moins, non compris le président et le vice-président. (L. 1er juin 1853, art. 1er.)

Lorsqu'il s'agit d'établir un conseil de prud'hommes, la proposition du préfet doit être accompagnée d'une délibération du conseil municipal renfermant la promesse de subvenir au payement des dépenses. (Inst. 5 juillet 1853.)

Les frais de dépenses des conseils de prud'hommes sont obligatoires pour les communes où ils siègent. (L. 5 avril 1884, art. 136, § 15.)

Les membres des conseils de prud'hommes sont élus par les patrons chefs d'atelier, contremaîtres et ouvriers appartenant aux industries dénommées dans les décrets d'institution, suivant les conditions déterminées ci-après. (L. 1er juin 1853, art. 2.) Dans le cas où, dans les élections pour les conseils de prud'hommes, se produirait l'abstention collective soit des patrons, soit des ouvriers ; dans le cas où ils porteraient leurs suffrages sur les noms d'un candidat notoirement inéligible ; dans le cas où les candidats élus par les patrons ou par les ouvriers refuseraient d'accepter le mandat ; dans le cas où les membres élus s'abstiendraient de siéger, il sera procédé, dans la quinzaine, à des élections nouvelles pour compléter le conseil. Si, après ces nouvelles élections, les mêmes obstacles empêchent encore la constitution ou le fonctionnement du conseil, les prud'hommes régulièrement élus, acceptant le mandat et se rendant aux convocations, constitueront le conseil et procéderont, pourvu que leur nombre soit au moins égal à la moitié du nombre total des membres dont le conseil est composé. (L. 10-12 décembre 1884, art. 1er.)

Les présidents et les vice-présidents des conseils de prud'hommes sont élus parmi eux, par les membres des conseils de prud'hommes réunis en assemblée générale, et à la majorité absolue des membres présents. En cas de partage, après deux tours de scrutin, l'élection est acquise au conseiller le plus ancien en fonctions. Si les deux candidats avaient un temps de service égal, la préférence serait accordée au plus âgé. Il en serait de même dans le cas de création d'un nouveau conseil. (L. 7 février 1880, art. 1er.)

Lorsque le président sera choisi parmi les prud'hommes patrons, le vice-président ne pourra l'être que parmi les prud'hommes ouvriers, et réciproquement. Dans les cas exceptionnels prévus par l'article 1er de la loi du 12 décembre 1884, le président et le vice-président pourront être pris tous les deux parmi les prud'hommes patrons ou les prud'hommes ouvriers (L. 12 décembre 1884, art. 2.)

La durée des fonctions du président et du vice-président est d'une année. Ils sont rééligibles. (L. 7 février 1880, art. 3.)

Le secrétaire attaché aux conseils de prud'hommes est nommé à la majorité absolue des suffrages ; il peut être révoqué à volonté, mais, dans ce cas, la délibération doit être signée par les deux tiers des prud'hommes. (Art. 5.)

Sont électeurs : 1° les patrons âgés de 25 ans accomplis, et patentés depuis cinq années au moins et depuis trois ans dans la circonscription du conseil ; 2° les chefs d'atelier, contremaîtres et ouvriers âgés de 25 ans accomplis, exerçant leur industrie depuis cinq ans au moins et domiciliés depuis trois ans dans la circonscription du conseil. (L. 1er juin 1853, art. 4.)

Aucun ouvrier soumis à l'obligation du livret n'est inscrit sur les listes électorales pour la formation du conseil de prud'hommes, s'il n'est pourvu d'un livret. (L. 22 juin 1854 sur les livrets, art. 15.)

Sont éligibles, les électeurs âgés de 30 ans accomplis et sachant lire et écrire. (L. 1er février 1853, art. 5.)

Ne peuvent être éligibles ni électeurs, les étrangers, ni aucun des individus désignés dans l'article 15 du décret législatif du 2 février 1852. (Id., art. 6.)

Dans chaque commune de la circonscription, le maire, assisté de deux assesseurs qu'il choisit, l'un parmi les électeurs patrons, l'autre parmi les électeurs ouvriers, inscrit les électeurs sur un tableau qu'il adresse au préfet. La liste électorale est dressée et arrêtée par le préfet. (Id., art. 7.)

En cas de réclamation, le recours est ouvert devant le conseil de préfecture ou devant les tribunaux civils, suivant les distinctions établies par la loi sur les élections municipales. (Id. art. 8.)

Les patrons réunis en assemblée particulière nomment directement les prud'hommes patrons. Les contremaîtres, chefs d'atelier et les ouvriers, également réunis en assemblée particulière nomment les prud'hommes ouvriers en nombre égal à celui des patrons. Au premier tour de scrutin, la majorité absolue des suffrages est nécessaire ; la majorité relative suffit au second tour. (Id., art. 9.)

Le soin de présider les assemblées électorales est délégué par le préfet aux maires et adjoints des communes où siègent les conseils. (Inst., 5 juillet 1853.)

Les conseils de prud'hommes sont renouvelés par moitié, tous les trois ans, et non plus par tiers, tous les ans ; le sort désigne ceux des prud'hommes qui sont remplacés la première fois. Les prud'hommes sont rééligibles. Lorsque, par un motif quelconque, il y a lieu de procéder au remplacement d'un ou de plusieurs membres d'un conseil de prud'hommes le préfet convoque les électeurs. Tout membre élu en remplacement d'un autre ne demeure en fonctions que pendant la durée du mandat confié à son prédécesseur. (L. 1er juin 1853, art. 10.)

Le bureau général est composé, indépendamment du président ou du vice-président, d'un nombre égal de prud'hommes patrons et de prud'hommes ouvriers. Ce nombre est au moins de deux prud'hommes patrons et de deux prud'hommes ouvriers, quel que soit le nombre des membres du conseil (Id., art. 11). Par exception, et dans les cas prévus par l'article 1er de la loi du 12 décembre 1884, les quatre membres seront pris, sans distinction de qualité, parmi les prud'hommes installés. (L. 12 décembre 1884 art. 2, modifiant l'art. 11 de la loi du 1er juin 1853.)

Le bureau particulier des conseils de prud'hommes, institué par l'article 21 du décret du 11 juin 1809, sera présidé alternativement par un patron et un ouvrier suivant un roulement établi par le règlement particulier de chaque conseil, sauf dans les cas prévus par l'article 1er de la loi du 12 décembre 1884.

Les jugements des conseils de prud'hommes sont signés par le président et par le secrétaire. (Id. art. 12.)

Les jugements des conseils de prud'hommes sont définitifs et sans appel, lorsque le chiffre de la demande n'excède pas 200 francs en capital. Au-dessus de 200 francs, les jugements sont sujets à l'appel devant le tribunal de commerce. (Id., art. 13.)

Lorsque le chiffre de la demande excède 200 francs, le jugement de condamnation peut ordonner l'exécution immédiate, et, à titre de provision, jusqu'à concurrence de cette somme, sans qu'il soit besoin de fournir caution. Pour le surplus, l'exécution provisoire ne peut être ordonnée qu'à la charge de fournir caution. (Id., art. 14.)

Les jugements par défaut qui n'ont pas été exécutés dans le délai de six mois sont réputés non avenus. (Id., art. 15.)

Une audience au moins par semaine est consacrée aux conciliations. Cette audience est tenue par deux membres, l'un patron, l'autre ouvrier. Exceptionnellement et dans le cas prévu par l'article 1er de la loi du 12 décembre 1884, les deux membres composant le bureau peuvent être pris soit parmi les prud'hommes patrons, soit parmi les prud'hommes ouvriers.

Les conseils de prud'hommes peuvent être dissous par décret du Président de la République. (L. 1er juin 1853, art. 16.)

L'autorité administrative peut toujours, lorsqu'elle le juge convenable, réunir les conseils de prud'hommes, qui doivent donner leur avis sur les questions qui leur sont posées. (Id., art. 17.) — Voy. APPRENTISSAGE, LIVRET D'OUVRIER, PROPRIÉTÉ INDUSTRIELLE.

Les conseils de prud'hommes sont comme on le voit régis par un grand nombre de lois, dont une partie est abrogée et une partie encore en vigueur. Aussi depuis longtemps on réclame un projet de loi complet sur l'organisation, la juridiction et la compétence des prud'hommes. Ce vœu vient de recevoir satisfaction, car le gouvernement a récemment saisi la Chambre d'un projet d'organisation générale, formant un code spécial des prud'hommes. Mais la discussion de cette loi n'est pas encore commencée et la loi du 12 décembre 1884 a eu pour but d'assurer le maintien de la juridiction des prud'hommes jusqu'au vote de la loi générale.

Publication. — Aucune publication ne peut avoir lieu dans la commune sans l'autorisation du maire.

La publication des actes administratifs a lieu ordinairement au moyen d'affiches ou placards, à son de trompe ou de caisse. Quant aux publications de mariage, les articles 62 et 64 du Code civil déterminent les formes dans lesquelles elles doivent être faites. — Voy. Affiche, État civil, Publicateur.

Publications administratives. — La plupart des communes sont abonnées à divers recueils périodiques consacrés aux matières d'administration municipale, dont le but est de faciliter les travaux des mairies. Au premier rang de ces publications, on doit placer : le *Bulletin annoté des lois*, le *Bulletin officiel du ministère de l'intérieur*, l'*École des communes* et le *Mémorial des percepteurs* (1). Ces quatre recueils contiennent, sans exception, tous les documents utiles aux maires : 1° la loi ; 2° les instructions ministérielles nécessaires pour son application ; 3° la jurisprudence qui résulte des arrêts du Conseil d'État et de la Cour de cassation, ainsi que des décisions émanées des divers ministères. On doit avoir soin de conserver les livraisons mensuelles de ces recueils et de les faires relier à l'expiration de chaque année. — Voy. Bibliothèques administratives, Bulletin des lois, Bulletin officiel du ministère de l'intérieur.

Puits. — Les maires peuvent prescrire, par un règlement, à tout propriétaire de maisons où il y a des puits, de les maintenir en bon état, les faire nettoyer, curer, et les garnir de bonnes cordes et poulies ou cylindres, afin que l'on puisse s'en servir en cas d'incendie.

Les maires ont à surveiller, d'une manière toute spéciale, les puits publics qui fournissent l'eau potable aux habitants. Ils doivent tenir la main à ce que rien ne vicie l'eau, et à ce que les défenses ou margelles destinées à prévenir les accidents soient entretenues en bon état.

Nul ne peut, sans autorisation, creuser aucun puits à moins de 100 mètres des cimetières. Les puits existants peuvent, après visite contradictoire d'experts, être comblés, en vertu d'ordonnance du préfet du département, sur la demande de la police locale. (D. 7 mars 1808.) — Voy. Cimetières, Incendie.

Purge des hypothèques. — La purge est un moyen de garantir les acquéreurs d'immeubles de l'effet des poursuites des créanciers privilégiés ou hypothécaires.

La purge des privilèges et hypothèques est facultative pour les particuliers ; mais elle est obligatoire en ce qui concerne les acquisitions et échanges de propriétés immobilières faits par les communes et établissements de bienfaisance.

Toutefois, les communes et établissements peuvent être dispensés, par délibération des conseils municipaux ou des commissions administratives, et sur l'approbation des préfets, de procéder aux formalités de la purge des hypothèques, lorsque le prix d'acquisition n'excède pas 500 francs. (D. 14 juillet 1866.)

---

(1) Éditeur Paul Dupont, imprimerie et librairie administives, 41, rue Jean-Jacques-Rousseau, Paris.

Ces dispositions s'appliquent aux hypothèques conventionnelles aussi bien qu'aux hypothèques légales.

Pour les acquisitions d'un prix supérieur, il est de toute nécessité de remplir les formalités de purge, quelles que soient la solvabilité du vendeur et l'assurance que la propriété acquise est libre d'hypothèques.

Le receveur municipal ne pourrait payer le prix de ces acquisitions s'il ne lui était justifié de l'accomplissement de ces formalités. (O. 23 avril 1823.)

Les formalités de la purge des hypothèques sont différentes selon que l'acquisition des immeubles résulte d'une expropriation pour cause d'utilité publique ou d'une cession amiable non précédée de la déclaration d'utilité publique.

Dans le premier cas, la purge s'opère par la transcription au bureau des hypothèques, soit du jugement d'expropriation, soit de la convention amiable. A l'expiration du délai de quinze jours après cette transcription, les immeubles cédés sont affranchis de toute hypothèque légale qui n'aurait pas été inscrite.

Dans le second cas, la cession s'opère par un acte ordinaire passé par-devant notaire, et la purge des hypothèques se fait d'après les règles du droit commun, c'est-à-dire dans le délai de deux mois, fixé par l'article 2193 du Code civil, et moyennant l'accomplissement des formalités prescrites par les articles 2181 à 2194 du même Code, et l'article 834 du Code de procédure. — Voy. ACQUISITIONS, EXPROPRIA-TIONS, HYPOTHÈQUES.

Q

Quais. — Chaussée le long d'une rivière, d'un fleuve ou d'un port de mer. On distingue les quais en maritimes et fluviaux. La police des quais, comme celle des rues, places et autres voies publiques, est dans les attributions de l'autorité municipale. — Voy. DROITS DE PLACE ET DE STATIONNEMENT, VOIE PUBLIQUE, VOIRIE.

Quarantaine. — Séjour que ceux qui viennent d'un pays infecté ou soupçonné de contagion sont obligés de faire dans un lieu séparé de la ville où ils arrivent. — Voy. POLICE SANITAIRE.

Quart de réserve. — Voy. BOIS DES COMMUNES ET DES ÉTABLISSE-MENTS PUBLICS.

Quasi-délit. — Fait de l'homme qui, sans être un délit, cause à autrui un dommage. — Voy. Délit.

Quêtes. —Collectes faites pour les pauvres ou pour des œuvres pies. L'usage des quêtes dans les églises est confirmé par l'article 75 du décret du 30 décembre 1809, portant : « Tout ce qui concerne les quêtes dans les églises sera réglé par l'évêque, sur le rapport des marguilliers, sans préjudice des quêtes pour les pauvres, lesquelles devront toujours avoir lieu dans les églises, toutes les fois que les bureaux de bienfaisance le jugeront convenable. »

Les administrateurs des bureaux de bienfaisance, s'ils veulent quêter eux-mêmes, n'ont pas besoin de demander l'assentiment préalable du curé, mais, s'ils veulent faire quêter par d'autres personnes, ils doivent les faire préalablement agréer par le curé. (Lettre min. des cultes, 5 décembre 1868.)

Les administrateurs des pauvres peuvent non seulement user de leurs droits toutes les fois qu'ils le jugent à propos, mais encore faire placer des troncs dans les églises. En dehors des quêtes ainsi spéciales au bureau de bienfaisance, le maire ne peut prétendre au produit des autres quêtes faites par le curé, soit pour l'église, soit même pour les pauvres. A défaut de règles prescrites par l'évêque, c'est au curé qu'il appartient de régler ces autres quêtes. Dans les communes où il n'existe pas de bureau de bienfaisance, la quête pour les pauvres peut être organisée et faite soit par le curé, soit par le maire. Le choix dépend des circonstances et des habitudes.

On a longtemps considéré que le droit de quêtes hors des églises appartenait aux seuls bureaux de bienfaisance ; mais la Cour de cassation a reconnu qu'aucune disposition de loi n'interdisait les quêtes faites à domicile en faveur des pauvres par le curé de la paroisse ou des tiers en son nom ; que cet acte en lui-même ne porte aucune atteinte à l'ordre public, que par suite l'arrêté d'un maire interdisant dans la commune toute quête à domicile sans autorisation excédait la limite des pouvoirs de l'autorité municipale. (Cass. c. crim. 14 juin 1884.)

Les receveurs des bureaux de bienfaisance sont autorisés à encaisser le produit des quêtes sans titre préexistant, sous la condition d'en informer immédiatement leur supérieur, et de se faire délivrer un état certifié par le maire.

Un double de cet état est transmis directement par le maire au sous-préfet qui le fait parvenir au receveur des finances de l'arrondissement. (Circ. min de l'int. 15 novembre 1861 et loi 5 avril 1884, art. 154.) — Voy. Bureau de bienfaisance, Fabrique.

Quincaillerie et coutellerie. — Les fabricants qui veulent s'assurer la propriété des marques qu'ils appliquent ordinairement sur leurs ouvrages doivent déposer deux exemplaires de ces marques au greffe du tribunal de commerce de leur domicile. (L. 23 juin 1857, art. 2.) — Voy. Propriété industrielle.

Quinze-vingts. — Voy. Aveugles.

Quittance. — Acte par lequel un créancier déclare avoir reçu de son débiteur tout ou partie de l'objet de l'obligation de ce dernier et l'en tenir quitte.

La quittance peut être donnée par acte sous seing privé, ou devant notaire; et sous l'une ou l'autre forme elle est également valable, si celui qui l'a consentie était capable de recevoir.

Les frais sont à la charge du débiteur. Par exception au principe, lorsque l'Etat fait un payement, le citoyen qui le reçoit est passible des frais de quittance. La quittance même d'une somme accordée à un employé pour gratification est à ses frais.

Les percepteurs des contributions directes, les receveurs des communes et des établissements de bienfaisance doivent délivrer quittance de toutes les sommes qui leur sont versées; ces quittances sont extraites d'un journal à souche. Les percepteurs sont tenus, en outre, d'émarger chaque versement au rôle, en présence du contribuable, et à l'instant même du payement. Toute contravention à cette dernière disposition peut être punie correctionnellement par une amende de 10 à 25 francs. (L. 3 frimaire an VII.)

Les quittances délivrées par les receveurs des communes et des établissements de bienfaisance, sauf les exceptions mentionnées à l'article 844 de l'instruction générale de finances, doivent être timbrées, lorsque la recette excède 10 francs, ou lorsque, n'excédant pas 10 francs, elles ont pour objet un acompte ou un payement final sur une plus forte dette. Le prix des timbres est à la charge de la partie versante; il est fixé à 25 centimes, et s'ajoute, de plein droit lorsqu'il est exigible, au montant de la somme due (L. 8 juillet 1865, art. 4; 23 août 1871, art. 2). Les subventions fournies par l'Etat pour le traitement des commissaires de police sont assujetties au timbre de 10 centimes. Mais les récépissés de la part contributive des communes pour le traitement des commissaires de police ne l'est pas. (Circ. 14 janvier 1885.)

Les comptables doivent, d'un autre côté, se faire délivrer des quittances régulières pour tous les payements qu'ils effectuent pour le compte des communes et des établissements de bienfaisance. Ces quittances sont assujetties au timbre mobile de 10 centimes lorsque le timbre est exigible, aux termes des articles 1008 et 1009 de ladite instruction. — Voy. Contributions directes, Revenus communaux (1).

Lorsque le porteur d'un mandat délivré par le maire pour le payement d'une dette de la commune ne sait pas signer, la quittance doit être donnée devant notaire. Cependant, pour toutes les sommes inférieures à 150 francs, le receveur municipal peut effectuer le payement en présence de deux témoins qui signent avec lui sur le mandat la déclaration faite par la partie prenante. (L. 18 nivôse an XI.) — Voy. Dépenses communales.

Quitus. — Certificat que doivent produire les comptables publics, lorsqu'ils veulent obtenir, après cessation de leurs fonctions, le remboursement de leur cautionnement. (O. 22 mai 1825 et 25 juin 1835.)

Lorsqu'un percepteur-receveur de communes et d'établissements de bienfaisance a cessé ses fonctions, et que ce comptable ou ses ayants cause demandent le remboursement de son cautionnement, ou lorsque, nommé à une autre perception, le comptable désire faire appliquer le cautionnement qu'il a fourni pour son ancienne gestion à la garantie des nouveaux services qui lui sont confiés, il doit justifier de sa libération, savoir : 1° sur le service des contributions directes, par un certificat de quitus du receveur des finances de son arrondissement; 2° sur le service des communes, par les certificats de quitus des maires ; par le certificat du préfet, constatant que les derniers comptes du titulaire, définitivement jugés par le conseil de préfecture ou la cour des comptes, sont apurés et, soldés; et de plus, par un certificat spécial du receveur des finances, exprimant que la libération du titulaire résulte à la fois de la vérification de ses écritures et du jugement de ses comptes; les receveurs des communes, dont les comptes sont jugés par la cour des comptes, doivent produire, en outre, l'arrêt de quitus de cette cour; 3° sur le service des établissements de bienfaisance, par les certificats ci-dessus mentionnés, du préfet et du receveur des finances. — Voy. CAUTIONNEMENT, PERCEPTEUR. — *Dict. des formules*, n° 1247.

Quote-part. — C'est la part qui appartient à chacun ou que chacun doit supporter dans une répartition. — Voy. CONTRIBUTIONS DIRECTES.

R

Rabais. — Voy. ADJUDICATION.

Rabbin. — Voy. CULTES.

Rachat de servitudes. — Voy. PARCOURS ET VAINE PATURE, USAGES.

Rage. — Les chiens sont au nombre des animaux chez lesquels la rage peut se développer spontanément, et par lesquels elle se communique ensuite avec le plus de facilité. A l'époque des grandes chaleurs, où la rage se déclare le plus fréquemment chez ces animaux, il y a lieu de prescrire dans chaque commune, surtout si des symptômes de cet horrible mal se sont manifestés, de tenir tous les chiens à l'attache et de tuer tous ceux que l'on trouverait divaguants. Les maires feront bien aussi de publier, à la suite de l'arrêté qu'ils prendront à cet effet, l'avis suivant émané du conseil de salubrité du département de la Seine et indiquant les premiers moyens préservatifs qu'il est urgent d'employer en cas de morsure d'un chien présumé atteint de la rage.

1° Toute personne mordue par un animal enragé ou présumé tel devra à l'instant même presser sa blessure dans tous les sens, afin d'en faire sortir le sang et la bave.

2° On lavera ensuite cette blessure, soit avec de l'alcali volatil étendu d'eau, soit avec de l'eau de lessive, soit avec de l'eau de savon, de l'eau de chaux ou de l'eau salée, et à défaut avec de l'eau pure, ou même avec de l'urine.

3° On fera ensuite chauffer à blanc un morceau de fer, que l'on appliquera profondément sur la blessure.

Ces moyens peuvent écarter le danger, surtout s'ils ont été employés par un médecin, plus capable que toute autre personne de reconnaître si la cautérisation est complète. On ne saurait trop rappeler au public le danger qui existe dans l'usage des prétendus spécifiques que vendent et distribuent les charlatans. On ne connaît, jusqu'à ce jour, de traitement contre la rage, que la cautérisation. L'illustre M. Pasteur vient de découvrir le moyen de guérir et peut-être même de préserver de la rage par l'inoculation. — Voy. Chiens. Épizooties. — Dict. des formules, nᵒˢ 384-389.

Ramonage. — Le ramonage des cheminées étant un des moyens les plus efficaces de prévenir les incendies, le maire peut, par arrêté, prescrire le ramonage deux fois par an des cheminées où l'on fait du feu et il doit veiller par lui-même ou par ses agents à l'exécution de cette prescription. Dans certaines communes on passe même des traités de gré à gré avec un ou des entrepreneurs pour assurer la régularité du service de ramonage. — Dict. des formules, nᵒˢ 1248 à 1249. Mais ces traités, bien entendu, laissent liberté aux particuliers de s'adresser à qui bon leur semble pour l'accomplissement de l'obligation qui leur incombe.

Rang. — Voy. Honneurs publics et préséances.

Rapt. — L'enlèvement de mineurs est puni par les articles 344 à 357 du Code pénal.

Comme officier de police judiciaire, le maire doit constater ce crime par procès-verbal, dès qu'il en a connaissance ; il doit aussi concourir par tous les moyens qui sont à sa disposition à faciliter les recherches des familles. — Dict. des formules, nᵒ 1175.

Rassemblements. — Voy. Attroupements, Émeute.

Ratelage. — Voy. Glanage.

Rature. — Trait de plume passé sur un ou plusieurs mots, pour les effacer. Toute rature, toute surcharge, dans un acte public, est nulle si elle n'est pas approuvée par les signatures de toutes les parties qui ont concouru à l'acte.

Réarpentage. — Opération ayant pour but de reconnaître définitivement la contenance de ce qui est compris dans la vente de coupe de bois soumis au régime forestier.

Il est procédé au réarpentage et au récolement de chaque vente, dans les trois mois qui suivent le jour de l'expiration des délais accordés pour la vidange des coupes. (C. F., art. 47 à 52). — Voy. Bois des communes et des établissements publics.

Rébellion. — Toute attaque, toute résistance avec violence et voies de fait envers les officiers ministériels, les gardes champêtres ou forestiers, la force publique, les préposés à la perception des taxes et des contributions, les porteurs de contraintes, les préposés des douanes, les séquestres, les officiers ou agents de la police administrative ou judiciaire, agissant pour l'exécution des lois, des ordres ou ordonnances de l'autorité publique, des mandats de justice ou jugements, sont qualifiées, selon les circonstances, crimes ou délits de rébellion, et punies conformément aux articles 209 et 212 du Code pénal.

Les maires et officiers de police judiciaire doivent dresser procès-verbal contre les auteurs de toute rébellion, et l'envoyer au procureur de la République. — Voy. Attroupements, Émeute.

Recensement. — Ce mot a diverses acceptions dans la langue administrative. S'il s'agit de la population, il est pris dans le sens de dénombrement. S'il s'agit du contingent des classes appelées au service militaire ou du dépouillement du scrutin dans une élection, il est pris dans le sens de relevé. S'il s'agit des valeurs locatives, des patentes, etc., il signifie estimation ou appréciation : c'est alors une véritable expertise qui doit avoir lieu, tant dans l'intérêt des contribuables que dans l'intérêt du Trésor. — Voy. Contributions directes, Élections, Population, Recrutement.

Récépissé. — Acte par lequel on reconnaît avoir reçu des mains d'un tiers des pièces, des titres, une somme d'argent.

Lorsque les percepteurs des contributions directes effectuent des versements dans la caisse du receveur des finances, ils sont tenus d'en faire viser, dans les vingt-quatre heures, les récépissés par le sous-préfet.

Réception d'ouvrages. — Constatation des travaux publics exécutés par les entrepreneurs. La réception a lieu au moyen d'un procès-verbal dressé par l'architecte qui a dirigé les travaux. — Voy. Travaux publics.

Recettes des communes. — Voy. Comptabilité communale, Receveurs municipaux, Revenus communaux.

Receveur des finances. — Il y a un trésorier-payeur général des finances au chef-lieu de chaque département, et un receveur particulier au chef-lieu de chaque arrondissement.

Les trésoriers-payeurs généraux et les receveurs particuliers qui leur sont subordonnés dirigent et centralisent la perception et le recouvrement des contributions directes ; ils reçoivent directement plusieurs produits du budget, et ils exécutent, dans chaque département, les opérations du service de trésorerie. (D. 31 mai 1862, art. 330.)

La gestion des percepteurs et receveurs de communes et d'établissements de bienfaisance est placée sous la surveillance et la responsabilité du receveur des finances de l'arrondissement. En conséquence, en cas de déficit ou de débet de la part de ces premiers comptables, le receveur des finances est tenu d'en solder immédiatement le montant avec ses fonds personnels.

Le receveur des finances est chargé également de surveiller les caisses et la tenue des écritures des receveurs spéciaux des communes et des établissements de bienfaisance, mais il n'est pas responsable de leur gestion. — Voy. COMPTABILITÉ COMMUNALE, PERCEPTEUR, RECEVEURS MUNICIPAUX.

Receveurs municipaux et receveurs des établissements de bienfaisance.—Les recettes et les dépenses communales s'effectuent par un comptable chargé seul, et sous sa responsabilité, de poursuivre la rentrée de tous revenus de la commune et de toutes sommes qui lui seraient dues, ainsi que d'acquitter les dépenses ordonnées par le maire, jusqu'à concurrence des crédits régulièrement accordés. (L. 4-5 avril 1884, art. 153.)

Toute personne, autre que le receveur municipal, qui, sans autorisation légale, s'ingérerait dans le maniement des deniers de la commune, serait, pour ce seul fait, constituée coupable ; elle pourrait, en outre, être poursuivie en vertu de l'article 258 du Code pénal, comme s'étant immiscée, sans titre, dans des fonctions publiques. (Id. art. 155.)

Le percepteur remplit les fonctions de receveur municipal. Néanmoins dans les communes dont le revenu excède 30,000 francs, ces fonctions sont confiées, si le conseil municipal le demande, à un receveur municipal spécial, nommé par le préfet sur une liste de trois candidats dressée par le conseil municipal. Lorsque le revenu de la commune dépasse 300,000 francs, ce receveur spécial est nommé par le Président de la République. En cas de refus des candidats par le préfet ou le Président de la République le conseil doit faire de nouvelles présentations. Si le conseil ne voulait pas faire de nouvelles propositions, la recette resterait de droit confiée au percepteur des contributions directes. (L. 5 avril 1884, art. 156.)

Ainsi la réunion des deux services est la règle ; leur séparation, l'exception.

Il en résulte que, dans tous les cas de vacance d'une recette municipale par décès, démission ou révocation, le service doit être immédiatement remis aux mains du percepteur de la commune, sauf au conseil municipal, lors de sa première réunion ordinaire ou extraordinaire, à faire usage du droit qui lui appartient de demander la séparation des deux services et la nomination d'un receveur spécial. (Circ. Int. 5 octobre 1837.) La loi du 5 avril 1884 n'a pas dérogé à cette règle. — Voy. PERCEPTEURS.

Les receveurs municipaux sont, de droit, receveurs des hospices et autres établissements de bienfaisance de leur commune, lorsque les revenus ordinaires de ces établissements ne dépassent pas le chiffre de 30,000 francs ; dans le cas contraire, la recette des établissements peut être confiée à un receveur spécial. (L. 7 août 1851, art. 7; D. 31 mai 1862, art. 558 et 559.) — Voy. Bureaux de bienfaisance, Hospices.

L'article 2121 du Code civil accorde aux communes et aux établissements publics un droit d'hypothèque légale sur les biens de leurs receveurs, indépendamment des cautionnements que doivent fournir ces comptables avant d'être installés dans leurs fonctions. — Voy. Cautionnements.

En cas de déficit ou de débet de la part d'un receveur municipal spé cial, les communes exercent leur recours sur le cautionnement, la personne et les biens du comptable débiteur; mais elles n'ont pas de recours contre les receveurs des finances qui ne sont responsables que de la gestion des percepteurs receveurs. (C. d'Et., 22 novembre 1866, ville de Nemours.)

En cas de déficit ou de débet constaté dans la gestion d'un receveur percepteur, le receveur des finances est tenu d'en solder immédiatement le montant sur ses fonds personnels, mais il est subrogé à tous les droits du Trésor et des communes sur les cautionnements, les biens et la personne du comptable reliquataire et ne peut obtenir décharge de sa responsabilité qu'en cas de force majeure. Le ministre des finances prononce sur ces demandes en décharge de responsabilité, après avoir pris l'avis du ministre de l'intérieur et celui de la section des finances du Conseil d'Etat, jugeant au contentieux. (Ord. 17 décembre 1837; D. 31 mai 1862; L. 5 avril 1884, art. 159.)

Dans les communes où les fonctions de receveur municipal et celles de percepteur sont réunies, la gestion du comptable est placée, en outre, sous la responsabilité du receveur des finances de l'arrondissement. (L. 5 avril 1884, art. 158.)

Tout ce qui concerne les conditions attachées aux fonctions des percepteurs receveurs municipaux, et les règles de leur gestion, a été exposé dans d'autres parties de cet ouvrage. — Voy. Comptabilité communale, Dépenses communales, Percepteurs, Revenus communaux, Receveurs des finances.

Les receveurs généraux et particuliers des finances sont chargés de surveiller les caisses et la tenue des écritures des receveurs spéciaux des communes et des établissements de bienfaisance situés dans leur arrondissement, et généralement toutes les parties du service confiées à ces comptables.

Ils doivent vérifier à domicile, une fois par trimestre, la caisse et la comptabilité de ces receveurs, sans préjudice des autres vérifications que le receveur surveillant peut faire toutes les fois qu'il le juge à propos. Ils se font remettre par chacun des receveurs spéciaux : 1° tous les dix jours, un bordereau présentant la situation sommaire des recettes et des dépenses effectuées pendant la dizaine, ainsi que le détail des valeurs de caisse, afin de pouvoir prescrire le versement au Trésor des sommes qui ne seraient pas nécessaires au payement des dépenses courantes; 2° tous les mois, la balance générale des comptes ouverts au grand livre des recettes et dépenses, et, au moins tous les trois mois, un bordereau détaillé des recettes et dépenses.

Les receveurs municipaux doivent s'adresser au receveur des finances, pour faire lever les difficultés qu'ils pourraient rencontrer dans l'exécution ou l'interprétation des règlements et instructions.

De leur côté, les receveurs d'arrondissement doivent, dans tous les cas douteux, en référer, suivant la nature de la question à résoudre,

II   73

soit au préfet, soit au trésorier général, sauf à ceux-ci à soumettre, s'il y a lieu, la question au ministre des finances.

Les receveurs des finances sont tenus, en exerçant leur surveillance, de se renfermer dans les termes des règlements qui déterminent les attributions respectives des ordonnateurs et des comptables. Ainsi la confection et l'exécution des budgets des communes et des établissements, l'exercice des poursuites propres à assurer le recouvrement des revenus et créances et l'acquittement sur pièces valables des dépenses dont les crédits sont régulièrement ouverts, sont exclusivement dirigés par l'autorité locale. Les receveurs des finances ne peuvent, sur ces diverses parties du service, que proposer les mesures dont ils reconnaîtraient la nécessité; leur intervention et leur devoir se bornent à appeler l'attention de l'administration sur les faits qui réclameraient son examen; mais l'exactitude des recouvrements et des payements, la tenue des écritures destinées à recevoir l'enregistrement fidèle des recettes et des dépenses faites en exécution des budgets, l'intégrité des caisses, la reddition et l'apurement des comptes doivent être l'objet de la surveillance directe du comptable supérieur.

En général, les receveurs des finances ne doivent pas perdre de vue qu'en les appelant à surveiller la gestion des receveurs spéciaux des communes, la loi a eu surtout en vue d'offrir aux administrations municipales un concours éclairé et toujours empressé à faciliter la marche du service par d'utiles directions; ils doivent donc exercer cette attribution de manière à éviter des conflits ou autres difficultés préjudiciables au bien de l'administration. (Ord. 17 septembre 1837, art. 2; Inst. gén., art. 1320.)

La surveillance dont il s'agit n'apporte, du reste, aucun changement aux relations de service qui existent entre les maires ou les commissions administratives et les receveurs : ces administrateurs conservent le droit et le devoir de diriger les comptables, conformément aux règlements, et de surveiller les diverses parties de leur gestion. (Circ. Int. 5 octobre 1837.)

Les receveurs des finances sont autorisés, lorsqu'ils ont constaté dans la gestion d'un receveur spécial des irrégularités graves, à placer un agent spécial près du comptable; ils peuvent requérir du maire sa suspension et son remplacement par un gérant provisoire, ou, en cas d'urgence, y pourvoir d'office sous leur responsabilité, sauf à référer immédiatement de ces mesures au préfet du département, et à transmettre, en outre, au ministère des finances, des rapports spéciaux et détaillés sur les faits constatés. Ils peuvent aussi infliger au comptable une retenue disciplinaire de deux mois de traitement. (Inst. gén., art. 1311. Circ. fin. 25 février 1865.) — Voy. Comptabilité communale, Dépenses communales, Revenus communaux.

Traitement des receveurs municipaux et hospitaliers de bienfaisance. — Un décret du Président de la République, en date du 22 juin 1876, a déterminé le mode de rémunération pour les receveurs des communes et des établissements de bienfaisance :

À partir du 1er janvier 1877, les receveurs des communes, des hospices et des bureaux de bienfaisance sont rémunérés au moyen d'un traitement fixe, arrêté par le préfet, sur la proposition du trésorier-payeur général, et d'après les bases indiquées ci-après. (D. 22 juin 1876, art. 1er.)

Ce traitement est déterminé par l'application du tarif des ordonnances des 17 avril et 3 mai 1839, et du décret du 7 octobre 1850, à la moyenne des opérations, tant ordinaires qu'extraordinaires, de recettes et de dépenses, effectuées pendant les exercices 1867, 1868, 1869, 1872 et 1873, déduction faite des opérations non passibles de remises pendant les mêmes exercices et sans tenir compte du dixième en plus ou en moins dont les conseils municipaux et les commissions administratives auraient augmenté ou réduit le tarif des ordonnances et décret précités. (Id., art. 2.)

Les conseils municipaux et les commissions administratives peuvent, avec l'approbation du préfet, et sur l'avis du trésorier-payeur général, élever d'un dixième le traitement de leur receveur, fixé comme il vient d'être dit. (Id., art. 5.)

Les frais de bureau ne sont supportés par les receveurs que jusqu'à concurrence du quart de leur traitement; le surplus est à la charge de la commune ou de l'établissement. — En cas de désaccord entre le comptable de la commune et l'établissement sur le chiffre de ces frais, le préfet statue, après avoir pris l'avis du trésorier-payeur général, et sauf recours au ministre de l'intérieur. (Id., art. 6.)

Chaque fois que la moyenne des revenus ordinaires des cinq derniers exercices est supérieure ou inférieure d'un dixième à celle des exercices qui auront servi à l'établir, le traitement peut, sur la demande de la commune, de l'établissement ou du receveur, être revisé par le préfet, sauf recours au ministre de l'intérieur. — L'augmentation ou la réduction du traitement est alors déterminée au moyen de l'application du tarif doublé des ordonnances des 17 avril et 24 mai 1839 à tous les revenus ordinaires, quels qu'ils soient, formant la différence en plus ou en moins. Ce tarif est employé suivant les tranches dans lesquelles tomberaient lesdits receveurs si l'on avait à calculer leurs remises conformément aux ordonnances précitées. — La première revision n'a pu avoir lieu avant le 1er janvier 1882. (Id., art. 7.)

En cas de création d'un établissement de bienfaisance, le traitement du receveur est fixé par le préfet, sauf recours au ministre de l'intérieur, en prenant pour base le chiffre des revenus au budget du nouvel établissement et en appliquant le tarif doublé des ordonnances de 1839. — Le traitement ainsi fixé peut être revisé dans les conditions déterminées à l'article 7, à partir de l'expiration des cinq premiers exercices. (Id., art. 8.)

Le traitement fixe est obligatoire pour les communes. Il est payable sur mandat du maire, par mois ou par trimestre, au choix du comptable, et supporte, en ce qui concerne les receveurs percepteurs, dans la proportion des trois quarts, les retenues spécifiées par la loi du 6 juin 1853 sur les pensions civiles ; un quart étant toujours considéré comme destiné à faire face aux frais de bureau.

Il est à remarquer que si les administrations municipales et hospitalières ont la faculté d'accorder aux comptables, dans certains cas, une augmentation de traitement, elles n'ont plus, comme sous l'empire des ordonnances de 1839, le droit inverse d'abaisser d'un dixième le chiffre de ce traitement.

Frais de bureau. — Aux termes de l'article 7 du décret du 22 juin 1876, lorsque les frais de bureau excèdent le quart du traitement fixe, cet excédent est à la charge de la commune, pour laquelle il constitue une dépense obligatoire. Une circulaire du ministre des finances, en date du 1er décembre 1865, avait autorisé les communes à prendre à leur charge une partie des frais d'imprimés; cette disposition n'a plus aujourd'hui de raison d'être : tous les imprimés rentrent dans la masse des frais de bureau et sont soumis à la même règle. (Inst. min. de l'int., 1ᵉʳ août 1875 ; Circ. compt. publ., 26 août suivant.)

Aux termes des articles 3 et 4 de la loi du 9 juin 1853 et des articles 13 et 20 du décret réglementaire du 9 novembre suivant, les percepteurs, quand ils sont en même temps receveurs municipaux ou hospitaliers, subissent la retenue de 5 0/0 pour pensions civiles sur les trois quarts d'émoluments, tant sur la portion de ces émoluments qui leur est payée par l'Etat que sur celle qu'ils reçoivent des communes et des établissements publics. Cette retenue est opérée par les receveurs des finances. Les receveurs spéciaux, n'étant pas compris dans la classe des fonctionnaires auxquels s'applique la loi du 9 juin 1853, n'ont pas à subir les retenues déterminées par cette loi. Mais lorsqu'il existe pour les employés communaux une caisse des retraites ils subissent les retenues établies par le règlement particuliers de cette caisse.— Voy. Pensions civiles.

Récidive. — La récidive consiste à commettre un crime, un délit ou une contravention du même genre que le fait réputé crime, délit ou contravention, à raison duquel on a déjà subi une condamnation. Afin de diminuer la recrudescence constante de la récidive, la loi des 27 et 28 mai 1885 a établi la relégation des récidivistes en matière criminelle et correctionnelle pour certains délits déterminés. D'autre part, cette loi, a organisé tout un système pour prévenir la récidive par la libération conditionnelle anticipée et les sociétés de patronnage. — Voy. *Bulletin annoté des lois*, 1885, p. 143.

En matière de simple police, il y a récidive, lorsqu'il a été rendu contre le contrevenant, dans les douze mois précédents, un premier jugement pour contravention de police commise dans le ressort du même tribunal. (C. P., art. 483.) — Voy. Contravention, Délits, Tribunal de police.

Réclamations. — Voy. Contributions directes.

Reclusion. — Tout individu condamné à la peine de la reclusion est renfermé dans une maison de force, et employé à des travaux dont le produit peut être en partie appliqué à son profit. La durée de cette peine est au moins de cinq années, et de dix au plus. (C. P., art. 21.) — Voy. Prisons.

Récolement. — En matière forestière, c'est la revue faite par les agents forestiers d'une coupe de bois, pour reconnaître si les clauses du cahier des charges ont été exécutées par l'adjudicataire. — Voy. Bois des communes.

En matière administrative, on entend par récolement l'action de vérifier si des effets compris dans un inventaire ou dans un procès-verbal existent encore en nature. C'est ainsi qu'on fait le récolement du mobilier et des archives des mairies, des préfectures, des évêchés. — Voy. Archives, Inventaire, Mobilier.

Récoltes. — La loi du 28 septembre-6 octobre 1791, qu'on a qualifiée de Code rural, contient, relativement aux récoltes, les dispositions suivantes :

« La municipalité (le maire) pourvoiera à faire serrer la récolte d'un cultivateur absent, infirme ou accidentellement hors d'état de le faire lui-même, et qui réclamera ce secours; elle aura soin que cet acte de fraternité et de protection de la loi soit exécuté aux moindres frais : les ouvriers seront payés sur la récolte de ce cultivateur. » (L. 28 septembre-6 octobre 1791, titre I, section V, art. 1er.)

« Chaque propriétaire sera libre de faire sa récolte, de quelque nature qu'elle soit, avec tout instrument et au moment qu'il lui conviendra, pourvu qu'il ne cause aucun dommage aux propriétaires voisins. » (Id., art. 2.) — Voy. BANS DE VENDANGE.

« Nulle autorité ne pourra suspendre ou intervertir les travaux de la campagne dans les opérations de la semence et des récoltes. » (Id., art. 3.)

Le Code pénal punit d'un emprisonnement de deux ans au moins, de cinq ans au plus, quiconque est convaincu d'avoir dévasté des récoltes sur pied ou des plants venus naturellement. Les coupables peuvent de plus être mis, par l'arrêt ou le jugement, sous la surveillance de la haute police pendant cinq ans au moins et dix ans au plus. (C. P., art. 444.)

Ce délit, qu'il ne faut pas confondre avec celui de maraudage, consiste dans la destruction des récoltes d'autrui, non pour se les approprier ou en tirer profit, mais dans l'intention de nuire et de porter préjudice. On doit avoir soin de constater dans le procès-verbal les circonstances et les faits qui peuvent révéler l'intention mauvaise du délinquant; il n'est pas moins indispensable de signaler la nature et l'état des produits dévastés, attendu que ce délit puise son second élément dans cette circonstance que la dévastation a porté sur des récoltes sur pied ou des plants venus naturellement ou faits de main d'homme. — Voy. GRAINS, MARAUDAGE, POLICE RURALE. — Dict. des formules, nos 1176 et 1178.

Récompenses nationales.—Distinctions émanant de la puissance publique, accordées à des personnes qui ont rendu des services exceptionnels à leur patrie ou à la société. C'est un puissant moyen d'action dont tous les gouvernements se sont servis pour encourager les divers genres de mérite et de dévouement à la chose publique. L'ancien régime avait ses *ordres de noblesse et de chevalerie;* puis se sont succédé, suivant les époques et les institutions politiques, les *armes d'honneur* (arrêté du 4 nivôse an VIII), les *majorats, les titres de noblesse.*

Aujourd'hui le gouvernement dispose de plusieurs espèces de *récompenses nationales* ou publiques. En voici la nomenclature.

D'abord la Légion d'honneur pour récompenser les services éminents rendus par les civils et les militaires. La médaille militaire spécialement destinée à récompenser les services rendus à l'armée. Elle est ordinairement réservée aux sous-officiers et soldats. Mais exceptionnellement elle est donnée aux officiers généraux comme distinction particulière.

Les personnes qui se sont dévouées pour leurs semblables peuvent recevoir des *médailles d'honneur*, que le chef de l'Etat distribue, sur la proposition du ministre de l'intérieur ou du ministre de la guerre. (Circ. 3 novembre 1834.) Des *médailles de sauvetage* sont décernées, sur la proposition du ministre de la marine, à ceux qui ont accompli sur mer des actes de dévouement. Il est interdit de porter les rubans sans les médailles. (Circ. int. 12 mai 1849, et 8 janvier 1867.)

Les longs services peuvent donner lieu aussi à l'attribution de *diplômes*. Il existe notamment des *diplômes d'honneur* pour les sapeurs-pompiers. (D. 29 déc. 1875, art. 32.)

Les services rendus à l'instruction publique sont l'objet de récompenses spéciales consistant dans le titre d'*officier d'académie* et d'*officier de l'instruction publique*, avec insignes particuliers. (D. 9 déc. 1850, art. 1er, et D. 7 avril 1866.)

Il a été accordé par des lois spéciales des *pensions à titre de récompense nationale*, en 1830, 1833, 1836, 1839, 1850, à des collections de citoyens. Plusieurs fois aussi, de telles pensions ont été conférées, pour services extraordinaires, par voie de mesures individuelles; ou bien l'Etat a été chargé des dépenses occasionnées par les obsèques d'hommes illustres ou de personnages morts victimes de leur dévouement à la patrie.

Enfin des témoignages de reconnaissance publique peuvent être décernés par les départements, les villes ou les particuliers, à la condition que l'acte ou la délibération qui les confèrent soit approuvé par décret.

Reconnaissance d'enfants naturels. — Voy. ETAT CIVIL.

Reconstructions. — Voy. TRAVAUX COMMUNAUX, VOIRIE.

Recours. — Action de se pourvoir contre une décision, un arrêt. Ce mot sert aussi à exprimer l'action qu'on peut avoir contre quelqu'un pour être garanti ou indemnisé. — Voy. CONSEIL DE PRÉFECTURE, CONSEIL D'ETAT, POURVOI.

Recouvrement. — Action de recevoir une somme due. — Voy. COMPTABILITÉ COMMUNALE, CONTRIBUTIONS DIRECTES, PERCEPTEURS, RECEVEURS MUNICIPAUX, REVENUS COMMUNAUX.

Recrépiment. — Enduit de mortier appliqué à un bâtiment. Le recrépiment des édifices qui, dans les villes ou sur les voies publiques, se trouvent hors de l'alignement ne peut avoir lieu sans une permission, soit du maire, soit du préfet, suivant qu'il s'agit de la petite ou de la grande voirie. Les contrevenants deviennent passibles des peines de simple police, qui, suivant la distinction ci-dessus établie, sont prononcées par le juge de paix ou le conseil de préfecture. — Voy. VOIRIE.

Recrutement. — Le recrutement de l'armée est l'ensemble des opérations au moyen desquelles on met à la disposition de l'autorité militaire les hommes formant chaque année le contingent à fournir par la classe. Le recrutement est aujourd'hui régi par une foule de dispositions dont les principales sont les lois des 27 juillet 1872, 24 juillet 1873, 16 décembre 1874, 19 mars et 6 novembre 1875, etc. (1).

(1) Plusieurs projets remaniant complètement les dispositions de la législation du recrutement et en modifiant les bases sont actuellement pendants

Nous analysons ici leurs principales dispositions ainsi que celles des documents réglementaires qui s'y rapportent, en nous plaçant au point de vue spécial des maires, et en insistant plus particulièrement sur les obligations, les actes, les démarches que leur impose la loi militaire en ce qui touche le recrutement.

La loi du 27 juillet 1872 a pour base le service militaire *personnel* et *obligatoire*. Elle a supprimé le remplacement et l'exemption à tout autre titre que pour *inaptitude physique*. Elle astreint aux mêmes obligations du service militaire tous ceux qui sont capables et dignes de servir leur pays.

§ 1er. — PRINCIPES GÉNÉRAUX.

· *Exemption, exclusion et dispenses du service.* — L'exemption du service militaire n'est accordée qu'aux jeunes gens que leurs infirmités rendent impropres à tout service actif ou auxiliaire dans l'armée, et l'*exclusion* de ce service est prononcée contre tout jeune homme ayant encouru certaines condamnations judiciaires portant atteinte à son honneur.

En dehors de ces cas particuliers, la loi n'accorde, dans certaines circonstances déterminées, que des *dispenses* du service d'activité *en temps de paix*. Toutefois, celles qui sont données conditionnellement aux jeunes gens qui se vouent à l'enseignement ou à la carrière ecclésiastique dispensent de toute obligation militaire, en tout temps, ceux qui remplissent les conditions exigées pour obtenir cette faveur.

Durée du service. — Aux termes de l'article 36 de la loi, les forces militaires de la France se recrutent dans vingt classes : tout citoyen est, en conséquence, assujetti à vingt années de service, réparties ainsi qu'il suit :

Les contingents des cinq dernières classes appelées constituent, avec les hommes qui ne se recrutent pas par voie d'appel (officiers, rengagés, gendarmes, etc.), l'*armée active proprement dite;* ceux des quatre classes antérieures appartiennent à la *réserve de l'armée active*.

Tous les hommes qui ont accompli le temps de service prescrit pour l'armée active et la réserve de cette armée, c'est-à-dire neuf ans, appartiennent à l'*armée territoriale*. L'armée territoriale *proprement dite* comprend les cinq classes moins les anciennes parmi celles qui doivent encore le service militaire; la réserve de l'armée territoriale, les six dernières.

Par conséquent, tout Français qui n'est pas déclaré impropre au service militaire fait partie de l'armée active pendant cinq ans; de la réserve de l'armée active pendant quatre ans ; de l'armée territoriale pendant cinq ans; de la réserve de l'armée territoriale pendant six ans. (L. 27 juillet, art. 36.)

La durée du service, dans l'armée de terre comme dans l'armée de mer, compte du 1er juillet de l'année du tirage au sort. (L. 27 juillet 1872, art. 38.)

devant le Parlement. Un entre autres, qui réduit la durée du service à trois ans et limite les cas de dispense, a été voté pendant la dernière législature de la Chambre et repris par le gouvernement. Mais comme il n'a pas encore été adopté par le Sénat, et par suite n'est pas converti en loi, nous nous bornons à reproduire la législation actuellement en vigueur.

§ 2. — Opérations préliminaires de l'appel des classes.

Du recensement et du tirage au sort.

Tableaux de recensement. — L'obligation du service militaire commence dans l'année qui suit celle où l'on atteint l'âge de vingt ans révolus. Il est dès lors nécessaire de soumettre tous les ans à un recensement général les jeunes gens qui ont atteint ou qui atteindront cet âge pendant l'année courante.

L'ensemble de ces jeunes gens représente une *classe de recrutement* qui est désignée par le millésime de l'année dans laquelle les hommes accomplissent leur vingtième année. Ainsi un jeune homme né en 1855 appartient à la classe de recrutement de 1875 et a tiré au sort en 1876.

Les maires doivent se bien pénétrer des obligations qui leur sont imposées, au moment des opérations préliminaires de l'appel des classes, et ne rien négliger pour assurer l'exécution rigoureuse des prescriptions de la loi. A cet égard il est utile de se rendre un compte exact des moyens que les maires peuvent employer pour se renseigner sur l'âge et le domicile des jeunes gens.

Au mois de décembre de chaque année, ils invitent, par tous les modes de publicité dont ils disposent, les jeunes gens qui doivent, d'après leur âge, concourir au tirage au sort l'année suivante, à se faire inscrire sur les tableaux de recensement. Même invitation est faite aux pères ou tuteurs de ces jeunes gens.

Les jeunes gens auxquels les maires doivent adresser une invitation à se faire inscrire sur les tableaux de recensement sont ceux qui, étant nés et domiciliés dans leur commune, ont atteint l'âge de vingt ans ou atteindront cet âge avant l'expiration de l'année dans laquelle il est procédé au recensement.

La liste préparatoire de recensement se trouve ainsi établie. On ne saurait trop appeler l'attention des maires sur la confection de cette liste.

C'est dans l'intervalle qui sépare ces formalités préliminaires qu'ils doivent s'éclairer sur tous les cas particuliers qui peuvent se présenter, échanger avec leurs collègues les renseignements et les documents concernant l'état civil des jeunes gens domiciliés hors de la commune où il sont nés, et qui doivent être portés sur la liste de recensement du lieu de leur domicile. Le maire du lieu de naissance devra donc transmettre au maire du lieu du domicile, qui lui en accusera réception, les extraits des actes de l'état civil et tous autres renseignements. L'inexactitude ou l'insuffisance de ces documents pourrait avoir pour résultat de laisser, momentanément au moins, un certain nombre de jeunes gens en dehors de l'obligation du tirage au sort.

Cette liste préparatoire comprend tous les jeunes gens, par ordre alphabétique, tous les détails sur leur situation au point de vue de la loi militaire. Elle fournit ainsi tous les renseignements nécessaires pour dresser les tableaux de recensement.

Du domicile de recrutement.— Les règles générales sur l'établissement du domicile civil ne sont pas applicables lorsqu'il s'agit de fixer le domicile d'un jeune homme appelé à satisfaire la loi de recrutement. L'article 10 établit des règles spéciales.

1° Doivent être inscrits sur la liste de recensement du lieu du domicile de leur père, mère, ou tuteur :

Les **majeurs non mariés**, alors même qu'ils auraient un domicile distinct ;

Les **jeunes gens** dont la famille est domiciliée en France, qui se trouvent soit en Algérie, soit aux colonies françaises, soit en pays étranger ;

Les **fils de colons** dont les père, mère ou tuteur ont acquis leur domicile en France.

Les jeunes gens nés en Algérie, ou qui y résident avec leur famille, ne sont pas inscrits sur la liste du lieu du dernier domicile, en France, de leurs père, mère ou tuteur ; mais conformément à la loi du 6 novembre 1875, ils doivent être inscrits au lieu de leur résidence en Algérie lorsqu'ils prennent devant le maire du lieu de leur résidence, et avant l'établissement des listes de recensement, l'obligation d'y résider dix ans.

Les jeunes gens absents, expatriés, qui ont quitté la France avec leur famille, doivent être portés sur les listes de la classe à laquelle ils appartiennent par leur âge, lorsqu'ils ont donné de leurs nouvelles pendant l'année qui précède leur inscription sur lesdites listes. Dans le cas contraire, les maires doivent s'abstenir de les porter sur la liste de recensement.

Quand le père est interdit et qu'il n'habite pas au même lieu que la mère, c'est le domicile de celle-ci qui devient le domicile légal du fils.

L'enfant naturel doit être inscrit au domicile de sa mère.

2° Sont inscrits sur la liste de recensement du lieu de leur domicile :

Les jeunes gens, majeurs ou mineurs mariés, lorsqu'ils ont un domicile distinct ;

Les jeunes gens nés et résidant dans le canton, qui n'auraient ni leur père, ni leur mère, ni tuteur. (Art. 10 de la loi du 27 juillet 1872.)

Les élèves des hospices civils, mineurs ou majeurs, doivent être inscrits dans la commune où ils résident.

Les jeunes gens qui ont leur domicile légal dans les colonies françaises autres que l'Algérie ne sont pas inscrits sur les listes de recensement.

Les domestiques sont inscrits sur la liste du lieu du domicile des personnes qu'ils servent ou chez lesquelles ils travaillent, lorsqu'ils demeurent chez ces personnes. Le jeune homme doit être porté sur les listes du domicile du père, de la mère ou de son tuteur, lorsque le père, la mère ou le tuteur est domestique.

Les jeunes gens originaires du territoire cédé à l'Allemagne, et dont les familles expatriées se sont fixées en Algérie ou à l'étranger, sont inscrits dans la commune dont leurs père, mère ou tuteur, ou eux-mêmes, à défaut de leurs parents, devront faire le choix à cet effet.

L'acceptation de fonctions conférées à vie emporte translation immédiate du domicile du fonctionnaire dans le lieu où il doit exercer ces fonctions. Il doit donc être inscrit sur la liste de la commune dans laquelle il exerce ses fonctions. (Art. 107 du Code civil.)

Lorsque ces fonctions sont temporaires ou révocables, le fonctionnaire conserve le domicile qu'il avait auparavant, s'il n'a pas manifesté d'intention contraire. (Art. 106 du Code civil.)

Les individus condamnés par les tribunaux doivent être inscrits avec tous les renseignements nécessaires ; leur radiation, dans les cas prévus par la loi, est opérée par le fonctionnaire désigné pour présider au tirage au sort.

De la nationalité. Les maires doivent s'abstenir d'inscrire les jeunes gens sur la nationalité desquels ils ont des doutes. Ils en réfèrent aux préfets en leur transmettant la déclaration d'extranéité et les pièces produites. Les préfets font connaître aux sous-préfets les jugements rendus par les tribunaux.

Les jeunes gens nés en France, de parents étrangers, ceux qui sont nés à l'étranger, de parents naturalisés Français, qui étaient mineurs à l'époque de la naturalisation de leurs parents, acquièrent définitivement la qualité de Français, aussitôt après avoir souscrit la déclaration prescrite par l'article 9 du Code civil.

Enfin tout individu né en France d'un père étranger qui lui-même y est né est de droit considéré comme Français, à moins que dans l'année qui suit l'époque de sa majorité il ne réclame la qualité d'étranger par une déclaration faite, soit devant l'autorité municipale du lieu de sa résidence, soit, s'il est à l'étranger, devant les agents diplomatiques ou consulaires de France, et qu'il ne justifie avoir conservé sa nationalité d'origine par une attestation en due forme de son gouvernement, laquelle demeure annexée à la déclaration. (16 décembre 1874.) Comme compensation à cette obligation, la loi de 1874 autorise ces jeunes gens à s'engager volontairement à contracter l'engagement conditionnel d'un an, à entrer dans les écoles du gouvernement, à l'âge fixé par les règlements, pourvu qu'ils déclarent avec le consentement exprès et spécial de leurs parents, qu'ils renoncent à réclamer la qualité d'étranger dans l'année qui suivra leur majorité.

Il en est de même des enfants mineurs nés en France d'une femme française mariée avec un étranger lorsqu'elle recouvre la qualité de française conformément à l'article 19 du Code civil, et des mineurs orphelins de père et de mère nés en France d'une femme française mariée avec un étranger, et des mineurs nés à l'étranger avant la naturalisation de leurs parents. (L. 14 février 1882 et 28 juin 1883.) — Voy. NATURALISATION.

De l'âge requis pour le tirage. — Les jeunes gens qui ont atteint l'âge de vingt ans révolus sont inscrits d'office sur les listes de recensement, par les soins du maire de la commune dans laquelle ils sont nés ou domiciliés, sauf, ainsi que nous l'avons exposé plus haut, le désistement du maire du lieu de naissance en faveur du maire du lieu du domicile.

En l'absence de documents, s'il y a présomption que certains jeunes gens appartiennent à la classe de l'année, il y a lieu de consulter la notoriété publique. A cet effet, le maire procède à une enquête administrative et provoque principalement les déclarations des habitants qui ont des fils inscrits sur la liste de la classe.

Ces jeunes gens ont dû être préalablement mis en demeure « de produire un extrait des registres de l'état civil constatant un âge différent, ou à défaut de registres, de faire cette preuve conformément à l'article 46 du Code civil, c'est-à-dire tant par titres que par témoins ». A défaut de cette mise en demeure, ils ne peuvent être inscrits d'après la notoriété publique.

Il n'est pas nécessaire, en l'absence de registres de l'état civil, de consulter la notoriété publique pour les jeunes gens qui produisent, à la place de leur acte de naissance, un jugement régulier constatant leur âge et rendu contradictoirement avec le ministère public.

Des tableaux de recensement. — Maintenant que nous connaissons

quelles sont les conditions de domicile, de nationalité et d'âge qui
motivent l'inscription sur la liste préparatoire, il est important d'examiner de quels éléments se trouvent composés les tableaux de recensement.

Ce sont les listes préparatoires de recensement qui fournissent les
premiers éléments nécessaires à la formation des tableaux de recensement. Les maires doivent, en outre, y mentionner : 1° tous les renseignements qu'ils ont pu se procurer sur l'état civil des jeunes gens
inscrits ; 2° les motifs que les jeunes gens auraient à faire valoir, soit
pour être dispensés (art. 16, 17, 20 de la loi du 27 juillet 1872),
soit pour obtenir l'application des articles 19 et 21 de la même loi.
Ils indiquent à ces jeunes gens ou aux personnes qui les représentent
les pièces qu'ils ont à produire pour la justification de leurs droits et
les informent que les droits non justifiés devant le conseil de revision
ne peuvent plus être utilement invoqués après la décision de ce conseil.

On trouvera dans le tableau ci-après, en regard des divers cas de
dispenses admis par la loi du 27 juillet 1872, une énumération complète des pièces justificatives à produire devant le conseil de revision.

Indication des cas de dispense prévus par l'article 17 de la loi.	Indication des pièces à produire.
Aîné d'orphelins de père et de mère.	Acte de mariage des père et mère. Actes de décès des père et mère. Certificat de trois pères de famille, approuvé par le maire et visé par le sous-préfet. (Modèle A.)
Fils unique ou aîné des fils d'une femme actuellement veuve.	Acte de mariage des père et mère. Acte de décès du père. Certificat de trois pères de famille. (Modèle B.)
Petit-fils unique ou aîné des petits-fils d'une femme actuellement veuve.	Acte de mariage des aïeuls. Acte de mariage des père et mère. Acte de décès de l'aïeul. Certificat de trois pères de famille. (Modèle C.)
Fils unique ou aîné des fils d'une femme dont le mari a été légalement déclaré absent.	Acte de mariage des père et mère. Copie du jugement déclarant l'absence. Certificat de trois pères de famille. (Modèle D.)
Petit-fils unique ou aîné des petits-fils d'une femme dont le mari a été léga-lement déclaré absent.	Acte de mariage des aïeuls. Acte de mariage des père et mère. Copie du jugement déclarant l'absence. Certificat de trois pères de famille. (Modèle E.)
Fils unique ou aîné des fils d'un père aveugle.	Acte de mariage des père et mère. Certificat de trois pères de famille. (Modèle F.)

1152 REC

Indication des cas de dispense prévus par l'article 17 de la loi.	Indication des pièces à produire.
Petit-fils unique ou aîné des petits-fils d'un grand-père aveugle.	Acte de mariage des père et mère. Certificat de trois pères de famille. (Modèle G.)
Fils unique ou aîné des fils d'un père entré dans sa soixante-dixième année.	Acte de mariage des père et mère. Acte de naissance du père. Certificat de trois pères de famille. (Modèle H.)
Petit-fils unique ou aîné des petits-fils d'un grand-père entré dans sa soixante-dixième année.	Acte de mariage des père et mère. Acte de naissance de l'aïeul. Certificat de trois pères de famille. (Modèle I.)
Puîné d'orphelins de père et de mère.	Acte de mariage des père et mère. Acte de décès des père et mère. Certificat de trois pères de famille. (Modèle J.)
Fils puîné d'une femme actuellement veuve.	Acte de mariage des père et mère. Acte de décès du père. Certificat de trois pères de famille. (Modèle K.)
Petit-fils puîné d'une femme actuellement veuve.	Acte de mariage des aïeuls. Acte de décès de l'aïeul. Certificat de trois pères de famille. (Modèle L.)
Fils puîné d'une femme dont le mari a été légalement déclaré absent.	Acte de mariage des père et mère. Copie du jugement déclarant l'absence. Certificat de trois pères de famille. (Modèle M.)
Petit-fils puîné d'une femme dont le mari a été légalement déclaré absent.	Acte de mariage des aïeuls. Copie du jugement déclarant l'absence. Certificat de trois pères de famille. (Modèle N.)
Fils puîné d'un père aveugle ou entré dans sa soixante-dixième année.	Acte de mariage des père et mère. Acte de naissance du père. Certificat de trois pères de famille. (Modèle O.)
Petit-fils puîné d'un grand-père aveugle ou entré dans sa soixante-dixième année.	Acte de mariage des père et mère. Acte de naissance de l'aïeul. Certificat de trois pères de famille. (Modèle P.)

Indication des cas de dispense prévus par l'article 17 de la loi.	Indication des pièces à produire.
Frère aîné d'un jeune homme appelé à faire partie du même tirage et qui est reconnu propre au service.	Acte de mariage des père et mère. Certificat de trois pères de famille. (Modèle Q.)
Jeune homme ayant un frère sous les drapeaux.	Certificat de trois pères de famille. (Modèle R.) Indépendamment de ce certificat, la présence du frère sous les drapeaux sera justifié par le certificat du conseil d'administration du corps ou par tout autre document authentique, faisant connaître la position de ce frère ; ou bien, si celui-ci n'a pas encore été appelé à l'activité ou se trouve en disponibilité de l'armée active, par un certificat de l'officier de recrutement ; ou bien enfin, si le frère est inscrit maritime, on devra produire, avec le certificat de trois pères de famille (modèle R) : 1° Un certificat du préfet constatant que ce marin est compris comme déduit dans le contingent d'une classe non libérée du service (modèle S) ; 2° Un certificat d'un commissaire de marine faisant connaître que le frère appartient toujours à l'inscription maritime, qu'il est vivant, qu'il réside dans telle ou telle commune, ou qu'il est embarqué. (Modèle T.)
Frère d'un militaire mort en activité de service, ou réformé, ou admis à la retraite pour blessures reçues dans un service commandé, ou infirmités contractées dans les armées de terre ou de mer. Jeune homme dont un frère est mort ou a reçu des blessures qui le rendent incapable de service, en combattant dans l'armée auxiliaire en 1870 et 1871.	Certificat de trois pères de famille, approuvé par le maire est visé par le sous-préfet. (Modèle U.) Indépendamment de ce certificat, le décès, les blessures, la réforme ou l'admission à la retraite du frère seront justifiés par l'acte de décès, ou le congé de réforme, ou le titre, ou la copie certifiée du titre de pension de ce frère, ou par tout autre document authentique faisant connaître les droits à la dispense. Si le frère est décédé comme inscrit maritime à bord d'un bâtiment de l'Etat, le réclamant produira, avec le certificat de trois pères de famille, un certificat du commissaire de marine constatant le décès. (Modèle V.)

Indication des cas de déduction ou dispense prévus par les articles 19, 20 et 21 de la loi.	Indication des pièces à produire.
Jeunes gens déjà liés au service dans les armées de terre ou de mer, en vertu d'un engagement volontaire, d'un brevet ou d'une commission.	Soit : 1° expédition de l'acte d'engagement et certificat de présence sous les drapeaux délivré par le conseil d'administration du corps ; 2° copie authentique du brevet ou de la commission et certificat constatant la position du réclamant, délivré par l'autorité militaire ou maritime.
Jeunes marins portés sur les registres matricules de l'inscription maritime.	Certificat d'un commissaire de la marine.
Élèves de l'école polytechnique et de l'école forestière.	Copie authentique de la lettre de nomination et certificat de présence à l'école ou dans un service public, délivrés par le conseil d'administration de l'école ou par le chef de service.
Membres de l'instruction publique.	Certificat d'acceptation par le recteur d'académie de l'engagement de se vouer pendant dix ans à la carrière de l'enseignement, contracté par le réclamant, devant ledit recteur et avant l'époque déterminée par le tirage au sort.
Élèves de l'école normale supérieure de Paris.	Certificat de l'acceptation de l'engagement ci-dessus indiqué et certificat de la présence à l'école, délivré par le directeur de ladite école.
Professeurs des institutions nationales des sourds-muets et des institutions nationales des jeunes aveugles.	Certificat d'acceptation de l'engagement ci-dessus indiqué et certificat du directeur de l'établissement constatant que le réclamant exerce actuellement les fonctions de son emploi.
Élèves pensionnaires de l'école des langues orientales vivantes. Élèves de l'école des chartes, nommés après examen.	Certificat de présence à l'école délivré par le directeur de l'école.
Élèves ecclésiastiques désignés à cet effet par les archevêques et par les évêques.	Certificat de l'archevêque ou de l'évêque diocésain, visé par le préfet pour légalisation de la signature, constatant que le réclamant est autorisé à continuer ses études ecclésiastiques.

Indication des cas de déduction ou dispense prévus par les articles 19, 20 et 21 de la loi.	Indication des pièces à produire.
Jeunes gens autorisés à continuer leurs études pour se vouer au ministères dans les autres cultes salariés par l'Etat.	Certificat des présidents de consistoire, visé par le préfet pour légalisation de la signature, constatant que le réclamant se destine au ministère du culte et qu'il est autorisé à continuer ses études.
Artistes qui ont remporté les grands prix de l'Institut.	Certificat du ministre de l'instruction publique.

Pour tous les modèles de certificats, voyez *Dict. des formules*, nᵒˢ 1266 et suivants.

En général, toutes les pièces que les jeunes gens sont appelés à produire, soit pour leur inscription sur les tableaux de recensement, soit pour la justification devant les conseils de revision de leurs droits à la dispense, sont affranchies du droit de timbre, et, en outre, doivent être délivrées sans frais.

Les maires doivent également, conformément aux prescriptions de la loi (art. 8), mentionner dans les tableaux de recensement la profession de chacun des jeunes gens inscrits. Il est aussi nécessaire qu'ils prennent sur le degré d'instruction de ces jeunes gens des renseignements précis ; à cet effet, ils réclament le concours des instituteurs publics, qui peuvent leur fournir des renseignements utiles, surtout sur le degré d'instruction des jeunes gens absents. La connaissance de la profession et du degré d'instruction des jeunes gens est de la plus grande utilité, puisqu'elle permet à l'autorité militaire de les classer suivant leurs aptitudes et d'utiliser leurs capacités.

Ce degré d'instruction est indiqué par des chiffres en regard de chaque nom.

Le chiffre 1 indique que le jeune homme sait lire.

Les chiffres 1 et 2 indiquent qu'il sait lire et écrire.

— 1, 2 et 3 indiquent qu'il sait lire, écrire et compter.

Le chiffre 4 indique qu'il sait la musique.

— 0 indique qu'il ne sait ni lire ni écrire.

La lettre D signifie que le degré d'instruction n'est pas connu.

Il est ouvert, sur la minute des tableaux de recensement, une colonne assez large pour recevoir, avec la mention « certifié véritable » écrite de leur main, la signature des jeunes gens qui se sont fait inscrire ou des jeunes gens qui se sont présentés pour eux.

Ceux qui ne savent pas signer apposent une croix ; pour les absents inscrits d'office, le maire porte le mot : absent.

Les expéditions doivent également contenir cette colonne dans laquelle les maires inscrivent la mention que le jeune homme ou son représentant a signé, ou qu'il a apposé une croix, ou qu'il est absent.

Ainsi, en résumant les développements que comporte l'utilité du sujet que nous avons à traiter, les maires doivent inscrire sur les tableaux de recensement :

1° Les jeunes gens dont ils ont fait le recensement dans le courant du mois ;

2° Ceux que les autres leur ont signalés et dont ils ont constaté le domicile légal dans leur commune ;

3° Les omis des classes antérieures qui leur ont été signalés ou qu'ils ont découverts eux-mêmes, alors même que ces omis prétendraient avoir plus de trente ans accomplis, le sous-préfet devant seul statuer à leur égard au moment de la révision des tableaux de recensement.

Ils mentionnent tous les renseignements d'état civil, les causes invoquées d'exemption ou de dispense, ou de sursis d'appel, la profession des jeunes gens, leur degré d'instruction et généralement tous les renseignements qui peuvent être de quelque utilité pour les jeunes gens ou pour le conseil de revision.

La minute des tableaux de recensement doit être terminée le 31 décembre au plus tard. Elle est publiée et affichée dans chaque commune les premier et deuxième dimanches du mois de janvier, sauf les années où le 1er janvier tombe un dimanche; dans ce cas, la publication a lieu les deuxième et troisième dimanches.

Les tableaux de recensement peuvent être modifiés, de même que la liste préparatoire. Ils ne deviennent définitifs que lorsqu'ils ont été examinés et arrêtés, au chef-lieu de canton, par les sous-préfets assistés des maires du canton, opération qui a lieu le jour même du tirage au sort.

Jusqu'à cette époque, les maires peuvent donc compléter, sur les tableaux de recensement, les renseignements dont ils disposent, rectifier leur inexactitude. La loi leur impose, à ce sujet, un devoir patriotique d'un haut intérêt.

Lorsque les maires ont ainsi dressé le tableau des jeunes gens, qui tombent sous l'application de la loi, ils l'envoient en double expédition au sous-préfet et se rendent ensuite au chef-lieu de canton à la date fixée par un arrêté du préfet, pour assister aux opérations de l'examen des tableaux de recensement et du tirage au sort. L'arrêté fixant cette date est publié et affiché dans la commune et porté à la connaissance des intéressés par notification individuelle, huit jours au moins à l'avance.

Examen des tableaux de recensement. — L'examen de ces tableaux est fait par le sous-préfet. Les fonctionnaires qui peuvent être appelés à suppléer les sous-préfets dans l'examen des tableaux de recensement sont : le secrétaire général de la préfecture, un conseiller de préfecture, désigné par le préfet, ou plusieurs conseillers de préfecture pour les arrondissements de chefs-lieux de département qui ont beaucoup de cantons.

La lecture du tableau de recensement de chacune des communes du canton est faite publiquement en présence des maires de ces communes. Bien que leur présence soit indispensable, il est admis qu'ils peuvent être remplacés, pour motifs légitimes, par un de leurs adjoints.

Ensuite, le sous-préfet procède à l'examen des tableaux. Les maires ont, en cette occasion, le devoir d'assister le sous-préfet dans cet examen, de lui fournir tous les renseignements et explications utiles, de présenter leurs observations, de contester au besoin les inscriptions et les rectifications qu'ils croient devoir effectuer, en un mot, d'apporter tous leurs soins à ce que le tableau de recensement, qui est sur le point d'être définitivement arrêté, soit établi dans des conditions d'égalité parfaite.

Sur l'une des expéditions du tableau de recensemnnt, remise par les maires, et dans une colonne ménagée à cet effet, le sous-préfet doit faire connaître les motifs des changements ou corrections auxquels l'examen a donné lieu.

Le tableau rectifié de chaque commune est définitivement arrêté par le sous-préfet et signé tant par lui que par le maire ou son suppléant.

Les jeunes gens, leurs parents ou tuteurs sont prévenus en même temps que les réclamations qu'ils auraient encore à faire relativement à la rectification et à la formation de ces tableaux, doivent être désormais portées devant le conseil de revision.

Du tirage au sort. — Les opérations du tirage au sort commencent immédiatement après que les tableaux de recensement de toutes les communes du canton ont été rectifiés et définitivement arrêtés.

Bien que le service militaire soit dû personnellement par tous les hommes valides, il n'en existe pas moins de bons et de mauvais numéros.

Les premiers numéros sont attribués d'office aux omis par suite de fraude, ils sont extraits de l'urne avant le tirage. Le sous-préfet compte ensuite publiquement tous les numéros déposés dans l'urne et après qu'il s'est assuré que leur nombre est égal à celui des jeunes gens appelés à concourir, il le déclare à haute voix. Aussitôt après chacun des jeunes gens appelés dans l'ordre du tableau, prend dans l'urne un numéro qui est immédiatement proclamé et inscrit. Les parents des absents et à leur défaut le maire de leur commune tirent à leur place. Si un jeune homme tire un numéro à l'appel d'un nom autre que le sien, ce numéro doit être attribué à l'inscrit au nom duquel il a été tiré et le jeune homme doit tirer de nouveau pour son compte à l'appel de son propre nom. Les jeunes gens qui ne se trouveraient pas pourvus de numéros sont inscrits à la suite avec des numéros supplémentaires et tirent entre eux pour déterminer l'ordre de leur inscription.

La première portion de la liste de recrutement se compose des jeunes gens qui ont tiré les numéros les plus bas, les mauvais numéros, et qui doivent accomplir intégralement leur temps de service, c'est-à-dire cinq ans.

Les jeunes gens auxquels le sort a attribué les numéros les plus élevés sont classés dans la deuxième portion de la liste de recrutement et comme tels n'ont à accomplir qu'une année de service s'ils savent lire et écrire. Après cette période d'instruction, au moment de leur renvoi dans leurs foyers, ils sont classés dans la *disponibilité* de l'armée active, jusqu'à leur passage dans la réserve avec les hommes de la première portion.

La substitution d'un numéro à un autre peut avoir lieu entre frères concourant au tirage de la même classe, du même canton, si celui qui se présente comme substituant est reconnu propre au service par le conseil de revision.

Ainsi, le tirage au sort détermine les jeunes gens qui, après un an, rentrent dans leurs foyers et ceux qui restent cinq ans sous les drapeaux.

La présence des maires est expressémeut exigée par la loi. Indépendamment de la mission qu'elle leur attribue de prendre dans l'urne un numéro à la place des jeunes gens absents, lorsqu'un de leurs parents ne se présente pas pour les remplacer, les maires aident dans leurs réponses les jeunes gens questionnés par le sous-préfet sur leur état civil, leur filiation, leur profession, leur degré d'instruction et fournissent à ce fonctionnaire l'appoint des renseignements qu'ils possèdent. Ce mode de contrôle exercé par le sous-préfet, a surtout une grande utilité dans les cas de demandes d'exemption pour infirmités, lorsqu'elles sont de nature à faire naître des soupçons; les maires qui ont eu le soin préalable de faire appel à la notoriété publique ou qui connaissent de longue date les jeunes gens de leur commune, donnent au sous-préfet les renseignements nécessaires pour établir avec équité et sans laisser subsister aucun doute, la situation de ces jeunes gens.

L'opération du tirage achevée est définitive, elle ne peut être recommencée sous aucun prétexte.

La liste du tirage est lue à haute voix, elle est arrêtée par le sous-préfet et par les maires du canton et annexée, avec les tableaux de recensement rectifiés, au procès-verbal des opérations, qui est également signé tant par le sous-préfet que par tous les maires du canton.

Cette liste est publiée et affichée dans chaque commune du canton; elle comprend tous les jeunes gens du canton, et contient dès lors tous les éléments nécessaires à la formation de la *liste de recrutement cantonal.*

Le sous-préfet remet aux maires la seconde expédition des tableaux de recensement après y avoir fait inscrire : 1° les rectifications convenables pour qu'elle soit conforme à celle qui est restée entre ses mains; 2° tous les renseignements qui ont été portés sur la liste du tirage.

§ 3. — Du conseil de revision.

C'est au conseil de revision (1) qu'il appartient de statuer sur les causes d'exemption, de dispense, de sursis d'appel, sur toutes les récla-

(1) Le conseil de revision, dont les séances sont publiques (L. 27 juillet 1872, art. 28), tient des *sessions* annuelles, appelées aussi *tournées,* qui sont fixées chaque année, pour toute la France, sur la proposition du ministre de la guerre, par un décret du Président de la République. (Instr. 28 avril 1873.) Le conseil de revision est composé : du préfet, président, ou, à son défaut, du secrétaire général ou du conseiller de préfecture délégué par le préfet; d'un conseiller de préfecture désigné par le préfet; d'un membre du conseil général autre que le représentant élu dans le canton où la revision a lieu; d'un membre du conseil d'arrondissement également autre que le représentant élu dans le canton où la revision a lieu; tous deux désignés par la commission départementale; d'un officier général ou supérieur désigné par l'autorité militaire. Ces cinq membres ont voix délibérative (L. du 27 juillet 1872, art. 27). Deux autres membres du conseil général sont adjoints au conseil de revision dans la séance où il prononce sur les demandes de soutien de famille et de sursis d'appel (Id., art. 32). Un membre de l'intendance, le commandant du recrutement, un médecin militaire désigné par l'autorité militaire, assistent aux opérations du conseil de revision. Le membre de l'intendance est entendu, dans l'intérêt de la loi, toutes les fois qu'il le demande, et peut faire consigner ses observations au registre des délibérations. Les autres membres n'ont que voix consultative.

Le conseil de revision se transporte dans les divers cantons. Toutefois, suivant les localités, le préfet peut exceptionnellement réunir, dans le même lieu, plusieurs cantons pour les opérations du conseil.

Le sous-préfet assiste aux séances que le conseil de revision tient dans son arrondissement. Il a voix consultative. Les maires des communes du canton revisé assistent également aux séances du conseil et peuvent être entendus.

mations que peuvent formuler les jeunes gens, tant au sujet de la vérification des tableaux de recensement que de l'opération même du tirage.

Les questions relatives à l'état et aux droits civils des jeunes gens sont
renvoyées devant les tribunaux qui statuent sans délai.

Hors ces cas, les décisions du conseil de revision sont définitives.
Elles peuvent néanmoins être attaquées devant le Conseil d'Etat pour
incompétence ou excès de pouvoirs. (Art. 30.)

Ce recours au Conseil d'Etat n'a pas d'effet suspensif, et si, dans
l'intervalle, les réclamants étaient appelés à l'activité, ils seraient tenus
de suivre la désignation qui leur est assignée.

Les jeunes gens sont avisés des lieu, jour et heure de réunion du
conseil de revision, au moyen d'ordres individuels de convocation établis par les préfets et notifiés aux intéressés par les soins des maires,
à domicile, et huit jours au moins à l'avance.

Le conseil de revision prononce sur toutes les réclamations qui lui
sont soumises ainsi que sur les causes d'*exemption* et de *dispense*.

La loi ne reconnaît pas d'autres causes d'exemption que celles résultant d'infirmités qui rendent un homme impropre non seulement à
faire partie de l'armée active, mais aussi à être utilisé dans les services
auxiliaires de l'armée.

Une instruction du conseil de santé des armées du 27 mars 1877 fait
connaître quels sont les infirmités qui, rendant absolument impropres
au service militaire, doivent motiver l'exemption, et celles qui rendant
seulement impropres au service actif, permettent néanmoins d'utiliser
les jeunes gens dans les services auxiliaires. Il arrive souvent qu'un
homme, jugé impropre au service, peut néanmoins paraître susceptible
de se développer encore et de devenir ultérieurement apte au service
armé. Dans ce cas l'homme doit être *ajourné* et soumis deux années
à un nouvel examen. Ce n'est qu'après le troisième examen qu'il est
définitivement statué sur son sort.

Quant aux dispenses, elles sont de trois sortes : la première pour
les jeunes gens que les lois de 1832 et de 1868 ont considérés comme
ne pouvant être enlevés à leur famille sans y laisser un trop grand vide
(art. 17); la seconde, à titre conditionnel, pour les jeunes gens qui s'engagent à rester pendant un temps déterminé dans les carrières qu'il
importe à l'Etat de leur voir suivre (art. 19, 20, 21); la troisième enfin,
pour les soutiens indispensables de famille et qui en remplissent réellement les obligations. La circulaire ministérielle du 25 février 1883 rappelée par celle du 23 février 1884 recommande aux présidents des conseils de revision de poser à chacun des jeunes gens la question suivante :
Réclamez-vous la dispense comme aîné d'orphelins, fils de veuve, frère
de militaire, etc., etc. L'omission de cette formalité doit être constatée
par le sous-intendant sur l'extrait de la liste de tirage.

Ces dispenses ne sont jamais accordées à titre de libération définitive; les jeunes gens qui les obtiennent n'en font pas moins partie de
leur classe, et les causes de dispense venant à cesser, ils sont soumis à
toutes les obligations qu'elle a à remplir.

Pour satisfaire aux besoins des jeunes gens qui ont à se perfectionner
dans leur apprentissage, dans le métier par eux entrepris, ainsi qu'aux
nécessités de certaines exploitations, il est accordé, en temps de paix,
des sursis d'appel aux jeunes gens qui se trouvent dans les conditions
que nous venons d'indiquer.

Afin que le conseil de revision puisse se renseigner et statuer, en
toute connaissance de cause, sur les réclamations qui lui sont présentées,

les maires de toutes les communes du canton sont tenus d'être présents pour être consultés utilement soit pour la constatation de l'identité des jeunes gens, soit sur certaines infirmités pour lesquelles la notoriété publique doit venir en aide à l'appréciation du médecin, soit enfin dans le cas où s'élèveraient contre un appelé des présomptions de mutilation volontaire.

Les maires sont surtout invités par le conseil, lorsqu'un jeune homme ne se présente pas, à déclarer que son existence n'est pas douteuse et à indiquer, autant que possible, les motifs de son absence.

Ils doivent veiller à ce que les jeunes gens de leur commune se présentent devant le conseil de revision, munis de toutes les pièces nécessaires à la justification de leurs droits.

Tous les jeunes gens doivent être visités, ceux qui ne résident pas dans leur département peuvent être autorisés par le préfet à se faire visiter par le conseil de revision du département où ils se trouvent à la condition qu'ils en fassent la demande au moment du tirage.

Si les jeunes gens ne se rendent pas à la convocation, ou s'ils ne se font pas représenter, ou s'ils n'obtiennent pas un délai, il est procédé comme s'ils étaient présents, c'est-à-dire qu'ils sont déclarés propres au service armé, et classés dans la première partie de la liste de recrutement cantonal. Quand le jeune homme est dans l'impossibilité de se présenter, un délai lui est accordé ou bien le conseil délègue un médecin militaire pour le visiter à domicile en présence de l'officier de gendarmerie.

Dans les cas de production de dossiers incomplets à l'appui des demandes de dispense, c'est au maire qu'incombe le soin d'expliquer au conseil les causes qui ont empêché les jeunes gens de se procurer les pièces réglementaires, et ils doivent, au besoin, réclamer en faveur de leurs administrés les délais pour se les procurer.

Ces délais ne doivent pas dépasser vingt jours de la date fixée par décret pour la clôture des opérations du conseil de revision.

En résumé, les maires ont le devoir, en toutes circonstances, de faciliter la tâche de l'autorité militaire, de l'aider dans l'application de la loi, et d'autre part, d'intervenir en faveur des jeunes gens dont ils jugeraient les droits examinés d'une manière insuffisante. A cet égard les maires ne sauraient perdre de vue que la loi doit toujours être appliquée dans le sens le plus favorable aux familles et que lorsqu'un jeune homme a simultanément des droits à la dispense à un double titre, il peut toujours choisir celle qui lui semble préférable.

Nous avons vu, en énumérant les pièces justificatives à produire devant le conseil de revision, quels sont les divers cas de dispense; nous aurons à en reparler à propos de la liste du recrutement cantonal. C'est le conseil de revision qui seul peut conférer le bénéfice des dispenses. Il est donc de toute utilité que les jeunes gens soient avertis que la justification de leurs droits existant au moment de la réunion du conseil ne saurait être ultérieurement admise, et que ces droits se trouvent périmés, sauf par les maires à demander un délai lorsqu'ils le jugent équitable.

Lorsque, soit postérieurement à la décision du conseil de revision, soit au 1er juillet, époque à laquelle la liste du contingent est publiée et affichée, soit à la date de leur engagement, des jeunes gens se sont trouvés dans l'un des cas prévus par les dispositions finales de l'article 17 de la loi militaire, le maire intervient en faveur de ces jeunes gens et, concurremment avec eux, réunit les pièces à l'appui de leur envoi dans la disponibilité de l'armée active.

Les jeunes gens désignés à l'article 20 qui bénéficient de la dispense absolue, c'est-à-dire ceux qui ne sont pas appelés même en temps de guerre et ne sont astreints à aucun exercice, sont tenus lorsqu'ils cessent d'être dans une des positions indiquées audit article, avant d'avoir accompli les conditions qu'il leur impose, d'en faire dans les deux mois la déclaration au maire de leur commune.

Il en est de même pour les jeunes gens dispensés aux termes de l'article 17 de la loi, et pour ceux dispensés à titre de soutiens de famille, ainsi que pour les jeunes gens auxquels il est accordé un sursis d'appel. « Quand les causes de dispense viennent à cesser ils sont soumis à toutes les obligations de leur classe. » — (Art. 35.) « Ils sont appelés en temps de guerre comme les hommes de leur classe. » — (Art. 26.)

Le maire délivre à ces jeunes gens une expédition de cette déclaration, que ces derniers doivent soumettre au visa du préfet du département dans lequel ils ont concouru au tirage au sort.

§ 4. — LISTE DE RECRUTEMENT CANTONAL.

Après que le conseil de revision a statué sur les cas d'exemption et sur ceux de dispense, ainsi que sur toutes les réclamations auxquelles les opérations peuvent donner lieu, la liste du tirage est définitivement arrêtée et signée par le conseil de revision. Cette liste prend alors le nom de *liste de recrutement cantonal.*

Les obligations militaires imposées aux jeunes gens non exemptés pouvant varier suivant leurs positions spéciales, on a dû grouper ces jeunes gens en conséquence sur les listes du recrutement cantonal qui sont, à cet effet, divisées en cinq parties, savoir :

La *première partie* comprend, par ordre de numéros de tirage, tous les jeunes gens *déclarés propres au service actif,* et qui ne sont déjà ni liés au service, ni l'objet d'une dispense ; dans cette première partie sont rangés des dispensés à titre provisoire et les hommes ayant obtenu des sursis d'appel.

Dispenses à titre provisoire et sursis d'appel. — La loi autorise les conseils de revision, assistés, comme nous l'avons dit plus haut, de deux membres supplémentaires du conseil général, à dispenser provisoirement du service, comme *soutiens de famille,* un certain nombre de jeunes gens compris dans la première partie des listes du recrutement définitivement arrêtées, jusqu'à concurrence de quatre pour cent du nombre des hommes inscrits sur cette première partie des listes. Les jeunes gens à présenter pour cette faveur sont désignés par les conseils municipaux ; ce sont les maires qui en donnent la liste au conseil de revision, réuni à cet effet au chef-lieu du département.

Toute demande de dispense provisoire, à titre de soutien de famille, doit donc, sous peine d'être rejetée, avoir été l'objet d'un avis favorable de la part du conseil municipal.

Les *dispenses à titre provisoire,* appelées aussi *dispenses temporaires,* devant cesser d'avoir leur effet pour tout homme qui ne remplit plus ses devoirs de soutien de famille, les maires doivent présenter chaque année, au sous-préfet, un *rapport* sur la situation des jeunes gens dispensés à titre provisoire pendant les quatre années précédentes. Ce rapport, annoté par le sous-préfet, est transmis au préfet, puis au conseil de revision, qui, après avoir entendu le maire, présent à la séance, maintient ou révoque la dispense. Dans ce dernier cas, celui qui est l'objet de cette mesure de rigueur est appelé à suivre le sort de la portion de classe à laquelle il appartient.

Des *sursis d'appel* peuvent également être accordés dans les mêmes conditions et dans la même proportion aux jeunes gens de la première partie des listes qui en ont fait la demande, avant le tirage au sort, et qui justifient de la nécessité dans laquelle ils se trouvent de n'être point enlevés immédiatement à leurs travaux, soit pour leur apprentissage ou leurs études (1), soit pour les besoins de l'exploitation agricole, industrielle ou commerciale à laquelle ils se livrent pour leur propre compte ou pour celui de leurs parents.

Ce sursis d'appel peut être accordé pour un an et peut être renouvelé une seconde année. A l'expiration de ce sursis, le jeune homme qui l'a obtenu doit passer sous les drapeaux le *temps du service complet* auquel il devait être astreint d'après son numéro de tirage.

La *deuxième partie* comprend les *dispensés de l'armée active*, en vertu de l'article 17 de la loi (*Dispenses ordinaires en temps de paix* ou *dispenses légales*).

Ce sont :

1° L'aîné d'orphelins de père et de mère ;

2° Le fils unique ou l'aîné des fils, ou à défaut de fils ou de *gendre marié ou veuf avec enfants*, le petit-fils unique ou l'aîné des petits-fils d'une femme dont le mari a été légalement déclaré absent, ou d'un père aveugle ou entré dans sa soixante-dixième année.

Dans les cas prévus par les deux paragraphes précédents, le frère puîné jouit de la dispense, si le frère aîné est aveugle ou atteint de tout autre infirmité incurable qui le rend impotent ;

3° Le plus âgé de deux frères appelés à faire partie du même tirage, si le plus jeune est reconnu propre au service, quel que soit, d'ailleurs, le numéro échu au plus jeune. Il y a lieu du reste de remarquer que la loi autorise la substitution, c'est-à-dire l'échange des numéros de tirage entre deux frères se trouvant dans ces conditions ;

4° Celui dont un frère sera lié au service dans l'armée active à un titre qui l'oblige à demeurer cinq années sous les drapeaux ;

5° Celui dont un frère sera mort en activité de service ou aura été réformé ou admis à la retraite pour blessures reçues dans un service commandé ou pour infirmités contractées dans les armées de terre ou de mer.

Dans la *troisième partie* des listes figurent les jeunes gens déjà liés au service, les inscrits maritimes et les *dispensés conditionnels*.

Cette catégorie de dispensés comprend :

1° Les jeunes gens qui se vouent pendant dix ans à l'enseignement, à la condition que cet engagement décennal soit accepté par le recteur de l'académie *avant le tirage au sort*, et, s'il est accompli dans un établissement ecclésiastique ou laïque, à la condition que cet établissement existe depuis plus de dix ans ou renferme trente élèves au moins ;

2° Les professeurs des institutions nationales des sourds-muets ou des jeunes aveugles dans les mêmes conditions ;

3° Les artistes qui ont remporté les grands prix de l'Institut ;

4° Les élèves pensionnaires de l'école des langues orientales vivantes et les élèves de l'école des chartes nommés après examens, à la condition de passer dix ans tant dans lesdites écoles que dans un service public ;

(1) Circ. du ministre de la guerre, du 20 mars 1875.

5° Les élèves ecclésiastiques désignés par les évêques et les jeunes gens qui étudient pour se vouer au ministère dans un autre culte salarié par l'État, à la condition d'avoir, à vingt-six ans, les ordres majeurs pour les premiers ou la consécration pour les derniers.

Les dispensés portés sur la troisième partie des listes du recrutement cantonal ne sont astreints à aucun service militaire en temps de paix ni en temps de guerre, tant qu'ils remplissent les obligations spéciales qui leur sont imposées. Ceux d'entre eux qui cesseraient d'être dans une des positions qui leur procurent la dispense, avant d'avoir accompli les conditions indiquées pour avoir droit à cette faveur, doivent en faire la déclaration au maire de la commune, *dans les deux mois*, et retirer expédition de leur déclaration ; ils sont alors astreints au service militaire et rétablis dans la première classe appelée après la cessation de leurs services, fonctions ou études.

La *quatrième partie* des listes comprend les jeunes gens dispensés du service dans l'armée active, mais reconnus *aptes à l'un des services auxiliaires de l'armée* (Bureaux, administration, etc.) (1).

Dans la *cinquième partie* sont classés *les ajournés*, c'est-à-dire les jeunes gens qui, au moment des opérations du conseil, n'ont pas le minimum de taille ou sont reconnus d'une complexion trop faible pour un service armé, et sont renvoyés pour ce fait à l'année suivante, pour être de nouveau examinés par le conseil de revision.

Les ajournés ne sont soumis à aucune obligation militaire avant que le conseil de revision se soit prononcé définitivement sur leur aptitude au service. Ils peuvent être tenus de se présenter deux années de suite au conseil de revision, lors des opérations préliminaires de l'appel des classes suivantes, et ne sont définitivement exemptés ou classés dans les services auxiliaires que si, après la deuxième année, ils sont déclarés impropres au service actif.

Les ajournés ne procurent pas la dispense à un frère plus jeune ; toutefois, si l'ajourné vient à être reconnu apte au service armé et si, par son numéro de tirage, il appartient à la première portion du contingent, le frère est renvoyé dans ses foyers, par mesure administrative, jusqu'à l'époque de son passage dans la réserve.

§ 5. — ARMÉE ACTIVE ET RÉSERVE DE L'ARMÉE ACTIVE.

Division en deux portions de la première partie des listes du recrutement. — A l'exception des dispensés à titre provisoire comme soutiens de famille, à l'exception, en outre, des jeunes gens qui ont obtenu des sursis d'appel, tous les hommes compris dans la première partie des listes du recrutement sont immatriculés dans les différents corps et services de l'armée.

Toutefois, afin d'éviter que l'effectif de l'armée permanente ne dépasse pas celui qui doit être entretenu pendant le temps de paix, la première partie des listes du recrutement cantonal, pour chacun des cinq contingents de l'armée active proprement dite, est divisée en *deux portions*, dont l'une, la première, est maintenue sous les drapeaux pendant

(1) Le *service auxiliaire* est destiné à fournir à l'armée, pour le cas de mobilisation, des commis et des ouvriers d'administration, et à maintenir dans les rangs de l'armée les hommes valides qui en étaient distraits, pour assurer, en temps de guerre, les services administratifs, bureaux d'intendance et ateliers.

toute la durée du temps de service actif fixé par la loi, tandis que l'autre, dite deuxième portion, est renvoyée dans ses foyers après une période d'instruction d'une année (1).

Les hommes de cette deuxième portion sont pris par ordre de numéros, en commençant par le plus élevé sur la liste du contingent de chaque canton, et dans une proportion déterminée chaque année par le ministre de la guerre. Après avoir été renvoyés dans leurs foyers, ils demeurent soumis à toutes les obligations imposées aux hommes de leur classe en temps de guerre, et sont astreints à certains appels périodiques en temps de paix, ainsi qu'il sera dit ci-après pour les disponibles.

Armée permanente. — Pendant la durée de leur séjour sous les drapeaux, les hommes des deux portions du contingent, ainsi que les militaires qui ne se recrutent pas par voie d'appel (officiers, engagés, rengagés, gendarmes, etc.), constituent l'*armée permanente* proprement dite. Les autres hommes, appartenant à l'armée active et à la réserve, forment diverses catégories qui se distinguent, par la nature des obligations militaires qui leur sont imposées pendant le temps de paix ou même pendant le temps de guerre, en *disponibles, hommes* dits *à la disposition de l'autorité militaire, réservistes* et *non disponibles.*

Disponibles. — Les hommes de la deuxième portion du contingent passent dans la disponibilité de l'armée active au moment de leur renvoi dans leurs foyers, et portent, d'une manière générale, la qualification de *disponibles,* jusqu'à leur passage dans la réserve avec les hommes de la première portion.

Sont également placés dans la disponibilité de l'armée active :

1° Les jeunes gens qui se trouvent dans les conditions énoncées précédemment dans les deux premiers paragraphes de l'article 17 de la loi, mais qui n'ont eu leurs causes de dispenses qu'après la décision du conseil de revision ou après leur engagement ou leur incorporation. Toutefois, le bénéfice de cette disposition ne s'applique au fils aîné ou au petit-fils aîné de septuagénaire que s'il est devenu tel par suite du décès d'un frère.

Le certificat destiné à établir les droits d'un de ces jeunes gens à être classé dans la disponibilité de l'armée active est établi par trois pères de famille ayant leurs fils sous les drapeaux; il est approuvé par le maire et adressé au conseil d'administration, si le jeune homme est incorporé, ou au commandant du bureau de recrutement, si le jeune homme est dans ses foyers. Le modèle de ce certificat est donné par la circulaire du ministre de la guerre, portant la date du 12 février 1874.

2° Les engagés conditionnels de première et de deuxième année à l'expiration de leur engagement, s'ils ont obtenu un certificat d'instruction militaire.

3° Les élèves des Écoles polytechnique et forestière qui, ayant satisfait aux examens de sortie, ne sont pas entrés dans un des services militaires de l'armée active.

Les disponibles de cette dernière catégorie ont droit à un brevet d'officier de réserve ou à une commission équivalente.

_____

(1) Le militaire compris dans la catégorie de ceux qui ne doivent pas rester cinq ans sous les drapeaux, mais qui, après une année de service, ne sait pas lire et écrire et ne satisfait pas aux examens déterminés par le ministre de la guerre, peut être maintenu au corps une seconde année.

Tous les disponibles sont affectés à un corps ou service et le rejoignent à la mobilisation. Ceux qui ne sont pas officiers reçoivent, par l'intermédiaire de la gendarmerie, un livret individuel sur lequel se trouvent remplis un *certificat* d'envoi dans la disponibilité et un *ordre de route* faisant connaître à chaque homme : 1° le corps de troupes ou le service auquel il est affecté; 2° le point de réunion qui lui est assigné en cas d'appel; et 3° le jour où il devrait, le cas échéant, être rendu à destination.

Obligations militaires en temps de paix. — Les disponibles, à l'exception de ceux qui sont compris dans les numéros 2° et 3°, ci-dessus, sont astreints à des revues et à des exercices, dont la nature et la durée sont laissées, par la loi du recrutement, à la réglementation du ministre.

Hommes à la disposition de l'autorité militaire. — Tous les hommes reconnus aptes à un service militaire armé ou auxiliaire et laissés dans leurs foyers à tout autre titre que celui de dispensés conditionnels ou de disponibles, forment une catégorie spéciale d'*hommes* dits *à la disposition de l'autorité militaire,* que leurs obligations militaires spéciales ont fait distinguer des disponibles proprement dits, auxquels ils peuvent être néanmoins assimilés au point de vue général du recrutement.

Ce sont :

1° Les jeunes soldats des classes, depuis le 1er juillet de l'année du tirage au sort jusqu'à leur appel à l'activité (1re partie des listes du recrutement cantonal);

2° Les jeunes gens se trouvant dans les conditions de l'article 17 de la loi et qui ont été dispensés, de ce fait, par les conseils de revision (2e partie des listes);

3° Les jeunes gens que les conseils de revision ont dispensés, provisoirement à titre de soutiens de famille (1re partie des listes);

Pour que les hommes désignés sous les nos 2° et 3° ci-dessus soient réellement classés dans la catégorie des hommes *dits* à la disposition de l'autorité militaire, il faut que les causes de dispenses subsistent ou qu'elles n'aient cessé d'exister que dans la dernière année de service actif de la classe à laquelle ces dispensés appartiennent.

4° Les jeunes soldats auxquels les conseils de revision ont accordé des *sursis d'appel* (1re partie des listes) ;

5° Les hommes maintenus ou renvoyés dans leurs foyers par décisions ministérielles spéciales (1re partie des listes) ;

6° Les engagés conditionnels d'un an et assimilés ayant obtenu des sursis d'appel de l'autorité militaire (3e partie des listes du recrutement cantonal de leurs classes) ;

7° Les jeunes gens dispensés du service dans l'armée active, mais reconnus aptes à faire partie d'un des *services auxiliaires* de l'armée (4e partie des listes).

Obligations militaires des hommes à la disposition de l'autorité militaire. — Parmi tous les hommes à la disposition, ceux qui sont classés ci-dessus sous les nos 2°, 3° et 4°, sont, aux termes de la loi (art. 25), astreints, *en temps de paix,* à des exercices militaires dont le ministre de la guerre fixe les époques et la durée. Pour les autres hommes (1°, 5°, 6° et 7°), la loi n'a pas prévu d'exercices.

En cas de mobilisation, les hommes à la disposition de l'autorité militaire sont l'objet de dispositions spéciales. — *Voy.* MOBILISATION.

Titres constatant la position de ces hommes au point de vue militaire. — A l'exception des hommes de la dernière classe attendant leur incorporation (§ 1° de l'énoncé ci-dessus), les hommes à la disposition, comme les disponibles et les réservistes d'ailleurs, ont tous entre les mains un titre constatant leur position au point de vue militaire, titre qu'ils doivent présenter à toute réquisition, soit de l'autorité militaire, soit des autorités civiles ou judiciaires. Ces titres sont :

Pour les dispensés (§ 2° et 3° ci-dessus), les jeunes soldats en sursis (§ 4°) et les hommes maintenus ou renvoyés dans leurs foyers par décisions spéciales (§ 5°), un livret individuel sur lequel un ordre de route est rempli et porte l'indication de l'arme, mais non du corps de troupes auquel chaque homme est affecté ;

Pour les engagés conditionnels en sursis (§ 6°), leur sursis de départ ;

Enfin pour les hommes affectés aux services auxiliaires (§ 7°), des *certificats de classement dans les services auxiliaires de l'armée.*

Réservistes et territoriaux. — La durée du service militaire compte du 1er juillet de l'année du tirage au sort. Chaque année, au 30 juin, les hommes appartenant à l'armée active ou à la disponibilité, qui ont terminé les cinq ans de service exigés par l'article 36 de la loi, passent dans la réserve de cette armée. Chacun d'eux reçoit ensuite, par l'intermédiaire de la gendarmerie, son livret individuel comprenant *un certificat d'envoi dans la réserve* et un *ordre de route* qui porte les mêmes indications que pour les disponibles. A l'expiration de leur temps de service dans la réserve, les hommes déposent leur livret à la gendarmerie pour qu'on remplace les indications du certificat de renvoi dans l'armée territoriale et de l'ordre de route. Il en est de même au moment du passage dans la réserve de l'armée territoriale.

Obligations militaires en temps de paix. — Les réservistes sont assujettis à prendre part à deux manœuvres pendant la durée de leur quatre années de réserve.

La durée de chacune de ces manœuvres ne peut dépasser quatre semaines (art. 43).

Les territoriaux non gradés ne sont plus assujettis qu'à une seule convocation dont la durée est de 13 jours.

Non-disponibles. — En raison de leurs positions spéciales et pour assurer la bonne organisation des services importants dans lesquels ils sont placés, un certain nombre d'hommes appartenant à la disponibilité, à la réserve de l'armée active, à l'armée territoriale ou à sa réserve ne sont point assujettis aux obligations militaires imposées aux autres hommes des mêmes classes, et sont désignés sous le titre de *non-disponibles.*

En temps de paix, les non-disponibles sont dispensés des convocations ordinaires pour les revues, les exercices ou les manœuvres.

En cas de mobilisation, ils conservent leurs emplois, restent à leur poste et y attendent les ordres de l'autorité militaire, qui leur sont transmis par leurs chefs de service. Néanmoins, à partir de la publication de l'ordre de mobilisation, les non-disponibles doivent se considérer comme mobilisés et sont soumis aux lois militaires.

Sont non-disponibles :

1° Les hommes employés à un titre quelconque dans les six grandes compagnies de chemins de fer et dans les autres compagnies d'intérêt général ou d'intérêt local qui ont adhéré aux prescriptions ministérielles, admises par les six grandes compagnies pour l'administration des non-disponibles ;

2° Les employés de l'administration des postes ;

3° Les employés de l'administration des télégraphes.

Les hommes de ces trois catégories sont employés aux formations de guerre créées pour les services des chemins de fer, du Trésor, des postes et des télégraphes dans les armées en campagne.

4° Tous les fonctionnaires et agents du département de la marine et des colonies, ainsi que le personnel employé aux travaux dans les ports militaires, arsenaux et établissements de la marine, lesquels sont maintenus à la disposition du ministre de la marine ;

5° Un certain nombre d'employés des établissements de la guerre indispensables à la marche de ces établissements. Ces employés sont classés dans la non-disponibilité, en vertu d'un ordre du général commandant le corps d'armée, sur la proposition motivée du directeur de l'établissement ;

6° Les hommes du corps forestier et les agents ou employés du service actif des douanes. Les uns et les autres figurent dans les corps militaires du service des forêts et de celui des douanes ;

7° Les sapeurs-pompiers des *places fortes* appartenant à l'armée territoriale ou à sa réserve, en raison du service important qu'ils sont chargés d'assurer dans les forteresses ;

8° Les éclusiers, les pontiers, les maîtres et gardiens de phares ;

9° Les cantonniers des routes départementales et des chemins vicinaux.

Les hommes compris dans les catégories énumérées ci-dessus reçoivent chacun un *certificat d'inscription sur les contrôles de la non-disponibilité*, en échange de leurs livrets individuels, qui restent en dépôt dans les compagnies de chemins de fer, dans les administrations ou dans les établissements qui les emploient.

Ceux de ces hommes qui perdent leurs droits à la position de non-disponible doivent remettre leurs certificats, *dans un délai de quatre jours*, au commandant de la brigade de gendarmerie de la résidence, lequel le transmet immédiatement à l'officier de recrutement qui l'a délivré.

Indépendamment de cette catégorie d'hommes rendus non-disponibles dans l'intérêt même de la Guerre et de la Marine, il en existe une autre composée des hommes que les services publics conservent temporairement dans l'intérêt général après l'ordre de mobilisation. L'énumération des fonctionnaires rentrant dans cette catégorie est donnée par le tableau B annexé à la circulaire du 27 mars 1880. (*Ann. milit. du Bulletin de l'Int.*, 1880, p. 49.)

Ces non-disponibles sont administrés par un fonctionnaire accrédité auprès de l'autorité militaire pour tenir les contrôles et qui en dresse tous les ans un relevé numérique.

Mariage des disponibles, des réservistes, etc. — Les disponibles, les réservistes, les non-disponibles, les dispensés et les hommes classés dans les services auxiliaires ont le droit de se marier sans autorisation, mais ils restent soumis aux mêmes obligations que leurs camarades appartenant à la même classe qu'eux.

§ 6. — ARMÉE DE MER.

La composition de l'armée de mer est déterminée par l'article 37 de la loi de 1872. Cette armée, indépendamment des hommes fournis par l'inscription maritime (*Voy*. INSCRIPTION MARITIME) se compose : 1° des hommes admis à s'engager volontairement ou à se rengager (*Décr.* 18 *juin* et circ. 24 septembre 1873); 2° des jeunes gens qui, au moment des opérations du conseil de revision, auront demandé à entrer dans un des corps de la marine et auront été reconnus propres à ce service; 3° enfin, et à défaut d'un nombre suffisant d'hommes compris dans les deux catégories précédentes, du contingent du recrutement affecté, par décision du ministre de la guerre, à l'armée de mer. Ce contingent est formé des jeunes gens compris dans la première partie de la liste du recrutement cantonal, liés au service de cinq ans, et auxquels sont échus les premiers numéros sortant au tirage.

La loi autorise les permutations entre les jeunes gens affectés à l'armée de mer et ceux de la même classe affectés à l'armée de terre. Un décret du 18 juin 1873 fixe les conditions dans lesquelles ces permutations peuvent avoir lieu.

Pour les hommes qui ne proviennent pas de l'inscription maritime, le temps de service actif dans l'armée de mer est de cinq ans, et de quatre ans dans la réserve. Mais, après avoir accompli leur neuf années d'activité et de réserve, les hommes affectés à l'armée de mer passent, non dans l'armée territoriale, mais dans la réserve de cette armée. (Loi du 4 décembre 1875 modificative de l'article 37 de la loi du 27 juillet 1872.)

§ 8. — CHANGEMENTS DE DOMICILE OU DE RÉSIDENCE ET DÉPLACEMENT POUR VOYAGER.

Au point de vue spécial de l'administration des *réserves* (1), et notamment au point de vue des obligations des maires, il y a lieu d'établir nettement la distinction qui existe entre le changement de domicile et le changement de résidence.

Domicile et résidence. — Le *domicile* de tout Français est au lieu où il est fixé d'une façon qui paraît définitive.

Le mineur non émancipé a son domicile chez ses père, mère ou tuteur.

Les majeurs qui servent ou travaillent habituellement chez autrui ont le même domicile que la personne qu'ils servent ou chez laquelle ils travaillent, lorsqu'ils demeurent dans la même maison.

La résidence est le lieu habité momentanément en dehors du domicile qui reste le même.

Changement de domicile; formalité à remplir. — Le changement de domicile est l'abandon, *sans esprit de retour*, du lieu où l'on était primitivement fixé.

Obligations des hommes et des maires en cas de changement de domicile. — Aux termes des articles 34 et 35 de la loi du 27 juillet 1872 et de l'article 2 de la loi du 18 novembre 1875, tout changement de do-

---

(1) On désigne ici sous le nom général de *réserves* les diverses catégories d'hommes qui se trouvent dans leurs foyers, mais dont l'autorité militaire peut disposer en temps de guerre : les hommes à la disposition de l'autorité militaire, les réservistes de l'armée active, les non-disponibles, les hommes de l'armée territoriale et de la réserve de cette armée.

micile d'un homme soumis aux obligations du service militaire entraine une déclaration spéciale faite à la mairie du lieu que quitte l'homme et à celle du lieu où il veut s'établir.

Les *magistrats municipaux* qui recoivent une déclaration de changement de domicile, dans ces conditions, ont *deux obligations* principales à remplir :

1° Ils doivent *délivrer un récépissé* de ladite déclaration.

Pour que les pièces de ce genre soient établies d'une façon uniforme, toutes les communes doivent avoir un registre à souche uniforme, d'où les récépissés sont détachés.

2° Ils doivent transmettre *copie de la déclaration de changement de domicile au commandant du bureau de recrutement* de la subdivision de région dans laquelle se trouve la commune. Il importe au plus haut point qu'ils s'acquittent de cette obligation avec exactitude, c'est-à-dire, comme le veut la loi du recrutement (art. 34), *dans les huit jours* qui suivent la déclaration.

L'homme qui change de domicile est, en outre, tenu de faire viser le titre militaire qu'il a entre les mains, c'est-à-dire son livret individuel, son sursis de départ comme engagé conditionnel, ou son certificat de classement dans les services auxiliaires, par le commandant de la brigade de gendarmerie, au point de départ et au point d'arrivée.

Toutefois, cette formalité ne sera pas exigée des hommes des classes 1860 et antérieures qui sont jusqu'à nouvel ordre dispensés de toute obligation militaire.

Le visa de la gendarmerie est donné aux *officiers* de réserve ou assimilés et aux officiers de l'armée territoriale qui changent de domicile, sur les récépissés de déclaration délivrés par les maires.

Changement de domicile pour se fixer dans une localité où l'on a déjà sa résidence. — Lorsque l'homme établit son nouveau domicile dans une localité où il se trouve déjà momentanément en résidence, la déclaration et le visa d'arrivée précèdent ceux du départ. Ces deux formalités étant remplies, l'homme porte ou fait parvenir son livret individuel et une déclaration écrite de changement de domicile au commandant de recrutement du nouveau domicile. Cet officier adresse ces deux pièces à son collègue de l'ancien domicile en lui donnant avis du changement effectué. Le livret et la déclaration sont ensuite transmis du bureau de recrutement au commandant de la brigade de gendarmerie de l'ancien domicile qui appose son visa de départ sur le livret et envoi la déclaration au maire de l'ancien domicile. Ce fonctionnaire municipal renvoie le récépissé de la déclaration au commandant de la gendarmerie, qui fait parvenir livret et récépissé au commandant de recrutement de l'ancien domicile. Ces deux pièces sont ensuite transmises à l'homme par l'intermédiaire du commandant de recrutement du nouveau domicile.

Dispositions particulières lorsque le nouveau ou l'ancien domicile est à l'étranger. — Les diverses obligations des magistrats municipaux et des hommes eux-mêmes relatives aux changements de domicile sont légèrement modifiées, si le nouveau ou l'ancien domicile se trouve à l'étranger.

Si l'homme *va se fixer à l'étranger*, ses obligations au départ et celles du maire du dernier domicile en France restent les mêmes; mais la déclaration d'arrivée est uniquement faite à l'agent consulaire de France, et l'homme reste sous les ordres du commandant du bureau de recrutement de son *dernier domicile en France*.

Si l'homme *revient se fixer en France*, après s'être établi à l'étranger, ses obligations à l'arrivée et celles du maire du nouveau domicile en France restent les mêmes; mais la déclaration de départ est uniquement faite à l'agent consulaire.

Changement de domicile effectué en quittant le service. — Lorsqu'un homme élit un nouveau domicile au moment où il doit quitter le service, la première déclaration de changement de domicile est adressée, par l'intermédiaire du corps dans lequel il sert, au maire du domicile primitif (1); l'homme est alors dirigé sur son nouveau domicile et doit, à son arrivée, faire une nouvelle déclaration à la mairie de la commune dans laquelle il vient se fixer.

Changement de domicile entraînant un changement d'affection. — L'homme qui est affecté à un corps de troupe et qui, en changeant de domicile, ne reste pas dans la circonscription de réserve de ce corps (2), reçoit toujours une nouvelle affectation, qui est indiquée sur son livret par le commandant de bureau de recrutement du nouveau domicile, d'après les bases générales de l'incorporation qui sont indiquées ci-après

Changement de résidence; formalités à remplir. — Le changement de résidence est une absence plus ou moins prolongée du domicile ou d'une résidence, avec esprit de retour au domicile, qui reste le même.

Obligations des hommes en cas de changement de résidence. — Le simple changement de résidence n'astreint les maires à aucune formalité. Ces fonctionnaires municipaux doivent seulement s'attacher à faire connaître à leurs administrés les obligations qui leur sont imposées sous ce rapport et à faciliter les recherches de la gendarmerie au sujet des hommes qui ne s'y seraient pas soumis; ils peuvent, en outre, servir d'intermédiaires aux hommes dans leurs rapports avec la gendarmerie ainsi qu'il sera expliqué plus loin.

Quand les hommes changent de résidence sans changer de domicile, ils n'ont aucune formalité à remplir au départ; mais ils sont tenus d'en faire la déclaration, dans un délai de *deux mois*, verbalement ou par écrit, au commandant de la brigade de gendarmerie de la localité dans laquelle ils sont venus résider. Il leur en est donné récépissé sur le titre, quel qu'il soit, dont ils sont détenteurs et qui constate leur position sous le rapport du recrutement (livret individuel, sursis de départ, certificat de classement dans les services auxiliaires, etc...). Ces pièces doivent donc être adressées à la gendarmerie, à l'appui de toute déclaration écrite.

Le récépissé de déclaration est délivré sur feuille volante aux *officiers* ou assimilés de réserve ou de l'armée territoriale.

Disposition particulière aux changements de résidence à l'étranger. — L'homme qui va résider à l'étranger ou qui change de résidence

(1) La loi du 18 novembre 1875 ayant imposé l'obligation de délivrer un *récépissé* pour toute déclaration de changement de domicile, les maires doivent, dans ce cas particulier, adresser les récépissés aux hommes sous les drapeaux par l'intermédiaire du corps où ils servent.

(2) A chaque corps de troupe de toute arme est attribué, autour de son dépôt, une portion de territoire dite *sa circonscription de réserve*, d'où il tire tous les hommes qui doivent, à la mobilisation, le compléter au pied de guerre.

étant à l'étranger, fait ses déclarations de changement de résidence aux agents consulaires.

Résidence d'une durée moindre que deux mois. — Si l'absence du domicile ou de la dernière résidence qui a été régulièrement choisie et constatée par un récépissé de déclaration est moindre que deux mois, la déclaration de changement de résidence devient *facultative*; mais, au delà de cette limite, elle est obligatoire, lors même que, par suite de déplacements successifs, le séjour dans une même localité n'aurait pas atteint cette durée de deux mois.

Déplacements pour voyager ; formalités à remplir. — Les déplacements pour voyager dont la durée doit atteindre au moins deux mois sont soumis aux mêmes formalités que les changements de résidence, avec cette différence que la déclaration de déplacement et la délivrance du récépissé sur le titre des hommes se font à la gendarmerie du *point de départ*.

Concours facultatif des maires pour la transmission des déclarations écrites de changement de résidence ou de déplacement pour voyager. — Lorsque les déclarations de changement de résidence ou de déplacement pour voyager sont faites par écrit, les maires peuvent se charger de les transmettre avec les livrets individuels au commandant de la brigade de gendarmerie, dans le but d'éviter aux hommes toute dépense d'envoi.

Dans ce cas, ces pièces doivent être adressées, *dans les quarante-huit heures*, au commandant de la brigade de gendarmerie, qui renvoie, dans le même délai, le livret revêtu du récépissé exigé. L'homme peut retirer son livret à la mairie à partir du sixième jour du dépôt, déduction faite des jours fériés.

L'intermédiaire du maire dans cette opération est d'ailleurs entièrement facultatif, tant pour ce magistrat municipal que pour les hommes eux-mêmes.

Délais supplémentaires pour rejoindre. Dispenses accordées aux hommes domiciliés ou résidant à l'étranger. — *Délais supplémentaires pour rejoindre.* — Tout homme absent de son domicile, en cas d'appel à l'activité ou de convocation pour des manœuvres, exercices ou revues, doit rejoindre *directement, sans délai et sans intervention de l'autorité militaire*, le corps auquel il est affecté. Mais la loi du 18 novembre 1875 (art. 4) accorde, aux hommes qui ont fait les déclarations légales de changement de résidence ou de déplacement pour voyager, des délais supplémentaires en raison de la distance à parcourir. Aussi, y a-t-il tout avantage pour les hommes à faire ces déclarations, lors même que l'absence présumée du domicile ne devrait pas durer deux mois.

Les hommes qui n'auraient fait aucune des déclarations précédentes n'auraient droit à aucun délai supplémentaire et seraient passibles des peines prévues par la loi si, en cas de mobilisation, ils ne rejoignaient pas leurs corps dans les délais fixés par l'ordre de route annexé au livret individuel de chacun d'eux. Dans les mêmes conditions, tout retard, en cas de convocation pour des manœuvres, exercices ou revues, entraîne pour les hommes de sévères punitions disciplinaires ou les amène devant les tribunaux militaires, suivant sa durée.

Dispenses accordées aux hommes domiciliés ou résidant à l'étranger. — Les hommes domiciliés ou résidant à l'étranger et ayant fait les déclarations légales *peuvent* obtenir des dispenses de se rendre aux manœuvres, exercices ou revues. Les demandes doivent être adressées, par les sous-officiers, caporaux et soldats, au commandant du bureau de recrutement dans la circonscription duquel se trouve le dernier domicile en France. Ces demandes doivent être faites, autant que possible, avant le départ de France par les hommes qui vont se fixer à l'étranger. S'ils n'ont pas rempli cette formalité avant le départ, les demandes de dispense peuvent être adressées par l'intermédiaire des consuls.

Le commandant de recrutement transmet les demandes au commandant du corps d'armée, qui peut accorder les dispenses pour une période d'une année, avec faculté de renouvellement.

Le ministre seul statue sur les demandes formées par les officiers de réserve ou assimilés et par les officiers de l'armée territoriale, ainsi que sur les demandes produites par les hommes de troupe et tendant à obtenir des dispenses de plus d'une année.

Dispositions particulières aux réservistes de l'armée de mer. — Les dispositions qui précèdent, relatives aux changements de domicile, aux changements de résidence et aux déplacements pour voyager, s'appliquent également aux réservistes de l'armée de mer. Toutefois, les visas et les récépissés de la gendarmerie, au lieu d'être donnés à ces réservistes sur leurs livrets individuels, sont inscrits sur leurs certificats de passage dans la réserve, lesquels ne sont pas annexés auxdits livrets.

Dispositions particulières pour le gouvernement militaire de Paris (Seine et Seine-et-Oise). — Les changements de domicile ou de résidence pour les départements de Seine et de Seine-et-Oise entraînent l'accomplissement des formalités prescrites précédemment et, en outre, des formalités supplémentaires suivantes :

1° *Changement de domicile.* — *L'autorisation préalable* de venir établir son domicile dans le gouvernement de Paris doit être demandée au général commandant le territoire, qui l'accorde, après avis favorable de M. le gouverneur de Paris, consulté à cet effet.

Cette autorisation préalable n'est pas exigée des hommes faisant partie de la réserve de l'armée territoriale.

2° *Changement de résidence ou déplacement pour voyager.* — *L'autorisation préalable* de venir résider ou voyager dans le gouvernement de Paris doit être obtenue, dans les mêmes conditions, pour tout séjour de deux mois au moins dans l'étendue de ce gouvernement. Elle n'est pas exigée des hommes faisant partie de l'armée territoriale, ni de la réserve de cette armée.

Les dispositions qui précèdent, relatives à l'autorisation préalable à obtenir dans les cas de changement de domicile ou de résidence pour le gouvernement de Paris, affectent, du reste, un caractère transitoire et pourront être modifiées ultérieurement lorsque l'expérience aura fait reconnaître que ce contrôle anticipé est devenu inutile.

Changement de domicile ou de résidence des employés des administrations de l'Etat. — Les administrations de l'Etat peuvent se charger de faire les déclarations de changement de domicile ou de résidence pour ceux de leurs employés qui reçoivent un ordre de départ exécutoire à bref délai.

En aucun cas, l'autorisation préalable dont il est question dans l'article précédent n'est exigée pour les employés des administrations publiques appelés à occuper des emplois dans le gouvernement de Paris.

Les *officiers* de réserve ou de l'armée territoriale et les assimilés ne sont astreints dans aucun cas à l'autorisation préalable.

Pénalités. — Les infractions contre les prescriptions relatives aux changements de domicile ou de résidence ou aux déplacements pour voyager sont réprimées par les tribunaux ordinaires et entraînent les peines suivantes :

a) S'il s'agit d'un *changement de domicile :*

1° Pour tout homme appartenant à l'armée active ou sa réserve, amende de 16 à 200 francs, à laquelle peut s'ajouter un emprisonnement de quinze jours à trois mois ;

2° Pour tout homme appartenant à l'armée territoriale ou à sa réserve (classe 1861 et suivantes), amende de 16 à 50 francs, à laquelle peut s'ajouter un emprisonnement de six jours à un mois.

b) S'il s'agit d'un *changement de résidence* ou d'un *déplacement pour voyager :*

1° Pour tout homme appartenant à l'armée active ou à sa réserve, amende de 16 à 50 francs et emprisonnement de six jours à un mois, ou l'une de ces peines seulement ;

2° Pour tout homme appartenant à l'armée territoriale ou à sa réserve (classe 1861 et suivantes), amende de 16 à 25 francs et emprisonnement de six à quinze jours, ou l'une de ces peines seulement.

c) Le fait de n'avoir pas déclaré un changement de domicile ou de résidence ou un déplacement pour voyager pouvant occasionner un *retard non justifié*, en cas de convocation pour des manœuvres, exercices ou revues, nous croyons devoir indiquer ci-après les peines auxquelles les tribunaux ordinaires condamnent les hommes dont le retard dépasse huit jours, sans cependant constituer le délit d'insoumission :

1° Si le retardataire appartient à l'armée active ou à sa réserve, emprisonnement de six jours à un mois ;

2° Si le retardataire appartient à l'armée territoriale ou à sa réserve, emprisonnement de six jours à quinze jours.

Si le retard n'atteint pas huit jours, l'infraction est passible de peines disciplinaires.

En outre, tout homme qui n'a pas rejoint *au jour indiqué*, pour manœuvres, exercices ou revues, peut être astreint, par l'autorité militaire, à passer ou à compléter, dans un corps ou dans un dépôt, le temps de service pour lequel il était appelé.

Toutes les peines énumérées dans cet article intitulé *pénalités* peuvent être doublées en cas de récidive ou temps de guerre.

§ 9. — CONGÉ DE RÉFORME.

Les hommes affectés à l'armée active, à l'armée territoriale ou à leurs réserves, reçoivent des congés de réforme quand, avant l'époque de leur libération, ils sont jugés hors d'état de faire un service actif. (*Instr.*, 6 *novembre* 1875). Ces congés sont de deux sortes : le congé n° 1 résulte de blessures reçues dans un service commandé, ou d'infirmités contractées dans les armées de terre et de mer. Il donne droit à pension ou indemnité, ainsi que le droit, pour les frères du titulaire, à la dispense du service conféré par l'article 17 de la loi de 1872. Le congé n° 2 résulte de blessures reçues hors du service, ou d'infirmités contractées hors des armées. Il ne donne aucun droit à celui qui le reçoit.

Tout homme immatriculé sur les contrôles, à qui il est survenu, depuis son incorporation ou immatriculation, des infirmités de nature à le rendre impropre au service militaire, peut réclamer son renvoi devant la commission spéciale de réforme. À cet effet il doit adresser une demande au commandant du recrutement de la subdivision de région où il est incorporé.

Une circulaire ministérielle du 6 novembre 1875 recommande aux hommes immatriculés qui deviennent infirmes et incapables de servir, de ne pas attendre l'ordre d'appel de mobilisation pour demander leur envoi dans la commission de réforme. Leur négligence sur ce point les exposerait, à moins d'une infirmité *notoire* qui les rende absolument impropres à tout service militaire, à être mis en activité et affectés à un des corps de l'armée.

§ 10. — ENGAGEMENTS ET RENGAGEMENTS VOLONTAIRES.

Engagements volontaires. — Il existe dans la législation nouvelle deux espèces d'engagements volontaires : celui de cinq ans, et celui que la loi appelle engagement conditionnel d'un an.

D'autre part, la loi autorise, en temps de paix, les hommes envoyés en disponibilité à compléter cinq années de service.

Enfin elle admet les militaires sous les drapeaux à des rengagements de deux ans au moins et de cinq ans au plus. (Loi du 27 juillet 1872, et décrets et instructions du 30 novembre 1872 et du 18 juin 1873.)

Tout Français qui demande à contracter dans l'armée un engagement volontaire doit satisfaire aux conditions suivantes :

S'il entre dans l'armée de mer, avoir 16 ans accomplis, sans condition de taille, mais à la condition qu'il ne pourra être maintenu si, à l'âge de 18 ans, il n'a pas le minimum de la taille réglementaire (1^m,54);

S'il entre dans l'armée de terre, avoir 18 ans accomplis et pas plus de 24 ans accomplis; avoir au moins la taille de 1^m,54; être sain, robuste, bien constitué, jouir de ses droits civils; n'être ni marié ni veuf avec enfants, savoir lire et écrire (mais cette prescription ne sera applicable qu'à partir du 1er janvier 1880, aux termes de la loi du 9 décembre 1875, modificative, sur ce point, de la loi de 1872); être porteur, au moment de la signature de son engagement, d'un certificat de bonnes vie et mœurs délivré par le maire de la commune de son dernier domicile. S'il ne compte pas au moins une année de séjour dans cette commune, il doit produire un autre certificat du maire des communes où il a été domicilié dans le cours de cette année. Le certificat, indépendamment de la mention du domicile, de la jouissance des droits civils et du signalement de l'engagé, doit attester que l'engagé n'a jamais été condamné à une peine correctionnelle pour vol, escroquerie, abus de confiance ou attentat aux mœurs.

Si l'engagé a moins de 20 ans, il doit justifier du consentement écrit de ses père ou mère ou tuteur, ce dernier dûment autorisé par le conseil de famille.

Quant aux conditions relatives soit à l'aptitude militaire, soit à l'admissibilité dans les différents corps de l'armée, elles sont déterminées par les décrets réglementaires des 30 novembre 1872 et

18 juin 1873. L'aptitude au service et à l'armée à laquelle l'engagé devra être affecté, doit être constatée et certifiée par le commandant du recrutement de la subdivision de région où l'acte d'engagement est souscrit, ou bien par le chef du corps dans lequel l'engagé a l'intention de servir. L'aptitude militaire est généralement subordonnée à la taille réglementaire exigée suivant l'arme que le volontaire choisit. La taille réglementaire exigée des engagés volontaires diffère peu de celle qui est imposée aux jeunes soldats du recrutement ordinaire. Il y a une certaine tolérance pour la cavalerie légère, l'artillerie et le train des équipages, où le minimum peut baisser de 1 ou 2 centimètres à l'égard des jeunes soldats immatriculés. Voici d'ailleurs les minimum et maximum de la taille réglementaire ordinaire, selon les différentes armes : régiments d'infanterie : $1^m,54$; chasseurs à pied, zouaves et tirailleurs algériens : $1^m,54$; sapeurs-pompiers : de Paris $1^m,54$; cuirassiers : minimum $1^m,70$; maximum $1^m,80$; dragons : minimum $1^m,64$; maximum $1^m,72$; chasseurs : minimum $1^m,59$; maximum $1^m,66$; hussards : *idem*; chasseurs d'Afrique et spahis : minimum $1^m,59$; maximum $1^m,69$; artillerie : $1^m,66$; pontonniers : $1^m,64$; artillerie de forteresse : $1^m,66$; génie et ouvriers militaires des chemins de fer : $1^m,66$; trains des équipages : $1^m,62$; ouvriers constructeurs : *idem;* ouvriers d'administration : $1^m,54$; section de commis aux écritures du bureau de l'intendance : *idem ;* sections d'infirmiers militaires : *idem.* (Circ., 8 janvier et 19 octobre 1884.)

La durée de l'engagement volontaire est, comme on l'a vu, de cinq ans; elle compte du jour où l'engagement a été souscrit.

En cas de guerre, le Français qui a accompli le temps de service prescrit pour l'armée active et sa réserve, est admis à contracter un engagement pour la durée de la guerre. Cet engagement ne lui ouvre aucun droit de conférer l'une des dispenses prévues à l'article 17 de la loi de 1872.

Tout engagé volontaire ou tout homme autorisé à compléter ses cinq années de service ne peut, sans son consentement, être renvoyé dans ses foyers avant l'expiration de son engagement.

Les actes d'engagement volontaire sont contractés dans les formes prescrites par les articles 34 à 42 et 44 du Code civil, devant les maires des chefs-lieux de cantons. Ils sont donc établis, comme tous les actes de l'état civil, dans une forme authentique et d'une manière publique; et les diverses pièces produites par l'engagé, annexées à la minute de l'acte, sont déposées au greffe du tribunal, afin qu'on puisse y recourir dans le cas où l'acte serait attaqué par l'administration ou par le contractant lui-même. — (Voy. *Dict. des Formules,* V° RECRUTEMENT.

Rengagements. — Les militaires en activité peuvent contracter des rengagements soit pour le corps où ils sont présents, soit pour un autre corps de leur choix. Ces rengagements ne sont reçus que pendant la dernière année de service sous les drapeaux; leur durée ne peut être inférieure à 2 ans ou supérieure à 5 ans. Ils sont renouvelables jusqu'à l'âge de 29 ans accomplis, pour les caporaux et soldats, et jusqu'à l'âge de 35 ans accomplis, pour les sous-officiers. Les rengagements après cinq ans de service donnent droit à une haute paye.

Les engagements souscrits par les hommes envoyés en disponibilité, et les rengagements souscrits par les militaires sous les drapeaux, sont contractés devant les intendants ou sous-intendants militaires, sur la preuve que le contractant peut rester ou être admis dans le corps pour lequel il se présente, et dans la forme de ceux contractés devant les maires officiers de l'état civil. Afin de favoriser le rengagement des sous-officiers, la loi du 22 juin 1878 leur accorde pour un premier rengagement de cinq ans une somme de 600 francs à titre de première mise d'entretien et une indemnité de rengagement de 2,000 francs. Un deuxième rengagement leur donne droit à une deuxième mise d'entretien de 500 francs et à une pension qui, après 15 ans de service, ne peut être moindre de 365 francs et s'augmente de 1/25 pour chaque campagne. De plus ils ont droit à la haute paye journalière de 30 centimes augmentée de 20 centimes après 10 ans de service. De plus, après 10 ans de service ils participent au point de vue des emplois civils et militaires aux avantages stipulés par l'article 1er de la loi du 24 juillet 1873.

§ 11. — Engagements conditionnels ou volontariat d'un an.

Les engagements conditionnels d'un an qui font l'objet des articles 53 à 58 de la loi du 27 juillet 1872 et de plusieurs décrets, instructions et circulaires, sont l'une des innovations les plus importantes de la nouvelle législation militaire. Le but qu'on s'est proposé en instituant le volontariat d'un an est d'atténuer ce que le principe du service *personnel* obligatoire pour tous, pouvait avoir de trop absolu au point de vue de l'interruption des carrières civiles, des études spéciales, c'est-à-dire au point de vue de l'intérêt social lui-même. « Cette insti- « tution, dit le *Rapport*, repose sur cette double pensée : 1° que l'ap- « prentissage du service militaire est moins long pour le jeune homme « qui a déjà pu s'y préparer et qui possède une véritable instruction, « que pour tout autre ; 2° que, dans l'intérêt de la société et de l'armée « elle-même, il vaut mieux que le jeune homme qui se destine à une « carrière civile puisse, d'une part, interrompre le moins possible ses « études spéciales, et, de l'autre, être tout préparé, le jour où la dé- « fense du pays le réclame. »
Le texte de la loi de 1872, sur le volontariat d'un an, est peu étendu et n'est pas assez clair ni assez précis pour avoir pu suffire, à lui seul, aux exigences de l'application et de la pratique. Aussi a-t-on senti la nécessité de le compléter au moyen d'assez nombreux documents officiels auxquels on se bornera à renvoyer ici le lecteur, après avoir seulement posé les principes essentiels de la matière.
L'engagement conditionnel d'un an est autorisé dès l'âge de 18 ans; mais il doit être souscrit, à peine de déchéance, l'année qui précède le tirage au sort de la classe à laquelle appartient par son âge celui qui veut le contracter.
Il y a deux catégories de jeunes gens qui peuvent se présenter pour contracter des engagements d'un an. Ce genre spécial d'engagement constitue un droit pour ceux qui ont obtenu certains diplômes, des brevets de capacité, ou qui font partie de certaines écoles. Pour les autres, qui n'apportent pas ainsi la preuve d'une instruction acquise, il faut qu'ils soient autorisés à passer certains examens dits professionnels : c'est seulement après qu'ils ont subi ces épreuves que leur admission au volontariat d'un an peut être prononcée. D'ailleurs, le ministre de la guerre a la faculté de fixer, chaque année, le nombre des volontaires de cette seconde catégorie, tandis que le chiffre des engagés condi-

tionnels de la première catégorie (diplômes, élèves des diverses écoles, etc.) est illimité.

Les jeunes gens de l'une ou de l'autre catégorie qui ne sont pas admis à contracter l'engagement conditionnel d'un an pour cause d'*inaptitude physique* et qui, ensuite, sont reconnus propres au service par le conseil de revision de leur classe, peuvent réclamer, bien qu'ils aient concouru au tirage au sort, les avantages du volontariat. Ils y sont admis comme *assimilés* aux volontaires d'un an.

Aux termes de la loi militaire organique, l'engagé volontaire d'un an est habillé, monté, équipé, entretenu à ses frais. Mais cette obligation a été transformée en une prestation pécuniaire de 1,500 francs, sauf exemption de tout ou partie de cette somme en faveur des jeunes gens de la seconde catégorie qui ont subi leurs examens d'une manière remarquable, et qui sont dans l'impossibilité de pourvoir aux frais que la prestation représente.

Le volontaire d'un an est incorporé et soumis à toutes les obligations du service imposées aux hommes présents sous les drapeaux. Il doit subir certains examens prescrits par le ministre de la guerre. Si le résultat de ces examens n'est pas satisfaisant, le volontaire peut être astreint d'abord à faire une seconde année de service, puis déchu des avantages réservés aux volontaires d'un an et ramené aux conditions ordinaires des hommes de sa classe.

En temps de guerre, le volontaire d'un an est maintenu au service.

Toujours dans le but de n'interrompre que le moins possible les études et de ne pas entraver le début des carrières civiles, commerciales et industrielles, le législateur a autorisé des *sursis de départ* en faveur des engagés conditionnels de la première catégorie ; ces engagés pourront obtenir de l'autorité militaire un sursis avant de se rendre à leurs corps, et ce sursis peut être renouvelé d'année en année, jusqu'à l'âge de 24 ans accomplis. (Loi du 27 juillet 1872, art. 57 ; loi additionnelle du 31 décembre 1875 ; circulaire ministérielle du 10 octobre 1876.)

A l'expiration de son année de service, le volontaire qui a satisfait aux examens réglementaires peut obtenir un brevet de sous-officier ou une commission équivalente. S'il reste une seconde année sous les drapeaux, il peut, après un nouvel examen, obtenir un brevet d'officier à titre auxiliaire. Il passe alors avec son grade dans la disponibilité, puis dans la réserve de l'armée active, puis dans l'armée territoriale.

Quant aux formalités à accomplir, sous peine de déchéance, préalablement à l'engagement conditionnel d'un an, et en vue de cet engagement, elles sont indiquées par les décrets et instructions du 1er décembre 1872, et par les circulaires des 26 juin 1873, 8 juin 1874, 9 juin 1875, 11 juin 1876 et 10 février 1877.

La mise en route des volontaires d'un an a lieu, chaque année, du 5 au 8 novembre.

§ 12. — DISPOSITIONS PÉNALES.

La loi du 27 juillet 1872 prononce dans ses articles 59 à 69 les peines suivantes : amende depuis 10 francs jusqu'à 1,000 francs, emprisonnement depuis 15 jours jusqu'à 5 ans, contre les différents délits prévus par ces articles pour défaut de déclaration de changement de domicile ; fraudes et manœuvres tendant à omission sur les tableaux de recensement ; non-comparution devant le conseil de revision ; fraudes et manœuvres dans le but d'obtenir indûment des exemptions ou dispenses; insoumission, recel d'insoumis; obstacle ou retard apporté au départ de jeunes soldats; mutilation ayant pour objet de se rendre impropre au service.

Dans certains cas d'insoumission, la loi prescrit l'affichage des noms des insoumis dans toutes les communes du canton de leur domicile.

Les articles 65 et suivants punissent les fonctionnaires ou officiers publics, civils ou militaires, qui admettent ou autorisent des exemptions, dispenses et exclusions illégales, ainsi que les médecins et chirurgiens ou officiers de santé qui, appelés au conseil de revision, ont reçu des dons ou agréé des promesses pour être favorables aux jeunes gens qu'ils doivent examiner.

§ 13. — ARMÉE TERRITORIALE. — *Voy.* ce mot.

§ 14. — RECRUTEMENT AUX COLONIES ET EN ALGÉRIE.

Il existe dans les colonies françaises, autres que l'Algérie, une milice spéciale organisée pour leur défense. Les jeunes gens nés dans ces colonies et qui y ont, à l'époque du tirage au sort de leur classe, leur domicile légal, sont considérés comme étant tenus au service dans la milice locale. Ils ne sont donc pas inscrits sur le tableau de recensement de la mère patrie.

Il en est autrement pour les jeunes gens nés ou domiciliés en Algérie : leur position, au point de vue du recrutement, est réglée par la loi du 6 novembre 1875, dont voici les dispositions principales.

Recensement. — Sont recensés en Algérie : 1° les Français nés dans la colonie et qui y ont conservé leur domicile; 2° ceux qui, n'y étant pas nés, y sont domiciliés avec leur famille; 3° enfin ceux qui ont leurs parents en France, mais qui ont fixé leur résidence habituelle en Algérie et prennent, devant le maire, l'engagement d'y résider dix ans.

Listes du recrutement communal. — En Algérie, les listes de recrutement sont établies par commune, au lieu de l'être par canton comme en France.

Durée et mode d'accomplissement du service militaire. — La durée du service est de vingt ans, dont neuf tant dans l'armée active proprement dite que dans sa réserve, et onze dans l'armée territoriale; mais le temps de présence effective sous les drapeaux est limité à une année pour tous les hommes valides et non dispensés, disposition qui entraîne la suppression du tirage au sort et de l'engagement conditionnel d'un an. La loi autorise même le gouverneur de l'Algérie à renvoyer dans leurs foyers, après six mois de service, les jeunes gens habitant les fermes et les agglomérations isolées.

La durée du service compte du 1er avril et non du 1er juillet.

A l'expiration de leur temps de réserve, les hommes soumis au service militaire, tel qu'il est réglé pour l'Algérie, passent cinq ans dans l'armée territoriale et six ans dans la réserve de cette armée; de plus, en cas d'insurrection et si les ressources ordinaires sont insuffisantes, les hommes au-dessus de quarante ans peuvent être appelés au service et incorporés dans l'armée territoriale.

Réservistes d'Algérie rentrant en France. — Si un Français domicilié en Algérie quitte la colonie sans esprit de retour, avant l'âge de vingt-neuf ans, il est tenu d'accomplir le temps de service actif prescrit par la loi du 27 juillet 1872, déduction faite du temps déjà passé sous les drapeaux. Il en est de même des jeunes gens qui, après avoir souscrit l'engagement de rester dix ans en Algérie, rentreraient en France avant d'avoir rempli les conditions de cet engagement.

Pour tous les actes et toutes les formules se rapportant aux opérations du recrutement, voyez le *Dict. des formules* au mot RECRUTEMENT.

Recteur. — Voy. INSTRUCTION PUBLIQUE.

Recueil des actes administratifs. — Chaque préfet publie sous ce titre un recueil de ses actes, qui est envoyé à tous les maires de son département. Tout acte qui y est inséré reçoit promulgation suffisante, et aucun maire ne peut prétexter cause d'ignorance.

Outre les actes officiels, le Recueil contient toutes les instructions et tous les avis que le préfet juge utile de donner aux maires; il sert aussi à signaler les belles actions et les divers services rendus au pays par des habitants du département. Les frais d'impression sont imputés sur le fonds d'abonnement du préfet; ils ne peuvent être mis à la charge des communes.

Les maires doivent réunir et classer soigneusement les numéros du Recueil, afin d'en assurer la conservation et de pouvoir y recourir au besoin. Il leur est recommandé de les faire relier chaque année, dès que la table leur en est parvenue. S'ils remarquent des lacunes dans la série des numéros, ils doivent adresser immédiatement au préfet la prière de leur envoyer les numéros manquants. — Voy. ACTES ADMINISTRATIFS, ARCHIVES, PRÉFET.

Récusation. — Action par laquelle une partie demande qu'un juge, un juré, un expert, un témoin s'abstienne de connaître d'une affaire.

En toutes matières, et spécialement en matière de simple police, la récusation du juge qui a un intérêt personnel à la contestation est de droit. (C. proc., art. 45.) — Voy. TRIBUNAL DE POLICE.

Redevances sur les mines. — Voy. MINES, CONTRIBUTIONS DIRECTES.

Référé. — C'est le recours devant le président du tribunal de première instance, pour obtenir sa décision provisoire sur une question dont la solution est tellement urgente qu'elle ne peut subir les délais ordinaires de l'assignation.

Le juge du référé est compétent pour statuer, lorsqu'il s'agit de l'exécution d'un arrêté administratif. (Cass. 7 novembre 1812.)

La voie de référé est autorisée en Conseil d'État. (Arrêt Cons. d'État, 28 juillet 1820.)

Les articles 806 et suivants du Code de procédure civile ont réglé ce qui concerne les référés.

Refuge. — Voy. Maison de refuge.

Réfugiés. — Etrangers éloignés de leur pays par des causes politiques et qui viennent demander l'hospitalité à la France.

Les étrangers arrivant sur le territoire français doivent se présenter au maire de la première commune qu'ils trouvent sur leur passage, et demander à ce magistrat une passe provisoire pour se rendre au chef-lieu du département. Cette passe doit porter le signalement du réfugié, donner exactement ses nom, prénoms et qualités, et indiquer sommairement ses déclarations. L'itinéraire de la route qu'il aura à suivre pour se rendre au chef-lieu doit y être tracé. (Arrêté min. de l'int. 30 mai 1848.)

Le préfet apprécie la position du réfugié et lui délivre un passeport pour la résidence qu'il a choisie. Parvenus à leur destination, les réfugiés font connaître leur véritable et exacte position, l'époque où ils ont quitté leur pays, les faits politiques qui les y ont compromis, et tous les renseignements propres à établir leur identité. Ces déclarations, contresignées sur un bulletin individuel, sont immédiatement transmises par les préfets au ministre de l'intérieur.

Le ministre de l'intérieur peut, par mesure de police, enjoindre à tout étranger voyageant ou résidant en France, de sortir immédiatement du territoire français, et le faire conduire à la frontière. (L. 3 décembre 1849, art. 7.)

Dans les départements frontières, le préfet a le même droit à l'égard de l'étranger non résidant, à la charge d'en référer immédiatement au ministre de l'intérieur. — Voy. Etrangers.

Régie. — On entend par ce mot un mode d'administration; c'est dans ce sens que l'on dit la régie de l'enregistrement et des domaines, la régie des contributions indirectes, etc. On dit également mettre des travaux publics en régie, c'est-à-dire les faire exécuter au compte de l'Etat, et sous la surveillance d'un de ses agents. — Voy. Contributions directes, Enregistrement, Octrois, Travaux publics.

Régime forestier. — Voy. Bois des communes et des Etablissements publics, Forêts.

Régime sanitaire. — Voy. Police sanitaire.

Registres. — Il y a plusieurs espèces de registres dont la tenue est prescrite aux maires. Nous les avons indiqués au mot : Mairie. — Voy. Archives, Arrêtés (Registre des), Comptabilité, Correspondance, Délibération, Etat civil, Mairie, Passeports, Répertoire. —

Règlements municipaux. — En vertu de l'article 91 de la loi du 5 avril 1884, le maire prend des arrêtés à l'effet de publier de nouveau ces lois et règlements de police afin de rappeler les citoyens à leur observation et aussi pour ordonner toutes les mesures locales sur les objets confiés à sa surveillance et à son autorité. A ce dernier point de vue, les arrêtés que peuvent prendre les maires se divisent en deux catégories distinctes : les uns, qui portent règlement permanent, c'est-à-dire qui statuent d'une manière générale sur quelqu'une des matières comprises dans les attributions de l'autorité municipale, comme, par exemple, un arrêté sur la tenue des foires et marchés, sur la police des lieux publics, etc. ; les autres, qui n'ont pas ce caractère d'intérêt général, mais qui statuent seulement sur les demandes individuelles des citoyens ou imposent une obligation personnelle, comme l'obligation de construire ou de réparer un bâtiment situé le long de la voie publique, l'autorisation d'ouvrir un bal public, ou de faire telle autre chose pour laquelle la permission du maire est nécessaire, etc. Les arrêtés de la première catégorie sont seuls qualifiés de règlements.

Les règlements de police ne peuvent ni permettre ce que la loi défend, ni défendre ce qu'elle permet, ni ordonner ce qu'elle ne prescrit pas. Tout règlement qui serait contraire à la loi resterait sans effet. Si un règlement renferme tout à la fois certaines prescriptions que le pouvoir réglementaire a le droit de faire, et certaines autres à l'égard desquelles il est incompétent, les premières sont obligatoires, tandis que les secondes sont considérées comme non avenues, et l'illégalité de ces dernières ne peut pas réagir et ne réagit pas sur les autres.

Tous les arrêtés, quels qu'ils soient, doivent être immédiatement adressés au sous-préfet ou au préfet dans l'arrondissement ou chef-lieu.

Les arrêtés qui sont destinés à parer à des nécessités du moment, qui n'ont par conséquent qu'un caractère temporaire, sont immédiatement exécutoires, à la seule condition d'avoir été publiés ou notifiés conformément à l'article 96. Le préfet peut en tout temps, d'ailleurs, que l'exécution ait été ou non commencée, annuler ou suspendre l'arrêté, sous réserve, bien entendu, des faits accomplis.

Les arrêtés qui portent règlements permanents ne deviennent eux-mêmes exécutoires qu'un mois après la remise au préfet ou sous-préfet de l'ampliation, constatée par le récépissé délivré par lui ou le sous-préfet, et pendant ce temps le préfet est libre de suspendre ou d'annuler l'arrêté. Néanmoins, en cas d'urgence, il peut en autoriser l'exécution immédiate. (L. 5 avril 1884, art. 95.) Les règlements de police, comme tous les arrêtés des maires, ne deviennent obligatoires qu'après avoir été portés à la connaissance des intéressés. (L. 5 avril 1884, art. 96.) — Voy. ARRÊTÉS.

Les particuliers qui se prétendraient lésés par un règlement municipal peuvent s'adresser au préfet pour en demander l'annulation et s'adresser subséquemment au ministre si le préfet ne leur donne pas satisfaction. Ils peuvent même, en cas d'excès de pouvoirs, déférer ce règlement au Conseil d'Etat, la jurisprudence de ce conseil n'admettrait pas un recours fondé sur l'inopportunité des mesures ordonnées par le maire, car il y a là une appréciation qui appartient exclusivement à l'administration supérieure. Les particuliers peuvent, d'ailleurs, toujours, lorsqu'ils sont poursuivis pour contravention, invoquer devant l'autorité judiciaire l'illégalité du règlement et le tribunal compétent, s'il reconnaît cette illégalité, refusera sa sanction pénale sans toutefois atteindre directement l'arrêté.

Le pouvoir réglementaire du maire ne fait pas obstacle au droit du préfet de prendre pour toutes les communes du département, ou plusieurs d'entre elles, et dans tous les cas où il n'y aurait pas été pourvu par les autorités municipales, toutes les mesures relatives au maintien de la salubrité, de la sûreté et de la tranquillité publique. Ce droit ne peut être exercé par le préfet à l'égard d'une seule commune, qu'après une mise en demeure au maire restée sans résultat. (L. 5 avril 1884, art. 99.)

Les contraventions aux règlements de police sont constatées par les officiers de police judiciaire, et, dans certains cas déterminés, par les brigades de gendarmerie. A défaut de procès-verbaux ou rapports, elles peuvent être prouvées par témoins. La connaissance des infractions est attribuée par la loi à la juridiction des tribunaux de simple police. — Voy. ADJOINT, AGENTS DE POLICE, ARRÊTÉS, COMMISSAIRES DE POLICE, CONTRAVENTIONS, GARDES CHAMPÊTRES, GENDARMERIE, MAIRE, POLICE, PROCÈS-VERBAUX, TRIBUNAL DE POLICE.

Réjouissances publiques. — Voy. FÊTES PUBLIQUES.

Relais de la mer. — Voy. LAIS ET RELAIS.

Reliquat. — Ce qui reste dû après compte fait. — Voy. COMPTABILITÉ, FABRIQUE.

Remèdes secrets. — Suivant la jurisprudence de la Cour de cassation, on doit entendre par remède secret toute préparation non inscrite au Codex ou qui n'a pas été composée par un pharmacien sur l'ordonnance d'un médecin, pour un cas particulier, ou, enfin, qui n'a pas été spécialement autorisée par le gouvernement.

L'article 36 de la loi du 21 germinal an XI interdit toute annonce et affiche imprimée qui indiquerait des remèdes secrets. Cet article s'applique également à la vente et même à l'exposition en vente. (Cass. 26 juin 1835, 16 décembre 1836 et 18 mai 1884.)

Les contraventions à l'article 36 de la loi du 21 germinal an XI sont poursuivies par mesure de police correctionnelle, et punies d'une amende de 25 à 600 francs, et, en outre, en cas de récidive, d'un emprisonnement de trois jours au moins et de dix au plus. (L. 29 pluviôse an XIII.)

Les pharmaciens, comme tous autres, sont soumis aux prohibitions et à la pénalité ci-dessus rappelées. (Cass. 18 mai 1844.)

Aux termes d'un décret du 3 mai 1850, les remèdes qui ont été reconnus nouveaux et utiles par l'Académie de médecine et dont les formules, approuvées par le ministre de l'agriculture et du commerce, conformément à l'avis de cette compagnie savante, ont été publiées dans son Bulletin, avec l'assentiment des inventeurs ou possesseurs, cessent d'être considérés comme remèdes secrets. Ils peuvent être, en conséquence, vendus librement par les pharmaciens, en attendant que la recette en soit insérée dans une nouvelle édition du Codex. — Voy. PHARMACIENS.

Remises des receveurs municipaux. — Voy. RECEVEURS MUNICIPAUX ET RECEVEURS DES ÉTABLISSEMENTS DE BIENFAISANCE.

Remonte. — L'Etat pourvoit à la remonte des corps à cheval au moyen d'un certain nombre d'établissements, connus sous le nom de dépôts de remonte, qui sont placés dans les pays de production de chevaux, et dont la circonscription comprend un certain nombre de départements.

Pour réaliser les achats, un comité d'exploration, composé du commandant du dépôt, de deux officiers et du vétérinaire de l'établissement, se rend, à jour fixe et à des époques indiquées d'avance, dans les principaux centres de production de la circonscription, de manière à éviter autant que possible des déplacements trop considérables aux éleveurs. Les achats se font par le comité à la majorité des voix; le prix d'achat est fixé d'après la moyenne des votes exprimés. Le propriétaire du cheval déclare alors si le prix lui convient.

Conformément à l'ordonnance du 11 avril 1831, les chevaux et hommes composant les détachements de remonte doivent être logés et nourris, à prix débattu, dans les auberges de chaque gîte. Les maires ne doivent donc délivrer aucun billet de logement aux cavaliers de la remonte conduisant des chevaux au corps. Les billets de logement ne doivent être accordés qu'aux officiers commandant les détachements, s'ils en réclament, et aux cavaliers qui, après avoir conduit les chevaux de remonte à leur destination, rentrent au dépôt. — Voy. Logement des troupes.

Rentes. — Ce sont les arrérages ou produits annuels des capitaux placés.

Les communes peuvent être propriétaires de rentes sur particuliers et de rentes sur l'Etat.

Rentes sur particuliers. — Le revenu qui résulte, pour les communes, des rentes foncières dues par les particuliers, est établi par les titres constitutifs qui engagent les particuliers envers les communes. Le recouvrement doit en être fait contre les débiteurs d'après les règles ordinaires.

Les maires, de même que les receveurs municipaux, doivent veiller à ce que les titres constitutifs des rentes ne se périment pas par suite de la prescription trentenaire et à ce que les inscriptions hypothécaires prises sur les biens des débiteurs, en vertu de ces titres, soient renouvelées avant l'expiration des dix années fixées pour la conservation des hypothèques.

La délivrance d'un titre nouveau, pour remplacer le titre qui est sur le point de devenir caduc, peut être exigée dès le commencement de la vingt-neuvième année; le renouvellement de l'inscription hypothécaire peut avoir lieu dès le premier mois de la dixième année.

Le remboursement des capitaux placés sur des particuliers peut être fait aux communes quand les débiteurs le proposent; mais ceux-ci doivent avertir les maires un mois d'avance, pour que ces fonctionnaires avisent, pendant ce temps, aux moyens de placement, et demandent les autorisations nécessaires. Le receveur de la commune ne doit accepter le remboursement que sur l'ordre écrit du maire énonçant que la formalité ci-dessus prescrite a été remplie. (Avis Cons. d'Etat, 21 décembre 1809; Circ. Int. 20 juin 1856.)

Pour les petites rentes, pour celles qui offrent peu de garantie, et pour celles dont la perception est difficile, les remboursements peuvent être acceptés sous la déduction d'un cinquième du capital), en vertu d'une décision du ministère de l'intérieur du 24 septembre 1825; mais ces remboursements doivent être autorisés par un décret. (Avis Cons. d'Etat, 21 décembre 1808; Inst. 24 septembre 1825.)

Les demandes en autorisation d'accepter le remboursement proposé par les particuliers débiteurs de rentes, sont établies et adressées au préfet en double expédition, dont l'une est renvoyée, après approbation, au maire, et l'autre transmise au receveur général, qui l'envoie au receveur municipal par l'intermédiaire du receveur particulier des finances. (Circ. Int. 20 juin 1856.)

Le débiteur d'une rente constituée en perpétuel peut être contraint au rachat : 1° S'il cesse de remplir ses obligations pendant deux années; 2° s'il manque à fournir au prêteur les sûretés promises par le contrat. (C. civ., art. 1912.)

Le capital de la rente constituée en perpétuel devient aussi exigible en cas de faillite ou de déconfiture du débiteur. (Id., art. 1913.)

Dans le cas de remboursement forcé, comme dans celui de remboursement volontaire, l'autorisation du préfet, accordée en conseil de préfecture, est indispensable. L'arrêté du préfet est pris en suite de la délibération du conseil municipal. — Dict. des formules, nos 1281-1285.

Rentes sur l'Etat. — Les communes peuvent être propriétaires de rentes sur l'Etat, soit par suite de l'exécution de la loi du 20 mars 1813, qui a prescrit le payement en inscriptions de rentes sur l'Etat, du prix de leurs biens cédés et vendus en vertu de cette loi, soit par l'emploi, à l'achat de rentes, de capitaux disponibles.

Le placement en rentes sur l'Etat, par les communes, de capitaux provenant de remboursements faits par des particuliers, d'aliénations, de soultes d'échanges, et de legs et donations, n'a pas besoin de l'autorisation spéciale du gouvernement; il suffit d'une délibération du conseil municipal, approuvée par le préfet. En vertu de cette délibération, les capitaux disponibles sont versés au trésorier-payeur général, qui doit faire faire immédiatement l'achat des rentes au profit des communes et en remettre les inscriptions au receveur municipal. Ces achats sont effectués sans frais, sauf ceux de courtage justifiés par bordereaux d'agents de change.

Les arrérages de rentes sur l'Etat sont payés, chaque trimestre, par les receveurs des finances entre les mains des receveurs municipaux.

Les reçus délivrés par les receveurs des finances, en échange des versements qui leur sont faits pour des achats de rente sur l'Etat, sont considérés comme valeurs dans les mains des receveurs municipaux jusqu'au moment de la remise des pièces fixant définitivement les sommes employées en rentes. Lorsque les achats sont effectués, leur montant est porté au débit du compte de la commune, sur mandat du maire, auquel est joint une expédition de la délibération du conseil municipal, approuvée par le préfet.

. Les communes ne peuvent aliéner leurs rentes qu'en cas d'urgence et pour un avantage évident. Leur intérêt bien entendu veut qu'elles recourent de préférence à une imposition extraordinaire.

Lorsqu'une commune se trouve dans la nécessité de vendre tout ou partie de ses inscriptions de rentes, le conseil municipal en fait la demande par une délibération motivée. Cette délibération est adressée au sous-préfet qui prescrit une enquête de *commodo* et *incommodo.* Les pièces à fournir pour l'instruction de la demande sont : 1° la délibération du conseil municipal portant vote de l'aliénation ; 2° le procès-verbal d'enquête; 3° une copie du titre d'inscription de rentes, certifiée par le receveur municipal et visé par le maire; 4° l'état de situation de la caisse municipale ; 5° la délibération du conseil municipal sur le résultat de l'enquête. Il est nécessaire de produire, en outre, les pièces justificatives de la dépense à laquelle il y a lieu de pourvoir. L'aliénation est ensuite autorisée par un arrêté du préfet. (D. 25 mars 1852, art. 1er et tableau A, n° 41.) (L. 5 avril 1884, art. 68.)

Sur la représentation des arrêtés qui accordent les autorisations de vente, les trésoriers-payeurs généraux vendent les inscriptions de rente et en versent le produit aux receveurs des communes. Le montant de l'aliénation devant faire partie des ressources prévues au budget, il en est fait recette comme des autres produits municipaux. — *Dict. des formules*, n⁰ˢ 1279, 1281-1286.

Les dispositions rappelées ci-dessus sont applicables aux établissements de bienfaisance. — Voy. BUREAUX DE BIENFAISANCE, HOSPICES.

Rentiers. — Les titulaires de rentes sur l'Etat qui auraient perdu leurs extraits d'inscription en font la déclaration devant le maire de la commune de leur domicile. Cette déclaration, faite en présence de deux témoins qui constatent l'individualité du déclarant, est assujettie au droit fixe d'enregistrement de 1 franc. (D. 3 messidor an XII, art. 2.) — *Dict. des formules*, n° 1286.

Ladite déclaration est rapportée au Trésor public. Après en avoir fait constater la régularité, le ministre des finances autorise le directeur du grand-livre à débiter le compte de l'inscription perdue et à la porter à compte nouveau par un transfert en forme. Il est remis au réclamant un extrait original de l'inscription de ce nouveau compte. — Voy. RENTES.

Renvoi. — On nomme ainsi une addition mise en marge ou à la fin d'un acte, avec lequel elle doit faire corps.

Tout renvoi, mis soit en marge, soit à la fin de l'acte, doit être spécialement souscrit de la signature, ou tout au moins du parafe de tous ceux qui signent le corps de l'acte.

Réparations. — Les réparations aux édifices communaux, sauf l'exécution des lois spéciales concernant les bâtiments militaires et les édifices consacrés au culte, font partie des dépenses obligatoires des communes. (L. 5 avril 1884, art. 136.)

Les grosses réparations sont celles des gros murs et des voûtes, le rétablissement des poutres et des couvertures entières, celui des digues et des murs de soutènement et de clôture aussi en entier. (C. civ., art. 606.) Suivant les circonstances locales et le nombre des édifices à entretenir elles prennent le caractère de dépenses extraordinaires ou restent simplement des dépenses ordinaires. (L. 5 avril 1884, art. 136.)

Les réparations de simple entretien qui ne dépassent pas 300 francs peuvent être exécutées par économie sur les crédits ouverts au budget, sans aucune autorisation préalable. Il suffit, dans ce cas, d'en dresser un devis, qui est joint au mandat de payement avec les mémoires des ouvriers.

Le conseil municipal règle par ses délibérations, d'accord avec le maire, les projets, plans et devis de grosses réparations et d'entretien, quand la dépense totalisée avec les dépenses de même nature énumérées dans le paragraphe 3 de l'article 68, pendant l'exercice courant, ne dépasse pas les limites des ressources ordinaires et extraordinaires que les communes peuvent se créer sans autorisation spéciale. (L. 5 avril 1884, art. 61.)

Si la dépense excède cette limite, la délibération du conseil municipal n'est exécutive que sur l'approbation du préfet. (L. 5 avril 1884, art. 68.) Voy. BATIMENTS ET ÉDIFICES PUBLICS, FABRIQUE, MONUMENTS HISTORI-QUES, TRAVAUX COMMUNAUX. — *Dict. des formules*, n° 1219.

Répartiteurs. — La répartition du contingent des contributions directes, assignée à la commune, est faite entre les contribuables par une commission composée du maire, d'un adjoint et de cinq citoyens contribuables fonciers dont deux au moins non domiciliés dans la commune. (L. 3 frimaire an VII.)

Les membres de cette commission sont appelés répartiteurs. Ils sont nommés pour un an par le sous-préfet sur une liste de présentation dressée par le conseil municipal, contenant un nombre de candidats double du nombre de répartiteurs titulaires et suppléants à nommer. Le sous-préfet ne peut plus nommer en dehors de cette liste. (Art. 61, loi 5 avril 1884.) La mission des répartiteurs dure un an, ils restent en fonctions jusqu'à la nomination de leurs successeurs. — *Dict. des formules*, n° 1288. — Voy. CONTRIBUTIONS DIRECTES.

Répertoire des actes soumis à l'enregistrement. — Pour assurer la perception des droits d'enregistrement, les maires doivent tenir des répertoires à colonnes sur lesquelles ils inscrivent jour par jour, sans blanc ni interligne, et par ordre de numéros, tous les actes de l'administration communale soumis à l'enregistrement sur minute, c'est-à-dire les actes portant translation de propriété, d'usufruit, de jouissance, les adjudications et marchés de toute nature et les cautionnements relatifs à ces actes. (L. 22 frimaire an VII, art. 49; 15 mai 1818, art. 78.)

Les répertoires doivent être en papier timbré; ils sont cotés et parafés par le sous-préfet.

Chaque article du répertoire contient : 1° son numéro ; 2° la date de l'acte ; 3° sa nature (acquisition, aliénation, bail à ferme ou adjudication); 4° les noms et prénoms des parties et leurs domiciles ; 5° l'indication des biens, leur situation et le prix, lorsqu'il s'agit d'actes qui ont pour objet la propriété, l'usufruit ou la jouissance de biens-fonds ; 6° la mention de l'enregistrement, c'est-à-dire la date de l'accomplissement de cette formalité et le montant du droit perçu. (L. 22 frimaire an VII, art. 50.)

Le maire indique, en outre, au répertoire la date de l'approbation de chaque acte et celle du jour où elle est parvenue à la mairie.

Dans les dix premiers jours de chacun des mois de janvier, avril, juillet et octobre, les maires sont tenus de faire viser leur répertoire par le receveur de l'enregistrement de leur résidence; ils doivent également le communiquer à toute réquisition aux préposés de cette administration. (L. 22 frimaire an VII, art. 51.) La présentation au visa du receveur de l'enregistrement doit être faite lors même qu'il n'y aurait eu lieu à l'inscription d'aucun acte pendant le trimestre. — Voy. ENREGISTREMENT.

Les maires peuvent déléguer à leur secrétaire la tenue du répertoire. — Voy. SECRÉTAIRE DE MAIRIE. — *Dict. des formules*, n°s 1289-1290.

Réquisitions. — Il y a plusieurs sortes de réquisitions : il en est qui obligent les agents de la force publique ; telles sont celles qui ont pour objet l'arrestation des malfaiteurs, la répression d'un attroupement, d'une émeute, l'exécution des jugements et mandats de justice ; d'autres qui sont obligatoires pour les simples citoyens, comme lorsqu'il s'agit de porter secours en cas d'incendie, d'inondation, etc. ; d'autres, enfin, qui s'adressent à l'autorité elle-même, tel est le cas, par exemple, où un chef de maison requiert le maire de se transporter en son domicile à l'effet de constater un crime ou un délit. Nous allons rappeler les règles qui s'appliquent à ces différentes réquisitions.

Réquisition à la force publique. — Tous les officiers de police judiciaire ont, dans l'exercice de leurs fonctions, le droit de requérir directement la force publique. (C. I. C., art. 25.)

Le maire peut user de cette prérogative, en s'adressant soit aux gardes de la commune, soit à la gendarmerie, soit même à la troupe de ligne, suivant la gravité des circonstances.

En cas d'arrestation présentant peu de difficulté, le maire s'adresse aux gardes champêtres ou forestiers de la commune. (C. I. C., art. 16.)

Lorsqu'il s'agit d'une arrestation moins facile, d'un attroupement, de l'exécution d'un mandat d'amener ou de la conduite de prévenus, c'est à la brigade de gendarmerie qu'il doit recourir.

Enfin si des circonstances extraordinaires nécessitent un plus grand déploiement de forces, le maire s'adresse au commandant de la place de guerre la plus voisine, et le requiert de lui fournir tel nombre d'hommes qu'il juge nécessaire. (D. 24 décembre 1811.)

Les réquisitions ne doivent contenir aucun terme impératif, tels que ordonnons, voulons, enjoignons, mandons, etc. Elles doivent énoncer la loi qui les autorise et le motif en vertu duquel elles ont lieu ; elles sont faites par écrit, elles sont datées et signifiées. (D. 1er mars 1854, art. 96 et 97.) — Voy. ARRESTATIONS, FLAGRANT DÉLIT, FORCE PUBLIQUE, GARDES CHAMPÊTRES, GARDES FORESTIERS, GENDARMERIE. — *Dict. des formules*, nos 1291 et 1291 bis.

Réquisition aux simples citoyens. — En cas d'accidents ou de fléaux calamiteux, tels qu'incendie, inondation, etc., le maire a le droit de requérir tous les ouvriers et autres citoyens valides dont il juge le concours utile, même ceux qui sont étrangers à la commune et se trouvent sur les lieux. Il peut aussi requérir les particuliers de fournir les voitures, chevaux, outils et ustensiles nécessaires.

Lorsque le maire procède à une information judiciaire, en cas de flagrant délit, et qu'il y a des blessures, violences ou contusions à constater, il requiert le médecin, chirurgien ou officier de santé le plus voisin, de se rendre immédiatement sur les lieux, et le commet pour cette opération.

Il arrive souvent aussi que les recherches ou constatations à faire nécessitent l'emploi d'ouvriers de différents états. Le maire a le droit, dans ce cas, de requérir tout ouvrier et même toute personne présente de faire les travaux ou de lui prêter le secours nécessaire : par exemple, l'ouverture d'une maison ou de ses meubles ; la visite d'une fosse, d'un puits ; le transport d'un cadavre ou de pièces de conviction d'un grand volume ; le transport du prévenu arrêté ou l'arrestation même du prévenu.

Dans toutes ces circonstances, le refus d'obéir à la réquisition, même verbale du maire, constitue une contravention et doit être constaté par procès-verbal.

Le Code pénal, article 475, porte la peine d'une amende de six francs, à dix francs inclusivement contre ceux qui, le pouvant, auront refusé de faire les travaux, le service ou de prêter le secours dont ils auront été requis, dans les circonstances d'accidents, tumultes, naufrage, inondation, incendie ou autres calamités, ainsi que dans les cas de brigandages, pillages, flagrant délit, clameur publique ou d'exécution judiciaire. — Voy. ACCIDENT, INCENDIE, INONDATION.—*Dict. des formules*, nos 1292-1293.

Il y a encore une espèce de réquisition obligatoire pour tous les citoyens; mais alors ce mot ne s'entend pas dans le même sens que ci-dessus; c'est une sorte d'emprunt forcé en nature que l'autorité administrative réclame dans certaines circonstances exceptionnelles : telles sont les réquisitions des fourrages, voitures, lits militaires, etc. — Voy. CONVOIS MILITAIRES, FOURRAGES, RÉQUISITIONS MILITAIRES.

Réquisition d'un chef de maison à l'effet de constater un crime ou un délit. — Lorsqu'un crime ou délit a été commis dans l'intérieur d'une maison, le chef de cette maison a droit de requérir le maire, l'adjoint ou le commissaire de police de le constater. L'officier requis procède alors comme en cas de flagrant délit; il dresse les procès-verbaux, reçoit les déclarations des témoins, fait les visites et les autres actes qui sont réglés par les articles 32 à 46 du Code d'instruction criminelle.

Par le mot chef de maison, on entend tout chef de famille, même le locataire d'un simple appartement; chaque appartement d'une maison constituant, pour celui qui l'occupe, son domicile particulier. — Voy. FLAGRANT DÉLIT. — *Dict. des formules*, nos 1294-1295.

Réquisitions militaires. — On appelle *réquisitions* l'ordre donné par une autorité compétente à un particulier d'abandonner, pour un service public, la propriété ou l'usage de son bien. On distingue deux sortes de réquisitions: les réquisitions faites par l'autorité nationale, qu'on désignait dans l'ancien droit sous le nom *d'appels* et qui, aujourd'hui, constituent à proprement dire, les réquisitions de droit public; et celles faites par les armées étrangères ou réquisitions de *droit des gens*. Nous ne saurions étudier ici les réquisitions du droit des gens, car, conséquences de l'état de guerre, la manière dont elles s'exercent, varie nécessairement avec les circonstances de la lutte. Seules, les réquisitions de droit public émanant de l'autorité nationale doivent nous occuper, car seules elles sont l'objet de règles précises.

La matière des réquisitions est dominée par l'article 245 du Code civil, aux termes duquel : « Nul ne peut être contraint de céder sa propriété si ce n'est pour cause d'utilité publique et moyennant une juste indemnité. Il suit de là que, pour qu'une réquisition soit légitime il faut 1° qu'elle soit nécessaire; 2° qu'elle ne soit frappée qu'en raison de circonstances déterminées par la loi; 3° qu'elle émane d'une autorité compétente désignée par la loi; 4° qu'elle ait pour conséquence l'allocation d'une juste indemnité.

Conditions d'exercice du droit de réquisition. — Le droit de réquisition s'ouvre en cas de mobilisation totale ou partielle de l'armée et en cas de rassemblement de troupes.

La mobilisation totale est toujours le prélude de la guerre ; le droit de réquisition est ouvert sur tout le territoire depuis le jour de la mobilisation jusqu'au jour où l'armée est remise sur le pied de paix. En cas de mobilisation partielle ou de rassemblement de troupes tels que ceux qui peuvent être ordonnés en temps de paix par suite d'inondation, incendie, insurrection, manœuvres, etc., le ministre de la guerre détermine l'époque où pourra commencer et celle où devra se terminer l'exercice du droit de réquisition, ainsi que les portions de territoire où ce droit pourra s'exercer. Ces arrêtés sont publiés dans la commune.

Dans un cas comme dans l'autre, les réquisitions se justifient par la nécessité de suppléer à l'insuffisance des moyens ordinaires d'approvisionnement de l'armée.

Sont exigibles, par voie de réquisition, les fournitures et prestations nécessaires à l'armée qui comprennent notamment : 1° le logement chez l'habitant et le cantonnement pour les hommes et pour les chevaux, mulets et bestiaux dans les locaux disponibles, ainsi que les bâtiments nécessaires pour le personnel et le matériel des services de toute nature qui dépendent de l'armée (1); 2° la nourriture journalière des officiers et soldats logés chez l'habitant, conformément à l'usage du pays (2); 3° les vivres et le chauffage pour l'armée ; les fourrages pour les chevaux, mulets et bestiaux ; la paille de couchage pour les troupes campées ou cantonnées ; 4° les moyens d'attelage et de transport de toute nature, y compris le personnel ; 5° les bateaux ou embarcations qui se trouvent sur les fleuves, rivières, lacs et canaux ; 6° les moulins et les fours ; 7° les matériaux, outils, machines et appareils nécessaires pour la construction ou réparation des voies de communication, et en général pour l'exécution de tous les travaux militaires ; 8° les guides, les messagers, les conducteurs, ainsi que les ouvriers pour tous les travaux que les différents services de l'armée ont à exécuter ; 9° le traitement des malades ou blessés chez l'habitant ; 10° les objets d'habillement, d'équipement, de campement, de harnachement, d'armement et de couchage, les médicaments et moyens de pansement ; 11° tous les autres objets et services dont la fourniture est nécessitée par l'intérêt militaire. Hors le cas de mobilisation, il ne pourra être fait réquisition que des prestations énumérées aux cinq premiers paragraphes du présent article. Les moyens d'attelage et de transport, bateaux et embarcations, dont il est question aux paragraphes 4 et 5, ne pourront également être requis chaque fois, hors le cas de mobilisation, que pour une durée maximum de vingt-quatre heures. (L. 3 juillet 1877, art. 5.)

L'exécution de ces dispositions légales est réglée de la manière suivante par le décret du 2 août 1877.

De l'exécution des réquisitions. — Le droit de requérir est confié à l'autorité militaire, c'est-à-dire, en cas de mobilisation totale, aux généraux commandant des armées, des corps d'armée, des divisions ou des

---

(1) En ce qui concerne le logement et le cantonnement, voir *suprà* LOGEMENT ET CANTONNEMENT.

(2) La fixation du nombre d'hommes à nourrir dans chaque commune est faite par le maire et notifiée par un billet de nourriture analogue au billet de logement.

On peut sans difficultés imposer la nourriture à raison de 4 à 6 hommes par feu, et, en cas de nécessité, à raison de 4 à 6 hommes par habitant. (Inst. 30 août 1885.)

troupes ayant une mission spéciale ; en cas de mobilisation partielle ou de rassemblement de troupes, aux généraux commandant les corps d'armées mobilisés ou lesdits rassemblements. Ces généraux peuvent déléguer le droit de requérir aux fonctionnaires de l'intendance et aux officiers commandant les détachements.

Les réquisitions sont toujours formulées par écrit et signées. En principe, chaque ordre de réquisition est détaché d'un carnet à souche que l'officier chargé de la réquisition remet, sa mission terminée, à son chef de corps ou de service. Cependant, en cas d'urgence et *seulement en temps de guerre*, tout commandant de troupe ou chef de détachement opérant isolément peut, sans être muni d'un carnet de réquisition, requérir les prestations nécessaires aux besoins journaliers de sa troupe. Les réquisitions ainsi faites sont toujours écrites et signées en deux expéditions.

Les réquisitions de vivres, denrées ou fourrages doivent mentionner la quantité de rations requises et la quotité de la ration réglementaire. Toutes les fois qu'il y a lieu de requérir des chevaux, voitures ou harnais pour des transports devant amener un déplacement de plus de cinq jours, de même que lorsqu'il y a lieu de requérir des outils, matériaux, machines, bateaux, embarcations en dehors des eaux maritimes, pour une durée de plus de huit jours, il doit être procédé à une estimation contradictoire par l'officier requérant et le maire de la commune. En cas de perte ou de détérioration des susdits animaux et objets, le chef de détachement délivre aux conducteurs un certificat constatant le fait. En cas de refus de l'officier de délivrer ce certificat, le conducteur doit faire constater le dommage, ses causes et sa valeur par le juge de paix, ou, à son défaut, par le maire de la commune où s'est produit ce dommage. Les chefs de détachement qui requièrent des guides ou conducteurs doivent pourvoir à leur nourriture comme à celle des chevaux pendant toute la durée de la réquisition.

Toute réquisition doit être adressée à la commune ; elle est notifiée au maire ou à son suppléant. Toutefois, si aucun membre de la municipalité ne se trouve au siège de la commune, ou si une réquisition urgente est nécessaire sur un point éloigné du siège de la commune et qu'il soit impossible de la notifier régulièrement, la réquisition peut être adressée directement par l'autorité militaire aux habitants. Dans ce cas, l'officier de réquisitions doit s'adresser autant que possible à un conseiller municipal, ou, à défaut, à un habitant, pour se faire aider dans la répartition des prestations. Les réquisitions exercées sur une commune ne doivent porter que sur les ressources qui y existent, sans pouvoir les absorber complètement. (L. 3 juillet 1877, art. 19.)

Le maire, assisté, sauf le cas de force majeure ou d'extrême urgence, de deux membres du conseil municipal appelés dans l'ordre du tableau, et de deux des habitants les plus imposés de la commune (1), répartit les prestations exigées entre les habitants et les contribuables, alors même que ceux-ci n'habitent pas la commune et n'y sont pas représentés. Cette répartition est obligatoire pour tous ceux qui y sont compris. Il est délivré par le maire, à chacun d'eux, un reçu des prestations fournies. Le maire prendra les mesures nécessitées par les circonstances pour que, dans le cas d'absence de tout habitant ou contribuable,

_____

(1) Bien que la loi du 5 avril 1882 ait supprimé l'intervention des plus imposés dans les affaires de la commune, le maire fera bien, croyons-nous, pour rester dans l'esprit de la loi, de se faire assister par deux notables en matière de réquisitions.

la répartition, en ce qui le concerne, soit effective. Au lieu de procéder
par voie de répartition, le maire, assisté, comme il est dit ci-dessus,
peut, au compte de la commune, pourvoir directement à la fourniture
et à la livraison des prestations requises ; les dépenses qu'entraîne
cette opération sont imputées sur les ressources générales du budget
municipal, sans qu'il soit besoin d'autorisation spéciale. Dans les cas
prévus par le premier paragraphe de l'article 19, ou lorsque les prestations requises ne sont pas fournies dans les délais prescrits, l'autorité
militaire fait d'office la répartition entre les habitants. (Id., art. 186.)
   Si le maire déclare que les quantités requises excèdent les ressources
de sa commune, il doit d'abord livrer toutes les prestations qu'il lui est
possible de fournir. L'autorité militaire peut toujours, dans ce cas, faire
procéder à des vérifications. Lorsque celle-ci trouve des denrées qui
ont été indûment refusées, elle s'en empare, même par la force, et
signale le fait à l'autorité judiciaire.
   Ne sont pas considérées comme prestations disponibles ou comme
fournitures susceptibles d'être réquisitionnées : 1° les vivres destinés à
l'alimentation d'une famille et ne dépassant pas sa consommation pendant trois jours ; 2° les grains ou autres denrées alimentaires qui se
trouvent dans un établissement agricole, industriel ou autre, et ne
dépassant pas la consommation de huit jours ; 3° les fourrages qui se
trouvent chez un cultivateur, et ne dépassant pas la consommation de
ses bestiaux pendant quinze jours.
   S'il y a lieu de requérir la prestation d'un habitant absent et non
représenté, le maire peut, au besoin, faire ouvrir la porte de vive force
et faire procéder d'office à la livraison des fournitures requises. Dans
ce cas, il requiert deux témoins d'assister à l'ouverture et à la fermeture des locaux, ainsi qu'à l'enlèvement des objets ; il dresse un procès-
verbal de ces opérations.
   Le maire fait procéder, en sa présence ou en présence d'un délégué,
à la remise aux parties prenantes des fournitures requises et s'en fait
donner reçu. Il tient registre des prestations fournies par chaque habitant, soit en vertu de la répartition par lui faite, soit en vertu de réquisitions directes, et mentionne les quantités fournies et les prix réclamés;
il délivre des reçus aux prestataires. Les habitants qui sont l'objet de
réquisitions directes portent à la mairie les reçus qu'ils ont obtenus de
l'autorité militaire et les échangent contre des reçus de l'autorité municipale. Il en est de même des certificats qui sont délivrés aux habitants
pour constater l'accomplissement d'un service requis.
   Dans le cas de refus de la municipalité de déférer aux réquisitions, le
maire, ou celui qui en fait fonctions, peut être condamné à une amende
de vingt-cinq à cinq cents francs (25 à 500 fr.). Si le fait provient du
mauvais vouloir des habitants, le recouvrement des prestations est
assuré, au besoin, par la force ; en outre, les habitants qui n'obtem-
pèrent pas aux ordres de réquisitions sont passibles d'une amende qui
peut s'élever au double de la valeur de la prestation requise. En temps
de paix, quiconque abandonne le service pour lequel il est requis personnellement est passible d'une amende de seize à cinquante francs (16 à
50 fr.). En temps de guerre, et par application des dispositions portées
à l'article 62 du Code de justice militaire, il est traduit devant le conseil
de guerre et peut être condamné à la peine de l'emprisonnement de six
jours à cinq ans, dans les termes de l'article 194 du même Code. (Id.,
art. 21.)
   Tout militaire qui, en matière de réquisitions, abuse des pouvoirs
qui lui sont conférés, ou qui refuse de donner reçu des quantités four-

nies, est puni de la peine de l'emprisonnement, dans les termes de l'article 194 du Code de justice militaire ; tout militaire qui exerce des réquisitions sans avoir qualité pour le faire est puni, si ces réquisitions sont faites sans violence, conformément au cinquième paragraphe de l'article 248 du Code de justice militaire. Si ces réquisitions sont exercées avec violence, il est puni conformément à l'article 250 du même Code. Le tout sans préjudice des restitutions auxquelles il peut être condamné. (Id., art. 22.)

Dans les eaux maritimes, les propriétaires, capitaines ou patrons de navires, bateaux et embarcations de toute nature sont tenus, sur réquisitions, de mettre ces navires, bateaux ou embarcations à la disposition de l'autorité militaire, qui a le droit d'en disposer dans l'intérêt de son service, et qui peut également requérir le personnel en tout ou en partie. Ces réquisitions se font par l'intermédiaire de l'administration de la marine, sur les points du littoral où elle est représentée. (Id., art. 23.)

Du règlement des indemnités. — En cas de mobilisation totale, le ministre de la guerre nomme des commissions départementales et une commission centrale qui est chargée de correspondre avec des commissions départementales d'évaluation, d'assurer l'uniformité et la régularité des liquidations et d'émettre son avis sur toutes les difficultés auxquelles peut donner lieu le règlement des indemnités. (L. 3 juillet 1877, art. 24, et D. 2 août suivant.)

Les commissions départementales d'évaluation sont composées de trois, cinq ou sept membres, selon l'importance des réquisitions à exercer. Le ministre de la guerre fixe ce nombre et peut déléguer au général commandant la région le soin de nommer les membres de ces commissions.

Le nombre des membres civils est de deux dans les commissions composées de trois personnes, de trois dans celles qui sont composées de cinq personnes, et de quatre dans celles de sept membres. Les membres civils sont nommés sur la désignation du préfet. L'arrêté qui nomme les commissions départementales désigne en même temps le président et le secrétaire, qui peuvent être choisis parmi les membres militaires ou parmi les membres civils.

La commission ne peut délibérer que s'il y a au moins trois membres présents dans les commissions composées de trois ou de cinq membres, et cinq dans celles qui sont composées de sept membres. Les commissions d'évaluation peuvent s'adjoindre, avec voix consultative, des notables commerçants pour l'établissement des tarifs ; elles peuvent aussi désigner des experts pour l'estimation des dommages. Les frais d'estimation sont à la charge de l'administration.

Les commissions d'évaluation établissent, pour les différents objets susceptibles d'être réquisitionnés, des tarifs qui sont arrêtés par le ministre de la guerre.

Au moyen du registre tenu comme il est dit plus haut, le maire, pour faire régler les indemnités qui peuvent être dues dans sa commune, dresse, suivant les objets fournis, et par service administratif, en double expédition, l'état nominatif de tous les habitants qui ont fourni des prestations ; il indique sur cet état la nature et l'importance des prestations fournies, la date des réquisitions et les prix réclamés. Il y joint son avis. L'état nominatif ainsi dressé est envoyé à la commission d'évaluation par l'intermédiaire du préfet. Le maire y joint les ordres de réquisition et les reçus de l'autorité militaire, ainsi que les certificats d'exécution de service requis et les procès-verbaux de dégâts ou d'estimation, s'il y a lieu. Les pièces justificatives sont récapitulées dans un bordereau dressé en double expédition, dont une est renvoyée à la commune, à titre de récépissé, après avoir été visée par la commission. (L. 3 juillet 1877, art. 25.)

La commission d'évaluation donne son avis sur les prix de chaque prestation et sur les différences qui peuvent se produire entre les quantités réclamées et celles qui résultent des reçus. Elle transmet son avis au fonctionnaire de l'intendance chargé par le ministre de la guerre de fixer l'indemnité.

Dans les délais prévus par l'article 26 de la loi du 3 juillet 1877, le fonctionnaire de l'intendance le notifie au maire. Le fonctionnaire de l'intendance joint à sa notification les états mentionnés à l'article 49 du présent décret, revêtus de son visa. Le maire inscrit sur ces états la date de la notification faite aux divers intéressés, y mentionne les réponses qu'il reçoit, et, à l'expiration du délai de quinze jours, arrête les états et en certifie l'exactitude. Un de ces états reste à la mairie. Le maire notifie aux intéressés le chiffre des indemnités allouées, en leur faisant connaître qu'ils ont quinze jours pour adresser à la mairie leur acceptation ou leur refus.

Faute pour les intéressés d'avoir fait connaître leur refus dans ce délai, les allocations sont considérées comme définitives. — Quand il y a refus, il doit être motivé et indiquer la somme réclamée. — Il est transmis par le maire au juge de paix, qui envoie de simples avertissements sans frais, pour une date aussi prochaine que possible, à l'autorité militaire et au réclamant. En cas de non-conciliation, il peut prononcer immédiatement ou ajourner les parties pour être jugées dans le plus bref délai. Il statue en dernier ressort jusqu'à une valeur de 200 francs inclusivement, et en premier ressort jusqu'à 1,500 francs inclusivement. Au-dessus de ce chiffre, l'affaire est portée devant le tribunal de première instance et les procès-verbaux de non-conciliation sont remis directement aux intéressés. (Art. 26.)

Après l'expiration du délai de quinzaine, le maire dresse en triple expédition et par service administratif un nouvel état des allocations acceptées et de celles pour lesquelles les intéressés n'ont pas fait de réponse. Ces trois expéditions sont envoyées, avec l'original de l'état indiqué à l'article précédent, au fonctionnaire de l'intendance chargé du règlement des indemnités.

Lorsque le fonctionnaire de l'intendance a reçu l'état des allocations acceptées dans une commune, il doit, après vérification et dans un délai maximum de huit jours, délivrer le mandat de payement dans les conditions prévues par l'article 27 de la loi sur les réquisitions. Le mandat est délivré au nom du receveur municipal de la commune, et il est adressé ce fonctionnaire avec une expédition de l'état nominatif mentionné à l'article précédent et visé par l'ordonnateur.

Quand le payement est fait au comptant, le receveur municipal, aussitôt après avoir touché le mandat, effectue le payement à chaque intéressé, qui émarge l'état nominatif. (Art. 28.)

Si, par application du dernier paragraphe de l'article 27 de la loi du 3 juillet 1877, le payement a lieu en bons du Trésor portant intérêt à 5 0/0, ou le receveur municipal encaisse le montant de ces bons à leur échéance, et il fait, de concert avec le maire, la répartition des intérêts au prorata des indemnités ; il porte cette répartition sur l'état nominatif et effectue les payements comme il est indiqué à l'article précédent. (Art. 27.)

Pour le modèle des états prescrits ci-dessus, voy. le *Dictionnaire des formules*, n°s 1297 et suivants, et le *Bulletin officiel du Min. de l'int.,* annexe militaire de 1878, page 37 et suivantes.

Les titres VI et VII de la loi, articles 29 à 35, comprennent les *réquisitions relatives aux chemins de fer* et les *réquisitions de l'autorité maritime.* Parmi ces dispositions, il n'y a lieu de relever ici comme intéressant les municipalités que l'article 34, ainsi conçu : « Les communes ne peuvent comprendre, dans la répartition des prestations qu'elles sont requises de fournir, aucun objet appartenant aux compagnies de chemins de fer.

Dispositions relatives aux chevaux, mulets et voitures nécessaires à la mobilisation. — La loi du 1er août 1874 sur la conscription des chevaux avait présenté, dans son application, des inconvénients auxquels il y avait lieu de porter remède. Le législateur de 1877 saisit l'occasion qui s'offrait à lui de réglementer la réquisition des *voitures* pour remanier les dispositions relatives à la réquisition des *chevaux et mulets.* De là le titre VIII de la loi du 3 juillet 1877, dont voici le texte, suivi des mesures d'exécution prescrites par le décret du 2 août de la même année.

L'autorité militaire a le droit d'acquérir, par voie de réquisition, pour pour compléter et entretenir l'armée au pied de guerre, des chevaux, juments, mules et mulets, et des voitures attelées. (L. 3 juillet 1877, art. 36.)

Tous les ans, avant le 16 janvier, a lieu dans chaque commune, sur la déclaration obligatoire des propriétaires, et, au besoin, d'office, par les soins du maire, le recensement des chevaux, juments, mules et mulets susceptibles d'être requis en raison de l'âge qu'ils ont eu au 1er janvier, c'est-à-dire six ans et au-dessus pour les chevaux et juments, quatre ans et au-dessus pour les mulets et mules. L'âge se compte à partir du 1er janvier de l'année de la naissance. Tous les trois ans, avant le 16 janvier, a lieu dans chaque commune, et de la même manière que ci-dessus, le recensement des voitures attelées de chevaux et de mulets autres que celles qui sont exclusivement affectées au transport des personnes. (Id., art. 37.)

Chaque année, le ministre de la guerre peut faire procéder, du 16 janvier au 1er mars, ou du 15 mai au 15 juin, à l'inspection et au classement des chevaux, juments, mulets ou mules, recensés ou non, ayant l'âge fixé à l'article précédent. La même opération peut être faite, aux mêmes époques, dans l'année du recensement, pour les voitures attelées. L'inspection et le classement ont lieu en temps de paix dans chaque commune, à l'endroit désigné à l'avance par l'autorité militaire, en présence du maire ou de son suppléant légal. Il est procédé par des commissions mixtes, désignées dans chaque région par le général commandant le corps d'armée, et composées chacune d'un officier président et ayant voix prépondérante en cas de partage, d'un membre civil choisi dans la commune, ayant voix délibérative, et d'un vétérinaire militaire ou d'un vétérinaire civil, ou, à défaut, d'une personne compétente désignée par le maire, ayant voix consultative. Il ne sera pas alloué d'indemnité au membre civil de ladite commission. (Id., art. 38.)

Les animaux reconnus propres à l'un des services de l'armée sont classés suivant les catégories établies au budget pour les achats annuels de la remonte, les chevaux d'officier formant dans chaque catégorie des chevaux de selle une classe à part. (Id., art. 39.)

Sont exemptés de la réquisition en cas de mobilisation, et ne sont pas portés sur la liste de classement par catégories : 1° les chevaux appartenant au chef de l'Etat ; 2° les chevaux dont les fonctionnaires sont tenus d'être pourvus pour leur service ; 3° les chevaux entiers approuvés ou autorisés pour la reproduction ; 4° les juments en état de gestation constatée, ou suitées d'un poulain, ou notoirement reconnues comme consacrées à la reproduction ; 5° les chevaux et juments n'ayant pas atteint l'âge de six ans, les mulets et mules au-dessous de quatre ans , 6° les chevaux de l'administration des postes, ou ceux qu'elle entretient pour son service par des contrats particuliers ; 7° les chevaux indispensables pour assurer le service des administrations publiques et ceux affectés au transport de matériel nécessité par l'exploitation des chemins de fer. Ces derniers peuvent toutefois être requis au même titre que les voies ferrées elles-mêmes, conformément aux dispositions de l'article 29 de la présente loi. (Id., art. 40.)

Les voitures recensées sont présentées tout attelées aux commissions mixtes, qui arrêtent leur classement, ainsi que celui des harnais. A l'issue de ce classement, il est procédé, en présence de la commission, à un tirage au sort qui règle l'ordre d'appel des voitures en cas de mobilisation. (Id., art. 41.)

Sont exemptées de la réquisition, en cas de mobilisation, et ne sont pas portées sur la liste de classement par catégorie, les voitures indispensables pour assurer le service des administrations publiques et celles affectées aux transports de matériel nécessités par l'exploitation des chemins de fer. Ces dernières peuvent, toutefois, être requises au même titre que les voies ferrées elles-mêmes, conformément aux dispositions de l'article 29 de la présente loi. (Id., art. 42.)

Un tableau certifié par le président de la commission mixte et par le maire, indiquant pour chaque commune le signalement des animaux classés, ainsi que le nom de leurs propriétaires, est adressé au bureau de recrutement du ressort. Un double de ce tableau reste déposé à la mairie jusqu'au classement suivant. Il est dressé de la même manière un tableau de classement des voitures en double expédition ; les numéros de tirage y sont inscrits. (Id., art. 43.)

Le contingent des animaux à fournir en cas de mobilisation, dans chaque région, pour compléter et entretenir au pied de guerre les troupes qui y sont stationnées, est fixé par le ministre de la guerre, d'après les ressources constatées au classement pour chaque catégorie. Ce contingent est réparti, dans la région, par l'autorité militaire, de manière à égaliser les charges provenant des réquisitions prévues pour les besoins successifs de l'armée. Toutefois, cette répartition n'est notifiée qu'en cas de mobilisation. L'insuffisance des ressources dans un corps d'armée sera compensée, sur l'ordre du ministre de la guerre, par l'excédent d'un autre corps d'armée. Les mêmes dispositions sont applicables aux voitures attelées. (Id., art. 44.)

Dès la réception de l'ordre de mobilisation, le maire est tenu de prévenir les propriétaires que : 1° tous les animaux classés présents dans la commune ; 2° tous ceux qui y ont été introduits depuis le dernier classement, et qui ne sont pas compris dans les cas d'exemption prévus par l'article 40 ; 3° tous ceux qui ont atteint l'âge légal depuis le dernier classement ; 4° tous ceux enfin qui, pour un motif quelconque, n'auraient pas été déclarés au recensement, ni présentés au dernier classement, bien qu'ils eussent l'âge légal, doivent être conduits, aux jour et heure fixés pour chaque canton, au point indiqué par l'autorité militaire. Le maire prévient également les propriétaires des voitures, d'après les numéros de tirage portés sur le dernier état de classement, suivant la demande de l'autorité militaire, d'avoir à les conduire tout attelées au même point de rassemblement. Les animaux doivent avoir leur ferrure en bon état, un bridon et un licol pourvu d'une longe. (Id., art. 45.)

Des commissions mixtes, désignées par l'autorité militaire, procèdent audit point à la réception, par canton, des animaux amenés, et opèrent le classement non encore fait de ceux qui se trouvent compris dans les cas spéciaux indiqués à l'article précédent. Si le nombre des animaux présentés à la commission est supérieur au chiffre à requérir dans la catégorie, il est procédé à un tirage au sort pour déterminer l'ordre dans lequel ils seront appelés. (Id., art. 46.)

Le propriétaire d'un animal compris dans le contingent a le droit de présenter à la commission de remonte et de faire inscrire à sa place un autre animal non compris dans le contingent, mais appartenant à la même catégorie et à la même classe dans la catégorie. (Id., art. 47.)

Après avoir statué sur tous les cas de réforme, de remplacement ou d'ajournement demandé pour cause de maladie, la commission de réception, en présence des maires ou de leurs suppléants légaux, prononce la réquisition des animaux nécessaires pour la mobilisation. Elle procède également à la réception des voitures attelées. Elle fixe le prix des voitures et des harnais d'après les prix courants du pays. Les animaux qui attellent les voitures admises entrent en déduction du contingent requis en vertu du présent article et sont payés conformément à l'article 49 ci-après. (Id., art. 48.)

Les prix des animaux requis sont déterminés à l'avance et fixés d'une manière absolue, pour chaque catégorie, aux chiffres portés au budget de l'année, augmentés du quart, pour les chevaux de selle et pour les chevaux d'attelage d'artillerie. Toutefois, cette augmentation n'est pas applicable aux chevaux entiers. (Id., art. 49.)

Les propriétaires des animaux, voitures ou harnais requis reçoivent sans délai des mandats en représentant le prix et payables à la caisse du receveur des finances le plus à proximité. (Id., art. 50.)

Les propriétaires qui, aux termes de l'article 45, n'auront pas conduit leurs animaux classés ou susceptibles de l'être, leurs voitures attelées désignées par l'autorité militaire, au lieu indiqué pour la réquisition, sans motifs légitimes admis par la commission de réception, sont déférés aux tribunaux, et, en cas de condamnation, frappés d'une amende égale à la moitié du prix d'achat fixé pour la catégorie à laquelle appartiennent les animaux ou à la moitié du prix moyen d'acquisition des voitures ou harnais dans la région. Néanmoins, la saisie et la réquisition pourront être exécutées immédiatement, et sans attendre le jugement, à la diligence du président de la commission de réception ou de l'autorité militaire. (Id., art. 51.)

Les maires ou les propriétaires des chevaux, juments, mulets ou mules, de voitures ou de harnais, qui ne se conforment pas aux dispositions du titre VIII de la présente loi, sont passibles d'une amende de vingt-cinq à mille francs (25 à 1,000 fr.). Ceux qui auront fait sciemment de fausses déclarations seront frappés d'une amende de cinquante à deux mille francs (50 à 2,000 fr.). (Id., art. 52.)

Lorsque l'armée sera replacée sur le pied de paix, les anciens propriétaires des animaux requis pourront les réclamer, sauf restitution du prix intégral de payement et sous réserve de les rechercher eux-mêmes dans les rangs de l'armée, et d'aller les prendre à leurs frais au lieu de garnison des corps ou de l'officier détenteur. (Id., art. 53.)

DU RECENSEMENT. — Pour assurer l'exécution de ces prescriptions, tous les ans, au commencement de décembre, le maire fait publier un avertissement adressé à tous les propriétaires de chevaux ou mulets qui se trouvent dans la commune, pour les informer qu'ils doivent se présenter à la mairie avant le 1er janvier, et faire la déclaration de tous les chevaux, juments, mulets ou mules qui sont en leur possession, en indiquant l'âge de ces animaux.

Du 1er au 15 janvier de chaque année, le maire dresse la liste de recensement des chevaux, juments, mulets et mules, prescrite par l'article 37 de la loi sur les réquisitions militaires. La liste mentionne tous les animaux déclarés, avec leur signalement, le nom et le domicile de leurs propriétaires, sauf les exceptions ci-après : 1° les chevaux et juments qui n'ont pas atteint l'âge de cinq ans au 1er janvier ; 2° les mulets et mules qui n'ont pas atteint l'âge de trois ans au 1er janvier ; 3° les chevaux, juments, mules ou mulets qui sont reconnus être déjà inscrits dans une autre commune ; 4° les animaux qui sont reconnus avoir déjà été réformés par une commission de classement, en raison de tares, de mauvaise conformation ou d'autres motifs qui les rendent impropres au service de l'armée ; 5° les chevaux, juments, mulets et mules qui sont reconnus avoir été refusés conditionnellement par une commission de classement, pour défaut de taille, à moins que les conditions de taille n'aient été modifiées depuis ce refus ; 6° les animaux appartenant aux agents diplomatiques des puissances étrangères.

Dans les premiers jours de janvier, le maire fait exécuter des tournées par les gardes champêtres et les agents de police, pour s'assurer que tous les chevaux, juments, mulets et mules ont été exactement déclarés. Lorsqu'il est reconnu que des animaux n'ont pas été déclarés, le maire doit les porter d'office sur la liste de recensement, sans rechercher s'ils ont été réformés ou refusés.

Le maire délivre au propriétaire qui a fait la déclaration prescrite par l'article 74 ci-dessus un certificat constatant ladite déclaration et mentionnant les chevaux et mulets inscrits. Si le propriétaire a plusieurs résidences, il doit présenter le certificat indiqué dans le paragraphe précédent au maire des communes où il ne fait pas inscrire ses chevaux ou mulets.

Tous les trois ans, le maire fait la liste de recensement des voitures attelées, dans les conditions et aux époques de l'année indiquées pour le recensement des chevaux et mulets. Le ministre de la guerre avertit les préfets deux mois avant le 1er janvier de l'année où doit se faire ce recensement. Le préfet avertit le maire au moins six semaines avant le commencement de cette même année.

Sont portées sur la liste de recensement indiquée à l'article précédent, toutes les voitures non suspendues, suspendues, mixtes ou autres, qui ne sont pas exclusivement affectées au transport des personnes, pourvu que le propriétaire de ces voitures puisse les atteler dans les conditions que comportent leur forme ou leur poids, d'un cheval ou mulet, ou de deux chevaux ou mulets classés ou susceptibles d'être classés.

Si un propriétaire possède plusieurs voitures et s'il ne peut fournir qu'un seul attelage, le maire porte sur la liste de recensement celle de ces voitures qui lui paraît le plus propre au service de l'armée. Si le propriétaire peut fournir plusieurs attelages, il est porté sur la liste de recensement autant de voitures qu'il peut en atteler à la fois. Dans ce cas, le maire veille à ce que, pour chacune des voitures recensées, il soit inscrit, suivant sa forme et son poids, un ou plusieurs animaux capables d'un bon service et inscrits sur la liste de recensement des chevaux, juments, mulets ou mules.

L'état de recensement des voitures attelées contient le signalement des voitures et des animaux, ainsi que l'inscription de ces derniers sur l'état de recensement, s'ils n'ont pas encore été classés, ou leur numéro de classement, s'ils figurent sur le dernier état de classement de la commune.

DU CLASSEMENT. — *Chevaux et mulets*. — A moins qu'il n'en soit autrement ordonné par le ministre de la guerre, les commissions mixtes créées en vertu de l'article 38 de la loi sur les réquisitions militaires procèdent annuellement à l'examen et au classement des chevaux, juments, mulets et mules susceptibles d'être réquisitionnés pour le service de l'armée.

Ces commissions de classement peuvent seules rayer de la liste de recensement les animaux compris dans les cas d'exemption prévus par les articles 40 et 42 de la loi sur les réquisitions militaires ainsi que ceux qui leur paraissent incapables d'un service dans l'armée. Elles doivent inscrire et classer d'office tout cheval ou mulet qui leur paraîtrait avoir été omis à tort sur la liste de recensement.

Les commissions de classement dressent, par commune, un tableau des chevaux, juments, mules ou mulets susceptibles d'être requis ; ce tableau est divisé par catégories correspondant aux catégories fixées par le ministre de la guerre. Le tableau de classement est dressé en double expédition, toutes deux signées par la commission et le maire de la commune ou son suppléant. Une des expéditions reste déposée à la mairie de chaque commune, et l'autre est envoyée par le président de la commission mixte au bureau de recrutement. Les commissions de classement réforment définitivement les animaux impropres au service de l'armée et refusent conditionnellement ceux qui n'atteignent pas le minimum de la taille fixée par les instructions, ou qui ne paraissent pas momentanément susceptibles d'être requis. Mention de ces décisions est faite sur la liste de recensement, avec le signalement exact des animaux réformés ou refusés conditionnellement, et la liste de recensement est arrêtée et signée par le président de la commission de classement avant d'être rendue au maire.

Lorsqu'un cheval ou mulet est réformé comme impropre au service de l'armée, le maire remet au propriétaire, s'il le demande, un certificat constatant la décision de la commission. Le certificat doit contenir le signalement exact et détaillé de l'animal réformé, tel qu'il est inscrit sur la liste de recensement. Le certificat de réforme ainsi obtenu est présenté au classement suivant, à la mairie du lieu où se trouve le cheval, avec une attestation par écrit de deux propriétaires ou patentables voisins, ou d'un vétérinaire, constatant que le cheval ou mulet réformé n'a pas été changé.

Les chevaux ou mulets qui, au moment des opérations de la commission de classement, se trouvent dans une autre commune que celle où ils sont inscrits peuvent être présentés à la commission du lieu où ils se trouvent. Il est délivré au propriétaire desdits chevaux ou mulets un certificat constatant la décision de la commission. Le propriétaire est tenu de faire parvenir ce certificat, en temps utile, à la commission du lieu de l'inscription de ses chevaux ou mulets.

Voitures attelées. — Dans l'année du recensement des voitures attelées, les commissions chargées du classement des chevaux et mulets procèdent également au classement des voitures attelées. Sont seules classées les voitures propres à un des services de l'armée et attelées, suivant leur forme et leur poids, d'un ou plusieurs chevaux, juments, mules ou mulets capables d'un bon service et portés sur le tableau de classement des chevaux et mulets de la commune.

Lorsque la commission a reconnu les voitures attelées susceptibles d'être classées, elle procède en séance publique, avec l'assistance du maire ou de son suppléant, à un tirage au sort entre lesdites voitures, par chaque commune. Il est dressé de cette opération, et en double expédition, un procès-verbal sur lequel sont mentionnées, dans l'ordre du tirage, les voitures attelées, avec le nom des propriétaires, le signalement des chevaux et voitures et l'état des harnais. Une des expéditions reste déposée à la mairie, et l'autre est envoyée au bureau de recrutement.

Le procès-verbal dressé en exécution de l'article précédent mentionne en outre la catégorie dans laquelle figurent les chevaux ou mulets faisant partie des attelages classés, ainsi que le numéro d'ordre qui leur est attribué sur le tableau de classement.

Mention est faite également sur ce tableau de ceux d'entre eux qui font partie d'attelages classés.

DU MODE DE RÉQUISITION SPÉCIAL DES CHEVAUX ET VOITURES CLASSÉS. — En cas de mobilisation, la réquisition des voitures attelées et des chevaux, juments, mulets et mules classés est effectuée par des commissions mixtes. Le ministre de la guerre détermine la composition de ces commissions, dont les membres sont nommés par les commandants de région. Les préfets désignent chaque année, dans les localités où pourrait s'opérer la réquisition, le nombre de membres civils nécessaire pour compléter les commissions.

Les commissions mixtes de réquisition siègent en des lieux choisis et désignés à l'avance, qui forment le centre des circonscriptions de réquisition établies également à l'avance par l'autorité militaire. Les chevaux, mulets et voitures attelées devant être appelés par canton à ces centres de circonscription de réquisition, l'autorité militaire peut nommer plusieurs commissions destinées à opérer simultanément, de manière que les opérations relatives à un canton soient, autant que possible, terminées dans une journée.

L'ordre de rassemblement des voitures attelées et des chevaux, juments, mules et mulets, en cas de mobilisation, est porté à la connaissance des communes et des propriétaires par voie d'affiches indiquant la date, l'heure et le lieu de la réunion. Les maires prennent toutes les mesures qui sont en leur pouvoir pour que tous les propriétaires soient avertis et obéissent en temps utile aux prescriptions de l'autorité militaire.

Doivent être conduits aux lieux indiqués pour la réquisition des chevaux : 1° tous les animaux portés sur le tableau de classement des communes appelées ; 2° les animaux qui, pour un motif quelconque, ne figurent pas sur le tableau de classement, bien qu'ils aient l'âge légal, à l'exception de ceux qui se trouvent encore dans les cas d'exemption prévus par l'article 40 de la loi sur les réquisitions, de ceux qui ont été réformés, ou de ceux qui ont été refusés conditionnellement pour défaut de taille, si les conditions de taille ne sont pas modifiées au moment de la mobilisation ; 3° les animaux recensés ou classés dans d'autres communes, et qui se trouvent dans la circonscription au moment de la mobilisation ; 4° les voitures attelées. Doivent également se rendre au lieu de rassemblement tous les propriétaires qui ont à faire constater des mutations ou à présenter des excuses. Ils doivent, à moins d'impossibilité absolue, faire conduire les animaux pour lesquels ils ont des réclamations à faire.

Les commissions de réquisition reçoivent de l'autorité militaire tous les documents qui leur sont nécessaires, et notamment les tableaux de classement des animaux et les procès-verbaux de tirage au sort des voitures attelées, adressés après le dernier classement aux bureaux de recrutement. Les maires ou leurs suppléants se rendent à la convocation et remettent à la commission de réquisition les tableaux de classement laissés entre leurs mains. Ils assistent aux opérations de la commission et lui fournissent tous les renseignements de nature à l'éclairer.

Les commissions de réquisition ajoutent aux tableaux de classement les animaux désignés aux paragraphes III et IV de l'article 93 du présent décret, et reconnus propres au service de l'armée ; elles en rayent : 1° les animaux morts ou disparus ; 2° ceux qui, depuis le dernier classement, se trouvent dans un des cas d'exemption prévus par l'article 40 de la loi des réquisitions ; 3° ceux qui, après nouvel examen, sont reconnus impropres au service de l'armée. Les tableaux des voitures attelées sont également l'objet d'une revision.

Les commissions de réquisition statuent définitivement sur toutes les réclamations ou excuses qui peuvent être présentées par des propriétaires de chevaux, juments, mulets, mules ou voitures attelées. Lorsque des animaux classés dans une commune d'une autre circonscription de réquisition sont présentés à une commission mixte en exécution de l'article 93 ci-dessus, cette dernière commission informe immédiatement de sa décision la commission du lieu de l'inscription primitive.

Les rectifications terminées, les commissions de réquisition réunissent par canton les voitures attelées et les chevaux et mulets de chaque catégorie ; elles procèdent d'abord à la réquisition des voitures attelées, en faisant, s'il y a lieu, un tirage au sort entre les communes, et en suivant dans chaque commune l'ordre du tirage au sort effectué lors du dernier classement. Les voitures non requises sont immédiatement dételées et les chevaux, juments, mulets ou mules qui les attelaient sont replacés dans la catégorie d'animaux à laquelle ils appartiennent, à moins qu'ils n'aient été reconnus impropres au service de l'armée.

Après la réquisition des voitures attelées, les commissions de réquisition procèdent à la réquisition des animaux des différentes catégories, jusqu'à concurrence du chiffre du contingent cantonal fixé par l'autorité militaire. Lorsque le nombre des animaux à requérir dans une catégorie est inférieur au nombre d'animaux classés sur tout le canton, il est procédé à un tirage au sort en présence des maires ou de leurs suppléants.

Il est remis à chaque propriétaire ou à son représentant, contre la livraison de l'animal requis, un bulletin individuel indiquant le nom du propriétaire, le numéro de classement de l'animal et le prix à payer suivant la catégorie.

Les commissions de réquisition dressent :

1° Pour les voitures attelées qui sont requises, un procès-verbal mentionnant les noms des propriétaires et leur domicile, et l'estimation des voitures et harnais d'après les prix courants du pays, conformément aux dispositions de l'article 48 de la loi du 3 juillet 1877; 2° pour les animaux requis, un procès-verbal mentionnant les noms des propriétaires, leur domicile et le prix attribué aux animaux selon la catégorie à laquelle ils appartiennent. Avant de se séparer, les commissions de réquisition établissent, par commune, un extrait de ces deux procès-verbaux, qui est adressé, avec la signature du président de la commission, au maire de la commune intéressée. Les voitures attelées requises sont indiquées sur les procès-verbaux de tirage, et les animaux requis sont également indiqués sur les tableaux de classement, avant que ces pièces soient restituées aux bureaux de recrutement et aux mairies. Les chevaux et mulets composant les attelages des voitures requises sont portés individuellement sur le procès-verbal de réquisition des chevaux et mulets, et défalqués du contingent à fournir.

Les commissions de réquisition statuent ensuite sur les substitutions qui leur sont proposées, dans les conditions prévues à l'article 47 de la loi sur les réquisitions.

Après les opérations de réquisition, le maire dresse en double expédition un état de payement pour les animaux requis. Cet état, conforme au modèle C, comprend tous les renseignements contenus au procès-verbal de réquisition, et réserve une colonne pour l'émargement des intéressés. Les deux expéditions, ainsi que le procès-verbal de réquisition, sont adressées à l'intendance militaire, qui en donne récépissé aux communes. Il est dressé deux états semblables, conformes au modèle D, pour les voitures attelées requises.

Les intéressés sont payés par le receveur municipal contre la remise des bulletins mentionnés à l'article 99 du présent décret. A cet effet, des mandats des sommes dues pour chaque commune sont dressés, dans un délai qui ne peut dépasser dix jours, par le fonctionnaire de l'intendance, au nom des receveurs municipaux. Ces mandats leur sont envoyés par l'intermédiaire des trésoriers-payeurs généraux, avec un des états nominatifs d'émargement visé par l'intendance; ils sont payés immédiatement.

Aussitôt après avoir perçu le montant du mandat, le receveur municipal fait le payement aux divers intéressés, sur simple émargement de ces derniers. — Voy. *Dict. des formules*, n° 1301 et suiv.

Dispositions spéciales aux grandes manœuvres.

La loi du 3 juillet 1877 décide, par son article 54, que les indemnités qui peuvent être allouées en cas de dommages causés aux propriétés privées par le passage ou le stationnement des troupes dans les marches, manœuvres et opérations d'ensemble, prévues à l'article 28 de la loi du 24 juillet 1873, doivent, à peine de déchéance, être réclamées par les ayants droit, à la mairie de la commune, dans les trois jours qui suivront le passage ou le départ des troupes. Une commission attachée à chaque corps d'armée ou fraction de corps d'armée opérant isolément procède à l'évaluation des dommages. Si cette évaluation est acceptée, le montant de la somme fixée est payée sur-le-champ. En cas de désaccord, la contestation est introduite et jugée suivant l'article 26 de la loi. (Voy. ci-dessus.)

Le décret du 2 août complète ces prescriptions de la manière suivante.

L'époque où peuvent avoir lieu les grandes manœuvres des corps d'armée ou fractions de corps d'armée est déterminée chaque année par le ministre de la guerre.

Trois semaines au moins avant l'exécution des manœuvres, les généraux commandant les régions avertissent les préfets des départements intéressés de l'époque et de la durée des manœuvres, et leur font connaître les localités qui pourront être occupées ou traversées. Les préfets désignent un membre civil pour faire partie de la commission chargée de régler les indemnités.

Le maire de la commune dont le territoire peut être occupé ou traversé pendant les grandes manœuvres en est informé par le préfet. Il fait immédiatement publier et afficher dans sa commune l'époque et la durée des manœuvres. Il invite les propriétaires de vignes ou de terrains ensemencés ou non récoltés à les indiquer par un signe apparent. Il prévient les habitants que ceux qui subiraient des dommages par suite des manœuvres doivent, sous peine de déchéance, déposer leurs réclamations à la mairie dans les trois jours qui suivent le passage ou le départ des troupes.

Quinze jours au moins avant le commencement des manœuvres, les généraux commandant les régions nomment les commissions de règlement des indemnités. Ces commissions sont composées, par chaque corps d'armée opérant isolément, d'un fonctionnaire de l'intendance, président, d'un officier du génie, d'un officier de gendarmerie et du membre civil désigné par le préfet.

La commission peut reconnaître à l'avance les terrains qui doivent être occupés; elle accompagne les troupes et suit leurs opérations. Au fur et à mesure de l'exécution des manœuvres, elle se rend successivement dans les localités qui ont été traversées ou occupées, en prévenant à l'avance les maires du moment de son passage. Les maires préviennent les intéressés et remettent à la commission un état individuel mentionnant la date de la réclamation, la nature du dommage et la somme réclamée.

La commission, après avoir entendu les observations des maires et des réclamants, fixe le chiffre des indemnités à allouer, et en dresse l'état. Si les intéressés présents acceptent cette fixation, ils reçoivent immédiatement le montant de l'indemnité, sur leur émargement. A cet effet, la commission est accompagnée d'un adjoint du génie ou d'un officier comptable d'un des services administratifs, muni d'une avance de fonds.

Si l'allocation n'est pas acceptée séance tenante, la commission insère dans son procès-verbal les renseignements nécessaires pour apprécier la nature et l'étendue du dommage. Un extrait de procès-verbal est, en cas de contestation, remis au juge de paix ou au tribunal chargé de statuer sur les réclamations.

L'état des indemnités qui n'ont pas été acceptées séance tenante est remis au maire de la commune qui, par une notification administrative, met immédiatement les propriétaires en demeure de les accepter ou de les refuser dans un délai de quinze jours. Les refus, déposés par écrit et motivés, sont annexés au procès-verbal.

A l'expiration du délai de quinze jours, le maire consigne, sur l'état qui lui a été remis par la commission, les réponses qu'il a reçues et les transmet ensuite au fonctionnaire de l'intendance militaire, président de la commission, qui assure le payement des indemnités qui n'ont pas été refusées.

Enfin, l'article 55 de la loi dispose que tous les avertissements et autres actes qu'il sera nécessaire de signifier à l'autorité militaire pour l'exécution de la loi du 3 juillet 1877 le seront à la mairie du chef-lieu de canton.

On le voit, la loi sur les réquisitions militaires impose aux maires, appelés à servir d'intermédiaires entre l'autorité militaire et les citoyens, d'impérieux devoirs et une grande responsabilité. C'est donc pour eux une nécessité de se bien pénétrer de ces devoirs, et de se préparer par une étude sérieuse de la loi et du décret réglementaire, à exercer dignement et équitablement les attributions dont ils sont investis. — Voy. *Dict. des formules*, 1297 à 1301 et suivants.

Réserve (Quart en). — Voy. Bois des communes et des établissements publics.

Résidence. — Ce mot désigne le lieu où un citoyen fixe habituellement son séjour sans y fixer en même temps son domicile. La résidence est donc la demeure habituelle ; mais ce n'est pas la demeure légale. — Voy. Domicile.

Responsabilité des communes. — Voy. Commune.

Ressort. — Circonscription dans l'étendue de laquelle un tribunal exerce sa juridiction, ou un officier public ses fonctions.

Restauration et conservation des terrains en montagne. — La restauration et la conservation des terrains en montagne sont aujourd'hui régies par la loi du 4 avril 1882 et le décret du 11 juillet de la même année.

Restauration. — L'utilité des travaux de restauration rendus nécessaires par la dégradation du sol et des dangers nés et actuels ne peut être déclarée que par une loi. (L. art. 2.)

L'administration des forêts désigne les terrains dont elle estime la restauration nécessaire. Elle dresse à cet effet un procès-verbal de reconnaissance des terrains, un plan des lieux et un avant-projet des travaux dont elle propose l'exécution. (D. art. 1.)

Ces pièces sont soumises à une enquête ouverte dans toutes les communes intéressées. Cette enquête dure trente jours.

Dans la huitaine après la clôture de l'enquête, le conseil municipal exprime son avis par une délibération, et il désigne en même temps deux délégués chargés de représenter la commune dans la commission spéciale et choisis en dehors des propriétaires de parcelles comprises dans le périmètre.

Le conseil d'arrondissement et le conseil général sont également appelés à donner un avis sur le projet et à désigner chacun un de leurs membres, autres que ceux du canton où se trouve le périmètre pour les représenter dans la commission spéciale. (D. art. 5.)

Le projet est ensuite soumis à la commune spéciale, composée du préfet ou de son délégué, président avec voix prépondérante, d'un membre du conseil général, d'un membre du conseil d'arrondissement, de deux délégués du conseil municipal intéressé, d'un ingénieur des ponts et chaussées ou des mines, d'un agent forestier et de deux membres nommés par le préfet. (L., art. 2; D., art. 4, 5 et 6.)

L'avis de la commission doit être formulé sous forme de procès-verbal dans le délai d'un mois à partir de l'arrêté de convocation après l'accomplissement de ces formalités.

Le préfet adresse le dossier au ministre avec son avis motivé. Si les travaux intéressent plusieurs départements, il est procédé simultanément dans chaque département à l'accomplissement des formalités prescrites.

Le ministre de l'agriculture prépare le projet de loi statuant sur la déclaration d'utilité publique des travaux de restauration ; ce projet peut comprendre l'ensemble des terrains à restaurer dans un même bassin de rivière torrentielle. (D., art. 7.)

Une fois votée, la loi est publiée et affichée dans les communes intéressées ; un duplicata du plan du périmètre est déposé à la mairie de chacune d'elles. Le préfet fait en outre notifier aux communes, aux établissements publics et aux particuliers un extrait du projet et du plan contenant les indications relatives aux terrains qui leur appartiennent. (Art. 3.)

Dans un délai de trente jours après cette notification, les propriétaires, les associations syndicales, les communes et établissements publics qui désirent bénéficier des dispositions de l'article 4 de la loi et conserver la propriété de leurs terrains font connaître leur intention par une déclaration motivée, les premiers au conservateur des forêts, les seconds au préfet. L'administration des forêts leur notifie les travaux à effectuer sur leurs terrains, les clauses, conditions, délais d'exécution, ainsi que le montant des indemnités qui pourront leur être accordées par l'Etat.

Les propriétaires et les associations dans le délai de quinze jours, les communes et établissements dans le délai de trente jours, font connaître s'ils acceptent ces conditions. Les particuliers doivent joindre à cette déclaration un engagement contenant la justification des moyens d'exécution. Cet engagement est soumis à l'approbation du ministre de l'agriculture. En cas d'approbation, mention en est faite sur l'une des minutes qui est rendue au propriétaire. (Art. 9 et 10.)

Le conseil municipal ou la commission administrative alloue chaque année les crédits ou les journées de prestations, fixées par les conventions comme nécessaires, tant pour l'exécution des travaux neufs que pour l'entretien des travaux effectués. Le refus d'allocation entraine de plein droit la déchéance de la faculté accordée par le paragraphe 2 de l'article 4 de la loi du 4 avril 1882.

Les travaux neufs ou d'entretien effectués sur leurs terrains, avec ou sans indemnités par les particuliers, communes ou établissements publics, sont soumis au contrôle et à la surveillance de l'administration des forêts.

L'indemnité n'est payée qu'après exécution des travaux, au vu d'un procès-verbal de réception dressé par l'agent forestier local et sur l'avis du conservateur.

En cas d'inexécution dans les délais fixés, de mauvaise exécution ou de défaut d'entretien constatés par le conservateur des forêts ou son délégué, contradictoirement ou en l'absence des propriétaires dûment convoqués, une décision du ministre de l'agriculture ordonne qu'il soit procédé conformément au paragraphe 1er de l'article 4 de la loi du 4 avril 1882. (D., art. 11 et 12.)

A défaut de déclaration ou d'acceptation dans les délais fixés comme en cas de déchéance, les travaux de restauration sont exécutés par les soins de l'administration et aux frais de l'Etat, qui, à cet effet, doit acquérir ces terrains, soit à l'amiable, soit par expropriation. Dans ce dernier cas, il est procédé dans les formes prescrites par la loi du 3 mai 1841, sauf en ce qui concerne celles indiquées aux articles 4, 5, 6, 7, 8, 9 et 10 du titre II, qui sont remplacées par celles des articles 2 et 3 de la loi nouvelle. (L., art. 4.)

Les propriétaires qui sont disposés à céder amiablement leurs terrains à l'Etat doivent se concerter sans retard avec les agents forestiers. Si l'accord s'établit, le contrat est passé dans les termes et condi-

tions prévus par les articles 19, 56, 58 et 59 de la loi du 3 mai 1841.—
Voy. Expropriation.

Travaux facultatifs. — Indépendamment des travaux aussi imposés
aux propriétaires de certains périmètres, dans un intérêt général, il y
a des travaux facultatifs dont la loi favorise l'exécution. Ainsi, d'après
l'article 5 de la loi, des subventions continueront à être accordées aux
communes, aux associations pastorales, aux fruitières, aux établissements publics, aux particuliers, à raison des travaux entrepris par eux
pour l'amélioration, la consolidation du sol et la mise en valeur des pâturages. Les particuliers qui désirent profiter de ces subventions, doivent en adresser la demande au conservateur. S'il s'agit d'une commune,
d'une association pastorale ou fruitière, ou d'un établissement public,
la demande doit être adressée au préfet qui la transmet au conservateur
avec son avis motivé.

Ces subventions sont accordées par le ministre de l'agriculture, elles
consistent soit en délivrance de grains ou de plants, soit en argent ou
en travaux.

Les subventions en grains sont estimées en argent et l'estimation est
notifiée aux propriétaires avant la délivrance.

Les travaux entrepris à l'aide de subventions de l'Etat sont exécutés
sous le contrôle et la surveillance des agents forestiers.

Les subventions en argent sont payées après l'exécution, au vu d'un
procès-verbal de réception dressé par l'agent forestier local et sur l'avis
du conservateur. Le montant des subventions en plants ou en grains
peut être répété par l'Etat en cas d'inexécution des travaux, de détournement d'une partie des graines ou des plants ou de mauvaise exécution
constatée. (D. art. 15.)

Les terrains appartenant aux communes et établissements publics,
sur lesquels des travaux de reboisement sont entrepris à l'aide de subventions de l'Etat, sont soumis de plein droit au régime forestier. La
restitution des subventions peut être requise dans le cas où les terrains
à restaurer viendraient à être distraits du régime forestier. Cette restitution est ordonnée par arrêté du préfet. (D. art. 16.)

Le paragraphe 1er de l'article 224 du code forestier qui autorise le
défrichement des jeunes bois pendant les vingt premières années après
leur semis ou plantations, n'est applicable dans aucun cas aux reboise-
ments effectués en exécution de la présente loi.

Mais les bois ainsi créés bénéficient sans exception de l'exemption
d'impôts établis pendant trente ans par l'article 226 du Code forestier.
(L. art. 6.)

Conservation des terrains en montagne. Mise en défens. — L'administration des forêts peut aussi requérir la mise en défens des terrains et pâturages en montagne appartenant aux communes, aux établissements publics et aux particuliers, toutes les fois que l'état
de dégradation du sol ne paraît pas encore assez avancé pour nécessiter des travaux de restauration.

L'administration forestière procède à la désignation des terrains dont
elle estime que la mise en défens est nécessaire dans l'intérêt public ;
à cet effet, elle dresse un procès-verbal de reconnaissance des terrains,
et un plan des lieux.

Le procès-verbal de reconnaissance indique la nature, la situation
et les limites des terrains à interdire au parcours, la durée de la mise
en défens, sans qu'elle puisse excéder dix ans, et le délai dans lequel

les parties intéressées peuvent procéder au règlement des indemnités à accorder aux propriétaires pour privation de jouissance.

Ces documents sont soumis aux formalités d'enquête prescrites par l'article 1er de la loi du 4 avril 1882. (D. art. 17, 18 et 19.)

La mise en défens est ensuite prononcée par décret rendu en Conseil d'Etat. (L. art. 7.)

Ampliation du décret prononçant la mise en défens, par les soins du préfet, est affichée et publiée dans la commune de la situation des lieux, puis est notifiée sous forme d'extraits aux propriétaires intéressés. Cet extrait contient les indications spéciales relatives à chaque parcelle ; il fait connaître le jour initial et la durée de la mise en défens, ainsi que le délai pendant lequel il pourra être procédé au règlement amiable de l'indemnité annuelle due pour privation de jouissance. (D. art. 20.)

En cas d'accord avec le propriétaire, le montant de l'indemnité annuelle est définitivement fixé par le ministre de l'agriculture. (D. art. 21.)

Si à l'expiration du délai fixé par le décret prononçant la mise en défens, l'accord ne s'est pas établi sur le chiffre de l'indemnité, il est statué par le conseil de préfecture, après expertise contradictoire, s'il y a lieu, sauf recours au conseil d'Etat, devant lequel il est procédé sans frais, dans les mêmes formes et délais qu'en matière de contributions publiques. (L. art. 8.) Il ne peut être nommé qu'un seul expert.

L'indemnité annuelle est versée à la caisse municipale. La somme représentant la perte éprouvée par les communes en raison de la suspension de l'exercice de leur droit d'amodier les pâturages ou de les soumettre à des taxes locales est affectée aux besoins communaux, et le surplus et même le tout, s'il y a lieu, est distribué aux habitants par les soins du conseil municipal. (L. art. 9.)

Pendant la durée de la mise en défens, l'Etat peut exécuter, sur les terrains interdits, tels travaux que bon lui semble, pour parvenir plus rapidement à la consolidation du sol, pourvu que ces travaux n'en changent pas la nature, et sans qu'une indemnité quelconque puisse être exigée du propriétaire à raison des améliorations que ces travaux auront procurées à sa propriété. (L. art. 10.)

Les délits commis sur les terrains mis en défens sont constatés et poursuivis comme ceux commis dans les bois soumis au régime forestier. Il est procédé à l'exécution des jugements, conformément aux articles 209, 211, 212, et aux paragraphes 1 et 2 de l'article 210 du Code forestier. (L. art. 11.)

Dans le cas où l'Etat voudrait, à l'expiration du délai de dix ans, maintenir la mise en défens, il est tenu d'acquérir les terrains à l'amiable ou par voie d'expropriation publique, s'il en est requis par les propriétaires. (L. art. 8, § 2.) La décision de l'administration est toujours notifiée aux propriétaires avant la fin de la dernière année. (D. art. 22.)

Dans le cas où le délai fixé par le décret prononçant la mise en défens est inférieur à dix ans, si l'administration croit nécessaire de maintenir les terrains en défens jusqu'à l'expiration du délai de dix ans, elle notifie sa décision aux propriétaires de ces terrains, avant la fin de la dernière année du délai fixé par le décret. (Art. 22.)

Réglementation des pâturages communaux. — Avant le 1er janvier de chaque année, les maires des communes sur le territoire desquelles des périmètres de restauration obligatoire ou de mise en défense ont été établis par des lois ou décrets (1), doivent soumettre au préfet, en double minute, un règlement de l'exercice du pâturage sur les terrains appartenant à la commune et situés tant sur son territoire que sur celui d'autres communes. (L. art. 12.)

Le règlement indique notamment : la nature, les limites, la superficie totale des terrains communaux soumis au pâturage ;

Les limites et l'étendue des cantons qu'il y a lieu d'ouvrir aux troupeaux dans le cours de l'année ;

Les chemins par lesquels les bestiaux doivent passer pour aller au pâturage ou au pacage, et en revenir ;

Les diverses espèces de bestiaux et le nombre des têtes qu'il convient d'y introduire ;

L'époque à laquelle commence et finit l'exercice du pâturage suivant les cantons, et la catégorie des bestiaux ;

La désignation du pâtre ou des pâtres communs choisis par l'autorité municipale pour conduire le troupeau de chaque commune ou section de commune ;

Et toutes autres conditions d'ordre et de police relatives à l'exercice du pâturage.

Le préfet communique immédiatement ce projet de règlement au conservateur des forêts.

Les projets de cahiers des charges et de baux concernant les pâturages communaux à affermer sont assimilés aux projets de règlement ; ils sont, en conséquence, soumis aux mêmes formalités et communiqués au conservateur des forêts.

Le règlement délibéré par le conseil municipal, conformément à l'article 12 de la loi du 4 avril 1882, est publié et affiché dans la commune.

Les intéressés peuvent adresser leurs réclamations au préfet dans le mois qui suivra la publication de ce règlement, constatée par un certificat du maire. (D. art. 25.)

Si, dans le délai d'un mois, il ne se produit pas de contestation, le préfet rend le règlement exécutoire. (L. art. 14.)

Après que le règlement délibéré par le conseil municipal aura été rendu exécutoire, les deux minutes transmises par le maire sont visées par le préfet, qui retourne l'une de ces minutes à la commune et remet l'autre au conservateur des forêts.

Les règlements établis ou modifiés par le préfet, dans les conditions indiquées par l'article 13 de la loi du 14 avril 1882, sont exécutoires après notification au maire de la commune intéressée. (D. art. 26.)

Si les communes n'ont pas soumis à l'approbation du préfet dans le délai fixé par l'article 12 de la loi le projet de règlement, il y est pourvu d'office par le préfet, après avis d'une commission spéciale, composée du secrétaire général ou du sous-préfet, président, d'un conseiller général et du plus âgé des conseillers d'arrondissement du canton, d'un délégué du conseil municipal de la commune et de l'agent forestier. Il en sera de même dans les cas où les communes n'auraient

1. Ces communes sont en vertu de l'article 12 de la loi du 4 avril 1882 inscrites sur un tableau revisé annuellement au plus tard le 1er octobre de chaque année. Les modifications qui y sont apportées sont arrêtées par décret rendu en forme de règlement d'administration publique et notifiées à chaque commune intéressée dans le délai d'un mois.

pas consenti à modifier le règlement proposé par elles, conformément aux observations de l'administration. (L. art. 13.)

Les contraventions aux règlements de pâturage intervenus dans les conditions ci-dessus indiquées sont constatées et poursuivies dans les formes prescrites par les articles 137 et suivants du Code d'instruction criminelle, et, au besoin, par tous les officiers de police.

Les contrevenants sont passibles de peines portées par les articles 471 et en cas de récidive, 474 du Code pénal, modifiés s'il y a lieu par l'application de l'article 463.

Dispositions transitoires. — Les lois des 28 juillet 1860 et 8 juin 1864 sont abrogées par la loi nouvelle. Toutefois les périmètres antérieurement décidés sont provisoirement maintenus, mais ils seront revisés tous les trois ans par les agents forestiers et cette revision est constatée par un procès-verbal.

Les terrains qui font l'objet de cette revision sont divisés en trois catégories, savoir :

1° Terrains dont la restauration est reconnue nécessaire ou doit être continuée, et qu'il y a lieu par l'Etat d'acquérir pour en former de nouveaux périmètres.

2° Terrains qu'il convient de rendre à la libre jouissance des ayants droit ;

3° Terrains boisés ou partiellement boisés appartenant aux communes et aux établissements publics, et qui doivent être maintenus sous le régime forestier, conformément aux dispositions de l'article 90 du Code forestier. (D. art. 27.)

Le procès-verbal de revision indique, pour chaque parcelle, le numéro du plan cadastral, la contenance et le nom du propriétaire, tel qu'il est désigné à la matrice des rôles.

Il est accompagné d'un plan des lieux dressé d'après le cadastre. (D. art. 28.)

Ampliation du procès-verbal de revision, approuvé par le directeur des forêts, est transmise au préfet, qui est chargé de notifier à chaque propriétaire un extrait de cet acte concernant les parcelles lui appartenant. Un duplicata du plan précité est déposé à la mairie de la commune de la situation des lieux. (D. art. 30.)

Les sommes représentant, dans les règlements à intervenir, le prix desdites parcelles porteront intérêt au taux légal, au profit des propriétaires, à partir de l'expiration du délai de trois ans ci-dessus mentionné. (L. art. 16.)

A l'expiration de ce délai, les communes, les établissements publics et les particuliers rentreront dans la pleine propriété et jouissance des parcelles qui ne figureront pas sur cette liste. Ils ne pourront en être dépossédés de nouveau qu'après l'accomplissement des formalités prescrites par la présente loi. (L. art. 17.)

Dans les cinq ans à partir de la promulgation de la présente loi, l'administration devra traiter avec les communes, les établissements publics et les particuliers, pour l'acquisition des parcelles maintenues dans les périmètres de gazonnement et de reboisement. (L. art. 18.)

Si les propriétaires des parcelles que l'Etat se propose d'acquérir n'acceptent pas les prix qui leur seront offerts, il sera procédé ainsi qu'il est prescrit par le premier paragraphe de l'article 4 de la présente loi. (L. art. 19.)

L'Etat fait abandon des créances qu'il aurait à faire valoir contre les communes et les établissements publics, en vertu des lois du 28 juillet 1860 et du 8 juin 1864.

Toutefois, la plus-value résultant des travaux effectués en vertu de ces mêmes lois sera prise en considération par le jury dans l'évaluation du montant du prix des terrains à exproprier. (L. art. 20.)

L'Etat aura la faculté de payer le montant des indemnités par annuités, dont chacune ne pourra être inférieure au dixième de la valeur totale attribuée aux terrains acquis.

Les annuités non payées porteront intérêt à 5 0/0. L'Etat pourra se libérer en tout ou en partie par anticipation. (L. art. 21.)

Dans les communes assujetties à l'application de la présente loi, les gardes domaniaux appelés à veiller à l'exécution et à la conservation des travaux dans les périmètres de reboisement et de gazonnement seront chargés en même temps de la constatation des infractions aux mises en défens, aux règlements sur les pâturages et de la surveillance des bois communaux, de manière que, pour le tout, il n'y ait désormais qu'un seul service commandé et soldé par l'Etat. (L. art. 22.) — Voy. *Dict. des formules*, n°s 1251 et suivants.

Restitution et dommages-intérêts. — Voy. AMENDES.

Retenues sur traitements. — Voy. PENSIONS.

Retraite (Caisses de). — Il a été établi dans plusieurs villes des caisses de retraite, au moyen desquelles des pensions sont assurées aux employés des mairies et des octrois. — Voy. PENSIONS.

Réunion des communes. — Voy. COMMUNE.

Revenus communaux. — *Nature et classification des revenus.* — Les recettes des communes sont ordinaires ou extraordinaires.

Les recettes ordinaires se composent : 1° des revenus de tous les biens dont les habitants n'ont pas la jouissance en nature ; 2° les cotisations imposées annuellement sur les ayants droits aux fruits qui se perçoivent en nature ; 3° du produit des centimes ordinaires et spéciaux affectés aux communes par les lois de finances ; 4° du produit de la portion accordée aux communes dans certains impôts et droits perçus au profit de l'Etat (1) ; 5° du produit des octrois municipaux affectés aux dépenses ordinaires des communes ; 6° du produit des droits de place perçus dans les halles, foires, marchés et abattoirs d'après les tarifs dûment établis ; 7° du produit des permis de stationnement et des locations sur la voie publique, sur les ports, rivières, quais fluviaux et autres lieux publics ; 8° du produit des péages communaux, des droits de pesage, mesurage et jaugeage, des droits de voirie et autres légalement établis ; 9° du produit des terrains communaux affectés aux inhu-

---

1. Huit centimes sur contribution des patentes (L. 15 juillet 1880, art. 36), un vingtième de la contribution sur chevaux et voitures (L. 23 juillet 1881), versement de 10 francs sur les permis de chasse (L. 3 mai 1884, art. 5).

mations et de la part revenant aux communes dans le prix des concessions dans les cimetières ; 10° du produit des concessions d'eau, de l'enlèvement des boues et immondices de la voie publique, et autres concessions autorisées pour les services communaux ; 11° du produit des expéditions des actes administratifs et des actes de l'état civil ; 12° de la portion que les lois accordent aux communes dans le produit des amendes prononcées par les tribunaux de police correctionnelle et de simple police ; 13° du produit de la taxe de balayage dans les communes où elle est établie sur leur demande, conformément aux dispositions de la loi du 26 mars 1873 en vertu d'un décret rendu dans la forme des règlements d'administration publique ; 14° et généralement du produit des contributions, taxes et droits dont la perception est autorisée par des lois dans l'intérêt des communes et de toutes les ressources annuellement permanentes ; en Algérie et dans les colonies des ressources dont la perception est autorisée par les lois et décrets (2). (L. 5 avril 1884, art. 133.)

Les recettes extraordinaires se composent : 1° des contributions extraordinaires dûment autorisées ; 2° du prix des biens aliénés ; 3° des dons et legs ; 4° du remboursement des capitaux exigibles et des rentes rachetées ; 5° du produit des coupes extraordinaires de bois ; 6° du produit des emprunts ; 7° du produit des taxes ou des surtaxes d'octroi spécialement affectées à des dépenses extraordinaires et à des remboursements d'emprunts ; 8° et de toutes autres recettes accidentelles. (L. 5 avril 1884, art. 134.)

Recouvrement. — Le maire est chargé, sous la surveillance de l'administration supérieure, de la gestion des revenus communaux. Néanmoins, le receveur municipal est tenu de faire, sous sa responsabilité personnelle, toutes les diligences nécessaires pour la perception des revenus, legs, donations et autres ressources ; de faire faire contre les débiteurs en retard de payer, et à la requête du maire, les exploits, significations, poursuites et commandements nécessaires. Tous les rôles de taxe, de sous-répartitions et de prestations locales, doivent être remis à ce comptable. (L. 5 avril 1884, art. 153.)

Le receveur muncipal doit également recevoir une expédition en forme de tous les baux, contrats, jugements, déclarations, titres nouveaux et autres concernant les revenus dont la perception lui est confiée, et il est autorisé à demander, au besoin, que les originaux de ces divers actes lui soient remis sur son récépissé. (D. 31 mai 1862, art. 512 et Circ, Int. 15 mai 1884.)

Les taxes particulières, dues par les habitants ou propriétaires en vertu des lois et des usages locaux, sont perçues suivant les formes établies pour le recouvrement des contributions publiques. (L. 5 avril 1884, art. 153.)

Toutes les recettes municipales qui ne sont pas assimilées pour le

2. Taxe des prestations (L. 21 mai 1836, art. 2). Subventions industrielles (L. 21 mai 1836, art. 14). Taxe sur les chiens (L. 2 mai 1855 et D. 4 août 1855 et 3 août 1861). Taxes de pavage (L. 25 juin 1841, art. 8). Taxe des trottoirs (L. 7 juin 1845). Taxes pour travaux de salubrité (L. 16 septembre 1807, art. 36). Taxes sur les animaux amenés aux foires pour remboursement des frais d'inspection sanitaire (L. 21 juillet 1881). Centimes pour insuffisance des revenus dont l'établissement est autorisé par le préfet lorsqu'il s'agit de dépenses obligatoires et par décret dans les autres cas (L. 5 avril 1884, art. 133).

recouvrement aux contributions publiques, et pour lesquelles les lois et règlements n'ont pas prescrit un mode spécial de recouvrement, s'effectuent sur des états dressés par le maire. Ces états sont exécutoires après qu'ils ont été visés par le sous-préfet. (L. 5 avril 1884, art. 154.) — *Dict. des formules*, 1303 bis.

Les oppositions, lorsque la matière est de la compétence des tribunaux ordinaires, sont jugées comme affaires sommaires, et la commune peut y défendre sans autorisation du conseil de préfecture. (L. 5 avril 1884, art. 154.)

Les receveurs municipaux délivrent quittance de toutes les sommes versées à leur caisse. Ces quittances sont détachées d'un journal à souche, et doivent être remises à la partie payante, comme récépissé sur papier libre et sans frais, si la recette n'excède pas dix francs, ou si la quittance n'a pas pour objet un acompte ou un payement pour solde sur une plus forte dette. Indépendamment des quittances données aux parties versantes, les receveurs doivent émarger les payements sur les titres de recettes.

Lorsque la recette excède dix francs, ou lorsqu'étant inférieure à dix francs elle a pour objet, soit un acompte, soit un payement final sur une plus forte somme, la quittance doit être timbrée. (L. 13 brumaire an VII.)

Le timbre des quittances délivrées par les receveurs municipaux est fixé à vingt-cinq centimes. La délivrance de ces quittances est obligatoire. Le prix du timbre, lorsqu'il est exigible, s'ajoute de plein droit au montant de la somme due. (L. 8 juillet 1865, art. 4. L. 23 août 1871, art. 2.)

Ce droit est acquitté au moyen d'un timbre mobile à 25 centimes qu'apposent et annulent immédiatement les comptables qui délivrent la quittance.

Outre la quittance au droit de 25 centimes (timbre de dimension) il est dû un droit fixe de 10 centimes pour chaque quittance délivrée à titre d'acompte ou de solde d'une quittance excédant 10 francs (L. 23 août 1871, art. 18.) — Voy. TIMBRE.

Poursuites. — Les poursuites à exercer contre les débiteurs en retard ont deux degrés que les receveurs municipaux porteurs de titres exécutoires peuvent employer : le commandement par ministère d'huissier, à la requête du maire ; la saisie-exécution des meubles en observant les formalités prescrites par le Code de procédure. Après ce dernier acte de poursuites, le receveur informe le maire de la commune qu'il a fait procéder à la saisie-exécution ; que par le procès-verbal de cette saisie la vente a été indiquée pour tel jour, et qu'à moins d'ordres contraires de sa part, il passera outre à la vente. Si le maire juge qu'il y a lieu de surseoir à la vente, il doit en donner l'ordre écrit au receveur, qui suspend alors ses poursuites. Lorsque le sursis doit se prolonger pendant un temps assez long, le maire réunit le conseil municipal, pour lui en référer ; la délibération du conseil municipal est ensuite soumise à l'approbation du préfet.

Lorsqu'il y a lieu de procéder à des poursuites judiciaires autres que celles dont il vient d'être parlé, ces poursuites sont exercées par les maires, avec l'autorisation des conseils de préfecture. Il appartient également aux maires, dûment autorisés par le conseil de préfecture, de suivre devant les tribunaux les contestations qui naîtraient d'oppositions légales formées par les débiteurs contre les poursuites des receveurs des communes (L. 29 vendémiaire an V ; 5 avril 1884 art, 121

et suiv; Cir. int. 3 novembre 1839 et 15 mai 1884.) — Voy. COMPTABI-
LITÉ COMMUNALE, CONSEIL MUNICIPAL, MAIRE, RECEVEURS MUNICIPAUX.
— *Dict. des formules*, n° 1226.

Réverbère. — Lampe destinée à éclairer la voie publique.
Les réverbères sont classés parmi les objets destinés à l'utilité publique. En conséquence, celui qui détruit, abat, ou dégrade un réverbère,
est passible des peines portées par l'article 257 du Code pénal, c'est-
à-dire d'un emprisonnement d'un mois à deux ans et d'une amende de
cent francs à cinq cents francs. — Voy. ECLAIRAGE.

Révocation, suspension. — La destitution est pour un fonctionnaire public la privation de sa place, motivée par quelque faute grave.
Aucune destitution ne doit être prononcée qu'au préalable les charges
n'aient été communiquées au fonctionnaire inculpé, et qu'on ne lui ait
laissé le temps nécessaire pour se justifier. Ce principe ne souffre d'exception que dans le cas où l'intérêt public commande la destitution la
plus prompte.
Le gouvernement a seul le droit de destituer les fonctionnaires qu'il
a nommés.
Les maires et les adjoints peuvent être suspendus par arrêté du préfet pour un temps qui n'excédera pas un mois et qui peut être porté à
trois mois par le ministre de l'intérieur. Les maires et adjoints ne
peuvent être révoqués que par décret du Président de la République.
(L. 4, 5 avril 1884, art. 80.)
Le maire nomme à tous les emplois communaux pour lesquels la loi
ne prescrit pas un mode spécial de nomination. Il suspend et révoque
les titulaires de ces emplois. (L. 4, 5 avril 1884, art. 88.)
Le maire peut suspendre les gardes champêtres, la suspension ne
peut durer plus d'un mois, le préfet peut seul les révoquer. (L. 4,
5 avril 1884, art. 102. — Voy. FONCTIONNAIRES, GARDES CHAMPÊTRES,
MAIRE, PATRES COMMUNS.

Révolte. — Voy. RÉBELLION.

Rivières. — La police des rivières est confiée, sous certains rapports, à la vigilance de l'autorité municipale, et ses règlements pourvoient au maintien du bon ordre sur les rivières, dans les gares et les
ports, aux abreuvoirs, sur les quais et chemins de halage, au passage
des gués et bacs, dans les lieux où on se livre à l'exercice de la natation, à toutes les mesures propres à assurer le libre écoulement des
eaux, à prévenir les débordements et à en réparer les suites. — Voy.
BAC, BAINS, COURS D'EAU, PORTS. — *Dict. des formules*, n° 1304.

Rixes, querelles, disputes. — La loi du 5 avril 1884, art. 97,
range parmi les objets confiés à la vigilance et à l'autorité des maires,
le soin de réprimer et punir les délits contre la tranquillité publique,
tels que rixes et disputes accompagnées d'ameutement dans les rues,
le tumulte excité dans les lieux d'assemblées publiques, les bruits et
attroupements nocturnes qui troublent le repos des citoyens.

Dès qu'il se manifeste une rixe dans un lieu public, l'autorité doit être prompte à la réprimer, afin que le désordre ne compromette pas la tranquillité publique.

Les maires peuvent, par un arrêté, défendre les rixes et disputes dans les rues, places, ainsi que dans les cabarets et autres lieux publics. Les contraventions sont constatées par procès-verbaux. On doit y mentionner avec soin, si des coups ont été portés et s'il en est résulté des blessures graves. — Voy. COUPS ET BLESSURES. — *Dict. des formules*, nᵒˢ 1305-1306.

Rôles. — Voy. AFFOUAGE, CHIENS (*Taxes sur les*), CHEMINS VICINAUX (*Prestations en nature*), CONTRIBUTIONS DIRECTES, INSTRUCTION PRIMAIRE; MINES (*Redevance sur les*), POIDS ET MESURES.

Roulssage. — Voy. CHANVRE.

Roulage. — Transport des marchandises par voitures à roues, sur les chemins publics ordinaires.

La loi du 30 mai 1851 et le règlement d'administration publique du 10 août 1852, auxquels il convient d'ajouter les décrets du 24 février 1858 et du 26 août 1863, et l'arrêté du ministre des travaux public du 20 avril 1866, constituent aujourd'hui toute la législation sur la police du roulage. On peut en outre consulter sur ce sujet les circulaires du ministre des travaux publics en date des 25 août 1852, 9 mars 1858, 15 septembre 1863, 7 mai 1870, et du ministre de l'intérieur en date du 20 mars 1877.

Conditions de la circulation des voitures. — Les voitures particulières suspendues ou non suspendues, servant au transport des personnes, les voitures de l'administration des postes, les voitures d'artillerie, peuvent circuler sur les routes nationales, départementales et sur les chemins vicinaux de grande communication, sans aucune condition de réglementation de poids ou de largeur des jantes.

Sont aussi affranchies de toute réglementation de largeur de chargement, les voitures de l'agriculture servant au transport des récoltes de la ferme aux champs et des champs à la ferme ou au marché. (L. 30 mai 1851, art. 3.)

Toutes les autres voitures doivent remplir les conditions déterminées par la loi, et les règlements d'administration publique en ce qui concerne :

1º L'apposition de plaque;
2º La forme des moyeux, essieux et roues ;
3º Le maximum des chevaux d'attelage.

De plus pour les voitures ne servant pas au transport des personnes :

1º La largeur de chargement;
2º La saillie des colliers des chevaux ;
3º Le mode d'enrayage ;
4º Le nombre des voitures qui peuvent être réunies dans un même convoi ;
5º Les autres mesures de police à observer par les conducteurs. (L. 30 mai 1851, art. 2).

Plaques. — Toute voiture circulant sur les routes et chemins ci-dessus désignés doit être munie d'une plaque conforme à un modèle déterminé par l'administration. (Id., art. 3.) — Voy. PLAQUES.

Forme des essieux et roues. — Les essieux des voitures ne peuvent avoir plus de 2 mètres 50 centimètres de longueur, ni dépasser à leurs extrémités le moyeu de plus de 6 centimètres. La saillie des moyeux, y compris celle de l'essieu, ne doit pas excéder de plus de 12 centimètres le plan passant par le bord extérieur des banquettes. Il a été accordé une tolérance de 2 centimètres sur cette saillie pour les roues des voitures qui, lors de la promulgation du décret, avaient déjà fait un certain service. (D. 10 août 1852, art. 1er.)

Il est expressément défendu d'employer des clous à tête de diamant. Tout clou de bande doit être rivé à plat et ne peut, lorsqu'il est posé à neuf, former une saillie de plus de 5 millimètres. (Id., art. 2.)

Limitation du nombre de chevaux. — Il ne peut être attelé : 1° aux voitures servant au transport des marchandises, plus de cinq chevaux, si elles sont à deux roues; plus de huit, si elles sont à quatre roues, sans qu'il puisse y avoir plus de cinq chevaux de file ; 2° aux voitures servant au transport des personnes, plus de trois chevaux, si elles sont à deux roues ; plus de six, si elles sont à quatre roues. (Id., art. 3.)

Lorsqu'il y a lieu de transporter des blocs de pierre, des locomotives ou d'autres objets d'un poids considérable, l'emploi d'un attelage exceptionnel peut être autorisé, sur l'avis des ingénieurs ou des agents voyers, par les préfets des départements traversés. (Id., art. 4.)

Les prescriptions de l'article 3 ne sont pas applicables sur les parties de routes ou de chemins vicinaux de grande communication affectées de rampes d'une déclivité ou d'une largeur exceptionnelle. Les limites de ces parties de routes ou de chemins, sur lesquelles l'emploi de chevaux de renfort est autorisé, sont déterminées par un arrêté du préfet, sur la proposition de l'ingénieur en chef ou de l'agent voyer en chef du département, et indiquées sur place par des poteaux portant cette inscription : CHEVAUX DE RENFORT. Pour les voitures marchant avec relais réguliers et servant au transport des personnes ou des marchandises, la faculté d'atteler des chevaux de renfort s'étend à toute la longueur des relais dans lesquels sont placés les poteaux. L'emploi de chevaux de renfort peut être autorisé temporairement sur les parties de routes ou de chemins de grande communication, lorsque, par suite de travaux de réparation ou d'autres circonstances accidentelles, cette mesure est nécessaire. Dans ce cas, le préfet fait placer des poteaux provisoires. (Id., art. 6.)

En temps de neige ou de verglas, les prescriptions relatives à la limitation du nombre de chevaux demeurent suspendues. (Id., art. 6.)

Barrières de dégel. — Le ministre des travaux publics détermine les départements dans lesquels il peut être établi, sur les routes nationales et départementales, des barrières pour restreindre la circulation pendant les temps de dégel. Les préfets, dans chaque département, déterminent les chemins de grande communication sur lesquels ces barrières peuvent être établies. (D. des 24 février 1858 et du 26 août 1863.)

Traversée des ponts suspendus. — Pendant la traversée des ponts suspendus, les chevaux sont mis au pas; les voituriers ou rouliers tiennent les guides ou le cordeau; les conducteurs et particuliers restent sur leurs sièges. Défense est faite aux rouliers et autres voituriers de dételer aucun de leurs chevaux pour le passage du pont. Toute voiture attelée de plus de cinq chevaux ne doit pas s'engager sur le tablier d'une travée, quand il y a déjà sur cette travée une voiture d'un attelage supérieur à ce nombre de chevaux. Pour les ponts suspendus qui n'offriraient pas toutes les garanties nécessaires pour le passage des voitures lourdement chargées, il peut être adopté par le ministre des travaux publics ou par le ministre de l'intérieur, chacun en ce qui le concerne, telles autres dispositions qui sont jugées nécessaires. Dans des circonstances urgentes, les préfets et les maires peuvent prendre telles mesures que leur paraît commander la sûreté publique, sauf à en rendre compte à l'autorité supérieure. Les mesures prescrites pour la protection des ponts suspendus sont, dans tous les cas, placardées à l'entrée et à la sortie de ces ponts. (L. 30 mai 1851, art. 8, et Circ. min. trav. publics du 7 mai 1870.)

Ordre de marche. — Tout roulier ou conducteur de voiture doit se ranger à sa droite à l'approche de toute autre voiture, de manière à lui laisser libre au moins la moitié de la chaussée. (L. 30 mai 1851, art. 9.)

Il est interdit de laisser stationner sans nécessité sur la voie publique aucune voiture attelée ou non attelée. (Id., art. 10.)

Largeur du chargement et des colliers. — La largeur du chargement des voitures qui ne servent pas au transport des personnes ne peut excéder 2 mètres 50 centimètres. Toutefois, les préfets des départements traversés peuvent délivrer des permis de circulation pour les objets d'un grand volume qui ne seraient pas susceptibles d'être chargés dans ces conditions. (Id., art. 11.)

La largeur des colliers des chevaux ou autres bêtes de trait ne peut dépasser 90 centimètres, mesurés entre les points les plus saillants des pattes des attelles. (Id., art. 12.)

Conduite des voitures. — Lorsque plusieurs voitures marchent à la suite les unes des autres, elles doivent être distribuées en convois de quatre voitures au plus si elles sont à quatre roues et attelées d'un seul cheval ; de trois voitures au plus si elles sont à deux roues et attelées d'un seul cheval, et de deux voitures au plus si l'une d'elles est attelée de plus d'un cheval. L'intervalle d'un convoi à l'autre ne peut être moindre de 50 centimètres. (Id., art. 13.)

Tout voiturier ou conducteur doit se tenir constamment à la portée de ses chevaux ou bêtes de trait et en position de les guider. Il est interdit de faire conduire par un seul conducteur plus de quatre voitures à un cheval si elles sont à quatre roues, et plus de trois voitures à un cheval si elles sont à deux roues. Chaque voiture attelée de plus d'un cheval doit avoir un conducteur. Toutefois, une voiture dont le cheval est attaché derrière une voiture attelée de quatre chevaux au plus n'a pas besoin d'un conducteur particulier. Les règlements de police municipale déterminent, en ce qui concerne la traversée des villes, bourgs et villages, les restrictions qui peuvent être apportées aux dispositions du présent article et de celui qui précède. (Id., art. 14.)

Aucune voiture marchant isolément ou à la tête d'un convoi ne peut circuler pendant la nuit sans être pourvue d'un falot ou d'une lanterne allumée. Cette disposition peut être appliquée aux voitures d'agriculture par des arrêtés des préfets ou des maires. (Id., art. 15.)

Pénalités. — Toute contravention aux règlements relatifs à la forme des moyeux, au maximum de la longueur des essieux, au maximum de leur saillie au delà des moyeux, à la forme des bandes des roues, à la forme des clous des bandes, au maximum des chevaux attelés, aux cas de dégel et aux ponts suspendus, à la largeur du chargement, à la saillie des colliers et aux modes d'enrayage, à l'égard de toutes les voitures, est punie d'une amende de 5 à 30 francs. (L. 30 mai 1851 art. 4.)

Toute contravention aux règlements concernant les voitures non desti- nées au transport des personnes et relatifs au nombre des voitures qui peuvent être réunies en un même convoi, à l'intervalle libre à laisser entre deux convois, au nombre de conducteurs exigé pour la conduite de chaque convoi, aux mesures concernant le stationnement sur les routes et les moyens d'éviter ou de dépasser d'autres voitures, est punie d'une amende de 6 à 10 francs et d'un emprisonnement de un à trois jours. En cas de récidive, l'amende peut être portée à 15 francs, et l'emprisonnement à cinq jours. (Id., art. 5.)

Lorsque, par la faute, la négligence ou l'imprudence du conducteur, une voiture a causé un dommage quelconque à une route ou à ses dé- pendances, le conducteur est condamné à une amende de 3 à 5 francs; il est de plus condamné aux frais de la réparation. (Id., art. 9.)

Est puni d'une amende de 16 à 100 francs, indépendamment de celle qu'il pourrait avoir encourue pour toute autre cause, tout voiturier ou conducteur qui, sommé de s'arrêter par l'un des fonctionnaires ou agents chargés de constater les contraventions, refuserait d'obtempérer à cette sommation et de se soumettre aux vérifications prescrites. (Id., art. 10.)

Les dispositions du livre III, titre 1er, chapitre III, section 4, paragra- phe 2, du Code pénal, sont applicables, en cas d'outrages ou de vio- lences envers les fonctions ou agents chargés de constater les délits et contraventions prévus par la présente loi. (Id., art. 11.)

Agents chargés de constater les contraventions. — Sont spécialement chargés de constater les contraventions et délits prévus par la loi, les conducteurs, agents voyers, cantonniers chefs et autres employés du service des ponts et chaussées ou des chemins vicinaux de grande com- munication, commissionnés à cet effet, les gendarmes, les gardes cham- pêtres, les employés des contributions indirectes, agents forestiers ou des douanes, et employés des poids et mesures ayant droit de verbaliser, et les employés des octrois ayant le même droit. — Peuvent également constater lesdites contraventions et lesdits délits, les maires et adjoints, les commissaires et agents assermentés de police, les ingénieurs des ponts et chaussées, les officiers et les sous-officiers de gendarmerie, et toute personne commissionnée par l'autorité départementale pour la surveillance de l'entretien des voies de communication. Les procès- verbaux dressés pour constater des contraventions, délits ou dommages font foi jusqu'à preuve contraire. (Id., art. 15.)

Les procès-verbaux rédigés par les agents mentionnés au paragraphe premier de l'article 15 ci-dessus doivent être affirmés dans les trois jours, à peine de nullité, devant le juge de paix du canton ou devant le maire de la commune, soit du domicile de l'agent qui a verbalisé, soit du lieu où la contravention a été constatée. (Id., art. 18.)

Les procès-verbaux doivent être enregistrés en débet dans les trois jours de leur date ou de leur affirmation, à peine de nullité. (Id., art. 19.)

Les contraventions aux dispositions relatives à la forme des moyeux, des essieux, des bandes de roues et clous de bande, au nombre de che- vaux de l'attelage, aux barrières de dégel, à la largeur du chargement, à la saillie du collier des chevaux, et à l'enrayage, rentrent dans la compétence du conseil de préfecture du département où le procès-verbal a été dressé. Ce tribunal statue aussi dans le cas de dommage causé à une route ou à ses dépendances par la faute ou la négligence d'un conducteur. Tous autres délits ou contraventions prévus par la loi sont de la compétence des tribunaux. (L. 30 mai 1851, art. 17.)

Ils sont adressés, dans les deux jours de l'enregistrement, au sous-préfet de l'arrondissement, s'il s'agit d'une contravention de la compétence des conseils de préfecture, ou au procureur impérial, s'il s'agit d'une contravention de la compétence des tribunaux. (Id., art. 22.) — Voy. PLAQUES, VOITURES PUBLIQUES. — *Dict. des formules*, nᵒˢ 1307-1308.

Routes. — Les routes se divisent, suivant leur importance, en routes nationales et routes départementales.

Les routes nationales sont celles qui, parcourant des lignes d'une vaste étendue, ouvrent des communications d'un intérêt général; les routes départementales sont destinées à faciliter le mouvement de la circulation dans l'intérieur d'un seul département ou entre deux départements voisins.

Il y a trois classes de routes nationales; il n'y a qu'une seule classe de routes départementales.

Les routes nationales et départementales font partie du domaine public, et, à ce titre, elles sont inaliénables et imprescriptibles. (C. civil, art. 538.)

Les portions de routes nationales délaissées par suite de changement de tracé ou d'une nouvelle route peuvent, sur la demande ou avec l'assentiment des conseils généraux des départements ou des conseils municipaux des communes intéressées, être classées par des décrets, soit parmi les routes départementales, soit parmi les chemins vicinaux de grande communication, soit parmi les simples chemins vicinaux. (L. 24 mai 1842, art. 1ᵉʳ.)

Lorsque ce classement n'a pas lieu, les terrains délaissés sont remis à l'administration des domaines, laquelle est autorisée à les aliéner; néanmoins, il peut être réservé, s'il y a lieu, eu égard à la situation des propriétés riveraines et par arrêté du préfet, en conseil de préfecture, un chemin d'exploitation, dont la largeur ne peut excéder 5 mètres. (L. 24 mai 1842, art. 2.)

Les propriétaires sont mis en demeure d'acquérir chacun au droit soi, dans les formes tracées par l'article 61 de la loi du 3 mai 1841, les parcelles attenantes à leurs propriétés. A l'expiration du délai fixé par la loi, il est procédé à l'aliénation des terrains, selon les règles qui régissent les aliénations du domaine de l'Etat ou par l'application de l'article 4 de la loi du 21 mai 1836. (Id., art. 3.)

Lorsque les portions de routes nationales délaissées ont été classées parmi les routes départementales ou les chemins vicinaux, les parcelles de terrain qui ne font pas partie de la nouvelle voie de communication ne peuvent être aliénées qu'à la charge, pour le département ou la commune, de mettre les propriétaires riverains en demeure d'acquérir. (Id., art. 4.)

Plantations. — Les propriétaires riverains des routes nationales et départementales sont tenus de planter des arbres, soit sur le sol de la route quand sa largeur le permet, soit, dans le cas contraire, sur leur propriété, à la distance d'un mètre du bord extérieur des fossés et suivant l'essence des arbres. (L. 9 ventôse an XIII, art. 1 et 2 ; D. 16 décembre 1811, art. 88 et 90.)

Les arbres existant en dehors des routes, sur les propriétés particulières, appartiennent aux riverains. (D. 16 décembre 1811, art. 87.)

Sont reconnus également appartenir aux riverains les arbres existant sur le sol des routes nationales et départementales, et que ces riverains justifieraient avoir légitimement acquis à titre onéreux ou avoir plantés à leurs frais, en exécution des anciens règlements. (L. 12 mai 1825.)

Toutefois, ces arbres ne peuvent être abattus que lorsqu'ils donnent des signes de dépérissement et sur une permission de l'administration. La permission est également nécessaire pour en opérer l'élagage.

La conservation des plantations des routes est confiée à la surveillance et à la garde spéciale des cantonniers, gardes champêtres, gendarmes, agents et commissaires de police et des maires, chargés par les lois de veiller à l'exécution des règlements de grande voirie. (D. 16 décembre 1811, art. 106.)

Fossés. — Les fossés des routes sont établis, curés et entretenus aux frais de l'État. (L. 12 mai 1825.) Les propriétaires riverains sont tenus de recevoir sur leurs héritages les terres et sables provenant du curage des fossés qui les bordent.

Police. — La police de conservation des grandes routes est désignée aujourd'hui sous le nom de grande voirie ; elle consiste dans l'inspection sur les rues et chemins, à donner les alignements, à prévenir les entreprises sur la voie publique, et les périls de bâtiments, et à ordonner l'exécution des règlements. — Voy. Voirie.

Ruches d'abeilles. — L'autorité administrative peut empêcher d'établir des ruches près d'un chemin ou d'une place publique où elles pourraient aller piquer les passants. Elle a le droit de prendre à cet égard des arrêtés contre les abeilles comme animaux malfaisants. Il en serait de même si un individu voulait en élever près d'un pressoir, d'un lieu où l'on prépare le miel et la cire, car elles incommoderaient les personnes employées dans ces établissements. — Voy. Abeilles, Essaim. — *Dict. des formules*, nos 1309-1310.

Rue. — Chemin dans une ville, dans un bourg, dans un village, entre des maisons ou entre des murailles.

Les rues qui servent de grandes routes font partie de la grande voirie ; les autres appartiennent à la petite voirie.

Toute rue qui, reconnue, dans les formes légales, être le prolongement d'un chemin vicinal, en fait partie intégrante et est soumise aux mêmes lois et règlements. Lorsque l'occupation de terrains bâtis est jugée nécessaire pour l'ouverture, le redressement ou l'élargissement immédiat d'une rue formant le prolongement d'un chemin vicinal, l'expropriation a lieu conformément aux dispositions de la loi du 3 mai 1841 combinées avec celles des cinq derniers paragraphes de l'article 16 de la loi du 21 mai 1836. (L. 8 juin 1864.) — Voy. Chemins vicinaux, Expropriation, Police, Voie publique, Voirie.

S

Sable. — Toute extraction ou enlèvement non autorisé de sable, dans les bois et forêts, donne lieu aux amendes fixées par l'article 144 du Code forestier. — Voy. Bois des communes et des établissements publics.

Sablon. — L'enlèvement du sable de mer, connu sous le nom de sablon, et propre à la fabrication du sel par l'action du feu, est autorisé de la part des cultivateurs nantis d'un certificat du maire, constatant qu'ils en ont besoin pour l'engrais de leurs terres. (O. 19 mars 1817, art. 1er.)

Ce certificat doit mentionner l'étendue de terres que le cultivateur possède ou cultive, le montant de ses contributions, le nombre de chevaux et de voitures qu'il emploie au transport des engrais de mer, ainsi que le nom des havres ou grèves qu'il fréquente. — *Dict. des formules*, no 1311.

Tout individu qui est trouvé transportant du sablon ou du sable de mer sans qu'il ait préalablement obtenu du maire de la commune le certificat prescrit, est traité comme coupable de contravention aux lois relatives à l'impôt du sel. (Id., art. 3.)

Sages-femmes. — Femmes autorisées par la loi à exercer l'art des accouchements.

Les élèves sages-femmes doivent avoir suivi au moins deux cours d'accouchements et vu pratiquer pendant neuf mois ou pratiqué elles-mêmes pendant six mois les accouchements dans un hospice ou sous la surveillance d'un professeur avant de se présenter à l'examen. (L. 19 ventôse an XI, art. 21.)

Pour être admises à suivre les cours d'accouchements, les personnes qui se destinent à la profession de sage-femme doivent : 1° savoir lire et écrire ; 2° produire, avec leur acte de naissance, un certificat de bonnes vie et mœurs, délivré par le maire de la commune et énonçant l'état des père et mère de l'élève, et, si elle est mariée, l'état de son mari ; 3° un certificat de médecin constatant qu'elles ont été vaccinées ou qu'elles ont eu la petite vérole.

Les certificats d'aptitude pour la profession de sage-femme sont délivrés, soit par les facultés de médecine de Paris, Montpellier et Nancy, soit par les écoles préparatoires de médecine et de pharmacie. (D. 22 août 1854, art. 17.)

Les sages-femmes doivent faire enregistrer leurs diplômes au tribunal de première instance et à la sous-préfecture de l'arrondissement où elles s'établissent et où elles ont été reçues.

La liste des sages-femmes reçues pour chaque département est dressée dans les tribunaux de première instance et par les préfets, de la même manière que celles des docteurs et des officiers de santé. (Id., art. 34.)

Les sages-femmes qui ont été instruites aux frais de leur département, et qui ont souscrit l'engagement de se fixer dans les communes qui leur auront été désignées par les préfets, sont tenues de s'établir dans ces mêmes communes.

Celles dont les frais d'instruction ont été supportés par une commune doivent y fixer leur résidence.

Aucune élève ne peut exercer ces fonctions, dans quelque lieu que sa résidence soit fixée, que l'avis n'en ait été donné par le préfet au maire de la commune, et que ses certificats n'aient été visés à la mairie. (Règl. 8 novembre 1810, titre XI, art. 4.)

Les maires doivent veiller à ce qu'aucune personne ne s'ingère dans l'art des accouchements, sans être pourvue d'un diplôme de sage-femme et sans être inscrite, en cette qualité, sur les listes du département; ils constatent les contraventions par un procès-verbal qu'ils transmettent au procureur de la République. — Voy. ACCOUCHEMENT, ACCOUCHEURS, MÉDECINS ET CHIRURGIENS. — Dict. des formules, n° 1312.

Saillie sur la voie publique. — Voy. VOIRIE.

Saint-Sacrement. — Voy. HONNEURS PUBLICS.

Saisie. — Il y a plusieurs espèces de saisies. Nous mentionnerons seulement celles qui concernent l'autorité municipale.

Saisie-arrêt. — La saisie-arrêt, dite opposition, est un acte par lequel un créancier arrête entre les mains d'un tiers les sommes ou effets appartenant à son débiteur, pour faire ordonner que les deniers ou prix des effets lui seront remis en déduction de la créance.

Les créanciers des communes ne peuvent faire opérer des saisies-arrêts entre les mains des débiteurs de celles-ci. Ils doivent se borner à se pourvoir auprès du préfet pour faire comprendre leurs créances dans le budget desdites communes. (Arrêts du Cons. d'Etat, 12 août 1807, 26 mai 1813 et 29 octobre 1826.)

Saisie-exécution. — C'est celle qu'exerce un créancier en vertu de son titre exécutoire, pour parvenir à faire vendre les meubles corporels de son débiteur et être payé sur le prix.

Si l'huissier qui doit procéder à la saisie trouve les meubles des appartements ou des portes fermés, sur sa réquisition, l'ouverture en est faite en présence du juge de paix, ou, à son défaut en présence du commissaire de police, ou du maire et de l'adjoint.

Si la saisie est faite au domicile de la partie absente, copie du procès-verbal est remise au maire ou adjoint, ou au magistrat qui, en cas de refus des parties a fait faire l'ouverture des portes et qui vise l'original. (C. Proc., art. 602.)

Saisie-brandon. — Voie d'exécution par laquelle un créancier saisit les fruits pendant par racines appartenant à son débiteur. Le garde champêtre est établi gardien ; si le débiteur n'est présent, la saisie lui est signifiée ; il est aussi laissé copie au maire de la commune de la situation, et l'original en est visé par lui. Si les communes sur lesquelles les biens sont situés sont contiguës ou voisines, il est établi un seul gardien, autre néanmoins qu'un garde champêtre. Le visa est donné par le maire du chef-lieu de l'exploitation, ou par le maire de la commune où est située la majeure partie des biens. (Proc., art. 638.)

Saisies fiscales. — Ce sont celles des marchandises et boissons la fraude des droits. Elles sont faites par les préposés des douanes, des contributions indirectes ou des octrois, assistés, dans certains cas, des maires ou adjoints ou commissaires de police. — Voy. BOISSONS, DOUANES, OCTROIS.

On peut encore ranger parmi les saisies fiscales, celles qui sont exercées sur les biens des redevables à la requête du percepteur, et en vertu de l'autorisation du préfet. — Voy. CONTRIBUTIONS DIRECTES, PORTEURS DE CONTRAINTES.

Saisies de police. — Dans le droit criminel, la saisie est l'appréhension du corps de délit, du produit ou de l'instrument du délit, opérée par le magistrat compétent. — Voy. ARMES, BOISSONS, CHASSE, CONFISCATION, GRAVURES, JEUX DE HASARD, PÊCHE, POLICE JUDICIAIRE, etc. — *Dict. des formules*, nᵒˢ 1314-1315.

Salaire. — Voy. COALITION.

Salles d'asile. — Voy. INSTRUCTION PUBLIQUE, ÉCOLES MATERNELLES, ÉCOLES ENFANTINES.

Salpêtre. — Le salpêtre est une sorte de sel qui se tire ordinairement des plâtres de vieilles murailles, des étables, des écuries, etc., et qui entre dans la composition de la poudre.

La loi du 10 mars 1819 porte que la fouille des agents du gouvernement dans les granges, écuries, bergeries, caves, etc., pour parvenir à l'extraction des terres salpêtrées, ne peut être exercée qu'en traitant avec les propriétaires desdits lieux.

Dans la circonscription des salpêtrières nationales, tous les propriétaires qui veulent démolir sont tenus, dans les dix jours, sous peine d'amende, de prévenir le maire de leur commune, afin que, sur l'avis donné par celui-ci, le salpêtrier puisse en prendre connaissance. Si le délai expire sans qu'il se soit présenté, les propriétaires peuvent disposer de leur matériaux. (D. 13 fructidor an V, art. 2 ; L. 10 mars 1819, art. 6.) — Voy. POUDRES.

Saltimbanques. — On comprend en général, sous ce nom, les bateleurs, baladins, escamoteurs, faiseurs de tours, joueurs d'orgues, musiciens ambulants, chanteurs et autres industriels de cette nature.

Par une circulaire du 13 décembre 1853, le ministre de l'intérieur a engagé les préfets à mettre en vigueur, dans leurs départements respectifs, un arrêté consacrant, entre autres mesures, les dispositions suivantes : 1° tout individu qui veut se livrer à l'exercice de la profession de saltimbanque, bateleur, escamoteur, joueur d'orgues, musicien ambulant ou chanteur, doit en faire la demande au préfet, en joignant à sa pétition un certificat de bonnes vie et mœurs, délivré par le commissaire de police ou le maire de la commune où il est domicilié ; 2° tout individu permissionné, qui change de domicile, doit faire connaître immédiatement sa nouvelle résidence à l'administration, en produisant un certificat délivré par le commissaire de police ou le maire de la commune où il s'établit; 3° les saltimbanques, chanteurs, etc., ne peuvent exercer leur profession avant huit heures du matin en tout temps, et ils doivent se retirer avant six heures du soir, depuis le 1er octobre jusqu'au 1er avril, et avant neuf heures du soir, du 1er avril au 1er octobre; 4° il leur est expressément défendu de se faire accompagner par des enfants âgés de moins de seize ans ; 5° il leur est fait défense également de pronostiquer ou d'expliquer les songes, sous les peines portées par les articles 479, 480 et 481 du Code pénal ; 6° les chanteurs ne peuvent chanter ou mettre en vente d'autres chansons que celles qui sont revêtues de l'estampille de l'administration, sous les peines portées par l'article 5 de la loi du 16 février 1834 et l'article 6 de la loi du 26 juillet 1849 ; 7° enfin, lorsque le permissionnaire veut voyager hors du département, il est tenu, avant de prendre ou de faire viser son passeport de déposer sa permission, qu'il pourra réclamer à son retour. (Voyez aussi la circulaire ministérielle du 6 janvier 1863.)

Indépendamment des mesures prescrites conformément aux circulaire précitées, les maires peuvent, par un arrêté, défendre aux saltimbanques, bateleurs, etc., de s'établir sur la voie publique et d'y exercer leur métier sans en avoir obtenu l'autorisation à la mairie. Avant d'accorder cette autorisation, les maires se font représenter la permission de l'autorité supérieure, ainsi que les descriptions détaillées des spectacles et représentations, et s'assurent que les objets proposés à la curiosité publique ne peuvent offrir aucun danger.

Il convient aussi de n'accorder désormais aux saltimbanques l'autorisation d'exercer leur profession qu'à la condition expresse de ne pas paraître sur les tréteaux avec des décorations officielles telles que la légion d'honneur, la médaille militaire ou des médailles de sauvetage. (Circ. Int. 17 septembre 1875.)

La loi du 7 décembre 1874 relative à la protection des enfants employés dans les professions ambulantes interdit à tout individu autre que le père ou la mère d'employer des enfants de moins de 16 ans dans les professions d'acrobate, saltimbanque, charlatan, montreur d'animaux ou cirques. Il interdit même au père et à la mère d'employer dans ces professions leurs enfants âgés de moins de 12 ans. L'autorité municipale doit tenir la main à l'exécution de cette loi, en exigeant de tous les individus se livrant à la profession de saltimbanques, conformément aux dispositions de l'article 4 de la loi précitée la justification de l'origine et de l'identité de tous les enfants placés sous leur conduite. A défaut de cette justification il en est immédiatement donné avis au parquet.

Les maires, les adjoints, les commissaires de police doivent veiller soigneusement à ce que les prescriptions imposées par l'autorité aux saltimbanques soient exactement observées ; ils doivent constater les contraventions par des procès-verbaux, en déférer les auteurs au tribunal de police, et surtout retirer immédiatement toute autorisation dont on aurait abusé. — Voy. POLICE. — *Dict. des formules*, nᵒˢ 1317 et 1318.

Salubrité. — Il appartient aux maires de prendre toutes les mesures propres à assurer dans la commune la salubrité publique.

Les devoirs que cette partie importante de la police municipale leur impose ont été indiqués, à leur ordre, dans ce dictionnaire ; nous nous bornerons à rappeler ici les principaux. Ainsi, c'est un intérêt de salubrité qui motive les mesures que prend l'autorité municipale relativement au balayage et à l'arrosement de la voie publique ; à l'enlèvement des boues et des immondices ; à la propreté des fontaines, sources et abreuvoirs ; à l'entretien et au curage des puits, puisards et égouts ; à la construction, réparation et vidange des fosses d'aisances ; aux dépôts de fumiers et d'engrais ; aux tueries et abattoirs ; à l'enfouissement des animaux morts et à la destruction de ceux qui sont atteints de maladies contagieuses ; à la prohibition d'élever, dans l'intérieur des villes et des maisons, des animaux qui répandent des émanations malsaines ; à la vente des objets de consommation susceptibles d'une prompte décomposition ou qui peuvent être facilement altérés par la mauvaise foi ; à l'exercice des professions de boulanger, de boucher, de charcutier, et à celles de pharmacien, droguiste, herboriste et épicier. C'est également dans un intérêt de salubrité que l'autorité municipale défend aux traiteurs et restaurateurs de faire usage pour la cuisson des aliments, de vases de cuivre non étamés ; aux liquoristes et confiseurs, de se servir de substances minérales pour colorier leurs marchandises ; aux marchands de vins, de liqueurs, de vinaigre, de vendre et débiter ces liquides dans des vases ou récipients de cuivre ou de plomb.

Les maires ont encore à veiller à l'exécution des règlements sur les établissements insalubres ; ils doivent s'opposer à l'établissement, dans l'intérieur des communes, de manufactures ou ateliers que la loi défend d'y tolérer, visiter souvent ceux qui sont autorisés, pour s'assurer qu'il n'y a aucune contravention, et, dans l'affirmative, en dresser procès-verbal. — Voy. ÉTABLISSEMENTS INSALUBRES.

Enfin, ils doivent tenir la main à l'exécution du décret du 24 prairial an XII, relatif aux cimetières, surtout en ce qui concerne leur emplacement, la profondeur et le renouvellement des fosses. — Voy. CIMETIÈRE, INHUMATION.

Dans des cas exceptionnels, comme épidémies, épizooties, les moyens préservatifs dépendent principalement de la police municipale, car le premier devoir est d'assainir la commune en éloignant des habitations et faisant disparaître tous foyers de contagion, tels que mares, voiries, eaux stagnantes, etc. — Voy. ÉPIDÉMIE, ÉPIZOOTIE.

Aux termes d'un arrêté du chef du pouvoir exécutif, en date du 18 décembre 1848, il a été institué, dans chaque arrondissement, un conseil d'hygiène et de salubrité. Ce conseil peut être spécialement consulté sur les objets suivants : 1ᵒ l'assainissement des localités et des habitations ; 2ᵒ les mesures à prendre pour prévenir et combattre les maladies endémiques, épidémiques et transmissibles ; 3ᵒ les épizooties et les maladies des animaux ; 4ᵒ la propagation de la vaccine ; 5ᵒ l'organisation et la distribution des secours médicaux aux malades indigents ; 6ᵒ les moyens d'améliorer les conditions sanitaires des popula-

tions industrielles et agricoles ; la salubrité des ateliers, écoles, etc.
Les maires qui désirent consulter ce conseil sur des mesures d'intérêt
local doivent adresser leur demande au sous-préfet. — Voy. HYGIÈNE.

En ce qui touche les logements insalubres, la loi du 13 avril 1850
donne au conseil municipal le pouvoir de nommer une commission
chargée de rechercher et d'indiquer les mesures indispensables d'assainissement. Le maire peut prescrire, par un règlement, les mesures de
salubrité applicables aux habitations, et qui forment comme le complément de celles qui ont été prises relativement aux rues et places publiques.
Il peut, en outre, sur l'avis de la commission de salubrité, prescrire,
par arrêté, telles mesures particulières qui seraient jugées nécessaires.
— Voy. LOGEMENTS INSALUBRES. — *Dict. des formules*, nᵒˢ 1319-1320.

Sapeurs-pompiers. — On nomme ainsi les hommes qui sont chargés de prévenir et de combattre les incendies.

La loi du 23 août 1871 qui a dissous les gardes nationales contient,
dans son article 1ᵉʳ, la disposition suivante : « Sont exceptées de cette
mesure les compagnies de sapeurs-pompiers, à l'organisation et à l'effectif desquelles il ne sera apporté aucun changement par les autorités
locales, jusqu'à ce qu'un règlement d'administration publique ait pourvu
à l'organisation générale de ces corps. » Ce règlement d'administration
publique est intervenu le 29 décembre 1875. Il est aujourd'hui la principale, sinon l'unique loi des sapeurs-pompiers. En voici les dispositions.

Dispositions générales. — Les corps de sapeurs-pompiers sont spécialement chargés du service des secours contre les incendies. Ils peuvent
être exceptionnellement appelés, en cas de sinistre autre que l'incendie,
à concourir à un service d'ordre ou de sauvetage, et à fournir, avec l'assentiment de l'autorité militaire supérieure, des escortes dans les cérémonies publiques.

Les corps de sapeurs-pompiers relèvent du ministre de l'intérieur. Ils
peuvent néanmoins recevoir des armes de l'Etat ; mais ils ne peuvent se
réunir en armes qu'avec l'assentiment de l'autorité militaire.

Ils sont organisés par commune, en vertu d'arrêtés préfectoraux qui
fixent leur effectif d'après la population et l'importance du matériel de
secours en service dans la commune.

Ils peuvent être suspendus ou dissous.

La suspension est prononcée par arrêté préfectoral pour une durée
qui ne peut excéder une année. Elle cesse d'avoir effet si elle n'est confirmée dans le délai de deux mois par le ministre de l'intérieur. La dissolution est prononcée par un décret du Président de la République.

Les officiers sont nommés pour cinq ans par le Président de la République, sur la proposition des préfets. Ils peuvent être suspendus par le
préfet et révoqués par décret. La suspension ne peut pas excéder deux
mois. Les sous-officiers et caporaux sont nommés par les chefs de corps.

Formation des corps de sapeurs-pompiers. — Toute commune qui
veut obtenir l'autorisation de former un corps de sapeurs-pompiers doit
justifier qu'elle possède un matériel de secours suffisant ou les ressources
nécessaires pour l'acquérir. Elle doit, en outre, s'engager à subvenir,
pendant une période minimum de cinq ans, aux dépenses énumérées
ci-dessous (art. 29 du décret). La délibération, qui est transmise au préfet,
énonce les voies et moyens à l'aide desquels le conseil municipal

compte pou.... à la dépense, ét indique les avantages et immunités qu'il se pr.... d'accorder aux sapeurs-pompiers.

Les sa....urs-pompiers se recrutent au moyen d'engagements volontaires r...mi les hommes qui ont satisfait à la loi du recrutement ou qui, bien .. appartenant à l'armée active, à la réserve ou à l'armée territorial... sont laissés ou renvoyés dans leurs foyers. Ils restent soumis à t.. ces les obligations que leur impose la loi militaire. Ils sont choisis de préférence parmi les anciens officiers, sous-officiers et soldats du génie et de l'artillerie, les agents des ponts et chaussées, des mines et du service vicinal, les ingénieurs, les architectes et les ouvriers d'art.

Le service des sapeurs-pompiers est incompatible avec les fonctions de maire et adjoint.

Sont exclus des corps de sapeurs-pompiers les individus privés par jugement de tout ou partie de leurs droits civils.

L'admission est prononcée : s'il s'agit de corps déjà constitués, par le conseil d'administration des corps; s'il s'agit de corps à créer ou à réorganiser, par une commission composée du maire ou de son adjoint, président, de deux membres du conseil municipal nommés par le conseil, et de trois délégués choisis par le préfet. En cas de partage, la voix du président est prépondérante.

Tout sapeur-pompier prend, au moment de son admission, l'engagement de servir pendant cinq ans, et de se soumettre à toutes les obligations résultant du règlement du service. Cet engagement est constaté par écrit. Il est toujours renouvelable. Il ne peut être résilié que pour des causes reconnues légitimes par le conseil d'administration. Tout sapeur-pompier qui se retire avant l'expiration de son engagement, ou qui est rayé des contrôles, perd tous ses droits aux avantages pécuniaires ou autres auxquels il pouvait prétendre.

Les sapeurs-pompiers d'une commune forment, suivant l'effectif, une subdivision de compagnie, une compagnie ou un bataillon.

Tout corps dont l'effectif, cadre compris, est inférieur à 51 hommes, forme une subdivision de compagnie. Les compagnies sont de 51 hommes au moins, de 250 au plus. Lorsque l'effectif dépasse 250 hommes, il peut, avec l'autorisation du ministre de l'intérieur, être formé un bataillon. L'arrêté ministériel détermine la composition de l'état-major du bataillon. Dans aucun cas, la force numérique d'un bataillon ne peut dépasser 500 hommes.

Les cadres des divers corps sont réglés de la manière suivante quant au nombre et au grade des officiers, sous-officiers et caporaux.

Cadres d'une subdivision.

GRADES.	NOMBRE TOTAL D'HOMMES		
	de 14 à 25.	de 26 à 40.	de 41 à 50.
Lieutenant.	»	»	1
Sous-lieutenant	1	1	1
Sergents.	1	2	2
Caporaux	2	4	4
Tambour ou clairon.	1	1	1

Cadres d'une compagnie.

GRADES	NOMBRE TOTAL D'HOMMES		
	de 51 à 101.	de 101 à 150.	de 151 à 250.
Capitaines . . . { en premier.	1	1	1
en second	»	»	1
Lieutenants	1	1	2
Sous-lieutenants	1	2	2
Sergent-major	1	1	1
Sergent-fourrier	1	1	1
Sergents	4	6	8
Caporaux	8	12	17
Tambours ou clairons	1	2	2

Il peut être attaché à chaque compagnie un chirurgien sous aide-major. Un corps de musique peut être attaché aux subdivisions, compagnies ou bataillons de sapeurs-pompiers. Les musiciens ne comptent pas dans l'effectif. Ils sont choisis par le chef de musique. Leurs obligations sont déterminées par le règlement de service. Les chefs de musique ont rang de lieutenant ou de sous-lieutenant, suivant qu'ils sont attachés à un bataillon, à une compagnie ou à une subdivision.

Le conseil d'administration est composé :

1° Pour les subdivisions :

De l'officier commandant, président ; du sous-officier ou du plus ancien sous-officier, et d'un sapeur-pompier désigné par ses collègues ;

2° Pour les compagnies :

Du chef de corps, président ; des deux officiers les plus anciens ; du plus ancien sous-officier ; d'un caporal ou d'un sapeur-pompier désigné par les caporaux et sapeurs-pompiers réunis.

L'arrêté ministériel qui autorise la création d'un bataillon règle la composition du conseil d'administration. Les désignations ci-dessus prévues sont faites pour cinq ans au scrutin secret et à la majorité absolue des suffrages exprimés. Au deuxième tour, la pluralité des voix suffit.

Règlement du service. — *Commandement.* — Le service est réglé dans chaque commune par un arrêté municipal pris sur la proposition du chef de corps et soumis à l'approbation du préfet. Ce règlement doit être combiné de façon à laisser aux sapeurs-pompiers le temps et la liberté nécessaires à l'accomplissement de leurs devoirs religieux, les dimanches et jours de fête.

Les commandants peuvent, en se conformant aux dispositions du règlement prévu ci-dessus, prendre toutes les mesures et donner tous les ordres relatifs au service ordinaire, aux revues, aux manœuvres et exercices. Ils doivent au préalable en aviser l'autorité municipale.

Hors le cas d'incendie et les services d'escorte ou autres prévus au règlement, aucun rassemblement de sapeurs-pompiers, avec ou sans uniforme, ne peut avoir lieu sans l'autorisation préalable du maire de la commune. Le maire doit avertir en temps utile le sous-préfet ou le préfet, qui peuvent toujours les ajourner ou les interdire. Les réunions en dehors de la commune, sauf le cas d'incendie, ne peuvent avoir lieu sans l'autorisation expresse du préfet. L'autorisation du ministre de l'intérieur est nécessaire lorsque la réunion doit avoir lieu en dehors des limites du département.

Tout homme faisant partie d'un corps de sapeurs-pompiers doit obéissance à ses supérieurs. Les chefs de corps doivent obtempérer aux réquisitions du maire, du sous-préfet, du préfet ou de l'autorité militaire, qu'il s'agisse soit d'organiser un service d'ordre ou un service d'honneur, soit de porter secours en cas d'incendie ou autre sinistre dans les limites ou hors des limites de la commune.

En cas d'incendie, la direction et l'organisation des secours appartiennent exclusivement à l'officier commandant ou au sapeur-pompier le plus élevé en grade, qui donne seul des ordres aux travailleurs. L'autorité locale conserve ses droits pour le maintien de l'ordre pendant le sinistre.

Lorsque les corps de plusieurs communes se trouvent réunis sur le lieu d'un sinistre, le commandement appartient à l'officier le plus élevé en grade, et, en cas d'égalité de grade, au plus ancien. A égalité de grade, l'officier qui a dirigé les premières opérations conserve le commandement.

Dans les localités où les troupes, soit de l'armée de terre, soit de l'armée de mer, peuvent être appelées à concourir avec les corps de sapeurs-pompiers à l'un des services énoncés à l'article 1er du décret, il n'est point dérogé aux règlements militaires en vigueur, et spécialement à l'article 183 du décret du 23 octobre 1883. — *Dict. des formules,* n°⁸ 1322 à 1323.

Discipline. — Les peines disciplinaires sont, pour les sous-officiers, caporaux et sapeurs :

1° La réprimande; 2° la mise à l'ordre; 3° un service hors tour ; 4° la privation totale ou partielle, pendant un certain temps, des immunités ou avantages accordés aux sapeurs-pompiers; 5° l'amende; 6° la privation du grade; 7° l'exclusion temporaire; 8° la radiation définitive des contrôles.

Les trois premières peines sont infligées par l'officier qui commande le corps ou le détachement. Les autres sont infligées par le conseil d'administration.

Le maximum de l'amende est déterminé par le règlement du service, suivant l'importance de la solde, des gratifications ou des autres avantages accordés aux sapeurs-pompiers. Elle est recouvrée au moyen d'une retenue exercée sur ces soldes ou gratifications, et, à défaut, par les soins du commandant. Le refus d'acquitter une amende imposée entraîne l'exclusion. Le produit des amendes est versé dans la caisse de secours du corps.

Si un officier néglige ses devoirs, commet une faute contre la discipline, ou tient une conduite qui compromet son caractère et porte atteinte à l'honneur du corps, le maire ou le chef de corps, par l'intermédiaire du maire, en réfère au préfet, qui prononce ou provoque l'application des mesures prévues au paragraphe 2 de l'article 5 du décret. (Voy. plus haut.)

Uniforme. — Armement. — L'uniforme est obligatoire pour tous les officiers. Il est obligatoire pour les sous-officiers, caporaux et sapeurs-pompiers des chefs-lieux de département et d'arrondissement, et dans toutes les communes qui ont une population agglomérée de plus de 3,000 âmes. Dans les autres communes, une petite tenue peut être suffisante. L'uniforme déterminé par le décret du 14 juin 1852 est maintenu. Il peut être modifié par arrêté ministériel.

Les communes sont responsables, sauf leur recours contre les sapeurs-pompiers, des armes que le gouvernement peut leur délivrer; ces armes restent la propriété de l'Etat. L'entretien de l'armement est à la charge du sapeur-pompier; les réparations, en cas d'accident causé par le service, sont à la charge des communes. En cas de suspension ou de dissolution d'un corps de sapeurs-pompiers, les armes qui lui sont confiées doivent être immédiatement réintégrées dans les arsenaux, par les soins de l'autorité militaire, et aux frais de la commune. En cas de réintégration d'armes dans les magasins de l'Etat, les procès-verbaux constatant le montant des réparations à la charge des communes sont dressés par les soins de l'autorité militaire et transmis au ministre de l'intérieur, qui les notifie aux communes et fait poursuivre le recouvrement des sommes dont elles sont constituées débitrices.

Dépenses. — Secours et pensions. — Les dépenses prévues à l'article 6 pour les communes qui demandent l'autorisation de créer des corps de sapeurs-pompiers sont :

1° Les frais d'habillement et d'équipement des sous-officiers, caporaux et sapeurs-pompiers qui ne peuvent s'habiller et s'équiper à leurs frais; 2° l'achat des tambours ou clairons; 3° le loyer, l'entretien, le chauffage, l'éclairage et le mobilier du corps de garde; 4° le loyer du local où sont remisées les pompes, l'entretien des pompes et des accessoires; 5° la solde des tambours ou clairons ; 6° les réparations, l'entretien et le prix des armes détériorées ou détruites, sauf recours contre les sapeurs-pompiers, conformément à l'article 28; 7° les frais de registres, livrets, papiers, contrôle, et tous les menus frais de bureau; 8° les secours ou pensions alloués aux sapeurs-pompiers victimes de leur dévouement dans le service ainsi qu'à leurs veuves et à leurs enfants, conformément aux dispositions de la loi du 5 avril 1851 ; 9° les frais de réintégration des armes, s'il y a lieu, dans les arsenaux de l'Etat. Ces dépenses sont réglées par le maire, sur mémoires visés par le chef de corps, et acquittées de la même manière que les autres dépenses municipales.

Dans les communes possédant un corps de sapeurs-pompiers où il sera créé une caisse de secours et de retraites, cette caisse pourra être constituée et administrée conformément aux articles 8 et 10 de la loi du 5 avril 1851. Elle pourra être aussi organisée sous forme de société de secours mutuels *approuvée* et sera alors régie par les lois et décrets, relatifs aux associations de cette nature.

Les ressources de ces caisses se composent :

1° Des allocations votées par les conseils municipaux ; 2° des cotisations des membres honoraires ou participants ; 3° du produit des amendes prévues à l'article 23 ; 4° d'une part prélevée sur le produit des services rétribués (bals, concerts, théâtres), et dont l'importance est fixée par le règlement local; 5° des subventions qui peuvent leur être allouées par le conseil général ou l'Etat; 6° du produit des dons et legs qu'elles peuvent être autorisées à recevoir; 7° des dons et souscriptions provenant des compagnies d'assurances contre l'incendie.

Les pensions liquidées par application de la loi du 5 avril 1851 en faveur des sapeurs-pompiers blessés, ou des veuves ou orphelins de sapeurs-pompiers tués au feu. — Voy. PENSIONS, et *Dict. des formules,* n° 1324.

Dispositions diverses. — Les sapeurs-pompiers qui compteront trente années de service et qui auront fait constamment preuve de dévouement pourront recevoir du ministre de l'intérieur un diplôme d'honneur. Des médailles seront accordées par décret du Président de la République à ceux d'entre eux qui se seront particulièrement signalés. En cas de condamnation criminelle ou correctionnelle, la médaille pourra être retirée par décret.

Il pourra être créé dans le département où le conseil général aura voté les fonds nécessaires un emploi d'inspecteur du service des sapeurs-pompiers, lequel sera nommé par le préfet. Plusieurs départements pourront être réunis en une seule inspection, par arrêté du ministre de l'intérieur, qui pourvoira dans ce cas à la nomination.

Depuis le décret réglementaire de 1875, plusieurs circulaires ont développé certains points dont l'application donnait lieu à quelques doutes ou à quelques difficultés. C'est ainsi que la circulaire du ministre de l'intérieur du 20 janvier 1877 revient sur le caractère et la partie pratique de l'article 11 du décret. « L'obligation, dit le ministre, imposée par cet article à tout homme voulant faire partie d'un corps de sapeurs-pompiers, de contracter un engagement de cinq ans, a donné lieu à de fausses interprétations qu'il importe de rectifier. » La circulaire explique alors que la situation des sapeurs-pompiers n'est nullement modifiée ni aggravée, au point de vue des obligations *militaires,* par l'engagement de cinq ans. « Cet engagement n'a donc rien qui puisse faire hésiter les hommes de bonne volonté, décidés à remplir consciencieusement leurs devoirs. Ceux-là seuls peuvent reculer qui sollicitent leur inscription avec l'arrière-pensée de se retirer à la moindre difficulté ou à la moindre cause de mécontentement personnel ; mais l'abstention de ces derniers n'est point à regretter. Le principe de l'engagement quinquennal a été introduit surtout dans l'intérêt des communes et pour éviter que des corps créés à l'aide de sacrifices souvent considérables de la part des conseils municipaux, ne fussent exposés à une cause permanente de désorganisation provenant de démissions non justifiées. »

Une autre circulaire émanée du même ministère, en date du 6 mai 1876, à laquelle est annexé l'exposé des motifs du décret organique de 1875, traite spécialement des rapports des corps de sapeurs-pompiers avec l'autorité militaire, et de la création de caisses de secours et pensions. (Voyez *Bulletin officiel* 1876, p. 368 et suiv.) Un modèle de règlement d'une caisse de secours et de retraites fait suite à ce document. (*Id.,* p. 391.)

D'autre part, le directeur général de la caisse des dépôts et consignations a, par une circulaire du 10 mai 1877, rappelé aux communes qu'elles sont tenues, d'après la loi du 5 avril 1851, d'allouer des secours aux sapeurs-pompiers victimes de leur dévouement dans le service, ainsi qu'à leurs veuves et à leurs enfants, — et elle leur a signalé les avantages que leur présenteraient à ce point de vue la *Caisse d'assurances* en cas d'accident, créée par la loi du 11 juillet 1868, et la *Caisse de retraites pour la vieillesse.* Il y aurait là pour les communes un moyen de rendre moins lourde une obligation qui pourrait, dans certains cas, grever considérablement leur budget.

Enfin une circulaire du ministre de l'intérieur, du 23 juillet 1878, après avoir constaté que le travail de réorganisation des corps de sapeurs-pompiers touche à son terme, invite les conseils généraux à créer une *inspection départementale* dont le principe est posé par l'article 33 du décret organique et dont l'utilité est signalée par l'exposé des motifs à l'appui de ce décret.

La même circulaire annonce la reprise de la publication, par la maison Paul Dupont, du *Moniteur des sapeurs-pompiers*, « en vue d'établir quelques liens entre les divers corps de sapeurs-pompiers, et de propager les enseignements et les exemples utiles. » La dépense de l'abonnement au *Moniteur des sapeurs-pompiers* peut très régulièrement, dit la circulaire ministérielle, être imputée sur les fonds du budget communal, comme celle du *Bulletin officiel du ministère de l'intérieur*, ou même être prélevée, avec l'assentiment du conseil municipale, sur le crédit destiné aux dépenses générales du service des sapeurs-pompiers. (Voy. *Bulletin officiel du ministère de l'intérieur*, 1878, p. 306 et suivants.)

Sauvetage. — Voy. NAUFRAGE.

Sceau des mairies. — Les sceaux, timbres et cachets de toutes les administrations et autorités publiques portent pour type la figure de la Liberté, telle qu'elle est déterminée pour le sceau de l'État, et pour légende le titre de l'administration ou de l'autorité publique par laquelle ils sont employés. (Décr. 25-27 septembre 1870.)

Par suite de cette disposition, les sceaux ou cachets des mairies ont été généralement renouvelés. Mais une assez grande diversité s'étant produite parmi les municipalités, dans l'adoption des effigies, le ministre de l'intérieur a adressé un rapport au Président de la République, en mars 1872, pour proscrire tout emblème séditieux, sans imposer d'ailleurs un modèle obligatoire. (*Bull. off. int.*, 1872, p. 152.) Le modèle généralement en usage aujourd'hui est celui du sceau des lois portant en exergue le nom de la commune et du département.

Scellé. — On appelle scellé la cire empreinte d'un sceau qu'un fonctionnaire public appose sur les entrées d'une maison ou d'un logement pour empêcher d'y pénétrer, ou sur un meuble pour empêcher d'enlever ce qu'il renferme.

L'apposition des scellés doit toujours être constatée par un procès-verbal. Elle est faite par les juges de paix. Cependant en matière criminelle, lorsqu'il s'agit de conserver des objets qui peuvent servir à la constatation d'un crime ou d'un délit, elle peut aussi être faite par les officiers de police judiciaire. — Voy. FLAGRANT DÉLIT.

Le scellé doit être apposé, soit à la diligence du ministère public, soit sur la déclaration du maire, et même d'office par le juge de paix : 1° si une personne est disparue; 2° en cas de décès, si le défunt ne laisse ni parents ni enfants naturels; si les héritiers sont mineurs et ne sont pas représentés par un tuteur; si le conjoint, les héritiers ou l'un d'eux sont absents; 3° si le défunt était dépositaire public. (C. Proc., art. 911.) — Voy. ABSENCE, ETAT CIVIL.

Aussitôt après le décès d'un officier général ou officier supérieur de toute arme, d'un inspecteur aux revues, intendant ou sous-intendant militaire, officier de santé en chef des armées, retirés ou en activité de service, les scellés sont apposés sur les papiers, cartes, plans et mémoires militaires, autres que ceux dont le décédé est l'auteur, par le juge de paix du lieu de décès, en présence du maire de la commune et de son adjoint, lesquels sont respectivement tenus d'en instruire de suite le général commandant la division militaire et le ministre de la guerre. (Arr. 13 nivôse an X.)

Scrutateurs, Scrutin. — Voy. ÉLECTIONS.

Secours aux noyés et asphyxiés. — Voy. ASPHYXIÉS, BOITES FUMIGATOIRES, NOYÉS. — *Dict. des formules*, nᵒˢ 1030 et 1031.

Secours de route. — Voy. FEUILLE DE ROUTE, PASSEPORT, VOYAGEURS INDIGENTS.

Secours publics. — Les secours publics sont de deux sortes : ceux qui sont accordés aux indigents dans les hospices ou par les bureaux de bienfaisance; ceux qui proviennent directement de l'administration et qui ont pour but de soulager des personnes victimes d'accidents ou de venir en aide à d'anciens militaires ou à leurs familles.

Secours aux indigents. — Les indigents n'ont pas un droit absolu aux secours publics, la loi du 7 août 1851 ne leur confère qu'une vocation à les obtenir. Les départements et les communes n'ont donc pas à leur égard une obligation légale à remplir, ils ne sont tenus que d'une obligation morale à laquelle l'humanité leur permet difficilement de se soustraire, à moins que leurs ressources soient absolument insuffisantes. Il n'y a qu'à l'égard des aliénés que les secours publics ont été rendus obligatoires par la loi du 30 juin 1838. Pour pouvoir réclamer les secours publics l'indigent doit justifier qu'il possède dans la commune le domicile de secours. En ce qui concerne les aliénés, l'arrêt du 9 mars 1870 a fixé les règles du domicile de secours de la manière suivante : le domicile naturel de secours est le lieu de naissance; c'est là que l'indigent mineur a droit au secours jusqu'à l'âge de 21 ans. Passé cet âge, il peut réclamer le bénéfice de ce domicile dans toute autre commune, à condition d'y justifier d'un an de résidence non interrompue, dont six mois au moins écoulés depuis la majorité. (L. 24 vendémiaire an II, art. 4 ; L. 30 juin 1838, art. 27 et 28.)

En faisant aussi application de l'article 4 de la loi de vendémiaire an II aux aliénés, cet arrêt confirme bien la disposition de l'article 11, en vertu duquel nul ne peut exercer en même temps dans deux communes le droit de demander de secours; mais il reste muet sur la portée actuelle de l'article 5, qui ne faisait partir le séjour que du jour de l'inscription au greffe de la municipalité, et sur celle de l'article 14, qui exigeait deux ans de résidence pour les gens en gage. Ces deux dispositions des articles 5 et 14 doivent être considérées comme implicitement abrogées. En effet, depuis la promulgation du Code civil, la prescription de l'article 5, en ce qui concerne l'inscription à la mairie, d'obligatoire est devenue simplement facultative. (C. civ., art. 104 et 105.) Par suite la prescription de l'article 14, qui, par mesure de bienveillance relative, permettait aux gens à gage de suppléer au défaut d'inscription par deux ans de résidence, n'a plus sa raison d'être. On doit donc considérer ces deux dispositions comme caduques, et se borner à appliquer la règle posée par l'arrêt du Conseil d'Etat.

Du reste, sauf en ce qui concerne les aliénés, le domicile de secours n'a qu'un intérêt d'ordre administratif, puisqu'il ne confie pas le droit au secours; mais il permet à l'administration : 1° de faire rembourser aux commissions hospitalières les frais d'assistance indûment tombés à leur charge; 2° d'empêcher les départements et les communes de rejeter le fardeau de leurs communes pourvues d'établissements hospitaliers, et à ce point de vue son utilité est grande.

Secours en cas d'accidents. — Chaque année, des fonds sont mis à la disposition des préfets pour aider et secourir les personnes, et notamment les petits cultivateurs et ouvriers nécessiteux, qui ont éprouvé soit des pertes de maisons ou de récoltes, soit des pertes de bestiaux, par suite d'incendie, de grêle ou inondation, d'épizootie ou autres accidents.

La répartition des secours pour pertes occasionnées par la grêle est faite par le contrôleur des contributions directes, assisté du maire et de deux commissaires nommés par le sous-préfet. Pour que cette répartition puisse avoir lieu, il est nécessaire que le maire adresse au sous-préfet, le jour même ou le lendemain du sinistre, une réclamation collective avec une liste de quatre candidats pour la nomination des deux commissaires chargés de procéder à l'évaluation des dégâts.

A l'égard des secours pour cause d'incendie ou d'inondation, on doit, pour les obtenir, en faire la demande au préfet, par l'intermédiaire du sous-préfet, dans les quinze jours qui suivent les sinistres ou les accidents. Ces demandes sont formées sur papier libre par les perdants eux-mêmes, et accompagnées : 1° d'un certificat du maire constatant la position, les charges de famille et autres du perdant, la nature et le montant de la perte; 2° de l'avertissement ou, à défaut, d'un extrait de rôle, en ce qui touche tant les contributions supportées directement par le perdant que celles qu'il peut être tenu d'acquitter comme fermier ou locataire.

S'il s'agit de pertes de bestiaux, la demande doit être accompagnée d'un certificat sur papier timbré, délivré par un vétérinaire, et constatant la date, la nature, la cause et le montant de la perte. — Voy. Epizootie, Grêle, Incendie, Inondation. — *Dict. des formules,* n° 1325.

Secours à d'anciens militaires. — Des fonds sont également mis à la disposition du ministre de la guerre pour secours à d'anciens militaires, à leurs veuves et aux pères et mères de militaires morts sous les drapeaux. Toute demande de secours doit être accompagnée : 1° de pièces en forme, constatant les services sur lesquels la demande est formée; 2° d'un certificat du maire constatant l'âge du réclamant, son état physique actuel, ses charges de famille, sa profession ou ses moyens d'existence et sa moralité; 3° d'un extrait du rôle des contributions; 4° d'un extrait de l'acte de mariage, s'il s'agit d'une veuve; 5° d'un extrait de l'acte de décès, s'il s'agit d'un père ou d'une mère de militaire mort au service. La demande est remise à la mairie pour être envoyée sans frais au général de brigade commandant le département.

Les mêmes pièces doivent être produites à l'appui des demandes de secours viagers formées par d'anciens militaires de la république et de l'empire, en exécution de la loi du 10 juin 1843 et de la circulaire ministérielle du 6 décembre 1849. Les demandes sont transmises au sous-préfet, et par lui au préfet, qui les adresse, s'il y a lieu, à la commission supérieure présidée par le grand chancelier de la Légion d'honneur.

Ces secours ne sont accordés qu'aux anciens militaires qui comptent au moins 8 années de service, ou qui, ayant contracté des blessures ou infirmités graves, sont incapables de se livrer à aucun travail. Leur état physique doit être constaté par un certificat de médecin, qui est joint à la demande.

Secours aux pêcheurs. — Le ministre de la marine dispose aussi de fonds pour venir en aide aux pêcheurs, inscrits maritimes, qui ont perdu leurs agrès de pêche en mer. Le secours est ordinairement du quart de la perte totale.

Secrétaires et employés de mairies. — Un secrétaire de mairie n'est pas fonctionnaire public ; c'est simplement un collaborateur du maire pour le travail des bureaux et la conservation des archives. Ils ne peuvent rendre authentique aucun acte, aucune expédition ni extrait des actes des autorités, et en général leur signature ne peut remplacer ni ne doit accompagner celle du maire dans les actes où cet administrateur est seul responsable. (Avis C. d'Et., 2 juillet 1807.) Il résulte de là que les secrétaires de mairie n'ont pas et ne peuvent avoir d'attributions qui leur soient propres, et que tous leurs travaux sont faits au nom et sous la responsabilité des maires.

Les maires ont été autorisés, toutefois, à confier au secrétaire de la mairie la tenue de leur répertoire des actes soumis au timbre et à l'enregistrement. Le maire prend à ce sujet un arrêté spécial, à la suite duquel le secrétaire écrit et signe son acceptation. Deux expéditions du tout, certifiées conformes par le maire, doivent être ensuite adressées par lui au sous-préfet, qui en transmet une au directeur de l'enregistrement et l'autre au procureur impérial près le tribunal de première instance de l'arrondissement. (Circ. Int., 16 avril 1807.)

Les maires peuvent aussi déléguer à leur secrétaire le soin de remettre aux parties intéressées les copies ou expéditions des actes de la mairie, et de faire signifier ceux de ces actes qui exigent cette formalité. — *Dict. des formules*, nos 1222 et 1223.

Les secrétaires de mairie sont à la nomination et à la révocation du maire. Dans quelques départements, leur traitement se prend, comme celui des autres employés de mairie, sur les fonds alloués pour frais de bureaux ; dans ce cas, il est fixé par le maire, qui doit le proportionner au crédit ouvert au budget de la commune. Mais, dans le plus grand nombre des départements, le traitement du secrétaire forme un article distinct au budget ; c'est alors une dépense communale sur laquelle le vote du conseil municipal est requis comme pour toute autre dépense.

Les traitements des secrétaires et employés des mairies sont payés par mois ou par trimestre. Lorsque le mandat est collectif, on y joint un état émargé des parties prenantes énonçant leurs noms, leur grade ou leur emploi, le montant de leur traitement par année et par mois ou par trimestre, les retenues pour pensions de retraite (s'il y a lieu) et le restant net à payer. Les quittances pour traitement annuel doivent être timbrées (L. 23 août 1871, art. 18 et 20); s'il est fait un état d'émargement, cet état doit être timbré. — Voy. DÉPENSES COMMUNALES.

Dans les communes rurales, où les travaux de bureau sont en général peu étendus, on peut réunir les fonctions de secrétaire à celles d'instituteur ; mais, dans ce cas, l'autorisation du conseil départemental de l'instruction publique est nécessaire. Cette autorisation est demandée par l'intermédiaire du sous-préfet.

Les fonctions de secrétaire de mairie sont incompatibles avec celles d'adjoint et de conseiller municipal. — Voy. MAIRIE.

Sections de communes. — On entend par sections de communes, des hameaux, villages ou autres agrégations d'habitants, qui ont des droits de propriété ou d'usage distincts de ceux qui appartiennent à la commune entière.

Quand une section de commune offre ces caractères, elle forme une personne morale capable de posséder privativement et d'agir en justice à raison de sa propriété. Mais c'est au conseil municipal qu'il appartient, sauf l'approbation de l'autorité supérieure, d'amodier, d'échanger, de vendre et de distribuer ces biens, comme lorsqu'il s'agit de ceux de la commune entière.

La commune réunie à une autre commune conserve la propriété des biens qui lui appartenaient.

Les habitants de cette commune conservent la jouissance exclusive des biens dont les fruits étaient perçus en nature. Il en est de même de la section réunie à une autre commune pour les biens qui lui appartenaient. En cas de réunion ou de distraction, la commune ou la section de commune réunie à une autre commune ou érigée en commune séparée reprend la pleine propriété des biens qu'elle avait apportés. Les actes qui prononcent des réunions ou des distractions de commune en déterminent expressément toutes les autres conditions. (L. 5 avril 1884, art. 7.)

Ces actes sont une loi, rendue après avis du conseil général, le conseil d'Etat entendu, lorsqu'il s'agit de l'érection d'une commune nouvelle. (L. 5 avril 1884, art. 5.) Les autres modifications à la circonscription territoriale des communes, suppression et réunion de deux ou plusieurs communes ou sections, sont décidées par une loi, sur avis des conseils généraux et du conseil d'Etat, si les changements à intervenir modifient la circonscription d'un département, d'un arrondissement ou d'un canton. Dans tous les autres cas, il est statué par décret rendu au conseil d'Etat, les conseils généraux entendus. (L. 5 avril 1884, art. 6.) Si le projet concerne une section de commune, le préfet ordonne toujours la création d'une commission syndicale élue par les électeurs de la section. Le conseil général statue définitivement sur les modifications s'il approuve le projet lorsque les communes ou sections sont situées dans le même canton et que la modification projetée réunit, quant au fond et aux conditions de réalisation, l'adhésion des conseils municipaux et des commissions syndicales intéressées. (L. 5 avril 1884, art. 4 et 6.) Les édifices et autres immeubles servant à usage public deviennent propriété de la commune à laquelle est faite la réunion.

Si les sections ont des droits propres, à l'exclusion du restant de la commune dont elles font partie, elles sont néanmoins tenues de contribuer aux charges générales de la communauté. Le produit de leurs biens patrimoniaux, prix de ferme, loyers, taxe de pâturage, d'affouage, etc., est versé dans la caisse municipale pour être employé d'abord à l'acquittement de ces charges, et ensuite aux besoins de la section. — Voy. BIENS COMMUNAUX, COMMUNE.

Sédition. — Voy. ATTROUPEMENT, ÉMEUTE, RÉBELLION.

Sels. — La recherche des mines de sel, sources et puits d'eau salée ne peut, à peine d'interdiction des travaux, commencer qu'un mois après déclaration faite à la préfecture, et leur exploitation ne peut avoir lieu qu'en vertu d'une concession consentie par décret délibéré en conseil d'Etat.

Aucune usine, destinée à la fabrication du sel, ne peut être établie qu'en vertu d'un décret, sans préjudice de l'application des règlements concernant les établissements dangereux et insalubres.

La recherche des fabriques clandestines appartient exclusivement aux employés des douanes dans le rayon soumis à leur surveillance ; hors de ce rayon, elle appartient aux mêmes employés, concurremment avec ceux des contributions indirectes, la gendarmerie et les gardes champêtres et forestiers. — Les sels sont frappés d'un impôt de 10 francs par 100 kilogrammes. La prohibition qui frappait les sels étrangers est remplacée par un droit à l'importation déterminé par la loi du 18 juillet 1850. — Voy. DOUANES, CONTRIBUTIONS INDIRECTES.

Des décrets en forme de règlement d'administration publique peuvent autoriser l'emploi en franchise et modération des sels dénaturés ou matières salifiées destinées aux établissements agricoles ou manufacturiers et aux salaisons.

Le décret du 25 mai 1882 fixe les conditions de dénaturation destinés à l'amendement des terres. — Voy. Bull. ann. des lois, 1872.

Et aux termes des circulaires des 9 avril et 28 juillet 1883, les fabricants de faïence et de poterie et les fabricants de limes sont admis à bénéficier de l'immunité de l'impôt.

Séminaire. — Établissement d'instruction pour les jeunes gens qui se destinent à l'état ecclésiastique.

Les élèves des grands séminaires, régulièrement autorisés à continuer leurs études, sont considérés comme ayant satisfait à l'appel pour le recrutement de l'armée, et ils demeurent dispensés du service militaire, s'ils entrent dans les ordres majeurs à l'âge de vingt-cinq ans accomplis. — Voy. CULTE, RECRUTEMENT.

Semis et plantations. — Les semis et plantations de bois sur le sommet et le penchant des montagnes et sur les dunes sont exempts de tout impôt pendant trente ans. (L. 4 avril 1882.) — Voy. CONTRIBUTIONS DIRECTES, DÉFRICHEMENT, RESTAURATION DES TERRAINS EN MONTAGNE.

Sénat. — Le Sénat a, concurremment avec la Chambre, l'initiative et la confection des lois. Toutefois les lois de finances doivent être, en premier lieu, présentées à la Chambre des députés et votées par elle. (L. 24 février 1875, art. 8.)

Le Sénat et la Chambre réunis forment l'Assemblée nationale, qui seule peut procéder à l'élection du Président de la République et à la revision des lois constitutionnelles, lorsque cette revision est reconnue nécessaire par délibération prise séparément dans chaque chambre.

Le Sénat peut être constitué en haute cour de justice pour juger, soit le Président de la République, soit les ministres, et pour connaître des attentats commis contre la sûreté de l'Etat. (Art. 9.)

Composition du Sénat et durée des pouvoirs de ses membres. — Le Sénat se compose de 300 membres, qui seront à l'avenir tous élus par les départements et les colonies.

Les membres actuels, sans distinction entre : sénateurs élus par l'Assemblée nationale ou par le Sénat (*inamovibles*) et ceux qui sont élus par les départements et les colonies, conservent leur mandat pendant le temps pour lequel ils ont été nommés. (L. 9-10 décembre 1884, art. 1er.) Lorsque des vacances se produisent parmi les sénateurs inamovibles, il est procédé, dans la huitaine de la vacance, à un tirage au sort pour déterminer le département appelé à élire le sénateur qui doit remplacer l'inamovible décédé ou démissionnaire. Cette élection a lieu dans le délai de trois mois à partir du tirage au sort. Toutefois, si la vacance survient dans les six mois qui précèdent le renouvellement triennal, il n'y est pourvu qu'au moment du renouvellement. Le mandat ainsi conféré expire en même temps que celui des autres sénateurs appartenant au même département. (L. 9-10 décembre 1884, art. 3.)

Les sénateurs des départements et des colonies sont élus pour neuf années, et renouvelables par tiers tous les trois ans, conformément à l'ordre des séries existantes. (L. 25 février 1875, et 9-10 décembre 1884, art. 7.)

Le département de la Seine élit dix sénateurs.

Le département du Nord élit huit sénateurs.

Les départements des Côtes-du-Nord, Finistère, Gironde, Ille-et-Vilaine, Loire, Loire-Inférieure, Pas-de-Calais, Rhône, Saône-et-Loire, Seine-Inférieure, élisent chacun cinq sénateurs.

L'Aisne, Bouches-du-Rhône, Charente-Inférieure, Dordogne, Haute-Garonne, Isère, Maine-et-Loire, Manche, Morbihan, Puy-de-Dôme, Seine-et-Oise, Somme, élisent chacun quatre sénateurs.

L'Ain, Allier, Ardèche, Ardennes, Aube, Aude, Aveyron, Calvados, Charente, Cher, Corrèze, Corse, Côte-d'Or, Creuse, Doubs, Drôme, Eure, Eure-et-Loir, Gard, Gers, Hérault, Indre, Indre-et-Loire, Jura, Landes, Loir-et-Cher, Haute-Loire, Loiret, Lot, Lot-et-Garonne, Marne, Haute-Marne, Mayenne, Meurthe-et-Moselle, Meuse, Nièvre, Oise, Orne, Basses-Pyrénées, Haute-Saône, Sarthe, Savoie, Haute-Savoie, Seine-et-Marne, Deux-Sèvres, Tarn, Var, Vendée, Vienne, Haute-Vienne, Vosges, Yonne, élisent chacun trois sénateurs.

Les Basses-Alpes, Hautes-Alpes, Alpes-Maritimes, Ariège, Cantal, Lozère, Hautes-Pyrénées, Pyrénées Orientales, Tarn-et-Garonne, Vaucluse, élisent chacun deux sénateurs.

Le territoire de Belfort, les trois départements de l'Algérie, les quatre colonies de la Martinique, de la Guadeloupe, de la Réunion et des Indes françaises, élisent chacun un sénateur.

Composition du collège électoral. — Les sénateurs sont élus au scrutin de liste, quand il y a lieu, par un collège réuni au chef-lieu du département ou de la colonie et composé :

1° Des députés ;

2° Des conseillers généraux ;

3° Des conseillers d'arrondissement ;

4° Des délégués élus parmi les électeurs de la commune, par chaque conseil municipal.

Les conseils composés de 10 membres élisent 1 délégué.

Les conseils composés de 12 membres élisent 2 délégués.

Les conseils composés de 16 membres élisent 3 délégués.

Les conseils composés de 21 membres élisent 6 délégués.

Les conseils composés de 23 membres élisent 9 délégués.
Les conseils composés de 27 membres élisent 12 délégués.
Les conseils composés de 30 membres élisent 15 délégués.
Les conseils composés de 32 membres élisent 18 délégués.
Les conseils composés de 34 membres élisent 21 délégués.
Les conseils composés de 36 membres et au-dessus élisent 24 délégués.
Le conseil municipal de Paris élit 30 délégués.
Dans l'Inde française, les membres des conseils locaux sont substitués aux conseillers d'arrondissement. Le conseil municipal de Pondichéry élit 5 délégués. Le conseil municipal de Karikal élit 3 délégués. Toutes les autres communes élisent chacune 2 délégués.
Le vote a lieu au chef-lieu de chaque établissement. (Art. 6.)

Élection des délégués municipaux. — Dans chaque conseil municipal, l'élection des délégués se fait sans débat, au scrutin secret, et, le cas échéant, au scrutin de liste, à la majorité absolue des suffrages. Après deux tours de scrutin, la majorité relative suffit, et, en cas d'égalité de suffrages, le plus âgé est élu.
Il est procédé de même et dans la même forme à l'élection des suppléants.
Les conseils qui ont 1, 2 ou 3 délégués à élire nomment 1 suppléant.
Ceux qui élisent 6 ou 9 délégués nomment 2 suppléants.
Ceux qui élisent 12 ou 15 délégués nomment 3 suppléants.
Ceux qui élisent 18 ou 21 délégués nomment 4 suppléants.
Ceux qui élisent 24 délégués nomment 5 suppléants.
Le conseil municipal de Paris nomme 8 suppléants.
Les suppléants remplacent les délégués, en cas de refus ou d'empêchement, selon l'ordre fixé par le nombre des suffrages obtenus par chacun d'eux.

Réunion du conseil municipal, présidence, majorité, publicité. — Aux termes de l'article 50 de la loi du 5 avril 1884, les conseils municipaux délibèrent valablement lorsque la majorité des membres en exercice assiste à la séance. Sont considérés comme assistant à la séance tous ceux qui sont présents à l'ouverture du scrutin, alors même qu'ils s'abstiennent de voter. (Déc. du Cons. d'Et. 5 décembre 1873, élection de Soucise), ou qu'ils se retirent avant le vote (31 décembre 1878, élection de Sévignac.) Il suffirait que la majorité des membres en exercice fût présente au commencement de la séance et à l'ouverture du scrutin pour rendre valable l'élection, non seulement du délégué, mais même du suppléant, quel que fût le nombre des votants. (Déc. du Cons. d'Et. 5 juillet 1878.)
Si le conseil ne se réunissait pas le 21 décembre en nombre suffisant pour délibérer, le maire devrait, à l'issue de la même séance, faire par écrit une nouvelle convocation pour le surlendemain 23 ; si, à cette seconde séance, la réunion était encore insuffisante, une troisième convocation aurait lieu le jour même pour le 25 décembre (L. 30 décembre 1875, art. 1er) ; à cette dernière séance, l'élection pourrait avoir lieu, quel que fût le nombre des membres présents. (L. 5 avril 1884, art. 50.)
Le maire a la présidence, et, par suite, la direction des opérations. Les fonctions de secrétaire sont remplies par un membre du conseil

II

municipal nommé au scrutin secret et à la majorité des membres présents. (L. 5 avril 1884, art. 51 et 52.)

Cette séance, comme toutes les autres séances du conseil municipal, peut être publique. Le conseil peut néanmoins, conformément à l'article 54 de la loi du 5 avril 1884, décider par assis et levé qu'il se forme en comité secret. (Circ. 11 décembre 1884.)

Le choix du conseil ne peut porter ni sur un député ni sur un conseiller général, ni sur un conseiller d'arrondissement, mais il peut porter sur tous les électeurs de la commune, qu'ils soient ou non conseillers.

L'élection a lieu au scrutin secret sans débat. Le fait que le vote aurait été précédé d'une discussion serait une cause de nullité de l'élection. (Cons. d'Et. 7 décembre 1877 et 31 décembre 1878.)

Le maire doit donc veiller à ce qu'aucune discussion ne s'engage et à ce que l'assemblée ne motive pas ses préférences. Les conseillers peuvent écrire leurs bulletins en séance ou hors séance; dans tous ces cas, ils doivent remettre leurs bulletins fermés au président.

Les bulletins sont valables, bien qu'ils portent plus ou moins de noms qu'il y a de délégués à élire. Les derniers noms inscrits ne comptent pas. La majorité se calcule sur le nombre des suffrages exprimés et, par conséquent, déduction faite des bulletins blancs, de ceux qui ne contiennent pas une désignation suffisante ou dans lesquels les votants se seraient fait connaître. (Cons. d'Et. 28 avril 1877.) La majorité absolue est nécessaire aux deux premiers tours de scrutin. Au troisième tour, la majorité relative suffit. Rien n'oblige les votants à limiter leurs choix, lors de ce troisième tour, aux candidats qui ont réuni le plus de suffrages aux scrutins précédents. A égalité de voix, la nomination est acquise au plus âgé. La voix du président n'est pas prépondérante. (Circ. 11 décembre 1884.)

Durée du scrutin. — Le maire n'est pas obligé d'attendre pour ouvrir le scrutin l'arrivée de tous les conseillers. Il déclare la séance ouverte dès que le conseil est en nombre suffisant pour délibérer; il reçoit les bulletins des conseillers présents aussitôt après la lecture des lois et décrets relatifs à l'élection, le dépouillement est seul différé jusqu'à l'arrivée des retardataires ou l'expiration de l'heure. Afin d'éviter que quelques membres du conseil municipal ne se trouvent empêchés de prendre part à l'élection par une clôture précipitée du scrutin, l'article 4 du décret du 3 janvier 1876 auquel se réfèrent les décrets du 10 décembre porte que le dépouillement ne commencera qu'une heure après l'ouverture de la séance. Mais si tous les membres du conseil étaient présents ou si tous les absents avaient prévenu le maire qu'ils ne pourraient pas se rendre à la séance, il n'y aurait pas lieu d'attendre et le scrutin devrait être dépouillé aussitôt après la réception des votes.

Il en est de même des scrutins qui suivront la première opération, soit que l'on passe immédiatement à l'élection des suppléants, soit qu'il y ait lieu de procéder à un deuxième ou troisième tour pour l'élection des délégués. Ces scrutins doivent être clos aussitôt après le dépôt des bulletins lorsque tous les conseillers qui auront répondu à la convocation seront présents dans la salle.

Si les délégués élus sont membres du conseil municipal et assistent au vote, ils doivent faire connaître, séance tenante, leur acceptation ou leur refus, qui est consigné au procès-verbal.

S'ils refusent, le conseil municipal doit, avant de passer à l'élection des suppléants, pourvoir à leur remplacement.

Dans les communes où les fonctions de conseil municipal sont remplies par une délégation spéciale, instituée en vertu de l'article 44 de la
loi du 5 avril 1884, les délégués et suppléants sénatoriaux sont nommés
par l'ancien conseil. (L. 2 août 1875, art. 3, modifié par l'art. 8 de la
loi du 9-10 décembre 1884.) L'unique fonction de l'ancien conseil consiste alors à nommer les électeurs sénatoriaux. Cette désignation une -
fois faite il se sépare immédiatement. (Circ. 11 décembre 1884.)

Si les délégués n'ont pas été présents à l'élection, notification leur
en est faite dans les vingt-quatre heures par les soins du maire. Ils
doivent faire parvenir aux préfets, dans les cinq jours, l'avis de leur
acceptation. En cas de refus ou de silence, ils sont remplacés par les
suppléants, qui sont alors portés sur la liste comme délégués de la
commune. (Art. 4.)

L'acceptation ou le refus des suppléants doit également, si les candidats sont présents, être constaté au procès-verbal, et le refus est suivi
d'une nouvelle désignation faite, dans la même forme, par le conseil
municipal.

Si, à l'expiration du délai de cinq jours, les délégués n'ont pas fait
connaître leur acceptation, ils devront être considérés comme non ac-
ceptants. Le préfet fait alors, dans la forme indiquée au paragraphe
précédent, notifier leur nomination aux suppléants, dans l'ordre des
suffrages obtenus par chacun d'eux, et si ceux-ci, mis successivement
en demeure, refusaient à leur tour ou laissaient passer le délai de cinq
jours sans l'aviser de leur acceptation, le préfet prendrait sans aucun
retard un arrêté à l'effet de convoquer le conseil municipal pour la désignation de nouveaux délégués. (L. du 2 août 1875, art. 2 et 8; C. int.
11 décembre 1884.)

Le procès-verbal de l'élection des délégués et des suppléants est
transmis immédiatement au préfet. Il mentionne l'acceptation ou le
refus des délégués suppléants ainsi que les protestations élevées contre
la régularité de l'élection par un ou plusieurs des membres du conseil
municipal. Une copie de ce procès-verbal est affichée à la porte de la
mairie. (Art. 9, L. 2 août 1875.)

Un tableau des résultats de l'élection des délégués et suppléants est
dressé dans la huitaine par le préfet; ce tableau est communiqué à
tout requérant; il peut être copié et publié.

Tout électeur a de même la faculté de prendre dans les bureaux de
la préfecture communication et copie de la liste par commune, des
conseillers municipaux du département, et, dans les bureaux des sous-
préfectures, de la liste, par communes, des conseillers municipaux de
l'arrondissement. (L. 2 août 1875, art. 6.)

Tout électeur de la commune peut, dans un délai de trois jours,
adresser directement au préfet une protestation contre la régularité de
l'élection.

Si le préfet estime que les opérations ont été irrégulières, il a le
droit d'en demander l'annulation.

Les protestations relatives à l'élection des délégués ou des suppléants
sont jugées, sauf recours au conseil d'Etat, par le conseil de préfecture,
et, dans les colonies, par le conseil privé.

Les délégués dont l'élection est annulée parce qu'ils ne remplissent
pas une des conditions exigées par la loi, ou pour vice de forme, sont
remplacés par les suppléants.

En cas d'annulation de l'élection d'un délégué et de celle d'un suppléant, comme en cas de refus ou de décès de l'un et de l'autre, après
leur acceptation, il est procédé à de nouvelles élections par le conseil

municipal, au joúr fixé par un arrêté du préfet. (Art. 8, L. 2 août 1875, modifié par art. 8, L. 9 décembre 1884.)

Il sera plus nécessaire encore, bien que la loi ne le dise pas expressément, de procéder à de nouvelles élections, lorsque le nombre des délégués dont les pouvoirs seront invalidés sera supérieur à celui des suppléants élus, alors même qu'aucune élection de suppléant n'aurait été annulée.

Si le conseil municipal est appelé à faire de nouvelles désignations, il devra pourvoir à tous les emplois de délégués et de suppléants vacants, quelle que soit la cause de la vacance.

La loi n'ayant pas fixé de délai spécial pour le pourvoi, l'appel devant le conseil d'Etat est, conformément à la règle générale recevable pendant trois mois à partir du jour où les intéressés ont eu connaissance de la décision du conseil de préfecture.

Mais comme ni le recours au conseil d'Etat ni même la protestation devant le conseil de préfecture n'ont d'effet suspensif, il n'y a point à se préoccuper, pour la suite des opérations qu'il reste à accomplir, des contestations en cours. On n'a à tenir compte que des décisions rendues.

La loi du 5 avril 1884 a établi des règles nouvelles tant pour le jugement des protestations en matière d'élections municipales que pour les délais d'appel et l'effet suspensif des recours; mais ces règles ne peuvent, dans le silence de la loi, être étendues aux élections de délégués.

Huit jours au plus tard avant l'élection des sénateurs, le préfet et, dans les colonies, le directeur de l'intérieur, dresse la liste des électeurs du département par ordre alphabétique. La liste est communiquée à tout requérant et peut être copiée et publiée. Aucun électeur ne peut avoir plus d'un suffrage. (Art. 9, L. 2 août 1875.)

Les députés, les membres du conseil général ou des conseils d'arrondissement qui auraient été proclamés par les commissions de recensement, mais dont les pouvoirs n'auraient pas été vérifiés, sont inscrits sur la liste des électeurs et peuvent prendre part au vote. (Art. 10, L. 2 août 1875.)

Dans chacun des trois départements de l'Algérie, le collège électoral se compose : 1° des députés; 2° des membres citoyens français du conseil général; 3° des délégués élus par les membres citoyens français de chaque conseil municipal, parmi les électeurs citoyens français de la commune.

Collège électoral sénatorial. — Le collège électoral est présidé par le président du tribunal civil du chef-lieu du département ou de la colonie. Le président est assisté des deux plus âgés et des deux plus jeunes électeurs présents à l'ouverture de la séance. Le bureau ainsi composé choisit un secrétaire parmi les électeurs. Si le président est empêché, il est remplacé par le vice-président et, à son défaut, par le juge le plus ancien. (Art. 12, L. 2 août 1875.)

Le bureau répartit les électeurs par ordre alphabétique en sections de vote comprenant au moins cent électeurs. Il nomme les présidents et scrutateurs de chacune de ces sections. Il statue sur toutes les difficultés et contestations qui peuvent s'élever au cours de l'élection, sans pouvoir toutefois s'écarter des décisions rendues en vertu de l'article 8.

Le premier scrutin est ouvert à huit heures du matin et fermé à midi. Le second est ouvert à deux heures et fermé à cinq heures. Le troisième est ouvert à sept heures et fermé à dix heures. Les résultats des scrutins sont recensés par le bureau et proclamés immédiatement par le président du collège électoral (L. 2 août 1875 et 9 décembre 1884, art. 14.) Nul n'est élu sénateur à l'un des deux premiers tours de scrutin s'il ne réunit: 1° la majorité absolue des suffrages exprimés ; 2° un nombre de voix égal au quart des électeurs inscrits. Au troisième tour de scrutin, la majorité relative suffit, et, en cas d'égalité de suffrages le plus âgé est élu.

Conditions d'éligibilité. — Nul ne peut être élu sénateur s'il n'est Français, âgé de 40 ans au moins et s'il ne jouit de ses droits civils et politiques.

Les membres des familles qui ont régné sur la France sont inéligibles au Sénat. (L. 9-10 déc. 1884, art. 4.)

Incompatibilité absolue. — Il y a incompatibilité entre les fonctions de sénateur et celles de conseiller d'Etat et maître des requêtes, préfet et sous-préfets à l'exception du préfet de la Seine et du préfet de police;

De membres des parquets des cours d'appel et des tribunaux de première instance, à l'exception du procureur général près la cour de Paris ;

De trésorier-payeur général, de receveur particulier, de fonctionnaire et employé des administrations centrales des ministères.

Les militaires des armées de terre et de mer ne peuvent être élus sénateurs.

Sont exceptés de cette disposition :

1° Les maréchaux de France et les amiraux ;

2° Les officiers généraux maintenus sans limite dans la première section du cadre de l'état-major général et non pourvus de commandement;

3° Les officiers généraux ou assimilés placés dans la deuxième section du cadre de l'état-major général ;

4° Les militaires des armées de terre et de mer qui appartiennent soit à la réserve de l'armée active, soit à l'armée territoriale. (L. 9 déc.1884, (art. 5.)

Incompatibilités relatives. — Ne peuvent être élus par le département ou la colonie compris en tout ou en partie dans leur ressort, pendant l'exercice de leurs fonctions et pendant les six mois qui suivent la cessation de leurs fonctions par démission, destitution, changement de résidence ou de toute autre manière :

1° Les premiers présidents, les présidents, les vice-présidents et les membres des parquets des cours d'appel ;

2° Les présidents, les vice-présidents, les juges d'instruction et les membres des parquets des tribunaux de première instance ;

3° Le préfet de police, les préfets et sous-préfets et les secrétaires généraux des préfectures; les gouverneurs, directeurs de l'intérieur et secrétaires généraux des colonies ;

4° Les ingénieurs en chef et d'arrondissement, et les agents voyers en chef et d'arrondissement ;

5° Les recteurs et inspecteurs d'académie ;

6° Les inspecteurs des écoles primaires ;

7° Les archevêques, évêques et vicaires généraux ;

8° Les officiers de tous grades desarmées de terre et de mer ;

9° Les intendants divisionnaires et les sous-intendants militaires ;

10° Les trésoriers-payeurs généraux et les receveurs particuliers des finances ;

11° Les directeurs des contributions directes et indirectes, de l'enregistrement, des domaines et des postes ;
12° Les conservateurs et inspecteurs des forêts.

Incapacités. — De plus toutes les dispositions de la loi électorale relatives :
1° Aux cas d'indignité et d'incapacité ;
2° Aux délits, poursuites et pénalités ;
3° Aux formalités de l'élection en ce qui n'est pas contraire à la loi spéciale, sont applicables à l'élection du Sénat.

Disposition transitoire. — Dans le cas où une loi spéciale sur les incompatibilités parlementaires ne serait pas votée au moment des prochaines élections sénatoriales, l'article 8 de la loi du 30 novembre 1875 serait applicable à ces élections.
Tout fonctionnaire atteint par cette disposition, qui comptera vingt ans de service et cinquante ans d'âge à l'époque de l'acceptation de son mandat, pourra faire valoir ses droits à une pension de retraite proportionnelle, qui sera réglée conformément au troisième paragraphe de l'article 12 de la loi du 9 juin 1855.

Option. — Le sénateur élu dans plusieurs départements doit faire connaître son option au président du Sénat dans les 10 jours qui suivent la déclaration de la validité des élections. A défaut d'option dans ce délai, la question est décidée par la voie du sort et en séance publique. Il est pourvu à la vacance dans le délai d'un mois et par le même corps électoral. Il en est de même dans le cas d'invalidation d'une élection. (L. 2 août 1875, art. 22.)
Il est pourvu aux vacances survenues par suite de décès ou de démission des sénateurs dans le délai de trois mois ; toutefois, si la vacance survient dans les six mois qui précèdent le renouvellement triennal, il n'y est pourvu qu'au moment de ce renouvellement. (Art. 23 modifié par la loi du 9 déc. 1884.)

Indemnités des délégués. — Les délégués qui ont pris part à tous les scrutins reçoivent sur les fonds de l'Etat, s'ils le requièrent, sur la présentation de leurs lettres de convocation visées par le président du collège électoral une indemnité qui leur est payée sur les mêmes bases et de la même manière que celle accordée aux jurés par les articles 35, 90 et suivants du décret du 18 juin 1811.
Un règlement d'administration publique détermine le mode de taxation et de payement de cette indemnité.
Tout délégué qui, sans cause légitime, n'aura pas pris part à tous les scrutins, ou, en étant empêché, n'aura point averti le suppléant en temps utile, sera condamné à une amende de cinquante francs par le tribunal civil du chef-lieu, sur les réquisitions du ministère public.
La même peine peut être appliquée au délégué suppléant qui, averti par lettre, dépêche télégraphique ou avis à lui personnellement délivré en temps utile, n'aura pas pris part aux opérations électorales. (Art. 18, L. 2 août 1875.)

Réunions électorales. — Les réunions électorales pour la nomination des sénateurs peuvent être tenues depuis le jour de la promulgation du décret de convocation des électeurs jusqu'au jour du vote inclusivement. La déclaration prescrite par l'article 2 de la loi du 30 juin 1881 sera faite par deux électeurs au moins.

Les membres du Parlement élus ou électeurs dans le département, les électeurs sénatoriaux, délégués et suppléants, et les candidats ou leurs mandataires, peuvent seuls assister à ces réunions.

L'autorité municipale veillera à ce que nulle autre personne ne s'y introduise.

Les délégués et suppléants justifieront de leur qualité par un certificat du maire de la commune ; — les candidats ou mandataires par un certificat du fonctionnaire qui aura reçu la déclaration dont il est parlé au paragraphe 2.

Toute tentative de corruption ou de contrainte par l'emploi des moyens énoncés dans les articles 177 et suivants du Code pénal, pour influencer le vote d'un électeur ou le déterminer à s'abstenir de voter, sera punie d'un emprisonnement de trois mois à deux ans, et d'une amende de 50 francs à 500 francs, ou de l'une de ces deux peines seulement.

L'article 463 du Code pénal est applicable aux peines édictées par le présent article. (Art. 19.)

Il est pourvu aux vacances survenant par suite de décès, ou de démission des sénateurs, dans le délai de trois mois ; toutefois, si la vacance survient dans les six mois qui précèdent le renouvellement triennal, il n'y est pourvu qu'au moment de ce renouvellement. (Art. 23.)

Sont abrogés :

1° Les articles 1 à 7 de la loi du 24 février 1875 sur l'organisation du Sénat ;

2° Les articles 24 et 25 de la loi du 2 août 1875 sur les élections des sénateurs. (Art. 9.)

• *Répartition des dépenses.* — Les formules de procès-verbaux de l'élection des délégués et de notification sont à la charge des communes.

Les frais d'impression des cadres pour formation des listes électorales sont classées au nombre des dépenses obligatoires du département. (L. 10 août 1871, art. 60.)

Les frais d'impression des lettres de convocation sont des dépenses départementales facultatives. Les autres dépenses d'impression, affiches et insertions au *Recueil des actes administratifs* incombent au fonds d'abonnement de la préfecture. — Voy. *Dict. des formules* n°s 623 et suivants.

Sentiers. — Voy. CHEMINS RURAUX.

Sépulture. — Lieu destiné aux inhumations. On l'emploie aussi pour exprimer les derniers devoirs que l'on rend aux morts.

Sont punis d'un emprisonnement de trois mois à un an et de 16 francs à 200 francs d'amende, ceux qui se rendent coupables de violation de tombeaux ou de sépultures. (C. P., art. 30.) — Voy. CIMETIÈRE, INHUMATION, POMPES FUNÈBRES.

Séquestration. — La séquestration de personne est le fait d'isoler un individu de toute communication extérieure.

Le Code pénal, articles 341 et suivants, prononce des peines plus ou moins rigoureuses, suivant les circonstances, contre ceux qui, sans ordre des autorités constituées et hors les cas où la loi ordonne de saisir des prévenus, ont arrêté, détenu ou séquestré des personnes quelconques. — Voy. ARRESTATION, PRISONS. — *Dict. des formules*, n° 1326.

Serment. — Le décret du 5 septembre 1870 a aboli le serment politique. Le serment professionnel est seul imposé à certains fonctionnaires et officiers publics. Il consiste dans l'affirmation solennelle de remplir consciencieusement les devoirs de la profession. — Voy. FONCTIONNAIRES.

Sergent de ville. — Voy. AGENTS DE POLICE.

Service militaire. — Voy. RECRUTEMENT.

Servitudes. — On entend par servitudes une charge imposée sur un héritage pour l'usage et l'utilité d'un héritage appartenant à un autre propriétaire. (C. civil, art. 637.)

Certaines modifications de la propriété privée, dans l'intérêt public, sont qualifiées par la loi de servitudes.

Les servitudes établies pour l'utilité publique ou communale ont pour objet le marche-pied le long des rivières navigables ou flottables, la construction ou réparation des chemins et autres ouvrages publics et communaux. Tout ce qui concerne cette espèce de servitude est déterminée par des lois et des règlements particuliers. (C. civil, art. 650.) — Voy. ARBRES, CANAUX, CHEMINS VICINAUX, HALAGE, ROUTES, VOIRIE.

Quant aux servitudes défensives militaires, voy. FORTIFICATIONS, PLACES DE GUERRE.

Session du conseil municipal. — Voy. CONSEIL MUNICIPAL.

Signalement. — Donner le signalement d'une personne, c'est décrire son extérieur, avec les signes particuliers qui peuvent la faire reconnaître.

Lorsqu'un crime ou un délit est commis dans une commune et que l'individu soupçonné est en fuite, il est essentiel que l'autorité locale recueille avec soin le signalement de l'inculpé et le transmette sur-le-champ au procureur impérial près le tribunal de l'arrondissement. C'est pour elle le moyen le plus efficace de concourir à l'arrestation du coupable.

Les permis de chasse, les passeports, les mandats de justice contiennent le signalement des personnes qu'elles concernent. — Voy. GENDARMERIE, PASSEPORTS.

Signature. — C'est le nom que chacun appose de sa main à la fin d'un acte pour le certifier.

Nous ne saurions trop recommander aux fonctionnaires publics de signer leurs actes et leur correspondance d'une manière lisible.

Les maires et adjoints doivent envoyer un tableau de leur signature au sous-préfet de leur arrondissement, avec l'empreinte du sceau de la mairie. — Voy. LÉGALISATION. — *Dict. des formules*, n° 1327.

Signes de ralliement.—Le port public de tous signes extérieurs de ralliement, non autorisés par la loi ou par des règlements de police, est puni d'un emprisonnement de quinze jours à deux ans, et d'une amende de 100 francs à 4,000 francs. (L. 25 mars 1822.)

Le port de signes de ralliement est beaucoup plus sévèrement réprimé lorsqu'il provoque ou facilite le rassemblement des insurgés. Dans ce cas, il est puni de la peine de la détention. (L. 24 mai 1834, art. 9.) — Voy. ÉMEUTE.

Signification. — Notification, connaissance que l'on donne par la voie d'un officier public, en général par le ministère d'un huissier, d'une action, d'une décision.

Toutes significations faites à des personnes publiques préposées pour les recevoir doivent être visées, sans frais par elle, sur l'original. En cas de refus, l'original est visé par le procureur de la République près le tribunal de première instance de leur domicile. Les refusants peuvent être condamnés, sur les conclusions du ministère public, à une amende qui ne peut être moindre de 16 francs. (C. proc., art. 1038.)—Voy. NOTIFICATION. *Dict. des formules*, n° 1328.

Sinistre. — Voy. GRÊLE, INCENDIE, INONDATIONS, SECOURS.

Société du Crédit foncier de France. — Cette société a pour objet de fournir aux propriétaires d'immeubles, qui veulent emprunter sur hypothèque, la possibilité de se libérer à longs termes au moyen d'annuités.

La loi du 6 juillet 1860 a autorisé le Crédit foncier de France à prêter aux départements, aux communes et aux associations syndicales, les sommes qu'ils auraient obtenu la faculté d'emprunter. Depuis la promulgation de la loi du 20 juin 1885, le crédit foncier consent à faire des avances aux communes pour la construction des maisons d'école moyennant une annuité, payable par semestre, comprenant l'intérêt à 4,60 0/0 et l'amortissement qui varie de 6,178990 0/0 quand l'emprunt est remboursable en 30 ans, à 5,490322 0/0 quand l'emprunt est remboursable en 40 ans. — Voy. EMPRUNTS, MAISONS D'ÉCOLE, etc.

Sociétés d'agriculture. — Associations libres qui ont pour but de rechercher les améliorations qui sont ou peuvent être introduites dans les procédés de culture, dans les instruments de l'agriculture, et de les introduire ou développer dans la partie du territoire comprise dans leur ressort. Elles fondent d'ordinaire des concours annuels, dans lesquels des primes sont décernées, soit aux belles cultures, soit aux bestiaux les plus remarquables, soit à d'habiles inventions, soit aux valets de ferme, aux domestiques de campagne qui se sont le plus distingués

par leur bonne conduite, par leur zèle, par leur dévouement à la chose
du maître.

Les sociétés d'agriculture sont constituées, pour la plupart, en comices agricoles; comme ces comices, elles sont fondées sous la seule condition de l'approbation de leurs statuts par le préfet. — Voy. Comices AGRICOLES.

Sociétés de bienfaisance. — Associations particulières ayant pour objet le soutien des malheureux.

Les sociétés de bienfaisance sont soumises aux règles établies pour les associations en général : lorsqu'elles réunissent plus de vingt membres, elles ne peuvent se former qu'avec l'autorisation du préfet. Pour obtenir cette autorisation, on adresse à ce magistrat l'acte constitutif, lequel précise la nature et l'objet de l'association, son organisation, ses moyens d'existence. Le préfet prend ensuite les avis du maire et du sous-préfet. — Voy. ASSOCIATION.

Sociétés de charité maternelle. — Ces sociétés ont pour but de secourir les pauvres femmes en couches, de pourvoir à leurs besoins et d'aider à l'allaitement de leurs enfants.

Bien que fondées par la charité privée, les sociétés de charité maternelle ont cependant une organisation officielle et publique. Elles étaient placées sous la présidence et la protection de l'impératrice par le décret du 15 avril 1853, portant règlement sur leur organisation et leur administration.

Les demandes tendant à obtenir l'autorisation de former une société de charité maternelle, ou la reconnaissance de ces sociétés comme établissements d'utilité publique, doivent être adressées, par l'intermédiaire des préfets au ministre de l'intérieur qui donne à ces demandes la suite qu'elles comportent. (D. 15 avril 1853, art. 2.)

Les préfets transmettent les demandes de secours au ministre de l'intérieur. Le ministre prépare la répartition des crédits ouverts au budget de l'Etat, et il ordonnance le montant de la subvention accordée à chaque société. (Id., art. 3.)

Dans la première quinzaine du mois de février, au plus tard, la présidente de chaque société de charité maternelle soumet au préfet, en double expédition : 1° le compte moral de l'œuvre ; 2° le compte des recettes et des dépenses opérées pendant l'exercice précédent. Le préfet, après avoir approuvé ces documents, en adresse une expédition au ministre de l'intérieur. (Id., art. 4.)

Aux termes du décret de 1853, les présidentes étaient nommées par l'impératrice. Une décision du pouvoir exécutif du 29 mars 1871 rend aux sociétés le droit de choisir leurs présidentes.

D'après la circulaire du ministre de l'intérieur du 10 octobre 1855, les fonds disponibles des sociétés de charité maternelle peuvent être placés en compte courant au Trésor et devenir productifs d'intérêts comme ceux des communes et des établissements de bienfaisance. Les placements et remboursements de fonds des associations maternelles sont effectués d'après les règles tracées pour les communes et établissements de bienfaisance. Il y a, toutefois, cette différence que ce sont, non pas les préfets, mais les maires des villes où se trouvent les sociétés de charité maternelle qui peuvent délivrer les mandats de remboursement, quelle qu'en soit la quotité. Ces fonctionnaires doivent préalablement accréditer auprès du receveur général, et, lorsqu'il y a lieu, auprès du receveur particulier de leur résidence, le trésorier de l'association. — Voy. TRÉSOR PUBLIC.

Les statuts annexés au décret du 2 janvier 1851, autorisant la société de charité maternelle de Marseille, peuvent être pris pour modèle par les villes qui voudraient fonder de semblables sociétés. — Dict. des formules, n° 1333.

Sociétés de secours mutuels. — Les sociétés de secours mutuels ont pour but d'assurer des secours temporaires à leurs membres malades, blessés ou infirmes, et de pourvoir à leurs frais funéraires. Elles peuvent aussi, en certains cas, constituer à leur profit des pensions de retraite.

Il existe trois catégories distinctes de sociétés de secours mutuels : 1° les sociétés libres; 2° les sociétés reconnues par le gouvernement comme établissements d'utilité publique; 3° les sociétés approuvées en vertu du décret organique du 26 mars 1852.

Sociétés libres. — Les sociétés libres sont celles qui ont été simplement autorisées par les préfets, en vertu des lois relatives aux associations en général.

Ces sociétés ont la faculté de s'administrer librement, tant qu'elles ne demandent pas à être reconnues comme établissement d'utilité publique. Le gouvernement ne peut les dissoudre et les poursuivre que dans le cas de gestion frauduleuse ou lorsqu'elles s'écartent du but de leur constitution. (Jugement du tribunal d'Auxerre du 17 août 1882, confirmé par arrêt de la Cour de Paris.) Ces sociétés, n'ayant pas de personnalité civile, ne peuvent recevoir des libéralités que sous forme de dons manuels. Cependant ces sociétés sont admises, après l'autorisation, à verser en leurs noms aux caisses d'épargne jusqu'à concurrence de 8,000 francs, y compris l'accumulation des intérêts. (L. 30 juin 1851, art. 4.) Elles peuvent aussi, lorsqu'elles versent à la Caisse des retraites pour la vieillesse, déposer sur la tête d'un même individu toute somme nécessaire pour constituer une rente viagère de 600 francs et demander la jouissance immédiate de la rente, tandis que les autres déposants ne peuvent verser plus de 4,000 francs par an et doivent laisser s'écouler au moins deux ans entre le versement et la jouissance de la rente. (L. 28 mai 1853, art. 6.) Enfin elles peuvent en souscrivant un abonnement de un franc par jour faire recevoir leurs membres dans les asiles institués pour les ouvriers convalescents ou mutilés par la loi du 8 mars 1855.

Sociétés reconnues. — Les sociétés libres de secours mutuels peuvent être reconnues comme établissements d'utilité publique par décret rendu dans la forme des règlements d'administration publique. (L. 5 juillet 1850, art. 1er; D. 14 juin 1851, art 1er.) La demande est adressée au préfet avec les pièces suivantes : 1° l'acte notarié contenant les statuts; 2° un état nominatif, certifié par le notaire, des membres adhérents; 3° un exemplaire du règlement intérieur. (D. 14 juin 1851, art. 2.)

Pour être déclarées établissements d'utilité publique, les sociétés doivent compter au moins cent membres, et ne pas dépasser deux mille. (L. 15 juillet 1850, art. 3.)

Les sociétés reconnues sont placées spécialement sous la protection et la surveillance de l'autorité municipale. Le maire ou son adjoint, par lui délégué, ont toujours le droit d'assister à toute séance ; lorsqu'ils y assistent, ils les président. (Id., art. 4.)

Indépendamment du droit de posséder des biens et de recevoir des dons et legs, les sociétés reconnues sont appelées à jouir de tous les avantages accordés aux sociétés approuvées.

Sociétés approuvées. — Ces sociétés forment un degré intermédiaire entre les sociétés libres et les sociétés reconnues comme établissements d'utilité publique. Le décret organique du 26 mars 1852, a eu pour but de favoriser la propagation de ces utiles institutions, en les affranchissant de toutes conditions gênantes, de toutes formalités difficiles à remplir. Nous reproduisons ci-après les dispositions de ce décret, qui intéressent particulièrement les maires.

Organisation et base des sociétés. — Une société de secours mutuels doit être créée par les soins du maire et du curé dans chacune des communes où l'utilité en a été reconnue. Cette utilité est déclarée par le préfet, après avoir pris l'avis du conseil municipal. Toutefois, une seule société peut être créée pour deux ou plusieurs communes voisines entre elles, lorsque la population de chacune est inférieure à mille habitants. (D. 26 mars 1852, art. 1er.)

Ces sociétés se composent d'associés participants et de membres honoraires. Ceux-ci payent les cotisations fixes ou font des dons à l'association sans participer aux bénéfices des statuts. (Id., art. 2.)

Le président de chaque société est élu en assemblée générale par les membres de la société. (D. 27 octobre 1870.) Le bureau est nommé par les membres de l'association. (D. 26 mars 1852, art. 3.)

Le président et le bureau prononcent l'admission des membres honoraires. Le président surveille et assure l'exécution des statuts. Le bureau administre la société. (Id., art. 4.)

Les associés participants ne peuvent être reçus qu'au scrutin et à la majorité des voix de l'assemblée générale. Le nombre des sociétaires participants ne peut excéder celui de cinq cents ; cependant il peut être augmenté en vertu d'une autorisation du préfet. (Id., art. 5.)

Les statuts des sociétés sont soumis à l'approbation du ministre de l'intérieur pour le département de la Seine, et du préfet pour les autres départements. Ces statuts règlent les cotisations de chaque sociétaire d'après les tables de maladie et de mortalité approuvées par le gouvernement. (Id., art. 7.) — *Dict. des formules*, n° 1329.

Des droits et avantages des sociétés. — Une société approuvée peut prendre des immeubles à bail, posséder des objets mobiliers et faire tous les actes relatifs à ces droits. Elle peut recevoir, avec l'autorisation du préfet, des dons et des legs mobiliers dont la valeur n'excède pas 5,000 francs. (Id., art. 8.)

Les communes sont tenues de fournir gratuitement aux sociétés approuvées les locaux nécessaires pour leurs réunions, ainsi que les livrets et registres nécessaires à l'administration et à la comptabilité. En cas d'insuffisance des ressources de la commune, cette dépense est à la charge du département. (Id., art. 9.)

Dans les villes où il existe un droit municipal sur les convois, il est accordé à chaque société une remise des deux tiers sur les convois dont elle doit supporter les frais aux termes de ses statuts. (Id., art. 10.)

Tous les actes intéressant les sociétés approuvées sont exempts des droits de timbre et d'enregistrement. (Id., art. 11.)

Cette exemption s'applique aux expéditions des actes de l'état civil, pourvu que ces expéditions soient délivrées sur la demande du président de la société. Mais les quittances sont assujetties à la taxe de 10 centimes établie par la loi du 23 août 1871, art. 18 et 20, sur le timbre. (Circ. min. int. 28 mars 1874.)

Les sociétés approuvées peuvent faire aux caisses d'épargne des dépôts de fonds égaux à la totalité de ceux qui seraient permis au profit de chaque sociétaire individuellement. Elles peuvent aussi verser dans la caisse des retraites, au nom de leurs membres actifs, les fonds restés disponibles à la fin de chaque année. (Id., art. 14.)

Elles peuvent promettre des pensions de retraite si elles comptent un nombre suffisant de membres honoraires. (Id., art. 6.)

Enfin, elles participent aux subventions allouées par le gouvernement sur la dotation spéciale des sociétés.

Des diplômes. — Des diplômes peuvent être délivrés par le bureau à chaque sociétaire participant. Ces diplômes leur servent de passeport et de livret, sous les conditions suivantes. (D. 26 mars 1852, art. 12 ; arrêté min. 5 janvier 1853, art. 1er.)

Les sociétaires ne peuvent obtenir la délivrance du diplôme qu'un an au moins après leur admission dans la société, et après le dépôt à son secrétariat du livret ou du passeport dont ils pourraient être nantis, ou, à défaut, d'une déclaration signée d'eux, portant qu'ils ne sont munis d'aucun de ces titres. (Arrêté 5 janvier 1853, art. 2.)

Les diplômes sont délivrés par le bureau de la société. Ils énoncent les noms, prénoms, âge, professions, domicile et signalement du sociétaire, l'époque de son entrée dans la société. Ils sont signés par le président, le secrétaire et le sociétaire, et portent le timbre de la société ; chaque feuillet du diplôme est coté et paraphé par le président. (Id., art. 3.) — *Dict. des formules*, no 1332 bis.

Les diplômes sont délivrés sur des feuilles à souches, fournies gratuitement à la société par l'administration communale. La souche contient toutes les indications du diplôme et est transmise par le bureau à la mairie. Le diplôme ne peut être délivré au sociétaire qu'un mois après cet envoi, et à défaut d'opposition du maire dans cet intervalle. Les diplômes sont représentés à toute réquisition du bureau de la société et des agents de l'autorité publique. (Id., art. 4.)

Le maire doit adresser au préfet un état des membres qui réclament le diplôme, avec ses observations. Si le maire n'exprime aucun doute sur la moralité des candidats, et si le préfet lui-même n'a aucune raison de la tenir pour suspecte, l'état est renvoyé purement et simplement au maire. Dans le cas contraire, le préfet recueille les renseignements qu'il transmet ensuite au maire. (Circ. int. 3 février 1855.)

Copie des énonciations du diplôme est transcrite sur un registre spécial et signée par le président et le sociétaire. Ce registre est parafé par le maire. Il est représenté à toute réquisition de l'autorité administrative. (Arrêté du 5 janvier 1853, art. 5.) — *Dict. des formules*, no 1332.

Le diplôme remplace le livret pour l'ouvrier et sert aux mêmes usages. Lorsque le sociétaire veut voyager, il n'est tenu qu'à faire viser sans frais son diplôme par le maire. L'apposition de la signature du président et du timbre de la société doit être renouvelée tous les deux ans, sous peine de nullité du diplôme comme passeport. Avis du renouvellement est donné dans les quarante-huit heures à la mairie. (Id., art. 6, 7 et 9.)

Dans le cas d'exclusion ou de sortie volontaire de la société, le diplôme doit être remis au bureau et annulé. Mention en est faite sur le registre de la société et avis en est donné par le bureau dans les quarante-huit heures, à la mairie. (Arrêté du 5 janvier 1853, art. 10.)

Du fonds de retraite. — Un fonds de retraite peut être créé. Ce fonds se compose : 1° des prélèvements annuels faits par la société sur les excédents de recettes ; 2° des subventions spéciales accordées par l'Etat, le département ou la commune ; 3° des dons et des legs faits à la société avec affectation spéciale au service des pensions. Les sommes destinées au fonds de retraite sont versées à la caisse des dépôts et consignations, où ils produisent intérêt. Les intérêts que le service des pensions n'a pas absorbés sont capitalisés chaque année. Les pensions sont servies par la caisse générale de retraites pour la vieillesse. (D. 26 avril 1856, art. 2 et 5.)

La société désigne, en assemblée générale, les candidats aux pensions de retraite parmi les membres participants âgés de plus de cinquante ans, et qui ont acquitté la cotisation sociale pendant dix ans au moins. La même délibération fixe la quotité des pensions. (Id., art. 6.)

Les propositions sont transmises au ministère de l'intérieur, par l'intermédiaire du préfet, pour être examinées par la commission supérieure, et approuvées ultérieurement s'il y a lieu. (Id., art. 7.)

Les pensions ne peuvent être inférieures à 30 francs, ni excéder, dans aucun cas, le décuple de la cotisation annuelle fixée par les statuts.

Pour faciliter la liquidation des pensions de retraite et éviter des retards, le ministre de l'intérieur a joint à sa circulaire du 25 janvier 1883 un nouveau modèle de délibération contenant deux colonnes dans lesquelles sont indiqués, d'une part, l'état civil du bénéficiaire (marié, célibataire, veuf ou veuve) ; d'autre part, la profession du membre participant admis à la pension et, de plus, des numéros indiquant l'ordre dans lequel les pensions doivent être liquidées. (Id., art. 8.) — *Dict. des formules*, n° 1332 ter.

Des obligations des sociétés approuvées. — Lorsque les fonds réunis dans la caisse d'une société de plus de cent membres excèdent la somme de 3,000 francs, l'excédent est versé à la caisse des dépôts et consignations. Si la société est de moins de cent membres, ce versement doit être opéré lorsque les fonds réunis dans la caisse dépassent 1,000 francs. Le taux de l'intérêt des sommes déposées est fixé à 4 1/2 pour cent par an. (D. 26 mars 1852, art. 13, modifié par la loi de finances du 29 décembre 1882.)

Sont nulles, de plein droit, les modifications apportées à ses statuts par une société, si elles n'ont pas été préalablement approuvées par le préfet. La dissolution n'est valable qu'après la même approbation. En cas de dissolution d'une société de secours mutuels, il est restitué aux sociétaires faisant en moment partie de la société le montant de leurs versements respectifs jusqu'à concurrence des fonds existants, et déduction faite des dépenses occasionnées par chacun d'eux. Les fonds restés libres après cette restitution sont partagés entre les sociétés du même genre ou les établissements de bienfaisance situés dans la commune ; à leur défaut, entre les sociétés de secours mutuels approuvées du même département, au prorata du nombre de leurs membres. (Id., art. 15.)

Les sociétés de secours mutuels doivent adresser, chaque année, au préfet un compte rendu de leur situation morale et financière. (Id., art. 20.)

Les sociétés approuvées peuvent être suspendues ou dissoutes par le préfet pour mauvaise gestion, inexécution de leurs statuts.

Des obligations des communes relativement aux sociétés approuvées. — Ces obligations se réduisent à la fourniture gratuite du local et du mobilier nécessaire aux réunions, et à celles des imprimés pour l'administration et la comptabilité.

La salle de la mairie, celle de la justice de paix ou même de l'école primaire communale suffit aux réunions soit du bureau, soit de la société elle-même. On y trouve, en général, le mobilier nécessaire.

Les imprimés à la charge des communes, sont les suivants, savoir : 1° un registre matricule, divisé en colonnes, pour les associés participants, renfermant à la fin quelques pages blanches pour recevoir les noms des membres honoraires; 2° un journal pour le trésorier, sur lequel sont inscrites toutes les dépenses et toutes les recettes de la société, sans exception, et à leurs dates respectives; 3° un registre en blanc, pour y consigner les procès-verbaux et les délibérations du bureau et des assemblées générales, et les comptes rendus financiers; 4° livrets à l'usage des sociétaires, de la même dimension que le diplôme, afin que livret et diplôme puissent être réunis et cartonnés ensemble; 5° feuilles de visite contenant tous les éléments nécessaires pour déterminer ce qui est dû au malade, et pour assurer une surveillance exacte du service des malades. (Arrêté min. 15 avril et Circ. 20 avril 1853.)

Lorsque les ressources disponibles des communes ne peuvent suffire à la dépense, le ministre de l'intérieur leur vient en aide pour la partie des frais qu'elles ne peuvent couvrir. Les demandes formées dans ce but doivent être accompagnées d'un bordereau détaillé des dépenses, rédigé par le maire et certifié par le préfet. Ce bordereau est accompagné, pour les sociétés nouvelles, des pièces indiquées ci-après : 1° un état détaillé des dépenses faites par la société pour frais de premier établissement; 2° un état approximatif des ressources de la société; 3° la liste nominative des membres honoraires; 4° celle des membres participants, avec indication de l'âge et de la profession de chacun d'eux. (Circ. Int. 2 juillet 1855.)

De la commission supérieure. — Il a été institué, pour l'encouragement et la surveillance des sociétés de secours mutuels, une commission supérieure composée de dix membres nommés par le Président de la République. Cette commission est chargée de provoquer et d'encourager la fondation et le développement des sociétés, de veiller à l'exécution du décret organique et de préparer les instructions et règlements nécessaires à son application. Elle propose des mentions honorables, médailles d'honneur et autres distinctions honorifiques en faveur des membres honoraires et participants qui lui paraissent les plus dignes. (D. 26 mars 1852, art. 19.)

Chaque année, la commission présente au Président de la République un rapport sur la situation des sociétés, et lui soumet les propositions propres à développer et perfectionner l'institution. (Id., art. 20.)

Sociétés secrètes. — Les sociétés secrètes sont interdites. Ceux qui sont convaincus d'avoir fait partie d'une société secrète sont punis d'une amende de 100 à 500 francs, d'un emprisonnement de six mois à deux ans et de la privation des droits civiques de un à cinq ans. Ces condamnations peuvent être portées au double contre les chefs ou fondateurs desdites sociétés. Ces peines sont prononcées sans préjudice de celles qui pourraient être encourues pour crimes ou délits prévus par les lois. (D. 28 juillet 1848, art. 13; 25 mars 1852, art. 1er.) — Voy. ASSOCIATION, COMPLOT.

Sociétés de tir et de gymnastique. — Les sociétés sont de trois espèces.

Les sociétés de tir ou de gymnastique purement civiles qui sont placées sous le contrôle direct de l'autorité préfectorale;

Les sociétés de tir composées exclusivement d'hommes appartenant à l'armée territoriale et instituées sous le contrôle de l'autorité militaire;

Enfin, les sociétés mixtes composées d'éléments de ces deux catégories et relevant à la fois des autorités préfectorales et militaires.

Sociétés civiles. — Les sociétés civiles de tir ou de gymnastique ne peuvent se constituer que si elles ont, au préalable, rempli les formalités prescrites par la loi.

Leurs statuts doivent être soumis, dans les formes légales, à l'approbation de l'autorité préfectorale. Il doit être tenu compte, dans la rédaction des statuts de chaque société, des dispositions suivantes qui ont fait l'objet d'une circulaire de M. le ministre de l'intérieur du 12 septembre 1885 :

Tous les adhérents doivent être Français.

Les étrangers ne peuvent y être admis.

Uniforme différent de ceux de l'armée, ainsi que signes distinctifs.

Aucune société, même autorisée à recevoir des armes, ne peut se réunir en armes sans l'assentiment et en dehors de l'autorité militaire, qui doit demeurer juge de l'opportunité des prises d'armes, intervenir dans leur réglementation et en conserver la surveillance. Les sorties en armes, pour quelque motif que ce soit, doivent toujours, au préalable, avoir été autorisées par M. le général commandant la subdivision.

Les sociétés de tir de l'armée territoriale sont instituées sous le patronage des chefs de corps de cette armée, responsables envers l'autorité militaire de l'ordre et de la discipline qui doivent régner dans les réunions de tir.

Leurs statuts sont soumis à la seule approbation du ministre de la guerre.

Les sociétés de tir de l'armée territoriale s'administrent au mieux de leurs intérêts et en dehors de toute ingérence de l'autorité militaire. Il leur est fait les avantages suivants :

1º Mise à leur disposition des champs de tir de garnison, lorsque les circonstances le permettent;

2º Prêt de cibles des régiments de l'armée active, à charge pour elles de subvenir aux frais de réparation;

3º Droit aux prix de tir et aux marques honorifiques instituées pour l'armée active.

Sœurs hospitalières. — Lorsque les administrateurs des hospices et autres établissements de bienfaisance jugent convenable de confier le service intérieur à des sœurs de charité, tirées des congrégations hospitalières autorisées par le Gouvernement, ils doivent se concerter avec les supérieures de ces congrégations. Aucun engagement ne peut être conclu qu'en vertu de traités revêtus de l'approbation du préfet.

Les sœurs de charité attachées ainsi aux hospices sont placées, quant aux rapports temporels, sous l'autorité des administrations des hospices, et tenues de se conformer aux règlements de ces administrations. (Inst. 8 février 1823.)

Les sœurs que leur âge ou leurs infirmités rendent incapables de continuer leur service peuvent néanmoins être conservées dans le personnel de l'hospice à tire de reposantes. (O. 31 octobre 1821, art. 19.) — Voy. HOSPICES.

Sommation. — Acte par lequel on somme quelqu'un de faire quelque chose en lui déclarant que, faute par lui d'obtempérer à cette sommation, on l'y obligera par les voies de droit. — Voy. ATTROUPEMENT, CONTRIBUTIONS DIRECTES.

Sommations respectueuses. — Voy. ETAT CIVIL.

Sommier des titres. — Voy. FABRIQUE.

Sonnerie, Sonneurs. — Voy. CLOCHES, FABRIQUE.

Soulte. — Expression employée comme synonyme de retour. C'est la somme payée pour rétablir l'égalité dans un partage ou dans un échange. (C. civil, art. 833 et 1476.) — Voy. ECHANGE.

Soumission. — Offre par écrit de faire une acquisition, moyennant un prix déterminé, ou de se charger, soit d'une entreprise, soit d'une fourniture, à telles ou telles conditions. — Voy. ADJUDICATION, TRAITÉ DE GRÉ A GRÉ, TRAVAUX PUBLICS.

Source. — Le propriétaire qui a une source sur son héritage peut en disposer à sa fantaisie. (C. civil, art. 641.)

Cependant, il ne peut en changer le cours, lorsqu'elle fournit aux habitants d'une commune, village ou hameau, l'eau qui leur est nécessaire. Mais, si la commune, le village ou le hameau n'en ont pas acquis ou prescrit l'usage, le propriétaire peut réclamer une indemnité, laquelle est réglée par des experts. (Id., art. 643.) — Voy. EAUX PUBLIQUES, FONTAINES PUBLIQUES.

Sourds-Muets. — Il y a trois établissements publics destinés à l'éducation des sourds-muets : ceux de Paris, de Bordeaux et de Chambéry.

Le but de ces institutions est de donner à des enfants sourds-muets l'instruction intellectuelle, morale et religieuse, et de les préparer, suivant leur aptitude individuelle, à l'exercice d'un métier, d'un art ou d'une profession libérale.

Un règlement du 27 juillet 1847 applicable à l'établissement de Paris,

II   80

et un autre du 6 septembre suivant applicable à l'établissement de Bordeaux, ont déterminé le régime intérieur de ces deux institutions.
On y reçoit des élèves pensionnaires ou boursiers.
L'âge d'admission est fixé à neuf ans, au moins, et quinze ans au plus (Circ. min. 28 août 1859.)
Toute demande en admission doit être accompagnée de l'acte de naissance de l'enfant, de l'acte de baptême, d'un certificat constatant qu'il a fait sa première communion, d'un acte constatant l'infirmité de surdi-mutisme avec ses causes, d'un certificat attestant qu'il n'est atteint d'aucune autre infirmité et qu'il a été vacciné. Pour les demandes de bourses, il faut joindre un certificat d'indigence délivré par le maire. Toutes ces pièces doivent être légalisées et adressées au ministre de l'intérieur.— Voy. ÉTABLISSEMENTS DE BIENFAISANCE.

Souscriptions volontaires pour entreprise d'utilité communale. — L'administration municipale peut provoquer et recevoir des souscriptions volontaires pour l'exécution d'une entreprise d'utilité communale.
Ces souscriptions sont acceptées par une délibération du conseil municipal approuvée par le préfet et notifiée aux souscripteurs. Copie de cette délibération est transmise au receveur municipal qui est chargé d'encaisser le montant des souscriptions. Ces souscriptions constituent des recettes extraordinaires accidentelles pour ces communes. (L. 5 avril 1884, art. 134.)
Quelle que soit la forme des engagements écrits pris par les souscripteurs, ces engagements sont obligatoires après qu'ils ont été régulièrement acceptés, et que cette acceptation leur a été notifiée au Conseil d'État, 31 mars 1882, 23 novembre 1883. Lorsque les souscripteurs refusent de les remplir, le maire a le droit d'en faire poursuivre le recouvrement sur des états dressés par lui et rendus exécutoires par le sous-préfet. (L. 5 avril 1884, art. 154.) — Voy. REVENUS COMMUNAUX.
— *Dict. des formules*, n° 1356.

Sous-Préfet. — Le sous-préfet est le premier fonctionnaire administratif et le supérieur immédiat des maires de son arrondissement.
Bien qu'il soit investi d'une autorité et d'attributions qui lui sont propres, il n'est, le plus généralement, qu'un organe de transmission, d'information, de surveillance. C'est à ce titre qu'il prépare, d'une part, l'instruction de toutes les affaires administratives qui doivent être soumises à la décision du préfet ou du gouvernement, et, de l'autre, qu'il transmet aux maires et autres agents subordonnés, les décisions et instructions de la préfecture et en assure l'exécution.
Le décret du 31 avril 1861 sur la décentralisation administrative a étendu les attributions propres du sous-préfet, qui, jusque-là, étaient limitées à certains objets relatifs au recrutement de l'armée, aux établissements insalubres ou dangereux, aux contributions, à la police du roulage, à la grande voirie, etc. Les sous-préfets statuent actuellement, soit directement, soit par délégation des préfets, sur les affaires qui, antérieurement, exigeaient la décision préfectorale et dont la nomenclature suit :
1° Légalisation, sans les faire certifier par les préfets, de signatures données dans les cas suivants : actes de l'état civil, chaque fois que la légalisation du sous-préfet est requise; certificats d'indigence; certi-

ficats de bonne vie et mœurs; certificats d e vie; libération du service militaire; pièces destinées à constater l'état de soutien de famille;

2° Délivrance des passeports à l'étranger;

3° Délivrance des permis de chasse;

4° Autorisation de mise en circulation des voitures publiques;

5° Autorisation des loteries de bienfaisance jusqu'à concurrence de 2,000 francs;

6° Autorisation de changement de résidence, dans l'arrondissement des condamnés libérés;

7° Autorisation des débits de boisson temporaires;

8° Homologation des tarifs des droits de pesage, jaugeage et mesurage, lorsqu'ils sont établis d'après les conditions fixées par arrêté préfectoral;

9° Autorisation des battues, pour la destruction des animaux nuisibles, dans les bois des communes et des établissements de bienfaisance;

10° Approbation des travaux ordinaires et de simple entretien des bâtiments communaux, dont la dépense n'excède pas 1,000 francs et dans la limite des crédits ouverts au budget (1);

11° Budgets et comptes administratifs des bureaux de bienfaisance;

12° Conditions des baux et fermes des biens des bureaux de bienfaisance, lorsque la durée n'excède pas dix-huit ans (2);

13° Placement des fonds des bureaux de bienfaisance;

14° Acquisitions, ventes et échanges d'objets mobiliers des bureaux de bienfaisance;

15° Règlement du service intérieur dans ces établissements;

16° Acceptation, par les bureaux de bienfaisance, des dons et legs d'objets mobiliers ou de sommes d'argent, lorsque leur valeur n'excède pas 3,000 francs, et qu'il n'y a pas réclamation des héritiers.

Les sous-préfets nomment les simples préposés d'octroi.

Les sous-préfets rendent compte de leurs actes aux préfets, qui peuvent les annuler ou les réformer soit pour violation des lois et règlements, soit sur la réclamation des parties intéressées, sauf recours devant l'autorité compétente.

En cas de trouble ou de désordres graves, le sous-préfet a mission de prendre toutes les mesures d'ordre que la sécurité publique lui paraît comporter; il peut requérir la force armée et même la réunion de plusieurs brigades de gendarmerie, à charge d'en informer immédiatement le préfet.

En ce qui concerne l'administration communale, la compétence du sous-préfet s'étend sur toutes les matières qui sont dans les attributions du préfet.

C'est avec le sous-préfet que les maires doivent correspondre pour toutes les affaires qui concernent leurs communes. Ils ne sont autorisés à écrire directement au préfet que dans des circonstances urgentes, et, dans ces cas mêmes, ils doivent en instruire le sous-préfet. — Voy. ADMINISTRATION, CONSEIL D'ARRONDISSEMENT, CORRESPONDANCE ADMINISTRATIVE, MAIRE, PRÉFET.

Spectacles, Théâtres. — Tout individu peut faire construire et

(1) L'application de ces deux paragraphes doit à l'avenir se concilier avec les dispositions décentralisatrices des articles 61 et 68 de la loi du 5 avril 1884.

exploiter un théâtre, à la charge de faire une déclaration au ministère des beaux-arts (1), et à la préfecture de police,pour Paris; à la préfecture dans les départements. Les théâtres qui paraissent plus particulièrement dignes d'encouragements peuvent être subventionnés soit par l'Etat, soit par les communes. (D. 6 janvier 1864, art. 1er.)

Toute œuvre dramatique, avant d'être représentée, doit, aux termes du décret du 30 décembre 1852, être examinée et autorisée par le ministre des beaux-arts pour les théâtres de Paris, par les préfets pour les théâtres des départements. Cette autorisation peut toujours être retirée pour des motifs d'ordre public. (Id., art. 3.)

Ces règles ne sont pas applicables aux spectacles de curiosités ou de marionnettes (Id., art. 6) cafés-concerts, etc.; c'est le maire qui autorise ces spectacles et détermine, lorsqu'il le croit opportun, le programme des représentations.

Les théâtres d'acteurs enfants sont interdits. (D. 6 janvier 1864, art. 5.)

La police des théâtres et spectacles est confiée à l'autorité municipale. (L. 16-24 août 1790; 19 janvier 1791; 1er septembre 1793; arrêté 25 pluviôse an IV; D. 17 frimaire an XIV; L. 5 mai 1855; D. 14 février 1871; circ. min. 23 et 27 novembre 1872; L. 4 avril 1873; D. 1er février 1874; L. 24 juin 1874; 5 avril 1884, art. 97.)

Parmi les objets qui doivent éveiller la sollicitude de l'autorité municipale, on doit placer en première la solidité de la salle et les précautions contre l'incendie. Le droit et le devoir des maires est de prescrire, pour la construction des salles, toutes les dispositions qu'exige la sûreté des personnes et d'interdire l'ouverture de toute salle qui ne remplit pas les conditions exigées. Le maire doit aussi porter sa surveillance sur les représentations elles-mêmes. La loi et les règlements à cet égard l'autorisent : 1° à intervenir dans la fixation des heures d'ouverture et de fermeture des représentations; (D. 13-19 janvier 1791, art. 6.) 2° à empêcher la représentation de toute pièce dont le contenu pourrait servir de prétexte à la malveillance et occasionner du désordre, et à arrêter la représentation de toutes celles par lesquelles l'ordre pourrait être troublé d'une manière quelconque ; (Arrêté 25 pluviôse an IV, art. 1er.) 3° à empêcher la présence d'un acteur ou d'une actrice, lorsqu'elle pourrait occasionner du désordre ; de même à obliger un acteur ou une actrice à jouer, lorsqu'ils n'ont pas de raisons valables de retraite et que leur absence ou leur refus ferait manquer une représentation ou nécessiterait un changement de pièce, et ainsi pourrait troubler l'ordre ; 4° à interdire la communication des spectateurs avec les coulisses et les loges particulières des acteurs ou actrices ; 5° à fixer le prix des places, lorsque des prix exagérés pourraient conduire au désordre ; 6° à forcer le directeur ou l'entrepreneur à jouer les pièces du répertoire ou celles qu'il a annoncées, en demandant l'autorisation, comme aussi à s'y renfermer; (Arrêt de cass. 3 janvier 1834.) 7° à défendre d'annoncer une représentation quelconque, sans qu'on lui ait soumis la liste des pièces qui doivent la composer, et si on n'a pas obtenu préalablement son visa sur l'affiche à ce destinée; (Arrêt de cass. 3 janvier 1834.) 8° à faire cesser la représentation comme à clore au moins provisoirement le spectacle ou théâtre, lorsqu'il est jugé nécessaire pour apaiser des troubles occasionnés par les représentations; 9° à défendre la vente des billets sur la voie publique. L'autorité municipale est tenue également de prêter concours aux intéressés pour assurer, par toutes les voies légales, le recouvrement des droits d'auteurs. (Circ. Int. 30 mars 1867.)

(1) Aujourd'hui le directeur des beaux-arts.

Tous les arrêtés que prend l'autorité municipale sur ces matières sont exécutoires aussi longtemps qu'ils ne sont ni modifiés ni rapportés par l'administration supérieure. (Arrêt de cass. 30 novembre 1833.)

Un commissaire de police, et, dans les communes où il n'y en a pas, le maire ou l'adjoint doit toujours être présent aux représentations, afin de pouvoir, au besoin, prendre les mesures que les circonstances peuvent nécessiter. Les agents de l'autorité doivent aussi avoir la faculté d'entrer, mais en proportion de ce qui est jugé indispensable au maintien de l'ordre et de la sûreté.

Tout particulier présent aux représentations, qui troublerait l'ordre, est tenu d'obéir à l'officier de police ou à l'autorité municipale, et, par suite, de sortir du théâtre, si l'ordre lui en est donné; mais la force armée ne peut y pénétrer que dans les cas où la sûreté publique est compromise, et sur la réquisition expresse de l'officier de police.

Toute contravention au respect dû au public de la part du directeur, de l'entrepreneur, des acteurs ou actrices, est constatée par l'officier de police présent, et celui-ci en fait provoquer la punition devant les tribunaux.

Un arrêté du 1er germinal an VII trace les règles de conduite à suivre pour prévenir ou faire cesser promptement les incendies dans les salles de spectacles. Le directeur du spectacle doit s'entendre avec l'autorité municipale pour arrêter les mesures de surveillance à prendre et le service à faire dans le local où ont lieu les représentations. Un pompier doit être constamment en sentinelle dans ce lieu. Il est payé par le directeur du spectacle. A la fin de chaque représentation, la salle doit être visitée dans toutes ses parties, et l'on doit s'assurer qu'il ne subsiste aucun indice qui puisse faire craindre un incendie. Le défaut d'exécution des mesures prescrites par l'autorité municipale entraîne la fermeture du spectacle. — *Dict. des formules*, nos 1352, 1353.

Il existe, au profit des hospices et des bureaux de bienfaisance, un droit du dixième du produit de la recette brute de tous les spectacles, de quelque nature qu'ils soient. — Voy. TAXE AU PROFIT DES INDIGENTS.

Stationnement sur la voie publique. — Les maires peuvent par mesure de police régler et même interdire le stationnement sur la voie publique, des voitures, bêtes de trait ou de somme. Ils peuvent aussi réglementer le stationnement sur la voie publique des marchands étalagistes et autres industriels et les soumettre dans l'intérêt des finances de la commune au payement d'une taxe spéciale dite : droits de stationnement. — La loi du 5 avril 1884, article 133, § 7, range, parmi les recettes ordinaires des communes, le produit des permis de stationnement et de locations sur la voie publique, sur les rivières, ports et quais fluviaux et autres lieux publics. Quant aux redevances à titre d'occupation temporaire sur les quais et ports dépendant des inscriptions maritimes, de même que les locations des plages et de toutes autres dépendances du domaine maritime, elles ne peuvent être établies que par l'État, qui peut d'ailleurs en abandonner le bénéfice aux communes, gratuitement ou à certaines conditions. — Voy. DROITS DE STATIONNEMENT.

C'est au conseil municipal qu'il appartient de voter sauf approbation, le tarif des droits à percevoir pour permis de stationnement sur les rues, places et autres lieux dépendant du domaine public communal. L'approbation est donnée par décret après avis du ministre des travaux publics pour les droits à percevoir sur les rivières navigables ou flottables, ou sur leurs berges. Le ministre de l'intérieur statue directement après avoir consulté son collègue, lorsque la perception doit s'opérer sur d'autres dépendances de la grande voirie. (Circ. 15 mai 1884.)

Dans ce dernier cas, la demande d'autorisation doit être accompagnée : 1° du budget et de la situation financière de la commune comme justification de ses besoins; 2° d'un aperçu du produit des droits proposés; 3° pour les perceptions sur la voie publique et sur les rivières, d'un avis des ingénieurs en ce qui intéresse le service de la grande voirie ou celui de la navigation; 4° enfin, dans ce dernier cas, d'un avis, s'il y a lieu, de la chambre de commerce.

Ces droits, de même que les droits de location de places dans les halles et marchés, sont perçus par voie de régie simple, de régie intéressée ou de ferme. — Voy. HALLES ET MARCHÉS (*Droits de places*). — *Dict. des formules*, nᵒˢ 1334, 1337.

Statistique (Commissions de). — Une commission permanente de statistique existe au chef-lieu de chaque canton.

Le président et les membres de cette commission sont nommés par le préfet. (D. 1ᵉʳ juillet 1852, art. 2 ; Inst. 18 septembre 1852.)

Les membres des commissions ne sont pas nommés pour un temps déterminé. Ils ne doivent cesser d'en faire partie que par suite de démissions, de décès ou de révocation. (Inst. 18 septembre 1852.)

Chaque commission nomme, à la simple majorité, un ou plusieurs secrétaires archivistes. (D. 1ᵉʳ juillet 1852, art. 7.)

Elle peut se diviser en sous-commissions. Dans les cantons ruraux, la division par commune, et, dans les cantons urbains, la division par quartiers parait être à la fois la plus logique et la plus favorable aux travaux. Chaque sous-commission peut, en outre, se subdiviser en sections, chaque section étant chargée d'une spécialité de recherches statistiques. (Inst. 18 septembre 1852.)

Travaux des commissions de statistique. — Chaque commission est chargée de remplir et de tenir à jour, pour les communes de sa circonscription cantonale, deux tableaux dressés par le ministre de l'agriculture, du commerce et des travaux publics. Ces deux tableaux contiennent une série de questions : le premier, sur les faits statistiques dont il importe que le gouvernement ait la connaissance annuelle ; le second, sur ceux qui, par leur nature, ne peuvent être utilement recueillis que tous les cinq ans. (D. 1ᵉʳ juillet 1852, art. 9.)

Chacun a droit de prendre connaissance de ces tableaux, à la fin de chaque année ou de la période quinquennale, et de consigner ses observations sur un registre spécial (art. 10). La commission examine ces observations et, sur leur vu, arrête définitivement les tableaux qui sont transmis au sous-préfet (art. 11).

Contrôle des travaux des commissions. — Les documents recueillis par les commissions cantonales sont contrôlés par la commission du chef-lieu d'arrondissement. (D. 1ᵉʳ juillet 1852, art. 12.)

Les tableaux de statistique agricole sont, en outre, soumis aux chambres consultatives d'agriculture. (Id., art. 13.)

Ils sont ensuite transmis aux préfets, chargés de les soumettre à un dernier examen et d'en opérer le dépouillement. (Id., art. 14.)

Au fur et à mesure que les tableaux cantonaux ont été approuvés par les préfets, avis en est donné aux présidents des commissions cantonales qui en font déposer la copie aux archives de la mairie du chef-lieu de canton. (Id., art. 15.)

Il peut être donné communication aux particuliers, par les soins du maire et sous les conditions qu'il détermine, des tableaux ainsi approuvés. Les maires des communes de la circonscription communale peuvent s'en faire délivrer un extrait pour ce qui concerne leur commune. (Id., art. 16.)

Dépenses du matériel des commissions. — Les dépenses de matériel auxquelles peuvent donner lieu les travaux des commissions sont à la charge de la commune chef-lieu de canton. (Id., art. 22.)

Ces dépenses consistent dans les fournitures de bureau et les frais, nécessairement très minimes, de chauffage et d'éclairage que peuvent nécessiter les réunions.

La correspondance des présidents des commissions avec le sous-préfet a lieu, sans frais, sous le couvert du maire de la commune chef-lieu de canton. (Inst. 18 septembre 1852.)

Le décret du 19 février 1885 a institué un conseil supérieur de statistique spécialement chargé de la publication de l'annuaire statistique de la France et de chercher à établir des rapports entre la France et les services de statistique étrangers.

Subsistances. — Il est du devoir des maires de veiller à ce que les marchés soient approvisionnés des grains et denrées nécessaires à la subsistance des habitants, de réprimer les accaparements et toutes manœuvres qui auraient pour objet d'élever frauduleusement le prix des denrées ou d'en empêcher la vente au détriment des consommateurs. — Voy. ACCAPAREMENT, HALLES ET MARCHÉS, GRAINS, POLICE MUNICIPALE.

Les lois des 19-22 juillet 1791 et 5 avril 1884 donnent, en outre, aux maires le pouvoir de faire tous les règlements nécessaires pour assurer la salubrité et la fidélité du débit des denrées et marchandises. — Voy. DENRÉES ET SUBSTANCES ALIMENTAIRES.

Dans les temps de disette, les maires et les conseils municipaux doivent venir en aide aux classes pauvres, soit en organisant des travaux et des secours, soit en prenant des mesures pour réduire le prix des denrées au profit des plus nécessiteux, soit en faisant appel à la charité privée, à défaut des ressources de la commune et des bureaux de bienfaisance, afin de procurer aux pauvres ouvriers, à des prix inférieurs à ceux du commerce, les denrées alimentaires les plus essentielles. — Voy. ATELIERS DE CHARITÉ.

Substances alimentaires. — Voy. DENRÉES ET SUBSTANCES ALIMENTAIRES.

Substances vénéneuses. — Dans l'intérêt de la sûreté publique, la fabrication, la vente et l'emploi des substances vénéneuses ont été soumis à la surveillance de l'administration.

Les substances vénéneuses soumises à cette surveillance sont les suivantes : acide cyanhydrique, alcaloïdes végétaux, vénéneux et leurs sels; arsenic et ses préparations; belladone, extrait de teinture; cantharides entières, poudre et extrait; chloroforme; ciguë, extrait et teinture; cyanure de mercure; cyanure de potassium; digitale, extrait et teinture ; émétique ; jusquiame, extrait et teinture; nicotiane; nitrate de mercure; opium et son extrait; phosphore; seigle ergoté; stramonium, extrait et teinture; sublimé corrosif. (D. 8 juillet 1850.)

Quiconque veut faire le commerce d'une ou de plusieurs des substances ci-dessus désignées est tenu d'en faire préalablement la déclaration devant le maire de la commune, en indiquant le lieu où est situé son établissement. Les chimistes, fabricants ou manufacturiers, employant une ou plusieurs desdites substances, sont également tenu d'en faire la déclaration dans la même forme. Ladite déclaration est inscrite sur un registre à ce destiné, et dont un extrait est remis au déclarant; elle doit être renouvelée dans le cas de déplacement de l'établissement. (O. 29 octobre 1846, art. 1er.)

Lesdites substances ne peuvent être vendues ou livrées qu'aux commerçants, chimistes, fabricants-chimistes ou manufacturiers qui ont fait la déclaration prescrite par l'article précédent, ou aux pharmaciens. Elles ne doivent être livrées que sur la demande écrite et signée de l'acheteur. (Id., art. 2.)

Tous achats ou ventes de substances vénéneuses doivent être inscrits sur un registre spécial, coté et parafé par le maire ou par le commissaire de police. Les inscriptions sont faites de suite et sans aucun blanc, au moment de l'achat et de la vente; elles indiquent l'espèce et la quantité des substances achetées ou vendues, ainsi que les nom, profession et domicile des vendeurs ou des acheteurs. (Id., art. 3.)

Les fabricants et manufacturiers employant des substances vénéneuses en surveillent l'emploi dans leur établissement, et constatent cet emploi sur un registre coté et parafé par le maire ou par le commissaire de police. (Id., art. 4.)

La vente des substances vénéneuses ne peut être faite, pour l'usage de la médecine, que par les pharmaciens, et sur la prescription d'un médecin, chirurgien, officier de santé, ou d'un vétérinaire breveté. Cette prescription doit être signée, datée et énoncer en toutes lettres la dose desdites substances, ainsi que le mode d'administration du médicament. (Id., art. 5.)

Les pharmaciens doivent transcrire lesdites prescriptions, avec les indications qui précèdent, sur un registre coté et parafé par le maire ou par le commissaire de police. Les transcriptions doivent être faites de suite et sans aucun blanc. Les pharmaciens ne rendent les prescriptions que revêtues de leur cachet, et après y avoir indiqué le jour où les substances ont été livrées, ainsi que le numéro d'ordre de la transcription sur le registre. Ledit registre est conservé pendant vingt ans au moins, et doit être représenté à toute réquisition de l'autorité. (Id., art. 6.)

Avant de délivrer la préparation médicale, le pharmacien y appose une étiquette indiquant son nom et son domicile, et rappelant la destination interne ou externe du médicament. (Id., art. 7.)

L'arsenic et ses composés ne peuvent être vendus, pour d'autres usages que la médecine, que combinés avec d'autres substances. Les préparations ne peuvent être vendues ou délivrées que par les pharmaciens, et seulement à des personnes connues et domiciliées. Les quantités livrées, ainsi que le nom et le domicile des acheteurs, sont inscrits sur le registre spécial. (Id., art. 8 et 9.)

La vente et l'emploi de l'arsenic et de ses composés sont interdits pour le chaulage des grains, l'embaumement des corps et la destruction des insectes. (Id., art. 10.)

Les substances vénéneuses doivent toujours être tenues, par les commerçants, fabricants, manufacturiers et pharmaciens, dans un endroit sûr et fermé à clef. (O. 29 octobre 1846, art. 11.)

Indépendamment des visites qui doivent être faites en vertu de la loi du 21 germinal an XI, les maires ou commissaires de police, assistés, s'il y a lieu, d'un docteur en médecine désigné par le préfet, s'assurent de l'exécution des dispositions ci-dessus indiquées, par des visites spéciales faites dans les officines des pharmaciens, les boutiques et magasins des commerçants et manufacturiers vendant ou employant lesdites substances. Ils se font représenter les registres, et constatent les contraventions. Leurs procès-verbaux sont transmis au procureur de la République pour l'application des peines prononcées par l'article 1er de la loi du 19 juillet 1845. (Id., art. 12) — Voy. PHARMACIENS.

Les maires peuvent aussi, à l'exemple de ce qui a été fait par le préfet de police de Paris, le 3 juillet 1883, défendre expressément aux confiseurs, distillateurs, épiciers, et à tous marchands en général, d'employer pour colorier les bonbons, pastillages, dragées, liqueurs et substances alimentaires quelconque, aucune couleur minérale contenant des composés de cuivre, de plomb, d'arsenic, ou des couleurs organiques susceptibles de nuire à la santé.

Subventions. — Des secours pécuniaires peuvent être accordés par l'Etat ou les départements aux communes, pour subvenir à l'insuffisance des ressources de celles-ci dans des cas déterminés. Les communes peuvent elles-mêmes allouer des secours de même nature aux établissements de bienfaisance et aux fabriques des églises.

Nous allons indiquer les règles particulières qui doivent être observées pour l'allocation et l'emploi de ces différentes subventions.

Subventions pour réparations aux édifices communaux. — L'autorité qui alloue les secours ou subventions en détermine l'emploi; néanmoins cet emploi ne peut avoir lieu qu'en vertu d'un crédit préalablement ouvert par une délibération du conseil municipal, approuvée par le préfet. Une copie ou un extrait de la décision qui a alloué les secours ou subventions doit être remis au receveur municipal pour lui servir d'autorisation supplémentaire de recette. Les mandats délivrés pour le payement des secours ou subventions parviennent aux receveurs municipaux par l'entremise des receveurs des finances. Lors du règlement définitif du budget de l'exercice, le recouvrement et l'emploi des secours ou subventions sont rattachés à ce budget. (Inst. gén. des fin., 20 juin 1859, art. 975.)

Des formalités spéciales doivent, en outre, être observées lorsque les communes sont dans l'obligation de demander un secours, sur les fonds de l'Etat, pour pourvoir aux réparations des édifices du culte. — Voy. EGLISES, FABRIQUES.

Subventions pour le traitement des instituteurs primaires. — Lorsque les communes ne peuvent subvenir aux dépenses des écoles communales, il y est pourvu sur les ressources ordinaires du département. Si les ressources communales et départementales ne suffisent pas, le ministre de l'instruction publique accorde une subvention sur le crédit qui est porté annuellement pour l'enseignement primaire au budget de l'Etat. (L. 15 mars 1850 art. 40 et 16 juin 1881 art. 5.) La subvention ainsi accordée par l'Etat ne doit jamais être affectée au payement du loyer de la maison d'école.)

Les mandats relatifs aux subventions que l'État ou les départements allouent aux communes pour le traitement des instituteurs primaires sont délivrés par les préfets au fur et à mesure des besoins des communes. Le mandat pour solde n'est délivré en fin d'année que sur la production d'un certificat du maire, et constatant que l'instituteur est resté en fonction pendant le temps auquel s'applique la subvention. Les receveurs municipaux doivent provoquer la délivrance de ces certificats qu'ils font passer au préfet du département, par l'entremise du sous-préfet de leur arrondissement respectif. (Circ. min. 5 avril 1865.)

Les quittances des sommes allouées aux communes pour cet objet sont passibles du droit de timbre ; mais, une fois entrées dans la caisse communale, elles en sont exemptes lors du versement qui en est fait entre les mains de l'instituteur. (Décis. min. de l'int. 1858.) — Voy. INSTRUCTION PUBLIQUE.

Subvention pour la construction des maisons d'école. — L'État intervient aussi par des subventions pour favoriser la construction et l'aménagement des maisons d'écoles. Ces subventions, qui varient de 15 à 80 0/0 de la dépense et dépassent même quelquefois ce chiffre suivant ce qui a été dit ci-dessus (voy. MAISONS D'ÉCOLES), sont mises à la disposition des communes au fur et à mesure de l'échéance des annuités dont elles représentent une partie. (L. 20 juin 1885.)

Subventions pour les dépenses des chemins vicinaux. — Les communes peuvent recevoir, sur les fonds départementaux, en vertu du vote des conseils généraux de département, des subventions destinées soit à compléter les ressources qui leur sont nécessaires pour les dépenses de leurs chemins de petite vicinalité, soit à créer des ateliers de charité pour les indigents qui sont employés à l'entretien des chemins. Indépendamment de ces subventions départementales, les communes qui ont affecté aux dépenses de la vicinalité toutes les ressources ordinaires, qu'elles devaient y consacrer suivant le vœu de la loi, peuvent être admises sur la proposition du conseil général à participer aux subventions de l'Etat, dans la proportion déterminée par le décret rendu en date du 3 juin 1880, pour l'application de la loi du 12 mars 1880. — Voy. CHEMINS VICINAUX.

Subventions communales en faveur des établissements de bienfaisance et des fabriques. — Les allocations en faveur des établissements de bienfaisance ne sont pas comprises dans les dépenses obligatoires des communes. Néanmoins, la plupart des villes accordent des subventions annuelles aux hospices et aux bureaux de bienfaisance, soit sur leurs revenus ordinaires, soit au moyen d'un prélèvement sur le produit de leur octroi. Ces subventions annuelles doivent figurer au budget communal parmi les dépenses ordinaires. Mais les subventions extraordinaires pour constructions, acquisitions, etc., doivent prendre place parmi les dépenses extraordinaires.

Les fonds alloués annuellement dans les budgets des communes au profit des hospices et des bureaux de bienfaisance sont ordonnancés par douzièmes, de mois en mois, au nom des trésoriers de ces établissements, qui en deviennent comptables. C'est également au nom de ces trésoriers que sont ordonnancés les autres fonds de subvention que les communes fournissent aux établissements de bienfaisance pour acquisitions, reconstructions et réparations extraordinaires ; mais les mandats ne sont délivrés que par acompte, proportionnés aux besoins. (Inst. gén. des fin., 20 juin 1859, art. 994.)

Les quittances à souche des receveurs des établissements sont jointes comme pièces justificatives aux mandats des maires. Ces quittances sont exemptes du timbre. (Décis. 18 décembre 1843.) — Voy. Bureaux de bienfaisance, Hospices.

Aux termes de l'article 136 de la loi du 5 avril 1884, la commune n'intervient plus obligatoirement dans les dépenses des cultes reconnus par l'Etat, en cas d'insuffisance constatée des ressources des fabriques, que par l'allocation d'une indemnité de logement, lorsqu'il n'existe pas de presbytère, et que pour les grosses réparations aux édifices consacrés aux cultes. Hors de là, la commune n'a aucune espèce d'obligations, mais elle peut toujours, si elle le peut et si le conseil municipal le vote, continuer à pourvoir à l'insuffisance des ressources des fabriques pour les autres objets.

Les fonds que les communes versent pour subvenir aux dépenses ordinaires des fabriques sont ordonnancés par douzièmes, de mois en mois, au profit de leurs trésoriers, qui demeurent chargés d'en justifier l'emploi ; mais les allocations qui leur sont accordées pour acquisitions, constructions et réparations sont ordonnancées comme les autres dépenses extraordinaires des communes, au profit et au nom des créanciers eux-mêmes, à moins, toutefois, que les fabriques ne supportent la plus forte partie de la dépense, auquel cas les fonds de subvention sont centralisés, avec les autres ressources destinées à la dépense, dans la caisse du trésorier de la fabrique. (Inst. gén. des finances, 20 juin 1859, art. 996.) — Voy. Fabriques.

Subventions particulières pour la réparation des chemins vicinaux. — Lorsque des exploitations de mines, de carrières, de forêts ou de toute autre entreprise industrielle appartenant à des particuliers, à la couronne ou à l'État, dégradent habituellement ou temporairement un chemin vicinal entretenu à l'état de viabilité, il peut être imposé des subventions spéciales aux entrepreneurs ou aux propriétaires, suivant que l'exploitation ou les transports ont lieu pour le compte des uns ou des autres. (L. 21 mai 1836, art. 14.)

Ces subventions doivent être proportionnées aux dégradations ; elles sont réclamées par les maires des communes intéressées pour les chemins vicinaux ordinaires. Ces fonctionnaires peuvent aussi, à défaut du préfet, réclamer celles qui concernent les chemins de grande communication. — Voy. Chemins vicinaux.

Sucre. — La fabrication du sucre indigène a été frappée, en 1837, d'un impôt et soumise à un exercice pour en assurer le recouvrement. La loi du 29 juillet 1884 a changé complètement l'assiette de l'impôt sur le sucre en lui donnant pour base non plus le produit fabriqué, mais la matière première de ce produit c'est-à-dire la quantité de betteraves mise en œuvre. Le décret du 31 juillet 1885 a réglé le mode d'application de cette loi en ce qui concerne l'abonnement, les sucres employés au sucrage des vins et les sucres bruts et raffinés. On trouvera ces deux textes au *Bulletin annoté des lois* de 1884, pages 257 et 262.

Succursale. — On appelle succursale la paroisse qui, au lieu d'être desservie par un curé, dont le caractère est inamovible, est desservie par un titulaire révocable.

Aucune partie du territoire ne peut être érigée en succursale qu'avec l'autorisation du Gouvernement. (L. 18 germinal an X, art 62.)

Chaque succursale est érigée, sur la proposition de l'évêque et l'avis du préfet, par un décret, rendu sur le rapport du ministre des cultes. A l'appui de chacune de ces propositions, doivent être produites les pièces indiquées ci-après : 1° Une délibération par laquelle le conseil municipal expose les motifs de la demande d'érection, tels, par exemple, que l'exiguïté de l'église de la paroisse existante, l'éloignement de cette église, et les difficultés qu'éprouvent les communications à certaines époques de l'année, l'importance de la population de la commune, l'étendue de son territoire, etc. ; 2° un certificat du maire constatant que, dans la commune ou dans la section de commune destinée à former une paroisse, l'église et le presbytère existent ; que ces deux édifices sont dans un état convenable ; 3° un inventaire des vases sacrés, linges et ornements qui se trouvent dans l'église ; 4° l'état de la population de la commune réclamante et des communes comprises dans la circonscription de l'église existante; 5° un certificat du percepteur, constatant le montant des impositions payées, en principal, par la commune réclamante, et s'il existe déjà quelque imposition extraordinaire en recouvrement, quelle en est la durée et la quotité ; 6° un plan en double expédition, revêtu de l'approbation de l'évêque et de celle du préfet, si son périmètre n'est pas exactement le même que celui de la commune ; 7° un certificat de l'ingénieur en chef des ponts et chaussées, sur la difficulté des communications entre la commune où est établie la cure ou succursale et la commune réclamante ; 8° l'avis du conseil municipal du chef-lieu de la cure ou succursale existante ; 9° l'avis du conseil de fabrique de la paroisse actuelle; 10° le budget de la commune réclamante ; 11° l'avis motivé de l'évêque diocésain ; 12° l'avis du préfet en forme d'arrêté.

Après l'autorisation, l'évêque confère, par ordonnance, à la commune ou section de commune, ou aux communes réunies, le titre de succursale. (Inst. min. 10 messidor an XI.) — Voy. CULTE, CURÉ, FABRIQUES. — *Dict. des formules*, nᵒˢ 1338 à 1341.

Suicide. — Lorsqu'un suicide arrive dans une commune, on ne peut faire l'inhumation qu'après que le maire ou un autre officier de police, assisté d'un docteur en médecine ou en chirurgie, a dressé procès-verbal de l'état du cadavre, et des circonstances y relatives, ainsi que des renseignements qu'il a pu recueillir sur les prénoms, nom, âge, profession, lieu de naissance et domicile de la personne décédée. (C. civil, art. 81.)

Quand un semblable cas se présente, le premier soin du maire doit être d'examiner s'il n'y a pas eu crime; cet examen préliminaire demande, en certains cas, une grande attention pour éviter de confondre un suicide avec un meurtre ou un assassinat. Si quelques doutes s'élevaient dans son esprit à cet égard, il devrait, après en avoir conféré avec le médecin, informer sur-le-champ le procureur de la République.

S'il est constant que la mort du défunt ne peut être attribuée qu'à l'effet de sa propre volonté, on doit néanmoins recueillir quelques renseignements sur les causes qui ont déterminé sa résolution; par exemple : l'aliénation mentale, des chagrins violents, l'ivresse, etc., et les consigner au procès-verbal.

Si le cadavre est inconnu, les objets trouvés sur lui et qui peuvent servir à le faire reconnaître, sont envoyés avec le procès-verbal au procureur de la République.

Si le cadavre est reconnu, le maire, après avoir terminé les opérations ci-dessus, le remet à sa famille pour le faire inhumer. Dans l'acte de décès, il ne doit pas être fait mention du genre de mort du défunt. — Voy. MORT SUBITE OU ACCIDENTELLE. — *Dict. des formules*, n° 1203.

Surcharge. — Substitution d'un mot à un autre par le changement des lettres qui composent celui déjà écrit.

Les actes de l'état civil doivent être écrits sans blanc, rature, ni surcharge. — Voy. ETAT CIVIL.

Sûreté publique. — Les devoirs que l'intérêt de la sûreté publique impose à l'administration consistent non seulement à écarter les dangers matériels qui menaceraient la vie des citoyens, mais encore à prévenir les troubles et les désordres produits, par des causes purement morales.

Tout ce qui intéresse la sûreté publique est de la compétence de l'autorité municipale. — Voy. POLICE MUNICIPALE.

L'article 92 de la loi du 5 avril 1884 charge aussi le maire, sous l'autorité de l'administration supérieure, de l'exécution des mesures de sûreté générale.

Surveillance de la haute police. — La peine de la surveillance de la haute police est supprimée par l'article 19 de la loi du 27 mai 1885 sur la relégation des récidivistes. Elle est remplacée par la défense faite au condamné de paraître dans les lieux dont l'interdiction lui sera signifiée par le gouvernement avant sa libération. Toutes les autres obligations et formalités imposées par l'article 44 du Code pénal sont supprimées sans qu'il soit toutefois dérogé aux dispositions de l'article 635 du Code d'instruction criminelle. On doit donc seulement encore considérer comme restant applicables à l'interdiction de résidence les dispositions antérieures qui réglaient l'application ou la durée ainsi que la remise ou la suppression de la surveillance et aussi les peines encourues par les contrevenants.

« Le condamné devra déclarer, au moins quinze jours avant sa mise en liberté, le lieu où il veut fixer sa résidence ; à défaut de cette déclaration, le gouvernement la fixera lui-même.

« Le condamné à la surveillance ne pourra quitter la résidence qu'il aura choisie, ou qui lui aura été assignée, avant l'expiration d'un délai de six mois, sans l'autorisation du ministre de l'intérieur.

« Néanmoins, les préfets pourront donner cette autorisation :

« 1° Dans les cas de simples déplacements dans les limites mêmes de leur département ;

« 2° Dans les cas d'urgence, mais à titre provisoire seulement.

« Après l'expiration du délai de six mois, ou avant même l'expiration de ce délai, si l'autorisation nécessaire a été obtenue, le condamné pourra se transporter dans toute résidence non interdite, à la charge de prévenir le maire huit jours à l'avance.

« Le séjour de six mois est obligatoire pour le condamné dans chacune des résidences qu'il choisira successivement pendant tout le temps qu'il sera soumis à la surveillance, à moins d'autorisation spéciale, donnée conformément aux dispositions précédentes, soit par le ministre de l'intérieur, soit par les préfets.

« Tout condamné qui se rendra à sa résidence recevra une feuille de route réglant l'itinéraire dont il ne pourra s'écarter et la durée de son séjour dans chaque lieu de passage.

« Il sera tenu de se présenter, dans les vingt-quatre heures de son arrivée, devant le maire de la commune qu'il devra habiter.

La feuille de route avec itinéraire obligé, remise au condamné libéré qui se rend à sa résidence, sera établie en la forme ordinaire des passeports gratuits, sauf l'insertion, avant la date, de la mention suivante, écrite à la main : « Délivré en exécution de la loi du 23 janvier 1874. » (Décr. 30 août 1875, art. 1.)

« Dans les vingt-quatre heures de son arrivée à destination, le surveillé devra déposer sa feuille de route à la mairie, ou au bureau de police dans les communes où il existe un ou plusieurs commissaires de police; il lui sera remis en échange un permis de séjour délivré par le maire, qui transmettra la feuille de route à la préfecture, où elle sera conservée en dépôt (Id., art. 2.)

« Dans les huit jours qui précéderont le changement de résidence du libéré, sa feuille de route sera renvoyée par le préfet au maire qui la visera pour la nouvelle destination du surveillé, et la remettra à celui-ci en échange du permis de séjour. Si cette feuille de route est périmée, le préfet en fera parvenir une nouvelle au maire, qui la remettra au libéré en échange du permis du séjour et la visera au moment du départ. (Id., art. 3.)

« Le libéré sera tenu de faire constater sa présence au lieu de sa résidence en se présentant à la mairie, ou au bureau de police, à des époques qui seront déterminées pour chaque surveillé, par le maire, sauf l'approbation du préfet. Le préfet pourra, après avoir pris l'avis du maire, dispenser le surveillé de cette obligation, à charge de faire constater sa présence de toute autre façon. (Id., art. 4.)

« La surveillance pourra être suspendue par le ministre de l'intérieur, sur la proposition du préfet, après un temps d'épreuve qui ne devra jamais être inférieur à la moitié de la durée totale de cette surveillance. Cette mesure pourra toujours être rapportée par une décision ultérieure du ministre de l'intérieur, qui sera notifié au libéré. La notification aura pour effet de replacer le libéré sous l'application des articles 44 et 45 du Code pénal ; il sera mis en demeure de souscrire immédiatement une déclaration de résidence, et, à défaut de cette déclaration, il sera procédé d'office, conformément à l'article 44, paragraphe 2, du Code pénal. (Id., art. 5.)

Les dispositions qui précèdent ont été complétées par des instructions spéciales du ministre de l'intérieur, en date du 5 novembre 1875, que nous avons signalées plus haut et dont il convient d'extraire les passages suivants :

« Bien que préférable au reçu que le maire ou le commissaire de police remettait généralement au surveillé en échange de sa feuille de route, le permis de séjour, qui est à peu près tombé en désuétude, ne constitue pas, pour le condamné qui veut se relever par le travail, une recommandation suffisante.

« La loi ne s'oppose pas, il est vrai, à ce qu'il soit muni d'un livret professionnel ; mais ce livret lui est souvent refusé, dans la crainte qu'il ne puisse s'en servir comme d'un titre de voyage, en surprenant le visa du maire.

« Il m'a paru que ce danger pourrait être évité si l'on prenait soin d'inscrire à la première page des livrets remis aux surveillés et sous les mots « livret professionnel, » la mention suivante : « ne pouvant servir de titre de voyage. »

« Cette précaution permettra de ne plus refuser désormais la délivrance du livret aux surveillés qui en feront la demande, et dont les sérieuses intentions de travail paraîtront mériter les encouragements de l'administration. Vous voudrez bien, Monsieur le préfet, donner des instructions à ce sujet au maire de votre département, en leur signalant l'importance que le gouvernement attache à ce que des défiances exagérées n'empêchent plus les individus frappés par la justice de demander à un travail régulier leurs moyens d'existence.

« Dans le cas où le surveillé aurait reçu un livret professionnel, ce livret devra être remis au maire avec le permis de séjour; mais il sera envoyé à la préfecture qui le fera parvenir à la nouvelle résidence, où il sera restitué au surveillé en échange de son passeport.

« Pas plus que la forme du passeport, le mode de constatation de la présence du surveillé au lieu de sa résidence ne doit indiquer sa situation légale au public ; l'administration seule a le devoir de la connaître; il faut qu'elle seule en ait la possibilité. Les formalités qui seraient de nature à la divulguer, et en premier lieu l'obligation de se présenter corporellement au bureau de police, ne doivent donc être maintenues qu'autant que le caractère, les antécédents et les habitudes du surveillé ne permettraient pas de considérer un autre mode de contrôle comme suffisamment efficace. En tout cas, il importe d'éviter que tous les condamnés libérés d'une même ville se rencontrent périodiquement au bureau de police et puissent y contracter des relations dangereuses pour l'ordre public. L'article 4 du décret du 30 août a prescrit, en conséquence, de convoquer chaque surveillé à une époque spéciale. »

La liste des résidences interdites aux surveillés est annexée à deux circulaires ministérielles des 25 mars et 27 août 1874. (*Bull. off. int.*, 1874, p. 517. Voy. aussi *Bull. off.* 1876, p. 534.)

Syndicats. — On désigne sous ce nom des associations composées de particuliers, ou de particuliers et de communes, et formées en vue de l'exécution de travaux d'intérêt commun.

Ces associations sont actuellement régies par la loi du 21 juin 1865, dont nous allons reproduire les principales dispositions.

Peuvent être l'objet d'une association syndicale entre propriétaires intéressés à l'exécution et l'entretien des travaux :

1° De défense contre la mer, les fleuves, les torrents et les rivières navigables ou non navigables ;

2° De curage, approfondissement, redressement et régularisation des canaux et cours d'eau non navigables ni flottables, et des canaux de desséchement et d'irrigation ;

3° De desséchement des marais ;

4° Des étiers et ouvrages nécessaires à l'exploitation des marais salants ;

5° D'assainissement des terres humides ou insalubres ;

6° D'irrigation et de colmatage ;

7° De drainage ;

8° De chemins d'exploitation et de toute autre amélioration agricole ayant un intérêt collectif. (L. 21 juin 1865, art. 1er.)

Les sociétés syndicales sont libres ou autorisées (Id. art. 2.)

Tous les travaux énumérés ci-dessus peuvent être l'objet d'une association syndicale libre; mais les opérations désignées dans les cinq premiers numéros peuvent seules étre exécutées par une association syndicale autorisée. La forme et le caractère de cette dernière association ne s'appliquent pas, par conséquent, aux travaux d'irrigation et de colmatage, de drainage, de chemins d'exploitation ou autres améliorations agricoles ayant un intérêt collectif.

Les associations syndicales peuvent ester en justice par leurs syndics, acquérir, vendre, échanger, transiger, emprunter et hypothéquer. (L. 21 juin 1865, art. 3.)

L'adhésion à une association syndicale est valablement donnée par les tuteurs, par les envoyés en possession provisoire et par tout représentant légal pour les biens des mineurs, des interdits, des absents et autres incapables, après autorisation du tribunal de la situation des biens, donnée sur simple requête en la chambre du conseil, le ministère public entendu. Cette disposition est applicable aux immeubles dotaux et aux majorats. (L. 21 juin 1865, art. 4.)

La loi ne s'explique pas sur le cas où des biens des communes ou des établissements publics se trouveraient compris dans le périmètre de l'association. On applique alors, par analogie, la disposition de l'article 13 de la loi du 3 mai 1841, qui confère aux maires le pouvoir de consentir à l'aliénation amiable des biens des personnes morales qu'ils représentent. De même, et moyennant l'accomplissement des formalités indiquées dans cet article, ils donnent leur adhésion à l'association syndicale au nom de la commune. — Voy. EXPROPRIATION.

Des associations syndicales libres. — Les associations syndicales libres se forment sans l'intervention de l'administration. Le consentement unanime des associés doit être constaté par écrit. L'acte d'association spécifie le but de l'entreprise ; il règle le mode d'administration de la société et fixe les limites du mandat confié aux administrateurs ou syndics; il détermine les voies et moyens nécessaires pour subvenir à la dépense, ainsi que le mode de recouvrement des cotisations. (L. 21 juin 1865, art. 5.)

Un extrait de l'acte d'association doit, dans le délai d'un mois à partir de sa date, être publié dans un journal d'annonces légales de l'arrondissement, ou, s'il n'en existe aucun, dans l'un des journaux du département. Il est en outre transmis au préfet et inséré dans le recueil des actes de la préfecture. (Id., art. 6.)

A défaut de publication dans un journal d'annonces légales, l'association ne jouira pas du bénéfice que l'article 3 confère aux associations syndicales de former des personnes morales. L'omission de cette formalité ne peut être opposée aux tiers par les associés. (Id., art. 7.)

Les associations syndicales libres peuvent être converties en associations autorisées par arrêté préfectoral en vertu d'une délibération prise par l'assemblée générale, sauf les dispositions contraires qui pourraient résulter de l'acte d'association. Elles jouissent dès lors des avantages accordés à ces associations. (Id., art. 8.)

Des associations syndicales autorisées. — Les propriétaires intéressés à l'exécution des travaux spécifiés dans les n°s 1, 2, 3, 4 et 5 de l'article 1er (c'est-à-dire aux opérations d'endiguements, de curages, de desséchement des marais, d'exploitation des marais salants et d'assainissement) (1) peuvent être réunis par arrêté préfectoral en association syndi-

(1) Une proposition de loi de M. Martin Nadaud, actuellement soumise aux

cale autorisée, soit sur la demande d'un ou de plusieurs d'entre eux, soit sur l'initiative du préfet. (L. 21 juin 1865, art. 9.)

Le préfet soumet à une enquête administrative les plans, avant-projets et devis des travaux, ainsi que le projet d'association. Le plan indique le périmètre des terrains intéressés et est accompagné de l'état des propriétaires de chaque parcelle. Le projet d'association spécifie le but de l'entreprise et détermine les voies et moyens pour subvenir à la dépense. (Id., art. 10.)

Après l'enquête, les propriétaires qui sont présumés devoir profiter des travaux sont convoqués en assemblée générale par le préfet, qui en nomme le président, sans être tenu de choisir parmi les membres de l'assemblée. Un procès-verbal constate la présence des intéressés et le résultat de la délibération. Il est signé par les membres présents et mentionne la présence de ceux qui ne savent pas signer. L'acte contenant le consentement par écrit de ceux qui l'ont envoyé en cette forme est mentionné dans ce procès-verbal et y reste annexé. Le procès-verbal est transmis au préfet. (L. 21 juin 1865, art. 11.)

Si la majorité des intéressés représentant au moins les deux tiers de la superficie ont donné leur adhésion, le préfet autorise, s'il y a lieu, l'association. Un extrait de l'acte d'association et l'arrêté du préfet, et, en cas de refus, l'arrêté du préfet, sont affichés dans les communes de la situation des lieux et insérés dans le recueil des actes de la préfecture. (Id., art. 12.)

Les propriétaires intéressés et les tiers peuvent déférer cet arrêté au ministre des travaux publics dans le délai d'un mois à partir de l'affiche. Le recours est déposé à la préfecture, et transmis avec le dossier au ministre dans le délai de quinze jours. Il est statué par un décret rendu en conseil d'État. (Id., art. 13.)

Ce recours administratif spécial ne fait pas obstacle au droit des intéressés de déférer ces mêmes arrêtés au conseil d'État statuant au contentieux. (Arrêt, 6 juin 1879.)

S'il s'agit des travaux spécifiés aux n°s 3, 4 et 5, de l'article 1er (desséchement des marais, exploitation des marais salants, assainissement des terres humides et insalubres), les propriétaires qui n'ont pas adhéré au projet d'association peuvent, dans le délai d'un mois ci-dessus déterminé, déclarer à la préfecture qu'ils entendent délaisser, moyennant indemnité, les terrains leur appartenant et compris dans le périmètre. Il leur est donné récépissé de la déclaration. L'indemnité à la charge de l'association est fixée conformément à l'article 16 de la loi du 21 mai 1836. (Loi 21 juin 1865, art. 14.)

Quant aux travaux compris dans les n°s 6, 7 et 8, ils ne peuvent être entrepris qu'avec le consentement unanime des intéressés.

Pour subvenir aux dépenses nécessitées par l'exécution des travaux, et à défaut de cotisations volontaires, des taxes sont imposées aux propriétaires qui font partie de l'association. A cet effet, le périmètre des terrains qui y sont compris est définitivement fixé; ces terrains sont divisés en plusieurs classes suivant leur nature et leur situation, et chaque parcelle appartenant aux divers associés est distribuée entre les différentes classes. Sur ces données, le syndicat dresse un rôle où

Chambres, tend à étendre le bénéfice de l'autorisation aux travaux à exécuter par les villes, pour le percement de voies d'accès, pavage, travaux d'assainissement et autres améliorations de voirie urbaine. Cette proposition n'a encore été l'objet à la Chambre que d'une première délibération.

chaque associé est taxé à raison des diverses parcelles qu'il possède dans chaque classe.

En l'absence de toute disposition spéciale dans l'acte constitutif du syndicat les délibérations relatives à l'émission des rôles peuvent être prises à la majorité des voix des membres présents bien entendu après convocation régulière (arrêt du 23 février 1877). Si ce syndicat ne remplissait pas sa mission, le préfet, dans le cas où l'acte constitutif de l'association l'y autoriserait, pourrait après mise en demeure régulière, y suppléer en désignant un agent pour dresser le rôle de répartition des dépenses et le mettre en recouvrement (arrêt du 23 novembre 1877).

Le rôle est approuvé, s'il y a lieu, et rendu exécutoire par le préfet. Le recouvrement est fait comme en matière de contributions directes. (L. 21 juin 1865, art. 15.)

Les contestations relatives à la fixation du périmètre des terrains compris dans l'association, à la division des terrains en différentes classes, au classement des propriétés en raison de leur intérêt aux travaux, à la répartition et à la perception des taxes, à l'exécution des travaux, sont jugés par le conseil de préfecture, sauf recours au conseil d'État.

Il est procédé à l'apurement des comptes de l'association selon les règles établies pour les comptes des receveurs municipaux. (Id., art. 16.)

Nul propriétaire compris dans l'association ne peut, après le délai de quatre mois, à partir de la notification du rôle des taxes, contester sa qualité d'associé ou la validité de l'association. (Id., art. 17.)

Les propriétaires qui ont payé leurs cotisations depuis une série d'années sans élever de protestation, doivent être considérés comme ayant fait volontairement partie de l'association syndicale et en ayant accepté les statuts. Ils ne peuvent plus arguer d'irrégularités qui auraient été commises alors. (Arr. du C., 23 février 1877.)

Dans le cas où l'exécution des travaux entrepris par une association syndicale autorisée exige l'expropriation de terrains, il y est procédé conformément aux dispositions de l'article 16 de la loi du 21 mai 1836, après déclaration d'utilité publique par décret rendu en conseil d'État (Id., art. 18.)

Lorsqu'il y a lieu à l'établissement de servitudes, conformément aux lois, au profit d'associations syndicales, les contestations sont jugées suivant les dispositions de l'article 5 de la loi du 10 juin 1854. (Id. art. 19.)

En conséquence, ces contestations sont portées en premier ressort devant le juge de paix, qui, en prononçant, doit concilier les intérêts de l'opération avec le respect dû à la propriété.

De la représentation de la propriété dans les assemblées générales des syndics. — L'acte constitutif de chaque association fixe le minimum d'intérêt qui donne droit à chaque propriétaire de faire partie de l'assemblée générale. Les propriétaires de parcelles inférieures au minimum fixé peuvent se réunir pour se faire représenter à l'assemblée générale par un ou plusieurs d'entre eux, en nombre égal au nombre de fois que le minimum de l'intérêt se trouve compris dans leurs parcelles réunies. L'acte d'association détermine le maximum de voix attribuées à un même propriétaire, ainsi que le nombre de voix attachées à chaque usine d'après son importance et le maximum de voix attribuées aux usiniers réunis. (L. 21 juin 1855, art. 20.)

Le nombre des syndics, leur répartition, s'il y a lieu, entre diverses catégories d'intéressés et la durée de leurs fonctions sont déterminés par l'acte constitutif de l'association. (Id., art. 21.)

Les syndics sont élus par l'assemblée générale parmi les intéressés. Lorsque les syndics doivent être pris dans diverses catégories, la liste d'éligibilité est divisée en sections correspondantes à ces diverses catégories. Les syndics sont nommés par le préfet, dans le cas où l'assemblée générale, après deux convocations, ne se serait pas réunie ou n'aurait pu procéder à l'élection des syndics. (Id., art. 22.)

Lorsqu'il est accordé une subvention par l'État, par le département ou par une commune, cette subvention donne droit à la nomination, par le préfet, d'un nombre de syndics proportionné à la part que la subvention représente dans l'ensemble de l'entreprise. (Id., art. 23.)

Les syndics élisent l'un d'eux pour remplir les fonctions de directeur, et, s'il y a lieu, un adjoint qui remplace le directeur en cas d'absence ou d'empêchement. Le directeur et l'adjoint sont toujours rééligibles. (Id., art. 24.)

Dispositions générales. — A défaut par une association d'entreprendre les travaux en vue desquels elle a été autorisée, le préfet rapporte, s'il y a lieu, et après mise en demeure, l'arrêté d'autorisation. Il est statué par un décret rendu en conseil d'État, si l'autorisation a été accordée en cette forme. Dans le cas où l'interruption ou le défaut d'entretien des travaux entrepris par une association pourrait avoir des conséquences nuisibles à l'intérêt public, le préfet, après mise en demeure, peut faire procéder d'office à l'exécution des travaux nécessaires pour obvier à ces conséquences. (L. 21 juin 1865, art. 25.) — Voy. Cours d'eau, Digues, Drainage, Irrigation, Marais. — *Dict. des formules*, nᵒˢ 1344-1349.

Syndicats communaux. — Voy. Commissions syndicales.

Syndicats professionnels. — La loi du 21 mars 1884 a fait disparaître toute entrave au libre exercice du droit d'association professionnelle en permettant aux personnes, exerçant la même profession ou des professions similaires concourant à l'établissement de travaux déterminés, de se grouper librement entre elles pour l'étude et la défense de leurs intérêts industriels commerciaux et agricoles, sous la seule condition de déposer leurs statuts à la Mairie ainsi que les noms des personnes qui, à un titre quelconque, sont chargées de l'administration ou de la direction. Ce dépôt doit être renouvelé à chaque changement de la direction ou des statuts. La loi n'exige ni la rédaction sur timbre, ni l'impression, le dépôt doit seulement être effectué en double exemplaire, ces exemplaires doivent être certifiés par le président et le secrétaire. Le Maire donne immédiatement sur papier libre récépissé du dépôt. Les syndicats peuvent choisir comme directeurs et administrateurs qui bon leur semble excepté des étrangers, alors même qu'ils auraient été admis au domicile en France, et les Français qui ne jouissent pas de leurs droits civils.

Le syndicat régulièrement constitué devient une personne juridique capable d'acquérir, de posséder, d'emprunter, d'ester en justice. Seulement ils ne peuvent acquérir d'immeubles que ceux nécessaires à leurs réunions, à leurs bibliothèques ou à des cours d'instruction. Ces immeubles ne doivent jamais être détournés de leur affectation et les syndicats contreviendraient à la loi en essayant d'en tirer un profit pécuniaire par location ou autrement.

Les syndicats peuvent d'ailleurs librement louer des immeubles, emprunter, hypothèquer leurs biens, échanger, faire tel emploi que bon leur semble du montant des cotisations, former librement entre leurs membres sans autorisation, mais en se conformant à la loi, des caisses spéciales de secours mutuels, de retraites, des sociétés coopératives, établir des bureaux de renseignements, de placement, de statistique des salaires, etc.

Chaque membre d'un syndicat peut se retirer à tout instant de l'association, mais sans préjudice du droit pour le syndicat de réclamer la cotisation de l'année. En cas d'exclusion, les cotisations arriérées sont seules exigibles. Mais toute personne qui se retire d'un syndicat conserve le droit de rester membre des sociétés de secours mutuels et de pensions de retraites pour la vieillesse à l'actif desquelles elle a contribué par des cotisations ou versements de fonds. Elle ne saurait être exclue de ces sociétés que pour une des causes prévues par leur règlement spécial.

Unions de syndicats. — L'article 5 reconnait formellement la liberté des *unions* entre les syndicats professionnels régulièrement constitués, les *unions* n'ont pas besoin d'être autorisées. Il suffit qu'elles déposent à la Mairie du lieu où leur siège est établi, leurs statuts si elles en ont, les noms des syndicats qui les composent et l'indication du lieu où siègent les syndicats unis. Les unions de syndicats ne jouissent pas de la personnalité civile.

La loi du 10 mars 1884 a abrogé les dispositions de l'article 416 du Code pénal; par suite le fait de se concerter, en vue de préparer une grève, n'est plus un délit ni pour les syndicats de patrons, d'ouvriers, d'entrepreneurs d'ouvrages, ni pour les ouvriers, patrons ou entrepreneurs d'ouvrage non syndiqués. Par suite de cette abrogation on ne doit pas non plus considérer comme des atteintes au libre exercice de l'industrie et du travail les amendes, défenses, proscriptions, interdictions prononcées par suite d'un plan concerté. Seules les voies de fait, menaces ou manœuvres frauduleuses ayant amené ou maintenu, tenté d'amener ou de maintenir une cessation concertée de travail dans le but de provoquer la hausse ou la baisse des salaires ou de porter atteinte au libre exercice de l'industrie et du travail demeurent punissables aux termes des articles 414 et 415 du Code pénal.

Le § 2 de l'article 1er déclare également non applicables aux syndicats professionnels les articles 291, 292, 293 et 294 du Code pénal et la loi du 10 avril 1834 qui considèrent comme illicite toute association de 20 personnes formée sans l'agrément préalable du gouvernement et frappent de peines exceptionnelles les auteurs de provocations à des crimes ou à des délits faites au sein de ses assemblées, ainsi que les chefs, directeur et administrateur de l'association. Les syndicats professionnels ainsi affranchis de toutes les obligations de droit commun jouissent donc d'une situation particulièrement favorable à leur développement. Il appartient aux autorités administratives et judiciaires d'empêcher, par l'application énergique des articles 414 et 415 du Code pénal, que les syndicats ne troublent l'ordre public par des violences, voies de fait, menaces ou manœuvres frauduleuses.

D'ailleurs il ne faut pas perdre de vue qu'à côté des syndicats de patrons d'une part et de syndicats d'ouvriers d'autre part, il peut se former des syndicats mixtes de patrons et ouvriers qui, au lieu d'exagérer comme les premiers l'antagonisme entre le capital et le travail, constitueraient le meilleur moyen de rapprocher ceux qui sont aujour-

TAB 1273

d'hui si profondément séparés et institueraient entre eux une sorte d'arbitrage permanent qui les réunirait par un intérêt commun moral et matériel à la fois. La loi n'a pas voulu donner une situation privilégiée aux syndicats mixtes, comme le désirait M. de Mun, mais elle ne prohibe pas leur formation et c'est probablement dans les associations de cette nature que réside le germe le plus fécond du bien que la loi nouvelle pourra être appelée à produire dans l'avenir.

La Cour de cassation a décidé que la loi ne reconnaissait que les syndicats qui ont pour objet l'étude et la défense des intérêts économiques, industriels, commerciaux ou agricoles, et qu'elle excluait les syndicats professionnels médicaux.—*Dict. des formules*, nᵒˢ 1350-1351.

Synode. — Voy. CULTES.

T

Tabac. — La culture du tabac n'est autorisée que dans les départements suivants : Alpes-Maritimes ; Bouches-du-Rhône ; Dordogne ; Gironde ; Ille-et-Vilaine ; Lot ; Lot-et-Garonne ; Meurthe-et-Moselle ; Nord ; Pas-de-Calais ; Haute-Saône ; Savoie ; Haute-Savoie ; Var.

Nul ne peut se livrer à la culture du tabac sans en avoir fait préalablement la déclaration et sans en avoir obtenu la permission. (L. 28 avril 1816, art. 180.)

La permission est donnée dans chaque arrondissement par une commission composée du préfet ou de l'un de ses délégués président, du directeur des contributions indirectes, d'un agent supérieur du service de culture, d'un membre du conseil général et d'un membre du conseil d'arrondissement, résidant dans l'arrondissement et non planteur. Ces membres sont désignés par leurs conseils respectifs, et, à défaut, par le préfet du département. (L. 12 février 1835, art. 2.)

L'autorisation de planter du tabac est personnelle et ne peut être transmise à un tiers. (Cass. 13 septembre 1833.)

Chaque déclaration doit être de 5 ares au moins, pourvu que l'ensemble de la déclaration représente au moins 10 ares. (L. 21 déc. 1872, art. 3.)

Les planteurs de tabac sont tenus de représenter à la régie le produit intégral de leur récolte. Dans le cas où des accidents quelconques et l'intempérie des saisons auraient diminué le produit de la récolte, le planteur est admis à le faire constater par les employés de la régie, en présence du maire et de concert avec lui. En cas de contestation, il est statué par experts à la nomination du préfet. (Id., art. 197.)

Le gouvernement achète seul la récolte du tabac; seul aussi il en opère la fabrication et le débit. Le monopole du tabac en faveur de l'Etat a été prorogé jusqu'au 1er janvier 1893 par l'article 17 de la loi de finances du 29 décembre 1882.

Les débitants de tabac sont porteurs d'une commission donnée par la régie. Un tableau fourni par l'administration et indiquant les prix de vente est affiché dans chaque débit de tabac. Le débitant qui vend les tabacs à des prix plus élevés est poursuivi comme concussionnaire. Les débitants doivent donner obligatoirement leur concours pour la vente des enveloppes et bandes revêtues d'un timbre fixe d'affranchissement. (Circ. direct. gén. des cont. ind., 30 novembre 1882.)

Les employés des contributions indirectes, des douanes ou des octrois, les gendarmes, les préposés forestiers, les gardes champêtres et généralement tout employé assermenté, peuvent constater la vente des tabacs en contravention à l'article 172 de la loi de 1816, le colportage, les circulations illégales, et généralement les fraudes sur le tabac; procéder à la saisie des tabacs, ustensiles et mécaniques prohibés, à celle des chevaux, voitures, bateaux et autres objets servant au transport, et constituer prisonniers les fraudeurs et colporteurs. (L. 28 avril 1816, art. 223.)

Ils sont tenus de conduire sur-le-champ le colporteur ou fraudeur de tabacs devant un officier de police judiciaire, ou de le remettre à la force armée qui le conduit devant le juge compétent, lequel statue de suite par une décision motivée sur son emprisonnement ou sa mise en liberté. Néanmoins, si le prévenu offre bonne et suffisante caution de se présenter en justice et d'acquitter l'amende encourue, ou s'il consigne lui-même le montant de ladite amende, il est mis en liberté, s'il n'existe aucune autre charge contre lui. (Id. art. 224.) — Voy. CONTRIBUTIONS INDIRECTES, DÉBITANT DE TABAC.

Tables de l'état civil, tables décennales. — Voy. ETAT CIVIL.

Taillis. — On appelle ainsi les forêts qui se reproduisent principalement par le rejet des souches et des racines. — Voy. BOIS DES COMMUNES ET DES ÉTABLISSEMENTS PUBLICS.

Tapage nocturne. — Voy. BRUITS ET TAPAGES.

Taxe au profit des indigents. — Il est établi sur le produit des spectacles, concerts et autres établissements analogues où l'on entre en payant, une taxe qui est affectée aux besoins des hospices et des bureaux de bienfaisance de la commune.

Cette taxe est du dixième sur le prix des billets d'entrée dans les spectacles, théâtres, hippodromes, salles de curiosités et d'expériences physiques, marionnettes, concerts quotidiens, etc. (L. 7 frimaire et 8 thermidor an V; arrêté du gouv. 10 thermidor an XI; L. 16 juillet 1840). Elle est du quart de la recette brute sur le prix d'entrée des bals, feux d'artifice, courses et exercices de chevaux et autres fêtes où l'on est admis en payant. (L. 8 thermidor an V.) Le droit est de 5 0/0 de la recette brute dans les concerts non quotidiens (L. 3 août 1875, art. 23.) Sont également soumis au droit à raison du quart de la recette les produits des billets d'entrée qui donnent droit à des objets de consommation d'une valeur égale à la totalité ou à une partie de leur prix. Le droit est encore dû dans les jardins et autres lieux publics où l'on entre sans payer, mais où se trouvent des danses, des jeux et des concerts pour lesquels des rétributions sont exigées par voie de cachets ou d'abonnements. (Décis. min. Int. 26 fructidor an X.) Les billets d'auteurs, représentant pour les auteurs une valeur qui leur tient lieu de droit, sont soumis à la taxe.

Une loge concédée au propriétaire d'une salle de spectacle est également soumise à la taxe. (Arr. C. d'Et. 16 mai 1879.)

Les commissions administratives des hospices et des bureaux de bienfaisance peuvent demander, et le préfet peut autoriser, la mise en ferme ou en régie intéressée de la perception des droits dont il s'agit. Les contestations qui peuvent s'élever au sujet de cette perception sont jugées par le préfet en conseil de préfecture. Les administrations locales sont autorisées à prendre les mesures qu'elles croient convenables pour assurer le recouvrement, et les receveurs des établissements doivent, sous leur responsabilité, opérer ce recouvrement, soit aux échéances fixées par l'acte d'adjudication, si les droits sont affermés ou mis en régie, soit au fur et à mesure des recettes faites par les entrepreneurs. (Arrêté 10 thermidor an XI.) — Voy. BALS, CONCERTS, SPECTACLES.

Taxe du pain et de la viande. — Le pain et la viande sont les seuls objets dont le prix puisse être assujetti à une taxe. Il n'est permis, en aucun cas, de taxer le vin, le blé et autres grains ou denrées, à peine de destitution contre les officiers municipaux qui auraient établi lesdites taxes. (L. 22 juillet 1791, art. 30.) — Voy. BOUCHER, BOULANGER, PAIN, VIANDE. — Dict. des formules, nos 225, 243 et 244.

Taxe sur les chiens. — Voy. CHIENS.

Taxes et cotisations communales. — Les cotisations et taxes particulières dues par les habitants ou propriétaires d'une commune, en vertu des lois et des usages locaux, sont réparties par délibération du conseil municipal, approuvée par le préfet. Ces taxes sont perçues suivant les formes établies pour le recouvrement des contributions publiques. (L. 5 avril 1884, art. 133 et 140.) — Voy. AFFOUAGE, COURS D'EAU, MARAIS, PATURAGE, PAVAGE, REVENUS COMMUNAUX.

Télégraphie. — Voy. POSTES ET TÉLÉGRAPHES.

Témoins. — On nomme témoins les personnes qui attestent en justice avoir vu ou entendu une chose, ou qui simplement prêtent leur assistance pour la rédaction d'un acte. Les premiers se nomment témoins judiciaires; les derniers, témoins instrumentaires. — Voy. FLAGRANT DÉLIT, TRIBUNAL DE POLICE, ÉTAT CIVIL.

Tenants et aboutissants. — Ce sont les lieux, les héritages adjacents à une terre, à une forêt, à un domaine.

Les tenants et aboutissants doivent être indiqués dans les assignations en matière réelle ou mixte, dans les procès-verbaux de saisie-brandon et de saisie immobilière. (C. Proc., art. 64, 627 et 675.)

Tentative. — Toute tentative de crime est considérée et punie comme le crime même, lorsqu'elle a été manifestée par un commencement d'exécution, et qu'elle n'a été suspendue, ou n'a manqué son effet, que par des circontances indépendantes de la volonté de son auteur. Les tentatives de délits ne sont assimilées aux délits que dans les cas spécialement déterminés par la loi. (C. P., art. 2 et 3.)

Les tentatives de contraventions ne sont pas assimilées aux contraventions; elles ne sont pas punies. — Voy. CONTRAVENTIONS, DÉLIT.

Terres vaines et vagues. — Terres incultes qui font partie des biens communaux.

Les pâtures vives ont lieu sur les landes, bruyères, marais, pâtis, etc., appartenant à des communautés d'habitants, ou grevées en leur faveur de droits d'usage qui leur permettent d'y faire paître leurs bestiaux.

Les landes attenant une forêt nationale et appartenant au domaine font partie du sol forestier. (Cass., 15 mai 1839.) — Voy. BIENS COMMUNAUX, PARCOURS ET VAINE PATURE, PATURAGE.

Territoire. — Voy. CIRCONSCRIPTIONS ADMINISTRATIVES.

Théâtre. — Voy. SPECTACLES, TAXES AU PROFIT DES INDIGENTS.

Timbre. — La contribution du timbre est établie sur tous les papiers destinés aux actes civils, administratifs et judiciaires, et aux écritures qui peuvent être produites en justice et y faire foi, sauf les exceptions nommément exprimées dans la loi. (L. 13 brumaire an VII, art 1er.)

Sont assujettis au droit de timbre les actes des autorités administratives et des établissements publics portant transmission de propriété, d'usufruit et de jouissance (excepté les actes relatifs aux acquisitions et expropriations pour cause d'utilité publique et ceux faits en vertu de l'article 9 du décret du 26 mars 1852, lesquels sont visés pour timbre gratis); les adjudications ou marchés de toute nature aux enchères, au rabais ou sur soumissions; les cautionnements relatifs à ces actes (L. 15 mai 1818, art. 78); les baux à ferme ou à loyer et, en général, toutes les conventions formant titre entre les communes ou établissements publics et les particuliers.

Sont également soumis au timbre les actes de prestation de serment devant les autorités administratives (L. 27 ventôse an IX, art. 14); les registres de l'état civil et ceux tenus pour des objets particuliers et qui n'ont pas rapport à l'administration générale (L. 13 brumaire an VII, art. 12); les certificats de propriété; les certificats d'avancement ou de réception de travaux; les certificats de vie des pensionnaires ou rentiers viagers, à moins qu'il ne s'agisse de pensionnaires sur fonds de retenue dont l'indigence est constatée ; les procès-verbaux d'expertise, les plans, les devis d'ouvrages et entreprises; les obligations, billets à ordre et mandats à échéance ou à vue ; les actes de poursuites en matière de contributions directes; les factures et mémoires des marchands, fournisseurs et autres créanciers, etc.

Tous les actes administratifs, arrêtés ou décisions non dénommés dans l'article 78 de la loi du 15 mai 1818, et qui ne tombent pas sous l'application de l'article 12 de la loi du 13 brumaire an VII sont exempts du timbre, ainsi que ceux qui en ont été affranchis par les lois spéciales et les règlements particuliers.

Toutefois, aucune expédition ne peut être délivrée aux parties que sur papier timbré, excepté à des individus indigents et à la charge d'en faire mention dans l'expédition. (L. 15 mai 1818, art. 80.)

Sont également exempts du timbre les extraits, copies ou expéditions qui se délivrent par une administration ou un fonctionnaire public à une autre administration ou à un autre fonctionnaire public, lorsqu'il y est fait mention de cette destination. (L. 13 brumaire an VII, art. 16.)

Mais cette disposition n'est pas applicable aux expéditions délivrées dans l'intérêt des communes et des établissements publics, attendu qu'au point de vue de la comptabilité et de la gestion de leurs biens, les communes et les établissements publics ne sont pas des administrations publiques dans l'acception spéciale des termes employés dans l'article de loi précité.

Par application du même principe, les actes ou écrits sous signature privée concernant les affaires particulières des communes et des établissements publics sont soumis au timbre comme ceux relatifs aux affaires des particuliers, c'est-à-dire lorsqu'ils doivent ou peuvent faire titre, ou être produits pour obligation, décharge, justification, demande ou défense. (Décis. min. des fin., 17 octobre 1809.)

Débite du papier timbré. — La débite du papier timbré est confiée aux receveurs de l'enregistrement et des domaines et, dans certaines localités, aux débitants de tabac dûment commissionnés.

Il y a trois sortes de timbre de débit : le timbre de dimension, le timbre proportionnel et le timbre mobile. Le premier est celui qui est tarifé à raison de la dimension du papier; le deuxième est gradué à raison des sommes à exprimer dans les actes auxquels il est destiné, sans égard à la dimension du papier; le troisième est apposé sur les actes ou écrits par les receveurs de l'enregistrement et les autres fonctionnaires spécialement désignés à cet effet et, dans certains cas, par les personnes qui doivent en faire usage.

Le timbre de dimension se distingue aussi en timbre ordinaire ou en timbre mobile suivant qu'on dresse l'acte sur une feuille de papier timbré à l'avance suivant la dimension ou qu'on applique ultérieurement un timbre de dimension sur l'acte.

Timbre de dimension. — Les prix des diverses espèces de papier timbré de dimension sont fixés, savoir : pour la demi-feuille de petit papier, à 50 centimes ; pour la feuille de petit papier, à 1 franc; pour la feuille de moyen papier, à 1 fr. 50 c. ; pour la feuille de grand papier, à 2 francs, et pour la feuille de grand registre à 3 francs (L. 2 juillet 1862, art. 17); le tout augmenté de deux décimes. (L. 23 août 1871, art. 2.)

Le prix des timbres mobiles est gradué de la même manière. L'emploi des timbres mobiles est autorisé pour les actes et écrits soumis au timbre de dimension mais seulement dans le cas où ils sont de nature à être visés pour timbre. (L. 2 juillet 1862, art. 24.)

Sont assujettis au timbre de dimension les actes des autorités administratives qui sont sujets à l'enregistrement, ou qui se délivrent aux particuliers et les expéditions ou extraits des actes, arrêtés ou délibérations desdites autorités, qui sont délivrés aux particuliers ; les registres des préfectures, sous-préfectures, mairies et établissements publics, tenus pour des objets particuliers et qui n'ont pas de rapport à l'administration générale ; les répertoires des secrétaires, les registres des receveurs des droits et des revenus des communes et des établissements publics, sauf les cas d'exemption prévus par la loi ; les actes entre particuliers sous signature privée et le double des comptes de recette ou gestion particulière et généralement tous actes et écritures, extraits, copies et expéditions, soit publics, soit privés, devant ou pouvant faire titre ou être produits pour obligations, décharge, justification, demande ou défense. (L. 13 brumaire an VII, art. 12.)

La loi prononce une amende de 20 francs pour chaque acte public ou expédition sujet au timbre de dimension et fait sur papier non timbré ou sur papier frappé de timbres supprimés. A l'égard des actes ou écrits sous signature privée, l'amende est de 50 francs. (L. 13 brumaire an VII, art. 26 ; 16 juin 1824, art. 2, et 10 juillet 1862, art. 22.)

Pour les minutes et originaux d'actes, ainsi que pour les répertoires et registres sujets au timbre de dimension, on peut employer indifféremment l'une ou l'autre sorte de papier frappé du timbre de dimension quel que soit l'usage auquel on la destine.

Mais les expéditions des actes retenus en minutes ou de ceux déposés ou annexés ne peuvent, quand elles sont sujettes au timbre, être délivrées sur papier timbré d'un format inférieur à celui appelé moyen papier, dont le prix est de 1 fr. 50 c. (L. 13 brumaire an VII, art. 19 et 28 avril 1816, art. 63), sous peine de 10 francs d'amende.

Les papiers employés aux expéditions ne peuvent contenir, compensation faite d'une feuille à l'autre, savoir : plus de vingt-cinq lignes par page de moyen papier (à 1 fr. 50 c. la feuille), plus de trente lignes par page de grand papier (à 2 francs), plus de trente-cinq lignes par page de grand registre (à 3 francs). (L. 13 brumaire an VII, art. 20), sous peine de 5 francs d'amende.

Quant aux minutes des actes administratifs, aucune disposition de lois ne limite le nombre des lignes qui peuvent être écrites sur les papiers timbrés employés à leur rédaction.

Les formules de patentes avaient été soumises au timbre de dimension par l'article 21 de la loi du 1er brumaire an VII. Elles sont aujourd'hui affranchies du droit de timbre, en vertu de l'article 12 de la loi du 4 juin 1858, qui, en remplacement de ce droit, a ajouté 4 centimes additionnels à la contribution des patentes.

Timbre des affiches. — Les affiches sont soumises au droit de timbre d'après le tarif suivant :

0.05 par feuille de 12 1/2 et au dessous.
0.10　　—　　de 12 1/2 à 25.
0.15　　—　　de 15　　à 50.
0.20 au dessus de　　　　50.

Plus 2 décimes en sus.

Ces droits sont acquittés soit par l'application du timbre extraordinaire ou par l'apposition de timbres mobiles. Les timbres mobiles sont collés et oblitérés par les imprimeurs dans des conditions déterminées à leurs risques de périls. (D. 21 décembre 1872.)

Les affiches émanant des autorités publiques, sur papier blanc, sont seules exemptes de timbre.

Les affiches peintes sont soumises par la loi du 8 juillet 1852 à un droit d'affichage de 50 centimes pour les affiches de 1 mètre carré et au-dessous et de 1 franc pour celles d'une dimension supérieure. Le numéro du permis d'affichage doit être lisiblement indiqué au bas de chaque exemplaire. (D. 25 août 1852.)

Timbre proportionnel. — Le timbre proportionnel est ordinaire ou mobile. Les prix des papiers frappés du timbre proportionnel, lesquels sont destinés aux billets et obligations négociables ou non négociables, aux lettres de change, mandats à vue ou à termes et tous autres effets négociables ou de commerce étaient fixés, savoir : à 5 centimes pour les effets de 100 francs et au-dessous, 10 centimes pour ceux de 100 à 200 francs, 15 centimes pour ceux de 200 à 300 francs, 20 centimes pour ceux de 300 à 400, 25 centimes pour ceux de 400 à 500 francs, 30 centimes pour ceux de 500 à 600 francs, 35 centimes pour ceux de 600 à 700 francs, 40 centimes pour ceux de 700 à 800 francs, 45 centimes et pour ceux de 800 à 900 francs, 50 centimes pour ceux de 900 à 1,000 francs, 1 franc pour ceux de 1,000 à 2,000 francs, et ainsi de suite en suivant la progression de 50 centimes par 1,000 francs sans fraction. (L. 4 juin 1840, art. 1er, et 19 février 1874, art. 3) modifiées par la loi du 18 décembre 1878 qui a réduit des deux tiers le tarif du droit de timbre, proportionnel établie sur les effets négociables ou de commerce, autres que ceux tirés de l'étranger sur l'étranger, et circulant en France.

Depuis l'article 5 de la loi du 26 juillet 1881 a décidé que le fractionnement du droit de timbre gradué de 100 francs en 100 francs serait applicable à partir du 1er janvier 1882 à tous les effets d'une quotité supérieure à 1,000 francs.

Timbre mobile. — Aux termes de l'article 6 de la loi des finances du 27 juillet 1870, des timbres mobiles peuvent être employés pour le payement du droit de timbre auquel sont assujettis les effets créés en France ou à l'étranger,

Le timbre des quittances de produits et revenus de toute nature délivrées par les comptables de deniers publics, réduit à 20 centimes par la loi du 8 juillet 1865, a été relevé à 25 centimes par la loi du 23 août 1871, article 2. La délivrance de ces quittances est obligatoire. Le prix du timbre, lorsqu'il est exigible, s'ajoute de plein droit, au montant de la somme due et est soumis au même mode de recouvrement.

Les timbres mobiles établis par l'article 24 de la loi du 2 juillet 1862, sont apposés et annulés immédiatement au moyen d'une griffe, soit par les receveurs de l'enregistrement, soit par les fonctionnaires désignés à cet effet par le ministre des finances pour suppléer ces proposés. (D. 29 octobre 1862, et 14 février 1874, art. 4.)

Par arrêté du 20 juillet 1863, le ministre des finances a autorisé à apposer des timbres mobiles sur les quittances et récépissés qu'ils délivrent et sur les acquits et quittances qui leur sont donnés en leur qualité : 1° le caissier payeur central, les sous-caissiers et sous-payeurs du Trésor; 2° les caissiers et caissiers adjoints de la Caisse des dépôts et consignations; 3° les trésoriers généraux et receveurs particuliers des finances ; 4º les percepteurs; 5• les receveurs municipaux ; 6• les rece-veurs des établissements de bienfaisance ; 7• ceux des asiles d'aliénés et des dépôts de mendicité; 8• les secrétaires agents comptables d'établissements d'enseignement supérieur.

L'arrêté ajoute que l'application des timbres mobiles sur tous actes ou écrits autres que ceux désignés ci-dessus est expressément interdite à ces fonctionnaires.

Ainsi, pour les actes et écrits qui étaient précédemment soumis au visa pour timbre, autres que les quittances et récépissés, l'apposition et l'oblitération des timbres mobiles doivent être faites exclusivement par les receveurs de l'enregistrement.

Les fonctionnaires ci-dessus désignés doivent prendre dans les bureaux de l'enregistrement les timbres mobiles qui leur sont nécessaires. Ils en payent le prix comptant et les comprennent comme numéraire dans leurs situations de caisse. (Arr. du 20 juillet 1863, art. 4.)

Les actes et écrits que les receveurs de l'enregistrement étaient auto-risés à viser pour timbre, et sur lesquels ils doivent désormais apposer les timbres mobiles sont : 1º les mandats de payement délivrés par les maires et autres ordonnateurs, avant qu'ils soient revêtus de l'acquit des parties prenantes ; 2º les formules imprimées destinées à la rédaction des factures et mémoires des marchands fournisseurs et autres créan-ciers, mais avant qu'il en soit fait usage ; 3º les formules relatives aux rôles d'affouage ; 4º les doubles des comptes des receveurs et des éta-blissements publics ; 5º les plans et devis relatifs aux travaux des com-munes et des établissements publics ; 6º les formules destinées à la ré-daction des certificats d'avancement ou de réception des travaux de chemins vicinaux et les formules de certificats d'architecte relatifs à des travaux de toute nature exécutés pour le compte des communes et des établissements publics ; 7º les actes ou expéditions d'actes passés en pays étrangers dont il doit être fait usage en France ; 8º les commissions des employés et fonctionnaires ; 9º les formules destinées aux expédi-tions d'arrêtés portant permission de voirie.

Quant aux fonctionnaires désignés dans l'arrêté ministériel du 20 juil-let 1863, ils peuvent apposer les timbres mobiles seulement sur les quit-tances et récépissés par eux délivrés ou qui leur sont donnés en leur qualité. Cette disposition s'applique notamment aux mandats de paye-ment dont ils ont à acquitter le montant. Mais elle ne s'étend pas aux factures, mémoires et autres pièces produites à l'appui des recettes et des dépenses qui figurent dans leurs comptes. Ces dernières pièces doi-vent être, comme par le passé, présentées au bureau de l'enregistre-ment pour être revêtues du timbre mobile.

Timbre de quittance. — L'article 18 de la loi du 23 août 1871 dis-pose en ces termes : Sont soumis à un droit de 10 centimes : les quit-tances ou acquits des factures et mémoires, les quittances pures et sim-ples, reçus ou décharges de sommes, titres, valeurs ou objets, et géné-ralement tous les titres de quelque nature qu'ils soient, signés ou non signés, qui emporteraient libération, reçu ou décharge. Le droit est dû pour chaque acte reçu, décharge ou quittance. Il peut être acquitté par l'apposition d'un timbre mobile.... Le droit de timbre n'est applicable qu'en actes faits sous signatures privées et ne contenant pas de dispo-sitions autres que celles spécifiées au présent article. (Pour les excep-tions au droit de timbre de 10 centimes, voy. DÉPENSES DES COMMUNES, *Quittances des parties prenantes*.)

Pour faciliter l'exécution de cette disposition, le décret du 29 avril 1881 a établi des timbres mobiles de 10 centimes, de 50 centimes, de 1 franc et de 2 francs. Ceux de 50 centimes, 1 franc et 2 francs, exclusivement destinés à timbrer les états dits d'émargement, les registres de factage, de cartonnage et autres documents constatant les payements ou remises d'objets effectués par les personnes énoncées ci-dessus et pour lesquelles il est dû un droit de timbre de 10 centimes par chaque payement excédant 10 francs ou par chaque objet reçu ou déposé. (Art. 2, D. 29 avril 1881.)

Ces timbres ne peuvent être employés que par les comptables de deniers publics, les agents spéciaux des services économiques régis par économie, les trésoriers des corps de troupe et par les Sociétés, assureurs, entrepreneurs de transports et autres personnes assujetties aux vérifications des agents de l'enregistrement ou s'engageant à s'y soumettre. (D. art. 4 et 6.) Ces timbres sont oblitérés par ceux qui les emploient sous leur responsabilité personnelle. (D. art. 5.)

Timbre à l'extraordinaire. — Le timbre à l'extraordinaire est de trois sortes : le timbre de dimension, le timbre proportionnel et le timbre d'abonnement. Les deux premiers participent de la nature des deux premières espèces de timbre de débite mentionnées plus haut. Quant au troisième, il s'applique, moyennant un droit d'abonnement préalablement fixé et acquitté, à tous les actes que cet abonnement concerne, sans égard au nombre ou à la dimension de ces actes, ni aux sommes qui y sont ou doivent y être portées.

L'application du timbre à l'extraordinaire a lieu au bureau du timbre établi au chef-lieu du département près de chaque direction, et, à Paris, à l'atelier général du timbre. Dans les bureaux autres que ceux du chef-lieu du département, la formalité du timbre extraordinaire est remplacée, mais seulement pour des cas spéciaux, par celle du visa pour timbre ou l'apposition de timbres mobiles.

Les particuliers et les administrations publiques qui veulent se servir de papiers autres que ceux débités par l'administration sont admis à les faire timbrer avant d'en faire usage. Si les papiers sont de dimensions différentes de celles des papiers timbrés de débite, le timbre, quant au droit établi en raison de la dimension, est payé au prix du format supérieur. (L. 13 brumaire an VII, art. 7.)

L'application du timbre extraordinaire a lieu, spécialement pour les actes et écrits ci-après désignés, savoir : les actes des administrations et établissements publics et les expéditions qui en sont délivrées ; les formules imprimées pour les actes et pièces autres que ceux sur lesquels le timbre mobile peut être apposé, concernant la comptabilité de l'Etat, des départements, des communes et des établissements publics ; les imprimés de formules d'actes de poursuites concernant les contributions directes ; les formules imprimées destinées à la rédaction des procès-verbaux, actes de poursuites et transactions en matière de droits d'octroi ; les affiches sujettes au timbre ; les traites remises aux trésoriers-généraux des finances en payement des prix des adjudications de coupes de bois de l'Etat, des communes et des établissements publics ; les titres d'obligations souscrits par les départements, communes, établissements publics et compagnies, sous quelque dénomination que ce soit, dont la cession, pour être parfaite à l'égard des tiers, n'est pas soumise aux dispositions de l'article 1690 du Code civil.

Obligations négociables des communes et des établissements publics. — Les titres d'obligations souscrits pour emprunts par les communes et établissements publics sont assujettis au timbre proportionnel de 1 0/0 du montant du titre. Ce droit doit être payé avant l'émission des titres ; l'avance est faite par les communes ou établissements publics (L. 5 juin 1850, art. 27). Les droits sont acquittés au comptant entre les mains du receveur du timbre extraordinaire au chef-lieu du département, à qui sont remises en même temps les feuilles destinées aux titres d'obligations négociables pour être envoyées à l'atelier général du timbre à Paris, où elles sont timbrées sur la souche et sur le talon.

Les communes et établissements publics peuvent s'affranchir de ces obligations en contractant avec l'Etat un abonnement pour toute la durée des titres. Le droit d'abonnement annuel est de 5 centimes par 100 francs du montant de chaque titre. (L. 5 juin 1850, art. 31.)

La faculté de l'abonnement s'étend aux titres souscrits pour intérêts des capitaux empruntés, et le droit se liquide comme à l'égard des obligations représentant les capitaux eux-mêmes.

La déclaration d'abonnement doit être passée par le représentant légal de la commune ou de l'établissement public, au bureau de l'enregistrement où est le siège de l'administration ou de l'établissement.

Le payement du droit d'abonnement est fait à la fin de chaque trimestre au bureau de l'enregistrement du lieu où les communes et établissements publics ont le siège de leur administration. (L. 5 juin 1850, art. 31.)

Au moyen du payement du droit de 1 0/0 ou du droit d'abonnement, la cession du titre de l'obligation est exempte de tout droit et de toute formalité d'enregistrement. (Id., art. 15.)

Visa pour timbre. — La formalité du visa pour timbre est donnée dans tous les bureaux d'enregistrement autres que ceux du timbre extraordinaire. Elle est restreinte aux cas particuliers pour lesquels elle a été admise exceptionnellement.

Sont admis au visa pour timbre, moyennant le payement des droits *au comptant*, les actes et écrits faits en contravention des dispositions de la loi, à la charge de payer les droits et les amendes exigibles.

La formalité du visa pour timbre au comptant avait également été autorisée pour plusieurs espèces d'actes et écrits sujets au timbre de dimension. Elle est aujourd'hui remplacée par l'apposition des timbres mobiles.

Sont admis au visa pour timbre en débet, sous la condition que le droit de timbre sera payé en même temps que celui d'enregistrement, au moment de cette formalité : 1° les actes d'acquisition et d'échange concernant les chemins vicinaux, qui ne tombent pas sous l'application de la loi du 3 mai 1841 ; 2° les papiers destinés aux adjudications dans tous les cas où il est stipulé qu'elles ne seront définitives qu'après avoir été approuvées par l'autorité supérieure ; 3° les formules des procès-verbaux d'adjudication des coupes de bois de l'Etat, des communes et des établissements publics, ainsi que celles destinées aux ventes des produits accessoires.

Doivent être *visés pour timbre gratis* les plans, procès-verbaux, certificats, significations, jugements, contrats, quittances et autres actes faits en vertu de la loi sur l'expropriation pour cause d'utilité publique. (L. 8 mai 1841, art. 58.)

Payement des droits et amendes de timbres. — Lorsque les communes et établissements publics n'ont pas pris, relativement au payement de leurs dépenses, les mesures convenables pour faire payer les

frais de timbre par qui de droit, elles doivent faire porter ces frais
dans les budgets comme les autres frais d'administration, l'article 1248
du Code civil mettant les frais de payement à la charge du débiteur.

Les frais du timbre du journal général ou du livre des comptes divers
que doivent tenir les receveurs municipaux sont à la charge des communes, et ces frais sont compris ordinairement dans la nomenclature
des cotisations municipales. Les droits de timbre des registres des établissements de bienfaisance sont également supportés par ces établissements. (Décis. min. des fin., 1er avril 1843.)

Le prix du timbre des quittances délivrées par les receveurs municipaux et hospitaliers est à la charge de la partie versante; si elle se
refuse à le payer, la quittance est biffée sans être détachée du livre à
souche, et il n'est fourni aucun reçu, ni quittance à la partie versante.

Sont solidaires, pour le payement des droits de timbre et des amendes, tous les signataires pour les actes synallagmatiques; les prêteurs
et les emprunteurs, pour les obligations; les créanciers et les débiteurs, pour les quittances. (L. 28 avril 1816, art. 75.)

En cas de décès des contrevenants, les droits et amendes de timbre
sont dus par leurs héritiers et jouissent, soit dans les successions, soit
dans les faillites, du privilège des contributions directes. (L. 28 avril 1816,
art. 76.)

Les receveurs des communes et des établissements publics sont responsables des droits et amendes de timbre dus à raison des pièces
jointes aux comptes de leur gestion. (Décis. min. des fin., 24 mai 1819.)

A l'égard des droits du timbre, dont ils sont tenus de faire l'avance
par suite de la solidarité établie par l'article 75 de la loi du 28 avril 1816,
ils ont leur recours contre les communes, les établissements publics
ou les particuliers qui les doivent, d'après l'article 1248 du Code civil.
(Décis. min. des fin., 16 février 1835.)

La contravention résultant de ce que la copie d'un acte produite à
l'appui des comptes de gestion d'un receveur municipal a été délivrée
par un maire sur papier non timbré ne doit pas être relevée contre le
receveur municipal, mais contre le maire. (Décis. de l'adm. de l'enreg.
20 janvier 1857.)

Les maires et adjoints sont personnellement responsables des contraventions aux lois sur le timbre que renferment les actes par eux rédigés
et les expéditions par eux délivrées. (Décis. min. des fin. 9 septembre 1806.)

Dispositions diverses. — Aucune personne ne peut vendre ou distribuer du papier timbré, qu'en vertu d'une commission de l'administration
de l'enregistrement, sous peine d'amende (20 francs). Le papier saisi
chez ceux qui s'en permettent le commerce est confisqué au profit de
l'Etat. (L. 13 brumaire an VII, art. 27.)

L'empreinte du timbre ne peut être couverte d'écriture ni altérée (Id.,
art. 21) sous peine d'une amende de 5 francs. Mais le revers des
empreintes peut être couvert d'écriture sans qu'il y ait contravention.
(Décis. min. des fin., 16 juin 1807.)

Le papier timbré qui a été employé à un acte quelconque ne peut
plus servir à un autre acte, quand même le premier n'aurait pas été
achevé (L. 13 brumaire an VII, art. 22), sous peine de 5 francs
d'amende pour un acte sous signature privée, et de 20 francs pour un
acte public ou une expédition authentique.

Ceux qui, dans une occasion frauduleuse, ont altéré, employé, vendu
ou tenté de vendre des papiers timbrés ayant déjà servi, sont pour-

suivis devant le tribunal correctionnel et punis d'une amende de 50 francs à 1,000 francs. En cas de récidive, la peine est d'un emprisonnement de cinq jours à un mois, et l'amende est doublée. Il peut être fait application de l'article 463 du Code pénal. (L. 2 juillet 1862, art. 21.)

Il ne peut être fait ni expédié deux actes à la suite l'un de l'autre sur la même feuille de papier timbré. Sont exceptées les ratifications des actes faits en l'absence des parties, les quittances de prix de ventes et celles de remboursement de contrats de constitution ou d'obligation. (L. 13 brumaire an VII, art. 23.) En cas de contravention, l'amende est de 5 francs, si le contrevenant est un simple particulier, et de 20 francs, s'il est officier ou fonctionnaire public.

Il peut être donné plusieurs quittances sur une même feuille de papier timbré pour acompte d'une seule et même créance ou d'un seul terme de fermage. Hors ce cas, toutes quittances qui sont données à la suite d'une autre, sur une même feuille de papier timbré n'ont pas plus d'effet que si elles étaient sur papier non timbré. Cette règle est applicable au cas où les quittances sont données sur un état d'émargement. Il n'y a d'exception qu'en ce qui concerne l'état des traitements des employés des administrations municipales qui est annexé comme pièce justificative à un mandat de payement collectif. (Int. gén. des fin., 20 juin 1859, art. 1011.)

L'acquit d'un payement peut être mis à la suite du mandat qui l'autorise. (Décis. min. des fin., 11 février 1806.)

Il est défendu aux administrations publiques de rendre aucun arrêté sur un acte, registre ou effet de commerce non écrit sur papier timbré, du timbre prescrit ou non visé pour timbre (L. 13 brumaire an VII, art. 24), sous peine de 20 francs d'amende, outre le payement des droits de timbre.

Il est interdit à toutes personnes, à toutes sociétés, à tous établissements publics d'encaisser ou de faire encaisser, pour leur compte ou pour le compte d'autrui, même sans leur acquit, des effets de commerce ou billets non timbrés ou non visés pour timbre, sous peine d'une amende de 6 0/0. (L. 5 juin 1850, art. 7.)

Les droits de timbre ne sont soumis qu'à la prescription de trente ans. La prescription de deux ans est applicable aux amendes en matière de contraventions aux lois sur timbre. (L. 16 juin 1824, art. 14.) Elle court, non du jour où les préposés ont pu rechercher ces contraventions, mais du jour où ils ont été mis à même de les constater au vu des pièces qui les renfermaient. (Arrêt de cass., du 2 janvier 1856.)

Nomenclature des pièces soumises au timbre.

1° Actes d'échange et d'acquisition d'immeubles.
2° Actes d'acceptation de legs et donations. — Inventaires, partages et autres actes établissant les droits des communes quand ce n'est pas une somme fixe qui a été léguée.
3° Actes d'aliénation d'immeubles.
4° Actes de vente de meubles. — Ces ventes comprennent les objets réputés meubles par leur nature, et les objets réputés meubles par la détermination de la loi, tels que les fruits ruraux et forestiers (coupes de foin et de regain, coupes de bois, produits accessoires des bois), les matières du sol (terres, pierres, sables, minerais), les matériaux provenant des constructions, réparations ou démolitions, les arbres abattus sur les places et promenades publiques, etc.

5° Procès-verbaux d'adjudications, marchés, soumissions généralement quelconques, ayant pour objet des constructions, réparations, exploitations, entretien, des approvisionnements et fournitures d'objets mobiliers, denrées, matières et marchandises. La formalité du timbre est exigible également, lorsque la soumission est inscrite à la suite d'un cahier de charges ou simple projet sur papier libre; dans ce cas, ce cahier, formant titre, doit être timbré à l'extraordinaire ou visé pour timbre.

6° Baux des maisons, usines et biens ruraux, des droits d'octroi, du droit de chasse, du droit de pêche, des droits de pesage, mesurage et jaugeage, des droits de places dans les halles, foires, marchés et abattoirs, des droits de stationnement sur la voie publique, et autres concessions temporaires consenties par les communes. — Baux à loyer de bâtiments nécessaires à l'administration communale ou à des services communaux. — Baux relatifs à des services autorisés, tels que l'éclairage, l'entretien des horloges, du pavé, des fontaines publiques, etc.

7° Actes de cautionnements exigés des adjudicataires ou concessionnaires à différents titres. — Promesses valables de cautionnements sur la minute des actes d'adjudication et autres, ou sur les expéditions qui se délivrent aux entrepreneurs.

8° Procès-verbaux d'expertise de bâtiments et terrains dont la cession devient nécessaire pour les travaux communaux, ou dont l'aliénation est projetée.

9° Procurations délivrées pour contracter, accepter, recevoir ou quittancer.

10° Certificats de notoriété ou de propriété, produits par les héritiers ou ayants cause pour justifications de droits.

11° En un mot, tous actes prévus ou non prévus ci-dessus, portant transmission de pouvoirs, de propriété, de jouissance, d'usufruit, tout acte de bail, de loyer, de vente ou d'achat ; tout marché, toute adjudication de travaux, d'exploitations, de coupes de bois ou d'entreprises quelconques ; toute transaction, tout accord entre les communes et les particuliers ; et les cautionnements relatifs à ces actes. Les minutes de ces actes sont, en outre, soumises à l'enregistrement et doivent rester déposées aux archives des mairies.

12° Expéditions ou extraits des actes mentionnés ci-dessus, et de tous autres actes déposés en la mairie. — Expéditions ou extraits de jugements intéressant les communes. — Extraits d'actes de naissance, de mariage ou de décès.

13° Expéditions délivrées aux parties intéressées des arrêtés des préfets et des maires, portant autorisation de réparer des bâtiments placés sur la voie publique, de construire à la limite de l'alignement, d'abattre des arbres, etc.

14° Affiches de toute espèce apposées dans l'intérêt propre des communes pour l'administration de leurs biens et de leurs affaires particulières (ces affiches sont sur papier de couleur au timbre de dimension).

15° Cahiers des charges des entreprises.

16° Devis d'ouvrages et entreprises rédigés dans l'intérêt des communes.

17° Détails estimatifs établis et signés par des architectes ou entrepreneurs, pour être annexés aux devis. Mais si le détail estimatif est indépendant du devis, il n'est considéré que comme renseignement d'administration, et est excepté de la formalité du timbre. Le simple projet de cahier des charges, non signé, est aussi dans ce dernier cas.

18° Certificats de capacité délivrés aux entrepreneurs concurrents aux adjudications de travaux et fournitures.

19° Certificats d'avancement, d'achèvement, de réception de travaux et fournitures ; — Décomptes de livraisons.

20° Etats de remboursements d'avances faites par les entrepreneurs de travaux, lorsqu'ils y joignent un bénéfice quelconque, comme cela est autorisé pour les dépenses faites sur les sommes à valoir.

21° Certificats de radiation et de non-inscription hypothécaire, toutes les fois que la production par les vendeurs en est jugée nécessaire.

22° Feuilles des livres de comptabilité, employées à la rédaction des comptes généraux des communes et établissements de bienfaisance.

II

82

23° Minutes des comptes de gestion des receveurs des communes et des établissements de bienfaisance.

24° Rôles d'indemnités dues par les propriétaires des marais ou terres desséchées, lorsque le desséchement est fait par des concessionnaires.

25° Rôles d'abonnement d'octrois répartis sur tous les habitants.

26° Rôles de cotisations particulières pour le pâturage, le pavage, l'affouage, etc.

27° Décomptes d'amortissement des rentes sur particuliers, indiquant la rente annuelle, le taux, le capital et la date de l'amortissement.

28° Factures ou mémoires établis par les marchands, fabricants, fournisseurs, entrepreneurs et créanciers à différents titres. Il n'y a pas d'exception à ce sujet pour les travaux par régie en économie. Quelle que soit la qualité en vertu de laquelle agit l'agent ou la personne qui a fait la commande, le créancier doit lui remettre sa facture ou son mémoire sur papier timbré. Cette disposition comprend toutes les factures ou mémoires remis à l'appui des mandats, même ceux qui s'élèvent à moins de 10 francs, quoique la quittance, dans ce cas, soit exempte du timbre ; toutefois, lorsqu'il s'agit d'une dépense qui n'excède pas 10 francs, les maires peuvent dispenser les créanciers de produire une facture ou un mémoire timbré, en énonçant le détail des fournitures dans le corps des mandats ; à défaut de cette énonciation, la facture est exigée et doit être timbrée.

29° Mémoires de frais et honoraires de notaires, avoués, huissiers ou greffiers, pour rédaction ou signification d'actes. — Mémoires d'honoraires d'avocats pour consultations et avis. — Mémoires de frais et honoraires de médecins, chirurgiens, sages-femmes, artistes vétérinaires, ceux d'architectes, géomètres, ingénieurs, experts, employés par les communes, lorsqu'ils ne sont pas rémunérés à l'année.

30° Mandats de payement délivrés par les maires, lorsqu'ils forment quittances et ont pour objet des dépenses qui ne sont pas comprises dans les exceptions (timbre mobile). Le droit de timbre a été fixé à 50 centimes, quelle que soit la dimension du papier, à moins que la quittance ne soit donnée séparément sur une feuille de papier timbré au même prix, auquel cas le mandat est exempt de timbre. Il a été aussi reconnu que le droit de 50 centimes ne devient pas exigible dans le cas où les factures et mémoires rapportés à l'appui des mandats sont revêtus de la quittance des marchands ou fournisseurs. Cette disposition est motivée sur ce que cette première quittance libère la commune, et que la seconde portée sur les mandats ne peut être considérée que comme un objet d'ordre et de pure forme.

31° Etats collectifs d'émargements, ou états de répartition des traitements des employés des administrations municipales, annexés, comme pièces justificatives aux mandats des maires, par les employés municipaux, pour la somme totale des traitements, lorsqu'ils comprennent des traitements excédant 300 francs par année.

32° Certificats de vie produits par les pensionnaires ou rentiers viagers, à moins d'indigence constatée.

33° Mandats ou effets à vue, à échéance, au porteur ou à ordre, quel qu'en soit le montant (timbre proportionnel).

34° Quittances des comptables aux redevables des communes, lorsque la recette excède 10 francs, ou qu'étant inférieure à 10 francs, elle a pour objet, soit un acompte, soit un payement final sur une plus forte somme, et lorsqu'elle n'est pas comprise dans les exceptions mentionnées plus loin. Ne sont pas comprises dans les exceptions et sont, en conséquence, soumises au droit de timbre, lorsqu'elles excèdent 10 francs : — les quittances délivrées pour le payement des coupes d'affouage, soit qu'on n'exige de la part des habitants d'autre rétribution que celle des frais occasionnés par les coupes elles-mêmes, soit qu'on perçoive, en sus des frais, une somme imposée pour subvenir aux dépenses de la commune; — les quittances qui sont données pour le payement des taxes établies sur les bestiaux conduits aux pâturages communaux, ces taxes représentant le loyer des pâturages; — les quittances souscrites au nom des trésoriers payeurs ou autres agents comptables du Trésor, pour subventions ou secours accordés par l'Etat, et applicables, soit à des dépenses de l'instruction primaire, soit aux travaux pour l'entretien des chemins vicinaux, soit à d'autres dépenses à la charge des communes ; les quittances relatives aux traitements et émoluments des fonctionnaires et employés salariés par l'Etat, les départements, les communes, et tous établissements publics.

35° Quittances des parties prenantes pour les payements effectués par les receveurs des communes et des établissements de bienfaisance, sauf les quittances des sommes de 10 francs et au-dessous lorsqu'elles n'ont pas pour objet un acompte ou un dernier payement sur une plus forte somme, et celles qui sont comprises dans les exceptions mentionnées plus loin (timbre mobile à 50 centimes). Ne sont pas comprises dans ces exceptions et sont, en conséquence, soumises au timbre, lorsqu'elles ont pour objet une somme au-dessus de 10 francs : — les quittances pour frais de bureau et de loyer des mairies, indemnités de logement aux desservants, instituteurs et institutrices, pour gratifications aux sages-femmes, secours aux fabriques d'églises ; — les quittances de compagnies d'assurance, d'abonnement aux journaux ; — les quittances de salaires pour visites faites des fours et cheminées et des bestiaux mis en vente dans les foires et marchés.

36° Et, généralement, tous actes et écritures, extraits, copies, expéditions, soit publics, soit privés, devant ou pouvant faire titre, ou être produits, pour obligations, décharges, justification, demande ou défense.

PIÈCES EXEMPTES DU TIMBRE.

1° Expéditions ou extraits des procès-verbaux d'adjudications, marchés, soumissions, etc., délivrés par une administration publique ou un fonctionnaire public, à une autre administration publique ou fonctionnaire public, lorsqu'elles portent la mention expresse de cette destination.

2° Expéditions des arrêtés des préfets qui autorisent les communes et les établissements publics à vendre, à acquérir, à louer, à accepter des dons et legs, à recevoir le remboursement des rentes, en un mot, à faire tous actes de propriété et d'administration. (Décis. min. 6 février 1856.)

3° Rôles de prestations. — Extraits de ces rôles émargés pour constater la libération des prestataires. — Rôles et états de souscriptions volontaires pour les chemins vicinaux (Décis. 7 septembre 1854). — Rôles de la taxe municipale sur les chiens.

4° Rôles de contributions syndicales.

5° Plans, procès-verbaux, certificats, significations, contrats, quittances et autres actes faits en vertu de la loi du 3 mai 1841 sur l'expropriation pour cause d'utilité publique. Ces actes sont visés pour timbre et enregistrés gratis, lorsqu'il y a lieu à la formalité de l'enregistrement.

6° Tous actes intéressant les sociétés de secours mutuels *approuvées*; expédition des actes de l'état civil délivrées sur la demande du président de la Société; mandats d'articles d'argent émis et payés par la poste, soit en France, soit dans les colonies françaises. (L. 18 mars 1870.)

7° Quittances des comptables aux redevables des communes, lorsqu'elles n'excèdent pas 10 francs et qu'elles n'ont pas pour objet un acompte ou un payement final sur une plus forte somme. Sont, de plus, exemptes du timbre, même pour des sommes supérieures à 10 francs : — les quittances délivrées aux receveurs des finances pour le payement des centimes communaux, attributions sur patentes, arrérages de rentes sur l'État, amendes de police correctionnelle et intérêts de fonds placés au Trésor; — les quittances apposées sur les mandats de remboursement des fonds placés au Trésor ; — les quittances pour les rétributions des élèves des écoles primaires; — les quittances délivrées pour le payement du montant des prestations en nature et en argent destinées à la réparation des chemins vicinaux, attendu que ces prestations constituent un impôt direct, aux termes de la loi du 28 juillet 1824, et que les quittances délivrées pour les contributions directes sont exemptées du timbre par l'article 16 de la loi du 13 brumaire an XII; — les quittances relatives à la perception de la taxe municipale sur les chiens; — les quittances délivrées aux trésoriers payeurs, du montant des subventions accordées par l'Etat ou le département pour ateliers de charité.

8° Quittances des parties prenantes, pour les payements effectués par les receveurs municipaux lorsqu'elles n'excèdent pas 10 francs et qu'elles n'ont pas pour objet un acompte ou une quittance finale sur une plus forte somme. — Sont également exemptes du timbre : les quittances et autres actes faits en vertu de la loi du 3 juillet 1877 sur les réquisitions militaires et exclusivement relatifs au règlement de l'indemnité (L. 18 décembre 1878, promulguée au *Journal officiel* du 20); les quittances des indigents pour les secours qui leur sont accordés à ce titre, ainsi que celle des indigents employés aux travaux à exécuter sur les chemins vicinaux, à quelques sommes qu'elles puissent s'élever ; — les quittances des indemnités accordées pour incendies, inondations, épizooties et autres cas fortuits; — les quittances comme tous les autres actes concernant les gens de guerre; — les récépissés des sommes versées aux receveurs des finances pour le compte des communes; — les quittances des maires au receveur municipal, du montant des sommes allouées annuellement pour l'entretien de la maison commune, quand il n'y a pas de mémoires d'ouvriers ou de fournisseurs ; — les quittances de sommes allouées pour réparation des chemins par des ateliers de charité, lorsqu'il n'y a ni fournisseur ni entrepreneurs, et que l'on n'emploie que des indigents ; — les quittances des gratifications payées aux sapeurs-pompiers, et certificats à l'appui; — les quittances données par les receveurs de l'enregistrement pour prix du papier timbré ; — les quittances et décomptes pour les pensions d'aliénés indigents à la charge des communes; — enfin, les quittances des sommes allouées à titre de secours aux bureaux de bienfaisance.

— Voy. Dépenses des communes, Enregistrement.

Timbre municipal. — Voy. Sceau des mairies.

Timbre-poste. — La loi du 16 octobre 1849 punit d'une amende de 50 francs à 1,000 francs quiconque a fait sciemment usage d'un timbre-poste ayant déjà servi à l'affranchissement d'une lettre. En cas de récidive, la peine est un emprisonnément de cinq jours à un mois, et l'amende est double. Est punie des mêmes peines la vente ou tentative de vente d'un timbre-poste ayant déjà servi.

Les maires, les adjoints et commissaires de police doivent constater les délits ci-dessus mentionnés par des procès-verbaux qu'ils transmettent au procureur de la République. — *Dict. des formules*, n° 1271.

Tirs d'armes à feu. — Les tirs d'armes à feu pouvant présenter des dangers lorsqu'ils ne sont pas convenablement placés et qu'on n'a pas pris toutes les mesures de prudence qu'exige la sûreté publique, les maires doivent veiller à ce que ces établissements ne se forment pas sans leur autorisation. Ils doivent toujours exiger que le terrain qui leur est affecté soit bien enclos; que, derrière le but des tirs, il y ait un mur en maçonnerie, ou bien des buttes en terre suffisamment élevées, et que les gardes destinées à empêcher la déviation des balles soient solidement établies; ces précautions peuvent être prescrites par un règlement de police, ou bien par un arrêté spécial à chaque établissement. — *Dict. des formules*, n° 1272.

Titres au porteur. — La loi des 15 juin, 5-29 juillet 1872 a cherché à remédier au danger de perte, de vol, de destruction que présentent les titres aux porteurs.

Le propriétaire dépossédé, par quelque événement que ce soit, peut se faire restituer contre cette perte dans la mesure et sous les conditions suivantes : il doit d'abord faire notifier par huissier à l'établissement débiteur un acte indiquant : le nombre, la nature, la valeur normale, le numéro, s'il y a lieu, la série des titres, autant que possible, en énonçant l'époque, le lieu et le mode d'acquitter ; ceux des payements des derniers intérêts et dividendes.; en outre, les circonstances qui ont accompagné la dépossession. Cette notification emporte de plein droit opposition au payement des capitaux des intérêts et dividendes échus ou à échoir au bout d'une année écoulée depuis l'opposition, sans qu'elle ait été contredite. Si dans cet intervalle deux termes au moins d'intérêts ou de dividendes ont été mis en distribution, l'opposant peut se pourvoir auprès du président du tribunal civil, afin d'obtenir l'autorisation de toucher les intérêts ou dividendes échus ou à échoir au fur et à mesure de leur exigibilité et même le capital des titres frappés d'opposition dans le cas où ledit capital serait ou deviendrait exigible. (L. art 1, 2 et 3.) Pour les détails. Voy. *Bulletin annoté des Lois*, 1872.

Torrents. — Voy. Cours d'eau, Digues.

Torts et dommages. — C'est un principe général et applicable à toutes les branches du droit que l'on est tenu de réparer le préjudice qu'on a causé à autrui par son fait, par son imprudence ou sa négligence. Ce principe énoncé par l'article 1382 du Code civil est aussi la règle des rapports entre l'administration et les particuliers : l'administration est responsable des dommages causés aux propriétés ou aux individus par son fait ou par le fait de ses employés.

Les tribunaux sont compétents, en règle générale, pour connaître des difficultés qui peuvent s'élever au sujet des dommages résultant du fait de l'administration. Toutefois, en matière de travaux publics, il y a lieu de faire une distinction, quant à la compétence, entre les dommages constituant une véritable expropriation ou une dépréciation permanente et définitive de la propriété, et ceux qui ne sont que purement temporaires et réparables. Les premiers sont du ressort de la juridiction civile ; tandis que, d'après la jurisprudence constante du Conseil d'Etat, la connaissance des contestations qui naissent des seconds est réservée aux conseils de préfecture.

Il y a également lieu de distinguer, quant à la poursuite, entre le fait de l'administration et le fait *personnel* des entrepreneurs. Dans tous les cas où le dommage résulte non du caractère et de l'ensemble des travaux, mais du fait personnel d'un agent, d'un entrepreneur, c'est contre celui-ci, et non pas contre l'administration elle-même que l'action doit être dirigée. La personne qui a à se plaindre du préjudice doit alors poursuivre l'entrepreneur devant le conseil de préfecture, conformément à la loi du 25 pluviôse an VIII. — Voy. Responsabilité des communes, Subventions particulières pour dégradations des chemins vicinaux.

Tourbières. — Les tourbes ne peuvent être exploitées que par le propriétaire du terrain, ou de son consentement. (L. 21 avril 1810, art. 83.)

Les propriétaires de tourbières ne peuvent, sous peine de 100 francs d'amende, en entreprendre ni continuer l'exploitation avant d'en avoir fait la déclaration à la sous-préfecture, et d'en avoir obtenu l'autorisation qui est délivrée par le préfet, sur l'avis de l'ingénieur des mines. (Id., art. 84 ; Inst. min. 3 août 1810.)

Un règlement d'administration publique détermine la direction générale des travaux d'extraction dans les terrains où sont situées les tourbes, celle des rigoles de défrichement, enfin toutes mesures propres à faciliter l'écoulement des eaux dans les vallées et l'atterrissement des entailles tourbées. (L. 21 avril 1810.)

Les propriétaires exploitants, soit particuliers, soit communautés d'habitants, soit établissements publics, sont tenus de s'y conformer, à peine d'être contraints à cesser leurs travaux. (Id., art. 85.)

Les ingénieurs des mines dirigent et surveillent les travaux concernant l'extraction des tourbes et l'assainissement des terrains. (D. 18 novembre 1810, art. 39.)

Pour les travaux d'exploitation des tourbières, exécutés pour le compte des communes ou d'associations territoriales, les honoraires dus aux ingénieurs des mines sont réglés à raison de 50 centimes par pile de tourbes sèches de dix mètres cubes. Dans le cas où les terrains tourbeux sont vendus par adjudication ou autrement au profit de communes ou d'associations territoriales, sur devis estimatif dressé par les ingénieurs des mines, les ingénieurs qui ont procédé à la reconnaissance, à l'emparquement des terrains et au devis estimatif reçoivent deux pour cent du produit de la vente, lorsque le montant ne dépasse pas 10,000 francs. Si ce produit est plus élevé, il est alloué aux ingénieurs deux pour cent pour les dix premiers mille francs et un pour cent pour le surplus. (D. 10 mai 1854, art. 6.)

Les honoraires réglés, ainsi qu'il est dit à l'article précédent, peuvent être remplacés par des abonnements consentis par les communes ou associations propriétaires des marais tourbeux, ou d'après tout autre mode qui serait conforme à des usages locaux. Ces abonnements ou règlements particuliers ne doivent pas excéder une somme équivalente à la rémunération fixée plus haut, de 50 centimes par pile de tourbes sèches de dix mètres cubes; ils doivent être approuvés par le ministre. (Id., art. 7.) — Voy. Mines.

Traitements. — Les traitements des fonctionnaires publics sont saisissables jusqu'à l'entier acquittement des créances, savoir : pour un cinquième, sur les sommes non excédant 1,000 francs; pour un quart, sur les 5,000 francs suivants, et pour un tiers, sur la portion excédant 6,000 francs. (L. 21 ventôse an IX.)

Les traitements ecclésiastiques sont insaisissables dans leur totalité.

Les fonctions de maire et adjoint sont en principe gratuites. Ces magistrats ne peuvent recevoir que le remboursement des dépenses effectuées par eux dans l'accomplissement des missions qui leur auraient été confiées par le conseil municipal ou des frais de représentation qui ne doivent jamais prendre le caractère de traitement. (L. 5 août 1884, art. 74.) — Voy. Maire, Secrétaires et employés des mairies.

Traités de gré à gré. — Les communes sont autorisées à traiter de gré à gré, sauf l'approbation du préfet, pour les travaux et fournitures dont la valeur n'excède pas 3,000 francs, et, à quelque somme que s'élèvent les travaux, dans les cas exceptionnels prévus par l'article 2 de l'ordonnance du 14 novembre 1837.

En général, les traités de gré à gré sont passés entre le maire et l'entrepreneur ou fournisseur, dans la forme des actes sous seings privés ordinaires; seulement le maire doit avoir soin d'y mentionner la qualité en laquelle il agit. Ils sont ensuite soumis au conseil municipal, lequel doit examiner les motifs qui nécessitent cette exception au mode d'adjudication, puis adressés au sous-préfet avec une copie certifiée sur papier libre, deux expéditions de la délibération municipale, et, s'il y a lieu, les pièces justificatives de la dépense.

Les traités de gré à gré peuvent aussi être conclus en forme de soumission. Dans un cas comme dans l'autre, les traités de gré à gré doivent être approuvés par le préfet ou par décret, lorsque les revenus de la commune atteignent 3,000,000, francs. (L. 5 avril 1884 art. 68, 115 et 145). — Voy. FOURNITURES, TRAVAUX. — *Dict. des formules*, nᵒˢ 1272-1277.

Tranquillité publique. — Un des devoirs les plus impérieux de l'autorité municipale est de maintenir en tout temps la tranquillité publique dans la commune. En conséquence, les maires doivent veiller à ce que, dans les rues, sur les places, les promenades, dans les lieux de rassemblements publics, tels que les foires, les marchés, les spectacles, dans les cafés, cabarets et autres débits de boissons, il ne s'élève ni rixes, ni querelles; à ce que, la nuit, il n'y ait aucun rassemblement dans quelque endroit que ce soit, et à ce que les perturbateurs soient arrêtés.

Les auteurs ou complices de bruits ou tapages injurieux ou nocturnes, troublant la tranquillité des habitants, sont punis d'une amende de onze à quinze francs inclusivement, et, en outre, d'emprisonnement pendant cinq jours, en cas de récidive. (C. P., art. 479 et 482.) — Voy. BRUITS ET TAPAGES, POLICE, RIXES ET DISPUTES. — *Dict. des formules*, nᵒˢ 256 à 259, 1231 et 1232.

Tramways. — On désigne sous le nom de tramways les lignes ferrées établies sur les voies publiques fonctionnant à l'aide de rails plats qui permettent la circulation des voitures ordinaires et des piétons, soit que la traction s'opère à l'aide de chevaux, soit qu'elle s'opère au moyen de moteurs mécaniques.

La loi du 11 juin 1880 relative aux chemins de fer d'intérêts locaux (voy. *Chemins de fer d'intérêt local*) règle les conditions d'établissement des tramways.

Il peut être établi sur les voies dépendantes du domaine public de l'Etat, des départements et des communes, des tramways ou voies ferrées à traction de chevaux ou de moteurs mécaniques. Ces voies ferrées ainsi que les déviations accessoires construites en dehors du sol des routes et chemin et classés comme annexes sont soumis aux dispositions suivantes :

La concession est accordée par l'Etat lorsque la ligne doit être établie, en tout ou en partie, sur une voie dépendant du domaine public de l'Etat. Cette concession peut être faite aux villes ou aux départements intéressés avec faculté de rétrocession. La concession est accordée par le conseil général, au nom du département, lorsque la voie ferrée, sans emprunter une route nationale, doit être établie, en tout ou en partie, soit sur une route départementale, soit sur un chemin de grande communication ou d'intérêt commun, ou doit s'étendre sur le territoire de plusieurs communes. Si la ligne doit s'étendre sur plusieurs départements, il y a lieu à l'application des articles 89 et 90 de la loi du 10 août 1871. La concession est accordée par le conseil municipal, lorsque la voie ferrée est établie entièrement sur le territoire de la commune et sur un chemin vicinal ordinaire ou sur un chemin rural. (Art. 27; L. 11 juin 1880.)

Le département peut accorder la concession à l'État ou à une commune avec faculté de rétrocession; une commune peut agir de même à l'égard de l'Etat ou du département. (Id., art. 22.)

Aucune concession ne peut être faite qu'après une enquête dans les formes déterminées par un règlement d'administration publique et dans laquelle les conseils généraux des départements et les conseils municipaux des communes dont la voie doit traverser le territoire seront entendus, lorsqu'il ne leur appartiendra pas de statuer sur la concession. L'utilité publique est déclarée et l'exécution est autorisée par décret délibéré en Conseil d'Etat sur le rapport du ministre des travaux publics, après avis du ministre de l'intérieur. (Id., art. 29.)

Toute dérogation ou modification apportée aux clauses du cahier des charges type, approuvé par le Conseil d'Etat, doit être expressément formulée dans les traités passés au sujet de la concession, lesquels sont soumis au Conseil d'Etat et annexés au décret. (Id., art. 30.)

Lorsque, pour l'établissement d'un tramway, il y a lieu à expropriation, soit pour l'élargissement d'un chemin vicinal, soit pour l'une des déviations prévues à l'article 26 de la présente loi, cette expropriation peut être opérée conformément à l'article 16 de la loi du 21 mai 1836, sur les chemins vicinaux, et à l'article 2 de la loi du 8 juin 1864. (Art. 31.)

Les projets d'exécution sont approuvés par le ministre des travaux publics, lorsque la concession est accordée par l'Etat. Les dispositions de l'article 3 sont applicables lorsque la concession est accordée par un département ou par une commune. (Id., art. 32.)

Les taxes perçues dans les limites du maximum fixé par l'acte de concession sont homologuées par le ministre des travaux publics, dans le cas où la concession est faite par l'Etat, et par le préfet dans les autres cas. (Id., art. 33.)

Les concessionnaires de tramways ne sont pas soumis à l'impôt des prestations établi par l'article 3 de la loi du 21 mai 1836, à raison des voitures et des bêtes de trait exclusivement employées à l'exploitation du tramway. Les départements ou les communes ne peuvent exiger des concessionnaires une redevance ou un droit de stationnement qui n'aurait pas été stipulé expressément dans l'acte de concession. (Id., art. 34.)

A l'expiration de la concession, l'administration peut exiger que les voies ferrées qu'elle avait concédées soient supprimées en tout ou en partie, et que les voies publiques et leurs déviations lui soient remises en bon état de viabilité aux frais du concessionnaire. (Id., art. 35.)

Lors de l'établissement d'un tramway desservi par des locomotives et destiné au transport des marchandises en même temps qu'au transport des voyageurs, l'Etat peut s'engager, en cas d'insuffisance du produit brut pour couvrir les dépenses d'exploitation et cinq pour cent (5 0/0) par an du capital d'établissement tel qu'il a été prévu par l'acte de concession et augmenté, s'il y a lieu, des insuffisances constatées pendant la période assignée à la construction par ledit acte, à subvenir pour partie, au payement de cette insuffisance, à condition qu'une partie au moins équivalente sera payée par le département ou par la commune avec ou sans le concours des intéressés. La subvention de l'Etat sera formée : 1° d'une somme fixe de cinq cents francs (500 fr.) par kilomètre exploité ; 2° du quart de la somme nécessaire pour élever la recette brute annuelle (impôts déduits), au chiffre de six mille francs (6,000 fr.) par kilomètre. En aucun cas, la subvention de l'Etat ne pourra élever la recette brute au-dessus de six mille cinq cents francs (6,500 fr.), ni attribuer au capital de premier établissement plus de cinq pour cent (5 0/0) par an. La participation de l'Etat sera suspendue de plein droit quand les recettes brutes annuelles atteindront la limite ci-dessus fixée. (Id., art. 36.)

La loi du 15 juillet 1845, sur la police des chemins de fer, est applicable aux tramways, à l'exception des articles 4, 5, 6, 7, 8, 9 et 10. (Id., art. 37.)

Un règlement d'administration publique détermine les mesures nécessaires à l'exécution des dispositions qui précèdent et notamment : 1° les conditions spéciales auxquelles doivent satisfaire, tant pour leur construction que pour la circulation des voitures et des trains, les voies ferrées dont l'établissement sur le sol des voies publiques aura été autorisé ; 2° les rapports entre le service de ces voies ferrées et les autres services intéressés. (Id., art. 38.)

Sont applicables aux tramways les dispositions des articles 4, 6 à 12, 14 à 19, 21 et 24 de la présente loi. (Id., art. 39.)

En ce qui concerne les justifications à fournir par le concessionnaire, voyez ce qui a été dit sous le mot CHEMIN DE FER LOCAL.

Transaction. — La transaction est un acte par lequel les parties terminent une contestation née, ou préviennent une contestation à naître. (C. civ., art. 2044.)

Les communes ne peuvent transiger qu'avec l'autorisation expresse du préfet. (C. civ., art. 2045. L. 5 avril 1884 art. 68.)

Cette autorisation n'est accordée qu'après une délibération du conseil municipal. Cette délibération n'est plus nécessairement précédée d'une consultation de trois jurisconsultes, l'article 168 de la loi du 5 avril 1884 ayant abrogé l'arrêté du 21 frimaire an XII qui exigeait cet avis. Le conseil de préfecture est toujours appelé à donner son avis. (Art. 68 et 69, L. 5 avril 1884.)

Avant de donner son approbation, le préfet s'assure que les conditions stipulées dans le projet de transaction ne sont pas défavorables pour la commune. Souvent la valeur de l'objet en litige est peu importante et hors de proportion avec les frais qu'entraînerait la solution du procès par les voies judiciaires. Dans ce cas, un arrangement amiable est très désirable et les efforts de l'administration doivent tendre à le faciliter. En résumé, les transactions sont accueillies généralement avec faveur comme tendant à prévenir ou à terminer des procès toujours fâcheux ; mais il importe de veiller à ce que le désir d'éviter des embarras et les frais qui en résultent n'amène pas les communes à abandonner trop facilement les droits et les intérêts dont la défense leur est confiée. (Inst. 5 mai 1852.)

L'acte de transaction doit être passé par le maire devant notaire ; il ne devient exécutoire qu'après l'homologation du préfet.

Indépendamment des formalités ci-dessus indiquées, les autorisations de transiger demandées par les établissements de bienfaisance sont soumises à l'avis du conseil municipal. — Voy. ACTIONS JUDICIAIRES, PROCÈS.

Transcription. — La loi du 23 mars 1855 a soumis à la formalité de la transcription tous les actes constatant des mutations, des démembrements ou des charges, quelle qu'en soit la nature, qui affectent la propriété immobilière. A la suite des contrats d'acquisitions par les communes et les établissements publics, les bordereaux délivrés sur transcription par les conservateurs des hypothèques doivent faire connaître, en outre des inscriptions hypothécaires dont l'immeuble acquis aurait été l'objet, les transcriptions spéciales qui sont mentionnées aux articles 1 et 2 de la loi précitée. Au cas où le certificat serait négatif, il devrait relater qu'il s'applique aux deux natures de transcriptions. Ces mesures ne concernent toutefois que les acquisitions d'immeubles qui ont lieu selon les termes du droit commun, la loi du 22 mars 1855 n'ayant pas dérogé aux dispositions de la loi du 3 mai 1841 sur l'expropriation pour cause d'utilité publique (Circ. int. 31 juillet 1863 et 4 mars 1864.) — Voy. ACQUISITION, EXPROPRIATION.

Transports militaires. — Voy. CONVOIS MILITAIRES.

Travail des enfants. — Voy. MANUFACTURES.

Travaux communaux. — Cette dénomination s'applique à toutes les opérations de construction, de reconstruction, d'appropriation, de réparations ou d'entretien qui s'exécutent dans l'intérêt des communes.

Autorisation et approbation des travaux. — Les administrations locales peuvent faire exécuter, sur les crédits ouverts à leur budget, et sans autorisation préalable, les travaux de réparation ordinaire et de simple entretien dont la dépense n'excède pas 300 francs. (D. 10 brumaire an XIV et 17 juillet 1808.) Mais il est bien entendu que ces travaux, exécutés par économie, ne doivent pas dépasser 300 francs pour tout l'exercice. Ainsi, on ne pourrait fractionner les travaux et fournitures, soit par trimestre, soit en s'adressant à plusieurs entrepreneurs ou fournisseurs, de manière à éluder la règle générale, qui est l'adjudication ou le marché. Il ne faut pas non plus perdre de vue que, même pour les travaux dispensés de l'autorisation préfectorale, celle du conseil municipal demeure, dans tous les cas, indispensable et que les maires deviendraient personnellement responsables des travaux qu'ils auraient fait exécuter sans l'assentiment préalable de ce conseil. (Décis. min. de l'int. 1862.)

Les conseils municipaux règlent, par leurs délibérations, les projets, plans et devis de construction, de reconstruction entière ou partielle, de grosses réparations et d'entretien, lorsque la dépense totalisée avec les dépenses de même nature pendant l'exercice courant ne dépasse pas les limites des ressources ordinaires et extraordinaires que les communes peuvent se créer sans autorisation spéciale en vertu de l'article 141, c'est-à-dire 5 centimes extraordinaires, d'une durée de 5 années dans la limite du maximum fixée par le conseil général, 3 centimes extraordinaires pour les chemins vicinaux et 3 centimes pour les chemins ruraux. Lorsque le conseil municipal est compétent pour voter les travaux, il l'est également pour voter les plans et devis. (Art. 68 L. 5 avril 1884.)

Lorsque la dépense excède la limite tracée par l'article 68 ou lorsque des lois spéciales ou des règlements exigent cette approbation, comme pour les constructions scolaires par exemple, l'approbation est donnée par le préfet conformément au 2ᵉ paragraphe de l'article 114 de la loi du 5 avril 1884 et au décret du 25 mars 1852.

Lorsque la dépense en a été votée par le conseil municipal, le maire fait dresser les projets et devis par un architecte ou par un homme de l'art. Le devis doit présenter un tableau exact et détaillé des divers travaux à exécuter, la nature et la qualité des matériaux, la mise en œuvre, les mesures spéciales qui seraient nécessaires. Un état estimatif doit faire connaître, en outre, les prix des matériaux et de la main-d'œuvre, ainsi que les honoraires de l'architecte et la somme à valoir pour travaux imprévus.

Enfin, lorsque les projets et devis ont été approuvés, comme il est dit ci-dessus, le maire dresse un cahier des charges, indiquant les obligations de l'entrepreneur, les conditions de l'adjudication, le mode et les époques de payement. Le cahier des charges détermine aussi la nature et l'importance des garanties que les fournisseurs ou entrepreneurs ont à produire, soit pour être admis aux adjudications, soit pour répondre de l'exécution de leurs engagements, ainsi que l'action que l'administration exercera sur ces garanties en cas d'inexécution des engagements. Il est toujours et nécessairement stipulé que tous les ouvrages exécutés par les entrepreneurs en dehors des autorisations régulières, demeurent à la charge personnelle de ces derniers, sans répétition contre les communes ou les établissements. (O. 14 novembre 1837, art. 30.) — Voy. CAHIER DES CHARGES, DEVIS, ÉTAT ESTIMATIF. — *Dict. des formules*, nᵒˢ 1359-1360.

Les formalités qui viennent d'être indiquées diffèrent, sous quelques rapports, lorsqu'il s'agit de grosses réparations à faire aux édifices du culte. — Voy. FABRIQUE.

Des adjudications et marchés. — Le maire est chargé sous le contrôle du conseil municipal et sous la surveillance de l'administration supérieure, de souscrire les marchés et de passer les adjudications des travaux communaux dans les formes établies par les lois et règlements. (L. 5 avril 1884, art. 90, § 6.)

En principe, les travaux communaux doivent être exécutés par voie d'entreprise, avec publicité et concurrence, c'est-à-dire par adjudication publique. Cette règle comporte, cependant, quelques exceptions.

Il peut être traité de gré à gré, sauf approbation par le préfet, pour les travaux et fournitures dont la dépense n'excède pas 3,000 francs. Il peut également être traité de gré à gré, moyennant l'approbation du préfet, et à quelque somme que s'élèvent les travaux, pour les ouvrages et les objets d'art et de précision, dont l'exécution ne peut être confiée qu'à des artistes éprouvés; pour les travaux qui n'auraient été l'objet d'aucune offre aux adjudications, ou à l'égard desquels il n'aurait été proposé que des prix inacceptables (sauf à se renfermer, dans ce cas, dans un maximum de prix ou un minimum de rabais fixé d'avance); pour les travaux qui, dans les cas d'urgence absolue et dûment constatée, amenés par des circonstances imprévues, ne pourraient pas subir les délais des adjudications. (O. 14 novembre 1837, art. 2; D. 25 mars 1852, et L. 5 avril 1884.)

Dans les villes ayant trois millions au moins de revenu, les traités à passer pour l'exécution, par entreprise, des travaux d'ouverture des nouvelles voies publiques et de tous autres travaux communaux déclarés d'utilité publique, sont approuvés par décrets rendus en conseil d'État. (L. 5 avril 1884, art. 115.)— *Dict. des formules*, nᵒˢ 1358, 1361 et 1363.

Travaux en régie. — Ainsi qu'on l'a vu plus haut, les maires sont autorisés à faire exécuter, sous leur surveillance, par voie de régie économique, et sans aucune autorisation, les travaux de simple entretien dont la dépense n'excède pas 300 francs. Entre 300 francs et 1,000 francs, les travaux sur les chemins vicinaux peuvent encore être exécutés par voie de régie, mais seulement avec l'autorisation du préfet.

Le mode d'exécution en régie est en outre employé lorsqu'il s'agit d'ateliers de charité, à quelque somme que s'élèvent les travaux.

Un régisseur, délégué par le maire, est alors chargé de la direction et de la surveillance des travaux. Les dépenses sont mandatées au nom de cet agent, qui reste chargé de répartir les fonds et de produire, à l'appui du mandat, les quittances des créanciers réels et toutes autres pièces exigées. Dans ce cas, les mandats peuvent être acquittés sans justification, moyennant l'engagement écrit, pris par le régisseur, de rapporter les justifications complémentaires dans un délai qui est déterminé par le maire. Il appartient aussi à cet administrateur de fixer le maximum des avances à faire au régisseur. — *Dictionnaire des formules*, nᵒˢ 1288, 1289 et 1290.

Lorsqu'il s'agit de réparations faites sous la surveillance directe du maire, sur les sommes allouées annuellement pour l'entretien de la maison commune, la dépense est mandatée, au nom des créanciers, sur la production de leurs mémoires. S'il n'y a pas de mémoires d'ouvriers et fournisseurs, la dépense peut être mandatée au nom du maire; sa quittance est, dans ce cas, exempte de la formalité du timbre. (Décis. min., 31 mars 1824.)

Marchés de gré à gré. — Les marchés de gré à gré sont passés entre le maire et l'entrepreneur, dans la forme d'un traité ou d'une soumission par laquelle l'entrepreneur s'engage à exécuter les travaux, conformément aux clauses et conditions qu'on lui impose, et moyennant un prix déterminé. Ces marchés sont soumis à l'adhésion du conseil municipal; ils sont adressés en double expédition, avec la délibération du conseil municipal, au sous-préfet, pour être soumis à l'approbation du préfet.

Ils doivent être enregistrés dans les vingt jours de la réception de la décision approbative du préfet. — Voy. TRAITÉ DE GRÉ A GRÉ. — *Dict. des formules*, nᵒˢ 1272, 1277.

Adjudication des travaux. — Les adjudications doivent être passées par le maire, assisté de deux membres du conseil municipal, et le receveur de la commune doit y assister. Les adjudications peuvent avoir lieu au chef-lieu de la sous-préfecture, à la charge par le maire de s'y transporter accompagné des deux conseillers municipaux et du receveur de la commune. (L. 5 avril 1884, art. 89.)

Les adjudications relatives à des travaux qui ne pourraient être, sans inconvénient, livrés à la concurrence illimitée, peuvent être soumises à des restrictions qui n'admettent à concourir que des personnes préalablement reconnues capables par l'administration, et produisant les titres justificatifs exigés par les cahiers des charges. (O. 14 novembre 1837, art. 3.) — Voy. ADJUDICATION, CAUTIONNEMENT.

Exécution des travaux. — Le maire veille à ce que les travaux soient exécutés conformément aux plans et devis approuvés. La police du chantier est exclusivement réservée à l'architecte.

L'entrepreneur peut être tenu à des dommages-intérêts envers la commune, si les travaux ne sont pas terminés dans les délais prescrits. Les retenues à lui faire, dans ce cas, doivent être énoncées dans le cahier des charges. Le retard est constaté dans le procès-verbal de réception.

Aucun travail supplémentaire ne peut être entrepris sans l'approbation du préfet, à moins qu'il n'ait un caractère d'urgence tel qu'il ne puisse être ajourné sans qu'il en résulte des inconvénients graves ; même dans ce cas, les plans et devis doivent, avant l'achèvement des travaux, être soumis à l'approbation du préfet dans la même forme que les plans et devis primitifs.

Les propositions tendant à l'approbation des travaux supplémentaires doivent indiquer les ressources applicables au payement de ces travaux, et être accompagnées d'un rapport circonstancié de l'architecte. Les travaux supplémentaires sont presque toujours exécutés par les entrepreneurs des travaux primitifs, aux clauses et conditions de leur marché. (Circ. Int., 10 février 1840.)

Lorsqu'il y a lieu d'entreprendre des travaux supplémentaires, les entrepreneurs sont tenus de souscrire, avant leur exécution, des soumissions complémentaires qui sont soumises au conseil municipal et à l'approbation du préfet. — *Dict. des formules*, n° 1363.

Réception et payement des travaux. — La réception des travaux a pour objet de vérifier si toutes les conditions imposées à l'entrepreneur ont été fidèlement remplies, si tous les travaux ont été régulièrement exécutés et si rien ne s'oppose au payement de la dépense, non plus qu'à la remise du cautionnement de l'entrepreneur.

Les réceptions de travaux ont lieu aux époques indiquées par le cahier des charges. Elles sont faites par l'architecte, en présence du maire, de deux conseillers municipaux délégués par le conseil, de l'entrepreneur et de sa caution. Ces deux derniers sont appelés par écrit au moins huit jours à l'avance ; en cas d'absence, il en est fait mention au procès-verbal.

Il est procédé ensuite, par l'architecte, au règlement du compte général. Ce règlement est mis sous les yeux du conseil municipal pour qu'il en délibère. Le règlement et la délibération municipale sont approuvés par le préfet, après qu'il s'est assuré que toutes les conditions imposées à l'entrepreneur, par le cahier des charges, ont été fidèlement remplies, que tous les travaux ont été régulièrement exécutés, et que rien ne s'oppose ni au payement de la dépense, ni à la restitution du cautionnement à l'entrepreneur. (Circ. Int., 10 février 1840.)

Le payement des travaux ne peut être fait par les receveurs municipaux que sur la production : 1° de la décision approbative des travaux ; 2° du procès-verbal d'adjudication publique dûment approuvé par le préfet ; 3° de l'état d'avancement des constructions et des acomptes à payer, certifié véritable par l'architecte chargé de la surveillance et de la direction des travaux, et visé par le maire. Quand c'est le solde total de la dépense qui doit être payé, ces pièces sont, en outre, accompagnées du procès-verbal de réception des travaux et de la décision par laquelle le préfet en a définitivement réglé les comptes. (Circ. Int., 10 février 1840.) — *Dict. des formules*, nos 1362, 1364, 1365 et 1366.

Responsabilité des architectes et des entrepreneurs. — Aux termes de l'article 1792 du Code civil, si l'édifice construit à prix fait périt en tout ou en partie par le vice de la construction, même par le vice du sol, les architectes et entrepreneurs en sont responsables pendant dix ans. Cette responsabilité pèse toujours sur l'entrepreneur, lors même que la réception des travaux aurait eu lieu et que son cautionnement lui aurait été restitué. (Avis Cons. d'Etat, 2 août 1851.) — Voy. ARCHITECTE, ENTRE-PRENEURS, TRAVAUX PUBLICS.

Travaux publics. — Les travaux publics sont ceux qui ont un caractère d'utilité générale et qui s'exécutent, soit aux frais de l'Etat, des départements ou des communes, soit aux frais de concessionnaires.

D'après la jurisprudence du Conseil d'Etat, tous les travaux communaux qui ne s'appliquent pas à un bien patrimonial, c'est-à-dire qui ne profitent pas à la commune, en tant que propriétaire privé, doivent être considérés comme travaux publics. (Circ. Int. 26 décembre 1841.)

Parmi les travaux publics intéressant les communes, on peut ranger, par exemple, la construction et l'entretien du pavé dans les rues qui ne dépendent pas de la grande voirie ; des chemins vicinaux, des églises, maisons communes, hospices, halles, fontaines et autres édifices publics, l'entretien des fossés, acqueducs et ponts à l'usage particulier de la commune ; des ports, quais, abreuvoirs, etc.

Lorsque des travaux communaux ont le caractère de travaux publics, c'est au conseil de préfecture qu'il appartient de connaître des contestations qui peuvent s'élever, soit entre une commune et un entrepreneur, quant à l'exécution des ouvrages dont ce dernier est chargé, soit entre une commune et l'architecte chargé par elle de la direction et de la surveillance des travaux, quant à l'exécution des obligations résultant pour cet architecte de la mission qui lui a été confiée (Arrêt. Cons. d'Etat, 23 mars 1845). Néanmoins, lorsqu'il s'agit de la responsabilité décennale établie par l'article 1792 du Code civil, l'autorité judiciaire peut seule être appelée à prononcer sur le litige. — Voy. TRAVAUX COMMUNAUX.

Travestissement. — Voy. DÉGUISEMENT, MASQUES.

Trésor public. — *Placement des fonds libres des communes et des établissements de bienfaisance.* — Les communes, les hospices, les monts-de-piété et les établissements publics dont le service et la comptabilité sont placés sous la surveillance des receveurs des finances, sont seuls admis à placer leurs fonds au Trésor, avec intérêts. Ils versent, à cet effet, au receveur des finances, toutes les sommes qui excèdent les besoins de leur service et qui s'élèvent à 100 francs au moins. Des sommes inférieures peuvent toutefois être placées, soit d'office, soit par suite de liquidations administratives.

Indépendamment des sommes que les communes et les établissements précités versent directement chez le receveur des finances, à titre de placements au Trésor public, ces comptables sont chargés de recevoir à ce titre les produits de coupes extraordinaires de bois, qu'ils recouvrent eux-mêmes pour le compte des communes et des établissements. — Voy. BOIS DES COMMUNES ET DES ÉTABLISSEMENTS PUBLICS.

Enfin, il peut être effectué au Trésor public même, au profit des communes et établissements, des placements qui proviennent, soit de recouvrements faits à Paris pour leur compte, soit de la liquidation des cautionnements de receveurs municipaux en débet.

Ces divers placements donnent lieu, de la part des receveurs des finances, à la délivrance de récépissés à talon, au nom des communes et établissements propriétaires des fonds placés.

Remboursements. — Lorsque les besoins du service exigent que la totalité ou une partie des fonds placés soit remboursée par le Trésor, le receveur de chaque commune ou établissement en présente la demande au maire, qui peut autoriser pour chaque mois le remboursement de toute somme égale à un douzième des revenus ordinaires, suivant le budget de l'année et jusqu'à concurrence de 300 francs, lorsque le douzième ne s'élève pas à cette dernière somme.

Les sous-préfets peuvent autoriser le remboursement, par mois, d'une somme égale au montant de deux douzièmes des revenus ordinaires, et jusqu'à concurrence de 1,000 francs, lorsque ces deux douzièmes ne s'élèvent pas à cette dernière somme.

Les préfets autorisent les remboursements des sommes supérieures, quelle qu'en soit la quotité. (Arrêté Fin., 25 novembre 1824 ; Décis. min. 6 décembre 1825.)

Les remboursements sont faits par les receveurs généraux et par les receveurs particuliers, sur la présentation d'un mandat, qui doit être quittancé par le receveur de la commune ou de l'établissement. En opérant les remboursements, les receveurs des finances doivent se faire représenter par les receveurs municipaux le livre des comptes divers sur lequel est ouvert le compte de la commune ou de l'établissement avec le Trésor public, et y inscrire eux-mêmes le montant de chaque remboursement. — *Dict. des formules,* nᵒˢ 1371 et 1372.

Intérêts. — A la fin de chaque année, les receveurs des finances arrêtent, pour leur arrondissement respectif, les comptes ouverts à chaque commune et établissement public autorisés à placer, avec intérêts, leurs fonds au Trésor, et dressent le décompte des intérêts à leur allouer. Le taux qui doit servir de base au calcul de ces intérêts est fixé tous les ans par le ministre des finances.

Les décomptes sont remis par les receveurs des finances au préfet, et ces administrateurs les leur renvoient pour qu'ils les transmettent aux receveurs municipaux ou hospitaliers, dès que les sommes dues aux communes et établissements ont été ordonnancées par le ministre des finances, et portées au crédit de leur compte courant au Trésor public, en augmentation des capitaux placés. Le crédit qui est ainsi donné aux communes et établissements constitue une recette dont les receveurs doivent se charger dans leur comptabilité, à titre d'intérêts sur les fonds placés en compte courant au Trésor public. — Voy. REVENUS COMMUNAUX.

Triage. — Circonscription dans laquelle est renfermée la surveillance d'un garde forestier. Ce mot sert aussi à désigner certains cantons de bois dans le classement des coupes. — Voy. BOIS DES COMMUNES ET DES ÉTABLISSEMENTS PUBLICS, GARDES FORESTIERS.

Tribunal de commerce. — Juridiction chargée de connaître des différents s'élevant entre commerçants et industriels au sujet d'actes de négoce. Les membres des tribunaux de commerce sont élus par les citoyens français commerçants, patentés ou associés en nom collectif depuis cinq ans au moins, capitaines au long cours et maîtres de cabotage ayant commandé des bâtiments pendant cinq ans, directeurs des compagnies françaises anonymes de finance, de commerce et d'industrie, agents de change et courtiers d'assurance, marchands, courtiers de marchandises, courtiers interprètes et conducteurs de navires institués en vertu des articles 77, 79 et 80 du Code de commerce, les uns et les autres après cinq ans d'exercice, et tous, sans exception, devant être domiciliés depuis cinq ans au moins dans le ressort du tribunal.

Sont également électeurs dans leur ressort les membres anciens ou en exercice des tribunaux et des chambres de commerce, des chambres consultatives des arts et manufactures, les présidents anciens, ou en exercice, des conseils de prud'hommes. (L. 8 décembre 1883, art. 1er.)

Sont frappés d'incapacités : 1° les individus condamnés soit à des peines afflictives et infamantes, soit à des peines correctionnelles pour des faits qualifiés crimes par la loi ; 2° les condamnés pour vol, escroquerie, abus de confiance, soustractions commises par les dépositaires de deniers publics, attentats aux mœurs ; 3° les condamnés à l'emprisonnement pour délit d'usure et infractions aux lois sur les maisons de jeu, sur les loteries et les maisons de prêts sur gages ou par application de l'article 1er de la loi du 27 mars 1851, de l'article 1er de la loi du 5 mai 1855, des articles 7 et 8 de la loi du 23 juin 1857 et de l'article 1er de la loi du 27 juillet 1867 ; 4° les condamnés à l'emprisonnement par application des lois du 17 juillet 1857, 23 mai 1863, 24 juillet 1867 sur les sociétés ; 5° les condamnés pour délits prévus par les article 400, 413, 414, 417, 418, 419, 420, 421, 423, 433, 439, 443 du Code pénal, et aux articles 594, 596 et 597 du Code de commerce ; 6° les condamnés à un emprisonnement de six jours au moins ou à une amende de plus de 1,000 francs par infraction aux lois sur les douanes, les octrois et les contributions directes et à l'article 5 de la loi du 4 juin 1859, sur le transport par la poste des valeurs déclarées ; 7° les notaires, greffiers et officiers ministériels destitués en vertu de décisions judiciaires ; 8° les faillis non réhabilités dont la faillite a été déclarée soit par les tribunaux français, soit par des jugements rendus à l'étranger mais exécutoires en France ; 9° et généralement tous les individus privés du droit de vote dans les élections politiques. (L. 8 décembre 1883, art. 2.)

Tous les ans, la liste des électeurs du ressort de chaque tribunal est dressée pour chaque commune par le maire, assisté de deux conseillers municipaux désignés par le conseil dans la première quinzaine de septembre. Elle doit comprendre tous les électeurs qui remplissent au 1er septembre les conditions exigées. Le casier électoral permet aux maires de vérifier la capacité de ceux qui requièrent leur inscription ou dont on demande la radiation. La liste une fois dressée est envoyée au sous-préfet ou au préfet (L. 8 décembre 1883, art. 3) qui fait déposer au greffe du tribunal de commerce la liste générale, et au greffe de la justice de paix la liste spéciale à chaque canton. (L. 8 décembre 1883, art. 3.)

Pendant les quinze jours qui suivent le dépôt tout commerçant patenté peut exercer ses réclamations à fin d'inscription ou de radiation. Le juge de paix statue sans opposition ni appel dans les dix jours, sans frais ni formalités et sur simple avertissement. La décision du juge de paix peut être déférée à la Cour de cassation. (L. 8 décembre 1883, art. 5.)

Sont éligibles aux fonctions de président, de juge et de juge suppléant tous les électeurs inscrits sur la liste électorale âgés de trente ans et les anciens commerçants français ayant exercé leur profession pendant cinq ans au moins dans l'arrondissement et y résidant.

- Toutefois nul ne peut être élu président s'il n'a exercé les fonctions de juge titulaire et nul ne peut être nommé juge s'il n'a été juge suppléant pendant un an. (Art. 8.).

Le président est élu au scrutin individuel. Les juges titulaires et suppléants sont nommés au scrutin de liste, mais par des bulletins distincts déposés dans des boîtes séparées. (Art. 10.)

Aucune élection n'est valable au premier tour de scrutin, si les candidats n'ont pas obtenu la majorité des suffrages exprimés et si cette majorité n'est pas égale au quart des électeurs inscrits.

Si la nomination n'a pas eu lieu au premier tour, un scrutin de ballottage à lieu quinze jours après et la majorité relative suffit.

La durée de chaque scrutin est de six heures. Il ouvre à dix heures du matin et ferme à quatre heures. (Art. 10.)

Le vote a lieu par canton à la mairie du chef-lieu. Dans les villes divisées en plusieurs cantons, le maire désigne pour chaque canton le local où les opérations doivent s'effectuer et délègue pour y présider l'un de ses adjoints ou l'un des conseillers municipaux.

L'assemblée électorale est convoquée par le préfet dans la première quinzaine de décembre au plus tard. Elle est présidée par le maire ou son délégué assisté de quatre électeurs, les deux plus jeunes et les deux plus âgés des membres présents.

Le maire du chef-lieu de département est membre de la commission de recensement des votes. (Art. 11; C. Com. art. 620 et 622; D. 6 octobre 1809, art. 7; L. 10 janvier 1872.) — Voy. CHAMBRE DE COMMERCE, NOTABLES COMMERÇANTS, PROPRIÉTÉ INDUSTRIELLE. — *Dict. des formules*, n° 1373.

Tribunal de police. — Tribunal institué pour juger les contraventions, c'est-à-dire les faits qui, d'après les dispositions du quatrième livre du Code pénal, peuvent donner lieu, soit à 15 francs d'amende et au-dessous, soit à cinq jours d'emprisonnement et au-dessous, qu'il y ait ou non confiscation des choses saisies, et quelle qu'en soit la valeur. (C. I. C., art. 137.)

La juridiction de simple police appartient exclusivement au juge de paix. (L. 27 janvier 1873.) Quand ils prononcent comme tribunal de police, les juges de paix ont les mêmes greffiers et huissiers que lorsqu'ils jugent civilement. (C. I. C., art. 141 et art. 161, L. 25 mai 1838.)

Les fonctions de ministère public près du tribunal de police sont exercées par le commissaire de police du lieu où siège le tribunal, s'il y en a plusieurs, par l'un d'entre eux désigné par le procureur général, à défaut de commissaire de police par le maire du canton, désigné par le procureur général pour une année entière. (L. 27 janvier 1873.)

De l'appel des jugements de police. — Les jugements rendus en matière de police peuvent être attaqués par la voie de l'appel, lorsqu'ils prononcent un emprisonnement, ou lorsque les amendes, restitutions et autres réparations civiles excèdent la somme de 5 francs, outre les dépens. (C. I. C., art. 172.)

L'appel est suspensif. (Id., art. 873.)

L'appel des jugements rendus par le tribunal de police est porté au tribunal correctionnel; cet appel est interjeté dans les dix jours de la signification de la sentence à personne ou à domicile; il est suivi et jugé dans la même forme que les appels des sentences des justices de paix. (Id., art. 174.)

Le ministère public et les parties peuvent, s'il y a lieu, se pourvoir en cassation contre les jugements rendus en dernier ressort par le tribunal de police, ou contre les jugements rendus par le tribunal correctionnel, sur l'appel des jugements de police; le recours a lieu dans la forme et dans les délais qui sont prescrits. (Id., art. 177.) — *Dict. des formules*, nᵒˢ 1374 et 1375.

Extrait trimestriel des jugements de police. — Au commencement de chaque trimestre, les juges de paix transmettent au procureur de la République l'extrait des jugements de police qui ont été rendus dans le trimestre précédent, et qui ont prononcé la peine d'emprisonnement. Cet extrait est délivré sans frais par le greffier. Le procureur de la République le dépose au greffe du tribunal correctionnel. (Id., art. 178.)

Tribunal de première instance. — Il y a un tribunal de première instance par arrondissement.

Ce tribunal a à la fois des attributions civiles et la connaissance des affaires correctionnelles. En matière correctionnelle, il connaît de tous les délits forestiers poursuivis à la requête de l'administration, et de tous les délits dont la peine excède cinq jours d'emprisonnement et 15 francs d'amende. (C. I. C., art. 179.)

Comme tribunal correctionnel, il statue sur l'appel des jugements rendus par le tribunal de simple police.

Le procureur de la République exerce les fonctions du ministère public auprès du tribunal de première instance. — Voy. Délits, Juridiction, Police, Tribunal de police.

Tripier. — L'exercice de la profession de tripier est, commme celle de boucher, soumise, dans l'intérêt de la salubrité publique, à la surveillance particulière de l'autorité municipale. Le maire peut, par un arrêté de police, défendre à tout tripier de s'établir dans la commune sans avoir fait une déclaration à la mairie. — *Dict. des formules.*

Troncs *pour les frais du culte.* — Les fabriques sont autorisées à faire quêter dans les églises en se conformant aux règlements de l'évêque ; elles peuvent aussi y faire placer des troncs pour y recevoir les offrandes des fidèles. Ce qui est trouvé dans les troncs fait partie des revenus de la fabrique. (D. 30 décembre 1807, art. 36.)

Les clefs des troncs sont placées dans la caisse de la fabrique. — Voy. Fabrique.

Troncs pour les pauvres. — Les hospices et les bureaux de charité sont autorisés à faire placer, dans les églises, des troncs destinés à recevoir les aumônes et les dons que la bienfaisance individuelle voudrait y déposer. Ils peuvent aussi faire quêter. (Arr. Int. 5 prairial an XI; D. 30 décembre 1809, art. 75.) — Voy. Quêtes.

Trottoirs. — Dans les rues et places dont les plans d'alignement ont été arrêtés par l'autorité compétente, et où, sur la demande du conseil municipal, l'établissement de trottoirs est reconnu d'utilité publique, la dépense de construction des trottoirs est répartie entre la commune et les propriétaires riverains, dans les proportions et après l'accomplissement des formalités déterminées ci-après. (L. 7 juin 1845, art. 1er et 5 avril 1884, art. 135.)

La délibération du conseil municipal qui provoque la déclaration d'utilité publique désigne en même temps les rues et places où les trottoirs seront établis, arrête le devis des travaux, selon les matériaux entre lesquels les propriétaires sont autorisés à faire un choix, et répartit la dépense entre la commune et les propriétaires. La portion à la charge de la commune ne peut être inférieure à la moitié de la dépense totale. (Id., art. 2.)

Il est ensuite procédé à une enquête, qui est ordonnée par le préfet dans la forme prescrite par l'ordonnance du 23 août 1835, et qui porte uniquement sur l'utilité publique. Si cette enquête donne lieu à des réclamations contre le projet, elles sont consignées au procès-verbal; le conseil municipal est appelé à les examiner et à en délibérer; et s'il juge qu'elles ne soient pas fondées, il persiste dans l'exécution du projet.

Toutes les pièces sont adressées par le maire au sous-préfet, qui les transmet au préfet; et, celui-ci, après avoir pris l'avis des ingénieurs des ponts et chaussées, déclare, s'il y a lieu, d'utilité publique l'établissement des trottoirs dans les rues désignées, et approuve les devis et la répartition de la dépense. (D. 25 mars 1852; Circ. Int. 6 mai 1852.)

L'arrêté préfectoral est publié et affiché dans la commune; et les propriétaires intéressés sont invités par le maire à se rendre à la mairie, dans un délai déterminé, pour qu'ils aient à désigner les matériaux qu'ils préfèrent dans ceux indiqués au devis, et à faire connaître s'ils entendent se charger par eux-mêmes de l'exécution du travail sous la surveillance de l'architecte communal, ou laisser ce soin à la commune sous condition de remboursement de la moitié de la dépense.

Si les propriétaires ou quelques-uns d'entre eux ne répondent pas à l'injonction du maire, le conseil municipal choisit à leur place les matériaux, et le maire dresse, pour la mise en adjudication des travaux, un cahier des charges qu'il soumet à l'adoption du conseil municipal. Les travaux sont mis en adjudication publique après approbation de ce cahier des charges par le préfet.

La portion de la dépense à la charge des propriétaires est répartie au moyen d'une taxe dont le recouvrement s'effectue en vertu des rôles dressés par le maire et rendus exécutoires par le préfet comme en matière de contributions directes. (L. 7 juin 1845, art. 3; 25 juin 1841, art. 28, et 5 avril 1884, art. 140.)

Il n'est pas dérogé aux usages en vertu desquels les frais de construction de trottoirs seraient à la charge des propriétaires riverains, soit en totalité, soit dans une proportion supérieure à la moitié de la dépense totale. (L. 7 juin 1845, art. 4.) Dans ce dernier cas la taxe ne peut être légalement établie qu'à la charge par la commune de justifier de l'insuffisance de ses revenus ordinaires. (C. d'Et. 21 décembre 1877.)

— *Dict. des formules*, nos 1377 à 1380.

Tutelle administrative. — Les communes sont assimilées aux mineurs; la tutelle administrative remplace à leur égard la tutelle civile et les délibérations du conseil de famille. L'autorité supérieure surveille et contrôle les actes des corps municipaux qui seraient de nature à affecter le fonds des biens de la commune, ou qui créeraient des engagements auxquels ses revenus ne pourraient satisfaire. Cette action de contrôle et de surveillance constitue la tutelle administrative. — Voy. BIENS, DÉPENSES, REVENUS COMMUNAUX.

U

Uniforme. — Se dit de l'habillement fixé par les règlements administratifs pour les différents corps de troupes. On emploie aussi ce mot pour désigner le costume distinctif attribué à certains fonctionnaires publics.

Celui qui porte publiquement un uniforme sans y être autorisé est passible d'un emprisonnement de six mois à deux ans. (C. P., art. 259.) Il est interdit aux sociétés dites de gymnastique et autres de porter des uniformes se rapprochant de ceux de l'armée. — Voy. INSIGNES ET COSTUMES, MAIRE.

Usage. — Manière d'agir qui est passée en habitude.

Des faits ne peuvent former un usage qu'à la condition d'être uniformes, publics, multipliés, observés par la généralité des habitants, réitérés pendant un long espace de temps, enfin constamment tolérés par le législateur.

Les anciens usages sont encore suivis, en fait d'administration publique. — Voy. notamment au mot PAVAGE.

Usage (Droit d'). — Faculté de se servir de la chose d'autrui.

En matière forestière, le droit d'usage est une servitude réelle, discontinue et non apparente, qui donne à celui qui l'exerce le droit d'exiger, pour ses besoins et à raison de son domicile, certains produits de la forêt d'autrui.

Les droits d'usage dans les forêts peuvent appartenir, soit à des communes, soit à des particuliers. Ils sont de deux sortes : les droits d'usage en bois; les droits dits de parcours.

Nous indiquons ci-après les dispositions applicables à l'exercice de ces droits dans les bois de l'Etat et autres soumis au régime forestier.

Droits d'usage en bois. — On distingue : le droit au bois de chauffage ou droit d'affouage; le droit au bois de construction, dit de maronage ; le droit de prendre du bois mort.

Les bois de chauffage qui se délivrent par stère sont mis en charge sur les coupes adjugées et fournis aux usagers par les adjudicataires aux époques fixées par le cahier des charges. Pour les communes usagères, la délivrance des bois de chauffage est faite au maire, qui en fait effectuer le partage entre les habitants. Lorsque les bois de chauffage, au contraire, se délivrent par coupes, l'entrepreneur de l'exploitation doit être agréé par l'agent forestier local. (O. 1ᵉʳ août 1827, art. 122.)

L'exploitation des coupes et le partage entre les habitants ont lieu suivant les règles qui ont été indiquées pour les affouages dans les bois communaux. — Voy. AFFOUAGE.

Aucune délivrance de bois pour constructions ou réparations n'est faite aux usagers que sur la présentation de devis dressés par des gens de l'art et constatant les besoins de l'usager. Ces devis sont remis, avant le 1er février de chaque année, à l'agent forestier local, qui en donne reçu. Le conservateur, après avoir fait effectuer les vérifications qu'il juge nécessaires, adresse l'état de toutes les demandes de cette nature au directeur général, en même temps que l'état général des coupes ordinaires, pour être revêtu de son approbation. La délivrance de ces bois est mise en charge sur les coupes en adjudication, et est faite à l'usager par l'adjudicataire à l'époque fixée par le cahier des charges. Dans le cas d'urgence constatée par le maire de la commune, c'est-à-dire en cas d'incendie, d'inondation ou de ruine imminente, la délivrance peut être faite en vertu d'un arrêté du préfet rendu sur l'avis du conservateur. L'abatage et le façonnage des arbres ont lieu aux frais de l'usager, et les branchages et rémanents sont vendus comme menus marchés. (O. 1er août 1827, art. 123; Circ. Fin. 14 février 1853.) — Voy. MARONAGE.

Les usagers qui ont droit à des livraisons de bois, de quelque nature que ce soit, ne peuvent prendre ces bois qu'après que la délivrance leur en a été faite par les agents forestiers, sous les peines portées pour les bois coupés en délit. (C. F., art. 79.)

Les usagers qui n'ont d'autre droit que celui de prendre le bois mort, sec et gisant, ne peuvent, pour l'exercice de ce droit, se servir de crochets ou ferrements d'aucune espèce, sous peine de 3 francs d'amende. (C. F., art. 80.)

Le droit au bois mort, sec et gisant ne s'étend pas aux chablis et autres arbres renversés par le vent.

Il est interdit aux usagers de vendre ou d'échanger les bois qui leur sont délivrés, et de les employer à aucune autre destination que celle pour laquelle le droit d'usage a été accordé. (C. F., art. 83.)

Les forêts de l'Etat, des communes et des établissements publics peuvent être affranchis de droits d'usage en bois, moyennant un cantonnement, qui est réglé de gré à gré, et, en cas de contestation, par les tribunaux. (Id., art. 63.)

Le cantonnement a pour but de ne laisser à la disposition de l'usager qu'une partie du fonds asservi à son droit. — Voy. BOIS DES COMMUNES ET DES ÉTABLISSEMENTS PUBLICS.

Droits d'usage dits de parcours. — Les maires des communes et les particuliers jouissant du droit de pâturage ou de panage dans les forêts de l'Etat remettent annuellement à l'agent forestier local, avant le 31 décembre pour le pâturage, et avant le 30 juin pour le panage, l'état des bestiaux que chaque usager possède, avec la distinction de ceux qui servent à son propre usage et de ceux dont il fait commerce. (O. 1er août 1827, art. 118.)

Chaque année, avant le 1er mars pour le pâturage, et un mois avant l'époque fixée par l'administration forestière pour l'ouverture de la glandée et du panage, les agents forestiers font connaître aux communes et aux particuliers jouissant des droits d'usage les cantons déclarés défensables et le nombre des bestiaux qui seront admis au pâturage et au panage. Les maires sont tenus d'en faire la publication dans les communes usagères. (C. F., art. 69.)

Les usagers ne peuvent jouir de leurs droits de pâturage et de panage que pour les bestiaux à leur propre usage, et non pour ceux dont ils font commerce, à peine d'amende. (Id., art. 70.)

Les chemins par lesquels les bestiaux doivent passer pour aller au pâturage ou au panage et en revenir sont désignés par les agents forestiers. Si ces chemins traversent des taillis ou des recrues de futaies non défensables, il peut être fait, à frais communs entre les usagers et l'administration, et d'après l'indication des agents forestiers, des fossés suffisamment larges et profonds, ou toute autre clôture, pour empêcher les bestiaux de s'introduire dans les bois. (Id., art. 71.)

Le troupeau de chaque commune ou section de commune doit être conduit par un ou plusieurs pâtres communs choisis par l'autorité municipale. (Id. art. 72.) — Voy. PATRE COMMUN.

Les porcs et bestiaux sont marqués d'une marque spéciale. Cette marque doit être différente pour chaque commune ou section de commune usagère. Il y a lieu, pour chaque tête de porc ou de bétail non marqué, à une amende de 3 francs. (Id., art. 73.) — Voy. MARQUE DES BESTIAUX.

Les usagers mettent des clochettes au cou de tous les animaux admis au pâturage, sous peine de 2 francs d'amende par chaque bête qui serait trouvée sans clochette dans les forêts. (Id., art. 75.)

Il est défendu à tous usagers, nonobstant tous titres et possessions contraires, de conduire ou faire conduire des chèvres, brebis ou moutons, dans les forêts ou sur les terrains qui en dépendent. (Id. art. 78.)

Les droits d'usage dits de parcours ne peuvent être convertis en cantonn ment, mais ils peuvent être rachetés moyennant des indemnités qui sont réglées de gré à gré, ou, en cas de contestation, par les tribunaux. Néanmoins, le rachat ne peut être requis par l'administration, dans les lieux où l'exercice du pâturage est devenu d'une absolue nécessité pour les habitants d'une ou plusieurs communes. (Id., art. 64.)

Il est statué sur l'opportunité de ce rachat par le ministre des finances, sur la proposition de l'administration des forêts, après avoir pris l'avis de l'administration des domaines. Si le droit d'usage appartient à une commune, le préfet est préalablement appelé à donner son avis motivé sur l'absolue nécessité de l'usage pour les habitants. Lorsque le ministre des finances a déclaré l'opportunité, le préfet notifie la décision au maire de la commune usagère, en lui prescrivant de faire délibérer le conseil municipal pour qu'il exerce, s'il le juge à propos, le droit de se pourvoir devant le conseil de préfecture. (D. 12 avril 1854, art. 5.) — Voy. GLANDÉE, PATURAGE.

Règles communes à tous les droits d'usage dans les bois soumis au régime forestier. — L'exercice des droits d'usage peut toujours être réduit par l'administration, suivant l'état et la possibilité des forêts. Dans le cas de contestation sur l'état et la possibilité des forêts, il y a lieu à recours au conseil de préfecture. (C. F., art. 65.)

Il est défendu sous peine d'amende, aux usagers, d'abattre, de ramasser les glands, faines et autres fruits, semences ou productions des forêts. (Id., art. 85.)

Tous usagers qui, en cas d'incendie, refusent de porter des secours dans les bois soumis à leurs droits d'usage, sont traduits en police correctionnelle, privés de ce droit pendant un an au moins et cinq ans au plus, et condamnés, en outre, aux peines portées par l'article 475 du Code pénal. (Id., art. 149.)

Droits d'usage dans les bois des particuliers. — Les dispositions relatives à l'exercice des droits d'usage dans les bois soumis au régime forestier, sont applicables à l'exercice des mêmes droits dans les bois des particuliers, en ce qui concerne : la défense de vendre ou d'échanger les bois provenant de l'usage, la défense de se servir de crochets ou ferrements pour l'enlèvement du bois sec et gisant, la durée du panage et de la glandée, l'introduction, la garde, la marque et la désignation des bestiaux, la défense de les introduire dans les cantons non défensables, le pacage des chèvres, brebis et moutons, la défense de ramasser et d'emporter les glands, faînes ou autres fruits. — Voy. Bois DES PARTICULIERS.

On appelle encore, dans quelques départements, droit d'usage celui de faire paître des bestiaux dans les prés ou marais, après la coupe de la première herbe. — Pour ce qui concerne ce droit, voyez PARCOURS ET VAINE PATURE.

Usines sur les cours d'eau.

Usines sur les cours d'eau. — Aucun établissement nouveau, tel que moulin, usine, patouillet, bocard, lavoir à mines, etc., ne peut être formé sur les cours d'eau sans une autorisation préalable, autorisation qui n'est accordée qu'après enquête *de commodo et incommodo* et sur l'avis des ingénieurs des ponts et chaussées.

Le préfet est compétent : pour autoriser tout établissement nouveau sur les cours d'eau non navigables ni flottables, et pour régulariser l'existence des établissements qui ne sont pas encore pourvus d'autorisation régulière, ou pour modifier les règlements déjà existants. Il peut autoriser, en outre, sur les cours d'eau navigables ou flottables, des prises d'eau faites au moyen de machines, et qui, eu égard au volume du cours d'eau, n'auraient pas pour effet d'en atténuer sensiblement le régime, ainsi que des établissements temporaires, alors même qu'ils auraient pour effet de modifier le régime ou le niveau des eaux, et de fixer la durée de la permission. (D. 25 mars 1852, art. 4 et tableau D, nᵒˢ 1 à 4.)

Pour tout établissement permanent, sur les cours d'eau navigables ou flottables, l'autorisation est accordée par décret. (Arr. 19 ventôse an VI.)

Il en est de même lorsqu'un changement survient dans le mode d'exploitation d'une usine ou dans les conditions locales; un régime nouveau exige une nouvelle autorisation.

Toute demande relative, soit à la construction première de moulins ou usines à créer sur un cours d'eau, soit à la régularisation d'établissements anciens, soit à la modification des ouvrages régulateurs d'établissements déjà autorisés, doit être adressée au préfet en double expédition, dont une sur papier timbré.

S'il s'agit de la construction première d'une usine, la demande doit énoncer d'une manière distincte ; 1ᵒ les noms de la commune et du cours d'eau sur lesquels cette usine devra être établie; les noms des établissements hydrauliques placés immédiatement en amont et en aval; 2ᵒ l'usage auquel l'usine est destinée; 3ᵒ les changements présumés que l'exécution des travaux devra apporter au niveau des eaux, soit en amont, soit en aval ; 4ᵒ la durée probable de l'exécution des travaux.

Le pétitionnaire doit en outre justifier qu'il est propriétaire des rives dans l'emplacement du barrage projeté, et du sol sur lequel les autres ouvrages doivent être exécutés, ou produire le consentement écrit du propriétaire de ces terrains. S'il s'agit de modifier ou de régulariser le système hydraulique d'une usine existante ou d'un ancien barrage, le propriétaire doit fournir autant que possible, outre les renseignements ci-dessus mentionnés, une copie des titres en vertu desquels ces établissements existent, et indiquer les noms des propriétaires qui les ont possédés avant lui.

Un arrêté du préfet ordonne le dépôt de la pétition à la mairie de la commune où les travaux doivent être exécutés, et fixe le jour de l'ouverture de l'enquête préalable de vingt jours, à laquelle la demande doit être soumise; conformément à l'instruction du 19 thermidor an XI.

L'arrêté est, par les soins du maire, affiché tant à la principale porte de l'église qu'à celle de la mairie et publié à son de caisse ou de trompe, le dimanche, à l'heure où les habitants se trouvent habituellement réunis. L'affiche demeure posée pendant vingt jours consécutifs, avec invitation aux personnes qui auraient des oppositions ou des observations à présenter de les faire au secrétariat de la mairie, où un registre est ouvert à cet effet.

Immédiatement après l'expiration du délai fixé par l'enquête, le maire adresse au sous-préfet, avec la déclaration que l'affiche a eu lieu, le procès-verbal contenant les oppositions qui auraient pu être faites, et, dans le cas contraire, un certificat négatif. Il joint aux pièces son avis particulier sur les avantages et les inconvénients qui pourraient résulter de l'établissement de l'usine.

L'affaire est soumise plus tard à une nouvelle enquête en tout semblable à la première, sauf réduction de délai à quinze jours. Cette enquête porte sur le projet de règlement dressé par les ingénieurs des ponts et chaussées.

Après l'accomplissement de ces formalités, le préfet statue sur la demande dans les limites de ses attributions. En cas de rejet, l'arrêté motivé du préfet est notifié au pétitionnaire qui, s'il le juge utile à ses intérêts, exerce son recours devant le ministre des travaux publics. (Inst. min. 23 octobre 1851 et 27 juillet 1852.) — Voy. Cours d'eau, Moulins.

Utilité publique. — Voy. Expropriation.

V

Vacances. — Ce mot a deux acceptions : il se dit du temps pendant lequel les études sont suspendues dans les écoles, et de celui pendant lequel les séances des cours et tribunaux sont suspendues chaque année.

La seconde signification est relative aux emplois et fonctions dont les titulaires viennent à manquer ; les vacances de-cette nature doivent aussitôt être portées à la connaissance de l'autorité supérieure, pour qu'il y soit pourvu avant que le service puisse en souffrir.

L'intérim est exercé par le fonctionnaire immédiatement inférieur à celui dont l'emploi est devenu vacant. Le maire est remplacé immédiatement par l'adjoint, et, à défaut d'adjoint, par le conseiller municipal désigné par le conseil, sinon pris dans l'ordre du tableau. (L. 5 avril 1884, art 84.) — Voy. ADJOINTS, MAIRES.

Quant aux vacances survenues dans le sein du conseil municipal, il n'y est pourvu qu'à l'époque des élections générales, excepté dans le cas où il se trouve réduit aux trois quarts de ses membres. (L. 5 avril 1884, art. 42.) — Voy. CONSEIL MUNICIPAL.

Si un percepteur-receveur municipal vient à décéder, le maire doit en instruire aussitôt le receveur des finances de l'arrondissement et le sous-préfet. — Voy. PERCEPTEURS, RECEVEURS MUNICIPAUX.

Vaccine. — La découverte de la vaccine a été une de celles qui ont rendu les plus grands services à l'humanité, et cependant, malgré l'évidence de ses bienfaits, elle a rencontré une résistance opiniâtre qui a longtemps retardé sa propagation.

L'intervention du gouvernement, manifestée par de nombreuses circulaires et appuyée sur l'autorité de la science médicale, n'a pas encore entièrement détruit les préjugés de l'ignorance. Il est du devoir des maires, des curés, de seconder les efforts de l'administration supérieure et d'user de toute leur influence pour décider les pères de famille à faire vacciner leurs enfants. Ils ne doivent pas leur laisser ignorer qu'aucun enfant ne peut être reçu dans les établissements publics d'instruction, s'il n'a été vacciné ou s'il n'a eu la petite vérole.

Dans la plupart des départements, les préfets ont institué des médecins vaccinateurs, qui reçoivent soit un traitement fixe, soit des indemnités proportionnelles au nombre des vaccinations qu'ils ont opérées. Ailleurs, tous les médecins sont appelés à concourir, sur la production de leurs états de vaccinations, à des primes décernées par les préfets.

Quel que soit le mode en vigueur, les maires doivent envoyer chaque année au vaccinateur de leur commune l'état des enfants non encore vaccinés, et, sur cet état, ils signalent les enfants dont les parents sont dans l'indigence. Lorsqu'il y a lieu, le conseil municipal peut porter annuellement une somme au budget, afin que les indigents reçoivent gratuitement le vaccin.

Chaque année, dans le courant de janvier, les maires doivent dresser et envoyer à la préfecture le tableau des vaccinations pratiquées pendant l'année précédente ; ce tableau ne doit jamais être négatif ; lors même qu'il n'y a pas eu d'enfants vaccinés, il faut faire connaître le nombre des naissances. Les éléments du travail dont il s'agit doivent être puisés par les maires dans les états que leur remettent les médecins et chirurgiens, et comprendre tous les renseignements qui peuvent faire apprécier les progrès de la pratique de la vaccination. — *Dict. des formules*, n° 1383.

Lorsque la petite vérole se déclare en épidémie et sévit avec violence, les maires doivent prescrire les mesures convenables pour empêcher la contagion. Ils peuvent défendre notamment que ceux qui sont atteints ne sortent avant d'être complètement guéris. — Voy. EPIDÉMIE, POLICE.

Vagabondage. — Le vagabondage est un délit. (C. P., art. 269.)

Sont réputés vagabonds ou gens sans aveu ceux qui n'ont ni domicile certain ni moyen de subsistance, et qui n'exercent habituellement ni métier ni profession, et ceux qui ne tirent habituellement leur subsistance que du fait de pratiquer ou faciliter l'exercice de jeux illicites ou la prostitution sur la voie publique. (L. 27 mai 1885, art 4. Id., art. 270).

Les vagabonds sont punis de trois à six mois d'emprisonnement. Deux condamnations pour vagabondage, cumulées avec une condamnation aux travaux forcés ou à la réclusion, entraînent la rélégation. Il en est de même de sept condamnations pour vagabondage lorsque deux d'entre elles s'élèvent à plus de trois mois d'emprisonnement. (L. 27 mai 1885, art. 4.)

Néanmoins, les vagabonds âgés de moins de seize ans ne sont pas condamnés à l'emprisonnement, ils sont seulement renvoyés sous la tutelle administrative jusqu'à l'âge de vingt ans accomplis, à moins qu'avant cet âge ils n'aient contracté un engagement régulier dans les armées de terre ou de mer. (Id., art. 271.)

Les individus déclarés vagabonds par jugement peuvent, s'ils sont étrangers, être conduits par les ordres du gouvernement hors du territoire de la France. (Id., art. 272.)

Les vagabonds nés en France peuvent, après un jugement même passé en force de chose jugée, être réclamés par délibération du conseil municipal de la commune où ils sont nés, ou cautionnés par un citoyen solvable. Si le gouvernement accueille la réclamation ou agrée la caution, les individus ainsi réclamés ou cautionnés sont, par ses ordres, renvoyés ou conduits dans la commune qui les a réclamés ou dans celle qui leur est assignée comme résidence, sur la demande de la caution. (Id., art. 273.)

Les maires doivent faire arrêter sur-le-champ les vagabonds ou gens sans aveu qui se trouveraient dans leur commune, les interroger, avec détails, sur les domicile, profession et moyens d'existence qu'ils s'attribuent, et dresser du tout un procès-verbal. Les vagabonds sont mis à la disposition du procureur de la République. — Voy. MENDICITÉ. — *Dict. des formules*, n° 1384.

Vaine pâture. — Voy. PARCOURS ET VAINE PATURE.

Vapeur. — Voy. BATEAUX A VAPEUR, MACHINES A VAPEUR.

Varech. — Le varech, ou goémon, est une plante marine que les habitants des côtes emploient pour l'engrais des terres et qui sert aussi à fabriquer la soude.

Les droits des communes et des particuliers concernant la récolte du varech ont été réglés par l'ordonnance de 1681 sur la marine et une déclaration du roi du 30 mai 1731, les décrets du 9 janvier 1852 et 8 février 1868.

Lorsque le varech tient par racine, il est considéré comme un produit du territoire appartenant à la commune dans la circonscription de laquelle se trouve le rivage où il croît. Il est défendu aux habitants de couper le varech de nuit et hors le temps réglé par la délibération du conseil municipal, et de le cueillir ailleurs que sur les côtes de la commune et de le vendre aux forains ou le porter sur d'autres territoires. Le varech doit être coupé à la main, avec couteau ou faucille, et non arraché.

Le varech qui se trouve sur les îles et rochers en pleine mer appartient au premier occupant. Il est permis aux pêcheurs ou autres d'aller avec bateaux pour cueillir en tout temps et en toute saison le varech et de le transporter où bon leur semble.

Quant au varech flottant entraîné par les eaux ou déposé sur le rivage, c'est une sorte d'épave qu'il est loisible à chacun de ramasser en tout temps, même sur un territoire étranger à celui de sa commune et de transporter où bon lui semble.

L'autorité municipale peut prescrire les mesures de police que le maintien de l'ordre et la sûreté des habitants lui paraissent exiger. Le maire peut même interdire la récolte de nuit des varechs ou goëmons épaves, lorsque cette interdiction est réclamée par les conseils municipaux. (D. 19 février 1884.) Mais c'est au préfet qu'il appartient de réglementer la récolte du varech et de déterminer, en cas de contestation, les limites du territoire de chaque commune. (Cass. 24 novembre et 2 décembre 1848.)

C'est l'autorité judiciaire seule qui peut connaître des questions de propriété, causes de conflits entre les communes, touchant la récolte du varech. (Déc. min. 14 février 1839.)

Vendanges. — Voy. BAN DE VENDANGES.

Vente. — Voy. ALIÉNATION, BOIS DES COMMUNES ET DES ÉTABLISSEMENTS PUBLICS.

Vérification des poids et mesures. — Voy. POIDS ET MESURES.

Verglas. — Pluie qui se glace sur les lieux où elle tombe. — Voy. GLACES ET NEIGES.

Verres cassés. — Les verres cassés répandus sur la voie publique sont susceptibles de blesser les hommes et les chevaux ; les maires peuvent donc, par un arrêté, enjoindre à ceux qui voudraient jeter hors de leurs habitations des bouteilles cassées, des verres à vitres, des morceaux de glaces, poteries, vieilles ferrailles, de les rassembler dans des paniers et dans des sacs pour les porter sur la voie publique et les mettre dans un tas séparé des boues. Cette disposition doit être reproduite dans tous les règlements municipaux relatifs à la sûreté de la voie publique. Les contrevenants sont déférés au tribunal de simple police, et punis d'une amende, sans préjudice des dommages qu'ils pourraient encourir en cas d'accident. — Voy. POLICE MUNICIPALE.

Vers à soie. — Il en est de ces insectes utiles comme des abeilles ; le législateur les a déclarés insaisissables pendant leur travail, ainsi que la feuille du mûrier qui est nécessaire à leur nourriture. (Arr. 16 thermidor an VIII.)

Cette disposition protectrice s'applique principalement aux saisies en matière de contributions.

Les maires ont le droit de prescrire aux propriétaires de filatures de cocons, dans l'intérêt de la salubrité publique, de faire transporter à une certaine distance des habitations, et dans des lieux déterminés, les chrysalides ou babeaux, et de les enfouir à une certaine profondeur. (Cass. 12 juin 1828.)

Vétérinaire. — Le titre de vétérinaire ne peut être pris que par ceux qui ont obtenu le diplôme délivré dans les écoles vétérinaires, mais l'exercice de la profession de vétérinaire n'étant assujetti par la loi à aucune espèce de restriction, il ne peut être question ni d'attribuer aux vétérinaires brevetés le privilège exclusif de soigner les animaux malades, ni d'interdire aux propriétaires le droit de confier à qui bon leur semble le traitement de leurs bestiaux. Mais il est du devoir de l'administration d'appeler par ses conseils l'attention des cultivateurs sur les chances de pertes auxquelles ils s'exposent en donnant le soin de leurs animaux à des hommes qui n'ont pas étudié l'art vétérinaire, ou qui n'en ont fait qu'une étude incomplète. Par une circulaire du 26 juin 1836, le ministre de l'agriculture et du commerce a pris la résolution de n'accueillir aucune demande en indemnité pour perte de bestiaux, à moins que les certificats constatant ces pertes n'aient été délivrés par des vétérinaires brevetés des écoles, excepté dans le cas où il n'existerait pas de ces vétérinaires dans l'arrondissement. Cette circulaire a été renouvelée en 1837. — Voy. BESTIAUX, ECOLES, EPIZOOTIE.

Veuves de militaires. — Voy. PENSIONS.

Viande de boucherie. — Le commerce de la boucherie est libre comme toutes les autres industries; cependant, il intéresse à un trop haut point la sûreté et la santé des citoyens, pour qu'on ait pu l'abandonner à une liberté absolue. La loi du 5 avril 1884, article 97, donne aux maires le pouvoir de prescrire toutes les précautions locales qui leur paraîtraient nécessaires à cet égard. Les règlements locaux peuvent obliger notamment ceux qui veulent s'établir comme bouchers dans la commune à en faire préalablement la déclaration à la mairie, en indiquant le lieu choisi pour leur étal ou boutique.
Au nombre des pouvoirs de l'autorité municipale en cette matière, figure celui de taxer le prix de la viande. (L. 19-22 juillet 1791, titre Ier, art. 30.) — Voy. BOUCHER, DENRÉES ET SUBSTANCES ALIMENTAIRES, POLICE.

Vicaire. — Prêtre placé auprès d'un curé ou desservant pour le seconder dans le service paroissial.
Le nombre des vicaires attachés à chaque église est fixé par l'évêque, après que les marguilliers en ont délibéré et que le conseil municipal a donné son avis. (D. 30 décembre 1809, art. 38.)
L'établissement d'un vicaire peut être demandé : 1° lorsque la population est trop considérable ou la paroisse trop étendue pour que le curé ou desservant puisse suffire au service ; 2° lorsque le curé ou desservant est devenu, par son âge ou ses infirmités, dans l'impuissance de remplir seul ses fonctions et demande cet établissement. (D. 17 novembre 1811, art. 15.)

Le traitement des vicaires est de 500 francs au plus et de 300 francs au moins. Lorsque la fabrique n'était pas en état de payer le traitement du vicaire, il y était jadis pourvu par la commune. L'article 168 de la loi du 5 avril 1884 ayant abrogé expressément les articles du décret du 30 décembre 1809 qui obligeaient les communes à pourvoir à l'insuffisance de revenus des fabriques, les municipalités ne sont plus tenues de pourvoir au payement du traitement du vicaire. Désormais, leur concours à cet égard est purement facultatif. Mais les communes peuvent toujours s'engager à payer ce traitement ou un supplément. Lorsque le concours des communes fait défaut aux fabriques il ne leur reste plus que le recours à la rétribution supplémentaire de 350 francs sur les fonds du Trésor public que, le gouvernement a accordée jusqu'ici aux fabriques dans les paroisses de moins de 5,000 âmes, en vertu de l'article 40 du décret de 1809 et de la loi de finances du 2 août 1820 et de l'ordonnance du 5 janvier 1830.

Le traitement des vicaires date du jour de leur installation, constatée par le bureau des marguilliers. Le certificat d'installation est dressé en triple expédition ; l'une est transmise à l'évêque, une autre au préfet ; enfin la troisième est remise au maire, lorsque c'est la commune qui fournit le traitement. — Voy. CULTE, FABRIQUE. — *Dict. des formules,* n°s 1415 et 1416.

Vices rédhibitoires. — On appelle ainsi les maladies ou défauts cachés qui peuvent être une cause de nullité pour la vente d'un animal domestique.

Sont réputés vices rédhibitoires et donnent seuls ouverture à l'action résultant de l'article 1641 du Code civil, dans les ventes ou échanges des animaux domestiques ci-dessous dénommés, sans distinction des localités où les ventes et échanges ont eu lieu, les maladies ou défauts ci-après, savoir :

Pour le cheval, l'âne ou le mulet : la fluxion périodique des yeux, la morve, le farcin, l'immobilité, l'emphysème pulmonaire, le cornage chronique, le tic proprement dit avec ou sans usure des dents, les boiteries anciennes, intermittentes pour cause de vieux mal ;

Pour l'espèce ovine : la claveléé ; cette maladie reconnue chez un seul animal entraine la rédhibition de tout le troupeau (la rédhibition n'a lieu que si le troupeau porte la marque du vendeur).

Pour l'espèce porcine : la ladrerie. (L. 2-6 août 1884, art. 2.)

L'action en réduction du prix, autorisée par l'article 1644 du Code Napoléon, ne peut être exercée dans les ventes et échanges d'animaux énoncés ci-dessus, lorsque le vendeur offrira de reprendre l'animal vendu, en restituant le prix et en remboursant à l'acquéreur les frais occasionnés par la vente. (L. 2 août 1884, art. 3.)

Aucune action en garantie, même en réduction de prix, ne sera admise pour les ventes ou pour les échanges d'animaux domestiques, si le prix, en cas de vente, ou la valeur, en cas d'échange, ne dépasse pas 100 francs. (Art. 4.)

Le délai pour intenter l'action rédhibitoire est de neuf jours francs, non compris le jour fixé pour la livraison, excepté pour la fluxion périodique, pour laquelle ce délai est de trente jours francs. (Art. 5.)

Si la livraison de l'animal a été effectuée ou s'il a été conduit, dans les délais ci-dessus, hors du lieu du domicile du vendeur, le délai pour intenter l'acte est augmenté en raison de la distance suivant les règles de la procédure civile. (Art. 6.)

Quel que soit le délai pour intenter l'action, l'acheteur, à peine d'être non recevable, est tenu de provoquer, dans les délais de l'article 5, la nomination d'experts chargés de dresser procès-verbal ; la requête est présentée verbalement ou par écrit au juge de paix du lieu où se trouve l'animal. Ce juge nomme immédiatement, suivant l'exigence des cas, un ou trois experts, qui doivent opérer dans le plus bref délai.

Ces experts vérifient l'état de l'animal, recueillent tous les renseignements utiles, donnent leur avis et, à la fin de leur procès-verbal, affirment par serment la sincérité de leurs opérations. (Art. 7.)

Le vendeur est appelé à l'expertise, la demande peut être signifiée dans les trois jours à compter de la clôture du procès-verbal dont copie est signifiée en tête de l'exploit. Si le vendeur n'a pas été appelé à l'expertise, la demande doit être faite dans les délais fixés par les articles 5 et 6. (Art. 8.)

La demande est portée devant les tribunaux compétents. Elle est dispensée du préliminaire de conciliation, et, devant les tribunaux civils, elle est instruite et jugée comme matière sommaire. (Art. 9.)

Si l'animal vient à périr, le vendeur n'est pas tenu de la garantie, à moins que l'acheteur n'ait intenté une action régulière dans le délai légal et ne prouve que la perte de l'animal provient de l'une des maladies spécifiées dans l'article 2. (Art. 10.)

Le vendeur est dispensé de la garantie résultant de la morve et du farcin pour le cheval, l'âne et le mulet, et de la clavelée pour l'espèce ovine, s'il prouve que l'animal, depuis la livraison, a été mis en contact avec des animaux atteints de ces maladies. (Art. 11.) — D. *des formules*, n° 1387.

Vidange des fosses d'aisances. — Les maires ont le droit de prescrire toutes les précautions nécessaires dans l'intérêt de la salubrité et même de la commodité des habitants, relativement au curage des fosses d'aisances. Ils peuvent, par exemple, interdire l'exercice de la profession d'entrepreneur de vidanges à tous ceux qui n'auraient pas fait une déclaration à la mairie, et justifié qu'ils possèdent un matériel suffisant. Mais ce droit de police, qu'ils tiennent de l'article 3, titre XI, de la loi des 16-24 août 1790, et de l'article 11 de la loi du 5 avril 1884, ne s'étend pas jusqu'à pouvoir interdire à quelques-uns la profession d'entrepreneur de vidanges, pour en attribuer le bénéfice exclusif à quelques autres. Ce serait violer les lois qui, en abolissant les privilèges et corporations de métiers, ont assuré à tous le libre exercice de l'industrie, sous la seule condition de ne point nuire à la sûreté et à la commodité publiques.

Au nombre des dispositions adoptées par la ville de Paris, et qui peuvent être généralement formulées dans les arrêtés municipaux, nous citerons les suivantes : La vidange des fosses d'aisances ne doit avoir lieu que la nuit. Il est défendu d'ouvrir une fosse d'aisances sans avoir pris les précautions nécessaires pour prévenir les accidents qui pourraient résulter du dégagement ou de l'inflammation des gaz qui y seraient renfermés. La vidange d'une fosse ne peut avoir lieu sans qu'il en ait été fait par écrit une déclaration à la mairie. La vidange opérée, les vidangeurs sont tenus de laver les emplacements qu'ils ont occupés, et la fosse ne peut être refermée qu'après l'inspection qui en est faite par un agent de l'autorité. — Voy. FOSSES D'AISANCES, POLICE. — *Dict. des formules*, n° 1388.

Vieillards indigents. — Voy. HOSPICES.

Vin. — Voy. BOISSONS, OCTROI.

Vinaigre. — Il est défendu aux fabricants et marchands de vinaigre d'ajouter, sous quelque prétexte que soit, des acides minéraux, et spécialement de l'acide sulfurique, au vinaigre, ou d'y introduire des mèches soufrées. (D. 22 décembre 1869.)

Il leur est également interdit de vendre, pour du vinaigre naturel de vin, des vinaigres fabriqués avec des substances autres que le vin, ou en livrant des vinaigres de vin affaiblis pour des vinaigres purs. (Circ. min. 10 octobre 1855.)

Les maires et les commissaires de police doivent constater, par procès-verbaux, les délits de ces différentes espèces qui leur seraient signalés, pour qu'ils soient poursuivis par l'application de la loi du 27 mars 1851. Une loi du 17 juillet 1875 a établi une taxe de consommation sur les vinaigres et les acides acétiques de toute nature propres à la consommation. — Voy. DENRÉES ET SUBSTANCES ALIMENTAIRES.

Viol. — Crime prévu par l'article 332 du Code pénal. L'attentat aux mœurs et le viol doivent, ainsi que tous les autres crimes, être constatés par l'officier de police judiciaire, dès qu'il en a connaissance. — *Dict. des formules*, n° 1389.

Visa. — On appelle visa la mention qu'un fonctionnaire met sur un acte et qu'il signe, à l'effet de certifier que cet acte lui a été représenté.

Le visa diffère du certificat en ce qu'il ne légalise que la présentation ou la signature de l'acte, au lieu d'en légaliser la substance.

Le maire vise les procès-verbaux de perquisitions faites en vertu de mandats d'arrêt ; les passeports pendant l'année de leur délivrance ; les congés des soldats et des marins qui en sont porteurs ; les citations ou exploits dont copie lui est laissée en l'absence des parties ; les affiches de vente de biens des mineurs (C. civ., art. 459); les procès-verbaux de saisie-brandon, de saisie immobilière, etc. (C. Proc., art. 628, 673 et 676.)

Les procès-verbaux que dressent les employés des droits réunis pour refus d'exercices doivent être présentés dans les vingt-quatre heures, au maire de la commune, qui, d'après les dispositions de l'article 170 de la loi du 8 décembre 1814 et l'article 68 de la loi du 28 avril 1816, est tenu de viser l'original.

Le visa est ordinairement conçu en ces termes : *Vu par nous, maire de la commune de...., le.....* Le sceau de la mairie est apposé auprès de la signature du maire. — Voy. CERTIFICAT, LÉGALISATION.

Visites domiciliaires. — On entend par visite domiciliaire l'entrée d'un agent de l'autorité publique dans le domicile d'un citoyen, à l'effet d'y faire une recherche, des perquisitions.

En cas de flagrant délit, les maires peuvent faire des visites domiciliaires ou perquisitions dans le domicile des individus gravement soupçonnés d'avoir commis le crime ou le délit. (C. I. C., art. 36, 49 et 50.)

Le maire qui fait une perquisition doit, à moins d'impossibilité absolue, être accompagné de son adjoint ou de deux citoyens domiciliés dans la commune, lesquels assistent à la perquisition et signent le procès-verbal. (Id., art. 42.)

Les visites domiciliaires doivent être faites de jour, c'est-à-dire du 1er octobre au 31 mars, de six heures du matin à six heures du soir; et du 1er avril au 30 septembre, de quatre heures du matin à neuf heures du soir. (C. Proc., art. 1037.)

Mais rien ne peut faire obstacle à ce que le maire s'introduise, la nuit, dans les lieux où tout le monde est admis indistinctement, tels que cafés, cabarets, boutiques, tant qu'ils sont ouverts au public. Il peut encore entrer, pendant la nuit et à toute heure, dans les maisons où l'on donne habituellement à jouer des jeux de hasard, et dans les lieux livrés notoirement à la débauche. (L. 19-22 juillet 1791, titre Ier, art. 9 et 10.)

En cas de réclamation faite de l'intérieur d'une maison, le maire pénètre de droit dans toute habitation et à toute heure de la nuit. (L. 22 frimaire an VIII, art. 76.)

Lorsque le maire procède dans le temps légal, si les portes de la maison sont fermées et que le prévenu refuse de les ouvrir, le maire fait ouvrir les portes par un serrurier, auquel il adresse un réquisitoire à cet effet. Il en est de même pour les meubles, dont l'ouverture est jugée nécessaire. — *Dict. des formules*, n° 1390.

Voie publique. — Cette dénomination n'a pas un sens général ; elle ne comprend, au contraire, dans son acception tout urbaine, que les rues, places, promenades et carrefours des villes, bourgs et villages. Un passage, une cour commune, une impasse, font aussi partie de la voie publique et sont soumis aux mêmes règlements de police. — Voy. Arrosement, Balayage, Batiment, Boues et immondices, Eaux, Eclairage, Fenêtres, Fumiers, Glaces et neiges, Matériaux, Police, Voirie. — *Dict. des formules*, n° 1391.

Voirie. — Tout le système de viabilité de la France se divise en grande et petite voirie.

Grande voirie. — La grande voirie comprend le classement, la création, l'entretien et la police, tant des routes nationales et départementales, que des canaux et rivières navigables, les bacs et bateaux mis à la charge de l'administration publique, les ports maritimes de commerce, et généralement tout ce qui concerne les grandes communications par terre et par eau. La grande voirie comprend encore les rues qui, dans les villes, font partie des routes nationales et départementales, ainsi que les quais maritimes ou fluviaux (L. 7-14 octobre 1790.)

L'administration en matière de grande voirie appartient aux préfets ou aux ministres suivant les cas; elle consiste : 1° à autoriser, sur les propriétés particulières, l'étude des projets de routes; 2° à soumettre les plans de routes nouvelles à une enquête locale, afin d'être à même d'en déclarer l'utilité publique ; 3° à déterminer, lorsque l'utilité publique a été constatée, les points où les travaux seront dirigés, les terrains auxquels l'expropriation est applicable et l'époque à laquelle il sera nécessaire d'en prendre possession, etc. ; 4° à autoriser l'extraction des matériaux pour l'exécution des travaux publics; 5° à prescrire l'essartement des bois qui bordent les routes; 6° à enjoindre aux propriétaires riverains de planter des arbres sur leur propre fonds, le long des routes ; 7° à autoriser l'abatage ou l'élagage des arbres existants; 8° à déterminer, sur l'avis des ingénieurs des ponts et chaussées, l'alignement des constructions ou reconstructions que les propriétaires veulent entreprendre sur le bord des routes ou des rues qui en sont le prolongement, dans la traversée des villes, bourgs et villages ; 9° à donner ou à refuser la permission de réparer les anciens bâtiments, ou d'en modifier les dispositions; 10° à ordonner la réparation ou la démolition des bâtiments menaçant ruine; 11° à prendre des arrêtés pour assurer l'exécution des lois et règlements sur la grande voirie ; 12° à poursuivre la répression des contraventions à ces lois ou règlements ; 13° à faire exécuter les décisions rendues par le conseil de préfecture, ainsi que les délibérations du conseil général; 14° à revendiquer, enfin, la connaissance des affaires de la compétence de l'autorité administrative, dont les tribunaux auraient été mal à propos saisis.

Le conseil municipal est toujours appelé à donner son avis sur les projets d'alignement de grande voirie dans l'intérieur des villes, bourgs et villages. (L. 5 avril 1884, art. 70.)

Les maires n'interviennent, en matière de grande voirie, que comme agents de surveillance, ou comme officiers de police pour constater les contraventions. (L. 29 floréal an X ; D. 18 août 1810 ; 16 décembre 1811.)

La surveillance des maires, sur l'état des routes de leur commune et sur le service des cantonniers qui y sont placés, s'exerce par une inspection des travaux, qu'ils peuvent faire aussi fréquemment qu'ils le trouvent convenable, en se faisant accompagner par les cantonniers toutes les fois qu'ils le jugent nécessaire. (D. 16 décembre 1811, art. 58.)

Les maires ne peuvent néanmoins interdire ni ordonner aucun travail aux cantonniers; mais ils rendent compte au sous-préfet de leur arrondissement, au moins chaque quinzaine, et sur-le-champ s'il y a urgence, des résultats de leur inspection. (Id., art. 59.)

En outre, lorsque les cantonniers ont connaissance de fraudes dans l'approvisionnement des matériaux, de dégradations commises sur la route, ou de tout autre délit de grande voirie, ils doivent en informer le conducteur des ponts et chaussées et le maire de leur commune. Le maire dresse aussitôt un rapport des plaintes et l'adresse sans retard au sous-préfet. Si les plaintes désignent nominativement un individu comme auteur du délit ou de la contravention, le maire en dresse procès-verbal ou veille à ce qu'il soit dressé par le commissaire de police ou l'adjoint qui en remplit les fonctions. (Id., art. 49 et 50.)

Les maires ou adjoints sont chargés, concurremment avec les ingénieurs, conducteurs et piqueurs des ponts et chaussées, les agents de la navigation, les commissaires de police, la gendarmerie, les cantonniers et les gardes champêtres, de la constatation des contraventions en matière de grande voirie, telles qu'anticipations, dépôts de fumier ou d'autres objets, et toutes espèces de détériorations commises sur les grandes routes, sur les arbres qui les bordent, sur les fossés, ouvrages d'art et matériaux destinés à leur entretien, sur les canaux, fleuves et rivières, leurs chemins de halage, francs-bords, fossés et ouvrages d'art. (L. 29 floréal an X, art. 2; D. 16 décembre 1811, art. 112; L. 23 mars 1842, art. 3.)

Les procès-verbaux de contravention, dressés par les maires ou adjoints, sont immédiatement adressés au sous-préfet de l'arrondissement.

La répression des contraventions en matière de grande voirie appartient au conseil de préfecture, qui prononce, sauf recours au conseil d'État. (L. 28 pluviôse an VIII, art. 4; 29 floréal an X, art. 1er.) — Voy. Canaux, Cours d'eau, Routes.

De plus, le maire a la police des routes nationales et départementales et des voies de communication dans l'intérieur des agglomérations, mais seulement en ce qui touche la circulation sur lesdites voies. Il peut, moyennant le payement des droits fixés par un tarif dûment établi, sous les réserves imposées par l'article 7 de la loi du 11 frimaire an VII, donner des permis de stationnement ou de dépôt temporaire sur la voie publique, sur les rivières, quais fluviaux et autres lieux publics. — Voy. Droits de place et de stationnement. Enfin il est toujours appelé à donner son avis sur les alignements individuels et permissions de bâtir à donner sur ces voies, bien qu'elles soient de la compétence de l'autorité supérieure. (L. 5 avril 1884, art. 98.)

Petite voirie. — La petite voirie se subdivise en deux branches : la voirie vicinale ou rurale, qui concerne spécialement les chemins vicinaux et les chemins ruraux (voyez ces mots); et la voirie urbaine ou communale, dont le régime s'applique aux rues et places des villes, bourgs et villages, qui ne font pas partie d'une route impériale ou départementale ou des chemins vicinaux.

Aux termes de la loi du 5 avril 1884 (art. 90, § 5) : « le maire est chargé, sous le contrôle du conseil municipal et la surveillance de l'administration supérieure, de pourvoir aux mesures relatives à la voirie municipale. »

Cette disposition est conforme à l'esprit des lois des 14 décembre 1789, 16-24 août 1790 et 19-22 juillet 1791, et à celle de l'article 97 de la loi du 5 avril 1884, qui ont fait entrer dans le domaine du pouvoir réglementaire confié à l'autorité municipale tout ce qui concerne la sûreté et la commodité du passage dans les rues, places et voies publiques.

Dans les communes où le balayage de la voie publique n'est pas érigé en service communal, le maire peut l'imposer aux habitants, qui sont tenus de balayer et de nettoyer les rues chacun au droit de chez soi. (Voy. Balayage.) Il peut aussi enjoindre aux habitants d'enlever des rues, cours, passages et terrains dépendants de leur demeure, les dépôts de fumiers et d'immondices et de tenir lesdits lieux en constant état de propreté. (Cass., 13 novembre 1884.) En temps de neige, le maire peut prescrire la mise en tas de la neige pour en faciliter l'enlèvement, mais il ne saurait, dans les circonstances ordinaires, imposer aux habitants l'obligation de fournir des chevaux et des voitures destinés à cette opération. Le pouvoir de recourir à cette mesure ne lui appartiendrait qu'autant que la chute de la neige aurait lieu inopinément et en telle abondance que les communications en auraient été interrompues. (Cass., 15 décembre 1855.)

L'obligation d'éclairer les rues ne résulte pas de la loi, elle n'existe qu'autant qu'elle a été imposée par un arrêté municipal et n'incombe qu'aux personnes désignées par l'arrêté. L'éclairage général des voies publiques par les habitants serait d'une application difficile, aussi la commune qui veut l'établir le prend en général à sa charge; le plus souvent elle traite de ce chef avec un entrepreneur, et, dans la pratique, les maires n'imposent l'obligation d'éclairer qu'à certaines catégories de personnes, comme les cafetiers, cabaretiers, aubergistes, etc. Mais, d'après la jurisprudence de la Cour de cassation, l'obligation d'éclairer les matériaux entreposés ou les excavations faites sur la voie publique ou choses quelconques de nature à entraver la circulation résulte de la loi elle-même. (C. P., art. 471, n° 4, § 2.) Elle est d'ordre public et existe en l'absence de tout arrêté municipal. (Cass., 18 février 1858.)

Le défaut d'éclairage ne peut être excusé par aucun prétexte : de clair de lune, voisinage d'un bec de gaz, ou de lumière éteinte; il doit durer toute la nuit. (Cass., 17 novembre 1883.)

L'obligation d'éclairer la nuit les voitures non affectées au transport des personnes et les voitures de messageries, circulant sur la grande voirie, résulte des articles 15 et 28 du décret du 10 août 1852.

Cette obligation peut être étendue, par arrêté préfectoral, aux voitures particulières servant au transport des personnes, et des arrêtés préfectoraux ou municipaux peuvent également l'étendre aux voitures de toute catégorie, même à celles exclusivement employées au transport des récoltes, circulant sur les voies publiques autres que la grande voirie.

Il appartient au maire de prendre les mesures nécessaires pour prévenir et faire cesser les encombrements sur les voies publiques. Son droit varie alors suivant que le dépôt a été fait avec ou sans nécessité. Le dépôt momentané résultant d'un fait accidentel ou d'une circonstance de force majeure est licite, mais il tombe sous l'application des mesures de police s'il se prolonge. Le maire a le droit de soumettre à l'obligation d'une autorisation préalable tout dépôt prévu et volontaire sur la voie publique, et de subordonner ces autorisations aux conditions de temps et d'espace qu'il juge nécessaires dans l'intérêt de la circulation. Rentrent dans cette dernière catégorie les embarras journaliers ou successifs ayant pour objet de faciliter l'exercice d'un métier ou d'une profession, tels que le stationnement des chevaux devant une forge, ou des voitures devant une auberge ; des arrêtés municipaux peuvent aussi régler l'étalage des marchandises sur la voie publique, l'installation de chaises et de tables devant les auberges, cafés ou restaurants (Cons. d'Et., 8 janvier 1875), le stationnement des bêtes à cornes (C. P., art. 471, § 4, et Cass., 9 février 1832); enfin, le stationnement des voitures.

En ce qui concerne la circulation des voitures, comme elle intéresse au plus haut degré la circulation et la commodité du passage, la jurisprudence a toujours reconnu sans conteste au maire le droit de réglementer le service des voitures de place dans l'intérieur de la commune, de leur assigner des lieux de stationnement, de les assujettir à un tarif obligatoire affiché dans l'intérieur de chaque voiture. (Cass., 27 février 1875.) Il peut également : interdire aux cochers de faire des chargements sur des points déterminés; soumettre les voitures à une vérification préalable (Cass., 13 décembre 1884) ; interdire aux voitures le passage dans certaines rues, à certaines heures et à certains jours, et même leur défendre l'accès des promenades publiques. (Cons. d'Et., 27 janvier 1882.) La Cour de cassation va même jusqu'à reconnaître au maire le droit, pour prévenir les encombrements et restreindre le nombre des voitures circulant sur des lignes très fréquentées, de n'accorder qu'à une seule compagnie de voitures-omnibus le droit de s'arrêter pour prendre ou décharger des voyageurs en route. (Cass., 14 novembre 1868.) Mais le conseil d'État considère que le maire excéderait ses pouvoirs en prenant un arrêté de ce genre pour assurer l'exécution de traités portant concession à une compagnie du droit exclusif de prendre ou de déposer des voyageurs dans toute l'étendue de la commune. (Cons. d'Et., 2 août 1870.)

Le maire puise aussi dans l'article 97 de la loi du 5 avril 1884 la faculté de défendre de rien exposer aux fenêtres ou autres parties des édifices, qui puisse nuire par sa chute, ou de rien jeter qui puisse endommager les passants ou causer des exhalaisons nuisibles. Cette interdiction, qui existe même en l'absence d'un arrêté municipal, résulte de l'article 471, n° 6, du Code pénal. Toute espèce de jet est donc interdit, même celui de l'eau, du foin, de la paille, des décombres, à plus forte raison celui des matières pouvant répandre des exhalaisons insalubres ou nuisibles.

Nous avons vu déjà, sous le mot BATIMENT, que le maire devait, en cas de péril imminent, ordonner la démolition des édifices menaçant ruine. Dans l'intérêt de la sécurité du passage et de la sûreté publique, il peut aussi ordonner la clôture des terrains bordant la voie publique et même prescrire la fermeture, la nuit, des portes des allées des maisons et cours donnant sur la voie publique (Cass., 12 janvier 1882); exiger la suppression des ouies de caves situées sur la voie publique ; interdire toute excavation sous les rues et places et prescrire la suppression de celles qui existent. (Cass., 27 février 1873.) — *Dict. des formules*, n°s 1391 à 1396.

C'est en vertu du même principe que le maire est chargé de donner les alignements et permissions de bâtir sur les rues, places et autres voies communales, d'autoriser les objets en saillie sur la voie publique et d'ordonner la suppression de ceux qui seraient construits sans autorisation, de déterminer la hauteur des constructions, etc. — Voy. ALIGNEMENT, NIVELLEMENT.

Alignement. — L'alignement est la ligne séparative de la voie publique et des propriétés particulières. C'est aussi l'opération qui consiste à tracer au propriétaire qui veut construire sur la voie publique la direction de son mur de face ou de sa clôture.

Dans les villes et communes pourvues d'un plan d'alignement, les alignements de la voirie urbaine et les côtes de nivellement sont donnés par les maires, conformément à des plans généraux rendus exécutoires par un arrêté du préfet. (L. 16 septembre 1807, art. 52; L. 5 avril 1884, art. 90, n° 18; D. 25 mars 1852 et Circ. 15 mai 1884.)

Lorsqu'il existe un plan général d'alignement, le maire doit s'y conformer dans toutes les autorisations qu'il délivre. En l'absence du plan général, le maire reste en possession de fixer les alignements partiels d'après les limites de la voie publique. Il peut, en vertu d'un plan d'alignement, faire reculer des constructions dans un intérêt d'assainissement, de sûreté et d'amélioration locale, sous la réserve du règlement d'indemnité pour la perte du terrain. Les contraventions aux alignements ainsi donnés par le maire doivent, après sommation par lui faite de détruire les constructions non autorisées, être poursuivies devant le tribunal de simple police ; il peut, selon les circonstances, requérir la démolition des travaux faits en contravention, Si les constructions ont été faites en retrait d'alignement, il ne peut en requérir la démolition, mais seulement ordonner par voie administrative la clôture de l'alignement irrégulier. (Avis Cons. d'Et. 3 avril 1824.)

La décision du maire portant délivrance de l'alignement, soit qu'il existe ou non un plan exécutoire, doit être prise sous la forme d'arrêté. Une autorisation verbale ne saurait tenir lieu de l'alignement qui doit être donné dans les formes et avec les précautions prescrites par les lois et règlements sur la matière. (Cass., 20 octobre 1835, 3 septembre 1846.)

En cas de refus du maire de donner un alignement, refus non motivé par l'intérêt général, l'alignement peut être accordé par le préfet.

Les précautions recommandées comme propres à garantir l'exactitude matérielle de l'alignement à suivre consistent, de la part du maire, à charger de l'exécution de son arrêté l'architecte voyer de la ville, lequel trace sur les lieux, à l'aide des procédés de la science, la ligne que le propriétaire doit suivre en bâtissant du côté de la voie publique.

Lorsque les fondations et les premières assises du mur de face ont été posées, le propriétaire ou constructeur doit requérir un récolement auquel il est procédé dans les trois jours de la réquisition. Procès-verbol en est dressé, et une expédition reste entre les mains du requérant, qui supporte les frais de l'opération.

Le recours contre les arrêtés pris par les maires, en matière d'alignement, doit être porté devant le préfet. Le droit de former ce recours appartient au propriétaire et aux tiers intéressés. Le maire lui-même pourrait se pourvoir auprès du préfet en réformation de son propre arrêté. (Arrêt Cons. d'Etat 14 juin 1836.) — *Dict. des formules,* n°ˢ 1399, 1400 et 1401.

Des plans d'alignement et de nivellement. — Comme on l'a vu plus haut, toutes les localités réputées villes et les communes ayant une population agglomérée de 2,000 habitants et au-dessus doivent être pourvues d'un plan général d'alignement. La loi du 5 avril 1884, article 68, a étendu la même obligation aux plans de nivellement. — (Voy. NIVELLEMENT.) Les frais relatifs à leur confection ont été rangés au nombre des dépenses obligatoires par l'article 136 de la loi du 5 avril 1884.

Le plan d'alignement indique la pente, la direction et la largeur des rues, non seulement la largeur actuellement existante, mais encore celle que les rues sont appelées à recevoir. Les plans de nivellement déterminent la fixation du niveau assigné aux voies publiques.

Les deux opérations peuvent s'accomplir simultanément.

Les préfets sont compétents aujourd'hui pour approuver, par leurs arrêtés, les plans d'alignement et de nivellement des villes ou communes, quelle que soit leur population. (D. 25 mars 1852, art. 1ᵉʳ, et tableau A, n° 50.)

Les formalités dont l'accomplissement est essentiel pour obtenir cette approbation sont les suivantes :

1° Le plan rédigé par un agent voyer, par un architecte ou tout autre homme de l'art, doit être dressé en double expédition, suivant les indications du tracé prescrites par la circulaire du 2 octobre 1815. Le plan de détail doit être dressé en atlas à l'échelle de 1 à 500, et le plan d'ensemble, à l'échelle de 1 à 2,000;

2° Le plan général est soumis à l'examen du conseil municipal, qui donne son avis sur les alignements proposés.

3° Il est ensuite procédé à une enquête, suivant les formes tracées par l'ordonnance réglementaire du 23 août 1835. A cet effet, les plans sont déposés à la mairie pendant quinze jours, à l'expiration desquels un commissaire désigné par le préfet reçoit à la mairie, pendant trois jours consécutifs, les déclarations des habitants sur l'utilité publique des alignements projetés. Ces délais ne courent qu'à dater de l'avertissement donné par voie de publication et d'affiches. Après avoir clos et signé le registre des déclarations, le commissaire le remet au maire, avec son avis motivé et les autres pièces de l'instruction qui ont servi de base à l'enquête ;

4° Le conseil municipal est appelé à examiner et à discuter les réclamations qui sont consignées ou annexées au procès-verbal d'enquête ;

5° Enfin, toutes les pièces de l'affaire sont transmises au sous-préfet, qui doit les transmettre au préfet sous un bref délai, avec son avis motivé. Le préfet statue, après avoir pris l'avis d'hommes spéciaux et, dans certains cas, du conseil général des bâtiments civils, qui siège au ministère de l'intérieur. (Circ. Int. 5 mai 1852.) — *Dict. des formules*, nᵒˢ 1397 et 1398.

Après leur approbation, les plans sont publiés dans la commune par les soins des maires. (Circ. Int. 10 décembre 1846.)

L'arrêté du préfet peut être annulé ou réformé par le ministre de l'intérieur, soit d'office, soit sur la réclamation des parties intéressées. D 25 mars 1852, art. 6.)

L'effet des plans d'alignement régulièrement approuvés est de soumettre à la servitude d'alignement tous les propriétaires riverains des voies publiques dont ils modifient le tracé; les portions de bâtiments sujettes à reculement ne peuvent être ni reconstruites ni réparées, de sorte que si les bâtiments viennent à être démolis, soit volontairement par le propriétaire, soit pour cause de vétusté, la commune n'a que la valeur du terrain à payer pour l'élargissement de la voie publique. Toutefois, la jurisprudence administrative établit une distinction entre les réparations qui peuvent prolonger la durée de l'édifice et celles qui ne sont destinées qu'à en faciliter l'usage, sans lui donner plus de solidité. Les premières, que l'on appelle confortatives, sont formellement prohibées ; les secondes peuvent avoir lieu avec la permission du maire. Un autre effet des plans d'alignement est de mettre le propriétaire dont le terrain se trouve placé en retrait de la voie publique, par suite du nouveau plan, à même d'acquérir les parcelles retranchées régulièrement de la voie publique par le plan, ou de céder à la commune les fonds attenant à ces parcelles.

D'après un avis du comité de l'intérieur, dont les dispositions ont été adoptées par une circulaire ministérielle du 23 janvier 1836, les communes sont dispensées de soumettre à l'autorité supérieure les demandes relatives à des acquisitions ou à des aliénations immobilières faites en vue d'un alignement, toutes les fois qu'il ne s'agit que de portions de terrain cédées ou retranchées à la voie publique en exécution des plans approuvés, au fur et à mesure que les propriétaires font démolir leurs bâtiments volontairement ou pour cause de vétusté. Il suffit, dans ce cas, de proposer dans le budget les crédits nécessaires pour le payement des indemnités dues et fixées, conformément à l'article 51 de la loi du 16 septembre 1807, c'est-à-dire par deux experts nommés, l'un par le maire, et l'autre, par les propriétaires.

Autorisation de bâtir ou de réparer. — Pour assurer l'interdiction de bâtir ou de réparer dans les cas de non-conformité aux alignements, et pour prévenir toute espèce de contravention, la loi du 22 juillet 1791, article 29, astreint les propriétaires, architectes ou autres ouvriers constructeurs à demander l'autorisation, avant d'entreprendre ou de commencer les travaux, lorsqu'il s'agit de construction ou reconstruction sur la voie publique ou de toute espèce d'ouvrages à faire aux murs de face sur la rue.

La demande d'autorisation, pour bâtir ou réparer, se fait en même temps que la demande d'alignement ; cette double demande, contenue dans la même pétition, doit être présentée, comme il est dit plus haut, au maire de la commune, qui seul a le droit de délivrer les permissions relatives à la voirie urbaine.

Les permissions de bâtir ne sont valables que pendant une année ; à l'expiration de ce délai, s'il n'en a été fait usage, elles doivent être renouvelées.

Le seul fait de réparer ou construire le long de la voie publique, sans autorisation de l'autorité municipale, constitue la contravention prévue par l'article 471, n° 5, du Code pénal, lors même que l'ouvrage entrepris serait renfermé dans la ligne que le maire aurait dû tracer d'après le plan du lieu. L'obligation de demander l'autorisation dont il s'agit est imposée à l'entrepreneur ou au maçon qui bâtit sur la voie publique, comme au propriétaire lui-même. (Cass., 1er et 9 février 1833, 26 mars 1841.)

Outre le droit de donner les autorisations de bâtir, le maire a celui de déterminer la hauteur des maisons, suivant la largeur des rues. Cette hauteur doit être limitée de manière à permettre la circulation de l'air, à procurer aux logements la lumière dont ils ont besoin, et à les préserver de l'humidité que le défaut de jour et d'espace entretient dans les rues étroites.

Saillies sur la voie publique. — Les maires, qui sont chargés de délivrer les permissions en matière de voirie urbaine, ont également le droit de réglementer d'une manière générale, sous l'approbation de l'autorité supérieure, tout ce qui concerne les ouvrages en saillie sur la voie publique, comme balcons, bancs, escaliers, auvents, devantures de boutiques, chéneaux, etc. Ainsi, ils peuvent interdire ou autoriser, sous certaines conditions, la construction ou le placement d'objets quelconques formant saillie ; ordonner la démolition de ceux de ces objets qui existeraient déjà, et, dans le cas d'autorisation, régler les dimensions des objets et leur mode de construction.

Le pouvoir des maires s'étend aux constructions temporaires comme aux constructions permanentes en planches ou en bois. Le fait seul d'avoir établi, sans permission, un échafaudage pour la construction ou la réparation d'une maison, constitue une contravention et entraîne une condamnation aux peines de police.

En l'absence d'arrêté réglementaire, les maires peuvent autoriser, s'il y a lieu, par décisions individuelles et spéciales, l'établissement des ouvrages en saillie. — Voy. ENSEIGNE. — *Dict. des formules*, nos 1405 et suiv.

Autres travaux. — Enfin aucun travail ne peut être exécuté dans le sol, ou sous le sol des rues et places, comme les travaux de canalisation destinés au passage ou à la conduite des eaux, du gaz, etc., sans l'autorisation préalable du maire. Au cas où le maire refuserait l'autorisation sans que ce refus soit motivé par l'intérêt général, le préfet pourrait accorder l'autorisation.

Droits de voirie. — La loi du 5 avril 1884, article 133, range les droits de voirie parmi les recettes ordinaires des communes.

Les droits de voirie sont perçus dans l'intérieur des villes et communes et à leur profit, sans égard à la classification des voies publiques, soit comme traverses nationales, départementales ou chemins de grande communication, soit comme voies communales.

Ces droits s'appliquent à la délivrance des alignements et des permissions de bâtir ou réparer, et s'étendent à toutes les saillies fixes ou mobiles que les propriétaires sont autorisés à établir en dehors de la ligne d'aplomb de leurs édifices.

Pour les rues qui font partie des routes nationales, départementales et des chemins de grande communication, c'est le préfet qui détermine par un arrêté spécial, sur l'avis de l'ingénieur en chef des ponts et chaussées, les dimensions des saillies qui peuvent être autorisées sans inconvénient pour la circulation.

De son côté, le maire prend, comme règlement permanent, en exécution de l'article 90 de la loi du 5 avril 1884, un arrêté semblable pour les rues qui appartiennent à la voirie urbaine.

Sur le vu de ces arrêtés, qui ont force exécutoire, le conseil municipal délibère sur l'assiette et la quotité des droits ; il en propose le tarif, qui est adressé par le sous-préfet au préfet pour être approuvé. (L. 5 avril 1884, art. 68.)

Le conseil municipal peut conformer ses propositions à l'ordonnance du 24 décembre 1823, concernant les saillies dans la ville de Paris. (Circ. Int. 2 avril 1841.)

Les constructions dans les rues pratiquées sur des propriétés particulières peuvent être soumises aux droits, par le motif qu'un terrain livré à la circulation publique se trouve soumis aux mesures de police applicables à toute voie publique. (Cass., 5 février 1844.)

Mais il n'y a pas lieu de percevoir des droits de voirie pour les constructions qui seraient élevées en arrière de l'alignement, ni sur les points du territoire de la commune où il n'y a pas d'habitations agglomérées. Hors ces cas, les droits de voirie sont applicables à toutes les constructions, quel qu'en soit le propriétaire. (Av. Cons. d'Etat, 15 juillet 1841, 11 janvier 1848 ; Décis. min. 24 mars 1848.)

Le recouvrement des droits de voirie doit être poursuivi dans les formes indiquées par l'article 154 de la loi du 5 avril 1884, c'est-à-dire sur des états dressés par le maire et qui sont exécutoires après avoir été visés par le sous-préfet. (Av. Cons. d'Etat, 11 janvier 1848.) — Dict. des formules, nᵒˢ 1404 et 1406.)

Des contraventions. — Pour la voirie urbaine, les contraventions sont poursuivies en vertu des articles 1, 7, 81 et suivants, 137 et suivants du Code d'instruction criminelle, et punies, par application des articles 464, 471 et 474, n° 15, du Code pénal, d'une amende de 1 franc à 5 francs, indépendamment de la suppression des objets ou de la démolition des ouvrages qui constituent la contravention.

Les agents chargés de constater les contraventions aux règlements sur la voirie urbaine sont, aux termes de l'article 9 du Code d'instruction criminelle, les maires, les adjoints et les commissaires de police, les gardes champêtres et agents de police dûment assermentés.

Les procès-verbaux des agents de la voirie urbaine ne sont pas soumis au timbre sur la minute. Conformément à l'article 16 de la loi du 13 frimaire an VII, ils sont visés pour valoir timbre en tête de l'acte. Ils sont de plus enregistrés en débet à la suite, conformément à l'article 16 de la loi du 22 frimaire an VII.

Le tribunal de police ne peut être saisi que par une citation faite à la requête du ministère public ou de la partie civile, c'est-à-dire, pour la voirie urbaine, à la requête du commissaire de police ou du maire. (Cass., 23 juillet 1807.) — Voy. TRIBUNAL DE POLICE. — Dict. des formules, nᵒˢ 1401, 1402, 1407, 1409 et 1411.

Voitures cellulaires. — Le transport des forçats aux bagnes et celui des détenus aux maisons centrales se fait par voitures cellulaires.

Les maires et les commissaires de police peuvent, au passage des voitures cellulaires, en faire l'inspection. (Circ. min. 30 décembre 1852.)

De plus, ils doivent pourvoir suivant les circonstances au logement et à la garde des condamnés, ainsi qu'à leur placement dans un hospice, s'ils tombent malades en route.

Voitures publiques. — Voitures servant publiquement au transport des personnes.

Les entrepreneurs des voitures publiques allant à destination fixe doivent déclarer au préfet, ou sous-préfet, le siège principal de leur établissement, le nombre de leur voitures, celui des places qu'elles contiennent, le lieu de destination, les jours et heures de départ et d'arrivée. Tout changement aux dispositions primitives donne lieu à une déclaration nouvelle. (D. 10 août 1852, art. 17.)

Aussitôt après les déclarations premières ou modificatives, le préfet ou le sous-préfet ordonne la visite des voitures, afin de constater si elles sont entièrement conformes à ce qui est prescrit par les articles 19 à 26, et si elles ne présentent aucun vice de construction qui puisse occasionner des accidents. Cette visite, qui peut être renouvelée toutes les fois que l'autorité le juge nécessaire, est faite, en présence du commissaire de police, par un expert nommé par le préfet ou le sous-préfet. L'entrepreneur a la faculté de nommer, de son côté, un expert pour opérer contradictoirement avec celui de l'administration. La visite des voitures ne peut être faite qu'à l'un des principaux établissements de l'entreprise; les frais sont à la charge de l'entrepreneur. Le préfet prononce sur le vu du procès-verbal d'expertise et du rapport du commissaire de police. Aucune voiture ne peut être mise en circulation avant la délivrance de l'autorisation du préfet. (Id., art. 18.)

Le préfet transmet au directeur des contributions indirectes copie par extrait des autorisations par lui accordées en vertu de l'article précédent. L'estampille prescrite par l'article 117 de la loi du 25 mars 1817 n'est délivrée que sur le vu de cette autorisation, qui doit être inscrite sur un registre spécial. (Id., art. 19.)

Toute voiture publique doit être munie d'une machine à enrayer agissant sur les roues de derrière et disposée de manière à pouvoir être manœuvrée de la place assignée au conducteur. Les voitures doivent être, en outre, pourvues d'un sabot et d'une chaîne d'enrayage, que le conducteur doit placer à chaque descente rapide. Les préfets peuvent dispenser de l'emploi de ces appareils les voitures qui parcourent uniquement des pays de plaine. (Id., art. 29.)

Pendant la nuit, les voitures publiques doivent être éclairées par une lanterne à réflecteur placée à droite et à l'avant de la voiture. Chaque voiture porte à l'extérieur, dans un endroit apparent, indépendamment de l'estampille délivrée par l'administration des contributions indirectes, le nom et le domicile de l'entrepreneur et l'indication du nombre des places de chaque compartiment. (Id., art. 29.)

Elle porte à l'intérieur des compartiments : 1° le numéro de chaque place ; 2° le prix de la place depuis le lieu du départ jusqu'à celui de l'arrivée. L'entrepreneur ou le conducteur ne peut admettre dans les compartiments de ses voitures un plus grand nombre de voyageurs que celui-indiqué sur les panneaux, conformément à l'article précédent. Id., art. 30.) sous peine de commettre deux contraventions, l'une fiscale, l'autre de police et, les peines afférentes à ces deux contraventions doivent être cumulées. (Arr. 18 décembre 1876.)

Chaque entrepreneur inscrit sur un registre coté et parafé par le maire le nom des voyageurs qu'il transporte ; il y inscrit également les ballots et paquets dont le transport lui est confié. Il remet au conducteur, pour lui servir de feuille de route, une copie de cet enregistrement, et à chaque voyageur un extrait en ce qui le concerne, avec le numéro de sa place. (D. 10 août 1852, art. 31.)

Les postillons ou cochers ne peuvent, sous aucun prétexte, descendre de leurs chevaux ou de leurs sièges. Il leur est enjoint d'observer, dans les traversées des villes et des villages, les règlements de police concernant la circulation dans les rues. Dans les haltes, le conducteur et le postillon ne peuvent quitter en même temps la voiture tant qu'elle reste attelée. Avant de remonter sur son siège, le conducteur doit s'assurer que les portières sont exactement fermées. (Id., art. 34.)

Lorsque, contrairement aux règlements, un roulier ou conducteur de voiture n'a pas cédé la moitié de la chaussée à une voiture publique, le conducteur ou postillon qui aurait à se plaindre de cette contravention doit en faire la déclaration à l'officier de police du lieu le plus rapproché, en faisant connaître le nom du voiturier d'après la plaque de sa voiture. Les procès-verbaux de contravention sont sur-le-champ transmis au procureur de la République, qui fait poursuivre les délinquants. (Id., art. 35.)

Les relayeurs ou leurs préposés doivent être présents à l'arrivée et au départ de chaque voiture, et s'assurent, par eux-mêmes, et sous leur responsabilité, que les postillons ne sont pas en état d'ivresse. La tenue des relais, et tout ce qui intéresse la sûreté des voyageurs, est surveillée par les maires des communes où ces relais se trouvent établis. (Id., art. 27.)

Nul ne peut être admis comme postillon ou cocher s'il n'est âgé de seize ans au moins et porteur d'un livret délivré par le maire de la commune de son domicile, attestant ses bonnes vie et mœurs et son aptitude pour le métier qu'il veut exercer. (Id., art. 38.)

A chaque bureau de départ et d'arrivée, et à chaque relais, il y a un registre coté et parafé par le maire, pour l'inscription des plaintes que les voyageurs peuvent avoir à former contre les conducteurs, postillons ou cochers. Ce registre est présenté aux voyageurs à toute réquisition par le chef du bureau ou par le relayeur. Les maîtres de poste qui conduisent des voitures publiques présentent, aux voyageurs qui le requièrent, le registre qu'ils sont obligés de tenir d'après le règlement des postes. (Id. art 39.)

Les contraventions aux règlements concernant les voitures publiques peuvent être constatées par les maires, les adjoints et les commissaires de police. Les procès-verbaux doivent être enregistrés en débet dans les trois jours de leur date, à peine de nullité. Ils sont adressés, dans les deux jours de l'enregistrement, au sous-préfet de l'arrondissement, qui les transmet au préfet ou au procureur de la République, suivant qu'il s'agit d'une infraction de la compétence des conseils de préfecture ou des tribunaux. (L. 30 mai 1851, art. 15, 18 et 22.) Indépendamment de ces mesures, l'autorité municipale, étant chargée d'assurer la libre circulation sur la voie publique, peut, par des arrêtés de police, réglementer le service des voitures tenues dans les villes à la disposition du public, même dans des locaux particuliers, alors que ces locaux sont ouverts et attenants à la voie publique. (Circ. 9 mars 1845.) — Voy. VOIRIE, PLAQUES, ROULAGE. — *Dictionnaire des formules*, nos 1412, 1413 et suivants.

La loi du 4 juillet 1879 a modifié l'impôt sur les voitures de terre et d'eau en service régulier, de la manière suivante :

Le tarif des droits sur les prix de transport auxquels sont assujettis les entrepreneurs de voitures publiques de terre et d'eau, autres que les compagnies de chemins de fer, est de 22 fr. 50 0/0 des recettes nettes, lorsque les prix de transport sont de 50 centimes ;

12 fr. 50 0/0 des recettes nettes, lorsque les prix sont inférieurs à 50 centimes.

Les recettes nettes servant de base au calcul de l'impôt sont obtenues en déduisant des prix demandés au public le montant des impôts spécifiés ci-dessus.

En vertu de l'article 1er de cette même loi, le droit fixe imposé aux voitures publiques partant d'occasion ou à volonté par l'article 113 de loi du 25 mars 1817, pour tenir lieu du droit imposé sur les voitures en service régulier, est perçu en principal suivant le tarif ci-joint :

Par voiture à
- 1 et 2 places....... 40 francs par an ;
- 3 places.......... 60 —
- 4 — .... 80 —
- 5 — .... 90 —
- 6 — .... 110 —

Pour chaque place au delà de 6 jusqu'à 50 inclus, 10 francs.
Pour chaque place au delà de 50 jusqu'à 150 inclus, 5 francs.
Pour chaque place au delà de 150, 2 fr. 50.
Ces droits sont exigibles par mois. Ils sont toujours perçus pour un mois entier, à quelque époque que commence ou cesse le service.

Vol. — Suivant l'article 279 du Code pénal, quiconque soustrait frauduleusement une chose qui ne lui appartient pas est coupable de vol.

Le vol est une contravention, un délit ou un crime, suivant sa nature ou les circonstances qui l'accompagnent. Le Code pénal définit les diverses espèces de vol et en détermine la pénalité dans les articles 379 à 401.

Les maires, adjoints et commissaires de police, en leur qualité d'officiers de police judiciaire, sont chargés de recevoir les plaintes et dénonciations relatives aux vols commis dans leurs communes. Ils doivent dresser procès-verbal des faits, des circonstances aggravantes ou atténuantes, informer sur-le-champ la gendarmerie et faire saisir les auteurs ou complices s'ils sont connus. — Voy. ESCROQUERIE, MARAUDAGE, PERQUISITION, VISITES DOMICILIAIRES. — *Dict. des formules*, nos 1418, 1418 bis.

Volailles. — Les dégâts causés par les volailles laissées à l'abandon dans des champs ensemencés ne donnent pas lieu seulement à une action vile, mais constituent un délit rural passible de peines de police. (Cass., 8 novembre 1824 et 10 novembre 1836.)

Les personnes. sur les propriétés desquelles les volailles font des dégâts ont le droit de les tuer, mais seulement sur le lieu et au moment du dégât et ils ne doivent pas se les approprier. (L. 28 septembre-6 octobre 1791, titre II, art. 12.)

Le propriétaire des volailles ainsi tuées sur le terrain d'autrui n'est pas pour cela à l'abri des peines de simple police. — (Arrêt de cass. 1 août 1808.) — Voy. ANIMAUX DOMESTIQUES.

Voyageurs indigents. — Les indemnités de route accordées aux voyageurs indigents peuvent être acquittées, à titre d'avance ou prêt, par les receveurs municipaux, avec les produits de leurs recettes courantes, mais à la charge d'en suivre le remboursement, par l'entremise des maires et des sous-préfets, auprès de la préfecture, qui le fait effectuer, dans le premier trimestre de chaque année, au moyen de mandats délivrés sur les crédits ouverts des dépenses variables des départements. Les pièces justificatives des avances à recouvrer sont classées comme valeurs dans la comptabilité des receveurs municipaux. (Inst. min. 1er décembre 1813 et 20 décembre 1822.)

Les secours de route ne peuvent être accordés à plus de trois personnes par famille de voyageurs indigents. Toutefois, ce nombre peut, après les instructions du ministre de la guerre, être dépassé pour les familles allant s'établir en Algérie ; mais les receveurs municipaux doivent, par prudence, se faire représenter l'autorisation du préfet. — Voy. ALGÉRIE, FEUILLES DE ROUTE, PASSEPORTS, MENDICITÉ. — *Dict. des formules*, n°s 1372, 1419 et 1421.

FIN

ERRATA et ADDENDA

SURVENUS EN COURS D'IMPRESSION

Armes. — La loi du 14 août 1885 a modifié de la manière suivante les règles indiquées page 110, tome Ier du *Dictionnaire* sur la fabrication, le commerce, l'importation et l'exportation des armes de guerre. En vertu de l'article 1er de cette loi, la fabrication et le commerce des armes de toutes espèces non réglementaires en France, y compris les armes d'affût (canons, mitrailleuses, etc.), et des munitions non chargées employées pour ces armes (douilles de cartouches, projectiles, fusées, etc.), sont entièrement libres.

Quant à la fabrication et au commerce des armes et munitions non chargées des modèles réglementaires en France, les articles 2, 3 et 4 de la loi imposent seulement, dans l'intérêt de la sûreté publique, l'obligation, aux fabricants et commerçants, d'une déclaration préalable à la préfecture. et la tenue d'un registre d'achat et de vente.

Les armes des modèles réglementaires en France sont celles qui sont en service dans les armées de terre et de mer ; elles sont définies par les tables de construction approuvées par les ministres de la guerre et de la marine. La fabrication des armes blanches et des revolvers, même des modèles réglementaires, est entièrement libre (art. 5). La fabrication des munitions chargées demeure seule interdite. La formalité de l'épreuve est supprimée, ainsi que la faculté, pour le gouvernement, d'interdire, sauf le cas de guerre nationale, l'exportation des armes. L'importation et l'exportation sont libres en principe, même en cas de conflits entre puissances étrangères, sauf l'obligation d'une déclaration à la préfecture, lorsqu'il s'agit d'armes ou de munitions des modèles réglementaires.

Enfin, la nouvelle loi fait rentrer dans les attributions de l'autorité civile la surveillance à exercer, qui était jadis dévolue à l'autorité militaire.

Assemblée nationale. — L'Assemblée nationale est formée par la réunion du Sénat et de la Chambre des députés. Seule elle peut procéder à l'élection du Président de la République et à la revision des lois constitutionnelles, lorsque cette revision est reconnue nécessaire par délibération prise séparément dans chaque Chambre. — Voy. Constitution, Sénat.

Bureaux de bienfaisance. — *Création.* — La jurisprudence ministérielle a décidé que les bureaux de bienfaisance ne peuvent être aujourd'hui créés que par décrets.

Caisse des lycées, collèges et écoles. — Cette caisse est supprimée pour l'avenir. Elle ne fait plus que liquider les opérations autorisées avant la loi du 20 juin 1885. Les communes ne sont plus admises à y emprunter. Elles doivent désormais s'adresser au Crédit foncier. — Voy. *infra*, Crédit foncier.

Certificats de vie. — Le décret du 29 décembre 1885 exige à l'avenir que les certificats de vie des titulaires de pensions sur fonds de l'État soient toujours légalisés par le président du tribunal civil ou le ge de paix. Mais cette légalisation n'est obligatoire, comme par le passé, que lorsque l'on doit faire usage du certificat hors de la résidence du notaire.

Chemins de fer d'intérêt local. — L'article 8 du décret du mars 1882 portant règlement d'administration publique pour l'exécution des articles 16 et 39 de la loi du 11 juin 1880 (voy. t. Ier, p. 333, fine) a été modifié par le décret du 23 décembre 1885, soumettant s comptes des lignes d'intérêt local et de tramways à l'examen de la commission de vérification des Compagnies de chemins de fer, instituée exécution du décret du 28 mars 1883, et donnant à cette commission les pouvoirs conférés par l'article 6 aux commissions locales.

Conseil général. — *Page 458. Sous la rubrique* DURÉE DU MANDAT, *outer après le premier paragraphe :*
En cas de vacances par décès, option ou démission, il est procédé des élections complémentaires dans le délai de trois mois, à moins que renouvellement légal de la série à laquelle appartient le siège vacant doive avoir lieu avant la prochaine *session ordinaire* du conseil général, auquel cas l'élection se fait à la même époque.
Page 464. Pour LES ATTRIBUTIONS DÉLÉGUÉES PAR LE CONSEIL GÉNÉRAL A LA COMMISSION DÉPARTEMENTALE, se reporter aux circulaires du août 1879. (*Bull. off. Int.*, p. 208 et 13 avril 1881, *Bull. off.* p. 103.)
- Les délégations ne doivent s'appliquer qu'à des affaires déterminées ont le conseil général peut apprécier l'importance avant de donner sa élégation, sans jamais s'étendre à une catégorie d'affaires non spéciées.

Conseil municipal. — *Page 481.* — 2e alinéa *Délibération portant omination* ou *présentation.* — Ces délibérations sont prises au scrutin ecret et la voix du président n'est pas prépondérante. (L. 5 avril 1884, t. 51.)

Constitution. — *Ajouter, page 484, après le troisième paragraphe, us la rubrique* POUVOIR EXÉCUTIF : Le Président de la République eut, sur l'avis conforme du Sénat, dissoudre la Chambre des députés vant l'expiration de son mandat. En ce cas, les collèges électoraux ont réunis pour de nouvelles élections dans le délai de deux mois, et la hambre, dans les dix jours qui suivront la clôture des opérations électorales. (L. 25 février 1875, art. 5, modifié par L. 14-15 août 1884, t. 1er.)
— *Remplacer le premier paragraphe de la page 485 par les suivants :*
Les membres actuels du Sénat, sans diciinction entre les sénateurs lus par l'Assemblée nationale ou le Sénat (*inamovibles*) et ceux qui ont élus par les départements et les colonies, conservent leur mandat endant le temps pour lequel ils ont été nommés. Lorsque des vacances e produisent parmi les sénateurs inamovibles, dans la huitaine de la acance on procède à un tirage au sort en séance publique pour déterminer le département appelé à élire ce sénateur. (L. 9 décembre 1884, rt. 3.)
Aux termes de l'article 3 de la loi des 14-15 août 1884, les articles à 7 de la loi constitutionnelle du 24 février 1875, relatifs à l'organisation du Sénat, n'auront plus le caractère constitutionnel, et les conditions des élections des sénateurs pourront être changées, sans qu'il y ait lieu à congrès, par une simple loi votée séparément par les deux Chambres.

Crédit foncier. — Les communes doivent à l'avenir s'adresser au Crédit foncier pour contracter les emprunts nécessaires aux constructions et appropriations d'école. Cet établissement leur fait des avances moyennant une annuité comprenant l'intérêt à 4,60 0/0 et l'amortissement variant du taux de 6 fr. 178,990 pour 100 francs pendant trente ans, au taux de 5 fr. 490,322 0/0 pendant quarante ans. La subvention de l'État représente une quote-part de cette annuité variant de 15 à 80 0/0 et fixée en vertu de la loi et du décret précité, en raison inverse de la valeur du centime, et en raison directe des charges ordinaires et extraordinaires qui pèsent sur les communes et des sacrifices consentis par elles.

Une proposition de loi, tout récemment déposée à la Chambre, tend à supprimer aussi la Caisse des chemins vicinaux. Si cette proposition était adoptée, le Crédit foncier serait appelé à fournir les avances nécessaires au service vicinal, dans des conditions analogues à celles imposées pour les avances relatives aux constructions scolaires.

La circulaire du 30 août 1885 recommande de ne recourir aux emprunts d'une durée de moins de trente ans que dans des circonstances tout à fait exceptionnelles et urgentes.

Franchises de correspondance. — Se reporter à l'arrêté du 4 juillet 1885, portant suppression et modification des franchises. (*Bulletin off. Int.*, 1885, p. 185.)

Instruction publique. — L'organisation de l'enseignement primaire est sur le point d'être sensiblement modifiée par une proposition de loi votée par la Chambre, amendée en première lecture par le Sénat le 2 mars dernier. Cette proposition de loi rend effectif le principe de la laïcité, en décidant que, dans un délai extensible de cinq ans, toutes les écoles publiques devront être pourvues de maîtres laïques; elle supprime la dispense du service militaire pour les instituteurs libres; modifie le recrutement, la composition et les attributions du conseil départemental, des comités cantonaux et des commissions scolaires; enfin, impose certaines justifications de capacités aux personnes qui se vouent à l'enseignement.

La loi n'étant pas encore votée, nous nous bornons à ces indications sommaires, nous réservant de donner dans un supplément un commentaire complet de ses dispositions après sa promulgation.

Logements insalubres. — Les frais d'expertise doivent être supportés par le propriétaire. (C. préfec. de la Seine, 4 mars 1885.) Est légal et obligatoire l'arrêté ordonnant le nettoyage des plombs. (Tribunal de la Seine, 7 février 1885.) Par contre, celui qui impose l'obligation d'amener l'eau dans une maison est entaché d'excès de pouvoirs (Tribunal de la Seine, 7 février 1885.)

Maisons d'école. — *Subventions pour constructions et appropriations.* — Le décret du 9 juillet 1885, qui fixait la base de la répartition des subventions à accorder par l'État, en exécution de la loi du 20 juin 1885, vient d'être abrogé et remplacé par un nouveau décret du 15 février 1886, qui établit des tarifs définitifs et plus détaillés. Le trois tableaux annexés à ce décret et portant les désignations D, E, F afin d'éviter toute confusion avec ceux annexés à la loi, comportent non seulement des subdivisions plus exactes et plus minutieuses que les tableaux du premier décret et donnent la série des nombres intermédiaires omis alors, mais ils permettent une répartition plus équitable des secours de l'État. Ainsi, le tableau D fixe de franc en franc, au lieu le 10 francs en 10 francs, la proportion de la subvention à allouer en raison de la valeur du centime. De plus, le décret divise en ordinaires et extraordinaires les charges des communes qui deviennent ainsi l'objet d'un double calcul. Le tableau E fixe de 4 centimes en 4 centimes la proportion de la subvention à allouer, en raison des charges des communes, d'après le nombre des centimes, pour insuffisance de revenus. Le tableau F, au lieu de procéder comme le précédent décret par centaine de centimes, fixe de 50 centimes en 50 centimes la proportion de la subvention à allouer en raison des charges de la commune, d'après le nombre des centimes extraordinaires multiplié par le nombre d'années de la durée de l'imposition. On trouvera ces tableaux au *Bulletin annoté des lois* de 1886 et au *Dictionnaire des formules*, n° 953 *bis*.

Les *simples* réparations à effectuer aux locaux scolaires ne peuvent donner lieu à une demande de subvention, et, en outre, les devis supplémentaires s'ajoutant à la dépense primitive des projets subventionnés antérieurement à la loi du du 20 juin 1885 restent, *sans exception aucune, à la charge des budgets communaux;* la dépense du mobilier personnel des instituteurs et institutrices ne doit figurer en aucun cas dans les devis. Il en est de même des 100 francs d'indemnité alloués par l'arrêté du 29 juin 1883, à l'inspecteur primaire chargé de la surveillance des travaux. L'article 9 de cet arrêté est et demeure rapporté, et les déplacements occasionnés par cette surveillance sont considérés comme missions extraordinaires et rétribués comme tels. Les dossiers doivent contenir copie *in extenso* des délibérations du conseil général et du conseil départemental donnant leur avis sur l'affaire. (Circ. I. publ., 14 février 1886.)

Pigeons. — Le décret du 15 septembre 1885 a soumis les pigeons voyageurs à un système de réquisition spécial en cas de guerre et ordonné le recensement de ces animaux. Conformément aux articles 3 et 6 de ce décret, les commandants de corps d'armée doivent arrêter dans le courant du mois de novembre, sur la proposition du préfet, la liste des communes de leur région où le recensement doit avoir lieu, et transmettre aux maires modèle de feuilles de renseignements. Dans les communes portées sur cette liste, le recensement est effectué par les maires, conformément aux articles 4 et 5 du décret. Les maires font remplir par les propriétaires, individuéls ou collectifs, de pigeons voyageurs, la formule de déclaration et récépissé. La déclaration signée du propriétaire reste à la mairie, le récépissé signé du maire est détaché et remis au déclarant. Les maires contrôlent ensuite les déclarations et les récapitulent sur une feuille de renseignement, en classant les propriétaires par fédérations ou sociétés, et en ajoutant dans la colonne 5 leurs observations au sujet des propriétaires. Une expédition de la feuille de renseignements est adressée au préfet, le double reste à la mairie. (Circ. 30 novembre 1885.)

Recrutement. — Non disponibles. Une nouvelle nomenclature des non disponibles a été donnée par le tableau annexé à la circulaire du 5 mai 1885. (Voy. *Annexes militaires du Bulletin de l'intérieur* de 1885, p. 55.)

Paris. — Soc. d'imp. PAUL DUPONT (Cl.) 186. 3.86.

Librairie Administrative, PAUL DUPONT, Directeur

41, RUE JEAN-JACQUES-ROUSSEAU, A PARIS

LE COMPLÉMENT INSÉPARABLE

DU

DICTIONNAIRE MUNICIPAL

EST LE

DICTIONNAIRE DES FORMULES

MAIRIE PRATIQUE

Contenant les modèles de tous les actes de l'Administration municipale, avec des notes et des citations indiquant les lois, règlements et instructions auxquels ils se rapportent.

Les formules correspondent aux articles du « Dictionnaire municipal ».

ÉDITION NOUVELLE

Entièrement refondue, très augmentée, et mise au courant jusqu'en 1886.

Deux forts volumes in-8°. — Prix : 12 francs.

Sous presse. — pour paraitre prochainement.

Paris — Société d'Imprimerie PAUL DUPONT (Cl.) 45 bis.3.86.